헨리 필딩(1707~1754) 웨스트민스터 지구 치안판사 시절 필딩의 모습

헨리 필딩의 작품 위에 그려진 초상화 윌리엄 호가스 그림, 제임스 베사이어 에칭. 1762.

사무엘 리처드슨(1689~1761) 《파멜라 *Pamela*》(1740)의 작자. 필딩은 리처드슨의 《파멜라》의 성공에 자극받아, 《조지프 앤드류스》(1742), 《톰 존스》(1749)를 발표하여 리처드슨에 비견되는 작가로 인정받았다. 리처드슨은 여성심리 묘사에, 필딩은 남성의 씩씩한 활약상 묘사에 능했다.

낙원 저택의 모델, 랠프 앨런의 프라이어 파크(1754) 필딩의 후원자였던 앨런은 건축용 석재사업으로 성공한 바스의 저
명한 인사였다. "그는 곤경에 빠진 우수한 사람을 열심히 도와줬으며, 자신이 한 일은 철저히 숨겼다"고 작품 속에 묘
사되어 있다. 궤도차로 운반되는 석재가 보인다.

바스에 있는 휴양지 로열 크레센트 잉글랜드 남서부 온천지 바스에 존 우드 부자가 1767~75년에 세운 건축물로, 전체 길이가 180m 되는 반달형 연립주택. 통풍으로 고생하던 필딩이 자주 방문했다.

헨리 필딩 기념 명판 그레이터 시의회에서 헨리 필딩을 기념하기 위해 1978년 런던 반스 지구 밀버른 하우스에 세운 파란색 명판

헨리 필딩의 무덤 포르투갈 리스본에 있는 영국인 묘지. 필딩은 만년에 병 치료차 리스본으로 여행을 갔다가 2개월 뒤에 그곳에서 죽었다. 이때 쓴 일기가 《리스본 항해기》(1755)로 그의 사후에 출판되었다.

《톰 존스》(초판 1749) 권두화

소피아 웨스턴 아담 벅. 1800.

〈톰 존스와 소피아 웨스턴의 인터뷰〉 톰 존스 삽화

〈톰 존스, 몰리 시그림과 스퀘어〉 톰 존스 삽화

"BEST COMEDY EVER MADE
...AN ABSOLUTE TRIUMPH!"

—*Newsweek*

The whole world loves

Tom Jones!

STARRING
ALBERT FINNEY / SUSANNAH YORK / HUGH GRIFFITH / EDITH EVANS / JOAN GREENWOOD / "TOM JONES" / DIANE CILENTO
ALSO STARRING

WITH | AND THE GUEST APPEARANCE OF | SCREENPLAY BY | PRODUCED AND DIRECTED BY | MUSIC COMPOSED AND | A WOODFALL PRODUCTION
GEORGE DEVINE / DAVID TOMLINSON / JOHN OSBORNE / TONY RICHARDSON / CONDUCTED BY JOHN ADDISON / EASTMANCOLOR / A UNITED ARTISTS·LOPERT RELEASE

영화 〈톰 존스〉 포스터 토니 리처드슨 감독, 앨버트 피니(톰 존스 역)·수잔나 요크(소피아 역) 출연. 1963.

BBC DVD 〈톰 존스〉 맥스 비즈레이(톰 존스 역)·사만다 모르톤(소피아 역) 출연. 1997.

연극 〈톰 존스〉 마크 샤나간 연출, 매튜 구드리치(톰 존스 역)·페이스 샌드버그(소피아 역) 출연. 미국 플로리다 스튜디오. 2014.

CLASSIC REPRINT SERIES

THE HISTORY OF TOM JONES

A Foundling

Vol. 2

by

Henry Fielding

Forgotten Books

《톰 존스》(초판 1749) 표지

World Book 178

Henry Fielding

THE HISTORY OF TOM JONES, A FOUNDLING
톰 존스의 모험

헨리 필딩/최홍규 옮김

동서문화사

THE
HISTORY
OF
TOM JONES,
A
FOUNDLING.

In SIX VOLUMES.

By HENRY FIELDING, Esq;

———*Mores hominum multorum vidit.*———

LONDON:
Printed for A. MILLAR, over-againſt
Catharine-ſtreet in the *Strand.*
MDCCXLIX.

톰 존스의 모험
차례

톰 존스의 모험

제1권
이 이야기 첫머리에 독자 여러분께 전해드릴 필요가 있다고 생각되는
주인공의 출생에 관한 모든 것

1
작품 소개, 또는 식사 메뉴

작가를 몇몇 손님을 불러다놓고 공짜로 음식을 대접하는 신사라고 생각해
서는 안 된다. 작가란 요컨대 돈만 지불하면 누구든 환영하는 음식점 경영자
이다. 잘 알다시피 앞의 경우는 무얼 대접하든 주인 마음이고, 그 음식이 아
무리 맛이 없고 손님 입맛에 안 맞고 거슬린다 해도 손님들은 불평 한마디
하지 못한다. 오히려 앞에 차려진 음식이 맛있다고 예의상 드러내놓고 칭찬
을 해야 한다. 그런데 음식점 주인 경우에는 이와 정반대 상황이 벌어진다.
돈을 내고 먹는 손님들은 제 입맛이 아무리 까다롭고 변덕스럽더라도 그 입
맛이 만족하기를 고집한다. 따라서 음식이 입맛에 맞지 않으면 사정없이 음
식 맛을 비난하고 욕하고 저주를 퍼붓는 것이 마땅한 권리라고 주장한다.

이 때문에 손님들이 실망하고 기분 상하는 걸 막기 위해 착하고 성실한 주
인은 가게에 처음 들어온 순간 눈에 띄는 위치에 메뉴판을 내놓는 것이 예사
이다. 그 메뉴판을 보고 이 가게에서 어떤 음식이 요리되는지 확인한 뒤 그
대로 자리에 앉아 요리를 먹든지 취향에 좀 더 잘 맞는 다른 가게로 가든지
는 손님 마음이다.

누군가에게 재치나 지혜를 빌리는 것은 부끄러운 일이 아니므로, 이런 정
직한 음식점 주인들의 습관에서 힌트를 얻어 먼저 독자들에게 순서대로 적
힌 전체 메뉴를 보여주고, 권마다에 담을 개별 메뉴까지 공개하고자 한다.

우리가 여기서 만들어 내놓을 음식은 바로 '인간의 본성'이다. 현명한 독
자라면 그 입맛이 아무리 사치스럽다 할지라도 요리 품목을 단 한 가지만 들

었다고 해서 놀라거나 불평을 하거나 화를 내지는 않으리라 생각한다. 식도락에 일가견이 있는 브리스틀 시의 시의원이라면 거북이 요리만 하더라도 맛 좋은 등살 요리나 뱃살 요리 말고도 다른 부위를 이용한 다양한 요리가 존재한다는 것을 여러 해 경험으로 잘 알 것이다. '인간의 본성'이라는 한 가지 이름으로 제시하긴 했지만 이 요리가 엄청나게 다양하며, 작가가 이 광범위한 소재를 모두 사용해서 글을 쓰는 것은 요리사가 이 세상 모든 동식물을 사용해서 요리를 만드는 것보다 어려운 일임을 양식 있는 독자들이 모를 리 없다.

더 까다로운 미식가들이라면 이 요리는 평범하고 진부하기 짝이 없다. 저 야시장에 버글버글한 로맨스·소설·희곡·시들의 주제가 바로 인간의 본성 아니냐고 비난할지 모른다. 같은 이름의 요리가 시시한 뒷골목에서도 팔리고 있다는 사실이 평범하고 진부하다고 욕할 충분한 이유가 된다면 꽤나 많은 요리가 미식가들의 빈축을 사게 될 것이다. 사실 진정한 인간의 본성을 그저 그런 작가들의 작품에서 찾기 힘든 것은 바욘 산 햄이나 볼로냐 산 소시지를 그저 그런 식료품점에서 찾을 수 없는 것과 마찬가지이리라.

어쨌든 계속해서 같은 비유를 사용하자면, 만사는 작가의 요리 솜씨에 달려 있다. 포프 씨가 말한 것처럼,

"진정한 재치란 때때로 생각은 하지만 좀처럼 표현하기 힘든
인간의 본성에 효과적으로 옷을 입히는 일이다."

같은 짐승의 고기라도 어떤 부위는 공작님 식탁에 오르는 영광을 누리지만 어떤 부위는 형편없이 토막 쳐서 지저분한 시장 진열장에 네 다리를 쭉 뻗고 누운 꼴이 되기도 한다. 그렇다면 귀족 나리와 문지기가 똑같은 암소 고기, 똑같은 송아지 고기를 먹는다고 할 때 그 맛의 차이는 어디에서 올까? 양념, 조리 방법, 차림새, 더 나아가서는 어떻게 내놓느냐 하는 차이가 전부이다. 한쪽은 가장 입맛이 없을 때라도 식욕을 자극하고 부추기지만, 다른 한쪽은 가장 왕성한 식욕을 지닌 사람조차도 메스껍고 싫증나게 만든다.

마찬가지로 정신적 음식의 훌륭함도 그 재료보다는 작가의 조리 솜씨에 달려 있다. 그러니 독자 여러분께서 이 작품이 저 헬리오가발루스 시대조차 명

함을 못 내밀 이 시대 최고 요리사*1의 비법 중 하나를 엄격하게 지키며 창작된 것이라는 사실을 발견하시게 된다면 그 기쁨이 얼마나 클 것인가? 점잖은 식도락가들이 잘 알고 있듯이, 훌륭한 요리사는 배고픈 손님에게 처음에는 그저 평범한 요리를 내놓고 그 뒤 손님들 배가 불러감에 따라서 고급 요리를 내놓다가 마지막으로 최고급 소스와 향료로 마무리한다. 마찬가지로 우리도 처음에는 독자 여러분의 왕성한 식욕을 위해 '인간의 본성'을 시골에서나 발견될 법한 수수한 방식으로 요리하여 내놓을 것이다. 그런 다음 궁정이나 도회지에서 볼 수 있는 허영이나 악덕과 같은 온갖 고급 프랑스·이탈리아 양념들을 듬뿍 가미하여 정성껏 요리할 것이다. 앞서 말한 훌륭한 요리사가 손님들의 식욕을 돋워주었던 것처럼, 이런 방법으로 우리는 독자분들이 이 작품을 읽고 싶다는 욕망을 영원히 품게 되리라고 믿어 의심치 않는다.

머리의 말은 그만하고, 이제 우리 메뉴를 마음에 들어 하시는 분들이 더는 애간장 태우지 않고 어서 식사를 즐길 수 있도록 우리 이야기의 첫 번째 코스요리를 제공하겠다.

2
대지주 올워디 씨에 대한 짧은 소개와
그의 여동생 브리짓 올워디 양에 대한 좀 더 자세한 소개

흔히 서머싯셔라고 부르는 영국 서부 지역 어느 곳에 예전에, 아니 지금도 그럴지 모르지만, 올워디라는 신사가 살았다. 그는 자연과 행운의 신들이 누가 더 그에게 많은 축복과 부를 내려주나 경쟁이라도 하는 것처럼 보일만큼 유복한 사람이었기 때문에 사람들은 그를 이 두 신의 '총아'라고 불렀다. 어떤 사람은 이 경쟁의 승자는 자연의 신이라고 생각했다. 자연의 신이 그에게 수없이 많은 선물을 베푼 데 비해서 행운의 신이 베풀 수 있는 선물은 딱 한 가지였기 때문이다. 그러나 이 한 가지 선물을 너무나도 풍족하고 아낌없이 베풀었기에 어떤 사람은 이 선물 하나가 자연의 신이 그에게 베푼 모든 은총

---

*1 당시 유명 레스토랑 주인인 레베크라는 사람을 언급한 것으로 추정됨.

에 버금가고도 남는다고 생각할 정도였다. 요컨대 그는 자연으로부터는 시원시원한 용모와 건강한 체질, 견실한 지력, 자애로운 심성을 얻었으며, 행운의 신으로부터는 그 지역에서 손가락 안에 드는 재산을 물려받는 운명을 점지 받았다.

이 신사는 젊어서 고매하고 아름다운 여성과 결혼했으며, 이 여인을 진심으로 사랑했다. 둘은 자녀 셋을 낳았지만 아이들은 모두 어려서 죽고 말았다. 또 그는 이 이야기가 시작되기 5년 전쯤에, 그토록 사랑하던 부인마저 땅에 묻는 불운을 겪었다. 이 커다란 슬픔을 그는 분별력과 견고한 심성의 소유자답게 잘 견뎌냈다. 솔직히 말하자면, 이 일로 말미암아 그는 때때로 알 수 없는 말을 입에 담게 되었다. 가끔 이런 말을 하는 것이다. 나에게는 아직도 부인이 있으며 부인이 먼저 여행길에 오른 것일 뿐 나도 언젠가는 분명히 따라가게 될 것이다, 저세상에서 아내와 재회하리라는 데 추호의 의심도 없으며 그곳에서는 다시 헤어지는 일이 없을 것이다—이 말을 듣고 이웃들 중 몇몇은 그의 분별력을 의심했고, 몇몇은 그의 신앙심을, 또 몇몇은 그의 진실성을 비난했다.

부인이 죽고 난 뒤 그는 대부분의 시간을 시골에 틀어박혀 여동생과 함께 보냈다. 여동생에게는 따뜻한 애정을 쏟았다. 이 숙녀는 서른을 조금 넘겨, 심술궂은 사람들이 '노처녀'라는 호칭을 붙여도 크게 무례가 안 되는 나이였다. 그녀는 미모보다는 고운 성품 때문에 칭찬받는, 즉 같은 여자들이 "정말 착한 분이에요. 그렇게 좋은 분은 또 없다니까요"라고 칭찬하는 여자였다. 실제로 그녀는 자신의 부족한 미모를 전혀 유감스러워하지 않았다. 그런 장점(미모도 장점에 속한다면)을 언급할 때면 반드시 그 안에 경멸을 담아 말했다. 난 누구처럼 예쁘지 않아 정말 다행이지 뭐예요, 그 사람도 아름답지 않았다면 그런 꼴은 당하지 않았을 텐데, 미모 때문에 그런 실수를 저지른 것 아니겠어요? 따위의 이야기였다. 브리짓 올워디(이것이 그녀의 이름이다) 양은 매우 타당하게도, 여성의 미모란 타인에게나 본인에게나 그저 덫에 불과하다고 생각했다. 행동거지는 또 어찌나 조심스러운지, 여자를 함정에 빠뜨리려는 온갖 유혹이 자기를 찾아올까 두렵다는 듯이 신중하게 행동했다. 독자 여러분은 이해가 잘 안 가겠지만, 실제로 내가 관찰한 바로는 이 신중함이란 보초병은 잘 훈련된 우리나라 군대 같아서 꼭 위험하지 않은 곳으로만 출동하려 든다. 즉 이 보초병은 모든 남성이 동경하고 한숨짓고 애태우며 수중에 있는 모든 그물을 던져 잡고 싶어 하는 미인은 비겁하게도 종종 못 본 척하고, 남성이 존경심을 품고 멀리하여 함부로 공략하려 들지 않는 (성공 확률이 없어서겠지만) 귀부인에게만 들러붙는다.

이야기를 더 진행해 나가기에 앞서 이쯤에서 독자 여러분께 양해를 구하고자 한다. 즉 이야기를 해나가며 그럴 만한 이유가 있다 싶으면 나는 언제든지 옆길로 벗어나 여담을 할 생각이라는 것이다. 그게 어떤 때이냐에 관해서는 한심한 비평가들보다도 내 판단이 훨씬 옳으리라 생각한다. 그러니 이 자리를 빌려 그런 비평가 양반들에게 말해두건대, 제발 자신들과 전혀 무관한 문제에 끼어들어 쓸데없는 참견 말기 바란다. 그들이 재판관으로 임명되어 권위를 보여주지 않는 한 나는 그들의 재판권에 반박하기를 멈추지 않을 것이다.

3
귀가한 올워디 씨에게 일어난 이상한 사건. 드보라 윌킨스 부인의 품위 있는 행동과 사생아에 관한 적절한 질책 몇 마디

앞장에서 나는 올워디 씨가 막대한 재산을 물려받았으며, 따뜻한 가슴을 지녔고, 부인과 자식이 없다고 밝혔다. 따라서 많은 사람이 그가 정직하게 살며 단 1실링의 빚도 지지 않았고, 자기 소유물 외에는 그 어느 것도 취하지 않았으며, 이웃들을 식탁으로 불러들여 따뜻하게 맞았고, 불쌍한 사람들 즉 노동보다는 구걸에 의존하는 사람들에게 아낌없이 자선을 베풀고, 세상을 떠날 때는 엄청난 재산을 남겨 병원을 건립했을 거라고 상상할 것이다.

물론 그는 이런 많은 일을 했다. 그러나 그저 그뿐이었다면 나는 그가 그 병원의 아름다운 돌현판 따위에 자신의 공적을 기록하도록 내버려두었을 것이다. 내가 이 한 편의 소설을 쓰는 이유는 더 특별한 내용이 있기 때문이다. 그게 아니라면 이처럼 두터운 작품을 집필하는 것은 엄청난 시간 낭비가 되고 말 것이며, 현명한 독자 여러분께서도 코웃음 나는 몇몇 문인이 '영국사'라 자칭한 책 몇 권을 인내심을 가지고 읽는 것보다 많은 이득과 즐거움을 얻지 못할 것이다.

올워디 씨는 어떤 일 때문에 석 달 동안 런던에 나가 있었다. 어떤 용건인지는 모르지만, 평소 길어야 한 달 이상은 집을 비우지 않는 사람이라는 점에 비추어 볼 때 그렇게 오랫동안 집을 떠나 있었다는 것은 그만큼 중요한 일이었음을 짐작케 한다. 어느 날 늦은 시간에 집에 돌아온 그는 여동생과 간단히 저녁 식사를 마친 뒤 너무나 피곤하여 바로 침실에 들었다. 먼저 단 한 번도 어긴 적 없는 습관대로 몇 분 동안 무릎을 꿇고 기도를 올렸다. 이윽고 침대에 들려고 이불을 젖힌 순간 그는 소스라치게 놀랐다. 침대 시트 위에서 거친 리넨에 싸여 쌔근쌔근 자고 있는 아기를 발견한 것이다. 그는 이 광경을 보고 한동안 멍하니 서 있었다. 그러나 그는 늘 선량한 본성이 우세한 사람이었기에, 눈앞에 있는 이 불쌍한 아기를 보고 동정심이 우러나왔다. 그는 벨을 울려 하인을 부른 뒤, 즉시 늙은 가정부를 깨워오라고 분부했다. 그동안 그는 잠든 아기가 으레 그러하듯 발그레한 뺨에 깃든 순진무구한 아름다움을 뚫어지게 응시했다. 너무 열중한 나머지, 늙은 하녀가 들어왔을 때 자기가 잠옷 차림이라는 사실도 잊고 있었다. 사실 이 하녀는 주인에게 옷 갈아입을 시간을 충분히 주었던 터였다. 다시 말해 그녀는 하인이 황급히 자기를 부르러 왔을 때, 주인이 뇌졸중 따위를 일으켜 곧 숨이 넘어가려는 상황인지도 모르는 판국에 주인에 대한 존경심과 품위를 고려하여 거울 앞에서 머리를 매만지느라 몇 분을 지체한 것이다.

자신의 품위에 그토록 엄격하게 신경을 쓰는 사람이 다른 사람이 조금 예의에 어긋나는 옷차림을 한 것을 보고 충격을 받는 것은 놀라운 일이 아니다. 그녀는 방문을 열고, 주인이 양초를 손에 들고 속옷 바람으로 침대 가에 서 있는 모습을 보자마자 소스라치게 놀라 뒷걸음질 쳤다. 그제야 주인이 자기가 속옷 바람이라는 것을 깨닫고, 이 드보라 윌킨스 부인의 순결한 눈에 더는 충격을 주지 않도록 옷가지를 걸칠 때까지 잠시 문간에서 기다리라는 말로 그녀의 공포심을 말끔히 날려주었기에 망정이지 그렇지 않았더라면 기절해 버렸을지도 모른다. 올해 쉰둘인 그녀는 그 나이를 먹도록, 겉옷을 입지 않은 남자의 모습을 맹세코 단 한 차례도 본 적이 없었다. 냉소주의자나 저속한 농담을 즐기는 사람이라면 소스라치게 놀랐던 그녀의 이런 태도를 비웃을 것이다. 그러나 근엄한 독자라면, 한밤중에 자는 걸 깨워 가보니 주인이 그런 몰골이었다는 점을 고려하여 그녀의 이런 행동을 크게 옹호하고 칭찬할 것이다. 물론 아무리 여자라도 드보라 부인 정도의 연륜이라면 좀 더 분별력 있게 행동해야 하는 것 아니냐고 반박한다면 이야기는 별개지만.

다시 방으로 들어온 드보라 부인이 주인으로부터 침대에서 아기를 발견했다는 소리를 듣고 느낀 충격은 주인을 능가하는 것이었다. 그녀는 표정과 말투로 커다란 공포심을 드러내며 비명을 질렀다. "나리, 이를 어째요?" 올워디 씨는 날이 밝으면 유모를 고용할 테니 오늘 밤은 수고 좀 해달라고 대답했다. "알겠습니다. 그런데 나리, 영장*2을 발부해서 이 아기를 낳은 괘씸한 여자를 붙잡는 게 어떨까요? 어차피 이 동네 여자겠지요. 감옥에 끌려가 짐수레에 매달린 채 매질 당하는 꼴을 보고 싶네요. 정말이지 그런 나쁜 년들은 아무리 가혹하게 벌해도 지나치지 않다니까요. 뻔뻔스럽게 나리께 아기를 맡겨 버린 걸 보면, 장담컨대 이번이 처음은 아닐 거예요." 올워디 씨가 말했다. "나에게 맡긴 거라고?! 그런 의도는 아닐 거야. 아기를 먹여 살리려고 이런 방법을 택한 것일 뿐이겠지. 사실 아기 엄마가 더 나쁜 방식으로 일을 처리하지 않은 게 다행이지." 드보라가 큰 소리로 말했다. "자기 죄업의 결과를 성실한 사람에게 떠넘기는 일보다 더 나쁜 일이 뭐가 있나요? 나리께서는 결백할지 몰라도 세상은 나리를 비난할 거예요. 아무리 행실이 발라도 기억에 없는 아기 아버지가 되어 버리는 사람은 적지 않죠. 나리께서 이 아기를 키우신다면 사람들은 더 쉽게 그렇게 믿을 겁니다. 거기다 마땅히 교구에서 양육 책임을 맡아야 할 아기를 대체 왜 나리께서 키우시겠다는 거죠? 행실이 바른 사람의 아기라면 모를까, 저로서는 이런 태어나지 말아야 할 아기는 만지기조차 꺼려지는군요. 똑같은 인간으로 생각되지가 않아요. 푸, 이 냄새는 또 뭐람! 이건 그리스도인의 냄새가 아니에요. 감히 제 의견을 말씀드린다면, 이 아기를 바구니에 담아 교구 위원 집 현관에 두고 오라고 심부름을 보내는 게 좋을 것 같습니다. 비바람이 불긴 하지만 그리 거세지 않으니, 잘 싸서 따뜻하게 바구니에 넣어두면 아침에 누가 발견할 때까지 잘못되는 일은 없을 거예요. 만약 잘못되더라도 우리로서는 나름 의무를 다한 거지요. 이런 아기는 자라서 제 엄마를 흉내 내기보다 죄 없는 갓난아기

---

*2 당시는 지방 귀족이 치안판사 격으로 이러한 직권을 가지고 있었다. 올워디가 그런 지위에 있었음은 제17장 첫머리에 나온다.

일 때 죽는 편이 나을지도 몰라요. 어차피 호사도 못 누리고 살 텐데."

올워디 씨가 이 말을 귀 기울여 들었다면 불쾌했을 것이다. 그러나 이때 그는 아기 손 안에 자신의 손가락 하나를 막 넣어본 참이었다. 손가락을 쥔 그 부드러운 손아귀가 그에게 도움을 요청하는 것 같았다. 드보라 부인의 열변이 열 배는 강력한 것이라 할지라도 아기의 손이 더 강하게 마음을 움직였을 게 틀림없다. 그는 드보라 부인에게 아기를 그녀의 침대로 데려가 재우고, 아기가 깨면 먹일 수 있도록 하녀를 불러 죽과 그 밖에 여러 가지를 준비시키라고 단호하게 지시했다. 또 아침이 밝자마자 적당한 옷가지들을 사 오고, 자기가 잠자리에서 일어나는 즉시 아기를 데려오라고도 지시했다.

드보라 부인은 대단한 분별력의 소유자였으며, 자신에게 부족함 없는 위치를 부여해준 주인에 대한 존경심 또한 매우 컸으므로 망설임을 접고 주인의 엄명에 따랐다. 그녀는 부모 없는 아이에 대한 혐오감도 내보이지 않고 갓난아기를 품에 안았다. 그리고 귀여운 아기라고 너스레를 떨면서 자기 방으로 돌아갔다.

올워디 씨는 선을 갈구하는 마음이 완전히 흡족하게 되었을 때 쉽게 찾아오는 달콤한 잠 속으로 빠져들었다. 이런 잠은 맛난 음식을 실컷 먹고 포만감에 빠져 자는 잠보다 더욱 달콤하다. 독자 여러분이 이런 잠을 맛보실 수 있도록 나도 애쓰고 싶지만, 식욕을 돋우려면 어디로 가야 하는지는 알아도 선행욕을 높이려면 어디로 가라고 추천해야 할는지 알 수가 없다.

4
독자의 목을 위험으로 몰고 가는 정경 묘사와
거기에서 벗어나기. 브리짓 올워디 양의 크게 너그러운 반응

올워디 저택은 고딕 건축의 정수를 모은 고풍스런 건물이다. 보는 이를 압도하는 장려함과 그리스 최고 건축물에 필적하는 고색창연함이 있다. 내부도 외관에 걸맞게 널찍했다.

야트막한 산 남동쪽에 위치했는데 정상보다는 기슭 쪽에 가까워서, 저택에서 비탈을 따라 올라가며 반 마일쯤 펼쳐진 오래된 참나무 숲이 북동풍을

막아주었지만, 아래쪽 계곡의 멋진 전망을 충분히 즐길 만큼은 높았다.

　숲 한가운데에는 집 쪽까지 경사져 내려온 멋진 잔디밭이 있고, 그 맨 위쪽에 물이 많은 샘이 있었다. 전나무로 에워싸인 커다란 바위틈에서 세차게 뿜어져 나와 30피트 높이의 폭포를 만들어내었다. 폭포는 계단 모양 돌들을 따라 똑바로 흐르지 않고, 울퉁불퉁하고 이끼 긴 돌들 위를 자연스럽게 흘러 바위 밑부분까지 떨어졌다. 물은 다시 자갈이 많은 물길을 따라 군데군데 조그만 폭포를 이루며 구불구불 내려가다가 끝으로 저택 남쪽 4분의 1마일 내려간 산 아래 호수로 흘러들어갔다. 호수는 저택 앞쪽에 있어서 어느 방에서나 잘 보였다. 너도밤나무와 느릅나무 숲에 둘러싸여 양 떼들이 뛰노는 아름다운 평원 한가운데를 차지한 이 호수는 강의 발원지이기도 했다. 강은 놀랄 만큼 수많은 목장과 숲들을 구불대며 수 마일이나 흐르다 마침내 바다로 흘러들어갔다. 이 널따란 만과 그 건너편에 있는 섬이 저택에서 보이는 마지막 정경이다.

　계곡 오른편으로는 마을들이 드문드문 자리한 조금 작은 규모의 또 다른 계곡이 있었다. 가장 깊이 들어간 곳에는 담쟁이덩굴로 뒤덮인 낡고 황폐한 수도원 탑 하나가 보였다. 수도원의 앞부분이 아직 멀쩡하게 남아 있었다.

　왼편에는 기복이 심한 아름다운 대정원이 펼쳐져 언덕이며 잔디밭·숲·시냇물이 보기 좋게 배치되어 있었으며, 그렇다고 해서 일부러 가꾼 것은 아니고 거의가 자연 그대로 생겨난 것들로서 이루 말할 수 없이 여러 모습을 연출하며 탁 트인 풍경을 이루었다. 그 뒤부터 서서히 지대가 높아져서 사람이 들어갈 수 없는 산맥을 이루었고, 그 꼭대기에는 구름이 걸려 있었다.

　때는 바야흐로 5월 중순이었다. 매우 상쾌한 아침 공기를 마시며 올워디 씨가 테라스로 걸어 나오자 바로 앞에서 묘사한 아름다운 풍경이 새벽 어스름 속에서 차례차례 드러났다. 이윽고 태양이 스스로 위엄을 과시하려는 듯 먼저 푸른 하늘에 빛줄기를 뻗치더니 마침내 찬란하고 당당한 모습을 드러냈다. 지상의 피조물들 중에서 이 태양보다 더 눈부신 존재는 오로지 하나, 바로 올워디 씨의 모습이었다. 즉 어떻게 하면 신이 빚으신 인간들에게 가장 큰 선을 행함으로써 창조주의 뜻을 이룰 수 있을지 명상에 잠긴, 자비심으로 가득 찬 그 모습이었다.

　독자들이여, 조심하시라. 작가는 경솔하게도 여러분을 산처럼 높은 산꼭대기 올워디 씨 댁으로 인도하고 말았다. 그런데 여러분의 목이 부러지는 일 없이 어떻게 다시 그곳에서 내려오게 해야 할지 모르겠다. 어쨌든 과감하게 함께 미끄러져 내려가 보기로 하자. 브리짓 양이 벨을 울려 올워디 씨에게 아침 식사를 하러 내려오라고 불렀으니 말이다. 작가도 그 자리에 필히 참석해야 하고, 괜찮다면 여러분도 참석해주셨으면 한다.

여동생과 안부 인사를 나누고 차가 준비되자 올워디 씨는 하인에게 윌킨스 부인을 불러 오라고 이르며 여동생에게 '선물이 있다'고 말했다. 그녀는 감사 인사를 했다. 옷이나 또는 장신구일 거라고 상상하는 듯싶었다. 사실 그는 여동생에게 종종 그런 선물을 했으며, 그에 대한 예의의 표시로 그녀는 자신을 치장하는 데 많은 시간을 썼다. '그에 대한 예의 표시'란 표현을 쓴 것은 평소 그녀가 몸치장에 시간과 노력을 쏟아 붓는 숙녀들에게 큰 경멸감을 드러낸다는 의미에서이다.

어쨌든 그런 기대를 하고 있는데 주인의 부름을 받은 윌킨스 부인이 갓난 아기를 데리고 나타났을 때 그 실망감이란 어떤 것이었겠는가. 너무 놀라면 앗 소리조차 내지 못한다. 브리짓 양도 오빠가 사정을 다 이야기할 때까지 할 말을 잃었다. 이미 독자 여러분께서는 그 사정을 모두 알고 계시니 새삼 설명하진 않겠다.

브리짓 양은 숙녀들이 '정조'라고 부르는 가치를 존중한다고 공언해 왔고 자기 몸가짐에도 엄격했으므로, 이런 이야기를 들으면 오만상을 찌푸리고 아기를 해로운 짐승 취급하며 당장 집 밖으로 내다 버리라고 소리를 지를 것만 같았다. 특히 윌킨스 부인은 그렇게 기대했다. 그런데 그런 예상과 정반대로 그녀는 오히려 이 일에서 착한 쪽 편을 들기로 한 것 같았다. 그녀는 의지할 데 없는 갓난아기에게 얼마간 동정심을 내비치며 오라버니의 자애로움을 칭찬했다.

이야기의 끝에 올워디 씨가 앞으로 이 아기를 맡아 친자식처럼 키우기로 결심했다고 말했다는 것을 독자 여러분이 안다면, 브리짓 양이 보인 이런 태도는 그녀가 자신을 모두 내려놓고 이 선량한 오라버니의 뜻에 따르기로 한 데서 비롯된 것임을 이해할 것이다. 사실을 말하자면 그녀는 늘 오빠의 뜻을 순순히 받아들였다. 그 뜻에 거스르는 일은 좀처럼 없었다. 물론 그녀도 주장을 펴는 일이 있기는 했다. 예컨대 남자란 한 치 앞도 내다볼 줄 모르면서 뭐든 고집대로만 하려 든다는 둥, 자기도 개인 재산을 갖고 싶다는 둥 하는 이야기였다. 그러나 그조차 아주 낮은 목소리로 말하는 것이어서 기껏해야 웅얼거림에 지나지 않았다.

대신 브리짓 양은 아기에게 표현하지 못하고 억눌렀던 불만을 누군지 모를 가엾은 아기 엄마에게 모조리 쏟아 부었다. 뻔뻔스런 계집년, 음탕한 바람둥이, 염치없는 창녀, 사악한 매춘부, 추잡한 년 등 정숙한 숙녀들이 자기들 얼굴에 먹칠을 한 여자들을 규탄할 때 퍼붓는 온갖 욕설을 총동원하여 마구 해댔다.

어떻게 아기 엄마를 찾을지 논의가 시작되었다. 먼저 하녀들의 품행을 일일이 조사했으나 윌킨스 부인에 의해 모두 무죄 방면되었다. 그도 그럴 것이 이 하녀들을 데려온 장본인이 바로 윌킨스 부인이었으며, 그처럼 허수아비같이 못난이 하녀들만 모아놓은 집도 찾기 힘들었던 것이다.

다음 단계는 마을 주민들을 조사하는 것이었다. 이 일도 윌킨스 부인이 맡았다. 그녀는 가능한 모든 노력을 기울여 탐문한 뒤 결과를 오후에 보고하겠다고 했다.

모든 일이 결정되자 올워디 씨는 늘 하던 습관대로 서재로 물러났다. 아기 돌보는 일은 그의 바람대로 여동생에게 맡겨졌다.

5
몇 가지 평범한 사건과 그에 대한 아주 특별한 관찰

주인이 물러나자 드보라 부인은 브리짓 양이 무언가 지시하기를 기다리며 조용히 앉아 있었다. 이 현명한 가정부는 주인 앞에서 오갔던 대화를 결코 믿지 않았다. 오빠가 사라지고 난 뒤 이 숙녀가 보이는 감정이 오빠가 있을 때 보이는 감정과 딴판으로 달라지는 일이 드물지 않았기 때문이다. 그러나 브리짓 양은 드보라가 그런 의심에 오래 빠져 있도록 만들지 않았다. 드보라의 무릎 위에 잠들어 있는 아기를 한참동안 골똘히 들여다보더니, 이 착한 숙녀는 아기에게 마음속에서 우러나오는 정겨운 입맞춤을 하며, 이 귀엽고 순진한 모습이 사랑스러워 견딜 수 없다고 말했다. 그 말을 듣자마자 드보라도 아기를 꼭 껴안고 입 맞추며, 이따금 젊고 활기찬 새신랑을 맞이하는 45세 중년 여자처럼 황홀한 감정에 빠져 과장된 목소리로 이렇게 외쳤다. "오! 사랑스런 아가야! 예쁘고 귀여운 아가! 정말이지 이렇게 잘생긴 사내아이는 처음 봐요!"

이런 감탄이 한동안 계속되었다. 이윽고 브리짓 양은 드보라를 자제시키고, 오빠가 시킨 임무를 실행했다. 아기에게 필요한 물건을 빠짐없이 준비하라 이르고, 유모가 쓸 아주 훌륭한 방을 골랐다. 어찌나 세세하게 지시를 내리던지, 아기가 친자식이었다 해도 그보다 더할 수는 없었을 것이다. 종교적 율법에 어긋난다고 규정한 법에서 이런 비천한 태생의 아기에게 베푸는 자비치고는 너무 지나친 것 아니냐고 덕성 높은 독자분들께서 비난하실지 모르니, 그녀가 마지막에 이런 말을 덧붙였다는 것을 밝혀두어야겠다. "오라버니께서 일시적인 기분에서 그러셨는지는 모르지만 어쨌든 이 아기를 양자로 결정하셨으니 이제 커다란 애정으로 이 작은 주인님을 모셔야겠지. 나로선 이런 일은 죄악을 부추기는 거나 마찬가지라는 생각밖에 안 들지만 남자가 얼마나 고집불통인지 잘 아니까 이 어이없는 생각에 반대할 마음은 없어."

이미 암시한 바와 같이, 그녀가 오빠의 뜻대로 행동할 때는 대개 이런 말이 따라붙었다. 명령은 따르되 그것이 어리석고 이치에 맞지 않는 생각임을 공언하는 것, 그것만큼 그 사람의 순종적인 태도의 가치를 높이는 일은 없다. 무언의 순종은 의지를 구속하지 않으므로 아무런 고통 없이 영원히 계속된다. 그러나 우리가 바라는 행동을 아내이건 자식이건 친척이건 친구건, 얼굴에 혐오와 불만을 노골적으로 드러내고 투덜거리며 마지못해 한다면, 그들이 얼마나 애써 인내하는지가 분명히 전달되기 때문에 더 고마워하게 된다.

이런 관찰은 아무나 할 수 없는 심오한 것이므로 독자 여러분께 도움을 드리기 위해 구태여 언급한 것이다. 단, 이런 호의가 이 작품에 종종 나타날 거라고 기대하신다면 곤란하다. 오히려 이런 친절은 이 부분을 빼고는 좀처럼 찾아보기 힘들 것이다. 지금 이 장면은 나 같은 작가 중에서도 하늘이 내린 영감을 받지 않고서는 누구도 발견하지 못할 장면이기에 설명한 것이다.

6

주인의 뜻대로 아기 문제를 처리하기로 한 드보라 부인은 아기 엄마가 숨어 있을 것이라고 생각되는 집들을 방문할 준비를 했다.

비유하자면 이랬다. 무시무시한 솔개가 머리 위를 선회하면, 짝짓기 하던 비둘기나 아무 죄 없는 작은 새들은 앞으로 닥칠 위험을 감지하고 벌벌 떨며 숨을 곳을 찾아 날아간다. 솔개는 자신의 위엄을 의식하고 유유히 날갯짓하며, 저들을 어떻게 요리할지 마음속에 그린다.

이와 마찬가지로, 드보라 부인이 온다는 소식이 퍼지자 온 마을 사람들이 벌벌 떨며 집으로 내달려 도망쳤다. 마을의 모든 아낙네는 이 가정부가 바로 자기 때문에 오는 게 아닌가 두려워했다. 드보라 부인은 당당한 발걸음으로 유유히 들판을 가로질렀다. 자신의 우월한 위치에 자만심으로 가득 차 머리를 한껏 쳐들고, 아기 엄마를 어떻게 찾아낼지 마음속으로 그렸다.

앞서 든 비유를 보고 현명한 독자라면 마을 사람들이 불안해하는 이유가 월킨스 부인이 마을로 오고 있다는 사실 때문이 아님을 눈치채실 것이다. 그러나 이 훌륭하고 아름다운 비유도 먼 미래의 편집자가 여기에 해석을 붙이기 전까지 앞으로 수백 년간 잠자는 신세가 될지도 모르므로 작가는 이쯤에서 독자 여러분께 약간의 도움말을 제공하고자 한다.

내가 솔개를 비유로 든 이유는 다음과 같다. 작은 새를 잡아먹는 게 솔개의 본성이듯, 가난한 사람들을 모욕하고 폭군처럼 군림하는 게 월킨스 부인과 같은 사람들의 속성이라는 것이다. 이것은 사실 그녀와 같은 아랫사람이 상전을 더없이 겸손하고 비굴하게 대하는 것에 대해 스스로에게 보상하는 수단이다. 노예나 아첨꾼이 상전에게 바친 세금을 자신보다 더 낮은 지위에 있는 사람들에게서 거두어들이려는 일은 아주 자연스러운 현상 아닌가.

브리짓 양에게 유난히 굽실거려야 할 일이 있어서 심기가 불편해지면 드보라 부인은 으레 가난한 사람들을 찾아가 불쾌한 심사를 폭발시킴으로써 기분을 풀었다.

마을에 도착하자 그녀는 먼저 나이 든 부인이 사는 집을 찾아갔다. 이 부인은 다행히도 생김새로 보나 나이로 보나 그녀와 비슷한 면이 많았기 때문에 그녀는 다른 누구를 대할 때보다도 호의를 가지고 이 부인을 대했다. 그녀는 부인에게 전날 밤 일어났던 일과 자신이 마을에 온 목적을 얘기했다. 두 사람은 즉시 마을 아가씨들의 행실을 꼼꼼히 따져본 뒤 마침내 제니 존스라는 처녀를 강력하게 의심하게 되었다. 이 처녀가 아기를 버린 장본인일 가능성이 가장 높다는 데 의견이 일치한 것이다.

제니 존스란 이 처녀는 얼굴 생김새나 몸매 모두 그리 예쁜 편은 아니었다. 그러나 자연의 신은 그런 부족한 미모를 판단력이 완숙한 시기에 이른 숙녀들이 가장 존중하는 자질로 보상해주었다. 즉 풍부한 이해력을 선사했던 것이다. 제니는 타고난 이런 지력을 학식으로 더욱 향상시켰다. 그녀는 몇 년 동안 어느 학교 선생 댁의 하녀로 일했는데, 그 선생이 그녀의 영리한 머리와 넘치는 학구열을 발견하고는 틈날 때마다 그녀에게 학문서를 읽혔다. 친절하게도 또는 어리석게도(독자 여러분께서 생각하고 싶은 대로 생각하시라) 그녀를 정성껏 교육한 것이다. 그녀는 뛰어난 라틴어 실력을 갖게 되었으며, 내로라하는 명문학교 학생 못지않은 훌륭한 학생이 되었다. 그러나 모든 특출한 장점이 그러하듯이, 그녀의 이런 장점은 몇 가지 사소한 불편을 만들어냈다. 그처럼 훌륭한 학식을 쌓은 젊은 처녀가 자기와 똑같이 미천한 신분이면서 머리에 든 것도 없는 다른 처녀들과 어울리는 데 흥미를 잃은 것도 무리는 아니었지만, 그와 동시에 제니의 그런 지적 우월성과 그에 따른 행동거지가 다른 처녀들 사이에서 어느 정도의 질투와 악의를 낳은 것 또한 놀라운 일이 아니었다. 그녀가 하녀 일을 마치고 마을로 돌아온 뒤부터 이웃 사람들의 가슴에는 그런 감정이 은밀히 불타올랐던 모양이다.

그러나 그런 질투심은 겉으로는 드러나지 않았다. 그러던 어느 일요일 가엾은 제니는 새 비단 가운에 레이스 모자를 쓰고 그 밖에 거기에 어울리는 장신구로 한껏 치장하고 당당히 나타남으로써 마을 사람들을 놀라게 하고 이웃 처녀들을 짜증나게 했다.

마음속에 도사리고 있던 질투의 불꽃이 폭발했다. 제니는 학식이 있는 만큼 자부심이 대단했지만, 지금껏 누구 한 사람 그녀의 바람대로 존중을 보여주는 친절은 베풀지 않았다. 일이 이럴진대 그런 화려한 복장으로 나타났으니 존경과 동경은커녕 그녀가 얻은 것이라곤 증오와 욕설뿐이었다. 온 마을 사람이 입을 모아, 뭔가 까닭이 있지 않고서야 그런 복장을 살 수 있을 리 없다고 말했다. 딸을 가진 부모들은 제 딸들도 그런 복장을 바라기는커녕 그런 옷을 가지지 않았다는 걸 다행으로 생각했다.

저 선량한 부인이 가장 먼저 이 가엾은 처녀의 이름을 윌킨스 부인에게 고한 것은 이런 사정 때문이었지만, 윌킨스 부인의 의심에 확신을 심어준 또다른 정황이 있었다. 최근 들어 제니는 올워디 씨네 저택을 자주 드나든 것이다. 갑작스레 병이 나 자리에 누운 브리짓 양의 간호를 맡아 여러 날 밤을 옆에서 지키고 앉아 있기 위해서였다. 뿐만 아니라 올워디 씨가 귀가한 날 낮에도 저택에서 드보라 부인과 마주쳤었다. 물론 이 현명한 부인이 처음부터 그런 이유로 이 처녀를 의심한 것은 아니었다. 그녀의 말을 빌리자면 "늘 제니를 얌전한 처녀애로 생각했고(실은 이 아이에 대해 아는 바는 없었지만), 예쁘다는 착각에 빠져 거들먹거리는 방탕한 계집년들이 훨씬 의심스럽다"고 생각했다.

제니는 드보라 부인의 호출을 받고 즉시 모습을 드러냈다. 드보라 부인은 판사처럼 근엄한 얼굴로, 아니 판사보다 더 엄격한 태도로 "이 뻔뻔한 창녀!"라는 말로 긴 연설을 시작했다. 연설은 죄를 추궁한다기보다는 오히려 죄수에게 판결을 언도하듯이 흘러갔다.

앞서 말한 이유들 때문에 드보라 부인은 제니의 유죄를 완전히 확신했지만, 올워디 씨였다면 더 유력한 증거 없이 단죄하지는 않았을 것이다. 그러나 제니는 모든 죄를 순순히 자백함으로써 죄를 추궁하는 사람들의 수고를 덜어주었다.

이 자백은 겉보기에는 죄를 뉘우치는 듯한 것이었지만, 드보라 부인의 분노를 전혀 누그러뜨리지 못했다. 그녀는 전보다 훨씬 더 모욕적인 말로 두번째 판결을 언도했다. 어느샌가 빽빽하게 모여든 구경꾼들에게도 제니의 자백은 동정을 얻지 못했다. 어떤 사람은 "네 그 비단 가운이 이런 일을 초래할 줄 알았다니까"라고 떠들어댔으며, 어떤 사람은 제니의 학식을 조롱했다. 그 자리에 있던 여자들 중에 가엾은 제니를 욕하지 않은 사람은 단 한 명도 없었다. 제니는 이 모든 욕설을 꾹 참고 견뎌냈지만, 한 여자가 그녀의 외모를 흠잡으며 "저런 추녀한테 비단 가운을 선물하다니 그 사내놈 취향 한번 별나네!"라고 욕한 데에는 잠자코 있지 않았다. 제니는 날카롭게 되받아쳤다. 아까부터 자신의 정조를 비난하는 어떤 모욕의 언사도 묵묵히 견디는 그녀의 태도를 지켜보던 분별 있는 구경꾼들이 놀라움을 금치 못할 만큼 신랄한 반응이었다. 인내심이 바닥나 버리기라도 한 것일까? 인내심이라는 미덕은 조금만 사용해도 쉽게 소모되기 마련이니까.

기대 이상으로 탐문에 성공을 거둔 드보라 부인은 의기양양하게 집으로 돌아와 약속한 시간에 올워디 씨에게 그 결과를 충실히 보고했다. 그는 이 전후 사정을 듣고 무척 놀랐다. 그 처녀의 학식은 익히 들은 바가 있었으므로 얼마간 생활비를 주어 인근에 사는 한 부목사와 혼인시킬 셈이었기 때문이다. 따라서 그가 보인 근심과 걱정은 적어도 드보라 부인이 보인 만족감의 양에 필적할 만한 것이었다. 많은 독자 여러분은 그가 보인 이 걱정이 훨씬 지당한 것이라고 여기시리라.

브리짓 양은 말했다. "정말 놀랐지 뭐야. 이제 어떤 여자도 믿어선 안 되겠어." 그만큼 제니는 그녀의 마음에 드는 행운을 잡고 있었던 셈이다.

사려 깊은 가정부 드보라 부인은 범인을 올워디 씨 앞으로 데려오기 위해 다시 급파되었다. 그러나 그것은 몇몇 사람의 바람과 모두의 기대에 부응하여 그녀를 감옥에 보내는 대신 그녀에게 유익한 훈계와 따끔한 말을 들려주기 위해서였다. 그런 교훈적인 내용을 만끽하고픈 독자는 다음 장을 꼭 보시라.

7

혹시나 독자가 지은이를 비웃겠다는 생각만 없다면 전체 장에 걸쳐
독자 여러분께서 단 한 차례도 웃음을 터뜨릴 수 없는 심각한 주제

제니가 나타나자 올워디 씨는 그녀를 서재로 데리고 가서 이렇게 훈계했다. "알다시피 나는 이 지방 치안판사로서 네가 저지른 짓에 아주 가혹한 벌을 내릴 수 있다. 어떤 의미에서 너는 자신의 죄를 나에게 떠넘기려 했어. 어쩌면 그런 이유 때문에 내가 더 큰 벌을 내리지 않을까 겁을 먹었는지 모르겠구나.

하지만 바로 그런 이유 때문에 나는 네 문제를 좀 더 온건하게 처리하기로 마음먹었다. 치안판사인 내가 사적인 분개심에 좌지우지될 수는 없는 노릇

이고, 아기를 내 집에 갖다 놓았다고 해서 죄가 더 무거워진다고는 생각하지 않으니까. 난 네 편에 서서, 자기 자식을 아끼는 마음에 그런 행동을 한 것이라고 생각하겠다. 그렇게 하는 편이 너나 그 괘씸한 아비 손에서 자라는 것보다 아기에게 좋을 거라고 판단한 것이겠지. 네가 정조뿐 아니라 인간성마저 포기한 비정한 엄마들처럼 이 가엾은 아기를 길가에 내다 버렸더라면 나는 정말로 화가 났을 게다. 그러니 그 점은 추궁하지 않으마. 내가 훈계하고 싶은 것은 다른 죄에 대해서다. 바로 정조를 더럽혔다는 것이다. 타락한 자들은 이런 일을 아주 가볍게 여기지만, 그것은 그 자체로 몹시 큰 죄이고 그 결과도 아주 두려운 것이란다.

그것이 큰 죄임은 그리스도인이라면 누구나 아는 사실이다. 우리가 믿는 종교의 율법과, 그 종교를 만드신 분이 분명하게 명하신 말씀을 어긴 셈이니까.

이제 그 결과가 얼마나 무시무시한 것인지를 말해주마. 하느님의 명령을 어김으로써 그분을 화나게 하는 것보다 무서운 일이 또 뭐가 있겠느냐. 게다가 하느님은 정조를 버린 자에게 가장 가혹한 응징을 하시리라고 분명히 말씀하셨다.

사람들은 정조관념을 가벼이 여기고 쉽게 잊기도 하지만 그것은 너무도 명백해서 새삼 말할 필요도 없는 것이란다. 널 일깨우는 데도 이 한 마디로 충분할 것 같구나. 그건 네게 회개의 감정을 불어넣어 주려는 것이지, 너를 절망으로 몰아가려는 게 아니라는 점을 명심하려무나.

이것 말고도 이 죄가 초래하는 결과가 있단다. 하느님의 노여움만큼 무서운 것은 아니지만, 그래도 곰곰이 잘 생각해보면, 어린 아가씨들이 그런 죄를 저지르는 걸 분명히 막아주는 결과들이지.

즉 그런 죄를 지으면 온 세상에 수치스런 사람으로 기억되어, 저 옛날 나병 환자처럼 사회에서 소외된다는 점이다. 적어도 사악하고 버림받은 사회를 빼고는 말이지. 그런 자들 외엔 누구도 너와 가까이 하려 들지 않을 것이야.

재산이 있는 사람이 이 죄를 지었다면 그 재산을 누리지도 못하게 될 거다. 재산이 없다면, 재산은커녕 생계비를 벌 자격조차 없어질 게다. 덕성을 중요시하는 주인이라면 그런 사람을 집 안으로 들이지 않을 것이기 때문이지. 이렇게 해서 어쩔 수 없이 치욕과 비참한 상태로 몰리다가 마침내는 몸과 영혼 모두 파멸에 빠지게 될 거야.

어떤 쾌락이 이런 과오를 보상해 줄 수 있겠느냐? 어떤 유혹이 네게 그런 어리석은 거래를 하라고 궤변을 늘어놓고 너를 기만할 수 있겠느냐? 어떤 육욕이 네 이성을 압도하여 완전히 잠들게 하고, 반드시 이러한 징벌이 따르는 죄로부터 두려움과 공포를 느끼며 도망치는 일을 방해할 수 있겠느냐?

인간으로 태어나 아무런 망설임 없이 스스로를 가장 저급한 짐승 수준으로 끌어내리고, 하느님이 주신 위대하고 고귀한 심성을 개에게나 있을 법한 정욕의 희생양으로 삼고도 반성하지 않는 여자는 그야말로 비천하고 천박하며, 존엄한 정신과 최소한의 자긍심도 없는 존재이다. 그런 여자는 인간이라고 불릴 자격도 없다! 설마 그런 정욕을 뜨거운 사랑이라고 변명할 수 있는 여자는 없겠지. 그건 스스로를 남자의 단순한 도구나 장난감에 불과한 존재라고 인정하는 꼴이니까. 우리가 아무리 그 의미를 동물처럼 타락시키고 곡해한다 하더라도 사랑이란 훌륭하고 합리적인 감정이란다. 서로에게 마음이 없으면 불붙지 않지. 성경에서는 원수를 사랑하라고 명하지만, 그건 우리가 자연스럽게 친구에게 느끼는 뜨거운 사랑을 의미하는 게 아니야. 원수를 위해 목숨을 희생하라거나, 목숨보다 소중한 순수한 마음을 버리라는 뜻은 더욱 아니지. 이성을 지닌 여자라면, 자신을 꼬드겨 지금까지 말한 여러 가지 비참함과 불행을 안기고 정작 그 자신은 부질없고 비열한 한순간의 쾌락을 충족하려는 남자를 원수 말고 달리 뭐라 생각할 수 있겠느냐! 관습에 비추어 보아도, 수치와 끔찍한 결과는 전적으로 여인의 몫이란다. 사랑은 언제나 상대방의 행복을 바라지. 그런데 어마어마한 피해를 입히는 거래에 여자를 끌어들이려는 것을 사랑이라 할 수 있겠느냐? 뻔뻔스럽게도 진실한 사랑을 가장하는 그런 돼먹지 않은 놈이 있다면, 그런 놈을 원수 중에서도 가장 악독한 원수, 친구를 가장해 여자의 몸뿐만 아니라 정신까지도 망치려 드는 교활한 위선자에 배신자라고 봐야 하지 않겠느냐?"

이 대목에서 제니가 매우 걱정스런 표정을 짓자, 올워디 씨는 잠시 말을 멈췄다 다시 시작했다. "이런 말을 하는 건 이미 돌이킬 수 없는 지난 일로 너를 모욕하자는 게 아니란다. 앞날을 경고하고 용기를 북돋워주려는 것이야. 네가 저지른 끔찍한 잘못에도 불구하고 내가 너의 분별력을 믿지 않거나, 네가 솔직하고 진지하게 고백한 만큼 이제 진심으로 뉘우치겠거니 하는 기대가 없다면 이런 번거로운 훈계는 하지 않았을 게다. 네가 원한다면 무슨 수를 써서든 너를 이 치욕의 현장에서 벗어나도록 해주마. 아까 말한, 이승에서 네 죄에 할당된 벌도 모르는 땅에 가면 피할 수 있을 것이야. 저승에서 예정되어 있는 훨씬 무거운 벌도 회개하면 피할 수 있으리라 생각한다. 네 나머지 인생을 착실히 보낸다면, 궁핍 때문에 잘못된 길에 드는 일은 없도록 만들어주겠다. 내 말을 믿으렴. 저승에서는 물론 이승에서도 타락하고 악덕에 가득 찬 삶보다 순결하고 정숙한 삶에 더 큰 즐거움이 있는 법이란다.

아기는 걱정 말아라. 네 바람 이상으로 훌륭히 키우마. 내 말은 다 끝났으니 이제 너를 유혹한 그 몹쓸 놈이 누군지 내게 알려주는 일만 남았구나. 내가 그놈에게 느끼는 분노가 네가 이번 일로 경험한 분노보다 훨씬 클 것이다."

제니는 바닥을 향해 있던 시선을 그제야 들어 올린 뒤, 얌전한 태도로 예의 바르게 말했다.

"나리를 알면서도 나리의 그 친절함에 감사하지 않는 사람이 있다면, 그건 그 사람에게 분별력과 덕성이 전혀 없다는 증거일 겁니다. 특히 제가 나리께서 보여주신 커다란 친절에 진심으로 감사할 줄 모른다면 저는 세상에 둘도 없는 배은망덕한 사람이겠지요. 지나간 일을 부끄럽게 다시 반복하지 않게 해주세요. 앞으로의 제 행동이 지금 제가 드릴 수 있는 그 어떤 맹세보다 제 행동을 더 잘 증명해 보일 테니까요. 다만 실례를 무릅쓰고 말씀드리자면, 아기에 대한 관대한 제안보다 제게 해주신 훈계 말씀이 제게는 더 유익했습니다. 나리께서도 말씀하셨지만, 나리께서 제 분별력을 인정해 주셨다는 말씀이니까요." 이 대목에서 눈물이 치솟아 잠시 입을 다물었다가 얼마 뒤 말을 계속했다. "정말 과분한 친절이십니다. 나리의 기대에 어긋남이 없도록 노력하겠습니다. 나리께서 인정해주신 분별력이 제게 있다면, 나리의 훈계가 헛되이 되는 일은 없을 것입니다. 의지할 곳 없는 아기에게 보여주신 따뜻한 애정에는 진심으로 감사드립니다. 아기에겐 죄가 없답니다. 어른이 되면 나리께서 베푸신 수많은 은혜에 꼭 보답하리라 믿습니다. 그렇지만 나리, 이렇게 무릎을 꿇고 간청 드립니다. 제발 아기 아버지가 누군지 밝히라는 요구만은 하지 말아주세요. 언젠가 때가 되면 꼭 밝히겠습니다. 지금은 이름을 밝히지 않기로 명예를 걸고 엄숙하게 약속도 나누고, 하느님 앞에서 맹세까지 한 터라 말할 수가 없답니다. 나리께서도 제 명예를 버리고 하느님을 능멸하라고는 말씀하지 않으시겠지요."

이런 신성한 단어 앞에서 약해지는 올워디 씨는 잠시 주저하며 대답하지 못하다가 이윽고 말했다. 그런 몹쓸 놈과 그런 약속을 한 것은 네 잘못이다, 그러나 이미 한 약속을 깨라고 할 수도 없는 노릇이다, 아기 아버지를 밝히라고 했던 것은 단순한 호기심에서가 아니라 그 녀석을 벌주기 위해서이다, 적어도 그런 짐승 같은 놈이 누군지도 모르면서 은혜를 베풀고 싶지는 않기 때문이다.

이 점에 대해 제니는 아기 아빠는 올워디 씨가 전혀 모르는 사람이고, 그의 권한 밖에 있는 사람이며, 은혜를 누릴 가능성도 적다는 점을 엄숙히 맹세했다.

이 선량한 신사는 제니의 이런 솔직한 태도에 감복하여 그녀가 한 말을 의심 없이 믿었다. 이런 상황에서도 자기를 불쾌하게 할 것을 감수하고, 거짓말로 변명하는 대신, 아기 아빠를 배신하여 자신의 명예와 양심을 짓밟는 짓은 하지 않으려는 모습을 보고 설마 그녀가 스스로를 기만하는 죄를 저지르고 있으리라고는 꿈에도 생각지 못한 것이다.

그는 제니에게 그녀가 자초한 비난과 욕설이 들리지 않는 곳으로 조만간 보내주겠다고 약속했다. 마지막으로 훈계 몇 마디를 덧붙여 지난 죄를 회개하라고 이른 뒤 "애야, 늘 하느님의 용서를 구해야 한다. 하느님께 용서받는 것이야말로 내 호의 따위보다 몇 배나 중요한 일이야"라고 설교한 다음 그녀를 돌려보냈다.

8
앞 장보다 재미있지만 교훈은 덜한 브리짓 양과 드보라 부인의 대화

앞서 말한 대로 올워디 씨가 제니 존스와 함께 서재로 사라지자 브리짓 양은 선량한 가정부 드보라 부인과 함께 그 서재 옆방으로 들어갔다. 그곳에서 열쇠 구멍에 귀를 대고, 올워디 씨가 말한 교훈적인 훈계와 제니의 대답, 그밖에 앞 장에 나왔던 모든 내용을 빠짐없이 엿들었다.

브리짓 양은 벽 구멍을 이용해 사랑을 속삭인 유명한 티스베 이야기처럼, 오라버니 서재 문에 난 이 열쇠 구멍을 종종 이용했다. 이 구멍은 여러 가지로 쓸모가 있어서 브리짓 양은 이 구멍 덕분에 오빠의 생각을 미리 알 수 있었다. 사실 이 의사소통 방법에는 약간의 불편이 따랐다. 가끔 셰익스피어 작품에 나오는 티스베처럼 "오, 이 심술궂은 벽아!"라고 외칠 일이 생기는 것이다. 올워디 씨는 치안판사였으므로 사생아에 대한 심문을 하다 보면 처녀의 순결한 귀로는 차마 듣기 힘든 내용도 튀어나오곤 했다. 브리짓 양처럼 마흔을 바라보는 노처녀에게는 특히 그랬다. 그러나 자신의 붉어진 얼굴을 남자들에게 들키지 않아도 된다는 편리함도 있었다. 그래서 "보이지 않는 것은 없는 거나 마찬가지." 쉽게 말해 "여자가 붉어진 얼굴을 들키지 않았다면 얼굴을 붉히지 않은 셈"이다.

선량한 두 여자는 올워디 씨와 제니가 대화를 나누는 동안 내내 침묵을 지켰다. 대화가 끝나고 주인이 저편으로 사라지자마자 드보라 부인이 주인의 관대함을 비난하며 떠들어댔다. 특히 그가 아기 아버지를 끝내 밝히지 않은 데에 큰 불만을 드러냈다. 그녀는 해가 지기 전에 자기가 직접 제니를 추궁하여 아기 아버지를 알아내겠노라고 장담했다.

이 말을 들은 브리짓 양은 방긋 미소를 지었다(그녀에겐 아주 흔치 않은 일이었다). 비너스를 '정을 통하기 좋아하는 신'이라고 부른 호메로스라면 그 미소를 비너스의 미소와 같은 것이라고 말했겠지만, 지금 이 미소를 그런 음탕한 미소로 생각해서는 곤란하다. 그렇다고 세라피나 천사 역을 맡은 여배우가 무대 위에서 던지는, 천하의 비너스도 신이라는 신분을 내던지고 따라하고 싶어할 만한 그런 미소도 아니었다. 그것은 복수의 여신 티시포네나 그 자매 여신들의 보조개에서 나왔을 법한 미소였다.

바로 그런 미소를 지으면서, 상쾌한 11월 저녁 북풍의 신 보레아스가 만드는 산들바람 같은 온화한 목소리로 브리짓 양은 드보라 부인의 오지랖을 부드럽게 책망했다. 확실히 드보라에게는 호기심이 지나친 면이 있었으므로 그 점을 따끔하게 지적한 것이다. 그리고 이렇게 덧붙였다. "나도 결점이 많지만 다행히도 남의 일에 중뿔나게 나선다고 날 비난할 사람은 없을 거예요."

이어서 그녀는 제니가 보여준 솔직함과 용기를 칭찬했다. 자신도 오빠와 같은 의견이다, 그 아이가 사실을 숨김없이 털어놓은 것과 애인하고 한 약속을 지킨 것은 높이 살 만한 행동이다, 근본은 착한데 불한당 놈의 꼬임에 빠진 게 틀림없으며 그놈이 수십 배는 더 나쁘다, 결혼 약속 따위로 적당히 둘러대어 그녀를 설득했을 것이 분명하다고도 말했다.

드보라 부인은 브리짓 양의 이런 행동에 크게 놀랐다. 이 예의 바른 부인은 주인이나 그 여동생을 대할 때 상대의 의중을 살피지 않고 입을 여는 법이 좀처럼 없었다. 그리고 반드시 상대방의 의견에 맞장구를 쳤다. 하지만 오늘만큼은 먼저 배를 띄워도 안전하다고 생각했던 것이다. 현명한 독자라면 그녀가 앞을 내다볼 줄 모른다고 비난하기보다, 잘못된 항로에 들어섰다고 느낀 순간 즉시 방향을 바꾼 그 민첩함에 혀를 내두를 것이다.

진정으로 위대한 정치가라 할 만한 이 수완 좋은 가정부가 말했다. "맞아요. 저도 그 애의 용기에 대해 탄복하지 않을 수 없군요. 아가씨 말씀대로 그 가엾은 아이가 어떤 나쁜 놈에게 속은 거라면 마땅히 동정 받아야죠. 아가씨께서 말씀하신 대로 그 애는 분명히 늘 착하고 정직하고 순수한 아이였어요. 마을의 음탕한 계집년들처럼 얼굴에 자만심이 가득 차 있지도 않았고요."

브리짓 양이 말했다. "그래요, 드보라. 그 아이가 우리 마을에 들끓는 타락한 계집애 중 하나였다면, 오라버니의 이런 관대한 처사에 내가 불복했을 거야. 전에 교회에서 젖가슴까지 훤히 드러나게 옷을 입은 농부의 두 딸을 본 적이 있어. 정말 남우세스러운 꼴이었지 뭐야. 그런 차림으로 사내를 유혹했다면 고통을 당해도 싸지. 그런 것들은 혐오스러워. 마마에 걸려 곰보가 되는 편이 그런 애들에게는 더 나은 일인지도 몰라. 하지만 나는 제니가 그렇게 조신하지 못한 행동을 하는 걸 본 적이 없어. 어떤 교활한 악당놈이 그녀를 속이거나 욕보인 게 분명해. 나는 진심으로 그 아이가 가여워."

드보라 부인도 이 생각에 찬성했다. 두 사람의 대화는 미모에 대한 일반적인 신랄한 비난과, 사기 치는 남자들의 마수에 걸려드는 정직하고 순진한 소녀들에 대한 동정 어린 생각들로 끝을 맺었다.

9
독자들이 놀랄 만한 내용

제니는 올워디 씨와의 만남에 크게 만족하며 집으로 돌아왔다. 그분이 보여준 너그러움을 부지런히 알리고 다녔다. 하나는 자존심 때문이었고, 또 하나는 이웃들의 놀라움이 가라앉도록 진정시키려는 깊은 의도에서였다.

이 두 번째 의도는 자못 합리적인 동기로 보이지만, 일은 그녀의 예상대로 흘러가지 않았다. 처음 그녀가 치안판사인 올워디 씨에게 불려가자, 모든 마을 사람은 결국 그녀가 감옥에 끌려갈 것이라고 예측했다. 몇몇 젊은 여자들은 "그래도 싸다"고 떠들어댔다. 그녀가 비단 가운을 입고 삼베를 짜는 모습을 상상하며 즐거워하는 사람도 많았지만 그녀의 처지를 동정하는 사람들도 적지 않았다. 하지만 올워디 씨가 어떤 조치를 내렸는지가 알려지면서 형세가 그녀에게 불리하게 돌아섰다. "억세게 운 좋은 여자"라고 말하는 사람도 있었고, "그게 바로 총애를 받는다는 거야!", "이게 다 그 애가 공부를 한 덕이야"라고 말하는 사람도 있었다. 저마다 한 마디씩 심술궂은 논평을 가하며 치안판사의 불공정한 처사를 비난했다.

마을 사람들의 이런 행동은 올워디 씨의 권한과 자애를 아는 독자 여러분께 지각 없고 배은망덕하게 보일 것이다. 올워디 씨가 자신의 권력을 휘두르지 않고 끝없는 자비를 펼친 것이 오히려 화를 부른 것이다. 은혜를 베푼다고 해서 반드시 벗이 생기는 것은 아니며 오히려 많은 적을 만들어낸다는 사실은 군자 사이에서 잘 알려진 비밀이다.

어쨌든 제니는 올워디 씨의 친절한 배려로 곧 비난이 미치지 않는 곳으로 보내졌다. 그녀를 향했던 분노가 갈 길을 잃자 악의는 독설을 퍼부을 다른 대상을 찾았다. 바로 올워디 씨였다. 그가 버려진 아기의 아버지라는 소문이 삽시간에 퍼졌다.

그러고 보니 그의 처사에도 이해 가는 점이 있어 순식간에 모든 사람이 그 소문을 사실로 여겼다. 그의 관대함을 비난하는 목소리는 불쌍한 처녀에 대한 그의 잔혹함을 욕하는 소리로 삽시간에 바뀌었다. 근엄하고 착한 여인네들은 아이를 낳아 놓고 자기 아이라고 인정하지 않는 건 무슨 경우냐며 소리 높여 욕했다. 제니가 떠나고 난 뒤에는 그녀가 어딘가로 끌려간 것은 입에 담기에도 무서운 끔찍한 목적이 있어서라고 수군댔다. 진상 파악을 위해 합법적인 조사가 이루어져야 하며, 사람을 보내 제니를 다시 마을로 데리고 와야 한다고 주장하는 자들까지 생겼다.

올워디 씨가 평소 의심쩍은 평판을 받는 사나이였다면 이런 중상모략이 아주 좋지 않은 결과를 빚어내거나 적어도 어떤 성가신 문제를 일으켰을 것이다. 그러나 다행히 그에게는 이런 비방들이 아무런 영향도 미치지 못했다.

그가 그런 말들을 철저히 무시했기 때문에, 중상모략은 이웃 수다쟁이들에게 재미없는 오락거리를 제공하는 것으로만 끝났다.

그런데 우리로서는 독자 여러분의 성품이 어떤지 짐작할 수 없는 데다 제니가 다시 이야기에 등장하려면 시간이 한참 흘러야 하기 때문에, 조금 이른 감은 있지만 이 점을 미리 알려 드리고자 한다. 올워디 씨는 수상한 마음을 품은 적이 없고, 앞으로도 그럴 것이라는 점이다. 그가 저지른 유일한 잘못은, 법으로 해야 할 심판에 정을 개입시켜 제니라는 연민의 대상 때문에 군중*3을 만족시키기를 거부하는 실수를 저지른 것이었다. 그것은 제니가 브라이드웰에 있는 치욕스러운 감옥에 갇혀 파멸과 불명예의 나락으로 떨어지는 모습을 보고 불쌍히 여기고 싶어 하는 대중의 심리에 반하는 행동이었다.

그들의 뜻에 따랐다면 제니는 갱생할 희망을 무참히 짓밟히고, 자발적으로 앞으로 선의 길을 택하기로 마음먹었다 하더라도 따돌림을 당해야 했을 것이다. 올워디 씨는 그와 반대로 그가 할 수 있는 유일한 방법을 써서 그녀를 참사람으로 다시 태어나게 하는 길을 선택했다. 많은 여성이 최초의 실수를 뉘우치고 만회할 기회를 놓쳐버림으로써 자포자기하여 악의 구렁텅이로 빠져든다. 전부터 알고 지내던 사람들 속에서 살아가는 한 이것은 피할 수 없는 일이 아닌가 작가는 우려하는 바이다. 온갖 비방과 욕설을 들은 제니가 다시 좋은 평판을 얻을 수 있도록 새로운 마을로 그녀를 보낸 올워디 씨의 처사는 그야말로 현명한 것이었다.

어디인지는 모르나 제니가 그곳에서 무사히 정착하기를 바라며 잠시 그녀와 그녀의 업둥이 아기에게 작별을 고해야겠다. 독자 여러분께 알려 드릴 더 중요한 일들이 있기 때문이다.

10
올워디 씨의 손님 대접 ; 그가 환대한 의사와 육군 대위 형제에 대한 성격 묘사

올워디 씨의 저택과 마음은 모든 사람에게 열려 있었지만, 특별한 지위에

---

*3 이 책에서 이 단어는 선의도 분별도 없는 모든 계급을 가리킨다. 지체 높은 다수를 가리키는 경우도 있다.

있는 사람은 더욱 환대를 받았다. 정말로 이 집은 자격만 있다면 누구라도 만찬을 얻어먹을 수 있는, 영국에서 유일한 집이었다.

특히 그는 재능과 학식을 지닌 사람을 각별히 대접했다. 그는 이런 사람들을 가려내는 데 상당한 통찰력을 지니고 있었다. 정작 자신은 고등교육을 받을 기회를 놓쳤으나 그는 빼어난 지력을 타고난 사람이었다. 늦은 나이에나마 맹렬히 학문을 닦았고, 그 분야 대가들과의 친분을 바탕으로 많은 지식도 얻은 터라 대부분의 학문에 상당한 견식을 가지고 있었다.

당시는 학자가 충분한 대접과 인정을 받지 못하던 시대였다. 그런 사람들이 따뜻하게 환영받는 곳, 아니 그를 넘어 마땅한 권리인 양 막대한 재산을 주인과 똑같이 누릴 수 있는 집에 구름처럼 몰려드는 것도 무리는 아니었다. 올워디 씨는 재치와 학식을 지닌 사람들에게 먹을 것과 잠자리를 아낌없이 제공하고 그 대가로 오락, 교훈, 아첨, 추종을 바라는 그런 주인이 아니었다. 바꿔 말하면, 그런 우수한 학자들에게 하인 복장을 입혀 급료를 주지만 않을 뿐이지 사실상 하인 명단에 등록시키고 싶어 하는 축들하고는 사정이 달랐다.

그뿐 아니라 이 저택에서는 누구나 시간을 마음껏 쓸 수 있었다. 법률, 도덕, 종교의 범주 내에서라면 무엇이든 먹고 마실 수 있었다. 반대로 건강상의 이유나 개인 사정으로 술을 자제하거나 마시고 싶지 않으면 식사 자리에 빠지거나 내키는 때에 식탁에서 물러날 수도 있었다. 그러지 말아달라는 부탁을 들을 염려는 없었다. 우월한 위치에 있는 사람이 그런 부탁을 하는 경우에는 대개 명령조로 들리기 마련이다. 그러나 이 집에서 식사에 빠지거나 중간에 물러난다는 이유로 무례하다는 말을 듣는 사람은 아무도 없었다. 그것은 주인과 비슷한 재산을 소유하고 있어 자리를 함께 하는 것만으로도 환영받는 부자들은 물론이요, 빈궁한 생활 때문에 이런 자선적인 대접마저도 형편이 된다고 생각하는 사람들, 즉 부자의 식탁을 노골적으로 동경하여 그다지 환영받지 못하는 사람들도 마찬가지였다.

부자의 식탁을 동경하는 손님들 중에 블리필이라는 의사가 있었다. 완고한 아버지 때문에 하기 싫은 공부를 억지로 하는 바람에 불행히도 많은 재능을 발휘하지 못한 인물이었다. 이 선생은 아버지의 고집에 복종하여 젊은 시절에 의학을 공부했다. 아니, 그저 외웠다고 하는 편이 옳다. 의학 서적이야말로 그가 잘 알지 못하는 유일한 분야였기 때문이다. 즉 불행하게도 이 선생은 자신의 밥벌이인 의학 분야를 빼고는 거의 모든 학문에 통달한 사람이었다. 그 결과 그는 마흔이라는 나이에 목구멍에 풀칠도 못하는 가난뱅이가 되고 말았다.

바로 이런 사람이 올워디 씨의 식탁에서는 틀림없이 환영받았다. 올워디는 불행한 사람을 보면, 하물며 그 불행이 본인 탓이 아니라 타인의 어리석음이나 악행에서 비롯된 것일 때는 결코 지나치지 못했다. 이 보잘것없는 장점 말고 이 의사에게는 커다란 장점이 딱 하나 있었다. 확고한 신앙심이었다. 그의 신앙심이 진실한 것인지 위선적인 것인지 나로서는 그 진위를 구분할 어떤 기준도 없기에 굳이 단정하기는 피하겠다.

이 깊은 신앙심을 올워디 씨는 물론이요 브리짓 양도 크게 환영했다. 그녀는 종교와 관련된 많은 토론에 그를 끌어들였으며, 그때마다 이 의사의 풍부한 지식과 그녀의 해박한 지식에 대한 그의 칭찬에 큰 만족감을 표시했다. 아닌 게 아니라 그녀는 영국 신학에 조예가 깊어서 그녀 앞에서 진땀을 뺀 이웃 부목사가 한두 사람이 아니었다. 그녀의 의견은 무척 순결했고, 표정은 지혜로웠으며, 행동거지는 아주 진지하고 엄숙했다. 그녀가 이름을 따온 성녀 브리짓 또는 로마력에 나오는 그 어떤 성녀의 이름으로도 불릴 자격이 있는 것처럼 보였다.

어떤 공감이든 그것이 존재하는 곳에는 사랑이 싹트기 쉬운 법이다. 그리고 두 남녀 사이에 존재하는 종교적 공감보다 외곬으로 달리기 쉬운 것이 없음을 우리는 경험으로 안다. 이 의사는 브리짓 양이 자신을 딱히 싫어하지 않는다는 사실을 깨닫고는 10여 년 전 자신에게 일어났던 불행한 사건을 아쉬워했다. 즉 다른 여성과 결혼한 일이었다. 그런데 그 여성은 아직도 살아 있었고, 불행하게도 올워디 씨도 그 사실을 알고 있었다. 그것은 이 노처녀와 행복한 생활을 보낼 가능성이 충분하다고 생각하는 그에게 치명적인 장애물이었다. 그는 범죄의 쾌락을 탐닉하는 일 따위는 생각조차 해본 적이 없었다. 이것은 그의 신앙심 때문이기도 하겠지만, 그의 정열이 순수한 것이기 때문이기도 했다. 즉 범죄의 쾌락이 아닌 정식 결혼을 통해서 그 소유권이 인정되는 재산에 대해서만 생각했기 때문이었다.

이 문제를 곰곰이 숙고하던 중에 그는 문득 자신에게 남동생이 있고, 그 남동생에게는 자기와 같은 꺼림칙한 점이 없다는 사실을 떠올렸다. 남동생이라면 이 숙녀를 얻는 일에 틀림없이 성공할 것이라고 생각했다. 그는 이 숙녀가 결혼하고 싶어한다고 확신했다. 독자 여러분도 이 남동생의 조건을 들으신다면, 이 의사가 품고 있는 확신을 비난할 수 없을 것이다.

그의 동생은 서른다섯쯤 먹은 사나이로서, 적당한 키에 체격도 다부졌다. 이마에 흉터가 있었지만 그의 잘생긴 외모가 손상되기는커녕 오히려 용감하게 보였다(그는 퇴역장교였다). 치아가 깨끗해서, 기분이 좋을 때면 상냥한 미소를 지어 보였다. 얼굴이나 몸가짐, 목소리가 거칠어 보이는 면도 있었지만, 그는 언제든 그것들을 감추고 아주 부드럽고 쾌활한 척할 수 있었다. 어느 정도 품위도 갖추었고, 재치가 전혀 없는 사람도 아니었다. 젊었을 때는 혈기 왕성한 청년이었다. 요즘에는 점잔을 빼고 있지만 마음만 먹으면 예전의 쾌활한 면모를 되살릴 수 있었다.

의사인 형처럼 그도 대학교육을 받았다. 앞서 말했던 것처럼 그의 아버지가 아버지의 권위로써 성직에 종사하라고 명령했기 때문이다. 그러나 정식 임명을 받기 전에 아버지가 세상을 뜨자 그는 성스러운 군대에 입대했다. 주교의 임명이 아니라 국왕의 임명을 선택한 셈이다.

그는 용기병 중위 자리를 돈을 주고 샀고, 나중에 대위로 진급했다. 그러나 상관인 대령과 다투고 난 뒤, 그 대령의 압력 때문에 어쩔 수 없이 전역했다. 그 뒤 그는 시골에서 한 발짝도 나오지 않고 성서를 연구했는데, 감리교로 전향했다는 의혹을 받고 있었다.

그런 그가, 성녀 못지않은 착한 성품을 지녔으며 딱히 남자를 고르지 않고 결혼 생활에만 충실할 것 같은 이 숙녀와 결혼에 성공하는 일이 불가능하지만은 않아 보였다. 하지만 동생에게 각별한 애정도 없어 보이는 이 의사 선생이 그토록 자신을 환대해준 올워디 씨에게 왜 그런 배은망덕한 마음을 품었는지는 쉽게 설명하기 힘든 문제이다.

세상에는 선을 기뻐하는 사람이 있는 것처럼 천성적으로 악을 기뻐하는 사람이 있는 것일까? 아니면 직접 도둑질을 하지 못할 때는 그 도둑질의 공범 역할만 해도 즐거운 법인가? 그것도 아니면(경험에 비추어 보면 그런 일도 있는 것 같다) 가족에게 느끼는 애정이나 존중심은 손톱만큼도 없으면서, 식구가 불어나기만 해도 만족감을 느끼기 때문일까?

이런 이유들 중 어느 것이 의사 선생에게 해당되는지 단정은 피하겠다. 어쨌든 진상은 그랬다. 그는 동생을 불러서 잠시 자신을 보러 온 사람이라고 올워디 가문에 소개하는 방법을 쉽사리 생각해냈다.

대위가 이 집에 온 지 일주일이 채 안 되어 의사는 자신의 혜안을 자축할 만한 이유를 발견했다. 대위는 로마의 시인 오비디우스 못지않은 연애의 대가였던 것이다. 게다가 그는 형의 적절한 조언까지 얻어 그것을 철저하게 활용하기를 게을리하지 않았다.

11
사랑에 빠지는 일에 관한 여러 원칙과 몇 가지 예, 아름다움에 대한 설명,
결혼생활을 위한 신중한 권유

현명한 남자들 또는 여자들에 의해 관찰되어 왔다. 아니, 여성이던가? 누가 한 말인지는 잊어 버렸지만, 어쨌든 모든 사람은 평생에 한 번은 사랑에 빠지는 운명이라고 했다. 내 기억으로는, 그 시기가 언제라고는 콕 집어 지정하지 않았다. 내가 보기엔 브리짓 양의 나이는 그런 일이 일어나더라도 이상하지 않은 나이이다. 물론 그녀 나이보다 훨씬 이른 시기에 사랑이 찾아오는 것이 예사이다. 그러나 그렇지 못한 경우엔 대부분 그녀 나이 무렵에 찾아온다. 더구나 이 무렵에 찾아온 사랑은 젊은 시절에 찾아오는 사랑보다 진지하고 충실하다. 소녀 시절의 사랑은 불확실하고 변덕스러우며 어리석어서 그 소녀가 무엇을 원하는지 그 속이 다 들여다보이지 않는다. 때로는 그 장본인조차 자기 속을 모르는 것 아닌가 의심스럽다.

그러나 마흔 줄의 여성에게서 사랑을 식별해 내는 일은 어렵지 않다. 먼저 성실하며 진지하고 경험 많은 숙녀들 자신이 자기 마음을 잘 안다. 또 최소한의 지력을 지닌 사람이라면 옆에서 지켜보는 것만으로 금세 그 숙녀가 지닌 사랑의 감정을 확실히 발견할 수 있다.

이 모든 사실을 잘 입증해 주는 사람이 바로 브리짓 양이었다. 대위와 그다지 많은 자리를 함께하지 않았음에도 그녀는 이내 사랑의 감정에 휩싸이고 말았다. 그녀는, 자신이 상사병에 걸린 줄도 모르는 철부지 소녀처럼 수

척하게 여위어 맥없이 집 안팎을 돌아다니지는 않았다. 그녀는 이 기쁜 감정이 순수할 뿐만 아니라 훌륭한 감정이라고 확신했기에 그것을 느끼고 깨닫고 즐겼으며, 두려워하거나 부끄러워하지 않았다.

사실 그녀 정도의 나이가 된 여성이 남성에게 품는 이성적인 정열과, 소녀가 소년에게 품는 철없고 젖비린내 나는 애정에는 대단한 차이가 있다. 후자는 종종 단지 겉모습, 즉 가치 없고 오래가지 않는 것들에만 향한다. 이를테면 장밋빛 뺨, 작은 백합같이 흰 손, 자두같이 까만 눈, 물결치는 머리카락, 솜털이 자란 턱, 날씬한 몸매 같은 것들이다. 때로는 이런 것들보다 더 무가치한 것, 즉 진짜 그 사람의 것이라고 말하기 어려운 매력에만 집중된다. 타고난 외모가 아닌 양복업자, 레이스 장수, 가발 장수, 모자 장수에게 신세를 지는 장식품이 그 예이다. 소녀들이 스스로에게든 다른 사람들에게든 사랑의 감정을 드러내기를 부끄러워하는 것도 당연하다.

브리짓 양의 사랑은 이와는 다른 종류였다. 대위의 복장은 그 어떤 유행 제조업자에게도 신세를 지지 않았다. 그렇다고 타고난 체형 덕을 보는 것도 아니었다. 그의 복장이나 체형은 사교 모임이나 응접실 같은 곳에서였다면 그곳에 모인 귀부인들의 경멸과 조롱의 대상이 되었을 것이다. 옷은 단정하긴 하나 검소하고 투박하며 허술하고 유행에도 뒤떨어진 것이었다. 용모에 대해서는 앞에서 분명히 묘사한 바 있다. 뺨은 장밋빛은커녕 본디 무슨 색깔이었는지조차 모르게 시커먼 수염으로 눈 밑까지 덮여 있었다. 몸통과 팔다리는 완벽하게 균형을 이루었지만, 쓸데없이 큼직큼직해서 쟁기만 들면 딱 농사꾼으로 보일 만큼 억세 보였다. 어깨는 떡 벌어지고, 장딴지는 가마꾼보다 더 굵었다. 간단히 말해 그의 몸에서는 우락부락과 정반대인 고상함은 눈곱만큼도 찾아볼 수 없었다. 우리 상류층 신사들은 대부분 이 고상함 덕에 크게 돋보이는데, 그 절반은 조상님의 고귀한 혈통, 즉 영양가 많은 소스와 맛좋은 포도주로 만들어지는 혈통에서 생겨나고, 절반은 어린 시절부터 받는 도회지 교육에서 생겨난다.

브리짓 양은 아주 섬세한 취향을 지닌 여성이었다. 그러나 대위와 나누는 대화가 몹시 흥겨웠으므로 이런 신체적 결함은 완전히 무시해 버렸다. 현명하게도 그녀는 대위와 함께라면 세상의 그 어떤 미남과 함께일 때보다 훨씬 즐거운 시간을 보낼 수 있으리라 생각했다. 즉 눈을 즐겁게 하겠다는 생각은 버리고, 더 실속 있는 만족감을 손에 넣은 것이다.

대위는 브리짓 양의 감정을 알아채자마자 충실한 응답을 보냈다. 미모로 따지자면 이 숙녀도 이 애인 못지않게 내세울 게 없는 형편이었다. 기회가 되면 브리짓 양의 초상화를 직접 그려보고 싶지만, 그것은 나보다 훨씬 솜씨 좋은 대가가 몇 년 전에 이미 그린 바 있다. 바로 호가드*4 선생이다. 최근 그는 어느 겨울 아침을 그린 판화 작품 속에 그 모습을 공개했는데 그야말로 그녀는 겨울 아침에 딱 어울리는 상징이었다. 기도서를 든 비쩍 마른 종복을 거느리고 겨울 아침에 코번트 가든에 있는 한 교회로 걸어가는 모습으로 묘사되어 있는 것이다.

대위도 그녀처럼 현명하게, 덧없는 육체의 아름다움보다 이 숙녀에게 기대할 수 있는 더 실속 있는 즐거움들을 선택했다. 그는 여성의 미모를 매우 무가치한 표면적 자질로 생각하는 현명한 남자였다. 더 솔직히 말하자면, 미모는 있지만 편리한 생활을 보장해주는 조건을 지니지 못한 여자보다는 못생겼더라도 그런 조건을 갖춘 여자가 낫다고 생각하는 남자였다. 미각은 섬세하지 않으나 아주 왕성한 식욕을 지녔기 때문에, 결혼이라는 잔치에 미모라는 양념이 빠져도 전혀 문제없다는 생각이었다.

독자 여러분께 솔직히 말씀드리겠다. 대위는 이 집에 도착한 바로 그 순간부터, 아니 적어도 형이 그에게 브리짓 양과의 결혼을 제안한 그 순간부터, 또 브리짓 양에게서 어떤 애정의 징후를 발견하기 훨씬 이전부터, 이미 모든 것들에 크게 매료되었다. 다시 말해 올워디 씨네 저택과 정원, 사유지, 소작농들의 집들, 상속 재산 등에 매료된 것이다. 이 모든 것들에 너무나도 열렬히 매료되었기 때문에, 엔도르의 마녀*5를 덤으로 데려가라는 요구를 받았다 하더라도 틀림없이 기꺼이 결혼했을 것이다.

올워디 씨는 의사 선생에게 자신에게는 재혼 의사가 없고 가까운 혈육은 여동생뿐이니, 여동생이 결혼을 하여 아기를 낳으면 그 아이를 자신의 상속인으로 삼을 생각이라고 털어놓았다. 그것은 본인이 굳이 말하지 않아도 법적으로 당연한 일이었다. 이 말을 들은 의사 형제는 인생의 행복을 누리게 해주는 가장 중요한 수단이 이토록 풍족하게 기다리고 있으니 그 행복을 누

---

*4 1697~1764. 유명한 풍자화가로 필딩과 친분이 있었음.

*5 구약성서 사무엘전서 28장 7절 이하 참조.

릴 생명을 하나 낳아주는 것이야말로 자비로운 행동이라고 생각했다. 이런 연유로 이 형제의 생각은 이 마음씨 고운 숙녀의 사랑을 얻어내는 일에만 쏠리게 되었다.

자신이 총애하는 자식에게 종종 본인의 자질이나 소망 이상의 것을 해주는 친절한 부모처럼, 운명의 여신은 대위를 위해 작은 힘을 빌려주었다. 그가 자신의 목적을 실천에 옮길 계획을 세우는 동안 상대방 숙녀도 똑같은 소망을 품고서, 너무 노골적이지 않은 선에서 대위에게 적절한 용기를 불어넣어줄 방법을 생각해내려 애썼던 것이다. 이것은 그녀가 모든 예의범절을 엄격하게 지키는 사람이었기 때문이다. 하지만 그녀는 쉽게 성공을 거두었다. 대위가 늘 그녀의 일거수일투족을 감시하고 작은 것 하나 놓치지 않았기 때문이다.

그러나 브리짓 양의 호의적인 행동에서 대위가 얻은 만족감은 올워디 씨에 대한 걱정으로 적잖이 반감되었다. 올워디 씨는 그토록 사심 없는 공언을 했지만 막상 일이 닥치면 세상 사람들의 선례에 따라 행동할 거라는 생각이 들었던 것이다. 즉 이해관계라는 측면에서 여동생에게 크게 불리한 결혼에 동의하지 않을 거라는 걱정이었다. 어떤 추측 과정에서 이런 생각을 갖게 되었는지 그 판단은 독자 여러분께 맡기겠다. 어쨌든 그는 태도를 적절히 조절하여 브리짓 양에게는 자신의 애정을 제대로 전달하는 동시에 그 오빠에게는 그걸 감추어야 한다는 생각에 몹시 당혹스러웠다. 결국 그는 사적인 이야기를 나누기 좋아하는 올워디 씨 앞에서는 최대한 나서지 않고 경계하기로 결심했다. 이 방법에는 형도 크게 찬성했다.

이윽고 그는 기회를 보아 분명하게 자기의 마음을 고백했다. 상대는 적절한 답변을 보내왔다. 수천 년 전 처음 만들어진 이래 어머니들에게서 딸들로 전해 내려온 바로 그 대답이었다. 라틴어로 옮긴다면 '놀로 에피스코파리(nolo episcopari)'란 두 단어로 표현될 것이다. 굳이 연애의 경우가 아니더라도 태곳적부터 거절의 뜻으로 사용되어 온 표현이다.

어떻게 그 뜻을 알았는지 모르지만, 대위는 상대의 의사를 완벽하게 이해했다. 이내 그는 전보다 훨씬 열렬하고 진지하게 구혼을 반복했으며, 그때마다 역시 정해진 형식에 따라 거절되었다. 그러나 구혼이 점점 뜨거워질수록 이 숙녀가 거절하는 강도도 줄어들었다.

이런 구혼 과정을 낱낱이 설명하는 일로 독자 여러분을 지루하게 만들지는 않겠다(이런 장면이 배우에게는 가장 즐거운 장면이라고 말한 위대한 극작가도 있지만, 관객에게 이것만큼 따분하고 지루한 장면은 없을 것이다). 요컨대 대위는 형식에 따라 공격을 감행했고, 요새는 형식에 따라 방어되었으며, 마침내 적절한 형식에 따라 무조건 항복이 이루어진 것이다.

거의 한 달 가까운 시일이 소요된 이 구혼 기간 동안 대위는 오빠가 있는 자리에서는 그녀에게 아주 무관심한 듯 행동을 했다. 그녀에게 은밀히 성공을 거둘수록 여러 사람이 있는 자리에서는 더욱 과묵해졌다. 브리짓 양도 연인을 확실히 사로잡자마자 사람들 앞에서는 애써 무관심한 태도로 그를 대했다. 이런 까닭에 올워디 씨가 악마와 같은 통찰력(또는 그보다 악독한 자질)의 소유자가 아닌 한 이 두 사람 사이에서 진행되는 일을 눈치채기란 어려웠을 것이다.

12
아마 독자가 발견하게 되리라 기대하는 내용이 들어 있다

결투든 결혼이든 또는 그와 비슷한 다른 거래이든, 모든 거래에서 두 당사자가 진심일 때는 문제를 결말짓는 데 그다지 사전 준비는 필요 없다. 이 경우도 그랬다. 대위와 숙녀는 한 달도 안 되어 내외가 되었다.

이제 가장 큰 문제는 이 사실을 올워디 씨에게 밝히는 것이었다. 이 일은 의사 선생이 맡기로 했다.

어느 날 올워디 씨가 정원을 산책할 때, 의사는 얼굴로 지어 보일 수 있는 가장 근심 어린 표정으로 그에게 다가가 이렇게 말했다. "아주 중요한 일을 말씀드리러 찾아왔습니다. 하지만 생각할수록 심란한 이 일을 어떻게 말씀드려야 할지 참으로 곤혹스럽군요!" 그러고는 남자와 여자를 모두 싸잡아 신랄한 욕설을 퍼부었다. 남자들은 자신의 이익 말고는 안중에도 없다고 비난했고, 여자들은 사악한 성향이 너무도 강하여 남자랑 단둘이 있을 때는 절대로 안심할 수 없다고 공격했다. 그런 다음 이렇게 말했다. "그토록 훌륭한 분별력과 판단력, 학식을 지닌 숙녀 분께서 그런 경솔한 사랑에 빠질 거라고 꿈에나 상상했겠습니까? 또 설마 제 동생이…… 아니, 동생이라고 부르기조차 싫군요. 이제 그놈은 동생도 아닙니다…….”

올워디 씨가 말했다. “동생이 아니긴요. 그리고 이제 제 동생이지요.”

의사가 말했다. “아니, 그럼 선생님께서도 그 충격적인 사실을 알고 계셨단 말씀이십니까?”

선량한 신사가 대답했다. “블리필 선생, 제 인생관은 내게 일어나는 모든 일을 가장 현명한 방법으로 처리하자는 것입니다. 제 동생은 저보다 훨씬 어리지만 적어도 분별력은 있는 나이지요. 동생분께서 소녀를 구슬려 그런 일을 한 거라면 저도 쉽게 용서하지 않았을 겁니다. 하지만 서른이 넘은 여자라면 어떤 일이 자신의 행복에 보탬이 되는지 정도는 알 것 아니겠습니까? 동생은 신사와 결혼했습니다. 물론 재산이 그 애에게 크게 뒤질지 모르지요. 하지만 동생이 자신의 행복을 선택하겠다는 데 제가 콩 놔라 팥 놔라 할 수는 없는 노릇입니다. 저도 그 애와 마찬가지로 행복이 재산에만 달렸다고는 생각하지 않아요. 저는 어떤 구혼이든 겸허히 받아들이겠다고 몇 번이나 공언해왔습니다. 그런 만큼 실은 이번 일로 의논 정도는 청해오지 않을까 하고 생각은 했었지요. 하지만 이런 일은 아주 미묘한 성격의 일이지요. 부끄러운 마음에 말 꺼내기조차 힘들기도 했을 겁니다. 선생의 동생분에게도 전혀 유감이 없습니다. 동생분은 제게 아무런 의무감도 없고, 제 허락을 얻어야 할 필요도 없으니까요. 말씀드렸다시피 제 여동생은 독립된 인격이고, 자기 행동에 전적으로 책임을 져야 할 나이이기 때문입니다.”

의사는 올워디 씨가 지나치게 관대하다고 책망했다. 자기 동생에 대한 비난을 반복하며, 누가 뭐라고 하건 자기는 동생을 만나기도 싫고 이제 가족으로 여기지도 않을 거라고 선언했다. 또 올워디 씨의 선량한 성품을 칭찬하고, 자신에 대한 두터운 우정에 가능한 최고의 찬사를 늘어놓았다. 마지막으로 남동생 때문에 자기들의 두터운 신뢰관계가 흔들리게 된 것을 생각하면 자기는 동생을 결코 용서할 수 없노라고 끝맺었다.

올워디 씨가 대답했다. “제가 선생의 동생분을 불쾌하게 생각한다손 치더라도, 여동생에게 그 분풀이를 하는 일은 없을 겁니다. 분명히 말씀드리건대 그런 불쾌한 감정은 갖고 있지도 않고요. 제가 보기에 동생분은 분별력 있고 명예도 존중하는 분입니다. 전 동생의 선택에 이견이 없습니다. 동생분도 제

동생을 저처럼 사랑해줄 거라 믿으니까요. 저는 사랑이야말로 결혼 생활을 행복하게 만드는 유일한 토대라고 생각해 왔습니다. 사랑이야말로 부부 사이를 끈끈하게 맺어주는 고귀하고 진정한 우정을 만들어내기 때문이지요. 사랑이 아닌 다른 동기에서 맺어진 결혼은 모두 커다란 범죄입니다. 그런 결혼은 신성하기 그지없는 의식을 모독하는 것이며, 결국은 다툼과 불행으로 끝나는 법이지요. 결혼이라는 신성한 제도를 부정한 정욕이나 탐욕의 희생양으로 삼는 일은 분명한 신성모독입니다. 외모나 재산에만 눈이 멀어 하는 결혼을 달리 무어라 부를 수 있겠습니까?

미인은 눈을 즐겁게 하는 존재도 아니며 전혀 경탄할 만한 가치도 없다고 한다면 어리석은 거짓말이겠지요. '아름답다'라는 형용사는 성경에서도 자주 언급되는 단어이며, 언제나 명예를 수반합니다. 세상 사람들이 미인이라고 생각하는 여자와 결혼할 수 있었던 것이 제게는 행운이었습니다. 그런 이유 때문에 그녀를 더 사랑하게 된 것도 사실입니다. 미모만 바라보고 결혼한다든가, 미인만 쫓아다니다 다른 모든 결점을 간과한다든가, 미모보다 훨씬 훌륭한 장점을 지닌 숙녀를 아름답지 않다는 이유만으로 거부하고 경멸하는 일은 현명한 사람, 선량한 그리스도인이 해서는 안 될 행동입니다. 그런 사람들은 결혼이 육욕을 충족하는 수단으로만 생각합니다. 그들에게 다른 의도가 있다고 추측하는 것은 지나치게 관대한 평가일 겁니다. 육체의 만족을 위해 결혼 제도를 만든 것이 아니라고 성경에도 나와 있지 않습니까?

재산도 그렇습니다. 처세술에 능한 사람들은 이 부분을 조금은 따져보라고 말할 것이고, 저 또한 그것이 반드시 나쁘다고 말할 생각은 없습니다. 결혼 생활이나 자식 교육과 같은 세상살이를 따져볼 때 이른바 물적 조건을 조금이나마 고려할 필요가 있겠지요. 그러나 인간은 어리석음과 허영심으로 말미암아 실제로 필요한 것보다 더 많이 원하고 더 많은 부를 축적하지요. 아내에게 선물할 장신구와 아이들에게 물려줄 엄청난 재산까지 관습상 필수품 목록에 끼워 넣습니다. 그러고는 그런 재물들을 손에 넣기 위하여 진정으로 가치 있는 자질과 올바른 종교적인 면모는 완전히 무시해 버리지요.

거기에도 여러 단계가 있는데, 가장 심각한 단계에 가서는 광기와 구분이 되지 않을 정도가 됩니다. 이를테면 막대한 재산을 소유한 사람이 마음에 들지도 않고 마음에 들 리도 없는 멍텅구리나 악당과 결혼 약속을 함으로써,

이미 자신의 욕심을 충분히 채워주고 있는 재산을 더욱 늘리려 하는 경우가 그렇습니다. 확실히 그런 사람들을 가리켜 미쳤다고까지는 말할 수 없겠지요. 하지만 그들은 자신이 가장 두터운 우정의 달콤함을 맛볼 수 없는 사람이며, 이 세상에서 누릴 수 있는 가장 큰 행복을 자신들의 어리석음으로 공허하고 불확실한 여론에 희생시킨 사람이라고 자인해야 옳을 것입니다."

여기서 올워디 씨는 긴 설교를 마쳤다. 블리필 씨는 아주 주의 깊게 이 설교를 경청했으나 가끔씩 얼굴 근육이 어색하게 긴장되는 것을 막느라 진땀을 뺐다. 그는 지금 들은 설교를 한 구절 한 구절 열심히 칭찬했다. 그 모습은 주교가 설교단에 오른 날 그 주교와 함께 식사를 할 영광을 얻은 젊은 성직자가 보이는 열성과 똑같았다.

13
비정상적으로 보이기 바라는 배은망덕한 한 사례로 제1권을 맺음

지금까지의 내용에 비추어 독자 여러분께서는 의사 선생과 올워디 씨의 화해(이런 표현을 쓸 수 있다면)가 형식상의 문제에 불과하다고 생각할지도 모르겠다. 따라서 이제 이 문제를 건너뛰어 가장 실질적인 내용으로 신속히 들어가 보겠다.

의사 선생은 동생에게 올워디 씨와 나눈 대화 내용을 들려주고 미소를 지으며 덧붙였다. "난 너와 연을 끊겠다고 단언했다. 그분에게 너를 용서하지 말라고 부탁까지 했지. 워낙 성품이 훌륭하신 분이 너를 그토록 변호하고 난 뒤니 그런 부탁을 해도 괜찮을 거라고 생각한 거다. 더구나 너나 나를 위해서 조금이라도 의심을 살만한 행동은 피해야겠다 싶었거든."

대위는 이때 이 말을 눈곱만큼도 귀담아듣지 않았다. 하지만 나중에는 이 것을 훌륭하게 이용해 먹었다.

악마가 최근 지상에 내려왔을 때 제자들에게 남긴 교훈 하나가 "일단 말에 올라타면 발밑의 발판은 걷어차 버려라"였다고 한다. 쉽게 말해 "친구의 호의로 행운을 얻었으면 가능한 빨리 그 친구를 버리는 게 현명하다"는 소리다.

대위가 과연 이런 교훈대로 행동했던 것인지 나는 굳이 판단하고 싶지 않

다. 다만 자신 있게 말할 수 있는 것은 그의 행동이 이 악마의 가르침에서 나온 것일 가능성이 짙다는 것이다. 아니 그 외의 동기를 생각하기 어려울 정도이다. 그는 브리짓 양을 손에 넣고 올워디 씨와 화해하자마자 형을 냉담하게 대하기 시작했다. 이것은 나날이 심해져 마침내 불손함으로 바뀌었다. 이런 태도는 누가 봐도 확연했다.

의사 선생은 동생의 이런 태도에 남몰래 항의했다. 그러나 다음과 같은 노골적인 발언 외에는 별다른 만족스러운 대답을 얻지 못했다. "우리 처남 집에 뭔가 마음에 안 드는 게 있다면 나가든 말든 형님 마음대로 하세요." 대위의 이런 이상하고 잔인하며 설명하기 힘든 배은망덕한 태도에 이 가엾은 의사는 가슴이 찢어지는 듯했다. 배은망덕에도 여러 종류가 있으나, 은혜를 원수로 갚는 짓거리보다 가슴에 사무치는 것은 없다. 고귀하고 선량한 행위는 그 은혜를 받은 사람이 그것을 어떻게 받아들이고 보답을 하건, 은혜를 베푼 사람에게는 선행을 베풀었다는 의식이 남아 얼마간 위안이 된다. 그러나 믿었던 친구에게 배은망덕한 짓을 당한 판국에 상처받은 양심까지 가세하여, 그런 못된 놈 때문에 내 얼굴에 먹칠을 했느냐고 호된 공격을 해온다면 과연 어떤 위안을 받을 수 있겠는가!

올워디 씨조차 의사를 감싸며, 대체 형이 무슨 잘못을 저질렀느냐고 물었다. 그러자 이 냉혹한 악당은 비열하게도, 형이 자기 안위만 생각하여 자신에게 그런 심한 모욕을 준 것을 결코 용서할 수 없다고 대답했다. 자신이 유도심문을 해서 알아낸 바로는 용서할 수 없을 정도로 잔혹한 내용이라는 것이었다.

이 말을 들은 올워디 씨는 그런 말은 인간으로서 해서는 안 될 소리라고 목청껏 주장하며 남을 용서할 줄 모르는 사람에 대한 격한 분노를 드러냈다. 결국 대위도 겉으로는 그 주장에 수긍하는 척하며 형과 화해하겠다고 약속했다.

신부로 말할 것 같으면 한창 신혼 생활의 즐거움을 만끽하며 새신랑에게 푹 빠져 있던 상태였기 때문에, 남편의 행동이 잘못되었다고는 전혀 생각하지 않았다. 상대가 누구든 남편이 싫어하는 대상은 그녀에게도 혐오의 대상이 되었다.

올워디 씨의 권유에 따라 대위는 겉으로는 형과 화해한 척했다. 그러나 가슴속에는 여전히 악의가 남아 있었다. 기회가 있을 때마다 그것을 넌지시 드러냈으므로 마침내 불쌍한 의사는 점점 이 저택에 있기가 괴로워졌다. 결국 자신이 그토록 큰 도움을 주었던 동생에게 이런 잔혹하고 배은망덕한 모욕을 당하며 참고 사느니 차라리 세상에 나가 어떤 불운을 겪더라도 그걸 감수하는 편이 낫겠다는 기분이 들었다.

한번은 모든 사실을 올워디 씨에게 까발릴까 싶기도 했다. 그러나 고백을 하려면 그 죄의 대부분을 자기가 짊어져야 한다고 생각하니 도저히 용기가 나지 않았다. 뿐만 아니라 동생을 나쁜 놈으로 만들수록 자신도 올워디 씨 눈에 좋게 보이지는 않을 것이고, 그만큼 상대방의 분노도 커질 것이었기 때문이다.

그래서 그는 급한 볼일이 있다는 핑계를 대며 곧 돌아올 거라는 약속과 함께 진의를 숨긴 채 동생에게 작별을 고했다. 대위도 이에 뒤지지 않는 완벽한 연기로 응했으므로 올워디 씨는 이들 형제가 진심으로 화해했음을 믿어 의심치 않았다.

의사 선생은 곧장 런던으로 갔는데, 도착한 지 얼마 되지 않아 심장마비로 죽고 말았다. 이 병으로 죽는 사람은 흔히 상상하는 것보다 훨씬 많아서 본다라면 사망통계표의 상당한 부분을 차지해야 하지만 그렇게 되지 않는 이유는 심장마비는 다른 질병과 달리 의사가 치료할 수 없는 유일한 질병이기 때문이다.

이 두 형제의 과거 행적을 낱낱이 조사한 결과, 나는 앞서 말한 악마의 격언 말고도 대위가 그런 행동을 하게 된 다른 이유가 있음을 발견했다. 대위가 앞서 말한 자질 말고도 엄청난 자만심과 잔혹한 심성을 지닌 사나이였다는 사실이다. 그는 자신과는 달리 자존심이나 잔혹한 심성이 크게 부족한 형을 늘 우습게 여겼다. 그런데 형은 자기보다 학문도 깊고 두뇌도 훨씬 뛰어나 여러 사람에게 인정받았다. 이 사실을 알고 대위는 견딜 수가 없었던 것이다. 질투라는 감정은 좋게 작용하면 매우 유익한 것이지만, 그것이 같은 대상에 대한 모멸감과 뒤섞이면 그 독성은 점점 짙어진다. 이 두 가지 요소에 의리까지 더해지면 이 세 가지 혼합물에서는 반드시 분노라는 결과물이 나오지, 감사가 나오는 법은 없다.

제2권
삶의 여러 단계에서 결혼의 행복과 관련된 장면들
블리필 대위와 브리짓 올워디 양의
결혼초 2년간 있었던 여러 가지 일들을 담고 있다

1
이 작품의 종류가 무엇인가, 무엇과 닮고 무엇과 닮지 않았는가

우리는 이 작품에다 '전기'라든가 그보다 유행 중인 '생에 대한 변명'이라는 제목 대신 '역사 이야기'라는 제목을 매우 적절히 붙였다. 그러나 고통스러울 정도로 방대한 양을 저술하는 역사가를 모방하는 대신, 여러 나라의 흥망성쇠를 밝히겠다고 공언한 역사 저술가들의 방법을 따르기로 하겠다. 방대한 양을 저술하는 역사가들은 책의 쪽수를 맞추기 위하여, 별다른 일이 일어나지도 않았던 해와 달에 일어난 온갖 자질구레한 사건을 끼적이는 데 세상이라는 무대에서 가장 위대한 활극이 펼쳐졌던 매우 중요한 시대를 그릴 때와 같은 만큼의 종이를 소모해야 한다고 생각한다.

그런 역사서는 신문과 매우 닮았다. 신문은 기삿거리가 있건 없건 날마다 같은 숫자의 단어로 구성된다. 역마차에 비교할 수도 있다. 역마차는 비어 있든 만원이든 늘 같은 길을 달리니 말이다. 저자는 자기가 시간의 서기를 맡았다고 착각하여 그 시간과 보조를 맞추려고 생각하는 모양이다. 저 훌륭한 라틴어 시인 루크레티우스가

Ad confligendum venientibus undique poenis,
Omnia cum belli trepido concussa tumultu
Horrida contremuere sub altis oetheris auris;
In dubioque fuit sub utrorum regna cadendum

Omnibus humanis esset, teraque marique.

라고 노래하여 유명해진 저 찬란하고 분주했던 시대건, 온 세상이 잠든 듯한, 수도승처럼 무료한 수 세기건 가리지 않고 주인인 시간을 흉내 내어 똑같이 느릿느릿 여행한다. 이 시를 훌륭하게 번역하여 독자 여러분께 보여드리고 싶지만, 그러기에는 내 역량이 부족하므로 크리치*¹ 씨의 번역으로 소개하겠다.

> 무시무시한 카르타고가 무력으로 로마를 놀라게 하고,
> 온 세상은 극도의 공포에 떨었노라,
> 어느 쪽이 패하고 어느 쪽이 세계의 패왕으로서
> 우뚝 설지 아직 결정되지 않았도다.

어쨌든 이 작품에서 그런 지루한 방법을 뒤따르고 싶지는 않다. 그게 무엇이든 특별한 사건이 등장하면(그런 장면은 자주 등장할 예정이다) 우리는 노력과 지면을 아끼지 않고 자세한 사정을 설명할 것이다. 그렇지만 수십 년의 세월이 별다른 주목할 만한 가치도 없이 흘러간다면 우리는 이 작품에 공백이 생기는 것을 두려워하지 않고 과감히 건너뛸 것이다. 그런 지루한 시기는 내버려두고 다음 주요 사건을 서둘러 따라잡을 생각이다.

그런 지루한 시기는 시간이라는 거대한 복권놀이의 '꽝'이라고 생각해도 좋다. 따라서 복권 제작자인 우리는 시청에서 추첨될 복권을 관리하는 현명한 사람들이 쓰는 방법을 흉내 낼 것이다. 그들은 대중들이 실망하지 않도록 절대로 한 번에 너무 많은 '꽝'을 만들지 않는다. 엄청난 상금이 걸린 복권이 뽑히면 신문들은 앞다투어 그 기사를 싣고 세상 사람들에게 그 복권이 어느 가게에서 팔린 것인가까지 반드시 알려준다. 대부분 두세 군데가 자기네가 그 복권을 판 가게라고 주장한다. 이 기사를 보고 투기꾼들은 어떤 가게가 운명의 여신과 비밀을 공유했는지, 아니 여신이 주최한 내각 회의에 참가했는지 알게 되는 것이다.

---

*1 토머스 크리치(1659~1700). 고전문학 번역가. 크리치의 번역 자체가 원문에 충실하다고 보기는 힘들다.

어쨌든 독자 여러분께서는 이 작품을 읽어 나가시면서 어떤 장은 아주 짧고 어떤 장은 아주 길더라도 놀라시지 말기 바란다. 어떤 장은 고작 하루에 일어난 사건을 다룰 것이고, 어떤 장은 여러 해를 다룰 것이다. 바꿔 말하면 나의 이 작품은 가끔은 정지한 듯 보일 것이고, 가끔은 거의 날듯 달리는 것처럼 보일 거라는 말이다. 그런 서술방법에 대해 나는 어떤 비평의 법정에서도 해명할 책임이 없다고 생각한다. 사실 나는 문학에서 새로운 영역을 만들어낸 개척자*2이고 그 영역에서 어떤 법률을 만들건 내 자유이기 때문이다. 독자 여러분은 내 신하나 다름없으므로 그 법률을 믿고 따를 의무가 있다. 단지 여러분이 이 법률을 즐거운 마음으로 따를 수 있도록 법률 제정에 앞서 여러분의 안녕과 이익을 고려할 것을 보장하는 바이다. 왕권신수설을 받드는 폭군처럼 독자 여러분을 내 노예나 소유물이라고 생각할 마음은 없기 때문이다. 내가 여러분 위에 서는 것은 오로지 여러분을 위해서이다. 내가 여러분을 위해 만들어진 것이지, 여러분이 나를 위해 만들어진 것은 아니다. 더불어 나는 여러분의 이익을 내 창작 원칙으로 삼는 한 여러분 모두가 한목소리로 내 권위를 지지해줄 것이며, 내가 바라는 마땅한 명예를 안겨주시리라고 믿어 의심치 않는다.

2
사생아에게 지나친 호의를 보이는 일에 대한 종교적 훈계
드보라 윌킨스 부인이 발견한 엄청난 사실

미와 덕과 재산을 겸비한 젊은 브리짓 올워디 양과 블리필 대위가 결혼식을 올린 지 여덟 달이 지나서 브리짓 양은 어떤 일로 갑자기 놀라는 바람에 떡두꺼비 같은 사내아이를 분만했다. 아기는 겉으로 보기엔 멀쩡했으나 산파는 아기가 팔삭둥이라는 사실을 알아챘다.

---

*2 이것은 필딩의 웅대한 포부이며, 이 포부는 충분히 실현되었다고 봐도 좋다. 이 새로운 영역에 대해서 필딩이 얼마나 고심했느냐는 전작 《조셉 앤드류스》의 유명한 서문에 자세히 나온다. 요컨대 그가 쓰는 소설은 "산문을 이용한 희극적 서사시"라는 것이다. 본서 제5권 제1장에도 여기에 대해서 조금 언급하고 있다.

사랑하는 여동생에게 상속자가 태어나자 올워디 씨는 크게 기뻐했다. 그러나 업둥이 아기에 대한 사랑에는 변함없었다. 그는 업둥이 아기의 대부를 자청하여 자기 이름을 따 토머스라는 이름을 붙여주고, 전과 다름없이 하루에 한 번은 꼭 아기 방을 방문했다.

그는 여동생에게 괜찮다면 새로 태어난 아기를 토미의 방에서 함께 양육하는 게 어떻겠냐고 제안했다. 그녀는 썩 내키지 않았지만 동의했다. 브리짓 양은 본디 오빠의 의견을 거스른 법이 없었고, 그 때문에 지금껏 그 업둥이 아기에게 친절히 대해왔다. 아기에게는 잘못이 없지만 난잡한 행동의 산물인 데는 변함이 없으므로, 부덕을 강조하는 숙녀로서 실은 그러고 싶지 않은 게 속내였다.

대위는 올워디 씨의 행동이 옳다고 생각하지 않았으므로 그리 간단히 승복할 마음이 없었다. 그는 죄의 결실을 거두는 일은 죄를 권하는 일이나 마찬가지라는 뜻을 종종 암시했다. "하느님은 아비의 죄를 자식에게 지우셨다"든가 "아버지가 신 포도를 먹으면 자녀들의 이가 시리다"는 성경 구절을 인용하며(그는 성경에 조예가 깊었다), 부모에게 죄가 있으니 아비 없는 자식을 벌하는 게 옳다고 주장했다. "법은 그런 아비 없는 아이들을 죽이라고 적극적으로 말하진 않지만, 그들이 누구의 자식도 아니라는 점은 인정합니다. 교회도 그 점은 인정합니다. 그런 아이들은 사회에서 가장 낮고 미천한 직업에 종사하도록 키우면 되는 겁니다."

그 밖에 대위는 이러저러한 주장을 내세웠다. 이에 대해 올워디 씨는 이렇게 대답했다. "부모에게 아무리 큰 죄가 있다 해도 아이에게는 분명히 죄가 없네. 자네는 성경 구절을 인용했지만, 앞 내용은 하늘에 계신 주를 저버리고 기만하여 우상숭배죄를 저지른 유대인들을 책망하신 구절이고, 뒷 내용은 죄를 저지르면 반드시 응당한 벌을 받는다는 것을 비유를 들어 표현한 것이지 죄에 대한 명료한 심판을 말씀하신 것이 아니네. 전능하신 하느님을 타인이 죄를 지었다 하여 무고한 사람까지 벌하려는 분으로 생각하는 것은 신성모독까지는 아니지만 옳지 못한 일이야. 그것은 하느님이 우리 마음에 심어주신 선악 관념 또는 자연 제1법칙을 그분 스스로 깨뜨리려 한다고 생각하는 꼴이니까. 실은 그 선악 관념을 통해 계시 받은 모든 사건, 아니 계시의 진정성 그 자체에 대해 판단을 내릴 의무를 지닌 건 우리인데 말이네. 많은 사람이 이 문제에 대해 자네와 같은 주장을 한다는 건 나도 알아. 하지만 나는 그렇지 않다고 확신하네. 그러니 그 아이도 부모가 누구인지 확실한 아이라고 생각하고 키울 작정이네."

대위가 업둥이 아기에게 올워디 씨가 보이는 호의에 질투를 느끼고 어떻게든 그에게서 아기를 떼어놓기 위해 기회가 날 때마다 끈질기게 이런 논쟁을 벌이려 드는 동안 드보라 부인은 한 가지 발견을 했다. 결과적으로 불쌍한 토미에게는 이 발견이 적어도 대위의 주장보다 더욱 치명적인 것이 될 염려가 있었다.

이 선량한 부인의 물릴 줄 모르는 호기심이 이런 발견을 이끈 건지, 블리필 부인이 겉으로는 드러내지 않지만 뒤에서는 아이와 그 아이를 귀여워하는 오빠를 싸잡아 욕하는 것을 알고 드보라 부인이 더 큰 환심을 사려고 일부러 그런 건지 나는 판단하지 않겠다. 어쨌거나 드보라 부인은 업둥이 아기의 아버지가 누구인지 똑똑히 알아냈다고 생각했다.

그런데 이 발견은 매우 중요하므로 이것을 설명하려면 그 단초까지 거슬러 올라가야 한다. 따라서 이런 발견이 있기까지 일어났던 사건을 자세하게 말씀드리겠다. 그러려면 독자 여러분께서 현재 전혀 모르고 계신 한 가난한 가족의 비밀을 모두 폭로해야 한다. 이 가족의 구성이 하도 희한한지라, 결혼한 많은 부부들, 특히 귀가 얇으신 분들이 충격이나 받지 않을지 걱정되기는 하다.

3

아리스토텔레스가 천명한 원칙과 반대되는 원칙에 근거한 한 가정의 통치상황

제니 존스가 이전 몇 년 동안 학교 선생 집에서 하녀로 일했던 것, 그 선생이 그녀의 간절한 소원을 들어 라틴어를 가르쳐주었던 것, 그녀가 타고난 지력으로 나날이 눈부시게 발전하여 마침내는 스승을 능가하는 실력을 갖추게 되었다는 것은 이미 설명한 바 있고 독자 여러분도 기억하고 계실 것이다.

그런데 이 불쌍한 선생은 반드시 학문이 요구되는 직업을 선택하기는 했지만, 사실 학문은 그가 가진 재능 중 가장 뒤떨어지는 것이었다. 그는 보기

드물게 착한 성품을 지닌 데다 익살과 해학을 능숙하게 구사했으므로 그 지방의 재주꾼으로 널리 통했다. 이웃 신사들은 그와 친구가 되고 싶어 했다. 그는 거절할 줄 모르는 성품이어서 누가 초대하면 기꺼이 그 집을 방문하여 시간을 함께 보냈다. 그 시간을 학교에다 썼다면 큰 업적을 남겼을 것이다.

이런 자질과 성품을 지닌 인물이 이튼 학교나 웨스트민스터 학교 같은 명문 학교에 위협적인 존재가 될 염려가 전혀 없었음은 쉽게 상상할 수 있을 것이다. 솔직히 말해 그의 학생들은 딱 두 학급으로 나뉘어 있었다. 상급반에는 문법 문장론 과정에 막 들어선 청년이 있었는데 그는 이웃 지주의 열일곱 살 난 아들이었다. 하급반에는 같은 지주의 둘째 아들이 속해 있었다. 그는 마을 아이들 일곱 명과 함께 읽기와 쓰기를 배웠다.

학교에서 얻는 수업료만 가지고는 만족스러운 생활은 꿈도 꿀 수 없었다. 그래서 선생은 서기와 이발사라는 직업을 겸직했다. 여기에 올워디 씨로부터 연간 10파운드의 후원금을 받았다. 이 후원금은 매해 크리스마스에 받았는데, 그 덕분에 이 선생은 그 성스러운 축제 기간을 마음 편히 즐길 수 있었다.

이 교육가가 소유한 보물 중에 부인이 있었다. 올워디 씨 댁 주방에서 일하던 여자였는데, 그곳에서 일하며 모은 20파운드란 재산을 보고 그가 결혼을 신청한 것이었다.

이 부인은 그다지 귀염성 있는 외모는 아니었다. 내 친구 호가스의 모델이 되어준 적이 있는지 어쨌는지는 모르겠지만, 어쨌든 〈매춘부의 일생〉이라는 그의 판화 연작 제3편 속에서 여주인에게 차를 따르는 젊은 여성과 꼭 닮았다. 게다가 그녀는 저 옛날 크산티페를 조상으로 하는 그 유명한 악처 종파의 공공연한 신봉자였다. 바로 이런 이유 때문에 그녀는 학교에서 남편보다 무서운 존재였다. 사실 그녀가 있는 곳에서는 그곳이 학교든 어디든 남편은 고개를 들지 못했다.

얼굴로만 봐도 그녀는 천성이 상냥한 여자로는 보이지 않았다. 그 얼굴이 날이 갈수록 오만상이 되어가는 것은 행복한 결혼생활을 저해하는 어떤 이유 때문이었다. 아이는 사랑의 열매라는 실로 지당한 명언도 있지만, 그녀의 남편은 결혼한 지 9년이 되도록 그 열매를 선사하지 않은 것이다. 이것은 나이로 보나 건강 상태로 보나 변명의 여지가 없는 그의 잘못이었다. 누가 뭐래도 아직 서른도 안 된 이른바 혈기왕성한 젊은이였기 때문이다.

이 왕성한 혈기 때문에 또 다른 불행이 생겼다. 부인이 질투의 시선을 거두지 않았기 때문에, 이 불쌍한 교육가가 마을 처녀들에게 안심하고 말을 걸어본 적이 없다는 점이다. 어떤 여자에게든 조금이라도 친절히 군다든지 편지라도 한 통 주고받는 날이면 아내는 어김없이 상대방 여성이든 남편이든 가리지 않고 잡아먹을 듯이 달려들었다.

그들은 하녀를 한 사람 썼는데, 행복한 결혼 생활에 말썽을 일으키지 않도록 부인은 하녀를 고용할 때도 반드시 얼굴 자체가 정조를 보장할 것 같이 생긴 여자를 고르도록 주의했다. 제니 존스도 그런 사람 중 하나였음은 앞에서 설명한 바 있다.

제니의 얼굴은 지금 말한 보호 장치 중에서도 확실한 편이라 할 만했고, 행동거지는 언제나 아주 겸손했으므로(이것은 여성의 경우 분별력이 있다는 증거이다) 그녀는 파트리지(이것이 이 선생의 이름이다) 선생 댁에서 4년도 넘게 지내며 부인에게 어떤 의심도 사지 않았다. 오히려 부인은 제니에게 호의적으로 대했다. 앞서 얘기했듯이 선생이 라틴어를 가르쳐준 것도 부인의 허락이 있었기 때문이었다.

그러나 질투심이란 통풍과 같은 것이다. 발병 인자가 혈액 속에 들어 있으면 어느 날 갑자기 불쑥 발병한다. 그것도 아주 사소한 계기로 예기치 않은 순간에 느닷없이 터져 나오는 것이다.

남편이 이 어린 하녀에게 공부를 가르치는 것을 4년이나 허락하고, 공부를 핑계로 이 하녀가 집안일을 게을리 하는 것도 종종 눈감아주었던 파트리지 부인에게 바로 이런 일이 일어났다. 어느 날 그녀가 지나가면서 보니, 제니가 책을 읽고 남편이 그 어깨 너머로 몸을 기울이고 있었다. 그런데 무슨 이유에선지 모르겠지만, 갑자기 제니가 깜짝 놀라며 의자에서 벌떡 일어나는 게 아닌가. 이때가 그녀의 머릿속에 처음으로 의심이 자리 잡은 순간이었다.

하지만 이때까지만 해도 이런 의심은 겉으로 드러나지 않고 마음속에만 숨어 있었다. 그 모습은 공공연하게 모습을 드러내고 적대적인 작전을 수행하기 전에 지원군을 기다리며 잠복 중인 적병과 흡사했다. 그런데 곧 지원군이 도착하여 그녀의 의심을 확고하게 만들었다. 그런 일이 있고 나서 얼마 안 있어 부부가 저녁 식사를 하는 자리에서 남편이 하녀에게 "Da mihi aliquad potum(마실 것 좀 줘)"라는 라틴어를 말한 것이다. 이 말을 듣고 제니는 미소를 지었다. 선생의 서투른 라틴어 실력에 웃음이 난 것이다. 그때 부인이 눈을 부릅뜨는 것을 보고 그녀는 얼굴을 붉혔다. 주인을 보고 웃은 데에 기분 나빠 하는 거라고 생각한 것이다. 그런데 부인은 그 모습을 보자마자 맹렬히 분노를 터뜨리며, 음식이 담긴 나무접시를 제니의 머리를 향해 내던지며 고함을 질렀다. "이 뻔뻔하고 음탕한 년! 감히 내 앞에서 내 남편과 장난을 쳐?" 이 말과 동시에 그녀는 나이프를 손에 쥐고 의자에서 벌떡 일어났다. 다행히 여주인보다 문가에 가까이 있던 제니가 격노를 피해 도망쳤기에 망정이지, 그러지 않았더라면 부인은 그 나이프로 참혹한 복수극을 펼쳤을 것이다. 가엾은 남편은 너무 놀라 몸이 움직이지 않는 건지, 겁에 질린 나머지(충분히 그럴 만한 이야기지만) 저항할 생각조차 들지 않는지 모르겠지만, 그저 의자에 꼼짝 않고 앉아 입도 벙긋 안 하고 눈만 뒤룩뒤룩 굴리고 있었다. 제니를 잡으러 쫓아 나갔던 부인이 돌아오고 나서야 얼른 방어조치를 취하지 않으면 목숨이 위험하겠다는 생각이 들었다. 그래서 그도 제니의 뒤를 따라 나갔다.

이 선량한 부인은 오셀로 못지않은 질투심을 지니고 있었다.

> 질투심으로 가득 찬 삶이라면,
> 달이 변할 때마다
> 새로운 의심이 함께 하리라.

여기까지는 아니지만, 그녀도 오셀로처럼 '한 번 의심에 빠지면 즉시 해결을 보고야 마는' 그런 인물이었다. 그녀는 즉시 제니에게 짐을 싸서 나가라고 명령했다. 당장 오늘밤부터 이 집안에서 재우지 않겠노라고 결심한 것이다. 파트리지 씨는 여러 해 경험으로 이런 문제에는 나서지 않았다. 그는 늘 하던 대로 인내심이라는 특효약의 힘을 빌렸다. 라틴어의 대가까지는 아니지만, 그는 다음과 같은 구절에 포함된 교훈을 잘 기억하고 이해했다.

Leve fit, quod bene fertur onus.

'짐이란 잘 짊어질 때 가장 가벼워지는 법'이란 뜻이다. 그는 늘 이 구절을 입에 되새기고 다녔으며, 이 말이 진리임을 경험할 기회를 결코 놓치지 않았다.

제니는 자신의 무고함을 변명하려 했으나 그런 의사가 전달되기에는 폭풍우가 지나치게 거셌다. 어쩔 수 없이 그녀는 갈색 종이 꾸러미에 불과한 짐을 싸고 쥐꼬리만 한 급료를 받아서 집으로 돌아갔다.

파트리지 선생과 그의 아내는 그날 밤을 좋지 않은 심정으로 보냈다. 아침이 되자 부인의 노여움도 그럭저럭 가라앉았다. 그녀는 남편에게 변명할 기회를 주었다. 변명은 의외로 쉽게 받아들여졌다. 남편이 제니를 다시 불러오자고 말하는 대신, 요즘에는 하도 책만 읽기에 하녀로서 아무 짝에도 쓸모가 없었다, 게다가 최근에는 건방지고 고집도 세져서 못쓰겠다고 생각했다, 나도 해고한 걸 만족스럽게 생각한다고 공언했기 때문이었다. 건방지고 고집도 세졌다고 말한 데는 이유가 있었다. 그는 제니와 최근 들어 자주 학문적인 토론을 벌였는데, 앞서 말했다시피 학문은 그녀가 그를 훨씬 능가했다. 그러나 그는 절대로 그 사실을 인정하려 들지 않았다. 오히려 그녀가 정확한 내용을 주장하는 것을 고집이라고 부르며 내심 적대감을 키워온 것이다.

4
가정사에 유례없는 가장 잔혹한 전투 또는 일대일 대결

앞 장에서 언급한 이유들과 그 밖에 부부 사이에 있을 수 있는 어떤 양보(이 세상 남편들이 잘 알다시피, 이것은 프리메이슨 비밀 결사의 비밀과 같아서 명예로운 결사구성원 말고는 누설해서는 안 된다)에 따라 파트리지 부인은 이유도 없이 남편을 비난했다는 사실을 충분히 인정했다. 따라서 여러 가지 호의적인 행동들로 자신의 잘못된 의심을 보상하려 애썼다. 부인의 감정은 어디로 향하든 똑같이 격렬했다. 그녀는 극단적으로 화를 낼 수 있었던 것만큼이나 극단적으로 애정을 표현할 수 있는 여자이기도 했다.

이 두 감정은 변화무쌍하게 나타났다. 따라서 정도 차이는 있지만 이 교육가가 이 두 감정의 대상이 아닌 채 하루가 지나간 적은 좀처럼 없었다. 게다가 어쩌다 분노의 감정이 더할 수 없이 맹위를 떨친 뒤에는 그것이 누그러지는 시간도 그만큼 길어졌다. 이번에도 마찬가지였다. 질투로 인한 분노가 사그러자 그녀는 남편이 기억하는 한 그 어느 때보다 오랫동안 사근사근하게 굴었다. 크산티페의 추종자들이 날마다 늘어놓지 않고는 못 배기는 잔소리만 아니었다면 파트리지 씨는 몇 달 동안 완벽한 평화를 누렸을 것이다.

경험 많은 뱃사공은 절대적 고요함을 태풍의 전조라고 생각한다. 평소 미신을 신봉하지는 않지만, 유례없이 특별한 평안을 누린 다음에는 그 정반대의 것이 찾아온다고 걱정하는 경향도 있다. 그 때문에 고대인들은 그런 경우 복수의 여신 네메시스에게 산 제물을 바치곤 했다. 이 여신이 인간의 행복을 질투어린 시선으로 바라보다가 뒤엎어버리는 일에 특별한 즐거움을 느낀다고 생각했기 때문이다.

우리는 그런 이교의 신을 믿거나 미신을 권장할 마음은 추호도 없다. 그러므로 예로부터 있어왔고 우리가 지금 여기서 그 일례를 제시하고자 하는, 행운에서 불운으로 바뀌는 갑작스런 변화의 진짜 원인을 존 프릭*3 씨나 철학자 분들께서 좀 더 분발해 밝혀주시기를 바라는 바이다. 우리의 역할은 사실을 말하는 것이다. 원인 규명은 우리보다 훨씬 뛰어난 능력자들에게 맡기고 싶다.

인류는 다른 사람의 행동을 관찰하고 그것을 이야깃거리로 제공하기를 큰 낙으로 삼아 왔다. 따라서 모든 시대와 모든 백성을 통틀어 호기심 많은 사람들이 모여 서로 호기심을 충족하는 공공의 장으로서 어떤 장소가 만들어진다. 그중에서도 이발소는 이 방면에서 가장 두드러진 명성을 누리는 곳이다. 그리스에서는 이발사들이 전하는 발 빠른 소식은 속담과 맞먹는 것이었다. 호라티우스도 한 편지에서 로마의 이발사들을 이와 같은 의미로 칭송한 바 있다.

이 점은 영국의 이발사들도 그리스·로마의 선배들에게 결코 뒤지지 않는다. 영국의 이발소에서는 커피 전문점*4에서 벌어지는 토론과 맞먹을 정도로 외교 문제가 뜨겁게 논의된다. 국내 사건은 커피 전문점보다 이발소에서 더 폭넓고 자유롭게 토론된다. 하지만 이곳은 남자들만 이용할 수 있다. 따라서 다른 나라 여자들보다 훨씬 교제를 즐기는 영국 여자들, 특히 하층 계급의 여자들에게도 호기심을 채워줄 장소를 마련해주지 않았다면 이 나라는 큰

---

*3 1688~1756, 외과 의사였지만 다방면으로 박식했다.
*4 당시 커피 전문점이 유행했는데, 대개 신출내기 정치가들의 집회장소로 쓰였다.

결함을 안고 있다는 비난을 들어야 했을 것이다. 여자들도 남자들 못지않게 호기심이 왕성하기 때문이다.

그러므로 이 나라에 그런 집회장소가 있다는 점에서 영국 부인들은 다른 나라 자매들보다 행복한 줄 알아야 한다. 나는 그 비슷한 것이 있다는 이야기를 어떤 책에서도 읽은 적 없고, 여행을 다니면서 본 적도 없다.

그 장소가 바로 잡화점이다. 이곳이야말로 영국 내 모든 마을에서 일어나는 모든 소식의 집합소이자, 속칭 쑥덕공론의 본거지이다.

어느 날 파트리지 부인이 이 여성 집회소에 있는데 한 이웃 여자가 최근 제니에 관한 소식을 들었느냐고 물었다. 그녀가 들은 적 없다고 하자 이 여자는 미소를 지으며, 제니를 쫓아내주어서 마을 사람들이 아주 고마워한다고 대답했다.

독자 여러분께서 잘 알다시피 이미 오래 전에 질투심이 다 치유된 데다 이제 하녀 때문에 불화가 생길 일이 없었던 파트리지 부인은 마을 사람들이 왜 그런 이유로 고마워하는지 모르겠으며, 제니 같은 하녀는 다신 없을 거라고 대답했다.

수다쟁이 여자가 의미심장하게 말했다. "물론 그런 하녀는 없겠죠. 행실이 단정치 못한 계집애들은 많지만요. 그런데 그 애가 사생아를 둘이나 낳았다는 얘기는 못 들으신 모양이네요. 그래도 우리 마을에서 낳은 건 아니니까 마을에서 부양할 의무는 없다고 우리 남편도 그리고 방면위원 한 분도 그러셨어요."

"사생아를 둘이나 낳았다고요?" 파트리지 부인이 깜짝 놀라며 말했다. "정말 놀라운 말이군요! 우리 마을이 그 아기들을 부양해야 할 의무가 있는지 아닌지는 모르겠지만, 우리 마을에서 임신한 건 분명해요. 그 계집이 이 마을을 떠난 지 9개월이 채 안 됐으니까요."

마음의 작용만큼 재빠르고 갑작스럽게 이루어지는 것은 없다. 특히 희망이나 공포, 특히 이 두 감정의 두목 격인 질투심이 마음을 부추길 때는 더욱 그렇다. 함께 사는 동안 제니가 좀처럼 집 밖으로 나간 적이 없었다는 사실을 부인은 문득 깨달았다. 그리고 의자 위로 남편이 몸을 기울이던 일, 갑자기 제니가 깜짝 놀라며 일어나던 일, 라틴어, 미소, 그 밖에 수많은 일들이 한꺼번에 뇌리를 스쳐갔다. 제니가 사라져서 만족스럽다던 남편의 말이 거짓말인 것 같기도 하고 참말인 것 같기도 했다. 이런 지긋지긋한 망상과 그 밖에 여러 미심쩍은 점들로 그녀의 질투는 도를 더해갔다. 요컨대 그녀는 남편의 유죄를 확신하며 허둥지둥 그 자리를 떴다.

귀여운 고양이는 고양이과 동물 중에서 가장 어리고 약하지만 그 용맹함과 날렵함은 같은 과의 귀족 격이라 할 수 있는 호랑이에 결코 뒤지지 않는다. 오랫동안 가지고 놀던 생쥐가 잠시 손아귀를 벗어나 도망치면 안절부절 못하고 분노하고 으르렁대고 이를 간다. 그러다 그 쥐를 숨겨주던 통나무나 궤짝이 치워지면 맛 좀 보라는 듯 번개처럼 달려들어 물어뜯고 할퀴고 잘근잘근 씹고 찢어발긴다.

이에 못지않은 맹렬한 기세로 파트리지 부인은 불쌍한 교육가에게 덤벼들었다. 혀, 이, 양손을 총동원하여 맹공격을 쏟아 부었다. 순식간에 머리에서 가발이 벗겨지고, 등에서는 셔츠가 찢겨나갔다. 얼굴에서는 불행하게도 자연이 그의 적에게 무장시켜준 손톱이라는 무기의 숫자를 대변하듯 핏줄기 다섯 가닥이 흘러내렸다.

파트리지 씨는 한참동안 속수무책으로 방어 자세만 취했다. 즉 두 손으로 얼굴을 보호하는 데만 급급했다. 그러나 적의 분노가 조금도 누그러질 기색을 보이지 않자, 적어도 상대방을 무장해제 시켜야겠다고 생각했다. 다시 말해 두 팔을 제압해야겠다고 생각한 것이다. 그런 시도를 하며 격투를 벌이는 와중에 아내의 모자가 날아가, 어깨까지 오지도 않는 짧은 머리카락들이 하늘로 곤두섰다. 가슴께 구멍을 레이스로 허술하게 고정해 놓았던 코르셋도 순식간에 풀려나갔다. 머리카락과 달리 풍만한 젖가슴이 아래로 축 늘어졌다. 아내의 얼굴 또한 남편의 피로 온통 얼룩졌다. 그녀는 분노로 이를 갈았다. 대장장이의 용광로에서 튀겨 오르는 것 같은 불꽃이 두 눈에서 번뜩였다. 이러하니 이 아마존 여전사의 모습을 보고 파트리지 씨 아니라 훨씬 용감한 맹장이라 할지라도 전율을 금치 못했을 것이다.

운 좋게도 남편은 곧 아내의 두 팔을 제압함으로써 양손 끝에 장착된 무기들을 겨우 쓸모없게 만들 수 있었다. 그러자 그녀는 분노 대신 여성스러움을 무기로 꺼내들었다. 와락 눈물을 쏟아내며 주저앉더니 이내 기절하고 만 것이다.

원인도 모르는 광란의 소동이 벌어지는 동안 파트리지 씨에게 그나마 남아 있던 얼마 안 되는 분별력은 사태가 진정되기를 기다렸지만, 상황이 이렇게 되자 완전히 어디론가 날아가 버렸다. 그는 거리로 뛰쳐나왔다. 아내가 죽음의 고통에 빠졌다고 큰 소리로 외쳐대며, 한시바삐 나와 그녀를 도와달라고 이웃들에게 사정했다. 몇몇 아낙네가 그 애원에 응하여 그의 집에 들어서기가 무섭게 그런 경우 흔히 쓰이는 약을 처방했다. 마침내 파트리지 부인의 정신이 다시 돌아오자 남편은 매우 기뻐했다.

제정신이 들고 강장제의 도움으로 어느 정도 안정을 되찾자마자 그녀는 그곳에 모인 사람들에게 남편이 자신에게 얼마나 끔찍한 짓을 저질렀는지 고자질했다. 내가 없는 틈을 타 내 침대에서 부정을 저지른 것도 모자라, 그걸 책망하자 상상도 못할 잔인한 폭행을 했다고 말했다. 모자를 벗기고, 머리카락을 잡아 뜯고, 코르셋을 벗겨 내고, 흠씬 두들겨 팼노라며 이 상처는 평생 지워지지 않을 거라고 했다.

불쌍한 남편은 그 얼굴에 아내의 격노가 남긴 자국들이 훨씬 선명함에도 이 적반하장식 비난에 어안이 벙벙하여 입도 벙긋 못하고 서 있기만 했다. 부인의 이런 비난이 터무니없이 진실을 벗어난 것임을 독자 여러분께서 그를 위해 증인이 돼주실 거라고 믿는다. 사실 그는 부인을 단 한 차례도 때리지 않았다. 그러나 그의 침묵은 방 안에 모인 모든 재판관에게 유죄로 해석되었다. 모두 입을 모아 그를 비난하고 욕하며, 여자를 때리는 것은 비겁자나 할 짓이라고 몇 번이고 되풀이했다.

파트리지 씨는 이 모든 비난을 참을성 있게 견뎌냈다. 그러나 아내가 남편의 잔인한 폭행의 증거라며 자기 얼굴에 묻은 핏자국을 가리켰을 때는 그건 내 피라고 주장하지 않을 수 없었다. 실제로 사실이 그랬기 때문이다. 그는 자신의 피가 자신에게 불리하게 앙갚음하는 것은 참으로 심한 일이라고 생각했다(피살당한 사람의 피도 종종 그렇다는 얘기를 우리는 자주 듣는다).

파트리지의 항변에 여자들은 그 피가 그의 심장이 아니라 얼굴에서 흘러나왔다는 사실이 유감스럽다는 말로 맞받아칠 뿐이었다. 자신들의 남편이 자기에게 손찌검을 한다면 남편의 몸을 갈라 그 심장에서 피를 뽑아내겠노라고 입 모아 선언하기까지 했다.

파트리지 씨에게 지난 일을 훈계하며 앞으로 행동을 조심하라는 충고를 남기고 아낙네들이 떠나자 부인과 남편만 남았다. 마주 앉아 대화를 나누고 나서야 비로소 파트리지 씨는 오늘 당한 고통의 원인이 무엇인지 알게 되었다.

5
독자의 현명한 판단과 반응을 기다리는 일들

한 사람의 가슴에만 묻힌 채 밖으로 새나가지 않는 비밀이란 없다는 말은 참이라고 생각한다. 그러나 이런 종류의 소문이 한 마을 내에만 퍼지고 다른 마을들로 새나가지 않는다면 그건 기적에 가까운 일일 것이다.

실제로 며칠 되지 않아, 흔히 쓰는 표현을 빌리자면, 리틀 배딩턴 마을에서 한 선생이 잔혹하고 무참하게 자기 마누라를 두들겨 팼다는 소문이 그 근방에 파다하게 퍼져나갔다. 어떤 곳에서는 그가 그녀를 죽였다는 소문까지 났으며, 어떤 곳에서는 그가 그녀의 팔을 부러뜨렸다, 다리를 부러뜨렸다 하는 소문이 났다. 대략 인간이 몸에 입을 수 있는 상해 가운데 파트리지 부인이 남편에게 입었다고 소문나지 않은 것이 한 가지도 없을 정도였다.

싸움의 원인 또한 다양하게 소문이 났다. 남편이 하녀와 동침하는 현장을 부인이 포착했다고 말하는 사람이 있는가 하면, 그것과 전혀 다른 수많은 이유가 퍼지기도 했다. 죄가 아내에게 있고 그 때문에 남편이 질투를 일으킨 것이라고 주객을 뒤바꾸어 쑥덕거리는 사람도 있었다.

윌킨스 부인도 한참 전부터 이 소문을 들어 알고 있었다. 그러나 그녀가 들은 소문은 진상과 달랐으므로 그녀는 이 소문을 모른 척하는 편이 좋겠다고 생각했다. 모든 사람이 일방적으로 남편에게만 비난을 퍼부었기 때문에 더욱 그랬는지도 모른다. 파트리지 부인은 올워디 씨네서 하녀로 일할 때 어떤 일로 윌킨스 부인의 기분을 상하게 했다. 부인은 뒤끝이 있는 성품이었던 것이다.

원시안을 지녀 삼사년 앞을 내다볼 줄 아는 윌킨스 부인은 앞으로 블리필 대위가 자신의 주인이 될 거라고 감지했다. 대위가 그 업둥이 아기에게 그다지 호의적이지 않다는 사실을 똑똑히 알고 있는 그녀는 올워디 씨가 그 아기에게 쏟는 애정을 반감시킬 사실을 알아내기만 한다면 대위의 마음에 크게 들 수 있으리라고 생각했다. 사실 아기에 대한 올워디 씨의 애정은 대위에게는 불안의 씨앗이었던 것이다. 그런 불편한 심기를 대위는 올워디 씨 앞에서조차 완전히 감추지 못했다. 체면 차리기에 능숙한 그의 아내는 자기처럼 오빠의 어리석음을 묵인하라고 빈번히 권유하곤 했다. 그러면서 자기 또한 오빠의 어리석음을 잘 알고 있으며 그것이 옳지 않다고 생각한다고 덧붙였다.

그 소동이 있은 지 한참 지난 뒤이긴 했지만, 윌킨스 부인은 그 소문의 진상을 우연히 알게 되었다. 그녀는 세부 정황까지 완벽히 알아낸 다음 대위에게 달려가, 대위가 그 업둥이 아기에게 눈길을 주지 않아 이 지방에서 나리의 평판이 나빠지는 것이 가슴 아프다는 말로 운을 띄웠다. 그리고 그 아기의 진짜 아비를 드디어 찾아냈다고 고했다.

대위는 주인의 행동을 평판 운운 하는 말은 건방지고 불온한 발언이라고 꾸짖었다. 대위의 명예심이나 분별력으로 비추어 하녀와 충분히 동맹을 맺을 수도 있었지만, 그의 자존심만은 그런 일을 절대로 허락하지 않았다. 사실 친구의 하인과 한패가 되어 그 주인에게 등을 돌리는 것만큼 어리석은 일은 없다. 그런 짓을 하면 결국 자기 자신이 배반을 당하여 끊임없이 그 하인의 눈치를 살피는 처지가 되기 때문이다. 그런 이유에서인지는 모르지만, 대위는 그 이상 분명한 태도를 보이는 일도, 윌킨스 부인이 올워디 씨를 좀 더 욕하도록 부추기는 일도 하지 않았다.

윌킨스 부인 앞에서는 이 발견에 대한 만족감을 드러내지 않았지만, 마음속으로는 뛸 듯이 기뻐하며 최대한 이것을 이용해먹기로 다짐했다.

그는 이 일을 올워디 씨가 다른 사람의 입으로 듣게 되길 기대하며 오랫동안 가슴에 묻어 두었다. 그러나 윌킨스 부인은 대위에게 꾸중을 들은 것이 분해서였는지, 대위의 더 큰 꿍꿍이를 헤아리지 못하고 소문을 퍼트리고 다녀서 그를 불쾌하게 만들면 큰일이라고 착각을 해서인지는 모르지만 어쨌든 다시는 이 문제로 입을 열지 않았다.

곰곰이 따져 보면 이 가정부가 이 소식을 블리필 부인에게 끝내 알리지 않았다는 것은 조금 이상한 일이다. 여자들이란 우리 남자들보다 동성인 여자들에게 무엇이든 소식을 전하고 싶어 하는 경향이 있기 때문이다. 내가 보기에 이 어려운 의문을 풀 유일한 열쇠는 당시 부인과 이 하녀 사이에 생겨난 거리감에서 찾아야 할 것 같다. 이 거리감은 드보라가 업둥이 아기를 지나치게 정성껏 보살피는 데에 블리필 부인이 질투한 데서 비롯된 것이라 보아야 한다. 드보라는 대위의 비위를 맞추기 위해 아기를 헐뜯으려고 애쓰면서도, 올워디 씨가 아기에게 쏟는 사랑이 나날이 커져갈수록 그의 앞에서는 아기를 칭찬하느라 여념이 없었다. 블리필 부인 앞에서는 정반대 태도를 보이려고 온갖 주의를 기울였지만, 그녀의 이런 태도가 이 예민한 부인의 신경을 거스른 것인지 지금은 드보라를 아주 못마땅하게 여겼다. 물론 드보라를 이 집에서 쫓아내는 일도 없었고 또 그럴 수도 없었지만, 여러 가지 트집을 잡아 그녀를 못살게 굴었다. 마침내 드보라도 이것에 앙심을 품고 여봐란 듯이 토미를 더욱 귀여워했다.

대위는 파트리지 씨에 관한 소문이 흐지부지 사라져 버릴 위험에 처했다는 걸 알고 마침내 기회를 잡아 스스로 그것을 밝혔다.

어느 날 그는 올워디 씨와 자선이라는 주제로 토론을 벌였다. 대위는 학식을 자랑하며 성서에서 '자선'이라는 단어가 한 번도 선행이나 아량이라는 뜻으로 사용된 적이 없음을 증명해 보였다.

그가 말했다. "그리스도교가 창시된 숭고한 목적은 그 이전에 있던 많은 이교도 철학가가 설파하던 주장에 더욱 힘을 실어주기 위해서가 아니었습니다. 그 철학가들의 주장도 도덕의 범주에는 들어가겠지만 저 그리스도인의 숭고한 정신에는 미치지 못하지요. 즉 거기에는 천사에 가까운 완벽한 순결함과, 하느님의 은총에 의해서만 도달하고 표현하며 느낄 수 있는 사랑이라는 고귀한 사상이 지닌 향기가 없습니다. '자선'이라는 단어를 '공평무사함'이나 '이웃을 생각하는 자비로운 마음' 또는 '이웃의 행동을 호의적으로 판단하는 마음'의 의미로 해석하는 사람이야말로 성경의 의미에 접근한 겁니다. 그것이야말로 그저 불쌍한 마음에 기부하는 행위보다 본질적으로 훨씬 고귀하고 광범위한 미덕입니다. 가정을 희생해서 파탄이 나도록 기부한들 어차피 그 많은 사람에게는 다 전달되지 않습니다. 반면에 참된 자선은 아무리 자그마한 것이라 할지라도 온 인류에게 퍼지는 법이지요."

그는 계속해서 말했다. "열두 제자의 가난함을 생각하면, 주님이 아낌없이 재산을 베풀라고 그들에게 설교하셨다고 생각하는 것은 무척 어리석어 보입니다. 주님이 그럴 능력이 없는 사람들에게 그런 터무니없는 설교를 하셨으리라고 상상할 수 없는 이상, 능력은 있으되 실천하지 않는 사람들이 자선을 기부라는 의미로 해석했다고 생각할 이유는 더욱 없습니다.

이런 자선 행위가 큰 공덕이 된다고는 생각하지 않지만, 자선이 선량한 사람들에게 커다란 기쁨이라는 점은 인정합니다. 단 그 기쁨을 파괴하는 것이 딱 한 가지 있지요. 무슨 말인고 하니, 우리는 자칫 그럴 자격이 없는 자들에게 크나큰 은혜를 베풀기 쉽다는 말입니다. 그 불한당 같은 파트리지란 작자에게 형님께서 보여주신 관대한 처사가 바로 그런 사례라고 인정해야 할 것입니다. 그런 예만 없어진다면 선량한 사람들은 자선 행위를 통해 더없는 만족감을 느끼겠지만, 그런 예가 두세 번만 있으면 그 만족감도 크게 줄어들 것이 분명합니다. 아니, 오히려 악을 지지하고 조장하는 죄를 저지르는 게 아닐까 하고 기부를 꺼리게 되지요. 이러한 죄는 참으로 용서받기 어려운 죄입니다. 자선을 베풀 대상을 정할 때 극도로 신중을 기하지 않는다면, 나중에 가서 악을 조장할 의도는 없었다고 아무리 변명해도 충분한 변명이 되지 못할 것입니다. 이런 사실을 깨닫고 관용을 자제한 훌륭하고 신앙심 두터운 사람들도 많다는 것을 저는 의심치 않습니다."

올워디 씨가 대답했다. "그리스어로 자네와 논쟁을 벌일 능력은 없으니 '자선'이라고 번역되는 그 단어의 진정한 의미에 대해서는 딱히 할 말이 없네. 하지만 나는 늘 그 의미가 행동 자체에 있다고 해석했고, 적어도 기부도 이 덕목 가운데 하나라고 생각해왔네.

자선이 공덕이 아니라는 자네의 말에는 나도 완전히 동감하네. 자선이라는 단어에 어떤 의미를 갖다 붙이더라도 신약성서 전체를 통틀어 생각해볼 때 그것은 인간으로서 마땅히 해야 할 의무라고밖에 생각되지 않네. 그저 의무를 이행하는 것만으로 공덕이 될 리는 없지 않은가? 나는 그것이 그리스도교의 교리와 자연법 모두가 명령하는 불가피한 의무라고 생각하네. 게다가 그건 몹시 즐거운 일이야. 의무를 수행하는 일 자체가 보상이 되는 일이 있다면 그것이야말로 이 자선의 의무라고 생각하네.

사실 얼마간 공덕으로 보이는 관대함(실은 자선이라고 말하고 싶지만)이 딱 하나 있네. 바로 자비심이나 그리스도교에서 말하는 사랑의 원칙에 입각하여, 나에게 정말로 필요한 것을 남에게 주는 경우지. 다시 말해 타인의 고통을 덜어주기 위해, 그게 없으면 나 자신이 곤란해지는 물건조차 나누어 주어 나를 궁핍하게 만듦으로써 이웃의 고통을 함께 지는 것이야. 바로 이것이 공덕 아니고 무엇이겠나? 그러나 그저 남아도는 재물만 가지고 이웃을 구제한다든지, 자신을 내려놓지 않고 재산만 희생하는 자선(여기서는 이 단어를 꼭 써야겠네)을 베푸는 일은 인간으로서 마땅히 해야 할 일에 지나지 않아. 가령 집에 희귀한 그림 한 점을 걸어놓는다든지 그 밖에 어리석은 허영심을 충족하는 대신 가난한 몇몇 가정을 구제하는 일이 그렇지. 내친김에 더 과감히 말하자면 그것은 미식가가 되는 일과 얼마간 닮은 일이야. 한 입에 먹지 않고 여러 번에 나누어 먹는 일이 미식가의 가장 큰 바람이 아니고 무엇이겠는가? 자기의 자선으로 많은 사람에게 빵이 돌아간다는 것을 아는 사람을 그런 미식가라 부를 수 있겠지.

다음으로, 나중에 형편없는 사람이 될지 모르는 사람에게 자선을 베풀 염려에 대해서 말해보세. 자네는 그런 선례도 있다고 말했지만, 선량한 사람 가운데 그런 이유로 관용을 베풀기를 꺼리는 사람은 결코 없을 걸세. 배은망덕한 사례가 몇 가지, 아니 그런 사례가 아무리 많더라도 그것이 이웃의 고통을 태연히 지나쳐도 좋은 이유가 되지는 못하네. 또 그런 일이 진정으로 자비심 넘치는 사람에게 큰 영향을 미친다고 생각하지도 않아. 온 세상 사람이 타락했다는 증거라도 있으면 모를까 그렇지 않다면 선량한 사람이 베푸는 자선에 자물쇠를 채울 수는 없네. 그런 증거가 있다면 선량한 사람이 무신론자로 돌변하거나 광신자가 되거나 둘 중 하나겠지. 하지만 악한 사람이 두세 명 있다고 해서 모든 인류가 타락했다고 주장하는 것은 부당한 일이야. 자기 마음을 돌이켜보고, 일반 원칙에 대한 확실한 예외를 적어도 한 가지 이상 발견하지 못한 사람은 그런 논쟁을 시도조차 안 할 걸세." 그는 마지막으로 이렇게 물었다. "그런데 자네가 불한당 같은 작자라고 말한 그 파트리지란 자가 대체 누군가?"

대위가 대답했다. "이발사에 교사에 그 밖에 여러 가지 직업을 가진 파트리지입니다. 형님 침대에 버려진 아기의 아버지 파트리지 말입니다."

올워디 씨는 이 대답에 크게 놀랐다. 대위는 올워디 씨가 그걸 몰랐다는 사실에 놀라는 척했다. 그는 자신은 이미 한 달 전에 그 사실을 알았다고 말했다. 그리고 고개를 갸웃거리며, 그 이야기를 윌킨스 부인에게서 들었다고 회상했다.

즉시 윌킨스 부인이 불려 왔다. 그녀는 대위가 말한 사실을 확인해주었다. 대위의 충고에 따라 올워디 씨는 사건의 진상을 파악하기 위해 그녀를 리틀 배딩턴으로 급히 보냈다. 대위가, 범죄를 성급하게 단정 짓는 것은 매우 좋지 않은 일이다, 파트리지의 죄가 확실하지 않은 상태에서 절대로 그 아기나 아버지에게 불리한 결정을 내릴 수 없다, 사실 파트리지의 이웃들을 몰래 탐문한 적도 있지만 그런 것을 증거로 고자질하는 무자비한 짓은 차마 할 수 없다고 주장했기 때문이다.

6
여색을 밝힌 죄로 재판받는 파트리지 선생, 아내의 증언
영국 법에 담긴 지혜에 관한 짧은 명상
그 밖에 지력이 뛰어난 독자들이 매우 좋아할 주요 사항

이처럼 사람들 입에 오르내리고 이야깃거리를 제공한 사건이 올워디 씨 귀에는 한 번도 들어간 적이 없다. 즉 그 근방에서 그 이야기를 모르는 사람은 올워디 씨뿐이었다는 사실을 이상하게 생각하는 독자도 있을 것이다.

독자 여러분께서 이 점을 어느 정도 이해하기 위해서는 이 사실을 지적하는 게 옳을 것 같다. 즉 앞 장에서 설명한 '자선'의 의미를 주장하는 데 넓디넓은 이 영국에서 올워디 씨만큼 관심이 적은 사람은 없을 거라는 점이다. 그는 그야말로 앞 장에서 말한 두 가지 의미에서 모두 '자선'이란 덕목을 지닌 사람이었다. 타인의 고통을 잘 이해하고 기회만 있으면 그 사람을 비참한 삶에서 구제해주려는 마음이 남들보다 갑절은 강했다. 그러면서도 자선의 대상이 될 사람들의 됨됨이를 따지는 데 조심스럽고, 그들에게 불이익이 되는 사항은 쉽게 믿으려 하지 않는 점에서도 그는 누구보다 신중했다.

따라서 추잡스러운 소문은 그의 식탁에 전혀 접근하지 못했다. 예로부터 친구를 보면 그 사람을 알 수 있다는 말이 있다. 더 나아가 나는 부자의 식탁에서 오가는 대화를 들어보면 그 사람의 종교, 정치관, 취미를 비롯한 그 사람의 모든 것을 알 수 있다고 감히 말하겠다. 장소를 가리지 않고 생각나는 대로 지껄이는 괴팍한 사람도 물론 있지만, 대다수의 사람은 윗사람의 취미나 성향에 대화를 맞추려는 궁정 신료적인 성향을 다분히 지니고 있기 때문이다.

어쨌든 윌킨스 부인 이야기로 돌아가 보자. 그녀는 15마일이라는 거리도 아랑곳 않고 한달음에 달려가 임무를 수행한 뒤, 그 교육가의 유죄가 확실하다는 결과를 가지고 돌아왔다. 올워디 씨는 죄인을 불러 직접 심문하기로 결심했다. 파트리지 씨는 혐의에 대한 자기변호(그것이 가능하다면)를 위해 불러오게 되었다.

약속 날짜가 되자 저택 내 파라다이스 홀에 고발인 윌킨스 부인, 파트리지 씨, 그의 아내 앤이 올워디 씨 앞에 나란히 모습을 드러냈다.

올워디 씨가 판사석에 앉자 파트리지 씨가 그 앞에 불려 나왔다. 윌킨스 부인의 입에서 나오는 고발 내용을 듣고, 그는 자신의 무고함을 주장하며 자신이 '무죄'라고 항변했다.

다음으로 파트리지 부인이 심문을 받았다. 그녀는 남편에게 불리하더라도 진실을 말할 수밖에 없다고 신중하게 변명을 한 뒤, 독자 여러분께서 이미 아시는 정황을 낱낱이 다 이야기했다. 그리고 마지막으로 남편이 자신의 죄를 자백했다고 말을 맺었다.

그녀가 이미 남편을 용서한 것인지 아닌지는 함부로 판단할 사항이 아니다. 그러나 그녀가 이 재판의 증인을 자청한 것이 아님은 분명하다. 윌킨스 부인이 그녀 집을 찾아가 그녀로 하여금 모든 사실을 털어놓도록 교묘하게 유도심문을 하지 않았더라면, 또는 가정 살림에 곤란을 가져올 만한 벌을 남편이 절대로 받지 않도록 하겠다고 윌킨스 부인이 올워디 씨의 이름을 걸고 약속하지 않았더라면, 결코 증인석에 서지 않았을 것임은 다른 몇 가지 이유를 보더라도 명백한 일이다.

파트리지는 아내 말대로 죄를 자백한 것은 시인했다. 그러나 고집스러울 정도로 자신의 무고함을 주장하며, 아내가 끈질기게 강요하는 바람에 어쩔 수없이 자백한 것이라고 설명하려 애썼다. 아내가, 당신의 죄가 확실하니 자백하기 전까지는 절대로 괴롭히는 일을 그만두지 않겠노라, 자백만 하면 다시는 그 일을 언급하지 않겠노라고 굳게 맹세했기 때문에 부득이 거짓 자백을 하게 되었다는 것이다. 그러고는 그런 식으로 강요를 당하면 살인죄라도 자백하지 않을 수 없었을 것이라고 말했다.

파트리지 부인은 이러한 비방을 흘려듣지 않았다. 지금 이 자리에서 눈물 말고 다른 방책은 없다고 생각하여, 그 눈물이라는 지원군을 차례차례 내보내며 올워디 씨에게 말했다(또는 울부짖었다). "황송하지만, 저 비열한 인간에게 심한 상처를 입은 저만큼 불쌍한 여자는 없을 것입니다. 저 인간이 저를 기만한 것은 이번이 처음이 아닙니다. 황송한 말씀이지만, 남편이 제 침대에서 부정을 저지른 것도 한두 번이 아니랍니다. 술주정을 부리거나 일을 게을리한다면 참을 수 있겠지만 성스러운 십계명 중 한 계명을 어기는 것은 그냥 넘어갈 문제가 아닙니다. 그것도 집 밖에서라면 그나마 낫지만, 제 집 하녀와, 제 집에서, 그런 짐승 같이 역겨운 타락한 계집하고, 제 순결한 침대를 더럽히다니요! 네, 더럽히고말고요. 이 나쁜 자식, 당신이 내 침대를 더럽혔어! 틀림없어! 그래놓고 내가 들들 볶아서 거짓 자백을 시켰다고 생트집을 잡다니! 황송하오나 나리, 제가 이 사람을 괴롭히다니, 있을 수나 있는 일이겠습니까? 저야말로 온몸이 두들겨 맞은 자국투성이입니다. 당신이 제대로 된 사내라면 이런 식으로 여자를 상처 입히는 짓은 못했을 거야! 당신은 사내 축에도 못 들어. 스스로도 알 거야. 그동안 남편 노릇을 반도 못했다는 걸. 갈보 년들 뒤꽁무니나 쫓아다녀야 했으니까. 뻔하지. 저 인간이 저렇게 뻔뻔스럽게 나오니, 황송합니다만 저도 연놈이 침대에 함께 누워 있는 현장을 목격했다는 걸 하느님께 맹세하지요. 이 뻔뻔한 자식, 간통한 걸 가지고 한두 마디 했다고 날 기절하도록 두들겨 패고 이마에 피가 줄줄 흐르게 한 걸 잊었단 말이야? 이웃 사람들한테 물어봐도 입증할 수 있어. 난 억장이 무너져 내렸어. 정말로, 정말로 그랬다고!"

여기서 올워디 씨가 끼어들었다. 공정한 재판을 할 테니 진정하라고 부탁했다. 그러고는 절반은 놀라고 절반은 공포에 질려 혼비백산한 파트리지 씨를 향해, 세상에 당신 같은 사악한 사람이 있다니 유감이다, 당신처럼 오락가락 거짓말만 늘어놓아 상황을 모면하려 하는 것은 죄를 더욱 크게 만들 뿐이며 유일한 속죄는 모든 것을 자백하고 회개하는 것뿐이라고 말했다. 아내마저 저토록 명백하게 증언하는 죄를 계속 부정하지 말고 있는 그대로 당장 자백하라고 권고했다.

여기서 잠깐 독자 여러분께 인내심을 부탁드리며, 영국 법의 지혜와 현명함에 마땅한 찬사를 보내고 싶다. 법은 그것이 유리한 증언이든 불리한 증언이든, 아내 입에서 나오는 남편에 관한 증언을 인정하지 않는다. 이제껏 법률서 이외에 어떤 책에도 인용된 적 없는 말인데, 어떤 학자는 아내의 증언을 인정하는 것은 부부 사이의 영원한 불화를 초래하는 원인이 된다고 했다. 그것은 많은 위증을 낳아 태형, 벌금형, 투옥, 유배, 교수형과 같은 여러 가지 처벌을 낳는 원인이 될 것이다.

한참 말을 잃고 있던 파트리지는 변명할 기회를 얻었다. 그는 자신이 말한 것이 진실이며 자신에게 죄가 없음은 하늘이 알고 문제의 그 하녀가 안다고 말했다. 그러면서 그 하녀를 당장 이 자리에 불러 주십사 청했다. 그는 이미 그 처녀가 마을을 떠나 버린 사실을 몰랐거나, 적어도 모르는 척한 셈이다.

타고난 정의감에 냉정한 심성까지 겸비한 올워디 씨는 피고가 자기변호를 위해 법정에 불러들일 수 있는 모든 증인의 증언을 참을성 있게 잘 들어주는 재판관이었다. 그는 제니가 도착할 때까지 최종 판결을 연기하는 데 동의하고, 그녀를 데려오도록 즉시 급사를 보냈다. 그리고 파트리지 씨와 그 아내에게 화해를 권한 뒤(엉뚱하게도 그는 주로 그녀에게 말을 했다), 그들에게 사흘 뒤에 다시 출석하라고 명령했다. 제니가 보내진 곳이 그의 저택에서 꼬박 하루가 걸리는 곳이었기 때문이다.

약속 날짜가 되자 모든 당사자가 모였다. 그런데 심부름 갔던 급사가 돌아와 제니를 찾지 못했다는 말을 전했다. 며칠 전에 한 모병 장교와 함께 집을 떠났다는 것이었다.

올워디 씨는 그런 난잡한 여자의 증언은 신뢰할 가치가 없다고 선언했다. 그녀가 오늘 출두해서 증언했다 한들, 앞뒤 정황과 파트리지의 자백, 남편이 바람피우는 현장을 목격했다는 아내의 증언으로 이미 충분히 입증된 사실을 뒤집지는 못했을 거라고도 말했다. 그리고 파트리지 씨에게 재차 자백을 권유했다. 그러나 선생이 여전히 자신의 무죄를 주장하자 올워디 씨는 그의 유죄를 확신했다. 그는 그런 파렴치한을 원조할 수 없으니 연금을 박탈하겠다고 선언했다. 그는 파트리지 씨에게 내세를 위해 회개하고, 현세에서는 가족을 부양하기 위해 열심히 일하라고 타일렀다.

가엾은 파트리지 선생보다 불행한 사나이는 그리 많지 않을 것이다. 아내의 증언 때문에 수입의 대부분을 잃은 데다 그 원인을 제공한 아내에게 날마다 신랄한 비난을 받게 된 것이다. 아내는 오히려 당신 때문에 소중한 연금을 잃게 되었다며 그를 비난했다. 그러나 그것이 운명이라면 감수할 수밖에 없었다.

나는 앞에서 그를 '가엾은' 파트리지 선생이라고 불렀는데, 독자 여러분께서는 이 수식어가 내 자비심에서 비롯된 것이지 그의 무죄를 입증하는 것은 아님을 알아두기 바란다. 그가 무죄인지 유죄인지는 앞으로 밝혀질 것이다. 그러나 역사를 주관하는 여신이 내게 어떤 비밀을 누설했다 하더라도, 나는 그 여신의 허락 없이 그 비밀을 폭로하는 죄는 절대로 저지르지 않을 것이다.

그러므로 독자 여러분께도 여기서 잠시 호기심을 억제하시라고 부탁하고 싶다. 사건의 진상은 둘째 치고 올워디 씨가 그를 단죄하는 데 충분한 증거가 있었음은 분명하다. 사실 다른 판사였다면 훨씬 적은 증거로 간통죄를 충분히 인정했을 것이다. 하지만 하늘에 맹세하기까지 서슴지 않았던 파트리지 부인의 적극적인 주장에도 이 학교 선생이 완전히 무죄일 가능성이 없지는 않았다. 물론 제니가 리틀 배딩턴을 떠난 시기와 그녀의 해산 시기를 따졌을 때 그녀가 아직 그곳에 있었을 때 아기를 잉태한 것은 분명해 보였지만, 그렇다고 해서 파트리지가 반드시 아기 아버지일 거라는 보장도 없었다. 다른 세세한 정황을 생략하고라도, 당시 그 집에 열여덟 살 난 소년이 있었으며 그와 제니는 충분히 의심해도 좋을 만큼 친밀한 사이였기 때문이다. 하지만 질투란 사람의 눈을 멀게 하는 것이기에, 이런 상황이 격노한 부인의 머릿속에는 단 한 차례도 들어오지 않았던 것이다.

파트리지가 올워디 씨의 충고대로 회개를 했는지 아닌지는 그리 분명하지 않다. 다만 그의 아내가 남편에게 불리한 증언을 한 것을 진심으로 뉘우친 것만큼은 확실했다. 특히 드보라가 그녀를 위해 올워디 씨에게 특별히 청해주겠다고 한 약속을 거절당하고, 그녀가 자신을 속인 사실을 깨달았을 때는 더욱 그랬다. 그러나 파트리지 부인은 블리펄 부인에게 부탁하여 얼마간 뜻을 관철했다. 독자 여러분께서도 느끼셨을 테지만, 블리펄 부인은 드보라보다 훨씬 따뜻한 심성을 지닌 여자였다. 친절하게도 그녀는 오라버니에게 간청하여 연금을 다시 받을 수 있도록 해주겠다고 말했다. 이 일에는 그녀의 착한 성품도 어느 정도 작용했다. 그러나 더 강력하고 자연스러운 동기가 있었음이 다음 장에서 밝혀질 것이다.

그러나 그녀의 이 간청은 성공을 거두지 못했다. 올워디 씨는 최근 몇몇 작가들처럼 자비는 죄인을 벌주는 데에만 쓰면 된다고 생각하는 사람은 아니었다. 그렇다고 아무 이유도 없이 무조건 중죄인을 용서하는 것이 자비를 베푸는 올바른 방법이라고는 결코 생각하지 않았다. 조금이라도 의심이 가거나 정상 참작을 할 만한 여지가 있으면 결코 그냥 지나가지 않았다. 그러나 죄인이 스스로 탄원한다든가 제3자가 개입하는 일에는 절대로 흔들리지 않았다. 간단히 말해 죄인 자신이나 그의 친지들이 징벌을 원하지 않는다는 이유로 죄인을 용서하는 일은 결코 없었다.

파트리지와 그의 아내도 운명을 받아들일 수밖에 없었다. 실로 가혹한 운명이었다. 그는 줄어든 수입을 메우기 위해 두 배로 노력할 마음은 추호도 없었으므로 절망감에 빠져 자포자기하고 말았다. 천성이 게으른 사람이 더욱 게을러졌다. 그나마 운영하던 작은 학교마저 잃고, 아내와 둘이 먹고 살 빵조차 구하지 못하는 형편이 되었다. 보다 못한 어떤 인정 많고 착한 그리스도인이 부부가 겨우 먹고 살 만한 생계비를 지원해주었다.

이 지원금은 익명으로 전달되었다. 독자 여러분들도 그러시겠지만, 이 부부도 이 돈을 올워디 씨가 보낸 비밀스런 선물이라고 생각했다. 이 신사분은 공개적으로 악을 지지하는 사람은 아니었지만, 아무리 악한이라 하더라도 그 궁핍함이 그들의 악한 행실과 비교해 심하게 불균형한 것일 때는 남몰래 구원의 손길을 내미는 사람이었다. 이 내외의 비참한 생활은 드디어 운명의 여신에게도 그렇게 보인 모양이었다. 여신은 마침내 이 내외를 불쌍히 여기어 파트리지의 고통을 덜고 아내의 고통에 종지부를 찍어주었다. 바꾸어 말하면 그의 아내가 얼마 안 있어 천연두에 걸려 세상을 뜬 것이다.

올워디 씨가 파트리지에게 내린 판결은 처음에는 모두의 찬사를 받았다. 그러나 그 결과 파트리지가 곤경에 처하자 이웃 사람들은 마음이 누그러져 그를 동정하기 시작했다. 그러더니 자신들이 전에 정의의 심판이라고 불렀던 것을 가혹한 처사라고 비난했다. 그들은 이제 그 냉혹한 처벌을 소리 높여 비난하며 자비심과 용서를 노래했다.

그들의 외침은 파트리지 부인의 죽음으로 더욱 커졌다. 그녀의 죽음은 앞서 말한 질병이 원인이지 가난과는 무관했지만 많은 사람은 서슴없이 그 원인을 올워디 씨의 가혹한 처사, 또는 그들의 표현을 빌리자면 그의 '잔인함' 탓으로 돌렸다.

이제 아내와 학교, 연금을 잃은 파트리지는 앞서 말한 익명의 신사마저 지원금을 끊어 버리자 환경을 바꾸기로 결심했다. 그는 이웃 사람들이 이구동성으로 그를 동정하는 가운데 굶어죽을 처지에 놓였던 그 고장을 떠나 버렸다.

7
사려 깊은 부부가 증오심에서 발견할 수 있는 행복에 관한 짤막한 스케치
친구의 결점에 관대한 사람들을 위한 짤막한 변명

대위는 불쌍한 파트리지를 철저하게 파멸시켰지만 기대했던 수확은 거두지 못했다. 즉 업둥이 아기를 올워디 씨 집에서 쫓아내는 일이었다.

오히려 올워디 씨는 아기에게 무한한 사랑을 쏟음으로써 아기 아버지에게 자신이 내린 가혹한 처사를 벌충하겠다는 듯이 어린 토미를 날이 갈수록 귀여워했다.

대위는 이것이 몹시 마음에 안 들었다. 아기에게 보이는 올워디 씨의 관대한 행동이 모두 비위에 거슬렸다. 그런 아낌없는 자선 행위를 자신의 재산이 줄어드는 일로 여겼기 때문이다.

앞서 말했듯이 이 점은 그의 부인과 견해가 달랐다. 아니 이 내외는 모든 면에서 의견이 맞지 않았다. 분별력에 기초를 둔 애정은 미모에 근거를 둔 애정보다 훨씬 오래가는 법이라고 세상의 현자들은 말하지만, 이 경우는 반대였다. 오히려 이 부부의 분별력은 불화의 주원인이었으며, 그들 사이에서 이따금씩 일어나는 많은 다툼의 가장 큰 이유였다. 상황이 극에 달하면 부인은 남편을 경멸하는 것으로, 남편은 아내를 혐오하는 것으로 끝났다.

이 두 사람은 자신들의 재능을 주로 신학 연구에 썼던지라 처음 만났을 때부터 신학이 둘 사이의 공통 화제였다. 대위는 예의를 내세워 결혼 전에는 늘 이 숙녀의 의견에 양보했었다. 그것도 자만심 가득한 얼간이가 논쟁에서 자신보다 지위가 높은 사람에게 공손하게 양보하면서도 여전히 자신의 생각이 옳다고 은근히 내비치듯이 서투르고 어리석은 방식이 아니었다. 대위는 세상에서 가장 자신감 넘치는 사람이면서도 논쟁 상대에게 완벽하게 승리를 양보했으므로 부인은 그 진실성을 조금도 의심하지 않았다. 그래서 자신의 분별력을 자찬하고 남편의 분별력에 애정을 느끼며 논쟁에서 후퇴하곤 했다.

사실 철저하게 경멸하는 상대의 비위를 맞추는 일은 출세를 바라는 사람

이 호들리 같은 고명한 신학자에게 공손히 굴어야 하는 것과 비교하면 식은 죽 먹기나 다름없지만, 그래도 어떤 동기를 품지 않은 이상 견디기 힘든 굴욕이다. 따라서 결혼에 성공함으로써 그런 동기가 충족되자 그는 점점 겸손한 모습을 보이지 않고 아내의 의견에 오만하고 무례하게 대하기 시작했다. 그 자신이 경멸당할 만한 사람이 아니면 취하기 힘들며, 경멸당할 이유가 조금도 없는 고결한 사람만이 참아낼 수 있는 오만방자함이었다.

격류 같던 초기의 사랑이 끝나고 발작 같은 사랑 사이사이에 고요하고 긴 휴지기가 찾아와 부인이 이성을 되찾자 대위의 이런 태도 변화가 눈에 띄기 시작했다. 그는 이제 그녀의 의견에 콧방귀를 뀌거나 혀를 차는 일로 응수했다. 그녀는 그런 굴욕을 순순히 참고 넘길 수가 없었다. 처음에는 그녀도 몹시 화를 냈다. 비극적인 결말로 치달으려는 찰나 상황은 다행히도 잔잔한 방향으로 선회했다. 그녀가 남편의 분별력에 대한 극도의 경멸감으로 마음을 채움으로써 증오심을 얼마간 누그러뜨린 것이다. 그 증오심도 여간한 것은 아니었지만.

대위가 부인에게 품은 증오는 더 순수한 것이었다. 아내의 부족한 지식이나 분별력은 그녀의 키가 6피트도 안 된다는 사실과 마찬가지로 그에게 경멸의 이유가 되지 못했다. 그의 여성관은 아리스토텔레스가 지녔던 배타적인 태도를 능가했다. 그는 여성을 집 안에서 키우는 애완동물쯤으로 생각했다. 고양이에 비하면 조금은 고상한 일을 하니까 그것보다 조금 상위의 동물로 여기는 정도였다. 그러나 그의 말을 빌리자면 고양이와 여자의 차이는 아주 미미했다. 어차피 결혼의 목적이 올워디 씨의 토지와 재산에 있는 만큼 덤으로 따라오는 게 고양이건 여자건 큰 차이는 없는 셈이었다. 그러나 그는 자존심이 무척 예민해서 아내가 자신에게 경멸감을 표시하기 시작하자 그것을 즉시 감지했다. 이미 식어 버린 사랑에 이것이 더해지자 그의 마음속에 더할 수 없는 혐오감과 증오감이 생겨났다.

결혼 생활의 여러 요인 가운데 어떤 기쁨도 가져다주지 못하는 단 한 가지가 있다. 바로 무관심이다. 독자 여러분 가운데는 사랑하는 사람에게 기쁨을 나누어주는 일이 얼마나 멋진 일인지 아시는 분도 많으시겠지만, 증오하는 상대를 괴롭히는 기쁨을 경험하신 분도 적지 않으리라 생각한다. 남녀를 불문하고 배우자와 아무리 성격이 안 맞는다 하더라도 상대를 건드리지만 않으면 평온한 결혼 생활을 유지할 수 있는데도 일부러 평지풍파를 일으키는 사람을 종종 목격한다. 그런 사람들은 뒤에 말한 기쁨을 노리는 쪽일 것이다. 이렇게 되면 아내는 사랑과 질투라는 옷을 입고 심지어 자신의 즐거움을 포기하면서까지 남편의 즐거움을 방해하고 훼방 놓는다. 그러면 남편은 이에 대한 보복으로 싫은 걸 참아가며 상대하고 싶지 않은 사람들과 굳이 집에서 어울림으로써 아내에게 꼴 보기 싫은 남편 시중을 들게 한다. 바람 잘 날 없는 나날을 함께 했던 남편의 유골 앞에서 과부가 하염없이 눈물을 쏟아내는 것은 바로 이런 이유에서일 것이다. 이제 더는 상대방을 괴롭힐 수 없음을 한탄하는 것이리라.

과거에 그런 일그러진 쾌락을 맛봤던 부부의 예는 그렇다 치고 지금을 보자. 이 대위 부부도 그런 쾌락을 경험하고 있었다. 어느 한쪽이 어떤 의견을 가지고 고집을 부릴 때는 상대가 일전에 그 의견과 반대되는 의견을 주장했었다는 사실이 충분한 이유가 되었다. 한쪽에서 어떤 오락을 제안하면, 한쪽은 반드시 반대했다. 한쪽이 어떤 사람을 좋다고 하면 한쪽은 싫다고 했고, 한쪽이 칭찬하면 한쪽은 어김없이 깎아내렸다. 이런 이유로, 대위가 악의에 찬 시선으로 업둥이 아기를 바라보자, 아내는 친자식처럼 아기를 귀여워했다.

독자 여러분께서는 올워디 씨가 편안한 마음으로 보내는 날이 적었으리라고 생각하실 것이다. 이들 부부의 행동이 이 결혼으로 말미암아 세 사람 모두에게 잔잔한 행복을 가져오리라고 생각한 올워디 씨의 뜻과 상반되는 것이니 말이다. 사실 낙관적인 기대라는 측면에서 그가 다소 실망한 점은 있지만, 그는 결코 진상을 다 알 수 없었다. 대위는 어떤 분명한 이유에서 그 앞에서는 무척 경계를 했고, 부인도 오빠를 불쾌하게 하지 않으려고 남편과 같은 태도를 취했기 때문이다. 실제로 제삼자가 아무리 부부와 친밀하게 지내도 부부 사이에 일어나는 일을 알 수는 없는 법이다. 때로는 한 집에서 오랜 시간을 보내더라도 부부가 견원지간에 가까운 사이라는 것을 꿈에도 알아채지 못하는 일은, 그 부부에게 조금의 분별력만 있다면 충분히 있을 수 있다. 경우에 따라서는 하루라는 시간도 서로를 미워하거나 사랑하기에 짧은 시간이겠지만, 웬만큼 절제력을 지닌 사람들에게는 사랑을 하건 미워하건 그것은 부부가 방관자들을 피해 단둘이 보내는 시간을 이용하는 것만으로 충분하기 때문이다. 사랑하는 사이라면 서로 장난질을 치지 않고, 증오하는 사이라면 서로 얼굴에 침을 뱉어가며 싸우지 않고 남들 앞에서 몇 시간쯤은 자제하는 것이 도리라는 말이다.

올위디 씨가 얼마간 불안감을 품을 정도의 눈치를 챘을 가능성도 있다. 현명한 사람이 아이나 여자 같은 기질을 지닌 사람들처럼 크게 소리치거나 탄식하지 않는다고 해서 그들이 상처받지 않았다고 결론 내려서는 안 된다. 아니면 그가 대위의 결점을 직시하면서도 조금도 불안해하지 않았을 가능성도 있다. 진정으로 슬기롭고 선량한 사람은 사람이건 사물이건 있는 그대로 받아들이고 만족하기 때문이다. 그 단점을 가지고 불평하지도 않거니와 그것을 시정하려 들지도 않는다. 친척이나 친지의 결점을 발견하고서도 그것을 다른 사람은 물론이요 당사자에게도 말하지 않는다. 더구나 그것을 이유로 그들을 덜 사랑하는 일도 없다. 사실 뛰어난 통찰력과 이런 너그러운 경향이 적절한 균형을 이루지 않는다면, 우리는 우리가 쉽게 속여먹일 수 있는 어리석은 자들을 빼놓고는 누구하고도 친교를 맺어 나갈 수 없을 것이다. 내가 내 친구들 가운데 결점 없는 사람은 없다고 선언하더라도 화낼 친구는 없을 것이다. 또 그 친구들 가운데 내 결점을 보지 못하는 사람이 있으리라고는 도저히 상상할 수 없다. 따지고 보면 우리는 이런 종류의 너그러운 용서를 주고받으며 산다. 이것이야말로 우정의 발로, 그것도 매우 즐거운 발로이다. 이런 용서는 상대방을 고치려는 욕구 없이 베풀어야 한다. 사랑하는 사람이 타고난 결점을 바로잡으려는 시도만큼 자기의 어리석음을 만방에 알리는 일은 없을 것이다. 아무리 잘난 사람이라도 정교한 도자기와 마찬가지로 흠집 하나쯤은 가지고 있다. 사람이건 도자기건 이런 흠을 고칠 방도는 없다. 흠집은 있을지언정 그 무늬는 여전히 뛰어난 가치를 지닐 수도 있는 것이다.

이런 점을 종합해볼 때, 올위디 씨는 대위가 지닌 몇몇 결점을 알고 있었던 게 분명하다. 그러나 대위가 워낙 술수에 능한 데다 그의 앞에서는 경계를 늦추지 않았기 때문에, 이런 결점이 그에게는 훌륭한 성품에 난 조그마한 흠으로밖에 보이지 않았다. 그는 선량함으로써 그런 흠을 관대하게 보았으며, 현명함으로써 그 결점을 지적하지 않았다. 그도 모든 진상을 알았더라면 생각이 매우 달라졌을 것이다. 또 부부가 계속해서 그런 태도를 견지했다면 언젠가는 올위디 씨에게 모든 진상을 들켰을 것이다. 그러나 친절한 운명의 여신은 대위가 다시 아내에게 소중한 존재가 되어 그녀 마음에 따뜻한 사랑이 부활하도록 그를 이끎으로써, 이런 일을 사전에 확실히 봉쇄했다.

8
가장 절망적인 경우에도 결코 실패한 적 없는,
아내의 잃어버린 사랑을 되찾는 비법

대위는 아내와 함께 보내는 불쾌한 몇 분(아무리 애를 써도 시간을 이보다 줄일 수는 없었다)을 혼자 명상하며 즐기는 시간으로 충분히 보상받았다.

이 명상이란 전적으로 올워디 씨의 재산에 관한 것이었다. 먼저 전 재산의 정확한 가치를 계산하는 일에 많은 시간을 썼다. 그 계산을 종종 자신에게 유리한 쪽으로 수정할 필요도 있었다. 다음으로 주로 저택과 정원의 배치를 바꾸고 사유지와 저택을 위풍당당하게 개량하는 계획들을 구상하며 홀로 즐겼다. 이런 목적으로 건축과 조경 공부를 시작하고 이 분야에 관련된 책들을 섭렵했다. 이런 학문이 그의 시간표를 점유했으며, 그의 유일한 오락거리가 되었다. 마침내 그는 아주 훌륭한 설계도를 완성했다. 그 내용을 독자 여러분께 보여드리지 못하는 것이 못내 유감스럽다. 오늘날의 사치스러움도 명함을 내밀지 못할 정도로 호화로운 것이었기 때문이다. 그 계획에는 이런 종류의 으리으리하고 웅장한 계획들을 구성하는 두 가지 주요 요인이 완벽하게 갖추어져 있었다. 즉 이 계획을 실행하는 데는 막대한 비용이 필요했으며, 완성이라고 부를 만한 경지에 이르기 위해서는 어마어마한 시간을 쏟아부어야 했다. 비용은 지금 올워디 씨가 소유하고 언젠가 자신이 상속받게 되어 있다고 대위 스스로 상상하는 막대한 부가 충분히 뒷받침해줄 것이었다. 시간은 자신의 건강한 체질과 이제 겨우 중년에 불과한 나이를 감안했을 때, 생전에 완성하지 못할 염려는 조금도 없었다.

이 계획을 즉각 실행에 옮기는 데 부족한 것이라고는 올워디 씨의 사망 말고는 아무것도 없었다. 그 사망 시기를 계산하기 위해 대위는 인간의 수명과 토지 상속에 관한 책을 깡그리 사들이는 동시에 산수 실력을 총동원했다. 그 결과 그는 그 사망 시기가 오늘 당장 찾아올지도 모르며, 적어도 몇 년 이내에 찾아올 확률이 절반 이상임을 확신했다.

그러던 어느 날, 이런 깊은 사색에 빠져 분주하게 지내던 그에게 가장 불행하고 시기적절하지 않은 사건이 일어나고 말았다. 그 어떤 심술궂은 운명의 여신도 이토록 잔혹하고 시기 부적절하며 완벽하게 그의 계획을 짓밟을 사건을 생각해내지 못했을 것이다. 독자 여러분의 애간장을 더 이상 태우지 않고 간단히 말하자면 이렇다. 올워디 씨가 죽음으로써 자신에게 돌아올 행복을 명상하며 희열에 빠져 지내던 바로 그때, 대위 자신이 뇌졸중으로 급사하고 만 것이다.

불행하게도 이 사건은 대위가 홀로 저녁 산책을 하던 중에 일어난 일이어서 그 주위엔 그를 도와줄 사람이 아무도 없었다. 도움이 있었다면 목숨을 구했을지 여부는 별개로 치고 말이다. 어쨌든 이제 그는 그에게 앞으로 필요한 딱 그만큼의 땅만 차지하고서 죽어 누워 있었다. 호라티우스가 말한 진리의 위대한(이젠 죽었지만) 실례가 성립한 순간이었다.

Tu secanda marmora
Locas sub ipsum fanus; et sepulchri
Immemor, struis domos.

독자 여러분을 위해 그 뜻을 전달하자면 이렇다. "곡괭이와 삽 한 자루만 필요한 때, 사치스런 건축자재를 준비하네. 가로 6피트 세로 2피트짜리 집이 필요하다는 사실을 망각하고, 가로 500피트 세로 100피트짜리 집을 짓네."

9
앞 장에서 말한 비법이 어김없음을 증명하는 과부의 애도
의사와 더할 나위 없는 묘비명 등 인간의 죽음을 장식하기에 적절한 몇 가지

올워디 씨와 그의 여동생과 또 다른 숙녀 한 명은 정해진 저녁 식사 시간에 식당에 모여 앉았다. 여느 때보다 한참을 기다린 끝에 올워디 씨가 먼저 대위의 안위를 걱정했다(대위는 늘 식사 시간을 정확히 지키는 사람이었기 때문이다). 그는 문밖으로 벨을 울리라는 지시를 내리며, 특히 대위가 자주

이용하는 산책로 쪽으로 울리라고 지시했다.

아무리 종을 울려도 효과가 없자(얄궂게도 이날 저녁 대위는 새로운 길로 산책을 갔었다) 블리필 부인은 정말로 두려운 생각이 든다고 말했다. 그녀와 가장 절친한 친구이자 그녀가 지닌 애정의 실상을 잘 아는 또 한 숙녀가 그녀를 진정시키기 위해 모든 노력을 다했다. 이 숙녀는 불안해하는 것도 무리는 아니지만 희망을 가지라고 말했다. 또한 대위가 상쾌한 저녁 바람에 이끌려 여느 때보다 멀리 산책을 간 것 아니면 어느 이웃집에 붙잡혀 있는 것인지도 모른다고 말했다. 블리필 부인은 그렇지 않다, 그에게 사고가 일어난 것이 틀림없다고 대꾸했다. 그녀가 걱정할 것을 알기 때문에 아무 통보 없이 이렇게 오래도록 나가 있을 사람이 아니라는 것이었다. 이에 별로 반박할 말이 없는 숙녀는 그런 경우 흔히 하듯 애원조를 취하기로 했다. 그녀는 건강에 해로울 수 있으니 너무 걱정하지 말라며 커다란 잔에 포도주를 가득 채워 그걸 마시게 하는 데 성공했다.

그때 올워디 씨가 응접실로 돌아왔다. 그도 대위를 찾아 나섰다가 돌아오는 길이었다. 그의 얼굴에는 당황한 기색이 역력했다. 얼마나 놀랐는지 말문마저 막힌 상태였다. 같은 슬픔이라도 사람마다 다르게 작용하는 법이다. 올워디 씨의 목소리를 거의 앗아간 애통함은 블리필 부인의 목소리가 되어 터져 나왔다. 그녀는 홍수 같은 눈물을 쏟아내며 몹시 비통한 말로 슬퍼했다. 친구인 숙녀는 블리필 부인이 그러는 것도 무리는 아니지만 그렇다고 너무 슬퍼해서는 안 된다고 타일렀다. 인생에서 날마다 일어나는 수많은 절망을 철학적인 논거를 들어 친구의 슬픔을 위로하려고 했다. 그것을 생각하면 아무리 갑작스럽고 끔찍한 사건이라도 참고 견뎌낼 수 있을 것이라며, 오라버니의 인내심을 배워야 한다, 물론 오라버니에게는 당신만큼 깊은 애정은 없겠지만 매우 걱정하고 있는 것은 틀림없다, 다만 하느님 뜻에 모든 것을 맡기고 슬픔을 억제하고 있을 뿐이라고 말했다.

블리필 부인이 말했다. "오라버니는 나하고 처지가 다르죠. 동정 받아야 할 사람은 나뿐이라고요. 이런 때 아내가 느끼는 감정에 비하면 아내의 오빠로서 느끼는 두려움은 아무것도 아닌 걸요. 아아, 그이는 실종됐어! 누군가 그를 죽인 거야. 이제 다시는 그이를 볼 수 없을 거야!" 여기까지 말하고 눈물을 폭포같이 쏟아냈다. 결국 처음부터 올워디 씨가 감정을 억누르고 있었던 것과 마찬가지로 그녀도 할 말을 잃고 말았다.

정적에 잠겨 있는데 하인 한 명이 숨을 헐떡이며 뛰어 들어와, 대위를 찾았다고 소리쳤다. 그가 그 다음 말을 채 잇기도 전에 다시 다른 하인 두 명이 대위의 시신을 들고 따라 들어왔다.

관찰력이 날카로운 독자라면 이 장면에서 슬픔이 또 다른 식으로 작용하는 예를 관찰할 수 있을 것이다. 앞에서 올워디 씨는 여동생을 소리치게 만들었던 것과 같은 이유 때문에 침묵을 지켰다. 그런데 이 장면에서는 올워디 씨의 눈에서 눈물이 흘러넘치는데 부인의 눈물은 뚝 그쳐 버렸다. 대신 부인은 찢어질 듯한 비명을 지르더니 다음 순간 기절하고 말았다.

방은 곧 하인들로 가득 찼다. 그중 몇몇은 친구인 숙녀와 함께 부인의 간호를 맡았다. 나머지는 올워디 씨를 도와 대위를 따뜻한 침대로 옮기고, 그를 되살리기 위한 갖은 방법을 시도했다.

두 사람에게 시도한 응급조치가 똑같은 성공을 거두었다고 독자 여러분들께 알려드릴 수 있다면 얼마나 기쁘겠는가. 부인의 간호를 맡았던 사람들은 훌륭히 성공을 거두었다. 한동안 기절해 있던 부인은 다시 살아나서 모두를 매우 기쁘게 했다. 그러나 대위는 피를 뽑고, 몸을 문지르고, 브랜디를 먹이는 등 모든 시도를 했음에도 무위로 끝나 버렸다. 죽음이라는 준엄한 재판관이 이미 형을 언도한 것이다. 두 의사가 도착하기 무섭게 사례금을 받고 그의 변호인단으로서 집행유예를 신청했지만 감형은 없었다.

이름이 악용당하지 않도록 이 두 의사를 Y의사와 Z의사라고 각각 부르겠다. Y의사는 대위의 오른쪽 손목을, Z의사는 왼쪽 손목을 짚어본 뒤 그가 완전히 사망했다는 데에는 동의했다. 그러나 사인이 된 질병에 대해서는 견해가 갈렸다. Y의사는 그가 뇌졸중으로 사망했다고 주장했고, Z의사는 간질로 사망했다고 주장했다.

이 박식한 선생들 사이에 논쟁이 벌어졌다. 저마다 의견에 대한 근거를 들이댔다. 두 사람의 주장이 하도 막상막하라서 이 논쟁은 자기 의견을 더욱 확신하는 결과만 가져올 뿐 상대방에게 아무런 감명도 주지 못했다.

진실을 말하자면 거의 모든 의사에게는 특히 잘 다루는 질병이 있어서, 인간의 생명을 정복한 승리를 모두 그 질병 탓으로 돌린다. 통풍, 류머티즘, 결석, 신장결석, 폐결핵 등의 질병이 저마다 의료계에 후원자를 둔 셈이다.

특히 후원자가 많은 질병이 신경열과 심기열이다. 대학에서 때로 어떤 환자의 사인을 두고 학생들끼리 의견 충돌을 보여, 앞서 말한 사실을 모르는 사람들을 놀라게 하는데, 그 이유도 바로 여기에 있다.

지금도 이 박식한 의사 선생들이 환자를 되살리려고 노력하기는커녕 곧장 그 사인을 두고 논쟁에 빠져들었다는 사실에 독자 여러분은 놀라셨을 것이다. 사실 그런 노력은 그들이 도착하기 전에 이미 이루어졌다. 하인들이 대위를 따뜻한 침대에 눕힌 뒤 혈관을 여기저기 조금씩 절개하고, 이마를 비비고, 온갖 종류의 독주를 입술과 콧구멍에 부어넣은 것이다.

의사들은 자기들이 지시할 만한 모든 조치가 이미 끝난 것을 알고, 왕진비에 해당하는 시간만큼은 머무르는 것이 관례이자 예의이지만 그 시간을 어떻게 채워야 할지 당황스러웠다. 그래서 불가피하게 이런 저런 논의 주제를 찾아야 했다. 그렇게 되니 앞서 말한 그런 논쟁보다 자연스럽게 떠오르는 주제는 없었다.

의사 선생들이 막 떠나려 할 때 올워디 씨가 그들을 불러 세웠다. 대위는 하느님의 뜻이라 생각하고 포기했지만 여동생의 상태가 걱정되니 부디 돌아가기 전에 진찰을 해주십사 부탁했다.

부인은 이미 졸도에서 깨어나 있었다. 조금 저속한 표현을 쓴다면 아주 팔팔했다. 그러나 의사들은 첫 환자에게 그랬던 것처럼 아주 형식적인 절차에 따라 올워디 씨의 부탁대로 진찰을 시작했다. 그들은 앞서 망자에게 했던 것처럼 그녀의 손목 하나씩 집어 들었다.

부인의 상태는 남편과 극명한 대조를 보였다. 의학의 도움이 남편에게 소용없는 상태였다면, 부인은 전혀 그런 도움이 필요하지 않은 상태였다.

흔히 "의사는 저승사자의 친구"라고들 하지만 이 말만큼 그릇된 시각은 없다. 의술로 회복되는 숫자와 그것에 희생당하는 숫자를 비교해보면 오히려 전자가 후자를 조금 능가할 것이다. 어떤 의사들은 이런 일에 지나치게 신중한 나머지, 환자를 죽일 위험을 피하기 위해 모든 치료를 포기하고 그저 이롭지도 해롭지도 않은 처방을 내리기도 한다. 그중에는 아주 진지하게 "자연이 치유하도록 내버려두는 것이 옳다. 의사는 그 옆에 서서 자연의 등을 토닥여주고 응원해주면 된다"는 말을 격언처럼 받드는 의사들도 있다.

어쨌든 이 의사 선생들도 죽음은 질색이므로 앞서 시신은 왕진비만 받고 물러났지만, 산 사람은 그리 혐오하지 않았다. 증상에 대해서도 즉시 합의를 보고 처방전을 척척 써 내려갔다.

처음에 부인이 이 두 의사에게 환자처럼 군 것에 대한 보답으로 이번에는 두 선생이 그녀에게 환자가 맞다는 확신을 심어준 것인지 아닌지 나로서는 판단하지 않겠다. 아무튼 그녀는 꼬박 한 달 동안 약을 달고 살았다. 그동안 그녀는 간호사를 대동한 이 두 의사의 왕진을 받았으며, 친지들로부터 안부를 묻는 문의를 수도 없이 받았다.

마침내 질병과 과도한 슬픔으로 채워진 시간이 적당히 지나자 의사들은 더는 오지 않게 되었고, 부인은 다시 사람들을 만나기 시작했다. 전과 다른 점은 그녀의 복장이나 얼굴에 애도의 빛이 보인다는 것뿐이었다.

대위는 곧 매장되었다. 올워디 씨가 우정 어린 배려로 다음과 같은 묘비명을 써서 붙들어 매지 않았더라면 그에 대한 기억은 이미 망각의 구렁텅이를 향해 걸음을 내딛었을지도 모를 일이다. 묘비 내용은 성실하고 재능 있으며 대위를 잘 아는 어떤 사람이 만들었다.

여기 기쁜 승천을 기다리며 존 블리필 대위의 육신이 누워 있도다.

런던이 그의 출생이라는 영광을 누리고, 옥스퍼드가 그의 교육이라는 영광을 누렸도다.

그의 재능은 그의 직업과 그의 모국에 자랑이었고, 그의 생애는 그의 종교와 온 인류의 긍지였노라. 효심 깊은 아들이었고, 다정한 남편이었고, 사랑 많은 아버지였고, 따뜻한 동생이었고, 성실한 친구였고, 독실한 그리스도인이었고, 선량한 사람이었도다.

홀로 남아 깊은 슬픔에 잠긴 그의 아내가 그의 덕성과 그녀의 사랑의 기념비로서 이 묘비를 세우다.

제3권
톰 존스가 열네 살이 된 해부터 열아홉 살이 될 때까지
올워디 씨 댁에서 일어난 기억할 만한 사건,
독자 여러분이 이 권에서 얻을 수 있으리라 생각되는 자녀 교육에 관한 암시

1
거의 모든 내용 또는 내용 없음

독자 여러분께서도 제2권 앞머리에서 이 작품에 기록될 만한 가치가 있는 사건이 전혀 일어나지 않았던 긴 시기는 몇 차례 건너뛰겠다고 말한 걸 기억하실 것이다.

그것은 나의 품위와 편의뿐만 아니라 독자 여러분의 이득과 이익을 위한 일이다. 즉 독자 여러분이 아무런 즐거움이나 이득 없이 그저 읽음으로써 시간을 허비하는 일이 없도록 하기 위해서이다. 그렇게 건너뛴 기간에 무슨 일이 일어났을지 독자 여러분께서 저마다의 훌륭한 지혜를 발휘하여 추론해 볼 기회를 제공해 드리는 일이기도 하다. 마음껏 추론하시라고 우리는 독자 여러분을 배려하여 앞에서 충분한 근거를 제시했다.

가슴이나 머리가 목석으로 만들어진 듯 냉혹하고 무정한 독자가 아니라면, 매제의 죽음을 알았을 때 올워디 씨가 느꼈을 슬픔을 가늠하지 못할 사람이 누가 있겠는가? 그 슬픔이 시간이 지남에 따라 철학이나 신앙의 힘으로 옅어지다가 마침내 소멸된다는 것도 누구나 짐작할 수 있는 사실이다. 철학은 그런 슬픔이 어리석고 덧없다고 가르쳐주고, 신앙은 그것이 그릇된 것이라고 설교하는 동시에 미래에 희망과 확신을 심어줌으로써 슬픔을 누그러뜨린다. 이 희망과 확신이 있기에 독실한 신자들은 다시 만나리라는 희망을 품고 친구의 죽음 앞에서도 장거리 여행을 떠날 때처럼 평온하게 이별할 수 있다.

현명하신 독자 여러분께서도 브리짓 블리필 부인의 모습에 그리 큰 당혹

감은 느끼지 않으실 것이다. 겉으로 슬픔을 드러내야 하는 일정한 기간 내내 그녀가 여러 관습과 품위를 매우 엄격하게 지키며 표정도 복장에 맞추어 단계별로 변화되었음을 독자 여러분께서도 확신할 수 있을 것이다. 옷이 상복에서 검정색으로, 검정색에서 회색으로, 회색에서 흰색으로 변함에 따라 그녀의 표정도 침울함에서 비탄으로, 비탄에서 슬픔으로, 슬픔에서 진지함으로 변해갔다. 그리고 마침내 예전 평온한 얼굴로 되돌아와도 지탄받을 일 없는 날이 찾아왔다.

지금 말한 두 가지는 가장 낮은 반에 속한 독자들도 추론해 낼 수 있는 과제의 예에 불과하다. 상급반에 속한 비평 전문가들에게는 더 깊은 판단력과 통찰력을 기대해도 좋으리란 생각이 든다. 이러한 분들은 우리가 건너뛰어도 좋다고 생각한 긴 세월 사이 이 부자 댁에서 일어난 사건에 대하여 많은 일을 추론해낼 수 있을 거라고 믿어 의심치 않는다. 이 작품에 기록할 만한 일은 그동안 전혀 일어나지 않았지만, 그날 또는 그 주의 사건을 보도하는 기사에 견줄 만한 사건은 몇 가지 일어났다는 말이다. 딱히 얻을 것도 없는데 수천수만이나 되는 사람들은 그런 기사를 읽으며 귀중한 시간을 얼마나 허비하고 있는가! 그러나 지금 제시하는 추론 과제에 최고의 정신력을 동원하는 일은 대단한 이득이 될 것이다. 어떤 상황에서건 사람들의 성격에서 행동을 예측해 내는 일이 행동에서 성격을 판단하는 일보다 더 유용한 능력이기 때문이다. 성격에서 행동을 예측하는 일이 더 큰 통찰력을 필요로 한다. 게다가 진정 총명한 지력의 소유자라면 행동에서 성격을 판단하는 것 못지않게 확실하게 이를 성취해낸다.

우리는 대다수 독자가 이런 탁월한 추론 능력을 지니고 있음을 안다. 그러므로 그 능력을 발휘할 기회를 드리기 위해 12년이란 기간을 건너뛰겠다. 그리고 그를 빨리 만나고 싶어 전부터 목을 빼고 기다리신 독자 여러분도 많음을 굳게 믿는 바, 지금부터는 열네 살이 되어 가는 주인공을 등장시키겠다.

2

매우 불길한 징조들과 함께 등장하는 이 위대한 이야기의 주인공
주의해서 들을 가치도 없는 아주 사소한 이야기 하나

대지주에 관한 한두 마디 언급과 사냥터지기, 학교 교사에 관한 더 자세한 언급

처음 책상에 앉아 이 작품을 쓰기 시작했을 때, 누구에게도 아첨을 떨지 않고 시종일관 진실이 지시하는 바대로 펜을 놀려 나가리라 결심했었다. 따라서 우리의 주인공도 우리의 바람과 동떨어진 불리한 방식으로 등장시킬 수밖에 없겠다. 그리고 그가 처음 등장하는 이 순간을 즈음하여 다음과 같은 사실을 정직하게 밝혀야겠다. 올워디 씨 저택의 모두가 이 주인공을 교수형에 처해질 운명을 타고난 아이로 생각했다는 사실이다.

유감스럽게도 사실 이런 억측에는 수많은 이유가 있었다. 이 주인공 소년이 아주 어린 시절부터 비행만 일삼는 성향을 보인 것이다. 앞서 말한 교수형에 처해질 운명 운운하는 예언과 직접 관련이 있는 몇 가지 악행을 특히 자주 했다. 이미 절도죄를 세 차례나 저지른 것이다. 즉 어느 과수원에서 과일을 훔쳐 먹고, 어떤 농부네 마당에서 집오리들을 훔치고, 블리필 도련님의 호주머니에서 공을 훔친 일이다.

이 소년의 비행은 함께 자란 블리필 도련님의 착한 심성과 대비되어 날이 갈수록 더욱 불리하게 부각되었다. 도련님은 존스와 정반대 성격이었다. 저택뿐 아니라 이웃의 모든 사람이 그를 입에 침이 마르도록 칭찬했다. 그는 정말로 훌륭한 기질을 지닌 소년이었다. 나이에 비해 근엄하고 신중하며 신앙심이 깊었다. 그를 아는 모든 사람이 그의 이런 성품을 사랑했다. 하지만 톰 존스는 모두가 싫어했다. 올워디 씨가 그런 소년을 조카와 함께 자라도록 하는 이유를 궁금해 하며, 블리필 도련님이 톰에게 물들지나 않을까 걱정하는 사람도 많았다.

이 무렵 한 가지 사건이 일어났다. 수만 단어로 이루어진 장황한 이야기보다 이 사건 하나가 두 소년의 성격을 독자 여러분께 명확히 보여줄 것이다.

악동이면서 이 이야기의 주인공을 맡아야 하는 톰 존스는 수많은 저택 하인들 가운데 친구가 단 한 명밖에 없었다. 윌킨스 부인은 이미 오래전에 이 소년을 포기하고, 여주인과 완벽하게 화해한 상태였다. 그 유일한 친구란 품행이 바르지 못한 사냥터지기였다. 내 것 네 것을 구분하는 명확한 소유 관념이 없다는 점에서 톰과 크게 다를 바 없었다. 이 두 사람이 친하게 붙어

지내는 것을 보고 하인들은 냉소를 쏟아냈다. 그 대부분은 옛날 속담을 인용한 것이었고, 그들의 냉소가 그대로 속담이 되어 버린 것도 있었다. 그 모든 말은 "Noscitur a socio(친구를 보면 그 사람을 알 수 있다)"는 짧은 라틴어 속담으로 요약할 수 있을 것이다.

사실 앞서 말한 세 가지 예에서 보았던 존스의 지독한 악동 기질은 이 사냥터지기의 부추김 때문에 발현된 것인지도 몰랐다. 첫 번째와 두 번째 예에서 이 사나이는 법률에서 말하는 이른바 현장 공범이었다. 훔친 집오리 전부와 사과 대부분은 사냥터지기와 그의 가족들이 먹어 버렸다. 하지만 혼자만 걸리는 바람에 가엾은 존스가 모든 고통과 비난을 뒤집어쓴 것이다. 다음 사건에서 그는 이런 고통과 비난을 다시 받을 운명에 놓인다.

올워디 씨의 사유지는 '사냥의 수호자'라 불리는 한 신사의 사유지와 붙어 있었다. 이런 사람들은 토끼나 자고새가 죽으면 아주 가혹하게 보복한다. 이들이 인도의 바니안 족과 똑같은 미신을 믿는다고 생각하는 사람이 있을지도 모르겠다. 바니안 족 가운데는 특정 동물을 보존하고 보호하는 데 평생을 바치는 사람도 많다고 한다. 영국의 바니안 족이 다른 것은 적으로부터 동물을 보호하면서 정작 자기들은 무자비하게 사냥한다는 점이다. 결국 그들은 그런 이교도의 미신하고는 아무런 상관이 없는 셈이다.

사실 나는 이런 사람들을 다른 사람들이 생각하는 것보다 훨씬 높게 평가한다. 그들은 자연의 신이 그들에게 부여한 사명을 대부분의 사람보다 여유만만하게 처리하고 있다고 생각하기 때문이다. 호라티우스는 세상에 'Fruges consumere nati', 즉 '지상의 과일을 먹기 위해 태어난' 사람들이 있다고 했다. 마찬가지로 나는 세상에 'Feras consumere nati', 즉 '들판의 짐승을 먹기 위해 태어난' 사람들이 있다는 사실을 조금도 의심치 않는다. 흔히 말하듯 "사냥감을 먹기 위해"라는 표현을 써도 좋을 것이다. 앞서 언급한 지주들이 지금 내가 말한 목적에 부합한다는 사실은 누구도 부인할 수 없을 것이다.

어느 날 어린 존스가 사냥터지기와 함께 사냥을 나갔다. 운명의 여신은 자연의 신의 지혜로운 뜻에 따라 점지된 그 사냥 애호가의 사유지 경계선 근처로 자고새 한 쌍을 몰았는데, 공교롭게도 새들이 그 사유지로 넘어가 버리고 말았다. 두 사냥꾼은 올워디 씨의 사유지를 넘어 이삼백 보쯤 들어간 가시금작화 덤불 속으로 그 새들이 들어가는 것을 지켜보았다.

올워디 씨는 사냥터지기에게 이 대지주는 물론이요 더 관대한 사람의 소유지라도 남의 땅에는 절대로 들어가서는 안 되며, 이를 어길 시에는 사냥터지기 직을 몰수할 것이라는 엄명을 내린 바 있었다. 사냥터지기는 다른 이웃 사유지에 관해서만큼은 이 엄명을 어기는 때도 있었다. 그러나 지금 자고새들이 피난처로 삼은 이 사유지 주인의 성질을 익히 아는 터라 이곳에만큼은 발을 들여놓은 적이 없었다. 어린 친구가 도망친 새의 뒤를 쫓기에 급급해 그를 졸라대지만 않았더라면 이번에도 그곳을 침범하는 일은 없었을 것이다. 그러나 존스가 하도 끈덕지게 졸라대는 데다 스스로도 새를 꼭 잡고 싶은 마음이었기 때문에 끝내 설득에 굴복하여 사유지로 들어가 자고새 한 마리를 총으로 쏘았다.

하필 이때 그 이웃 지주는 그곳에서 그리 멀지 않은 곳에서 말을 타고 있었다. 그는 총소리를 듣자마자 현장으로 달려와 가엾은 톰을 발견했다. 운 좋게도 사냥터지기는 울창한 가시금작화 덤불 속으로 뛰어들어 몸을 숨긴 뒤였다.

소년의 몸을 수색하여 자고새 한 마리를 발견한 신사는 이 일을 절대로 그냥 넘어가지 않고 올워디 씨에게 알리겠다고 을러댔다. 그것은 협박이 아니었다. 그는 즉시 올워디 씨네 저택으로 말을 몰고 달려가, 집에 강도가 들어 귀중한 가구류라도 도둑맞은 사람처럼 맹렬한 기세로 사유지 침범 소식을 일러바쳤다. 또 아직 발견하지는 못했지만 총소리가 두 번 들린 것으로 보아 다른 공범자가 한 명 있는 게 분명하다고 덧붙였다. 그러고는 말했다. "이번에 발견된 건 이 자고새 한 마리뿐이지만, 그 밖에 어떤 죄를 지었는지 어찌 알겠소?"

집으로 돌아온 톰은 즉시 올워디 씨 앞에 불려갔다. 그는 순순히 범행을 자백하고, 자고새 한 쌍이 처음에는 올워디 씨의 사유지에 있다가 옆 사유지로 날아간 실제 사실 말고는 아무 변명도 하지 않았다.

올워디 씨는 함께 있던 사람이 누구냐고 추궁했다. 이웃 지주와 그의 종복 두 사람이 두 발의 총소리를 들었다고 증언했음을 범인에게 말하고, 그걸 꼭 알아야겠다고 단언했다. 톰은 완강하게 자신이 혼자였다고 주장했다. 그러나 그 말을 하며 처음에 조금 주저하는 기색을 보였다. 올워디 씨가 이웃 지주와 두 종복의 증언만 가지고는 의심을 품지 않았다 할지라도 그 기색을 눈치챘다면 역시 두 사람이 있었던 게 틀림없다는 확신을 얻었을 것이다.

사냥터지기도 피의자로서 소환되어 심문을 받았다. 그는 모든 죄를 혼자 뒤집어쓰겠다고 약속한 톰을 믿고서, 톰과 함께 있었다는 사실을 단호하게 부인했다. 심지어 오후 내내 도련님을 본 적조차 없다고 말했다.

올워디 씨는 전에 없이 무서운 얼굴로 톰을 돌아보고, 반드시 알아내리라 재차 말하며, 함께 있던 자가 누군지 대답하라고 종용했다. 소년은 요지부동이었다. 마침내 올워디 씨는 크게 화를 내며 그를 물러가게 했다. 아침이 되면 사람을 시켜 다른 방법으로 조사를 할 테니 그때까지 잘 생각해두라고 말했다.

가엾은 존스는 그날 아주 우울한 밤을 보냈다. 평소 친하게 지내던 친구 블리펄 도련님이 어머니를 따라 남의 집에 하룻밤 묵으러 가고 없었기 때문에 더욱 그랬다. 앞으로 받을 벌은 그리 겁나지 않았다. 가장 걱정되는 일은 자신이 신의를 저버리고 사냥터지기를 배반하게 되지나 않을까 하는 것이었다. 그 결과가 사냥터지기의 파멸로 돌아올 것이 뻔했다.

사냥터지기 또한 그날 밤을 편히 보낼 수 없었다. 그도 소년과 똑같은 걱정을 했다. 소년이 피가 나도록 얻어맞을지언정 약속만큼은 꼭 지켜주기를 바랐다.

아침이 되자 톰은 올워디 씨의 부탁으로 두 소년의 교육을 담당하고 있는 스웨컴 목사에게 불려갔다. 그는 전날과 똑같은 질문을 받았고, 똑같은 대답을 했다. 그 결과 그는 아주 가혹한 매질을 당했다. 몇몇 나라에서 죄수에게 자백을 강요할 때 하는 고문과 다를 바 없는 매질이었다.

톰은 이 형벌을 꿋꿋하게 참아냈다. 목사가 매질을 할 때마다 자백 여부를 물어보았지만 톰은 친구를 배신하여 약속을 깨느니 차라리 매질을 당해 피투성이가 되는 쪽을 선택했다.

사냥터지기는 그제야 걱정에서 해방되었다. 오히려 올워디 씨가 톰의 고통을 걱정하기 시작했다. 스웨컴 씨가 소년에게서 원하는 자백을 얻어내지 못하는 데에 격분하여 올워디 씨의 의도를 훨씬 뛰어넘는 가혹한 체벌을 하는 동안 이 신사는 이웃 지주가 잘못 생각하는 것은 아닌가 하는 의심이 들기 시작했다. 한번 그런 생각이 들자, 그 씩씩거리던 모습마저 착각에서 비롯된 것처럼 느껴졌다. 종복 두 사람이 주인의 주장을 입증하기 위해 했던 증언은 그리 중요하게 생각되지 않았다. 잔혹함과 불공정함만큼은 단 한순간도 참지 못하는 올워디 씨는 당장 톰을 불러 여러 가지 친절하고 다정한 훈계를 늘어놓은 뒤 이렇게 말했다. "내가 있지도 않은 혐의를 씌워서 널 고통스럽게 했구나. 그토록 가혹한 체벌을 받게 해서 미안하다." 마지막으로 그에 대한 보상으로 망아지 한 마리를 선물하며, 미안하다고 거듭 사과했다.

가혹한 체벌은 아무렇지 않았지만, 일이 이렇게 되자 톰은 죄의식에 몸부림쳤다. 스웨컴 목사의 회초리는 견딜 수 있어도 올워디 씨의 인자함에는 버티지 못한 것이다. 그는 눈물을 왈칵 쏟으며 무릎을 꿇고 울부짖었다. "오, 제게 그렇게 너그럽게 대해주시다니요. 저는 그런 대접을 받을 가치가 없는 놈입니다." 바로 이 순간 그는 가슴이 벅차올라 하마터면 비밀을 누설할 뻔했다. 그러나 사냥터지기의 수호신이 그러면 가엾은 사냥터지기가 어떻게 될지 소년의 귀에 속삭임으로써 그의 입을 틀어막았다.

스웨컴 목사는 소년에게 동정이나 친절을 보이지 말라고 올워디 씨를 힘껏 만류했다. "저 녀석이 끝까지 거짓을 주장한다"며, 다시 한 번 매질을 하면 진실이 밝혀질 것이라고 귀띔했다.

올워디 씨는 그런 시도에 절대로 동의하지 않았다. 소년에게 정말로 죄가 있다 하더라도 진실을 감춘 벌은 충분히 받았을 터이며 저렇게 고집을 부리는 것은 그릇된 명예심 때문일 거라고 말했다.

스웨컴 목사가 열을 내며 외쳤다. "명예심이라니요! 단순한 고집불통일 뿐입니다! 명예심 때문에 거짓말을 한다는 둥, 종교와 무관한 명예심이 있다는 둥 하는 이야기가 가당키나 한 말입니까?"

이런 토론은 저녁 식사가 끝난 뒤까지 식탁에서 계속되었다. 그 자리에는 올워디 씨와 스웨컴 목사 말고 또 한 신사가 있었는데, 이분이 앞으로 토론에 참가하게 될 것이다. 이야기를 더 진행해 나가기에 앞서 독자 여러분께 이 신사분을 간략하게 소개하겠다.

3
철학자 스퀘어 선생과 신학자 스웨컴 목사의 성품, 그들의 논쟁

이 신사는 얼마 전부터 올워디 씨 댁에 머물고 있었으며 스퀘어라는 이름

이었다. 타고난 재능은 일류가 아니었지만 대학 교육을 통해 그것을 크게 향상했다. 고전에 조예가 깊고, 플라톤과 아리스토텔레스가 저술한 모든 작품에 정통한 사람으로 통했다. 주로 이 두 위인을 본받아 자신의 성품을 갈고 닦았으므로 어떤 때는 플라톤의 견해를 따르고, 어떤 때는 아리스토텔레스의 견해를 따랐다. 즉 도덕을 논할 때는 정통 플라톤주의자가 되었고, 종교를 논할 때는 아리스토텔레스주의 경향을 보였다.

도덕관은 플라톤을 본받아 수양했다고 말했지만, 이 위대한 인물을 입법자로 보기보다는 철학자나 이론가로 생각한다는 점에서 그는 아리스토텔레스와 완전히 견해가 일치했다. 이 사고방식을 철저히 고수한 결과 모든 도덕은 이론 문제에 지나지 않는다는 결론에 이르렀다. 내가 들은 바로 누구에게도 이런 주장을 한 적은 없지만, 그의 행동을 조금이라도 주목해서 보면 그것이 그의 진정한 견해라는 생각을 하지 않을 수가 없었다. 그렇게 생각하면 그의 성품에 나타나는 모순이 완벽하게 설명되기 때문이다.

이 신사와 스웨컴 씨는 얼굴만 마주하면 반드시 토론을 벌였다. 그들의 주장은 완전히 상반된 것이었다. 스퀘어는 인간의 본성이야말로 모든 덕의 극치이며, 악은 인간의 본성에서 탈선한 것으로서 육체적 불구와 다를 바 없다고 생각했다. 이에 반해 스웨컴은 아담과 이브가 타락한 이래 인간의 마음은 죄악의 소굴이 되었고 이것은 하느님의 은총으로 정화되기 전까지는 구원받지 못한다고 주장했다. 그들은 한 가지 항목에서만 의견의 일치를 보였다. 자신들의 도덕 담론 안에 선(善)이라는 단어를 사용하지 않는다는 점이다. 스퀘어 씨가 즐겨 쓰는 어구는 "타고난 덕성의 아름다움"이었고, 스웨컴 목사가 가장 좋아하는 어구는 "은총의 성스러운 권능"이라는 말이었다. 스퀘어 씨는 모든 행동을 정의라는 불변의 원칙과 사물의 영원한 타당성에 의거하여 판단했고, 스웨컴 목사는 모든 문제를 권위에 의거하여 판단했다. 그럴 때면 반드시 성경과 그 주석자들을 이용했다. 주석과 본문이 똑같은 권위를 지니는 〈리틀턴 법전 코크 주석판〉을 이용하는 것과 마찬가지였다.

짧은 소개는 이 정도로 하고, 이제 독자 여러분께 상기시켜야 할 것이 있다. 스웨컴 목사가 의기양양하게, 종교와 무관한 명예심이 가당키나 하느냐고 발언을 마무리했던 장면이다. 그는 이 질문에 반박의 여지가 없다고 확신했다.

그런데 스퀘어가 이에 대답하길, 단어의 의의를 정의하기 전에 철학적인 논의는 불가능하며, 방금 스웨컴 목사가 말한 그 두 단어보다 모호하고 막연한 단어는 결코 없다고 하는 게 아닌가. 종교나 명예심이라는 단어는 실로 무수하게 해석된다는 것이었다. "당신이 말하는 명예심이 타고난 덕성의 아름다움이라는 의미로 사용되는 것이라면, 어떤 종교하고도 무관하게 존재할 수 있다고 생각하는데요. 아니, 당신도 그것을 인정할 것입니다. 당신이 믿는 종교만 별개로 친다면 말이죠. 마호메트교든 유대교든, 그 밖에 이 세상에 있는 온갖 종파를 믿는 사람들도 마찬가지일 것입니다."

스웨컴 목사는 그것은 교회의 진짜 적들이 늘 주장하는 악의적인 논리라고 반박했다. 세상의 모든 이교도들과 이단자들이 가능한 한 자신들의 어리석은 오류나 가증스러운 망상에만 명예심을 가두어 놓으려 하는 것도 사실이라고 말했다. "하지만 명예심에 여러 가지 얼토당토않은 해석이 있다고 해서 명예심 자체가 무궁무진한 의미를 지닌다고는 할 수 없습니다. 마찬가지로 세상에 다양한 종교나 이단의 교리가 있다고 해서 종교가 무궁무진한 의미를 지닌다고는 할 수 없죠. 내가 종교라는 단어를 언급할 때는 바로 그리스도교를 의미하는 겁니다. 그중에서도 청교도의 가르침, 아니 더 나아가 영국 국교회를 의미합니다. 마찬가지로 내가 명예심이라는 단어를 언급할 때는 영국 국교회의 가르침과 모순되지 않거나 거기에 바탕을 둔 의미로만 말하는 겁니다. 그 이외의 종교에 일치하거나 기초를 두지 않는, 하느님의 감사하신 은총을 뜻하는 거지요. 내가 말하는 명예심을 이런 의미와 다르게 해석하는 사람은 설마 없을 겁니다. 그 명예심이 거짓을 지지한다거나 더 나아가 거짓을 명한다고 말하는 것은 생각만으로도 끔찍하다고 말하고 싶군요."

스퀘어가 말했다. "나는 그만큼 말했으면 충분하다는 생각에 일부러 결론까지는 말하지 않았습니다. 당신이 그 결론을 감지했다면 반박할 말도 떠오르지 않았겠지요. 그런데 듣자하니 우리가 생각하는 명예심은 서로 완전히 다른 것 같군요. 그렇지 않다면 똑같은 '명예심'이란 단어를 가지고 이렇게 의견이 다를 리 없으니까요. 나는 진정한 명예심과 진정한 덕성은 거의 동의어이며, 둘 다 정의라는 불변의 원칙과 사물의 영원한 타당성에 근거를 둔 것이라고 주장한 바 있습니다. 그렇다면 거짓은 절대로 양립할 수 없는 정반대 개념이 되지요. 진정한 명예심이 거짓을 지지할 수 없는 것은 분명합니다. 이 점에서는 우리 의견이 일치하는 것 같군요. 하지만 명예심은 종교의 전제임에도 그것이 종교에 기초한다고 말씀하시는 것은 종교가 어떤 적극적인 규율을 의미하는 한—"

스웨컴이 몹시 열을 내며 말했다. "명예심이 종교의 전제가 된다고 주장하는 사람과 내 의견이 일치한다고요! 올워디 씨, 제가 언제 거기에 동의한다고 했던가요?"

그가 말을 더 이으려는데 올워디 씨가 끼어들어, 자기는 진정한 명예심에 대해 말한 바가 없는데 두 사람 모두 자기 말뜻을 오해한 것 같다고 차갑게 말했다. 그러나 서로 질세라 흥분한 두 논객을 진정시키기엔 역부족이었다. 다행스럽게도 마침 그때 다른 사건이 일어나 이 대화를 종결했다.

4

필자를 위한 변명
소년들 사이에 일어난, 마찬가지 변명이 필요한 한 사건

이야기를 계속 진행해 나가기에 앞서 양해를 구해야겠다. 몇몇 독자께서 이야기에 빠져든 나머지 품었을지 모르는 오해를 풀어드리고자 하는 것이다. 어느 독자에게나 마찬가지지만 특히 덕성이나 종교에 열의를 보이시는 독자분들을 화나게 할 마음은 더욱 없다.

따라서 누구든 내 의도를 심하게 오해하거나 곡해해서, 내가 인간 본성의 가장 위대하고 완벽한 덕목인 도덕이나 종교심을 조롱하려 했다고 실언하는 일이 없기를 바란다. 이것들이야말로 인간의 심성을 정화하고 고귀하게 해주며 인간을 짐승보다 우위에 있게 하는 유일한 덕목이 아니겠는가. 독자 여러분이여, 나는 감히 말하겠다(여러분이 지닌 심성이 선량할수록 내 말을 믿을 것이다). 나는 도덕과 종교와 같은 명예로운 덕목에 손상을 입히느니 차라리 이 두 논객의 견해를 영원한 어둠 속에 묻어 버리고 싶다.

더 나아가 나는 도덕과 종교를 변론하기 위해 이 위선적인 대변자들의 생활과 행동을 기록해야겠다고 마음먹었다. 딴 마음을 품은 아군이야말로 가장 위험한 적이다. 대담하게 말하자면 종교나 도덕은 재치 넘치는 탕아나 이단자들의 그 어떤 공격보다도 위선자들로 말미암아 치명적인 상처를 입는

다. 뿐만 아니라 이 두 덕목의 순수성은 사회를 속박하는 굴레이자 하늘이 내린 가장 큰 축복이다. 이들 덕목이 사기, 거짓, 위선으로 오염되고 타락하면 사회의 가장 큰 재앙으로 변해 인간으로 하여금 이웃에게 가장 잔혹한 해를 입히도록 만드는 요인이 될 것이다.

내가 앞서 두 신사에게 했던 조롱은 일반적으로 용납될 수준이라고 확신한다. 사실 두 신사의 입에서는 올바른 주장도 몇 가지 나왔다. 우려되는 것은 내가 똥오줌 못 가리고 모든 것을 싸잡아 조롱하려는 사람처럼 비추어질지 모른다는 점이다. 독자 여러분, 이 두 신사는 얼간이가 아니다. 바라건대 그들이 그릇된 생각만 하거나 어리석은 주장만 입에 담을 리는 없다고 생각해주시라. 만에 하나라도 내가 그들의 나쁜 면만 골라서 보여드렸다면 그들의 성격을 아주 왜곡해서 전달한 격이 된 것이다! 그랬다면 그들의 논쟁이 얼마나 끔찍하고 비참하며 지리멸렬한 것으로 보였을 것인가!

요컨대 앞에서 폭로한 것은 종교나 도덕이 아니라 거꾸로 그런 덕목들의 결핍이다. 그들 나름대로 주장에 체계를 세우면서 스웨컴 목사는 도덕을, 스퀘어 씨는 종교를 그토록 무시하지 않았더라면, 또 두 사람 모두 선량한 본성을 완전히 망각하지 않았더라면, 그들은 이 이야기에서 결코 조롱의 대상으로 그려지지 않았을 것이다. 이제 이야기로 돌아가자.

그들의 토론에 종지부를 찍은 사건이란 바로 블리필 도련님과 톰 존스 사이에 일어난 싸움이었다. 이 싸움으로 블리필 도련님이 코피를 터트린 것이다. 블리필 도련님은 톰보다 나이는 어리지만 몸집은 더 컸다. 하지만 고상한 복싱 실력에선 몇 수 아래였다.

그동안 톰은 이 소년과 싸우기를 피해왔다. 온갖 악동 짓을 저지르긴 했지만 그는 남의 마음을 헤아릴 줄 아는 소년이었다. 블리필을 진심으로 좋아하기도 했으나, 스웨컴 목사가 늘 블리필 편만 들어주는 것도 함부로 덤비지 못하는 충분한 이유였다.

어떤 작가가 "그 누구도 매 시간 현명할 수는 없다"고 말했는데, 맞는 말이다. 하물며 아직 어린 소년이 매 시간 현명하지 못한 것은 당연하다. 함께 놀다 뭔가 뜻이 안 맞자 블리필 도련님이 톰을 "거지같은 업둥이 새끼"라고 욕했다. 다소 다혈질이었던 톰은 그 욕을 듣자마자 상대방의 얼굴을 앞서 말한 상태가 되도록 만들어 버렸다.

블리필 도련님은 코피를 질질 흘리고 눈물을 콸콸 쏟으며 삼촌과 무서운 스웨컴 목사 앞에 나타났다. 즉시 이 법정에서는 톰을 피고로 하는 공격상해에 대한 규탄이 시작되었다. 톰은 자신이 화가 난 이유만을 변명으로 내세워 진술했다. 블리필 도련님이 아직 말하지 않은 내용은 이것뿐이었던 것이다.

블리필이 정말로 기억이 안 나서 이 내용을 빼먹은 건지도 모른다. 답변을 하면서 자신은 절대로 그런 욕을 한 적이 없다고 강하게 주장했기 때문이다. 그는 이렇게 덧붙였다. "제 입에서 그런 상스러운 말이 나올 리 없잖아요!"

법정 형식에는 어긋나지만, 톰은 블리필이 자신에게 분명히 그렇게 욕했다고 다시 항변했다. 그러자 블리필 도련님이 말했다. "놀랄 일도 아니지. 한 번 거짓말을 한 사람은 두 번째도 태연히 하거든. 내가 선생님께 너처럼 심한 거짓말을 했다면 난 부끄러워서 얼굴도 못들 거야."

"거짓말이라니요?" 스웨컴 목사가 큰 관심을 보이며 소리쳤다.

"톰이 사냥에 갔다가 자고새를 쏘았을 때 자기 혼자뿐이었다고 선생님께 말했잖아요(이 대목에서 눈물을 쏟아냈다). 하지만 톰은 알아요. 사냥터지기 블랙 조지가 함께 있었다는 것을요. 저한테 고백했거든요. 하지만 톰은…… 맞잖아, 나한테 말했잖아…… 부인하려면 해봐. 입이 찢기는 한이 있어도 절대로 말하지 않을 거라고 했잖아."

이 말을 듣고 스웨컴의 눈에 불이 일었다. 그는 의기양양하게 큰 소리로 이렇게 내뱉었다. "보십시오! 이게 바로 그릇된 명예심이라는 겁니다. 다시는 매질을 하지 말라고 만류하신 애가 바로 이런 애란 말입니다!" 그러나 올워디 씨는 부드러운 표정으로 톰을 돌아보며 말했다. "이 말이 사실이냐, 톰? 그럼 왜 그렇게 고집스럽게 거짓말을 한 거냐?"

톰이 말했다. "저도 거짓말이 나쁘다는 건 알아요. 하지만 명예를 지키기 위해서는 그럴 수밖에 없었어요. 사냥터지기한테 비밀을 꼭 지키겠다고 약속했거든요. 애초에 그가 옆 사유지에 들어가면 안 된다고 말리는 걸 제가 우겨서 들어가는 바람에 어쩔 수 없이 따라 온 거예요. 그러니까 전 그렇게 약속하는 게 당연하다고 생각했어요. 이게 사건의 진상입니다. 맹세해도 좋습니다." 그리고 마지막으로 올워디 씨에게 애원했다. "그 가엾은 사냥터지기의 가족들을 불쌍히 여겨주세요. 나쁜 건 저예요. 그가 싫다는 걸 억지로 졸라서 그렇게 된 거니까요. 실은 전 거짓말을 했다고 할 수도 없어요. 그 사람은 처음부터 아무 죄도 없는 걸요. 전 혼자서라도 새를 따라 들어갔을 거예요. 실제로도 제가 먼저 들어갔고요. 사냥터지기는 제가 더 나쁜 짓을 저지르는 걸 막으려고 절 쫓아 들어왔을 뿐이에요. 제발 저에게 벌을 내려주세요. 망아지도 도로 몰수하세요. 하지만 불쌍한 조지는 용서해주세요."

올워디 씨는 잠시 망설이다 두 소년에게 더 사이좋게 얌전히 지내라고 타이르고는 그들을 내보냈다.

5

두 소년에 관한 신학자와 철학자 선생의 견해
그 견해를 뒷받침하는 몇 가지 근거와 또 다른 문제들

따지고 보면 블리필 소년이 자신을 믿고 톰이 알려 주었던 비밀을 고자질한 일이 무시무시한 체벌에서 친구를 구해낸 격이 되었다. 애초에 블리필의 코피를 터뜨린 사건 자체가 스웨컴이 톰을 징벌할 수 있는 충분한 이유였다. 그러나 이제 이 사건은 새롭게 제기된 문제에 완전히 파묻히고 말았다. 게다가 이 문제에 올워디 씨는 개인적으로는 톰이 벌보다 오히려 칭찬을 들어야 마땅하다고 단언했다. 이런 전면적인 용서 발언 때문에 스웨컴은 톰에게 손을 댈 수가 없었다.

톰을 매질해야겠다는 생각에만 사로잡혀 있던 스웨컴은 실례를 무릅쓰겠다고 운을 띄운 뒤 그것은 부당한 관대함이라고 비난하며 올워디 씨의 이런 나약한 태도에 크게 반발했다. 그런 죄에 징벌을 내리지 않는 것은 죄를 권장하는 일이나 마찬가지라고 말했다. 또 자녀징벌론을 장황하게 늘어놓으며 솔로몬과 그 밖에 다른 성서 구절을 인용했다. 그런 구절들은 여러 책을 뒤지면 나오는 것이니 여기서는 생략하겠다. 그런 다음 그는 앞 문제에 못지않은 박식함을 뽐내며 거짓말이라는 악덕에 대해 열변을 토했다.

스퀘어는 아까부터 톰의 행동을 자신의 완벽한 덕성 개념과 일치시켜 보려고 애썼지만 도저히 안 된다고 말했다. 얼핏 보기에 그 행동에 불굴의 용기처럼 보이는 측면이 있다는 점은 인정했다. 그러나 불굴의 용기는 선이고 거짓은 악이므로 이 두 가지는 결코 일치할 수 없다고 말했다. 또 이런 일은 선과 악을 혼동시키는 일이기 때문에 오히려 더 큰 체벌을 내려야 한다고 생각한다면서, 이 점은 스웨컴 목사가 신중하게 생각해보기 바란다고 덧붙였다.

두 학자는 존스를 비난하는 데 의견 일치를 보였으며, 블리필 도련님을 칭찬하는 데도 이견이 없었다. 진실을 밝히는 일은 모든 종교인의 의무라고 목사가 주장하자, 철학자도 이런 일이 정의의 원칙이나 사물의 영원한 타당성에 매우 부합하는 일이라고 선언했다.

그러나 이들의 주장도 올워디 씨를 움직이지 못했다. 그는 존스를 처벌하기 위한 영장에 서명하기를 거부했다. 그의 가슴속에는 소년이 간직했던 불굴의 신의에 깊이 공감하는 어떤 것이 있었다. 그것은 스웨컴의 종교나 스퀘어의 도덕보다 그와 훨씬 잘 통하는 것이었다. 그는 스웨컴에게 이번 일로 톰을 과하게 체벌하지 말라고 엄히 지시했다. 선생은 이 명령에 마지못해 따랐지만 몹시 못마땅해하며, 톰은 틀림없이 버릇없는 못된 놈이 될 것이라고 계속해서 투덜댔다.

선량한 올워디 씨도 사냥터지기에게는 가혹하게 대했다. 그는 즉시 이 가없는 사나이를 불러들여 여러 가지 뼈아픈 질책을 한 뒤 급료를 지급하고 해고해 버렸다. 올워디 씨는 자기를 변명하기 위해 거짓말을 하는 것과 남을 감싸기 위해 거짓말을 하는 것에는 아주 큰 차이가 있다고 말했는데, 대단히 옳은 말이다. 또 그는 이 사나이에게 가차 없이 가혹한 벌을 내리는 가장 큰 이유로서, 이자가 스스로 사실을 밝힘으로써 톰이 처벌받지 않도록 사태를 수습했어야 했음에도 톰이 자기를 위해 그토록 무거운 벌을 감수하도록 비열하게 방치했다는 사실을 들었다.

이 이야기가 널리 알려지자 많은 사람이 스퀘어나 스웨컴 두 소년의 행동을 비판했을 때와는 다른 의견을 보였다. 블리필 도련님은 대체로 고자질쟁이, 겁쟁이, 또는 그와 비슷한 수식어로 불렸다. 반면 톰에게는 용감한 소년, 착한 소년, 정직한 소년이라는 호칭이 붙었다. 블랙 조지에게 보인 톰의 행동은 진심으로 모든 하인의 환심을 샀다. 전에는 모두 사냥터지기를 싫어했지만, 그가 해고되자마자 거꾸로 모두 그를 동정하며 톰 존스의 우정과 용기에 최고의 갈채를 보냈다. 동시에 마나님을 불쾌해하지 않는 선에서 공공연하게 블리필 도련님을 비난했다. 그러나 이 때문에 불쌍한 톰은 고통을 당해야 했다. 앞서 사건을 기화로 체벌하지 말도록 금지당한 바 있는 스웨컴이지만, "때리려고 마음만 먹으면 몽둥이는 금방 발견되는 법"이라는 속담도 있듯이, 회초리를 찾는 일은 어려운 일이 아니었기 때문이다. 회초리가 발견되면 스웨컴의 체벌에서 불쌍한 존스를 오랫동안 떼어놓는 일은 도저히 불가능한 이야기였다.

체벌에서 오는 즐거움이 이 선생이 매질을 하는 유일한 이유라면 블리필 도련님도 회초리질을 당해야 했을 것이다. 올워디 씨가 두 소년을 차별하지 말고 똑같이 대우하라고 빈번히 지시했음에도 그는 한쪽은 가혹하게, 때로는 야만스러울 정도로 잔인하게 대하면서 이 소년에게는 매우 친절하고 상냥했다. 사실 블리필은 선생에게 엄청난 편애를 받았다. 늘 선생에게 깊은 존경을 보인다는 이유도 있지만, 그보다 큰 이유는 선생님의 가르침을 아주 예의 바르고 공손하게 받아들이는 태도였다. 그는 선생님의 말씀을 모두 외워서 자주 암송했으며, 선생님이 말한 종교적 원칙들을 그 나이의 소년치고는 놀라울 정도로 열심히 지켰다. 바로 이런 이유로 이 고매한 선생의 애제자가 된 것이다.

반면 톰 존스는 먼저 존경심을 겉으로 표현하는 일이 적었다. 선생이 바로 옆까지 왔는데도 모자도 벗지 않거니와 인사도 하지 않는 때가 많았다. 뿐만 아니라 선생이 무얼 가르치거나 손수 시범을 보여도 전혀 관심이 없었다. 그야말로 생각 없고 경박한 소년이어서 몸가짐도 진중하지 못했고 얼굴에서는 아예 진지함을 찾아볼 수가 없었다. 그리고 종종 친구의 성실한 태도를 건방지고 버릇없게 비웃곤 했다.

스퀘어 씨도 같은 이유로 블리필을 더 좋아했다. 톰 존스는 이 신사가 가끔씩 들려주는 학구적인 강의에, 스웨컴 목사에게 하는 것과 마찬가지로 전혀 관심도 없거니와 고마워하지도 않았다. 한번은 감히 '정의의 원칙'을 농담거리로 삼기도 했다. 세상 어떤 원칙도 아버지 같은 분을 만들어내지는 못할 거라고 호언장담한 적도 있다(올워디 씨가 톰에게 그렇게 부르도록 허락했다).

블리필 도련님은 열여섯이란 나이에 이 앙숙 같은 두 선생의 호감을 동시에 살 방법을 터득했다. 한 선생 앞에서는 종교의 화신이 되었고, 다른 선생 앞에서는 도덕의 화신이 되었다. 두 선생이 함께 있는 자리에서는 완전한 침묵을 지켰는데, 그러면 두 선생은 소년의 그런 태도를 저마다 자신에게 유리하게 해석했다.

블리필은 두 선생 앞에서 아첨을 떠는 것만으로는 만족하지 않았다. 그는 종종 그들이 없을 때를 노려 올워디 씨에게 두 선생을 칭찬했다. 삼촌과 단둘이 있을 때 삼촌이 그의 종교관이나 도덕관을 칭찬하면(그는 그런 견해들을 입버릇처럼 말했다) 그는 반드시 그 공을 스웨컴이나 스퀘어에게 받은 훌륭한 가르침 덕으로 돌렸다. 반드시 삼촌 입을 통해 그런 칭찬을 듣고 싶어 하는 당사자들 귀에 그 말이 전달되리라는 것을 잘 알기 때문이다. 또 그런 칭찬이 철학자는 물론이요 신학자에게도 큰 감명을 주리라는 것을 잘 알았다. 사실 이처럼 제삼자를 통해 듣는 간접 칭찬만큼 사람을 녹이는 아첨은 없는 것이다.

이내 소년은 자신이 선생들을 칭찬하면 올워디 씨도 매우 기뻐한다는 사실을 깨달았다. 올워디 씨가 선택한 별난 교육법을 소리 높여 칭찬하는 격이었기 때문이다. 이 고매한 신사는 영국 사립중학교 제도의 불완전성과 소년들이 그곳에서 배우기 쉬운 온갖 악행을 목격하고서, 자신의 조카와 양자나 다름없는 한 소년을 집에서 직접 교육하기로 결심한 것이다. 사립중학교나 대학에서는 타락의 위험에 반드시 노출되지만 집에서라면 그런 걱정 없이 소년들의 도덕성을 견고하게 지켜낼 수 있다고 생각했다.

소년들에게 가정교사를 붙여 가르치기로 결심하고, 절친한 한 친구의 추천을 받아 불러들인 사람이 스웨컴 목사였다. 올워디 씨는 추천한 친구의 분별력을 높이 평가하고, 그의 성실함도 크게 신뢰했다. 스웨컴 목사는 어느 대학의 특별 연구원으로서 거의 종일을 대학 안에서 보냈으며 학식, 신앙심, 성실함으로 이름이 높았다. 올워디 씨의 친구분이 그를 추천한 이유에는 물론 이런 자질들이 포함되어 있었다. 그러나 진실인즉슨, 이 친구분은 스웨컴 가문에 얼마간 빚이 있었다. 그가 의회 의원으로 선출된 선거구에서 스웨컴 가문이 가장 영향력 있는 가문이었던 것이다.

스웨컴 목사가 처음 도착했을 때 올워디 씨는 그가 마음에 쏙 들었다. 추천장 문구에도 완벽하게 부합했다. 그러나 시간이 지나며 인품도 알게 되고 친숙하게 대화도 나누게 되면서 결점들이 보이기 시작했다. 그로서는 없었으면 하고 바라는 결점들이었다. 물론 다른 훌륭한 성품들에 비하면 소소한 것들이었기 때문에 그를 내보내야겠다는 마음은 들지 않았다. 또 사실 해고를 정당화해줄 만한 결점들도 아니었다. 스웨컴이 독자 여러분 눈에 비치는 것과 똑같은 모습으로 올워디 씨 눈에 비쳤을 거라고 생각하신다면 얼토당토않은 착각이다. 또한 우리가 타고난 영감을 이용해 독자 여러분께 폭로한 참모습을, 이 신학자와 직접 절친한 친분을 맺는다 해서 깨달을 수 있을 거라고 상상하는 것 또한 대단한 착각이다. 이런 독단적인 오해로 말미암아 올워디 씨의 지혜와 통찰력을 비난하는 독자분들이 계시다면, 나는 주저 없이 말하겠다. 그런 분들은 우리가 전달한 지식을 아주 잘못되고 배은망덕하게 사용하신 것이다.

스웨컴의 주장에서 보이는 분명한 결점들은, 우리의 고매한 신사가 역시 발견하고 비난한 스퀘어의 상반된 결점들을 보완하는 데 크게 기여했다. 그는 지나치게 상반된 두 선생의 결점이 서로 부족한 점을 메워 주리라고 생각했다. 특히 자신이 조금만 도움을 주면 두 소년이 진정한 종교와 도덕에 관한 충분한 가르침을 얻을 수 있으리라 생각했다. 그의 기대에 어긋나는 사태가 벌어진다면 그것은 그의 이런 생각 자체에 결함이 있기 때문일 것이다. 할 수만 있다면 독자 여러분께서 그 결함이 무엇인지 지적해보셔도 좋다. 우리는 이 작품에 오류가 없는 사람을 등장시킬 마음은 없다. 이제껏 인간 세상에 존재하지 않았던 것을 등장시킬 마음은 없기 때문이다.

다시 이야기로 돌아가 보자. 앞서 언급한 두 소년의 상이한 태도가 이미 한두 가지 예를 통해 보았던 상이한 결과를 낳았다는 사실에 독자 여러분도 놀라시지는 않을 것이다. 사실 철학자와 목사의 그런 행동에는 또 다른 이유가 숨어 있다. 이것은 아주 중요한 문제이므로 장을 바꾸어 자세히 밝히기로 하겠다.

6

앞서 말한 견해를 더욱 뒷받침하는 유력한 근거

먼저 알아두셨으면 하는 점이 있다. 앞 두서너 장에서 이 이야기의 무대에 등장하여 활발한 활약상을 보인 이 두 학자의 꿍꿍이이다. 처음 올워디 씨 댁에 도착하고 나서 한 사람은 그의 도덕심에, 한 사람은 그의 신앙심에 크게 감동하여 그와 각별한 인연을 맺어야겠다는 생각을 하게 되었다.

이런 목적을 위해 그들이 먼저 주목한 사람은 저 아름다운 과부였다. 한동안 이름이 등장하지 않았지만 독자 여러분께서는 그녀를 잊지 않으셨을 것이다. 바로 그 블리필 부인이 두 사람이 야심을 갖는 표적이었다.

처녀 적부터 미모로 유명한 것도 아니고 나이를 먹어 인생의 내리막길로 발을 들여놓은 이 부인에게 이제까지 올워디 씨 댁에 등장한 사나이 넷 중 무려 세 명이 연모의 정을 바쳤다는 사실이 놀라워 보일지도 모른다. 그러나 사실 막역한 친구나 친지들은 친구 집의 특정한 여성에게 자연스럽게 애정을 느끼는 법이다. 그 친구가 부자라면 그의 할머니, 어머니, 누이, 여동생, 딸, 고모, 조카, 사촌이 그 대상이 되고, 표적인 여성이 미인이라면 그 친구의 아내, 누이, 여동생, 딸, 조카, 사촌, 정부, 하녀가 그 대상이 된다.

그러나 독자 여러분께서는 스웨컴이나 스퀘어 같은 성품을 지닌 인물이, 융통성 없는 도덕가들이 비난한 바 있는 이런 일을 꾀하기에 앞서 충분히 이 일을 검토하고 그것이(셰익스피어의 말을 빌리자면) "양심의 문제"인지 아닌지 생각해보지 않았을 거라는 상상은 하지 말기 바란다. 스웨컴은 이웃집 여동생에게 욕정을 품는 일이 성경 어디에도 금지된 바 없다는 사실을 떠올리고, 계획을 세우는 데 아무 거리낄 것 없다고 판단했다. 그는 "Expressum facit cessare taciturn"야말로 모든 율법을 해석하는 원칙이라고 생각했다. 즉 "법 제정자가 그 의도를 모두 분명하게 적어 놓았다면 그 법을 함부로 해석해서는 안 된다"는 것이다. 이웃의 재산을 탐하지 말라고 규정하신 하느님의 율법에 몇몇 여성에 관한 예는 있을지언정, 여동생이라는 단어가 빠져 있는 이상 그는 이 계획을 합법적이라고 결론지었다. 한편 스퀘어는 본디 '유쾌한 사나이' 또는 '과부의 남자'로 불리고 있었으므로, 이 부인을 선택한 것을 사물의 영원한 타당성에 부합하는 일로서 고민 없이 판정했다.

이 두 신사는 기회가 있을 때마다 과부의 호감을 사기 위해 철저하게 애썼다. 이윽고 그들은 그녀의 아들을 또 한 명의 소년보다 특별 대우하는 것이 그 유일한 방법임을 깨달았다. 또 올워디 씨가 톰에게만 보이는 다정함과 애정이 그녀에게는 매우 불쾌한 일이라고 생각하고는, 온갖 기회를 이용하여 톰을 깎아내리는 일이 그녀에게 아주 기쁜 일이 될 거라고 믿어 의심치 않았다. 톰을 눈엣가시처럼 여기는 그녀가 톰을 흠잡는 사람을 좋아할 것이 분명했기 때문이다. 이 점에서는 스웨컴이 더 유리했다. 스퀘어는 이 가엾은 소년의 명예를 난도질하는 일밖에 할 수 없었지만, 스웨컴은 매질을 함으로써 살갗을 직접 난도질할 수 있었기 때문이다. 실제로 그는 톰에게 내리치는 회초리 하나하나가 여주인에게 바치는 애정의 표시라고 생각했다. 자연히 그는 저 옛날 태형을 집행할 때 입에 올리던 "Castigo te non quod odio habeam, sed quod AMEN(너를 때리는 것은 미워해서가 아니라 사랑해서이다)" 이 구절을 가장 올바른 의미에서 반복할 수 있었다. 실제로 그는 종종 이 말을 입에 담았다. 조금 낡은 표현으로 "직접 손때를 먹이는" 가장 적절한 쓰임이었다.

앞서 보았던 것처럼 두 소년에 대한 두 신사의 견해가 일치한 것은 주로 이런 이유에서였다. 사실 그들이 어떤 사항에 의견 일치를 본 것은 이것이 유일한 예였다. 저마다 원칙이 다른 것은 둘째 치고, 오래전부터 서로의 의중을 눈치채고 남들은 감히 흉내 낼 수 없을 만큼 끈질기게 서로를 증오했기 때문이다.

서로의 이런 적대감은 그들이 번갈아 유리한 상황에 놓일 때마다 점점 커져갔다. 두 사람은 꿈에도 생각 못했겠지만, 사실 블리필 부인은 그들이 그녀에게 고백할 생각조차 하지 않았을 때부터 두 사람의 속내를 이미 알고 있었다. 두 사람은 그녀가 불쾌해 하며 올워디 씨에게 일러바칠까 봐 두려워 아주 조심스럽게 일을 진행했다. 그러나 그것은 쓸데없는 걱정이었다. 블리필 부인은 연애를 매우 즐기는 사람이었고, 이 사랑의 과실의 맛을 자기 아닌 누구에게도 선보일 생각이 없었기 때문이다. 그녀가 바라는 과실은 오로지 아첨과 구애였는데, 이를 위해 그녀는 오랫동안 두 사람을 번갈아 가며 똑같이 만족시켰다. 사실 성향으로는 스웨컴 목사의 교리에 더 호감이 갔으나, 눈에는 잘생긴 스퀘어가 더 들어왔다. 이에 비해 목사의 얼굴은 〈창부의 편력〉이라는 판화에 나오는, 교도소에서 여죄수들에게 벌을 내리고 있는 추남 신사와 아주 비슷했다.

결혼의 달콤함에 물린 것인지, 쓰디쓴 맛에 넌더리가 난 것인지, 또 다른 이유에서인지는 모르지만 어쨌든 블리필 부인은 재혼 이야기에는 아무리 해도 귀를 기울이지 않았다. 하지만 마침내 스퀘어와 매우 절친한 사이가 되자, 남 얘기 좋아하는 사람들이 그녀에 대해 쑥덕공론을 펼치기 시작했다. 그러나 그 내용이 부인에게 어울리지도 않고 정의의 원칙이나 사물의 타당성에도 전혀 맞지 않는 불쾌한 것이므로 우리로서는 신뢰하지 않을 것이며, 그런 내용으로 우리의 이 지면을 더럽히지도 않을 것이다. 목사가 목적지에 한 걸음도 가까이 다가서지 못하고 열심히 채찍질만 해댄다는 것만은 분명한 사실이었다.

사실 그는 커다란 실수를 저지르고 있었는데, 그 사실을 본인보다 스퀘어가 훨씬 빨리 눈치챘다. 블리필 부인은(이미 독자 여러분께서도 추측한 내용이다) 죽은 남편의 행동거지를 그리 탐탁히 여기지 않았다. 아니 솔직히 말하면, 남편을 진심으로 증오했다. 그가 죽고 나서야 애정을 다소 되찾았을 따름이다. 그러므로 그의 유복자에게 큰 애정이 없었다 해도 그리 놀랄 일은 아니었다. 실제로 아들에 대한 애정이 너무 적어, 아들이 아직 갓난아기였을 때는 아예 들여다보지도 않고 신경조차 안 쓸 정도였다. 그러므로 올워디 씨가 그 업둥이 아기에게 있는 정 없는 정을 쏟아부으며 '내 아들'이라고 부르거나 무슨 일엔든 블리필 도련님과 똑같이 대하려고 할 때도 내키지는 않았으나 잠자코 따랐다. 블리필 부인의 이런 묵인을 이웃들이나 집안사람들은 그녀가 오빠의 뜻에 맞춰주는 것으로 해석했다. 스웨컴과 스퀘어를 비롯한 모든 사람은 부인이 속으로는 업둥이 아기를 미워할 거라고 상상했다. 그녀가 톰에게 다정하게 대해줄수록 오히려 그들은 그녀가 그를 혐오한다고 생각했다. 그를 파멸로 이끌기 위해 더욱 확실한 음모를 획책하고 있을 거라고 생각했다. 그를 미워하는 것이 그녀에게는 이익이라고 생각했다. 본인이 아무리 부정해도 좀처럼 믿지 않았다.

톰 존스에게 매질하는 것을 몹시 혐오하는 올워디 씨가 출타 중일 때 그녀는 종종 스웨컴을 부추겨 톰에게 매질을 하도록 했다. 반면에 블리필 도련님을 때리라고 한 적은 없었다. 스웨컴은 의심을 더욱 굳혔다. 스퀘어도 속아 넘어가기는 마찬가지였다. 그녀는 자기 자식을 분명히 미워하면서—어처구니없는 일처럼 보이겠지만 그녀가 특별한 예가 아님을 나는 확신한다—올워디 씨가 업둥이에게 보이는 호의에 겉으로나마 자못 불만인 것처럼 굴었다. 오빠가 없는 자리에서는 이 점을 자주 불평했다. 스웨컴과 스퀘어 앞에서도 오빠를 신랄하게 비난했다. 그녀와 오빠 사이에 사소한 다툼, 즉 흔히 말하는 욱하는 심사에서 생기는 다툼이 벌어질 때면 직접 그의 면전에 대고 불만을 터트리기도 했다.

그러나 톰이 성장하면서 여성이 큰 호감을 보이는 늠름한 기질을 내보이자, 어린 그에게 그녀가 보였던 미움이 서서히 둔해져갔다. 마침내는 친아들에게보다 더 크고 노골적인 애정을 보였으므로 이제는 누구라도 그녀의 본심을 오해하기란 불가능했다. 그녀는 톰을 자주 보고 싶어 했고, 함께 있으면 크게 만족스러워했다. 톰은 열여덟 살도 채 되기 전에 스퀘어와 스웨컴의 경쟁상대가 되었다. 더욱 난처한 것은 일찍이 블리필 부인이 스퀘어에게 보인 호의를 문제 삼았던 것처럼 사람들이 이번에는 그녀가 톰에게 마음이 있는 것 아니냐며 입방아를 찧기 시작한 일이었다. 이리하여 철학자 스퀘어 선생은 우리의 가엾은 주인공에게 깊은 증오심을 품게 되었다.

7
필자가 직접 무대에 모습을 드러내다

올워디 씨는 사물을 성급하며 나쁘게 판단하는 사람이 아니었다. 또한 나쁜 소문은 세상 모든 사람이 다 알지언정 오빠나 남편 귀에는 들어가지 않기 마련으로, 올워디 씨도 자연히 세상에 떠도는 소문을 알지 못했다. 그러나 블리필 부인이 톰에게 보이는 애정, 즉 친아들에게보다 노골적으로 드러내는 편애는 톰에게 몹시 불리하게 작용했다.

올워디 씨 마음속에 자리하는 강철 같은 자비심은 정의의 칼날이 아니면 쉽게 정복할 수 없는 것이기 때문이었다. 어떤 불행이건 그 불행의 무게에 맞먹는 결점만 없다면 이 선량한 신사가 가진 연민의 저울을 기울여 호의와 자비심을 충분히 얻어낼 수 있었다.

올워디 씨는 블리필 도련님이 친어머니에게 노골적으로 미움 받는 모습을 보고(사실이 그랬다) 그 이유 하나만으로 조카를 연민의 눈으로 바라보았다. 그처럼 선량하고 자비로운 사람이 지닌 연민이 어떤 결과를 가져오는지 구태여 독자 여러분께 설명할 필요도 없을 것이다.

그는 이 소년이 지닌 모든 미덕을 확대경을 통해 들여다보듯 확대해서 보았다. 모든 결점은 망원경을 거꾸로 들고 보듯 바라보았기 때문에 거의 보이지도 않을 만큼 작게 보였다. 고작 이 정도라면 그 인정 많은 성품을 칭찬해도 좋겠지만, 이제부터 말할 내용은 인간의 나약한 본성을 가지고 변명할 수밖에 없다. 즉 올워디 씨가 톰에 대한 블리필 부인의 편애를 감지하자마자, 이 불쌍한 소년은 부인의 사랑이 커져가는 것에 비례하여(죄도 없는데) 그의 사랑을 잃기 시작한 것이다. 물론 이것만이었다면 존스가 주인의 따뜻한 품에서 완전히 사라지는 일은 없었을 터이다. 어쨌든 블리필 부인의 태도는 소년에게 매우 불리하게 작용했으며, 올워디 씨 마음에 지금부터 이 이야기에 등장할 매우 중대한 사건의 빌미가 될 인상을 심어주었다. 솔직히 덧붙이자면 이 불행한 소년의 방만하고 거칠고 부주의한 태도가 주인이 그런 인상을 갖는 데 기여한 바가 크다는 것 또한 사실이다.

이에 대한 몇 가지 자세한 사례는, 그것이 정확히 이해된다는 전제 아래, 장차 이 이야기의 독자가 될 선량한 청소년들에게 매우 유익한 교훈이 될 것이다. 공명정대한 심성은 그 사람에게 커다란 위안과 자부심을 주나 세상만사가 그것 하나만으로 해결되는 것은 아님을 그들은 깨닫게 될 것이다. 아무리 선량한 사람이라도 신중함과 분별력은 반드시 필요하다. 이 두 덕목은 이른바 선의 호위병이다. 이들이 없다면 선도 결코 안전하지 못하다. 의도나 행동이 본질적으로 선하다는 사실만으로는 충분하지 않다. 그것들이 선으로 보이도록 세심한 주의를 기울여야 한다. 내면이 아무리 훌륭해도 아름다운 외모를 겸비하지 않으면 소용없다. 외면에 신경을 쓰지 않으면 악의와 질투가 반드시 그 외면에 억울한 누명을 씌울 것이다. 올워디 씨 같이 지혜롭고 선량한 신사도 그 외면을 꿰뚫고 내면의 아름다움까지 식별하지는 못한다. 젊은 독자분들이시여, 어떠한 선인이라도 신중함이라는 원칙을 무시할 수 없으며, 아무리 선으로 똘똘 뭉친 사람이라도 겉모습을 품위와 예절이라는 옷으로 꾸미지 않는 한 결코 아름다워 보이지 않는다는 말을 모쪼록 가슴에 깊이 새겨두기 바란다. 나의 우수한 제자들이여, 그런 다음에 충분한 주의를 기울여 이 작품을 읽는다면 이 이야기 속에서 그러한 교훈을 뒷받침하는 수많은 실례를 발견하게 될 것이다.

연극의 코러스처럼 필자가 잠시나마 직접 무대 위에 등장한 점에 용서를 구하겠다. 사실 이것은 나 자신을 위해서였다. 나는 이제 순진무구하고 선량한 사람이 자칫 좌초하기 쉬운 암초를 지적할 것이다. 이것은 조심하지 않으면 난파당한다는 경고의 의미이다. 그것을 훌륭한 독자 여러분에게 암초가 되라고 권장하는 것으로 오해하시면 큰일이기 때문이다. 이런 해명을 대신 해줄 만한 등장인물이 없기에 부득이 내가 직접 나서서 선언할 수밖에 없었음을 양해해 주시기 바란다.

8
톰 존스의 선량한 성품이 엿보이는 아이다운 사건

독자 여러분께서는 톰이 무고하게 벌을 받았다고 생각하여 올워디 씨가 그 보상으로 그에게 망아지 한 마리를 선물한 일을 기억하실 것이다.

톰은 이 말을 반 년 남짓 키우다가 근처 시장에 타고 나가 팔아버렸다.

집에 돌아오자 스웨컴이 말을 판 돈으로 무엇을 했냐고 물었다. 톰은 말하기 싫다고 솔직하게 대답했다.

스웨컴이 말했다. "오호라! 말을 안 하겠다고! 그러면 엉덩이를 흠씬 두들겨서 알아내는 수밖에." 이것은 그가 뭔가 의심스러운 일이 있을 때마다 쓰는 수법이었다.

톰이 하인의 등에 올라 매 맞을 준비를 모두 마쳤을 때 마침 올워디 씨가 방으로 들어와 형 집행을 유예시키고 범인을 다른 방으로 데리고 갔다. 톰과 단둘이 되자 올워디 씨는 앞서 스웨컴이 물어본 것과 똑같은 질문을 했다.

톰은 자식의 도리로서 그에게는 아무것도 감추지 않겠지만, 폭군 같은 저 선생에게는 몽둥이로써만 대답할 것이며 조만간 저 야만스런 방법에 대한 앙갚음을 할 것이라고 대답했다.

올워디 씨는 소년을 심하게 나무랐다. 선생님에 대한 무례하고 불경스러운 표현도 꾸짖었지만, 복수를 하겠다는 다짐에 더욱 화를 냈다. 그런 말을 한 번만 더 입 밖에 꺼내면 다시는 자기에게서 호의를 기대할 수 없을 거라고 경고했다. 어른을 공경할 줄 모르는 아이를 키우고 돌볼 마음은 손톱만큼도 없다고 따끔하게 야단쳤다. 이런 말까지 듣자 톰도 어쩔 수 없이 반성하는 척했지만 그것은 진심에서 우러나오는 말이 아니었다. 목사가 그동안 베푼 바다 같은 은혜에 어떠한 형태로든 반드시 복수하겠다고 진심으로 다짐하고 있었기 때문이다. 어쨌든 올워디 씨 앞에서는 스웨컴 목사에게 불경스런 말을 한 것을 뉘우친다고 말했다. 이 선량한 신사는 유익한 교훈을 몇 마디 들려준 뒤 소년에게 계속 말하라고 시켰다.

"정말이지 세상 누구보다 아버지를 사랑하고 존경합니다. 아버지는 제게 큰 은혜를 베푸셨고, 저는 무슨 일이 있더라도 그 은혜를 잊을 수 없습니다. 아버지께서 주신 망아지가 말을 할 수 있다면 제가 아버지의 선물을 얼마나 소중히 다루었는지 말해줄 텐데요. 그 말을 타고 다니기보다 여물 먹이기를 더 좋아했을 정도니까요. 그 녀석과 헤어지는 일은 정말로 가슴 아팠어요. 이런 사건이 일어나지 않았더라면 절대로 그 말을 팔지 않았을 겁니다. 하지만 아버지께서도 저 같은 처지였다면 분명히 말을 파셨을 거예요. 아버지만큼 남의 불행을 절절이 느끼는 사람은 없을 테니까요. 자기 때문에 누가 그런 불행을 당했다고 생각한다면 아버지는 어떤 기분이 드시겠습니까? 그렇게 비참한 사람들은 또 없을 거예요."

올워디 씨가 말했다. "그 사람들이라니? 그게 무슨 소리냐?"

톰이 대답했다. "불쌍한 사냥터지기 말이에요. 해고당한 뒤로 가족들을 줄줄이 데리고 추위와 굶주림에 죽기 일보 직전이랍니다. 그 불쌍한 가족이 헐벗고 굶주리는 걸 더는 참고 볼 수 없었습니다. 더구나 제가 그 모든 고통의 원인이라는 걸 아니까요. 정말로 견디기 힘들었답니다(눈물이 뺨을 타고 흘러내렸다. 그는 이야기를 계속했다). 그들을 굶어죽기 직전에서 구해내기 위해 전 아버지에게서 받은 그 귀한 선물을 포기했습니다. 그들을 위해 말을 팔았고, 그 돈을 한 푼도 남김없이 그들에게 주었습니다."

올워디 씨는 한동안 말없이 눈물만 흘리며 서 있었다. 이윽고 그는 가볍게 톰을 나무랐다. 앞으로 남의 불행을 보거든 혼자 끙끙대며 해결하려 하지 말고 자신에게로 와 말하라고 타이르고 톰을 내보냈다.

이 사건은 나중에 스웨컴과 스퀘어 사이에 일어난 큰 논쟁의 빌미가 되었다. 스웨컴은 이 일이 주인 말을 어긴 사냥터지기를 벌한 올워디 씨 얼굴에 정면으로 반기를 드는 사건이라고 주장했다. 그는 어떤 경우에는 세상 사람들이 말하는 자비심이란 것이 특정한 사람들을 파멸시키고자 예정해 놓으신 전능하신 하느님의 뜻에 거스르는 것처럼 보인다고 말했다. 이번 일이 바로 그러한 경우로서 올워디 씨 뜻에 거스르는 행동이었으므로 회초리를 들어 마땅하다고 언제나처럼 주장하며 말을 맺었다.

스퀘어는 스웨컴에 대한 반발심에서인지, 존스의 행동을 너그럽게 인정해 준 올워디 씨의 비위를 맞추기 위해서인지는 모르나, 이 주장에 강력하게 반대했다. 다만 대부분의 독자 여러분께서 불쌍한 존스에게는 훨씬 능력 있는 변호사들이라고 확신하므로, 그의 주장을 여기에 밝히는 것은 주제넘은 일일 것 같다. 사실 악의 원칙에서 비롯됐다고 보기 힘든 이 행동을 정의의 원칙으로 풀이하는 일은 간단한 일이었다.

9
더 악랄한 사건과 이에 대한 스웨컴 목사와 스퀘어 선생의 비평

우리 같은 사람은 발끝에도 미치지 못하는 어느 유명한 현자가 말하길 재앙은 반드시 연달아 찾아온다고 했다. 그 일례는 불행하게도 제가 저지른 나쁜 짓 가운데 일부가 들통 난 사람에게서 찾아볼 수 있다. 일부가 알려지면 전모가 드러날 때까지 계속해서 죄상이 파헤쳐지기 때문이다. 불쌍한 톰에게 바로 이런 일이 일어났다. 말을 판 죄가 용서받은 지 얼마 되지 않아, 올워디 씨에게 선물 받은 훌륭한 성경책을 말을 팔기 며칠 전에 판 일과, 그 돈을 말을 팔았을 때와 같은 용도로 사용한 사실이 발각되었다. 그 성경책을 산 사람이 바로 블리필 도련님이었다. 그는 그것과 똑같은 성경책을 가지고 있지만 성경에 대한 존경심과 톰에 대한 우정에서, 또 이 책이 헐값에 남에게 팔리는 게 싫어서 스스로 헐값에 샀다고 했다. 이 소년은 매우 신중한 성격으로 돈에도 아주 조심스러워서 올워디 씨에게 받은 돈을 대부분 저축했다.

자기 책이 아니면 읽지 않는 사람들이 있다. 그러나 블리필 도련님은 이 성경책을 손에 넣은 이래로 다른 성경책은 결코 읽지 않았다. 아니, 전에는 성경을 그리 읽는 편이 아니었지만 요즘은 이 책을 손에서 놓지 않았다. 게다가 어려운 구절이 나오면 종종 스웨컴에게 설명을 요구했으므로 불행하게도 선생은 이 책 여기저기에 톰의 이름이 적혀 있는 것을 발견하게 되었다. 이것을 계기로 다시 심문이 시작되었으며, 블리필 도련님은 사건의 전말을 밝힐 수밖에 없었다.

스웨컴은 이 죄를 신성모독으로 간주하고, 반드시 벌하기로 결심했다. 그는 즉시 매질을 가했으나 그 정도에 만족하지 않고, 올워디 씨와 얼굴을 마주할 기회가 생기자 이 극악무도한 죄—그는 그렇게 생각했다—를 일러바쳤다. 매우 신랄한 용어들로 톰을 비난하며, 그를 예루살렘 성전에서 쫓겨난 장사꾼들에 비유했다. *

스퀘어는 이 문제를 아주 다른 각도에서 보았다. 그는 특정한 책을 파는 행위가 다른 책을 파는 행위보다 심각한 죄라고는 생각하지 않는다고 말했다. 성경책을 파는 행위는 하느님의 율법이나 인간의 법률에 비추어 단연코 합법적인고로 어떠한 부적절한 면도 없다는 것이었다. 스웨컴이 이 문제를 놓고 큰 소동을 벌이는 것을 보니, 순수한 신앙심 때문에 아는 귀부인네에서 《틸롯슨의 설교집》을 훔친 한 독실한 여성의 이야기가 생각난다고 말했다.

이 말을 들은 목사는 본디 결코 창백한 편이라 할 수 없는 그 얼굴을 벌겋게 물들였다. 몹시 흥분하여 성난 얼굴로 응수하려는 차에, 그 자리에 함께 있던 블리필 부인이 끼어들었다. 그녀는 전적으로 스퀘어 씨 말에 동의한다고 말했다. 그의 의견을 지지하여 매우 학구적인 논리를 펼치며 결론 내리길, 톰에게 죄가 있다면 자신의 아들에게도 똑같이 죄가 있다는 사실을 인정해야 한다고 말했다. 그녀가 보기에는 성경책을 판 사람과 산 사람 사이에 차이가 없으며, 둘 다 똑같이 성전에서 쫓겨나야 할 사람이라는 것이었다.

블리필 부인이 자신의 의견을 피력하자 논쟁은 끝이 났다. 스퀘어로서는 할 말이 남아 있었다 하더라도 자신의 승리에 만족했기 때문이었을 것이다. 스웨컴은 앞서 언급한 이유 때문에 감히 부인의 의견에 반대하지 못하고, 분해서 씩씩거릴 뿐이었다. 올워디 씨는 톰이 이미 벌을 받았으므로 이번 일에는 자신의 생각을 밝히지 않겠다고 말했다. 그가 톰을 괘씸하게 여겼는지 아닌지는 독자 여러분의 짐작에 맡기겠다.

이 일이 있고 얼마 지나지 않아, 먼젓번과 같은 절도 죄목으로 지주 웨스턴 씨(자고새 사냥이 있었던 사유지의 주인)가 사냥터지기 상대 소송을 제기했다. 이 일은 사냥터지기에게는 아주 불행한 일이었다. 그 자체가 본인의 파멸을 초래하는 일이기도 했지만, 이제 다시는 올워디 씨의 호의를 회복할 수 없게 되어 버렸기 때문이다. 사건은 이러했다. 어느 저녁, 올워디 씨가

---

* 마태복음 21장 12절, 마가복음 11장 15절.

블리필과 존스를 데리고 산책을 하고 있었다. 존스는 우연인 척 일행을 블랙 조지의 거처로 데리고 갔다. 가서 보니 이 비참한 가족, 즉 아내와 아이들이 추위와 허기와 헐벗음으로 이루 말할 수 없는 지경에 빠져 있었다. 존스에게서 받았던 돈은 묵은 빚을 갚느라 모두 써 버리고 없었던 것이다.

이 광경을 목격하고 올워디 씨는 마음이 약해지지 않을 수 없었다. 그는 아이들에게 옷을 해 입히라며 즉시 어머니에게 1기니 금화 두 닢을 주었다. 가엾은 여인은 그의 호의에 와락 눈물을 터뜨렸다. 그에게 고맙다고 말하면서, 톰에게 감사하는 것도 빼먹지 않았다. 자기네 식구들이 오랫동안 굶어죽지 않고 버틸 수 있었던 것은 모두 톰 덕분이라고 말했다. "톰이 은혜를 베풀지 않았더라면 우리 식구는 빵 한 조각, 애들이 걸칠 누더기 조각 하나 없었을 겁니다." 사실 톰은 말과 성경책 말고도 잠옷이나 그 밖에 여러 가지 물건들을 희생하여 이 궁핍한 가족을 도왔던 것이다.

집으로 돌아오자 톰은 모든 언변을 동원하여 이 가족의 비참한 현실과 블랙 조지의 회개에 대해 말했다. 이 설득은 대단한 성공을 거두었다. 마침내 올워디 씨는 사냥터지기가 과거의 죄로 말미암아 충분한 고통을 겪었을 테니 그를 용서하고, 그의 가족이 먹고 살아갈 수 있는 길을 찾아보겠다고 약속했다.

존스는 몹시 기뻐했다. 집에 돌아왔을 때는 이미 어둑해져 있었지만, 이 기쁜 소식을 불쌍한 여인에게 알리기 위해, 쏟아지는 빗속을 1마일을 달려 되돌아갔다. 그러나 성급하게 비밀을 발설하는 사람이 으레 그러하듯, 톰은 기껏 가져간 희소식에 찬물을 끼얹는 귀찮은 일에 휘말리고 말았다. 친구가 없는 틈을 타 블랙 조지의 불운이 모든 일을 뒤엎어 버렸던 것이다.

10
블리필 도련님과 존스의 대조적인 자질

블리필 도련님은 자비심이라는 온화한 기질에서는 친구인 톰에 훨씬 못 미쳤다. 그러나 더 고귀한 자질인 정의감에서는 톰을 훨씬 능가했다. 이 자질에서 그는 스웨컴과 스퀘어의 가르침과 선례를 따랐다. 두 신사 모두 빈번하게 '자비'라는 단어를 사용했다. 그러나 스퀘어는 그것이 정의의 원칙과 일맥상통한다고 생각했으며, 스웨컴은 자비는 하늘에 맡기고 인간은 정의를 실천해야 한다고 생각했다. 사실 두 신사는 이 숭고한 정의라는 덕목을 누구에게 행사하느냐에 대해 의견이 조금 달랐다. 두 사람을 자신의 생각대로 행동하게 놔둔다면 스웨컴이 인류의 절반을, 스퀘어가 나머지 절반을 파멸시켜 버렸을지 모른다.

블리필 도련님은 존스 앞에서는 침묵을 지켰다. 그러나 곰곰이 생각해보니, 삼촌이 그런 무가치한 사람들에게 호의를 베풀도록 두고만 보는 것은 생각만으로도 견딜 수가 없었다. 그는 우리가 앞서 독자 여러분께 넌지시 귀띔했던 사실을 즉시 삼촌에게 고자질하기로 결심했다. 진상은 다음과 같다.

사냥터지기가 올워디 씨 저택에서 해고된 지 1년쯤 지났을 때였다. 이때는 톰이 아직 말을 팔기 전이었다. 온 식구가 산 입에 거미줄 치게 생긴 사냥터지기가 어느 날 웨스턴 씨의 소유지를 지나가다가 토끼 굴에서 토끼 한 마리를 발견했다. 그는 토지법과 사냥꾼의 법도를 무시하고 비열하고 잔인하게도 토끼 머리에 총을 한 방 쏘아 죽였다.

그런데 몇 달 뒤, 이 토끼를 사갔던 밀매업자가 재수 없게도 사냥감을 잔뜩 짊어지고 있다가 붙잡히고 말았다. 그는 지주의 용서를 얻으려면 누구든 밀렵꾼의 이름을 대고 증인을 자처해야 했다. 이미 웨스턴 씨에게 불쾌한 존재이자 그 지역에서 평판이 좋지 않은 블랙 조지가 그 대상으로 지목되었다. 게다가 이 사냥터지기는 이후 사냥감을 공급한 적이 없었으므로 밀매업자로서는 더없이 알맞은 희생물이었다. 이자를 희생양으로 삼음으로써 증인은 다른 단골들을 지킬 수 있었다. 단 한 번의 죄로도 파멸시키기에 충분한 블랙 조지를 벌하는 데 신이 나서 지주가 더는 심문을 진행하지 않은 것이다.

올워디 씨가 이 사건을 사실 그대로 알았더라면 사냥터지기에게는 아주 적은 피해가 갔을 것이다. 그러나 범법자에게 정의를 행사하고자 열망하는 사람만큼 맹목적인 사람은 없다. 블리필 도련님은 그 일이 얼마나 오래된 사건인지 망각한 데다 사실을 왜곡해서 전달하기까지 했다. 즉 성급하게 '들'이라는 말을 추가함으로써 사건을 엄청나게 변질시켰다. 조지가 덫을 놓아 토끼들을 잡았다고 이야기한 것이다. 보통 이야기에 왜곡이 생기면 수정되게 마련이다. 그러나 불행하게도 올워디 씨는 블리필 도련님이 사건을 폭로

하기에 앞서, 이 이야기를 아무에게도 하지 말라는 약속을 받아냈다. 덕분에 불쌍한 사냥터지기는 자신을 변호할 기회도 얻지 못한 채 유죄 판결을 받고 말았다. 토끼를 죽였다는 사실과 소송이 제기되었다는 사실은 분명했으므로 올워디 씨는 나머지 부분에 대해서는 아무런 의심도 품지 않았다.

이리하여 이 불쌍한 가족의 기쁨은 참으로 한순간에 끝나고 말았다. 다음 날 아침, 자세한 내용은 밝히지 않았으나 올워디 씨는 자신의 분노를 불러일으킨 새로운 이유가 생겼으니 더는 조지의 이름을 들먹이지 말라고 톰에게 엄명을 내렸다. 물론 가족들이 굶어죽지 않도록 애는 쓰겠지만, 사냥터지기는 어떤 이유로든 법률을 어겼으니 법의 심판을 받아야 할 것이라고 말했다.

톰은 무슨 일로 올워디 씨가 격노하게 되었는지 짐작할 수조차 없었다. 거기에 블리필 도련님이 관련되었을 거라고는 꿈에도 생각하지 못했다. 이 실망스런 사건에도 그는 사냥터지기와의 우정을 저버리지 않았다. 그는 이 가엾은 사람들을 다른 방법으로 도우리라 결심했다.

그 무렵 존스는 웨스턴 씨와 아주 친밀한 관계를 맺고 있었다. 그는 가로빗장을 다섯 개나 친 방책을 뛰어넘거나 월등한 사냥 기술을 보여주어 이 신사를 감동시켰다. 지주는 충분한 지원만 해준다면 톰이 반드시 위대한 인물이 될 것이라고 공언했다. 그런 재능 있는 아들이 있었으면 좋겠다는 바람을 종종 털어놓았다. 하루는 술자리에서, 톰에게 사냥개 몇 마리만 내주면 그 지역의 어떤 사냥꾼들과 겨루어도 톰이 이길 거라는 데 1천 파운드를 걸 수 있노라고 공언하기도 했다.

이런 사냥 실력으로 지주의 환심을 사게 된 톰은 그의 식탁에서 매우 환영받는 손님이었으며, 사냥 때는 그가 가장 좋아하는 동료였다. 지주가 소중하게 여기는 것들, 즉 총, 사냥개, 말들을 자기 것인 양 마음대로 사용했다. 그는 자신이 받는 이런 총애를 친구인 블랙 조지를 위해 이용하기로 마음먹었다. 조지가 전에 올워디 씨 집에서 담당했던 일을 웨스턴 씨 댁에서도 똑같이 할 수 있도록 해보리라 결심했다.

사냥터지기가 이미 웨스턴 씨가 아주 싫어하는 사람이고, 이 신사를 불쾌하게 만든 중대 사건의 장본인이라는 사실을 고려한다면, 독자 여러분께서는 톰의 이런 시도를 어리석고 불가능한 계획이라고 비난하실지도 모른다. 하지만 그런 점은 철저하게 비난하신다 해도, 그가 이 난국을 맞아 생각해낼 수 있는 모든 인맥을 동원하여 자신의 위치를 더욱 확고하게 만들었다는 점에는 아낌없는 갈채를 보내실 것이다.

이 목적을 달성하기 위해 톰은 웨스턴 씨의 딸에게 접근했다. 올해 열일곱 살인 이 아가씨는 앞서 언급한 필수 사냥도구 다음으로 아버지가 둘도 없이 아끼고 사랑하는 존재였다. 이 아가씨가 지주에게 얼마간 영향력을 행사하는 것과 마찬가지로, 톰도 이 숙녀를 얼마간 자기 마음대로 움직일 수 있었다. 이 숙녀는 이 작품의 여주인공이 될 인물이자, 우리가 큰 애정을 쏟아야 할 여성이다. 많은 독자 여러분께서도 이 작품이 끝나기 전까지 분명히 이 여성을 사랑하게 될 것이다. 따라서 이런 식으로 낱권의 마지막 부분에 등장시키는 것은 매우 적절하지 않은 일이다.

제4권
일 년 동안 일어난 사건

1
다섯 쪽 분량의 소논문

이 작품의 특징은 진실성이다. 자연의 산물이 아니라 병적 두뇌 작용의 산물인 괴물이 끊임없이 등장하는, 그래서 어느 훌륭한 비평가가 그런 책은 제빵사가 읽기에 딱 알맞다고 추천한 황당무계한 로맨스 소설하고는 전혀 다르다. 또 맥주 한 잔 없이는 읽을 수 없어, 양조업자의 돈벌이를 노리고 쓴 게 분명하다는 의심을 받는 어느 유명한 시인의 작품과 닮기도 거부한다.

　　작품 속에 이어지는 침울하고 구슬픈 이야기를
　　맥주 한 잔이 달래준다.

맥주야말로 현대 소설작가들이 사랑하는 음료이다. 영감은 맥주에서 온다는 버틀러의 견해대로 맥주가 작가들의 뮤즈라고 본다면, 그것은 동시에 독자들의 음료이기도 해야 할 것이다. 모든 책은 쓰일 때와 똑같은 정신, 똑같은 태도로 읽혀야 하기 때문이다. 이런 이유에서 유명한 희극 〈허로써럼보〉의 작가는 어떤 박식한 주교가 자기 작품의 진가를 맛보지 못하는 이유가 바이올린을 켜지 않고 읽었기 때문이라고 지적했다나. 작품을 창작할 때 자신은 늘 이 악기를 켜고 있었다는 것이다.
　따라서 이 작품이 이런 작가들의 노고와 조금이라도 비교되는 일이 없도록, 우리는 기회만 있으면 작품 여기저기에 다양한 비유와 묘사와 미사여구를 집어넣었다. 저자뿐만 아니라 독자들도 졸음의 공격을 받기 쉬운 이런 긴 작품에서, 앞서 말한 맥주를 대신하여 머리를 맑게 해줄 장치이다. 이런 추임새 없이 사실을 늘어놓기만 한다면 아무리 잘 짜인 이야기라도 독자는 인내심의 한계를 느낄 것이다. 호메로스가 오직 제우스만 지니고 있다고 말한 영원한 경계심의 소유자라 할지라도 신문기사를 겹겹이 쌓아놓은 것 같은 작품을 읽으면 졸음이 쏟아지기 마련이다.

우리가 어떤 판단 기준으로 이런 장식물을 적절한 위치에 배치했는가는 독자 여러분의 현명한 판단에 맡기겠다. 다만 주요 인물을 등장시키려는 바로 이 순간, 바야흐로 이 영웅적 서사시에 여주인공이 등장하려는 이 순간만큼 적절한 위치가 없다는 데에는 모두가 공감할 것이다. 따라서 우리는 독자 여러분이 그녀를 맞이할 마음의 준비를 하시도록 이 지상에 존재하는 모든 아름다움을 묘사하여 보여드리는 것이 마땅하다고 생각했다. 그 방법으로서 몇 가지 선례를 들 수 있다. 첫째는 비극 시인들 사이에 널리 알려지고 종종 시도되는 방법으로서, 반드시 어떤 암시를 주어 관중들로 하여금 주요 인물의 등장을 맞이하도록 마음의 준비를 시키는 방법이다.

이런 연유로 영웅 등장에 앞서 반드시 북과 나팔 소리가 높이 울려 퍼진다. 관중의 사기를 북돋우고 그들의 귀를 호언장담과 허풍에 적응시키기 위해서이다. 사실 그들의 대사는 로크 씨의 《인간오성론》에 나오는 맹인이 그것을 듣고 나팔소리로 착각했다고 해도 탓할 수 없을 정도이다. 연인이 등장하는 대목에서는 종종 부드러운 음악이 길잡이 역할을 한다. 진하고 부드러운 사랑의 감정으로 관중의 마음을 진정시키려는 의도일까? 아니면 사랑의 장면이 되면 관중이 분명히 졸기 시작할 것이므로 미리 그들을 안락한 잠의 세계로 안내하려는 것일까?

시인들만이 아니다. 이들을 고용한 극장 지배인들도 이 비결을 잘 아는 듯하다. 앞서 말한 큰북을 비롯한 여러 소리 말고도 영웅의 등장을 알리는 전조로써 무대 장치 담당자들이, 그것도 한둘이 아니라 대여섯이 연달아 무대에 얼굴을 들이미니 말이다. 다음 일화를 보면 이런 장치들이 영웅의 등장에 필수사항임을 알 수 있을 것이다.

피러스 왕 역할을 맡은 배우가 극장 근처 한 맥줏집에서 식사를 하다가, 무대에 오르라는 호출을 받았다. 영웅은 양의 어깨살을 놓고 떠나기도 싫었지만, 관중을 기다리게 한다는 이유로 윌크스 씨(동업자이자 지배인)를 화나게 하기도 싫었다. 그는 앞서 설명한 무대 장치 담당자들을 매수하여 모습을 감추게 했다. 덕분에 윌크스 씨가 "피러스 왕이 등장하기 전에 나오는 목수 녀석들은 다 어디 간 거야?"라고 벼락같이 고함을 질러대는 동안 이 왕은 아주 평온하게 양고기를 먹었고, 관중은 매우 짜증이 났지만 그가 등장하기까지 그저 음악이나 즐기는 수밖에 없었다.

솔직히 말하자면, 정치가들은 후각이 예민한 사람들이므로 이런 관행이 얼마나 유용한지 이미 조금쯤 냄새를 맡았을 것이라는 의구심이 든다. 저 존엄한 치안판사 나리이신 우리 런던 시장 각하는 위용을 드러내기 전에 수많은 화려한 행렬을 앞세움으로써 일 년 내내 존경을 받는다. 이런 과시적인 모습에 현혹되지 않는 나조차 당당한 그 행렬에는 적잖이 감명을 받았다는 사실을 고백해야겠다. 한 사람이 행렬 한가운데를 걷고, 그 앞에는 그저 앞서 걷는 역할을 맡은 사람들이 있다. 그런 광경을 보고 나는 여느 때보다 시장 각하의 위용을 더 대단하게 느꼈다. 그건 그렇다 치고, 여기 내 의도에 딱 들어맞는 예가 또 하나 있다. 고관귀족들이 화려하고 장엄한 대관식 행렬에 등장하기에 앞서, 꽃바구니를 든 여성 한 사람이 등장하여 무대에 꽃을 뿌리는 관습이다. 고대인들이었다면 꽃의 여신 플로라를 소환하여 이 역할을 맡겼을 것이다. 그러나 평범한 여인이 이 여신으로 분장하여 그 역할을 수행했다고 해서 사제나 정치인들이 민중으로 하여금 그러한 신의 존재를 믿게 하는 데 애를 먹는 일은 없었을 것이다. 하지만 우리는 독자 여러분을 그런 식으로 속이고 싶지 않다. 그러므로 이교 신학에 반대하는 분들은 이 여신을 앞서 말한 꽃바구니 담당 여성으로 마음껏 바꾸시라. 요컨대 우리의 의도는 가능한 한 엄숙하게, 고상한 문체와 그 밖에 모든 독자 여러분의 경의를 불러일으킬 적절한 상황을 동원하여 우리의 여주인공을 등장시키는 것이다. 사실 우리에게는 조금이라도 인정이 있는 남성 독자라면 더는 이 작품을 읽지 말라고 충고할 만한 이유가 있다. 그러나 이 작품에 묘사될 우리 여주인공의 모습이 진정한 자연을 그대로 베낀 듯 매우 사랑스럽고, 영국 숙녀들 가운데도 우리가 첫머리에 그릴 완벽한 여성미와 열정에 부응하는 미인이 많으리라 믿으며 앞서 한 충고를 철회하겠다.

어쨌든 서론은 그만 접고 다음 장으로 넘어가보자.

2

우리가 묘사할 수 있는 짧고 경건한 암시
소피아 웨스턴 양에 관한 묘사

모든 무례한 숨결은 침묵하라. 바람을 다스리는 이교의 신이시여, 바라옵건대 시끄러운 북풍 신 보레아스의 사지와, 살을 에는 동풍 신 에우로스의 뾰족한 코를 쇠사슬로 묶어주소서. 그리고 당신, 온화하신 서풍 신 제피로스여. 당신의 향기로운 잠자리에서 일어나 서녘 하늘에 오르사 달콤한 미풍을 일으키시어 아름다운 꽃의 여신 플로라를 진주 이슬 향기 가득한 그 방에서 불러내소서. 6월 1일 자신의 생일 날, 꽃처녀가 옷자락을 살랑이며 푸른 들을 조용히 걸어가면 온갖 꽃들이 그녀를 향해 머리 숙여 경배할지니. 마침내 온 들판이 오색으로 아롱져 저마다 색깔과 향기를 뿜내며 그녀를 유혹하려 다투나니.

꽃처녀는 나날이 아름다워지이다! 제아무리 헨델이라도 능가하지 못할 오묘한 곡조의 깃털 달린 자연의 성가대원들이여, 그 감미로운 목소리로 입을 모아 꽃처녀의 등장을 찬양하라. 너희의 음악은 사랑에서 비롯되어 사랑으로 되돌아가나니, 그 음악으로 온 젊은이 가슴에 그 부드러운 사랑의 감정을 일깨워주어라. 보라! 자연이 선물할 수 있는 모든 매력을 입고, 아름다움·젊음·쾌활함·순진함·겸손함·상냥함으로 장식하고, 장밋빛 입술에서는 달콤한 입김을 흘리고, 샛별 같은 눈동자에서는 반짝이는 시선을 던지며 사랑스런 소피아가 등장하도다!

독자 여러분께서는 메디치 가의 비너스 상을 본 적이 있을 것이다. 햄프턴 코트 궁전 회랑에 나란히 걸려 있는 미인의 초상화도 보았을 것이다. 은하수의 빛나는 별들 같은 처칠가[1]의 미모 출중한 따님들도, 킷캣 사교 모임에서 축배의 대상이 되었던 미녀들도 기억날 것이다. 그녀들이 전성기를 누리던 시절이 당신이 태어나기 이전이었다면 적어도 당신은 이 시대를 주름잡는, 그녀들 못지않게 눈부신 후손들을 볼 수 있었을 것이다. 그 미녀들의 이름을 일일이 들자면 이 한 권 가지고도 모자라리라.

---

[1] 처칠가는 영국의 명문가로서, 필딩과 거의 같은 시대를 산 존 처칠(1650~1722)이 무공을 올린 대가로 말버러 공작 지위를 수여받았다.

이 미녀들을 한 사람도 빠짐없이 다 보았다면 옛날 로체스터 경이 견문이 엄청나게 넓은 사람에게 했었다는 무례한 질문*²을 두려워하지 말라. 결코 두려워할 필요가 없다. 이 미녀들을 모조리 보고도 아름다움이 뭔지 모른다면 당신은 안목이 없는 사람이며, 그 매력을 느끼지 못한다면 감정이 없는 사람이다.

그러나 독자여, 이 모든 미녀를 보았다 할지라도 소피아의 모습을 정확히 상상해내기란 힘들지도 모른다. 그녀는 그 미인들 누구와도 전혀 닮지 않았기 때문이다. 그녀는 초상화 속 라넬라 백작부인과 가장 닮았다. 나는 그녀가 저 유명한 마자랭 공작부인과 더 닮았다는 이야기도 들었다. 그러나 그녀는 꿈에서도 잊을 수 없는 그 사람을 가장 많이 닮았다. 독자 여러분의 기억에도 그런 사람이 있다면 당신은 소피아의 모습을 정확하게 상상할 수 있을 것이다.

그러나 이런 행운을 잡지 못하는 독자 여러분도 계실 테니 우리는 최대한 솜씨를 발휘하여 이 미의 화신을 묘사하겠다. 물론 어떤 비법을 동원하더라도 그 모습을 만족스럽게 묘사해내지 못하리라는 것은 말 안 해도 잘 안다.

웨스턴 씨의 외동딸인 소피아는 키도 몸집도 중간 정도였다. 아니, 다소 키가 큰 축이었는지 모른다. 군살 하나 없는 몸매에 선이 매우 섬세했다. 훌륭하게 균형 잡힌 두 팔은 팔다리의 정확한 대칭을 연상케 했다. 새카만 머리카락은 유행을 좇아 짧게 자르기 전에는 허리까지 풍성하게 내려왔다. 지금은 목덜미 부근에서 우아하게 구불거렸는데, 진짜 머리카락이라고 생각하는 사람이 거의 없었다. 질투심에서 얼굴에 굳이 흠을 잡자면 이마가 좀 더 높았더라면 하는 정도일까? 풍성하고 고른 눈썹은 연필로도 따라 그릴 수 없을 만큼 보기 좋은 곡선을 그렸다. 새까만 눈동자는 그녀의 부드러움으로도 지울 수 없는 광채를 지녔다. 코는 정확하게 균형이 잡혔으며, 상아처럼 흰 두 줄의 치아가 숨은 입은 존 서클링 경이 묘사한 시구와 정확히 일치했다.

그녀의 입술은 붉었다. 윗입술은 얇고 그에 비해 턱에 가까운 아랫입술은 벌에 쏘인 듯 통통했다.

---

*2 1647~1680. 영국의 궁정 신하로서 방탕함으로 악명이 높았다. 무례한 질문이 어떤 내용인지는 불명.

빰은 갸름한 달걀 모양에, 살짝 미소 지으면 오른쪽에 보조개가 생겼다. 아래턱도 얼굴 모양을 아름답게 만들어내는 데 한몫했다. 하지만 그 몫이 많은 편인지 적은 편인지는 판단하기 힘들다. 아마 많은 편이었으리라. 안색은 장미꽃보다는 백합꽃에 가까웠으나 운동을 마친 다음이나 수줍음을 보일 때면 그 어떤 주홍빛도 필적할 수 없었다. 그럴 때면 진심으로 저 유명한 던 박사처럼 외치고 싶어졌다.

그녀의 맑고 생생한 젊은 피가 뺨을 통해 말을 하네. 참으로 또렷한지라 사람들은 그녀를 두고 몸으로도 생각한다고 말할 정도라네.

목선은 매끈하고 아름다운 곡선을 그렸다. 그녀의 섬세한 마음에 상처주기를 두려워하지만 않았더라면, 나는 그녀의 목이 메디치가의 비너스상이 지닌 최고의 아름다움을 능가한다고 당당히 말했을 것이다. 어찌나 뽀얀지 백합이나 상아, 설화석고도 대적할 수 없을 지경이었다. 흰색 최고급 삼베 옷감이 그녀의 가슴을 감싸고 있는 것은 나보다 더 흰 그 가슴을 질투하기 때문이리라. 그야말로 "Nitor splendens Pario marmore purius(파로스 지방에서 나는 새하얀 대리석보다 빛나는 광채)"였다.

소피아의 외모는 위와 같았다. 게다가 거기에 숨은 내면은 이 아름다운 외모의 범주를 벗어나지 않았다. 즉 그 마음씀씀이도 모든 면에서 외적 미모에 필적했다. 오히려 용모가 매력적인 마음씀씀이에 어느 정도 밀리는 면이 있었다. 미소 지을 때 얼굴 한 가득 나타나는 저 눈부신 아름다움은 고운 얼굴이 아니라 고운 마음씨에서 비롯된 것이었다. 어쨌거나 독자 여러분께 이 미인과 충분히 친해질 기회를 제공할 생각인데, 그렇게 되면 그녀의 이 나무랄 데 없는 고운 심성을 자연스럽게 깨닫게 될 터이니 구태여 여기서 일일이 밝힐 필요는 없을 것이다. 오히려 그런 설명은 독자 여러분의 지력에 대한 무언의 모욕이자, 독자 여러분에게서 그녀의 인격을 직접 판단하는 즐거움을 빼앗는 일일 것이다.

한 가지 밝혀두고 싶은 점은, 그녀가 지닌 타고난 고운 심성도 뒷날 수양을 통해 한층 갈고 닦은 것이라는 점이다. 그녀는 고모의 가르침을 받고 자랐다. 뛰어난 분별력을 지닌 이 부인은 몇 년 전에 은퇴하여 시골로 내려왔는데, 젊은 시절에 궁전을 드나들며 상류사회를 익힌 덕에 그 방면의 지식도 풍부했다. 이 고모의 가르침을 받고 소피아는 완벽한 예의범절과 교양을 갖추게 되었다. 다만 아쉬운 점은 그녀의 태도에, 관습으로만 얻어지는, 즉 이른바 사교계 입문으로써만 얻어지는 여유로움이 조금 부족했다는 것이다. 사실 그런 자질을 얻으려면 대부분 아주 비싼 대가를 치러야 한다. 과연 이 여유로움이라는 자질에는 말로 다 설명할 수 없는 매력이 있다. 프랑스인들이 표현하기 힘들다고 공언할 때는 거의 이 자질을 의미한다. 그러나 이런 자질을 지니지 않았다면 대신 순진무구함을 지니고 있기 마련이다. 타고난 양식과 고상함이 있다면 그런 자질은 없어도 전혀 문제될 것 없다.

3
몇 년 전에 일어난, 사소하긴 하지만 미래에 커다란 영향을 미치게 되는 사건

사랑스런 소피아가 이야기에 처음 등장하는 이 시점의 나이는 열일곱이었다. 앞서 말했듯이 그녀의 아버지는 누구보다도 딸을 사랑했다. 따라서 톰은 친구인 사냥터지기를 위해 그녀의 힘을 빌려 그녀 아버지의 마음을 움직이고자 했다.

이 이야기를 하기에 앞서 지난 일을 되짚어볼 필요가 있다.

올워디 씨와 웨스턴 씨는 서로 성격이 달라 친밀한 교제를 나누는 사이는 아니었지만 이웃 간에 나누는 적절한 교류는 유지하며 살았다. 자연히 두 집안 자녀들도 어린 시절부터 서로 알고 지냈다. 게다가 그들은 비슷한 또래여서 종종 함께 어울려 놀곤 했다.

톰의 쾌활한 기질은 엄숙하고 진지한 블리필 도련님의 기질보다 소피아와 잘 맞았다. 자연히 그녀는 톰에게 종종 노골적인 호의를 보였다. 블리필 도련님보다 더 다혈질인 소년이었다면 거기에 다소 불쾌감을 나타냈을 것이다.

그러나 본인이 그런 불쾌감을 겉으로 나타내지는 않은 이상 우리가 그의 마음 깊숙한 곳까지 파고들어간다면 쓸데없는 참견이 될 것이다. 하긴 세상에는 친구의 비밀을 탐색하고, 때로는 상대의 벽장이나 옷장 속까지 들여다

보고는 세상 사람들에게 자신들의 천박함과 비열함을 그대로 드러내는 어처구니없는 축들도 있기 마련이지만.

어쨌든 상대의 눈치를 살피며 겁을 내고 찜찜해 하는 사람은 그가 화가 났다고 속단하기 십상이다. 이런 예에 어김없이 소피아도, 스웨컴과 스퀘어 선생은 그들의 뛰어난 통찰력으로써 다른 훌륭한 이유에서 비롯된 것이라고 치부한 블리필 도련님의 어떤 행동을, 분노에서 비롯된 것으로 해석했다.

톰 존스는 어렸을 때 둥지에서 직접 잡아 키우고 노래까지 가르친 작은 새 한 마리를 소피아에게 선물한 일이 있었다.

당시 열세 살이던 소피아는 이 새를 끔찍이 좋아했다. 가장 큰 일과는 새에게 먹이를 주고 돌보는 일이었고, 가장 으뜸가는 즐거움은 새와 함께 노는 일이었다. 리틀 토미라 이름 붙은 이 작은 새는 완전히 길이 들어 여주인의 손바닥에서 먹이를 쪼아 먹거나 손가락 위에 앉곤 했다. 만족스러운 듯이 품속으로 파고들기도 했는데 그럴 때면 정말로 행복해 보였다. 물론 그녀는 새 다리에 가느다란 끈을 묶어, 멀리 날아갈 수 있는 자유는 결코 허락하지 않았다.

하루는 올워디 씨 가족과 웨스턴 씨 가족이 저녁식사를 함께 했다. 그때 블리필 도련님은 소피아와 함께 정원으로 나갔다. 그녀가 그 작은 새를 끔찍이도 아끼는 걸 보고는 그 새를 잠깐 자기에게 달라고 부탁했다. 소피아는 이내 그 청을 받아들이고, 몇 가지 주의사항을 일러준 뒤 새를 건넸다. 그는 새를 받아들자마자 다리에 묶었던 끈을 풀어 허공으로 날려 보냈다.

어리석은 새는 자유의 몸이 되었다는 사실을 눈치채자마자, 소피아가 베푼 수많은 은혜를 잊어버리고는 곧장 그녀에게서 도망치듯 날아올라 한참 떨어진 나뭇가지 위에 앉았다.

소피아가 그 모습을 보고 큰 소리로 비명을 질렀다. 가까운 곳에 있던 톰 존스가 그녀를 돕기 위해 즉시 달려왔다.

무슨 일이 일어났는지 알자마자 그는 블리필에게 "형편없는 나쁜 자식"이라고 욕을 하고는 즉시 웃옷을 벗어 던지고, 새가 도망친 나뭇가지 위로 기어올랐다.

톰이 자기 이름과 똑같은 그 새를 거의 잡으려는 그때, 새가 앉아 있던 나뭇가지가 부러지고 말았다. 나뭇가지는 수로 위에 드리워져 있었다. 불쌍한 소년은 추락하여 머리에서 귀까지 물속에 처박히고 말았다.

소피아의 걱정은 이제 그 대상이 바뀌었다. 소년의 목숨이 위험하다는 공포감에 그녀는 전보다 열 배는 큰 소리로 비명을 질렀다. 소피아만 그런 것이 아니었다. 블리필도 그 비명에 화음을 맞추듯 젖 먹던 힘을 다해 크게 소리를 질러댔다.

곧 정원 옆방에 모여 있던 사람들이 파랗게 질려 달려왔다. 그러나 그들이 수로에 다가서는 순간 톰이(다행히 그쪽은 그리 깊지 않았다) 무사히 땅 위로 올라왔다.

스웨컴이 자기 앞에서 물을 뚝뚝 흘리며 부들부들 떨고 있는 가련한 톰을 맹렬히 야단쳤다. 올워디 씨가 그를 만류하고는 블리필 도련님에게 물었다. "도대체 뭣 때문에 이 난리냐?"

블리필 도련님이 대답했다. "삼촌, 제 잘못이에요. 유감스럽게도 다 저 때문에 일어난 일이에요. 소피아 양의 새를 받아들고 보니 갑자기 그 새가 자유를 갈망한다는 생각이 들었어요. 그러자 그 바람대로 해주지 않고는 견딜 수가 없었어요. 어떤 이유에서든 무언가를 구속하는 것은 잔인한 일이라고 생각했거든요. 자연 법칙으로는 만물은 자유로울 권리가 있는데, 새를 가둬두는 일은 그 법칙에 어긋나는 일로 보였어요. 자기가 대접받고자 하는 대로 남을 대접하지 않는 셈이니 그리스도교에도 어긋난다고 생각했고요. 하지만 소피아 양이 그렇게 걱정할 줄 알았더라면, 또 새한테 무슨 일이 벌어질지 알았더라면 놓아주는 일은 절대로 없었을 거예요. 존스가 나뭇가지에 올라갔다가 물에 떨어졌을 때 새는 다시 날아올랐는데 그 즉시 흉악한 매가 녀석을 채 가 버렸거든요."

불쌍한 소피아는 그제야 리틀 토미의 운명 소식을 알고(그때까지는 존스를 걱정하느라 리틀 토미를 미처 신경 쓰지 못했다) 눈물을 펑펑 쏟았다. 올워디 씨는 더 멋진 새를 사주겠다고 약속하며 그녀를 달래려 애썼다. 그러나 그녀는 이제 다시는 새를 키우지 않겠노라고 선언했다. 그녀의 아버지는 고작 새 한 마리 때문에 운다고 딸을 나무랐다. 하지만 블리필에게 만약 그가 자기 아들이었다면 볼기짝을 흠씬 때려줬을 거라고 말하는 것을 빼먹지 않았다.

이윽고 소피아는 제 방으로 돌아가고, 두 소년은 집으로 돌아갔다. 나머지 어른들은 다시 술자리로 돌아가 새를 주제로 대화를 나누었다. 매우 진중하

고 심도 깊은 토론이었으므로, 그것만 따로 떼어 한 장에 담을 만한 가치가
충분히 있을 것 같다.

4
독자 여러분께서 참맛을 느끼지 못할까 우려될 정도로 아주 심오하고 무거운 내용

스퀘어는 파이프에 불을 붙이자마자 올워디 씨를 향해 이렇게 말을 꺼냈
다. "조카분의 일로 축하를 드려야겠군요. 다른 아이라면 보이는 대로만 사
고할 나이에 벌써 선과 악을 구분하는 능력을 지녔으니 말입니다. 어떤 이유
에서든 구속은 자연 법칙에 어긋나는 것 같다, 만물이 그 법칙에 따라 자유
를 얻을 권리가 있다고 했지요. 저는 이 말에 크나큰 감명을 받았습니다. 영
원히 뇌리에서 사라지지 않을 것 같군요. 정의 원칙과 사물의 영원한 타당성
을 이보다 완벽하게 체득한 사람은 없을 것입니다. 이런 상서로운 조짐으로
보아, 조카분은 장차 반드시 브루투스 1세나 브루투스 2세에 버금가는 훌륭
한 위인이 되리라고 장담합니다."
　이때 스웨컴이 성급하게 끼어들다 포도주를 조금 엎질렀다. 그는 잔에 남
은 술을 재빨리 삼킨 뒤 대꾸했다. "그 아이가 한 다른 말을 보건대 저는 그
애가 더 훌륭한 위인이 되리라고 생각합니다. 자연 법칙이니 뭐니 하는 것은
무의미한 허튼소리이지요. 저는 그런 법칙은 알지도 못하고, 또 그런 법칙에
서 어떤 권리가 나왔다는 말은 들어보지도 못했습니다. 자기가 대접받기 원
하는 대로 남을 대접한다, 이 말이야말로 그 아이가 지적한 대로 진정한 그
리스도교의 가르침이죠. 저의 교육이 그처럼 훌륭한 결실을 맺었다니, 이보
다 기쁜 일은 없습니다."
　스퀘어가 말했다. "자만해도 좋다면 저도 좀 자만하고 싶군요. 그 아이가
어디서 그런 선악 관념을 배웠는지는 명명백백한 사실이니까요. 세상에 자
연 법칙이 없다면 선과 악도 있을 수 없지요."
　목사가 말했다. "어처구니가 없군! 그럼 당신은 하느님의 계시를 부정한
단 말이오? 당신, 이신론자 아니면 무신론자요?"
　웨스턴이 말했다. "술이나 마십시다. 자연 법칙이니 뭐니 하는 것들은 집

어치우시오! 당신들이 뭘 가지고 선이니 악이니 하는지 모르겠지만, 내 생각에는 딸애의 새를 빼앗은 행동이 악인 것 같소. 올워디 씨께서 알아서 하시겠지만, 그런 짓을 한 아이를 칭찬하는 일은 그 아이더러 커서 교수대로 가라고 하는 거나 마찬가지요."

올워디가 대답했다. "제 조카가 저지른 행동은 사과드립니다. 하지만 나쁜 동기에서가 아니라 자비심에서 나온 행동이라면 벌을 주고 싶진 않군요. 그 새를 훔치기라도 했다면 전 누구보다 먼저 호되게 체벌하는 데에 찬성했겠지만, 그런 의도에서 새를 가져간 것이 아님은 분명하니까요." 소년이 스스로 공언한 의도 말고 다른 뜻은 분명히 없을 거라고 올워디 씨는 진심으로 믿었다(소피아가 의심한 심술궂은 의도 따위는 생각조차 하지 않았다). 마지막으로 올워디 씨는 조카의 경솔한 행동을 다시 한 번 비난했으나, 아직 어려서 그런 것이니 용서해주어야 한다며 말을 맺었다.

방금 그토록 의기양양하게 자신의 견해를 내놓았던 스퀘어는 지금 침묵을 지킨다면 자신의 판단이 비난받는 일을 묵인하는 꼴이었으므로 감정에 북받쳐 입을 열었다. "올워디 씨의 의견은 소유물 같은 세속의 개념에 지나치게 치우쳐 있군요. 고귀하고 위대한 행위를 판단할 때는 개인 사정은 모조리 배제하는 게 옳지요. 그런 편협한 원칙을 고수하니까 브루투스 2세는 배은망덕이란 죄를 지었고, 브루투스 1세는 근친 살해라는 죄를 지었다는 비난을 받는 겁니다."

스웨컴이 외쳤다. "그 둘은 그 죄로 교수형에 처해졌다 해도 이상할 게 없지요! 악당 이교도 놈들 같으니라고! 오늘날 브루투스 같은 놈들이 없다는 걸 하늘에 감사해야 합니다! 스퀘어 선생, 제 학생들 머릿속에 그런 비그리스도교적인 정신을 불어넣을 생각 마시오. 아무리 그런 정신을 불어넣어봐야 내가 아이들을 맡은 이상 도로 내쫓아 버릴 테니까. 그렇지만 당신 제자 톰은 이미 오염될 대로 되었더군요. 일전에 그 아이가 블리필 군과 말싸움하는 소릴 들었는데, 선행을 하지 않으면 신앙에 아무런 가치도 없다는 거요. 이건 늘 당신이 주장하던 바죠. 당신에게 배운 생각인 게 틀림없어요."

스퀘어가 말했다. "나더러 톰을 망쳤다니! 도의와 예의에 관련된 모든 것, 사물의 본질로 보아 올바르고 정의로운 모든 것을 비웃으라고 그 아이에게 가르친 게 누구요? 그 아이는 당신 학생이지 내 학생이 아니오. 블리필 군이야말로 내 학생이지. 비록 나이는 어리지만 도련님이 지닌 올바른 도덕 관념을 뿌리 뽑을 수 있겠거든 한번 해보시오."

이 말에 스웨컴이 냉소를 띠며 대답했다. "좋소. 그 아이는 당신에게 맡겨도 안심이지. 기초가 워낙 잘 닦여 있어서 당신의 개똥철학에도 끄떡없을걸. 내가 세심한 주의를 기울여 올바른 원리원칙들을 심어 놓았거든."

스퀘어가 소리쳤다. "원칙들을 주입해 놓은 건 나도 마찬가지요. 새에게 자유를 선물한다는 너그러운 생각이 숭고한 도덕관념에서 비롯된 게 아니라면 무어겠소? 내 다시 말하지만, 자부심이 올바른 덕목이라면, 그런 관념을 주입한 사람은 바로 나라고 당당히 말하겠소."

스웨컴이 말했다. "자부심이 금지된 덕목이 아니라면, 그 애가 새를 놓아준 동기라고 설명한 그 의무감을 가르친 사람이 바로 나라고 말하겠소."

지주가 말했다. "요컨대 당신들이 그 소년에게 딸애의 새를 빼앗으라고 가르친 셈이군. 이제 내 자고새도 조심해야겠구먼. 덕성 높고 신앙심 깊은 어떤 사람이 내 자고새를 모조리 자유롭게 날려 버릴지도 모르니." 그러고는 그 자리에 함께 있던 변호사의 등을 툭 치며 소리쳤다. "변호사 선생, 당신은 어떻게 생각하시오? 이번 사건이 법률에 위배되지는 않소?"

변호사는 자못 엄숙하게 이렇게 대답했다.

"자고새에 얽힌 사건이라면 소송은 문제없이 성립합니다. 아무리 feroe naturo(야생)의 새라고는 해도 일단 키우기 시작하면 소유권이 생기는 셈이니까요. 하지만 노래하는 새는 아무리 사람 손에 길들여졌다 해도 야생성이 살아있으므로 nulius in bonis(누구의 소속도 아닌 자연물)로 간주해야 합니다. 따라서 이번 사건에서는 원고의 소송이 기각되어야 마땅하지요. 이런 소송은 일으키지 않는 게 좋습니다."

지주가 말했다 "좋소, nullus bonus(소용없다)면 이제 기분 좋게 술이나 마시며 정치 같이 모두가 알 만한 주제로 이야기합시다. 이 이야기는 뭐가 뭔지 한 마디도 알아듣지 못하겠소. 학식과 분별력에 관한 얘기 같은데, 누가 뭐라 하건 난 그런 주제는 사양이오. 제기랄! 당신들은 칭찬받아 마땅한 그 가엾은 소년에 대해서는 한 마디도 하지 않는군! 자기 목이 부러질 위험을 감수하면서까지 내 딸애를 위해 용기를 보여준 것은 참으로 정의로운 행동이었소. 나도 그쯤은 안다오. 자, 톰을 위해 건배합시다! 난 평생 그 소년을 사랑할 거요."

이것으로 논쟁이 중단되었으나, 올워디 씨가 마차를 불러 두 논객을 데리고 가지 않았더라면 다시 시작되었을 것이다.

이 새 사건과 그 뒤에 벌어진 토론 내용은 이상과 같다. 이 사건이 일어난 시기는 현재 이야기가 진행되는 시기보다 몇 년 전에 해당하지만 독자 여러분께 이 사건을 알려드리지 않을 수 없어 밝혀두었다.

5
모든 사람이 좋아하는 이야기

"Parva leves capiunt animos(사소한 일이 여린 마음에 영향을 미친다)." 한 연애의 대가가 한 말이다. 확실히 바로 이날부터 소피아는 톰 존스에게 얼마간 호의를 갖기 시작했으며, 또 한 소년에게는 적지 않은 혐오감을 품게 되었다.

이따금 일어나는 몇몇 사건으로 그녀 마음속에 이 두 감정이 더욱 커져갔다. 이 두 소년이 서로 다른 기질을 지니고 있고, 한쪽이 다른 한쪽보다 그녀 성향에 잘 맞았다고 앞서 설명한 바 있으므로, 어떤 사건들인지 일일이 밝히지 않아도 독자 여러분께서 충분히 짐작할 수 있는 내용일 것이다. 사실 소피아는 톰이 게으르며 생각 없고 시끄러운 악동이긴 하지만 자기 자신 외에는 누구도 적으로 삼지 않는 소년인 반면, 블리필 도련님은 분별력 있고 신중하며 조심성 있는 꼬마 신사인 동시에 단 한 명의 이익에만 집착하는 성격임을 아주 어려서부터 알아차렸다. 블리필이 집착하는 그 한 사람이 누구인지는 우리의 도움 없이도 독자 여러분께서 추측하실 수 있을 것이다.

인간은 자기 이익 실현을 위해 다른 시각으로 사물을 보기 마련이지만, 이 상이한 두 성격이 반드시 저마다에 걸맞은 다른 시선으로 평가받은 것은 아니었다. 여기에는 정치적인 이유가 있었을지도 모른다. 몹시 동정심 많은 사람을 발견하면 횡재했다는 생각에 보물을 발견했을 때처럼 그것을 혼자서만 간직하길 원하는 것이 자연스러운 일이다. 따라서 그런 사람을 소리 높여 칭찬하는 일은 속된 말로 "심봤다!"라고 외침으로써 여러 사람을 불러 모아 혼자 즐길 수 있는 것을 나눠 갖는 꼴이 된다고 생각한다. 독자 여러분께서 이것을 이해하지 못하신다면, 온 인류에게 진정 명예롭고 사회에도 가장 큰 이익을 가져다주는 사람들이 종종 조금도 존경받지 못하는 현상을 달리 어떻게 설명할 수 있단 말인가? 어쨌든 소피아는 달랐다. 그녀는 '존경'과 '경멸'이라는 단어의 뜻을 깨우친 이래로 톰 존스를 존경했고, 블리필 도련님을 경멸했다.

소피아는 고모 댁에서 지내느라 3년도 넘게 집을 비웠다. 그동안 이 어린 신사들하고도 만나지 못했다. 그러던 어느 날 고모와 함께 올워디 씨 집에서 식사를 하게 되었다. 앞 권에서 소개한 자고새 사건이 있은 지 며칠이 지난 다음이었다. 소피아는 식탁에서 그 사건의 전말을 들었지만 아무 말도 하지 않았다. 집으로 돌아오면서 고모가 이런저런 말을 걸었지만 그래도 별다른 말을 하지 않았다. 그런데 하녀가 옷 갈아입는 것을 도와주며 무심코 "아가씨, 오늘 블리필 도련님을 만나셨겠네요?" 하자 벌컥 화를 내며 소리쳤다. "블리필이라는 이름은 듣기도 싫어! 비겁한 배신자는 딱 질색이란 말이야. 어째서 올워디 씨는 그 야만스런 선생이 그 가엾은 사람을 가혹하게 때리도록 내버려두는 걸까? 그저 착한 마음씨에서 한 일일 뿐이잖아." 그녀는 사건의 전말을 하녀에게 들려주고 이렇게 말을 맺었다. "정말 고귀한 심성을 지닌 사람이라고 생각하지 않아?"

어린 숙녀가 돌아왔으므로 아버지는 그녀에게 안주인 역할을 맡기고 식탁 위쪽 끝에 앉혔다. 톰은 종종 저녁 식사에 초대되어 자리를 함께했다(사냥에 대한 애정 때문에 이미 지주가 총애하는 손님이 되어 있었다). 활달하고 관대한 청년은 여성을 대할 때도 부드럽고 다정하다. 그런데 여기에 톰처럼 훌륭한 이해력까지 더해지면 이런 성향은 모든 여성에 대한 친절하고 공손한 태도로 나타난다. 바로 이 점이 시끄럽고 난폭한 시골 신사들이나 딱딱하고 무뚝뚝한 블리필 도련님과 톰의 큰 차이였다. 더구나 갓 스무 살이 된 그는 인근 모든 여성 사이에서 미남으로 통하기 시작했다.

톰이 소피아에게 각별히 다르게 대하는 점은 없었다. 가끔 다른 여성을 대할 때보다 많은 존중심을 보이는 정도였다. 그녀의 미모, 재산, 분별력, 상냥한 태도에서 본다면 그 정도 예우는 당연하다고 생각했다. 그러나 그녀의 육체를 갖고 싶다는 생각은 털끝만큼도 없었다. 그걸 보고 독자 여러분께서 그를 어리석다고 비웃으시겠다면 현재로서는 우리도 반대하지 않겠다. 언젠가 그 점을 더 자세히 설명할 기회가 있으리라 생각하기 때문이다.

소피아는 매우 순진무구하고 정숙했지만 한편 놀랄 만큼 명랑하고 쾌활한 기질도 지니고 있었다. 톰과 함께 있을 때면 특히 더 활발해졌다. 톰도 여간 숙맥이 아니라면 이 점을 눈치챘을 것이다. 또 웨스턴 씨의 생각이 온통 들판이나 마구간, 개집에만 쏠려 있지 않았더라면 딸의 이런 태도에 질투를 느꼈을 것이다. 그러나 이 선량한 신사는 그런 의심을 전혀 품지 않았기 때문에, 연인이 되길 바라 마지않는 딸과 단둘이 있을 기회를 톰에게 줄곧 제공하고 말았다. 이 어린 숙녀에게 엉큼한 속셈을 품었더라면 어땠을지 모르겠지만, 톰은 타고난 다정함과 착한 성품이 시키는 바에 따라 순진한 태도로 이런 기회들을 유리하게 이용했다.

불쌍한 소피아 자신이 아무것도 눈치채지 못했을 정도이니 둘의 관계가 다른 사람의 시선을 피해간 것도 전혀 이상할 일이 아니다. 이리하여 그녀 자신이 위험에 빠졌다고 느끼기도 전에 그녀의 마음은 돌이킬 수 없을 정도로 톰에게 푹 빠져들었다.

그러던 어느 날, 톰은 소피아가 홀로 있는 걸 발견하고는 매우 심각한 얼굴로 짤막하게 양해를 구한 뒤, 청이 하나 있는데 당신은 친절한 분이니 꼭 들어주시리라 믿는다며 운을 띄웠다.

청년의 태도나 말에는 사랑 고백을 연상시킬 요소가 전혀 없었다. 본능이 그녀의 귀에 뭔가를 속삭여준 것인지 다른 이유에서인지는 조금 제쳐두기로 하고, 어쨌든 그녀 마음속에 그런 생각이 고개를 쳐든 것은 분명했다. 소피아는 뺨에서 핏기가 사라지고, 팔다리를 부들부들 떨었다. 톰이 말을 멈추고 대답을 요구했더라면 그녀는 말까지 더듬었을 것이다. 그러나 그는 그녀를 그런 당황스런 상황에서 구해주기라도 하듯이 곧바로 그 내용을 말했다. 그 청이란 바로 웨스턴 씨가 고소를 취하해주지 않으면 사냥터지기와 그 대가족은 파멸하고 말 것이니 그를 위해 발 벗고 나서달라는 것이었다.

소피아는 이내 평정을 되찾고 친절한 웃음을 띠며 말했다. "그렇게 심각한 얼굴로 부탁할 중대한 청이란 게 그건가요? 기꺼이 그러죠. 저도 그 사람이 정말 불쌍해요. 바로 어제도 생필품 몇 가지를 그 부인에게 보내준 참이에요." 생필품 몇 가지란 자기가 입던 겉옷 한 벌과 속옷 몇 장과 현금 10

실링이었다. 톰도 이야기를 들어 알고 있었다. 실은 그 이야기를 듣고 나서, 그녀에게 간청을 해야겠다는 생각이 든 것이었다.

우리의 청년은 자신의 청이 받아들여지자 더욱 대담해져서 좀 더 밀어붙이기로 결심했다. 그는 아버지에게 사냥터지기를 고용하도록 부탁해주지 않겠느냐고 말을 꺼내보았다. 그런 정직한 사람은 이 근방에 또 없으며, 마침 운 좋게 비어 있는 웨스턴 씨의 사냥터지기 자리에 더없이 알맞은 인물이라고 주장했다.

소피아가 대답했다. "좋아요. 그 일도 부탁해보죠. 단지 처음 부탁은 아빠가 꼭 들어주실 때까지 계속 조르겠지만, 이번 부탁은 꼭 성공시키겠다고 약속 못 드리겠네요. 어쨌든 그 불쌍한 사람을 위해 할 수 있는 일은 하겠어요. 저도 진심으로 그와 그 가족이 불쌍하거든요. 그런데 존스 도련님, 저도 도련님께 부탁이 하나 있어요."

톰이 외쳤다. "부탁이라고요! 당신의 명령을 받을 수 있다는 것만으로 얼마나 기쁜 일인지 아신다면, 무슨 부탁이든 제게는 얼마나 큰 호의로 다가오는지 깨달으실 텐데요. 이 부드러운 손을 걸고 맹세하건대 저는 당신을 위해서라면 목숨도 아깝지 않습니다."

그러고 나서 소피아의 손을 와락 붙잡고 열렬하게 입을 맞추었다. 그의 입술이 그녀 몸에 닿은 최초의 순간이었다. 아까 뺨에서 싹 가셨던 핏기가 그 동안을 보상하려는 듯이 얼굴이며 목덜미로 맹렬하게 몰려들어 그녀를 곧 홍당무로 만들었다. 그녀는 지금껏 전혀 알지 못했던 야릇한 감정을 처음으로 느꼈다. 나중에 곰곰이 생각해볼 여유가 생겼을 때야 비로소 이 감정에 숨은 비밀을 깨달았다. 이 비밀의 정체가 무엇인지 독자 여러분께서 아직 눈치채지 못하셨다면 곧 깨닫게 될 것이다.

정신을 차리고 말을 할 수 있게 되자마자(즉시 그렇게 된 것은 아니었다) 소피아는 자신의 부탁이란 사냥할 때 아버지가 위험에 처하지 않도록 조심해달라는 것이라고 말했다. 이런저런 말을 들으면 두 사람이 함께 사냥을 나갈 때마다 불안해서 견딜 수가 없다는 것이었다. 언젠가는 아버지가 팔다리가 부러져 실려 올 것만 같은 생각이 드니 자기를 위해서라고 생각하고 좀 더 주의를 해달라고 말했다. 알다시피 아버지는 도련님을 몹시 신뢰하시니, 다음에 말을 심하게 몰거나 위험한 도약을 하자고 제안하면 도련님이 말려

주십사 한다고 부탁했다.

톰은 충실히 명령에 따르겠다고 약속했다. 자신의 청을 친절하게 들어주어 고맙다고 말하고 작별 인사를 한 뒤 자신의 성공에 크게 황홀해 하며 떠났다.

가엾은 소피아도 황홀하기는 마찬가지였지만, 톰과 아주 다른 의미에서였다. 고대 시인들은 많은 입을 원했다고 한다. 풍족하게 제공되는 산해진미를 하나하나 맛보고 싶은 마음에서였는데, 나에게 그렇게 많은 입이 있다손 치더라도 지금 그녀의 감정을 다 표현해내기란 힘들 것이다. 나보다 독자 여러분의 가슴이(그런 가슴을 지니셨다면) 잘 표현할 수 있을 것 같다.

날마다 저녁이 되면 적당히 술에 취해 딸의 하프시코드 연주를 듣는 것이 웨스턴 씨의 습관이었다. 그만큼 그는 대단한 음악애호가였다. 도시에 살았더라면 그 방면의 전문가로 통했을지도 모른다. 다만 헨델 선생의 작품은 아무리 훌륭한 곡이라 할지라도 싫어했다. 그는 가볍고 경쾌한 곡들만 즐겼다. 실제로 가장 좋아하는 곡은 〈늙은 왕 사이먼〉, 〈영국의 수호신 성 조지〉, 〈까불이 존〉 같은 민요였다.

딸은 음악에 조예가 깊었다. 더구나 헨델 작품 말고는 그다지 치고 싶어하지 않았다. 그러나 아버지를 기쁘게 하고 싶은 일념으로 아버지가 좋아하는 곡을 모두 외웠다. 가끔은 아버지를 자신의 취향으로 끌어들이려고 시도했다. 아버지가 자신이 좋아하는 민요곡들을 되풀이해서 요구할 때면 "싫어요, 아빠"라고 대답하거나, 다른 곡을 치게 해달라고 부탁할 때도 있었다.

그런데 이날 저녁 이 신사가 술을 적당히 즐기고 나자 그녀는 아버지가 부탁을 하기도 전에 그가 좋아하는 모든 곡을 세 차례나 연이어 연주했다. 선량한 지주는 몹시 기뻐 소파에서 벌떡 일어나 딸에게 입을 맞추며, 솜씨가 대단히 늘었다고 칭찬했다. 이 기회를 놓칠세라 그녀는 톰과 했던 약속을 실천에 옮겼다. 모든 것이 순조롭게 진행되었다. 지주는 〈늙은 왕 사이먼〉을 다시 한 번 들려준다면 내일 아침 사냥터지기에게 정식 임명장을 보내겠다고 말했다. 웨스턴 씨가 음악에 젖어 꿈나라로 빠져들 때까지 〈사이먼 경〉이 몇 차례고 되풀이해 연주되었다. 아침이 밝자 소피아는 아버지에게 전날한 약속을 상기시키는 것을 잊지 않았다. 즉시 변호사가 호출되었다. 웨스턴 씨는 이제 소송을 중지하라고 이르며 정식 임명장을 만들라고 지시했다.

톰이 이 일에 성공을 거두었다는 소문이 곧 일대에 자자하게 퍼졌다. 저마다 의견이 달라서, 여간 착한 일을 하지 않았다고 칭찬하는 이들이 있는가 하면 "게으름뱅이끼리 죽이 맞는 것도 당연하다"며 냉소를 퍼붓는 이들도 있었다. 블리필은 이 소문을 듣고 크게 화를 냈다. 오래전부터 블랙 조지를 불쾌하게 여기는 마음은 존스가 그에게 쏟는 호의에 견줄 만한 것이었다. 딱히 무슨 피해를 입어서가 아니라 그저 종교와 도덕을 사랑하는 마음에서였다. 블랙 조지는 품행이 좋지 않기로 이름난 사나이였던 것이다. 블리필은 이 사건을 올워디 씨에게 정면으로 도전하는 행동으로 간주하고, 그런 사나이에게 친절하게 굴 이유는 그것 말고 없다며 우려를 표명했다.

스웨컴과 스퀘어도 이 의견에 장단을 맞추었다. 이 무렵 그들은(특히 스퀘어는) 존스와 과부 사이를 크게 질투하던 차였다. 뭐니 뭐니 해도 톰이 벌써 스물에 가까운 잘생긴 젊은이였으며, 과부가 그에게 보이는 호의가 나날이 커지는 것 같았기 때문이다.

올워디는 그들의 악의에 흔들리지 않았다. 그는 존스의 행동이 아주 만족스럽다고 말했다. 그 견고하고 끈끈한 우정은 실로 고귀한 것이며, 이 세상에 그런 예가 더 많아져야 한다고 말했다.

그러나 운명의 여신은 그들이 자신에게 더 열심히 구애하지 않는 것이 못마땅해서인지, 우리의 톰 같은 선량한 사람을 그다지 좋아하지 않는다. 그녀는 톰의 행동을 아주 이상한 방향으로 틀어버렸다. 톰의 행동이 지금까지 올워디 씨의 선량한 눈에 비치던 것과 달리 아주 불쾌한 인상으로 비치도록 만든 것이다.

6

존스가 사랑스러운 소피아의 아름다움에 둔감한 것에 대한 변명
현대 영국 희극의 주인공들을 높이 평가하는 재치 있고 용감한 평론가 선생들이
매우 경멸할지도 모르는 톰의 행동

우리 주인공 소피아를 대하는 태도를 보고 이미 톰에게 얼마간 경멸감을 품은 사람에는 두 부류가 있을 것 같다. 첫째는 웨스턴 씨의 재산을 소유할 좋은 기회를 지나치는 그의 이해타산 부족을 비난하는 부류일 것이고, 둘째

는 그저 양팔만 벌리면 기꺼이 품 안으로 날아들 것 같은 이 아름다운 소녀에게 미지근한 태도를 보이는 그를 크게 경멸하는 부류일 것이다.

나는 이 두 가지 비난에서 그를 완전히 구출해줄 수는 없다(이해타산 부족은 변명의 여지가 없으며, 두 번째 비난에 대해 내가 제시할 수 있는 변명도 그리 만족스러운 것이 아니다). 그러나 때로는 정상참작을 위해 증언을 시도하는 경우도 있으니, 이쯤에서 사실을 털어놓고 모든 것을 독자 여러분 판단에 맡기고자 한다.

그것을 뭐라 부르는지는 사람들마다 다른 모양이지만, 존스 군은 분명히 어떤 부류의 사람들 가슴속에 깃든 어떤 것을 갖추었다. 그 어떤 것의 본디 역할은 선악을 구분하는 것이라기보다는 그 사람을 선으로 이끌거나 악에서 멀어지게 하는 것이다.

이 어떤 것은 연극 구경을 온 저 유명한 트렁크 제조업자*³에 비유할 수 있다. 그 어떤 것을 지닌 사람이 옳은 일을 하면 그 어떤 열성팬보다 뜨겁게 그를 칭찬하고, 반대로 그릇된 일을 하면 그 어떤 비평가보다 신랄하게 야유를 퍼붓는다.

좀 더 고상하고 현대인에게 친숙한 비유를 해보자. 즉 내가 말하고자 하는 그 어떤 원리는 법정에 군림하는 영국 대법관처럼 그 사람의 정신 속 왕좌에 군림한다. 그것은 그 어떤 것도 피해갈 수 없는 뛰어난 지혜와 그 어떤 것도 현혹할 수 없는 통찰력과, 그 어떤 것도 더럽힐 수 없는 청렴함으로 일의 시비곡직에 따라 주관하고 통제하고 지시하고 재판하고 용서하고 단죄한다.

이 행동원리야말로 우리 인류와 짐승을 가장 근본적으로 구분하는 장벽을 이룬다고 말할 수 있다. 인간의 형상을 한 사람 중에 이 원칙에 지배받지 않는 자가 있다면, 나는 그들을 인간 세계에서 짐승 세계로 도망간 사람이라고 생각하고 싶다. 더구나 짐승 세계에서도 탈주자라는 운명 때문에 그들은 가장 높은 자리를 꿰차지 못할 것이다.

스웨컴 선생에게 배웠는지 스퀘어에게 배웠는지는 둘째치고, 우리의 주인

---

*3 유명 잡지 〈스펙테이터〉 제235호(1711년 11월 19일, 애디슨)에 다음과 같은 구절이 있다. "요즘 극장 최하등석을 보면 한 사람이 눈에 띄는데, 이 사람은 무대 연출이 마음에 들면 때를 가리지 않고 벤치나 널빤지를 시끄럽게 두들겨서 극장 전체에 자기 마음을 표현한다. 그는 '최하등석의 트렁크 제조업자'라는 이름으로 유명하다."

공은 이 원칙에 강하게 지배받고 있었다. 언제나 올바른 행동을 했다고는 할 수 없으나, 그는 죄를 저지르면 반드시 마음 아파하고 고민했다. 자신을 정중하고 친절하게 환대해준 집의 재산을 가로채는 행위는 도적질 중에서도 가장 악질임을 가르쳐준 것도 이 원리였다. 이때 상대방에게 커다란 피해를 준다고 해서 그 죄의 야비함이 경감된다고는 생각하지 않았다. 오히려 접시 한 장을 훔친 죄가 죽음과 시민권 박탈을 당할 만한 일이라고 한다면, 상대방의 전 재산을 빼앗고 덤으로 귀한 여식까지 강탈하는 행위는 어떠한 처벌로도 용서받기 힘들다고 생각했다.

바로 이 원칙이 톰으로 하여금 그런 식으로 재산을 획득하겠다는 생각을 막아주었다(앞서 말했듯이 이 원칙은 행동원칙인 바 단순히 알거나 믿는 것만으로는 만족하지 못한다). 그가 소피아에게 열렬한 사랑을 느꼈더라면 그도 다른 생각을 품었을지 모른다. 그러나 말하건대, 같은 절도를 하더라도 그 동기가 사랑이냐 절도냐에 따라 그 차이는 어마어마한 법이다.

이 청년이 소피아의 매력을 감지하지 못한 것은 아니다. 그 미모도 싫지 않았고, 그 밖에 다른 장점들도 모두 존중했다. 그러나 그녀는 톰에게 깊은 인상을 심어주지 못했다. 이렇게 말하면 그를 우둔하다고, 또는 적어도 그에게 보는 눈이 없다고 비난하는 분들이 생기실 터이니 자세한 사정을 밝히기로 한다.

사실인즉슨 톰은 이미 다른 여성에게 마음을 빼앗긴 상태였다. 이렇게 말하면 분명히 독자 여러분께서는 우리가 이 사실에 대해 오랫동안 한 마디도 언급하지 않은 것을 이상하게 여기실 것이다. 또 그 여성이 대체 누구인지 추측하느라 고민에 빠지실 것이다. 실제로 우리는 지금껏 소피아의 연적이 될 만한 여성의 존재를 단 한 번도 암시하지 않았다. 블리필 부인이 톰에게 애정을 쏟았다는 사실은 밝히지 않을 수 없었으나, 그도 부인에게 애정을 품고 있었다고 상상할 만한 여지는 전혀 주지 않았으니 말이다. 사실 유감스런 말이지만, 남녀를 불문하고 젊은이들은 자기보다 나이 많은 사람이 가끔 호의를 베풀어주어도 그것을 그리 고마워하지 않는다.

독자 여러분을 오래 기다리게 하려고 의도한 것은 아니다. 우리가 조지 시그림(일반적으로 블랙 조지라 불리는 그 사냥터지기) 가족을 종종 언급한 것을 독자 여러분도 기억할 것이다. 이 가족은 현재 부인과 다섯 자녀로 구성되어 있었다.

이 자녀들 중 둘째가 몰리라는 딸이었는데, 그 근방에서 소문난 미녀 중 하나였다.

콘그리브가 잘 지적했다시피 "진정한 아름다움에는 천박한 영혼이 볼 수 없는 무언가가 있다." 천박하지 않은 영혼의 소유자는 누더기를 걸치거나 쓰레기더미에 파묻혀 있어도 그 무언가를 감출 수 없는 법이다.

이 소녀의 아름다움은 그녀가 열여섯이 될 때까지는 톰에게 아무런 인상도 주지 못했다. 그러나 그 무렵이 되자 몰리보다 세 살 가량 많은 톰은 처음으로 그녀에게 애정 어린 시선을 보내기 시작했다. 연정은 품었을지언정 육체를 소유하고자 하는 시도는 오래도록 생각조차 하지 않았다. 몸은 강하게 그를 부추겼지만, 그가 지닌 원칙이 더욱 강력하게 그를 억제했다. 상대가 아무리 하찮은 신분일지라도 어린 소녀의 몸을 더럽히는 일은 극악무도한 죄악으로 여겨졌다. 게다가 그런 올곧은 생각은 몰리의 아버지에 대한 호의와 그 가족에 대한 동정심으로 더욱 굳건해졌다. 그 때문에 한때 톰은 자신의 욕망을 극복하기로 결심하고 실제로 꼬박 석 달 동안 시그림네 집을 찾아가지도, 몰리를 만나지도 않고 금욕생활을 하였다.

한편 앞서도 말했듯이 몰리는 예쁜 외모로 정평이 나 있었다. 실제로 그렇기도 했지만, 아주 여성스럽고 사랑스러운 종류의 아름다움은 아니었다. 실은 여성스러움이 많이 부족해서 보기에 따라 여성적으로도 남성적으로도 보이는 아름다움이었다. 솔직히 말해 젊음과 생기 넘치는 건강미가 커다란 몫을 차지했다.

그녀는 성격도 육체 못지않게 남성적이었다. 몸집이 크고 다부진 데다 성격도 호기롭고 당돌했다. 얌전하고는 거리가 멀어서 그녀의 정조를 본인보다 존스가 더 걱정할 정도였다. 톰이 그녀를 좋아한 것 못지않게 그녀도 톰을 좋아했기에, 그가 뒤로 물러선다고 느끼면 그에 비례하여 적극적으로 나왔다. 그가 완전히 자기 집에 발길을 끊었다는 사실을 알자 그녀 쪽에서 먼저 다가가는 방법을 찾아냈다. 여자가 이런 노력을 기울여도 성공하지 못했다면, 그건 남자가 엄청난 영웅이든가 엄청난 바보든가 둘 중 하나라는 증거이다. 한마디로 그녀는 곧 존스의 순결한 결심을 산산조각 냈다. 그녀도 마지막 순간에는 마지못해 하는 척 행동하긴 했지만 사실상 그녀의 계획은 성공을 거두었으며, 승리는 그녀의 것이었다.

계획을 성공으로 이끌기까지 몰리는 실로 정교하게 일을 꾸몄으므로 존스는 완전히 자신의 승리라고 착각했다. 자신의 열정적인 맹공에 소녀가 함락된 것이라고 생각했다. 또한 그것을 자신에 대한 소녀의 제어하기 힘든 사랑의 힘 때문이라고 여겼다. 그의 탁월한 잘생긴 외모는 앞서 여러 번 언급한 바 있다. 또 그가 절세의 미남 중 한 사람인 것은 분명한 사실이었다. 그러므로 독자 여러분께서도 그의 이런 상상이 아주 자연스러운 것이라고 인정하실 것이다.

세상에는 블리펄 도련님처럼 오직 한 사람에게 모든 애정을 쏟는 사람이 있다. 그런 사람들은 어떤 상황에서건 그 한 사람의 이익과 즐거움만 생각하고, 거기에 기여하지 않는 타인의 이해관계에는 일절 무관심하다. 반대로 어느 정도 자기애에서 비롯된 선행을 베푸는 사람도 있다. 그런 사람들은 상대에게서 조금이라도 만족을 얻으면 만족을 준 그 사람을 사랑하지 않고 못 배기고, 그 은인의 행복을 꾀해야 하기 때문에 저 혼자 느긋하게 있지를 못한다.

우리의 주인공이 이 후자에 속하는 유형이었다. 톰은 자기가 원인제공자이므로 이 불쌍한 소녀의 행복과 불행이 자기에게 달렸다고 생각했다. 여전히 몰리의 미모는 욕망의 대상이었다. 하긴 더 예쁘거나 신선한 대상을 만났더라면 더 그랬을지 모르지만. 목적을 달성함으로써 욕망이 얼마간 줄어든 것은 사실이었지만, 노골적으로 자기에게 애정을 쏟는 소녀의 모습을 보면, 그리고 자기가 그 소녀에게 한 짓을 생각하면 마음이 시키는 대로 욕망이 줄어들게 놔둘 수는 없었다. 이 두 가지 생각 가운데 전자는 감사를 낳았고, 후자는 동정심을 낳았다. 여기에 소녀의 육체에 대한 욕망이 합쳐져 그의 마음속에 어떤 감정이 생겨났다. 처음에는 어떤 감정인지 혼란스러웠지만, 여기에 사랑이라는 이름을 붙여도 그리 큰 왜곡이 되지 않을 만한 감정이었다.

이런 사실들이 그가 소피아의 매력에, 또 그의 접근을 부추기는 것으로 충분히 해석될 수 있던 소피아의 행동에 둔감했던 진짜 이유였다. 그는 불쌍하고 가난한 몰리를 저버린다는 생각을 할 수 없었거니와, 소피아 같은 숙녀를 가지고 놀겠다는 생각은 꿈도 꾸지 않았다. 그가 이 숙녀에게 조금이라도 연정을 내보인다면 그것은 분명히 몰리를 저버리는 죄나 숙녀를 배신하는 죄 중 어느 한 가지 죄를 저지르는 일이 될 터였다. 그가 이 이야기에 처음으로 등장했을 때, 이웃 사람들이 그의 확실한 운명을 예언했다고 설명한 바 있다. 그가 이 두 가지 죄 가운데 어느 것 하나를 저지른다면 그의 운명은 꼼짝 없이 그 예언대로 되었을 것이라고 나는 생각하는 바이다.

7
이 권에서 가장 짧은 장

몰리의 몸매 변화를 가장 먼저 눈치챈 것은 그녀의 어머니였다. 어머니는 이웃들에게 이 사실을 숨기기 위해 어리석게도 소피아가 그녀에게 보내준 겉옷을 딸에게 입혔다. 정작 당사자인 어린 소녀는 별로 걱정을 안 했는데도, 이 불쌍한 부인은 다른 딸들에게도 그런 헐렁한 옷을 입힐 정도로 아주 심약했다.

몰리는 자신의 미모를 뽐낼 수 있게 된 최초의 이 기회에 아주 황홀해 했다. 물론 이 소녀는 누더기를 입고도 태연히 거울에 비친 자기 모습을 바라볼 수 있었고, 또 그런 누더기 차림으로 존스의 마음을 빼앗았으며, 마음만 먹으면 다른 남자의 마음도 정복할 수 있었다. 그러나 멋진 옷가지와 장신구가 더해진다면 매력이 더욱 배가되어 자신이 정복할 수 있는 범위가 더욱 늘어날 것이라고 생각했다.

몰리는 당장 돌아오는 일요일에 이 겉옷을 입고, 레이스가 달린 새 모자를 쓰고, 톰이 선물한 장신구를 달고, 부채를 들고서 교회에 갔다. 상류층 사람들이 야망과 허영심을 자신들만의 전유물이라고 생각한다면 그것은 대단한 착각이다. 이 숭고한 두 가지 성질은 귀족 댁의 응접실이나 옷장에만 있는 것이 아니다. 시골 교회나 묘지에서도 눈에 띄게 작용한다. 교황 선거 회의 뺨치는 권모술수가 시골 교구 위원회에서 벌어지기도 한다. 이런 곳에도 내각이 있고 야당이 있다. 궁정의 그것과 맞먹는 계략과 당파와 파벌싸움이 있는 것이다.

마찬가지로 시골 여성들도 자신들보다 지위나 재산이 훨씬 우위에 있는 상류층 여성들 못지않게 여성들만이 갖는 최고 수준의 기술들을 갖추고 있다. 요조숙녀가 있고, 요부가 있다. 꽃단장, 추파, 위선, 질투, 악의, 추문이 있다. 요컨대 가장 화려한 사교계나 가장 세련된 사교 모임에서 흔히 볼 수 있는 것들이 다 있다. 그러니 상류층 생활을 하는 이들이여, 비천한 자들의 무지를 더는 경멸하지 말라. 또한 천박한 이들이여, 높으신 분들의 악덕을 더는 욕하지 말라.

몰리가 자리에 앉고 얼마간은 주위 사람들도 그녀가 누구인지 알아보지 못했다. 이내 온 신도가 쑥덕거렸다. "저게 대체 누구야?" 그러나 정체가 밝혀지자 여신도들 사이에 비웃음, 킬킬거리는 소리, 킥킥거리는 소리가 퍼져나갔다. 그 웃음소리가 마침내 깔깔거리는 소리로 바뀌었으므로, 여신도들을 조금이라도 진정시키기 위해 올워디 씨가 나서서 권한을 행사할 수밖에 없었다.

8
고전을 즐겨 읽는 독자가 아니라면 음미하지 못할,
뮤즈가 노래하는 호메로스식 전투가

웨스턴 씨는 이 마을에도 사유지를 가지고 있었다. 그의 저택은 그가 다니는 교회와 이 마을 교회의 중간 지점에 있었으므로 자주 이 마을 교회에서 예배를 드렸다. 이런 연유로 사건 당일에는 그와 아름다운 소피아 둘 다 그 현장에 있었다.

소피아는 몰리의 용모가 마음에 들었다. 그러나 그런 옷차림으로 나타나 마을 여자들의 질투심을 불러일으키는 모습을 보고는 몰리의 단순함을 측은하게 여겼다. 그녀는 집에 돌아오자마자 사냥터지기를 불러, 딸을 데리고 오라고 지시했다. 몰리를 이 집에서 지내게 해주겠다며, 곧 몸종이 일을 그만두는데 그녀를 대신해 몰리가 자기를 돌보아주었으면 한다는 것이었다.

가엾은 시그림은 이 말에 벼락을 맞은 것처럼 놀랐다. 딸의 몸매가 수상하게 변하고 있는 사실을 알기 때문이었다. 그가 더듬대며 대답했다. "몰리는 몸종 일을 해본 적이 없는데다 천방지축으로 자라서 아가씨 시중드는 일에는 적당치 않습니다." 소피아가 말했다. "그건 문제가 안 돼요. 곧 나아지겠지요. 난 그 아이가 무척 마음에 들어요. 꼭 써보고 싶어요."

블랙 조지는 허둥지둥 아내에게 달려갔다. 아내의 지혜를 빌려 이 절체절명의 상황에서 벗어나려는 생각에서였다. 그러나 돌아와 보니 집 안이 어수선했다. 사건은 이러했다. 몰리의 겉옷은 마을 여자들의 비상한 질투심을 불러일으켰다. 그 결과 올워디 씨를 비롯한 지체 높은 분들이 교회를 떠나자마자, 그때까지 억제되어 있던 극심한 분노가 폭발하여 한바탕 소동이 벌어졌다. 그들은 분노를 처음에는 상스러운 욕지거리, 비웃음, 야유, 몸짓으로 표출했다가 나중에는 감정을 주체하지 못하고 물건을 집어던지기에까지 이르렀다. 딱딱한 물건들은 아니어서 생명을 위협하거나 팔다리를 다치게 할 염려는 없었지만 그래도 잘 차려입은 이 소녀에게는 어지간히 두려움을 느끼게 했다. 다혈질인 몰리는 이런 취급을 순순히 참고 견딜 여자가 아니었다. 그래서—여기서 잠깐, 우리는 필력에 자신이 없으므로 이쯤에서 우리를 도와줄 놀라운 능력자를 모시도록 하겠다.

어떤 신인지는 모르나 전투를 노래하기 좋아하는 뮤즈여. 특히 그 옛날 휴디브라스와 트룰라가 싸웠던 들판의 살육을 이야기한 신이여. 당신의 벗 버틀러와 함께 굶어죽지 않았다면 지금 이 중대한 때를 맞아 저를 도와주소서. 모든 사람이 모든 것을 잘할 수는 없나이다.

부농의 마당에서 젖을 짜는 암소 떼는 저 멀리서 들려오는, 절도 행위를 슬퍼하는 송아지들의 울음소리를 들으면 흥분하여 마구 울부짖는다. 서머싯 지방 군중들이 지르는 함성과 고함이 꼭 그것과 같았다. 악다구니, 비명, 그 밖에 여러 외침 소리가 거기 모인 사람과 그들 가슴에 끓어오르는 격한 감정의 수만큼 터져 나왔다. 어떤 사람은 분노로 날뛰고, 어떤 사람은 공포에 질렸다. 싸움을 즐기려는 생각뿐인 사람도 있었다. 그러나 군중들 가운데 가장 미쳐 날뛰며 여인들의 분노에 부채질을 하는 것은, 사탄을 그림자처럼 따라다니며 사탄과 함께 행동하는 그의 누이 '질투'였다. 질투심에 휩싸인 여자들은 몰리에게 달려들어 흙과 쓰레기 화살을 날려댔다.

멋지게 퇴각하려던 몰리는 뜻을 이루지 못하고 방향을 틀었다. 적의 선봉에서 진격해 오던 누더기 옷을 걸친 베스를 움켜잡고 한 방에 거꾸러뜨렸다. 적군의 전 병력은(백 명에 가까운 대군이었다) 대장의 운명을 목격하고는 슬금슬금 물러나더니 새로 만든 무덤 뒤로 퇴각했다. 전장인 묘지에서는 마침 이날 저녁 장례식이 한 건 있을 예정이었다. 몰리는 여세를 몰아 바싹 쫓아가, 무덤 옆에 놓여 있던 두개골을 집어든 뒤 맹렬한 기세로 던졌다. 두개골이 양복업자 머리에 맞았다. 산 두개골과 죽은 두개골이 부딪치면서 공허한 소리를 냈다. 양복업자는 즉시 땅에 길게 뻗었다. 머리와 머리가 나란히 누워 있는 그 모습은 어느 쪽이 더 가치 있는 것인지 알 수 없었다. 몰리는 허벅지 뼈를 들고 적진으로 뛰어들어, 양쪽으로 갈라져 도망치는 적들을 골고루 두들겨 팼다. 수많은 남녀 장수들이 거꾸러졌다.

오, 뮤즈여, 이 운명의 날 쓰러진 사람들의 이름을 말해주소서. 먼저 제미 트위들이 그 무시무시한 뼈다귀로 뒤통수를 얻어맞았다. 구불구불 달콤하게 흐르는 쾌적한 스투어 강변에서 자란 그는 그곳에서 처음으로 성악 기술을 배워, 그 기술로 밤축제와 장터를 이리저리 돌아다니며, 어여쁜 시골 요정들과 사랑에 빠진 청년들이 푸른 풀밭에서 서로 엉켜 쾌활하게 춤을 출 때 흥을 돋워주던 사람이었다. 그럴 때면 그도 일어서서 바이올린을 켜며 제 음악 소리에 맞춰 튀어 올랐다. 그런데 지금은 그 바이올린도 무용지물이었다! 그는 쿵 하고 푸른 풀밭에 쓰러졌다. 다음으로 돼지치기 에취폴 영감이 아마존 여전사 같은 우리 여주인공에게 이마를 얻어맞고 즉시 뻗어버렸다. 엄청나게 뚱뚱한 그는 집채가 부서질 때와 맞먹는 소리를 내며 쓰러졌다. 쓰러질 때 품에서 담뱃갑이 떨어졌는데, 몰리는 그것을 합법적인 전리품으로서 접수했다. 그 다음은 방앗간 여주인 케이트였다. 그녀는 불행하게도 묘비에 걸려 나뒹굴었는데, 가터를 채우지 않은 스타킹이 묘비에 걸려 자연의 질서를 거스르는 모양으로 발꿈치가 머리 위로 솟아오르고 말았다. 베티 피핀은 연인인 로저와 함께 땅바닥에 널브러졌다. 오, 심술궂은 운명이여! 그녀는 땅과 인사를 나누었고, 그는 하늘과 인사를 나누었다. 대장장이네 아들 톰 프레클이 분노한 몰리의 다음번 희생자였다. 재간 좋은 장인인 이 사나이는 멋진 나막신을 많이 만들었는데, 그를 때려눕힌 나막신이 바로 자기가 만든 걸작이었다. 이때 교회에서 찬송가나 부르고 있었더라면 머리 깨지는 재난은 피할 수 있었으리라. 농부의 딸 크라우 양과 농부 존 기디쉬, 낸 슬라우취, 에스더 코들링, 윌 스프레이, 톰 베네트, 아버지가 '붉은 사자'라는 요릿집을 경영하는 포터가의 세 자매, 여관 청소부 베티, 여관 마부 잭, 그 밖에 이름 없는 전사들이 묘비 사이마다 겹겹이 쌓였다.

그런데 몰리의 분주한 팔이 이 사람들 모두를 응징한 것은 아니었다. 혼비백산하여 도망치는 와중에 알아서 넘어진 사람들도 적지 않았던 것이다.

그런데 운명의 여신은 격에 맞지 않게 한쪽만 너무 오래 편들어주었다는 생각에, 특히 그쪽이 옳은 편이었기에, 급히 사태를 반전시켰다. 바로 브라운 아주머니를 통해서였다. 남편 제키엘 브라운이 품 안에서 어루만지고, 실은 그뿐 아니라 마을 사람 절반이 품에 안고 어루만진 여인이었다. 그녀는 비너스의 전장에서도 아주 유명했지만, 군신 마르스의 전장에서도 진정 그 못지않았다. 이 두 전장에서 얼마나 많은 공훈을 올렸는지는 부군의 머리와 뺨을 보면 알았다. 무슨 말인고 하니, 인간이 머리에 돋은 뿔*4로써 아내의 부정한 행위를 나타낸다면 제키엘의 머리가 바로 그랬다는 말이다. 온통 할퀸 자국인 그의 뺨은 그녀의 특별한 재능(그녀의 손톱이라는 표현이 맞을지도 모르겠다)을 유감없이 말해주었다.

이 여걸은 꽁무니 빼는 아군의 한심한 모습에 더는 참을 수 없었다. 그녀는 갑자기 멈춰 서서, 도망치는 사람들에게 큰 소리로 외쳤다. "서머싯셔의 남자 여러분, 그리고 서머싯셔의 여자 여러분! 겨우 여자애 한 명 때문에 이렇게 내빼다니 부끄럽지 않습니까? 누구도 저 애에 대항해서 싸우지 않겠다면, 여기 있는 저와 조안 톱 둘이라도 싸워서 승리의 영광을 누리겠습니다." 그런 뒤 몰리 시그림에게 달려들어 순식간에 허벅지 뼈를 빼앗는 동시에 손톱을 세워 몰리의 모자를 벗겨냈다. 이어서 왼손으로 몰리의 머리채를 잡고, 오른손으로는 얼굴을 맹공격했다. 몰리의 코에서 금세 코피가 뚝뚝 떨어졌다. 몰리도 가만 있었던 것은 아니다. 아주머니 머리에서 두건을 재빨리 벗기더니 한 손으로 머리채를 꽉 움켜쥐고, 남은 한손을 이리저리 마구 휘둘렀다. 적의 코에서도 시뻘건 콧물이 뿜어져 나왔다.

막상막하인 두 여전사는 저마다 적에게서 어마어마한 양의 머리카락을 전리품으로 획득하자 이번에는 공격의 대상을 옷으로 바꾸었다. 엄청난 공세를 퍼부은 끝에 몇 분도 채 안 되는 짧은 시간에 두 사람 모두 허리 위로 반라나 다름없는 모습이 되었다.

주먹질 싸움에서 남녀의 급소가 다르다는 사실은 여성에게 다행스러운 일이다. 싸움터로 나가는 것 자체가 여자의 본분에서 벗어난 행동으로 보이기

---

*4 아내가 부정을 저지르면 남편 머리에 뿔이 돋는다는 속설에서 기원함.

는 하지만, 이 둘만큼 무아지경으로 적의 가슴에 맹공을 퍼붓는 예는 본 적이 없다. 가슴은 몇 차례만 맞아도 여성들 대부분에게 치명적이다. 어떤 사람들은 이러한 사실을 여성이 남성보다 피를 좋아하기 때문이라고 설명하기도 한다. 이 때문에 여성들은 가장 피가 나기 쉬운 코를 노린다는 것이다. 그러나 이것은 심술 맞은 억지 주장이다.

가슴 공격에서 브라운 아주머니는 몰리보다 몇 수 위였다. 아주머니에게는 가슴이라 부를 만한 것이 없었다. 그녀의 가슴(가슴이라고 부를 수 있다면)은 색깔뿐만 아니라 다른 모든 면에서 그야말로 낡아빠진 한 장의 양피지와 같았다. 한참을 그 위에서 북 치듯 두들겨대더라도 대단한 피해를 입힐 것 같지 않은 정도였다.

몰리는 안 그래도 불리한 조건에 있었지만, 이 가슴도 적의 그것과 생김새가 아주 달랐다. 때마침 톰 존스가 달려와 이 피투성이 싸움을 즉시 끝내주지 않았더라면 브라운 아주머니는 질투심을 못 이기고, 몰리 가슴에 치명타를 날리라는 유혹에 굴복했을지도 모른다.

이 재수 좋은 우연은 스퀘어 씨 덕분에 일어난 일이었다. 예배가 끝난 뒤 그와 블리필 도련님과 존스는 말을 타고 바람을 쐬러 1/4마일 정도를 달렸다. 그런데 갑자기 스퀘어가 마음을 바꾸어(괜히 그런 것은 아니다. 앞으로 시간이 나면 설명하겠다), 처음 계획했던 방향과 다른 방향으로 말을 몰자고 제안했다. 두 사람도 이견이 없었으므로 어쩔 수 없이 묘지로 되돌아오게 된 것이다.

맨 앞에서 달리던 블리필 도련님이 흘끗 보니, 구경꾼이 복작복작한 가운데 두 여자가 앞서 설명했던 모습으로 엉겨붙어 싸우고 있었다. 말을 멈추고 무슨 일이냐고 묻자 한 사람이 머리를 긁적이며 대답했다. "저도 잘 모르겠습니다만, 브라운 아주머니와 몰리 시그림 사이에 싸움이 벌어졌나 봅니다."

"누구? 누구라고?!" 톰이 외쳤다. 형편없는 몰골이긴 하지만 그는 사랑하는 몰리를 알아보았다. 대답을 기다릴 틈도 없이 말에서 뛰어내려 말을 내팽개친 채 담장을 뛰어넘어 그녀 곁으로 달려갔다. 그녀는 먼저 울음을 터뜨린 뒤, 자신이 얼마나 잔혹하게 당했는지 일러바쳤다. 그 말을 들은 톰은 아주머니가 여자라는 사실도 잊고, 또는 화가 난 나머지 상대방이 여자임을 알아보지 못하고—사실 부인에게서는 페티코트 빼고는 여성스러운 모습을 전혀 찾아볼 수 없었는데, 톰이 그 속옷을 못 봤는지도 모른다—그녀를 말채 찍으로 한두 차례 갈겼다. 그러고는 몰리가 싸잡아 욕했던 마을 사람들에게 달려들어 사방팔방 채찍질을 했다. 다시 뮤즈를 부르지 않고는(선량한 독자 여러분께서는 지금까지 혹사당한 뮤즈를 더 부려먹는 건 너무 가혹하다고 생각하실지 모르겠다) 나로서는 그 모습을 설명해낼 재간이 없다.

호메로스 작품에 등장하는 영웅들처럼, 또는 돈키호테를 위시한 모든 무사 수행자들처럼, 한바탕 적을 소탕한 톰은 몰리 곁으로 돌아왔다. 몰리는, 그것을 여기에 묘사한다면 말하는 나도, 읽는 독자 여러분도 고통을 느끼지 않고는 못 배길 만한 참혹한 몰골이었다. 톰은 미친 사람처럼 분노를 터트리며 가슴을 탕탕 치고 머리카락을 쥐어뜯고 발을 쾅쾅 굴렀다. 관련된 사람에게 철저하게 복수해 주겠노라고 맹세했다. 웃옷을 벗어 몰리에게 입히고, 자기 모자를 씌우고, 얼굴에 흐른 피를 손수건으로 최대한 닦아주었다. 그런 다음 하인을 불러, 숙녀를 집까지 말을 태워 모셔야겠으니 얼른 집으로 말을 달려 여성용 안장이나 뒤안장을 가지고 오라고 명령했다.

블리필 도련님은 이 하인을 보내는 데 반대했다. 그들을 따라온 하인이 그 한 명뿐이었기 때문이다. 그러나 스퀘어가 존스의 명령에 동의하자 그에 따를 수밖에 없었다.

곧 하인이 뒤안장을 가지고 돌아왔다. 몰리는 걸레짝이 다 된 옷가지를 주섬주섬 그러모은 뒤 톰의 뒤에 올라탔다. 그렇게 해서 그녀는 스퀘어, 블리필, 존스 세 사람과 함께 집으로 돌아갔다.

집에 도착하자 톰은 웃옷을 돌려받고 아무도 모르게 몰리에게 입을 맞추었다. 저녁에 다시 오겠다고 속삭이고는 작별 인사를 한 뒤 두 사람을 따라 말을 타고 사라졌다.

9
평화로운 색채를 지녔다 할 수 없는 내용

몰리가 익숙한 누더기로 갈아입기가 무섭게 자매들이 맹렬히 달려들었다. 특히 큰언니는 모두 자업자득이라며 그녀를 신랄하게 비판했다. "웨스턴 아가씨께서 어머니한테 준 겉옷을 입다니 정말 뻔뻔스러워! 우리 중 누군가가 그 옷을 입는다면 내가 맨 먼저 입어야 하는 것 아니니? 너는 네가 제일 예쁘니까 당연히 너한테 권리가 있다고 생각했겠지? 네가 우리 중에서 제일 예쁘다고 생각하잖아." 여동생 하나가 말했다. "언니한테 찬장 위에 있는 거울 좀 갖다 줘. 나라면 예쁘다고 으스대기 전에 얼굴에 묻은 피부터 닦아내겠어." 언니가 소리쳤다. "넌 목사님 말씀을 새겨들었어야 해. 남자들 꽁무니나 쫓아다니지 말고." 어머니가 훌쩍거리며 말했다. "네 말이 맞다, 큰애야. 이건 가족 망신이야. 창녀 같은 짓거리를 한 건 우리 집안에서 네가 처음이란 말이다!"

몰리가 외쳤다. "엄마가 나한테 설교할 자격이 있어요? 엄마도 결혼한 지 일주일도 안 되어 언니를 낳았잖아요."

엄마가 화가 나서 소리쳤다. "그래, 그랬다. 그게 뭐 어떻다는 게냐? 난 그때 이미 결혼한 몸이었어. 너도 정식으로 식을 올렸다면 내가 화를 낼 이유가 있겠니? 그런데 뭐? 신사가 아니면 싫다고? 이 맹랑한 년. 넌 사생아를 낳게 될 거야. 적어도 난 사생아는 낳지 않았어."

블랙 조지가 앞서 말한 목적 때문에 집으로 돌아왔을 때 집 안이 바로 이런 상황이었다. 아내와 세 딸이 동시에 울면서 각자 떠들어대는 통에 그는 한동안 입도 벙긋하지 못했다. 그러다 겨우 틈을 보아, 소피아의 말을 전달했다.

그 말을 듣자 시그림 부인이 다시 딸을 욕했다. "봐라, 또 네 덕분에 온 가족이 난처한 지경에 빠졌구나. 아가씨께서 네 그 부른 배를 보고 뭐라 하시겠니? 아이고, 내가 무슨 죄가 있어서 이런 수모를 당해야 한단 말이냐!"

몰리가 한껏 흥분해서 대답했다. "아버지, 대체 저를 위해 얻었다는 그 굉장한 일자리가 뭐예요? (조지는 소피아가 '자기를 돌봐주었으면 한다'고 말한 뜻을 잘 이해하지 못했다) 어차피 주방 보조 같은 자리겠죠? 난 남의 접시 같은 건 닦기 싫은데. 아가씨보다 제 애인이 저한테 더 잘해주실 걸요? 보세요, 오늘도 이걸 받았어요. 그분은 저한테 결코 돈에 쪼들리게 안할 거라고 말씀하셨어요. 잔소리를 그만두고 뭐가 손해고 뭐가 이득인지 잘 생각하신다면 엄마도 돈에 쪼들리는 일은 없을 거예요." 이렇게 말하며 그녀는 기니 금화 몇 닢을 꺼내어 그중 한 닢을 엄마에게 주었다.

이 선량한 여성은 손바닥 위의 금화 감촉을 느끼자마자(만병통치약의 효능이랄까) 성질이 누그러들었다. "무슨 일자리인지 제대로 알아보지도 않고 덥석 물어오다니, 당신 얼간이 아니에요? 아마 몰리 말대로 부엌 허드렛일이나 하는 자리겠지요. 난 가난하긴 하지만 뼈대 있는 집안에서 자랐어요. 딸한테 부엌데기를 시킬 순 없죠. 목사였던 아버지가 빚만 잔뜩 지고 지참금한 푼 안 남긴 채 돌아가시는 바람에 할 수 없이 신분도 다른 가난뱅이하고 결혼하긴 했지만, 하녀라니, 그건 내 품위가 용납하지 않으니 그런 줄 아세요. 참 어처구니가 없네요! 웨스턴인지 뭔지 하는 그 아가씨더러 자기 할아버지가 어떤 사람이었는지 되짚어보라고 하세요. 누구네 할아버지가 걸어다닐 때 우리 가문은 특별 주문한 마차를 타고 다녔을지도 모른다고요. 흥! 고작 입던 겉옷쯤 주었다고 잘난 척하기는! 우리 가문은 길거리에 그런 누더기 같은 옷이 떨어져 있어도 절대로 줍지 않았어요. 하지만 가난한 사람들은 짓밟히기 마련이지요. 마을 사람들도 몰리가 그 옷을 입었다고 해서 그렇게 야단법석을 떨 일은 아니었어요. 이것아, 그 사람들한테 우리 할머니는 양복점에서 최신 유행 옷을 사 입었다고 말해주지 그랬니."

조지가 소리쳤다. "알았어! 그런데 아가씨한테는 뭐라고 대답해야 좋지?"

아내가 말했다. "내가 그걸 어떻게 알아요? 당신은 늘 우리 가족을 곤경에 빠뜨리기만 하잖아요. 자고새를 쏘아 우리를 불행에 빠뜨린 그 사건 기억해요? 그때 내가 웨스턴 씨네 사유지에는 절대로 들어가지 말라고 충고하지 않았던가요? 그러면 어떤 결과가 벌어질지 여러 해 전부터 말하지 않았냐고요. 그런데도 당신은 제 고집대로 저지르고 보지 않으면 직성이 안 풀리죠. 내 말이 틀려요? 저것도 남편이라고."

간단히 말해 블랙 조지는 온화한 성품이었다. 결코 성깔이 있다거나 난폭한 사람이 아니었다. 단지 옛 어른들이 말하는 이른바 '울컥하는' 성질이 조금 있었다. 그의 아내가 지혜를 타고난 사람이었다면 그런 그의 성질을 두려워했을 것이다. 그의 말다툼은 바람과 같아서, 폭풍우가 거세지기 시작하면 그 폭풍우에 힘을 보태줄망정 가라앉히지는 않는다는 사실을 여러 해의 경험으로 알고 있었다. 그래서 그는 늘 조그만 매 하나를 지니고 다녔다. 그가 종종 실험해 본 바로는 아주 뛰어난 효험을 지닌 용한 약이었다. "저것도 남편이라고"란 말을 들었을 때 그는 지금이 바로 이 약을 써야 할 때라는 것을 깨달았다.

폭풍우의 징후가 나타나자 그는 즉시 이 특효약을 꺼내들었다. 특효약이 모두 그러하듯이, 이 약도 처음에는 증상을 더 악화시키는 것처럼 보였다. 그러나 이내 완전한 진정 효과를 빚어내며 환자에게 완벽한 편안함을 되돌려주었다.

하지만 말에게 사용하는 약과 같아서 여간 튼튼한 체질이 아니면 소화하기 어려웠다. 따라서 이 약은 천한 사람에게만 사용할 수 있었다. 단 한 가지 예외는 고귀한 출생을 자랑으로 내세우는 경우인데, 이때 남편이 이 약을 사용하는 걸 가지고 부당하다고 생각하는 사람은 없을 것이다. 다만 그 약을 사용한다는 자체가 매우 비속한 일인지라, 여기에 일일이 이름을 들 필요도 없는 몇 가지 연고처럼, 오히려 사용한 사람의 손이 훨씬 타락하고 오염된다며 신사로서 그런 저속한 행위는 생각조차 하기 싫다고 꺼리신다면 별개의 이야기이다.

곧 가족 모두가 완벽한 평화 상태로 되돌아왔다. 이 약의 효력은 실로 전기와 같아서, 한 사람을 통과하면 그 전기기구에 손이 닿지 않은 다른 사람들에게까지 전달되기 때문이다. 사실 매질과 전기는 모두 마찰 작용으로 효과를 발휘하므로 이 둘 사이에 유사성이 아주 없다고는 단언하기 힘들다. 프릭 씨는 다음에 자신의 신간을 발표하기에 앞서 이 점을 연구해보는 것이 좋을 것이다.

가족회의가 열리고 토론이 오갔다. 몰리는 일하러 가지 않겠노라고 고집을 부렸다. 결국 시그림 부인이 웨스턴 양의 시중을 들러 가서, 맏딸에게 일자리가 양도되도록 노력하는 것으로 일단락되었다. 맏딸은 기꺼이 그 일을 하겠노라고 말했기 때문이다. 그러나 운명의 여신은 이 가난한 가족하고 무슨 원수라도 진 것인지, 뒷날 이 맏딸이 선택되지 못하도록 훼방을 놓았다.

10
부목사 서플 씨가 들려준 이야기. 지주 웨스턴 씨의 통찰력
그가 딸을 사랑하는 마음과 이에 대한 딸의 보답

다음 날 아침, 톰 존스는 웨스턴 씨와 사냥을 나갔다 돌아오는 길에 점심 식사에 초대받았다.

사랑스러운 소피아는 평소보다 쾌활하고 명랑하게 빛났다. 그녀의 포구는 틀림없이 우리의 주인공을 겨냥하고 있었다. 그녀 자신조차 자기 속내를 깨닫지 못했지만, 그녀에게 그를 매혹하겠다는 의도만 있었다면 이날이야말로 성공을 거두었을 것이다.

올워디 씨가 속한 교구의 부목사인 서플 씨가 자리에 함께했다. 심성이 착한 훌륭한 사람이었는데, 식탁에서 대단히 과묵한 점이 가장 두드러진 장점이었다. 물론 입을 줄곧 다물고 있지는 않았다. 한 마디로 말해 그는 세계에서도 으뜸가는 대식가였다. 식탁보가 치워지는 순간 그는 식사 중에 지킨 침묵을 충분히 보상할 만한 언변을 자랑했다. 서글서글한 성품으로 종종 재미있는 화제를 꺼내들었고, 결코 불쾌한 이야깃거리를 입에 담지 않았다.

그가 막 도착했을 때는 쇠고기구이가 나오기 직전이었다. 그는 새로운 소식을 한 가지 가져왔다고 운을 띄운 뒤 실은 올워디 씨 집에서 막 오는 길이라고 말했다. 바로 그때 쇠고기구이가 등장하여 그를 벙어리로 만들었다. 식사 전 감사기도에서, 이 종남작(그는 등심을 그렇게 불렀다)께 경의를 표한다는 말만 했을 뿐이다.

식사가 끝나고 소피아가 새로운 소식이 뭐냐고 재촉하자 그가 다시 입을 열었다. "아가씨도 어제 저녁 예배 때 아가씨의 이국풍 겉옷을 입고 있던 소녀를 보셨겠지요? 아가씨께서 그 옷을 입은 모습을 본 적이 있는 것 같아요. 하지만 이런 시골에서 그런 옷은 'Rara avis in terris, nigroque simillima cygno'지요. 지상에서 볼 수 없는 새, 즉 검은 백조 같은 새라는 뜻입니다. 로마 시인 유베날리스의 시구이지요. 어쨌든 하던 얘기로 돌아가죠. 그런 옷은 이런 시골에서는 보기 힘들단 말입니다. 게다가 그걸 누가 입었는지 보니 더욱 이상하지 않겠습니까? 바로 이 댁 사냥꾼지기 블랙 조지의 딸이었으니까요. 그만큼 고생을 했으면 딸한테 그렇게 화려한 옷으로 몸치장을 하도록 놔두는 어리석은 짓은 저지르지 않을 법 한데 말이지요. 어쨌거나 그 애 덕분에 교회가 아주 난리법석이었습니다. 올워디 씨가 진정시켜주시지 않았더라면 예배도 방해받을 뻔했어요. 첫 번째 설교 도중에 그만둘까 생각했을 정도라니까요. 어쨌든 예배가 무사히 끝나서 저는 집으로 돌아갔지요. 그런데 그 다음에 묘지에서 난투극이 벌어져 여러 사람이 다쳤죠. 그중 떠돌이 악사가 머리에 심한 부상을 입었답니다. 오늘 아침 그 악사가 올워디 씨 댁에 영장을 청구하러 찾아왔고, 가해자 여자애가 불려 왔죠. 올워디 씨는 화해로 문제를 해결할 의도였어요. 그런데, 웬걸! 느닷없이 그 여자애가(숙녀 앞에서 이런 말을 하게 되어 송구스럽습니다만) 사생아를 낳기 직전이란 사실을 알았지 뭡니까! 올 워디 씨가 애아버지가 누구냐고 물었지만, 그 여자애는 한사코 대답하지 않았죠. 내가 그 댁을 떠날 때 그분은 수감 영장을 작성하던 참이었습니다."

웨스턴 씨가 소리쳤다. "목사 양반, 새로운 소식이란 게 겨우 어떤 계집애가 사생아를 뱄다는 거요? 나는 뭔가 공적인 일, 이를테면 정치 같은 소식인 줄 알았소."

목사가 대답했다. "물론 흔해빠진 소식입니다만 역시 이야기할 만한 가치가 있다고 생각했습니다. 정치 문제는 나리께서 가장 잘 아시지 않습니까. 제 화젯거리라야 고작 제 담당 교구에서 일어난 일이 전부죠."

지주가 말했다. "좋소, 좋소. 당신 말대로 정치 문제는 내가 조금 더 잘 알지. 어쨌든 자, 토미, 술을 들게. 술병이 자네를 기다리고 있지 않은가."

그러나 톰은 갑자기 특별한 용무가 생겼다며 용서를 구하고는 식탁에서 벌떡 일어났다. 같이 일어서서 자신을 만류하는 지주의 손을 뿌리치더니 인사도 하는 둥 마는 둥 자리를 떴다.

지주는 톰이 그렇게 떠난 것에 욕을 퍼부었다. 그러더니 목사를 돌아보며 외쳤다. "알았다, 알았어! 톰이 그 사생아의 아버지요. 제기랄, 그 애 아버지를 추천한 것도 그런 이유에서였구먼. 야아, 고거 보통 계집이 아닌걸. 그 사생아의 아버지는 톰이 분명하오."

"그렇다면 아주 유감이군요." 목사가 말했다.

지주가 소리쳤다. "뭐가 유감이오? 그게 뭐 어떻다는 거요? 당신은 사생아를 만든 적 없다는 거요? 염병할! 당신은 운이 좋았다고 말하고 싶은 거군? 어차피 당신도 여자랑 셀 수도 없이 잤을 거 아니오?"

목사가 대꾸했다. "나리께서는 농담을 즐기시는군요. 저는 그런 죄악은 비난받아 마땅하다고 생각합니다. 물론 크게 규탄 받아야 할 행동이지만, 그런 괘씸한 짓거리 때문에 올워디 씨 평판에 흠집이 나지나 않을까 걱정이군요. 사실 저는 그 청년이 조금 거친 면은 있지만 결코 근본이 나쁘다고는 생각하지 않습니다. 방금 나리가 하신 말씀 빼고는 누가 그 청년을 나쁘게 말하는 걸 들어본 적이 없어요. 물론 교회에서 문답을 할 때 좀 더 진지하게 해주길 바라는 마음은 있지만, 요컨대 그는 "Ingenui vultus puer ingenuique pudoris"입니다. 고전 문학에 나오는 구절이지요, 아가씨, 번역하자면 '천진난만한 얼굴과 솔직담백한 심성을 지닌 젊은이'라는 뜻입니다. 그리스 로마에서는 이것을 매우 큰 미덕으로 여겼지요. 제 눈에는 그 젊은 신사(출생은 비천하지만 신사라고 불러도 좋다고 생각합니다)가 아주 겸손하고 얌전한 청년으로밖에 안 보이고, 그가 올워디 씨의 명예를 욕되게 한다면 아주 유감이라 하지 않을 수 없네요."

지주가 말했다. "쳇! 올워디를 욕되게 했다고! 웬걸, 올워디도 계집을 좋아하오. 톰이 누구 아들인지 세상이 다 알잖소? 지금 그 얘길 다른 사람한테 한번 해보시오. 나는 대학 시절에 올워디가 어땠는지 기억하오."

"그분은 대학에 다닌 적이 없는 걸로 아는데요." 목사가 말했다.

"아냐, 아냐, 다녔어. 우리 둘이서 여자를 얼마나 많이 데리고 놀았는데. 그는 우리 마을 5마일 반경 내에서 제일가는 호색가지. 그러니 그의 명예가 실추되는 일은 눈곱만큼도 없을 거요. 아니, 누구도 명예가 실추되는 일은 없소. 그렇지, 소피아한테 물어보면 되겠군. 소피아, 젊은 남자가 사생아를 임신시켰다고 해서 그 남자한테 화가 나는 일이 있냐? 그래 아닐 거야, 여자란 그런 일이 생기면 오히려 그 남자가 더 좋아지는 법이거든."

가엾게도 이것은 소피아에게 가혹한 질문이었다. 그녀는 목사의 이야기를 듣고 톰의 안색이 변하는 걸 목격했다. 게다가 당황하여 허둥지둥 자리를 뜨는 것을 보자 아버지의 의심이 공공연한 것이 아니라는 생각이 들었다. 오래전부터 조금씩 깨달아오던 거대한 비밀이 한꺼번에 풀렸다. 자신이 이 문제에 큰 관심을 가지고 있음을 깨달았다. 그런 상황에서 느닷없이 아버지의 질문을 받고 무척 당황했다. 의심 많은 사람이 지금 그녀의 이런 모습을 보았더라면 그녀의 마음을 금세 눈치챘을지도 모른다. 하지만 지주를 위해 변명하자면, 그는 그런 불순한 의도로 질문한 것이 아니었다. 소피아가 의자에서 벌떡 일어나, 이만 일어나겠으며 그 원인을 제공한 것은 아버지의 그 한마디이다, 라고 말했을 때 그가 보인 태도가 내 변명을 증명해준다. 그는 딸이 방을 나가는 것을 가만히 지켜보더니 매우 침통한 표정으로 이렇게 말했다. "딸자식은 지나치게 나서는 것보다는 지나치게 정숙한 편이 낫소." 이 의견에는 목사도 진심으로 동감했다.

뒤이어 웨스턴 씨와 목사 사이에 신문이나 정치 선전물에나 나올 법한 몹시 심도 깊은 정치 담론이 벌어졌다. 조국을 위해 포도주가 네 병이나 비워졌다. 그러는 사이에 지주는 곤히 잠들어버리고, 목사는 파이프 담배에 불을 붙이고 말을 타고 집으로 돌아갔다.

30분가량 낮잠을 잔 뒤, 지주는 딸을 불러 하프시코드 연주를 청했다. 그러나 딸은 지금 두통이 심하니 오늘은 좀 봐달라고 말했다. 이 부탁은 즉시 수락되었다. 사실 그녀가 같은 부탁을 두 번 하는 경우는 좀처럼 없었다. 딸을 몹시 사랑하는 그로서는 딸의 부탁을 들어주는 일은 곧 최고의 만족을 얻는 일이었기 때문이다. 그가 가끔 말하는 대로 그녀는 진정 "사랑스런 귀염둥이"였으며 또 그럴 만한 충분한 자격이 있었다. 아버지의 사랑에 충분히 보답했기 때문이다. 그녀는 매사에 아버지에게 신성한 의무를 다했다. 애정을 담아 복종하니 전혀 괴롭지 않을 뿐 아니라 즐겁기까지 했다. 한번은 친구 하나가, 부모 말에 꼼짝 못하고 순종하는 걸 자랑스러워하는 것 같다고 비웃자 소피아가 이렇게 대답했다. "내가 부모 말에 순종하는 걸 자만한다고 생각한다면 오해야. 의무감에서만 복종하는 게 아냐. 좋아서 하는 일이지. 이건 진심인데, 나한텐 아버지 행복에 보탬이 되는 것만큼 큰 기쁨은 없어. 내가 자만한다면 그건 나한테 아버지 행복에 보탬이 되어드릴 능력이 있기 때문이지 그 능력을 실지로 사용하기 때문이 아니야."

그러나 가엾은 소피아는 이날 저녁만큼은 이 기쁨을 만끽할 수 없었다. 그녀는 하프시코드 연주뿐 아니라 저녁 식사 자리에 불참하는 것도 허락해달라고 간청했다. 지주는 이 간청도 들어주었다. 그러나 썩 내켜하지는 않았다. 말이나 개, 술에 열중할 때 말고는 딸이 자신의 시야에서 벗어나도록 허락하는 일이 거의 없었던 것이다. 이 딱한 신사는 딸의 요청을 들어준 대신 이웃 농부를 초대해서 외로움을 달랠 수밖에 없었다.

11
간신히 화를 면한 몰리 시그림
인간 본성에 깊이 파고들어가서 겨우 얻은 몇 가지 논평

그날 아침 웨스턴 씨의 말을 타고 사냥에 나섰던 톰 존스는 지주네 마구간에 자기 말이 없었으므로 부득이 집까지 걸어서 돌아와야 했다. 그러나 어찌나 서둘렀던지 3마일도 넘는 길을 30분도 채 안 되어 주파했다.

올워디 저택 정문에 막 도착했을 때, 몰리를 연행해 가는 경찰관과 구경꾼 무리와 맞닥뜨렸다. 그들이 그녀를 데려가는 곳은 열등한 사람들이 자신들보다 잘난 사람들에게 존경심과 경외심을 가져야 한다는 한 가지 교훈밖에 얻을 수 없는 그 건물이었다. 자신의 죄과 때문에 교정 받는 자와 그렇지 않은 자 사이에 운명의 여신이 뚜렷하게 그어놓은 선을 그들은 그 건물에서 뼈저리게 깨닫는다. 그 한 가지 교훈을 깨닫지 못한다면 그들은 그곳에서 다른 어떤 교훈도 배울 수 없거니와 윤리관을 향상할 수도 없다.

법률가라면 이 사건에서 올워디 씨가 다소 월권을 행사한 것이 아닌가 생각할지도 모른다. 사실 정식 고발이 있었던 것은 아니니 그가 취한 조치가 엄밀히 따져 정당한 것인가 하는 데에는 나도 의문이 든다. 그러나 그의 의도는 진정 정의로운 것이었으므로, '양심의 법정'에서 판단하자면 그에게 죄가 있다고는 할 수 없다. 세상에는 이 정도 변명의 여지도 없는 재판관들이 매일같이 수많은 독단적 판결들을 내리고 있으니 말이다.

톰은 경관으로부터 그들이 어디로 가고 있는지 듣자마자(듣기 전부터 대충 짐작은 했다) 모두가 보는 앞에서 몰리를 품에 부드럽게 끌어안으며, 그녀를 건드리는 사람은 누구든 바로 죽여 버리겠다고 단언했다. 그녀에게는 어디든 내가 따라갈 테니 눈물을 닦고 안심하라고 달랬다. 그런 다음, 모자를 벗고 부들부들 떨고 있는 경관에게 침착한 어조로 말하길, 잠깐이라도 좋으니 함께 아버지(그는 올워디 씨를 이렇게 불렀다)에게 돌아가자, 내가 그녀를 위해서 최선을 다해 변명하면 분명히 풀려날 수 있을 것이라고 했다.

안 그래도 톰이 요구만 한다면 기꺼이 죄인을 넘겨줄 태세였던 경관은 이 요구에 고분고분 따랐다. 이렇게 해서 그들은 올워디 저택 응접실로 돌아갔다. 톰은 자신이 돌아올 때까지 그곳에서 기다리라고 그들에게 이른 뒤, 직접 이 집 주인을 찾아 나섰다. 올워디 씨를 발견하자마자 톰은 그 발치에 몸을 던졌다. 부디 고정하시고 자신의 말을 들어 달라고 간청한 뒤, 몰리 배속에 든 아기의 아버지가 바로 자신임을 고백했다. 가엾은 소녀를 불쌍히 여기시고, 이 일에 죄가 있다면 모든 죄는 자신에게 있음을 고려해 달라고 애원했다.

올워디 씨가 노해서 대답했다. "'이 일에 죄가 있다면'이라고? 정녕 네 녀석은 하느님과 인간의 법 모두를 위반하며 불쌍한 소녀를 타락시키고 파멸로 몰아넣은 일이 죄악인지 아닌지도 모를 만큼 방탕하고 파렴치한 난봉꾼이란 말이냐? 아닌 게 아니라 모든 죄는 너에게 있다. 그것도 아주 무거운 죄야. 그 무게에 눌려 파멸할 거란 점을 각오해야 할 거다."

톰이 말했다. "제 운명이야 어떻게 되든 상관없습니다. 저 가엾은 소녀를 구하고자 하는 제 일념을 알아주세요. 제가 그녀를 타락시킨 것은 사실입니다. 하지만 그녀가 파멸할지 여부는 아버님께 달려 있습니다. 제발 수감 영장을 취소해 주십시오. 그런 곳에 수감된다면 그때는 정말로 그녀의 파멸을 막을 길이 없습니다."

올워디 씨는 그에게 즉시 하인을 부르라고 시켰다. 톰은 그럴 필요가 없다고 대답했다. 운 좋게도 정문에서 경관 일행을 만나, 아버지의 관대함을 믿고서 그들을 응접실로 데리고 왔으며, 지금 마지막 결정을 기다리는 중이라고 말했다. 부디 몰리에게 유리한 결정을 내려 부모 곁으로 돌아갈 수 있게 해달라고 간청했다. 그렇잖아도 몰리는 굴욕과 경멸을 받고 있으니 더는 그녀가 힘들어지지 않도록 해달라고 애원했다. "뻔뻔스런 청이라는 것은 저도 압니다. 다 제 탓이라는 것도 뼈저리게 알고요. 할 수만 있다면 벌도 달게 받겠습니다. 관용을 베푸시어 저를 용서해주신다면 그 관대함에 걸맞는 사람이 되어 보이겠습니다."

올워디 씨는 잠시 망설인 뒤 이렇게 말했다. "좋다, 수감 영장을 취소하마. 가서 경관을 데려오너라." 즉시 경관이 불려왔다가 도로 물러갔다. 소녀도 마찬가지였다.

두말할 필요도 없이 올워디 씨는 톰에게 엄중한 설교를 했다. 제1권에서 그가 제니 존스에게 설교한 내용을 충실하게 옮겨놓은 나로서는 새삼스럽게 이번 설교 내용을 전달해드릴 필요성을 느끼지 않는다. 그 대부분이 남녀를 불문하고 똑같이 적용되는 내용이기 때문이다. 뼛속까지 악인은 아닌 젊은이는 호된 꾸지람에 민감하게 반응했다. 톰은 자기 방으로 물러나 그날 저녁을 홀로 침울한 감상에 젖어 보냈다.

올워디 씨는 이번 존스의 비행에 몹시 화가 났다. 웨스턴 씨의 주장과 반대로, 이 고매한 신사는 여성과 방종한 쾌락을 결코 즐기지 않았으며, 따라서 타인이 저지르는 음란한 죄악을 크게 비난하는 사람이었던 것이다. 사실 웨스턴 씨가 확신한 내용에 진실은 한 점도 들어 있지 않다고 생각할 충분한 이유가 있다. 특히 그는 그런 비행 현장이 대학이라고 주장했는데, 올워디 씨는 결코 대학에 다닌 일이 없었다. 사실 이 선량한 지주는 어떤 농담을 지나치게 즐기는 경향이 있었다. 흔히 '호언장담'이라고 부르는 농담인데, 더 간단히 '허풍'이라 해도 좋을 것이다. 때로 우리는 이 짧은 단어를 다른 명칭으로 어렵게 부르는 경우가 너무 많다. 즉 종종 세상에서 재치나 해학이라는 단어로 통용되는 내용의 상당수는 용법상 엄밀히 따져볼 때 이 짧은 단어로 불려야 함이 옳다. 그러나 교양 있는 관습법에 순응하여 여기서는 이 단어의 사용을 자제하겠다.

올워디 씨는 이런저런 죄악을 몹시 혐오하는 사람이었지만, 그 혐오감에 눈이 멀어 죄인의 장점을 보지 못하는 일은 없었다. 그 죄인이 아무 죄도 저지르지 않았던 때를 볼 때처럼 장점은 장점으로서 명확하게 식별했다. 따라서 존스의 무절제한 행동에 화가 나면서도 그의 자기비난에 담긴 명예심과 정직함이 그에 못지않게 기뻤다. 그는 아마 독자 여러분께서도 품으셨을 견해와 똑같은 견해를 내심 이 청년에 대해 갖기 시작했다. 이 청년의 과오와 미덕을 저울에 재어볼 때 후자가 더 무게가 나가는 것 같이 느껴졌다.

따라서 블리펠에게 즉시 상세한 이야기를 전해들은 스웨컴이 톰에게 독설을 퍼부었을 때도 그는 전혀 흔들리지 않았다. 올워디는 그들의 공격을 끈기 있게 들은 뒤 냉담하게 대꾸했다. "톰 같은 성품을 지닌 청년은 종종 이런 죄악에 빠지기 쉽소. 하지만 내 꾸지람을 듣고 녀석도 진심으로 느끼는 바가 많았을 터이니 똑같은 잘못을 두 번 저지르는 일은 없을 거요." 그가 이렇게 나오는 이상 소년 때처럼 매질도 할 수 없게 된 가정교사는 자신의 입이라는 무기력하고 빈약한 복수 수단을 이용하는 것 외에 울분을 풀 방법이 없었다.

스퀘어는 그보다는 덜 과격하지만 훨씬 교활한 사람이었다. 그는 스웨컴보다 존스를 더 미워하는 사람이어서, 톰이 올워디 씨의 신용을 더 잃도록 공작을 꾸몄다.

독자 여러분께서는 제2권에서 이야기했던 자고새, 말, 성경책 등등 몇 가지 사소한 사건을 기억하실 것이다. 이 사건들은 올워디 씨가 존스에게 보내는 애정을 손상시키기는커녕 오히려 깊게 했다. 존스뿐 아니라 그 누구에 대해서든, 우정·관대함·고귀한 정신을 조금이라도 이해하는 사람이라면, 즉 마음속에 조금이라도 선량함을 지닌 사람이라면 누구나 올워디 씨처럼 느꼈으리라고 나는 믿는다.

스퀘어 자신도 이런 선량한 심성들이 올워디 씨의 고매한 가슴에 어떤 영향을 미쳤는지 모르는 바는 아니었다. 이 철학자는 스스로 덕행을 추구하지는 않았지만 그것이 무엇인지는 아주 잘 알았다. 그러나 어떤 이유에서인지는 모르지만, 스웨컴은 그런 생각을 품어본 적조차 없었다. 그는 존스를 악인으로 간주했으며, 올워디 씨도 같은 시각으로 보고 있을 거라고 상상했다. 한때 귀여워했던 소년을 자존심과 의지 때문에 감싸고 있을 뿐이라고 생각했다. 그러지 않으면 톰에 대한 과거 자신의 견해가 틀렸음을 암묵적으로 인정하는 꼴이 되기 때문이다.

어쨌든 이 기회에 스퀘어는 앞서 설명한 사건을 악의적으로 해석함으로써 존스의 가장 아픈 점을 찌르기로 결심했다. "유감스럽지만 나리나 저나 지금까지 속은 것입니다. 저도 우정에서 비롯된 행동이라고 생각하고 오히려 기뻐했었죠. 도가 지나친 감은 있었고, 그러다보면 결국 죄악이 되리라는 것도 알고 있었지만 아직 어리니 어쩔 수 없는 부분이라고 생각했지요. 나리나 저나 우정을 위한 거짓말이었다고 생각한 것이 실은 비열하고 저속한 욕망을 위해 진실을 매도한 행위였을 줄 꿈에나 생각했겠습니까? 이 젊은이가 사냥터지기 가족에게 친절하게 군 이유를 이제 확실히 아셨을 테지요. 아버지를 감싼 것은 딸을 타락시키기 위해서였고, 식구들을 굶주림에서 벗어나게 한 것은 그중 한 사람을 치욕과 파멸로 이끌기 위해서였던 겁니다. 이게 바로 그 우정이라는 겁니다! 이게 바로 그 자비란 겁니다! 리처드 스틸 경*5은 이렇게 말했지요. '진귀한 음식에 비싼 값을 지불한 대식가들은 관대라는 이름에 걸맞다.' 요컨대 우정이라는 이름에 현혹되는 것은 인간 본성의 나약함 때문이라는 겁니다. 저는 이제 다시는 그런 나약함에 굴복하지 않겠으며, 틀림없는 정의의 원칙과 똑같이 일치하지 않는 행위는 덕행으로 인정하지 않겠습니다."

선량한 올워디 씨는 그동안 그렇게 생각하지 않으려고 애써왔다. 그러나

---

*5 18세기 초의 유명한 수필가.

눈앞에서 지적을 당하고 보니, 성급한 게 아니라고 단정하기에는 몹시 신빙성 있게 느껴졌다. 실제로 스퀘어의 주장은 그의 가슴에 깊게 파고들었다. 그것이 만들어내는 동요가 상대방에게도 뚜렷이 보일 정도였다. 그러나 본인은 이것을 인정하려 들지 않고, 가볍게 한두 마디 대꾸하고는 얼른 다른 화제로 넘어가버렸다. 스퀘어가 톰이 정식으로 용서를 받기 전에 이런 주장을 한 것이 톰으로서는 행운이었다. 이 암시가 올워디 씨 마음에 최초로 존스에 대한 나쁜 인상을 심어놓았기 때문이다.

12
앞 장에 언급된 문제와 똑같은 원인에서 비롯되나 더 뚜렷한 내용

독자 여러분께서는 필자와 함께 소피아 이야기로 돌아가기를 거부하지 않으시리라 믿는다. 우리가 그녀와 헤어진 뒤, 그녀는 유쾌하지 못한 밤을 보냈다. 잠은 그다지 친구가 되어주지 않았으며, 꿈은 더 심했다. 아침이 되어 몸종 아너가 여느 때와 다름없는 시간에 시중을 들러 들어왔을 때, 이미 그녀는 일어나 옷까지 갈아입은 모습이었다.

시골에서는 2, 3마일 떨어져 사는 사람도 이웃이나 마찬가지라, 어떤 집에서 일어난 사건이 믿을 수 없을 정도로 빨리 다른 집에 전해진다. 하녀 아너도 몰리의 수치스러운 행실을 이미 들어 알고 있었다. 몹시 수다스러운 이 하녀는 여주인 방에 들어서자마자 이렇게 이야기했다.

"아가씬 어떻게 생각하세요? 일요일에 아가씨께서 교회에서 보고 예쁘다고 말씀하신 그 여자애 말이에요. 뭐 가까이서 보셨다면 예쁘다고는 안 하셨을 테지만, 어쨌든 그 애가 사생아를 가져서 판사님 앞에 끌려갔대요. 어쩐지 뻔뻔스럽고 천박한 얼굴이라고 생각했어요. 게다가 배 속의 아기를 존스 도련님 아기라고 말했다지 뭐예요. 사람들이 그러는데 올워디 씨가 머리끝까지 화가 나서 이제 존스 도련님을 안 보겠다고 했대요. 존스 도련님도 안됐긴 하지만, 그런 분수도 모르는 추녀랑 어울리셨으니 동정 받을 자격도 없어요. 하지만 그렇게 잘생긴 분이 집에서 쫓겨난다는 건 유감이에요. 그 계집애도 마음이 없진 않았을 걸요? 맹세해도 좋아요. 평소 몸을 함부로 놀리

는 애였거든요. 여자가 그렇게 적극적으로 나오는데 젊은 남자한테만 잘못 했다고 비난할 순 없죠. 그런 꼴이 되는 건 뻔한 거 아니겠어요? 사실 그런 난잡한 계집한테 손을 댄 건 품위를 깎아내린 일이었으니 어떤 결과가 벌어 지든 어쩔 도리 없지만요, 그래도 나쁜 건 그 타락한 계집이에요. 정말 그런 년들은 수레 꽁무니에 매달아놓고 채찍으로 실컷 갈겨줘야 해요. 그런 잘생 기고 젊은 도련님의 인생이 끝장나다니 정말 불쌍해요. 존스 도련님이 미남 이라는 건 아무도 부인 못할 거예요—"

하녀가 계속 말을 이으려는데 소피아가 전에 없는 험악한 목소리로 소리 쳤다. "나한테 왜 그런 쓸데없는 얘기를 하는 거야? 존스 도련님이 어떻게 되건 나랑 무슨 상관이라고? 내가 보기엔 너도 똑같아. 그리고 네 말을 듣 고 있자니 도련님의 상대가 네가 아니라서 분해 하는 것 같구나."

아녀가 말했다. "세상에! 아가씨가 절 그렇게 생각하실 줄은 몰랐네요. 전 누구에게든 그런 소릴 들을 짓은 하지 않았어요. 세상 모든 젊은 남자가 저 때문에 지옥에 떨어질 판이군요. 혹시 제가 그분한테 잘생겼단 표현을 해 서 그러시나요? 그건 저뿐만 아니라 모두가 하는 말이에요. 젊은 도련님을 잘생겼다고 칭찬하는 게 나쁜 일인 줄은 꿈에도 몰랐네요. 하지만 이제부터 는 결코 그렇게 생각하지 않을 거예요. 속이 예뻐야 겉이 예뻐 보이는 법이 니까요. 거지같은 년 같으니라고!"

"주제넘은 참견 말고, 아버지가 아침 식탁에 날 부르셨는지나 알아보고 와!" 소피아가 소리쳤다.

하녀는 크게 중얼거리며 방을 뛰쳐나갔다. "흥, 내 장담한다"라는 말은 분명히 들렸다.

아녀가 실제로 소피아가 암시한 의혹을 받을 만한 여자였는지 그 해답을 제시해 독자 여러분의 호기심을 충족시켜 드리고 싶지만 나에겐 그럴 능력 이 없다. 대신 소피아의 심경 변화를 보여드림으로써 보상하겠다.

독자 여러분께서는 존스 군에 대한 은밀한 사랑의 감정이 이 어린 숙녀의 가슴에 자신도 모르는 사이에 스며들었다는 사실과, 소피아가 미처 깨닫기 도 전에 그 감정이 꽤 크게 자라났다는 사실을 기억하실 것이다. 그녀가 처 음으로 그 징후들을 감지했을 때 그 느낌이 몹시 달콤하고 기분 좋아서 그녀 는 그것을 억제하거나 물리치겠다는 결심을 할 수 없을 정도였다. 이리하여 그녀는 사모의 정을 계속 품기만 할 뿐 한 번도 결코 그 결과를 생각해보지 않았다.

몰리 사건으로 그녀는 처음으로 깨달은 바가 있었다. 먼저 자신이 저지른 잘못을 깨달았다. 이 깨달음은 그녀의 마음을 크게 동요시켰지만, 구토유발제와 똑같은 효능을 발휘하여 몸속에서 병을 쫓아내주었다. 그 약효는 놀라울 정도로 신속했다. 하녀가 나가 있던 짧은 순간에 그녀는 완벽하게 모든 징후들을 물리쳤다. 하녀가 아버지의 호출 명령을 가지고 돌아왔을 때는 완전히 평정을 되찾고, 존스 군에게 완전히 무관심한 상태로 돌아와 있었다.

마음의 병은 아주 세세한 부분까지 몸의 병과 닮은 법이다. 그러니 우리가 존경해 마지않는 유능하고 권위 있는 의학 박사들도 여기서 우리가 부득이하게 차용한 몇 가지 의학 용어를 너그럽게 봐주시리라 믿는다. 그런 어휘들은 마땅히 그들의 전유물이지만, 그 용어들을 쓰지 않았더라면 내가 전달하고자 하는 의미를 다 설명하지 못했을 것이다.

마음의 병과 육체의 병의 가장 큰 유사점은 둘 다 한번 걸리면 재발하기 쉽다는 점이다. 이는 야망이나 탐욕 같은 지독한 병을 보면 잘 알 수 있다. 야망이 궁중에서 좌절함으로써 치료되었다가(이 병에는 좌절이 유일한 특효약이다) 순회재판소 배심원장 선거 때 재발하는 예를 나는 수도 없이 보았다. 또 6펜스 은화를 종종 적선할 만큼 탐욕을 극복했던 사람이 임종 자리에서, 자기 외동딸과 결혼한 장례업자를 상대로 곧 있을 자신의 장례식 문제를 놓고 논쟁을 벌인 끝에 유리한 약속을 얻어내 좋았다는 이야기도 들은 바 있다.

우리가 스토아 철학에 엄격하게 입각하여 다루려는 사랑이라는 병도 재발 경향이 두드러진다. 가엾은 소피아에게도 이런 현상이 발생했다. 다음에 존스를 보자마자, 앞서 설명한 징후들이 금세 되살아난 것이다. 그때부터 냉담한 감정과 뜨거운 격정이 번갈아가며 그녀의 마음을 장악했다.

이 숙녀의 심경은 전과 아주 다르게 변했다. 전에는 달콤하기만 했던 사랑의 감정이 이제는 마음을 물어뜯는 전갈이 되었다. 그녀는 온 힘을 다해 그 감정에 저항했으며, 이성(나이에 걸맞지 않게 놀랍도록 강인한)이 생각해낼 수 있는 모든 논리를 동원하여 그것을 억누른 채 쫓아내려고 했다. 이 시도들은 대성공을 거두었다. 이제 시간이 지나면 그런 감정들은 다시 모습을 감출 것이고, 자신은 완치될 거라고 생각했다. 그녀는 가능하면 톰 존스를 피하기로 결심했다. 그리고 아버지도 찬성하시리라 믿어 의심치 않으며, 고모네로 가 있겠다는 계획을 세웠다.

그러나 운명의 여신에게는 다른 계획이 있었다. 그녀는 다음 장에서 이야기할 사건을 발생시킴으로써 이 숙녀의 계획을 곧 허사로 만들어 버렸다.

13
소피아에게 일어난 끔찍한 사건
존스의 용감한 행동과 그 행동이 숙녀에게 미친 더욱 끔찍한 영향
여성들을 옹호하기 위한 여담

웨스턴 씨가 소피아를 사랑하는 마음은 나날이 커져서 이제는 그의 애견조차 그녀에게 자리를 내주어야 할 형편이었다. 그러나 그는 애견도 버리고 싶지 않았으므로 애견과 딸 모두 함께 시간을 보낼 수 있는 교묘한 방법을 생각해냈다. 즉 딸에게 말을 타고 함께 사냥에 가자고 강력히 요구한 것이다.

아버지의 말이 곧 법이었던 소피아는 기꺼이 그 뜻에 따랐다. 물론 그녀는 사냥을 조금도 즐기지 않았다. 그런 거칠고 남성적인 취미는 그녀의 기질에 맞지 않았다. 그러나 노신사를 따라 사냥에 나선 데에는 아버지에게 복종한다는 것 말고 또 다른 동기가 있었다. 목뼈가 줄곧 위험천만한 상황에 노출되는 일이 없도록 자신이 곁에서 아버지의 무모한 행동을 어느 정도 자제시킬 수 있으리라고 생각했던 것이다.

가장 큰 걸림돌은 전 같으면 오히려 그녀를 사냥터로 불러들였을 한 가지 상황, 즉 마주치지 않기로 결심했던 존스와 자주 만나야 한다는 것이었다. 그러나 사냥철도 끝날 무렵이었다. 고모네에 가 있는 동안 불행한 연모의 감정을 어떻게든 몰아내도록 스스로를 설득하여, 다음 사냥철이 왔을 때는 아무런 저항 없이 그를 마주할 수 있으리라 확신했다.

사냥에 따라나선 지 이틀째 되는 날 집으로 돌아오는 길에서였다. 웨스턴 씨 저택까지 얼마 남지 않은 지점이었다. 그날 그녀가 탄 말은 본디 성질이 난폭하여 좀 더 능숙한 기수를 태웠어야 했는데, 이 말이 느닷없이 껑충껑충 날뛰기 시작한 것이다. 그녀는 금방이라도 말에서 떨어질 것만 같았다. 조금

뒤처져 오던 톰 존스가 이 모습을 보고 그녀를 구하기 위해 날듯이 말을 몰고 달려왔다. 바로 옆까지 와서 말에서 훌쩍 뛰어내리더니 그녀가 탄 말의 고삐를 움켜쥐었다. 제멋대로 날뛰던 말이 뒷다리로 딛고 몸을 쳐들며 등에서 사랑스런 짐을 털어내 버렸다. 존스가 떨어지는 소피아를 양팔로 안았다.

공포에 질린 나머지 그녀는 다친 데는 없느냐고 묻는 존스에게 금방 대답도 못하는 지경이었다. 이윽고 정신이 들자, 자신은 무사하다며 도와주어서 고맙다고 말했다. 존스가 대답했다. "무사하시다면 그걸로 됐습니다. 맹세컨대 아무리 작은 위험이라도 당신을 거기에서 구할 수 있다면 전 지금 제가 당한 것보다 큰 불행도 감수할 수 있습니다."

소피아가 몹시 당황하여 외쳤다. "불행이라뇨? 설마 다치신 건 아니겠지요?"

존스가 대답했다. "걱정 마십시오. 그런 위험천만한 상황에서 무사히 벗어나신 걸 하늘에 감사해야죠. 제 팔이 부러지긴 했지만, 당신이 큰일을 당하는 건 아닐까 걱정한 것에 비하면 아무것도 아닙니다."

소피아가 비명을 질렀다. "팔이 부러졌다고요?! 맙소사!"

"유감스럽지만 그렇게 됐습니다. 하지만 먼저 당신을 모셔다드리도록 해주십시오. 아직 오른손은 쓸 수 있으니 다음 사냥터까지 모셔다드리죠. 그곳에서 아버님 저택까지는 걸어서 갈 수 있는 거리니까요."

소피아는 오른팔로 자신을 부축하고 걷는 동안 존스의 왼팔이 어깨에서 덜렁거리는 것을 보고 그의 말이 사실이라는 걸 의심치 않았다. 그녀는 방금 전 목숨에 위협을 느꼈을 때보다 더 창백해졌다. 팔다리가 부들부들 떨려서 존스가 그녀를 지탱하기 힘들 정도였다. 가슴도 심하게 두근거렸다. 그녀는 애정에 찬 시선을 존스에게 보내지 않을 수 없었다. 이 눈빛은 감사와 동정에 또 다른 강력한 감정이 더해지지 않고서는 그 어떤 상냥한 여성의 마음에서도 진심으로 우러나올 수 없는 강한 감정을 말해주고 있었다.

사건이 일어났을 때 꽤 앞서 가고 있던 웨스턴 씨가 다른 기수들과 함께 되돌아왔다. 소피아는 즉시 존스의 부상 소식을 알리고, 치료를 해달라고 부탁했다. 방금 전, 딸이 탔던 말이 주인 없이 뛰어오는 것을 보고 깜짝 놀랐던 웨스턴 씨는 이 말을 듣고 딸이 무사하다는 것을 알자 몹시 기뻐하며 소리쳤다. "이만하길 천만다행이다. 톰의 팔이 부러졌다면 소목장이를 불러 고치면 될 일이야."

웨스턴 씨는 말에서 내려 딸과 존스를 데리고 집으로 돌아갔다. 편견 없는 제삼자가 도중에 그들을 만나 세 사람의 얼굴을 보았다면 소피아만이 동정의 대상이라고 판단했을 것이다. 존스는 뼈 하나 부러지는 대가를 치르고 이 숙녀의 목숨을 구했다는 사실에 크게 기뻐했고, 웨스턴 씨는 존스에게 일어난 사고를 걱정 안 하는 바는 아니었지만, 딸이 운 좋게 재난을 피했다는 사실을 더 기뻐하고 있었기 때문이다.

너그러운 소피아는 이러한 존스의 행동을 위대한 용기라고 생각하고 크게 감동했다. 예로부터 용기만큼 여성으로 하여금 남성을 존경하게 만드는 자질은 없다. 통설로는 그것은 여성이 지닌 타고난 소심함에서 비롯된다. 오스본 씨*6는 "여자는 하느님이 만드신 피조물 가운데 가장 겁이 많은 존재"라고 했다. 이 견해는 그 진위 여부보다 노골적인 언사이기 때문에 주목할 만하다. 이와 반대로 아리스토텔레스는 《정치학》에서 여성을 공평하게 평가했다. 즉 "남성의 겸손함과 용기는 여성의 그것과 다르다. 여성에게 어울리는 용기가 남성에게는 겁이 되고, 남성에게 어울리는 겸손함이 여성에게는 뻔뻔함이 된다"고 말했다. 여성이 용감한 남성에게 호의를 보이는 경향을 여성들의 과도한 공포심 탓으로 돌리는 견해도 본질을 꿰뚫은 생각이라고는 말하기 힘들다. 베일 씨*7는(아마 헬렌에 관한 기사에서였을 것이다) 이런 경향을 여성의 격렬한 명예욕 탓으로 돌렸는데, 이쪽이 진실에 가깝다. 인간의 본성을 들여다보는 깊은 통찰력을 지닌 호메로스도 아내들에게 사랑 또는 정조관념의 귀감을 보여주는 《오디세이》에서 여주인공을 묘사하며, 그녀가 남편에게 애정을 보인 유일한 근거가 남편이 지닌 명예라고 설명하여*8 이 주장을 뒷받침하지 않았던가.

아무튼 이 사건이 소피아에게 매우 강한 인상을 주었음은 분명했다. 또 곰곰이 따져본 결과 나는 이 사건을 계기로 아름다운 소피아도 존스 마음에 깊은 인상을 주었다고 확신한다. 사실을 말하자면, 그도 얼마 전부터 그녀가 지닌 매력에 저항하기 힘든 힘을 의식하기 시작했던 것이다.

---

*6 당시 런던에서 활동하던 편집자 토머스 오스본으로 추측됨.
*7 프랑스 비평가 피엘 베일(1647~1706 추정).
*8 영어 번역본을 읽는 독자 여러분은 역서에서 이 부분을 발견할 수 없을 것이다. 이 견해는 번역서에는 완전히 생략되어 있다.

14
외과의사 도착—치료, 소피아와 하녀의 긴 대화

웨스턴 저택 응접실에 도착하자 가까스로 몸을 지탱하며 비틀비틀 걸어왔던 소피아는 의자에 풀썩 주저앉았다. 강장제와 물 덕분에 기절만은 예방할 수 있었다. 존스를 위해 부른 의사가 도착했을 때 그녀는 웬만큼 기운을 회복한 상태였다. 웨스턴 씨는 딸의 이런 증상이 말에서 떨어진 탓이라고 생각하고 예방의 의미로 즉시 사혈을 하라고 권했다. 이 주장에 외과의사도 동의했다. 의사는 피를 빼야 하는 이유를 몇 가지나 들며, 사혈을 하지 않았다가 목숨을 잃은 사례들을 수없이 제시했다. 지주는 딸에게 즉시 사혈 조치를 받으라고 더욱 끈질기고 단호하게 재촉했다.

소피아는 전혀 그럴 마음이 없었지만 이내 아버지 명령에 굴복했다. 그녀 생각에 자신이 받은 충격은 지주나 의사가 생각하는 것만큼은 아니었기 때문이다. 어쨌든 그녀는 아름다운 팔을 내밀었고, 의사는 시술 준비에 들어갔다.

하인들이 시술 재료들을 준비하느라 분주한 동안, 소피아가 망설이는 이유를 두려움 때문이라고 생각한 외과의사는 조금도 위험하지 않다며 자신 있게 그녀를 위로했다. 아무것도 모르는 돌팔이 의사가 아니라면 사혈 중에 어떤 사고도 일으키지 않으므로 지금은 전혀 그럴 걱정이 없다고 분명히 말했다. 소피아는 조금도 무섭지 않다고 말하며 이렇게 덧붙였다. "잘못해서 제 동맥을 딴다 해도 절대로 불평하지 않겠어요." 웨스턴 씨가 고함을 질렀다. "무슨 소릴 하는 거냐! 나는 그렇게 못한다. 널 조금이라도 다치게 하는 날엔 이 의사의 심장에서 피를 모조리 빼내 버리겠어!" 의사는 이런 조건으로 사혈에 동의하고 시술에 들어갔으며, 약속대로 아주 능숙하고 신속하게 시술을 마쳤다. 한 번에 많은 피를 뽑는 것보다 반복해서 뽑는 게 훨씬 안전하다고 말하면서 아주 조금밖에 뽑지 않았기 때문이다.

팔에 붕대감기가 끝나자 소피아는 물러갔다. 존스를 수술하는 장면을 지켜보고 싶지 않아서였다(게다가 엄밀히 말해 품위 있는 행동도 아니었다). 사실 그녀가 사혈하고 싶지 않았던 유일한 이유는(입 밖으로 내진 않았지만) 그로 인해 존스의 접골 시술이 지연된다는 것이었다. 웨스턴은 소피아와 관련된 일에서는 다른 일은 안중에도 없었고, 존스는 "인내의 동상처럼 슬픈 미소를 띠고 가만히 앉아 있었던"*9 것이다. 실제로 소피아의 사랑스러운 팔에서 피가 솟아나오는 것을 보자 톰은 자기가 입은 부상 따위는 까맣게 잊고 말았다.

의사는 환자에게 웃옷을 벗으라고 지시했다. 그런 다음 팔을 다 드러내놓고 쭉 펴서 이리저리 살폈다. 존스는 너무 고통스러워서 몇 차례 얼굴을 찡그렸다. 그 모습을 본 의사가 자못 이상하다는 얼굴로 외쳤다. "왜 그러시죠? 아플 리 없는데요." 그러고 나서 부러진 팔을 든 채로 아주 길고 심오한 해부학 강의를 늘어놓았다. 단순 골절과 복합 골절에 대한 매우 정확한 고찰을 한 뒤, 팔이 이래서 부러졌을 것이다, 저래서 부러졌을 것이다 하며 골절 원인을 여러 가지로 늘어놓는 와중에 이렇게 부러졌다면 이렇게 심하진 않을 텐데, 저렇게 부러졌다면 더 심했을 텐데 하는 등 적절한 주석을 붙여 주절주절 논평했다.

그의 장황한 설명이 마침내 끝났다. 그동안 청중들은 열심히 귀를 기울이고 감탄을 하며 들었지만 딱히 남는 것은 없었다. 실은 이 일장연설의 한 도막도 이해하지 못했던 것이다. 어쨌든 그는 시술을 시작했는데, 그때까지 뜸들인 것에 비해 시술 자체는 순식간에 끝났다.

존스는 침대로 가서 누우라는 지시를 받았다. 웨스턴 씨는 존스더러 이 집에 누워 있으라고 강력하게 권유하며, 음식으로는 묽은 죽만 먹으라고 선고를 내렸다.

접골을 하는 동안 홀에서 지켜보던 구경꾼들 가운데 하녀 아너도 끼어 있었다. 그녀는 시술이 끝나자마자 여주인의 부름을 받았다. 여주인이 톰의 상태를 묻자, 그가 보여 준 의연함에 대해 입에 침이 마르도록 찬사를 늘어놓았다. "게다가 잘생기기까지……. 정말 반해버리겠어요." 그녀는 그의 아름다움을 점점 열렬히 찬양하며 시시콜콜한 이야기를 쏟아내더니 마지막으로 그 백옥 같은 피부를 칭찬하며 끝맺었다.

이 보고를 듣는 동안 소피아의 표정이 점점 변했다. 이 재기발랄한 하녀가 혀를 놀리는 도중 단 한 번이라도 여주인의 얼굴을 보았더라면 분명히 그 변화를 놓치지 않았을 것이다. 그러나 마침 바로 정면에 놓인 거울에서 어떤

---

*9 셰익스피어의 희곡 《십이야》 2막 4장 117~118행.

사물보다 하녀 자신의 얼굴이 가장 잘 들여다보이는 바람에, 이야기하는 내
내 자신의 그 사랑스러운 모습에서 한 번도 눈을 떼지 않았다.

아녀가 이야기의 주인공과 눈앞에 비친 자기 모습에 완전히 몰입한 덕분
에 여주인은 혼란스러운 감정을 추스를 수 있는 시간을 얻었다. 침착함을 되
찾자 소피아는 하녀에게 미소를 지어보이며 말했다. "너, 그분한테 빠졌구
나." 아녀가 대꾸했다. "제가 사랑에 빠졌다고요, 아가씨?! 맹세컨대 아가
씨, 진심으로 아가씨, 단연코 아가씨, 절대로 그런 일 없습니다."

"사랑에 빠진 게 뭐 어때서? 조금도 부끄러워할 일이 아니잖아. 그는 분
명히 멋진 남자야."

"맞아요, 아가씨. 제가 본 남자 가운데 가장 잘생긴 남자예요. 정말 그래
요. 신분차이는 나지만, 아가씨 말씀대로 사랑에 빠진 건 부끄러운 일이 아
니에요. 말이야 바른 말이지, 지체 높으신 분들도 우리 하인들하고 똑같은
사람인 걸요. 게다가 존스 도련님은 올워디 나리 덕분에 멋진 신사가 되셨지
만 태생은 저보다 안 좋은 게 사실이지요. 우리 집은 비록 가난하지만 저는
성실한 집안의 딸이고, 부모님은 정식으로 결혼식을 올리셨으니까요. 신분
이 높다고 아무리 뻐긴들, 부모가 정식으로 식을 올린 사이라고 떳떳하게 말
하지 못하는 사람도 있지요. 말하고 보니 정말 그러네! 그분 피부는 정말
하얘요. 정말로 그렇게 하얀 살결은 처음 봐요. 하지만 저나 그분이나 똑같
은 그리스도 신자이고, 저더러 비천한 태생이라고 말할 수 있는 사람은 아무
도 없어요. 우리 할아버지는 목사님*10이셨는데, 당신 자손이 몰리 시그림
따위랑 부정한 짓을 저지른 사람하고 교제한다는 생각을 하셨다면 무척 화
를 내셨을 거예요."

하녀의 말을 가로챌 충분한 기력이 부족했던 소피아는 그녀가 이런 식으
로 계속 지껄여대도록 내버려둘 수도 있었다. 독자 여러분께서도 하녀의 말
을 막는 일이 그리 쉬운 일이 아니라는 점은 짐작하실 것이다. 그러나 아녀
의 말 속에는 이 숙녀의 귀에 거슬리는 내용이 분명히 들어 있었다. 그래서
소피아는 격류처럼 끝도 없이 마구 쏟아지는 이 시끄러운 말들을 중지시키

---

*10 낮은 신분으로 성직에 종사한 사람은 이 작품에서 이로서 두 번째이다. 장래에는 하급목
    사 가족에게 어떠한 형태로든 수당이 지급되어 이러한 실례가 지금보다 줄어들기를 간절
    히 소망한다.

며 말했다.

"네가 감히 어찌 내 아버지의 친구에게 그런 무례한 말을 할 수 있는지 어처구니가 없구나. 내 앞에서 다시는 그 여자애 이야기를 입에 올리지 마. 그리고 도련님의 출생에 관해 그분에게 불리한 더 확실한 증거를 알아내지 못한 사람은 그만 입을 다무는 게 좋을 거야. 너도 앞으로 그랬으면 좋겠고."

아너가 대꾸했다. "맘 상하셨다면 죄송해요. 몰리 시그림을 미워하는 마음은 저도 아가씨 못지않답니다. 그리고 존스 도련님을 욕한 것 말인데, 사생아 이야기가 나올 때마다 제가 그분 편을 든다는 건 이 집에 있는 모든 하인이 증언해 줄 겁니다. 제가 하인들한테 늘 말하거든요. 너희도 신사가 될 수 있다면 기꺼이 사생아가 되지 않겠느냐고요. 그분은 분명히 훌륭한 신사이고 세상에서 가장 결백한 분이라고요. 정말 결백한 분이죠. 매우 따뜻하고 선량한 심성을 지닌 분이고, 이 마을에 있는 모든 하인과 이웃들이 그분을 좋아한다고요. 또 한 가지 말씀드리고 싶은 게 있습니다만, 아가씨가 불쾌해하실까봐 걱정이 되는군요."

"무슨 얘긴데, 아너?"

"아무것도 아니에요, 아가씨. 그분께서도 나쁜 의도로 그런 것이 아닐 거예요. 아가씨를 불쾌하게 하고 싶지 않아요."

"어서 말해봐. 지금 당장 알아야겠어."

"실은 말이죠, 아가씨. 지난주 어느 날 제가 일을 하고 있는데 그분이 방으로 들어오셨어요. 의자 위에 아가씨의 토시가 놓여 있었는데 그분이 그 안에 손을 넣어 보는 거예요. 아가씨께서 바로 어제 제게 주신 그 토시죠. 저는 '존스 도련님, 아가씨 토시가 늘어나서 다 망가지겠어요' 했어요. 그런데도 그분은 손을 빼지 않고 토시에다 입까지 맞추는 게 아니겠어요? 그런 입맞춤은 처음 보는 것이었어요."

"내 토시인 줄 몰랐나보지." 소피아가 대꾸했다.

"끝까지 들어보세요, 아가씨. 그분은 몇 번이고 되풀이해서 입 맞추고는, 세상에서 가장 예쁜 토시라고 말했어요. 제가 '도련님, 그건 백 번도 더 본 토시 아닌가요?' 했더니 '맞아, 아너. 하지만 아가씨 옆에 있으면 그 어떤 것도 예뻐 보이지 않는군' 하시잖겠어요? 그뿐만이 아니에요. 하지만 모쪼록 기분 나빠하지는 마세요. 그분한테 나쁜 뜻이 있어서 그런 건 아니니까요.

언젠가 아가씨께서 주인님께 하프시코드를 연주해드릴 때였어요. 존스 도련님은 옆방에 계셨는데 어쩐지 우울해 보이시더라고요. 제가 '어머, 존스 도련님. 무슨 일 있으세요? 무슨 생각을 그리 하세요?' 했더니, 꿈에서 깬 듯스윽 일어나서 말하셨어요. '저 천사 같은 아가씨의 연주를 듣고 무슨 생각을 할 수 있단 말이냐?' 그러고는 제 손을 쥐고 말씀하셨죠. '오! 아너, 아가씨 곁에 있는 웨스턴 씨는 얼마나 행복한 분이냐!' 그러면서 한숨을 내쉬었지요. 정말로 그분의 숨결은 꽃다발처럼 향기로웠어요. 어쨌거나 그분한테 나쁜 의도는 없어요. 그러니 아가씨께서도 이 일을 아무한테도 말씀하지 마세요. 그분께서 누구에게도 말하지 말라며 저에게 크라운 은화를 한 닢주시고, 어떤 책에 손을 올리고 맹세를 시키셨거든요. 성경책은 아니었던 것 같지만."

주홍색보다 더 아름다운 붉은색이 발견될 때까지는, 나는 이때 나타난 소피아의 얼굴빛을 무슨 색이라고도 표현할 수 없다. 소피아가 말했다. "아……너, 이 이야기를 다시는 않는다면…… 어느 누구에게도 말하지 않는다면 너를 버리지 않겠어. ……그러니까 화를 내지 않겠다는 말이야. 하지만 네 혀는 믿을 수가 없구나. 왜 그렇게 함부로 혀를 놀리니?"

아너가 대답했다. "아니에요, 아가씨. 아가씨 마음을 상하게 하느니 차라리 제 혀를 뽑아 버리겠어요. 아가씨께서 말하지 말라고 하시면 절대로 단한 마디도 하지 않겠어요."

"물론 말해선 안 되지. 아버지 귀에 들어가는 날이면 아버진 존스 도련님한테 화를 내실 테니까. 네 말대로 그분한테 나쁜 뜻이 있던 건 아니라고 생각하지만 나도 화가 나는걸."

"물론 나쁜 뜻은 전혀 없죠. 무의식중에 튀어나온 말일 거예요. 그분도 그러셨어요. 지금 제정신이 아닌 것 같다고. 제가 그래 보인다고 하자 그분도 동의하셨지요. 어쨌든 아가씨, 부디 용서하세요. 아가씨를 불쾌하게 하다니, 정말 이 혀를 뽑아 버리고 싶을 지경이에요."

"계속 얘기해 봐. 아직 이야기하지 않은 게 있다면 전부 털어봐."

"도련님이 말했어요. '그래, 아너(이건 조금 지나서 제게 은화를 준 뒤 한 말이죠), 나는 아가씨를 여신으로밖에는 생각하지 않아. 난 바보나 악당이 아니거든. 나는 살아 있는 한 아가씨를 여신으로서 받들고 숭배할 거야.' 이게 전부예요. 제가 기억하는 한 맹세코 이게 전부랍니다. 저도 처음에는 화가 났지만, 마침내 도련님한테 다른 뜻은 없다는 걸 깨달았죠."

"오, 아녀. 넌 나를 진심으로 사랑하는구나. 요전에 너한테 화나는 일이 있어서 널 해고해 버리겠다고 말했지만, 이 집에 계속 있고 싶다면 그래도 좋아."

"당연하죠, 아가씨. 아가씨와 헤어지고 싶은 생각은 눈곱만큼도 없어요. 아가씨께서 절 해고하겠다고 하셨을 땐 정말이지 눈알이 빠지도록 울었답니다. 이 댁에서 나가고 싶다는 생각은 정말 배은망덕한 생각이에요. 여기보다 좋은 곳은 또 없을 겁니다. 전 죽을 때까지 아가씨 곁에 있겠어요. 가엾은 존스 도련님 말마따나 아가씨 곁에 있는 사람이야말로 정말 행복한—"

이때 저녁식사 벨이 울려 대화가 중단되었다. 이 대화에서 몹시 큰 충격을 받은 소피아는 오전에 사혈했던 일을 당시는 꿈에도 생각지 못했을 만큼 감사하게 생각했다. 그녀의 현재 심리 상태에 대해서는 호라티우스가 만든 법칙을 고수하여 아예 묘사를 시도하지 않기로 하겠다. 도저히 완벽하게 표현해낼 수 없을 것 같으니 말이다. 대부분의 독자 여러분께서는 그녀의 심경을 쉽게 상상하실 수 있을 것이다. 상상하지 못하는 소수의 독자는 내가 아무리 그 심리를 잘 그려내더라도 그것을 이해하시지 못하거나 묘사가 부자연스럽다고 등을 돌리실 것이다.

제5권
6개월 남짓한 기간에 벌어진 사건

1
권두서언의 진지함과 그 목적

생각건대 이 방대한 작품에서 필자가 엄청난 노력을 기울여 서술한 부분일수록 독자 여러분께서는 재미없게 느끼시지 않을까? 그리고 각 권 앞머리에 붙은 짤막한 논평이 바로 그런 부류에 속하지 않을까? 하지만 우리는 이런 서사시의 선봉자로서 이런 종류의 작품에는 그런 권두서언이 반드시 필요하다고 판단했다.

엄밀히 말해 우리에게는 이와 같은 판단을 내린 이유를 설명할 의무가 없다. 우리는 산문 형식으로 서술된 모든 희극 서사시에는 준수해야 할 법칙이 있다고 규정했는데, 이 설명만으로 충분한 이유가 판단될 것이다. 극작품에는 시공일치*1라는 까다로운 법칙이 필수요소로서 확립되어 있는데, 그 이유가 무엇이냐고 따지고 드는 사람이 어디 있던가? 극에서 하루가 아니라 이틀을 다루면 안 되는 이유가 무엇인지, 관중이(그들에게 유권자들처럼 공짜 여행을 시킨다는 가정 아래) 5마일이 아니라 50마일을 여행해서는 안 되는 이유가 무엇인지, 고대 비평가를 붙들고 물어본 사람이 있는가? 연극은 5막을 넘어서도 모자라서도 안 된다는 고대 비평가의 제한 규칙을 해명한 평론가가 있던가? 또 근대 영국의 연극 검열관들이 연극을 '저급'하다고 비판하며 경사스럽게도 모든 재치와 해학을 무대에서 추방하는 데 성공하여 극장을 응접실처럼 따분한 곳으로 만들어 버렸을 때, 당시 현존했던 사람 가운데

---

*1 아리스토텔레스가 《시학》을 발표한 이래, 문예부흥기의 비평가들이 주장한 이른바 '희곡의 삼단일치법칙'이 매우 귀중하게 여겨졌다. 즉 사건은 24시간 이내 벌어져야 하고, 모든 사건은 같은 장소에서 일어나야 하며, 연극은 5막으로 구성되어야 한다는 법칙이다.

그 '저급'이란 단어가 어떤 뜻인지 설명하려고 시도한 사람이 있었던가? 이런 사실을 종합해볼 때, 세상은 주어진 법칙에 그저 순응하는 것처럼 보인다. 그야말로 "Cuicunque in arte sua perito credendum est(그 분야 전문가에게는 무조건 따라야 한다)"이다. 예술에서든 학문에서든 어떤 근거도 없이 독단으로 법칙을 제정할 만큼 뻔뻔스러운 사람이 있으리라고는 도저히 생각되지 않는 모양이다. 따라서 위와 같은 경우, 불행하게도 우리는 그게 뭔지도 모르면서, 그런 법칙이 제정된 데에는 충분히 훌륭한 이유가 있을 거라고 쉽게 결론 내린다.

사실 세상 사람들은 비평가들에게 지나치게 많은 찬사를 드리며, 그들을 실제보다 훨씬 심오한 사람들로 상상한다. 이런 지나친 존경을 받고 대담해진 비평가들은 자기들에게 독재 권력이 있다고 착각하여 우쭐한 나머지, 지금은 주인 행세를 하며 뻔뻔스럽게도 작가들에게 법칙을 부여하고 있다. 본디 선대 작가들에게 법칙을 부여받던 사람들이 말이다.

엄밀히 따져 비평가란 서기에 불과하다. 어느 분야에건 비상한 능력으로 입법자가 되어 군림하는 위대한 재판관들이 있기 마련이며, 그들이 제정한 규칙과 법칙을 기록하는 것이 서기의 역할이다. 고대 비평가들은 이보다 많은 역할을 바라지 않았다. 그들이 감히 본디 재판관의 것인 권위를 차용하여 선고하는 일은 절대로 없었다.

그런데 세월이 흘러 무지의 시대가 찾아오자 서기가 주인의 권한을 침범하여 그 권위를 자칭하기 시작했다. 이제 창작의 법칙은 작가의 경험에 근거하지 않고 비평가의 의도대로 결정된다. 서기는 입법자가 되었다. 처음에는 기록만 하는 역할이었던 자들이 무엄하게도 규칙을 만들게 되었다.

바로 여기서 명백하고 불가피한 과오가 생겨났다. 무능력하고 천박한 비평가들이 단순한 형식을 실제 핵심 내용으로 오해해 버린 것이다. 그들은 생명력 없는 법조문 글자에만 집착하고 그 안에 든 법의 정신은 무시하는 재판관처럼 행동했다. 위대한 작품에서 어쩌다 보이는 사소한 상황이 그 작가의 으뜸가는 장점으로 평가되고, 후세 작가들이 반드시 지켜야 할 의무 사항으로서 전해졌다. 이런 월권행위에, 사기술의 후원자인 세월과 무지가 힘을 실어주었다. 훌륭한 창작을 위한 많은 규칙이 이렇게 해서 탄생했다. 진리나 본질에 아무런 근거도 두지 않는 이 규칙들은 대개 창작 재능을 억압하고 구속하는 것 말고는 하는 일이 없다. 춤 기술에 관한 수많은 훌륭한 논문에서 팔다리를 쇠사슬로 묶고 춤을 추어야 한다는 법칙이 나와 있다면 제아무리 춤의 대가라 할지라도 거기에 구속될 수밖에 없을 텐데, 바로 그와 같은 상황이다.

따라서 우리는 ipse dixit(독단)—사실 우리는 이 단어에 아무런 존경심도 품고 있지 않다—에만 근거하여 후손에게 물려줄 규칙을 만들었다는 비난을 피하기 위하여, 앞서 변호한 특권을 포기하고, 작품 사이사이에 본문에서 벗어난 논문을 삽입한 이유를 독자 여러분께 분명히 밝히려 한다.

그러자면 불가피하게 새로운 지식 영역을 개척해야 한다. 내가 기억하는 한 고대와 현대를 막론하고 그 영역을 깨달은 작가는 있을지언정 자세하게 논한 사람은 없다. 바로 '대조'인데, 이것은 모든 창작 작품에서 인공과 자연을 불문하고 우리가 미의 관념을 형성하는 데 커다란 기여를 한다. 어떤 사물의 아름다움이나 우월성을 증명할 때 그것과 반대되는 대상물을 제시하는 것만큼 좋은 방법은 없다. 대낮의 아름다움과 여름의 아름다움은 밤과 겨울의 무시무시함과 비교할 때 한층 돋보인다. 어떤 사람이 대낮과 여름만 볼 수 있다면 그는 그 아름다움에 대해 매우 불완전한 개념만을 갖게 될 것이다.

분위기가 너무 진지해지는 것 같으니 이만 다음으로 넘어가겠다. 세계 제일의 미녀가 있어도, 추녀를 본 적 없는 남자의 눈에는 그 매력이 대부분 빛을 잃고 말 것임은 의심할 바 없는 사실이다. 숙녀들도 이런 이치를 잘 아는지, 어떻게든 자신을 돋보이게 해줄 여자들을 곁에 두려고 기를 쓴다. 아니, 그들은 스스로 그런 역할이 되기도 한다. 내가 관찰한 바로는(특히 바스 지방에서) 그들은 저녁 때 자신의 아름다움이 한결 돋보일 수 있도록 오전에는 되도록 추하게 보이려고 애쓴다.

이론적 지식은 어떤지 모르나, 대부분의 예술가는 이 이치를 체험을 통해 알고 있다. 보석 세공인은 아무리 화려한 보석일지라도 그것을 돋보이게 해줄 바탕이 필요하다는 것을 알고, 화가는 절묘한 인물 대조로 종종 큰 갈채를 얻어낸다.

우리나라의 한 위대한 천재가 이 사실을 완벽하게 증명해준다. 나는 그를 그 어떤 평범한 예술가 부류에도 집어넣을 수 없다. 그야말로 "Inventas qui vitam excoluere per artes(창작 예술로 인생을 풍요롭게 만든 사람)"이라 불릴 자격이 있기 때문이다. 바로 영국식 무언극이라 부르는 절묘한 오락을 창안해낸 사람*²이다.

이 오락은 2부로 구성되는데, 창안자는 이것을 각각 '정극부'와 '희극부'라는 이름으로 구분했다. 정극부에는 일정한 수의 이교신과 영웅들이 등장하는데, 이들은 역대 등장인물들 중 분명히 가장 지루한 자들이다. 그런데 놀랍게도(극소수만 아는 비밀이지만) 이들은 처음부터 희극부를 대조적으로 돋보이게 할 의도로 만들어진 인물들이다. 이들 덕분에 어릿광대의 우스꽝스런 몸짓이 한층 빛을 발하는 셈이다.

이런 역할은 수많은 신과 영웅에 대한 예우가 아닐 것이다. 그러나 이 책략은 매우 재치 있고 적절했다. '정극부'와 '희극부'라는 명칭 대신 '지루한'과 '더 지루한'이라는 표현을 쓴다면 대조는 더욱 명확해질 것이다. '희극부'도 난생 처음 보는 것이라고 생각될 만큼 따분한 무대이며, 이것을 돋보이게 해줄 수 있는 유일한 것은 세상에서 비교 대상이 없을 만큼 극도로 따분한 정극부이기 때문이다. 여기 등장하는 신들과 영웅들이 어찌나 못 견디게 진지한지 할리퀸(이 이름으로 불리는 영국 신사는 프랑스 가문과 전혀 무관하다. 영국 신사 쪽이 훨씬 진지하다), 즉 어릿광대의 등장은 관객을 더 따분한 인물들로부터 해방시켜준다는 의미에서 반드시 환영받는다.

현명한 작가들은 늘 이 대조 기술을 이용하여 대성공을 거두었다. 나는 일찍이 호메로스가 이용한 이 기술을 호라티우스가 공격하는 것을 보고 놀란 적이 있다. 그러나 호라티우스 자신도 다음 시행에서 스스로 모순점을 드러냈다.

Indignor quandoque bonus dormitat Homerus; Verum operi longo fas est obrepere somnum.
(위대한 호메로스의 붓이 잠들었다면 개탄할 일이다. 하지만 때로 장편에 잠이 침투하는 것은 오히려 당연하다.)

이때 잠을, 그렇게 해석한 사람도 있을지 모르겠지만, 작가가 집필 중에

---

*2 당시 극단의 재인 존 리치(1692~1761)를 가리킴. 뒤이어 설명이 나오지만, 필딩은 그가 창작한 무언극의 대부분을 좋아하지 않았다.

진짜로 잠드는 것으로 해석해서는 곤란하다. 독자는 책을 읽다 곧잘 잠들지만 작가 본인은 집필에 열중하다 보면 조금도 졸리지 않은 법이다. 올드믹선의 작품처럼 긴 작품을 집필할 때일지라도 그렇다. 포프 선생의 말처럼 올드믹선은 "자신은 자지 않고 독자들에게 졸음을 주려고 했다."

사실 졸음을 유발하는 그런 장면은 대조적으로 다른 부분을 돋보이게 할 목적으로 심각함을 절묘하게 쥐어짜낸 부분이다. 타계한 어느 익살스런 작가가 자기 작품에서 지루한 부분이 나오면 반드시 그 뒤엔 무슨 의도가 숨어 있는 것으로 생각해달라고 한 말의 진의도 바로 거기에 있다.

바로 이런 점을 감안하면서, 또는 무시하면서, 독자분들께서는 이 작품의 권두서언들을 고찰하시기 바란다. 이만큼 주의를 준 데다, 권두서언을 일부러 지루하게 쓰려고 노력하겠노라고 선언한 이상, 독자 여러분이 이 작품에서 권두서언 말고도 지루한 부분이 꽤 많지 않느냐고 생각하신다면 과감히 첫 장을 건너뛰고 제2장부터 읽으셔도 좋다.

2

침거 중에 존스 군이 맞은, 많은 친절한 방문객들
육안으로는 보기 힘든 아주 미묘하고 섬세한 사랑의 접촉들

톰 존스는 병상에 누운 동안 많은 문병객을 맞았다. 물론 그중에는 그다지 반갑지 않은 손님들도 있었다. 올워디 씨는 거의 날마다 찾아왔다. 그는 톰이 당한 재난을 불쌍히 여기고, 그 원인이 된 용감한 행동을 크게 칭찬했다. 그러면서도 지금이야말로 톰이 자신의 경솔한 행동을 진지하게 반성할 수 있는 좋은 기회이며, 그를 위한 유익한 충고를 하기에 지금만큼 적절한 시기는 없으리라고 생각했다. 지금이라면 부상의 고통으로 마음이 약해지고 위험에 놀란 상태여서, 쾌락을 좇을 때와 같이 끓어 넘치는 열정 때문에 주의가 산만해지는 일도 없을 것이기 때문이었다.

따라서 이 고매한 신사는 청년과 단둘이 될 때마다, 특히 톰의 마음이 완전히 평온한 상태일 때를 놓치지 않고 과거 비행들을 상기시켰다. 그러나 그 태도는 어디까지나 아주 부드럽고 상냥했으며, 앞으로는 더 신중해야 한다

는 충고를 이끌어내기 위한 전제에 불과했다. "네가 행복해질지 불행해질지
는 전적으로 네 마음가짐에 달렸다. 앞으로 날 실망시키지만 않는다면 양아
버지로서 나의 호의를 계속 기대해도 좋을 것이야. 지나간 일은 모두 용서하
고 잊으마. 그러니 이번 일을 거울삼아 전화위복의 기회로 삼아라."

스웨컴도 톰을 열심히 문병했다. 그 또한 병상이 아주 적절한 설교 자리라
고 생각한 것이다. 그러나 그는 올워디 씨보다 가혹했다. 그는 제자에게 이
렇게 설교했다. "자네 팔이 부러진 건 지금까지 저지른 죄에 대한 천벌이라
고 생각하는 것이 마땅하네. 목뼈가 아니라 팔뼈만 부러지고 그친 것에 날마
다 무릎을 꿇고 감사기도를 올려야 할 것이야. 하느님께서 목뼈는 다음에 부
러뜨리려고 남겨두신 모양이지. 내가 보기엔 그날도 그리 멀지 않은 것 같네
만. 그동안 하느님께서 너무 시시한 벌만 내려주셔서 이상하게 생각했는데,
이번 사건을 보고 천벌이란 느릴지언정 반드시 내려온다는 사실을 깨달았
네. 그러니 앞으로 방종한 생활을 계속한다면 반드시 더 큰 재난이 닥칠 거
라는 점을 각오하는 게 좋아. 그 재난을 피할 수 있는 방법은 진심으로 회개
하는 길밖에 없네. 하지만 자네 같은 방탕한 젊은이, 그러니까 정신이 썩어
빠진 사람들에게 회개는 바랄 수도 없는 일이지. 이런 훈계가 헛되다는 것은
잘 알지만 그래도 회개하도록 권고하는 일이 내 의무니 어쩌겠나. 아무튼 이
말만은 해두겠네. 'liberavi animam meam(내 영혼에 책임 없을지니).' 난 의
무를 게을리했다는 꺼림칙함은 느끼지 않네. 하지만 자네가 도달할 곳이 현
세에서는 비참한 삶, 저승에서는 타락한 지옥으로 예정되어 있다는 사실을
직시하는 것은 나로서도 참 가슴이 아프다네."

스퀘어의 어조는 또 매우 달랐다. "골절 같은 사고는 현명한 사람이 속상
해할 만한 대상이 아니네. 그런 사고가 어떤 현자에게나 쉽게 일어날 수 있
고, 의심의 여지없이 온 인류에게 이익이 되는 일이라고 생각한다면 사고를
당했다고 해서 괴로워할 필요는 전혀 없어. 도덕적으로 아무런 문제도 없는
그런 사고를 재앙이라고 부르는 것은 단어의 오용에 지나지 않네. 그런 사고
가 낳는 최악의 결과물은 고통인데, 그 고통이야말로 세상에서 가장 경멸해
야 할 대상이지." 이에 대한 예시로 키케로의 《투스쿨라룸 논쟁》 제2권과 위
대한 섀프츠베리 경의 말을 인용하여 말했다. 하루는 이런 구절을 늘어놓으
며 몹시 열을 올린 바람에 불행하게도 혀를 깨물었다. 어찌나 세게 깨물었던

지 강론이 중지되었을 뿐 아니라 울화가 치민 나머지 욕설마저 한두 마디 내뱉고 말았다. 그러나 가장 최악이었던 것은 평소 그런 주장을 이단시하고 무신론으로 간주하던 스웨컴이 마침 옆에 있다가 그 틈을 타 공격을 가한 것이다. 그 공격에 밉살맞은 냉소가 더해지자, 혀를 깨물어 안 그래도 성이 나 있던 이 철학자는 완전히 뚜껑이 열리고 말았다(이렇게 표현해도 좋다면). 그렇지만 자신의 입술로 분노를 터뜨리는 것이 불가능했기 때문에, 마침 방 안에 함께 있던 의사 선생이 본심과 달리 이 다툼에 끼어들어 사태를 진정시키지 않았더라면 그는 더욱 과격한 복수 방법을 찾았을 것이다.

블리필 군도 친구인 존스를 문병 오긴 했지만 횟수가 아주 적었고, 그나마 결코 혼자 오는 법이 없었다. 이 고매한 청년은 친구를 예의 주시하며 그 불행에 비상한 관심을 보였다. 그러나 톰과 조금이라도 친해지는 일은 조심스럽게 피해나갔다. 그가 가끔 은근히 표현하는 바로는, 자신의 성격이 오염이라도 될까 봐 걱정되어서였다. 그래서 그는 솔로몬이 사악한 친구를 훈계할 때 인용했던 속담*3을 입에 달고 다녔다. 그래도 스웨컴처럼 신랄한 비난은 아니었다. 그는 늘 톰에겐 뉘우칠 수 있는 여지가 충분히 있다고 말했다. "삼촌은 이번에 무엇에도 견줄 수 없는 친절을 보여주셨지. 그런 관대한 처사를 받고도 뉘우치지 않는다면 인간도 아니야. 존스 군이 한 번만 더 죄를 저지른다면 이제 그를 위한 변호는 한 마디도 하지 않겠어."

웨스턴 씨는 사냥터에 나가 있을 때와 술을 마실 때를 제외하고는 거의 병실에 붙어 있다시피 했다. 가끔 병실에서 맥주를 마시며 존스에게도 맥주를 마시라고 강요했는데, 그를 말리는 것은 보통 일이 아니었다. 그는 자신의 약이 모든 병에 잘 듣는 신통방통한 약이라고 주장하는 돌팔이 의사처럼 맥주는 곧 만병통치약이라고 굳게 믿으며, 약방에서 파는 약을 모두 합친 것보다 효과가 있다고 우겼기 때문이다. 어쨌든 통사정 끝에 이 약을 실지로 사용하는 일은 말릴 수 있었지만, 매일 아침 사냥을 나가기 전에 병실 창문 아래서 뿔피리 세레나데를 불어대는 일만큼은 도저히 말릴 수 없었다. 또 존스를 문병할 때마다 환자가 깨어 있든지 잠들어 있든지 전혀 개의치 않고, 누구를 방문할 때 버릇대로 "어이!" 하고 큰 소리로 부르는 일도 그만두지 않

---

*3 구약성서 경외전의 "역청(瀝青)을 만지는 자는 몸이 더러워진다"는 구절을 가리킴.

았다.

이런 떠들썩한 행동에는 아무런 악의도 없었기에, 누구를 기분 나쁘게 하는 일은 다행히도 없었다. 또 존스가 일어나 앉을 수 있을 정도로 회복하자 지주가 소피아를 데리고 문병을 오기 시작했기 때문에 존스로서는 충분한 보상이 되었다. 얼마 안 있어 존스는 소피아가 하프시코드를 연주하는 자리에 참석할 만큼 회복했다. 지주가 〈늙은 왕 사이먼〉이나 그 밖에 자신이 좋아하는 곡들을 연주해 달라며 중간에 방해할 때를 빼고는, 그녀는 친절하게도 몇 시간씩 아주 감미로운 음악으로 그를 매료했다.

소피아는 행동거지에 세심한 주의를 기울이며 조심했지만, 이따금 본심이 불쑥불쑥 튀어나왔다. 이런 점에서 다시 한 번 사랑을 질병에 비유할 수 있겠다. 한쪽 출구를 막으면 반드시 다른 출구로 분출하는 것이다. 그녀는 입술이 감추고 있는 비밀을 눈과 홍조 띤 뺨과 그 밖에 무의식적인 자질구레한 행동들로 고스란히 드러내 보였다.

어느 날 존스가 소피아의 하프시코드 연주를 감상하는데 웨스턴 씨가 큰 소리로 외치며 방으로 들어왔다. "이보게, 톰. 내 아래층에서 자네 일로 멍청한 스웨컴 목사 놈이랑 한바탕 싸우고 오는 길이네. 글쎄 그놈이 올워디 씨한테 자네 뼈가 부러진 것은 천벌을 받아 그렇다고 씨부렁대지 뭔가. 내가 따졌지. '천벌 같은 소리 하네. 젊은 숙녀를 보호하려다 그렇게 된 것 아니요? 원, 천벌이라니! 톰은 앞으로 나쁜 짓만 하지 않는다면 이 나라 목사들보다 훨씬 먼저 천국에 가게 될 거요. 그는 부끄러운 일이 아니라 명예로운 일을 한 거란 말이오.'"

존스가 말했다. "어르신, 저는 부끄러울 것도 명예로울 것도 없습니다. 다만 제 행동이 웨스턴 양을 구한 것이라면, 저는 이것을 제 평생 가장 행복한 상처로 생각할 것입니다."

"그런데 그놈은 이 일을 빌미로 올워디 씨가 자네에 대해 반감을 갖도록 들쑤시려 들지 않나! 목사 옷만 차려입지 않았더라면 내 호되게 한 방 먹였을 거야. 이보게 톰, 난 자네가 정말 마음에 드네. 자네를 위해서라면 내가 할 수 있는 모든 일을 다 할 걸세. 내일 아침 내 마구간에서 원하는 말을 골라 가지게. 슈발리에하고 미스 슬라우치만 빼고 말이야."

존스는 호의는 고마우나 사양하겠다고 말했다. 웨스턴 씨가 덧붙였다.

"아니, 소피가 타던 밤색 암말을 가지게. 무려 50기니나 주고 산 녀석이야. 올봄에 여섯 살이 되네."

존스가 화를 내며 소리쳤다. "저 같으면 1천 기니를 주고 샀다 하더라도 그런 말은 개들한테나 던져줄 겁니다."

웨스턴 씨가 대꾸했다. "어허! 그 녀석이 자네 팔을 부러뜨려서 그러나? 그런 일은 빨리 잊고 용서해야지. 짐승에게 원한을 품다니, 자네를 더 이성적인 사내라고 생각했는데."

이때 소피아가 끼어들어 웨스턴 씨가 결코 거절한 적이 없는 제안을 함으로써 대화를 종결시켰다. 즉 하프시코드를 연주하겠다고 자청한 것이다.

이런 대화가 오가는 동안 소피아의 안색은 수차례 바뀌었다. 그녀는 존스가 암말에게 드러낸 격한 분노를 아버지와 다르게 해석하는 듯했다. 그녀는 눈에 보일 만큼 동요했다. 연주도 엉망진창이었다. 웨스턴 씨가 이내 잠들지 않았더라면 그도 분명히 이 점을 눈치챘을 것이다. 그러나 멀쩡히 깨어 있는데다 눈과 귀가 예민한 존스는 미비하게나마 소피아를 관찰할 수 있었다. 그는 독자 여러분께서도 기억하시는 과거 모든 일과 현재 그녀의 태도를 종합하여 곰곰이 생각해본 결과, 소피아의 여린 마음에 무언가 이상이 생겼음을 강하게 확신했다. 그가 왜 진작 이 확신에 도달하지 못했을까 무척 의아해하는 청년들도 많을 것이다. 사실 톰은 자신의 매력에 자신감이 없는 편이었고, 젊은 숙녀의 연정을 알아챌 정도로 눈치가 빠르지도 않았다. 이 불행한 결점은 요즘 흔히 유행하는 도회지식 조기교육을 받지 않고서는 치료할 도리가 없다.

어쨌든 확신이 들자 존스는 마음에 동요가 일어났다. 그가 순수하고 굳건한 의지를 지닌 사람이 아니었다면 지금 같은 상황에서 이 동요는 매우 위험한 결과를 초래했을지도 모른다. 그는 소피아가 지닌 훌륭한 가치를 잘 알았다. 그 미모를 사랑했고, 그 못지않게 그녀의 교양과 착한 성품을 흠모했다. 사실 이제껏 그녀를 소유하겠다는 생각을 품어본 적도, 제 멋대로 욕망을 부풀리는 일도 없었지만 그녀에 대한 정열은 스스로 생각하는 것보다 훨씬 격렬했다. 이 절세 미녀가 자신의 애정에 반응을 보내오고 있음을 확신하자 그의 마음은 모든 비밀을 똑똑히 깨닫게 되었다.

3

따스한 가슴을 지니지 못한 사람들에게는 별 것 아닌 것처럼 느껴지는 소동

독자 여러분께서는 지금 존스 마음속에 생겨난 감정이 무척 달콤하고 즐거운 것이어서, 그가 앞서 우리가 말한 위험한 결과보다는 오히려 유쾌함을 느끼지 않을까 상상하실지 모르겠다. 그러나 사실 이런 종류의 감정은 제아무리 달콤한 것이라 할지라도 처음 인지되는 순간에는 극심한 마음의 동요를 일으키는 법이다. 그 속에 아편처럼 황홀한 성분은 거의 없다. 여기에 지금은 어떤 상황에서 오는 쓴맛까지 더해졌다. 이 쓴맛이 달콤한 성분과 혼합되면서 '쓸쓸하면서 달콤한'이란 용어로 표현할 수 있는 물약을 만들어냈다. 이보다 맛없는 약도 없겠지만, 비유적인 의미에서 이보다 마음에 해로운 것도 없었다.

첫째, 그는 소피아의 행동을 관찰한 결과 자신해도 좋을 만한 충분한 근거를 얻긴 했지만, 단순한 동정 아니면 고작해야 존경심에 지나지 않는 것을 열정 어린 관심으로 오해한 것인지도 모른다는 의심을 떨쳐버릴 수가 없었다. 소피아도 자기에게 마음이 있으니, 자기가 애정을 더욱 키워나간다면 마지막에 그 애정이 요구할 수확을 기대해도 좋으리라는 낙관적인 뻔뻔함은 그에게는 털끝만큼도 없었다. 게다가 당사자인 딸은 그렇지 않더라도, 아버지가 자신의 행복에 장해물이 될 것임은 의심할 여지가 없었다. 이 아버지는 자못 시골 지주답게 시간이나 때우며 하루하루를 보냈지만, 재산과 관련된 사안에서는 완벽하게 계산적인 인물로 돌변했다. 외동딸을 맹렬히 사랑했으며, 술이 한잔 들어가면 이 지방에서 제일가는 부자와 결혼시키겠노라고 공언하곤 했다. 존스는 웨스턴 씨가 자기에게 호감을 가지고는 있을지언정, 딸을 부잣집에 시집보내기를 포기하리라고는 생각하지 않았다. 그는 그런 일을 기대할 정도로 허영심 많고 분별력 없는 얼간이가 아니었다. 흔히 이런 문제에서 재산은 부모를 좌지우지하는 유일한 조건까지는 아니더라도 가장 먼저 고려되는 사항임을 그는 잘 알고 있었다. 우정은 상대방의 이익을 열렬히 지지할지언정 상대방의 열정을 만족시키는 일에는 냉담한 법이다. 열정을 만족시킴으로써 오는 행복을 느끼려면 반드시 자신도 상대방과 같은 열정을 품어야 한다. 따라서 존스는 웨스턴 씨의 동의를 얻어낼 희망은 없으며, 그렇다고 그의 뜻을 무시하고 소피아와 결혼함으로써 그의 평생 염원을

좌절시키는 것은 그간의 호의를 악용하여, 그가 베푼 수많은 자잘한 은혜(비록 거친 방법이었지만)를 원수로 갚는 일이라고 생각했다. 그런 결과를 상상만 해도 두렵고 경멸스러운데, 여기에 올워디 씨까지 생각하니 그는 몇 배나 더 진저리가 쳐졌다. 친부모보다 더한 은혜를 베풀어준 이 신사에게 톰은 자식으로서 의무 이상의 것을 느끼고 있었다. 이 선량한 신사가 비열한 행동이나 배신행위는 아무리 작은 것일지라도 결코 용서치 않으며, 누군가 조금이라도 그런 행동을 시도했다면 그는 평생 그 모습을 보기도 그 이름을 듣기도 혐오스러워할 정도로 그 사람을 미워한다는 사실을 존스는 잘 알았다. 이러한 난관들을 생각하면 그의 소망은 비록 간절하나 절망적이었다. 그러나 이 난관들보다 강력한 것은 다른 한 여성에 대한 동정심이었다. 사랑하는 몰리에 대한 생각이 끼어든 것이다. 그는 몰리의 품에 안겨 변함없는 사랑을 서약했고, 그녀도 버림을 받는다면 더는 살지 않겠노라고 거듭 맹세하지 않았던가. 그는 그녀가 끔찍하게 죽는 모습을 여러 가지로 상상했다. 매춘부로 타락한 비참한 모습을 상상했다. 그런 일이 벌어진다면 자신은 두 가지 원인을 제공한 꼴이 되었다. 첫째는 그녀를 유혹한 것이고, 둘째는 그녀를 버린 것이었다. 몰리의 이웃들, 심지어 친자매들마저 얼마나 그녀를 증오하는지, 그녀를 철저하게 파멸시키고 싶어 하는지 그도 잘 아는 바였다. 존스는 그녀에게 굴욕을 주었다기보다 질투에 노출시켰다. 아니, 질투심 때문에 굴욕을 당했다는 표현이 맞는지 모른다. 몰리와 똑같은 대가를 지불해서 그런 것들을 손에 넣을 수 있다면 자기들도 기꺼이 그렇게 했을 것이면서, 그녀들은 몰리에게 창녀 짓을 했다고 욕하는 한편 그녀가 존스를 애인으로 얻었다고 질투하고, 아름다운 옷으로 몸을 치장했다고 시기했다. 버림을 받는다면 이 불쌍한 소녀가 파멸에 이를 것임은 불 보듯 뻔했다. 이렇게 생각하자 그는 영혼에 찌르는 듯한 고통을 느꼈다. 그 누구에게도 상대방의 가난과 고통을 더욱 악화시킬 권리가 있다고는 생각되지 않았다. 신분이 비천하니까 불행해져도 괜찮다고는 생각하지 않았고, 비참한 지경에 빠졌다고 해서 죄가 정당화되거나 경감된다고도 생각하지 않았다. 어쨌거나 내가 여기서 정당화니 뭐니 할 필요가 어디 있겠는가. 자기를 사랑하고, 그 사랑 때문에 순결을 희생한 이 여인의 일생을 매장하는 일은 그의 가슴이 도저히 용납하지 않았다. 그의 선량한 심성이 그녀를 위한 변호인이었다. 그것도 냉정하고 돈만 밝히는 변호인이 아니라, 그 자신이 사건에 깊은 관계가 있기에, 자기로 말미암아 상대방이 받을 수많은 고통에 진심으로 깊이 공감하는 변호인이었다.

이 유능한 변호인은 온갖 비참한 상황에 빠져 있는 불쌍한 몰리의 모습을 그려냄으로써 존스에게 충분한 연민의 감정을 불러일으켰다. 그 다음에는 교묘하게도 또 다른 감정을 지원군으로 불러냈다. 즉 남자의 정욕을 불러일으키는 젊고 건강하고 아름다운 몰리의 모습, 연민의 대상이기에 선량한 사나이의 욕망을 더욱 부채질하는 그 모습을 그려 보인 것이다.

이런저런 상념에 빠져 가엾은 존스는 기나긴 밤을 한잠도 이루지 못했다. 아침이 되어 내린 결론은 몰리를 지키고 이제 소피아는 생각에서 지워 버리겠다는 것이었다.

이 도덕적인 결심은 다음날 저녁까지 계속되었다. 그는 가슴에 몰리만 두고 소피아는 쫓아내 버렸다. 그런데 운명의 그날 저녁, 아주 사소한 사건 하나가 그의 마음을 송두리째 뒤흔들며 마음에 근본적인 변화를 가져왔다. 아주 큰 변화이므로 그것이 어떤 사건인지는 다음 장에서 설명하는 것이 적절하리라 생각한다.

4
사소한 사건 하나를 담은 짧은 장

젊은 신사를 찾아온 문병객 가운데 하녀 아너도 있었다. 독자 여러분께서는 앞서 그녀 입으로 나온 몇 가지 표현들을 떠올리고, 그녀가 존스 군에게 특별한 애정을 품고 있다고 생각하실지도 모르겠다. 그러나 사실은 전혀 그렇지 않았다. 물론 톰은 잘생긴 청년이었고, 이 하녀도 그런 남성들에게 상당한 관심을 가지고 있었다. 하지만 그 관심은 무차별한 것으로서 꼭 톰에게만 국한된 것은 아니었다. 아너는 어느 귀족의 하인과 사랑에 빠져 결혼 약속까지 얻어냈다가 비참하게 버림받은 경험이 있었다. 산산조각 났던 마음의 파편을 다시 짜 맞춘 이래로 어떤 남자도 그녀의 마음 한 조각조차 소유할 수 없었다. 그녀가 잘생긴 남자들을 똑같은 관심과 호의의 시선으로 바라보는 것은 고매한 도덕군자가 모든 선인에게 품는 마음과 똑같은 것이었다. 아녀는 소크라테스가 인류를 사랑했던 것과 같은 의미로 남자들을 사랑했다. 다만 소크라테스는 고귀한 정신을 사랑했고, 그녀는 뛰어난 용모를 사랑했다. 그러나 그런 애정과 호감이 철학자처럼 고매한 그녀의 마음을 혼란시킬 정도로 진행된 적은 결코 없었다.

앞 장에서 설명한 것처럼 존스 군이 자기 자신과 힘든 싸움을 벌인 다음 날이었다. 그의 방으로 들어온 하녀 아녀가 다른 사람이 없는 것을 확인하고 이렇게 말했다. "도련님, 제가 어디 갔다 왔는지 아세요? 아마 50년이 지나도 못 맞추실걸요. 맞추신다 하더라도 제 입으로 말씀드릴 수는 없지만."

존스가 말했다. "말할 수 없다니 오히려 더 듣고 싶어지는걸. 내 말을 거역할 정도로 네가 심술궂은 사람이 아니란 걸 알아."

"제가 도련님 명령을 왜 거역하겠어요? 게다가 도련님은 누구한테 말하고 다닐 분도 아닌 걸요. 하긴 제가 어딜 갔다 왔는지 아셔도 거기서 뭘 하고 왔는지를 모르면 의미가 없네요. 그리고 전 이 일을 비밀에 부쳐야 한다고 생각지 않아요. 우리 아가씨처럼 착하신 분은 없을 테니까요."

이 말을 듣고 존스는 비밀을 가르쳐달라고 진지하게 부탁하고, 절대로 내용을 누설하지 않겠다고 약속했다. 그녀가 말했다.

"실은 아가씨 명령으로 몰리 시그림의 안부를 살피러 다녀왔답니다. 뭔가 부족한 건 없는지 살펴보러 말이에요. 저는 별로 그러고 싶지 않았지만, 하인은 주인 분부에 따라야 하니까요. 도련님은 대체 무슨 마음으로 그런 여자랑 어울려서 스스로 품위를 깎아내리신 거예요? 어쨌든 아가씨께서는 속옷 따위를 가져다주라고 하셨죠. 우리 아가씨는 너무 착해서 탈이에요. 그런 뻔뻔한 계집들은 교도소에 처넣는 게 좋을 텐데. 전 아가씨께 그런 행동은 게으름을 권장하는 거나 다름없다고 말씀드렸죠."

"나의 소피아가 그런 친절을 베풀었단 말이야?"

"나의 소피아라고요! 세상에, 무슨 연인 부르듯 하시는군요! 어쨌든 도련님이 모든 걸 아셨더라면—정말이지 제가 도련님이었다면 몰리 시그림 같이 하찮은 계집애보다는 좀 더 수준 높은 여자를 골랐을 겁니다."

"내가 모든 걸 알았다면이라니, 그게 무슨 말이지?"

"말 그대로예요. 전에 우리 아가씨 토시에 손을 넣어보신 일 기억하세요?

절대로 우리 아가씨 귀에 들어가지 않는다는 확신만 있다면 속 시원하게 털어놓을 텐데."

존스는 몇 번이고 엄숙하게 맹세했다. 아너가 말을 이었다. "그럼 말씀드리죠. 아가씨께서는 그 토시를 제게 주셨어요. 그런데 도련님께서 그 토시에 손을 넣었다는 것을 듣자마자—"

존스가 끼어들었다. "내가 한 짓을 다 말했단 말이야?"

"그렇다고 화내실 일은 아니죠. 어떤 일이든 아가씨 귀에 들어가길 바라는 남자들이 많을 걸요? 결과가 그렇게 될 줄 안다면 말이죠. 제아무리 대단한 귀족이라도 우쭐하지 않고는 못 배길 거예요. 하지만 그 다음부터는 말씀드릴 수 없어요."

존스는 간곡히 부탁했다. 이내 아너도 뜻을 굽히고 이야기를 계속했다. "아가씨는 제게 그 토시를 주셨어요. 그런데 도련님이 토시에 손을 댔다는 사실을 알고는 하루 이틀쯤 지나 새 토시에 트집을 잡기 시작하셨지요. 제가 본 중 가장 예쁜 토시였는데 말이죠. '아너, 이 토시가 맘에 들지 않아. 너무 커서 낄 수가 없는걸. 새 걸 살 때까지 예전에 쓰던 걸 돌려줘. 그 대신 이걸 줄게!' 하시는 거예요. 우리 아가씨는 착한 분이라 한번 주고는 도로 뺏는 분은 아니죠. 그 점은 제가 보증해요. 아무튼 그래서 아가씨께 옛날 토시를 갖다 드렸는데 그날 뒤로 거의 늘 그 토시를 끼고 계셔요. 아무도 아가씨를 보고 있지 않을 때면 토시에 입을 맞추는 일도 한두 번이 아니랍니다."

이때 웨스턴 씨가 등장하는 바람에 대화가 끊겼다. 존스에게 하프시코드 연주를 듣자고 부르러 온 것이다. 가엾은 청년은 완전히 핏기를 잃고서 부들부들 떨며 그를 따라갔다. 웨스턴 씨는 그와 아너를 번갈아 쳐다보고는 얼토당토않은 오해를 해 버렸다. 그는 사냥은 자기 사유지 말고 다른 곳에서 하라며 농담 반 진담 반으로 존스를 호되게 꾸짖었다.

이날 저녁 소피아는 평소보다 훨씬 아름다워 보였다. 그녀가 우연히 문제의 토시를 오른팔에 끼고 있는 것도 존스의 눈에 그녀의 매력을 적잖이 커보이게 하는 효과를 발휘했다고 생각해도 좋을 것이다.

그녀는 아버지가 좋아하는 곡 가운데 한 곡을 연주했다. 아버지는 딸이 앉은 의자에 몸을 기대고 앉아 있었다. 그때 토시가 손가락 끝까지 흘러내려 연주가 중단되었다. 이것이 지주의 기분을 몹시 상하게 했다. 그는 토시를 낚아채더니 에잇 하며 불 속에 던져 버렸다. 소피아가 벌떡 일어나 정신없이 불길 속에서 토시를 꺼냈다.

이 일이 많은 독자 여러분께는 별 대단치 않은 사건으로 비칠지도 모른다. 그러나 이 사건을 이야기하는 것이 우리의 의무라고 생각했다. 비록 하찮은 사건이었지만 가엾은 존스에게는 심각한 영향을 끼쳤기 때문이다. 사실 분별없는 역사가들이 한 마디도 언급하지 않는 자질구레한 사건이 아주 중대한 사태의 빌미가 되는 일은 적지 않다. 세상은 하나의 커다란 기계이며, 이 거대한 톱니바퀴는 아주 미세한 것까지 볼 줄 아는 사람이 아니면 식별해내기 힘들 정도로 매우 작은 톱니바퀴의 힘으로 회전한다고 생각해도 좋다.

어디에 비할 바 없는 소피아의 매력들, 즉 눈부신 광채, 사랑에 빠진 부드러운 눈, 목소리와 외모의 조화, 지혜, 재치, 고귀한 정신, 상냥한 마음씨도, 이 사소한 토시 사건만큼 존스의 마음을 완전히 정복하고 노예로 만들 수는 없었다. 그래서 어느 시인이 트로이를 달콤하게 노래하지 않았던가?

Captique dolis lachrymisque coacti Quos neque Tydides, nec Larissoeus Achilles, Non anni domuere decem, non mille carinoe.
(디오메데스와 테티스의 아들이 1천 척의 배를 동원하여 10년 동안 포위하고도 공략하지 못했던 도시를 그들은 감언이설과 거짓 눈물로 얻었도다.)

존스의 요새는 기습을 받았다. 우리의 주인공이 비상한 군사 지략을 발휘하여 자기 마음속 본진으로 이어지는 길목 길목마다 배치한 명예심과 사고력이라는 수비병들은 허망하게 도망쳐 버리고, 사랑의 신이 위풍당당하게 입성한 것이었다.

5
중대한 사건을 담은 아주 긴 이야기

승전가를 울린 사랑의 신은 존스 마음속 본진에서 불구대천의 적을 몰아냈다. 그러나 존스가 그곳에 배치한 수비병을 일망타진한다는 것은 몹시 어려운 일이었다. 모든 비유를 걷어내고 얘기하자면, 이 훌륭한 청년은 불쌍한 몰리에게 일어날 결과가 걱정이 되어 크게 당황하고 안절부절못했다. 소피아의 우월한 가치에 불쌍한 몰리가 지닌 아름다움은 모조리 압도당하고, 아예 지워졌다. 그러나 몰리에 대한 사랑 대신 자리를 차지한 것은 경멸이 아니라 동정이었다. 그는 몰리가 모든 애정과 미래의 행복을 오로지 자신에게 걸고 있음을 확신했다. 아낌없이 애정을 쏟고, 기회가 날 때마다 변함없는 사랑을 맹세했으니 그런 원인을 제공한 것은 어찌 보면 그였기 때문이다. 몰리는 그런 약속을 굳게 믿는다고 말했다. 그가 약속을 지키느냐 깨느냐에 따라 자신이 세상에서 가장 행복한 여자가 되느냐 가장 불행한 여자가 되느냐가 달려 있다며 아주 엄숙한 맹세와 함께 선언했다. 한 사람을 그런 가혹한 불행에 빠뜨리는 장본인이 된다고 생각하는 것만으로 존스는 한순간도 견딜 수 없었다. 그는 이 가엾은 소녀를 비록 하찮으나마 모든 것을 자기에게 바친 여자, 스스로를 희생해서 쾌락의 대상이 되어준 여자, 자기 때문에 한숨지으면서 지금 이 순간에도 사랑을 버리지 못하는 여자라고 생각했다. 내가 그녀가 열렬히 바라는 대로 그녀에게 되돌아가는 것이, 그녀가 간절히 기대하는 대로 그녀 앞에 나타나는 것이 그녀의 은근한 자부심처럼 기쁨이 되는 것이 아니라, 그녀를 곧장 비참하고 절망적인 구렁텅이로 밀어 넣게 될 것이다. 그래도 좋은가? 나는 그렇게 악한 놈인가? 그렇게 생각하자, 몰리의 수호신이 승전가를 막 울리려 하는 그 순간 이번에는 소피아에 대한 그의 확고한 사랑이 다시 마음속으로 밀려들어와 모든 장해물을 휩쓸고 갔다.

마침내 그에게 어떤 생각이 불현듯 떠올랐다. 몰리에게 다른 방식으로 보상을 해줄 수 있겠다는 생각이었다. 즉 일정 금액을 주는 방법이었다. 그러나 당신을 잃은 대가로 온 세상을 준대도 결코 보상이 되지 못할 거라고 종종 격렬하게 내뱉었던 것을 생각하면 실제로 그녀에게 돈을 쥐여주는 일은 거의 불가능에 가까웠다. 하지만 극도의 빈곤, 무엇보다 그녀의 지독한 허영심(이 점은 이미 독자 여러분께도 암시한 바 있다)이 그런 사랑의 서약을 뛰어넘어 일말의 희망을 던져주었다. 몰리가 상상도 못할 큰돈, 그녀를 친구들보다 훨씬 우월하게 만들어 허영심을 충족시켜줄 큰돈을 쥐여주면 그녀가 만족 못 하리란 보장도 없는 것이었다. 어쨌든 그는 기회가 생기는 즉시 제안해보기로 결심했다.

팔이 많이 회복되어 어깨띠를 매면 산책도 불편 없이 할 수 있게 된 무렵이었다. 어느 날 존스는 웨스턴 씨가 사냥에 나간 틈을 타 몰래 밖으로 빠져나와 애인을 방문했다. 차를 마시고 있던 그녀의 어머니와 자매들은 처음에는 몰리가 집에 없다고 대답했다. 그런데 곧 그녀의 언니가 심술궂은 미소를 지으며, 몰리가 2층에서 자고 있다고 알려주었다. 몰리에게 정인이 있다면 톰으로서도 반가운 일이었다. 그는 즉시 침실로 통하는 사다리를 기어 올라갔다. 꼭대기까지 올라섰을 때 그는 놀랍게도 방문이 굳게 닫혀 있는 것을 발견했다. 문을 두드려보았으나 한동안 대꾸가 없었다. 나중에 몰리가 해명하기로는, 곤히 잠들어 있었다는 것이었다.

극도의 슬픔과 기쁨이 아주 흡사한 작용을 한다는 것은 놀라운 일이 아니다. 이 두 감정 가운데 어느 하나가 불시에 덮치면 완벽한 동요와 혼란이 빚어지기 때문에 우리는 종종 넋을 놓고 멍하니 있게 된다. 따라서 생각지도 않던 존스 군을 보고 강한 충격을 받은 몰리가 어안이 벙벙하여, 한동안 독자 여러분이 예상하셨을 엄청난 감격과 환희를 표현하지 못한 것도 놀랄 일이 아니다. 존스도 사랑하는 소녀의 모습에 완전히 매료되어, 잠시 소피아의 존재와 자신이 방문한 목적을 잊고 있었다.

그러나 곧 방문 목적을 기억해냈다. 재회의 기쁨이 가라앉자 그는 조리 있게 말을 시작했다. 몰리와 다시 만나는 것을 엄격하게 금한 올워디 씨가 둘이 아직도 만난다는 사실을 알면 자신들의 사랑은 무시무시한 결과를 가져올 것이 분명하다고 운을 띄웠다. 자기를 미워하는 사람들이 뒤에서 쑥덕대는 걸 생각하면 일이 발각되는 것은 시간문제이며, 그렇게 되면 결국 자기와 그녀 모두 파멸에 이를 것이라고 말했다. 냉혹한 운명이 우리의 결별을 결정해 놓았다면 굳은 각오로 그것을 참아내자고 말했다. 다만 진지한 사랑에 대한 증거로서 평생 힘닿는 데까지 모든 기회를 놓치지 않고, 그녀가 기대하고 바라는 이상으로 그녀를 지원하겠다고 약속했다. 끝으로 그녀도 언젠가 결혼 상대를 만날 것이며, 자기와 떳떳치 못하게 사느니 그 편이 훨씬 행복할 것이라고 말을 맺었다.

몰리는 잠시 말이 없다가 이윽고 홍수같이 눈물을 흘리며 비난을 쏟아냈다. "사랑한다 어쩐다 해놓고 결국 저를 망쳐 버리고는 이런 식으로 버리시느는군요! 남자들이란 한결같이 거짓말과 위선으로 가득하고, 자신들의 사악한 의도가 충족되면 바로 여자를 거들떠도 안 본다고 도련님께 말씀드렸을 때 도련님은 저를 결코 버리지 않겠다고 얼마나 자주 맹세하셨던가요? 그런데 결국 도련님도 거짓말쟁이에 위선자였군요! 이런 식으로 버림을 받는다면 온 세상 돈을 다 갖다 준대도 무슨 소용이 있겠어요? 제 마음을 빼앗아간 건 도련님이에요. 안 그래요? 제 말이 틀려요? 지금 다른 남자 이야기는 왜 하시나요? 저는 평생 다른 남자는 사랑할 수 없을 거예요. 제게 다른 남자들은 없는 거나 마찬가지예요. 이 마을에서 제일 큰 부자가 내일 당장 제게 청혼을 한대도 상대하지 않을 거라고요. 도련님한테 버림받는다면 평생 저는 세상 모든 남자를 증오하고 경멸할 거예요."

그녀가 이처럼 비난을 한창 퍼붓고 있을 때 뜻하지 않은 일이 발생하여, 아직 절반도 제 임무를 마치지 못한 그녀의 혀를 멈추게 했다. 몰리가 자던 다락방은 계단 꼭대기, 즉 집 꼭대기에 있어서 지붕이 경사진 부분은 그리스어 대문자 델타(Δ) 모양이었다. 방 중간 부분을 빼고는 똑바로 일어서는 게 불가능하다고 설명하는 편이 독자 여러분께서는 이해하기 쉬울지 모르겠다. 이 방에는 옷장이라는 편리한 가구가 없었다. 몰리는 그 결점을 보완하기 위해 서까래에 낡은 양탄자를 못으로 박고 그 뒤쪽에 앞서 언급됐던 너덜너덜한 겉옷이라거나 모자 몇 개, 그 외 최근에 장만한 옷가지 등 나들이옷을 걸어놓아 먼지가 쌓이지 않도록 했다.

이 밀폐된 공간은 정확하게 침대 발치와 닿아 있었다. 침대에 닿을락말락하게 늘어진 양탄자가 일종의 커튼 역할을 하는 셈이었다. 그런데 몰리가 분을 못 이기고 이 양탄자를 걷어찬 것인지, 존스가 건드린 것인지, 이도 아니면 핀이나 못이 저절로 떨어진 것인지 확실히 알 수는 없지만, 어쨌든 몰리가 마지막 발언을 하던 중에 이 못된 양탄자가 서까래에서 흘러내려, 그 뒤에 숨겨져 있던 모든 것이 적나라하게 드러나고 말았다. 그 여성용 옷가지들 사이에(이런 얘기를 쓰는 나도 창피하고, 읽는 독자 여러분께서도 유감스러우실 것이다) 철학자 스퀘어가(똑바로 설 수 없는 곳에) 상상할 수 있는 가장 우스꽝스런 자세로 서 있던 것이었다.

그 모습은 목에서 발목까지 밧줄로 꽁꽁 묶인 병졸을 연상시켰다. 또는 런던 공공도로에서 종종 볼 수 있는, 징벌은 아니지만 충분히 징벌이라 부를 만한 그런 자세*⁴와 비슷했다. 머리에 몰리의 취침용 모자를 뒤집어쓴 그는 양탄자가 떨어져 내린 순간 두 눈으로 존스를 뚫어지게 응시했다. 그런 꼴을 한 양반이 철학자라는 사실을 연결시켜 생각한다면 어떤 구경꾼이라도 터져 나오는 웃음을 참기 힘들 것이다.

이 장면에서 독자 여러분도 존스 군 못지않게 놀라셨으리라 생각한다. 이 현명하고 근엄한 철학자 선생이 이런 곳에 모습을 드러냈다는 사실에서 생기는 의구심은 그동안 이 사나이가 철저하게 유지해온 명성과 완전히 모순되는 것이기 때문이다.

그러나 솔직히 말하자면 이런 모순은 사실이라기보다는 상상의 소산이다. 철학자들도 다른 인간들과 마찬가지로 살과 피로 이루어진 존재이다. 아무리 고상하고 세련된 사상을 지니고 있어도 여느 사람들과 마찬가지로 실제로는 잘못을 저지르며 산다. 앞서 암시했듯이 그들과 우리의 차이는 실생활이 아니라 오로지 사상에 있다. 위대한 철학자들의 사상은 훌륭하고 현명하지만, 행동은 우리와 조금도 다를 바 없다. 그들은 온갖 욕망과 정열을 억제하는 방법, 고통과 쾌락을 경멸하는 방법을 아주 잘 안다. 이런 지식은 유쾌한 사색들을 낳고 쉽게 얻어지지만, 실천은 성가시고 힘들다. 그러므로 그들에게 이런 지식을 가르친 바로 그 지혜가 그 지식을 실천으로 옮기지는 말라고 가르치기도 한다.

독자 여러분께서도 기억하실 것이다. 몰리가 문제의 겉옷을 입고 나타나 대소동을 일으켰던 바로 그 일요일, 스퀘어 씨도 그 현장에 있었다. 그때 몰리를 처음 본 그는 그 미모에 완전히 마음을 빼앗기고 말았다. 그날 오후 도중에 승마코스를 바꾸자고 젊은 도련님들을 설득한 것도 몰리의 집 앞을 지나가면 그녀의 얼굴을 다시 볼 수 있을지도 모른다는 생각에서였다. 단지 이런 심중을 당시 본인이 누구에게도 말하지 않았으므로 우리도 아직은 독자 여러분께 밝히지 않는 게 좋겠다고 생각했던 것이다.

스퀘어 씨는 사물의 부적절함을 구성하는 여러 항목 가운데 '위험'과 '어려움'이 있다고 생각했다. 따라서 이 소녀를 유혹하는 것은 어려운 일이며 일이 발각되면 자기 명성이 추락할 위험이 있을지도 모른다고 생각하자 그는

---

*4 몸을 앞으로 구부린 자세. 서서 소변을 보거나 구역질을 하는 자세로 해석할 수 있음.

선뜻 행동에 나서지 못하고, 처음에는 이 미인을 그저 바라보며 즐거운 상상에 빠지는 것으로 만족하기로 마음먹었던 것 같다. 근엄한 사람들도 종종 진지한 명상이라는 음식을 실컷 맛본 다음에는 일종의 후식으로 이런 공상을 스스로에게 허용한다. 이 공상을 위해 어떤 종류의 서적이나 그림이 서재의 가장 은밀한 구석에 위치하거나, 자연철학 가운데 특별히 호색적인 내용이 종종 화제에 오른다.

그런데 하루 이틀 지나, 몰리의 정조라는 요새가 이미 정복되었다는 소식을 듣자 이 철학자는 자신의 욕망을 더는 억누르지 않아도 되겠다는 생각이 들었다. 제아무리 산해진미라도 다른 사람이 손댄 음식은 먹지 않는 까다로운 식성도 있지만, 그는 그렇지 않았다. 한마디로 말해 정조를 상실했다는 이유 때문에 그녀가 더 마음에 들었다. 그녀가 정조를 유지한 상태라면 쾌락을 취하는 데 분명히 방해물로 작용했을 것이기 때문이다. 결국 그는 그녀를 추격하여 손아귀에 넣었다.

몰리가 자신의 젊은 연인보다 스퀘어를 더 좋아했다고 생각하신다면 그것은 오해이다. 오히려 그녀에게 한 남자만 선택하라고 한다면 의심의 여지없이 톰 존스가 승리자가 되었을 것이다. 그렇다고 스퀘어 씨에게 성공을 안겨 준 이유가 하나보다 둘이 낫다는 생각에서 비롯된 것은 아니었다(물론 아주 영향을 안 미친 것은 아니었다). 병석에 누워 있느라 존스가 자리를 비운 것이 불행의 씨앗이었다. 이때를 틈타 철학자 선생이 보낸 몇몇 고가 선물이 소녀의 가슴을 부드럽게 녹이고 경계를 허물어 버렸다. 그리하여 기회가 찾아오자 몰리는 저항할 도리가 없었으며, 스퀘어는 몰리의 마음속에 그나마 남아 있던 정조의 잔해를 정복해 버렸다.

그가 그녀를 정복한 지 두 주일이 지난 오늘, 앞서 언급했던 것처럼 존스가 자신의 애인을 방문했을 때 그녀와 스퀘어는 이불속에서 부둥켜안고 있었다. 앞서 말했듯이 그녀의 어머니가 딸이 집에 없다고 한 진짜 이유는 바로 이런 사정 때문이었다. 이 늙은 부인도 딸의 부정행위로 생겨난 이득을 나누고 있었으므로 최대한 딸의 부정을 권장하고 감싸왔다. 그러나 그녀의 언니가 몰리에게 품고 있는 질투와 증오심은 그를 능가했다. 동생이 획득한 전리품의 일부를 얻어 쓰면서도, 동생을 파멸시키고 더는 거래를 할 수 없도록 부수기 위해서라면 지금 얻는 이득을 기꺼이 버릴 각오였다. 존스에게 몰리는 2층에서 자고 있다고 알린 것도 스퀘어 품에 안긴 현장을 존스가 포착하기를 바라는 마음에서였다. 그러나 문을 잠가 놓은 덕에 몰리는 현장이 드러나지 않을 방법을 찾아냈다. 재빨리 자신의 정부를 양탄자 뒤에 숨긴 것이다. 그런데 지금 불행하게도 그것이 발각된 것이다.

스퀘어의 모습이 드러난 순간 몰리는 침대 위로 몸을 내던졌다. 자신은 이제 끝장이라고 소리치며 자포자기로 빠져들었다. 이런 일에서 이 가엾은 소녀는 아직 풋내기였다. 궁지에 몰려서도 대범하고 침착하게 사태를 헤쳐 나가는 도시 숙녀와 같은 완벽한 뻔뻔함에는 아직 도달하지 못한 처지였다. 도시 숙녀라면 즉시 변명을 늘어놓던가, 남편에게 약점이 잡히지 않도록 얼굴에 철판을 깔고 당당하게 군다. 남편은 사태를 조용히 해결하고 싶은 마음에서인지, 평판을 의식해서인지, 간혹 연극에 등장하는 콘스탄트 씨처럼 칼을 빼들고 서 있는 상대방 남자가 무서워서인지, 자진해서 현장을 눈감아주고 슬그머니 꼬리를 내린다. 그러나 몰리는 이 생생한 증거 앞에서 침묵을 지켰다. 지금까지 눈물로써 엄숙하고 강력하게 주장해온 지고지순한 사랑과 정절마저 거의 포기해 버렸다.

양탄자 뒤에 숨어 있던 신사도 이에 못지않게 당황했다. 그는 한동안 꼼짝않고 서서, 무슨 말을 해야 할지, 시선을 어디에 둬야 할지 모르고 허둥거렸다. 세 사람 중 가장 놀란 사람은 존스였겠지만, 그래도 그가 먼저 입을 열었다. 몰리의 비난에 어쩔 줄 몰라 하던 그는 그런 감정을 즉시 털어내고 큰 소리로 웃음을 터트렸다. 그리고 나서 스퀘어 씨에게 가볍게 목례하고, 한 걸음 나아가 그의 손을 잡고 그 감금장소에서 빼내주었다.

스퀘어는 방 한가운데로 나왔다. 그제야 몸을 똑바로 펴고 설 수 있게 된 그는 엄숙한 표정으로 존스를 바라보며 말했다. "그래, 자네는 이 대발견이 기뻐 견딜 수 없는가 보군. 나를 웃음거리로 만들 생각에 웃음이 절로 나오는 모양이야. 하지만 냉정하게 생각하는 게 좋네. 비난받을 짓을 한 사람은 자네뿐이란 걸 알지 않나? 나는 순진무구한 정조를 더럽힌 죄는 짓지 않았어. 정의 원칙에 입각해 심판하는 사람들에게 규탄 받을 짓은 하나도 하지 않았다고. 타당성을 지배하는 것은 사물의 본성이지, 관습이나 형식, 사회 법령이 아니네. 본능에 부합한다고 해서 타당하지 않은 것은 아니야."

존스가 대꾸했다. "훌륭하신 논법입니다. 그런데 제가 이 일을 세상에 폭로할 거라는 생각은 왜 하시는 거죠? 분명히 말씀드리건대 오늘만큼 선생님이 마음에 든 적은 없는 걸요. 선생님이 스스로 이 일을 말하고 다니신다면 모를까, 저는 오늘 일을 굳게 비밀로 간직할 생각입니다."

"존스 군, 내가 평판을 신경 쓰지 않는다고 생각하면 곤란하네. 훌륭한 명성은 미덕의 일종이며, 그것을 등한시하는 것은 옳지 않아. 게다가 스스로 평판을 깎아내리는 일은 일종의 자살행위로서 혐오해야 할 악덕이지. 그러니 자네만 내 약점을(나도 약점은 있네. 누구든 완벽한 사람은 없지 않나) 덮어준다면, 내 입으로 이번 일을 떠벌리고 다닐 일은 없을 걸세. 행동은 타당하나 소문을 퍼트리기엔 적절하지 않은 일도 있는 법이지. 세상의 판단은 왜곡된 것이어서, 아무런 죄도 없고 오히려 칭찬받아 마땅한 일들이 비난의 표적이 되는 예도 적지 않아."

존스가 소리쳤다. "지당하신 말씀입니다! 자연스런 욕망을 충족하는 일보다 무결한 것은 없지요. 종족을 번식시키는 일보다 칭찬받을 일은 없으니까요."

"진지하게 말하네만, 나도 진작부터 그렇게 생각했다네."

"하지만 저랑 이 아이의 관계가 처음 발각되었을 때는 다른 생각이셨잖아요?"

"글쎄, 실은 그때 스웨컴 목사가 내게 왜곡된 사실을 전달한 것 아닐까? 그러니까 순결한 소녀를 타락시켰다고 비난할 수 있었던 거겠지. 그래 맞아, 바로 그거야. 그리고……. 아, 무엇보다 존스 군, 사물의 타당성을 생각할 때는 아주 미묘한 상황, 그래, 정말로 미묘한 상황이 커다란 차이를 만드는 법이라네."

"그건 아무래도 좋습니다. 어쨌든 아까 말씀드렸다시피 오늘 일이 남의 입에 오르내리는 일이 있다면 그건 선생님 탓입니다. 이 아이에게 잘해주세요. 그러면 저는 누구에게도 아무 말도 않겠습니다. 몰리, 너도 이분을 소중히 생각하도록 해. 그러면 날 배신한 죄도 용서해줄 것이고, 내가 할 수 있는 모든 지원을 해줄게." 이렇게 말하고서 존스는 작별인사도 하는 둥 마는 둥 사다리를 미끄러지듯 내려와 서둘러 사라졌다.

스퀘어는 이 사건이 더는 나쁜 쪽으로 발전하지 않을 것 같아 몹시 기뻤다. 몰리는 당황했던 마음이 진정되고 제정신으로 돌아오자, 당신 때문에 존스를 잃게 되었다고 스퀘어를 비난했다. 그러나 이 신사는 곧 그녀의 분노를 가라앉히는 데 성공했다. 한 가지는 애무의 힘이었고, 또 한 가지는 지갑에서 꺼낸 약간의 약, 즉 우울함을 말끔히 지우고 다시 기분이 좋아지는 데 탁월하다고 그 효능이 인정된 뇌물의 힘이었다.

몰리는 새 애인에게 아낌없는 사랑을 쏟아 부었다. 지난날 존스에게 했던 모든 사랑의 서약, 아니 존스 자체를 비웃었다. 비록 존스에게 한 번 안긴 적은 있지만, 자기 마음을 차지한 진짜 주인은 과거에도 앞으로도 오로지 당신뿐이라고 맹세했다.

6

앞 장과 비교하여 독자 여러분이 지금까지
사랑이라는 단어를 남용한 죄를 뉘우칠지도 모를 장

몰리의 부정을 발견한 존스는 더욱더 화를 내도 좋았을지 모른다. 그 순간을 마지막으로 단호히 인연을 끊었다 해도 그에게 뭐라 할 사람은 없었을 것이다.

존스가 그녀를 연민의 눈길로 바라보았던 것은 분명하다. 그녀에 대한 그의 사랑은 상대방이 변심을 할까봐 크게 불안에 떠는 성질의 것은 아니었다. 그러나 몰리의 정조를 가장 먼저 더럽힌 장본인이 자기라고 생각하면 적잖은 충격을 받았다. 그녀가 악의 구렁텅이로 몸을 내던질 것처럼 위태로워 보이는 것이 그녀를 타락시킨 자기 때문인 것만 같아 견딜 수가 없었다.

이렇게 생각하면 적잖이 불안했다. 그러나 얼마 안 있어 친절하게도 몰리의 언니 베티가 알려준 한 가지 사실 덕분에 그는 불안감에서 깨끗이 해방되었다. 즉 몰리를 가장 먼저 유혹한 사람은 존스가 아니라 윌 반스라는 남자이며, 지금까지 그가 자기 씨앗이라고 확신했던 몰리의 배 속 아기도 그 반스라는 자가 아버지라고 주장할 권리가 적어도 절반은 있다는 것이었다.

존스는 이 사실을 들은 순간부터 그 단서를 열심히 추적했다. 그리하여 이내 몰리의 언니가 한 말이 진실임을 당사자인 그 남자와 몰리의 자백을 통해 충분히 확신하게 되었다.

윌 반스는 시골 한량으로서 영국의 여느 육군 소위나 변호사 서기 못지않게 이런 종류의 전리품을 무수히 획득한 사람이었다. 수많은 여자를 타락시키고, 그중 몇몇의 가슴을 갈기갈기 찢어놓았으며, 불쌍한 어느 소녀가 횡사한 사건의 원인제공자라는 영예까지 얻은 자였다. 이 소녀는 물에 빠져 자살했다는 이야기도 있었고, 더 가능성 있는 추정으로는 그가 직접 물에 빠뜨려 살해했다는 이야기도 있었다.

그가 정복한 여성들 가운데는 베티 시그림도 끼어 있었다. 그는 몰리가 아직 연애 상대로는 어렸을 시절에 언니에게 치근댔다가 나중에는 언니를 버리고 동생에게 접근하여 간단히 성공을 거두었다. 현재 몰리의 사랑을 독차지하고 있는 사람은 이 윌이라는 사나이였다. 존스와 스퀘어는 둘 다 그녀의 욕심과 자만심의 희생양인 셈이었다.

바로 이런 이유에서 앞서 본 것과 같이 베티의 마음속에 쉽사리 꺼지지 않는 증오심이 불타오른 것이었다. 그러나 우리는 이 새로운 원인을 굳이 밝힐 필요가 없다고 생각했다. 앞서 언급한 모든 결과를 낳은 원인으로서 질투 하나만으로도 충분하기 때문이다.

존스는 이 비밀을 알고 몰리에 대해서는 마음이 완전히 편안해졌다. 하지만 소피아에 관해서는 평정은커녕 격렬한 동요 상태에 빠져 있었다. 비유를 사용하자면, 그의 마음은 본진을 지키던 수비병이 완전히 퇴각하여 소피아에게 완벽하게 점령당한 상태였다. 그는 무한한 열정으로 그녀를 사랑했으며, 그녀도 자기에게 따뜻한 애정을 품고 있음을 확실히 감지했다. 그러나 아무리 확신이 있어도 그녀 아버지의 동의를 구하는 것은 여전히 쉬운 문제가 아니었고, 그렇다고 비열하고 배은망덕한 방법으로 그녀를 차지하면 무시무시한 결과로 귀결되리라는 점도 명명백백했다.

그런 짓을 하면 웨스턴 씨가 상처를 입을 것이고 올워디 씨도 크게 상심할 것이라는 생각이 종일 그를 괴롭혔고, 잠자리에서도 밤새 머리에서 떠나지를 않았다. 그의 하루하루는 명예심과 욕망이 끊임없이 충돌하는 격투의 장이었고, 마음속에서는 양자가 번갈아 승리를 쟁취했다. 소피아가 보이지 않는 곳에서는, 이제 웨스턴 씨네 집에서 나와 다시는 그녀를 보지 말자고 얼마나 많이 결심했던가. 그러나 그녀를 다시 만나면 모든 결심은 잊어버리고, 목숨을 걸고서라도 아니, 더 소중한 것을 희생해서라도 그녀를 얻겠다고 다짐했다.

이런 갈등은 이내 확연하게 눈에 보이는 결과를 만들어냈다. 평소의 명랑함과 쾌활함을 잃어버린 것이다. 혼자 있을 때도 우울한 기분이었고, 사람들과 함께 있을 때도 기운 없이 멍하니 있었다. 웨스턴 씨의 유머에 호응하여 즐거운 태도를 가장하면 어색함이 역력히 드러났기 때문에, 억지로 속내를 감추려고 애쓴다는 사실을 오히려 강력하게 입증해 보이는 꼴이 되고 말았다.

열정을 숨기려고 그가 사용한 속임수와 그 열정을 겉으로 내보이려고 정직한 본성이 사용한 수단 가운데 어느 쪽이 그의 본심을 더 많이 드러내 보였는지는 알쏭달쏭하다. 속임수는 그로 하여금 소피아를 전보다 소극적으로 대하도록 만들었다. 말 붙이는 것조차 크게 경계하며 허락하지 않았고, 심지어 눈을 마주치는 일조차 금했다. 본성도 이에 뒤질세라 열심히 대항책을 펼쳤다. 이 젊은 숙녀가 다가오면 그는 즉시 안색이 창백해졌으며, 이런 일이 갑작스럽게 일어나면 움찔 놀랐다. 우연히 그녀와 시선이 마주치기라도 하면 피가 뺨으로 몰려 얼굴이 새빨개졌다. 그녀의 건강을 위해 축배를 들며 남들 하듯 예의상 무슨 말을 건네야 할 때면 어김없이 혀가 꼬였다. 그녀가 살짝 건드리기라도 하면 손이, 아니 온몸이 벌벌 떨렸다. 무슨 이야기를 하다가 조금이라도 사랑 이야기가 나오면 저도 모르게 가슴에서 한숨이 새어 나왔다. 게다가 본성은 놀랄 만큼 부지런해서 이런 우연한 현상들을 매일같이 그에게 제시했다.

이 모든 징후는 지주의 눈은 피할 수 있었지만 소피아의 눈은 피하지 못했다. 그녀는 존스의 마음속에서 일어나는 이런 동요를 즉시 감지했으며, 그 원인도 손쉽게 알아냈다. 자기 마음속에서도 똑같은 원인을 발견했기 때문이다. 이런 인식은 연인들에게서 흔히 발견되는 공감이라는 작용이다. 그녀가 아버지보다 훨씬 예민한 통찰력을 발휘할 수 있었던 것도 이것으로 충분히 설명될 것이다.

어떤 부류의 사람들이 다른 사람들보다 훨씬 통찰력이 뛰어나다는 것은 인정할 수밖에 없는 사실이다. 그런데 사실 그 이유를 설명할 더 간단명료한 방법, 그것도 연인들뿐만 아니라 다른 사람들에게도 적용되는 방법이 있다. 대개 악한은 사악한 징후나 행동을 빨리 감지해내는데, 훨씬 이해력 빠른 정직한 사람들은 못 보고 속아 넘어가지만 그들은 절대로 놓치지 않고 알아채는 이유가 무엇일까? 설마 악당들 사이에 널리 공감대가 존재하는 것은 아닐 테고, 프리메이슨 단원들처럼 그들만의 의사소통 기호를 갖고 있는 것도 아닐 터이다. 실은 그들이 같은 것을 생각하고, 그 생각이 같은 방향을 향한다는 간단한 이유밖에 없다. 존스가 드러낸 명백한 사랑의 징후를 소피아는 알아채고 웨스턴은 그러지 못한 것도, 아버지의 머릿속에는 사랑에 관한 생각이 한 점도 들어 있지 않고, 딸의 머릿속에는 오로지 그 생각밖에 없기 때문이라고 한다면 조금도 놀라운 일이 아닐 것이다.

가엾은 존스를 괴롭히는 열렬한 연정과 그 대상이 바로 자신이라는 사실을 안 소피아는 요즘 그가 보이는 수상한 거동의 진짜 원인을 금세 이해했다. 그러자 그가 남 같지 않았다. 그녀 마음에는 모든 남자가 연인의 마음에 생겨나기 바라는 두 가지 최고의 감정이 싹텄다. 즉 존경심과 연민이었다. 아무리 엄격한 여성이라 할지라도 자기 때문에 괴로워하는 남자에게 연민을 느끼는 일만큼은 스스로에게 허용할 것이다. 또 저 유명한 스파르타의 도둑 이야기[*5]처럼 가슴을 온통 헤집는 사랑의 불꽃을 명예심 때문에 애써 죽이려고 발버둥치는 남자를 보고 여성이 존경심을 느낀다고 해서 비난할 수 있는 사람은 아무도 없을 것이다. 따라서 그의 수줍고 쭈뼛거리는 태도와 냉담함과 침묵은 가장 부지런하고 열정적이며 유창한 대변자들인 셈이었다. 그의 이런 태도는 민감하고 따뜻한 그녀의 마음에 큰 영향을 미쳤다. 그녀는 그에게 정숙하고 고귀한 여성으로서 가능한 가장 따스한 감정을 느끼게 되었다. 쉽게 말해 존경, 감사, 연민 등 마음에 드는 남자에게 품을 수 있는 모든 감정을 느꼈다. 아주 조신한 여성에게 허용되는 모든 감정을 그에게 바쳤다. 한 마디로 말해 그를 미친 듯이 사랑하게 되었다.

어느 날 이 젊은 남녀가 정원에서 우연히 맞닥뜨렸다. 두 산책로 끝이 운하와 맞닿는 지점이었다. 이 운하는 예전에 존스가 소피아에게서 도망친 새를 물에 빠지는 위험까지 감수하며 되찾아주려고 했던 곳이었다.

최근 들어 소피아는 이곳을 자주 찾았다. 이곳에서 그녀는 고통과 즐거움이 뒤섞인 심정으로 그 사소한 사건을 떠올리곤 했다. 그 자체만 보면 하찮

---

*5 스파르타에서는 교육의 한 방법으로 도둑질을 인정하고 민첩함을 그 훈련의 일환으로 삼았다. 단, 발각되면 처벌을 내렸다. 등굣길에 여우를 훔쳐 옷 속에 감춘 소년이 여우 발톱에 가슴이 다 긁히도록 입 다물고 있다가 끝내 죽어서 학교 침대로 옮겨졌다는 이야기가 있는데, 이 일화를 비유로 든 것이다.

은 사건이지만, 지금 그녀 가슴속에서 이토록 성장한 사랑의 씨앗은 그때 처음 뿌려진 것이라 할 수 있었다.

바로 이곳에서 젊은 두 남녀가 만나게 된 것이다. 서로가 눈앞에 보일 때까지 양쪽 모두 상대방이 다가오는 것을 조금도 눈치채지 못했다. 구경꾼이 있었더라면 두 남녀의 얼굴에서 적잖이 당황하는 기색을 발견했으리라. 그러나 그들은 너무 놀라 상대방의 표정을 관찰할 여유도 없었다. 처음 당황스러웠던 순간에서 어느 정도 회복하자 존스는 이 숙녀에게 의례적인 인사를 건넸다. 그녀도 똑같이 응했다. 두 사람의 대화는 화창한 아침의 아름다움이라는 아주 형식적인 주제로 시작되었다. 다음으로 그들은 정원의 아름다움을 화제로 삼았다. 존스는 이 정원을 입에 침이 마르도록 칭찬했다. 두 사람이 예전에 존스가 운하로 떨어졌던 바로 그 나무 있는 곳에 접어들었을 때 소피아는 그때 사건을 떠올리지 않을 수 없어 이렇게 말했다. "존스 도련님, 저 물을 보면 조금 떨리지 않으세요?"

존스가 대답했다. "그보다 당신이 새를 놓쳐 허둥대던 모습이 가장 기억나는 장면인데요. 불쌍한 리틀 토미! 저기 그 녀석이 앉았던 나뭇가지가 있군요. 기껏 당신 품에서 자랄 수 있는 영광을 주었는데 그게 행복인 줄도 모르고 어리석게 도망쳐 버리다니! 녀석의 운명은 배은망덕에 대한 정당한 징벌입니다."

"하지만 존스 도련님, 도련님도 저 때문에 그 새 같은 운명이 될 뻔하셨어요. 지금 생각해도 소름 돋는 일이죠?"

"제가 그 사건을 떠올리고 유감스럽게 생각하는 것이 있다면 그건 물이 더 깊지 않았다는 점뿐입니다. 그랬더라면 운명의 신이 저를 위해 준비한 이 수많은 가슴앓이에서 벗어날 수 있었을 텐데 말입니다."

"치, 존스 도련님! 도련님은 지금 진지하지 않으시군요. 그렇게 목숨을 가벼이 여기는 말씀을 하시는 것도 저에 대한 배려에서겠지요. 저 때문에 두 차례나 위험에 처했던 사실에 제가 부담을 느낄까 봐요. 세 번째는 조심하세요." 미소와 함께 한 이 마지막 말은 이루 표현할 수 없을 만치 부드러웠다.

존스가 한숨을 내쉬며 대답했다. "이미 조심하기에는 늦었습니다." 그리고 부드러운 눈길로 그녀를 뚫어지게 바라보다가 외쳤다. "오, 웨스턴 양! 제가 살기를 바라시는 겁니까? 그래서 제가 지독히 아프길 바라시는 겁니까?"

소피아가 눈을 내리깔고 머뭇거리며 대답했다. "어머나, 존스 씨. 당신이 아픈 걸 원치 않아요."

존스가 큰 소리로 말했다. "오! 당신의 천사 같은 성품, 그 거룩하리만치 선량한 마음씨가 당신의 가장 큰 매력이라는 것을 잘 압니다."

"무슨 말씀인지 모르겠네요. 이제 가야겠어요."

"이해해주지 않으셔도 됩니다. 아니, 이해할 리가 없죠. 저도 제가 무슨 말을 하는지 모르겠습니다. 뜻하지 않게 마주치는 바람에 전혀 준비가 안 되어 있었네요. 혹 제가 불쾌한 말을 했다면 부디 용서하십시오. 그럴 마음은 없었습니다. 그럴 바엔 차라리 죽어 버렸을 겁니다. 당신을 불쾌하게 했다는 생각만으로도 살아 있을 수가 없습니다."

"의외의 말씀이군요. 어째서 도련님이 저를 불쾌하게 만들었다는 건가요?"

"두려움은 쉽게 광기로 변하는 법입니다. 그리고 당신을 불쾌하게 했을까 봐 느끼는 두려움만큼 커다란 두려움은 없지요. 입 하나 벙긋하지 못할 정도랍니다. 제발 그렇게 화난 얼굴로 보지 마십시오. 당신이 눈썹 하나만 찡그려도 저는 파멸입니다. 악의는 없습니다. 나쁜 건 제 눈 아니면 당신의 아름다움이지요. 대체 내가 무슨 말을 하는 거지? 제가 너무 많은 말을 했다면 용서하십시오. 제 마음은 이제 한계입니다. 저는 제 사랑의 감정과 혼신의 힘을 다해 싸워서, 이 내장을 갉아먹는 열병을 숨기려 애써왔답니다. 어쨌거나 이제 당신을 불쾌하게 하는 일이 다시는 없도록 하겠습니다."

존스 군은 학질에 걸려 발작을 일으키듯이 부들부들 떨었다. 소피아의 상태도 크게 다를 바 없었다. 그녀가 대꾸했다. "존스 도련님, 당신 말을 못 알아듣는 척은 하지 않겠어요. 사실 잘 이해합니다. 하지만 저에게 조금이라도 애정을 갖고 계시다면 부디 이대로 저를 돌려보내주세요. 집까지 쓰러지지 않고 걸어갈 수 있다면 좋겠지만."

자기 자신도 쓰러지기 일보 직전이었지만 존스는 소피아에게 팔을 내밀었다. 그녀는 그 호의를 받아들였지만, 이제 아까처럼 본심에서 나온 말을 더는 하지 말아달라고 간청했다. 그는 그렇게 하겠노라고 약속했다. 다만 제의지와 상관없이 사랑이 자신의 입을 통해 한 말을 용서해달라고 했다. 그녀는 용서할지 안 할지는 앞으로 그의 행동에 달려 있다고 말했다. 이렇게 해서 이 젊은 한 쌍의 남녀는 부들부들 떨며 비틀비틀 걸어서 돌아왔다. 그는 소피아의 손을 쥐고 있었지만, 감히 힘주어 잡는 일은 단 한 차례도 없었다.

소피아는 곧장 자신의 방으로 돌아가 하녀 아너와 각성제의 도움을 받았다. 한편 가엾은 존스의 혼란스러운 마음을 유일하게 구원해 준 것은 그다지 반갑지 않은 한 가지 소식뿐이었다. 이 소식은 이 장에서 독자 여러분이 읽으신 내용과는 성격이 다른 전개 양상을 보일 것이므로 다음 장에서 다루기로 하겠다.

7
병상에 누운 올워디 씨

웨스턴 씨는 존스가 몹시 마음에 들어서, 팔이 나은지 오래인데도 놓아주고 싶지 않았다. 한편 존스는 사냥이 좋아서인지 다른 이유가 있어서인지는 모르나, 아무튼 그의 집에 계속 머무르라는 권유를 무조건 수락했다. 이미 두 주일이 지나는 동안 한 번도 올워디 씨를 방문하지 않았으며, 소식조차 전혀 듣지 못했다.

올워디 씨는 며칠째 미열을 동반한 감기 때문에 몸이 좋지 않았다. 그러나 몸져 누울 만큼 심신이 제 기능을 하지 못하는 중병이 아닌 이상 가벼이 여기는 그는 이번 감기도 대수롭지 않게 생각했다. 이런 방법을 추천하거나 모방하기를 권유하는 것은 아니다. 아스클레피오스의 의술을 따르는 신사가 "앞문으로 병이 들어오면 즉시 뒷문으로 의사를 불러야 한다"고 충고한 것은 지당한 말이다. "Venienti occurrite morbo(병이 첫 걸음을 내딛었을 때 바로 맞서 싸워라)"라는 오래된 격언도 바로 이것을 의미한다. 그럴 때만이 의사와 질병은 대등하고 공평한 싸움을 할 수 있다. 질병에게 시간을 벌어주는 것은 프랑스 군대처럼 요새를 쌓고 참호를 파는 여유를 주는 꼴이다. 이렇게 되면 아무리 박식한 의사라 할지라도 적에게 손가락 하나 까딱하기 힘들어지고, 때로는 아예 불가능해진다. 더 나아가 때로 질병은 시간을 확보하여 프랑스식 군사 전술을 씀으로써 환자의 육체를 매수하여 자기편으로 만든다. 그러면 그 어떤 뛰어난 의술이 도착해도 이미 때는 늦었다. 내 기억으로는 위대한 의사 미저반의 한탄이 바로 이러한 관찰과 들어맞는다. 그는 종종 환자들이 너무 늦게 자기를 찾아와 의술을 요구하는 것을 두고 이렇게 탄식했다고 한다. "젠장, 환자들은 나를 장의업자로 생각하나 봐. 주치의가 포기한 다음에야 날 찾아오니."

올워디 씨도 병을 방치하는 바람에 증세가 점점 더 심각해졌다. 열이 너무 올라 마지못해 의사를 불렀을 때 의사는 한눈에 고개를 절레절레 흔들며, 어째서 자기를 더 빨리 부르지 않았느냐고 질책하고는 지금 아주 위독한 상태라고 말했다. 올워디 씨는 이미 이승에서의 일을 정리해두었으며, 인간으로서 할 수 있는 한 저승에 대한 준비도 마친 상태였으므로 침착하고 태연하게 이 선고를 받아들였다. 진정으로 그는 휴식을 취하기 위해 침상에 누울 때마다 저 비극 시에 나오는 카토처럼 말할 수 있었다.

죄의식과 두려움은 인간의 휴식을 방해하기 마련이지만 나는 그런 것들을 모른다. 잠이든 죽음이든 나는 관심 없다.

사실 그는 카토뿐 아니라 고금의 그 어떤 자부심 강한 영웅과 비교하더라도 그 열 배의 이유와 자신감을 가지고 이 말을 할 자격이 있었다. 그는 본디 죽음을 두려워하지 않을 뿐 아니라, 이승에서 추수를 마치고 자비로운 주인에게 불려가 자신의 몫을 받게 되었을 때 '충실한 일꾼'이라고 인정 받을 만한 사람이었기 때문이다.

이 선량한 신사는 즉시 온 가족을 불러들였다. 그때 집에 없던 사람은 얼마 전 런던으로 출발한 블리필 부인과, 독자 여러분께서 지금 막 웨스턴 씨 댁에서 작별을 나누고 온 존스 군뿐이었다. 존스는 소피아와 헤어진 바로 다음에 이 호출을 받았다.

올워디 씨가 위독하다는 소식은(하인은 죽기 직전이라고 전했다) 존스의 머리에서 사랑에 대한 잡념을 모두 몰아냈다. 즉시 그는 자신을 데리러 온 마차를 타고, 최대한 빨리 달리라고 마부에게 지시했다. 가는 도중 단 한 번도 소피아를 떠올리지 않았으리라 나는 확신하는 바이다.

마침내 블리필 군, 존스 군, 스웨컴 씨, 스퀘어 씨, 하인 몇 명(올워디 씨는 하인들도 불렀다) 등 온 가족이 침대 주위에 모이자, 이 선량한 신사는 침대에서 일어나 앉아 입을 열었다. 이때 블리필이 와락 울음을 터트리며 소리 높여 통한의 말들을 쏟아내기 시작했다. 올워디 씨가 그의 손을 잡고 말했다.

"사랑하는 조카야, 슬퍼 마라. 모든 인간이 겪는 흔한 일 아니냐. 불행이 친구를 덮쳤을 때 슬퍼하는 것은 당연한 일이야. 그런 일들은 피할 수 있었던 사고인 경우가 많고, 그 때문에 어떤 사람이 다른 사람보다 불행한 처지에 빠지는 것처럼 보이기 때문이지. 그렇지만 죽음은 아무리 발버둥 쳐도 피할 수 없어. 이 점만큼은 모든 인간에게 공통되는 운명이란다. 죽음이 찾아오는 시기도 그리 중요한 문제는 아니야. 현명한 사람들은 인생을 찰나로 표현하는데, 우리도 일생을 하루에 비유할 수 있을 게다. 나는 인생의 황혼기에 이 세상을 떠나는 셈이지만, 젊어서 죽은 사람들도 나보다 고작 몇 시간 일찍 죽은 것에 지나지 않아. 그렇게 생각하면 죽음은 슬퍼할 일이 아니란다. 더구나 대부분 그 몇 시간의 차이는 노동과 피로로 채워질 뿐이지. 어느 로마 시인이 이 세상을 떠나는 일을 잔치가 끝나고 떠나는 일에 비유한 것이 생각나는구나. 잔치의 여흥을 좀 더 즐기고 친구와 담소를 몇 분이라도 더 나누려고 시간을 질질 끄는 사람들을 보면서 나는 이 비유를 떠올리곤 했지. 그런 식으로 여운을 끌어봐야 결국은 한 순간이야. 가장 먼저 돌아간 사람과 가장 늦게까지 남은 사람이 차이가 있어봐야 얼마나 있겠느냐. 인생도 그렇게 보는 것이 가장 적절하단다. 친구와 헤어지기 싫어하는 마음에서 죽음의 공포가 생기는 법이지. 그렇지만 이런 종류의 잔치는 제아무리 긴 것이라 할지라도 아주 짧은 시간에 지나지 않아. 현자의 눈엔 굳이 언급할 가치도 없어 보일 게다. 물론 이런 식으로 생각하는 사람은 아주 적단다. 대개 죽음의 문턱에 이르러서야 죽음을 생각하기 때문이지. 코앞에 닥친 죽음이 아무리 거대하고 무시무시해 보여도, 조금만 떨어져 있으면 인간은 그것을 보지 못하는 법이거든. 죽음의 위협을 느끼면 체면이고 뭐고 다 집어던지고 벌벌 떨지만, 공포가 마음에서 사라지는 순간 죽음에 대한 걱정은 까맣게 잊어버리지. 하지만 죽음을 면한 것이 곧 무죄방면을 뜻하는 것은 아니야. 그저 집행유예일 뿐이지. 그것도 아주 짧은 집행유예 말이다.

그러니 사랑하는 조카야, 너무 슬퍼하지 마라. 살아가며 언제든지 일어날 수 있는 일이잖니. 우리 주위에 있는 모든 요소, 아무리 미세한 물질이라도 그 원인이 될 수 있고, 인간이면 그 누구라도 피해갈 수 없는 일이라고 생각하면 놀라거나 슬퍼할 이유가 전혀 없단다.

의사 선생 말로는 곧 너희와 헤어지게 될지도 모른다고 하니(이것을 알려준 점은 매우 친절한 행동이었다고 생각한다), 나를 단단히 사로잡은 이 병이 더 퍼져서 그럴 힘조차 없어지기 전에 너희에게 몇 마디 말을 남기기로 결심했다.

하지만 쓸데없이 길게 떠들어서 체력을 허비해서도 안 될 일이지. 그러니 유언장에 관해서만 말하겠다. 이미 오래전에 작성해놓았는데, 그중에서 너희와 관계있는 항목만 이야기하마. 내가 각자에게 어떤 유산을 남겼는지 듣고 모두 만족했으면 좋겠구나.

조카 블리필아, 너에게는 전 재산의 상속권을 부여한다. 단, 연 수입 500파운드짜리 토지는 제외하는데, 이것은 네 어머니가 돌아가신 뒤에 너에게 귀속될 것이다. 또 연 수입 500파운드짜리 토지와 현금 6,000파운드는 따로 떼어 다음과 같이 증여한다.

연 수입 500파운드짜리 토지는 존스, 너에게 남긴다. 또 현금이 없으면 곤란할 테니 별도로 금화 1,000파운드를 주마. 이것이 네가 기대하던 것보다 많은 액수인지 적은 액수인지 모르겠다. 네가 너무 적다고 생각할지도 모르고, 반대로 세상 사람들은 너무 많은 액수라며 나를 비난할지도 모르지. 그런 비난은 아무래도 좋다. 나는 흔히 인간은 남에게 너무 많은 것을 받으면 감사할 줄 모르고 도리어 끝없는 욕망을 품게 되는 법인즉 자신은 결코 남에게 공짜로 무엇을 주지 않겠노라고 변명하는 사람들을 많이 보았다. 하지만 너는 그런 착각을 하지 말기 바란다. 노골적으로 이런 말을 하는 걸 용서해다오. 네가 그런 착각을 하리라고 생각해서 하는 말은 아니란다."

존스는 은인의 발치에 몸을 내던지고 그의 손을 절실하게 잡았다. 과거에도 그랬고 지금도 마찬가지로 그가 베풀어 준 선의는 늘 분에 넘치는 것이며, 그 은혜는 어떤 말로도 표현할 수 없다고 말했다. "아버지께서 보여주신 관대함을 생각하면 아버지 병세를 제외한 다른 걱정은 끼어들 여지가 없습니다. 오, 내 친구이신 내 아버지!" 이 대목에서 목이 메었다. 그는 흘러넘치려는 눈물을 감추기 위해 얼굴을 돌렸다.

그러자 올워디가 존스의 손을 부드럽게 꼭 쥐며 이렇게 말했다. "애야, 나는 네가 선량하고 관대하며 명예를 중시하는 기상을 갖추고 있다고 믿는다. 거기에 신중함과 신앙심이 더해진다면 너는 반드시 행복해질 게야. 먼저 말한 세 가지 자질만으로도 행복해질 자격이 있는 셈이지만, 나중에 말한 두 가지 자질을 갖추어야만 진정한 행복을 손에 넣을 수 있는 법이란다.

스웨컴 선생, 당신에게는 1,000파운드를 남겨 놓았소. 이 정도면 당신의 바람과 요구를 훨씬 뛰어넘는 액수일 거요. 내 우정의 증표로 받아주시오. 필요 이상으로 돈이 남게 되더라도 당신이 그토록 엄격하게 고수하는 신앙심이 그 돈의 처분 방법을 가르쳐 주겠지요.

스웨어 씨, 당신에게도 같은 액수를 남겨 놓았소. 이 돈으로 본업을 이어간다면 지금까지보다 훌륭한 성과를 거둘 수 있을 것이오. 나는 빈곤이 동정보다 많은 경멸감을 불러일으킨다고 오래전부터 생각해왔기에 걱정이 되오. 사업가들한테는 특히 그래서, 그들에게 빈곤이란 곧 능력 부족이지요. 하지만 내가 당신에게 남겨줄 수 있는 이 얼마 안 되는 돈으로 당신은 지금까지 힘들게 싸워왔던 궁핍함에서 벗어날 수 있을 거라 믿소. 당신처럼 철학적 기질을 지닌 사람에게 필요한 최소한의 물질을 살 만큼은 넉넉히 되리라고 생각하오.

점점 힘이 빠지고 있으니, 나머지 재산 처분에 관한 내용은 유언장을 보도록 해라. 하인들에게도 나를 추억할 만한 기념의 증표를 남겨놓았다. 얼마간은 자선 기부 명목으로 떼어놓았는데 이것도 유언집행인이 충실히 이행해줄 거라 믿는다. 모두에게 신의 은총이 있기를. 나는 한 발 먼저 여행을 떠나야겠다."

이때 하인 한 명이 급히 방으로 들어와서 소식을 전했다. 솔즈베리에서 변호사가 찾아왔는데, 특별한 용건을 가지고 왔으니 직접 올워디 씨에게 전달해야겠다고 주장한다는 것이었다. 몹시 서두르는 것처럼 보였으며, 업무가 너무 많아서 몸을 넷으로 쪼개도 부족할 지경이라고 말하고 있다고 했다.

올워디가 블리필에게 말했다. "네가 가서 무슨 일인지 들어보아라. 나는 이제 사업을 할 수도 없는 데다, 전에는 나와 관계된 일이었을지 몰라도 이제는 너와 더 관련이 깊지 않겠느냐. 더구나 지금은 누구를 만날 기력이 없구나. 긴 이야기라면 더욱 그렇고." 이렇게 말하고 그는 모두에게 인사를 했다. 아마 또 볼 수 있겠지만, 이야기하는 데 너무 많은 기력을 소진했으니 지금은 조금 휴식을 취하고 싶다고 말했다.

몇몇은 이 작별 인사에 눈물을 흘렸다. 생전 울어본 적 없는*[6] 철학자 스퀘어마저도 눈물을 훔쳤다. 하녀 윌킨스 부인은 아라비아 고무나무가 수액을 흘리듯*[7] 닭똥 같은 눈물을 뚝뚝 흘렸다. 이것은 이 부인이 이런 일이 있을 때 반드시 치르는 의식 같은 것이었다.

인사를 마친 뒤 올워디 씨는 다시 병상에 몸을 누이고, 안정을 취하려고 노력했다.

8
자연스러우나 유쾌하지 않은 내용

이 가정부의 산처럼 불쑥 솟은 두 광대뼈 위에 소금물 줄기가 펑펑 용솟음친 데에는 주인에 관한 슬픔 말고 또 다른 이유가 있었다. 그녀는 자기 처소로 물러나기가 무섭게 흥겨운 말투로 다음과 같이 혼잣말을 중얼댔다.

"나와 다른 하인들을 조금은 차별했어도 좋았을 텐데. 나한테 상복은 남겨주었겠지만 혹시 그게 다라면 그딴 상복은 악마나 입으라지. 주인님은 내가 거지가 아니란 것쯤은 아셔야 해. 내가 이 집에서 일한 덕에 절약된 돈이 500파운드는 될 텐데 그 대가가 고작 이거란 말이지? 정직한 하인은 손해를 보는군. 가끔 조금씩 빼돌리긴 했지만, 다른 사람들은 그 열 배는 빼돌렸을 걸. 그런데도 다 똑같이 취급하다니. 진짜로 그렇다면 유산으로 남긴 상복 따위는 그걸 준 본인이랑 같이 지옥에나 떨어졌으면 좋겠네. 아니, 버리면 안 되지. 그럼 다른 누군가가 좋아할 테니까. 가장 화려한 겉옷을 사 입고 구두쇠 영감 무덤 위에서 춤을 춰주겠어. 사생아를 데려다 기른다고 이웃 사람들이 모두 욕할 때 난 언제나 편을 들어주었는데 그 답례가 이거라니. 저승에 가면 이승에서 저지른 죗값을 모두 치러야 할 테니, 죄를 짓고도 뻔뻔스럽게 가족도 아닌 태어나지 말았어야 할 사생아에게 재산을 넘겨주기보다 임종 때 죄를 회개하는 게 좋을 거야. 사생아를 자기 침대에 숨겨놓다니!

---

*6 《오셀로》 5막 2장 349행에 나오는 구절.
*7 《오셀로》 5막 2장 350행에 나오는 비유.

정말 어처구니가 없어서! 자기 손으로 직접 감추어놓다니! 하느님, 그를 용서하소서! 실은 숨겨놓은 사생아가 더 많을 게 분명해. 뭐, 저승에 가면 모두 밝혀질 일이겠지. '하인들에게도 나를 추억할 만한 기념의 증표를 남겨놓았다'라니. 그건 '내가 1천 년쯤 살게 된다면 그들을 절대로 잊지 않겠다'라는 소리 아니야. 그래 좋아, 나를 다른 하인들하고 같은 무리에 쑤셔 넣은 걸 잊지 않겠어. 적어도 스퀘어를 언급할 즈음해서 내 이름도 불렀어야 하는 것 아니야? 그자는 신사이긴 하지만 처음 이곳에 왔을 땐 알몸이나 다름없는 신세였잖아? 그런 것도 신사라고! 이 집에서 몇 년이나 살았지만, 그자가 돈을 들고 다니는 걸 본 하인은 한 명도 없어. 그런 신사 놈은 악마 시중이나 들어라." 그 밖에 이 비슷한 말을 계속 중얼거렸지만, 이 정도 맛보기면 독자 여러분께서도 충분하실 것이다.

스웨컴과 스퀘어도 자신들이 받은 유산이 만족스럽지 못하기는 마찬가지였다. 윌킨스 부인 같이 원망을 확실히 입 밖으로 내지는 않았지만, 그 불만스런 표정이나 다음 대화에서 그들의 언짢은 마음을 짐작할 수 있다.

병실을 나온 지 한 시간쯤 지났을 때, 홀에서 스웨컴과 마주친 스퀘어가 이렇게 말을 건넸다. "이보시오, 선생. 방에서 나온 뒤 당신 친구분 소식 좀 들은 게 있소?"

스웨컴이 대답했다. "올워디 씨 말씀이라면 당신 친구라고 부르는 게 맞을 것 같은데. 그 편이 자연스러운 것 같소만."

스퀘어가 대꾸했다. "그 점은 선생도 마찬가지잖소. 우리가 받은 액수가 똑같으니 말이오."

스웨컴이 큰 소리로 말했다. "이런 말을 하고 싶진 않지만 당신이 먼저 시작했으니 말하지요. 내 생각은 다르오. 호의적인 증여와 당연한 사례에는 큰 차이가 있소. 다른 사람이 나만큼 이 집을 위해 봉사하고 두 소년의 교육에 힘을 썼다면 더 많은 보답을 기대했을 것이오. 그렇다고 내가 받은 금액에 불만이 있다는 것은 아니오. 난 있는 바를 족한 줄 알라는 성 바울의 가르침을 잘 알거든. 얼마 안 되는 그 돈보다 적었을지라도 나는 분명히 내 의무를 잊지 않았을 거요. 하지만 성서에는 만족하라고만 나왔지, 응분의 대가를 바라지 말라거나 부당한 비교로 피해를 입더라도 모르는 척하라고 쓰여 있진 않지요."

스퀘어가 응수했다. "나를 걸고넘어지니 하는 말이지만 그런 비교로 피해를 입은 건 오히려 이쪽이지요. 올워디 씨가 급료를 받는 자와 날 동등하게 볼 정도로 내 우정을 가볍게 생각했을 줄은 꿈에도 몰랐군요. 그런데 그 이유를 알겠습니다. 당신이 모든 위대하고 고귀한 가치를 경시하도록 오랫동안 그에게 편협한 사고방식을 주입했기 때문에 그런 일이 벌어진 거요. 우정의 아름다움과 청명함은 침침한 눈으로 보기에는 너무나도 강렬하지요. 과오 없는 정의 원칙을 통하지 않고는 절대로 알아볼 수 없소. 그런데 당신은 그것을 늘 조롱하려 애써왔고, 그 결과는 당신 친구의 판단력이 흐려진 것으로 나오고 말았군요."

스웨컴이 벌컥 화를 내며 소리쳤다. "무슨 소리! 당신의 저급한 원칙이 그의 신앙심을 왜곡시킨 것 아니오! 그리스도교도와 어울리지 않는 이번 처사는 바로 그 탓이오. 무신론자가 아니라면, 대체 누가 자기 죄를 고백함으로써 죄 사함을 받는 절차를 거치지 않고 임종 자리에서 태연할 수 있단 말이오? 게다가 죄를 사하겠노라 선고할 정당한 자격이 있는 사람이 집 안에 있는 걸 뻔히 알면서 말이오. 울며 이 가는 곳으로 쫓겨나*8 후회할 때는 이미 너무 늦었을 거요. 그때 가서야 그는 당신 같은 이 시대 이신론자들이 숭배하는 그 '덕성'이라는 이교 신의 가르침이 얼마나 고마운지 깨닫겠지. 그제야 아무리 찾아도 보이지 않는 목사를 불러대면서, 죄 사함을 받지 않았던 것을 탄식하게 될 거요."

스퀘어가 말했다. "그렇게 중요한 것이라면 왜 당신이 먼저 그에게 해주지 않은 것이오?"

스웨컴이 큰 소리로 말했다. "하느님의 은총을 받고자 하는 마음이 생기지 않는다면 효과가 없는 법이오. 이단에 무신론자인 당신과 백날 이렇게 떠들어봐야 아무 소용없지. 어쨌든 당신은 그에게 이런 것들을 가르치고 이승에서 충분한 보상을 받았소. 그리고 당신의 제자는 곧 저세상에서 보상을 받게 되겠지."

스퀘어가 말했다. "뭘 가지고 보상이라고 하는지 모르겠지만, 그가 나에게 우정의 증표라고 준 그 쥐꼬리만 한 액수를 가리키는 거라면 난 그것을

---

*8 마태복음 8장 12절.

경멸한다고 분명히 말해두겠소. 내가 처한 상황이 이렇게까지 비참하지 않았더라면 절대로 받지 않았을 거요."

이때 의사가 도착하여, 논쟁 중인 두 사람에게 2층 상황이 어떤지 물었다. 스웨컴이 대답했다. "희망이 없습니다."

의사가 큰 소리로 말했다. "뜻밖이군요. 내가 떠난 뒤에 어떤 증상들이 나타난 겁니까?"

스웨컴이 대답했다. "호전되어 보이는 증상은 없습니다. 우리가 방에서 나올 때는 아무런 희망이 없었어요."

육체를 치료하는 의사 선생은 영혼을 치료하는 의사의 말을 오해한 것 같았다. 그들이 막 이 문제에 대해 논의하려는 찰나에 블리필 군이 몹시 우울한 표정으로 나타나더니 비보가 있다며 그의 어머니가 솔즈베리에서 돌아가셨다는 소식을 전했다. 집으로 돌아오는 길에 머리와 위에 통풍이 발병하였는데, 불과 한두 시간 만에 목숨을 앗아가 버렸다는 것이다.

의사가 말했다. "어허, 저런! 불의의 사고는 어쩔 수 없는 법이지만, 그래도 현장에 불려가서 진찰이라도 해봤다면 좋았을 텐데. 통풍은 치료가 어려운 병이지만 나는 아주 완벽하게 치료한 경험이 있거든요."

스웨컴과 스퀘어는 어머니를 잃은 블리필 군을 똑같이 위로했다. 그러나 한 사람은 남자답게, 다른 한 사람은 그리스도인답게 견뎌내라고 충고했다. 이 젊은 신사는 인간은 모두 죽을 수밖에 없음을 잘 알므로, 어머니를 잃은 슬픔도 꼭 극복하려 애쓰겠노라 말했다. 그러나 심술궂은 운명이 줄 수 있는 가장 심한 타격을 이제나저제나 기다리는 이런 때에 그런 커다란 비보를 불시에 접하다니, 자신의 가혹하기 짝이 없는 운명에 불평을 하지 않을 수 없노라고 덧붙였다. 또 이번 일은 자기가 스웨컴과 스퀘어 두 선생에게 배운 훌륭한 가르침을 제대로 익혔는지 시험하는 계기가 될 것이며, 이 위기를 잘 극복해낸다면 전적으로 두 선생 덕분이라고 말했다.

이제 올워디 씨에게 여동생의 죽음을 알려야 하는지를 놓고 논쟁이 벌어졌다. 의사는 다른 의사들도 같은 의견일 것이라며, 밝히는 것을 맹렬히 반대했다. 그러나 블리필은 삼촌이 평소 당신에게 걱정을 끼칠까 염려된다는 이유로 감추는 일이 있어서는 안 된다고 입버릇처럼 강조했으므로 결과가 어떻게 되든지 자기는 그 명령에 불복할 수 없다고 말했다. 또 삼촌의 종교적, 철학적 신념을 고려해볼 때도 의사의 염려에 동의하기 힘들므로 꼭 삼촌에게 말해야겠다고 주장했다. 삼촌이 회복하면(그는 진심으로 그렇게 되길 기원했다), 이런 소식을 감추려고 한 일을 결코 용서하지 않으리라는 이유에서였다.

의사도 이 결심에 따를 수밖에 없었다. 나머지 두 학자도 이 결심을 크게 지지했다. 이리하여 블리필 군과 의사 선생은 함께 병실로 갔다. 의사가 먼저 들어가, 맥을 짚어보기 위해 침대로 다가갔다. 맥을 짚자마자 그는 환자가 훨씬 호전되었고, 마지막 투약이 놀라우리만치 잘 들어 열이 내려갔다고 말했다. 아까는 절망적인 듯이 보였으나 지금은 거의 위험이 없는 상태라고 덧붙였다.

사실 올워디 씨의 상태는 애초에 그리 심각하지 않았다. 의사가 지나치게 신중했던 것이다. 그러나 현명한 장군이 적의 군사력이 아무리 열세하더라도 결코 우습게 보지 않는 것처럼, 현명한 의사는 아무리 대수롭지 않은 질병이라도 결코 우습게 보지 않는다. 약한 적과 싸울 때에도 명장은 똑같이 엄격한 군기를 유지하고, 똑같이 경계병을 세우고, 똑같이 척후병을 이용하듯이, 아무리 하찮은 질병이라도 명의는 똑같이 엄숙한 표정을 유지하고, 똑같이 의미심장한 태도로 머리를 흔들어대는 법이다. 양쪽 모두 그러는 데는 여러 가지 이유가 있을 테지만, 그중 빼놓을 수 없는 가장 유력한 이유가 있다. 그렇게 해두면 승리를 쟁취했을 때 더 빛나는 영광이 자신에게 돌아오고, 불행히 패배의 쓴맛을 보더라도 조금이나마 더 떳떳할 수 있기 때문이다.

올워디 씨가 눈을 뜨고, 회복할 수 있다는 희망에 하늘에 감사를 드릴 새도 없이 블리필 군이 침통한 표정으로 다가왔다. 눈물을 닦으려고 그랬는지, 오비디우스가 어디선가 얘기했듯이 "Si nullus erit, tamen excute nullum (눈물이 한 방울도 안 나온다면 없는 눈물이라도 닦으려고)" 그랬는지는 모르지만 손수건을 눈에 갖다 대며, 독자 여러분께서 방금 전에 들었던 소식을 삼촌에게 전했다.

올워디는 근심과 인내심과 체념을 가지고 이 소식을 듣고는 따뜻한 눈물 한 방울을 떨어뜨렸다. 그러나 이내 침착한 얼굴로 외쳤다. "모든 것은 주님이 주관하시도다!"

그러고는 소식을 가지고 온 사람을 찾았지만, 블리필은 그 사람을 1초도 붙들어 놓을 수가 없었다고 대답했다. 몹시 서두르고 있었던 데다 뭔가 다른 용무라도 있는지, 이렇게 바쁘게 쫓겨 다녀서야 목숨이 열 개라도 모자랄 지경이며, 몸을 사등분할 수만 있다면 각각 하나씩 임무를 맡기고 싶을 정도라고 거듭 불평을 늘어놓았다는 것이었다.

올워디는 블리필에게 장례식을 맡아서 치르라고 명령했다. 여동생은 자기 예배당에 묻었으면 좋겠으며, 나머지 자세한 사항은 조카의 재량에 맡기겠노라고 말했다. 다만 장례식 때 꼭 고용했으면 한다며 한 사람만은 언급했다.

9
"거울이 사람의 겉모습을 비추듯 음주는 사람의 마음을 비춘다"는
아이스키네스의 격언을 설명하는 데 도움이 될 장

독자 여러분 가운데는 앞 장에서 존스 군에 대해 아무런 이야기도 듣지 못한 것을 의아해하시는 분도 계실 것이다. 사실 그의 언동이 앞 장에 나온 인물들과 너무나도 달라 우리는 그의 이름을 그들과 함께 거론하고 싶지 않았다.

선량한 신사가 연설을 마친 뒤 존스는 마지막으로 방을 나왔다. 그는 자신의 방으로 돌아가서야 올워디 씨 걱정에 마음을 졸였다. 그러나 마음이 진정되지 않아 방에서도 오래 머무르지 못하고 다시 올워디 씨 방문 앞으로 가서 한참동안 귀를 기울였다. 방 안에서는 아무런 기척도 들리지 않았다. 심하게 코 고는 소리만 들릴 뿐이었다. 근심 가득한 그의 귀에는 그것이 신음으로 들렸다. 몹시 놀란 그가 더는 참지 못하고 안으로 들어가 보니 선량한 신사는 침대에서 달콤하고 평화로운 단잠에 빠져 있고, 간호사가 앞서 말했듯이 심하게 코를 골아대며 침대 발치에서 자고 있는 것이 아닌가. 이 음악이 올워디 씨의 단잠을 방해하지나 않을까 염려가 되어 그는 즉시 이 육중한 반주를 멈추게 할 유일한 방법을 썼다. 그러고 나서 간호사 옆에 조용히 앉아 있는데 블리필과 의사가 함께 들어와 병자를 깨웠다. 물론 의사는 맥을 짚기 위해, 다른 한쪽은 그 소식을 전달하기 위해서였는데, 존스가 그 내용을 알았더라면 때가 때이니만큼 그 소식이 올워디 씨 귀에 그리 쉽게 들어가도록 호락호락 놔두지 않았을 것이다.

블리필이 삼촌에게 전하는 소식을 처음 들었을 때 존스는 그의 분별력 없는 태도에 치밀어 오르는 분노를 억누를 수가 없었다. 특히 의사가 고개를 저으며, 그 소식을 환자에게 전하는 것은 바람직하지 않다고 말했을 때 더욱 그랬다. 하지만 블리필에게 과격한 비난을 퍼부으면 병자에게 어떤 영향을 미칠 것인가까지 고려하지 못할 정도로 이성을 잃은 것은 아니었다. 그는 병자를 생각해서 그 자리에서는 분노를 가라앉혔다. 또 나중에는 이 소식이 별다른 재앙을 가져오지 않았다는 데에 만족하여 마음속 분노도 저절로 사그라졌으므로 끝내 블리필에게는 아무 말도 하지 않았다.

이날 의사 선생은 올워디 씨 저택에서 저녁 식사를 했다. 식사를 마치고 병자를 살펴본 뒤 일행에게 돌아온 그는 이제 환자는 완전히 위험에서 벗어났으며, 열도 깨끗이 내렸고, 해열제를 먹으면 재발도 막을 수 있다고 자신만만하게 말했다.

이 소식에 존스는 크게 기뻐했다. 도가 지나치게 기뻐하는 그 모습은 희열에 취했다는 표현이 맞을 정도였다. 이 도취 상태는 술의 효과를 한결 끌어올리는 작용을 했다. 또 술병을 차례차례 비우는 효과도 낳았으므로(의사의 건강뿐 아니라 다른 사람들을 위해서도 수 없이 축배를 들었다) 이내 엉망으로 취해 버리고 말았다.

존스는 본디 동물적으로 과격한 본성의 소유자였다. 취기에 해방된 이 본성이 표면으로 떠올라 증폭되자 도를 넘은 효과를 발휘했다. 그는 의사 선생에게 키스를 퍼붓고 꼭 끌어안고 뜨겁게 볼을 비벼대며, 이 세상에서 올워디 씨 다음으로 그를 사랑한다고 맹세했다. "나랏돈으로 선생님의 동상을 세워드려야 마땅합니다. 그를 아는 모든 군자가 사랑하고, 사회의 축복이시며, 국가의 명예고, 온 인류의 자랑이신 분의 목숨을 구했으니까요. 전 제 영혼보다 그분을 사랑합니다."

스웨컴이 외쳤다. "부끄러운 줄 알게! 물론 자네만큼 많은 것을 누렸으면 사랑하는 것도 당연하지. 하지만 그분이 다시 살아난 덕분에 유산 배분이 취소되어 유감스러워하는 사람들도 있을 거네."

존스가 표현조차 힘든 경멸스런 표정으로 스웨컴을 바라보며 대꾸했다. "당신의 천박한 근성은 그따위 생각에 내가 흔들릴 거라고 생각하는 모양이죠? 천만에, 대지더러 입을 쩍 벌리고 자기 흙이나 집어삼키라고 하세요(내가 수백만 에이커의 땅을 가졌대도 이 생각은 변함없을 거예요). 내 소중하고 영광스러운 친구는 놔두고 말이죠."

Quis desiderio sit pudor aut modus Tam chari capitis? [*9]
(소중한 벗을 바라는 마음에 어떤 주저나 한계가 있으리오.)

이때 의사 선생이 끼어들어, 존스와 스웨컴 사이에 불붙은 분노가 초래할 결과를 막았다. 그 뒤 존스는 실없이 웃어대며 사랑의 노래 두세 곡을 부르고는 고삐 풀린 환희가 곧잘 일으키는 온갖 광적인 난동을 부렸다. 그렇다고 시비를 걸어대는 것은 아니었고 어쨌든 맨정신일 때보다 열 배는 기분 좋은 상태였다.

술에 취하면 심술이 고약해져서 툭툭 시비를 거는 사람도 맨정신일 때는 더없이 훌륭한 사람이라는 말을 흔히들 한다. 그런데 사실 이만큼 잘못된 말도 없다. 술이 본성을 역전시키거나 본디 없던 감정을 만들어내는 일은 없기 때문이다. 단지 술은 이성이라는 수비병을 제거하여, 많은 사람이 맨정신일 때는 꽁꽁 숨겨두었던 여러 가지 징후를 밖으로 끄집어 낼 수밖에 없게 만든다. 술기운은 감정을 고조시키고 흥분시킨다(그것도 대부분 우리 마음에서 가장 우위를 차지하는 감정들이다). 그 결과 분노, 사랑, 관대함, 쾌활함, 탐욕 등 온갖 감정이 술잔 속에서 밖으로 모습을 드러낸다.

어떤 나라든 영국만큼, 특히 하층계급만큼 술김에 많이 싸우는 예는 없다 (실제로 영국인들에게 술과 싸움은 동의어라 해도 좋다). 그렇다고 영국인이 세계에서 제일 근성이 비뚤어진 국민이라고 결론짓지는 말기 바란다. 이런 현상의 밑바탕에 깔린 것은 명예욕뿐이다. 따라서 우리 영국인이 다른 나라 서민들보다 명예를 사랑하며 용감하다고 결론 내리는 것이 정당할 것이다. 영국인의 싸움에는 옹졸함, 비열함, 암상궂음 같은 요소가 거의 작용하지 않는 것을 보면 더욱 그렇게 생각된다. 더 나아가 당사자들은 한창 싸우는 와중에도 상대방에게 호의를 표시하는 것이 예사이다. 그들의 주흥은 으레 싸움으로 끝나지만 그 싸움의 대부분은 우정으로 결착된다.

[*9] 여기서 desiderium(바라다)라는 단어는 죽은 벗을 다시 만나고 싶어 하는 마음과 그런 바람에서 오는 슬픔이라는 두 가지 의미가 포함되어 있다.

어쨌든 이야기로 돌아가 보자. 존스는 불쾌감을 주려는 의도를 조금도 내비치지 않았지만, 블리필 군은 자신의 진지하고 신중하며 침착한 기질과 맞지 않는 상대방의 이런 행동이 몹시 불쾌했다. 게다가 지금과 같은 시기에 보일 행동치고는 아주 꼴불견처럼 느껴졌기 때문에 인내심이 폭발하고 말았다.

"지금 이 집은 어머니 사고 때문에 상중이잖아. 하느님의 은총으로 아버지가 회복할 가능성이 보이기 시작했다고는 해도, 술에 취해 야단법석을 떠는 것보다 조용히 감사 기도를 드리는 편이 기쁨을 표현하기에 더 적합하지 않을까? 신의 분노를 피하는 게 아니라 더 늘리고 싶다면 잔뜩 취해서 떠들어대는 것도 좋은 방법이겠지만 말이야."

존스보다 술을 더 많이 마셨지만 정신은 멀쩡했던 스웨컴은 블리필의 이 경건한 연설을 지지했다. 그러나 스퀘어는 독자 여러분께서도 짐작하실 이유 때문에 철저하게 침묵을 지켰다.

블리필이 어머니의 죽음을 언급했을 때, 존스도 그가 어머니를 잃었다는 사실을 떠올리지 못할 만큼 취한 것은 아니었다. 자신의 실수를 기꺼이 인정하고 자책하는 점에서는 누구에게도 뒤지지 않는 존스는 자진해서 블리필 군에게 손을 내밀고 용서를 구하고는 이렇게 말했다. "올워디 씨가 회복했다는 소식을 듣고 들뜬 나머지 다른 것들은 까맣게 잊고 말았어."

블리필은 경멸스럽다는 듯이 그 손을 뿌리치고 분노해서 대꾸했다. "장님이 슬픈 광경을 보고도 아무것도 못 느끼는 건 당연하지. 하지만 나는 불행하게도 내 부모가 누군지 알기 때문에 그 부모가 돌아가시면 슬프다고."

유쾌한 청년이었지만 불같은 성미도 지니고 있었던 존스는 의자에서 벌떡 일어나 블리필의 멱살을 잡고 고함을 질렀다. "이 자식, 내 불행한 태생을 들먹여서 나를 모욕할 셈이냐?" 그는 이 말을 마치기가 무섭게 난동을 부렸다. 온순한 블리필마저 동화되어 곧 난투극이 벌어졌다. 스웨컴과 의사 선생이 끼어들어 말리지 않았더라면 이 싸움은 큰 피해를 초래했을 것이다. 자신의 철학 덕분에 모든 감정에서 초연할 수 있는 스퀘어는 파이프 담배를 물고 침착하게 구경했다. 입에 문 파이프가 부러질 위험이 없는 한 이것이 싸움을 구경할 때의 습관적인 자세였다.

그 자리에서 원한을 풀 길이 좌절된 두 병사는 울분을 해소할 때 흔히 쓰는 다른 방법에 의존했다. 즉 협박과 욕설에 분노를 맡긴 것이다. 육탄전에서 존스의 편을 들어주는 듯했던 운명의 신이 이번에는 적군에게 우호적이었다.

어쨌거나 중립국이 개입하여 휴전협정이 맺어졌고, 모두 다시 식탁에 앉았다. 존스가 사과하고 블리필이 용서하는 데 합의함으로써 다시 평화가 찾아왔다. 모든 것이 '원래 상태'로 돌아간 것처럼 보였다.

이처럼 겉으로는 완전하게 화해가 이루어진 것처럼 보였지만, 싸움 때문에 깨어진 흥은 결코 회복되지 않았다. 흥겨웠던 술자리는 날아갔다. 뒤에 이어진 것은 사실에 대한 진지한 대화와 그 대화에 대한 진지한 논평들뿐이었다. 즉 매우 근엄하고 교훈적이었지만 재미라고는 눈곱만큼도 없는 대화였다. 따라서 재미있는 사건만을 독자 여러분께 전달하고 싶은 우리로서는 이 자리에서 이야기된 모든 내용을 건너뛰기로 하겠다. 이윽고 사람들이 하나 둘 자리를 떴다. 스퀘어와 의사 선생만 남게 되자, 두 젊은 신사 사이에 벌어졌던 싸움을 주제로 활발한 비평이 시작되었다. 의사가 둘 다 건달과 다를 바 없는 놈들이라고 말하자 철학자 선생도 고개를 절레절레 흔들며 이 호칭에 동의했다.

10
술은 종종 여색의 원인이 된다는 사실을 이론의 여지없이 입증한
오비디우스 및 더 근엄한 다른 작가들이 관찰한 내용의 진실성을 따짐

자리에서 물러난 존스는 들판으로 나갔다. 올워디 씨를 뵙기 전에 야외를 거닐어 취기에서 깨기 위해서였다. 친구이자 은인의 중병 때문에 한동안 중단되었던 사랑스런 소피아에 대한 상념을 떠올리고 있는데 우연히 한 사건이 발생했다. 말하는 이도 읽는 이도 눈물 없이는 볼 수 없는 사건이지만, 어디까지나 역사적 사실에 충실하겠다고 공언한 바 있는 우리로서는 이것을 후세에 알리지 않을 수 없다.

때는 바야흐로 6월의 끝자락 어느 상쾌한 저녁이었다. 우리의 주인공은 이루 말할 수 없이 아름다운 숲을 거닐고 있었다. 나뭇잎을 스치는 산들바람이 냇물 흐르는 달콤한 소리와 나이팅게일의 신비로운 노랫소리와 어우러져

몹시 매혹적인 화음을 연주했다. 사랑을 떠올리기에 더할 나위 없는 이런 풍경 속에서 그는 사랑스런 소피아를 떠올렸다. 공상이 그녀의 온갖 아름다움을 자유롭게 넘나들고, 활기찬 상상력이 이 황홀한 미녀의 다양한 자태를 그리는 동안 그의 뜨거운 가슴은 연정으로 녹아내렸다. 마침내 그는 졸졸 흐르는 시냇가에 몸을 내던지고 다음과 같이 탄식했다.

"오, 소피아! 하느님께서 그대를 내 품에 안겨주신다면 난 정말 축복받은 사람일 텐데! 우리를 갈라놓는 운명은 저주받을지어다. 그대만 가질 수 있다면, 그대의 전 재산이 누더기 옷 한 벌뿐이라 한들 세상 어떤 사내도 부럽지 않을 텐데! 눈부신 체르케스 미인이 인도의 온갖 보석으로 치장하고 나타난다 해도 내 눈에는 천박하게만 비칠 텐데! 아니, 다른 여인을 언급할 필요는 없소. 만에 하나 내 눈이 다른 여자를 보고 사랑을 느낀다면, 이 두 손으로 눈알을 뽑아버리겠소. 오, 소피아, 잔인한 운명이 우리를 영원히 갈라놓는다 하더라도 내 영혼은 그대만 생각할 것이오. 순결하고 깨끗한 충절을 그대에게 바칠 각오라오. 내가 그대의 아름다운 몸을 가질 수 없다 하더라도 내 마음, 내 사랑, 내 영혼은 오직 그대 것이오. 오! 내 어리석은 마음은 그대의 부드러운 품에 파묻혀 그 어떤 미인을 보아도 매력을 느끼지 못할 것이며, 내 몸은 그들 품에 안겨서도 은둔자처럼 냉담할 것이오. 내 아내가 될 여인은 소피아, 그대 한 사람뿐이라오. 아아, 그 이름만 불러도 황홀하구나! 그 이름을 모든 나무에다 새겨 놓아야겠다."

이렇게 말하고 벌떡 일어난 순간 한 여인이 눈에 들어왔다. 그녀는 사랑스런 소피아도, 터키 술탄의 궁전을 방문하려고 화려하게 차려입은 체르케스 아가씨도 아니었다. 그렇다! 겉옷도 걸치지 않고, 결코 청결하다고 할 수 없는 조잡한 속옷 바람에, 하루 노동의 결과인지 악취를 풀풀 풍기며, 손에는 갈퀴를 든 몰리 시그림이 다가오고 있는 것이었다. 우리의 주인공은 앞서 말한 대로 나무에 소피아의 이름을 새기려고 단도를 빼들고 있었다. 몰리가 가까이 다가오더니 방긋 웃으며 소리쳤다. "설마 저를 죽이시려는 건 아니겠지요?"

"왜 내가 너를 죽일 거라고 생각하지?"

"지난번에 저한테 잔인하게 굴었던 걸로 보아서는 저를 죽이시는 일이 제가 기대할 수 있는 가장 큰 친절일 테니까요."

이후 더 많은 말이 오갔지만, 그걸 다 말할 의무는 없다고 생각하기에 생략하기로 하겠다. 다만 이 대화가 15분이나 계속되었고 그 결과 두 사람이 울창한 숲 속으로 함께 사라졌다고 전해드리는 것만으로 충분할 것이다.

독자 여러분 가운데는 이런 사태는 말도 안 된다고 생각하시는 분들도 계실 것이다. 그러나 엄연한 사실이었다. 그리고 존스는 여자가 전혀 없는 것보다는 한 명이라도 있는 편이 좋다고 여기는 남자이고, 몰리 또한 한 남자보다는 두 명이 낫다고 여기는 여자라는 사실을 말씀드린다면 그 이유가 충분히 설명될 것이다. 또 존스가 이런 행동을 한 이유로서 지금 말한 동기 말고도 그가 이때 현명한 이성적 판단을 할 수 없는 상태였다는 사실을 떠올려주시면 좋겠다. 근엄하고 현명한 신사는 통제하기 힘든 무분별한 감정들을 이성의 힘으로 훌륭하게 억제하고, 금기시되는 한순간의 쾌락을 물리칠 수 있지만, 지금 존스는 술이 이성의 힘을 완전히 정복한 상태였다. 지금 이성이 충고할 요량으로 섣불리 끼어들었다가는, 저 옛날 클레오스트라투스라는 현자가 어떤 우둔한 사람에게 "술에 취하는 게 부끄럽지 않소?" 묻자 되돌아온 "술 취한 사람에게 설교하는 게 부끄럽지 않소?"라는 대답을 듣는 것이 고작이었을 것이다. 사실 '술김에'란 말은 정의 법정에서는 변명의 여지가 없으나 양심 법정에서는 훌륭한 변명거리가 된다. 그러기에 아리스토텔레스는 술김에 죄를 저지른 사람들은 벌을 두 배로 받아야 된다는 피타코스의 법을 칭찬하면서도, 이 법에는 정의보다 정략적 의도가 많이 포함되어 있음을 인정했다. '술김에'라는 이유로 용서받을 수 있는 죄가 있다면, 그것은 지금 존스가 저지른 종류의 죄일 것이다. 이 점에 대해 내가 가진 지식을 총동원하여 설명할 수도 있지만, 과연 그것이 독자 여러분의 흥미를 끌 것인지 아니면 이미 여러분이 알고 계시는 것보다 많은 지식을 드릴 수 있을지가 의문이다. 그러므로 독자 여러분을 위해 내 학식은 혼자 간직하기로 하고, 다시 이야기로 돌아가겠다.

운명의 여신이 무슨 일을 어중간하게 끝내지 않는다는 사실은 널리 알려진 바이다. 사실 운명의 여신이 한번 인간을 기쁘게 하거나 화나게 할 마음을 먹으면 그때부터 변덕이 죽 끓듯 한다. 우리의 주인공이 자신의 디도와 함께 숲으로 사라지자마자 다음과 같은 일이 벌어졌다.

Speluncam Blifil dux et divinus eandem Deveniunt.[*10]

(안내자 블리필과 신을 섬기는 자가 같은 숲에 도착하였도다.)

경건한 마음으로 산책을 하던 목사와 젊은 지주가 숲으로 들어가는 계단에 막 접어든 때였는데, 젊은 지주가 막 시야에서 사라지고 있는 두 연인을 목격한 것이다.

100야드 넘게 떨어져 있었지만 블리필은 존스를 똑똑히 알아보았으며, 그와 함께 있는 사람이 누군지는 몰라도 여자인 것만은 분명하다고 확신했다. 그는 깜짝 놀라 매우 엄숙하게 하느님을 외쳤다.

갑작스런 외침에 스웨컴도 다소 놀라 이유를 물었다. 블리필이 대답했다. "두 남녀가 함께 수풀로 들어가는 것을 똑똑히 보았어요. 분명히 부정을 저지르러 들어간 걸 거예요." 그는 존스의 이름은 감추는 게 좋겠다고 생각했다. 왜 그랬는지는 현명하신 독자 여러분의 판단에 맡기겠다. 우리는 오해의 소지가 조금이라도 있는 한, 누가 왜 그런 행동을 했는지 그 동기를 단정 짓고 싶지는 않기 때문이다.

자기 자신에게도 엄격했지만 다른 사람의 부정도 결코 용납하지 않는 목사는 그 말을 듣고 불같이 화를 냈다. 그는 블리필에게 즉시 그 현장으로 안내하라고 말했다. 가까이 갈수록 그는 개탄을 섞어 보복을 다짐하고, 올워디 씨를 가차 없이 비난했다. 이 근방의 풍기가 문란한 것은 지주로서 모범을 보여야 할 그가 사생아에게 친절을 베풂으로써, 부정한 계집들에게 엄벌을 내려야 할 정당하고 건전한 법의 엄격함을 느슨하게 만들었기 때문이라며 마치 그가 악을 장려라도 했다는 듯이 말했다.

사냥감을 쫓는 우리의 사냥꾼들이 지나가야 하는 길은 덤불이 빽빽하게 들어차 있어서 발걸음을 크게 방해한 데다 부스럭 소리까지 냈다. 덕분에 존스는 그들이 급습해오기 전에 충분한 경고를 받을 수 있었다. 사실 스웨컴은 분노를 도저히 억누르지 못하고, 한 걸음 디딜 때마다 복수를 하겠노라고 중얼댔는데, 이것만으로도 존스는 자신이 (사냥꾼들의 용어를 빌리자면) 독 안

[*10] 여기서 "신을 섬기는 자"는 물론 스웨컴을 가리킨다. 기원전 20년 무렵에 로마의 시인 베르길리우스가 쓴 장편 서사시 《아이네이스》 제4권 124~125행을 빗댄 시로서, 원작에서는 주인공 아이네이스와 카르타고의 여왕 디도가 숲 속에서 육체관계를 맺는 부분이다.

에 든 쥐 신세가 되었다는 것을 충분히 이해했을 것이다.

11

장황한 시에 대한 포프 씨의 비유*[11]를 시작으로,
차가운 쇠붙이의 도움 없이도 충분히 일어날 수 있는 피투성이 싸움

발정기(햄프셔 지방이라는 울창한*[12] 숲 속에서 암수 동물들 사이에 오가
는 온건한 농탕질을 가리키는 투박한 비속어)에 늠름하게 뿔을 돋운 수사슴
이 사랑의 농탕질을 계획하고 있노라면, 한 쌍의 강아지 또는 그 밖에 적대
감을 지닌 짐승들이 이 야생의 비너스 신전 가까이 다가올 때가 있도다. 아
름다운 암사슴들은 두려움 또는 장난기, 수줍음 또는 변덕스러움, 아니면 자
연이 모든 암컷에게 부여한 내숭 또는 행동 지침 때문에 잽싸게 달아나노라.
적어도 거기에는 부주의한 수컷들 때문에 사모스*[13]의 신비가 불경스런 시선
에 발각될까봐 꺼리는 마음이 있으니. 이 신성한 결합 의식을 치를 때 여성
들은 베르길리우스의 《아이네이스》에 나오는 여사제처럼 외쳤도다(베르길리
우스는 이 의식을 연구하는 데 열심이었다).

Procul, O procul este, profani; Proclamat vates, totoque absistite luco.—
DRYDEN
(썩 꺼져라, 불경한 자는 이곳에서 꺼져라, 냉큼 숲 밖으로 나가라. 무
녀가 외쳤다. —드라이든)

다시 말하면 이렇다. 수사슴과 암사슴이 '살아 있는 모든 동물'에게 공통
되는 이 신성한 의식을 치르려 할 때, 적의를 품은 짐승이 감히 그곳에 가까
이 다가오면, 암사슴이 겁먹는 모습을 본 수사슴이 맹렬하게 수풀 밖으로 돌
진한다. 그는 자신의 연인을 지키는 보초병을 자임하여 발로 땅을 힘차게 구

---

*11 시인 포프가 주교 호들리의 장황한 문장을 풍자한 시. 포프의 《던 박사를 풍자한 시》 중.
*12 이것은 나무로 가려진 숲 또는 여성의 은밀한 부분을 가리키는 두 가지 의미로 해석할 수
있다.
*13 에게 해에 위치한 섬으로서, 결혼의 여신 헤라의 신전이 있다.

르고 뿔을 사방으로 휘두르며 위풍당당하게 적에게 싸움을 건다.

적이 다가오는 것을 감지한 우리의 주인공도 이에 못지않은 기세로 풀숲에서 뛰쳐나왔다. 그는 두려움에 떨고 있는 암사슴을 숨기고, 그녀가 무사히 퇴로를 확보할 수 있도록 성큼성큼 전진했다. 한편 스웨컴은 이글거리는 눈에서 시퍼런 번갯불을 내뿜으며 천둥처럼 고함을 질렀다. "이런, 이런, 존스 군! 설마 자네일 줄이야!"

존스가 대꾸했다. "뭐가 설마인지 모르겠지만 보시다시피 저입니다."

"함께 있던 그 부정한 계집은 누군가?"

"부정한 계집과 함께 있었다손 치더라도 그게 누군지 말해야 할 필요는 없는 것 같은데요."

"명령이네. 당장 누군지 말하게. 이제 자네도 어엿한 성인이 되어 직접 교육을 받을 기회는 적어졌지만, 그렇다고 스승의 권위를 완전히 무시해도 좋다고는 생각하지 않겠지? 한번 사제의 연을 맺으면 평생을 가는 법이야. 모든 인간관계는 하느님이 맺어주시는 것이라서 인간의 힘으로는 어쩌지 못하기 때문이지. 그러니 자네가 내게 처음으로 교리를 배웠을 때처럼 지금도 내 명령에 따라야 한다고 생각하네만."

존스가 큰 소리로 말했다. "그렇게 생각하고 싶겠지만, 옛날처럼 회초리의 힘이라도 빌리지 않는 한 그런 일은 없을 겁니다."

스웨컴이 말했다. "그렇다면 분명히 얘기하는데, 그 음탕한 계집을 직접 찾아내는 수밖에."

존스가 되받아쳤다. "저도 분명히 말씀드리는데, 그렇게 놔두지 않을 겁니다."

스웨컴이 앞으로 나가려고 하자 존스가 그의 팔을 꽉 붙들었다. 블리필 군이 "스승이 모욕당하는 것을 두고 볼 수 없다"며 스웨컴 구출에 나섰다.

적이 두 명이라는 사실을 깨달은 존스는 한 명부터 해치워야겠다고 생각했다. 만만한 적을 먼저 해치우기로 마음먹은 그는 목사의 팔을 놓고 젊은 지주의 가슴을 향해 강타를 날렸다. 다행히 표적은 빗나가지 않았다. 상대방은 곧 땅바닥에 대자로 널브러졌다.

여자의 정체를 밝혀내겠다는 일념으로 스웨컴은 몸이 풀려나자마자 아군의 운명에는 눈길도 주지 않고 곧장 양치 덤불로 뛰어들었다. 그러나 덤불

안으로 몇 걸음 들어가기도 전에, 블리펄을 물리친 존스가 쫓아와 그의 외투 자락을 잡아끌었다.

사실 이 목사는 젊은 시절 한가락 하던 싸움꾼으로서 중등학교에서도 대학교에서도 주먹으로 명성을 날렸었다. 요즘에는 물론 그 고귀한 기술도 사용한 지 오래되어 쇠퇴했으나 용기만은 신앙심 못지않게 충만했고, 근육 또한 두 젊은이에 뒤지지 않을 만큼 다부졌다. 게다가 독자 여러분께서도 느끼셨겠지만, 그는 본디 성품이 불같았다. 따라서 뒤를 돌아보고 아군이 바닥에 대자로 뻗어 있는 것을 발견함과 동시에 예전에는 늘 수동적으로만 맞섰던 녀석이 자기에게 난폭하게 굴고 있다는 사실을 깨닫자(특히 이 점 때문에 화가 머리끝까지 치솟았다) 그는 인내심이 폭발하고 말았다. 즉시 공격 자세를 취하더니 예전에 그를 뒤에서 공격할 때와 마찬가지로 재빠르게 혼신의 힘을 다하여 존스에게 정면으로 달려들었다.

우리의 주인공은 가슴에서 소리가 날 정도의 큰 타격에도 적의 급습을 의연하게 받아냈다. 즉시 그도 목사의 가슴을 향해 맹렬한 반격을 날렸다. 그러나 목사는 솜씨 좋게 존스의 주먹을 탁 쳐냈고, 주먹은 배에 맞았다. 그 배 속에는 2파운드의 쇠고기와 같은 양의 푸딩이 저장되어 있었던 터라 빈 배처럼 '텅' 하는 소리는 나지 않았다. 맹렬한 주먹질이 오갔다. 이 광경은 읽거나 설명하기보다는 직접 보는 편이 훨씬 즐겁고 재미있었으리라. 그러는 와중에 맹렬한 주먹을 맞고 쓰러진 스웨컴이 가슴에 존스의 무릎 공격까지 받고 기세가 꺾였다. 승리가 코앞에 다가왔을 때, 제정신이 든 블리펄이 다시 전투를 개시하여 존스를 덮쳤다. 목사는 가까스로 태세를 재정비하고 숨을 고를 여유를 얻었다.

이제 둘이 합세하여 우리의 주인공을 공격했으나, 존스는 스웨컴과의 교전으로 이미 지친 상태였다. 주먹에도 처음 같은 힘이 실리지 못했다. 인간의 몸을 악기에 비유하자면 이 선생은 주로 독주를 하는 편이었다. 최근까지 그런 독주 연주에만 익숙해 있었지만, 이중주에서도 자신의 역할을 훌륭히 수행할 만큼의 기술은 잊지 않고 있었다.

승리는 현대의 관습에 따라 머릿수로 결정되려는 듯이 보였다. 그런데 그때 갑자기 제4의 주먹이 전투에 참가하여 즉시 목사에게 안부 인사를 건넸다. 동시에 그 주먹의 임자가 큰 소리로 외쳤다. "둘이서 한 명을 공격하다니 부끄럽지도 않느냐!"

실로 대결전이라 부를 만한 이 전투는 몇 분 동안 맹렬하고 치열하게 계속되었다. 마침내 블리필은 존스의 주먹에 맞아 다시 대자로 뻗었고, 스웨컴은 꼬리를 내리고 새로운 적에게 목숨을 구걸했다. 그제야 이 새로운 적이 웨스턴 씨임이 밝혀졌다. 격전이 벌어지는 동안에는 전투원 가운데 누구 하나 그를 알아보지 못했다.

이 정직한 지주는 일행들과 함께 오후 산책을 나왔다가 이 피투성이 전장을 우연히 지나치게 되었다. 그런데 싸우는 세 사람 가운데 두 명이 같은 편이라는 결론을 내리고 급히 일행에서 떨어져 나와, 정략적 분별력이라기보다는 의협심에서 약자 쪽을 지지하기로 했던 것이다. 존스 군이 스웨컴의 분노 그리고 옛 스승에 대한 블리필의 충실한 우정의 희생양이 되지 않을 수 있었던 것은 이 관대한 행동 덕분이었다. 수적 열세 외에도 존스는 부러진 팔에 아직 예전만 한 힘을 되찾지 못한 상태였다. 그러나 그는 원군을 얻어 전투를 순식간에 종결했으며, 이 동맹군과 함께 승리를 거머쥐었다.

12

스웨컴과 블리필,

그 밖에 스무 명의 피가 한꺼번에 흐르는 것보다 장관을 이루는 장면

전투가 막 끝난 순간, 웨스턴 씨의 일행이 현장에 도착했다. 일행이란 앞서 우리가 웨스턴 씨 댁 식탁에서 보았던 성실한 목사와, 소피아의 고모인 웨스턴 부인, 마지막으로 사랑스런 소피아였다.

이때 참혹한 전장의 상황은 이랬다. 한쪽에는 패배한 블리필이 몹시 창백한 얼굴에 거의 숨을 쉬지 않고 바닥에 뻗어 있었다. 그 옆에는 정복자 존스가 온몸에 피를 뒤집어쓰고 서 있었다. 물론 그 피의 일부는 그 자신의 것이었지만, 일부는 방금 전까지 스웨컴 목사의 소유물이었다. 다른 한 곳에는 정복자에게 항복한 스웨컴이 알렉산더 대왕에게 항복한 포루스 왕처럼 뚱한 얼굴로 서 있었다. 마지막 인물은 패잔병들에게 영광스런 관용을 베푼 웨스턴 대왕이었다.

거의 죽은 것 같이 보이는 블리필이 가장 먼저 일동의 근심을 샀다. 특히 웨스턴 부인이 그랬는데, 그녀는 주머니에서 각성제 병을 꺼내어 직접 그의 콧구멍에 부으려고 했다. 그런데 바로 그 순간 갑자기 모든 사람의 관심이 가엾은 블리필에게서 딴 데로 옮겨갔다. 그럴 의도만 있었다면, 이때 그의 영혼은 작별 인사도 않고 몰래 저 세상으로 떠 버릴 수도 있었을 것이다.

사람들의 관심이 떠나간 것은 그보다 더 애처롭고 더 사랑스러운 인물이 정신을 잃고 쓰러졌기 때문이었다. 바로 아름다운 소피아였다. 피투성이 전장을 봤기 때문인지, 아버지가 걱정되어서인지, 그것도 아니면 다른 이유가 있어서인지는 모르나 누가 도와줄 틈도 없이 기절해 버린 것이다.

웨스턴 부인이 가장 먼저 그녀를 발견하고 비명을 질렀다. 즉시 두세 명이 "웨스턴 양이 죽었다!"라고 외치는 동시에, 각성제와 물과 약이란 약은 있는 대로 가져오라고 고래고래 소리를 질렀다.

독자 여러분께서는 우리가 이 숲을 묘사할 때 졸졸 흐르는 시냇물을 언급했던 것을 기억할 것이다. 이 시냇물은 통속적인 연애소설에서처럼 그저 졸졸 소리 내는 역할을 하기 위해 이곳을 흐르는 것이 아니었다. 운명의 신은 이 냇물이 아르카디아 평원을 씻어주는 그 어떤 시냇물도 아직 경험한 적 없는 크나큰 명예를 누리도록 계획을 세워놓았다.

존스는 마지막 한 방은 불필요했으나 걱정을 하며 블리필의 관자놀이를 문지르고 있었다. 그때 '웨스턴 양'과 '죽었다'라는 단어가 동시에 귀에 와서 박혔다. 그는 깜짝 놀라 벌떡 일어나, 블리필은 천사에게 맡겨놓은 채 소피아 곁으로 쏜살같이 달려갔다. 다른 사람들이 메마른 숲길에서 물을 찾느라 좌충우돌하는 사이에 그는 양팔에 그녀를 안고 들판을 가로질러 앞서 말한 개울까지 내달렸다. 그곳에 도착하자 물속으로 뛰어들어 그녀의 얼굴과 머리와 목덜미에 엄청난 물을 뿌려댔다.

우왕좌왕하느라 아무런 도움도 되지 않던 사람들이, 같은 이유로 존스를 말리지 못하고 그저 구경만 한 것이 소피아로서는 다행이었다. 사람들이 그가 뭘 하려 하는지 깨달았을 때 그는 이미 시냇물을 향해 절반쯤 달려간 뒤였고, 그들이 물가에 채 도착하기도 전에 그는 이미 그녀를 되살려 놓은 상태였다. 아버지와 고모와 목사가 도착했을 때 그녀는 눈을 뜨고 두 팔을 뻗으며 "오, 하느님!" 하고 외치고 있었다.

그때까지도 이 사랑스런 짐을 끌어안고 있던 존스는 그제야 팔을 풀었다. 그러나 그와 동시에 그녀의 몸을 부드럽게 어루만졌다. 그녀의 의식이 완전히 돌아온 상태였다면 그 감각을 느끼지 못했을 리 없다. 그녀가 이런 방자한 행동에 어떤 불쾌감도 표시하지 않은 것으로 보아 나는 그녀가 이때 아직 충분히 깨어난 상태가 아니었으리라고 생각한다.

비극적인 장면이 순식간에 환희의 장면으로 바뀌었다. 이 장면에서 주연 배우는 분명히 우리의 주인공이었다. 목숨을 구한 소피아 본인의 기쁨보다 그녀를 구했다는 그의 기쁨이 훨씬 컸다. 또 사람들이 소피아에게 건네는 축하 인사는 존스에게 건네는 칭찬에 비할 바가 아니었다. 특히 웨스턴 씨는 딸을 한두 차례 포옹하고는 존스를 껴안고 키스 세례를 퍼부었다. 그는 존스를 소피아의 생명의 은인이라고 부르고, 딸과 사유지만 빼놓고 그가 바라는 것은 뭐든지 주겠다고 말했다가 다시 생각하더니 여우 사냥용 개들과 슈발리에와 슬라우치 양(그가 좋아하는 암말의 이름)도 제외했다.

소피아에 대한 걱정이 사라지자 지주는 곧이어 존스를 걱정했다. "세상에나, 이보게, 웃옷을 벗고 얼굴을 좀 씻게. 꼴이 엉망이질 않나. 자, 자, 몸을 씻고 함께 우리 집으로 가세. 가서 갈아입을 옷이 있나 찾아 보세나."

존스는 두말없이 동의했다. 웃옷을 벗어던지고 냇가로 가서 얼굴과 몸을 씻었다. 바람에 풀어헤쳐진 가슴팍이 얼굴만큼이나 피투성이였다. 핏자국은 씻겼지만, 스웨컴이 얼굴과 가슴에 찍어 놓은 검푸른 멍 자국들은 물로 지워지지 않았다. 이것을 본 소피아가 이루 말할 수 없는 애정 깃든 눈길을 보내며 한숨을 내쉬었다.

존스는 그 모습을 똑똑히 보았다. 이제껏 받았던 타박상들보다 이쪽이 훨씬 강렬한 충격을 주었다. 그러나 이 충격은 성격이 완전히 다른 것이었다. 매우 부드럽고 상쾌해서, 앞서 받았던 타격이 칼에 찔린 상처였다면 이 충격은 얼마 동안 그 상처의 아픔을 잊게 해주는 효과를 발휘했다.

일행은 전장으로 돌아왔다. 스웨컴이 블리필을 일으켜 세우는 참이었다. 여기서 우리가 진심으로 바라는 점이 있다. 모든 싸움은 자연의 신이 우리가 쓰기에 적합하다고 생각하고 부여한 무기만으로 결판이 나야 하며, 쇠붙이 따위는 땅을 파는 데만 쓰일 일이지 인간의 배에 구멍을 뚫는 용도로는 사용되지 말아야 한다는 점이다. 이렇게만 된다면 군왕들이 심심풀이로 벌이는 전쟁도 전혀 해로울 것이 없다. 상류층 부인들의 요청으로 거대한 군대가 전투를 벌일 것이며, 그 귀부인들은 국왕들과 함께 이 전투를 구경할 것이다. 전장은 시신들로 뒤덮이겠지만, 바로 다음 순간 그 대부분이 베이즈의 군대*14처럼 다시 일어나, 미리 짜둔 대로 큰북과 바이올린 연주에 맞추어 행진하며 퇴장하는 일도 가능하리라.

나는 되도록 이 문제를 익살스럽게 다루고 싶지 않다. 농담을 못마땅해 하시는 진지한 신사분들이나 정치가 나리들이 덮어놓고 이 작품을 경멸할 우려가 있기 때문이다. 전투의 승패를 결정짓는 것은 얼마나 많은 사람이 무참히 학살당했느냐이다. 그러나 깨진 머리통, 피 흘리는 코, 시퍼렇게 멍든 눈두덩이 수도 마찬가지 아닌가? 도시 쟁탈전에서도 이런 방식으로 싸울 수는 없는 것일까? 물론 이것은 다른 나라에 비해 뛰어난 공병을 보유한 프랑스로서는 불리한 제안일지도 모른다. 그러나 우리는 프랑스인의 의협심과 너그러움을 고려해볼 때, 그들이 적과 대등한 위치에서 겨루는 이른바 호각을 다투는 싸움을 절대로 거절하지 않을 것이라고 확신한다.

그러나 이런 개혁은 소망하기는 쉬우나 실현은 기대하기 어렵다. 따라서 이런 간략한 암시를 제시하는 데 만족하기로 하고 다시 본론으로 돌아가겠다.

웨스턴은 싸움이 일어난 원인을 캐물었다. 블리필도 존스도 아무 대답도 하지 않았으나 스웨컴이 퉁명스럽게 대답했다. "그 원인 제공자가 아직 이 근처에 있을 겁니다. 잘 뒤진다면 그 여자를 찾아낼 수 있겠지요."

웨스턴이 대꾸했다. "여자라고? 세상에! 그럼 당신들이 싸운 게 계집 때문이란 말이오?"

스웨컴이 말했다. "저기 조끼만 걸친 신사에게 물어보시지요. 그가 가장 잘 알 테니."

웨스턴이 큰 소리로 말했다. "그렇다면 여자 문제가 틀림없군. 허허, 톰! 자네도 여자를 너무 밝혀서 탈이야. 어쨌든 여러분, 다시 사이좋게 지냅시다. 같이 우리 집으로 가서 한잔하면서 화해하도록 하세요."

스웨컴이 말했다. "송구스런 말씀입니다만, 저 같은 버젓한 신사가 이런 애송이한테 이렇게 험한 꼴을 당했다는 것은 그냥 넘어갈 문제가 아닙니다.

---

*14 베이즈는 버킹엄 공작의 희극 《무대연습》(1671)에 등장하는 극작가지망생. 이 희극에 한 번 전사한 말과 말이 되살아나 걸어서 퇴장하는 장면이 등장한다.

그것도 제 의무대로 음탕한 계집을 찾아내 재판에 넘기려 했다는 이유만으로 말이죠. 애초에 가장 큰 잘못은 올워디 씨와 나리에게 있습니다. 나리들이 마땅한 의무에 따라 법을 집행했더라면 그런 해충 같은 존재들은 이 근방에서 박멸되었을 테니까요."

웨스턴이 소리쳤다. "내 이 근방에서 그런 여우들을 모조리 없애 버리겠소. 그런데 내 생각에는 날마다 전쟁으로 잃어가는 인류를 보충하도록 기꺼이 응원하는 게 옳은 것 같은데. 아무튼 그 계집이 어디 있다는 거요? 자, 톰, 내게 보여주게." 그러고는 토끼를 사냥할 때와 같은 말투와 방법으로 이곳저곳을 수색하더니 마지막에는 이렇게 고함을 질렀다. "여기다! 사냥감은 가까운 곳에 있다! 분명히 굴이 이 근처에 있다. 이런, 벌써 도망갔나?" 그런데 실제로 그렇게 판단해도 좋을 것 같았다. 웨스턴 씨가 가엾은 소녀가 방금 전까지 숨어 있던 장소를 발견했을 때, 소녀는 그곳에서 싸움이 벌어지자마자, 토끼가 도망친 흔적처럼 무수한 발자국을 남긴 채 몰래 도망친 뒤였기 때문이다.

소피아는 또 머리가 어지러운 것을 보니 아까 같은 일이 벌어질까봐 걱정이 된다며 그만 집으로 돌아가자고 아버지에게 애원했다. 지주는 즉시 딸의 요청에 응했다(그는 딸을 몹시 아끼는 아버지였다). 그는 일동에게 함께 자기 집으로 가서 식사를 하자고 열심히 설득했다. 그러나 블리필과 스웨컴은 단호하게 거절했다. 블리필은 지금은 말하기 곤란하지만, 자신이 그 영광스런 초대를 거절해야 하는 이유가 수도 없이 많다고 말했다. 스웨컴도 자기 같은 직분을 지닌 사람이 이런 꼴로 돌아다니는 것은 적절치 못하다고 주장했다(이것도 일리 있는 말이다).

존스는 소피아와 함께 식사하는 즐거움을 거절할 수 없었다. 그는 지주 웨스턴 씨와 숙녀분들과 함께 앞장서 가고, 그 뒤를 선량한 목사가 따랐다. 처음에 이 목사는 같은 목사인 스웨컴과 함께 뒤에 남겠다고 공언했다. 도의상 같은 성직자로서 자기 혼자 갈 수 없다는 것이었다. 그러나 스웨컴은 이 호의를 끝내 받아들이지 않고, 웨스턴 씨를 따라가라며 그를 난폭하게 떠밀었다.

이렇게 해서 유혈이 낭자했던 싸움은 끝났다. 이로써 이 이야기의 제5권도 마치도록 하겠다.

제6권
약 3주 동안 일어난 일

1
사랑에 대하여

앞 권에서 우리는 부득이 뜨거운 사랑에 대해 꽤 많이 다루었다. 그리고 이번 권에서도 이 주제를 더욱 폭넓게 다루게 될 것이다. 따라서 이 장에서 몇몇 철학자들이 다른 놀라운 발견들과 함께 찾아냈다고 주장하는 새로운 이론, 즉 "인간의 가슴속에 사랑이라는 감정은 존재하지 않는다"는 이론을 검토하는 것이 엉뚱한 일은 아닐 것이다.

이 철학자들이 스위프트 박사[*1]가 영광스럽게 언급했던 어떤 학문, 심지어 최소한의 독서도 하지 않고 순전히 자신의 재능만으로 신은 없다라는 심오하고 중요한 비밀을 발견했다는 어느 놀라운 학파와 같은 사람들인지 나는 여기서 감히 단언하지는 않겠다. 또 몇 년 전, 인간의 본성에 선이나 미덕은 존재하지 않으며, 인간의 선행은 자만심의 소산임을 증명하여 세상을 놀라게 했던 그 사람들[*2]과 동일인물인지에 대해서도 단정하지 않겠다. 사실 나는 이런 부류의 진리 발견자들이 흔히 '황금 발견자(=분뇨 수거인)'라 불리는 사람들과 동일인물이 아닌가 하는 생각이 강하게 든다. 진리 탐구와 분뇨를 뒤적이는 일 모두 사용하는 방식이 똑같기 때문이다. 즉 더러운 곳을 수색하고 뒤적이고 조사한다. 특히 진리 탐구자가 뒤지고 다니는 곳이야말로 그런 곳 가운데서도 가장 더러운 곳인 '사악한 마음'이다.

더러운 곳을 뒤진다는 점과 저마다 분야에서 성공을 거둔다는 점에서 진

[*1] 《걸리버 여행기》의 저자 조나단 스위프트를 가리킴. 스위프트는 무신론이나 이신론 논쟁에는 흥미가 없었다.
[*2] 네덜란드 출신의 사상가 맨더빌 일파를 가리킴.

리 탐구자와 황금 발견자들을 비교할 수 있지만, 겸손함이란 측면에서는 그렇지 않다. 탐색에 실패했다고 해서 이 세상에 황금(분뇨)은 없다고 단언하는 뻔뻔스럽고 어리석은 황금 발견자 이야기를 들어본 적이 있는가? 이에 반해 진리 탐구자들은 분뇨와 같은 자신의 마음을 헤집어본 뒤, 그곳에서 어떤 성스러운 빛이나 미덕과 선, 또는 사랑스럽거나 사랑에 빠진 마음을 조금이라도 발견하지 못하면 그 즉시 온 우주에 그런 것은 존재하지 않노라며 결론내리고 이론화하고도 부끄러운 줄 모른 채 태연자약하다.

그러나 되도록 이들 철학자(그렇게 불리길 원한다면)와의 모든 논쟁을 피하고 문제를 평화롭게 해결하고 싶다는 우리의 뜻을 보여주기 위해 여기서 그들에게 몇 가지를 양보하려 한다. 그러면 논쟁을 피할 수 있으리라 생각한다.

첫째, 우리는 세상에 사랑이라는 감정이 완전히 결여된 사람도 많다는 점, 어쩌면 그것을 주장하는 철학자들 자신도 그런 부류에 속할지 모른다는 점을 인정한다.

둘째, 세속에서 말하는 사랑, 즉 게걸스러운 식욕을 일정량의 섬세하고 새하얀 여인의 육체로 충족하려는 욕망은 여기에서 내가 주장하는 사랑과 결코 같지 않음을 인정한다. 이런 욕정은 정확히 말해 허기라고 표현함이 옳다. 대식가들이 뻔뻔스럽게 자신의 식욕에 사랑이라는 단어를 갖다 붙인 다음 '나는 이들 요리를 사랑한다'고 말하는 것과 반대로, 이런 욕정을 지닌 남자는 '나는 아무개 여성에게 허기를 느낀다'고 말하는 것이 정확한 표현이리라.

셋째는 매우 인정하기 쉬운 양보라고 생각한다. 내가 여기서 변호하려는 사랑은 우리의 가장 천박한 욕망과 비교해볼 때, 욕망을 충족하는 방법은 훨씬 섬세하지만 그 충족 욕구는 비슷하리만치 강하다는 점이다.

마지막으로, 사랑이 이성(異性)을 대상으로 작용할 때는 그 욕망을 완벽하게 충족키 위해, 앞서 언급한 허기의 응원을 종종 바란다는 점이다. 사랑으로 이 공복감이 줄어드는 일은 없다. 오히려 허기를 채우는 데서 오는 기쁨은 오로지 육욕을 만족시킨 경험밖에 없는 사람들에게는 상상도 못할 만큼 크게 고조된다.

내가 이런 사항들을 양보했으니 이번에는 철학자들이 다음 사실을 인정해주길 바란다. 즉 어떤 사람들(내 생각에는 이런 사람들이 많다)은 가슴에 너그러움과 자비로움을 지니고 있으며, 그것은 타인의 행복에 기여함으로써 충족된다는 점. 또 그런 만족감만으로도 우정, 부모자식 간의 정, 보편적인 인류애 같은 이루 말할 수 없는 큰 기쁨을 느끼게 된다는 점. 이런 감정들을 사랑이라 부르지 않는다면 달리 뭐라 부를 수 있겠는가? 어떤 순수한 사랑에서 나오는 기쁨은 거기에 성적 욕망이 더해짐으로써 더욱 고조되고 달콤해질 수도 있지만, 기쁨은 그 자체만으로도 충분히 존재할 수 있으며 거기에 성적 욕망이 끼어든다고 해서 기쁨이 소멸하는 것은 아니라는 점. 끝으로 정욕의 동기는 젊음과 아름다움이지만 이러한 사랑의 동기는 존경과 감사의 마음인즉, 정욕은 그 사람에게 노화나 질병이 찾아왔을 때 자연히 소멸되지만 사랑은 그런 것에 전혀 영향을 받지 않으므로, 선량한 마음속에 감사와 존경을 토대로 존재하는 감정은 조금도 흔들리지 않는다는 점.

실제로 그 명백한 사례들이 종종 목격되는데도 이런 감정들의 존재를 부정하는 것을 보면 아주 이상하고 불가사의하다. 그런 행동은 앞서 말한 자기진단에서 비롯된 것이라고밖에 보이지 않는다. 이 얼마나 그릇된 생각인가? 자기 마음속에 탐욕이나 야심의 흔적이 없다고 해서 인간 본성에 이런 감정들이 존재하지 않는다고 결론 내릴 수 있을까? 타인의 선을 판단할 때도 악을 판단할 때와 똑같은 원칙을 겸허히 적용해야 하거늘 우리는 왜 그러지 않는가? 선악을 막론하고 우리는 왜 셰익스피어의 표현처럼 "자기를 기준으로 세상을 판단하려" 드는가?

이 문제에는 아주 질 나쁜 허영심이 작용하는 것 같다. 이것은 우리 스스로가 자기 마음에 아첨하는 한 예이다. 더구나 이런 행동은 거의 누구나 한다. 인간은 자기를 추종하는 사람들을 경멸하면서도, 자기 스스로에게 아첨을 떠는 비열한 행동은 그만두지 않는다.

나는 앞서 언급한 사실들이 진실인지 아닌지를, 내 제언에 내심 찬성해주실 현명한 여러분의 판단에 맡기고자 한다.

독자 여러분께서는 각자 가슴속을 들여다보시고, 앞서 언급한 가설을 나와 함께 믿을지 말지 결정하시라. 그리고 내 주장을 믿으신다면, 실례를 들어 그 가설들을 입증할 다음 장으로 넘어가시기 바란다. 그러나 믿지 않으신다면, 여러분은 기껏 여기까지 오면서 한 줄도 이해하지 못하고 읽은 셈이된다. 그러니 음미도 이해도 못하는 내용을 읽느라 귀중한 시간을 더 허비하지 말고 차라리 다른 볼일을 보시거나 다른 오락거리(아무리 시시한 것이라도)를 찾는 편이 현명할 것이다. 그런 독자에게 사랑의 정취를 말하는 것은 장님에게 색깔을 설명하는 것만큼 바보스런 일이다. 어떤 장님이 빨간색을 가리켜 나팔 소리와 비슷하다고 말했다는 이야기가 있는데, 그런 독자들의 애정관도 이와 별다를 게 없어서 사랑이 수프나 소고기 등심과 비슷하다고 말할는지 모를 일이기 때문이다.

2
웨스턴 부인의 성격. 그녀의 대단한 학식과 사리분별력 그리고 그런 장점에서 나오는 심오한 통찰력의 한 예

독자 여러분께서는 웨스턴 씨와 그의 여동생, 딸, 존스 군, 목사가 함께 웨스턴 씨 저택으로 갔던 것을 기억하실 것이다. 그들 대부분은 그곳에서 신나게 웃고 즐기며 그날 저녁을 보냈지만, 소피아만은 우울했다. 존스는 마음이 온통 사랑의 감정으로 가득 찬 데다 올워디 씨가 회복되었다는 기쁨과 자신의 연인이 눈앞에 있다는 사실, 게다가 가끔씩 그녀가 그에게 던지는 따스한 시선에 한껏 들떴다. 그는 더없이 즐거워 보이는 나머지 세 사람과 어울려 왁자하게 떠들었다.

다음 날 아침 소피아는 식사 자리에서도 똑같이 우울한 표정으로 앉아 있다가 식사가 끝나자 아버지와 고모만 남겨놓은 채 평소보다 일찍 자리에서 물러났다. 지주는 딸의 마음의 동요를 전혀 눈치채지 못했다. 사실 그는 정치가에도 입문하여 지방 선거에 두 차례나 출마한 적도 있었지만, 결코 관찰력이 날카로운 사람이 아니었다. 반면 그의 여동생은 기질이 전혀 달랐다. 그녀는 왕실을 드나든 경험도 있는데다 세상 물정에도 밝았다. 세상에 떠도는 소문은 모조리 알고 있었고 풍속, 관습, 의례, 유행에도 해박했다. 그 박식함은 여기에 그치지 않았다. 그녀는 학문에도 열심이었다. 현대극·가극·성담곡·시·연애소설을 모조리 읽었으며, 분야마다 비평가 수준에 있었다. 뿐만 아니라 라팽의 《영국사》, 이처드의 《로마사》, 역사에 기여하기 위해 출간된 프랑스의 각종 실록들, 더 나아가 지난 20년간 출간된 정치 선전물과

정기간행물들도 두루 섭렵했다. 그 덕분에 정치 상식에 매우 밝았고, 유럽 정세에 대해서도 심도 깊은 담론을 나눌 수 있었다. 또 연애학에도 조예가 깊어서, 누가 누구랑 사귄다더라 하는 소문에는 누구보다 훤했다. 이 방면의 연구가 개인적인 연애 문제로 방해받는 일은 결코 없었으므로 이런 정보를 얻어내기란 더욱 쉬웠다. 그녀에게 연애할 마음이 없는 건지, 마음은 있으나 그녀의 환심을 사려는 남자가 없는 건지 알 수 없으나, 아마도 후자 쪽일 것이다. 거의 6피트에 달하는 큰 키에 말씨와 행동, 학식까지 더해졌으니 치마는 둘렀으되 그녀를 여자로 보는 남성은 없었을지도 모른다. 그러나 연애 경험은 없을지언정 사물을 과학적으로 볼 줄 아는 사람이었으므로, 상류층 숙녀들이 남성들을 유혹할 때나 호감을 감추고 싶을 때 쓰는 수법에서 미소·추파·곁눈질 등 수많은 기교에 이르기까지 현재 사교계에서 사용되는 모든 기술을 완벽하게 알고 있었다. 요컨대 그 어떤 위장과 가장도 그녀의 눈을 피해갈 수 없었다. 반대로 정직한 사람들의 솔직담백한 행동은 본 적이 없었으므로 그녀는 그런 것을 이해하지 못했다.

이런 놀라운 총명함 덕분에, 웨스턴 부인은 지금 소피아 마음속에서 무언가를 발견해냈다고 생각했다. 전장에서 소피아의 행동을 보고 품게 된 의혹은 그날 저녁부터 다음 날 아침에 걸친 관찰로 증거를 얻었다. 그러나 오해라는 지적을 피하기 위해 그녀는 신중에 신중을 기해 그 비밀을 가슴에 묻어 둔 채 2주일을 보냈다. 다만 그동안 소피아에게 히죽히죽 미소를 지어 보이거나, 눈짓을 하거나, 고개를 끄덕여 보이거나, 때로는 모호한 말을 건네어 에둘러 암시함으로써 소피아를 흠칫 놀라게 했다. 그러나 오빠는 전혀 모르는 눈치였다.

마침내 자신의 관찰이 틀림없다는 확신이 서자 부인은 어느 아침 오빠와 단둘이 있는 기회를 잡았다. 그녀는 오빠의 휘파람을 가로막으며 이렇게 말했다. "오라버니, 요즘 소피아가 좀 이상한 것 같지 않아요?"

웨스턴이 대답했다. "아니, 모르겠는데. 그 애한테 무슨 일이 있냐?"

"그런 것 같아요. 그것도 아주 큰일이요."

"어디 아프다는 말은 없었는데! 천연두는 이미 지나갔고."

"오라버니, 여자애들은 천연두 말고 다른 병에도 잘 걸려요. 그리고 그런 병들이 어떤 때는 더 안 좋아요."

웨스턴 씨는 정색을 하고 동생의 말을 자르며, 딸이 심각한 병에 걸렸으면 당장 알려달라고 부탁하고 이렇게 덧붙였다. "내가 내 영혼보다 그 애를 사랑하고, 그 애를 위해서라면 세상 끝까지라도 가서 최고의 명의를 찾아올 각오라는 건 너도 알게다."

그녀가 미소를 지으며 대꾸했다. "아뇨, 그런 끔찍한 병에 걸렸다는 게 아니에요. 오라버니, 제가 세상물정에 훤하다는 건 오라버니도 잘 아시죠? 제가 보건대 소피아는 지독한 사랑에 빠진 게 틀림없어요."

웨스턴 씨가 흥분해서 소리쳤다. "뭣이, 사랑에 빠졌다고?! 내게 알리지도 않고 사랑에 빠졌단 말이야? 인연을 끊고 옷을 홀딱 벗겨 땡전 한 푼 없이 내쫓아야겠군. 그렇게 애지중지 키웠더니 고작 한다는 일이 내 허락도 없이 사랑에 빠지는 거라니!"

웨스턴 부인이 대꾸했다. "하지만 오라버니, 오라버니 영혼보다 사랑하는 딸을, 고른 상대가 오라버니 마음에 드는지 아닌지 알아보지도 않고 무작정 쫓아내시진 않겠죠? 소피아가 고른 상대가 오라버니가 바라는 배우자감이라면 그리 화나는 일은 아닐 텐데요."

웨스턴이 큰 소리로 말했다. "물론 그렇지. 중요한 지적이야. 내 맘에 드는 녀석이랑 결혼한다면 그 애가 누구를 사랑하든 나도 골머리 썩을 일 없지."

"이제야 분별 있는 말씀을 하시는군요. 그런데 소피아가 선택한 상대는 오라버니가 그 애의 신랑감으로 낙점할 게 틀림없는 사람이랍니다. 제 판단이 틀리다면 세상물정에 훤하다는 등 하는 이야기는 다신 하지 않겠어요. 하지만 제가 어느 정도 세상물정을 잘 안다는 것은 오라버니께서도 인정하는 부분일 거예요."

"그야 다른 여느 여자보다 네가 그런 눈치 하나는 빠르지. 게다가 이런 일은 뭐니 뭐니 해도 여자의 영역이니까. 하지만 네가 정치적 발언을 하는 건 듣고 싶지 않다. 그건 우리 남자들 영역이지, 여자들이 이러쿵저러쿵할 문제가 아니야. 아무튼 그 상대방 녀석이 누구냐?"

"흥! 그쯤은 직접 생각해보시죠. 오라버니 같은 위대한 정치가한텐 쉬운 문제잖아요? 국왕의 내각도 꿰뚫어보고, 유럽 각국의 국정이라는 커다란 수레바퀴를 움직이는 비밀 원동력이 뭔지도 알아내는 머리를 가졌으니 방자하고 무식한 딸자식의 머리에 무슨 생각이 들었는지쯤은 쉽게 짐작할 것 아니에요?"

웨스턴이 고함을 질렀다. "내 앞에서 왕실에서나 쓰는 그따위 객쩍은 말을 지껄이지 말라고 여러 차례 경고했을 텐데! 난 그런 헛소리는 몰라. 그렇지만 신문이나 〈런던 이브닝 포스트〉 같은 잡지는 읽을 줄 알지. 물론 가끔 이해가 잘 안 가는 글이 실리기도 해. 생략이 너무 심하거든. 하지만 의미는 분명히 알아. 우리나라 정치가 뇌물과 부정부패로 이상적인 방향으로 흘러가고 있지 않다는 것쯤은 안다고."

숙녀가 소리쳤다. "오라버니의 촌뜨기 같은 무식함이 진심으로 가엾네요!"

"뭐라고! 내 눈엔 너의 그 영악한 학식이 안돼 보이는데. 난 왕실 출입만은 싫다. 장로파도 싫고 누구 같은 하노버 왕조파도 싫어."

"저를 두고 하시는 말씀이세요? 외람된 말씀이지만 전 여자예요. 제가 어느 파든 무슨 상관이겠어요? 게다가—"

웨스턴이 큰 소리로 말했다. "네가 여자라는 것쯤은 안다. 여자라 다행인 줄 알아라. 사내자식이었다면 한 대 갈겼을 테니까."

"남자가 여자보다 우월한 점은 그 폭력성뿐이죠. 지력이 아니라 완력만이 우월하다고요. 우리 여자를 때릴 힘이 있다는 걸 남자들은 다행으로 생각해야 할 거예요. 그렇지 않았다면 남자들은 모두 우리의 노예가 되었을 테니까요. 여자들 머리가 훨씬 뛰어나니까 말이죠. 용감하고 현명하며 재치 있고 예의 바른 사람들은 이미 노예가 된 지 오래지만."

"네 속마음을 알게 되어 다행이구나. 어쨌든 이 문제는 다음에 천천히 이야기하자. 지금은 딸애가 마음에 두고 있다는 그 남자가 누군지 말해봐."

"남자들에 대한 극심한 경멸감을 소화할 동안 잠시 기다리세요. 그렇지 않으면 화가 날 것 같아요. 됐네요! 간신히 집어삼켰어요. 자, 현명한 오라버니, 오라버니는 블리펄 군을 어떻게 생각하세요? 그 청년이 기절해 쓰러져 있는 것을 보고 소피아가 정신을 잃었잖아요? 그가 정신이 들어 일어서는 순간에 우리가 다시 돌아갔을 때도 소피아는 다시 창백해졌었죠? 그날 저녁 식사 때도, 다음 날 아침 식사 때도, 그리고 지금까지 쭉, 그 애가 침울한 이유가 달리 뭐가 있겠어요?"

지주가 소리쳤다. "정말 그렇구나! 듣고 보니 하나하나 들어맞는 이야기야. 확실히 그랬어. 난 기쁘구나. 소피아는 착한 딸이야. 사랑 때문에 나를 화나게 할 아이가 아니라는 걸 알고 있었지. 이렇게 기쁜 일은 없다. 우리 사유지와 그 집 사유지가 나란히 붙어 있어 오가기도 편하고. 왜 진작 그런 생각을 못했을까? 두 집안의 사유지는 어떤 의미로 이미 결혼한 상태나 마찬가지고, 그것을 떼어놓는 것은 유감천만한 일이야. 물론 이 나라에는 더 큰 사유지도 있지만, 이 지방에는 없잖니. 조금 이득을 보겠다고 딸을 다른 지방으로 시집보내고 싶진 않다. 게다가 그런 넓은 사유지는 대개 귀족의 소유인데 난 귀족이라는 이름만 들어도 구역질이 나거든. 그런데 내가 어떻게 하는 게 좋겠냐? 이런 일은 남자보다 여자가 잘 알지 않느냐?"

숙녀가 대답했다. "어머나, 황송해라. 뭐가 됐든 여자의 능력을 인정해주셔서 감사하고 행복하네요. 현명하신 오라버니께서 제게 의견을 물으시니 말씀 올리는데, 오라버니가 올워디 씨를 직접 찾아가 결혼을 제안하시는 게 어떻겠어요? 남자 쪽이든 여자 쪽이든 부모가 결혼을 제안하는 것은 무례가 아니랍니다. 포프 씨의 《오디세이》에 나오는 알키노오스 왕도 딸을 율리시스한테 주겠노라고 제안했으니까요. 물론 오라버니는 현명하신 분이니, 딸이 사랑에 빠졌다는 말은 하지 말라고 굳이 충고할 필요는 없겠지요. 그건 예의에도 법도에도 어긋나는 일이니까요."

지주가 대꾸했다. "좋아, 직접 가서 결혼 제안을 하지. 하지만 거절당한다면 반드시 한 방 먹여 버릴 거야."

웨스턴 부인이 큰소리쳤다. "걱정 마세요. 이런 유리한 결혼을 누가 거절하겠어요?"

"글쎄 모르지. 올워디는 괴짜라서 돈에는 넘어오지 않아."

"오라버니가 그러고도 정치가라고 할 수 있어요? 정말 어처구니가 없군요. 남의 말만 믿고 속아 넘어가다니요. 올워디 씨가 돈을 경멸한다고 했다고 그 말을 그대로 믿어 버리시는군요. 우리 어리석은 여자들은 쉽게 속아 넘어가는 게 당연하지만, 신께서 정치가가 되라고 만들어 놓으신 현명한 양반이 그런 말에 넘어가다니요. 오라버니가 프랑스와 협상을 벌이는 전권대사였다면 속이기 딱 좋은 상대였겠네요. '우리 프랑스가 도시를 점령한 것은 자기방어의 원칙에 입각한 행위였소' 하면 '아하, 그렇군요' 하시겠어요."

지주가 코웃음을 치며 말했다. "점령당한 도시 문제는 궁전에 있는 네 친구들한테 알아서 하라고 해라. 어차피 넌 여자니까. 난 널 비난할 생각이 없다. 설마 왕실 녀석들도 여자에게 비밀을 털어놓을 만큼 바보는 아니겠지."

이렇게 말하며 그는 몹시 냉소적인 웃음을 터뜨렸다. 웨스턴 부인도 이번에는 참지 않았다. 실은 아까부터 부글부글 끓고 있었던 것이다(정치는 부인의 주특기였고, 부인은 꽤나 과격파였다). 그녀는 벌컥 화를 내며 오빠를 "바보 같은 어릿광대"라고 욕하고, 더는 이 집에 머무르지 않겠노라고 선언했다.

마키아벨리의 저술을 읽어본 적은 없을지 몰라도 이 지주는 여러 측면에서 완벽한 정치가였다. 그는 이른바 '런던 주식시장 뒷골목*3의 정치 소요학파'들에게 반복해서 주입되는 모든 현명한 원칙들을 강력히 지지했다. 그는 돈의 정당한 가치와 유일한 용도는 저축에 있음을 알고 있었다. 마찬가지로 상속권의 정확한 가치도 충분히 이해했으며, 여동생의 재산 액수와 자신이나 자신의 자손이 그 재산을 상속받을 가능성을 종종 생각하곤 했다. 그는 사소한 분노 때문에 이런 가능성을 날려 버릴 정도로 어리석지는 않았다. 따라서 조금 도가 지나쳤음을 깨닫고는 곧 수습할 생각을 했다. 이것은 그다지 어려운 일이 아니었다. 이 숙녀는 오라버니에게 크나큰 애정을 지니고 있었고, 조카에게는 더욱 그러했기 때문이다. 더구나 자신의 특기 분야인 정치적 식견에 대한 모욕을 매우 민감하게 받아들이긴 했지만, 그녀는 보기 드문 선량하고 솔직한 성품을 지닌 여성이었다.

웨스턴 씨는 먼저 말을 꽉 붙들어 매놓고, 말이 마구간에서 빠져나갈 수 있는 공간으로 창문만 남겨놓는 방식을 선택했다. 즉 누이동생에게 가서 방금 전 발언을 모조리 취소한 뒤 그녀를 화나게 했던 내용과 정반대되는 이야기를 하며 어르고 달래고는 마지막으로 소피아를 불러 응원을 요청했다. 소피아는 사랑스럽고 매력 넘치는 말솜씨를 지니기도 했지만, 그녀의 말이라면 고모가 덮어놓고 들어준다는 이점도 지니고 있었다.

이런 노력들이 효과를 발휘하여 결국 웨스턴 부인은 방긋 웃으며 말했다. "오라버니는 꼭 크로아티아인 같이 말을 금방 뒤집는군요. 하지만 그런 사람들도 황후 마마의 군대에는 효용 가치가 있으니 오라버니에게도 뭔가 장점이 있을 거예요. 그러니 다시 오라버니와 평화협정을 체결하고, 오라버니가

＊3 Exchange Alley. 지명. 도박의 중심지.

조약을 위반하는 일이 없도록 감시하겠어요. 적어도 오라버니는 훌륭한 정치가이니까, 협정을 깨는 편이 이득이라는 것을 깨닫기 전까지는 프랑스인들처럼 동맹을 유지하시겠지요."

3
비평가 선생들에 대한 두 가지 도전

앞 장에서 말했듯이 여동생과의 문제가 해결되자, 지주는 올워디 씨에게 결혼 제의를 하러 가겠다고 안달이 났다. 웨스턴 부인은 아직 병중인 이웃 신사를 방문하러 가지 못하도록 오라버니를 말리느라 몹시 애를 먹었다.

병나기 바로 전에 올워디 씨는 웨스턴 씨와 식사를 하기로 약속했었다. 따라서 그는 약의 구속에서 벗어나자마자 즉시 약속을 지키기로 마음먹었다 (일의 경중을 불문하고 이것이 그의 습관이었다).

앞 장의 대화가 있던 날부터 오늘 공식적인 만찬에 초대되기까지 고모가 던지는 모호한 암시들을 보고, 소피아는 혹시 이 영악한 고모가 존스에 대한 자신의 연정을 눈치챈 게 아닌가 걱정되기 시작했다. 그래서 그녀는 오늘 만찬을 기회삼아 그러한 의혹을 모두 지워야겠다고 생각하고, 그러기 위해 자신의 행동을 철저히 통제하기로 결심했다.

첫째로 그녀는 최대한 명랑한 표정과 활기찬 태도로 두근거리고 울적한 마음을 감추려고 애썼다. 둘째로 블리펄 군에게만 집중적으로 말을 걸고, 가엾은 존스 군은 온종일 거들떠보지도 않았다.

지주는 딸의 이런 행동이 몹시 마음에 들어 식사도 하는 둥 마는 둥 여동생에게 눈짓과 고갯짓을 끊임없이 보내며 자신의 만족스러움을 표현할 기회를 잡느라 여념이 없었다. 그러나 처음에 부인은 조카의 모습을 보고도 오빠만큼 덮어놓고 흡족할 수가 없었다.

간단히 말해 고모 눈에는 소피아의 지나친 연기가 어리둥절하고 어딘가 부자연스러워 보였다. 그러나 본인 스스로가 대단한 술책가였던지라, 그녀는 이내 이런 태도를 소피아의 극단적인 술책 탓이라고 여겼다. 그녀는 조카에게 네가 사랑에 빠진 사실을 다 안다는 듯이 암시하곤 했던 것을 떠올리고, 조카가 이렇게 일부러 과장되게 친한 척하는 행동을 함으로써 자신을 놀리고 자신의 생각을 바꾸게 하려는 것이라고 상상했다. 조카가 시종 과도할 정도로 쾌활하게 구는 것을 보고 이 생각은 더욱 확고해졌다. 한 가지 짚고 넘어갈 점은, 소피아가 상류층 주택이 몰려 있는 그로브너 스퀘어에서 10년을 살았더라면 이 억측도 훨씬 근거 있게 보였을 거라는 점이다. 그곳에 사는 젊은 숙녀들은 사랑의 감정을 가지고 장난치는 놀라운 기술들을 실제로 배운다. 그러나 런던에서 백 마일이나 떨어진 이런 시골에서 사랑은 대단히 심각한 문제인 것이다.

사실 타인의 간계를 꿰뚫어보려면 자신의 머리를 상대의 머리회전에 맞추어 가동하는 것이 중요하다. 머리가 대단히 잘 돌아가는 사람은 종종 상대를 실제보다 똑똑하다고 오해함으로써, 다르게 표현하면 실제보다 못된 악당이라고 과대평가함으로써 실패한다. 이것은 꽤 심오한 가설이므로 다음의 짧은 예를 들어 증명하기로 하겠다. 윌트셔 출신의 세 사람이 같은 지방 출신 도둑을 쫓아 브렌트포드에 도착했다. 셋 중 가장 단순한 사람이 어느 간판에 '윌트셔 여관'이라고 쓰인 것을 보고, 도둑이 이 안에 있을 테니 들어가 보자고 동료들에게 말했다. 조금 현명한 두 번째 사람이 그 단순함을 비웃었다. 그러나 더 똑똑한 세 번째 사람은 말했다. "어쨌든 들어가 보세. 설마 우리가 그의 동향 사람들 틈에 섞여 있을 줄은 상상도 못할 거라고 생각했을지도 모르니 말일세." 그들은 안으로 들어가 수색했다. 이 때문에 바로 그 시각에 조금 앞서 도망치던 도둑을 따라잡을 기회를 놓치고 말았다. 사실 그들이 잘 알면서도 간과했던 한 가지 사실은 이 도둑이 글을 읽을 줄 모른다는 점이었다.

독자 여러분께서는 이러한 여담이 중요한 비법을 전하는 수단이라 여기고 너그러이 용서해 주시리라. 상대의 허를 찌르기 위해서는 그 상대의 게임 방식을 정확히 알아야 한다는 것은 도박꾼이라면 누구나 동의할 것이다. 종종 현명한 사람들이 어리석은 사람들의 밥이 되고, 순진하고 단순한 사람들이 과대평가 받는 이유도 이 비밀로써 설명된다. 무엇보다 중요한 것은 똑똑한 고모에게 소피아의 위장술이 먹혔던 이유가 이것으로 설명된다는 점이다.

식사가 끝나자 일행은 정원으로 나갔다. 누이동생이 자신에게 말한 내용을 절대적으로 확신하는 웨스턴 씨는 올워디 씨를 한쪽으로 데려가 단도직입적으로 소피아와 블리필 군의 결혼을 제안했다.

올워디 씨는 예상치도 못했던 세속적인 이해관계에 대한 제안을 갑작스레 받아도 동요하는 사람이 아니었다. 그의 정신은 인간적이고 그리스도교도다운 철학으로 단련되어 있었다. 모든 기쁨과 고통, 슬픔에 초연한 척하지는 않았으나, 그렇다고 우연한 돌풍이나 운명의 일희일비에 안절부절못하는 사람도 아니었다. 따라서 지금 웨스턴 씨의 제안을 듣고도 아무런 감정도 내비치지 않고 안색 하나 변하지 않았다. 그는 이 결혼을 자신도 진심으로 원하던 바라고 말하고, 상대 숙녀의 장점에 정당한 찬사를 바쳤다. 재산이라는 관점에서도 이 결혼은 매우 유익하다는 점을 인정하며, 조카를 높이 평가해주어서 고맙다고 말했다. 끝으로 본인들만 좋다면 자기도 꼭 일이 성사되기를 바란다고 말을 맺었다.

웨스턴은 예상 밖으로 시큰둥한 올워디 씨의 대답에 얼마간 실망했다. 그는 아이들이 서로 좋아하는지 여부를 미심쩍어 하는 올워디의 '본인들만 좋다면'이라는 발언에 일고의 가치도 없다는 듯 말했다. "자식의 배우자는 부모가 결정하는 것이 가장 바람직하네. 난 딸이 고분고분 따르도록 밀어붙일 생각이야. 상대방 청년이 우리 딸과 잠자리를 거부한다면 난 그의 비천한 하인이 될 것이네. 아무런 지장이 없도록 말이야."

올워디는 소피아를 한껏 추켜세움으로써 웨스턴의 분노를 누그러뜨리려 애썼다. 블리필도 기꺼이 이 제안을 받아들일 것이 틀림없다고 말했으나 아무 소용없었다. 지주는 초지일관 한 가지 대답이었다. "더는 말하지 않겠네. 아무런 지장이 없기를 겸손히 바랄 뿐이야. 그게 다일세." 헤어지기 전에 그는 이 말을 적어도 백여 차례는 되풀이했다.

올워디는 이 이웃의 성격을 잘 파악하고 있었으므로 이런 태도가 불쾌하지 않았다. 그는 본디 부모가 권위를 이용하여 자식의 결혼 문제에 개입하는 것에는 심히 반대하는 주의였다. 따라서 조카에게도 억지로 결혼을 강요하지 말자고 결심했지만, 그럼에도 이 결혼에는 몹시 구미가 당겼다. 이 근방에서 소피아의 평판이 매우 좋았고, 그 자신도 그녀의 비범한 내적 외적 자질을 높이 평가하고 있기 때문이었다. 게다가 그녀의 막대한 재산도 올워디 씨의 계산 안에 들어 있었다고 봄이 좋을 것이다. 그는 돈을 밝히는 사람이 아니었지만, 그렇다고 무턱대고 재물을 경멸할 만큼 분별력이 없지도 않았다.

올워디 씨가 선에 대해 그랬던 것처럼 진정한 지혜에 대해서도 훌륭한 귀감을 보여준 바, 이 쯤에 나는 시끄러운 비평가들에 대한 도전으로서 진정한 지혜에 관한 여담을 소개하려 한다.

진정한 지혜는, 호가드의 판화에 나오는 가난한 시인이 아무리 부를 배척했다 할지라도, 부유하고 살찐 성직자가 아무리 쾌락을 비난하는 설교를 했다 할지라도, 부나 쾌락 둘 가운데 어느 한쪽을 경멸하지 않는다. 풍부한 재산을 가진 사람도 길거리의 거지 못지않게 지혜로울 수 있고, 아름다운 아내와 진정한 벗을 가진 사람도, 모든 사회성을 어둠에 묻고 등에 채찍을 맞아가며 배를 쫄쫄 곯는 비뚤어진 가톨릭교도 못지않게 현명할 수 있다.

사실 가장 현명한 사람은 모든 세속의 축복을 가장 많이 소유한 사람이다. 지혜에서 나온 절제심이야말로 유용한 부에 이르는 가장 확실한 길이며, 우리로 하여금 많은 쾌락을 맛볼 수 있게 하는 것은 절제심뿐이기 때문이다. 현명한 사람은 모든 욕망과 감정을 만족시키지만, 어리석은 사람은 그중 한 가지만 물리도록 즐기느라 나머지 욕망들을 희생시킨다.

탐욕으로 악명이 높은 위대한 현자도 있다며 이의를 제기하는 사람도 있을 것이다. 내 대답은 이렇다. 그때 그들은 현명하지 않았다. 마찬가지로, 위대한 현자 가운데 젊은 시절에 무절제하게 쾌락을 탐닉했던 사람이 있다고 말할 수도 있을 것이다. 내 대답은 이렇다. 그 당시 그들은 현명하지 않았다.

지혜가 주는 가르침을 배운 적 없는 사람들은 몹시 깨닫기 어려울지 모르지만, 그 가르침이란 요컨대 널리 알려지고 일상생활에서도 지켜지는 간단한 교훈을 그보다 조금만 더 확대하여 따르라는 것이다. 즉 어떤 것을 얻기 위해 지나치게 비싼 대가를 치르지 말라는 것이다.

이 교훈을 숙지하고, 세상이라는 거대한 시장으로 나가 명예·부·쾌락, 그 밖에 그곳에서 거래되는 온갖 물건을 구입할 때 끊임없이 이 교훈을 적용하는 사람이야말로 현명한 사람이라고 나는 단언하는 바이다. 또 이런 사람들은 세속적인 의미에서도 현자로 널리 인정받아야 마땅하다. 최선의 구매 방법을 알기 때문에 무엇을 사든 최소의 노력과 비용만 들며, 앞서 언급한 좋은 물건들을 집으로 가지고 돌아가면서도 세인이 흔히 그런 물건들을 사고 대가로 치르는 건강·순수함·명성은 온전히 손아귀에 쥔 채로 있으니 말이다.

이러한 중용 정신에 두 가지 가르침을 더함으로써 그들의 성격은 완성된다. 하나는 횡재를 얻었을 때에도 도취하지 않을 것, 또 하나는 시장에 물건이 없을 때나 너무 비싸서 엄두가 나지 않을 때도 낙담하지 않을 것이다.

어쨌든 주제를 망각하여 선량한 비평가들의 인내심을 지나치게 훼손해서는 안 될 일이므로 이쯤에서 이 장을 맺기로 한다.

4
호기심을 끄는 잡다한 내용

올워디 씨는 집으로 돌아오자마자 블리필을 따로 불렀다. 몇 마디 운을 뗀 뒤, 웨스턴 씨가 결혼 제의를 했다고 전하며, 이 결혼이 그에게 얼마나 바람직한 것인지 설명했다.

블리필은 소피아의 매력에 아무런 느낌도 없었다. 그렇다고 따로 마음에 둔 여자가 있다거나, 미적 감각이 없다거나, 여자를 혐오하는 것은 아니었다. 다만 선천적으로 정욕이 강하지 않을뿐더러 철학이나 그 밖의 학문 또는 다른 방법을 통해 정욕을 억누를 줄 알았다. 자연히, 우리가 이번 권 첫 장에서 다루었던 사랑의 정열이 그에게는 눈곱만큼도 없었다.

즉 그에게는 우리가 첫 장에서 다루었던, 순결하고 아름다운 소피아라면 훌륭한 대상이 될 만한 그 복잡 미묘한 정열이 완전히 결여되어 있었다. 그러나 이 숙녀의 재산으로 크게 만족될 법한, 그것과 다른 종류의 정열은 충분히 갖추고 있었다. 바로 탐욕과 야심이었다. 이 두 감정은 대단히 커서 서로 다투듯 그의 머리를 지배했다. 사실 블리필은 소피아의 재산을 소유하는 것이 매우 바람직한 일이라고 한두 번 생각한 것이 아니었다. 먼 미래를 공상하며 그 모습을 그려본 적도 있었다. 그러나 자신도 소피아도 아직 어린 데다 웨스턴 씨가 재혼을 하여 아이를 낳지 않으리란 보장도 없었으므로 너무 성급하고 열렬하게 소피아를 좇지 않도록 자제해왔던 것이다.

그런데 웨스턴 씨가 직접 결혼 제의를 해왔다면 이 마지막 가장 큰 장해물이 상당 부분 제거되는 셈이었다. 블리필은 아주 잠시 망설인 뒤, 아직 결혼을 생각해본 적은 없지만 친아버지처럼 따뜻한 삼촌의 보살핌에 마땅히 보답하기 위해 모든 것을 삼촌 뜻에 따르겠다고 대답했다.

올워디는 천성이 기백 넘치는 사람이었다. 평소 그의 근엄한 태도는 타고난 침착한 기질 때문이 아니라 진정한 지혜와 철학에서 비롯된 것이었다. 실제로 젊었을 때에는 뜨거운 정열을 품고 한 미인과 연애결혼을 한 사람이었다. 따라서 그는 조카의 이런 차가운 대답이 마음에 들지 않았다. 그는 소피아에 대한 칭찬을 마구 늘어놓은 뒤, 젊은 사내가 그런 큰 매력에 흔들리지 않는 것은 이상한 일이라며 혹시 마음에 둔 사람이 있어서 그러냐고 물었다.

블리필은 그런 사람은 없다고 단언하고는 연애와 결혼에 대한 매우 현학적이고 경건한 담론을 늘어놓았다. 이 삼촌보다 훨씬 신앙심이 희박한 부모라 할지라도 그의 이 담론에는 입을 다물었을 것이다. 결국 이 선량한 신사는 조카도 소피아가 싫지 않으며, 그녀에게 품고 있는 존경심은 성실하고 선량한 사람에게 우정이나 사랑의 확실한 기초가 되는 종류와 같은 것임을 이해했다. 또 조만간 블리필도 소피아의 마음에 충분히 들 것이라 의심치 않았으므로 이 바람직한 결혼이 모두에게 큰 행복을 가져오리라고 생각했다. 그래서 그는 블리필의 동의를 얻어 이튿날 아침 웨스턴 씨에게 편지를 썼다. 조카가 아주 고맙고 기쁘게 결혼 제안을 받아들였으며, 소피아 양이 조카의 방문을 받아준다면 언제든 찾아뵙게 하겠다는 내용이었다.

웨스턴 씨도 이 편지를 받고 몹시 기뻐하며 즉시 답장을 보냈다. 딸에게 한마디 상의도 없이, 구혼을 위한 첫걸음으로서 당장 그날 오후에 약속 시간을 지정했다.

서둘러 편지 심부름을 보내자마자 누이동생을 찾아 나선 그는 그녀가 서플 목사에게 〈가제트〉지를 읽어주며 설명하는 것을 발견했다. 웨스턴 씨는 타고난 성급함을 억누르며 15분이나 이 설명을 억지로 듣고 있다가 마침내 기회를 포착하고, 긴히 알릴 내용이 있다고 동생에게 말했다. 그녀가 대답했다. "오라버니, 뭐든 말씀만 하세요. 북쪽 지방이 아무 일 없이 평화로운 것 같아 몹시 기분이 좋던 참이거든요."

목사가 자리를 피해주었다. 웨스턴은 그간 있었던 일들을 설명하고, 소피아에게 이 일을 전달해 주었으면 한다고 말했다. 그녀는 기꺼이 그 일을 맡겠다고 즉시 대답했다. 단독으로 일을 진행한 것에 대해 오빠가 여동생에게 한마디도 잔소리를 듣지 않은 것은 평화로운 북쪽 정세에 여동생이 크게 만족한 덕도 조금은 있으리라. 웨스턴 씨의 처사에 다소 성급하고 무리한 측면이 있던 것은 분명하기 때문이다.

5
소피아와 고모의 대화

소피아가 자기 방에서 책을 읽고 있는데 고모가 들어왔다. 웨스턴 부인을 보자마자 그녀가 몹시 당황하며 책을 덮었으므로 이 선량한 부인은 조카에게 묻지 않을 수 없었다. "무슨 책이기에 그렇게 보여주길 꺼리는 거니?"

소피아가 대답했다. "읽는 걸 들켰다고 해서 그리 부끄러울 것도 무서워할 것도 없는 책이에요. 어떤 젊은 상류층 부인이 쓴 책인데, 그녀의 뛰어난 이해력은 여성에게 명예가 되고, 그 착한 마음씨는 모든 인간에게 명예가 된다고 생각해요."

웨스턴 부인이 책을 집어 들었다가 곧바로 내려놓으며 말했다. "그래, 이 저자는 유서 깊은 가문 출신이지. 하지만 유명한 축이라고 할 수는 없구나. 난 읽은 적 없지만 이런 것에 해박한 사람들이 말하길 그리 대단한 책은 아니라고 하더라."

"그 사람들 생각에 이의를 제기하려는 건 아니지만 제가 보기에는 인간의 본성을 정확히 꼬집은 책 같아요. 곳곳에 심금을 울리는 부분이 있어서 눈물도 많이 흘렸답니다."

"아니, 넌 우는 게 좋단 말이니?"

"따뜻한 감동을 좋아한다는 거죠. 이런 책은 눈물을 흘리면서라도 읽고 싶어요."

"내가 들어왔을 때 어떤 내용을 읽고 있었니? 매우 나긋나긋한 연애 이야기 따위가 쓰여 있었겠지? 어머나, 너 얼굴이 빨개졌구나. 저런! 너는 시치미 떼는 법을 가르쳐주는 책을 읽어야겠다. 마음을 더 잘 숨기는 기술을 가르쳐줄 책 말이야."

"전 들켜서 부끄러운 생각은 하지 않았어요."

고모가 소리쳤다. "부끄러운 생각이라니! 물론 고모도 네가 그런 생각을 했으리라고는 생각하지 않는다. 하지만 내가 방금 '연애'라고 했더니 얼굴을 붉히지 않았니? 소피아, 네가 생각하는 것 중에 내가 모르는 것은 단 하나도 없단다. 우리 영국이 어떤 행동을 실행에 옮기기 한참 전부터 프랑스 놈들이 다 알고 있는 것과 같은 이치야. 그동안 아버지를 속여 왔다고 해서 나까지 속일 수 있을 줄 알았니? 어제 네가 블리필 군에게 왜 그리 친근하게 굴었는지 내가 모른다고 생각하는 거야? 고모는 세상 이치를 알기 때문에 그런 것에 속아 넘어가지 않지. 아냐, 아냐, 얼굴 붉힐 것 없어. 그건 부끄러워하지 않아도 된단다. 그런 감정은 이 고모도 인정하는 것이고, 네 아버지도 찬성하셨어. 이 고모에게 중요한 것은 네 마음이란다. 그것 때문에 더 좋은 상대를 포기해야 한다 해도, 가능한 한 네 뜻이 만족되기를 늘 바란단다. 자, 네가 진심으로 기뻐할 소식을 가지고 왔다. 고모한테 모두 털어놓으렴. 그러면 네가 원하는 만큼 행복하게 해줄게."

소피아가 태어난 이래로 가장 어리벙벙한 표정을 지으며 말했다. "무슨 말을 하라는 거죠? 고모, 대체 왜 그런 의심을 하시는 거예요?"

웨스턴 부인이 대답했다. "시치미 떼지 마라. 잘 생각해 봐. 너나 나나 같은 여자야. 게다가 난 고모잖니? 내가 네 편인 건 당연한 일이야. 더구나 고모는 네가 어떤 고백을 할지 다 안다. 어제 너는 교묘하게 위장을 했지만 고모는 다 꿰뚫어보았어. 세상을 잘 모르는 사람은 틀림없이 속아 넘어갔겠지만 말이야. 그리고 잘 들으렴. 난 네 감정에 진심으로 찬성이란다."

"무슨 뚱딴지같은 말씀이세요, 고모? 분명히 말씀드리지만 저는 장님이 아니에요. 설마 인간의 모든 완벽한 자질이 한데 모여 있다고 생각하는 것은 착각일지 모르지만, 아빠나 고모가 제 시각에서 똑같이 사물을 보는 게 가능한 일인가요?"

"분명히 말하마. 우리는 전적으로 찬성이란다. 실제로 네 아버지가 너를 위해 오늘 오후에 네 연인과 약속을 잡아놓으셨어."

소피아가 벌겋게 달아오른 얼굴로 소리쳤다. "아빠가 오늘 오후에요?"

고모가 대답했다. "그래, 오늘 오후야. 네 아버진 성미가 급하시잖니. 전에 네가 숲에서 기절했을 때 처음 네 마음을 알아채고 내가 네 아버지에게 말해주었단다. 네가 정신을 잃는 걸 보고 조금 수상하게 생각했다가 정신이 들었을 때 바로 깨달았지. 그날 저녁 식사 때와 다음 날 아침 식사 때도 그렇게 생각했단다(난 세상 이치를 좀 알거든). 그런데 내가 그 사실을 알려 주자마자 오라버니는 당장 올워디 씨한테 결혼 제의를 하겠다고 말한 거야. 바로 어제 청혼을 했는데, 올워디 씨도 동의하셨대(물론 대단히 기뻐하며 동의하셨겠지). 그러니 오늘 오후에는 최대한 예쁘게 꾸미고 있어야 한다."

"오늘 오후라니요! 너무 뜻밖이라 정신이 하나도 없네요, 고모."

"오, 애야. 그 매력적인 청년을 보면 정신이 다시 들 게다. 그렇지 않니?"

"물론 그렇게 흠 잡을 데 없는 분은 또 없죠. 아주 용감한 데다 상냥해요. 재치가 있으면서도 불쾌하지 않고. 인정 넘치고 예의 바르며 점잖고 잘생기기까지! 이렇게 훌륭한 자질들을 모조리 갖추었는데 비천한 태생이 뭐가 중요하겠어요?"

고모가 말했다. "비천한 태생이라니 그게 무슨 소리니? 블리필 군이 비천한 태생이라니?"

소피아는 이 말을 듣자마자 얼굴이 창백해지더니 나지막하게 그 이름을 되뇌었다. 그 모습을 보고 고모가 큰 소리로 말했다. "블리필 군, 그 블리필 군 말이다. 그 말고 누굴 얘기한 거겠니?"

소피아가 비틀대며 대답했다. "세상에! 저는 존스 도련님을 말한 거예요. 전 존스 도련님 말고는——"

고모가 소리를 질렀다. "그만! 이번엔 네가 나를 놀라게 하는구나. 네가 좋아하는 사람이 블리필 군이 아니고 존스 군이라고?"

소피아가 되물었다. "블리필 도련님이라고요? 설마 진심은 아니시겠죠? 만약 그렇다면 저는 이제 세상에서 가장 비참한 여자예요."

웨스턴 부인은 눈에 분노의 불꽃을 이글거리며 잠시 아무 말 없이 서 있다가 있는 힘을 쥐어짜 벼락같이 호통을 쳤다.

"사생아랑 연을 맺다니, 그런 가문에 먹칠하는 일을 도대체 어떻게 생각한 거니? 웨스턴 가문의 피를 그렇게 더럽혀도 좋단 말이니? 그런 어처구니없는 욕망을 자제할 분별력이 없다고 해도, 이 집안의 명예를 생각한다면 그런 천박한 사랑쯤은 떨쳐 버릴 수 있지 않느냔 말이야. 하물며 내 면전에 대고 뻔뻔스럽게 그런 말을 할 줄은 꿈에도 상상 못했다!"

소피아가 몸을 부들부들 떨며 말했다. "고모, 방금 제가 한 말은 고모가 억지로 시킨 거잖아요. 저는 지금까지 그 누구에게도 존스 도련님의 이름을 거론하며 칭찬한 적 없어요. 지금도 고모가 그분을 인정했다고 생각했기 때문에 말씀드린 거예요. 가엾고 불행한 존스 도련님을 제가 어떻게 생각하든, 전 그 생각을 무덤까지 품고 갈 생각이었어요. 아아, 이제 제가 안식을 취할 수 있는 곳은 무덤뿐이군요."

이렇게 말하며 소피아는 눈물을 하염없이 흘리면서 의자에 털썩 주저앉았다. 말로 표현할 수 없는 슬픔에 꺼이꺼이 우는 그 모습을 보면 제아무리 목석 같은 마음을 가진 사람이라도 감동하지 않을 수 없었으리라.

그러나 가련한 이 슬픔과 탄식도 고모의 가슴에는 아무런 동정심도 불러일으키지 못했다. 동정은커녕 그녀를 더욱 분노케 했다. 웨스턴 부인은 더욱 분개해서 소리쳤다.

"그런 남자랑 결혼을 시켜서 너와 이 가문에 치욕을 주느니 나도 너를 따라 무덤까지 가겠다. 오, 하느님! 조카 입에서 그런 놈한테 사랑에 빠졌다는 말을 듣게 될 줄은 꿈에나 상상했겠습니까! 그런 비천한 생각을 품은 건 이 집안에서 네가 처음이다. 정말로 처음이야. 대대로 사려 깊은 여자가 많기로 유명한 우리 집안에서 말이다."

그녀는 이런 식으로 15분가량을 지껄였다. 마침내 분노보다는 호흡이 먼저 탕진될 지경이었던지, 마지막에는 당장 오라버니에게 가서 이 사실을 알리겠노라고 위협했다.

소피아는 고모의 발치에 몸을 던지고 그녀의 양손을 꼭 붙들며, 부디 아버지에게는 비밀로 해달라고 눈물로 애걸했다. 아버지의 불같은 성격을 언급하면서, 앞으로는 아버지에게 거스르는 행동은 절대로 하지 않겠노라고 설득했다.

웨스턴 부인이 잠시 그녀를 내려다보며 마음을 추스른 뒤 말했다. "오라버니에게 비밀로 하는 데 한 가지 조건이 있다. 오늘 오후에 네가 블리필 군을 연인으로서 맞이하고, 장래 남편감으로서 대접하겠다고 약속하는 것이야."

가엾은 소피아는 고모의 강압에 적극적으로 반기를 들 수 없었다. 블리필 군을 만나겠으며, 최대한 예의를 갖추어 대접하겠노라고 약속하는 수밖에 없었다. 다만 결혼을 서두르지만 말아달라고 애원했다.

"블리필 도련님에게는 아무래도 호감이 가지 않아요. 아빠도 저를 세상에서 가장 비참한 여자로 만들고 싶지는 않으실 거예요."

웨스턴 부인이 단호하게 말했다. "결혼은 결정된 일이야. 물릴 수도 없고 그래서도 안 돼. 솔직히 나도 처음에는 그리 내키지 않았단다. 오히려 망설여지기까지 했지. 하지만 네가 진심으로 바라는 일이라고 생각하면서 망설임을 열심히 극복했어. 지금은 아주 훌륭한 결혼이라고 생각한단다. 가능하면 단 1초도 지연시키고 싶지 않구나."

소피아가 대꾸했다. "고모랑 아빠는 자애로운 분이니 제게 잠깐의 여유는 주시리라 믿어요. 최소한 내키지 않는 상대에게 시집가는 불쾌함을 극복할 시간은 주시겠지요."

고모가 받아쳤다. "그런 말에 속아 넘어가기에는 난 세상을 너무 많이 안단다. 네가 다른 남자에게 마음이 있다는 걸 안 이상 오라버니한테 이 결혼을 최대한 서두르라고 말해야겠다. 코앞에 닥쳐온 적이 성을 함락시킬 우려가 있다는 걸 뻔히 알면서도 방어만 하는 건 좋은 전략이 아니야. 안 되지 안 돼, 소피. 네 가슴에 있는 뜨거운 사랑이 명예를 더럽히지 않고는 만족하지 않으리란 걸 안 이상, 온 가족이 네 명예를 걱정하지 않도록 나는 온 힘을 다할 생각이다. 즉 일단 결혼을 하면 그런 걱정은 남편 몫이란 거지. 너도 신분에 걸맞은 행동을 할 분별력은 갖추고 있겠지만, 그런 분별력이 없다 해도 결혼한 덕에 파멸을 면한 여자는 적지 않거든."

소피아는 고모의 말뜻을 잘 알았지만 아무 대꾸도 할 수 없었다. 어쨌든 그녀는 블리필을 맞이하여 최대한 정중하게 대접하기로 결심했다. 고모의 책략이라기보다는 자신의 불운 때문에 공교롭게도 알려지고 만 사랑의 비밀을 오직 그 조건 아래에서만 고모가 누설하지 않겠노라고 약속했기 때문이다.

6

앞 장을 읽고 선량한 독자 여러분의 마음에 생겨났을지 모를 애절한 연민의 감정이
다소 누그러질지도 모르는, 소피아와 하녀 아너의 대화

조카에게서 앞 장의 약속을 받아내고 웨스턴 부인이 물러가자 곧바로 하녀 아너가 나타났다. 그녀는 바로 옆방에서 일을 하다가 앞서 대화에서 오간 고성에 이끌려 열쇠구멍으로 다가와 나머지 내용을 모조리 엿들었다. 방으

로 들어와 보니 소피아가 꼼짝도 않고 서서 눈물만 뚝뚝 흘리고 있었다. 아너도 즉시 눈에 적절한 양의 눈물이 나오도록 명령한 뒤 지껄였다. "오 아가씨, 무슨 일 있으세요?"

소피아가 외쳤다. "아무 일도 없었어!"

아너가 대꾸했다. "아무 일도 없었다니요, 아가씨! 그래요, 지금은 그런 모습이시니 아무 말씀 안 하셔도 돼요. 게다가 고모님하고 전초전도 있으셨지요?"

"제발 날 괴롭히지 마. 아무 일도 없었다잖아. 오, 하느님! 왜 저를 태어나게 하셨나요!"

"그것 봐요, 아가씨. 아무 일도 없는데 그토록 슬퍼할 이유가 없잖아요. 전 고작해야 하녀에 불과하지만 정말로 오랫동안 아가씨를 모셔왔고, 앞으로도 제 목숨과 바꿔서라도 아가씨를 모실 거예요."

"오, 아너. 네 힘으론 날 도와주지 못해. 난 돌이킬 수 없는 지경에 빠져버렸어."

"하느님께서 그렇게 두지 않으실 거예요. 별 도움은 안 되겠지만 그래도 부디 말씀해주세요. 아는 것만으로도 마음이 편해질 것 같아서 그래요. 정말 무슨 일이 있었던 거예요?"

소피아가 외쳤다. "아빠가 내가 경멸하고 혐오하는 사람과 결혼시키려고 하셔."

하녀가 대꾸했다. "오, 아가씨. 그 나쁜 사람이 누구죠? 아가씨가 진정 경멸하신다면 나쁜 사람이 분명할 거예요."

"그 이름을 말하는 것만으로도 혀에 독을 얹은 기분이야. 너도 곧 그 이름을 알게 될 거야."

사실 하녀는 이미 그 이름을 알고 있었으므로 그 점에 대해 꼬치꼬치 캐묻지 않고 이렇게 말을 이었다. "감히 충고 따위를 드리려는 게 아니에요. 그런 문제는 저 같은 하녀보다 아가씨께서 훨씬 잘 아실 테니까요. 하지만 진심으로 말씀드리건대, 저 같으면 아무리 아버지 뜻이라 할지라도 저 자신이 원치 않는 결혼을 강요하도록 놔두지는 않을 거예요. 나리께서도 착한 분이시니 아가씨가 그 사람을 경멸하며 싫어한다고 말씀드리면 끝까지 밀어붙이진 않으시겠지요. 아가씨께서 허락만 하신다면 제가 나리께 말씀드리겠어요. 물론 아가씨께서 직접 말씀하시는 편이 훨씬 좋죠. 하지만 그 징그러운 이름을 입에 올리기조차 불결하다고 하시니—"

"네가 잘못 안 거야, 아녀. 아빠가 나한테 한마디 의논도 없이 결정한 문제라고."

"그렇다면 나리께서 더 잘못하셨네요. 결혼하는 건 아가씨이지 주인님이 아니잖아요. 아무리 괜찮은 사람이 있다 해도 모든 여자가 똑같이 그를 잘생겼다고 생각하는 건 아니죠. 설마 나리께서 그런 착각을 하시리라고는 생각하지 않아요. 누구든 남의 일에 콩 나라 팥 나라 하지 않으면 좋을 텐데. 거꾸로 자기가 그런 처지에 놓였다고 생각해봐요. 기뻐할 사람은 하나도 없을 걸요. 전 비록 하녀지만, 세상에 좋은 사람만 있는 게 아니라는 것쯤은 알아요. 게다가 아가씨께서 아무리 엄청난 재산을 가졌던들 가장 좋아하는 사람과 함께 살지 못한다면 그게 무슨 소용이겠어요? 전 아무 말도 안 하겠어요. 하지만 좋지 못한 환경에서 태어난 사람이 있다는 건 정말로 딱한 일이에요. 물론 전 그런 문제는 신경 쓰지 않아요. 돈이 별로 없더라도 그게 무슨 대수예요? 아가씨께서 두 분이 쓰실 충분한 돈을 갖고 계시잖아요. 그보다 아가씨 재산을 잘 쓸 수 있는 곳이 어디 있겠어요? 누가 봐도 그분만큼 잘생기고 매력 넘치고 훌륭하고 키도 크고 의젓한 사람은 없을 거예요."

소피아가 엄숙한 표정으로 소리쳤다. "내게 이런 식으로 자꾸 지껄이는 의도가 뭐야? 이렇게 멋대로 떠들어도 좋다고 내가 말한 적이 있던가?"

"죄송해요, 아가씨. 나쁜 뜻은 없었어요. 아침에 뵌 뒤로 그분이 쭉 머리에서 떠나지 않아서 그래요. 정말입니다. 아가씨께서도 지금 그분을 보신다면 가여워하실 거예요. 아아, 불쌍한 도련님! 그분에게 불행한 일이 일어난 게 아니라면 좋을 텐데. 아침 내내 팔짱을 낀 채 몹시 우울한 표정으로 왔다 갔다 하셨거든요. 지켜보는 것만으로도 눈물이 나올 지경이었답니다."

"보다니, 누굴?"

"가엾은 존스 도련님이요."

"도련님을 봤다고! 어디서?"

"운하 근처에서요. 아침 내내 거닐다가 마지막에는 땅바닥에 누우시더라고요. 지금도 거기에 누워 계실 거예요. 제가 하녀만 아니었다면 저도 그 옆에 누워 말을 걸었을 거예요. 아가씨, 제가 얼른 가서 아직도 거기 누워 계신지 보고 올까요?"

"말도 안 돼! 그곳에 있을 거라고? 아냐, 그런 곳에서 지금까지 있을 리가 없어. 틀림없이 벌써 돌아가셨을 거야. 그리고 네가 보러 갈 필요가 어디 있니? 대신 할일이 있어. 내 모자와 장갑을 가져다 줘. 식사 전에 고모와 정원을 산책하고 싶으니까."

아너는 즉시 명령을 따랐다. 소피아는 모자를 쓰고 거울을 들여다보고는 모자에 묶여 있는 리본이 자신에게 어울리지 않는다고 생각하여 다시 아너를 보내 다른 색깔 리본을 가져오게 했다. 그런 다음 아너에게 일을 시키며 아주 중요한 일이니 무슨 일이 있어도 자리를 뜨지 말고 오늘 중으로 꼭 끝내놓으라고 거듭 못을 박았다. 그러고는 정원을 산책한다는 둥 하는 말을 중얼거리며 정원과는 반대 방향으로 나갔다. 그리고 바르르 떨리는 다리로 걸을 수 있는 한 빠르게 곧장 운하 쪽으로 걸어갔다.

아너 말대로 존스는 그곳에 있었다. 사랑하는 소피아를 우울하게 떠올리며 그곳에서 두 시간을 보낸 그는 마침 소피아가 한쪽 입구로 들어선 순간 반대편 문으로 정원을 빠져나갔다. 리본을 바꿔 다느라 소비한 그 불행한 몇 분이 두 연인의 만남을 방해한 꼴이었다. 몹시 불행한 우연이라 해야겠지만, 이 대목에서 여성 독자분들은 틀림없이 유익한 교훈을 얻으셨을 것이다. 다만 남성 비평가들은 끼어들지 말 것을 엄숙히 명하는 바이다. 이 사건은 오직 숙녀분들을 위해 말한 것이고, 숙녀분들만이 이에 대해 비평할 자격이 있기 때문이다.

7
공식적인 구혼에 관한 간략하고 상투적인 묘사보다
더 애절한 장면에 대한 상세한 묘사

누군가가(또는 그 밖에도 많은 사람이) "불행은 홀로 찾아오지 않는다" 했는데, 매우 지당한 말이다. 사랑하는 남자를 만나지 못한 데다가 혐오하는 남자를 맞이하기 위해 억지로 옷을 차려 입어야 하는 소피아의 처지도 이 현명한 격언을 입증한 셈이다.

이날 오후 웨스턴 씨는 처음으로 딸에게 자신의 의도를 밝히고는 이미 고모한테 들어 알고 있으리라 생각한다고 덧붙였다. 소피아는 이 말을 듣자마자 아주 심각한 표정이 되었다. 눈에서 닭똥 같은 눈물방울이 흘러넘치는 것을 막을 수가 없었다. 웨스턴이 말했다. "자, 자, 그렇게 수줍어할 것 없다. 아빠 다 안다. 고모가 모조리 이야기했다니까."

소피아가 말했다. "고모가 벌써 절 배신했다고요?"

웨스턴이 말했다. "으음, 널 배신했다니! 어제 저녁 식사 자리에서 네가 스스로 속내를 드러내 보인 것 아니냐? 훤히 들여다보았단다. 어린 여자애들은 자기가 바라는 게 뭔지도 모른다니까. 좋아하는 남자랑 결혼시켜준다는데 눈물을 흘리다니 말이다! 네 엄마도 너처럼 흑흑 흐느껴 울었지만, 결혼하고 스물네 시간이 지나니까 뚝 그쳐 버리더구나. 블리필 군은 활발한 청년이니 네 까다로운 성격도 곧 고쳐질 게다. 자자, 기운 좀 내라, 기운 좀 내. 그게 내가 늘 바라는 거란다."

그제야 고모가 약속을 배신하지 않았음을 안 소피아는 아버지가 조금의 의심도 품지 않도록 이 불쾌한 오후를 가능한 한 굳은 각오로 헤쳐 나가기로 결심했다.

이윽고 블리필 군이 도착했다. 웨스턴 씨는 젊은 남녀만 남겨두고 곧 자리에서 물러났다.

거의 15분에 걸쳐 긴 침묵이 이어졌다. 대화의 물꼬를 터야 할 신사가 어울리지도 않게 수줍어했기 때문이다. 그는 여러 차례 말을 하려고 시도했다가 말이 목구멍까지 치밀어 오른 순간 번번이 삼키곤 했다. 마침내 틀에 박힌 부자연스러운 찬사들이 급류처럼 터져 나왔지만 소피아는 시선을 내리깐 채 어중간한 인사와 예의를 차린 단답형 대답으로 응했다. 여성의 행동 양식에 대한 경험 부족과 자만심으로 블리필은 소피아의 이런 태도를 구혼에 수줍게 동의하는 것으로 받아들였다. 이윽고 소피아가 이 분위기를 더는 참지 못하고 자리에서 빨리 벗어나기 위해 벌떡 일어나 방을 나가버리자 그는 그 이유도 단순히 수줍음 탓으로 돌렸다. 그러고는 앞으로 질리도록 자리를 함께 하게 되리라고 자위했다.

그는 진심으로 성공을 확신하고 몹시 만족했다. 사랑에 빠진 몽상가처럼 연인의 마음을 완전히 자기 것으로 만들고 싶은 기분은 그가 상상조차 해본 적이 없었다. 유일한 욕망의 대상인 상대의 재산과 육체를 끝내 소유하게 되리라는 데에는 이제 의심의 여지가 없었다. 무엇보다 웨스턴 씨가 이 결혼에 매우 적극적이었다. 게다가 소피아가 늘 아버지 뜻에 기꺼이 복종한다는 사실도, 필요하다면 아버지가 억지로라도 딸을 복종시킬 절대 권력을 지니고 있다는 점도 잘 알고 있었다. 이 권력에 자신의 용모와 화술에 깃든 상당한 매력이 더해졌을 때, 달리 마음에 둔 상대도 없어 보이는 이 숙녀를 손에 넣지 못할 이유가 없다고 생각했다.

존스에게는 티끌만큼의 질투심도 느끼지 않았다. 나는 이 점을 종종 의아하게 생각했는데, 어쩌면 그는 존스를 영국에서 으뜸가는 난봉꾼으로 여기는 이 근방의 평판(사실 여부는 독자 여러분의 판단에 맡기겠다) 때문에 얌전하고 모범적인 이 숙녀가 그를 싫어할 거라고 생각했으리라. 또는 세 사람이 함께 모였던 만찬 자리에서 소피아와 존스가 보인 행동 때문에 의혹이 잠들어 버린 것인지도 몰랐다. 마지막으로, 그리고 사실상 가장 중요한 이유로서, 그는 이 문제에 제삼자가 끼어 있으리라고는 결코 생각하지 않았다. 존스를 속속들이 안다고 굳게 믿었으며, 자기 자신의 이익에 집착하지 않는 존스의 두뇌를 철저하게 경멸했다. 존스와 소피아가 서로 사랑에 빠졌다는 생각은 꿈에도 하지 않았다. 또 그런 멍청이가 돈 때문에 흔들릴 리 없다고 생각했다. 뿐만 아니라 존스와 몰리 시그림의 연애가 아직 진행 중이라고 생각했으며, 그것이 결혼으로 귀결되리라 믿었다. 사실 존스는 어린 시절부터 블리필에게 호의를 가지고 있었으며, 올워디 씨가 병석에 누웠을 때 존스가 보인 행동 때문에 사이가 완전히 멀어지기 전까지는 블리필에게 숨기는 것이 없었다. 그런데 그때 싸운 뒤로 아직 화해까지 이르지 못한 까닭에 블리필 군은 존스가 몰리에게 품었던 애정에 변화가 일어났음을 전혀 몰랐다.

이런 이유들 때문에 블리필은 소피아와 문제없이 결혼하게 되리라고 굳게 믿었다. 그는 소피아의 태도가 연인이 처음 방문했을 때 젊은 처녀들이 으레 보이는 행동과 같은 것이라 결론지었으며, 그것은 그의 예상과 완벽하게 일치하는 것이기도 했다.

웨스턴 씨는 연인과 헤어지고 돌아가는 블리필을 기다리고 있다가 잽싸게 불러 세웠다. 청년은 딸과의 만남에 성공하여 몹시 들떠 있었고, 딸에게 흠뻑 빠져 있었으며, 딸의 대접에도 아주 만족해하는 것 같았다. 그 모습을 본 노신사는 홀을 이리저리 뛰어다니고 춤추고 우스꽝스런 동작들을 해보이며, 진심에서 우러나오는 기쁨을 표출했다. 감정을 있는 그대로 드러내는 사람인 그는 그때그때 마음을 지배하는 감정에 따라 극단적인 상태로 쉽게 빠져들었다.

웨스턴의 진심 어린 키스 세례와 포옹을 받고서야 블리필은 돌아갈 수 있었다. 선량한 신사는 즉시 딸을 찾아 나섰다. 딸을 보자마자 아낌없는 환희를 보내며, 자신의 재산은 그녀를 행복하게 하는 것 말고는 아무런 쓸모도 없으니, 옷이든 보석이든 원하는 것을 다 고르라고 말했다. 그러고 나서 넘쳐흐르는 애정을 담아 딸을 몇 번이고 쓰다듬고, 가장 사랑스런 애칭들로 불렀으며, 그녀가 이 세상에서 유일한 낙이라고 공언했다.

소피아는 도무지 이유를 알 수 없는 아버지의 격렬한 애정 표현을 보면서 (이런 격렬한 애정 표현이 드문 일은 아니었지만 이번은 평소보다 심했다), 적어도 블리필과 관련한 속마음을 털어놓기에 지금보다 좋은 기회는 없으리라 생각했다. 언젠가는 모조리 털어놓아야 할 말이었다. 그녀는 먼저 애정이 듬뿍 담긴 아버지의 말에 감사를 드린 뒤, 이루 말할 수 없이 온순한 표정을 지으며 말했다. "그런데 아빠, 소피가 행복해지는 것이 아빠의 유일한 기쁨이라는 말씀을 믿어도 될까요?"

웨스턴은 맹세와 키스로 이 말이 틀림없음을 확인해 주었다. 그러자 그녀는 아버지의 손을 잡고 무릎을 꿇은 뒤, 아버지에게 사랑과 효도를 여러 차례 맹세하고 나서 이렇게 애원했다. "아빠, 제가 혐오하는 남자와 억지로 결혼시켜서 절 세상에서 가장 비참한 여자로 만들지 말아주세요. 이건 저뿐만 아니라 아빠를 위해서이기도 해요. 아빠의 행복이 제 행복에 달려 있다고 말씀하셨잖아요."

웨스턴이 어처구니없다는 눈빛으로 쳐다보며 말했다. "뭐라고?!"

소피아는 계속했다. "제발요! 가엾은 아빠 딸의 행복뿐이 아니에요. 제 목숨, 제 존재마저 아빠께서 제 간청을 들어주시냐 아니냐에 달렸어요. 저는 블리필 도련님과 살 수 없어요. 저에게 이 결혼을 강요하시는 건 저더러 죽으라는 거나 마찬가지예요."

"블리필 군과 살 수 없다고!"

"네, 절대로 못해요."

웨스턴 씨가 딸을 뿌리치며 소리 질렀다. "그럼 죽든지 말든지 맘대로 해!"

소피아가 아버지의 외투 자락을 붙들고 외쳤다. "제발요, 아빠! 제발 저를 불쌍히 여겨주세요! 그렇게 무서운 얼굴로 쳐다보며 잔혹한 말씀을 하지 말아주세요. 아빠의 소피가 이렇게 끔찍한 상황에 놓인 걸 보시고도 아무렇지 않단 말씀이세요? 세상에서 가장 다정한 아빠께서 제 가슴을 이렇게 갈기갈기 찢어 놓으시다니요! 세상에서 가장 고통스럽고 잔인하게 천천히 절 죽일 셈이세요?"

"어허! 무슨 헛소릴 지껄이는 게야! 계집애다운 속임수구나. 너를 죽인다고? 결혼하면 죽는단 말이냐?"

"오, 아빠! 그런 결혼은 죽음보다 잔인해요. 전 그 사람이 그냥 싫은 게 아니라 징그럽고 혐오스럽다고요."

"그토록 깊이 혐오한 사람이 처음이라면 이번에 만나보면 되겠구나." 그는 글로 옮기기도 무서운 폭언을 퍼붓고, 여러 차례 과격한 단언을 한 뒤 결론을 내렸다. "이 결혼은 이미 결정 난 일이다. 끝까지 싫다면 난 네게 땡전 한 푼도 주지 않겠다. 네가 길거리에서 굶어 죽어가는 꼴을 본다 해도, 빵한 조각 적선하지 않을 테니 말이다. 이 결심은 흔들리지 않을 것이야. 그러니 심사숙고 해보기 바란다."

이렇게 내뱉고는 딸을 거칠게 뿌리친 바람에 소피아는 얼굴을 바닥에 쿵하고 부딪쳤다. 그는 바닥에 쓰러진 가엾은 소피아를 남겨두고 씩씩거리며 방을 뛰쳐나갔다.

응접실로 들어선 웨스턴은 존스를 발견했다. 흥분해서 얼굴이 창백한 채숨도 제대로 못 쉬는 그를 보자, 존스는 왜 그리 우울한 모습을 하고 있느냐고 물어보지 않을 수 없었다. 지주는 질문을 받자마자 모든 일을 자세히 설명했다. 소피아에게 있는 대로 욕설을 퍼부으며, 불행하게도 그런 딸을 갖게된 모든 아버지의 참담한 심사를 절절하게 한탄했다.

존스는 블리필에게 딸을 시집보낸다는 이야기는 금시초문인지라, 이 말을 듣고 그 충격으로 거의 죽을 지경이었다. 이윽고 다소 기운을 회복하자, 인간으로서 조금 몰염치하다 싶을 정도의 뻔뻔스러움을 필요로 하는 한 가지부탁을 했다. 뒤에 그가 회고하길, 절망이 자기로 하여금 그런 부탁을 하도록 시켰다고 말한 것이었다. 아버지의 뜻에 따르도록 설득해볼 테니 소피아를 만나게 허락해달라는 것이었다.

이 지주가 다른 훌륭한 자질 못지않게 눈치가 남다른 사람이었다 해도, 지금 같이 잔뜩 흥분한 상황에서는 역시 장님이 되었을 것이다. 그는 존스에게 자진해서 그런 일을 맡아주어 고맙다고 말한 뒤 이렇게 덧붙였다. "그래, 어서 가 보게. 최선을 다해 설득해줘." 그러고는 딸이 끝내 결혼에 반대한다면 당장 집 밖으로 내쫓아 버리겠다며 저주를 퍼부었다.

8
존스와 소피아의 만남

존스는 그 길로 소피아를 찾아 나섰다. 발견했을 때 그녀는 아버지가 내팽개치고 간 자리에서 일어선 참이었다. 눈에서는 눈물이 뚝뚝 흐르고, 입술에는 피가 배어나와 있었다. 그는 곧장 그녀에게 달려가 연민과 공포로 가득 찬 목소리로 외쳤다. "오, 나의 소피아! 이 끔찍한 광경이 대체 웬 말이오!"

그녀가 잠시 부드럽게 그를 바라본 뒤 말했다. "존스 도련님, 여긴 어떻게 오셨어요? 부탁이니 잠시 절 내버려두세요."

"그런 야속한 말은 말아요. 내 심장의 피가 당신 입술의 피보다 빨리 흐르고 있답니다. 오, 소피아. 소중한 당신의 피를 한 방울이라도 보존할 수 있다면, 기꺼이 내 혈관에서 피를 모조리 빼낼 텐데."

"아니요, 이미 저는 도련님께 많은 신세를 졌어요. 많은 호의를 베풀어주셨죠." 이 대목에서 그녀는 1분가량이나 애정 어린 눈길로 그를 바라보았다. 그러다가 고통스러운 탄식을 터뜨리며 울부짖었다. "오, 존스 도련님! 왜 제 목숨을 구해주셨나요? 차라리 제가 죽었더라면 우리 둘 다 행복했을 텐데."

존스가 외쳤다. "우리 둘 다 행복했을 거라니요! 잔혹한 고문보다 나를 고통스럽게 죽이는 것은 소피아 당신의 죽음⋯⋯. 아아, 입에 담기도 끔찍한 말이군요. 당신 없이 나더러 어떻게 살란 말이오?"

그 목소리와 표정에는 이루 표현할 수 없는 애정이 깃들어 있었다. 존스는 소피아의 손을 부드럽게 잡았다. 그녀도 뿌리치지 않았다. 사실 그녀는 그동안 자신이 했던 행동과 겪었던 고통조차 잊어버릴 정도였다. 두 연인 사이에 짧은 침묵이 흘렀다. 존스의 시선은 뜨겁게 소피아에게 고정되었으며, 그녀의 시선은 땅바닥을 향했다. 그녀는 이내 정신을 차리고, 그에게 어길 떠나 달라고 애원했다. 둘이 함께 있는 장면이 발각되면 자신은 파멸을 피할 수 없다고 말하고 이렇게 덧붙였다. "오, 존스 도련님. 당신은 모르세요. 이 잔인한 오후에 무슨 일이 벌어졌는지 당신은 모르세요."

존스가 대답했다. "아니요, 다 압니다. 당신의 잔혹한 아버지가 내게 모든 걸 말했다오. 나를 이리로 보낸 것도 아버님이라오."

"아빠가 보내신 거라고요! 꿈을 꾸셨나 보군요."

"이게 정말 꿈이었으면 좋겠소! 오, 소피아. 당신 아버지는 저 증오스런 원수 놈을 옹호하고, 그놈과 결혼하도록 당신을 설득하라고 나를 보내신 거요. 당신과 만나기 위해 나는 무슨 수라도 써야 했소. 오, 소피아, 말해주오! 피 흘리는 내 심장을 위로해주오! 세상에 나처럼 미칠 듯한 사랑에 빠진 사람은 없을 거요. 부디 이 소중하고 부드러우며 따뜻한 손을 매정하게 빼지 말아주오. 이 순간이 지나면 당신은 영원히 나에게서 멀어지게 되겠지요. 그대가 내게 불어넣은 존중심과 경외심을 정복할 기회는 이 잔혹한 순간밖에 없다오."

소피아는 잠시 말없이 혼란에 휩싸여 서 있다가 이윽고 그를 부드럽게 올려다보며 외쳤다. "존스 도련님, 제가 뭐라고 말하길 원하세요?"

그가 소리쳤다. "오, 절대로 블리필의 여자가 되지 않겠다고 약속해주오."

"그 혐오스러운 이름은 입에 담지도 마세요. 제 힘이 닿는 한, 제가 가진 것을 그에게 주지 않겠다고 약속하겠어요."

"정말 기쁜 말이구려. 그럼 조금만 더 나아가서 내게도 희망이 있다고 말해주오."

"아아, 존스 도련님. 대체 저를 어디까지 몰고 갈 생각이세요? 제가 어떤 희망을 드릴 수 있다는 거죠? 도련님도 우리 아버지의 뜻을 아시잖아요."

"그렇지만 당신에게 그 뜻을 강요하지는 못하실 겁니다."

"불복하면 끔찍한 결과가 기다리고 있어요. 제가 파멸하는 건 상관없지만, 저 때문에 아버지가 불행해진다고 생각하면 견딜 수가 없답니다."

존스가 외쳤다. "그분 스스로 불행해지는 겁니다! 자연의 신이 부여한 적 없는 권력을 당신에게 휘두르고 있으니까요. 그보다, 당신을 잃었을 때 내가 얼마가 괴로워하고 불행해질지 생각해보시오. 누구를 더 동정해야 할지 생각해주기 바라오."

소피아가 대답했다. "생각해 보라고요! 제가 도련님의 소망에 따른다면 도련님은 반드시 파멸하게 될 거예요. 그러면 제가 태연하게 살아갈 수 있을 것 같으세요? 이런 생각을 하기 때문에, 영원히 제 곁을 떠나 파멸을 막으시라고 말씀드릴 결심을 하게 된 거랍니다."

"파멸보다는 오직 소피아 당신을 잃는 것이 두려울 따름이오. 날 이 극심한 고통에서 구하고 싶다면, 부디 그 잔혹한 선언을 철회해주오. 난 진심으로 당신과 헤어질 수 없다오."

두 연인은 말을 잇지 못한 채 몸을 떨며 서 있었다. 소피아는 존스에게 잡힌 손을 빼내려 하지 않았고, 존스는 그 손을 가까스로 잡고 있었다. 이미 오래전부터 이 장면을 상상해온 독자 여러분도 있을 것이다. 그런데 이 장면은 전혀 다른 성질의 사건이 일어나는 바람에 중단되었다. 자세한 설명은 다음 장에서 하기로 하겠다.

9
앞 장보다 훨씬 격렬한 내용

우리의 두 연인에게 무슨 일이 일어났는지 설명하기 전에, 그들이 다정한 대화를 나누는 동안 홀에서는 어떤 일이 벌어졌나를 설명하는 것이 적절할 것 같다.

앞서 말한 것처럼 존스가 웨스턴 씨와 헤어진 바로 뒤, 여동생이 오빠를 찾아왔다. 그녀는 오빠와 소피아 사이에 있었던 블리필에 대한 대화 내용을 모두 전해 들었다.

이 선량한 숙녀는 존스에 대한 사랑을 비밀로 하겠노라 약속했던 근본 조건이 소피아의 이번 행동으로 완전히 깨졌다고 해석했다. 자신이 알고 있는 내용을 지주에게 모두 까발릴 완전한 자유를 얻었다고 생각했다. 격식이나 서론은 집어치우고 즉시 그녀는 노골적인 표현을 써가며 사실을 모조리 이야기했다.

지주는 존스와 딸이 결혼한다는 생각을 단 한 번도 해본 적이 없었다. 이 청년에게 따뜻한 애정을 느꼈던 매 순간에도 없었고, 의심을 품어본 적도 없으며, 그 밖에 다른 이유로도 없었다. 그는 사실 대등한 재력이나 환경을 결혼의 필수요건이라고 생각했다. 그것은 결혼이 남자와 여자 사이에만 성립한다는 따위의 근본 요건들과 마찬가지 의미를 지녔다. 딸이 가난뱅이와 사랑에 빠지는 일은 인간이 아닌 다른 종의 동물과 사랑에 빠지는 것만큼 말도 안 되는 일이라고 생각해왔다.

따라서 여동생의 이야기를 다 들었을 때, 웨스턴 씨는 벼락을 맞은 사람처럼 너무 놀라 숨도 제대로 쉴 수 없었다. 한동안은 아무 대꾸도 할 수 없었다. 이윽고 숨이 돌아왔다. 중단되었다 재개되는 모든 일이 그렇듯, 이번에는 평소보다 곱절은 맹렬한 기세로 분노를 터뜨렸다.

갑작스러운 충격에서 회복하고 처음으로 입을 뗀 언어기능은 욕설과 저주를 퍼붓는 것이었다. 그것이 끝나자 그는 두 연인이 있으리라 예상되는 방으로 황급히 달려갔다. 걸음걸음마다 복수심이 담긴 말을 중얼거렸다. 아니, 차라리 고함에 가까웠다.

비둘기 두 마리, 또는 사랑에 빠진 남녀가(이것이 가장 적절한 표현이겠다) 어딘가 쾌적하고 적막한 숲 속으로 들어가 사랑의 밀어를 즐긴다고 치자. 사랑의 신은 부끄럼쟁이라 대중들 앞에서는 아무 말도 못하고, 한 자리에 두 명 이상이 있으면 불편해하기 때문이다. 모든 것이 평화로운 이 순간에 느닷없이 저 멀리서 구름을 뚫고 뇌성벽력이 울려 퍼지면, 겁에 질린 처녀는 이끼 긴 강가나 푸른 잔디밭에서 소스라쳐 일어난다. 사랑의 빛으로 붉게 물들었던 뺨이 순식간에 창백한 죽음의 색으로 바뀌고, 공포에 질려 온몸을 떤다. 연인도 부들부들 떨며 비틀거리는 그녀의 팔다리를 지탱하기 힘들 정도이다.

또는 솔즈베리의 놀라운 장난을 전혀 모르는 두 신사가 그곳을 처음 방문하여 어느 여관이나 술집에서 술잔을 기울이고 있다고 치자. 그때 미치광이 역할을 맡은 다우디라는 유명한 장난꾼이 바보 역할을 맡은 바람잡이들을 몰고 복도를 걸어온다. 쇠사슬을 절거덕거리고, 소름끼치는 목소리로 중얼거리듯 노랫가락을 낮게 읊조린다. 이방인들은 소스라치게 놀라 일어난다.

그 끔찍한 노랫소리에 겁을 먹고, 점점 다가오는 위험으로부터 몸을 피할 은신처를 찾는다. 창문에 튼튼한 창살이 달려 있지 않다면, 닥쳐오는 끔찍한 위험을 피하기 위해 목이 부러지는 모험이라도 감수하리라.

아버지가 무시무시한 목소리로 존스를 죽여 버리겠다고 욕설을 퍼부으며 다가오는 소리를 듣고서 몸을 부들부들 떨며 안색이 창백해진 가엾은 소피아가 바로 이랬다. 사실 이때 나는 존스가 신중하게 판단하여 다른 곳으로 도망칠 줄 알았다. 그러나 사실 그는 오직 소피아가 걱정이 되어, 사랑하는 사람에게 무슨 사고라도 생기면 운명을 같이하겠다는 생각 말고는 다른 생각이 끼어들 틈이 없었다.

마침내 지주가 문을 박차고 들어왔다. 그러나 방 안 광경을 목격하고는 존스에 대한 격노가 순식간에 사라졌다. 새파랗게 질린 소피아가 연인의 품 안에서 기절해 있는 것이었다. 이 비극적인 장면을 목격하자마자 웨스턴 씨의 분노는 흔적도 없이 사라졌다. 그는 고래고래 고함을 지르며 도움을 요청했다. 먼저 딸에게 달려갔다가 다시 문간으로 달려가 물을 가져오라고 소리친 뒤 다시 소피아에게 돌아왔다. 딸이 누구 품에 안겨 있는지 생각조차 하지 않았다. 이 세상에 존스라는 남자가 있다는 사실조차 떠올리지 못했을지 모른다. 지금 딸이 처한 상황만이 그의 머릿속을 점령하고 있는 유일한 생각이었다고 나는 믿어 의심치 않는다.

웨스턴 부인과 하인들이 물, 강장제, 그 밖에 이럴 때 필요한 물품을 모조리 챙겨 들고서 소피아를 구하기 위해 우르르 몰려왔다. 성공적인 응급처치 덕분에 소피아는 이내 회복할 조짐을 보이며 생기가 조금씩 되돌아왔다. 그녀는 하녀와 웨스턴 부인의 부축을 받으며 방을 나갔다. 자리를 떠나며 이 선량한 숙녀는 오빠에게 그의 분노와, 그녀가 즐겨 하는 표현으로, 그의 광기가 몰고 온 끔찍한 결과에 대해 교훈적인 충고를 남기기를 잊지 않았다.

다만 어깨를 으쓱거리고 감탄사를 섞어 말한 데다 모호한 암시들로만 표현했기 때문에 지주는 이 충고를 잘 이해하지 못한 듯싶었다. 이해했다 하더라도 큰 효과는 없는 것 같았다. 딸의 생명에 지장이 없다는 것을 알자마자 순식간에 격분 상태로 되돌아갔기 때문이다. 당장이라도 존스와 주먹다짐을 벌일 듯이 보였으나, 다행히 그 자리에 있던 완력 좋은 서플 목사가 지주를 뜯어말려 막을 수 있었다.

소피아가 자리를 뜨자마자, 존스는 목사 팔에 잡혀 있는 웨스턴 씨에게 절절한 태도로 다가갔다. 부디 진정하시라고 말하고, 계속 그렇게 화만 내시면 만족스런 변명을 할 수 없지 않느냐고 하소연했다.

지주가 대꾸했다. "만족할 때까지 혼쭐을 내줄 테니 그 옷을 벗어라. 이 애송이 같은 놈, 지금까지 경험한 적 없을 만큼 흠씬 두들겨 패주마." 그러고는 의견다툼을 벌이는 시골 신사들 사이에나 오가는 욕설들을 이 청년에게 퍼부었다. 경마, 투계, 그 밖의 공공장소에서 영국의 하급 신사들 사이에 싸움이 벌어졌을 때 흔히 오가는 특정 신체 부위에 대한 욕설도 거침없이 튀어나왔다. 이 부위에 대한 욕설은 종종 농담으로 사용되기도 한다. 그런데 내 생각엔 대부분 그 농담의 의미를 잘못 이해하고 있는 듯하다. 제대로 된 의미는 바로 전에 상대방이 자신의 엉덩이를 걷어차겠다고 위협한 것에 대해 그러려면 자기 엉덩이에 먼저 키스하라는 뜻이다. 아주 명확하게 관찰한 바로는, 자기 엉덩이를 발로 차이길 원하는 사람이 없듯이, 그 부위에 누가 키스하는 걸 원하는 사람도 없다.

시골 양반들과 대화를 나눠보았다면 누구나 수천 번은 들었을 이런 극진한 초대에 응한 예가 단 한 차례도 목격되지 않았다는 사실 또한 놀라운 일이다. 이것은 시골 사람들이 예의를 소홀히 한다는 명확한 일례이다. 도시에서는 부탁받지 않아도 일류신사가 매일같이 상급자에게 이런 의식을 베푸는 일이 흔해빠진 광경 아닌가?

이런 욕설들에 대해 존스가 아주 침착하게 대답했다. "지금 하신 말씀들은 이제껏 제게 베푸셨던 은혜를 모조리 지워 버리는 표현인지도 모릅니다. 하지만 결코 지워지지 않는 은혜가 딱 하나 있습니다. 게다가 저는 아무리 욕을 듣는다 해도 소피아의 아버님을 향해 주먹을 드는 일은 절대로 하지 않을 것입니다."

이 말을 듣고 지주는 더욱 격분했다. 결국 목사가 존스에게 물러가라고 권유하며 이렇게 말했다. "보다시피 자네가 여기에 남아 있으면 나리의 분노만 커질 뿐이네. 그러니 오늘은 이만 돌아가게. 이렇게 펄펄 뛰시는데 대화가 될 리 있겠는가? 그러니 해야 할 변명이 있거든, 오늘은 물러가고 다음 기회를 기다리게."

존스는 이 충고를 감사히 받아들이고 즉시 자리를 떠났다. 그제야 양손의 자유를 얻은 웨스턴 씨는 자신이 속박 당했던 것에 대해 얼마간 만족을 표시할 정도로 진정을 되찾았다. 자신을 내버려두었더라면 존스의 머리통을 박살냈을지도 모른다고 말하며 이렇게 덧붙였다. "그런 놈을 죽이고 교수형을 당하는 건 끔찍하도록 열 받는 일이지."

목사는 평화를 위해 자신이 한 노력이 성공을 거둔 데에 득의양양하여, 분노를 경계하는 일장연설을 늘어놓았다. 그것은 성급한 사람들의 분노를 진정시키기기는커녕 오히려 불러일으키는 내용이었다. 그는 이 설교를 고전 작가들, 특히 세네카의 작품에서 따온 수많은 귀중한 인용으로 풍성하게 만들었다. 세네카는 이 분노라는 감정을 아주 잘 다룬 작가이므로 여간 화난 사람이 아니라면 누구나 그의 글을 읽고 유쾌하며 유익하게 생각할 것이다. 목사는 장광설을 저 유명한 알렉산드로스 대왕과 클레이토스 이야기[4]로 맺었다. 이 이야기는 내가 쓴 비망록에 〈음주〉라는 제목으로 들어 있으므로 여기서는 생략하겠다.

지주는 이 설교에, 아니 목사가 말한 어떤 내용에도 귀를 기울이지 않았다. 목사가 설교를 다 마치기도 전에 그는 말허리를 자르며 큰 맥주잔을 가져오라고 명령했다. 누구든 화가 나면 목이 마른 법이라는 것이었다(이 말은 분노라는 마음의 열병에 관한 그 어떤 설 못지않게 진실일 것이다).

맥주를 한 잔 가득 들이켜자마자 지주는 다시 존스 문제를 들먹였다. 내일 아침 일찍 무슨 일이 있어도 올워디 씨를 찾아가 모든 것을 말하겠노라고 우겼다. 목사는 그저 선량한 동기에서 그를 극구 말렸다. 그러나 그의 만류는 지주 입에서 엄청난 양의 욕설과 저주가 나오게 하여, 서플 목사의 경건한 귀에 크나큰 충격을 준 것 말고는 아무런 효과가 없었다. 더구나 지주가 자유로운 영국인으로서 특권을 주장하자 목사도 감히 대항할 수 없었다. 사실 이 목사는 가끔씩 쏟아지는 폭언을 감수하는 대가로 지주의 식탁에서 미각을 충족하며 위로를 받아왔다. 지주의 이 못된 버릇을 부추긴 것은 자기가 아니며, 자기가 이 집에 한 발자국도 들여놓지 않았더라도 지주의 욕설이 줄어드는 일은 없었을 거라는 생각으로 자위했다. 남의 집에 객으로 들어와 주인을 비난하는 무례는 범하지 않았지만, 목사는 설교단 위에서 에둘러 앙갚

---

*4 술에 취한 알렉산드로스 대왕이 일생의 친구이자 심복인 클레이토스를 살해한 이야기.

음했다. 물론 지주가 그 설교를 듣고 회개하는 일은 없었다. 그러나 적어도 양심에는 상당한 영향을 미쳤으므로, 지주는 남에게 욕을 해서는 안 된다는 원칙을 마을 사람들에게 엄중히 준수토록 했다. 치안 판사인 이 지주만이 마을에서 아무런 징벌 없이 욕을 할 수 있는 유일한 사람이었다.

10
웨스턴 씨, 올워디 씨를 방문하다

올워디 씨는 조카 블리필에게 소피아를 성공적으로 방문하고 왔다는 보고를 받고 몹시 흡족했다(그는 소피아의 재산이 아니라 품성 때문에 이 결혼을 대찬성했다). 조카와 함께 한 아침식사 자리에서 막 물러나려는데 웨스턴 씨가 불쑥 뛰어 들어오더니 인사 한 마디 없이 본론부터 들이댔다.

"이보시오 선생, 당신 정말 대단한 작품을 만들어냈더군. 그 사생아 녀석을 아주 훌륭하게 키웠어. 물론 당신이 이 일에 직접 관여했으리라고는 생각하지 않소. 즉 고의는 아닐 거라는 거지. 그렇지만 어쨌거나 우리 집에선 그놈 때문에 생난리가 났거든."

올워디가 말했다. "아니, 무슨 난리가 났단 말이오?"

"흥, 양심과 관련된 일이지. 내 딸년이 이 집 사생아 놈과 사랑에 빠졌단 말이오. 난 딸년에게 깨진 동전 조각 하나 줄 수 없소. 사생아 놈을 신사처럼 키우고, 남의 집을 어슬렁거리게 만들면 어떤 꼴이 날지 난 늘 궁금했었지. 내 손에 자라지 않은 걸 다행으로 생각하라고 하시오. 그랬으면 흠씬 두들겨 패서 찍소리 못하게 해줬을 테니까. 그런 사생아한테는 주인 밥상이나 차리라고 가르쳤을 게요. 내 집에 있는 고기 한 점, 그걸 살 동전 한 닢 주지 않고 말이지. 만약 딸년이 죽어도 녀석을 택하겠다면, 혼수는 달랑 옷 한벌이 될 거요. 나머지 내 재산은 당장 감채기금에 기부하겠소. 이 나라를 망치는 도구가 되도록 하노버에 보내진다 해도 상관없소."

올워디가 큰 소리로 말했다. "진심으로 죄송합니다."

웨스턴이 말했다. "죄송이고 뭐고 집어치우시오. 내 마음의 기쁨이며, 이늙은이의 모든 희망이자 위안인 내 외동딸, 내 가엾은 소피아를 잃어버릴 판국인데 죄송이 무슨 소용이오? 어쨌든 나는 딸년을 집 밖으로 내쫓으리라 결심했소. 구걸이나 하다가 길바닥에서 굶어 죽으라지. 내 고린 동전 한 푼 줄 것 같소? 그 빌어먹을 놈은 굴 속에 들어앉은 암토끼를 찾는 데 선수였어. 젠장! 그런데 나는 놈이 어느 집 암토끼를 찾는지 전혀 모르고 있었다니! 하지만 그 토끼는 녀석이 평생 찾아낸 것 중에 최악이 될 거요. 딸애는 그저 썩은 고깃덩이에 불과하니까. 온몸의 가죽만이 딸애의 전 재산이 될 테니 그리 일러두시오."

"이거 정말 놀랍군요. 내 조카애와 선생의 따님이 만난 게 바로 어제인데 말입니다."

"그렇소, 당신 조카와 내 딸이 헤어진 직후에 모든 일이 벌어졌지. 블리필 군이 돌아가자마자 그 사생아 놈이 우리 집에 휘적휘적 나타났지 않겠소. 사냥 친구로서 그토록 총애하던 놈이 그동안 내 딸을 사냥하고 있었을 줄을 꿈에나 알았겠소?"

올워디가 말했다. "그 녀석에게 따님과 함께할 기회를 그렇게 많이 만들어주지 마셨어야 했습니다. 그 녀석이 선생 댁에 그렇게 자주 머무는 것에 대해 제가 처음부터 반대했었다는 점을 인정해주셨으면 좋겠군요. 물론 일이 이렇게 될 줄은 솔직히 몰랐습니다만."

웨스턴이 소리쳤다. "누가 그런 일을 상상이나 했겠소? 도대체 내 딸애가 그런 놈과 무슨 관계가 있단 말이오? 그놈은 딸애에게 구애를 하기 위해서가 아니라, 내 사냥 동무를 하러 우리 집에 온 거란 말이오."

"하지만 그 애들이 함께 있는 걸 그렇게 자주 보셨으면서도, 서로 사랑한다는 사실을 조금도 눈치채지 못했다는 건 정말 이상한 일이군요."

"단언컨대 눈곱만큼도 몰랐소. 딸애한테 입맞춤하는 장면을 본 일도 없고, 구애는커녕 딸애와 함께 있는 자리에서는 오히려 다른 때보다 말수가 적었단 말이오. 딸애도 집에 찾아오는 다른 남자들에게 하는 것에 비해 녀석한테 쌀쌀맞게 대했고. 나는 이런 일에 관한 한 남들보다 특별히 쉽게 속아 넘어가는 편이 아니오. 당신도 날 그런 사람이라고 생각하지 말았으면 하오."

이 말을 듣고 올워디는 터져 나오려는 웃음을 가까스로 참았다. 인간의 본성을 잘 아는 데다 선량한 교양과 인품을 지닌 그는 이런 상황에서 지주의 화를 돋우지 않았다. 그는 자기가 어떻게 해주면 좋겠느냐고 물었다.

웨스턴이 대답했다. "그 불한당을 내 집에 얼씬도 못하게 하시오. 난 돌아가 딸을 감금할 것이오. 딸년이 뭐라건 난 블리필 군과 반드시 결혼시키기로 결심했으니까."

그는 블리필의 손을 잡고, 자기의 사윗감은 자네뿐이라고 맹세했다. 그러고는 지금 집안이 엉망진창이니 어서 돌아가 딸이 딴 마음을 품지 못하도록 감시해야겠다고 말했다. 그는 만약 자기 집에서 존스를 붙잡는 날엔 그를 거세한 말들이 벌이는 경마 경주에 나갈 수 있게 만들어 버릴 거라는 말을 남기고 돌아갔다.

단둘이 남은 올워디와 블리필 사이에 긴 침묵이 흘렀다. 그동안 젊은 신사는 한숨만 내쉬었다. 실망한 탓도 있었지만, 그보다 큰 이유는 부아가 치밀어서였다. 소피아를 놓쳤다는 사실보다 존스가 행운을 얻었다는 사실이 더욱 비통했다.

마침내 삼촌이 그에게 앞으로 어떻게 할 작정이냐고 물어보자 그가 대답했다. "삼촌, 이성과 감정이 다른 방향을 가리키고 있을 때 사랑하는 사람으로서 어떻게 행동해야 할지는 자명한 일 아닌가요? 이런 모순적인 상황에서는 감정을 따르는 것이 마땅하다고 생각합니다. 이성은 제게 다른 남자에게 사랑을 준 여자를 잊어버리라고 지시하고, 감정은 그녀의 마음이 언젠가 저에게 돌아오리라는 희망을 가지라고 지시하는군요. 하지만 이번에는 반대 의견도 생각해야 할 것 같습니다. 이 문제에 충분한 답변을 내리지 못한다면 저는 이러지도 저러지도 못하는 상황이 되고 말겠지요. 반대 의견이란, 이미 다른 남자가 점령한 그녀의 가슴속에서 그 남자를 밀어내는 일은 부당하다는 것입니다. 하지만 웨스턴 씨의 단호한 결심을 보니, 이 상황에서 제가 그 자리에 대신 들어가는 일이 이 사건에 관계된 모든 사람이 행복해지는 길이란 생각이 듭니다. 커다란 슬픔에 빠지지 않아도 될 부모님의 행복은 물론, 끝내 고집대로 결혼하면 파멸에 이르고 말 두 사람의 행복을 위한 일이기도 하다는 거지요. 소피아 양은 모든 의미에서 파멸할 것이 분명합니다. 재산을 대부분 잃게 될 뿐 아니라 남편이라는 작자는 거지나 다를 바 없는 빈털터리니까요. 게다가 아버지로서 차마 빼앗지 못할 쥐꼬리만 한 재산은 그 남편이란 작자와 아직 더러운 관계를 유지하고 있는 그 방탕한 계집에게 모조리 흘러들어가고 말겠지요. 이 정도는 새 발의 피죠. 녀석은 세상에서 가장 사악한 놈이거든요. 지금까지는 애써 숨겨왔지만, 삼촌께서 그 녀석의 실체를 진작 아셨더라면 그 극악무도한 놈하고 인연을 끊으셨을 겁니다."

"뭐라고! 내가 모르는 나쁜 짓이 더 있단 말이냐? 어서 말해보아라."

"안 됩니다. 이미 지난 일이고, 톰도 후회하고 있을 테니까요."

"명령이다. 조카로서의 의무로 무슨 일인지 말해."

"삼촌도 아시겠지만 저는 결코 삼촌 말을 거역한 적이 없습니다. 그런 말은 하지 말았어야 하는 건데 그랬네요. 꼭 복수처럼 보이잖아요. 하지만 그런 의도는 조금도 없었습니다. 굳이 말하라고 하신다면, 그 조건으로 톰을 용서해달라고 그를 대신해 빌겠어요."

"용서하고 말고는 듣고서 정할 일이다. 나는 그 애를 충분히 아껴주었어. 너희가 고맙게 생각해야 하는 것 이상으로 귀여워해주었지."

블리필이 큰 소리로 말했다. "정말이지 분에 넘치게 아껴주셨죠. 실은 삼촌께서 몹시 위독하셔서 저와 온 집안 식구가 눈물을 쏟았던 바로 그날, 톰이 난동을 부리며 집 안을 발칵 뒤집어 놨답니다. 술을 마시고 노랠 부르고 고함을 질러댔죠. 제가 상스럽고 무례한 그의 행동을 넌지시 지적하자, 벌컥 화를 내며 욕설을 퍼붓더니 저를 악당 취급하며 때렸어요."

올워디가 고함을 질렀다. "뭐라고! 너를 때렸다고?!"

블리필이 큰 소리로 말했다. "물론 저는 이미 오래전에 그를 용서했어요. 다만 큰 은혜를 베푸신 삼촌에게 그렇게 배은망덕한 짓을 했던 일은 쉽게 잊을 수가 없어요. 그렇지만 삼촌은 그 일조차 용서해주실 거라 믿어요. 악마에 씌어 한 짓이 분명하니까요. 무슨 말이냐 하면, 그날 저녁 스웨컴 선생님과 제가 들판을 산책하며 삼촌이 처음으로 회복 조짐을 보인 것을 기뻐하고 있을 때, 유감스럽게도 한 쌍의 남녀가 말씀드리기도 매우 민망한 짓을 하는 장면을 보고 만 거예요. 스웨컴 선생님께서 분별력보다 대담함을 앞세워 그를 꾸짖으셨는데(이런 말을 하게 되어 유감스럽지만), 그 녀석이 선생님께 덤벼들더니 마구 주먹을 휘두르는 거예요. 선생님께서 그때 입은 상처가 다나으셨어야 할 텐데. 저도 선생님을 보호하려다 덩달아 얻어맞았지만 저는 그때 일을 벌써 용서했어요. 스웨컴 선생님께도 톰을 용서해주고 삼촌께 비밀로 해달라고 부탁했지요. 삼촌이 아시면 톰에게 치명적일 거라 생각했거든요. 지금 그만 그 사건을 털어놓고 말았지만, 삼촌께서 명령하셨기 때문에 말하지 않을 수 없었던 것입니다. 부디 톰을 너그럽게 용서해주세요."

"오, 애야, 그런 비행을 일순간이라도 숨겨주다니, 네 착한 심성을 비난해야 할지 칭찬해야 할지 모르겠구나. 스웨컴 선생은 어디 계시니? 네 말을 못 믿어서 그러는 게 아니다. 다만 이 사건의 진상을 조사하여 세상의 본보기로 삼으려는 거란다."

즉시 스웨컴이 불려 왔고, 이내 모습을 드러냈다. 그는 블리필의 모든 증언을 확인해주었다. 더 나아가 가슴팍을 열고, 그곳에 검붉은 색으로 선명하게 찍혀 있는 존스의 손바닥 자국을 공개했다. 마지막으로 그는 올워디 씨에게 이 사건을 진작 보고하고 싶었지만 블리필 군이 진심으로 만류하기에 참았다고 말했다. "블리필 군은 대단히 훌륭한 청년입니다. 적을 지나치게 용서한 바람에 일이 이 지경이 되고 말았지만요."

당시 블리필이 사건의 누설을 막기 위해 목사를 설득하며 어느 정도 애를 쓴 건 사실이었다. 그런데 거기에는 이유가 있었다. 첫째 그는 사람이란 병에 걸리면 마음이 약해져 평소의 엄정함을 잃기 쉽다는 사실을 알고 있었다. 그 다음으로, 이 사건이 일어난 지 얼마 안 된 시점, 즉 사건의 진상을 밝힐지도 모르는 의사 선생이 아직 집 안에 남아 있는 시점에 이 이야기를 폭로하면 자신이 의도했던 악의적인 방향으로 사건을 몰고 가기 어려우리라고 생각했다. 그는 존스가 무분별한 행동으로 고통의 씨앗을 더 많이 뿌릴 때까지 이 사건을 가슴에 묻고 기다리기로 결심했다. 한꺼번에 많은 죄를 뒤집어씌워야만 존스를 틀림없이 파멸시킬 수 있으리라고 생각했다. 그런 기회를 엿보고 있던 차에 친절한 운명의 신이 오늘 드디어 기회를 주신 것이다. 마지막으로, 스웨컴 선생에게 이 문제를 당분간 비밀로 해달라고 설득함으로써, 그동안 올워디 씨 마음에 심어놓으려 무진 애를 썼던 존스에 대한 자신의 뜨거운 우정을 확실히 보여줄 수 있다고 생각했다.

11
짤막하지만 선량한 독자 여러분들을 감동시키기에 충분한 이야기

격렬한 분노에 빠졌을 때는 누구도 징벌하지 않으며, 심지어 하인도 쫓아내지 않는 것이 올워디 씨의 습관이었다. 따라서 그는 존스에 대한 심판을 오후까지 늦추기로 결심했다.

가엾은 청년은 평소대로 저녁 식사에 참석했으나 가슴이 먹먹하여 통 먹을 기분이 아니었다. 올워디 씨의 냉랭한 표정을 보자 슬픔은 더욱 커졌다. 그의 안색을 보고 존스는 웨스턴 씨가 자신과 소피아 사이에 있었던 일을 자세히 까발렸다고 결론을 내렸다. 블리필이 고자질을 했으리라고는 꿈에도 생각하지 않았다. 사실 그 고자질의 대부분은 꾸며낸 이야기였고, 나머지 진실조차도 이미 그가 다 용서하고 잊어버린 내용이었기 때문에 블리필이 아직까지 그것을 기억하고 있으리라고는 추호도 의심하지 않았다. 식사가 끝나고 하인들이 나가자 올워디 씨가 긴 설교를 시작했다. 그는 긴 설교 내내, 존스가 저지른 수많은 비행, 특히 오늘 처음으로 자신이 알게 된 비행을 늘어놓고 마지막으로 말했다. "이 많은 죄과를 해명하지 못한다면 영원히 내 눈 밖에 날 줄 알아라."

가엾은 존스가 변명을 하기에는 여러 불리한 점이 뒤따랐다. 아니, 그는 자신이 무엇 때문에 비난받는지조차 거의 이해할 수가 없었다. 올워디 씨는 자신이 병석에 누워 있는 동안 발생했던 존스의 술주정 사건을 이야기하며 체면상 자신과 관계된 내용은 언급하지 않았다. 죄가 있다고 하면 주로 그 점에 있는데 그 부분을 언급하지 않았으니 존스는 술을 마셨다는 사실을 부인할 수 없었다. 게다가 그는 이미 가슴이 멍들고 침울한 상태였기 때문에 제대로 된 변명을 할 수 없었다. 그는 모든 내용을 시인하고, 절망에 빠진 죄인처럼 자비에만 매달렸다. "제가 저지른 어리석고 부주의한 짓들을 인정합니다. 그렇지만 영원히 인연을 끊으시겠다는 가혹한 징벌을 받을 만한 죄는 결코 저지르지 않았습니다."

올워디가 대꾸했다. "난 이미 널 여러 차례 용서해주었다. 아직 어리니 회개의 여지가 있다고 생각한 거야. 그런데 이제 보니 아주 구제불능이구나. 그런 녀석을 돕고 편을 든다면 그 사람마저 범죄자가 될 판이야. 겁도 없이 그 아가씨를 빼돌리려고까지 한 이상 너를 벌함으로써 내 결백을 증명해야겠다. 그동안 세상 사람들은 내가 너에게 관대하다며 말들이 많았지. 내가 비열하고 야만스러운 이번 행위를 보고도 못 본 척하고 있다고 생각하는지도 몰라. 그렇게 생각한다 해도 어느 정도는 어쩔 수 없는 일이지만. 너도 내가 그런 행동을 얼마나 혐오하는지 알 게다. 네가 조금이라도 나에게 애정을 가지고 있고, 내 기분과 명예를 생각했다면 그런 짓은 꿈에도 할 수 없었을 거야. 부끄러운 줄 알아라! 정말이지 어떤 큰 벌도 네가 저지른 죗값으로는 부족할 지경이다. 지나치게 관대한 판결일지도 모르지만, 지금까지 친자식처럼 길러온 너를 벌거숭이로 내쫓을 수도 없는 노릇이구나. 이 봉투를 열어 보아라. 정직하게 일하면 버젓하게 살아갈 수 있을 만한 돈을 좀 넣어놓았다. 네가 그걸 나쁜 목적으로 사용한다 하더라도 나에겐 더는 너를 도와줄 의무가 없다. 오늘부터 무슨 일이 있어도 너와 인연을 끊기로 결심했으니 말이다. 이 말을 덧붙이마. 네가 한 짓 가운데 가장 괘씸한 것은 언제나 너를 훌륭하고 친절하며 공정한 태도로 대해준 사람에게(블리필을 의미했다) 폭력을 휘둘렀다는 사실이다."

이 마지막 발언은 너무나 써서 삼킬 수가 없었다. 존스는 홍수 같은 눈물을 쏟았다. 말과 동작 등 모든 기능이 그를 떠나 버린 것 같았다. 한참이 지난 뒤에야, 집을 떠나라는 올워디 씨의 단호한 명령을 따를 수 있었다. 이윽고 그는 어떠한 말로도 형용할 수 없을 만큼 꾸밈없는 열정을 담아 올워디씨 손에 입맞춤하고 방을 나갔다.

독자 여러분 가운데 올워디 씨가 존스를 크게 오해했다고 생각하고, 그의 판결이 너무 가혹하다고 비난하는 사람이 있다면 틀림없이 몹시 여린 사람이다. 마찬가지로 정에 약한 것인지 다른 동기가 있어서인지는 모르나, 이웃사람들도 입을 모아 이 가혹한 판결을 비난했다. 그전까지 이 선량한 신사가 사생아(세상 사람들은 그의 친자식이라고 말했었다)에게 지나치게 친절하다며 지탄하던 장본인들이 이번에는 자식을 내쫓았다고 소리 높여 비방했다. 특히 여자들은 일제히 존스 편을 들며, 이번 장에서 일일이 소개할 수 없을 정도로 많은 소문을 만들어냈다.

한 가지 짚고 넘어갈 점이 있다. 이 일을 비난하면서, 올워디 씨가 존스에게 준 봉투에 담긴 금액을 언급한 사람이 아무도 없다는 사실이다. 사실 그속에는 500파운드라는 거금이 들어 있었지만 사람들은 한결같이 그가 무일푼으로 쫓겨났다고 떠들어댔다. 그 가운데에는 존스가 비정한 아버지 집에서 알몸으로 쫓겨났다고 말하는 사람도 있었다.

12
연애편지 및 그 밖의 내용

존스는 당장 집을 떠나라는 명령을 받았다. 옷가지와 그 밖의 소지품들은 어디든 원하는 곳으로 보내주겠다는 것이었다.

따라서 그는 즉시 집을 나와 정처 없이 1마일 넘게 걸었다. 실개천에 가로막히고 나서야 개울가에 몸을 뉘였다. 그는 왠지 부아가 치밀어 중얼거렸다. "설마 아버지도 이곳에서 쉬지 말라고는 하지 않으시겠지."

그는 이내 격심한 고통에 빠져들어 머리카락을 쥐어뜯었다. 그리고 광기, 분노, 절망감이 터져 나올 때 뒤따르는 행동을 보였다.

이런 식으로 한바탕 격렬하게 가슴속 울분을 터뜨리고 나자 조금이나마 제정신이 돌아왔다. 슬픔이 방향을 바꾸어 한결 온화한 배출구로 향했다. 마침내 그는 마음속 울분을 이성으로 다스릴 정도로 냉정을 되찾았다. 이런 비참한 처지에서 무엇을 하는 게 적절할지 생각했다.

가장 큰 문제는 소피아를 어떻게 할 것인가였다. 그녀와 헤어진다고 생각하면 가슴이 갈기갈기 찢어졌다. 하지만 그녀를 아내로 삼아 파멸과 빈곤으로 추락시킨다고 생각하면 그에 못지않게 고통스러웠다. 존스는 그녀를 소유하고 싶다는 격렬한 욕망 때문에 한순간 유혹에 넘어갈 뻔했다. 그러나 그녀에게 그토록 혹독한 대가를 치르면서까지 자기의 욕망을 채워줄 마음이 있는지는 확실치 않았다. 올워디 씨의 분노와, 자신의 행동이 그의 평온한 심정에 풍파를 불러일으킬 것을 생각하면 크게 망설여졌다. 이런 부정적인 생각들을 떨쳐내고 행동에 옮긴다 해도 도저히 성공 가능성이 없어보이자 그는 결정을 내렸다. 도의심에 절망이 가세하고, 은인에 대한 감사의 마음과 연인에 대한 진정한 사랑이 하나가 되어, 불타는 욕망을 누르고 승리를 거두었다. 소피아를 소유하여 파멸로 이끄느니 차라리 단념하기로 결심한 것이다.

욕망에 이겼다고 생각한 순간 존스가 느낀 가슴에 눈부시고 벅찬 감격은 경험해보지 않은 사람은 결코 상상할 수 없을 것이다. 뿌듯함이 그를 기분 좋게 간질였다. 완벽한 행복감조차 느껴졌다. 그러나 이것은 한순간에 불과했다. 그때 소피아가 뇌리에 되살아나, 승리의 기쁨에 재를 뿌렸다. 그 고통은 선량한 장군이 존귀한 피로써 승리라는 월계관을 쟁취한 수천 명 부하들의 시체 더미를 보며 느꼈을 고통과 같았다. 무수한 상념이 시체 더미처럼 우리의 승리자 앞에 쌓였다.

그러나 위대한 시인 리가 말한 바 있는 '덕성 높고 명예로운 길'을 선택하기로 결심한 존스는 소피아에게 이별 편지를 쓰기로 마음먹었다. 그는 그곳에서 그리 멀지 않은 한 집으로 들어가서 펜과 종이를 빌린 뒤 이렇게 썼다.

소피아 양
내가 이 편지를 어떤 상황에서 쓰고 있는지 짐작하신다면, 이 편지에 앞뒤가 안 맞는 내용이나 어리석은 내용이 들어 있다 하더라도 그대의 착한 심성으로 용서해주리라 믿소. 어떤 말로도 마음이 지시하는 바를 표현할 수 없을 것이오. 한 구절 한 구절이 벅차오르는 가슴에서 흘러나오기 때문이오.

소피아 양, 나는 당신의 명령에 순종하여 그립고 사랑스런 당신 앞에서 영원히 사라지기로 결심하였소. 정말이지 잔혹한 명령이오. 하지만 그 잔혹함은 운명에서 나온 것이지 나의 소피아에게서 나온 것이 아니오. 그대의 미래를 위해, 나라는 보잘것없는 남자가 있었다는 사실을 잊으라고 운명이 명령한 것이라오.

나의 고뇌를 내보이고 싶지는 않지만, 어차피 당신 귀에도 들어가게 될 거라 생각하오. 나는 그대가 얼마나 다정하고 따뜻한 사람이며, 불행한 사람을 보면 가슴 아파한다는 사실을 알기 때문에 그런 고통을 주고 싶지 않소. 내 불행한 운명을 듣더라도 부디 조금도 걱정하지 말기를 바라오. 당신을 잃고 난 뒤에는 내게 모든 일이 하찮을 것이기 때문이오.

오, 나의 소피아! 당신과 헤어지는 일은 너무 힘듭니다. 그러나 날 잊어달라고 부탁하는 일은 더욱 힘들군요. 하지만 진심으로 당신을 생각하기 때문에 이 두 가지를 해야 합니다. 나에 대한 기억 때문에 당신이 마음의 평안을 누리지 못할 거라 생각하면 실례가 되겠지요. 그러나 미천한 내가 그런 식으로라도 영광을 누릴 수 있다면, 제발 날 못된 놈이라고 기억하며 마음을 풀어주시오. 내가 당신을 사랑한 적이 없다고 생각해주오. 내게 당신의 상대가 될 자격이 없었다고 생각해주오. 무례했던 내 행동에 그 어떤 가혹한 벌을 내려도 부족하다고 생각하고 날 경멸해주오. 이 이상은 더 쓸 수가 없군요. 그대에게 수호천사의 가호가 있기를!

그는 편지를 봉하려고 밀랍을 찾아 주머니를 뒤졌지만 없었다. 밀랍은커녕 아무것도 없었다. 아까 광기에 휩싸여 주머니에 든 것을 모조리 꺼내어 집어던졌던 것이다. 그중에는 올워디 씨에게서 받은 종이꾸러미도 있었다. 그동안 한 번도 그것을 열어 보지 않았다. 종이꾸러미를 받았다는 사실조차 이 순간 처음 떠올랐다.

급한 대로 그 집에서 풀을 얻어 편지를 봉한 다음, 잃어 버린 물건들을 찾기 위해 서둘러 개울가로 되돌아갔다. 가던 도중 그는 오랜 친구 블랙 조지를 만났다. 블랙 조지는 진심으로 그의 불행을 위로해주었다. 이미 그와 가까운 모든 사람의 귀에 소문이 들어간 것이었다.

존스가 사냥터지기에게 중요한 물건을 잃어 버렸다고 말하자, 그는 기꺼이 시냇가로 함께 가주었다. 두 사람은 존스가 있었던 곳뿐만 아니라 그가 가지 않았던 곳까지 풀숲을 샅샅이 뒤졌다. 그러나 그런 보람도 없이 아무것도 나오지 않았다. 사실, 찾고 있는 물건들은 그때 그 들판에 아직 있었지만 두 사람은 그곳만은 뒤지지 않았다. 바로 블랙 조지의 주머니 속이었다. 그는 방금 전 그 물건들을 발견하고는 운 좋게도 그 값어치를 알아차리자, 자기가 쓰려고 몰래 챙겨놓았던 것이다.

진심으로 찾고 있는 것처럼 열심히 분실물을 뒤지고 다닌 끝에 사냥터지기가 존스에게 다른 곳에 가지 않은 것이 분명한지 잘 생각해 보라고 말했다. "방금 전까지 여기 계셨다면 그 물건들이 아직 이 근처에 있을 겁니다. 이곳은 인적이 드문 곳이니까요." 사실 그가 이 들판을 지나간 것도 아주 우연한 일이었다. 다음 날 아침 바스에 있는 가금류 장사치에게 내다 팔 토끼를 잡으려고 덫을 치러 왔던 것이었다.

마침내 존스는 소지품을 되찾겠다는 희망을 버리고, 그 물건들에 대한 생각마저 접었다. 그리고 블랙 조지에게, 은혜는 절대로 잊지 않을 테니 한 가지만 들어달라고 간곡히 부탁했다.

조지가 망설이며 대답했다. "제가 할 수 있는 일이라면 무엇이든 명령하십시오. 진심으로 제가 도련님께 도움이 되었으면 좋겠습니다." 사실 그는 무슨 부탁인지 몰라 조마조마했다. 웨스턴 씨 밑에서 일하며 사냥감을 팔아 꽤 많은 돈을 모았는데, 존스가 그 돈을 조금 빌려달라고 할까봐 걱정이 되었기 때문이다. 그런데 소피아에게 편지를 전해달라는 부탁임을 알고는 걱정도 말끔히 사라졌다. 그는 기꺼이 그렇게 하겠다고 약속했다. 사실 이 사내는 존스를 위해서라면 웬만한 일은 기꺼이 했을 것이다. 존스에게 큰 은혜를 입었다고 생각했으며, 세상 무엇보다 돈을 사랑하는 사람들이 그런 것만큼 정직했기 때문이다.

편지를 소피아에게 전달하려면 아너 양을 통하는 것이 좋다는 데에 두 사람의 의견이 일치했다. 그들은 헤어졌다. 사냥터지기는 웨스턴 씨 댁으로 갔다. 존스는 그곳에서 반 마일 떨어진 술집으로 가서 이 심부름꾼이 돌아오기를 기다리기로 했다.

조지는 주인 나리의 저택에 도착하자마자 아너를 만났다. 먼저 몇 가지 질문을 던진 뒤, 그 댁 여주인에게 보내는 편지를 건넸다. 그와 동시에 소피아가 존스 군에게 전하려는 편지를 건네받았다. 아너는 그 편지를 아침부터 품에 넣고 다녔는데 그걸 전달할 방법을 찾지 못해 절망하던 참이었다고 말했다.

사냥터지기는 흡족한 마음으로 서둘러 존스에게 돌아왔다. 존스는 소피아가 보낸 편지를 전해받자마자 자리를 옮겨 정신없이 봉투를 뜯었다. 편지 내용은 이랬다.

도련님 보세요.

도련님을 마지막으로 뵌 뒤 제가 어떤 기분이었는지 말로 형용하기란 불가능하답니다. 저 때문에 아버지에게 그런 잔인한 모욕을 받으시다니, 저는 앞으로 영원히 도련님께 빚을 지게 되었습니다. 도련님께서도 우리 아버지 성미를 잘 아실 테니, 제발 저를 위해 충돌을 피해주세요. 도련님께 무슨 위로든 보내드리고 싶군요. 이 말만은 믿어주세요. 폭력이라는 마지막 수단을 사용하지 않는 한, 제 손과 마음을 도련님이 원치 않는 방향으로 허락하는 일은 절대로 없을 겁니다.

존스는 이 편지를 백 번도 넘게 되풀이해 읽었으며, 백 번도 넘게 입을 맞추었다. 다시 격정이 몰려왔다. 마음속에 사랑의 욕망이 되살아났다. 그는 앞서 우리가 본 편지를 소피아에게 보낸 것을 후회했다. 그러나 더욱 후회되는 것은, 블랙 조지가 심부름을 간 사이에 올워디 씨 앞으로 편지를 써서 다른 심부름꾼 편으로 보낸 일이었다. 소피아에 대한 연정을 버리겠노라고 편지에 순순히 맹세한 것이었다. 그러나 냉정한 사고가 되돌아오자, 소피아에게 그런 편지를 받았다고 해서 자신의 처지가 조금도 나아질 것도 바뀔 것도 없다는 사실을 분명히 깨달았다. 다만 그녀의 변치 않는 사랑을 확인하고, 앞으로 뭔가 재수 좋은 우연이라도 생기지 않을까 하는 실낱같은 희망이 생겼다는 것이 유일한 수확이었다. 그는 결심을 되새긴 뒤 블랙 조지와 작별하고, 거기서 5마일쯤 떨어진 마을로 떠났다. 올워디 씨는 판결을 취소할 생각이 없는 한 그곳으로 소지품을 보내주기로 약속이 되어 있었다.

13
똑같이 행동할 수 있는 여성이라면 어느 누구도 비난할 수 없을,
지금 이 상황에서 소피아의 태도
양심의 법정에서 논의되는 한 가지 복잡한 문제

소피아는 그전 스물네 시간을 결코 바람직하지 않게 보냈다. 그녀는 줄곧 고모에게 장황한 설교를 들어야 했다. 고모는 상류사회의 예를 인용하며 분별력의 중요성을 강조했다. 그곳에서는 사랑이 (선량한 부인이 말하길) 완전한 비웃음의 대상이라고 말했다. 또 여자에게 결혼이란 남자들이 공직을 받는 것과 마찬가지여서 재산을 불리고 출세하는 수단으로만 여겨진다는 것이었다. 이 주장에 해석을 덧붙이면서 고모는 몇 시간이나 유창한 언변을 과시했다.

이 지혜로운 설교는 소피아의 취향이나 성품에 맞지 않았다. 하지만 잠 못 이루는 밤을 지새우기에는 이런 설교가 상념보다 덜 괴로웠다.

잠도 오지 않고 편히 누워 휴식을 취할 수도 없었다. 그렇다고 침대에서 빠져나올 특별한 일이 있는 것도 아니었다. 그녀는 아버지가 오전 열 시가 넘어 올워디 씨 댁에서 돌아올 때까지 침대에 누워 있었다. 그는 곧장 딸의 방으로 와서 문을 벌컥 열고는 딸이 아직 일어나지 않은 것을 보더니 큰 소리로 말했다. "오, 무사하시군! 앞으로도 계속 그 상태로 있게 해주마." 그

는 문을 잠그고, 엄중히 감시하라는 명령과 함께 열쇠를 아녀에게 건네주었다. 충실하게 임무를 수행하면 큰 보상을 주겠지만, 믿음을 저버린다면 엄벌에 처하겠다고 으름장을 놓았다.

아녀가 받은 명령은 지주 허락 없이 아가씨를 방에서 내보내지 말 것, 그와 고모 말고는 누구도 방에 들이지 말 것, 소피아가 원하는 물건이 있으면 가져다주되 펜과 잉크와 종이는 쓰지 못하게 할 것이었다.

지주는 딸에게 옷을 차려입고 점심 식사 자리에 참석하라고 명령했다. 소피아는 이를 따랐다. 그리고 평소처럼 식탁에 앉아 있다가 다시 감옥으로 끌려갔다.

저녁이 되자 간수 아녀가 사냥터지기에게서 건네받은 편지를 소피아에게 가져왔다. 소피아는 두세 차례 꼼꼼하게 되풀이해 읽은 뒤 침대에 몸을 던지고는 홍수 같은 눈물을 마구 쏟아냈다. 여주인의 이런 행동에 몹시 놀란 아녀는 왜 그렇게 슬퍼하는지 가르쳐달라고 애원하듯 묻지 않을 수 없었다. 소피아는 한동안 대답을 하지 않다가 갑자기 벌떡 일어나더니 하녀의 손을 잡고 외쳤다. "오, 아녀! 나는 이제 끝이야!"

아녀가 소리쳤다. "그런 일이 있으면 안 되죠. 편지를 갖다드리지 말고 태워 버릴 걸 그랬어요. 그 편지가 아가씨에게 위로가 될 거라 생각했는데. 그렇지 않았다면 손도 대지 않고 악마에게 버렸을 거예요."

"아녀, 너는 착한 여자야. 더는 네게 못난 모습을 숨기려 해봐야 쓸데없는 일일 테니 솔직히 말할게. 나는 마음을 준 남자에게 버림받고 말았어."

"존스 도련님이 배신을 했단 말씀이세요?"

"그가 이 편지로 영원한 작별을 고했어. 자기를 잊어 달래. 나를 사랑했다면 어떻게 그런 생각을 하겠어? 어떻게 그런 말을 쓰겠느냐고!"

아녀가 외쳤다. "절대 그럴 리 없겠죠, 아가씨. 하지만 영국에서 가장 멋진 남자라도 그 사람이 자기를 잊어달라고 한다면 저는 그 말대로 하겠어요. 오, 세상에! 아가씨께서는 도련님에게 분에 넘치는 호의를 보이신 거예요. 이 나라 젊은이들 중에 누구든 마음껏 선택할 수 있는 아가씨 같은 젊은 숙녀분이 말이죠. 주제넘을지 모르지만 제 보잘것없는 의견이나마 말씀드려도 된다면, 그 대신 블리필 도련님이 계시잖아요. 그분은 훌륭한 부모님을 두었고, 이 인근에서 가장 훌륭한 지주가 되실 분인 데다 존스 도련님보다 훨씬 잘생기고 점잖아요. 게다가 아주 성실하시며, 누구에게든 손가락질 받을 짓을 한 적이 없고, 더러운 매춘부들을 쫓아다니지도 않아요. 누가 불쑥 사생아를 들이밀 걱정도 없죠. 세상에, 자기를 잊으라니요! 전 누구에게도 자기를 잊어달라는 심한 말을 들어본 적이 없는 것을 진심으로 하늘에 감사해요. 아무리 멋진 남자라도 그런 시건방진 말을 한다면 전 다시는 그 사람을 상대하지 않겠어요. 우리나라에 다른 젊은이들이 있는 한 말이죠. 그리고 아까도 말씀드렸다시피 젊은 블리필 도련님이 계시잖아요."

소피아가 버럭 소리를 질렀다. "그 혐오스런 이름은 입 밖에 꺼내지도 마!"

"그분이 싫으셔도 상관없어요. 아가씨께서 조금만 관심을 보이면 금방 구애를 해올 멋지고 잘생긴 젊은이들이 얼마든지 있으니까요. 우리 마을이든 옆 마을이든, 아가씨께서 마음이 있는 듯 쳐다보기만 하면 누구든 당장 청혼을 하러 달려올 거예요."

"그따위 말로 내 귀를 모욕하다니! 도대체 나를 얼마나 불쌍한 여자로 생각하는 거야! 남자라면 이제 지긋지긋해."

아녀가 대꾸했다. "물릴 만도 하죠. 그런 불쌍하고 거지 같은 사생아한테 그토록 호되게 당하셨으니."

소피아가 꽥 소리를 질렀다. "그 불경스러운 입 닥치지 못해? 감히 내 앞에서 그분을 욕하다니! 내가 호되게 당했다고? 아니, 그분은 이 잔인한 말들을 편지로 옮기며 가슴 찢어지는 고통을 겪었을 거야. 내가 이 편지를 읽고 괴로워한 것보다 더. 아아! 그분은 남자답고 훌륭하며 천사처럼 선량한 분이야. 존경해야 마땅한 그분을 오히려 비난하다니, 내 부족한 사랑이 부끄럽구나. 오, 아녀! 그분이 생각하시는 건 내 행복뿐이야. 내 앞날을 위해 자기 자신의 감정은 물론 내 감정까지 희생하시려는 거야. 나를 파멸시킬까 두려워 하는 수 없이 스스로 희망을 버리신 거야!"

"거기까지 생각이 미치셨다니 다행이군요. 집에서 쫓겨난 빈털터리를 사랑했다가는 정말로 아가씨가 파멸할 것이 분명하니까요."

소피아가 황급히 외쳤다. "집에서 쫓겨나다니? 어떻게? 그게 대체 무슨 소리야?"

"존스 도련님이 아가씨에게 구애를 했다는 이야기를 듣자마자 주인님께서 올워디 나리에게 일러바쳤거든요. 올워디 씨는 존스 도련님을 홀딱 벗겨서 집에서 당장 쫓아냈고요."

"세상에! 그분을 파멸로 몰고 간 가증스럽고 비열한 원인이 바로 나란 말이야? 알몸으로 쫓겨나다니! 아니, 내가 가진 돈을 모두 가져가. 이 반지들도 모두 빼내고. 이 시계도 가져가! 당장 그분을 찾아서 전해드려."

"아가씨, 진정하시고 생각해 보세요. 주인 나리께서 이 물건들이 없어진걸 아시면 모두 제 책임이 돼요. 그러니 시계와 보석은 그냥 가지고 계세요. 돈만으로도 충분해요. 돈이라면 나리께서도 눈치채실 염려도 없고요."

소피아가 외쳤다. "그럼 내가 가진 돈을 잔돈 한 푼까지 다 가져가. 당장그분을 찾아내서 전해드려. 자, 어서 가. 한시도 꾸물대선 안 돼."

지시를 받고 곧장 방을 나간 아너는 아래층에서 블랙 조지를 발견하고 지갑을 건넸다. 안에는 소피아의 전 재산인 16기니가 들어 있었다. 아버지는딸에게 매우 후한 편이었지만, 그녀는 부자가 되기에는 씀씀이가 헤펐다.

블랙 조지는 지갑을 받아들고 술집으로 출발했다. 그런데 가는 도중에 갑자기 이 돈을 가로채 버릴까 하는 생각이 떠올랐다. 그의 양심이 즉시 이 제안에 반응하여, 그것은 배은망덕한 행동이라며 스스로를 나무랐다. 그의 욕심이 대담했다. 그런 것은 아까 불쌍한 존스를 속여 500파운드를 훔쳤을 때생각했어야 했다. 그렇게 큰돈을 가졌을 때는 아무 말 없었으면서 이런 푼돈에 민감하게 구는 것은 명백한 위선까지는 아니더라도 분명히 멍청한 짓이다. 양심이 숙달된 변호사처럼 이에 응수했다. 지금처럼 물건을 위탁받았을때 자진해서 믿음을 저버리는 것과 아까처럼 주운 물건을 숨기기만 하는 것은 다르다고 주장했다. 욕심이 그것은 똑같은 것에 억지로 차이를 만드는 헛된 주장이라며 즉시 코웃음을 쳤다. 한번 명예심과 도덕심을 버려놓고 나중에 그것들을 적용한 선례는 없다고 단호히 주장했다. 요컨대 가엾게도 논의는 양심의 확실한 패배였다. 그때 두려움이 지원군으로 달려와, 두 행위의진정한 차이는 명분이 서느냐 아니냐가 아니라 안전하냐 아니냐에 있다고강력하게 주장했다. 즉 500파운드를 착복한 일은 거의 위험하지 않았지만, 이 16기니를 빼돌리는 일은 발각될 위험이 아주 높다는 것이었다.

두려움의 친절한 도움에 힘입어, 블랙 조지의 마음속에서 양심이 완벽하게 승리를 거두었다. 그는 자신의 정직함에 몇 마디 칭찬을 해준 뒤, 빨리존스에게 돈을 갖다주라고 강요했다.

14
지주 웨스턴 씨와 여동생이 나눈 짧막한 대화

웨스턴 부인이 그날 종일 밖에서 볼일을 보고 집으로 돌아오자 지주가 그녀를 맞았다. 소피아의 안부를 묻자, 안전하게 단속해 놓았다는 이야기였다. 그가 큰 소리로 말했다. "방에다 감금해 놓았어. 열쇠는 아녀가 갖고 있고." 여동생에게 이 말을 전하며 지혜와 현명함으로 가득 찬 표정을 지어 보인 것으로 미루어 보아, 그는 여동생이 잘했다고 칭찬해 주기를 기대했던 듯하다. 하지만 여동생이 몹시 경멸스럽다는 듯이 소리를 지르자 그는 무척이나 실망했다.

"맙소사, 오라버니는 세상에서 가장 한심한 남자예요. 소피아 문제를 왜 저한테 맡겨두지 못하죠? 왜 꼭 끼어드는 거예요? 제가 입이 닳도록 설교한 것이 모두 헛수고가 되어 버렸잖아요. 그 애 마음속을 분별력에 대한 교훈들로 힘들게 채워놨더니, 오라버니는 그 애가 제 가르침을 고집스럽게 거부하도록 만들어놓으셨군요. 다행스럽게도 영국 여자들은 노예가 아니에요. 스페인이나 이탈리아의 부인들처럼 감금해서는 안 될 일이죠. 우리도 당신들 남자들처럼 자유로울 권리가 있어요. 여자들을 이성과 설득으로 이해시켜야지, 무력으로 억누르려고 해서는 안 된다고요. 전 세상을 좀 구경하고 온 사람이라 이런 때 어떤 논리들을 사용해야 하는지 알지요. 오라버니가 어리석은 방식으로 방해하지만 않았다면, 제가 가르쳐준 분별력과 신중함이라는 원칙에 따라 행동하라고 소피아를 설득할 수 있었을 거예요."

지주가 말했다. "그래, 맞아. 늘 내가 잘못이지."

"잘 모르는 일에 끼어들지 않는다면 잘못할 것도 없죠. 세상 이치에는 제가 훤해요. 소피아를 제 밑에서 자라게 했더라면 그 애에게 이득이 되었을 거라는 점에는 오라버니도 동의하시겠지요. 그 애가 오라버니와 이 시골 집 구석에만 틀어박혀 사는 바람에 사랑이니 연애니 하는 시시한 감정을 배우게 된 거라고요."

지주가 고함쳤다. "설마 내가 그 애한테 그따위 생각을 가르쳤다고 생각하는 건 아니겠지?"

그녀가 맞받아쳤다. "위대한 문호 밀턴의 말을 빌리자면, 오라버니의 무지에 제 인내심이 바닥나려 하는군요."[5]

"밀턴은 무슨 얼어 죽을 밀턴이야! 내 면전에서 그런 건방진 말을 지껄인다면 문호고 뭐고 간에 물속에 처박아 버릴 테다. 인내심이 바닥이 난다고! 인내심으로 치면, 허구한 날 너한테 어린아이 취급 받느라 내 인내심이 바닥날 지경이다. 왕궁에 드나든 적 없는 사람은 머리도 쓸 줄 모른다고 생각하는 거냐? 염병할! 몇 줌 되지도 않는 원두당과 하노버파 쥐새끼들을 제외한 온 국민을 바보취급 하면 세상 퍽이나 좋아지겠구나. 제기랄! 조만간 국민들이 녀석들을 바보취급 하고, 저마다 나름대로 즐기는 세상이 오길 바란다. 내가 바라는 건 그뿐이야. 저마다 나름대로 즐기는 세상 말이다. 나는 하노버파 쥐새끼들이 곡식을 다 먹어치워서 우리가 먹을 거라고는 무밖에 안 남는 일이 생기기 전에 빨리 그런 세상이 오기를 바라는 사람이라고."

"오라버니가 대체 무슨 말씀을 하는지 모르겠군요. 무니 하노버파 쥐새끼니 하는 잠꼬대 같은 말을 하나도 못 알아듣겠다고요."

그가 소리를 질렀다. "듣고 싶지 않은 거겠지. 네가 아무리 듣기 싫어해도 언젠가는 국가 이익이 승리할 거다."

숙녀가 대꾸했다. "그것보다 딸자식 이익을 먼저 생각하시지요. 지금은 국가보다 그 애가 더 큰 위험에 빠져 있으니까."

"방금 전에는 그 애 생각을 한다고 날 비난했지 않느냐. 너한테 맡기라면서."

"더는 끼어들지 않겠다고 약속하시면 기꺼이 맡도록 하죠. 저에게도 사랑스런 조카니까요."

"그래, 제발 그렇게 좀 해주렴. 난 옛날부터 여자는 같은 여자가 다루어야 한다고 생각하는 사람이거든."

웨스턴 부인은 여자가 어떻다느니 국가 경영이 어떻다느니 하는 말을 경멸조로 중얼거리며 자리를 떠나 곧장 소피아의 방으로 갔다. 그제야 소피아는 꼬박 하루 만에 감금 생활에서 풀려났다.

---

[5] 밀턴의 작품에서 이 구절을 찾으려면 독자 여러분의 인내심이 바닥나고 말 것이다.

제7권
사흘 동안 일어난 일

1
세상과 무대의 비교

세상은 종종 극장에 비유된다. 자고로 많은 철학자와 시인이 인생을 위대한 연극이라고 생각했다. 테스피스가 창안했다고 알려졌고, 모든 문명국가에서 크나큰 호응을 받으며 공연되는 무대 예술이 아주 자세한 부분까지 인생과 닮았다고 본 것이다.

이 생각은 계속 발전하여 아주 일반적인 것이 되었다. 본디 연극용어로서 탄생하여 처음에는 비유적으로 인생에 적용되던 단어들이 지금은 양쪽에 구분 없이 그대로 사용되는 일도 드물지 않다. 무대니 장면이니 하는 단어는 하도 흔히 쓰이다 보니, 일반적으로 인생을 이야기할 때도 본디 연극에 국한하여 쓰는 것 못지않게 친숙한 단어가 되었다. '막후의 일'이라고 하면 드루어리 레인 극장보다 세인트 제임스 궁이 먼저 떠오른다.

무대란 결국 실재하는 인생을 묘사한 것, 또는 아리스토텔레스가 말했듯이 현실 세계를 모방한 것에 불과하다고 생각하면 쉽게 이해할 것이다. 따라서 글이나 연기를 통해 완벽하게 인생을 모방하여 묘사와 실제를 구분하지 못할 만큼 혼동시킨 사람들에게 최고의 찬사를 보내는 것은 어찌 보면 당연한 일이다.

하지만 실제로 우리는 이런 사람들에게 찬사를 보내기를 그리 좋아하지 않는다. 우리는 그들을 아이들이 장난감을 다루듯 다루고, 그들의 재주를 칭찬하기보다 그들에게 야유를 보내는 일에 더 큰 즐거움을 느낀다. 우리에게 세상과 무대의 유사성을 알게 해주는 이유는 그 밖에도 많다.

대부분 사람은 배우이며, 자신의 본디 성격과 다른 역할을 연기하고 있다고 생각하는 사람들이 있다. 제왕을 연기한다고 해서 그 배우에게 진짜 제왕처럼 대접받을 권리가 있는 것은 아닌 것처럼, 그런 사람들도 자신들이 연기하는 인물에 아무 권리가 없다고 말한다. 이쯤 되면 배우는 위선자라고 해도 큰 문제가 없다. 실제로 그리스인들은 배우와 위선자를 동일한 단어로 불렀다.

인생의 덧없음도 세상과 무대를 비유하는 근거가 되었다. 불멸의 셰익스피어는 이렇게 노래했다.

> 인생이란 무대 위에 서 있을 땐 뽐내고 떠들어대지만,
> 시간이 지나면 말없이 사라지는 가련한 배우.

이 진부한 인용을 한 사죄의 의미로 아주 고상한 시 한 편을 인용하겠다. 읽으신 분이 거의 없으리라 생각하는데, 이것은 〈신〉이라는 제목의 시에서 발췌한 것이다. 9년 전쯤에 출간되었다가 오래전에 망각의 연못에 묻힌 시이다. 착한 사람이라고 해서 악한 사람보다 반드시 영화를 누리는 것이 아니듯, 좋은 책이라고 해서 나쁜 책보다 반드시 오래 살아남는 것이 아님을 입증한 사례이다.

> 인간의 모든 행위는 당신에게서 시작됩니다.
> 제국의 흥함도 왕들의 멸망도!
> 세상이라는 저 광대한 극장에서 펼쳐지는 연극을 보십시오.
> 무대 위를 수많은 영웅들이 연이어 밟고 지나갑니다!
> 줄지어 이어지는 화려한 차림새와 당당한 걸음걸이,
> 승리를 거둔 장군과 피 흘리는 군주!
> 모두들 당신이 써준 대로 연기합니다.
> 긍지도 기쁨도 분노도 모두 당신의 섭리대로입니다.
> 새 날이 찾아오면 그들은 잠시 빛을 발하지만,
> 당신의 고갯짓에 환영은 사라집니다.
> 분주했던 무대가 흔적도 없이 사라지고,
> 기억만이 얘기합니다―모든 것은 존재했었다!

자고로 인생을 극장에 비유한 시는 많지만, 그것들은 인생을 무대 위 연기와 비슷하다고 보는 데만 그쳤다. 내가 기억하기로, 인생이라는 이 대활극에서 관중을 고려한 시인이 있다는 이야기는 들어본 적이 없다.

하지만 자연의 신이 종종 최고의 공연을 만원 관객에게 보여주기 때문에, 배우들의 행동뿐 아니라 관객들의 행동에도 앞서 언급했던 비유를 적용할 수 있다. 세상이라는 광대한 극장에도 후원자와 비평가가 있고, 갈채와 야유가 있다. 요컨대 왕립극장에는 모든 것이 있다.

한 가지 예를 들어 이 점을 검토해보자. 앞 권 제12장에서 자연의 신이 보여주었던 장면을 떠올려보라. 즉 자신의 친구이자 은인인 존스의 500파운드를 몰래 주워 달아난 블랙 조지를 소개한 장면에서 관중 여러분의 태도는 어떠했을까?

세상이라는 극장 맨 위층 싸구려 관람석에 앉은 관객들은 이 사건을 보고, 늘 하던 대로 시끄럽게 고함을 질렀을 것이 분명하다. 온갖 상스러운 욕설이 터져 나왔을 것이다.

한 단계 아래 관람석으로 내려가 보아도 혐오스런 반응을 목격하기는 마찬가지였을 것이다. 물론 시끄럽고 상스러운 정도는 덜하리라. 그러나 이곳의 착한 여성 관객 중에서도 블랙 조지가 악마에게 던져지고, 발굽이 갈라진 신사(악마)가 당장 자신의 자식을 채 가기를 고대한 사람이 적지 않았을 것이다.

늘 그렇듯이 오케스트라석은 의견이 갈리는 곳이다. 남자다운 완벽한 인격에 환호하는 사람들은 블랙 조지 같은 악당이 등장한 데다, 본보기로 가혹한 징벌도 받지 않았다고 공격했을 것이다. 작가의 친구 중에는 "이보시오, 신사양반. 저자는 확실히 악당이지만 인간이란 그런 법이오"라고 소리친 사람도 있었으리라. 그런가 하면 당대 젊은 비평가, 서기, 견습작가 등등은 입을 모아 이 연극이 저급하다고 비난했을 것이다.

박스석 관객들은 언제나 품위 있게 행동한다. 대부분은 처음부터 무대는 안 보고 다른 일에 열중한다. 조금이라도 이 장면을 본 몇몇 분들 가운데는 블랙 조지가 나쁜 인간이라고 선언하는 사람도 있었겠지만, 나머지는 일류 비평가들의 평론을 듣기 전에 자신들의 견해를 내놓으려 하지 않았을 것이다.

끝으로 자연의 대극장 무대 뒤편으로 들어가도 좋다고 허락받은 우리는

(이런 특권이 없는 작가는 사전과 철자책만 저술해야 할 것이다) 블랙 조지의 행위를 비난하면서도 사람 자체는 미워하지 않을 수가 있다. 어떤 연극에서든 자연의 신이 한 사람에게 악역만 시키는 것은 아니기 때문이다. 이 점에서 인생은 더욱 무대와 닮았다. 같은 배우가 악당 역을 맡기도 하고 영웅역을 맡기도 하니 말이다. 오늘은 관중들의 칭찬을 받은 영웅 역할이지만, 내일은 악당이 되어 경멸감을 이끌어낸다. 내가 고금을 막론하고 비극 분야에서 가장 독보적인 대천재라고 생각하는 개릭도 가끔은 바보 역할을 맡는다. 호라티우스에 의하면 고대 위대한 스키피오와 현자 라일리우스도 그랬다고 한다. 더 나아가 키케로는 그들이 "믿을 수 없을 정도로 유치했다"고 말했다. 그들은 내 친구 개릭처럼 그저 장난으로 바보를 연기했다. 하지만 어떤 저명인사들은 제 생애에서 수도 없이 아주 진지하게 어처구니없는 바보 역할을 수행한다. 그 모습을 보고 그들이 지혜로운 건지 어리석은 건지, 세상 사람들의 갈채와 비난, 칭찬과 경멸, 애정과 증오 중 대체 어느 쪽을 받을 자격이 더 많은 건지 헷갈려 하는 사람도 적지 않다.

이 대극장 무대 뒤에서 잠깐이라도 시간을 보내며, 그곳에서 완성되는 수많은 분장 또는 이 극장의 지배인이자 중역인 '감정'이라는 녀석(극장 명의인인 '이성'이라는 녀석은 아시다시피 못 말리는 게으름뱅이어서 좀처럼 일하는 법이 없다)들이 쉴 새 없이 변덕 부리는 모습을 충분히 감상한 분이라면, 호라티우스가 말한 유명한 "nil admirari", 쉽게 말해 어떤 일에도 놀라지 않는 태연함을 갖출 수 있을 것이다.

무대에서 한 번 악역을 맡았다고 그 사람이 악당이 되지 않는 것처럼, 인생에서도 한 번 악행을 저질렀다고 그 사람이 악인이 되는 것은 아니다. 감정은 극장 지배인과 같아서 종종 본인의 의견도 묻지 않고, 때로는 그들의 재능도 고려하지 않고 배우에게 어떤 역할을 강요한다. 그 결과 우리는 배우와 마찬가지로 자기 역할에 만족하지 못하곤 한다. 오셀로에 나오는 악당 이아고 역할이 배우 윌리엄 밀스의 정직해 보이는 얼굴과 어울리지 않듯, 어떤 사람이 저지른 악행이 그의 얼굴과 어울리지 않는 예는 흔하다.

간단히 말하자면 이렇다. 솔직하게 상대방을 진심으로 이해하는 사람은 결코 섣불리 남을 비난하지 않는다. 남의 결점이나 죄를 책망하되 그 사람을 괘씸하게 여기지는 않는다. 요컨대 인생에서건 극장에서건 쓸데없이 소동을 일으키는 것은 어리석음, 유치함, 무례함, 심술 등이다. 못된 사람일수록 입에 '악당'이라거나 '불한당' 같은 말을 달고 산다. 천박한 사람일수록 오케스트라석에 앉아 "저급하다!"며 외치고 싶어 하는 법이다.

2
존스 군이 자기 자신과 나눈 대화

존스는 이튿날 아침 일찍 올워디 씨 댁에서 보낸 자신의 소지품을 전달받았다. 거기에는 다음과 같은 답장이 들어 있었다.

존스 군.
삼촌의 지시를 받고 내가 대신 편지를 쓴다. 삼촌께서 내린 조치는 네가 저지른 못된 짓거리들을 충분히 확인한 뒤에 심사숙고하여 내린 결론이니, 앞으로 네가 아무리 애를 쓰더라도 삼촌의 결심이 바뀌는 일은 추호도 없을 것이다. 출생으로 보나 재산으로 보나 너와 비교도 안 되는, 처음부터 너 따위가 야심을 품어서도 안 되는 아가씨에 대해 모든 희망을 포기하겠다는 너의 뻔뻔스러움에 정말 놀라지 않을 수 없다고 삼촌께서 말씀하셨다. 삼촌께서 너에게 바라는 유일한 복종은 네가 당장 이 마을을 떠나는 것이라고 말씀하시며 이 말도 적으라고 명령하셨다. 끝으로 그리스도교도로서 충고하건대, 진지하게 지난날을 반성하고 새 출발하기 바란다. 너에게 하느님의 은총이 함께 하기를 언제나 기도하마.

W. 블리펄.

이 편지를 읽자 우리 주인공의 마음속에 수많은 감정들이 일어나 서로 싸웠다. 마침내 온화함이 분노를 억눌렀다. 때마침 홍수 같은 눈물이 쏟아져 나와 힘을 보탰다. 그 덕분에 불행 때문에 머리가 돌거나 가슴이 찢어지는 일 없이 무사히 그 순간을 넘길 수 있었다.

그러나 그는 이런 치유 방법에만 의존한 자신이 부끄러워져 벌떡 일어나며 외쳤다. "그래, 좋다! 올워디 나리께서 유일한 복종을 원하신다니 그대로 해드리자. 당장 떠나겠어. 그런데 어디로 가지? 좋아, 운명이 이끄는 대로 가자. 이 불행한 몸뚱이가 어떻게 되건 신경 쓸 사람은 어차피 아무도 없을 테니까. 나 혼자 신경 쓴다고 무슨 수가 생기는 건 아니다. 어차피 아무도……. 잠깐, 정말로 아무도 관심이 없을까? 그래, 세상을 다 합친 것보다 소중한 사람이 있지! 소피아만은 내 앞날을 걱정해줄 거라고 상상해도 되지 않을까? 아니, 꼭 걱정해줄 거란 생각이 든다. 그런데도 이 유일한 친구를 버리고 떠나야 하는 걸까? 그것도 보통 친구가 아니지 않은가? 그녀와 함께 있을 순 없을까? 하지만 어디에서 어떻게 함께 지낸단 말인가? 그녀가 나만큼 바란다고 해도, 그녀 아버지의 분노를 피해 그녀를 만날 수 있다는 희망이 없다. 그리고 무슨 목적으로 만난단 말인가? 사랑하는 사람에게 파멸을 부르라고 어찌 부탁한단 말인가? 나는 그런 대가를 치르게 하면서까지 내 욕심만 채우려고 하는가? 그런 못된 마음으로 도둑놈처럼 이 언저리에서 숨어 지내려는 것인가? 안 되지, 안 돼. 생각만 해도 한심하고 혐오스럽구나. 안녕, 소피아. 가장 사랑스럽고 친애하는 소피아, 안녕—" 이 대목에서 격정이 그의 입을 닫고, 눈에서 배출구를 발견했다.

이렇게 이 지방을 떠나기로 결심했지만, 그는 어디로 가야 할지 이리저리 망설였다. 밀턴이 말했듯이 "세상이 온통 그의 앞에 펼쳐져 있었다." 아담이 그랬던 것처럼, 존스에게는 위안을 얻을 사람도, 도움을 얻으러 찾아갈 사람도 없었다. 그가 아는 사람은 올워디 씨의 지인뿐이어서, 올워디 씨에게 버림받은 지금으로서는 그들의 호의를 기대할 수 없었다. 위대하고 선량한 인품을 지닌 사람이라면 자신에게 의존하던 사람을 내칠 적에 정말이지 매우 신중해야 한다. 그 결과 불행한 피해자는 세상 사람들에게 버림받는 신세가 되기 때문이다.

어떻게 살아갈 것인가, 어떤 직업을 선택할 것인가가 다음 문제였다. 이에 대해서도 앞날은 어두운 공백 그 자체였다. 어떤 일자리를 얻든 장사를 하든 자리를 잡기까지 시간은 물론 설상가상 돈까지 필요하다. "무(無)에서 유(有)는 나오지 않는다"는 말은 물리학에도 적용되지만 세상살이에 더 잘 적용되는 격언이다. 돈에 궁한 사람들은 바로 그 돈이 없다는 이유 때문에 돈을 벌 수 있는 모든 수단에서 완전히 배제된다.

생각을 굴리는 사이에, 불행에 빠진 자들을 따뜻하게 맞아주는 친구인 바다가 그 넉넉한 두 팔을 벌리고 그를 맞이했다. 그는 즉시 그 친절한 초대를 받아들이기로 결심했다. 비유를 빼고 말하자면, 그는 선원이 되기로 결심했다.

이 생각이 들자마자 그는 열심히 그 생각에 매달렸다. 즉시 그 결심을 실행에 옮기고자, 말을 임대하여 브리스틀 항으로 떠났다.

그의 여정을 따라가기에 앞서 잠시 웨스턴 씨 댁에 들러, 아름다운 소피아에게 무슨 일이 벌어졌는지 살펴보기로 하자.

3
몇 가지 대화

존스 군이 이 마을을 떠난 날 아침, 웨스턴 부인은 소피아를 자신의 방으로 불렀다. 먼저 그녀는 자신이 오라버니에게 부탁해, 감금을 풀어주겠다는 허락을 얻어냈노라고 알렸다. 그런 다음 결혼이란 주제로 긴 설교를 늘어놓았다. 그녀는 시인들의 묘사처럼 결혼을 사랑에서 출발한 꿈결같이 행복한 계획이라고 말하지 않았다. 성직자의 설교처럼 신의 권위로 결정되는 것이라 생각한다고도 말하지 않았다. 결혼이란 그저 지혜로운 여성이 자기 재산을 가장 유리한 곳에 예치하여, 다른 곳에 투자할 때보다 높은 이자를 얻어내려는 일종의 투자라고 말했다.

설교가 끝나자 소피아가 말했다. "고모처럼 풍부한 지식과 경험을 지닌 분과 어떻게 논쟁을 할 수 있겠어요? 더구나 지금까지 거의 생각해 본 적도 없는 결혼이라는 주제로 말이에요."

고모가 대꾸했다. "나와 논쟁을 한다고! 그런 건 기대도 하지 않는다. 너같이 쪼끄만 아가씨와 논쟁을 할 거라면 지금까지 세상을 구경하고 온 의미가 없잖니. 내가 이 번거로운 일을 자처하는 건 너를 가르치기 위해서란다. 소크라테스나 알키비아데스 같은 옛 철학자들도 자기 제자들과 논쟁을 하지는 않았어. 이 고모도 소크라테스처럼 네 의견을 묻는 게 아니라 내 생각을 가르치는 것이라고 생각해야 해." 이 마지막 발언을 놓고 볼 때 독자 여러분 께서는 이 숙녀가 알키비아데스나 소크라테스를 전혀 읽어본 적이 없다고 상상하실지 모르겠는데, 이 점은 나도 여러분의 호기심에 답을 해드리기는 힘들다.

소피아가 큰 소리로 말했다. "고모, 저는 고모 의견에 반대한 적이 한 번도 없어요. 특히 결혼이라는 문제는 한 번도 생각해본 적이 없고, 앞으로도 없을 거예요."

고모가 대꾸했다. "소피아, 고모 앞에서 시치미 떼 봐야 소용없다. 결혼을 진지하게 생각해본 적이 없다는 엉터리 말에 속아 넘어갈 바엔, 자기 나라를 방어하기 위해서 외국 도시를 점령한다는 프랑스의 핑계를 믿겠다. 네가 결혼하고 싶은 상대가 누군지 내가 안다는 걸 뻔히 알면서, 결혼 생각을 한 적이 없다는 말이 어떻게 나오니? 너랑 그 남자의 결혼은 무리야. 너한테도 도움이 안 되는 일이지. 프랑스와 단독동맹을 맺는 것이 네덜란드에 별 이익이 안 되는 것처럼 말이다! 어쨌든 지금까지 이 문제를 생각해 본 적이 없다면, 지금이야말로 진지하게 생각해야 할 시기인 것 같구나. 오라버니는 당장이라도 블리필 군과 조약을 체결하기로 결심하셨고, 나는 보증인이 되어 네 동의를 얻어내기로 약속했으니까 말이다."

소피아가 소리쳤다. "고모, 이번만큼은 고모와 아버지 뜻을 거스를 수밖에 없어요. 이 결혼은 더 생각할 필요도 없이 거절하겠어요."

웨스턴 부인이 대답했다. "내가 소크라테스에 버금가는 대철학자가 아니었다면 인내심에 한계를 느끼고 말았을 거다. 대체 그 젊은 신사의 어디가 싫어서 반대라는 거냐?"

소피아가 말했다. "훌륭한 근거가 있는 반대지요. 전 그를 혐오하거든요."

고모가 대답했다. "단어의 적절한 사용법은 배우지 않기로 작정한 거니? 베일리의 사전을 찾아보는 게 좋을 것 같구나. 네게 아무런 해도 입히지 않는 사람을 '혐오한다'는 건 불가능한 일이야. 네가 말하는 '혐오'는 '싫어하다'는 뜻일 텐데, 그건 결혼을 반대할 충분한 이유가 되지 못해. 서로 철저하게 싫어하면서도 아주 편안하고 품위 있게 사는 부부들을 나는 많이 안다. 애야, 이런 일은 너보다 고모가 잘 알아. 내가 세상을 좀 아는 편이란 건 너도 인정할 게다. 그런데 내가 아는 사람은 모두 남편을 사랑하는 게 아니라 싫어한다고 생각하고 싶어 하더라. 남편을 사랑한다는 것은 낡고 잠꼬대 같은 헛소리여서, 그런 상상을 하는 것만으로도 충격적이라는 거지."

소피아가 대꾸했다. "하지만 고모, 전 싫은 사람하고는 절대로 결혼하지 않겠어요. 저도 아버지 의향에 맞지 않는 결혼에는 결코 동의하지 않겠다고 약속드릴 테니, 아버지도 제 의향에 맞지 않는 결혼을 강요하지 않으셨으면 좋겠어요."

고모가 다소 흥분하여 외쳤다. "의향? 의향이라고! 그 대담함이 참 놀랍구나. 아직 어리고 결혼도 하지 않은 주제에 의향이라는 말을 지껄이다니! 네 의향이 무엇이든 오라버니는 뜻을 굳히셨다. 아냐, 네가 의향 따위를 들먹이는 이상 오라버니한테 이 조약을 서둘러 맺으라고 조언해야겠다. 기가 막혀서, 의향이라니!"

소피아가 털썩 무릎을 꿇었다. 반짝이는 눈에서 눈물을 뚝뚝 떨어뜨리며 애원했다. "제발 절 가엾이 여겨주세요. 비참한 지경에 빠지고 싶지 않은 제 마음을 헤아려 화를 내지 말아주세요. 결혼해야 하는 당사자는 저잖아요. 이 결혼에 일생의 행복이 달린 사람은 저라고요."

영장으로 권한을 넘겨받은 법 집행관은 불행한 채무자를 체포할 때 그 사람의 눈물에 눈길도 주지 않는다. 불쌍한 피의자가 아무리 동정심을 불러일으키려 노력해도 헛수고이다. 남편을 빼앗기게 된 착한 아내, 아직 혀짤배기 소리를 하는 어린 사내아이, 겁에 질린 딸아이 등 온갖 것을 들이대며 사정해도 꿈쩍 않는다. 집행관 나리는 그 어떤 애절한 상황에도 눈과 귀를 닫고, 인정에 호소하는 모든 동기를 담담하게 초월한다. 비참한 먹잇감을 간수 손에 넘겨주겠다는 결심은 결코 흔들리지 않는다.

이와 마찬가지로 영악한 고모는 소피아의 눈물과 애원에 눈과 귀를 일체 닫았다. 바들바들 떠는 이 아가씨를 간수 블리필 손에 꼭 넘기고야 말겠다는 결심을 굳히고, 몹시 사나운 어조로 말했다. "결혼 당사자는 너지만, 네 이익 따위는 어찌 되도 좋아. 그래, 네 이익은 아무 상관없어. 이 결혼은 가문의 명예가 달린 일이야. 너는 도구에 불과해. 프랑스 공주가 스페인으로 시집가는 국가 간의 혼사에서 공주의 이익만 고려되는 일이 있을 수 있다고 생각하니? 천만에. 그 결혼은 왕국 간의 결혼이지 당사자들끼리의 결혼이 아니야. 우리 같은 명문가도 마찬가지다. 집안끼리 연을 맺는 일이 가장 중요한 문제란 말이야. 그러니 너 자신보다 가문의 명예를 중요하게 생각해라. 프랑스 공주 이야기를 듣고 너 자신을 희생할 마음이 생겼는지 어쩐지는 모르겠다만, 공주 취급을 받고 있다고 생각하면 너도 불평은 할 수 없을 게다."

소피아가 외쳤다. "고모, 저도 가문의 명예를 더럽히는 일은 하고 싶지 않아요. 하지만 결과가 어떻게 되든 블리필 도련님만큼은 절대로 싫어요. 아무리 강압하신다 해도 전 그를 좋아할 수 없어요."

가까이에서 이 대화를 거의 처음부터 듣고 있던 웨스턴 씨가 드디어 인내심이 바닥나고 말았다. 노발대발하며 방으로 뛰어들어 외쳤다. "그 싫다는 말 어디 더 지껄여봐라. 어디서 싫다는 말을 지껄여! 어디 이 결혼을 하지 않고 배기나 보자!"

마음속에 소피아에게 터트릴 분노를 충분히 쌓아 놓았던 웨스턴 부인은 방향을 바꾸어 모든 분노를 오빠에게 쏟아 부었다. "오라버니, 저한테 모든 걸 맡기기로 해놓고 다시 끼어드시다니 정말 어처구니가 없군요. 전 가문을 생각해서 오라버니의 그릇된 딸 교육을 바로잡으려고 중개 역할을 자진해서 맡았어요. 그런데 오라버니는 제가 이 아이의 착한 마음에 뿌려놓은 씨앗을 그 터무니없는 행동들로 홀랑 망쳐 버리셨어요. 이 애한테 불복종을 가르친 건 바로 오라버니 자신이에요."

지주가 입에 거품을 물고 고함을 질렀다. "무슨 소리! 악마의 인내심마저 무너뜨리기에 족할 소릴 지껄이는구나! 내가 딸년한테 불복종을 가르쳤다고? 마침 본인이 있구나. 소피, 솔직하게 말해봐라. 내가 복종하지 말라고 가르친 적이 있었느냐? 내게 순종하게 만들어서 너를 기쁘게 하고 만족시키는 일에 온 힘을 쏟지 않았니? 사실 애는 네가 데리고 가서 궁전이니 뭐니 하는 쓸데없는 생각을 심어놓기 전까지는 아주 순종적이었어. 지금도 그래. 애한테 공주처럼 굴라고 말하는 걸 내가 못 들었을 줄 알았니? 네가 이 애를 휘그 당원으로 만들어 버렸어. 그러니 아버지 아니라 할애비라도 이 애한테 순종이란 걸 기대나 할 수 있겠니?"

웨스턴 부인이 몹시 경멸스럽다는 듯이 대답했다. "오라버니의 모든 정치 지식에 일일이 경멸감을 표시할 수도 없군요. 저도 소피아에게 물어볼 것이 있어요. 제가 순종하지 말라고 가르친 적이 있나 없나를 말이죠. 소피, 오히려 난 네게 인간이 사회에서 맺고 있는 여러 가지 관계를 하나하나 올바르게 이해시키려고 애쓰지 않았니? 자연의 법칙에 따라 자식이 부모에게 의무를 지고 있다는 점을 이해시키려고 그토록 애를 쓰지 않았느냔 말이다. 그 주제에 대해 플라톤이 뭐라고 말했는지 가르쳐주지 않았니? 내가 널 처음 맡았을 때 넌 그런 것들에 대해 놀라우리만치 무지했어. 내 기억엔 넌 딸과 아버지의 관계도 잘 몰랐다."

"거짓말! 열한 살이나 먹어 부모의 연도 모르는 바보가 어디 있단 말이냐!"

"오, 야만스런 고트족보다 더 무식했죠! 오라버니의 그 태도 또한 회초리를 맞아도 쌀 만큼 무례하고요."

웨스턴이 고함을 질렀다. "뭐라고! 때릴 수 있겠거든 어디 그래봐라. 고모가 하는 일이니 저기 있는 조카도 흔쾌히 도와주겠구나."

웨스턴 부인이 말했다. "진심으로 오라버니를 경멸하기도 하지만, 더는 오라버니의 무례를 참지 못하겠어요. 당장 제 마차를 준비시켜주세요. 오늘 아침 당장 이 집을 떠나기로 결심했어요."

"거참 속 시원한 소리다. 나야말로 네 무례를 더는 참을 수가 없거든. 이 일은 네가 자초한 거야. 빌어먹을! 딸내미 앞에서 매번 나를 경멸한다고 지껄여댔으니, 그것만으로도 딸년이 내 분별력을 얕잡아 볼 만하지."

"그럴 리가요. 오라버니 같은 시골뜨기(boor)는 더 얕잡아 보려야 얕잡아 볼 구석이 없는 걸요."

"뭐, 나더러 수퇘지(boar)라고? 나는 수퇘지가 아냐. 당나귀도 아니고 쥐새끼도 아니야. 잘 들어, 난 쥐새끼가 아니라고. 나는 토종 영국인이야. 나라를 말아먹은, 네가 좋아하는 하노버 쥐새끼랑은 차원이 다르단 말이야."

"오라버니야말로 얼토당토않은 원칙들로 나라를 망친 똑똑한 양반들 중 한 사람이에요. 국내에서는 정부의 영향력을 약화시키고, 해외에서는 우방국들을 실망시키고 적들에게는 용기를 북돋워주는."

"오호라, 다시 정치 얘기로 돌아오셨군. 그 발바닥만도 못한 정치 담론 말이다." 이 마지막 말을 내뱉으며 웨스턴 씨는 이 표현을 가장 적확하게 표현해줄 동작을 곁들였다. 그의 말이 거슬려서 그랬는지, 자신의 정치 담론이 모욕을 받아서 그랬는지는 몰라도 웨스턴 부인은 즉각 불같이 화를 냈다. 그녀는 말하기에도 부적절한 표현들을 내뱉으며 곧바로 방을 뛰쳐나갔다. 오빠도 조카도 그녀를 붙들거나 따라가지 않았다. 한 사람은 걱정에, 다른 한 사람은 분노에 휩싸여 그저 꼼짝 않고 서 있었기 때문이다.

다만 지주는 토끼가 사냥개들 앞에 처음으로 모습을 드러냈을 때 내지르는 소리처럼 "어이!" 하고 동생의 뒤통수에 대고 고함을 질렀다. 이런 종류의 고함을 내지르는 데 달인인 그는 인생의 대부분 상황에 어떤 고함 소리가 적절한지 알고 있었다.

웨스턴 부인처럼 세상 이치에 훤하고, 철학과 정치에 조예가 깊은 여자였다면 웨스턴 씨의 지금 기분을 즉시 이용했을 것이다. 즉 상대방의 지력을 교묘하게 칭찬하고, 그 자리에 없는 적을 험담하며 비위를 맞추었을 것이다. 그러나 가엾은 소피아는 순진 그 자체였다. 흔히 '순진함'은 '어리석음'과 동의어로 해석되지만, 나는 여기서 그녀가 어리석다고 암시하려는 것이 아니다. 그녀는 매우 영리한 소녀였고, 지력도 몹시 뛰어났다. 하지만 그녀에게는 여성이 인생의 여러 방면에서 크게 써먹을 수 있는, 머리보다는 가슴에서 나오기 때문에, 종종 멍청하기 그지없는 여자들도 갖추고 있는 기술이 완전히 결여되어 있었다.

4
실물에서 그대로 따온 한 시골 숙녀의 모습

"어이!" 하고 고함지르기를 멈추고 잠시 숨을 고른 웨스턴 씨는 아주 구슬픈 어조로 남자의 불행을 한탄했다. "남자들은 늘 저런 못돼먹은 계집년들 변덕에 시달리지. 네 엄마한테서 도망쳐 다니다 간신히 피했나 싶었더니 또 다른 여자가 따라붙은 꼴 아니냐. 이런 식으로 쫓겨 다녀야 한다면 내 사냥 조끼에 저주를 내릴 테다."

소피아는 이번 블리필과의 불행한 사건이 있기 전까지 아버지에게 거스른 적이 없었다. 그러나 어머니를 옹호할 때만은 예외였다. 그녀는 자신이 열한 살 때 돌아가신 어머니를 진심으로 사랑했다. 결혼 이래 이 가엾은 아내를 언제나 충직한 고급 하녀 정도로 여겼던 웨스턴 씨는 그런 대접에 보상을 하기 위해 이른바 착한 남편이 되려고 노력했다. 아내에게 좀처럼 욕을 하지 않았으며(욕하는 횟수가 일주일에 한 번을 넘지 않았다), 절대로 때리지 않았다. 아내는 질투를 느낄 만한 일이 전혀 없었고, 시간도 완벽하게 마음껏 쓸 수 있었다. 남편은 아침에는 들판에서 운동하느라 바쁘고 저녁 시간은 술을 벗 삼아 보냈기 때문에 결코 아내를 방해하지 않았다. 아내가 남편과 마주할 수 있는 시간은 식사 때뿐이었다. 식탁에서도 미리 자신이 차려둔 요리를 덜어주는 즐거움 정도나 누렸다. 식사가 끝나면 '바다 건너로 쫓겨난 왕'*1을 위해 건배만 하고는 다른 하인들보다 5분 정도 뒤늦게 자리에서 물러났다. 그것은 웨스턴 씨의 명령이었는데, 모름지기 여자란 첫 요리와 함께 들어왔다가 첫 건배를 마친 다음에 물러나야 한다는 것이 그의 지론이었기 때문이다. 그 지시에 순종하는 것은 그다지 어려운 일이 아니었다. 대화(그렇게 부를 수 있다면)라고 해봐야 부인을 즐겁게 하는 내용이 아니라 주로 고함지르기, 노래하기, 사냥 이야기, 욕설, 여자들과 정부에 대한 험담이었기 때문이다.

그나마 이 시간이 웨스턴 씨가 아내의 얼굴을 볼 수 있는 유일한 기회였다. 그가 아내의 침대에 들 때는 곤드레만드레 취해 잘 볼 수 없었고, 사냥철이면 동이 트기도 전에 아내 곁에서 일어났기 때문이다. 따라서 아내는 자신의 시간을 완벽하게 자유로이 사용할 수 있었던 것이다. 그녀는 사두마차도 마음대로 쓸 수 있었는데, 불행하게도 기분 나쁜 이웃들과 형편없는 도로 사정 때문에 마차를 거의 사용하지 않았다. 자신의 목뼈를 소중히 여기는 사람이라면 지나가려 하지 않을 길이었고, 시간을 아까워할 줄 아는 사람이라면 결코 방문하지 않을 이웃들이었기 때문이다. 솔직히 말하자면, 그토록 자유로운 생활을 즐기면서도 그녀는 그에 걸맞은 마땅한 보답을 하지 않았다. 맨 처음 이 집에 시집을 온 것은 이 결혼이 그녀에게 유리하다고 판단한 뻔뻔스런 아버지의 강압 때문이지 그녀의 의사가 아니었다. 그녀의 재산은 기껏해야 8천 파운드에 불과한데, 웨스턴 씨는 토지에서 연간 3천 파운드가 넘는 수익을 올렸던 것이다. 그 탓인지 좋은 아내라기보다는 좋은 하녀에 불과한 그녀는 다소 우울해졌다. 또 그녀는 자신을 대하는 남편의 매우 경박한 활달함에 최소한 유쾌한 미소로 보답해야 한다는 감사의 마음조차 갖고 있지 않았다. 가끔은 남편이 술에 잔뜩 취했을 때 자기와 관계없는 일에 참견을 하여, 좀처럼 얻을 수 없는 그 기회를 붙잡고 온건한 말로 항의를 해보곤 했다. 한번은 두 달 정도 런던에 데려가 달라고 남편에게 간청한 적이 있었다. 남편은 이를 단호하게 거절하고, 그 뒤로도 아내를 계속 괘씸하게 생각

---

*1 웨스턴 씨의 언행으로 미루어 볼 때, 그를 해외로 망명하여 복위를 꿈꿨던 스튜어트 왕가에 비유한 것으로 보인다.

했다. 런던 여자 가운데 부정하지 않은 여자는 한 명도 없다고 생각하기 때문이었다.

다른 이유도 많지만 특히 이 이유 때문에 웨스턴은 마침내 아내를 진심으로 미워하게 되었다. 아내가 죽기 전에도 그 마음을 숨기지 않았지만, 죽은 다음에도 결코 증오심을 잊지 않았다. 사냥감을 도무지 찾을 수 없다거나 사냥개가 병에 걸리거나 하여 기분이 조금만 언짢아지면, "마누라가 살아 있었다면 손뼉을 치며 좋아했겠구먼" 하고 죽은 아내를 욕하며 울분을 풀었다.

그는 특히 소피아 앞에서 이런 독설을 내뱉고 싶어 했다. 누구보다 딸을 사랑하는 만큼, 딸이 자기보다 엄마를 사랑한다는 사실에 질투가 났기 때문이다. 그러나 그럴 때면 소피아는 그 질투심을 더욱 고조시켰다. 아버지는 어머니의 험담으로 딸의 귀를 괴롭히는 것에 만족하지 않고, 그 험담에 모두 동조하라고 강요했는데, 아무리 협박하고 얼러도 딸을 도무지 설복할 수 없었기 때문이다.

사정이 이러한데도 왜 지주가 아내를 미워했던 것처럼 소피아를 미워하지 않는지 의아하게 생각하는 독자 여러분이 계실 것이다. 그런 분들에게 들려드릴 말씀이 있다. 질투가 매개 역할을 한다 하여도 사랑에서는 미움이 생겨나지 않는다는 것이다. 질투에 사로잡힌 사람은 그 질투의 대상을 죽일 수는 있을지언정 미워하지는 못한다. 이것은 퍽 이해하기 힘든 감정이고 역설적인 면도 지니고 있으므로, 마침 장이 끝나는 이 시점에서 독자 여러분께서는 천천히 이를 음미하고 곱씹어보시기 바란다.

5
고모에 대한 소피아의 너그러운 행동

소피아는 앞서 말한 아버지의 연설이 계속되는 동안 침묵을 지켰으며, 한숨 말고는 아무런 대꾸도 하지 않았다. 그러나 아버지는 눈빛이라는 언어만으로는 아무것도 이해할 수 없었다. 자신의 의견에 더 확실한 동의를 얻어내지 못하면 만족하지 못하는 아버지가 말했다. "언제나 그 괘씸한 엄마 편이었던 것처럼 이젠 나에게 반대하는 그 누구의 편이라도 들려는 속셈이냐?"

소피아가 여전히 침묵을 지키자 그가 고함을 질렀다. "꿀이라도 먹었냐? 왜 말을 안 해? 네 어미가 내게 괘씸한 여자였는지 아닌지 말해보아라. 너도 이 아비가 경멸스럽고 상대할 가치도 없는 놈이라고 생각하는 게냐?"

소피아가 대답했다. "맙소사 아빠, 제 침묵을 그런 식으로 심술궂게 해석하지 마세요. 아빨 경멸할 바엔 차라리 죽는 게 나아요. 하지만 제가 무슨 말을 해도 아빠 귀에 거슬리든지, 그립고 훌륭한 엄마의 은혜를 저버리는 불효가 되든지 둘 중 하나일 텐데 감히 무슨 말을 하겠어요? 엄마는 제게 둘도 없이 좋은 분이셨다고요."

지주가 대꾸했다. "그렇다면 네 고모도 둘도 없이 훌륭한 고모겠구나. 부탁이니 네 고모는 괘씸한 여자라고 말해주렴. 그 정도 주장은 정당하다고 생각하는데."

소피아가 말했다. "전 고모한테도 큰 은혜를 입었어요. 고모는 제게 두 번째 엄마세요."

웨스턴이 되받아쳤다. "그럼 나한테는 두 번째 마누라겠군! 그렇게 네 고모 편을 들겠다, 이거지? 그런 괘씸한 동생은 없다는 사실에 동조 못 하겠다?"

소피아가 외쳤다. "그런 말을 인정하는 것은 제 마음을 무참히 배신하는 짓이에요. 저도 고모와 아빠가 사고방식이 매우 다르다는 걸 알아요. 하지만 저는 고모가 아빠에게 크나큰 애정을 가지고 말씀하시는 걸 수도 없이 들었어요. 고모는 세상에서 가장 못된 여동생이 아니에요. 오히려 자기 오빠를 그렇게까지 사랑하는 사람은 없을 거라고요."

지주가 대답했다. "쉽게 말해 내가 틀렸다고 말하고 싶은 게로구나. 암, 그렇겠지. 어차피 늘 여자가 옳고 남자는 틀린 것 아니냐."

소피아가 외쳤다. "아빠! 그런 의미로 말씀드린 게 아녜요."

아버지가 대답했다. "아니긴 뭐가 아니냐? 건방지게도 네 고모가 옳다고 말하지 않았냐? 그렇다면 자연히 내가 틀렸다는 결론이지. 그래, 장로파에 하노버파인 그런 애를 이 집에 들인 내가 잘못이다. 그 애가 내게 음모론을 걸어서 내 땅을 정부에 갖다 바칠지도 모를 일이지."

소피아가 말했다. "고모가 아빠나 아빠 재산에 손해를 입히다니 당치 않아요. 오히려 만일 고모가 어제 세상을 떠나셨다면 전 재산을 아빠께 남겨주셨을 거라 확신해요."

소피아가 이 말을 의도하고 한 것인지 아닌지 쉽사리 판단할 수는 없다. 어쨌든 이 마지막 발언이 아버지 귀를 깊숙이 파고들어, 지금까지 그녀가 했던 모든 말보다 훨씬 놀라운 효과를 빚어낸 것은 사실이었다. 그는 이 말을 듣고, 머리에 총탄을 맞은 사람처럼 창백해져서 깜짝 놀라며 비틀거렸다. 그리고 일 분 넘게 아무 말이 없다가 조심스럽게 입을 열었다. "어제라고! 어제라면 재산을 남겨주었을 거라니! 어째서 어제로 한정하는 게냐? 내일 죽는다면 다른 사람에게, 그것도 우리 가족이 아닌 사람에게 물려줄 거란 뜻이냐?" 소피아가 큰 소리로 말했다. "고모도 꽤 다혈질이시잖아요. 화가 나면 어떤 행동을 하실지 저도 모르죠."

아버지가 되받아쳤다. "모른다? 대체 그 애를 그런 다혈질로 만든 게 누구냐? 누가 그 애를 그렇게 화나게 만들었냐 이거야. 내가 이 방에 들어오기 전에 너와 고모가 이미 열심히 언쟁을 벌이고 있지 않았냐? 나랑 그 애가 싸운 것도 다 너 때문이고. 지난 몇 년 동안 내가 그 애랑 다툰 건 모두 네가 원인이었다. 그런데 너는 모든 허물을 나에게 뒤집어씌우고, 그 애가 다른 사람한테 재산을 물려주는 것도 내 탓으로 돌리려는 것 같구나. 결국 일이 이렇게 될 줄 알았다. 내가 보여준 애정에 넌 늘 이런 식으로 보답해왔으니까."

소피아가 외쳤다. "제발 부탁이에요. 이렇게 무릎 꿇고 간청 드리겠어요. 제가 두 분 불화의 원인이라면 부디 고모와 화해를 하시고, 고모가 저렇게 화가 잔뜩 난 채 이 집을 나가도록 놔두지 마세요. 고모는 심성이 여리잖아요. 조금만 다정하게 말씀해주시면 금방 이해하실 거예요. 제발 부탁이에요, 아빠."

웨스턴이 대답했다. "네 잘못 때문에 내가 사과하러 가야 한단 말이지? 네가 놓친 토끼를 찾으러 내가 여기저기를 들쑤시고 다녀야 한단 말이구나? 정말로 내가⋯⋯." 여기서 그는 말을 멈췄다. 소피아는 거듭 애원하여 마침내 아버지를 설득했다. 결국 그는 딸에게 한두 마디 비아냥거리고는, 마차가 준비되기 전에 여동생을 붙잡으려고 서둘러 방을 나갔다.

소피아는 탄식의 방으로 되돌아왔다. 거기에서 그녀는 부드러운 슬픔이라는 사치(이런 표현이 허용된다면)에 마음껏 잠겼다. 존스에게서 받은 편지를 몇 차례고 되풀이해서 읽었다. 토시도 꺼냈다. 얼굴뿐만 아니라 편지와 토시도 눈물로 흠뻑 젖었다. 다정한 하녀 아너는 괴로워하는 아가씨를 위로하기 위해 온 힘을 다했다. 젊은 신사들의 이름을 수도 없이 늘어놓으며 그들의 자질과 용모를 크게 칭찬한 뒤, 누구든 선택만 하라고 소피아에게 권했다. 이것은 이런 부류의 우울병에 상당한 성공을 거두는 방법이 틀림없었다. 그렇지 않았다면 아너 같이 솜씨 좋은 명의가 감히 이런 방법을 사용했을 리없다. 또 내가 들은 바로는 이 방법이 하녀들 사이의 여성 진료소에서 가장 잘 듣는 특효약으로 여겨진다고 한다. 소피아의 병이 그들과 겉으로 증상은 같으나 내면적으로 다른 구석이 있었는지 어떤지는 모르겠지만, 어쨌든 이 선량한 하녀의 치료는 득보다 실을 가져왔다. 마침내 여주인을 몹시 화나게 만든 것이다(그렇게 쉽게 화내는 사람이 아니었음에도). 소피아는 소리를 빽 지르며 하녀를 쫓아내 버렸다.

6

매우 다양한 내용

지주는 여동생이 마차에 막 올라타려는 순간 간신히 그녀를 붙잡았다. 반은 강제로, 반은 애원하다시피 하여 여동생이 말을 마구간으로 돌려놓으라는 지시를 내리도록 설득하는 데 성공했다. 사실 이 일은 그리 어렵지 않았다. 이미 암시한 대로, 오빠의 자질이나 좁은 식견을 경멸하긴 했지만, 이 숙녀는 매우 너그러운 성품을 지니고 있는데다 오빠를 무척이나 사랑했기 때문이다.

가엾은 소피아는 이 화해를 처음으로 주장해놓고 이번에는 도리어 그 화해의 희생양이 되었다. 두 사람은 입을 모아 소피아의 행실을 비난하고, 힘을 모아 소피아에게 선전포고를 했다. 그러고는 어떻게 하면 가장 효과적으로 이 전쟁을 수행할 수 있을지 즉시 토의에 들어갔다. 웨스턴 부인은 올워디 씨와 즉각 조약을 체결해야 하며, 곧바로 그 조약을 실행에 옮겨야 한다고 제안했다. "소피아에게 이기려면 강압적인 방법을 쓰는 수밖에 없어요. 그렇게 하면 그 애도 끝까지 저항하겠다는 결심은 못할 거예요. 강압적인 방법이란 조치를 서두르자는 말이지 감금하거나 폭력을 쓰자는 말이 아니에요. 그럴 수도 없고요. 우리 작전은 기습작전이지만 포학해져서는 안 돼요.”

이렇게 문제가 마무리되었을 때 블리필 군이 연인을 보러 찾아왔다. 지주는 그가 찾아왔다는 얘기를 듣자마자 여동생의 충고대로 딸에게 연인을 알아서 잘 대접하라고 명령하기 위해 방을 나왔다. 그러나 딸이 이를 거부하자 심한 욕설을 퍼부으며 딸의 어리석음을 비난했다.

지주의 느닷없는 공격은 눈앞의 모든 것을 압도했다. 고모가 지혜롭게 예측했듯이, 소피아는 아버지에게 저항할 수 없었다. 말할 기운도 체력도 없었지만, 그녀는 블리필을 만나는 데 동의했다. 사실 진심으로 사랑하는 아버지의 명령을 단칼에 거절하는 것은 쉬운 일이 아니었다. 이 이유만 아니었더라면 그녀는 아주 적은 결단력만으로도 결심을 지켜냈을 것이다. 그러나 흔히 세상은 사랑에서 비롯되는 이런 행동들을 전적으로 두려움의 소산이라고 생각한다.

어쨌든 아버지의 위압적인 명령에 소피아는 블리필 군을 맞이했다. 앞서 언급한 바 있듯이, 이런 장면을 장황하게 묘사해봐야 대부분의 독자는 기뻐하지 않는다. 따라서 우리는 여기서 호라티우스가 말한 원칙을 엄격하게 지키기로 하겠다. 문필가는 빛나는 조명 아래 읽힐 가망성이 없는 소재를 모두 생략해야 한다는 원칙이다. 이것은 시인뿐만 아니라 역사가에게도 매우 유익한 원칙이다. 이를 잘 따르면 적어도 대부분의 거대한 악(모든 위대한 책이 이렇게 불린다)이 작은 악으로 바뀌는 훌륭한 효과를 얻을 것이다.

이 방문에서 블리필은 뛰어난 대화 기술을 사용했다. 그것을 사용한 사람이 블리필이 아닌 다른 남자였다면 소피아도 설복당하여 마음을 터놓고 모든 비밀을 털어놓았을지 모른다. 그러나 그녀는 이 젊은 신사를 덮어놓고 싫어했고, 절대로 신뢰하지 않기로 결심한 바 있었다. 순진함은 일단 경계심을 발휘하면 종종 교활함과 대적할 적수가 된다. 블리필을 대하는 소피아의 태도는 모두 억지로 꾸며낸 것이었다. 즉 남편감으로 지목된 남자의 두 번째 공식 방문에서 처녀들이 흔히 보이는 바로 그것이었다.

블리필은 웨스턴 씨에게 오늘 자신이 받은 환대가 몹시 만족스럽다고 공언했다. 그러나 여동생과 함께 두 남녀의 대화를 모두 엿들은 이 신사는 썩 기분이 좋지 않았다. 그는 현명한 여동생의 충고에 따라 이번 일을 최대한 밀어붙이기로 결심했다. 그는 “어이!” 하고 목청껏 고함을 지른 뒤, 사윗감으로 점찍은 이 청년에게 사냥 용어들을 섞어가며 큰 소리로 말했다. "추격해, 추격하란 말이야. 달려들어, 달려드는 거야! 좋아, 잘했어. 잡았다, 잡았다, 잡았어. 절대로 꾸물대지 말게. 언제 뛰어들까 망설이며 멍하니 서 있지 말란 말일세. 올워디 씨와 내가 나서서 오늘 안으로 이 일을 마무리 짓겠네. 결혼식은 내일 당장 치르기로 하세."

더없이 만족스런 얼굴로 블리필이 대답했다. "사랑스럽고 훌륭한 소피아 양과 결혼하는 데다 나리 댁과 사돈을 맺게 되다니, 제가 이 세상에서 이토록 열망하는 일은 없을 정도입니다. 제가 이 최고의 소망들이 이루어지기를 얼마나 애타게 기다리는지 나리께서도 쉽게 상상하실 겁니다. 저는 결혼 문제로 나리를 재촉한 적이 없습니다. 하지만 나리께서는 이 경사스러운 일을 예의범절도 제대로 따르지 않고 무작정 서두르다 아가씨의 마음을 상하게 할까봐 염려가 되어 그런 것임을 헤아려주시겠지요. 그렇지만 나리께서 모든 격식이 없어도 괜찮다고 따님을 설득해주신다면—"

지주가 대꾸했다. "격식은 무슨 격식이야! 염병할! 내일 결혼식을 올릴 걸세. 자네도 내 나이가 되면 세상을 좀 더 알게 될 거야. 여자란 강요하지 않으면 절대로 결혼 승낙을 안 하는 존재야. 무슨 유행도 아닌데 다들 그렇다니까. 내가 소피아 엄마의 승낙을 기다렸다면 지금까지도 총각이었을 거네. 무조건 돌진해, 돌진. 바로 그거라니까. 이보게, 귀여운 청년. 내일 아침이면 그 애를 자네 것으로 만들어주겠네."

블리필은 지주의 강압적인 표현에 압도당해 그저 듣고만 있었다. 이윽고 웨스턴이 그날 오후 올워디를 만나 담판을 짓기로 합의가 되자 연인은 집으로 돌아갔다. 돌아가기 전에, 너무 성급하게 따님을 다그치지는 말라고 진지하게 간청했다. 가톨릭 종교 재판관이 교회가 판결을 내린 이단자를 세속 권력에 넘겨주며, 부디 폭력을 행사하지 말라고 당부하는 것과 같은 식이었다.

사실 블리필은 이미 소피아에게 유죄를 선고한 상태였다. 웨스턴 씨에게는 오늘 받은 환대가 매우 만족스럽다고 공언했지만 실은 결코 그렇지 못했다. 오히려 그녀 마음속의 증오심과 경멸감만 확인했을 뿐이었다. 이에 질세라 그도 증오심과 경멸감을 품었다. 그렇다면 어째서 당장 구혼을 중지하지 않았느냐 하는 질문을 던질 수 있을 것이다. 나는 답하겠다. 바로 그 증오심과 경멸감 때문이라고. 물론 그 밖에도 여러 가지 합당한 이유가 있는데, 이

제 독자 여러분께 순서대로 공개하겠다.

블리필 군은 존스와 기질이 달라서, 여자만 보면 군침을 흘리는 정도까지는 아니더라도, 모든 동물에게 있다고 일컬어지는 그 욕망이 전혀 없지는 않았다. 더불어, 인간이 저마다 욕망의 대상을 고를 때 길잡이가 되어주는 감식안도 갖추고 있었다. 이 감식안 덕분에 그는 소피아를 산해진미라고 생각했다. 미식가가 멧새 고기를 보고 느끼는 것과 똑같은 식욕을 그녀에게서 느꼈다. 한편 소피아의 마음을 지배한 고통은 그녀의 아름다움을 손상하기는커녕 더욱 돋보이게 했다. 눈은 눈물 때문에 더 빛나 보였고, 젖가슴은 한숨을 내쉴 때마다 더욱 부풀어 올랐다. 고통에 빠진 미녀를 본 적이 없는 사람은 아름다움이 발하는 최고의 빛을 보았다고 말할 수 없다. 블리필은 이 멧새를 바라보며 전보다 한층 커진 욕망을 느꼈다. 그 욕망은 그녀가 자신을 싫어한다는 사실을 알고서도 전혀 줄어들지 않았다. 오히려 그녀의 매력을 약탈하는 데서 오는 즐거움이 더욱 커졌다. 정욕에 승리감이 추가된 것이다. 그의 계획은 소피아의 육체를 완전히 소유하는 데에 그치지 않았다. 입에 담기에도 불결하지만, 정욕의 충족에 복수가 가미된 것이었다. 가엾은 존스와 경쟁한 끝에 존스를 밀어내고 그녀의 애정을 쟁취했다는 생각은 또 다른 자극제가 되었다. 쾌락에 또 다른 환희가 추가되는 것 같았다.

이 생각은 양심 있는 사람에게는 너무나도 악의적으로 보일 것이다. 그런데 이것 말고도 그에게는 또 한 가지 꿍꿍이가 있었다. 여기에는 독자 여러분도 그리 큰 혐오감을 느끼시지 않을 것이다. 바로 소피아와 그 자손들에게 모조리 물려주기로 되어 있는 웨스턴 씨의 재산이었다. 도가 지나칠 정도로 딸을 사랑한 탓에 웨스턴 씨는 자기가 고른 남편감과 불행한 결혼 생활을 하겠노라고 딸이 찬성만 한다면 그 남편감을 구입하는 대가가 얼마든 개의치 않았다.

이런 이유들 때문에 블리필 군은 이 결혼을 무척 원했다. 따라서 소피아를 사랑하는 척 위장하는 한편, 그녀의 아버지와 자신의 삼촌에게는 자기가 그녀에게 사랑받고 있는 양 위장하기로 했다. 이런 결심을 하며 그는 스웨컴의 신앙을 이용했다. 스웨컴은 목적이 신성하다면(물론 결혼은 신성한 일이다) 어떤 사악한 수단을 쓰더라도 괜찮다고 주장했다. 그러나 평소 블리필 군이 이용하는 것은 수단이 정당하고 도의에 맞는다면 목적은 중요치 않다는 스퀘어의 철학이었다. 이 두 위대한 선생의 가르침 중 어느 하나가 적용되지 않는 세상일이란 거의 없었다.

웨스턴 씨는 딱히 속일 필요가 없었다. 그는 블리필처럼 소피아의 의향 따위는 전혀 중요하지 않다고 생각했기 때문이다. 그러나 올워디 씨의 생각은 이와 크게 달랐으므로 무슨 수를 쓰든 이 신사를 속여야 했다. 블리필은 이 작전도 웨스턴의 도움을 받아 별 어려움 없이 성공했다. 즉 소피아 아버지의 말을 들은 올워디 씨가 소피아가 블리필을 진심으로 사랑하며, 자신이 존스에게 품고 있는 의혹이 전혀 근거 없는 것임을 확신하게 된 것이다. 블리필은 그것을 증명하는 외에 아무것도 할 것이 없었다. 그 증명이라는 것도 아주 모호한 말들로 얼버무렸기 때문에, 그는 양심에 가책을 느끼거나 거짓말을 하는 죄를 짓지 않고도 삼촌을 완벽하게 속일 수 있었다. 삼촌이 "숙녀가 하기 싫어하는 결혼을 강요하는 일은 절대로 거들고 싶지 않다"며 조카에게 소피아의 의향을 물었을 때 블리필은 이렇게 대답했다.

"젊은 숙녀의 진짜 속마음을 알아내기란 아주 힘듭니다. 하지만 그녀가 저를 대하는 태도는 몹시 적극적이었으며, 그녀 아버지가 말씀하시길 그녀가 저에게 매우 큰 애정을 품고 있다는 것입니다. 존스는 삼촌께 그런 몹쓸 짓을 했지만, 저는 그를 악당이라 부르지 않겠습니다. 그저 그는 허영심이나 뭔가 사악한 목적에서 거짓말을 하며 으스대고 다닌 거겠지요. 웨스턴 양이 그를 조금이라도 진심으로 사랑했다면, 그 녀석이 그 막대한 재산을 포기하고 도망치는 일은 없었을 겁니다. 하지만 삼촌도 아시다시피 녀석은 제 발로 떠났잖아요. 끝으로 분명히 말씀드리건대, 전 그녀가 저에게 제가 바라는 만큼의 강한 애정을 품고 있다는 확신이 없다면 무슨 일이 있더라도 그녀와 결혼하는 데 동의하지 않을 겁니다."

이처럼 혀로는 거짓말이라는 죄를 짓지 않고, 모호한 발뺌으로 마음으로만 거짓을 전달하는 탁월한 수법은 예로부터 악명 높은 사기꾼들의 양심을 만족시켜왔다. 그러나 결국 그들이 속이려 애쓰는 대상이 전지전능하신 하느님이란 사실을 생각하면, 이 방법은 매우 피상적인 위안밖에 줄 수 없다. 따라서 거짓말을 하는 것과 전달하는 것의 이런 미묘한 차이를 구별해내려고 애쓰는 일은 아주 쓸데없는 짓처럼 보일지도 모른다.

올워디는 웨스턴 씨와 블리필 군이 나눈 대화에 꽤 만족했다. 조약은 이틀 뒤에 체결되었다. 이제 목사님 앞에 서기 전에 변호사가 처리할 일만 남았다. 그 일에 너무 많은 시간이 걸릴 것 같았으므로 웨스턴은 젊은 남녀의 행복을 지연시키느니 자신이 모든 계약에 서약함으로써 법적 책임을 지겠노라고 제의했다. 어찌나 열성을 다하고 조급하게 굴었는지, 제삼자가 봤더라면 그가 이 결혼의 당사자라고 판단했을 것이다. 그러나 사실 그는 어떤 일에건 열심이었다. 그게 무엇이든 그는 자신이 세운 계획이 성공만 하면 자기 일생의 행복이 보장되기라도 한다는 듯 열과 성을 다하는 사나이였다.

타인의 행복이 지연되는 것을 견디지 못하는 올워디 씨는 장인과 신랑의 합동 독촉에 설복당하기 직전이었다. 바로 그때 소피아가 결연히 나서 모든 조약을 파기하고, 교회와 변호사 단체가 합법적으로 인류의 번식을 허락하는 대가로 마땅히 거두어들이는 세금을 내지 않겠노라고 선언했다. 자세한 내용은 다음 장에서 다루겠다.

7
소피아의 뜻밖의 결심과 하녀 아너의 기발한 책략

하녀 아너는 자신의 이익에만 집착하는 여자였지만, 소피아에게는 다소 애정을 지니고 있었다. 사실 소피아를 아는 사람이면 누구든 그녀를 사랑하지 않고는 견디기 힘들었다. 따라서 이 하녀는 여주인에게 대단히 중요한 일이라 생각되는 소식을 듣자마자, 이틀 전 소피아가 면전에서 나가라고 호통을 쳐 체면을 구기고 화가 났던 일도 까맣게 잊고는 그 소식을 전하러 헐레벌떡 달려왔다.

갑자기 방에 뛰어 들어온 것도 그랬지만, 이야기의 서두 부분도 그에 못지않게 뚱딴지같았다. 그녀가 말했다. "오, 아가씨! 아가씨는 어떻게 생각하세요? 전 깜짝 놀라 뒤로 자빠질 뻔했답니다. 하지만 아가씨께 알려드리는 게 의무라고 생각했어요. 아가씨께서 화를 내실지도 모르지만요. 고귀하신 숙녀분들이 어떤 일로 화를 내시는지 우리 하녀들은 도무지 알 수가 없답니다. 하지만 모든 일은 하녀 탓이 되어 버리죠. 아가씨들께서 기분이 언짢으시면 저희가 꾸중을 듣거든요. 이 소식도 아가씨를 언짢게 할지 몰라요. 아니, 틀림없이 아가씨께서는 깜짝 놀라서 뒤로 넘어가실 걸요."

"아녀, 이제 뜸은 그만 들이고 얼른 말해줘. 난 웬만해서는 깜짝 놀라지 않거든. 뒤로 넘어가는 일은 더욱 없을 테고."

"아가씨, 저, 주인님께서 서플 목사님께 오늘 오후에 결혼허가장을 받을 거라고 말씀하시는 걸 들었어요. 내일 아침에 아가씨를 결혼시킬 거라는 이야기도요."

창백해진 소피아가 저도 모르게 되풀이했다. "내일 아침이라고!"

충직한 하녀가 대답했다. "네, 아가씨. 주인님께서 그리 말씀하시는 것을 똑똑히 들었어요."

"아녀, 정말 충격적이어서 뒤로 넘어갈 지경이구나. 숨도 제대로 쉬어지지 않아. 온몸의 기운이 다 빠져 버렸어. 이 끔찍한 상황을 어찌해야 할까?"

"제 의견을 말씀드려도 될까요?"

"제발 말해줘, 아녀! 그 의견이 뭔지 말해줘. 너라면 어떻게 하겠니?"

아녀가 큰 소리로 말했다. "이건 진심인데, 아가씨와 제 처지를 바꾸었으면 좋겠어요. 나쁜 뜻으로 하는 말은 아니에요. 아가씨가 하녀가 됐으면 좋겠다는 뜻은 절대로 아니랍니다. 다만 저라면 아무 문제없이 결혼할 거라는 말씀을 드리고 싶은 거예요. 제 눈에 블리필 도련님은 멋지고 점잖고 잘생긴 분이거든요."

소피아가 소리를 질렀다. "그따위 헛소릴랑 집어치워!"

아녀가 반복했다. "그따위 헛소리라고요? 글쎄요, 어떤 사람에겐 약이 되는 게 다른 사람에겐 독이 되는 법이니까요. 같은 이치가 여자에게도 적용되겠죠."

"그런 끔찍한 남자의 아내가 될 바엔 이 가슴에 비수를 꽂겠어."

"세상에, 아가씨! 그런 무시무시한 생각을 하시다니요. 그런 불경한 생각은 하지 마세요. 정말이지 온몸이 떨려오는군요. 기독교식 매장을 거부당하고 시신이 길거리에 매장되어 몸에 말뚝이 박힌다고 생각해보세요. 옥스크로스 교차로에서 농부 하프페니가 당한 것처럼요. 그 뒤로 그자의 유령이 그 주변을 어슬렁댄대요. 몇 사람이나 목격했다니까요. 무엇보다, 그런 몹쓸 생각을 떠오르게 하는 것은 악마밖에 없어요. 제가 듣기로, 자기의 소중한 몸과 목숨을 해치는 일은 온 세상을 해치는 것보다 나쁜 것이라고 말씀하신 목

사님이 한두 분이 아니시거든요. 하지만 그 젊은 도련님이 그렇게 싫고 혐오
스러우시다면 그분 침대에 드는 일이란 생각도 하기 싫을 수 있겠죠. 어떤
사람의 살을 만지느니 두꺼비를 만지는 편이 더 나을 수도 있는 법이니까요."

생각에 골몰해 있느라 하녀의 그럴싸한 언변에 그다지 주의를 기울이지
않고 있던 소피아는 그 말에는 대꾸하지 않은 채 말을 톡 잘랐다. "아니, 난
결심했어. 오늘 밤 아버지 집을 나가겠어. 넌 늘 나를 소중히 생각한다고 말
했었지. 정말 그렇다면 나와 함께 가줘."

"물론 세상 끝까지라도 함께 가고말고요. 하지만 경솔한 행동을 하시기
전에 그 결과를 곰곰이 생각해 보세요. 대체 어디로 가시겠다는 거죠?"

"런던에 아는 귀부인이 한 분 계셔. 내 친척인데, 전에 시골 고모 댁에 오
셔서 몇 달 지내셨어. 그때 내게 아주 다정하게 대해주시며 나를 몹시 귀여
워해주셨지. 나를 런던으로 데리고 가고 싶다고 고모에게 진심으로 부탁하
실 정도였어. 워낙 유명하신 분이라 쉽게 찾을 수 있을 거야. 그분이라면 나
를 매우 친절하게 맞이해주실 게 틀림없어."

아녀가 큰 소리로 말했다. "그런 말은 너무 믿지 않는 편이 좋아요. 제가
처음에 모셨던 귀부인은 누구에게나 꼭 집에 와달라고 초대해놓곤 막상 온
다고 하면 피해 다니기 바빴죠. 게다가 그분께서 아가씨에게 호의를 가지고
있다고 해도, 그야 누구든 아가씨에게는 호의를 갖겠지만요, 아가씨가 주인
나리에게서 도망쳐 왔다는 사실을 알면—"

"그건 네가 잘못 생각한 거야, 아녀. 그분은 아버지의 권위라는 것을 나보
다 훨씬 경멸하는 사람이야. 나더러 함께 런던으로 가자고 심하게 졸라댔을
때도 내가 아버지 승낙 없이는 갈 수 없다고 말하자 그분은 경멸스럽다는 듯
이 비웃으셨어. 나더러 바보 같은 시골 소녀라고 하면서, 그렇게 효녀라면
결혼해서는 남편을 그렇게 떠받들겠다고 비꼬셨지. 그러니까 분명히 나를
받아들이고 보호해주실 거야. 그러면 아버지도 차차 나를 어떻게 할 수 없다
는 사실을 깨닫고 조금은 생각을 바꾸시겠지."

"그렇지만 아가씨, 어떻게 도망칠 생각이세요? 말이나 마차는 어디서 구
하시겠어요? 하인들도 모두 주인님과 아가씨 사이를 눈치로 알고 있다고요.
주인님의 지시가 없는 한 로빈은 무슨 일이 있어도 마구간에서 아가씨 말을
끌고 나오지 않을 거예요."

"난 열린 문으로 당당하게 걸어 나갈 작정이야. 감사하게도 나에겐 튼튼한 두 다리가 있거든. 바이올린 연주에 맞춰 밤새도록 이 두 다리로 춤춘 적도 수없이 많아. 댄스 파트너는 별 볼 일 없는 사람이었지만. 그러니 그 혐오스런 남자가 일생의 동반자가 되려고 하는 이때에도 내 다리들이 틀림없이 날 도와줄 거야."

"맙소사, 아가씨! 대체 무슨 말씀이세요? 한밤에 시골길을 혼자 걸어가실 생각이란 말씀이세요?"

"혼자가 아니지. 너도 나와 함께 가겠다고 약속했잖아."

"물론 어디까지라도 함께 갈 테지만 그래도 혼자나 다름없죠. 도적이나 악당이라도 만나면 제게는 아가씨를 지켜드릴 힘이 없는 걸요. 오히려 저도 아가씨 못지않게 겁에 질리고 말 거예요. 우리 둘 다 겁탈을 당할 게 분명해요. 게다가 요즘 밤이 얼마나 춥다고요. 둘 다 얼어 죽을 거예요."

"발을 열심히 놀리면 춥지 않을 거야. 그리고 네가 나를 악당들에게서 지켜주지 못하겠다면 내가 너를 지켜줄게. 권총을 가져갈 거거든. 늘 장전되어 있는 총이 홀에 두 자루 있어."

"맙소사! 점점 저를 놀라게 하시는군요. 설마 총을 쏘려는 건 아니시겠죠? 어떤 위험이 닥치더라도 총만큼은 참아주세요."

소피아가 미소를 지으며 말했다. "왜 그래야 돼? 너 같으면 네 정조를 공격해오는 놈에게 권총을 쏘지 않겠단 말이야?"

아너가 소리쳤다. "물론 정조는 소중하죠. 특히 우리 가난한 하녀들에게 정조는 생계 수단이기도 하거든요. 하지만 총 쏘기만큼은 죽어도 싫어요. 총은 온갖 사고의 원인이니까요."

"좋아, 그럼 총은 포기하지. 하지만 그게 없어도 네 정조는 손쉽게 지킬 수 있어. 처음 도착하는 읍내에서 말을 빌릴 생각이거든. 그러면 런던까지 가는 도중에 공격받는 일은 없을 거야. 아너, 나는 무슨 일이 있어도 이 집을 떠나기로 결심했어. 나랑 같이 가준다면 내 능력이 닿는 한 보상을 해줄게."

이 마지막 발언은 지금까지 소피아가 한 모든 말보다 즉각적인 효과를 나타냈다. 하녀는 주인의 결의가 굳은 것을 보고 더는 만류하지 않았다. 그들은 계획을 실행할 수단과 방법을 의논했다. 이윽고 중대한 난점을 발견했다. 짐을 어떻게 가지고 가느냐 하는 것이었다. 이것은 주인보다 하녀에게 더 어려운 문제였다. 상류층 숙녀가 일단 연인 곁으로 도망치거나 연인으로부터 도망칠 결심을 하면 모든 장해물을 하찮게 여긴다. 그러나 아너에게는 그런 동기가 없었다. 그녀에게는 기대해야 할 환희도, 피해야 할 두려움도 없었다. 또 재산의 대부분을 차지하는 옷가지들의 실제 가치 말고도 그녀는 코트와 그 밖의 소지품들에 이상하다 싶으리만치 애착을 가졌다. 자기에게 어울리는 옷이라거나, 특별한 사람에게 받은 옷이라거나, 얼마 전에 산 물건이라거나, 전부터 갖고 있던 물건이라거나, 그 밖에 이유는 얼마든지 있었다. 따라서 그녀로서는 이 사랑스런 옷가지와 물품들을 웨스턴 씨의 자비심에 내맡긴 채 놓고 떠난다는 생각이 견딜 수가 없었다. 주인님이 홧김에 그 물건들을 순교시킬 거란 사실에 의심의 여지가 없었다.

영리한 아너는 주인 아가씨의 생각을 돌이키기 위해 모든 언변을 동원했지만 결국 뜻이 단호하다는 것을 알자 마침내 옷가지들을 옮길 수 있는 편법을 생각해냈다. 즉 그날 저녁 안으로 집에서 쫓겨나기로 결심한 것이다. 소피아도 이 방법에 적극 찬성했지만, 그걸 어떻게 실행에 옮길지에 대해서는 회의적이었다. 아너가 큰소리쳤다. "아가씨, 이 일은 제게 맡기세요. 우리 하인들은 주인님에게 쫓겨나는 방법을 잘 알거든요. 물론 급료가 너무 밀려서 한 번에 지불할 수 없을 때라면 주인님들은 우리가 아무리 무례한 말을 해도 꾹 참고 아무렇지 않은 듯 행동하시곤 하죠. 하지만 우리 주인 나리는 그런 분이 아니세요. 아가씨께서 오늘 밤 이 집을 떠나기로 결심하셨으니, 전 오늘 오후 안에 반드시 해고당하겠어요."

소피아는 속옷 몇 벌과 잠옷 한 벌을 하녀의 짐과 함께 꾸리기로 결정했다. 나머지 옷가지는, 선원이 자기 목숨을 구하기 위해 다른 사람의 짐을 주저 없이 바다에 내던질 때의 심정으로 깨끗이 포기했다.

8

흔해빠진 언쟁

하녀 아너가 아가씨와 헤어지자마자 어떤 존재가(이런 표현을 쓰는 이유는 케베도의 소설에 나오는 노파처럼 잘못된 비난으로 악마의 명예를 손상하고 싶지 않기 때문이다. 악마는 이 일과 무관할지 모른다) 소피아와 관련된 모든 비밀을 웨스턴 씨에게 밀고하면 큰돈을 벌 수 있을 거라고 속삭이기 시작했다. 수많은 상념이 밀고를 재촉했다. 지주 나리께 그토록 유리하고 중대한 봉사를 하면 막대한 보상금을 타낼 수 있으리라는 생각이 하녀의 욕심을 부추겼다. 또한 자신들이 세운 계획의 위험성, 불확실성, 밤, 추위, 강도, 치한 등 모든 것이 그녀를 두렵게 했다. 이런 생각들이 그녀의 마음을 강하게 움직였기 때문에 그녀는 하마터면 곧장 주인님께 달려가 모든 것을 밝힐 뻔했다. 그러나 그녀 같이 공정한 재판관은 결코 한쪽 말만 듣고 판결을 내리지 않는 법이다. 먼저 런던으로 여행을 떠난다는 유혹이 강력하게 소피아를 옹호했다. 황홀경에 빠진 성자가 상상하는 천국의 감미로움에 버금가는 매력을 하녀는 런던을 상상하며 느꼈다. 아녀는 런던이 꼭 보고 싶었다. 더구나 그녀는 소피아가 아버지보다 훨씬 후하다는 사실을 알고 있었다. 배신을 하기보다 신의를 지킬 때 커다란 보상을 받을 것이 틀림없었다. 그 다음으로, 방금 전 두려움을 부추기던 모든 항목을 일일이 반대 심문한 결과 공정하고 엄밀하게 따져보면 아무것도 두려울 게 없다는 사실을 깨달았다. 마침내 저울이 거의 균형 상태에 도달했을 때, 아가씨에 대한 사랑을 신의라는 접시에 올려놓자 그쪽이 조금 더 무거워졌다. 그런데 바로 그때 불현듯 한 가지 상황이 상상 속에 떠올랐다. 그 무게가 그대로 반대편 접시에 얹혔다면 위험한 결과를 초래했을지도 모른다. 그 상황이란 소피아가 약속을 지킬 수 있게 되기까지 상당한 시간이 걸린다는 것이었다. 소피아는 아버지가 돌아가시면 어머니의 유산을 상속받을 권리가 생기며, 성년이 되면 친척 아저씨가 남긴 3천 파운드도 물려받게 되어 있었다. 그러나 이것은 먼 훗날의 일이었다. 그 사이 이 어린 숙녀의 후한 성품에 어떤 변수가 작용할지 모를 일이었다. 이에 반해 웨스턴 씨에게서 기대할 수 있는 보상은 즉각적인 것이었다. 그런데 이런 생각을 하고 있던 와중에 소피아의 수호천사가 그랬는지, 하녀의 신의를 관장하는 수호천사가 그랬는지, 그것도 아니면 단순한 우연이었는지 모르겠지만, 하녀에게 어떤 사건이 일어났다. 이 사건은 그녀가 즉시 신의를 지킬 수 있게끔 해주었을 뿐 아니라 처음 세웠던 계획에 힘을 보태주기까지 했다.

웨스턴 부인에게는 몸종이 있었는데, 그녀는 여러 가지 면에서 자기가 아너보다 잘났다고 주장했다. 첫째로 출생 신분이 좋았다. 그녀의 외증조모가 아일랜드의 어느 귀족과 그리 멀지 않은 친척이라는 것이었다. 둘째는 자기 급료가 더 많다는 것이었다. 마지막으로 자기는 런던에 가봤기 때문에 세상을 더 잘 안다는 것이었다. 이런 이유에서 이 하녀는 아너에게 늘 쌀쌀맞게 대하며, 자기에게 경의를 표하라고 강요했다. 계급을 막론하고 모든 여성이 자기보다 열등한 여성과 대화할 때 취하는 태도를 견지했으며, 그에 걸맞은 경의를 요구했다. 아너는 이 주장에 결코 동의하지 않았다. 오히려 상대방이 요구하는 존경심을 종종 모욕했다. 따라서 웨스턴 부인의 하녀는 아너와 함께 있는 것을 달가워하지 않았다. 여주인과 함께 본가로 돌아가 그곳에서 모든 하인들 위에 마음껏 군림하기를 열망하고 있었다. 따라서 그날 아침 웨스턴 부인이 출발을 코앞에 두고 마음을 바꾸었을 때 그녀는 대단히 실망하여 그 뒤로 쭉 속된 말로 입이 댓 발 나와 있었다.

아너가 앞서 말했듯이 마음속으로 자문자답을 반복하고 있을 때 심기 불편한 이 하녀가 방으로 들어왔다. 아너는 그녀를 보자마자 예의 바르게 인사말을 던졌다. "어머나, 우리 주인 나리와 그쪽 주인마님 사이가 틀어져서 이제 부인을 못 뵈나보다 했더니, 우린 당분간 다시 함께 있을 수 있는 영광을 누리게 되었군요."

하녀가 대답했다. "우리라니, 대체 무슨 뜻으로 하는 말인지 모르겠군요. 난 이 집 하인들 가운데 나와 대등한 관계에 있는 사람은 아무도 없다고 생각하는데요. 나는 매일매일 이 집 하인들이 좀더 잘되길 바라고 있다고요. 아너 양, 꼭 당신을 꼬집어서 하는 말은 아니에요. 당신은 교양 있는 젊은 아가씨니까. 당신이 세상 구경을 좀 더 했더라면 나와 함께 세인트 제임스 공원을 산책해도 난 부끄럽게 생각하지 않았을 거예요."

"기가 막혀서! 잔뜩 뽐내는 꼴이란! 그리고 아너 양이라뇨? 성으로 불러주셨으면 좋겠네요. 우리 아가씨께선 아너라고 부르지만, 나도 다른 사람들처럼 성을 갖고 있거든요. 그리고 나랑 거니는 게 부끄럽다고 말했어요? 나랑 당신이 어디가 다르다는 거죠?"

"기껏 정중하게 대해줬는데 고작 그런 대답밖에 돌아오지 않으니 한 가지 분명히 말씀드려야겠군요. 아너 양, 당신과 나는 똑같지 않아요. 촌구석에 있으면 온갖 시시껄렁한 여자들과 사귀어야겠지만, 도시에 있으면 상류층

중에서도 최상류층 여성들만 방문한단 말이죠. 아너 양, 당신과 나는 분명히 다르답니다."

아너가 대꾸했다. "다르고말고요. 먼저 나이가 다르고, 미모도 다르죠." 이렇게 내뱉더니 그녀는 몹시 경멸스럽다는 태도로 웨스턴 부인의 몸종 옆을 의기양양하게 지나갔다. 코를 한껏 추켜올리고, 고개를 꼿꼿하게 세우고, 치맛자락에 두른 후프를 적의 그것에 기세 좋게 비벼댔다.

상대방은 매우 악의적인 냉소를 띠며 말했다. "건방진 년! 너 따위한테는 화 낼 가치도 없어. 너처럼 뻔뻔하고 시건방진 년에게 욕을 한다는 것 자체가 내 품위를 떨어뜨리는 일이지. 분명히 말하건대 네 그 예절을 보면 네가 얼마나 비천한 태생이고 못 배운 년인지 알 수 있어. 어느 면으로 보나 시골 아가씨의 비천한 하녀 노릇을 하기에 딱 알맞은 족속이지 뭐야."

아너가 고함을 질렀다. "우리 아가씨를 욕하지 마! 그따위 욕은 참지 않겠어. 우리 아가씨가 너희 마님보다 훨씬 젊고 천 배는 예뻐."

이때 불운인지 행운인지 웨스턴 부인이 나타났다. 하녀는 부인을 보자마자 눈물을 폭포수처럼 쏟아냈다. 주인이 이유를 묻자 그녀는 즉시 아너를 가리키며, 저 계집년의 불손한 짓거리 때문에 우는 것이라고 고했다. "저를 욕하는 거라면 그냥 듣고 넘길 수 있어요. 하지만 저년이 겁도 없이 마님을 모욕하며 못생겼다고 하지 뭡니까. 분명히 제 앞에서 마님을 못생긴 늙은 고양이 같다고 했어요. 마님이 못생겼단 말을 들으니 참을 수가 있어야지요."

웨스턴 부인이 말했다. "그렇게 계속 되풀이할 필요는 없잖아?" 그러고는 아너를 돌아보며 말했다. "어찌 감히 나에게 그런 시건방진 악담을 했느냐?"

아너가 대답했다. "악담이라뇨, 마님! 저는 마님 이름을 한 번도 입에 올리지 않았답니다. 누구도 우리 아가씨만큼 예쁘지 않다고 말한 것뿐이죠. 그건 마님도 아는 사실이잖아요?"

"이런 방자한 년을 봤나! 내가 너처럼 건방진 년 입에 함부로 오르내릴 사람이 아니란 걸 보여주마. 오라버니께서 당장 네년을 내쫓지 않으신다면 내 다시는 이 집에서 자지 않을 테다. 당장 오라버니를 찾아서 네년을 내쫓으라고 말해야겠다."

아너가 소리를 질렀다. "내쫓는다고요? 좋도록 하세요. 일자리가 여기만 있는 건 아니니까요. 고맙게도 착한 하인은 일자리 걱정을 하지 않아도 되죠. 혹시 모르실까봐 말씀드리는데, 마님을 예쁘다고 생각하지 않는 하인을 모두 쫓아 버리신다면 하인은 금방 씨가 마를 거예요."

웨스턴 부인이 뭐라고 대꾸했는데, 그것은 인간의 말이라기보다 천둥소리에 가까웠다. 하지만 발음이 불분명했기 때문에 우리도 그 단어들이 뭔지 확신할 수가 없다. 어차피 본인 명예에도 큰 도움이 안 되니 여기에 그 말을 옮기는 건 생략하기로 하겠다. 그녀는 분노에 가득 찬 얼굴로 오빠를 찾으러 뛰쳐나갔는데, 그 모습은 인간이라기보다 복수의 여신을 연상시켰다.

다시 둘만 남은 하녀들은 두 번째 말싸움에 들어갔다. 그것은 이내 훨씬 적극적인 전투로 발전했다. 마침내 승리는 신분이 낮은 쪽 하녀에게 돌아갔지만 그녀도 피, 머리카락, 리넨, 모슬린에 다소 손실을 입어야 했다.

9
치안판사 웨스턴 씨의 현명한 판단
서기로서 필요한 자격에 관하여 치안판사들에게 주는 조언
부모의 광기와 자식의 사랑에 관한 특별한 사례들

변론가는 가끔 논증의 도가 지나쳐 자승자박에 빠지고, 정치가는 종종 술책을 도모하다 제 꾀에 넘어간다. 비슷한 일이 아너에게도 일어났다. 나머지 옷가지들을 갖고 가기는커녕 몸에 걸치고 있던 옷마저 빼앗길 판이었던 것이다. 그녀가 여동생을 모욕했다는 얘길 듣자마자 지주가 그녀를 감옥에 처넣겠다며 무려 스무 번이나 선언을 했기 때문이다.

웨스턴 부인은 심성이 곱고 평소에는 너그러운 사람이었다. 최근에는 그녀가 탄 마차에 부딪쳐 도랑에 처박혀 버린 역마차의 마부를 용서해준 일도 있었다. 더 나아가 그녀가 소지한 돈뿐 아니라 귀걸이까지 강탈한 노상강도의 처벌을 반대하여 국법을 위반하기까지 했었다. 그때 강도가 그녀에게 저주를 퍼부으며 "너처럼 예쁜 년들은 보석으로 치장해서 미모를 돋보이게 할 필요가 없다"라고 말한 것이다. 그러나 사람의 기질은 변하기 쉬운 것이어서, 때와 장소에 따라 우리는 본디 기질과 동떨어진 행동을 한다. 오늘 웨스턴 부인이 그랬다. 그녀는 아너의 죄를 경감해주는 어떠한 조치에도 귀를 기

울이지 않았다. 아녀가 뉘우치는 기색을 보이고 소피아가 자기 하녀를 위해 애원을 했지만 꿈쩍도 안 했다. 오로지 오빠에게, 저 계집에게 판사의 권한('권한Justiceship'과 '정의Justice'는 본디 다른 것이다)을 행사하라고 열렬히 청하였다.

그런데 다행스럽게도 마침 그 자리에 있던 서기는 치안판사의 서기로서 마땅히 지녀야 할 자격을 갖춘 사람이었다. 즉 이 나라의 법률을 다소 알고 있었다. 그는 아녀가 딱히 질서를 파괴하려는 시도를 한 것이 아닌데도 그녀를 감옥에 넣는다면 월권행위가 될 것이라고 판사의 귀에 속삭였다. "버릇이 없다는 이유만으로 감옥에 넣는 것은 합법적이라고 할 수 없습니다."

중대한 사안, 특히 사냥감과 관련된 사건에서 이 치안판사님은 서기의 이런 충고에 귀를 기울이는 편은 아니었다. 실제로, 사냥감과 관련된 법을 집행할 때 많은 치안판사가 자신들에게 자유재량권이 있다고 생각한다. 사냥감을 해치는 덫을 찾아 제거한다는 의도로 이 권한을 이용하여 자기 마음대로 침입죄를 저지르고, 때로는 그보다 더한 중죄를 저지르는 일도 드물지 않다.

그러나 아녀의 죄는 그다지 중질의 것도 아니었거니와 사회를 위협하는 것도 아니었다. 따라서 치안판사는 특별히 서기의 충고에 얼마간 귀를 기울였다. 밀고를 당해 이미 고등법원 왕좌부에 두 차례나 제소된 그는 세 번째 고소를 당해보고 싶은 호기심이 전혀 없었다.

지주는 매우 현명하고 위엄 있는 표정으로 '흠', '에' 같은 소리로 몇 차례 운을 뗀 뒤 여동생에게 말했다. "숙고한 결과 이 사건에는 법률에서 정한 가택침입, 외벽파손, 두개골손상 같은 폭력행위에 따른 치안파괴는 없었다. 따라서 이 사건은 중죄에 해당하지 않으며 침입죄, 파손죄에도 해당하지 않는바 법률상 처벌은 없다."

웨스턴 부인이 말했다. "법률은 내가 더 잘 알아요. 주인을 모욕한 죄로 엄벌을 받은 사례는 얼마든지 있어요." 그러고는 런던의 한 치안판사 이름을 들며 말했다. "그 사람은 주인이 요구만 하면 언제든지 하인들을 감옥에 가두죠."

지주가 소리쳤다. "그만 됐어. 런던에선 그럴지도 모르지. 하지만 시골에선 법이 달라." 남매간에 법에 관한 박식한 논쟁이 벌어졌다. 그 내용을 여기에 집어넣어도 상관없지만, 대다수 독자분들께서는 이해하지 못하실 것이다. 어쨌든 마지막에는 두 사람 모두 서기에게 의견을 구했다. 서기는 판사의 손을 들어주었다. 결국 웨스턴 부인은 아너를 해고하는 데에 만족할 수밖에 없었다. 여기에는 소피아도 기꺼이 동의했다.

이처럼 습관대로 두세 차례 장난을 즐긴 운명의 여신은 마침내 모든 일을 우리 여주인공의 승리로 끝냈다. 난생 처음 시도한 간계치고 소피아는 매우 훌륭한 성공을 거두었다 하겠다. 사실 내가 종종 생각하기로, 정직한 사람은 일단 죄를 저지르겠다는 마음을 먹거나 그것이 수고할 만한 가치가 있다고 생각하기만 하면 웬만한 악당은 명함도 못 내밀 강적이 된다.

아너는 자신의 역할을 완벽하게 수행했다. 감옥이라는 단어에 여러 가지 끔찍한 상상이 떠올랐지만 그 위험이 완전히 사라졌음을 알자마자, 두려움 때문에 다소 위축되었던 의기양양함이 다시 고개를 쳐들었다. 그녀는 훨씬 중요한 일자리를 그만두는 사람들이 그러는 것처럼 만족스럽게, 그리고 자못 경멸스럽다는 듯이 그 자리를 버렸다. 독자 여러분께서 괜찮으시다면 우리는 아너가 일자리를 '그만두었다'고 말하고 싶다. 늘 이 단어가 '쫓겨나다' 또는 '해고되다'와 동의어로 여겨지기 때문이다.

웨스턴 씨는 하녀에게 당장 짐을 꾸리라고 명령했다. 여동생이 그런 뻔뻔스런 계집년과 같은 지붕 아래서 단 하룻밤도 자지 않겠노라고 선언했기 때문이었다. 아너는 짐 꾸리기에 착수했다. 아주 열심히 했기 때문에 저녁 무렵에는 모든 정리가 끝났다. 그녀가 임금을 받고 가방과 짐 꾸러미를 챙겨 떠나자 모든 사람이 크게 만족했다. 그중에서도 특히 기뻐한 사람은 소피아였다. 유령이라도 나올 듯한 12시 정각이라는 무시무시한 시간에, 집에서 그리 멀지 않은 곳에서 하녀와 만나기로 약속이 되어 있던 소피아도 출발준비를 시작했다.

그러나 그에 앞서 그녀는 고모와 아버지의 연설이라는 두 차례 고통을 참아야 했다. 고모의 어조도 전과 달리 위압적이었지만, 아버지는 그녀를 난폭하고 터무니없는 태도로 다루었다. 겁에 질린 소피아는 아버지 뜻에 따르겠노라고 거짓을 뱉을 수밖에 없었다. 선량한 지주는 그 대답이 몹시 흡족했다. 찡그린 얼굴이 곧 미소로 바뀌고, 협박은 약속이 되었다. 그는 자신의 영혼은 온통 딸의 영혼으로 싸여 있으며, 그녀가 결혼을 승낙한 덕에(그는 소피아가 "아버지께서 내리시는 절대적인 명령을 어떻게 거부하겠어요?"라고 한 말을 이렇게 해석했다) 자신은 세상에서 가장 행복한 사람이 되었다고 단언했다. 그는 뭐든 원하는 장신구를 사라며 딸에게 거액의 수표 한 장을 주었다. 그리고 사랑스러워 죽겠다는 듯 딸에게 입 맞추고 포옹을 했다. 지금 모든 애정을 쏟아 붓고 있는 사랑스런 대상에게 조금 전까지 불같은 분노를 내뿜던 눈에서 기쁨의 눈물이 뚝뚝 떨어졌다.

부모들의 이런 행동은 흔한 사례이므로 독자 여러분께서는 웨스턴 씨의 행동에 놀라시지 않으리라 믿는다. 혹 놀라신다 하더라도 솔직히 말해 내게는 그의 행동을 설명할 재간이 없다. 그가 딸을 몹시 사랑한다는 사실에는 논란의 여지가 없기 때문이다. 웨스턴 씨처럼 돈을 주어 자기 자식을 가장 비참한 지경에 빠뜨린 부모들도 이 점에서는 마찬가지이다. 이것은 부모들이 보편적으로 보이는 행동인데, 내게는 인간이라는 기묘하고 기괴한 동물이 생각해낸 모든 바보 같은 짓 중에서도 가장 설명하기 어려운 것으로 보인다.

웨스턴 씨가 보여준 마지막 행동은 소피아의 여린 마음에 결정적인 영향을 주었다. 현명한 고모의 궤변도, 아버지의 수많은 협박도 끝내 불러일으키지 못했던 한 가지 생각이 떠올랐다. 아버지를 신처럼 존경하고, 진심으로 사랑하는 그녀는 가끔 자기가 가진 재능으로 아버지를 즐겁게 해드리거나 더 큰 만족을 드렸을 때 크나큰 기쁨을 느꼈다. 아버지는 딸이 칭찬받는 소리를 들으면 기쁨을 감추지 않았는데, 사실 그녀는 태어나서 지금껏 누군가에게 칭찬을 듣지 않은 날이 하루도 없었다. 따라서 자기가 이 결혼에 동의하면 아버지가 얼마나 기뻐하실까 생각하니 그녀는 커다란 감명을 받았다. 또한 소피아는 신앙심도 깊었기 때문에, 아버지에게 순종하는 길이 신의 뜻에 따르는 길이라는 생각도 매우 확고한 영향을 미쳤다. 끝으로 자식으로서의 효와 의무를 위해 희생자와 순교자가 되는 것은 별일 아니라는 생각이 들자 그녀는 가벼운 뿌듯함마저 느꼈다. 이런 기분은 신앙심이나 도덕심과 직접 관련이 있지는 않으나, 종종 양쪽 목적을 달성하는 데에 큰 도움을 주는 감정이다.

자신의 비장한 행동을 상상하며 황홀해진 소피아는 거사를 앞두고 훌륭한 결심을 한 자신을 자화자찬했다. 그때 그녀의 토시 속에 숨어 있던 사랑의 신 큐피드가 불쑥 튀어나와, 인형극에 등장하는 어릿광대처럼 그의 앞에 놓인 모든 것을 닥치는 대로 걷어차 버렸다. 간단히 말해(그녀의 행동을 초자연적인 충동 탓으로 돌림으로써 독자 여러분을 속이거나 우리 여주인공의 성격을 변호하는 일은 비겁하게 느껴진다), 사랑하는 존스와 그와 관련된 실낱같은 희망이(아무리 먼 희망이라도) 마음속에 불쑥 되살아나, 효심과 신앙심과 자부심이 합심하여 실현하려 애썼던 것을 순식간에 흔적도 없이 날려 버렸다는 말이다.

소피아에 대한 이야기를 더 진행하기 전에 이쯤에서 우리는 존스 군에게 돌아가 봐야겠다.

10
인지상정이라고는 하나 역시 저급한 내용

독자 여러분께서는 본권 앞머리에서 존스 군이 바다에서 출셋길을 찾고 자, 또는 육지 위 운명에서 도피하고자 브리스틀로 가는 도중이었던 것을 기억하실 것이다.

그런데 불행하게도(드문 일은 아니다) 길 안내를 맡은 안내인이 길을 잘 모르는 사람이었다. 사람들에게 길을 물어보기도 창피해서, 이리저리 헤매 며 우왕좌왕하는 사이에 밤이 되어 점점 어둑해졌다. 이상한 생각이 든 존스 가 안내인에게 걱정스러운 마음을 내비쳤지만, 그는 그 길이 맞다고 우기며 자기가 브리스틀로 가는 길을 모른다면 미친놈이라고 덧붙였다. 그러나 사 실 그는 태어나서 한 번도 브리스틀에 가본 적이 없었다. 가는 길을 안다면 그 편이 훨씬 이상한 일이었다.

존스는 내심 이 안내인에게 믿음이 안 갔다. 그래서 어느 마을에 도착하여 처음 눈에 띈 사내에게 이 길이 브리스틀로 가는 길이 맞느냐고 물어보았다. 사나이가 말했다. "어디서 오셨습니까?"

존스가 안달하며 말했다. "그건 알아 뭐하오? 이 길이 브리스틀로 가는 길인지만 알려주시오."

사나이가 머리를 긁적이며 큰 소리로 말했다. "브리스틀로 가는 길이냐고 요? 이 길로 가면 오늘 밤 안에는 브리스틀에 도착하지 못할 겁니다."

존스가 대꾸했다. "그럼 어디로 가야 하는지 알려주시오."

사나이가 큰 소리로 말했다. "도련님, 어느 쪽에서 오셨는지는 모르겠지만 길을 잘못 드셨습니다. 이 길은 글로스터로 가는 길이랍니다."

"그럼 브리스틀로 가는 길은 어느 길이오?"

"도련님이 오히려 브리스틀 쪽에서 오고 있는 것 같은데요."

"그렇다면 되돌아가야겠군요."

"그렇죠."

"언덕 꼭대기까지 되돌아간 다음엔 어느 길로 가야 됩니까?"

"똑바로 뻗은 길을 따라가야 할 겁니다."

"내 기억으론 길이 두 갈래였던 것 같은데. 오른쪽으로 난 길과 왼쪽으로 난 길."

"그럼 오른쪽 길을 가세요. 쭉 가다가 잊지 말고 오른쪽으로 꺾으세요. 그 다음에 왼쪽으로 돌았다가 다시 오른쪽으로 꺾으세요. 그러면 지주 댁이 나올 텐데, 거기서 똑바로 가다가 왼쪽으로 꺾으십시오."

그때 다른 사람이 다가와서 신사분들께선 어디로 가는 길이냐고 물었다. 존스가 대답하자 그는 머리를 긁적인 뒤, 쥐고 있던 지팡이에 몸을 기대며 말했다. "오른쪽 길로 1마일이나 1마일 반 정도 간 다음에 왼쪽으로 돌면 진 번스 씨 댁이 나올 겁니다."

존스가 말했다. "진 번스가 누군데요?"

사나이가 외쳤다. "세상에! 진 번스 나리를 모른다는 겁니까? 대체 나리들은 어디서 오셨소?"

존스가 두 행인에게 인내심의 한계를 느끼려는 찰나, 소박하게 생긴 깔끔한 사나이(이 사람은 퀘이커교도였다)가 다가와 말을 걸었다. "보아하니 길을 잃으셨군요. 내 충고를 받아들일 마음이 있다면, 오늘 밤은 길 찾을 생각일랑 하지 마시오. 벌써 어두워진 데다 그 길은 안 그래도 찾기 힘든 길이거든. 게다가 최근 이곳과 브리스틀 사이에서 강도 사건이 몇 차례 있었다오. 바로 근처에 썩 괜찮은 여관이 하나 있으니 그곳에서 당신도 말도 아침까지 푹 쉬는 게 좋을 거요." 그 뒤로도 존스는 조금 더 설득을 당했다. 마침내 아침까지 이 마을에서 머물기로 하고, 그 사나이의 안내를 받아 여관으로 갔다.

여관 주인은 예의 바른 사나이였다. 그가 말했다. "숙소가 변변치 못하겠지만 부디 용서해주십시오. 마누라가 있는 대로 자물쇠를 채워놓고 그 열쇠를 들고 나가 버렸지 뭡니까." 그런데 사실은 이랬다. 그에게는 시집간 지 얼마 안 된 딸이 있었는데, 그날 아침 딸이 신랑과 함께 자기네 집으로 돌아갈 때, 딸을 몹시 아기는 엄마와 딸이 작당을 하여 이 불쌍한 남편의 돈과 소지품을 모조리 가져가 버렸던 것이다. 그에게는 자식이 여럿 있었지만, 엄마의 사랑을 독차지하는 것은 그 딸뿐이었다. 엄마는 그 딸의 기분만 맞추느라 다른 자식들과 남편마저 희생시킨 것이다.

존스는 누구와도 어울리지 않고 혼자 있고 싶었지만 착한 퀘이커교도의 끈덕진 청을 거절할 수가 없었다. 사나이는 존스의 얼굴과 행동에 나타난 우울한 기색을 알아차리고는 더욱 함께 있고 싶어 했다. 불쌍한 퀘이커교도는 자신이 말벗이 되어주면 존스의 기분이 풀릴 것이라고 생각한 것이다.

무언의 종교 집회에 참석한 것이 아닌가 하는 생각이 들 정도로 한참을 조용히 앉아 있다가 정직한 퀘이커교도가 성령의 감화를 받기 시작한 사람처럼, 또는 아마도 호기심에서, 이렇게 말했다. "내 보기에 당신에게 뭔가 슬픈 재난이 일어났던 게 아닌가 싶은데, 부디 마음을 편안히 먹으시오. 친한 친구라도 잃으셨소? 그렇다면 인간은 누구나 죽는다는 사실을 생각하시오. 아무리 슬퍼해도 그 친구에게 아무런 도움이 되지 않는다는 사실을 알게 된다면 슬퍼할 일도 없을 거요. 우리 모두는 고통을 겪을 운명이라오. 당신만 그런 게 아니라 나에게도 나름대로 슬픔이 있지. 아마 당신 것보다 큰 슬픔일 거요. 내게는 1년에 꼭 100파운드가 나오는 재산이 있소. 그것만으로 충분하지. 고맙게도 난 양심에 가책을 느낄 짓은 하나도 짓지 않았고, 몸도 튼튼하며, 누군가에게 빚 독촉을 받을 일도 없고, 누구에게 위해를 가했다고 고소당할 일도 없소. 그런데도 당신이 나만큼 불행해 보여 걱정이군요."

퀘이커교도가 말을 멈추고 깊은 한숨을 내쉬었다. 존스가 얼른 대꾸했다. "무슨 일인지는 모르겠지만 불행하시다니 정말 유감입니다."

퀘이커교도가 대답했다. "아, 바로 내 외동딸이 원인이지요. 내게 세상에서 가장 큰 기쁨이었던 앤데, 이번 주에 집에서 도망쳐 내 반대를 무릅쓰고 결혼해 버렸어요. 난 좋은 신랑 자리를 준비했었죠. 성실하고 돈도 많은 남자로요. 하지만 딸애는 신랑감은 자기가 직접 고르겠다며, 땡전 한 푼 없는 젊은 놈과 도망쳐 버린 거요. 차라리 딸애가 당신 친구처럼 죽은 거라면 행복하겠소."

존스가 말했다. "아주 이상한 말씀이군요."

퀘이커교도가 대답했다. "거지가 되느니 죽는 게 낫질 않소? 방금도 말했지만 그놈은 땡전 한 푼 없고, 딸년은 내게서 1실링도 기대할 수 없을 거요. 사랑 때문에 결혼을 했으니 사랑이나 뜯어먹고 살라지. 사랑을 시장에 갖고 가서 그걸 은화로, 아니 반 페니짜리 동전으로라도 바꿔주는 놈이 있는지 없는지 시험해보는 게 좋을 거요."

"선생님 걱정거리는 선생님이 가장 잘 아시겠죠."

"나를 속이려고 오래 전부터 계획을 세운 게 분명하오. 그 애들은 어린 시절부터 알고 지낸 사이거든. 나는 딸애에게 사랑은 헛되고 어리석은 것이라고 천 번도 넘게 가르쳤소. 교활한 딸년은 내 얘기에 귀 기울이는 척하며, 육체의 유희는 경멸스럽다고 말했었지. 그래놓고 결국 3층 창문으로 달아나 버린 거요. 내가 딸애에게 조금이라도 의심을 품고 주의를 기울여 감금했더라면 다음 날 아침에는 내 마음에 드는 남편감과 결혼시킬 수 있었소. 그런데 불과 두세 시간 사이에 나를 실망시키고, 자기가 선택한 애인 품으로 도망쳐 버린 거요. 그놈은 기회를 놓치지 않았소. 한 시간 안에 딸애와 결혼하고 잠자리에 드는 일까지 해치워 버렸지. 하지만 그 한 시간 사이에 벌인 짓거리를 그들이 지금까지 한 일 가운데 최악의 것으로 만들어주겠소. 그 애들은 나란히 굶어 죽거나 구걸을 하거나 도둑질을 하게 될 것이오. 두 연놈에게 땡전 한 푼 주지 않을 생각이니까."

그때 존스가 벌떡 일어나며 소리쳤다. "전 이제 쉬어야겠습니다. 그만 물러가주세요."

퀘이커교도가 말했다. "진정해요, 진정해. 근심 걱정에 굴복하지 마시오. 당신 말고도 불행한 사람이 있다는 걸 알지 않았소."

존스가 소리쳤다. "이 세상에는 미친놈과 바보와 악당이 있다는 걸 알았죠. 충고 한마디 하겠는데, 따님과 사위를 집으로 불러들이시오. 입으로는 딸을 사랑한다고 하지만, 그 딸을 불행하게 만드는 사람은 당신뿐이란 말이오."

퀘이커교도가 큰 소리로 외쳤다. "딸애와 남편 놈을 집으로 부르라니! 그럴 바엔 이 세상에서 나와 가장 크게 원수 진 두 놈을 부르겠소!"

존스가 말했다. "집이든 어디든 아무 데로나 썩 꺼지시오. 더는 같이 앉아 있을 수 없으니."

퀘이커교도가 대꾸했다. "나도 강요는 안 하겠소." 사나이는 안주머니에서 돈을 꺼내려고 했지만, 존스는 그를 문밖으로 거칠게 밀어냈다.

퀘이커교도의 이야기가 몹시 충격적이어서 존스는 사나이가 이야기하는 내내 충혈된 눈으로 그를 노려보았다. 퀘이커교도도 그 눈빛을 알아챘다. 이 선량한 사나이는 존스의 다른 행동들을 더불어 생각해볼 때, 존스가 머리가 돈 게 틀림없다고 단정했다. 따라서 이 모욕적인 언사에도 화를 내는 대신 상대방의 불행한 처지에 동정을 느꼈다. 그는 자신의 생각을 여관 주인에게 전달한 뒤, 손님을 잘 보살펴드리고 최대한 예의를 지켜 대접해주라고 당부했다.

여관 주인이 말했다. "솔직히 그리 공손하게 대접하고 싶지는 않군요. 레이스 달린 조끼를 입고는 있지만, 저 손님은 나처럼 신사가 아닌 것 같으니 말입니다. 불쌍한 사생아로 태어나 이 마을에서 30마일쯤 떨어진 어느 대지주님 댁에서 길러지다 이번에 그 댁에서 쫓겨났다나 봐요(어차피 별 볼 일 없는 일로 쫓겨났겠죠). 내 집에서도 되도록 빨리 쫓아내겠습니다. 벌이는 아깝지만, 그깟 조금 손해보고 마는 편이 낫지요. 은수저 한 개를 도둑맞은 지 일 년도 채 안 됐거든요."

퀘이커교도가 대꾸했다. "사생아라니, 로빈? 사람을 잘못 봤겠지."

로빈이 대답했다. "천만의 말씀입니다요. 저자를 잘 아는 안내인 사내가 이야기해준 걸요." 실제로 안내인은 부엌 불가에 자리를 잡자마자, 그곳에 있던 모든 사람에게 존스에 대해 자신이 아는 내용을 모조리 말해 버렸다.

퀘이커교도는 여관 주인에게 존스가 비천하게 출생했으며 무일푼이라는 사실을 확인하자 즉시 동정심이 사라져 버렸다. 이 정직하고 소박한 사나이는 공작님이 그런 비천한 자에게 모욕을 당했을 때 느꼈을 법한 분노를 느끼고, 불같이 화를 내며 집으로 돌아갔다.

여관 주인도 손님에게 그에 못지않은 경멸감을 느꼈다. 그는 존스가 침실로 쉬러 가기 위해 벨을 울리자, 빈 침실이 없다고 대답했다. 로빈은 손님의 초라한 신분에 경멸감도 느꼈지만, 그의 의도에도 대단한 의심을 품었다. 즉 존스가 적절한 기회를 엿보아 여관을 털 거라고 생각한 것이다. 사실 그는 여관에 묶여 있는 자유보유부동산만 남기고 깡그리 가져가 버린 아내와 딸의 세심한 예방책 덕분에 그런 걱정을 할 필요가 전혀 없었다. 하지만 천성적으로 의심이 많은데다 작년에 은수저를 잃어버린 뒤로는 특히 의심이 심해졌다. 요컨대 강도짓을 당할지도 모른다는 두려움이 더는 잃어버릴 것도 없다는 편안한 마음을 완전히 압도해 버린 것이다.

빈 침실이 없다는 걸 알자 존스는 태연히 골풀로 만든 커다란 의자로 가서 그곳에 몸을 뉘였다. 요즘 훨씬 훌륭한 방에서 잘 때도 그와 전혀 친해질 기색이 없던 잠이 친절하게도 이 초라한 오두막으로 찾아와주었다.

여관 주인은 두려움 때문에 자러 갈 수가 없었다. 그는 부엌 불가로 되돌아갔다. 그곳에서는 존스가 있는 방, 아니 홀로 통하는 유일한 문을 바라볼 수 있었기 때문이다. 홀 창문에 대해 말하자면, 고양이보다 큰 동물이 그곳으로 도망치기란 불가능했다.

11
군인들과의 모험

여관 주인은 홀 문 바로 맞은편에 앉아 밤새 경계를 서기로 결심했다. 길안내인과 또 다른 한 사람이 오래도록 함께 경계를 서주었지만, 그들은 여관주인이 뭘 의심하는지 몰랐고, 스스로도 의심을 품지 않았다. 그들이 깨 있었던 이유는 따로 있었는데, 바로 그 이유 때문에 결국 경계 서는 일도 끝나고 말았다. 그들이 마신 맥주의 힘과 효능이 그것이었다. 엄청난 양의 맥주를 홀짝홀짝 마셔대던 그들은 처음에는 몹시 소란을 부리다가 마침내 잠이 들고 말았다.

이런 술의 힘도 로빈의 두려움을 진정시켜주지는 못했다. 그는 의자에 앉아 눈을 부릅뜬 채 홀로 통하는 문을 꼼짝 않고 노려보았다. 그러다 밖에서 맹렬하게 문을 두드리는 소리에 어쩔 수 없이 일어나 문을 열러 갔다. 대문을 열자마자 부엌으로 우르르 쏟아져 들어온 것은 붉은 제복을 입은 병사들이었다. 그들은 이 작은 성을 탈취라도 하려는 듯 주인을 향해 한꺼번에 밀려들었다.

저마다 맥주를 찾는 바람에 여관 주인은 경계를 서던 자리를 떠나 그 많은 손님에게 맥주를 제공해야 했다. 지하 술 창고를 두세 번 들락날락하다 돌아오니, 존스 군이 병사들에게 둘러싸여 불 앞에 서 있는 것이 아닌가. 새삼 설명할 필요도 없겠지만, 그 많은 사람이 도착하는 시끌벅적한 소리를 듣는 다면, 마지막 심판 나팔 소리를 듣고 일어날 죽은 자를 빼고는 누구나 잠이 깨어 버릴 것이다.

이윽고 갈증을 꽤 해소한 그들에게 남은 일은 계산뿐이었다. 이것은 열등 한 계층에게 종종 말썽과 불만의 씨앗이 된다. 공평하게 저마다 자기가 마신 만큼만 낸다는 원칙에 비추어 금액을 결정하는 일은 큰 문제를 일으키기 십 상이다. 지금이 바로 그런 난처한 상황이었다. 그 가운데에는 조급한 마음에 한 잔만 휙 걸치고, 이 계산 문제에 기여할 생각을 전혀 하지 않은 채 그대 로 나가 버린 사람들도 있었기 때문에 문제가 더욱 복잡해졌다.

격렬한 말다툼이 벌어졌다. 욕설이 섞이지 않은 말이 없고, 욕설과 그렇지 않은 단어의 수가 맞먹을 정도였다. 더구나 모두가 한꺼번에 악다구니를 지 르며, 저마다 자기 몫을 줄이는 데만 혈안이 되어 있었다. 자연스레 예상되 는 결말은 계산서 금액 중 상당액이 여관 주인의 몫으로 떨어지거나, (결국 같은 얘기지만)계산되지 않은 채 남는 것이었다.

그동안 존스 군은 한 하사관과 대화를 나누고 있었다. 태곳적부터 내려오 는 관습에 따라 처음부터 계산에서 제외되는 특권을 부여받은 이 하사관은 지금 벌어지고 있는 말다툼에도 전혀 관심이 없었다.

설전이 과열되어 무력 다툼으로 번지려는 찰나, 존스가 성큼 걸어 나와 단 번에 소동을 잠재웠다. 자기가 술값을 모두 내겠노라고 큰 소리로 선언을 한 것이다. 사실 전액이라고 해봐야 3실링 4펜스에 지나지 않았다.

이 선언에 일동은 존스에게 감사와 갈채를 보냈다. 명예롭고 호쾌하며 훌 륭한 신사라는 칭찬이 방 안에 울려 퍼졌다. 여관 주인마저 존스를 다시 보 고, 길 안내인이 했던 말에 의심을 품게 되었을 정도였다.

하사관이 방금 전 존스에게 들려준 이야기로는, 그들은 반란군을 진압하 러 가는 중이며, 영광스런 컴벌랜드 공작*2의 지휘를 받게 될 것이라고 했 다. 이렇게 말하면 독자 여러분께서도 이때가 얼마 전에 일어난 반란이 최고

---

*2 1721~1765. 1745년 스튜어트 왕가의 찰스 에드워드가 로마 및 프랑스와 연합하여 영국 침략을 꾀했을 때 방위 제2군 지휘관으로 활약함. 본문의 "반란군 진압"이라는 표현은 이 를 가리킨다.

조에 달했던 시기라는 사실을 짐작하시리라(이 점을 구태여 미리 설명할 필요는 없다고 생각했다). 도적떼들이 영국에 상륙하여 왕의 군대와 전투를 벌이고 수도로 진격해오고 있다는 소문이 돌던 때였다.

존스는 본디 영웅의 기질을 지니고 있었으며, 자유와 개신교의 영광스런 대의명분을 진심으로 고수하고자 하는 사람이었다. 훨씬 감상적이고 열광적인 생각도 이상하게 여겨지지 않던 당시 분위기 속에서 그가 의용병으로서 이 원정대에 참가하겠다는 생각을 불현듯 떠올린 것은 놀랄 일이 아니었다.

존스가 이 훌륭한 뜻을 밝힌 순간부터 지휘관인 하사관은 어떻게든 그 뜻을 펼치도록 해주겠다며 큰소리를 떵떵 쳤다. 그는 존스의 고귀한 결심을 큰소리로 공표했고, 일동은 몹시 기뻐하며 받아들였다. 모든 병사가 입을 모아 "조지 국왕 폐하 만세! 존스 만세!"를 외쳤으며, "마지막 피 한 방울이 남을 때까지 국왕 폐하와 당신 곁에 함께 할 것"이라고 수도 없이 맹세했다.

술집에서 밤새도록 술을 마셨던 한 신사도 다른 하사관의 설득에 넘어가 이 원정에 동참하기로 했다. 짐수레에 존스 군의 여행 가방을 싣고, 병사들이 막 행군을 시작하려는 찰나였다. 길 안내인이 존스에게 다가와 말했다. "도련님, 제 말들이 밤새 바깥에 매여 있었고, 여기는 본디 가려던 길에서 한참이나 벗어난 곳이라는 점을 참작해주시기 바랍니다."

이 뻔뻔스런 요구에 어이가 없어진 존스는 병사들에게 그간의 사정을 털어놓았다. 병사들은 신사에게 바가지를 씌우려고 한 안내인을 이구동성으로 비난했다. 몇몇은 목부터 발끝까지 꽁꽁 묶어 버려야 한다고 주장했고, 몇몇은 태형을 내려야 마땅하다고 말했다. 하사관은 안내인의 코앞에서 채찍을 휘두르며, 네놈이 내 부하였다면 본보기로 흠씬 갈겨주었을 것이라고 욕을 퍼부었다.

그러나 존스는 소극적인 형벌에 만족한 채 새 동료들과 길을 나섰다. 뒤에 남은 가엾은 안내인은 온갖 욕설과 악담을 퍼부으며 화풀이를 했다. 안내원이 한창 욕을 하는데 여관 주인이 맞장구를 치며 말했다. "이거 놀랍군. 장담하건대, 저분은 정말로 순수한 사람이오. 버젓한 신사가 군대에 지원을 하다니! 분명히 레이스 달린 조끼를 입을 만하군. '번쩍인다고 해서 다 황금은 아니다'라는 옛 격언 딱 그대로야. 어쨌든 저분이 우리집을 떠나 기쁘오."

그날 종일 하사관은 이 젊은 병사와 함께 행군을 했다. 전투에서 일어난 재미난 이야기들을 잔뜩 들려주었지만, 사실 이 영악한 하사관은 실전에 참가한 적이 한 번도 없었다. 입대한 것도 최근 일이지만, 장교들의 비위를 잘 맞춘 덕분에 하사관 계급까지 달게 된 것이었다. 특기는 신병 모집으로서 이 분야에서만큼은 발군의 실력을 발휘했다.

행군하는 동안 병사들은 지위고하를 막론하고 신나게 떠들어댔다. 전날 묵은 숙박지에서 벌어졌던 사건들을 회상하고, 장교들을 농담거리 삼아 저마다 내키는 대로 지껄이며 열을 올렸다. 그 가운데에는 아주 상스러운 추문에 가까운 내용도 있었다. 그런 이야기를 들으며 우리의 주인공이 떠올린 것은 어느 책에서 읽은 그리스·로마의 관습이었다. 즉 특정한 축제나 의식이 열릴 때 노예들에게 자유를 베풀어, 주인 앞에서도 아무런 통제 없이 마음껏 지껄일 수 있도록 하는 관습이었다.

보병 2개 중대로 이루어진 우리의 작은 군대는 그날 밤 묵기로 예정되어 있던 숙소에 마침내 도착했다. 하사관은 총지휘관인 중위에게 그날 행군 도중 신병 두 명을 보충했다고 보고했다. 그중 한 명은 키가 거의 6피트나 되고 훌륭하게 균형 잡힌 체격에 사지가 튼튼한, 자기가 여태까지 본 중 가장 다부진 병사(술고래 신사를 말했다)라고 말했으며, 다른 한 명(존스를 지칭했다)은 후열에 세우면 충분히 역할을 다할 것이라고 말했다.

두 신병이 중위 앞에 불려나왔다. 장교는 먼저 소개된 신장 6피트의 대장부를 살펴본 다음 존스를 검열하러 다가왔다. 그를 본 중위는 다소 놀라움을 감추지 못했다. 훌륭한 옷에 걸맞은 품위를 갖추고 있는데다, 그 표정에는 천한 자에게서는 찾아볼 수 없는 위엄이 서려 있었기 때문이다. 그런 기품은 상관에게서도 좀처럼 찾아보기 힘들었다.

중위가 말했다. "하사관이 보고하기를 자네가 내가 지휘하는 이 중대에 입대하길 원했다던데, 맞나? 그게 사실이라면 우리는 기꺼이 자네를 받아들이겠네. 신사가 중대에 들어와 총을 잡는다면 중대로서도 대단한 명예가 될 테니까."

존스가 대답했다. "입대한다는 말은 한 적이 없지만, 여러분이 싸우러 가는 영광스럽고 정의로운 전투에 꼭 참전하고 싶어 의용병으로 따라가고자 한 것입니다." 그러고는 중위에게 온갖 찬사를 바친 뒤, 귀하의 지휘를 받게 된다면 더없이 만족할 것이라고 말을 맺었다.

중위도 정중한 인사로 보답하고, 상대방의 결심을 칭찬하며 악수를 청했다. 그런 다음, 자신과 함께 다른 장교들과 식사를 하자고 초대했다.

12
장교들과의 모험

앞 장에서 언급한, 이 부대의 지휘관인 중위는 예순에 가까운 사람이었다. 그는 아주 젊었을 때 입대해, 타니에르 전투 때는 소위로 참전했었다. 그때 두 군데에 부상을 입으며 혁혁한 공을 세운 덕에 전투가 끝나자마자 말버러 공작*³에게 발탁되어 중위로 진급했다.

그런데 그 뒤 거의 40년을 중위 계급에 머물러 있었다. 그동안 무수한 사람에게 추월을 당해 지금은 애송이의 지휘를 받는 굴욕을 맛보고 있었다. 그가 처음 입대했을 때는 그 애송이들의 아버지들조차 아직 보모의 보호를 받고 있었다.

그가 이토록 승진에서 뒤처진 것은 단순히 요직에 친구가 없기 때문만이 아니었다. 불행하게도, 오랫동안 이 연대를 지휘하고 있는 대령의 심기를 건드린 것이다. 그러나 이 대령이 그에게 깊은 앙심을 품은 것은 결코 그가 장교로서 태만하다거나 무능력하다거나 인간으로서 결점이 있어서가 아니었다. 그것은 순전히 그의 아내가 분별없이 행동하기 때문이었다. 그의 아내는 매우 아름답고 남편을 몹시 사랑했지만, 대령이 요구한 특별한 호의를 제공하고 그 대가로 남편의 진급을 사려고 하지는 않았던 것이다.

가엾은 중위가 더욱 불행했던 점은 대령의 적의에 피해를 받으면서도 그것이 어떤 적대감인지 알지도 상상하지도 못했다는 것이다. 대령의 적의를 불러일으킬 만한 원인 제공을 한 기억이 없는 만큼 그는 자신이 미움을 받고 있다고는 꿈에도 상상하지 못했다. 섬세한 명예심을 지닌 남편이 무슨 짓을 저지를지 모른다는 걱정에, 아내는 자신을 흠모하는 사내를 정복하는 승리감을 맛볼 생각도 않고 그저 정조를 지키는 데 만족했던 것이다.

---

*3 영국의 명장 존 처칠을 가리킴.

이 불행한 중위(이렇게 불러도 좋다고 생각한다)는 군인으로서의 장점 말고도 훌륭한 자질을 많이 지닌 사람이었다. 신앙심 깊고 정직하고 심성이 고왔으며, 지휘관으로서도 흠 잡을 데가 없었으므로 같은 중대 부하들뿐만 아니라 연대 모든 병사에게 대단한 존경과 사랑을 받았다.

그와 함께 행군하던 장교들 중에 프랑스 출신 중위도 있었다. 이 사람은 모국어를 잊어버릴 정도로 프랑스를 떠나온 지 오래됐지만, 영어를 잘 구사할 정도로 영국에 오래 거주하지도 않았다. 따라서 어느 쪽 언어도 서투른 그는 일상적인 의사표시도 제대로 하지 못했다. 그 밖에 소위 두 사람이 있었는데, 그들은 모두 젊었다. 한 명은 변호사 밑에서 자란 사람이었고, 다른 한 명은 어느 귀족 댁 집사의 아들이었다.

식사가 끝나자마자 존스는 병사들이 행군 중에 와자지껄하게 떠들던 이야기를 꺼낸 뒤 말했다. "정말로 시끄럽게 떠들어대긴 했지만, 막상 적과 대치하게 되면 트로이군이 아니라 그리스군처럼 행동하리라 확신합니다."

소위 중 한 사람이 말했다. "그리스군과 트로이군이라고? 그게 대체 어느 나라 군대요? 유럽에 있는 군대는 죄다 들어봤지만, 그런 이름은 처음 듣는걸."

덕망 높은 중위가 말했다. "실제보다 더 무식한 척을 하는군, 노서턴 군. 그리스군과 트로이군에 대한 얘기를 들어본 적이 있을 텐데. 포프가 번역한 호메로스의 작품을 못 읽어봤다 해도 말일세. 이 신사께서 말을 꺼내시니 기억나는데, 그 책에서 호메로스는 트로이군을 꽥꽥거리는 거위에 비유하며 그리스군의 침묵을 극구 칭찬했지. 그러니 내 명예를 걸고 말하건대, 이 후보생의 말은 아주 일리가 있다네."

프랑스인 중위가 말했다. "그래요! 나 기억나요. 학교에서 읽었어요. 다시에르 부인이 번역한 걸로. 그리스군, 트로이군, 한 여자 때문에 싸웠어요. 맞아, 맞아. 나 읽었어요."

노서턴이 말했다. "그 '호모'*4라는 자식을 생각하면 치가 떨리오. 내 엉덩이에 그 자식 때문에 생긴 흉터가 아직도 남아 있다니까. 우리 연대에 언제나 호주머니에 그 '호모'를 넣어 갖고 다니는 토머스라는 녀석이 있는데, 눈에 띄는 날엔 확 불살라 버리겠소. 코르데리우스*5라는 재수 없는 놈도 있

---

*4 '호메로스'를 잘못 말한 것. 학창시절 호메로스의 작품을 외지 못해 선생님에게 혼난 일을 가리키는 것으로 풀이할 수 있다.

는데, 난 그놈 덕분에 죽도록 얻어맞았죠."

중위가 말했다. "노서턴 군, 자네도 학교를 다니긴 했나보군."

그가 대답했다. "다니고말고요, 빌어먹을. 날 학교 같은 데다 처넣다니, 아버지 따윈 악마에게나 잡혀 가라지! 그 영감탱이는 날 목사로 만들 생각이지 뭡니까. 염병할, 하지만 뜻대로는 안 될 겁니다. 악마가 그 말도 안 되는 생각을 눈치챌 테니까요. 우리 연대의 지미 올리버란 놈도 하마터면 목사가 될 뻔했죠. 그랬더라면 정말이지 불행한 일이었을 겁니다. 그런 미남은 세상 어디를 찾아봐도 없을 테니까요. 그런데 녀석은 내가 우리 영감한테 한 것보다 더 심한 짓을 했어요. 지미는 쓸 줄도 읽을 줄도 모르거든요."

중위가 말했다. "친구를 아주 좋게 평가하는구먼. 뭐, 그럴 가치가 있어서 그러는 거겠지. 그런데 노서턴 군, 그 바보 같고 못돼먹은 욕하는 버릇은 좀 버리게. 그런 욕설에 재치나 예절이 담겨 있다고 생각한다면, 내 단언하지만 대단한 착각일세. 또 내 충고를 받아들여, 목사 욕도 그만하길 바라네. 그 대상이 누가 됐든 남을 욕하는 건 좋지 못한 일이지만, 특히 성직자를 욕하는 것은 더욱 그렇다네. 어떤 사람을 욕한다는 건 그 사람의 직업을 욕하는 것이거든. 더구나 개신교를 수호하기 위해 싸우러 간다는 자가 그런 언행을 보이는 것이 얼마나 부조리한 일인지 스스로 판단해보기 바라네."

잭 애덜리라는 이름의 또 다른 소위는 그때까지 양 발뒤꿈치를 부딪치며 콧노래를 흥얼거릴 뿐 이야기에 집중하지 않는 듯했다. 그런 그가 마침내 입을 열었다. "O, Monsieur, on ne parle pas de la religion dans la guerre(전쟁터에서 종교 이야기는 금물입니다)."

노서턴이 큰 소리로 말했다. "말 한번 잘했네, 잭. 종교가 전쟁의 유일한 이유라면 목사들더러 싸우라고 해야지."

존스가 말했다. "여러분은 어떻게 생각할지 모르겠지만, 난 자신이 믿는 종교를 위해 싸우는 것만큼 숭고한 일은 없다고 생각합니다. 지식은 짧지만, 내가 읽은 역사책을 보아도 종교에 빠진 병사들만큼 용감하게 싸우는 예는 없고요. 저도 누구 못지않게 국왕 폐하와 이 나라를 사랑하지만, 의용병이 되기로 결심한 동기에는 개신교를 위해서라는 명분이 조금은 포함되어 있습니다."

---

*5 로마의 역사가 코르넬리우스(Cornelius Nepos)를 잘못 말한 것. 역시 교과서에 그의 작품이 실렸던 것으로 상상해볼 수 있다.

노서턴이 애덜리에게 눈짓을 보내며 교활하게 속삭였다. "저 잘난 척하는 녀석에게 골탕을 먹이세, 애덜리." 그러고는 존스에게 말했다. "우리 연대를 선택해 의용병이 되어주어 정말 기쁘네. 연대 목사가 과음이라도 하는 날엔 자네가 대신 그 역할을 해줄 테니 말이야. 자네, 대학은 나왔겠지? 실례가 되지 않는다면 어느 학과 출신인지 알려주겠나?"

존스가 대답했다. "아니요, 대학은 근처에도 못 가봤습니다. 그래도 소위 님보다는 낫지요. 학교라곤 다녀본 적이 없거든요."

소위가 큰 소리로 말했다. "꽤 학식이 있어 보이기에 틀림없이 그럴 거라고 생각했는데."

존스가 대꾸했다. "소위님, 학교에 다니지 않았어도 이치를 아는 사람이 있지요. 학교에 다녀도 아무것도 모르는 사람이 있는 것처럼요."

중위가 큰 소리로 말했다. "거참 좋은 말이네, 젊은 지원병. 노서턴 군, 자네 이 젊은이를 그냥 놔두는 게 낫겠네. 자네에겐 버거운 상대야."

노서턴은 존스의 빈정거림이 거슬렸으나, 겨우 이 정도 일로 주먹을 휘두르거나 이 새끼 저 새끼 하며 욕설을 퍼부을 수는 없는 노릇이었다. 그러나 딱히 다른 응수 방법이 떠오르지는 않았다. 그는 일단 침묵을 지키며, 욕설로 앙갚음할 기회를 노렸다.

존스 군이 건배를 제의할 순서가 돌아왔다. 그는 사랑하는 소피아의 이름을 언급하지 않을 수 없었다. 더구나 그 자리에 있는 그 누구도 그녀가 누구인지 짐작하지 못하리라고 생각했으므로, 조금도 거리낌없이 그녀의 이름을 불렀다.

그러나 건배 선창자인 중위는 소피아란 이름만으로는 만족하지 않고, 성까지 말하라고 주장했다. 존스는 조금 망설였지만 이내 소피아 웨스턴 양이라고 밝혔다. 그러자 노서턴 소위가 누군가가 그녀의 신원을 보증하지 않으면, 자기 연인의 이름을 부르며 건배 제의를 할 때와 같은 마음으로 그녀의 건강을 축복하는 일은 할 수 없다고 선언했다. 그가 말했다. "난 소피 웨스턴이란 여자를 아는데, 그녀는 바스에 사는 젊은 놈들 절반 정도와 잠자리를 함께했지. 아마 그 여자를 말하는 것 같은데." 존스는 정색을 하며 그렇지 않다고 단언하고, 자기가 말한 숙녀는 상류층 부잣집 아가씨라고 주장했다. 소위가 말했다. "맞아, 맞아. 내가 아는 여자도 그런 집안 출신이지. 같은 여자가 틀림없어. 버건디 여섯 병을 걸어도 좋네. 그 여자라면 우리 연대의 톰 프렌치가 브리짓 거리에 있는 아무 여관에나 데려와 우리 모두를 상대하게 해줄 거야." 그러더니 그녀의 외모를 정확하게 설명하고(실제로 그녀의 고모와 함께 있는 소피를 본 적이 있었다) 이렇게 말을 맺었다. "그녀의 아버지는 서머싯셔에 엄청난 땅을 가지고 있지."

사랑이라는 애틋한 감정을 품은 사람은 자기 연인의 이름이 조금이라도 우스갯거리가 되는 것을 참지 못한다. 존스는 연인으로서, 또 영웅으로서 충분한 면모를 갖추고 있었지만, 이 비방을 듣고도 생각만큼 재빠르게 분개하지 않았다. 사실 이런 종류의 농담을 들어본 적이 없었기 때문에 그 뜻을 금방 이해하지 못한 것이다. 한참을 그는 노서턴이 자신의 애인을 정말로 다른 사람으로 착각한 것이라고 생각했다. 그러나 곧 속뜻을 깨닫고 소위에게 몸을 돌리며 단호하게 말했다. "소위님, 농담을 할 거라면 다른 주제로 해주십시오. 그 숙녀분의 인품을 가지고 농지거리를 한다면 참지 않겠습니다."

소위가 소리쳤다. "농지거리라니! 난 아주 진지하다고. 연대의 톰 프렌치가 바스에서 그 여자와 그 여자의 고모를 둘 다 차지했었어."

존스가 외쳤다. "그렇다면 나도 엄청 진지하게 말하겠는데, 당신은 세상에서 가장 무례한 놈이야!"

존스가 이 말을 내뱉자마자 소위는 욕설을 연발하며 존스의 머리를 정통으로 겨냥하여 술병을 집어던졌다. 존스는 오른쪽 관자놀이 바로 윗부분에 술병을 맞고 바닥에 쓰러졌다.

적이 눈앞에서 꼼짝도 않고 쓰러진 채 상처에서 엄청난 피를 흘리는 모습을 본 승리자는 그 이상 있어봐야 더 얻을 명예가 없다고 판단하고 퇴각을 결심했다. 그때 중위가 문 앞을 가로막으며 끼어들어 퇴로를 차단했다.

노서턴은 중위에게 제발 자기를 보내달라고 끈질기게 간청했다. 그대로 남아 있다간 엄청난 재앙이 닥칠 것이라며 우는 소리를 하고, 그 상황에서 자기가 그렇게 응수하는 것밖에 달리 무슨 수가 있었겠느냐고 호소했다. "젠장! 그냥 농담을 한 겁니다. 내 평생 웨스턴 양에 대한 나쁜 소문은 들어본 적이 없어요."

중위가 말했다. "들어본 적이 없다고? 그렇다면 병을 집어던진 죄와 그런 지저분한 농담을 한 죄로 이중처벌을 받아야겠군. 교수형을 받아 마땅해. 자네는 체포됐네. 자네 신병을 확보할 적당한 병사가 올 때까지 여기서 한 발자국도 움직일 수 없네."

이 소위는 우리의 중위에게 적수가 못 되었다. 우리의 가엾은 주인공을 바닥에 때려눕힌 불같은 용기를 가졌어도 중위를 상대로 허리춤에 찬 칼을 빼들기에는 역부족이었다. 하긴 그것도 칼이 허리춤에 꽂혀 있을 때 성립되는 이야기이다. 실은 장교들의 칼은 모두 벽에 걸려 있었고, 싸움이 시작된 순간부터 프랑스인 중위가 그 칼들을 보관하고 있었다. 노서턴 소위는 사태가 수습될 때까지 그 자리에 꼼짝없이 있어야 했다.

프랑스 신사와 애덜리 군이 지휘관의 명령을 받고 존스의 몸을 들어 올렸다가, 살아 있는 기색이 전혀 안 보이자 도로 내려놓았다. 애덜리는 자신의 조끼에 피가 묻었다며 존스를 욕했다. 프랑스인이 진지하게 말했다. "젠장, 영국인 시체, 만지면 안 되는데. 영국 법에 마지막으로 시체 만진 사람이 사형을 받아요. 나 들은 적이 있어요."

선량한 중위가 문가로 가서 벨을 울리자 즉시 사환이 달려왔다. 중위는 사환에게 소총병 두 명과 외과 의사를 불러오라고 지시했다. 명령을 실행하며 사환이 자기가 본 것을 설명하자 병사들은 물론이요 여관 주인, 그 아내, 하인들, 거기에 마침 여관 안에 있던 사람들까지 우르르 몰려왔다.

그 뒤의 광경을 세세하게 묘사하고 모든 대화를 옮기기란 역부족이다. 내게 펜이 40자루 있고, 모든 사람의 입에서 나온 말을 그 40자루의 펜을 동시에 움직여 쓸 수 있다면 모르겠지만 말이다. 독자 여러분께서는 가장 주목할 내용에만 만족하시고, 나머지는 너그러이 넘어가주시기 바란다.

첫 번째 조치는 노서턴의 신병 확보였다. 그는 상등병을 우두머리로 하는 여섯 병사에게 인도되어, 자신이 그렇게도 떠나고 싶어 했던 현장에서 연행되어 나갔다. 그러나 불행히도 그 목적지는 그가 너무나도 가고 싶어 하지 않는 곳이었다. 야망이라는 욕망은 몹시 변덕스럽다. 이 청년도 앞서 말한 명예를 획득한 바로 그 순간부터 공훈에 대한 소문이 자기 귀에 도달하지 않는 머나먼 세상 한구석에 처박힌다면 더 바랄 것이 없다고 생각했다.

우리도 놀랐지만 독자 여러분께서도 들으면 놀라실 내용이 있다. 이 훌륭하고 선량한 중위가 가해자를 호송하는 일에만 정신이 팔려 피해자의 생명을 유지하는 일을 소홀히 했다는 사실이다. 이 보기 드문 행동이 빚어낸 결과를 설명하겠다는 엉뚱한 의도에서 이 사실을 들먹인 것이 아니다. 나중에 어느 비평가가 자신이 이 사실을 처음으로 발견했다며 우쭐해 하는 걸 막기 위해서이다. 우리도 비평가 나리들 못지않게 어떤 사람의 성격에서 이상한 면을 식별해낼 줄 안다는 사실을 그네들이 알아주길 바란다. 하지만 우리의 임무는 사실을 있는 그대로 이야기하는 것이다. 우리가 이야기한 사실을 자연이라는 원본과 대조하는 일은 박식하고 현명하신 독자 여러분의 몫이다. 원본 어디어디라고 일일이 출처를 밝힐 수는 없지만, 우리 작품 속의 모든 구절은 자연에서 베낀 것이다.

지금 도착한 사람들은 중위와 성향이 달랐다. 그들은 소위의 신병에 관한 호기심을 유보하고, 조금 더 관심을 가지고 지켜보기로 했다. 그들의 모든 관심과 걱정은 바닥에 피범벅이 되어 쓰러져 있는 피해자로 향했다. 피해자를 의자에 똑바로 앉히자, 살아 있다는 증거로 조금씩 움직임을 보이기 시작했다. 그 징후를 확인하자마자(처음에는 모두가 존스를 죽은 줄로 생각했다) 사람들이 앞다투어 의약 처방을 내놓았다(의학과 관련이 있는 사람이 아무도 없었으므로 모두가 의사 역할을 자처하고 나선 것이다).

만장일치로 이야기된 것이 사혈이었지만, 불행하게도 시술자가 없었다. 이번에는 너도나도 외쳐댔다. "이발사를 불러와!" 그러나 모두 한 발자국도 움직이지 않았다. 각성제 이름이 수도 없이 거론되었지만, 역시 가지러 가는 사람이 없었다. 마침내 여관 주인이 독한 맥주 한 잔을 가져오라고 고함을 질렀다. 그것이 영국에서 가장 잘 듣는 각성제라는 것이었다.

이때 가장 도움이 된 사람이, 아니 조금이라도 도움이 된 사람이, 또는 도움이 될 듯이 보인 유일한 사람이 바로 여관 안주인이었다. 그녀는 자신의 머리카락을 조금 잘라 그것을 상처 부위에 대어 지혈을 하고, 한 손으로는 청년의 관자놀이를 문질렀다. 남편이 내린 맥주 처방에 큰 경멸감을 표시한 뒤, 하녀에게 찬장에 가서 브랜디 한 병을 가져오라고 시켰다. 술이 오자 마침 막 의식이 돌아온 존스를 설득하여 한 모금 가득 마시게 했다.

곧 외과 의사가 도착했다. 그는 상처를 살펴보고 존스의 머리를 흔들어본 뒤, 지금까지 취해진 모든 조치를 비난하고는 환자를 당장 침대로 옮기라고 명령했다. 우리로서도 그를 잠시 쉬도록 내버려두는 것이 좋다고 생각하는 바이므로 이쯤에서 이 장을 마감하겠다.

여관 안주인의 장황한 연설, 외과 의사의 대단한 학식,
고귀한 중위님의 빈틈없는 궤변 솜씨

부상자가 침대로 옮겨지자, 집 안은 이 사건으로 야기되었던 소란에서 벗어나 평화를 되찾았다. 안주인이 지휘관에게 말했다. "중위님, 저 젊은이가 장교님들에게 무례한 짓을 한 게 틀림없죠? 그렇다면 죽음을 당하는 게 마땅한 결과죠. 신사분들은 아랫것들을 한 자리에 끼워줄 때 너무 친절하게 대해주면 안 돼요. 하지만 전남편이 종종 말했듯이, 그 이치를 아는 분은 거의 없죠. 저 같으면 어중이떠중이가 신사분들 사이에 끼어드는 일을 절대로 허락하지 않아요. 저는 저 젊은이가 장교인줄 알았지 뭐예요. 하사관님한테 듣자하니 그냥 신병이라면서요?"

중위가 대답했다. "아주머니, 뭔가 오해를 하고 있군요. 저 청년은 매우 훌륭하게 처신했습니다. 그를 때려눕힌 소위 놈보다 훨씬 훌륭한 신사죠. 저 청년이 죽었다면 그를 공격한 녀석은 땅을 치고 후회하게 됐을 겁니다. 연대에서 군의 수치이자 골칫거리인 그 녀석을 쫓아내 버렸을 테니까요. 그놈이 정의의 손아귀에서 벗어나는 일은 결단코 없을 겁니다."

안주인이 말했다. "어머나, 세상에! 그랬군요! 그걸 어찌 알았겠어요? 맞아요, 맞고말고요. 중위님께서 정의의 심판을 바라는 것은 지당한 일이죠. 정의는 누구에게나 공정하게 적용되어야 해요. 신사가 가엾은 아랫사람을 죽이고도 책임을 지지 않는 일이 생겨선 안 되죠. 윗분들과 마찬가지로 불쌍한 사람들에게도 구원받아야 할 영혼이 있으니까요."

중위가 말했다. "아주머니는 저 의용병을 잘못 보신 겁니다. 그는 소위 따위보다 훨씬 훌륭한 신사예요."

안주인이 큰 소리로 말했다. "세상에, 그렇군요! 제 전남편은 현명한 사람이었는데, 자주 이런 말을 했어요. 겉모습만 봐선 내면은 알 수 없다고요. 그러고 보면 저 청년의 겉모습도 훌륭했을지 모르겠군요. 저 젊은이가 피투성이가 되기 전 모습은 보질 못했으니까요. 그걸 어찌 상상하겠어요? 실연에 빠진 젊은 신사일는지도 모르겠네요. 진짜로 죽기라도 했다면 부모님이 얼마나 상심하셨을까! 그런 심한 짓거리를 하다니, 소위란 자에게 악마가

썬 게 틀림없어요. 중위님 말씀처럼 정말 군대의 수치지 뭐예요. 실제로 제가 여태까지 본 군인들 가운데 그런 사람은 없었어요. 직업은 군인이어도, 그리스도교도의 피를 흘리는 일을 경멸하는 분들 뿐이었죠. 제 말은, 전남편이 말하곤 했듯이, 시민으로서 말입니다. 물론 전쟁터에 나가면 당연히 피를 봐야죠. 그건 비난받을 일이 아니에요. 적은 많이 죽일수록 좋으니까요. 진심으로 바라건대, 적 따위는 한 명도 남김없이 해치워주세요."

중위가 미소를 띠며 말했다. "오, 저런! 아주머니, 그건 조금 살벌한 소망이군요."

그녀가 대꾸했다. "천만에요. 조금도 살벌하지 않아요. 적이잖아요? 적을 죽여 해가 될 게 뭐가 있어요? 적들이 죽으면 전쟁이 끝나고, 그래서 세금이 줄어들기를 바라는 마음은 자연스러운 것이죠. 이렇게 세금이 높아서야 어떻게 먹고 살겠어요? 창문세만 하더라도 40실링이 넘는다니까요. 막을 만한 창문을 다 막고도 그 정도랍니다. 집 안이 컴컴한 동굴 속 같아요. 세금 징수원한테 말씀 좀 해주세요. 우리한텐 좀 적당히 하라고. 우린 정부의 훌륭한 친구잖아요? 그렇고말고요. 정부에 돈을 퍼다 바치고 있지 않습니까? 종종 생각하는 건데, 그럼에도 정부는 땡전 한 푼 안 내는 사람들보다 우리에게 더 고마워해야 한다는 생각을 안 하는 것 같아요. 맞아요, 맞아. 세상 이치란 그렇고 그런 거죠."

그녀가 웅변을 계속하고 있을 때 외과 의사가 방으로 들어왔다. 중위가 즉시 환자 상태를 물었다. 그러나 대답은 간단했다. "절 부르지 않았다면 지금쯤 훨씬 안 좋았을 겁니다. 지금으로 봐선 더 빨리 부르러 왔다면 더 좋았겠지만."

중위가 말했다. "두개골이 깨진 건 아니겠죠?"

의사가 큰 소리로 말했다. "흠, 골절만 위험한 건 아닙니다. 타박상이나 열상이 골절일 때보다 안 좋은 증상을 동반하여 치명적인 결과를 낳기도 하지요. 뭘 모르는 사람들은 두개골만 깨지지 않으면 괜찮은 줄 아는데, 전 차라리 두개골이 산산조각 난 편이 낫다 싶을 정도로 심한 타박상 환자를 치료한 적이 있답니다."

중위가 말했다. "저 환자한테는 그런 증상이 나타나지 않았으면 좋겠군요."

의사가 대답했다. "증상이란 언제나 부정확하고 불규칙합니다. 아침에 걱정스럽던 증상이 점심에 호전되었다가 저녁에 다시 악화하는 예도 있지요. 외상에 대해 말하자면 Nemo repente fuit turpissimus(갑작스레 악화하는 사람은 없다)라는 표현이 정답이겠군요. 전에 어떤 환자를 치료하러 갔던 일이 생각나네요. 정강이뼈에 타박상을 입은 사람이었는데, 그 때문에 외부 진피가 벗겨져 엄청난 출혈을 하고 있었습니다. 내부 세포막이 분리되어 os 즉 뼈가 vulnus 즉 벌어진 상처 부위로 아주 선명하게 보였죠. 동시에 발열 증상도 나타나 (맥압이 강하니 사혈해야 한다는 것을 시사해주죠) 당장이라도 괴저를 일으킬 염려가 있었습니다. 이를 막기 위해 즉시 왼팔 정맥에 큰 구멍을 내고 20온스의 피를 빼냈습니다. 저는 혈액이 늑막염 환자의 피처럼 아주 끈끈하고 교질상태이며 응고되어 있으리라 예상했죠. 그런데 놀랍게도 색이 아주 선명한 것이 마치 장밋빛 같고, 농도도 아주 건강한 사람의 혈액과 별반 차이가 없는 겁니다. 저는 국부에 찜질법을 사용했는데, 이 치료법이 아주 적절했습니다. 서너 차례 치료를 반복하자 상처에서 진한 고름이 나오고, 그 때문에 유착이……. 아, 이런 전문적인 이야기는 이해가 잘 안 가시죠?"

"솔직히 하나도 못 알아듣겠군요."

"그렇다면 중위님을 따분하게 만드는 건 그만두기로 하죠. 간단히 말해, 6주 안에 그 환자는 타박상을 입기 전과 똑같이 걸을 수 있게 되었답니다."

"그런데 한 가지만 가르쳐주시지 않겠습니까? 저 젊은 신사가 운 나쁘게 입은 상처가 치명적인지 아닌지를요."

의사가 대답했다. "겨우 한 번 치료해놓고 상처가 치명적이니 아니니 하는 것은 어리석기 그지없는 억단이지요. 인간은 누구나 죽습니다. 치료 중에는 그 어떤 명의도 예상하지 못한 증상이 나타나는 예가 수두룩하죠."

"환자가 위험한 상태라는 겁니까?"

의사가 큰 소리로 말했다. "위험하냐고요! 제아무리 건강한 사람이라 할지라도, 우리가 인간인 이상 죽음의 위험에 노출되어 있지 않은 사람이 있을까요? 따지고 보면 저만한 상처를 입었는데 위험하지 않다고 단언할 수 없죠. 지금으로서는 저 같은 의사를 부르길 정말 잘하셨다는 것과, 좀 더 빨리 불렀더라면 더 좋았을 뻔했다는 말씀밖에 드릴 수가 없군요. 내일 아침 일찍 다시 그를 보러 오겠습니다. 그동안 절대 안정을 시키시고, 미음을 충분히 먹이세요."

여관 안주인이 물었다. "셰리주에 우유와 설탕을 좀 타서 먹여도 될까요?"

의사가 큰 소리로 말했다. "되고말고요. 단 도수는 아주 낮아야 하오."

그녀가 덧붙였다. "닭고기 국물은 어떨까요?"

"아주 좋죠. 닭고기 국물은 아주 좋아요."

"젤리를 만들어줘도 괜찮을까요?"

"괜찮다마다요. 젤리는 상처에 아주 좋아요. 상처를 빨리 아물게 해주거든요." 안주인이 수프나 하이소스 따위를 언급하지 않은 게 다행이었다. 의사는 단골 고객을 놓치지 않으려고 뭐든 다 괜찮다고 대답했을 것이기 때문이다.

의사가 떠나자마자 안주인은 의사의 명성을 자랑삼아 떠들어댔다. 그러나 짧은 대면을 통해 중위가 느낀 것은 이 착한 아낙과 이웃 사람들이 생각하는 것만큼 그 의사의 솜씨가 대단하지 않다는 것이었다(안주인과 이웃들의 의견이 옳을 수도 있다). 사실 다소 허세꾼이긴 해도 매우 뛰어난 외과 의사일지 모르는 것 아닌가?

박식한 의사의 설명을 듣고 존스 군이 큰 위험에 빠진 건 아니라고 짐작한 중위는 노서턴을 엄중히 감시하라는 명령을 내렸다. 날이 밝으면 자신이 직접 그를 치안판사에게 데리고 가고, 부대를 글로스터까지 인솔해 가는 일은 프랑스인 중위에게 맡길 생각이었다. 제대로 읽고 쓰고 말하는 언어는 한 개도 없지만 그래도 그는 훌륭한 장교였다.

저녁이 되자 우리의 지휘관은, 괜찮다면 문병을 가겠노라고 존스 군에게 전언을 보냈다. 존스가 이 정중한 인사를 매우 고맙게 받아들였으므로 중위는 그의 방으로 올라갔다. 직접 보니 부상자는 생각보다 훨씬 좋은 상태였다. 한술 더 떠 존스는 의사의 엄명만 없었더라면 진작 자리를 박차고 일어났을 것이라고 말했다. 병에 맞은 쪽 머리가 심하게 지끈거릴 뿐 다른 곳은 아무렇지도 않다는 것이었다.

중위가 말했다. "자네 생각대로 아무 문제없다면 정말 기쁜 일일세. 당장이라도 가해자를 응징할 수 있을 테니 말이야. 구타 사건이 좀처럼 해결되지 않을 땐 상대방에게 되도록 빨리 결투를 신청하는 것이 가장 좋은 방법이지. 하지만 자네가 실제 이상으로 건강을 확신하는 건 아닌지 걱정스럽군. 결투를 하기엔 아직 무리일지도 몰라."

존스가 대답했다. "하지만 하고 싶습니다. 칼을 빌려 주신다면요. 전 칼이 없거든요."

중위가 존스에게 입을 맞추며 큰 소리로 말했다. "친애하는 젊은이, 칼은 기꺼이 빌려줌세. 자네는 용감한 젊은이야. 그 기백이 맘에 드네. 하지만 자네 체력은 걱정이 되는군. 그 정도 타격과 출혈이면 꽤 기운이 떨어졌을 테니 말이야. 누워 있을 땐 모르겠지만, 한두 차례 칼을 휘두르다 보면 체력이 얼마나 약해졌는지 깨닫게 될 걸세. 그러니 오늘 밤 결투를 신청하는 것에는 찬성할 수 없군. 그러나 걱정 말게. 틀림없이 자네는 며칠 사이에 우리 부대를 따라잡을 걸세. 그때가 되면 반드시 원수를 갚도록 해주지. 그렇지 않다면 자네에게 해를 입힌 그 녀석을 우리 부대에 머무르지 못하게 할 걸세."

존스가 말했다. "오늘 밤에 끝장을 보고 싶습니다. 중위님 말씀을 들으니 가만히 누워 있을 수가 없군요."

중위가 대꾸했다. "그런 생각 말게. 며칠 늦어진다고 달라지는 건 아니야. 명예에 입은 상처는 몸에 입은 상처와 달라서 치료가 좀 늦어져도 치명적이지 않지. 일주일 뒤에 치료한다 해도 전혀 문제될 것 없어."

존스가 말했다. "하지만 제가 점점 상태가 나빠지다 죽을 수도 있지 않습니까?"

중위가 대답했다. "그렇더라도 자네 명예를 걱정할 필요는 없네. 내가 자네 인품을 세상에 널리 알리겠네. 회복이 되면 용감한 사나이답게 행동할 작정이었다고 세상에 증언해줌세."

존스가 대꾸했다. "그래도 결투를 늦추는 건 꺼림칙합니다. 군인이신 중위님께 이런 말씀을 드려도 좋을지 모르겠습니다만, 전 행실은 바르지 않을지언정 진지한 순간에는 뼛속 깊이 그리스도인이거든요."

장교가 대꾸했다. "나도 마찬가지네. 그것도 아주 독실한 그리스도인이지. 그래서 자네가 식사 자리에서 종교라는 대의명분을 들고 나왔을 때 몹시 기뻤다네. 그런데 지금 자신의 신앙을 남 앞에서 공언하기를 주저하는 모습을 보니 조금 못마땅하구먼."

존스가 큰 소리로 말했다. "하지만 진정한 그리스도인을 자처하는 사람이 마음속에 증오를 품는다는 게 얼마나 무시무시한 일입니까? 남을 미워하지 말라고 명백하게 금하신 높으신 하느님의 명령에 반하는 일이니 말입니다. 병상에 누워 어떻게 그런 것을 참고 있겠습니까? 마음속에 그런 악한 마음을 품고 어떻게 신 앞에 설 수 있단 말입니까?"

중위가 큰 소리로 응수했다. "물론 그런 명령도 있지만, 명예를 존중하는 사람이라면 마땅히 그 명예를 지켜야지. 자네도 군대에 들어올 작정이라면 명예를 중시해야 하네. 전에 펀치를 마시면서 우리 부대 목사님께 그 문제를 물어본 일이 있었는데, 그분도 아주 어려운 문제라고 말씀하셨지. 결론은 군인에게는 어떤 특권이 허용되어도 좋다는 것이었네. 솔직히 그런 특권이 의무였으면 좋겠네. 누구든 명예를 잃고는 살 수 없는 법이니까. 절대 못살지, 못살고말고. 이보게, 착한 그리스도인으로 사는 것도 좋네. 하지만 동시에 명예도 존중해야 해. 절대로 모욕을 참지 말게. 책에 뭐라고 쓰여 있건, 이 세상 목사들이 뭐라 말하건, 난 설득당하지 않을 걸세. 나는 종교도 사랑하지만 명예는 더욱 사랑해. 틀림없이 성경이 본디 잘못 쓰였거나, 번역이나 해석을 하는 과정에서 뭔가 실수가 있었을 걸세. 어쨌든 남자라면 명예를 지켜야 하고, 그것을 위해서라면 위험도 감수해야 하네. 그러니 오늘 밤은 쉬도록 하게. 복수할 기회는 반드시 만들어줄 테니까." 이렇게 말하며 그는 존스에게 진심 어린 입맞춤을 하고 악수를 한 뒤 방을 나갔다.

중위의 논리는 그 자신에게는 아주 만족스러운 것이었지만, 존스에게는 꼭 그런 것만도 아니었다. 존스는 이 문제를 곰곰이 생각한 뒤 마침내 어떤 결단을 내렸다. 독자 여러분께서는 다음 장에서 그 내용을 아시게 될 것이다.

14
대부분의 독자 여러분이 저녁 무렵,
특히 혼자 있을 때 감히 마주하지 못할 아주 무시무시한 장

존스는 왕성한 식욕을 보이며 닭고기 국물을 한 그릇 가득 마셨다. 재료로 쓰인 수탉 한 마리와 베이컨 1파운드를 주었대도 깡그리 먹어치웠을 것이다. 건강으로나 기백으로나 전혀 부족함이 없다는 사실을 확인하자, 그는 당장 자리에서 일어나 적을 찾아 나서기로 결심했다.

먼저 병사들 가운데 가장 먼저 알게 된 하사관을 불렀다. 불행하게도 이 유능한 하사관은 글자 그대로 코가 비뚤어지게 술을 마시고 진작 곯아떨어져 있었다. 어찌나 코를 심하게 골아대는지, 콧구멍에서 나오는 그 소리를 누르고 귓구멍에 다른 소리를 전달하기란 쉬운 일이 아니었다.

그러나 존스는 그를 꼭 만나야한다고 끈질기게 우겼다. 이윽고 목청 큰 사환이 하사관의 잠을 깨우고 전언을 전달하는 데 겨우 성공했다. 하사관은 전언을 듣자마자 침대에서 바로 일어났다. 옷은 이미 입고 있었으므로 곧장 존스를 찾아왔다. 존스는 그에게 자신의 의도를 털어놓기를 망설였다. 사실 하사관도 명예를 존중하는 군인이고 사람을 죽인 경험도 있기 때문에 털어놓는다 한들 크게 위험할 것은 없었다. 그는 이 비밀을 굳게 지켜줄 사람이었다. 아니, 밝혀봐야 아무런 보상도 약속되지 않은 비밀이라면 뭐든 지켜주었을 것이다. 그러나 존스로서는 알게 된 지 얼마 안 된 그에게 그런 미덕이 있다는 사실을 알 리 없었다. 따라서 그런 세심한 주의는 지혜롭고 칭찬할 만하다 하겠다.

그는 자기도 군대에 들어왔는데 군인에게 가장 필요한 도구인 칼이 없어 창피하다는 말로 이야기를 시작하고, 한 자루 구해준다면 대단히 고맙겠다고 덧붙였다. "정당한 값이라면 얼마든지 지불하겠소. 칼자루가 꼭 은이어야 할 필요도 없소. 그저 잘 들고, 군인이 차기에 어울리는 것이면 됩니다."

그날 일어났던 일을 잘 알고, 존스가 아주 위험한 상태라는 이야기를 들은 바 있는 하사관은 그런 지경에 처한 사람이 뜬금없이 한밤중에 이런 말을 하자, 존스의 머리가 아직 몽롱한 상태라고 즉시 결론지었다. 퍽 머리 회전이 빠른(흔히 쓰는 의미로) 그는 병자의 이런 상태를 이용해 먹기로 했다. "좋소. 내게 마침 좋은 칼이 한 자루 있소. 은제 칼자루가 달린 건 아니지만, 당신 말대로 은제 칼자루는 군인에게 어울리지 않지. 아무튼 훌륭한 칼자루가 달려 있고, 칼날은 유럽에서 으뜸이라오. 그 칼날로 말하자면—에, 그 칼날은—에잇, 당장 가지고 올 테니 직접 만져보시오. 아무튼 다시 건강해진 걸 보니 진심으로 기쁘오."

그는 금세 가서 칼을 가지고 돌아와 존스에게 건네주었다. 칼을 빼들어 본 존스가 몹시 흡족해 하며 가격을 물었다.

하사관은 자기가 가져온 물건에 대해 장광설을 늘어놓았다. 그가 말했다 (아니, 매우 진지하게 맹세했다). "이 칼은 데팅겐 전투 때 프랑스의 고급 장교에게서 빼앗은 것이죠. 머리통을 후려친 뒤 이 손으로 직접 그놈 허리춤에서 빼앗았소. 칼자루는 원래 금이었는데 그건 어느 훌륭한 영국 신사에게 팔았지. 당신은 이해가 안 가겠지만, 칼날보다 칼자루를 더 가치 있게 여기는 사람들이 있다오."

존스는 그의 말을 막고는 가격을 말해보라고 재촉했다. 존스가 완전히 돌았으며 목숨도 얼마 안 남았다고 생각한 하사관은 너무 적은 액수를 부르면 가문의 명예에 손상이 가지 않을까 걱정이 되었다. 그러나 잠깐 망설인 끝에 20기니를 요구하는 데 만족했다. 친형에게라도 그 이하의 가격으로는 절대 팔지 않겠노라고 우겼다.

존스가 깜짝 놀라 말했다. "20기니라고요! 날 미치광이로 생각하든지, 태어나서 칼을 한 번도 본 적 없는 사람이라고 생각하는 모양이군. 세상에, 20기니라니! 당신이 내게 사기를 칠 줄은 몰랐소. 자, 칼을 받으시오. 아니지, 그냥 갖고 있어야겠소. 내일 아침 중위님에게 보여주고, 당신이 요구한 액수를 말해봐야겠소."

이미 얘기했듯이, 하사관은 머리 회전이 빠른(앞서 말한 의미로) 사나이였다. 그는 존스의 머리가 자신이 예상했던 상태가 아니라는 사실을 분명히 깨닫고, 상대방 못지않게 몹시 놀라는 척하며 말했다. "그렇게 터무니없는 액수라고는 생각하지 않는데요. 그건 제가 가진 유일한 칼이고, 부하가 칼을 차고 있지 않다면 중위님이 불쾌해하실 위험이 있다는 점을 고려해주셔야지요. 이런저런 점을 감안할 때 20실링이 그렇게 상도에서 벗어난 액수라고는 생각하지 않소이다."

존스가 외쳤다. "20실링이라고요? 방금 전에는 20기니라고 하지 않았소?" 하사관이 소리쳤다. "그럴 리가요! 잘못 들었겠죠. 아니면 내가 잘못 말했나? 사실 난 아직 잠이 덜 깼거든요. 20기니라니, 세상에! 그렇다면 화낼 만하지요. 20기니는 너무 비싸지 않소? 20실링이오, 20실링. 잘 생각해보시오. 이것저것 따져볼 때 20실링은 터무니없는 가격이 아니지 않습니까? 물론 똑같아 보이는 물건을 더 싸게 살 수도 있겠지만—"

존스가 말을 가로막았다. "당신과 말다툼할 생각은 없소. 그 값에 1실링을 더 쳐드리리다." 그러고 나서 1기니를 건네고는 하사관에게 그만 침대로 돌아가도 좋다고 말했다. 무사히 행군하길 바라며, 부대가 우스터에 도착하기 전에 일행을 따라잡을 생각이라고 덧붙였다.

하사관은 거래에 매우 흡족해하며 공손하게 물러났다. 병자의 머리가 어떻게 됐다고 착각하여 어처구니없는 실수를 저지를 뻔했지만 결국 솜씨 좋게 빠져나온 것도 적잖이 만족스러웠다.

하사관이 사라지기가 무섭게 존스는 침대에서 일어나 옷을 챙겨 입고 외투까지 걸쳤다. 외투가 하얀색이었기 때문에, 그 위로 흘러내린 핏자국이 선명하게 보였다. 방금 산 칼을 움켜쥐고 밖으로 나가려는 찰나, 대체 자신이 무슨 짓을 벌이려고 하는가 하는 생각에 불현듯 발을 멈추었다. 몇 분 뒤면 자신이 한 생명을 빼앗을지도 모르며, 어쩌면 자신이 목숨을 잃을지도 모른다는 생각을 곰곰이 했다. "나는 무슨 대의명분으로 목숨을 걸려고 하는가? 그래, 명예를 위해서이다. 상대방은 누구인가? 별 이유도 없이 날 해치고 모욕한 악당이다. 하지만 복수는 신께서 금지한 일 아닌가? 그렇지만 이 세상이 명령한 일이기도 하다. 그렇다면 신의 명백한 명령을 어기고 세상에 따르려는가? 겁쟁이에 비겁자라는 소리를 듣느니 차라리 신의 분노를 사자는 것인가? 아아, 더 이상 생각하지 말자. 그래, 결심했다. 놈과 결투를 할 테다."

시계가 막 열두 시를 알렸다. 집 안에 있는 사람들은 모두 잠들고, 깨어 있는 사람은 노서턴을 감시하는 보초병뿐이었다. 조용히 문을 열고, 원수를 찾아 방을 나섰다. 적이 감금된 장소에 대해 사환에게 정확한 설명을 들은 터였다. 지금 그의 모습보다 무시무시한 모습은 상상하기 어려울 것이다. 앞서 말했듯이, 그가 입은 밝은 색 외투에는 핏자국이 수없이 나 있었다. 의사가 뽑아낸 20온스와 외투에 흘린 양만큼 피가 빠져나가 얼굴이 창백했다. 머리에 감긴 엄청난 양의 붕대는 터번을 연상시켰다. 오른손에는 칼을, 왼손에는 촛불을 들고 있었다. 맥베스에 나오는 피투성이 유령 뱅쿼도 줄행랑을 놓을 모습이었다. 정말이지 여태껏 그보다 무시무시한 유령은 교회 공동묘지는 물론이요, 서머싯셔의 크리스마스 밤 난롯가에 모인 선량한 사람들의 상상 속에조차 나타난 적이 없었다.

우리의 주인공이 다가오는 모습을 처음 보았을 때 보초병의 머리카락이 곤두섰다. 쓰고 있는 척탄병 모자가 조금 들려올라갈 정도였다. 무릎이 후들거리고, 온몸이 학질 발작을 일으킬 때보다 심하게 떨렸다. 그는 소총을 쏘고 앞으로 푹 고꾸라졌다.

총을 쏜 이유가 공포 때문이었는지 용기 때문이었는지, 또 무시무시한 목표물을 겨냥하여 쏜 것인지 아닌지 나로서는 알 수가 없다. 어쨌든 겨냥을 했다 하더라도 목표물을 명중시키지 못한 것은 다행이었다.

존스는 보초가 쓰러지는 것을 보고, 그가 놀란 이유를 추측하자 웃음을 참을 수가 없었다. 자신이 방금 엄청난 위험을 가까스로 피했다는 생각은 눈곱만큼도 하지 않았다. 그는 계속 쓰러져 있는 보초를 지나쳐, 노서턴이 감금되어 있다는 방으로 들어섰다. 그러나 그곳에 있는 것이라고는 맥주가 쏟아진 탁자 위에 놓인 1쿼터들이 빈 병뿐이었다. 방금 전까지 누군가가 있었던 흔적은 있지만, 지금은 완전히 빈방이었다.

이 방이 다른 방으로 연결되어 있으리라는 생각이 들었다. 하지만 샅샅이 수색을 해보아도 자신이 지금 막 들어온 문, 즉 보초가 서 있던 문 말고는 출구가 없었다. 노서턴의 이름을 여러 차례 불렀지만 아무도 대답하지 않았다. 외침소리는 보초병을 더욱 공포에 빠뜨린 것 말고는 아무 효과가 없었다. 보초병은 부상을 입고 죽은 의용병이 유령이 되어 가해자를 찾으러 왔다고 굳게 믿고 겁에 질려 그대로 누워 있었다. 앞으로 정신이 나갈 정도로 공포에 질린 사람을 연기할 배우들은 꼭 이 광경을 보기 바란다. 관객에게 큰 재미를 주고 찬사를 받기 위해 우스꽝스러운 몸짓을 하지 않고도 자연스럽게 표현하는 방법을 배울 수 있을 것이다.

쫓던 새가 날아가 버리고 찾을 방도가 없는데다 방금 전 총소리에 온 집안사람이 깼을 것이라는 온당한 걱정이 들자, 우리의 주인공은 촛불을 끄고 몰래자기 방으로 돌아가 침대에 들었다. 같은 층에 묵는 누군가와 마주쳤다면 그도 자기 방까지 무사히 돌아가지 못했을 테지만, 다행히도 그 층에는 통풍으로 몸 겨누운 한 신사 외에 아무도 없었다. 그가 방문에 채 도착하기 전에, 보초병이 서 있던 홀은 사람들로 가득 찼다. 어떤 사람은 셔츠 바람이었고, 어떤 사람은 옷을 절반도 걸치지 않았다. 서로에게 대체 무슨 일이냐고 물었다.

보초병은 우리가 마지막으로 그를 보았던 그 장소에 그 자세 그대로 누운 채 발견되었다. 몇 사람이 그를 가만히 일으켜 세웠다. 그가 죽었다고 판단한 사람도 있었다. 그러나 곧 그렇지 않다는 사실을 알게 되었다. 보초병이 자신에게 손을 댄 사람들을 거칠게 뿌리치며 황소처럼 고함을 질러댔기 때문이었다. 실제로 그는 수많은 유령과 귀신이 자기를 만지고 있다고 상상했다. 유령에 대한 공포심이 보이고 닿는 모든 물체를 유령이나 귀신으로 바꾸어놓은 것이다.

마침내 수적 우위에 눌려 그는 일으켜 세워졌다. 사람들이 촛불을 가져오고, 동료 두세 명이 그 틈에 섞여 있는 걸 보자 그는 다소 정신을 차렸다. 사람들이 무슨 일이냐고 묻자 그가 대답했다. "난 죽었어. 난 죽었다고. 이제 되돌릴 수 없어. 그자를 보고 말았거든."

한 병사가 물었다. "누굴 봤다는 거야, 잭?"

"어제 죽은 젊은 의용병을 봤다니까." 그러고는 그 의용병이 온통 피를 뒤집어쓴 채 입과 콧구멍으로 불을 내뿜으며 자신을 지나 노서턴 소위가 있던 방으로 들어가서는, 소위의 목을 움켜쥐고 벼락같은 소리를 내며 그와 함께 날아가 버리는 모습을 보았다고 말했다. 그 말이 사실이 아니면 천벌을 받아도 좋다고 스스로에게 저주를 내렸다.

이 이야기를 들은 사람들은 크게 놀랐다. 여자들은 그것을 굳게 믿고, 자신들을 살인자에게서 지켜달라고 기도했다. 남자들 중에서도 많은 수가 이 이야기를 믿었다. 그러나 나머지는 조롱하고 경멸했다. 특히 한 하사관은 냉정하게 말했다. "근무 중에 잠이 들어 꿈을 꾸다니, 나중에 그 무시무시한 꿈의 뒷이야기를 듣게 될 걸세."

보초병이 대답했다. "저를 벌하시겠다면 그렇게 하십시오. 하지만 저는 분명히 두 눈 크게 뜨고 있었습니다. 두 개의 횃불처럼 커다랗고 시뻘건 눈을 한 유령을 똑똑히 보았다고요. 제 말이 거짓말이라면 소위님처럼 저도 악마에게 잡혀갈 겁니다."

군대의 지휘관과 이 여관의 사령관이 나란히 도착했다. 마침 깨어 있다 보초병이 쏜 총소리를 들은 중위는 무슨 사건이 벌어졌으리라고는 생각하지 않았지만 그래도 즉시 일어나 나와 보는 것이 의무라고 생각했다. 반면 여관 안주인의 걱정은 이보다 훨씬 컸다. 그녀의 명령도 받지 않은 채 숟가락과 술잔들이 행군을 하고 있을까봐 걱정이 되었던 것이다.

가엾은 보초병에게 이 장교는 아까 본 유령과 크게 다를 바 없이 괴로운 존재였다. 그는 피다 불이다 하는 표현을 써가며 그 끔찍한 이야기를 다시 한 번 말했지만, 불행히도 방금 말한 두 사람 중 어느 누구도 믿어주지 않았다. 중위는 신앙심이 매우 깊은 사람이었으므로 이런 종류의 공포감에서 자유로웠다. 게다가 방금 전에 헤어진 존스가 그새 죽었으리라고는 전혀 생각하지 않았다. 여관 안주인은 신앙심이 그다지 깊지 않고 유령 이야기도 싫어하는 편이 아니었지만, 보초병의 이야기 속에는 확실히 거짓이라고 생각되는 정황이 있었다. 이에 대해서는 곧 독자 여러분께 알려드리겠다.

노서턴이 천둥과 화염과 함께 들려간 것인지, 다른 방법으로 사라진 것인지는 모르나 어쨌든 그가 이제 감금된 상태가 아니라는 것만은 확실했다. 이에 중위가 내린 결론은 아까 하사관이 내린 결론과 크게 다르지 않았다. 즉 당장 보초병을 감금하라고 명령했다. 이상한 운명의 역전 때문에(군대에서는 드문 일도 아니다) 감시하던 몸이 감시받는 몸으로 뒤바뀐 것이다.

15
앞 장 사건의 결말

잠을 잤다는 의심 말고도 중위는 이 불쌍한 보초병에게 더욱 중대한 의혹을 품었다. 배임 혐의였다. 유령 이야기는 한 마디도 믿지 않았다. 모두 상관인 자신을 속이기 위해 꾸며낸 이야기이며, 사실은 이 보초병 녀석이 노서턴에게 뇌물을 먹고 도망치도록 협조한 것이라고 생각했다. 무수한 전투에 참가하여 몇 차례나 부상을 입은, 한 마디로 용기 있는 병사다운 행동으로 연대 내 어떤 병사보다 용감무쌍하다는 평가를 받는 사나이치고 겁에 질린 모습이 지나치게 부자연스러웠다는 점이 더욱 수상쩍었다.

독자 여러분께서 그런 용사에게 조금이라도 나쁜 평가를 내리기 전에 우리는 한시라도 빨리 그 누명에서 그의 명성을 구해주도록 하겠다.

앞서도 말했지만, 노서턴 군은 그날 저지른 행동으로 쟁취한 영예가 아주 만족스러웠다. 명성에 질투가 따라붙기 쉽다는 사실을 그도 어디선가 보았거나, 들었거나, 짐작했을 것이다. 그에게 이교도처럼 복수의 여신 네메시스를 신봉하는 경향이 있었다고 암시하려는 게 아니다. 오히려 그는 그런 이름조차 들어본 적도 없을 거라고 확신한다. 뿐더러 아주 활기찬 기질의 소유자인 그는 치안판사가 숙박권을 발행해 줄지도 모르는 글로스터 성 안의 밀실 따위는 질색이었다. 또 그는 특정한 나무 구조물에 대한 불안을 씻을 수 없었다. 세상 사람들의 의견에 따라 나도 그 구조물의 이름을 거론하는 것은 사양하겠다. 다른 공공 구조물 못지않게 그것이 사회에 많은 이익을 가져다주기 때문이다. 그렇지 않더라도 최소한 이익을 가져다줄 가능성이 있으므로, 세상 사람들은 그 건물을 부끄러워하기보다 커다란 경의를 표해야 한다고 나는 생각하는 바이다. 아무튼 동기는 더 캐내지 않기로 하자. 노서턴 군은 그날 밤 도망치기로 결심했다. 남은 일은 그 방법을 궁리해내는 것뿐이었는데, 그것이 다소 어려워보였다.

이 젊은 신사는 도덕심은 다소 비뚤어졌으나 외모만은 완벽하게 바른 자로서 튼튼하고 균형 잡힌 몸매의 소유자였다. 얼굴도 시원시원하며 혈색 좋고 치아도 잘 생겨서 여성들이 미남이라 생각하는 축이었다. 이런 종류의 아름다움에 적지 않은 관심을 가지고 있는 우리의 여관 안주인에게 이런 매력들은 여지없이 깊은 인상을 심어주었다. 그녀는 이 젊은이에게 진정으로 동정심을 느꼈다. 외과 의사에게 의용병의 증상이 심각하다는 이야기를 듣고, 앞으로 사태가 이 소위에게 불리하게 돌아갈 것이라고 생각했다. 허가를 얻어 소위를 면회했는데, 그는 매우 우울한 표정을 하고 있었다. 그녀는 의용병의 목숨이 위태로우며 깨어날 가망성이 없다는 말로 그를 더욱 우울하게 했다. 그때를 노려 어떤 제안을 하자 상대방은 옳다구나 하고 덥석 물었다. 즉시 둘 사이에 의견이 오갔다. 마침내 그녀가 특정한 신호를 보내면 소위가 굴뚝을 기어 올라간다는 데에 의견일치를 보았다. 그 굴뚝은 부엌 굴뚝과 바로 연결되어 있었기 때문에 그리로 내려오면 되었다. 그녀가 부엌에 아무도 못 들어오도록 미리 준비를 마치고 내려올 기회를 만들어주기로 했다.

이 병사와 다른 외모를 지닌 독자 여러분께서 너무 성급하게 모든 동정심은 어리석은 사회악이라고 비난하실지 모르니, 안주인의 이런 행동에 다소 영향을 미쳤을 다른 사항 한 가지를 말씀드리도록 하겠다. 소위는 그때 우연히 50파운드라는 거액을 소지하고 있었다. 사실 그것은 중대 공금이었다. 연대장인 대령이 중위와 다투면서 부대 공금을 중위가 아닌 소위에게 맡긴 것이다. 그는 나중에 다시 나타나 재판을 받게 될 때 사용할 보석금이나 보증금의 의미로 이 돈을 여관 안주인에게 예치하는 것이 적절하겠다고 생각했다. 조건이야 어쨌든 확실한 것은 안주인은 돈을 갖고, 소위는 자유의 몸이 되었다는 것이다.

독자 여러분께서는 이 선량한 부인이 동정심 많은 성품을 발휘하여, 가엾은 보초병이 그녀 눈에는 명백하게 무고한 죄 때문에 감금되는 현장을 보았을 때 즉시 그를 위해 변호에 나설 것이라고 기대했을 것이다. 그러나 앞서 사건에서 모든 동정심을 다 써 버려서 그랬는지, 보초병의 외모가 소위와 크게 다를 바 없었음에도 동정을 불러일으킬 만한 매력이 없어서 그랬는지 알 수 없지만, 어쨌든 그녀는 상관에게 그의 유죄를 주장했다. 두 눈을 치켜뜨고 두 손을 들어올리며, 하늘이 두 쪽 나도 자기는 살인범의 탈주를 도운 적이 없다고 공언했다.

다시 평화가 찾아왔고, 그 자리에 있던 대부분이 잠자리로 돌아갔다. 그러나 타고난 활발한 기질 때문이었는지, 식기류가 신경 쓰여서 그랬는지, 아무튼 잠이 오지 않았던 여관 안주인은 이제 한 시간 뒤면 행군을 시작해야 하는 장교들을 설득하여, 펀치를 마시며 시간을 같이 보내기로 했다.

그동안 존스는 뜬눈으로 아래층에서 벌어지는 소란을 듣고 있었다. 그러는 동안 내용을 더 자세히 알고 싶어져 종을 울렸다. 적어도 스무 차례는 울려댔지만 아무런 효과도 없었다. 안주인이 장교들과 신나게 떠들어대는 통에 그곳에서는 그녀의 목소리 외에 아무 소리도 들리지 않았기 때문이다. 한편 부엌에 함께 앉아 있는 사환과 하녀는(그는 혼자 일어나 있을 용기가 없었고, 그녀도 혼자서는 잠자리에 들 용기가 없었다) 종소리를 들을수록 점점 겁을 먹어, 이제는 숫제 그 자리에 못 박혀 버린 사람들 같았다.

마침내 대화가 잠시 끊어진 틈에 운 좋게도 벨소리가 우리의 선량한 안주인 귀에 들어왔다. 그녀가 큰 소리로 부르자 즉시 사환과 하녀가 함께 모습을 드러냈다. 안주인이 말했다. "조, 저 신사분이 종을 울리는 소리가 안 들리니? 왜 안 가는 거지?"

사환이 대답했다. "객실 시중은 제 담당이 아닙니다. 그건 객실 담당 베티의 일이에요."

하녀가 대답했다. "그렇게 치면 신사분들 시중을 드는 건 내 담당이 아니지. 가끔 하긴 했지만, 그런 조건을 단다면 이젠 죽어도 안 하겠어."

종소리가 다시 시끄럽게 울려대자 안주인이 화를 벌컥 내며, 사환에게 당장 올라가보지 않으면 날이 밝자마자 해고해 버리겠다고 단언했다. 그가 말했다. "그렇대도 어쩔 수 없습니다. 다른 하인의 일을 할 수는 없죠." 이번에는 하녀를 부드럽게 설득하려 했으나 소용없었다. 베티도 조와 마찬가지로 요지부동이었다. 두 사람 모두 위층에 올라가는 것이 자기 일이 아니라며 막무가내였다.

중위가 껄껄 웃음을 터뜨리며 말했다. "내가 이 다툼에 종지부를 찍어주겠소." 그는 두 하인에게 자기주장을 포기하지 않는 단호함을 칭찬하고는, 한 사람이 올라간다면 나머지 한 사람도 따라 올라갈 것이라 확신한다고 덧붙였다. 이 제안에 두 사람 모두 즉각 동의하고, 사이좋게 꼭 붙어서 방을 나갔다. 그들이 사라지자 중위는 그들이 왜 혼자 올라가기를 꺼려했는지 이유를 설명하여 안주인의 분노를 진정시켰다.

두 하인이 돌아와 안주인에게 소식을 전했다. 아픈 손님은 죽기는커녕 팔팔하게 기운이 넘치며, 실례지만 출발 전에 자신을 잠깐 만나러 와주면 고맙겠다며 중위님께 전하더라고 말했다.

착한 중위는 즉시 그 소원을 받아들였다. 존스의 침대 끄트머리에 걸터앉아, 아래층에서 일어났던 소동을 말해주었다. 이야기 끝에 덧붙이길, 보초병을 본보기로 삼을 생각이라고 했다.

존스는 중위에게 모든 진상을 얘기하고, 그 불쌍한 병사를 벌하지 말라고 간청했다. "그 보초병은 거짓을 꾸며내지도, 중위님을 속이려 하지도 않았습니다. 소위의 탈주와도 무관할 겁니다."

중위가 잠시 망설인 뒤에 대답했다. "자네는 그자의 죄상 가운데 일부를 무죄로 입증해주었지만, 나머지 죄상은 입증해주지 못하네. 그자만 보초를 서는 게 아니니까 말이야. 지나치게 겁을 먹은 것에 대해서는 벌을 내리고 싶네. 극도의 공포심이 그런 결과를 낳을지 누가 알았겠나? 실제로 그 녀석은 적 앞에서 언제나 훌륭하게 맞섰거든. 하지만 병사 녀석들이 조금이나마 종교의 흔적을 보여준 건 고무적인 일이야. 그러니 행군을 시작할 때 녀석을 풀어주기로 하지. 어이쿠, 소집 북소리가 울리는군. 젊은이, 내게 또 한 번 입맞춤을 해주게. 마음을 편히 먹고, 서두르지 말게. 그리스도인답게 인내심을 잃지 말도록. 조만간 반드시, 자네에게 해를 입힌 그놈에게 정정당당하게 복수할 기회를 만들어줌세." 이렇게 말하고 중위는 떠났다. 존스는 마음을 가라앉히고 편히 쉬려고 노력했다.

제8권
이틀 동안 일어난 일

1
신기한 문학에 대한 놀랍도록 긴 장
각 권 서장을 통틀어 가장 긴 내용

우리는 이제 줄거리 전개상 지금까지 일어났던 어떤 일보다 이상하고 놀라운 내용을 이야기해야 하는 부분으로 들어섰다. 따라서 이번 서언 또는 서장에서 이른바 괴이 문학이라고 일컫는 작품을 잠깐 짚고 넘어가는 것은 잘못된 일이 아닐 것이다. 이를 위해 우리는 우리 자신뿐 아니라 다른 사람들을 위해서도 먼저 괴이 문학의 범위를 설정해야 한다. 이는 매우 필요한 작업이다. 우리와 관점을 달리하는 비평가 분들*¹이 이 문제에서 양극단으로 치닫기 쉽기 때문이다. 프랑스 번역가 다시에르 씨*²처럼 도저히 불가능한 일도 가능할 수 있다고 보는 사람들이 있는 반면, 역사나 서사시를 좀처럼 믿지 않고, 자기가 경험하지 않은 모든 일은 가능성도 개연성도 없다고 믿는 사람들도 있다.

먼저 나는 모든 작가에게 어떤 합리적인 요구를 할 수 있다고 생각한다. 즉 가능성의 범위를 넘지 말 것이며, 인간에게 불가능한 일은 인간이 수행했다고 믿어질 가능성도 희박함을 명심하라는 것이다. 아마도 이런 신념이 수많은 고대 이교신의 이야기를 낳았을 것이다(그 대부분이 서사시를 기원으로 한다). 시인들은 자유분방한 공상을 마음껏 펼치고자 신들의 능력에 기

---

*1 본문에서 대부분 세계 모든 독자를 가리킴.

*2 André Dacier(1651~1722). 앞서 나왔던 다시에르 부인의 남편. 프랑스 고전학자이자 번역가. 원주는 아일랜드인의 미신을 잘 믿는 성향을 풍자한 것. 다시에르 씨가 아일랜드인이 아닌 것은 그에게 천만다행이다.

댔다. 독자들에게는 신들의 힘이 미치는 범위가 어디까지인지 판단할 능력이 없었다. 오히려 그들은 그 힘이 무한하다고 생각했다. 따라서 아무리 황당무계한 이야기가 펼쳐져도 놀라지 않았다. 이 점은 호메로스 작품에 등장하는 무수한 기적을 옹호하는 데에도 강력하게 주장되었다. 이 옹호론이 성립한다면, 그것은 포프 씨가 주장했듯이 율리시스가 허무맹랑한 거짓말들을 늘어놓은 상대가 어리석은 파에아키아 민족이었기 때문이 아니라, 호메로스의 독자인 이교도들이 그 우화시를 철석같이 믿었기 때문일 것이다. 동정심 많은 나로서는 솔직히 말해 폴리페모스*3가 술에 손을 대지 않고 한쪽 눈을 지켰으면 좋았을 것이라고 생각한다. 또 키르케*4가 율리시스의 부하들을 돼지로 만들어 버렸을 때 나는 율리시스 못지않게 그들을 걱정했다. 나중에는 이 키르케도 사람 고기가 좋아져, 인간을 돼지고기로 바꿀 생각을 더는 하지 않았지만 말이다. 또 초자연의 힘은 되도록 쓰지 말라는 호라티우스의 규칙을 호메로스가 알았더라면 좋았을 것이라고 절절히 생각한다. 그랬더라면 우리는 그의 작품에 나오는 신들이 하찮은 역할을 수행하기 위해 등장하거나, 종종 인간의 존경심을 얻을 수 있는 자격을 포기하고 더 나아가 경멸의 대상이 되는 행동을 보지 않아도 됐을 것이다. 독실하고 현명한 이교도들조차 신들의 그러한 행동에는 기가 찼을 것이다. 이 일류 시인(틀림없이 그랬을 것이다)에게 그의 시대와 국가가 가진 미신적 신앙을 희화화하려는 의도가 있었을 거라고 상상하지 않는 한(나는 가끔 그렇게 상상하고 싶어진다), 앞서 언급한 신들의 행동을 도무지 옹호하기 힘들다.

　그리스도교를 믿는 작가에게는 유익하지 않은 문제에 너무 많은 시간을 할애했다. 그리스도교를 믿는 작가라면 자기 신앙의 일부를 구성하는 천상의 천사들을 작품 속에 끌어들이지 않는다. 이미 오래전에 불멸의 지위에서

---

*3 시실리 섬의 외눈박이 거인족 키클로프스의 수령. 율리시스가 트로이 전쟁에서 돌아오는 도중 열두 부하와 함께 시실리 섬에 도착했을 때 폴리페모스는 일행을 붙잡아 동굴에 가두고 날마다 두 명씩 잡아먹었다. 율리시스는 폴리페모스에게 술을 먹여 만취하게 만든 뒤 한쪽 눈을 찌르고 도망갔다.

*4 아이아이아 섬에 사는 마녀. 율리시스가 트로이에서 돌아오는 도중 이 섬에 들렀을 때, 그녀가 마법을 걸어 그의 부하들을 돼지로 만들어 버렸다. 율리시스는 약초를 써서 그들을 다시 인간으로 만들어주었는데, 이 과정에서 그녀는 율리시스에게 사랑을 느끼고 그와의 사이에서 자식을 낳는다. 뒤에 나오는 문장은 이를 가리킨다.

쫓겨난 이교신들을 찾아내기 위해 그리스신화를 뒤적이는 일은 매우 유치한 짓이다. 섀프츠베리 경은 현대 작가가 뮤즈 신에게 영감을 내려달라고 기원하는 일보다 시답잖은 것은 없다고 말했다. 여기에 그것만큼 바보 같은 짓은 없다고 덧붙였어도 좋았을 것이다. 현대 작가라면 대중가요에 영감을 달라고 기원하거나(호메로스도 그랬다는 설이 있다), 《휴디브라스》를 쓴 작가와 함께 들이켜는 맥주 한 잔에 영감을 달라고 기원하는 편이 훨씬 품위 있다. 헬리콘 산의 히포크레네 샘물보다 맥주 한 잔이 훨씬 많은 시상을 불러일으킬지도 모른다.

우리 현대 작가들에게 조금이나마 허용되는 유일한 초자연의 존재는 유령이다. 그러나 나는 이 유령도 되도록 사용하지 말라고 권하는 바이다. 유령은 비소 같은 극약과 같아서 세심한 주의를 기울여 사용해야 한다. 또한 독자들의 비웃음을 사기 싫은 작가에게는 작품에 절대로 유령을 끌어들이지 말라고 충고하겠다.

요정이나 그 밖에 그와 비슷한 허황한 존재들에 대해서는 아예 언급을 삼가겠다. 그런 놀라운 공상의 산물을 어떤 제약 아래 두고 싶지 않기 때문이다. 그들이 소유한 엄청난 능력에 적용하기에는 인간이 정한 한계가 너무나도 좁다. 그들이 하는 일은 새로운 종류의 창조라 생각함이 옳다. 따라서 그들에게는 뭐든 마음껏 행동할 권리가 있다.

이렇게 생각하면 인간이야말로(아주 특별한 경우를 제외하고) 우리 같은 이야기 작가나 시인들의 펜이 다루어야 할 가장 고귀한 소재이다. 바로 이 인간의 행동을 이야기할 때 우리는 인간의 능력 밖의 것을 서술하지 않도록 주의하고 또 주의해야 한다.

물론 가능성만으로는 충분치 않다. 동시에 개연성의 범위도 지켜야 한다. "믿기 힘든 내용을 말하는 시인이 그 내용이 진정 사실이라고 말한들 변명이 되지 않는다." 아리스토텔레스의 말이거나, 아리스토텔레스만큼 오랜 세월이 지나면 그만큼 위대한 권위자가 될 어떤 철학자의 말이다. 이 말을 시문학에는 적용할 수 있겠지만, 역사가에게까지 확대 적용하기란 무리일지 모른다. 역사가는 사건을 있는 그대로 기록해야 하기 때문이다. 역사를 굳건히 믿는 사람이 아니면 이해하지 못할 이상한 사건일지라도 그렇다. 헤로도토스가 묘사한 크세르크세스 왕의 군비 실패담이나 아리아노스가 설명한 알렉산드로스 대왕의 성공적인 원정이 그런 종류이다. 최근 역사로는 헨리 5세가 승리를 쟁취한 아쟁쿠르 전투나 스웨덴의 카를 12세가 승리한 나르바 전투가 그렇다. 이런 사례들은 생각할수록 더욱 놀라워 보인다.

그렇지만 이런 사실들이 일관된 맥락 속에서 일어난 데다 그 맥락의 핵심을 이루고 있기 때문에 역사가들은 그것을 있는 그대로 기록할 수 있다. 만에 하나 그것을 생략하거나 왜곡한다면 용서받지 못할 일이 될 것이다. 그다지 중요하지도 필요하지도 않은 사실도 있다. 그런 것들은 아무리 사실로 입증된다 하더라도 독자들이 거기에 회의를 품기 때문에 망각 속으로 사라져 버린다. 조지 빌러즈의 인상 깊은 유령 이야기가 그렇다. 그것은 《영국 반란의 역사》와 같이 사뭇 진지한 작품에 소개되기보다는 드를랭쿠르 박사에게 증정하여 그의 작품 《죽음을 논하다》 첫머리에 빌 부인 유령과 함께 등장시키는 편이 적절했을지도 모른다.

사실 역사가가 실제로 일어난 일에만 범위를 한정시키고, 제대로 증명되지 않았지만 어느 모로 보나 영락없이 거짓인 사건을 모조리 배척하고 지워버린다면, 때로 괴이한 문장을 쓸지언정 황당무계한 문장을 쓰는 일은 결코 없을 것이다. 가끔 독자의 경탄을 불러일으키겠지만, 호라티우스가 말한 '불신의 혐오감'은 절대로 부르지 않을 것이다. 우리가 개연성의 원칙을 무시할 때는 주로 허구 속으로 들어갈 때이다. 역사가에게는, 드문 일이긴 하지만, 그 본분을 저버리고 연애소설 작가로 거듭날 때이다. 이 점에서, 공적 사건들을 이야기하는 역사가들은 사사로운 삶의 장면들에 범위를 한정하는 우리 작가들에 비해 유리하다. 역사가들은 예로부터 널리 명망을 떨쳐 신용을 쌓았다. 여기에 공적 기록과 많은 저자의 방증이 더해져 그들의 진실성은 미래에도 계속해서 입증된다. 후대 사람들이 트라야누스, 안토니누스, 네로, 칼리굴라 등의 족적을 믿는 것은 이 때문이다. 아주 선하거나 아주 악한 이들 황제가 한때 인류의 통치자였다는 사실을 의심하는 사람은 없다.

개인을 소재로 삼고 아무도 모르는 후미진 구석까지 탐색하여 세계 방방곡곡에서 선악의 사례들을 들추어내려는 우리 작가들은 조금 더 위험한 처지에 있다. 명성도, 방증도, 전달하는 내용을 지지하고 뒷받침해줄 어떤 기록도 없는 우리는 부득이 가능성뿐 아니라 개연성의 범주 안에 머물러 있어야 한다. 도가 지나치게 선량하고 사랑스러운 대상으로 묘사될 때 특히 그렇다. 악행이나 우행은 아무리 터무니없는 내용일지라도 독자들의 동의를 얻기 쉽다. 인간의 본성은 본디 악해서 악을 쉽게 믿기 때문이다.

따라서 우리는 별다른 위험 없이 피셔가 저지른 일을 쓸 수 있다. 피셔는 오래전부터 더비 씨의 호의로 생계를 유지해 왔다. 어느 날 아침 더비 씨에게서 지원금을 두둑이 받은 그는 은인의 책상 서랍 속에 남아 있는 돈마저 가로채기로 마음먹는다. 그는 더비 씨 방으로 통하는 공공사무실에 몸을 숨긴다. 그곳에서 그는 그날 저녁 더비 씨가 친구들과 연회를 즐기는 것을 몇 시간 동안 엿듣는다. 사실 이 연회에는 그도 초대받았다. 그러나 연회가 열리는 내내 그의 마음속에 어떤 따스한 감정이나 감상이 떠올라 그의 계획을 저지하는 일은 일어나지 않았다. 가엾은 신사가 사무실에서 손님들을 다 보내고 나자 피셔는 숨어 있던 곳에서 나와 조용히 더비 씨를 따라 방으로 들어가 친구 머리에 총을 발사한다. 사람들은 이런 이야기를 피셔의 유골이 그 썩어빠진 양심만큼 썩어문드러진 다음에도 믿을 것이다. 이 악당이 그로부터 이틀 뒤 젊은 숙녀들과 햄릿을 보러 갔는데, 장본인이 바로 가까이에 있다는 사실도 모른 채 한 숙녀가 "세상에! 더비 씨를 죽인 살인범이 이 자리에 함께 있다면 어떨까!"라고 외치는 소리를 듣고도 그가 안색 하나 변하지 않았더라고 쓴다 해도 역시 사람들은 믿을 것이다. 이 이야기가 이 악당이 네로 황제보다 더 냉혹하고 양심이 마비된 자라는 사실을 말해주고 있는데도 말이다. 수에토니우스는 네로 황제조차도 "어머니가 죽고 난 뒤 그는 죄의식 때문에 견딜 수 없어 했다. 그 상태가 계속되어 병사들, 원로원, 일반시민들이 바치는 모든 축하 인사에도 그는 양심에서 느껴지는 공포감을 누그러뜨리지 못했다"고 말했다.

반대로 독자 여러분께 다음과 같은 이야기를 해드린다면 어떨까? 내가 아는 어떤 사람에 관한 이야기이다. 이 사람은 천재적인 통찰력 덕분에 누구의 도움 없이 막대한 부를 거머쥐었다. 재산을 일구는 과정에서 인격에 손상 받을 일은 전혀 하지 않았고, 누구에게든 부당한 손해를 조금도 입히지 않았다. 장사에서 큰 이익을 보았으며, 국부를 늘리는 데도 큰 공헌을 했다. 막대한 수입의 일부를 떼어, 최고의 권위와 순수함을 겸비한 사업을 벌임으로써 시인들에 버금가는 고상함을 보여주었다. 또 다른 일부로, 재능은 있으되 가난한 사람들에게 누구의 추천 없이도 자선을 베풀어 만인을 능가하는 선량함을 보였다. 곤궁한 재야인사를 빈번히 찾아가 열심히 지원해주는 동시에 자신이 한 일을 숨기는 데 세심한(지나치게 세심할 정도로) 주의를 기울였다. 그가 사는 집, 가구, 정원, 식탁, 개인적인 손님대접, 공적인 선행 등 모든 것이 주인의 정신을 그대로 보여주듯 고귀한 가치는 품었으되 허식이나 허세는 전혀 없었다. 인간관계에서도 상대방에 따라 적절한 미덕을 유감없이 보여주었다. 신에게는 가장 경건한 신앙심을, 군주에게는 열렬한 충성심을 품었다. 그는 다정한 남편, 친절한 친척, 후한 상사, 따뜻하고 믿음직스런 친구, 아는 것 많고 명랑한 동료였다. 하인들에게 관대하고, 이웃들을 후대하고, 가난한 사람을 동정하고, 모든 사람을 자비심으로 대했다. 여기에 지혜로움, 용감함, 우아함, 그 밖에 영어에 존재하는 갖가지 미사여구를 갖다 붙인다면 나는 이렇게 말할 수 있다.

Quis credet? nemo Hercule! nemo; Vel duo, vel nemo
누가 이를 믿으리? 맹세코 한 명도 없다. 두 명은커녕 한 명도 없다.

나는 지금 설명한 바로 그 인물을 안다. 하지만 이 한 가지 실례는(이런 인물이 또 있다는 소리는 들은 적이 없다) 이 신사나 그 비슷한 사람에 대해 들어본 적 없는 수많은 독자를 상대로 글을 쓰기에 충분히 정당한 이유가 되지 못한다. 독자들을 분노케 하지 않으려면 이런 희대의 인물은 묘비명 작가에게, 또는 대구와 압운을 맞추기 위해 자기 시에 무분별하게 그의 이름을 끼워 넣기도 서슴지 않을 시인들에게 내맡겨야 할 것이다.

마지막으로 인물의 행동은 인간의 능력과 개연성 범위 안에 있어야 함은 물론이요 과연 그 행동 주체가 할 법한 것이어야 한다. 어떤 사람이 하면 감탄과 경이를 불러일으킬 행동이, 다른 사람이 하면 허황되고 불가능해 보일 수도 있기 때문이다.

이 마지막 요건이 바로 드라마 비평가들이 말하는 '성격의 일치'이다. 이것은 비범한 판단력과, 인간성에 대한 매우 정확한 지식을 필요로 한다.

어느 뛰어난 작가가 말한 명언이 있다. 아무리 큰 열정을 품은 인간이라도 본성과 정반대되는 행동을 못하는 것은 급류가 그 흐름을 거슬러 배를 실어 나르지 못하는 것과 같다는 것이다. 나도 한마디 거들겠다. 인간은 본성이

지시하는 바에 정반대로 행동하는 것이 아주 불가능한 일은 아니므로 예상되는 개연성의 범주를 뛰어넘은 기적과 같은 사건이 일어나는 것이다. 마르쿠스 안토니우스에 관한 가장 훌륭한 일화가 네로 황제 것이 되거나, 네로황제 생애 최악의 사건이 안토니우스 것이 된다면 그만큼 믿기 힘든 이야기가 어디 있겠는가? 그 일화들에 저마다 적합한 주인공이 있기에 진정으로 경이로운 이야기가 되는 것이다.

영국 현대 희극 작가 대부분이 여기서 제시한 과오에 빠진 듯하다. 대체로 제4막까지 주인공들은 유례없는 악당이며, 여주인공들은 방탕한 계집이다. 그러나 제5막이 되면 악당들은 매우 훌륭한 신사로 돌변하고, 여주인공들은 정숙하고 분별력 있는 숙녀가 된다. 게다가 작가들은 불친절하게도 이 놀라운 변화와 모순을 설명하려는 최소한의 노력도 하지 않는 것이 예사다. 하기야 극이 결말에 가까워지고 있다는 사실 말고 딱히 들 이유도 없다. 악당이 연극 마지막 부분에 와서 회개하는 것은 인생 마지막 순간에 회개하는 것만큼이나 자연스럽다고 말하는 듯하다. 이는 타이번 사형장에서 흔히 볼 수 있는 광경인데, 이 형장을 몇몇 희극 최종막에 사용한다면 적절하지 않을까? 희극 주인공들 가운데는 본인을 교수대로 끌고 갈 뿐 아니라 그 위에 선 모습을 영웅처럼 보이게 하는 특별한 재능에 빼어난 사람이 많으니까 말이다.

이상 언급한 몇 가지 제한 내에서라면 모든 작가는 독자의 의표를 찌르는 소재를 마음껏 이용할 수 있다. 더 나아가 신빙성이라는 규칙을 지키기만 한다면, 독자들을 더 많이 놀라게 할수록 그들의 관심을 더 많이 끌게 되고 더 매료할 것이다. 최고 수준의 천재 작가가 그의 저작 《베이소스》*5 제5장에서 말한 바와 같이, "모든 시의 기교는 사실과 허구를 결합하여 믿을 만한 내용과 놀랄 만한 내용을 적절히 섞는 것"이다.

모든 훌륭한 작가는 개연성의 범주를 넘지 않지만, 그렇다고 해서 작중 인물이나 사건이 어느 길거리나 가정에 흔히 있거나 신문 사회면에 나올 법한 진부하고 평범하고 통속적인 소재일 필요는 결코 없다. 대다수 독자가 전혀 모르는 인물이나 사건을 소재로 이용하면 안 될 이유도 없다. 앞에서 말한

＊5 Bathos'or Peri Bathūs, the Art of Sinking in Poetry. Martinus Scriblerus라는 제목으로 포프가 쓴 풍자적 문학론(1727). 점강법(Bathos)이란 장중체(the sublime)의 반대 의미로 만든 신조어.

원칙들을 엄격하게 지키기만 했다면, 작가는 자신의 의무를 수행한 셈이다. 따라서 다소는 독자들의 신뢰를 요구할 권리가 있다. 믿지 않는다면 독자들은 비평의 불신이라는 죄를 짓는 셈이다.

그러한 불신의 예로서 나는 어느 젊은 상류층 숙녀를 연기한 배우를 기억한다. 엄청나게 많은 제작 관계자와 도제는 그 배우가 무대에서 부자연스럽다고 이구동성으로 비난했다. 그러나 그 전에 이 배우는 최상류층 숙녀 관객들에게 수많은 찬사를 받은 바 있었다. 그들 중 사리분별력이 아주 빼어난 한 관객은 자신이 아는 젊은 숙녀들 가운데 절반은 그 여배우가 연기한 숙녀의 모습과 꼭 같다고 공언하기까지 했다.

2
여관 안주인, 존스 군을 찾아오다

친구 중위와 헤어진 존스는 눈을 감으려 애썼지만 허사였다. 정신이 너무 말짱해서 도무지 잠이 오지 않았다. 결국 사랑하는 소피아에 대한 상념을 즐기며, 아니 그런 상념으로 괴로워하며 동이 트기를 기다렸다가 차를 시켰다. 이번에는 황송하게도 여관 안주인이 몸소 그를 찾아왔다.

여관 안주인이 존스를 보는 것은, 적어도 관심 있게 보는 것은 이번이 처음이었다. 존스가 어느 상류 집안의 도련님일 거라는 중위의 말을 들은 이상 최대한 경의를 표할 심산이었다. 광고 용어를 빌리자면, 사실 이 여관은 돈만 있으면 어떤 손님이든 공손한 대접을 받을 수 있는 곳이었다.

안주인은 차를 타는 동시에 입도 움직였다. "도련님처럼 젊고 훌륭한 신사분께서 군인들이랑 함께 행군하며 품위를 떨어뜨리시다니 정말 안타까운 일이네요. 물론 그자들도 자칭 신사라고 주장합니다만, 제 전남편이 말하곤 했듯이 그자들은 우리 덕에 먹고산다는 사실을 명심해야 해요. 세금도 내야하고, 여관이라는 이유로 잠까지 재워줘야 하다니 정말 못해먹을 노릇이지 뭡니까. 지난밤은 장교들 빼고 병사들만 스무 명이었답니다. 하긴 장교들보단 차라리 병사들이 나아요. 장교 놈들은 뭐 하나 맘에 드는 구석이 없거든요. 계산서를 보시면 아실 겁니다. 거저나 다름없는 액수지요. 솔직히 훌륭한 지주님 가족을 맞는 게 훨씬 덜 힘든데도, 그때는 말 보관료를 빼고도 하룻밤에 40~50실링을 번답니다. 장담컨대 장교 놈들은 모두 자기가 일 년에 500파운드 버는 지주 나리만큼 훌륭한 줄 알지요. 졸병 녀석들이 그들 뒤를 쫓아다니며 '장교님, 장교님' 하는 소릴 들으면 참 어처구니가 없어요. 일인당 1실링밖에 안 드는 여관에 묵는 주제에 '님'은 무슨……. 욕은 어찌나 해대는지 깜짝 놀랄 지경이랍니다. 그런 악질들은 뭐든 제대로 할 리가 없어요. 게다가 도련님께 그토록 난폭한 짓을 한 녀석까지 나오다니! 다른 녀석들이 그놈을 잘 지킬 리 없죠. 어차피 다 한통속이니까요. 도련님 목숨이 경각에 달렸대도, 그렇게 되지 않아서 천만다행이지만요, 그놈들은 눈 하나 깜짝 안 했을 겁니다. 살인범이라도 놓아주었을 게 틀림없어요. 정말 구제불능이라니까요. 저는 무슨 일이 있어도 그런 중죄는 참을 수 없어요. 하지만 하느님의 은총으로 도련님은 회복하셨고, 세상엔 법이란 게 있지요. 스몰 변호사에게 의뢰하시면 그놈을 반드시 이 지방에서 추방해줄 겁니다. 그러기 전에 그놈이 알아서 내빼겠지만요. 워낙 이곳저곳 떠돌아다니는 놈들 아닙니까. 어쨌든 도련님께서는 앞날을 생각하시어 친구 댁으로 돌아가시길 바라요. 그분들이 도련님이 없어져서 얼마나 슬퍼하시겠어요? 이번 일이 그분들 귀에 들어가기라도 하면—정말 대단할 거예요! 그런 일이 없기를 바라야죠. 도련님, 전 도련님 사정을 잘 안답니다. 누군가는 모르더라도 다른 사람은 아는 법이죠. 멋진 신사에게는 숙녀가 꼭 필요해요. 장담컨대 저라면 그녀를 위해 군인이 되느니 그녀가 목매 죽는 걸 보는 쪽을 택하겠습니다. 아니, 그렇게 얼굴 붉히지 마세요(이 말을 듣자 존스의 얼굴이 아주 심하게 빨개졌던 것이다). 어머나, 도련님, 소피아 아가씨에 대해 제가 아무것도 모른다고 생각하셨나 보군요."

존스가 소스라치게 놀라며 말했다. "아주머니께서 어떻게 소피아 아가씨를 아십니까?"

"어떻게 아냐고요? 아가씨께서 우리 여관에 얼마나 자주 묵으셨다고요."

"고모님과 함께였겠군요."

안주인이 큰 소리로 말했다. "글쎄요, 지금 생각해보니 그렇군요. 그래요, 맞아요. 그 마님도 아주 잘 알죠. 진심으로 말하는데, 소피아 아가씨는 정말 사랑스러운 아가씨였어요."

존스가 외쳤다. "사랑스러운 아가씨라! 오, 하느님!"

천사들도 그녀를 본떠 아름답게 채색되었네.
우리가 천상의 것이라 믿는 모든 것이 그녀 안에 다 있다네.
경이로운 광채도 순수함도 진실도
영원한 기쁨도 불멸의 사랑도. *6

"아주머니께서 소피아를 아실 줄은 상상도 못했습니다."

"도련님께서 아시는 것보다 훨씬 많이 알고말고요. 도련님은 아가씨 침대 끄트머리에 앉아본 적 없으시죠? 아아, 그 나긋나긋한 목덜미! 그 사랑스러운 팔다리가 지금 도련님께서 누워 계신 그 침대 위에 쭉 뻗어 놓여 있었죠."

"이 침대라고요! 소피아가 여기서 잤단 말입니까?"

"네, 그렇다니까요. 바로 그 침대요. 지금 이곳에 함께 계시면 참 좋을 텐데. 모르긴 몰라도 아가씨께서도 그러길 원하실 겁니다. 아가씨께서 도련님 이름을 언급했었거든요."

"네? 제 이름을 말입니까? 듣기 좋으라고 하는 말씀이시죠? 도무지 믿을 수 없는 이야기군요."

"저도 구원받길 바라는 사람으로서, 제 말에 한 톨이라도 거짓이 섞였다면 악마에게 잡혀가도 좋습니다. 아가씨께서는 틀림없이 존스 도련님이란 이름을 부르셨어요. 아주 정중하고 조심스러운 말투로 말이죠. 입 밖으로 내뱉는 이상으로 마음속 깊이 생각하고 있다는 것을 분명히 느낄 수 있었답니다."

"오, 아주머니! 난 그녀가 마음에 품을 만한 가치가 없는 놈이오. 아아, 그녀는 다정하고 따뜻한 여자요! 어쩌다 나 같은 변변치 않은 놈이 태어나 그녀의 연약한 가슴을 한순간이나마 괴롭게 했단 말인가! 어쩌다 나는 이토록 비참한 처지가 되었단 말인가! 그녀를 행복하게 할 수만 있다면 나는 악마가 생각해낸 인간의 온갖 고뇌와 고통을 맛봐도 좋소. 그녀가 행복하다는 사실만 알게 된다면 끔찍한 고문조차 내겐 고통스럽지 않을 겁니다."

"자, 이제 제 얘기를 들어보세요. 제가 아가씨께 도련님은 절대로 변심하

＊6 17세기 극작가 토머스 오트웨이의 비극 《수호된 베니스Venice Preserved, 1682》 1막 1장에 나오는 구절. 원문에는 '그녀'가 2인칭으로 되어 있다.

지 않을 분이라고 말씀드렸답니다."

"하지만 아주머니가 언제 어디서 제 이야기를 들었단 말입니까? 나는 이 곳에 온 적도 없고, 아주머니를 만난 기억도 없는데요."

"기억이 없는 게 당연하지요. 지주님 댁에서 제가 도련님을 무릎에 앉혔을 때 도련님은 아직 갓난아기였으니까요."

"지주님이라고요? 그럼 그 훌륭하시고 선량하신 올워디 씨를 아신단 말입니까?"

"알다마다요. 이 근방에서 그분을 모르는 사람이 있습니까?"

"물론 선량하신 그분의 명성은 더 멀리까지 자자하게 퍼져 있겠지요. 하지만 그분의 자애로움을 진정으로 아는 건 하느님뿐입니다. 신의 자애로움을 본떠 빚어지고, 신을 대신해 지상으로 내려오신 분이 바로 그분이니까요. 평범한 인간은 그런 거룩한 자비심을 얻을 자격도 없거니와 이해할 능력도 없지요. 그중에서도 가장 자격이 없는 것이 바로 접니다. 그분 손에서 애지중지 자란 제가, 아시다시피 비천하고 불쌍하게 태어난 업둥이인 주제에 친자식 같이 대접받고 자란 제가, 터무니없는 짓을 저질러 그분께 폐를 끼치고 그분을 분노케 했으니 말입니다! 다 자업자득입니다. 그분께서 내린 벌을 부당하다고 생각하는 배은망덕한 짓은 차마 할 수 없습니다. 이렇게 집에서 내쫓긴 것도 제가 자초한 일입니다. 이제 아주머니께서도 제가 군인이 된 일을 비난하지 못하시겠지요. 특히나 주머니 사정이 이렇다면요." 이렇게 말하며 그는 지갑을 흔들어 보였다. 지갑 속에 얼마 없는 것이 사실이었지만, 안주인 눈에는 그것이 더욱 적게 보였다.

이 말을 들은 선량한 안주인은 (속된 말로 표현하자면)따귀를 얻어맞은 듯한 충격을 받았다. 그녀는 냉랭하게 대꾸했다. "어떤 상황에서 어떤 판단을 내려야 하는지는 본인이 가장 잘 아는 법이죠. 아, 누가 절 부르는군요. 네, 지금 내려갑니다! 다들 어떻게 된 거야? 아무도 안 들리나? 제가 밑으로 내려가 봐야겠네요. 아침식사를 원하시면 하녀를 보내지요. 갑니다요, 가!" 이렇게 말하며 인사도 없이 방을 뛰쳐나갔다. 자고로 저급한 사람들은 경의를 표하는 데 인색한 법이다. 상류층 사람들에게는 존경심을 기꺼이 공짜로 제공하지만, 자신과 같은 계층의 사람들에게는 자신의 수고에 대한 대가를 용의주도하게 계산하지 않는 한 결코 그런 것을 바치지 않는다.

3
의사 선생, 두 번째로 방문하다

 이야기를 진행해 나가기에 앞서, 독자 여러분께서 여관 안주인이 뜻밖에 많은 사실을 알고 있는 데에 놀라시지 않도록 언급해둘 말이 있다. 소피아라는 이름이 싸움의 발단이 되었음을 중위가 그녀에게 알려주었다는 사실이다. 그 밖에 나머지 사실들을 그녀가 어떻게 알게 되었느냐에 대해서는 현명한 독자 여러분이라면 앞 장면을 보고 짐작하셨을 것이다. 여관 안주인이 지닌 수많은 미덕 가운데에는 왕성한 호기심도 있었다. 그녀는 누구든 자기 여관에 묵는 손님들에게 이름, 집안, 재산 등에 대해 최대한 많은 정보를 캐묻지 않고는 그들을 결코 보내주지 않았다.

 그녀가 나가자마자 존스는 안주인의 행동을 비난하는 대신, 사랑스런 소피아가 사용했었다는 그 침대에 자신이 누워 있다는 사실을 떠올리고 수많은 달콤한 상념에 빠졌다. 그 상념들을 더 자세히 다루고 싶지만, 우리 독자 가운데 그런 고루한 사랑을 하는 사람은 극히 일부밖에 없을 것 같아 그만두겠다. 의사 선생이 상처를 치료하기 위해 찾아왔을 때 존스는 여전히 그 상태였다. 진찰 결과 환자 맥박이 불규칙한 데다 잠도 못 잤다는 얘기를 들은 의사는 환자가 지금 보통 심각한 상태가 아니라고 선언했다. 다시 발열이 시작되기 전에 예방 차원에서 피를 뽑아야 한다고 주장했지만, 존스는 더는 피를 잃기 싫다고 우겼다. "머리에 감은 붕대만 갈아주신다면 하루 이틀 안에 틀림없이 나을 겁니다."

 의사가 대꾸했다. "한두 달이 지나더라도 나으리란 보장은 없소. 아무렴 그렇고말고요. 이 정도 타박상이면 그리 쉬 낫지 않습니다. 더구나 꼭두새벽부터 환자에게 치료에 대한 지시를 받고 싶진 않군요. 붕대를 갈기 전에 무슨 일이 있어도 사혈을 해야겠습니다."

 존스가 완고하게 계속 거절하자 의사도 마침내 무릎을 꿇었다. 다만 결과가 안 좋더라도 책임질 수 없다고 선언하고, 자신이 사혈을 권했다는 사실을 정당하게 인정해주기를 바란다고 주장했다. 환자는 기꺼이 그러겠노라고 약속했다.

 의사는 부엌으로 물러나 안주인을 붙들고, 열이 있는데도 피를 뽑지 않겠다는 환자의 방자한 행동을 신랄하게 비난했다.

안주인이 말했다. "열은 과식 탓일 거예요. 오늘 아침 식사로 버터 바른 커다란 토스트를 두 쪽이나 먹어치웠거든요."

의사가 말했다. "분명히 그랬을 거요. 열병이 나면 많이 먹기 마련이거든 요. 원리는 아주 간단합니다. 발열성 물질 때문에 생성된 산이 횡격막 신경을 자극하게 되는데, 그것은 자연스런 식욕과 구분이 어려운 식탐을 야기하지요. 그런데 섭취된 자양분이 응고도 되지 않고 유미질로 동화되지도 않은 채 혈관 구멍을 부패시키기 때문에 결국 발열증상이 더 악화됩니다. 저 신사 분은 아주 위험한 상태입니다. 사혈하지 않은 탓에 죽을까봐 걱정이 되는군요."

선량한 부인이 대꾸했다. "모든 사람은 죽기 마련이니 제가 알 바 아니죠. 저더러 피를 뽑을 테니 잡고 있으란 부탁은 마세요. 한 말씀만 드리죠. 이것저것 하시기 전에, 누가 그 치료비를 계산할 건지 잘 알아보시는 게 좋을 거예요."

의사가 눈을 휘둥그레 뜨고 말했다. "치료비 계산이라! 저 환자는 틀림없는 신사가 아니오?"

안주인이 말했다. "저도 선생님처럼 생각했었죠. 하지만 제 전남편이 말하곤 했듯이, 보이는 것과 실제는 다른 법이에요. 저 양반, 빛 좋은 개살구더라고요. 제가 이런 말을 했다고 해서 크게 신경 쓰진 않으셨으면 좋겠지만, 어쨌거나 장사하는 사람들끼리 정보를 공유해야 하지 않겠어요?"

의사가 벌컥 화를 내며 소리쳤다. "그런 놈이 이래라저래라 날 가르쳤단 말이지! 치료비도 못 낼 놈한테 내 치료 방법을 모욕당하고서 가만히 있을 수야 없지. 아주 적절한 시기에 알게 되어 다행이오. 피를 뽑을 건지 안 뽑을 건지 즉시 알아봐야겠소!" 그러고는 그 즉시 2층으로 올라가 맹렬한 기세로 방문을 밀어젖혔다. 가엾은 존스는 단잠에서 깨어났다. 그것뿐이라면 좋겠지만, 소피아에 관한 달콤한 꿈에서도 깨어야 했다.

의사가 불같이 화를 내며 소리쳤다. "당신, 피를 뺄 거요, 안 뺄 거요?" 존스가 대답했다. "이미 제 결심을 말씀드렸을 텐데요. 그러니 제발 그런 줄 아셨으면 좋겠군요. 난생 처음 기분 좋은 꿈을 꾸고 있는데 선생님 때문에 깨지 않았습니까."

의사가 소리쳤다. "흥, 꾸벅꾸벅 졸다가 죽는 사람은 얼마든지 있소. 음식도 그렇지만 잠이라고 언제나 좋은 것만은 아니지. 어쨌든 한 번 더 묻겠소.

피를 빼겠소?"

"저도 한 번 더 대답하죠. 안 뺍니다!"

"그렇다면 당신에게서 손을 털겠소. 그러니 내 수고의 대가를 지불해주시오. 두 차례 왕진비가 5실링씩이고, 상처 치료비도 5실링씩 두 번, 사혈비가반 크라운이오."

"설마 절 이 상태로 내버려두려는 건 아니시겠죠?"

"아니, 그럴 생각이오."

"정말 교활하군요. 그렇담 난 땡전 한 푼 지불할 수 없소."

"맘대로 하시오! 처음에 손해를 봤을 때 손을 떼는 게 현명하지. 이 망할 안주인은 무슨 의도로 이런 뜨내기 자식을 나더러 보게 한 거야?" 의사는 이렇게 내뱉고는 문을 확 열어젖히고 나가 버렸다. 환자는 몸을 한 번 뒤척이고 이내 다시 잠에 빠졌지만, 유감스럽게도 그 꿈은 돌아오지 않았다.

4
'바그다드의 이발사'나 《돈키호테》에 등장하는 이발사를 비롯하여
역사에 기록된 가장 유쾌한 이발사가 등장하다

시계가 다섯 시를 쳤을 때, 존스는 일곱 시간에 걸친 잠에서 깨어났다. 기분이 아주 상쾌했다. 몸과 마음에 기운이 넘쳐흘러, 그는 일어나 옷을 차려 입기로 마음먹었다. 여행 가방을 열어 깨끗한 리넨 셔츠와 양복 한 벌을 꺼냈다. 먼저 프록코트만 대충 걸친 뒤, 배 안에서 일어나고 있는 소란을 진정시켜 줄 무언가를 주문하기 위해 부엌으로 내려갔다.

여관 안주인을 만나자 그는 공손하게 인사를 한 뒤 물었다. "점심 식사로 뭘 먹을 수 있소?"

"점심이라고요! 이상한 시간에 점심을 찾으시는군요. 요리는 아무것도 남아 있지 않고, 화덕 불도 다 꺼졌는데요."

"하지만 뭔가를 꼭 좀 먹어야겠는데요. 뭐든 상관없습니다. 태어나서 지금만큼 배고팠던 적이 없을 지경이거든요."

"그렇다면 차가운 소 엉덩이 고기와 당근이 한 조각 있는데, 그걸로 어떠

신지요?"

"아주 훌륭합니다. 그걸 좀 구워주신다면 정말 고맙겠습니다만."

안주인이 그렇게 해주겠다며 웃는 낯으로 말했다. "완전히 회복된 걸 보니 기쁘군요." 사실 우리 주인공의 상냥한 성품에 당할 자는 아무도 없었다. 게다가 이 안주인은 근본이 결코 심술궂은 사람이 아니었다. 돈을 몹시 사랑하고, 가난해 보이는 모든 것을 혐오할 뿐이었다.

식사가 준비되는 동안, 존스는 옷을 차려입기 위해 방으로 돌아왔다. 그때 미리 일러놓은 대로 이발사가 찾아왔다.

'리틀 벤저민'이란 이름으로 통하는 이 이발사는 아주 괴짜에다 재미있는 사람이어서, 종종 얼굴을 얻어맞고, 엉덩이를 걷어 채이고, 뼈가 부러지는 등 사소한 불편을 겪었다. 모든 사람이 그의 농담을 이해하는 건 아니었으며, 이해하는 사람이더라도 자신이 농담의 소재가 되면 불쾌해 했기 때문이다. 하지만 그는 도무지 그 버릇을 고치지 못했다. 그 때문에 가끔 험한 꼴을 당하면서도, 어떤 농담이 생각나면 상대방은 물론 때와 장소를 전혀 가리지 않고 입에 담아야 직성이 풀리는 사람이었다.

그 밖에도 특이한 면이 많지만, 지금은 그것을 다 언급하지 않겠다. 이 괴짜와 친숙해지면서 독자 여러분 스스로 그 점들을 쉽게 발견할 수 있을 것이다.

어렵잖게 상상할 수 있는 이유로 몸단장을 빨리 끝내고 싶어 안달이 나 있던 존스는 이발사가 비눗물을 준비하는 데 너무 꾸물거린다고 생각하고, 서둘러 달라고 재촉했다. 어떤 이유로든 얼굴 근육을 이완시키는 법이 없는 이발사가 아주 엄숙하게 대답했다. "Festina lente(천천히 서둘러라). 제가 면도날을 잡기 훨씬 전에 배운 격언이지요."

존스가 대꾸했다. "오호라, 당신, 학자였군요."

이발사가 말했다. "하찮은 학자지요. non omnia possumus omnes(인간의 힘은 유한하니까요)."

"또 문자군! 말꼬리 잡는 덴 선수인 모양이군요."

"실례지만 non tanto me dignor honore(그런 영예를 받을 만한 자격이 없다고 생각합니다)." 그러고는 면도를 하면서 말했다. "오랜 세월 이 일을 하며 깨달은 바로는 수염을 깎는 이유에는 딱 두 가지가 있지요. 하나는 수염을 기르기 위해서이고, 또 하나는 수염을 없애기 위해서입니다. 그런데 도련님은 두 가지 가운데 앞의 이유로 면도한 지 얼마 안 되신 것 같군요. 맹세컨대 도련님께서는 목적을 이루셨습니다. 도련님의 수염을 보면 누구나 tondenti gravior(이발사에게 가혹했다)고 말할 테니까요."

존스가 말했다. "당신 정말 재미있는 사람 같군요."

이발사가 말했다. "저를 아주 잘못 보신 겁니다. 저는 철학 공부에 너무 심취했어요. hinc illoe lachrymoe(그게 제 눈물의 원인이지요). 그게 제 불행의 씨앗입니다. 학문에 심취한 나머지 파멸하고 만 거죠."

"확실히 당신은 장사꾼치고 보기 드문 학자지만, 그것이 어떻게 파멸의 원인이 되었다는 건지 모르겠군요."

"도련님, 아버진 그것 때문에 제게서 상속권을 빼앗아 버렸답니다. 우리 아버지는 춤 선생이셨는데, 제가 춤보다 글을 먼저 익히자 저를 미워하셨죠. 그래서 모든 재산을 한 푼 남기지 않고 다른 자식들에게 주고 말았어요. 어디, 관자놀이 좀 봅시다. 어허, 이런! 죄송합니다. hiatus in manuscriptis(원고지에 공백)이 생긴 꼴이네. 도련님께서 전쟁터로 가시던 도중이었다고 들었습니다만, 제겐 그게 실수로 보이는군요."

"왜 그렇게 생각하죠?"

"깨진 머리를 전쟁터로 갖고 가기에는 도련님이 현명하신 분이기 때문이죠. 석탄 산지인 뉴캐슬로 석탄을 짊어지고 가는 격 아닙니까."

존스가 큰 소리로 말했다. "당신 정말 괴짜군요. 그 유머가 아주 맘에 듭니다. 식사를 마치고 이리로 오세요. 함께 한잔 합시다. 당신과 더 친해지고 싶소."

"오, 도련님, 원하신다면 스무 번이라도 그보다 큰 호의를 베풀어드릴 수 있습니다."

"그게 무슨 뜻입니까?"

"한 잔 아니라 한 병도 마셔드리겠다 이거죠. 저는 선량한 분을 끔찍이 좋아하거든요. 도련님께서 제가 아주 재미있는 사람이라는 사실을 알아보셨듯이, 제 통찰력으로 보아 도련님께서는 세상에서 가장 선량한 분이니까요."

드디어 존스는 몸단장을 마치고 아래층으로 내려갔다. 비너스가 사랑한 미남 아도니스도 지금의 그보다 멋진 모습은 아니었을 것이다. 그러나 여관 안주인은 그에게 별 매력을 느끼지 않았다. 외모도 그랬지만 이 선량한 여인은 취향도 비너스를 전혀 닮지 않았기 때문이다. 객실 담당 하녀도 여주인 같은 눈으로 볼 수 있었다면 행복했을 것이다. 하지만 이 가엾은 소녀는 존스를 본 지 5분 만에 그에게 맹렬하게 빠져들었다. 이후 그녀는 연정 때문에 무수한 한숨을 쉬어야 했다. 이 소녀는 아주 예뻤으나 무척 수줍음이 많아 이미 사환을 거절한 바 있으며, 인근 농부 청년 한두 명을 거절한 적도 있었다. 그런데 우리 주인공의 반짝이는 눈이 얼음같이 찬 그녀의 마음을 순식간에 녹여 버린 것이다.

존스가 부엌으로 돌아왔을 때 식탁에는 식탁보조차 깔려 있지 않았다. 사실 깔려 있을 이유도 없었다. 요리는커녕 화덕에 불씨조차 없었기 때문이다. 이 실망감에는 냉정한 철학적 기질을 지닌 사람들도 대부분 화를 낼 법 하지만 존스는 그렇지 않았다. 그는 그저 안주인을 가볍게 책망하며, 음식 데우는 게 귀찮을 테니 고기를 그냥 차게 먹겠노라고 말했다. 선량한 안주인은 동정심이 들어 그랬는지, 창피해서 그랬는지, 뭔가 다른 동기 때문에 그랬는지 알 수 없지만, 자신이 내린 적도 없는 지시사항을 이행하지 않았다며 하인들을 호되게 꾸짖었다. 그러고는 사환에게 '태양실'에 냅킨을 갖다 놓으라고 지시하고, 몸소 부지런히 움직여 모든 준비를 마쳤다.

존스가 안내된 '태양실'의 본디 이름은 'lucus a non lucendo(빛이 들지 않는 숲)'으로서, 이름 그대로 햇빛이 전혀 비치지 않는 방이었다. 사실 이 여관에서 가장 안 좋은 방이었지만 존스에게는 별 문제가 아니었다. 너무 배가 고파서, 트집을 잡고 말고 할 겨를이 없었던 것이다. 그러나 어느 정도 배를 채우자, 사환에게 포도주 한 병을 좀 더 나은 방으로 가져오라고 지시하며, 그런 지하 감옥 같은 방으로 안내한 것에 대해 다소 화를 냈다.

사환이 지시 받은 내용을 다 처리하고 얼마 있다가 이발사가 찾아왔다. 이발사도 이렇게 오래 존스를 기다리게 할 셈은 아니었지만, 부엌에서 여관 안주인의 얘기를 듣느라 시간을 지체하고 말았다. 그녀는 주위에 둘러앉은 사람들에게 존스의 내력을 들려주고 있었는데, 그 절반은 존스 입으로 직접 들은 내용이었고, 나머지는 그녀가 교묘하게 지어낸 이야기였다. "그는 교구의 불쌍한 사생아였는데, 지주 올워디 씨가 거두어준 덕분에 도제로 자랐죠. 그러다 어떤 나쁜 짓을 해서 쫓겨나게 되었고요. 그 댁 아가씨를 연모한 것도 있지만, 분명히 도둑질도 했을 거예요. 그렇지 않다면 적은 돈이나마 갖고 있을 리가 없잖아요? 그게 당신이 말하는 신사랍니다!"

이발사가 말했다. "올워디 씨의 하인이라고요! 이름이 뭡니까?"

"존스라고 하던데요. 그냥 지어낸 이름이겠지요. 음, 그리고 지금은 사이가 좋지 않지만, 지주께서 자기를 친자식처럼 키웠다는 말도 했어요."

"그의 이름이 정말로 존스라면 그건 거짓이 아닐 겁니다. 그 마을에 친척이 좀 사는데, 사실 친자식이라는 소문도 있다더군요."

"그럼 어째서 아버지와 성이 다르단 말인가요?"

"그야 모르죠. 아버지와 성이 다른 자식이야 종종 있지 않습니까?"

"이런, 사생아긴 하지만 신사분의 자제라면 각별한 대접을 해야겠군요. 사생아로 태어나 훌륭한 사람이 되는 사람은 많으니까요. 내 가엾은 전남편이 말하곤 했듯이, 신사에게 결코 모욕을 주어선 안 되죠."

5

존스 군과 이발사의 대화

여관 안주인과 이발사의 대화는 일부는 존스가 지하 감옥에서 식사를 하는 동안에, 일부는 그가 응접실에서 이발사를 기다리는 동안에 진행되었다. 대화가 끝나자마자, 앞서 말했듯이 벤저민 씨는 존스를 방문했다. 존스는 정중히 자리를 권한 뒤 포도주를 한 잔 가득 따른 다음 이발사를 "doctissime tonsorum (가장 박식한 이발사님)"이라고 부르며 그의 건강을 축복했다. "Ago tibi gratias, domine(주여, 감사하나이다)." 이발사는 말하고 존스를 뚫어지게 바라보았다. 매우 진지한 얼굴로, 어디선가 본 얼굴이라는 듯이 놀라는 척하며 말했다. "실례지만 도련님, 존스라는 이름 아니십니까?"

"그런데요."

"Proh deum atque hominum fidem(오! 인간과 신 모두의 영광이여!) 세상엔 참 신기한 일도 벌어지는군요! 존스 도련님, 저는 도련님의 가장 충직한 하인입니다. 저를 기억하지 못하시나본데, 그럴 만도 하지요. 도련님께서는 저를 딱 한 번밖에 못 보셨고, 그것도 아주 어릴 적 일이니까요. 인자하신 올워디 지주님께서는 안녕하신지요? ille optimus omnium patronus(모든 은인 중에서 가장 훌륭하신 은인)이신 그분께서는 잘 계십니까?"

존스가 말했다. "정말로 날 아나 보군요. 그렇지만 유감스럽게도 난 당신이 기억나지 않아요."

벤저민이 소리쳤다. "그건 놀랄 일이 아닙니다! 제가 도련님을 좀 더 빨리 알아보지 못한 게 놀라울 따름이지요. 모습도 그대로이신데 말입니다. 실례가 안 된다면 무슨 이유로 이 지역을 여행 중이셨는지 여쭤 봐도 되겠습니까?"

"자, 자, 아무것도 묻지 말고 잔이나 채워주세요."

"그러죠, 도련님. 불편하게 할 생각은 없습니다. 뻔뻔스럽게 호기심만 많은 자라고 생각하지 말아주십시오. 누구도 고칠 수 없는 제 결점이긴 하지만, 어쨌든 용서를 구하겠습니다. 도련님 같은 신사분께서 하인도 없이 여행을 하시면 우리는 in casu incognito(어떤 미지의 원인)이 있겠거니 생각하게 되거든요. 도련님 이름도 여쭙지 말았어야 했을 걸 그랬나 봅니다."

"솔직히 내가 이 지역에까지 알려져 있으리라곤 예상도 못했어요. 어쨌든 사정이 좀 있으니, 내가 이곳을 떠날 때까지 다른 사람들에게 내 이름을 알리지 말아주면 고맙겠어요."

"pauca verba(말을 아끼지요). 저 말고는 어느 누구도 도련님을 몰랐으면 좋겠군요. 입이 가벼운 자들이 있으니까요. 하지만 저는 비밀을 반드시 지키는 사나이죠. 저와 원수지간인 사람들도 저의 그런 미덕은 인정해줍니다."

"이발사치고 입이 무거운 사람은 얼마 없던데."

"저런! Non si male nunc et olim sic erit(예전엔 그랬지만 지금은 아닙니다). 그리고 저는 이발사로 태어나지도 않았고, 그렇게 자라지도 않은 사람입니다. 지금껏 쭉 신사분들과 어울려 지내왔고, 제 입으로 말하긴 좀 뭣합니다만, 신사도에 대해서도 좀 아는 편이죠. 도련님께서 믿고 모든 것을 털어놓으신 상대가 저였더라면, 입 싼 누구랑은 다른 사람이란 것을 보여드릴 수 있었을 텐데요. 저라면 모두가 모인 부엌에서 도련님 이름을 욕보이는 일도 하지 않았을 겁니다. 세상에 그런 고약한 사람도 있더이다. 도련님과 올워디 지주님 사이에 일어난 불화에 대해 도련님께서 말씀하신 내용을 그대로 떠벌렸을 뿐 아니라, 거기에 제멋대로 지어낸 거짓말까지 보태더라니까요. 전 금방 거짓인 줄 알았지만요."

존스가 소리쳤다. "그거 정말 놀랄 이야기군요!"

벤저민이 대꾸했다. "맹세코 진실을 말씀드리는 겁니다. 굳이 말 안 해도 아시겠지만, 그 장본인은 이 여관 안주인이고요. 그 얘기를 듣고 저는 큰 충격을 받았답니다. 다 거짓말인줄은 알지만 말입니다. 저는 도련님께 큰 존경심을 갖고 있거든요. 정말입니다. 블랙 조지에게 호의를 베풀어주신 이후 쭉 말이죠. 그 이야기는 이 지역 사람들에게까지 회자하였답니다. 제가 그 내용으로 받은 편지만 해도 한두 통이 아니죠. 그 사건으로 모두가 도련님을 좋게 생각하고 있어요. 그런데 갑자기 이상한 소문을 들으니 저도 진심으로 걱정이 되어 여쭈어본 것입니다. 용서해 주십시오. 결코 주제넘은 호기심 때문이 아니랍니다. 전 선량한 사람을 아주 좋아합니다. 그래서 amoris abundantia erga te(도련님에 대한 풍성한 사랑)을 지니게 된 것이고요."

불운에 처한 사람은 우정에 대한 발언을 쉽게 믿기 마련이다. 비참한 처지에 놓인 데다 남을 의심할 줄 모르는 존스가 즉시 벤저민의 공언을 완전히 믿고 그를 가슴속 깊이 받아들였다는 사실은 놀랄 일이 아니었다. 벤저민이 아주 적절하게 구사하는 짧은 라틴어는 심오한 학식까지는 보여주지 못할망정 적어도 그에게 보통 이발사들과 다른 무언가가 있다는 인상을 주었고, 그의 모든 행동도 그러했다. 존스는 그의 신분과 성장과정에 대해 이발사가 말한 그대로를 믿고서, 마침내 여러 차례 당부를 한 뒤 말했다. "당신이 나에 대해 많은 이야기를 들었다 하고, 또 진상을 그토록 알고 싶어 하니, 참을성 있게 들어준다면 모든 내용을 말해주겠소."

벤저민이 큰 소리로 말했다. "참을성이라! 아무리 긴 이야기라도 참을성 있게 듣고말고요. 저를 믿어주시는 것만으로도 매우 송구합니다요."

존스는 사건 경위를 순서대로 이야기했다. 다만 한두 가지 상황, 즉 스웨컴과 싸운 날 일어났던 사건은 깜빡 잊고 이야기하지 않았다. 그는 선원이 되기로 결심했다는 것과, 북쪽 지방에서 일어난 반란 사건으로 계획을 바꾸어 지금 이곳으로 오게 되었다는 것까지 모조리 이야기했다.

리틀 벤저민은 도중에 한 번도 끼어들지 않고 열심히 귀를 기울였다. 이야기가 모두 끝나자 그는 도련님의 적들이 사건을 날조하여 올워디 씨에게 음해성 발언을 한 것이 분명하며, 그렇지 않다면 그토록 선량하신 분이 그렇게나 끔찍이 아끼던 도련님을 그런 식으로 내칠 리 없다고 말하지 않을 수가 없었다. 이에 존스가 대답했다. "나를 파멸시키기 위해 뭔가 악독한 음모가 꾸며진 게 분명해요."

　존스가 제 잘못을 스스로 한 마디도 언급하지 않는 이상, 누구라도 이 이발사처럼 발언할 수밖에 없었을 것이다. 그가 저지른 일들은 올워디 씨에게 전달되었던 중상모략처럼 심하게 왜곡되지 않았다. 또 이따금 올워디 씨 귀에 들어갔던 근거 없는 수많은 비난을 존스가 직접 말할 리도 없었다. 존스 자신조차 모르는 내용들뿐이었기 때문이다. 더구나 앞서 말했듯이, 존스가 한 이야기에는 중요한 사실이 많이 빠져 있었다. 요컨대 모든 상황이 존스에게 유리하게 보였기 때문에, 아무리 커다란 악의를 지닌 사람일지라도 그를 비난하기란 쉽지 않았을 것이다.

　존스에게 진실을 은폐하거나 위장하려는 욕망이 있었던 건 아니었다. 오히려 그는 자신을 징벌한 올워디 씨에게 비난이 전가되느니, 그런 징벌을 받아 마땅한 자신이 비난받는 편을 선택했을 것이다. 그러나 늘 그렇듯, 실제 상황은 전자 쪽으로 흘러가고 말았다. 제아무리 정직한 사람이라도 자기 행동을 이야기할 때는 저도 모르게 자기에게 유리한 방향으로 이야기를 이어간다. 그 사람의 악한 면도 본인의 입을 통하면 정화된다. 탁한 술이 깨끗하게 여과되었을 때처럼 찌꺼기는 모두 뒤에 남는다. 같은 사실을 놓고도 본인이 말하느냐 적이 말하느냐에 따라 그 동기와 상황과 결과가 매우 달라지기 때문에, 듣는 사람은 그것이 같은 이야기라는 사실을 조금도 깨닫지 못한다.

　이발사는 집어삼키듯 이야기에 귀를 기울였지만 어쩐지 만족스럽지가 못했다. 아직 듣지 못한 것이 한 가지 있는데, 다소 식어 버리긴 했지만 그의 호기심이 그것을 열렬히 갈망했다. 존스는 자신의 연애담과, 자신이 블리필과 연적이 된 경위를 이야기했지만, 상대방 여성의 이름은 경계하며 끝내 말하지 않은 것이다. 이발사는 얼마간 망설이며 '음', '에'와 같은 감탄사를 반복한 끝에, 이 모든 불행의 주요 원인으로 보이는 그 여성의 이름을 꼭 알려 달라고 간청했다. 잠시 머뭇거린 뒤 존스가 말했다. "난 당신을 매우 신뢰합니다. 또 어차피 알려진 이름이니 당신에게만 감춘다고 될 일도 아니겠죠. 소피아 웨스턴이라는 이름이오."

　"Proh deum atgue hominum fidem! (오! 인간과 신 모두의 영광이여!) 웨스턴 지주님께 그런 장성한 따님이 있었군요!"

　존스가 큰 소리로 말했다. "그래요. 세상 어느 것과도 견줄 수 없는 따님이죠. 그토록 아름다운 숙녀는 또 없을 겁니다. 그렇지만 아름다움은 그녀가 지닌 수많은 미덕 가운데 보잘것없는 축이죠. 분별력은 어떻고, 선량함은 또 어떻고! 오, 아무리 찬양한다 한들 그녀가 지닌 미덕의 절반에도 못 미칠 겁니다."

"웨스턴 씨에게 그렇게 장성한 따님이 있다니! 그 아버지가 소년이었던 게 기억나는데! 과연 tempus edax rerum(시간은 모든 것을 먹어치우는군요)."

술이 다 떨어져 가자, 이발사가 이번에는 자기가 한 병을 사겠다며 부득부득 우겼다. 존스가 이를 완고하게 거절하며 말했다. "이미 정량보다 많이 마셨으니 방으로 물러나야겠습니다. 책이나 한 권 빌려봤으면 좋겠는데."

벤저민이 큰 소리로 말했다. "책이라고요? 어떤 책을 원하십니까? 라틴어 책이요? 영어 책이요? 어느 쪽이든 제게 재미있는 책이 좀 있습니다. 이를테면 에라스뮈스의 《대화집》, 오비디우스의 《트라스티아》, 《그라두스 아드 파르나숨》 같은 라틴어 책들이죠. 영어로 쓰인 좋은 책들도 있습니다. 몇몇 권이 조금 찢어지긴 했지만요. 이를테면 스토의 《연대기》 대부분과, 포프가 번역한 《호머》 제6권, 《스펙테이터》 제3권, 이처드의 《로마사》 제2권, 《크레프트맨》지, 《로빈슨 크루소》, 토마스 아 켐피스의 작품, 토머스 브라운 전집 두 권입니다."

존스가 큰 소리로 말했다. "그 마지막 두 권은 아직 못 본 책이에요. 그중 한 권을 빌려주세요."

이발사는 아주 재미있는 책이며, 그 작가는 영국 역사상 가장 재능 있는 인물 중 한 명이라고 장담했다. 그러고는 즉시 근처에 있는 자기 집으로 돌아갔다가 이내 돌아왔다. 존스에게서 비밀을 철저하게 지키라는 엄명을 받은 이발사가 무슨 일이 있어도 명령을 지키겠노라고 맹세하고 나서야 두 사람은 헤어졌다. 이발사는 집으로 돌아갔고, 존스는 자기 방으로 물러갔다.

6

벤저민 씨의 더 많은 재능과, 이 비범한 인물의 정체가 밝혀지다

아침이 되자 존스는 의사가 자신을 떠났다는 사실에 조금 불안해졌다. 치

료를 받지 않아 상처가 잘못되지나 않을까, 생명에 지장이 있지나 않을까 신경이 쓰였던 것이다. 그는 사환에게 인근에 다른 의사가 없는지 물어보았다. 사환은, 그리 멀지 않은 곳에 한 분이 계시지만, 다른 의사를 먼저 부른 사실을 알면 왕진을 거절할 사람이라고 말했다. "참고로 말씀드리자면, 어젯밤 손님께서 부르셨던 그 이발사가 지금 손님께 가장 큰 도움이 될 것입니다. 이 근방에서 상처 치료로는 따라올 자가 없거든요. 그 사람은 이곳에 온 지 석 달도 채 안 됐는데, 중요한 치료를 벌써 여러 차례 했지요."

리틀 벤저민에게 즉시 사환이 보내졌다. 이번에는 어떤 능력 때문에 부름을 받았는지 알게 된 이발사는 그에 걸맞은 채비를 하고 방문을 하였다. 양철 대야를 옆구리에 끼고 나타났을 때랑은 겉모습이며 분위기가 사뭇 달랐기 때문에, 동일 인물이라고는 생각되지 않을 정도였다.

존스가 말했다. "그러니까 이발사님은 생업이 두 가지인 셈이군요. 어째서 어젯밤에 알려주지 않은 거죠?"

벤저민이 무게를 잡으며 말했다. "의사 일은 생업이 아니라 전문직이지요. 지난밤에 제가 이 기술을 전공했다고 말씀드리지 않은 것은 다른 의사가 도련님을 담당하고 있다고 생각했기 때문입니다. 저도 다른 의사가 제 일을 방해하면 기분이 좋지 않거든요. Ars omnibus communis(기술은 만인에게 공통입니다). 어쨌거나 괜찮으시다면 지금 머리를 좀 진찰해 보겠습니다. 두개골을 좀 살펴본 다음에 제 의견을 말씀드리지요."

존스는 이 새 선생에게 별반 신뢰가 가지 않았지만, 붕대를 풀고 상처를 살펴보게 허락했다. 벤저민은 존스의 머리를 들여다보고는 낮게 신음을 내며 격렬하게 머리를 흔들어댔다. 존스가 얼굴을 찌푸리며, 바보 같은 짓거릴랑 관두고 의견을 말하라고 재촉했다.

벤저민이 말했다. "의사로서 대답할까요, 친구로서 할까요?"

"친구로서, 그리고 진지하게 말해줘요."

"좋습니다. 제 영혼을 걸고 맹세하건대, 몇 번만 더 치료하면, 낫지 말라고 고사를 지내는 편이 훨씬 어려울 겁니다. 제가 가져온 고약을 조금 바르게 해주신다면 완치를 책임지지요." 존스가 이에 동의하자, 그는 즉시 고약을 발랐다.

벤저민이 큰 소리로 말했다. "도련님, 이제 괜찮으시다면 본디 제 모습으로 돌아가고 싶은데요. 이런 치료를 하는 동안에는 위엄 있는 얼굴을 하고 있어야 한답니다. 그러지 않으면 신뢰를 얻을 수 없거든요. 엄숙한 행동에 엄숙한 얼굴이 얼마나 필요한지 도련님께서는 상상도 못하실 겁니다. 이발사는 사람들을 웃겨야 하지만, 의사는 사람들을 울려야 하지요."

"이발사, 아니 의사 선생, 아니 이발사 겸 의사 선생—"

벤저민이 존스를 가로막으며 말했다. "오, 도련님! Infandum, regina, jubes renovare dolorem(오, 여왕이시여! 당신은 제게 말할 수 없는 슬픔을 상기하라고 명령하시는군요). 하나로 뭉친 두 조합을 분리하는 것은 잔혹한 일이지요. 분리는 두 조합 모두에게 손해를 입힙니다. 그 증거로 'vis unita fortior(힘을 합치면 더욱 강해진다)'는 격언이 있습니다. 이 뜻을 해석할 수 있는 사람이 두 조합 회원 중에 없지는 않을 겁니다. 어쨌거나 두 조합을 한 몸에 갖추고 있는 저로서는 도련님의 그 호칭이 무척 충격적이군요."

존스가 말을 이었다. "당신을 뭐라 불러야 할지는 모르겠지만, 아무튼 보기 드문 괴짜에 익살꾼인 건 분명하군요. 당신의 인생 내력에는 아주 놀라운 내용이 담겨 있을 것 같은데요. 내게 그 이야기를 들을 권리가 있다는 걸 인정하겠죠?"

"인정하고말고요. 기회를 봐서 아주 한가할 때 기꺼이 이야기해 드리겠습니다. 장담컨대 시간이 아주 많이 걸릴 겁니다."

존스는 지금보다 한가한 시기는 없을 거라고 대꾸했다. 벤저민이 말했다. "좋습니다. 도련님 말씀에 따르지요. 하지만 도중에 누가 방해하지 못하도록 먼저 문을 잠그겠습니다." 그는 문을 잠그고 근엄하게 존스에게 다가와 말했다. "먼저 드릴 말씀이 있습니다. 도련님은 저의 철천지원수라는 사실입니다."

이 갑작스런 선언에 다소 놀란 존스는 떨떠름하면서도 험악한 표정으로 말했다. "내가 당신 원수라고!"

벤저민이 말했다. "화내지 마십시오. 저도 화내지 않을 테니까요. 도련님께서 제게 해를 입힐 의도가 있었는가 하면 전혀 그렇지 않습니다. 그때 도련님께서는 갓난아기였으니까요. 어쨌든 제가 본명을 밝히는 순간 모든 수수께끼가 풀릴 겁니다. 도련님, 영광스럽게도 도련님의 아버지라는 명예를 얻었던 파트리지라는 사람에 대해 들은 적이 있으신지요? 바로 그 명예 때문에 파멸이라는 비운에 빠진 사람 말입니다."

"그럼요. 들은 적 있지요. 그동안 내가 그의 아들이라고 믿어왔고."

"저, 도련님. 실은 제가 바로 그 파트리지랍니다. 하지만 도련님께 자식으로서 의무를 다하라고 말하지는 않겠습니다. 도련님은 제 아들이 절대로 아니니까요."

"그럴 수가! 그럼 터무니없는 의심 때문에 나도 질리도록 들은 그 안 좋은 일들을 당신이 당했다는 겁니까? 그게 가능한 이야깁니까?"

"가능하죠. 실제로 그렇게 되지 않았습니까? 사람은 자기에게 피해를 입힌 사람을 미워하기 마련이죠. 사실은 그 사람에게 죄가 없더라도요. 하지만 저는 다릅니다. 어제도 말씀드렸다시피, 저는 도련님께서 블랙 조지에게 베푸신 선행을 들은 이래로 도련님께 호감을 품게 되었습니다. 이렇게 뜻하지도 않게 뵙고 보니, 도련님은 제가 도련님 때문에 겪어야 했던 고초를 보상해주기 위해 태어난 존재라는 확신이 드는군요. 도련님을 만나기 전날 밤, 꿈을 꾸었습니다. 제가 걸상에 걸려 발부리를 채였는데도 다치지 않는 꿈이었습니다. 뭔가 좋은 일이 생길 거라는 예지몽이 틀림없다고 생각했죠. 어젯밤에는 제가 새하얀 말을 타고 도련님 뒤를 따라가는 꿈을 꾸었습니다. 이것도 대단한 행운을 암시하는 엄청난 길몽이죠. 저는 그 행운을 따라가기로 결심했습니다. 도련님께서 냉정하게 저를 거부하지만 않으신다면 말입니다."

"파트리지 선생, 나 때문에 당신이 당한 고통을 내가 보상해줄 수 있다면 그처럼 기쁜 일은 없을 겁니다. 하지만 현재로서는 그럴 가능성이 전혀 없어요. 어쨌든 내가 할 수 있는 일이 있다면 그게 무엇이든 거절하지 않겠습니다."

"물론 도련님께서 충분히 하실 수 있는 일입니다. 제가 바라는 건 그저 이번 원정에 도련님을 따라가도록 허락해달라는 것이니까요. 아니, 이미 저는 그렇게 마음을 굳혔습니다. 거절하신다면, 이발사와 의사를 한꺼번에 죽이는 셈이 될 겁니다."

존스는 대중에게 그렇게 많은 폐를 끼쳐선 안 될 일이라고 미소를 지으며 대꾸했다. 그러고는 그럴싸한 이유들을 들어 벤저민(앞으로는 파트리지라고 부르겠다)의 뜻을 꺾으려고 노력했지만 헛수고였다. 파트리지는 우윳빛 말이 등장한 꿈을 강력하게 믿고 있었다. "더구나 이번 전쟁의 대의명분에는 저도 누구 못지않게 찬성입니다. 도련님께서 동행을 허락하시든 안 하시든 저는 단연코 따라갈 생각입니다."

존스는 파트리지가 자신을 좋아하는 것만큼이나 그에 대해 호감을 느꼈다. 종군을 만류한 것도 자신의 의사가 그렇다기보다는 상대방을 위한 배려에서였다. 그러나 친구의 결심이 단호하다는 것을 알고는 마침내 동의하고 말았다. 그런데 문득 어떤 생각이 나서 덧붙였다. "파트리지 선생, 나한테 의지할 생각인지는 모르겠지만 지금 내 처지가 그렇지 못합니다." 그러고는 지갑을 꺼내 9기니를 세어 보이며, 그것이 전 재산이라고 말했다.

파트리지가 대답했다. "장차 호의를 베풀어주십사 하는 것뿐입니다. 머지 않아 도련님께서 충분한 재력을 갖추게 되리라고 확신하니까요. 현재로서는 제가 더 부자겠지요. 제가 가진 것을 전부 드릴 테니 자유롭게 쓰십시오. 부디 모두 받아주세요. 저는 도련님의 종복으로서 도련님을 수행하겠습니다. Nil desperandum est Teucro duce et auspice Teucro(우리의 지도자이자 수호자인 테우케르와 함께라면 절망할 것이 없도다)." 그러나 돈에 관한 이 너그러운 제안에 존스는 끝내 동의하지 않았다.

두 사람은 다음 날 아침에 출발하기로 결정했다. 그런데 가방 때문에 난관에 부딪쳤다. 존스의 여행 가방이 너무 커서 말 없이는 들고 갈 수가 없었던 것이다.

파트리지가 말했다. "감히 조언해 드리자면, 셔츠 몇 장만 꺼내고 나머지는 가방째 두고 가십시오. 셔츠 정도는 제가 들지요. 나머지 옷가지는 저희 집에 두고 문을 잠가놓으면 안전할 겁니다."

이 제안은 즉시 가결되었다. 이발사는 고대하던 원정에 대한 만반의 준비를 하기 위해 물러갔다.

7
파트리지 씨의 진짜 속내, 존스의 약점에 대한 변명, 여관 안주인에 관한 보충 일화

파트리지가 미신을 맹신하는 사람이었다 해도, 걸상과 백마 꿈 정도로는, 고작 전쟁터에서 전리품 하나 추가하는 정도밖에 득 될 것 없는 원정에 따라 나서려고 하지 않았을 것이다. 사실 그는 존스에게서 들은 이야기를 곰곰이 반추해본 결과, 자신이 들은 이유만으로 올워디 씨가 자기 아들을(그는 존

스가 올워디 씨의 친자식이라고 확신했다) 집에서 내쫓았다는 것이 아무래도 옳게 여겨지지 않았다. 따라서 모든 것이 날조된 이야기이며, 종종 편지로 전해 들었던 존스의 거친 행실을 고려할 때 실은 존스가 아버지 곁을 뛰쳐나온 것이리라는 결론을 내렸다. 이 젊은 신사를 설득하여 아버지 곁으로 돌려보내면 올워디 씨에게 충의를 보인 셈이 될 것이며, 올워디 씨가 예전에 화냈던 모든 것을 없었던 일로 해주리라는 생각이 들었다. 사실 애당초 그 분노 자체가 위조된 것이며, 올워디 씨가 스스로 명예를 지키기 위해 자신을 희생시킨 거라고 생각했다. 그 고매하신 신사분이 업둥이 자식에게 보였던 다정함과 파트리지 자신에게 보였던 가혹함을 따져보면 이 생각이 손쉽게 설명되었다. 자기의 무죄를 아는 파트리지로서는 남들이 자기를 유죄로 생각하리라고는 꿈에도 생각지 않았다. 끝으로, 정식 급료가 마지막으로 지급되고 한참 지난 뒤까지 누군가가 은밀하게 돈을 송금한 정황도 이 생각을 뒷받침했다. 그는 이 돈을 일종의 위로금 아니면 자신이 치른 부당 행위에 대한 보상금이라고 여겼다. 무릇 누군가에게 은혜를 받은 사람이 거기에서 어떤 동기도 발견할 수 없을 때, 그것을 순수한 자비심 때문이라고 생각하는 일은 아주 드물다. 이러한 연유로 그는 이 젊은 신사를 어떻게든 설득하여 집으로 돌려보내면 올워디 씨가 다시 호의를 가지고 그를 맞이하고, 그 수고에 넉넉한 보상도 해주리라 믿어 의심치 않았다. 뿐만 아니라 고향으로 돌아가서 살 수도 있을 터였다. 가엾은 파트리지는 오디세우스보다 간절하게 귀향을 염원했다.

존스는 상대가 단언한 내용의 진실성을 굳게 믿었다. 파트리지에게는 자신에 대한 애정과 전쟁의 대의명분에 대한 열정 말고 다른 동기가 없다고 확신했다. 남의 말을 조금도 경계하거나 의심하지 않는 이런 결점은 크게 비난받아 마땅하다. 사실 인간이 이 의심이라는 미덕을 익히는 방법은 딱 두 가지이다. 하나는 오랜 경험이고, 다른 하나는 천성이다. 내 추측으로 후자는 종종 천재성이나 타고난 재능을 의미하며, 두 가지 방법 중에서 절대적으로 나은 방법이다. 아주 어릴 때부터 그런 천부적 자질의 주인이 될 뿐 아니라, 그런 자질은 훨씬 오류가 적고 결정적이기 때문이다. 끊임없이 사기를 당하면서도, 이번에야말로 정직한 상대를 만날 것이라고 기대하는 사람이 있다. 반면 정직한 사람을 만날 일은 결코 없다는 확실한 내면의 경고를 받은 사람은 웬만한 바보가 아닌 이상 남에게 속아 넘어가지 않는다. 존스는 그런 재능을 타고나지 못한데다, 그것을 경험으로 터득하기에는 아직 너무 어렸다. 경험으로 깨닫게 되는 의심이라는 지혜는 웬만큼 나이를 먹어야 얻어진다. 이 점이 노인들이 자기보다 조금이라도 어린 사람의 지력을 쉽게 경멸하는 이유일 것이다.

존스는 그날 대부분을 새롭게 알게 된 또 한 사람과 보냈다. 바로 그 여관의 주인, 달리 표현하자면 안주인의 남편이었다. 이 사나이는 오랜 통풍 발작을 일으킨 뒤 최근에야 아래층으로 내려오게 되었다. 병 때문에 거의 반년은 자기 방에 틀어박혀 있었고, 나머지 반년은 여관 안을 기웃거리며 파이프 담배를 피우거나 친구들과 술을 마셨으며, 여관 일에는 눈곱만큼도 관심이 없었다. 이른바 '신사'로 자란 사람으로서, 즉 부지런한 농부였던 삼촌이 물려준 얼마 안 되는 유산을 사냥, 경마, 투계 등에 탕진하며 무위도식했다. 안주인이 이 남자와 결혼한 데에는 어떤 목적이 있었는데 이미 그것도 포기한지 오래, 부인은 그를 진심으로 미워했다. 아내는 본디 무뚝뚝한 남편을 빈번히 전남편과 비교하며 비난하는 데에 만족했다. 전남편에 대한 칭찬은 입에 달고 살았다. 수입의 대부분을 마음대로 사용할 수 있었으므로 집안을 돌보고 지배하는 일을 기꺼이 받아들이고, 오랜 투쟁 끝에 남편을 제 한 몸이나 챙기는 신세로 전락시켰다.

저녁이 되어 존스가 자기 방으로 돌아가자, 그를 두고 이 금슬 좋은 부부 사이에 사소한 말다툼이 일어났다. 아내가 말했다. "당신, 지금까지 저 신사랑 술 마셨죠?"

남편이 대답했다. "그래. 함께 한 병 마셨지. 정말 신사다운 청년이야. 말에 대해서도 꽤 알고. 뭐, 아직 젊어서 그런지 견문이 좁기는 해. 경마 구경도 그다지 한 것 같지 않더라고."

"오호라! 당신과 같은 부류라, 이거죠? 경마광이라면 신사가 틀림없죠. 흥, 그런 신사 따위 악마에게나 잡아먹히라지! 정말 꼴도 보기 싫다니까. 사실 내겐 경마꾼을 좋아할 이유가 있잖아요?"

"암, 있고말고. 내가 바로 그런 사람이잖아."

"그래요. 그것도 아주 골수죠. 전남편이 말하곤 했듯이, 당신 덕분에 얻은 이익을 모두 합쳐 내 눈에 처넣으면 더는 험한 꼴을 보지 않아도 될 텐데."

"그 빌어먹을 전남편 애기 좀 집어치워!"

"당신보다 천 배는 나은 사람을 욕하지 마세요. 그이가 살아 있었다면 찍 소리도 못했을 양반이."

"내가 당신보다 용기가 없다고 생각하는 모양이군. 당신은 내가 듣는 데서 그 자식 욕을 자주 했잖아."

"그러긴 했지만, 수도 없이 후회했죠. 그이는 내가 무심코 내뱉은 한두 마디 정도는 용서해줄 착한 양반이에요. 그리고 내가 당신한테 이러쿵저러쿵 잔소리 들을 까닭은 없는 것 같은데요. 그이는 내 남편이었으니까요. 좀 화가 나서 한두 마디 욕을 하긴 했지만, 그렇다고 그이를 악당 취급한 적은 없어요. 그렇게 부른 적이 있다면 본의 아니게 거짓말을 한 걸 거예요."

안주인이 더 많은 말을 했지만 남편은 듣지 못했다. 파이프에 불을 붙인 뒤 최대한 빨리 비틀비틀 사라져 버렸기 때문이다. 따라서 우리도 그녀의 웅변을 더는 옮겨 적지 않기로 하겠다. 이 책에 기록하기에는 다소 상스러운 방향으로 다가가고 있었기 때문이다.

파트리지는 아침 일찍 여장을 갖추고 배낭을 짊어지고서 존스의 침대 옆에 나타났다. 배낭은 그가 직접 만든 것이었다. 그는 생업 수단을 많이 가지고 있었는데, 그중 재봉 솜씨도 나쁘지 않았다. 배낭 안에는 그의 넉 장뿐인 리넨 셔츠가 들어 있었는데, 거기에 존스 군을 위해 여덟 장을 추가로 넣었다. 그러고 나서 존스의 여행 가방을 정리하여 들고 자기 집으로 가려고 했다. 그때 여관 안주인이 그 앞을 막아섰다. 계산을 마치기 전까지는 그 어떤 것도 가지고 나갈 수 없다는 것이었다.

이미 말했듯이, 이 여관 안주인은 이 지역에서 절대군주였다. 따라서 그녀의 원칙에 따르지 않기란 불가능했다. 계산서가 즉시 작성되었는데, 존스가 받았던 대접에 비하면 어마어마하게 큰 액수였다. 이쯤에서 여관 주인들이 대단한 비밀로 여기는 몇 가지 격언을 밝혀야겠다. 첫째, 자기 여관에 뭔가 좋은 것이 있으면(드문 일이긴 하지만), 으리으리한 마차 행렬을 거느린 손님에게만 그것을 내놓으라는 것이다. 둘째, 최악의 음식을 대접했더라도 가장 훌륭한 음식을 대접했을 때와 같은 가격을 청구하라는 것이다. 마지막으로, 주문 횟수가 적은 손님에게는 그가 먹고 마신 모든 것에 값을 두 배로 매겨 일인당 합계가 거의 같아지도록 만들라는 것이다.

계산서가 작성되고 지불이 모두 끝나자 존스는 배낭을 멘 파트리지와 함께 출발했다. 안주인은 그에게 좋은 여행이 되길 바란다는 인사조차 하지 않았다. 아무래도 이 여관은 상류층 손님들이 단골로 드나드는 곳 같았다. 어찌된 영문인지, 상류층 손님들 덕분에 생계를 유지하는 사람들은 상류층이 아닌 손님들을 대할 때 마치 자신이 상류층인 듯이 무례하게 군다.

8

글로스터에 도착하여 벨 여관에 묵은 존스
그 여관의 특징과 그곳에서 만난 엉터리 변호사

존스 군과 파트리지, 즉 리틀 벤저민('리틀'이란 수식어는 그를 놀리는 의미로 붙여진 것 같다. 사실 그의 키는 거의 6피트나 되었다)은 앞서 말한 대로 숙소를 떠나, 이렇다 할 사건 없이 글로스터를 향해 갔다.

글로스터에 도착해서 그들은 간판에 종이 그려 있는 여관을 숙소로 잡았다. 참으로 훌륭한 여관으로서, 독자 여러분 가운데 이 오랜 도시를 방문하실 분이 계시다면 진심으로 추천 드리는 바이다. 여관 주인은 위대한 감리교 전도사 휘트필드의 동생이면서도 해로운 감리교 교리나 그 밖의 이단 교리에 전혀 물들지 않은 사람이다. 참으로 정직하고 소박한 사나이이며, 교회 차원에서건 국가 차원에서건 어떤 분란도 일으키지 않을 것 같은 사람이다. 아내는 소싯적 미인이라는 소리를 깨나 들었을 법한 용모에 품위까지 갖추었다. 외모로 보나 행동거지로 보나 상류 사교 모임에 가더라도 빛을 발할 여성이다. 이 자질을 비롯한 그 밖에 수많은 장점을 본인이 의식하지 못할 리 없지만, 주어진 삶에 만족하며 체념하고 살아가는 듯이 보인다. 이 체념도 전적으로 신중하고 지혜로운 성품 덕분이다. 현재 그녀는 남편과 마찬가지로 감리교 교리에서 자유로웠다. 굳이 '현재'라고 못 박은 이유가 있다. 그녀의 솔직한 고백으로는, 처음에는 시숙이 쓴 글에 대단한 감명을 받아, 두건 달린 긴 옷을 구입하여 입기도 했다고 한다. 성령이 주는 특별한 감동에 빠져보기 위해서였다. 그러나 3주의 실험 기간 동안 감동이라 불릴 만한 그 어떤 것도 느끼지 못하자, 현명하게도 두건 옷을 벗어던지고 그 종파를 포기했다. 요컨대 아주 친절하고 고운 마음씨를 지닌 여성이며, 남에게 호의를 베푸는 데 열과 성을 다했다. 이 여관에 묵고서도 큰 만족을 느끼지 못한다면 그 손님은 아주 까다로운 사람일 것이다.

존스와 그의 종복이 여관에 들어왔을 때 휘트필드 부인은 마침 안마당에 있었다. 총명한 그녀는 우리 주인공의 모습에서 평민들과 구분되는 분위기를 즉시 감지해냈다. 하인들에게 얼른 그를 방으로 안내하라고 지시하고, 조금 있다가 식사를 함께하자고 초대했다. 존스는 기꺼이 초대에 응했다. 너무 오래 배를 곯으며 걸어온 탓에, 휘트필드 부인의 발끝에도 못 미칠 시시한 상대가 초대를 했다거나, 그녀가 준비한 것보다 훨씬 형편없는 요리를 대접받는다 해도 기꺼이 환영했을 것이었다.

식탁에는 존스 군과 이 여관의 착한 안주인 말고도 솔즈베리 출신 변호사가 한 사람 앉았다. 바로 블리필 부인의 죽음을 올워디 씨에게 알리러 왔었던 그 변호사였다. 전에는 언급을 생략했었던 것 같은데, 그의 이름은 다우링이었다. 또 한 사람이 있었는데, 서머싯셔 린린치 인근에 사는 자칭 변호사였다. 이 사나이는 제 입으로 변호사라고 주장하지만, 사실은 분별력도 지식도 전혀 없는 역겨운 사이비였다. 판사복 옷자락 시중꾼이라 불려야 마땅한 자로서, 변호사들의 잡무를 도맡아 하는 일종의 임시고용인이며, 반 크라운만 받으면 우편집배원보다 더 멀리까지 말을 타고 날아갈 사람이었다.

식사를 하는 동안 이 서머싯셔 출신 자칭 변호사님은 올워디 씨 저택에서 존스의 얼굴을 본 적이 있는 사실을 기억해냈다. 종종 그 저택의 부엌을 방문하곤 했던 것이었다. 그는 기회를 엿보아, 그 선량한 일가의 안부를 물었다. 올워디 씨와 절친한 친구나 친지에게 어울릴 법한 친근한 태도였다. 사실 그는 그 저택에서 집사보다 높은 사람과는 말을 섞을 영광을 누린 적이 없었지만, 그 집안사람들과 가까운 관계임을 넌지시 알리려고 갖은 애를 썼다. 존스는 그의 질문에 아주 공손하게 답했다. 그러나 이 엉터리 변호사를 본 기억이 전혀 없었고, 친근한 듯이 행세하고는 있지만 외모나 행동으로 보아 이 자가 결코 인정받지 못할 자격을 사칭하며 진짜 변호사들을 기만하고 있다는 사실을 꿰뚫어 보았다.

조금이라도 지각이 있는 사람에게 이런 작자를 응대하는 일만큼 불쾌한 것은 없다. 식탁보가 치워지기가 무섭게 존스는 자리에서 물러났다. 조금 잔인하긴 하지만 가엾은 휘트필드 부인에게 이 고행을 강요하는 꼴이 되고 말았다. 나는 티모시 해리스 씨를 비롯한 고상한 여관 주인들이 이런 고행이야말로 자신들의 직업에 부수되는 가장 큰 고통이라고 개탄하는 말을 종종 들은 적이 있다. 내키지 않는 손님과 억지로 자리를 함께해야 하는 운명 말이다.

존스가 방을 나가자마자 사기꾼 변호사가 휘트필드 부인에게 속삭이듯 물었다. "저 멋쟁이 청년이 누군지 아십니까?"

그녀가 대답했다. "처음 보는 신사분인데요."

사기꾼 변호사가 대꾸했다. "신사라! 정말 대단한 신사지요! 실은 말을 훔친 죄로 교수형을 당한 놈의 사생아랍니다. 올워디 씨 댁 문 앞에 버려졌는데, 빗물로 가득 찬 상자 안에 들어 있는 걸 하인이 발견했다지 뭡니까. 그에게 다른 운명이 정해져 있던 게 아니었다면 분명히 그때 익사하고 말았을 겁니다."

다우링이 장난스럽게 소리 없이 씩 웃으며 말했다. "여부가 있겠습니까. 그 운명이 어떤 것인지 우리가 잘 알고 있지 않습니까."

사기꾼 변호사가 말을 이었다. "지주는 그 하인에게 아기를 집으로 들이라고 명령했습니다. 잘 알려졌다시피 그는 아주 소심해서, 이상한 소문이 날까 두려웠던 거죠. 그 사생아는 그곳에서 양육되고, 훈육 받고, 어엿한 신사처럼 먹여지고 입혀졌지요. 그러다가 그만 하녀 한 명을 임신시켰는데, 그녀를 설득하여 그 사실을 지주님께 말하게 했습니다. 매춘부 뒤꽁무니만 쫓아다닌다고 스웨컴이라는 목사가 야단을 치자, 이번에는 그 목사의 팔을 부러뜨렸죠. 블리필 군의 등에다 대고 권총을 쏜 적도 있어요. 올워디 씨가 편찮으셨을 때는 큰북을 두들기며 온 집 안을 돌아다녀서 병자의 잠을 방해하기도 하고요. 그 밖에도 수없이 많은 못된 짓을 저질렀죠. 그래서 사오일 전쯤, 제가 그 댁을 떠나오기 바로 전에 지주께서 옷을 홀딱 벗겨 그를 내쫓은 겁니다."

다우링이 소리쳤다. "그거 아주 정당한 조치군요. 나라면 내 아들이 그 반만큼만 못된 짓을 했어도 쫓아냈을 겁니다. 그런데 저 대단한 도련님의 이름이 뭡니까?"

엉터리 변호사가 대답했다. "이름? 토머스 존스라고 합니다만."

다우링이 다소 흥분하며 대꾸했다. "존스라고요! 아니, 올워디 씨 댁에 살던 존스 도련님 말이오? 방금 우리와 함께 식사를 한 저 청년이?"

"바로 그요."

다우링이 외쳤다. "그 도련님에 대해선 여러 번 들었지만, 성품이 못됐다는 얘기는 들은 바가 없는데."

휘트필드 부인이 말했다. "변호사님 말씀의 절반이라도 사실이라면, 존스 씨는 제가 지금까지 본 사람 가운데 가장 기만적인 얼굴을 가진 사람이에요. 그런 발칙한 짓거리를 할 얼굴로는 안 보이는 걸요. 만난 지는 얼마 안 되지만, 자연스레 사귀고 싶어지는 아주 공손하고 예의 바른 양갓집 도련님처럼 보였어요."

엉터리 변호사는 증거를 제시하기 전에 여느 때와 달리 선언을 하지 않았던 사실을 깨닫고는 수많은 욕설과 저주를 동원하여 자신의 공언을 진실이라고 맹세했다. 충격을 받은 안주인은 자기가 본 바를 믿는다고 선언함으로써 맹세를 중지시켰다. 그가 말했다. "생각해 보십시오. 거짓이라는 걸 알면서 제가 군이 그런 말을 왜 하겠습니까? 아무 원한도 없는 사람을 욕한다고 제게 무슨 득이 있겠느냔 말입니다. 제가 말한 한 마디 한 마디가 모두 사실입니다. 그 지역 사람들이라면 다 알고 있을 겁니다."

휘트필드 부인으로서는 엉터리 변호사에게 존스를 욕보이려는 동기나 유혹이 있다고 의심할 이유가 전혀 없었다. 그가 이렇게까지 호언장담한 이상, 그녀가 그 말을 믿었다고 해서 독자 여러분께서 그녀를 비난할 수는 없는 일이다. 그녀는 관상술을 포기했다. 이 손님에게 완전히 정나미가 떨어져, 그가 어서 자기 여관을 떠나주기를 진심으로 바랐다.

이 혐오감은 휘트필드 씨가 부엌에서 듣고 온 정보 때문에 더욱 커졌다. 파트리지가 그곳에 있던 사람들에게 말하길, 톰 존스(그는 존스를 이렇게 불렀다)가 응접실에서 맛난 음식을 먹는 동안 자신은 이렇게 배낭을 짊어지고 하인들과 함께 식사하는 데에 만족하고 있으나, 사실 자기는 하인이 아니라 존스와 대등한 친구이며 그와 똑같은 신사라고 했다는 것이다.

이야기를 듣는 내내 다우링은 손톱을 깨물었다가 얼굴을 찌푸렸다가 이죽이죽 웃다가 몹시 깔보는 듯한 표정을 지어 보였다. 그러다 마침내 입을 열어, 그가 그런 신사로는 보이지 않더라고 반박했다. 그러더니 허둥지둥 계산서를 청구한 뒤, 저녁까지는 헤리퍼드에 도착해야 한다고 주장하고는 너무나도 바쁜 자신의 생활을 한탄하며, 몸을 스무 조각으로 쪼개어 동시에 스무 곳에 보냈으면 좋겠다고 말했다.

엉터리 변호사도 곧 여관을 떠났다. 존스가 함께 차를 마시자고 휘트필드 부인을 초대했으나, 그녀는 그 제안을 거절했다. 식사를 할 때 그를 환대하던 것과는 너무도 다른 태도였기에 그는 다소 놀랐다. 이윽고 그는 그녀의 태도가 완전히 바뀐 것을 느꼈다. 앞서 우리가 칭찬했던 타고난 상냥함 대신 애써 무뚝뚝한 표정을 지어보이는 것이었다. 그 태도가 몹시 불쾌하게 느껴진 존스 군은 늦은 시간이긴 하지만 그날 밤 당장 이 여관을 떠나기로 결심했다.

사실 그는 여관 안주인의 이런 갑작스런 태도 변화를 다소 부적절하게 해석했다. 여성 특유의 변화무쌍한 변덕 때문일 거라는 매정하고 부당한 억측을 내리고, 이 무례한 대우는 자신이 말을 타고 오지 않은 탓이라고 생각했다. 말이란 침대보를 더럽히지 않아 잠자리 제공 값으로서는 그 주인보다 수지가 맞기 때문에 여관 주인들에게 더 환영받는 손님인 것이다. 그러나 휘트필드 부인을 위해 한마디 변론하자면, 그녀는 그런 쫀쫀한 사고를 하는 사람이 아니었다. 완벽한 교양을 갖추고 있었으며, 걸어 들어오는 손님이더라도 신사에게는 아주 공손하게 대했다. 사실 그녀는 우리의 주인공을 형편없는 불한당으로 보았기 때문에 그런 대접을 했던 것이다. 존스가 독자 여러분만큼만 진상을 알았더라면 그녀를 비난할 수 없었을 것이다. 오히려 휘트필드 부인의 처사를 인정하고, 그녀가 보인 불손함 때문에 그녀를 더 존경하게 되었을 것이 틀림없다. 사실 이런 대접은 부당하게 명예를 앗아가는 몹시 화나는 일이다. 못된 성격을 자각하는 사람은 남들에게 무시를 받아도 화내지 않는다. 거꾸로 자신과 막역한 척하는 사람들을 경멸한다. 물론 상대방이 자신에 대한 부당한 평가를 전혀 근거 없는 것이라고 믿을 만큼 절친한 사이인 경우는 예외이다.

어쨌든 이것은 존스에게 해당되는 경우가 아니었다. 그는 진상을 까맣게 몰랐으므로, 앞서 말한 대접을 받고 화가 난 것도 당연했다. 그는 계산을 치르고, 파트리지가 극구 만류하는 것도 뿌리치고 여관을 떠났다. 파트리지는 그런 행동은 무익하다고 심하게 항의를 했지만, 결국은 뜻을 굽히고 배낭을 짊어진 뒤 친구의 뒤를 따랐다.

9

사랑, 추위, 허기 등등의 주제에 관해 존스와 파트리지가 나눈 대화
친구에게 결정적인 발각을 당하기 직전, 운 좋게도 가까스로 상황을 모면한 파트리지

새들은 이미 둥지로 돌아가고, 높은 산들이 만든 그림자가 길게 드리워지기 시작했다. 상류층 인사들은 모여 앉아 만찬을 들고, 하층민들도 저녁 식탁에 앉을 무렵이었다. 요컨대 존스 군이 글로스터에 작별을 고했을 때는 시계가 다섯 시를 알리고 있었다. 밤의 거무죽죽한 손가락이 천지에 암흑의 장막을 드리울(한겨울이었으므로) 시간이었다. 그러나 그날 밤은 달님이 그것을 허락지 않았다. 달님은 자신처럼 밤을 낮 삼아 사는 쾌활한 주정꾼들 같이 넓적하고 벌건 얼굴을 하고서, 밤새 깨어 있기 위해 종일 낮잠을 자던 침대에서 일어난 참이었다. 존스는 몇 걸음 가지 않아 이 아름다운 행성에 찬사를 바치고, 동료에게 이토록 감미로운 저녁을 본 적이 있는지 물어보았다. 파트리지가 당장 대답을 못하자 그는 계속해서 달의 아름다움을 논평한 뒤, 이 천상의 등불에 관한 묘사에서 다른 시인들보다 월등히 뛰어난 밀턴의 시구를 반복해서 암송했다. 그런 다음 〈스펙테이터〉지에 소개된 바 있는 두 연인에 대한 이야기를 들려주었다. 서로 떨어져 있게 되면 정해진 시간에 달을 쳐다보며, 둘이 동시에 같은 대상을 바라보고 있다는 생각으로 마음을 달래자고 약속했다던 이야기였다. 그가 덧붙였다. "이 두 연인은 인간이 느낄 수 있는 가장 숭고한 감정이 지닌 따스함을 진정으로 느끼는 영혼의 소유자들이었을 겁니다."

파트리지가 큰 소리로 말했다. "그랬겠죠. 하지만 저는 그들이 추위를 못 느끼는 몸을 가졌더라면 더 부러워했을 겁니다. 지금 거의 얼어 죽을 지경이거든요. 다른 여관에 도착하기 전에 코끝이 떨어져 나갈까봐 무척 걱정이 됩니다. 아니, 솔직히 말하자면, 보기 드문 그런 훌륭한 여관을 이런 밤중에 떠나온 우리의 어리석음은 어떤 벌을 받아도 싸다고 생각합니다. 단언컨대 제 평생 그 여관처럼 훌륭한 곳은 처음이라니까요. 영국에서 가장 위대한 군주라도 자기 저택보다 그 여관에서 지내는 편이 훨씬 호사스러울 정도죠. 그런 여관을 제 발로 뛰쳐나와, 대체 어디로 가는지도 모르고 per devia rura viarum(길도 없는 촌구석을) 걷고 있으니, 저로서는 할 말이 없네요. 가차

없이 우리를 미친 사람으로 생각하는 사람도 있을 겁니다."

"그만, 파트리지! 좀 더 용기를 내봐요. 적과 대적하러 가는 길이라고 생각해 보라고요. 그럼 이깟 추위 따위 아무것도 아니죠. 그런데 이 갈림길에서 어디로 가는 게 좋을까? 안내인이 있으면 좋겠는데."

"제가 감히 조언을 할까요? Interdum stultus opportuna loquitur(바보도 때로는 옳은 말을 하니까요)."

존스가 소리쳤다. "그래서 어느 길이 좋다는 거죠?"

파트리지가 대답했다. "어느 길도 아닙니다. 확실한 방법은 지금 왔던 길을 되돌아가는 겁니다. 서두르면 한 시간 안에 글로스터로 돌아갈 수 있어요. 하지만 계속 앞으로 나아가다간 언제 어디에 도착할지 누가 안답니까? 보세요. 50마일 정도는 내다보이는데, 저 끝까지 집 한 채 없지 않습니까."

"확실히 저 멀리까지 정말 아름다운 경치군요. 게다가 달빛이 밝아서 더 아름다워 보여요. 어쨌든 나는 왼쪽 길을 택하겠어요. 곧장 저 언덕으로 이어지는 모양이니. 그곳에서 우스터까지 멀지 않다고 들었거든요. 나랑 헤어지고 싶다면 여기서 돌아가도록 해요. 난 계속 가기로 마음먹었으니까."

"도련님, 무정하기도 하십니다. 설마 제가 그럴 거라고 생각하시는 겁니까? 방금 전 조언은 저뿐만 아니라 도련님을 위한 것이기도 했습니다. 그렇지만 도련님께서 계속 가기로 결심하셨다니 저도 따라갈 밖에요. proe, sequarte(앞서 가세요, 따라갈 테니)."

이후 그들은 서로 아무 말도 하지 않고 몇 마일을 걸어갔다. 침묵이 이어지는 사이 존스는 여러 차례 탄식을 내질렀고, 파트리지도 뒤질새라 신음을 내질렀다. 물론 이유는 서로 아주 달랐다. 존스가 우뚝 멈추어 서서 몸을 돌리고 외쳤다. "파트리지, 지금 내가 바라보고 있는 저 달에 세상에서 가장 아름다운 여인의 시선도 고정되어 있지 않을까요?"

파트리지가 대답했다. "틀림없이 그럴 겁니다, 도련님. 하지만 제 시선이 훌륭한 소 등심구이에 고정될 수 있다면 저 따위 달은 악마가 가지고 간대도 상관 않겠습니다."

"야만인이라도 그런 대답은 하지 않을 거예요! 파트리지, 당신은 평생 사랑에 빠져본 적이 없는 겁니까? 아니면 세월이 당신 기억 속에서 사랑의 흔적들을 모두 지워 없앤 거예요?"

"당치 않습니다! 사랑이 뭔지 몰랐더라면 차라리 좋았을 거예요. In-fandum, regina, jubes renovare dolorem(오, 여왕이시여! 당신은 제게 말할 수 없는 슬픔을 상기하라고 명령하시는군요). 저도 사랑의 달콤함, 숭고함, 비통함을 모두 맛보았답니다."

존스가 말했다. "애인이 무정한 사람이었나요?"

파트리지가 대답했다. "아주 무정했지요. 저와 결혼해서 세상에서 가장 지독한 마누라가 되었으니까요. 하지만 하느님의 은총으로 이미 세상을 떠났어요. 전에 읽은 책에 달은 죽은 영혼들의 피난처라고 하던데, 진짜로 아내가 달에 있다면 저는 그녀를 다시 보게 될까 무서워 절대로 달을 쳐다보지 않을 겁니다. 하지만 도련님을 위해서는 저 달이 거울이고, 소피아 아가씨가 지금 그 앞에 앉아 있었으면 하고 바란답니다."

"아아, 파트리지! 그런 대단한 생각을 하다니! 그건 사랑을 모르는 사람의 머리로는 절대로 불가능한 생각이에요. 오, 파트리지, 그 얼굴을 다시 한번 볼 수 있다는 희망이라도 있다면 얼마나 좋을까요! 하지만 그 황금빛 꿈도 영원히 사라졌어요. 내가 앞으로 불행을 피할 수 있는 유일한 길은 지난 모든 행복의 대상이었던 존재를 잊는 것뿐입니다."

"정말로 웨스턴 양을 다시 만날 수 없다고 생각하시는 겁니까? 제 조언을 따르신다면 다시 만나 품에 안으실 수도 있을 텐데."

"아아! 그런 몽상은 상기시키지 마세요. 악전고투 끝에 겨우 그런 소망을 정복했단 말입니다."

"이런, 애인을 품에 안고 싶은 소망이 없다니, 정말로 이상한 연인이군요."

"됐습니다. 그 얘기는 그만하죠. 그런데 그 조언이란 게 뭡니까?"

"우리 둘 다 군인이니 군대용어로 말씀드리지요. 바로 '뒤로 돌아 가!'라는 겁니다. 우린 당장 돌아가야 해요. 많이 늦긴 했습니다만, 오늘 밤 안에 글로스터에 도착할 수 있을 겁니다. 이대로 계속 가다간 여관이건 가정집이건 어디도 발견하지 못하고 평생 헤매고 다닐 게 뻔합니다."

존스가 대꾸했다. "나는 계속 가기로 결심했다고 말했을 텐데요. 당신은 돌아가시오. 이곳까지 함께 와 준 것만 해도 고마워요. 감사의 작은 표시로 이 1기니 금화를 줄 테니, 부디 받아주세요. 맞아요, 당신을 계속 끌고 다니는 건 잔혹한 일이죠. 솔직히 내 가장 큰 바람은 국왕과 조국을 위해 명예롭게 죽는 거니까."

파트리지가 대꾸했다. "돈은 넣어두세요. 지금은 도련님 돈을 받지 않겠습니다. 지금으로선 제가 더 부자니까요. 도련님 결심이 계속해서 앞으로 가는 것이라면, 제 결심은 도련님을 따라가는 것입니다. 더구나 곁에서 도련님을 보살펴드려야 할 것만 같은 생각이 들고요. 도련님이 지나치게 자포자기하고 계시지 않습니까. 장담하건대 제가 훨씬 분별력 있고 신중합니다. 도련님께서는 되도록 전사하겠다는 결심이시고, 저는 되도록 다치지 않겠다는 결심이니까요. 게다가 전 다행히도 별다른 위험이 없을 거라 생각한답니다. 일전에 한 천주교 신부님께서 현재 상황이 곧 끝날 거라고 말씀하셨거든요. 그것도 전쟁 없이요."

"천주교 신부라고! 자신의 종교를 옹호하기 위해 하는 발언은 믿을 것이 못 된다던데."

"자신의 종교를 옹호하기 위한 발언이 아닙니다. 그 신부님은 왕조가 바뀌더라도 가톨릭이 득 볼 것은 없다고 말씀하셨죠. 찰스 왕자님은 여느 영국인 못지않은 훌륭한 개신교도이니까요. 천주교인들이 야곱파에 가담한 것은 오로지 왕위 계승권을 지키기 위해서입니다."

존스가 말했다. "왕자님이 개신교인이라는 것은 그분께 왕위 계승권이 있다는 것만큼이나 믿습니다. 우리 편이 승리하리라는 것도 의심치 않고요. 하지만 전쟁 없이는 안 될 겁니다. 따라서 나는 당신 친구인 그 천주교 신부처럼 낙관적일 수가 없군요."

파트리지가 대꾸했다. "하긴 제가 읽은 어떤 예언서에도 이번 반란 사건에서 엄청난 피가 흐르리라고 씌어 있죠. 현재 살아 있는 엄지 셋 달린 방앗간 주인이 피바다에 무릎까지 잠긴 채 세 왕의 말들을 잡고 있다고도요.*7 주님, 우리를 불쌍히 여기시어 더 나은 세상을 보내주소서!"

존스가 받아쳤다. "머릿속에 온통 허튼 생각뿐이로군요! 그것도 천주교 신부님한테서 들은 이야기겠지요? 기괴하고 허황된 교리를 설파하려면 괴상한 괴물 이야기를 들먹이는 것이 적절했을 테니까. 조지 폐하의 대의는 자유

---

*7 의미 불명. 예로부터 방앗간 주인은 엄지를 교묘하게 놀려 밀가루 양을 속인다는 의미에서 정직하지 못한 사람의 대명사로 쓰였다. "엄지 셋 달린 방앗간 주인"은 당시 권력자를 빗댄 것 같으나 확실치 않음. "세 왕"이 의미하는 바도 알 수 없음.

와 진정한 신앙이오. 다시 말해서 상식이라는 대의명분이란 소리지. 브리아레우스[*8]가 백 개의 엄지를 달고서 방앗간 주인으로 다시 태어난다 해도 폐하의 군대가 승리하리라 장담합니다."

파트리지는 아무런 대꾸도 하지 않았다. 존스의 이런 선언에 몹시 혼란스러워졌기 때문이다. 지금까지 그가 밝힐 기회를 잡지 못했던 한 가지 비밀을 독자 여러분께 말씀드리자면, 사실 파트리지는 야곱파 지지자였던 것이다. 그는 존스도 자신과 같은 편이며, 그가 지금 반란군에 가담하기 위해 서둘러 가는 중이라고 생각했었다. 이런 생각도 전혀 근거 없는 오해는 아니었다. 《휴디브라스》에 등장하는 키 크고 허리 긴 숙녀―베르길리우스가 말한 수많은 눈과 혀와 입과 귀를 지닌 괴물[*9]이, 늘 그렇듯 진실을 전혀 고려하지 않고, 존스와 소위 사이에 벌어졌던 싸움을 전달했기 때문이다. 소피아의 이름을 왕위 요구자인 찰스의 이름으로 바꿔 버리고, 왕자를 위해 축배를 든 것이 존스가 술병을 얻어맞고 쓰러진 원인이라고 전달했던 것이다. 파트리지는 이 이야기를 철석같이 믿었다. 따라서 그가 존스를 야곱파로 생각한 것도, 그게 오해인 줄 모르고 하마터면 존스에게 그 사실을 털어놓을 뻔한 것도 놀랄 일이 아니다. 존스가 처음 자신의 결심을 파트리지에게 말했을 때 사용했던 모호한 표현을 떠올리신다면 더욱 수긍이 갈 것이다. 그러나 사실 존스가 그보다 더 불분명한 표현을 했다 하더라도 파트리지는 같은 해석을 했을 것이다. 그는 영국 사람 전체가 자기와 같은 생각을 하고 있을 거라고 확신했기 때문이다. 존스가 진압군 병사들 대열에 끼었다는 소식을 들었을 때 깜짝 놀라지 않은 것도, 군대에 있는 나머지 영국인과 같은 생각을 하고 있다고 믿어 의심치 않은 탓이었다.

그러나 제임스 왕이나 찰스 왕자에 대한 애정이 아무리 깊어도 리틀 벤저민 즉 자기 자신에 대한 애착만큼은 못했다. 따라서 동행자 도련님의 신조를 눈치채자마자 그는 자기 신조를 감추고, 겉으로 상대방에게 양보하는 것이 상책이라고 생각했다. 존스와 올워디 씨의 갈등이 그리 절망적이지는 않을

[*8] 영국 신화에 등장하는 괴물. 쉰 개의 머리와 백 개의 손을 가졌다고 함.
[*9] '소문'을 의인화한 것. 《휴디브라스》 제2부 제1막 45행에 "키 크고 허리 긴 숙녀, 엄청나게 날렵하며 이름은 '소문'이라 한다"라는 구절이 있다. 베르길리우스는 《아이네이스》 제4권 180행을 전후하여 소문을 가리켜 "눈, 귀, 혀, 입이 수없이 많이 달렸다"고 썼다.

거라고 확신했고, 자신이 부자가 되느냐 마느냐는 이 도련님에게 달렸다고 믿었다. 그는 고향을 떠난 뒤로도 이웃 몇 명과 계속해서 편지를 주고받았는데, 올워디 씨가 이 젊은 도련님에게 품고 있는 깊은 애정에 관해 실제보다 부풀려진 이야기를 자주 들었던 것이다. 이 도련님이 지주 나리의 상속자가 될 것이라는 이야기를 들은 그는 앞서 말한 대로 존스가 지주의 친아들임을 눈곱만큼도 의심하지 않았다.

따라서 부모 자식 사이에 어떤 불화가 있었든, 존스만 돌아간다면 반드시 화해가 이루어질 것이라고 생각했다. 지금 기회에 이 도련님의 환심을 사놓으면, 화해가 이루어진 다음에는 큰 이익이 보장된다는 계산이었다. 또 무슨 수를 써서든 이 도련님을 집으로 돌려보내는 데 큰 공헌을 하면, 앞서 말했듯이 올워디 씨의 호의도 돌아올 것이라고 굳게 믿었다.

우리는 이미 그가 아주 착한 성품의 소유자란 사실을 말한 바 있다. 그리고 그는 자기 입으로 존스의 인품에 감화되었다고 밝혔었다. 그런데 어쩌면 내가 방금 말한 견해도 그가 이 원정에 참가한 동기가 되었는지 모른다. 자신이 모시는 도련님과 자신이 사려 깊은 아버지와 아들처럼 매우 사이좋게 함께 여행을 하면서도 실은 반대 당파를 지지한다는 사실을 알고 나서도 계속 원정을 따라가게 한 동기 말이다. 이런 추측까지 하는 이유는, 사랑·우정·존경 등도 분명히 인간의 마음을 움직이는 강력한 작용을 하지만, 이해득실이야말로 지혜로운 사람이 타인을 움직여 자기 뜻을 이루려 할 때 결코 소홀히 하지 않는 요소임을 관찰했기 때문이다. 이해득실은 사기꾼 의사 워드의 알약 같은 만병통치약이어서, 혀든 손이든 그 밖에 다른 부위든, 효과를 보고 싶은 부위에 즉각 뛰어들어 곧 원하는 효과를 창출해내는 것이다.

10
우리의 여행자들이 만난 매우 희한한 모험

앞 장에서 했던 대화를 막 끝냈을 때, 존스와 파트리지는 어느 가파른 작은 산기슭에 도착했다. 갑자기 발걸음을 멈추고 위를 올려다보며 잠시 말없이 서 있던 존스가 마침내 길동무에게 말했다. "파트리지, 난 이 산꼭대기에 오르고 싶어요. 이런 달빛이라면 틀림없이 아주 아름다운 경치를 구경할 수 있을 거예요. 만물에 내리비치는 장엄하고 침울한 달빛이 형용할 수 없이 아름답겠죠. 우울한 상념을 하고 싶은 사람에겐 특히요."

파트리지가 대꾸했다. "그렇겠죠. 그런데 산꼭대기가 우울한 생각을 빚어내는 최적의 장소라면, 기슭은 즐거운 생각을 빚어내는 최적의 장소입니다. 저에겐 즐거운 생각이 훨씬 나아 보이는군요. 산꼭대기라는 말만 들어도 온몸의 피가 얼어붙는 것 같습니다. 제 눈에는 저 산이 세상에서 가장 높은 산처럼 보이거든요. 안 됩니다, 안 돼요. 쉴 곳을 찾으시는 거라면 땅 밑이라도 뒤져서 안개를 피할 곳을 찾자고요."

"그렇게 해요. 하지만 이 부근에서 소리가 들릴 만한 곳으로 정하세요. 산에서 돌아오면 당신을 큰 소리로 부를 테니까."

"도련님, 정신이 나가신 건 아니겠지요?"

"산을 오르는 것이 정신 나간 짓이라면 정신이 나간 게 맞겠죠. 어쨌든 당신은 아까부터 춥다고 불평을 해대니 여기 남겨두고 가겠어요. 한 시간 안에는 틀림없이 돌아올 거예요."

"죄송합니다, 도련님. 저는 도련님께서 어디를 가시든 뒤따르기로 결심했어요." 사실 파트리지는 혼자 남기가 두려웠다. 본디 모든 일에 겁이 많은 그는 그중에서도 유령을 가장 무서워했다. 이런 칠흑같이 어두운 밤과 황량한 장소는 유령이 나오기에 딱 알맞은 조건이었다.

이때 파트리지가 나무줄기 사이로 깜빡이는 불빛을 발견했다. 아주 가까워 보였다. 그가 몹시 기뻐하며 고함쳤다. "오, 도련님! 마침내 하늘이 제 기도를 들어주셔서 우리를 인가로 인도하셨네요. 여관일지도 모르겠어요. 도련님, 제발 부탁이니 저에게건 도련님 자신에게건 조금이라도 연민의 감정을 느끼신다면, 하느님의 섭리를 무시하지 마시고 저 불빛이 있는 곳으로 바로 갑시다. 저곳이 여관이건 아니건 그리스도인이 사는 집이라면, 비참한 상황에 빠진 우리에게 조그마한 방 하나쯤 거절하지 않고 내줄 겁니다."

마침내 존스도 파트리지의 간청에 굴복하고 말았다. 둘은 불빛이 새어나오는 쪽으로 곧장 걸어갔다.

이윽고 그들은 집, 아니 오두막 문 앞에 도착했다. 어느 쪽 단어를 쓰건 그다지 부적절하지 않을 그런 집이었다. 존스가 여러 차례 문을 두드렸지만 안에서는 아무 대답이 없었다. 머릿속이 온통 유령, 악마, 마녀 등등으로 가득 찬 파트리지가 벌벌 떨어대며 소리쳤다. "주여, 우리에게 자비를 베푸소서! 안에 사람들이 다 죽어 있는 게 틀림없어요. 이젠 불빛도 보이지 않아요. 분명히 조금 전까진 촛불이 보였는데 말입니다. 그렇지! 이런 이야기를 들은 적이 있어요."

존스가 말했다. "뭘 들었다는 겁니까? 다들 잠이 들었던지, 너무 외딴 곳이어서 문을 열어주기가 두려운 거겠죠." 그러고는 크게 소리를 질러댔다.

마침내 노파 한 명이 위층 창문을 열고, 당신들은 누구이며 무슨 일로 왔느냐고 물었다. 존스는 자신들은 길 잃은 나그네인데, 창문 불빛을 발견하고 몸을 녹일 따뜻한 불을 찾아 왔노라고 대답했다. 노파가 큰 소리로 말했다. "당신들이 누구이건 이 집에는 볼일이 없어요. 게다가 이런 밤엔 문을 열어줄 수가 없고요."

사람 목소리를 듣고 공포감에서 벗어난 파트리지가 제발 몇 분만이라도 불을 쬘 수 있게 해달라고 통사정을 하며, 추워서 얼어 죽을 지경이라고 말했다. 사실 안개도 안개지만 공포심 때문에 더 오한이 났다. 그는 옆에 있는 신사가 영국에서 으뜸가는 대지주 가운데 한 명이라고 말하고, 한 가지만 빼놓고 떠오르는 모든 말을 동원하여 그녀를 설득했다. 그 한 가지를 존스가 효과적으로 덧붙였다. 바로 반 크라운 은화를 주겠다는 약속이었다. 노파에게는 거절하기 힘든 뇌물이었다. 게다가 달빛에 또렷하게 드러난 존스의 귀공자풍 외모와 정중한 태도를 아울러 판단한 결과 노파는 그들이 도둑이 아닐까 하는 걱정을 완전히 떨쳐냈다. 그녀는 마침내 두 사람을 집 안으로 들였다. 파트리지는 자신을 맞이하듯 활활 타오르는 불꽃을 보고 뛸 듯이 기뻐했다.

그러나 몸이 따뜻해져 오자 이 가엾은 친구는 늘 마음속을 지배하던 어떤 생각 때문에 머리가 혼란스러워졌다. 그가 어떤 믿음보다 가장 강력하게 믿는 것이 마법이었는데, 지금 눈앞에 서 있는 노파보다 그런 생각을 불러일으키기에 적합한 인물을 독자 여러분께서도 상상하실 수 없었을 것이다. 그녀는 오트웨이가 그의 작품 《고아》에서 묘사한 노파의 모습과 꼭 같았다. 제임스 1세 치하에 살았더라면, 아무런 증거 없이 그 외모 하나만으로도 마녀로 몰려 교수형에 처해졌을 것이다.

그 밖에도 여러 정황이 파트리지의 이런 생각에 확신을 심어주었다. 이런 한적한 곳에 혼자 산다는 점(그의 상상에 불과했지만), 집의 외관도 그녀에게 과분해 보였지만 내부 또한 아주 정결하고 우아하게 꾸며져 있다는 점이었다. 사실 존스조차 그 광경에는 적잖이 놀랐다. 방이 매우 깔끔하게 정돈되어 있는데다 골동품 전문가의 관심을 끌 만큼 엄청난 수의 골동품과 장식품으로 치장되어 있었던 것이다.

존스는 이 물건들을 보며 감탄을 연발하고, 파트리지는 마녀 집이 틀림없다고 굳게 믿고 벌벌 떨고 있는데 노파가 입을 열었다. "신사 나리들, 되도록 서둘러 떠나주셨으면 해요. 곧 주인님께서 돌아오시거든요. 돈을 두 배로 주신다고 해도, 그분과 당신들을 맞닥뜨리게 하고 싶지 않아요."

존스가 소리쳤다. "그럼 주인이 있단 말이군요. 실례일지 모르지만, 실은 이 훌륭한 물건들이 할머니 것인 줄 알고 놀랐답니다."

"그렇겠죠. 나리! 이 물건들 중 이십분의 일이라도 제 것이라면 저도 절부자라고 생각할 겁니다. 어쨌든 이곳에 오래 계시진 마세요. 사실 지금 당장이라도 주인님께서 돌아오실 것만 같아요."

"하지만 이런 당연한 호의를 베풀었다고 해서 화를 내진 않을 텐데요."

"유감스럽게도 주인님은 특이한 분이시거든요. 여느 사람하고는 달라요. 누구와도 사귀지 않고, 외출은 밤에만 하시죠. 남에게 모습을 보이기 싫어하신답니다. 이웃 사람들도 그분과 마주치길 꺼려해요. 모르는 사람은 그분의 복장만 봐도 깜짝 놀라거든요. 사람들은 그분을 '산속 은둔자(밤에 산을 걸어 다니거든요)'라고 부른답니다. 이웃들은 그분을 악마만큼이나 무서워하죠. 그분께서 당신들이 이곳에 들어와 있는 걸 발견하면 끔찍하게 화를 내실 겁니다."

파트리지가 말했다. "도련님, 이 집 주인을 화나게 하지 맙시다. 저는 이제 걸을 준비가 됐습니다. 몸도 완전히 따뜻해졌고요. 그러니 제발 여길 나갑시다. 저기 벽난로 위에 권총도 있네요. 저기에 총알이 들어 있는지, 그가 저걸로 무슨 짓을 할지 누가 압니까."

존스가 큰 소리로 말했다. "두려워할 것 없어요, 파트리지. 내가 구해줄 테니."

노파가 말했다. "주인님은 남을 해치시는 분이 아닙니다. 그렇지만 몸을 지키기 위해서는 무기를 가지고 있어야 해요. 이 집이 습격당한 것이 한두 번이 아니거든요. 바로 얼마 전 밤에도 도둑 소리를 들었죠. 이런 시간에 혼자 돌아다니셔도 어느 악당한테 살해당하지 않은 게 신기할 정도랍니다. 하지만 말씀드렸듯이 다들 주인님을 두려워하는데다, 돈 될 물건은 가지고 다니지 않을 거라고 생각하는 것 같아요."

존스가 큰 소리로 말했다. "이런 진귀한 물품들을 수집해 놓은 것을 보니 이 댁 주인은 꽤 여기저기를 여행한 모양이군요."

"네, 아주 위대한 여행가셨죠. 그분보다 아는 게 많은 양반도 드물 겁니다. 그런데 실연 때문인지 뭣 때문인지는 모르지만, 벌써 30년 넘게 함께 살면서 본 바로는 그분이 말을 건 상대가 여섯 명이 채 되지 않아요."

그러고 나서 노파는 떠나달라고 다시 간청했다. 파트리지도 동조했다. 그러나 존스는 일부러 시간을 끌었다. 이 괴짜를 꼭 보고 싶은 호기심이 커졌기 때문이다. 노파가 대답 끄트머리마다 떠나달라는 말을 덧붙이고, 파트리지가 그의 소맷자락을 잡아끌기까지 했지만, 그는 계속해서 새로운 질문들을 쏟아냈다. 마침내 노파가 공포에 질린 표정으로, 주인이 오는 소리가 들렸다고 말했다. 그와 동시에 문밖에서 여러 사람이 외치는 소리가 들려왔다. "이 자식, 당장 돈을 내 놔! 돈 내놓으라고! 안 그러면 골통을 날려 버리겠어!"

노파가 외쳤다. "오, 맙소사! 악당들이 주인님을 덮친 거예요. 세상에, 이를 어째! 어쩌면 좋아!"

존스가 소리쳤다. "어찌한다? 어찌한다? 이 총에 총알이 들었습니까?"

"오, 나리, 사실 그 안엔 아무것도 들어 있지 않답니다. 오, 제발 우리를 죽이지 말아요(사실 노파는 집 안에 있는 두 사람이 문밖 강도들과 한패라고 생각했다)."

존스는 거기에는 대꾸하지 않고, 방에 걸려 있던 폭 넓은 칼을 낚아채어 밖으로 뛰쳐나갔다. 늙은 신사가 악당 두 명과 몸싸움을 벌이면서 자비를 구하고 있었다. 존스는 아무 말 없이 재빨리 달려들어 칼을 마구잡이로 휘둘렀다. 강도들이 즉시 노인을 잡았던 손을 놓고, 우리의 주인공에게는 덤벼들 생각도 않은 채 줄행랑을 놓았다. 존스는 노신사를 구한 것에 만족하고, 그들을 추격하지 않았다. 그는 자기가 강도들의 계획을 끝장내 버렸다고 생각했다. 두 강도가 도망을 치며 곧 죽을 것처럼 비명을 질러댔기 때문이다.

존스는 격투 중에 내동댕이쳐진 채 쓰러져 있던 노신사를 일으켜 세우기 위해 달려가서 강도들한테 상처라도 입지 않았는지 걱정스럽게 물었다. 잠시 존스를 뚫어지게 바라보던 노인이 소리쳤다. "아니오, 덕분에 다친 데는 없소. 고맙소. 하느님께서 자비를 베푸셨어!"

존스가 말했다. "이런, 제가 운 좋게도 선생님을 구해드렸지만, 그래도 저한테 마음을 놓지 못하고 계시군요. 의심하시는 것도 무리는 아니지만, 전혀 그럴 필요 없습니다. 여기에는 선생님의 친구들밖엔 없으니까요. 실은 이 추운 밤에 길을 잃고, 무례하지만 선생님 댁에 불을 쬐러 들어갔다가, 막 떠나려는 참에 도움을 청하는 선생님 목소리를 들은 겁니다. 제가 선생님을 구할 수 있었던 건 오로지 하느님의 섭리였겠지요."

노신사가 소리쳤다. "그렇다면 신의 섭리가 맞겠지."

존스가 큰 소리로 말했다. "그렇고말고요! 여기, 선생님 칼입니다. 당신을 지키기 위해 잠시 빌렸습니다만 다시 돌려드리지요."

강도들의 피로 얼룩진 칼을 받아 들고 한동안 물끄러미 존스를 바라보던 노인이 한숨을 내쉬며 외쳤다. "젊은 신사 양반, 용서해주시오. 나도 본디 의심 많은 성격이 아니라오. 은혜를 모르는 사람도 아니지."

존스가 소리쳤다. "그러시다면 선생님을 구해주신 하느님께 감사드리십시오. 전 인간으로서 마땅히 해야 할 의무를 다한 것뿐입니다. 아까 같은 상황에서는 선생님 아닌 누구라도 똑같이 구했을 겁니다."

노신사가 큰 소리로 말했다. "얼굴을 더 보여주시오. 그렇다면 당신이 사람이란 말이오? 그렇군, 그런 것 같군. 자, 내 오두막으로 들어갑시다. 당신은 진정 내 생명의 은인이오."

노파는 주인에 대한 두려움과 주인의 안위에 대한 두려움 틈에서 넋이 나간 상태였고, 파트리지는 그보다 더 큰 공포감에 빠져 있었다. 주인이 존스에게 상냥하게 말을 건네는 것을 듣고 무슨 일이 일어났는지 감지한 노파가 먼저 제정신으로 돌아왔다. 그러나 아까 들은 노파의 묘한 설명 때문인지, 문간에서 일어난 소동 때문인지, 완전히 겁에 질려 있던 파트리지는 노신사의 해괴한 복장을 보자마자 더욱 큰 공포심에 바들바들 떨었다.

사실 파트리지보다 침착한 사람이라도 그 모습에는 충격을 받았을 것이다. 노인은 키가 매우 컸으며, 기다란 수염은 눈처럼 하였다. 몸에는 외투처럼 만든 당나귀 가죽을 걸치고 있었다. 다리에는 장화를 신고 머리에는 모자를 쓰고 있었는데, 둘 다 짐승 가죽으로 만든 것이었다.

노신사가 집 안으로 들어서기가 무섭게 노파는 그가 다행히도 강도들에게서 벗어난 일을 경하하기 시작했다. 그가 외쳤다. "그래, 살았지, 살았어. 저 은인 덕분에 살았어."

노파가 대꾸했다. "오, 저분께 축복이 있기를! 정말 훌륭한 신사분이세요. 저분을 집 안으로 들였다고 나리께서 화를 내실까 걱정했어요. 달빛 덕분에 저분이 신사이시고 얼어 죽기 직전이라는 것을 알았는데, 그걸 몰랐더라면 안으로 들이지 않았을 거예요. 분명히 어떤 착한 천사가 저분을 이곳으로 보내시고, 저분을 안으로 들이도록 저를 이끈 게 틀림없어요."

노신사가 존스에게 말했다. "젊은 양반, 미안하지만 이 집에는 먹고 마실 만한 게 없다오. 브랜디라면 대접할 수 있소만. 최고급 브랜디가 있지. 30년이나 보관해온 거라오."

존스는 이 제안을 아주 공손하고 예의 바르게 거절했다. 노신사가 물었다. "길을 잃었다고 했소만 어딜 가던 중이었소? 당신 같은 신사가 이런 한밤에 걸어서 여행을 하다니 정말 놀랍구려. 이 근방 신사 같아 보이는데. 말 없이 먼 거리를 여행하는 데 익숙해 보이지 않는 걸 보니 말이오."

존스가 큰 소리로 말했다. "겉모습은 믿을 게 못 됩니다. 겉과 속이 완전히 다른 사람도 있지요. 저는 이 지역 사람이 아닙니다. 그리고 사실 제가 어디로 가는지 저 자신도 모른답니다."

"당신이 누구고 어디를 가든 나는 당신에게 평생 갚을 수 없는 은혜를 입었소."

"다시 말씀드리지만, 선생님은 제게 은혜를 입은 게 없습니다. 저 자신이 소중하게 여기지 않는 것을 선생님을 위해 내던진 일이 뭐가 가치 있는 일이 겠습니까? 제 눈에 제 목숨만큼 하찮은 건 없거든요."

기이한 노인이 대답했다. "젊은 양반, 정말 안됐소. 그런 젊은 나이에 그토록 불행해야 할 이유가 있다니."

"정말이지 저는 세상에서 가장 불행한 사람입니다."

"친구나 애인이 있었나보오."

존스가 소리쳤다. "어찌하여 저를 미치게 만드는 두 단어를 꼭 집어 말씀하십니까?"

노인이 대답했다. "그 두 단어는 어떤 사람이라도 미치게 만들기에 충분하다오. 더는 묻지 않겠소. 호기심이 조금 지나쳤나보오."

존스가 큰 소리로 말했다. "사람의 호기심을 책망할 순 없지요. 사실 제 안에도 지금 엄청난 호기심이 꿈틀거리거든요. 갑작스레 실례입니다만 솔직히 말씀드리자면 처음 이 집에 들어온 순간부터 제가 보고 들은 모든 것이 어우러져 크나큰 호기심을 일으키고 있습니다. 이런 삶을 선택한 데에는 뭔가 아주 특별한 사건이 있었겠지요. 선생님의 인생에도 이런저런 불행이 많았을 것 같다는 생각이 드는데요."

노신사는 다시 한숨을 내쉬고 한동안 침묵을 지키다가 존스를 물끄러미 바라보며 말했다. "어느 책에서 잘생긴 얼굴이 추천장이라는 글을 읽은 적이 있는데, 정말 그렇다면 당신보다 강력한 추천장은 없겠구려. 내가 내 생각만 하고 당신에게 조금도 호감을 느끼지 않는다면 난 세상에서 가장 배은망덕한 놈일 거요. 당신에게 내 감사의 마음을 알리려면 내 인생 이야기를 하는 것 말고 내가 할 수 있는 일이 없을 것 같구려."

존스가 잠시 망설인 뒤 대답했다. "인생 이야기를 들려주신다면 저도 아주 만족할 것입니다. 제 호기심을 고백한 이상, 그 호기심을 충족시켜 주신다면 제가 무척 감사할 것이라는 점을 다시 말씀드려야겠군요. 대체 무슨 연유로 이처럼 인간 사회에서 벗어나, 어떻게 봐도 타고난 운명처럼은 보이지 않는 이런 생활을 택하시게 된 건지 알려주시기를 간청 드립니다."

노인이 대답했다. "아까 일을 생각하면 내게 당신 부탁을 거절할 자유는 없겠지요. 좋소. 불행한 남자의 인생 이야기를 듣고 싶다면 내 이야기해 드리지. 대개 사회에서 도망쳐 나온 사람의 운명은 기구할 거라는 당신의 판단은 옳소. 역설이나 모순처럼 보이겠지만, 박애주의자들이 남을 끔찍하게 미워하고 피하는 법이지요. 이기심이나 자기애는 그래도 나은 편이오. 나쁜 것은 상대방에 대한 악덕이지요. 즉 질투, 악의, 배신, 잔인함 등등 남에게 상처를 주는 마음 말이오. 진정한 박애는 이런 악덕들을 혐오한다오. 그것들을 보고 그것들과 얽히느니 차라리 인간사회 자체를 피하고 말지요. 아부는 아니지만, 당신은 내가 피하거나 혐오해야 할 사람으로는 보이지 않는군요. 아니, 지금까지 나눈 몇 마디 대화로 짐작하건대, 우리 운명에는 작게나마 공통점이 있는 것 같소. 물론 당신 운명이 나보다 성공적으로 끝나길 바라오만."

우리의 주인공과 주인장 사이에 칭찬과 경의의 말들이 오가고, 주인장이 막 자신의 이야기를 시작하려는데 파트리지가 말을 막았다. 그의 근심은 이제 거의 사라진 뒤였지만, 공포심의 영향은 아직 조금 남아 있었다. 때문에 그는 노신사에게 좀 전에 언급되었던 최고급 브랜디를 상기시켰다. 즉시 브랜디가 대령되었고, 파트리지는 큰 잔 가득 마셨다.

신사는 이제 서론 없이 곧바로 이야기를 시작했다. 독자 여러분께서는 그 내용을 다음 장에서 읽으시게 될 것이다.

11
'산속 은둔자', 자신의 내력을 이야기하다

"나는 서머싯셔 마크라는 마을에서 1657년에 태어났다오. 아버지는 흔히 말하는 지주였소. 연간 300파운드의 소출이 나오는 조그만 토지가 있었고, 그것과 거의 같은 액수의 소출이 나오는 토지를 빌려 경작했지. 신중하고 부지런하며 대단히 검소했기 때문에, 심술궂고 못된 여우같은 아내가 평화로운 가정에 풍파만 일으키지 않았더라면 평온한 일생을 보낼 뻔했지. 아버지는 아내 때문에 불행하긴 했지만, 금전상의 피해를 보지는 않았소. 아내가 바라는 대로 집 밖에서 돈을 물 쓰듯 쓰도록 놔두어 재산상 손실을 입느니, 아내를 거의 집 안에 붙들어두고 시끄러운 잔소리를 듣는 편을 택했거든.

이 크산티페(소크라테스의 악처 이름이라고 파트리지가 보충했다) 덕분에 아버지는 아들 둘을 얻었는데, 그중 막내가 바로 나라오. 아버지는 우리 두 형제에게 훌륭한 교육을 시킬 셈이었지요. 그러나 공교롭게도, 어머니의 총애를 받던 형은 공부에 통 관심이 없었소. 학교에 다닌 지 5, 6년이 지나도록 거의 진전이 없자, 선생님은 아버지께 더는 학교에 다녀봤자 소용없을 거라고 얘기했지요. 마침내 아버지는 어머니 의견대로 형을 폭군 손에서 집으로 데리고 오기로 했소. 폭군이란 어머니가 그 선생을 부르던 이름이지요. 사실 선생은 게으른 형이 마땅히 받아야 할 벌보다 훨씬 가벼운 벌을 주곤했지만, 형은 그것조차 참을 수 없었던 모양이오. 선생한테 가혹한 처사를 받았다고 끊임없이 어머니에게 호소하면 어머니는 늘 그것을 진짜라고 받아들였던 거지요."

파트리지가 외쳤다. "맞습니다, 맞아요. 저도 그런 어머니들을 보았지요. 저도 그런 어머니들에게 욕을 먹은 일이 있어요. 그것도 아주 부당한 욕을요. 그런 부모는 자식들과 똑같은 벌을 받아야 마땅합니다."

존스는 갑자기 끼어든 교육가를 나무랐고, 기이한 노인은 이야기를 계속했다.

"형은 열다섯 살 때 모든 학문에 결별을 고하고, 사냥개와 사냥총에만 전념했소. 사냥총은 아주 노련하게 다루었지요. 믿기 어렵겠지만, 그는 서 있는 표적을 아주 정확히 맞출 뿐 아니라, 날아가는 까마귀까지 쏘아 떨어뜨렸답니다. 쪼그려 앉은 산토끼를 찾아내는 데도 명수여서 곧 우리 지역에서 가장 훌륭한 사냥꾼으로 유명해졌다오. 본인도 어머니도 그 평판을 마치 세계에서 가장 훌륭한 학자라는 평판마냥 기뻐했지요.

형의 그런 모습을 보고, 나도 처음에는 학교를 계속 다녀야 하는 내 운명을 괴롭게 생각했다오. 그러나 곧 생각이 바뀌더군요. 나는 진도가 매우 빨랐는데, 그러다보니 점점 들이는 수고도 줄어들고 공부도 즐거워져서 휴일이 가장 따분한 날이 됐을 정도였죠. 나를 사랑하지 않는 어머니는 내가 형보다 아버지 사랑을 더 많이 받게 되었다고 생각했습니다. 또 학식 있는 신사들, 특히 교구 목사님께서 나만 관심 있게 지켜본다는 사실을 아시고, 아니 적어도 그렇게 생각하시고, 나와 마주치는 일조차 싫어하게 되었지요. 나는 집에 돌아가도 조금도 즐겁지 않았다오. 학생들이 '우울한 월요일'이라고 하는 날이 내게는 일 년 중 가장 기쁜 날이었을 정도였지요.

마침내 톤턴에서 학교를 마친 나는 옥스퍼드의 엑서터 칼리지로 들어가 그곳에서 4년을 머물렀습니다. 그런데 4년이 다 되어 갈 무렵 한 사건이 터지면서 나는 공부에 종지부를 찍게 되었다오. 이때가 이후 내 인생에 일어난 모든 일의 시발점이라 할 수 있지요.

같은 대학에 조지 그레섬 경이라는 청년이 있었는데, 아주 막대한 재산가의 상속자였소. 다만 아버지 유언에 따라, 스물다섯이 되기 전까지는 유산의 전부를 마음대로 쓸 수 없었지요. 그렇지만 후견인들이 아주 관대한 사람들이었기 때문에 그는 아버지의 세심한 배려를 한탄할 필요가 없었소. 즉 그들이 그가 대학에 다닐 동안 연간 500파운드를 주었기 때문에 그는 학생 신분이면서도 자기 말과 매춘부까지 소유했지요. 재산을 완전히 소유하지 않은 것치고는 분에 넘치게 부도덕하고 방탕한 생활을 보냈습니다. 후견인들에게 받는 연간 500파운드 말고도 1,000파운드를 더 쓸 수 있는 방법을 발견했기 때문이었소. 스물한 살이 넘었으니 아무 어려움 없이 외상 거래를 할 수 있었던 겁니다.

이 청년에게는 못된 면이 많이 있었는데 그래도 웬만큼은 봐줄 만한 것이었소. 그런데 그중 한 가지 아주 못된 버릇이 있었지. 자기보다 재산이 없는 청년을 꼬드겨 감당할 수 없는 거액을 쓰도록 유혹함으로써 그들을 파산시키고 파멸시키는 데서 큰 즐거움을 느꼈다는 것이오. 상대방이 선량하며 훌륭하고 성실한 사람일수록 그를 파멸시키는 데서 느끼는 기쁨과 승리감은 더 컸지요. 이렇게 악마에게나 어울릴 역할을 자행하면서, 파멸시킬 대상을 찾아다녔소.

이 청년과 알게 되어 절친해진 것이 나의 불행이었다오. 나의 성실한 면학 태도에 대한 평판 때문에 난 이 청년의 못된 장난의 희생물이 된 겁니다. 거기다 내가 가진 어떤 성향이 그가 목표를 이루는 데 큰 몫을 했지요. 책을 좋아해서 공부도 열심히 했지만, 그것보다 더 빠져들 수 있는 쾌락이 있었던 거요. 난 기운 넘치고, 동물적인 호기와 혈기도 있었으며, 다소 야망도 있고, 엄청난 호색한이기도 했거든.

조지 경과 친해지고 오래 되지 않아 나는 그가 추구하는 모든 쾌락의 동반자가 되었소. 게다가 일단 무대에 등장하자 내 성향과 기질이 조연에는 만족하지 않았지. 방탕으로는 동료들 가운데 둘째가라면 서러울 정도였다오. 아니, 온갖 난잡하고 방탕한 짓거리에서 기린아로서 이름을 드높였고, 대부분 난봉꾼 명단 첫머리에 이름이 오르내리게 되었소. 조지 경의 불운한 제자라는 연민의 대상이 되기는커녕, 거꾸로 그 전도유망한 젊은 신사를 그릇된 길로 인도한 장본인이라는 비난을 받게 되었다오. 그가 모든 못된 짓거리의 주모자요 선동자였는데도 사람들은 결코 그렇게 생각하지 않았지. 마침내 나는 부학장님에게 꾸중을 듣고, 가까스로 제적을 피했다오.

지금까지 말한 생활이 학문의 발전과 양립할 수 없으며, 방종한 쾌락에 탐닉할수록 그것과 비례하여 공부는 더욱 게을러진다는 점은 쉽게 상상할 수 있겠지요. 실제로 결과가 그러했소. 그리고 그게 다가 아니었다오. 내가 쓴 돈은 내 수입뿐 아니라, 다가오는 학사 학위 취득에 필요하다는 구실로 불쌍하고 너그러운 아버지에게 뜯어낸 추가분마저 훨씬 뛰어넘게 되었소. 돈을 요구하는 횟수가 너무 빈번해지고 액수가 도를 넘자 아버지께서도 사방에서 들려오는 내 비행에 관한 보고에 점점 귀를 기울이기 시작했다오. 어머니는 물론 충실하게도 그런 보고를 소리 높여 반복하는 일을 게을리하지 않았소. '흥, 가문을 드높이고 집안에 명예를 가져다줄 훌륭한 신사에 학자 좋아하네. 학문이다 뭐다 해놓고 결국 이렇게 될 줄 알았다니까. 그 애가 집안을 말아먹고 말 거예요. 그 애를 끝까지 교육한다는 핑계로 제 형은 꼭 필요한 것도 다 가지지 못했는데. 이자라도 붙여서 받아내야겠어요. 어떤 이자일지는 뻔하지만.' 그 밖에도 여러 말씀을 하셨지만, 뭐 이 정도만 해도 충분히 알만 하겠지요.

아버지는 내 요구에 돈 대신 훈계를 보내기 시작했소. 그 때문에 위기가 조금 더 빨리 찾아왔지요. 하긴 아버지께서 모든 소득을 내게 송금했다 하더라도, 조지 그레셤 경의 지출에 보조를 맞추다 보면 얼마 가지 못했을 거요.

돈에는 궁하고 그런 식으로는 더는 생활할 수 없었으니, 눈만 똑바로 떴더라면 금방 정신을 차리고 충분히 학문으로 되돌아올 수 있었을 겁니다. 그런데 정신을 차렸을 땐 이미 빚더미에 빠져 있었고, 도저히 빠져나올 길이 보이지 않았소. 그것이 바로 조지 경의 대단한 술책이라오. 그 술책으로 수많은 청년들을 파멸시키고, 자신과 같은 갑부와 경쟁을 하려 한 그들을 바보천치 취급하며 나중에 비웃는 거지요. 일을 성공시키기 위해 그는 가끔 그 불행한 청년들 대신 돈을 치러주기도 했다오. 그 신용 때문에 돌이킬 수 없을 만큼 파멸할 때까지 말이오.

그리하여 내 정신은 내 재산만큼이나 절망적으로 되어갔다오. 어떻게든 그 상황에서 헤쳐 나오려고 온갖 나쁜 짓을 생각하기도 했지. 자살조차도 심각하게 숙고했다오. 자살보다 죄질은 가벼우나 실로 부끄러운 어떤 생각이 떠오르지 않았더라면, 진짜로 자살 결심을 했을지도 모른답니다." 여기서 그는 잠시 머뭇거린 뒤 큰 소리로 말했다. "그 뒤로 수십 년이나 흘렀는데도 그 수치심이 아직까지 사라지지 않는군요. 다시 이야기하자니 얼굴이 달아오르오." 존스는 이야기하기 고통스러운 내용은 그냥 지나치라고 말했다. 그러나 파트리지가 진지하게 외쳤다. "오, 꼭 들려주십시오. 다른 부분은 다 뛰어넘어도 좋지만, 그 이야기만큼은 듣고 싶군요. 저도 천벌을 두려워하는 사람으로서, 한 마디도 발설하지 않겠습니다." 존스가 파트리지를 책망하려는데 기이한 노인이 그를 가로막으며 말을 이었다. "나와 같은 방을 쓰는 친구는 아주 신중하고 검소한 청년이었소. 용돈이 그리 넉넉한 편이 아니었지만, 근검절약한 덕에 40기니도 넘게 돈을 모았지요. 나는 그가 그 돈을 책상 서랍에 간직한다는 사실을 알고 있었소. 나는 그가 잠든 틈을 타서 그의 바지 주머니에서 열쇠를 훔치고, 그의 전 재산을 손쉽게 가로챘지요. 그런 다음 다시 열쇠를 그의 호주머니에 돌려놓고 잠자는 척을 했습니다. 뜬눈으로 밤을 지새운 채, 내게는 이미 오래 전에 낯선 일이 되어 버린 예배를 그가 일어나 기도드리러 갈 때까지 침대에 누워 있었지요.

소심한 도둑들은 대담한 도둑이라면 피할 수 있는 일에 지나치게 신중을 기하다 도리어 발각되곤 합니다. 내가 바로 그랬소. 그의 책상을 과감하게 깨부수고 열었더라면 의심을 피했을 거요. 그러나 범인이 열쇠를 훔쳤던 게 분명했기 때문에, 그는 돈을 잃어 버린 사실을 안 순간부터 도둑은 같은 방을 쓰는 나임을 확신했다오. 하지만 워낙 겁이 많고, 힘으로 보나 용기로 보나 내 적수가 아니었기 때문에 섣불리 행동했다가 크게 얻어맞지나 않을까 걱정이 된 게지. 그는 내 면전에 대고 죄를 따져 묻지 않았소. 대신 그 즉시 부학장에게 달려가 절도 사실과 모든 정황을 고발했지. 대학 내에 나쁜 평판이 자자했던지라 내 체포영장은 간단히 발부되었다오.

다행히도 나는 그날 외박 중이었소. 낮에 어떤 젊은 여성과 마차를 타고 휘트니까지 갔다가 거기서 하룻밤을 묵은 것이지. 다음 날 아침 옥스퍼드로 돌아오는 길에 친구를 만났는데, 그가 나에 관한 소식을 대충 알려주더이다. 나는 그길로 말을 돌렸다오."

파트리지가 말했다. "그가 체포영장에 대해 뭐라고 합디까?" 존스는 이런 무례한 질문에 신경 쓰지 말고 이야기를 계속해달라고 간청했다. 노인이 말을 이었다.

"옥스퍼드로 돌아가겠다는 생각을 깨끗이 포기한 다음 떠오른 생각은 런던으로 가는 것이었소. 나는 이 생각을 여자 친구에게 알렸소. 그녀는 처음에는 반대하다가 내가 훔친 돈을 꺼내 보이자 즉시 동의했지. 우리는 들판을 가로질러 시런세스터 대로를 쉬지 않고 달린 덕에 이튿날 밤은 런던에서 보내게 되었다오.

장소도 런던이거니와 여자까지 데리고 있었으니, 부정하게 훔친 그 돈이 얼마나 빨리 없어졌을지는 쉽사리 짐작할 수 있을 게요.

나는 전보다 훨씬 심각한 궁핍에 빠지게 되었소. 생필품마저 부족할 지경이었으니까. 내 처지를 더욱 슬프게 만드는 건, 그 무렵 몹시 사랑하게 된 내 애인이 나와 함께 가난을 맛보고 있다는 사실이었소. 사랑하는 여인이 고통에 빠진 걸 지켜보면서도 구제할 재간이 없고, 더구나 그녀를 그런 상황으로 끌어들인 것이 자기 자신이라고 생각하는 건 겪어보지 못한 사람은 상상조차 못할 끔찍한 저주라오." 존스가 소리쳤다. "저도 뼈저리게 느낍니다. 선생님을 진심으로 동정하고요." 그러고는 두세 차례 방을 배회한 뒤 용서를 구하고 다시 의자에 주저앉으며 말했다. "저는 그런 상황까지 가지 않아 천만다행이군요!"

신사가 말을 이었다. "그런 끔찍한 상황이 점점 악화되어 견디지 못할 지경에 이르고 말았소. 허기나 갈증 같은 본능적 욕망을 충족하지 못하는 건 그래도 덜 고통스러웠다오. 여자에게 홀딱 빠져 있으면서, 그 여자의 변덕스런 욕망조차 채워주지 못하는 건 정말 괴로운 일이었소. 사실 그녀가 내 친구들 절반의 정부였다는 사실을 알면서도 그녀와 결혼하리라 단단히 결심했었으니까. 하지만 그 착한 여자는 세상 사람들이 나를 나쁜 놈으로 생각할 것이 뻔한 그 결심에 찬성할 수 없다더군. 또 내가 자기 때문에 날마다 고통을 겪고 있다는 사실을 눈치채지 못했을 리 없지요. 날 측은히 여겨 그 고통을 끝내주기로 결심한 그녀는 나를 그 난처하고 곤혹스러운 상황에서 구해낼 방법을 찾아냈소. 내가 그녀의 비위를 맞추느라 노심초사 정신이 없는 틈에, 친절하게도 옥스퍼드에 있는 애인 중 한 명에게 나를 밀고해 버린 거요. 그 남자의 배려와 부지런함 덕분에 나는 즉시 체포되어 감옥에 수감되었소.

감옥에 들어가서야 비로소 나는 지난 인생의 과오들을 진지하게 반성했소. 내가 저질렀던 잘못들, 스스로 초래한 불행들, 더없이 훌륭하신 아버지를 슬프게 했던 일들을 뉘우쳤다오. 거기에 정인의 배신이 추가되자 두려움이 밀려왔소. 인생이 바람직하기는커녕 혐오스럽게 생각되더이다. 치욕이 동반되지 않는 죽음을 선택할 수 있다면 나는 기꺼이 그 죽음을 가장 소중한 친구로서 껴안았을 것이오.

순회재판 시기가 다가와 나는 출두영장을 받고 옥스퍼드로 이송되었소. 거기서 꼼짝없이 유죄 판결을 받으리라 생각하고 있는데, 놀랍게도 원고 측이 한 명도 나타나지 않는 게 아니겠소. 결국 나는 회기 끝 무렵에 원고 불출두로 석방되었소. 내 방 동료는 옥스퍼드를 떠난 뒤였는데, 귀찮아서 그랬는지 다른 이유 때문에 그랬는지 모르겠지만, 아무튼 그 사건에 더 개입하기를 거부했거든."

파트리지가 소리쳤다. "자기 손에 피를 묻히면서까지 복수하고 싶진 않았겠지요. 지당한 일입니다. 저라도 누가 제 증언 때문에 교수형에 처해진다면, 그 사람의 유령이 나타날까봐 무서워서 그 다음부턴 절대로 혼자 잘 수 없게 될 테니까요."

존스가 말했다. "이젠 당신이 용감한 건지 영리한 건지 의심이 드는군요." 파트리지가 대꾸했다. "비웃으시려면 실컷 비웃으십시오. 하지만 진짜 있었던 어떤 짤막한 이야기를 들으신다면 도련님 생각도 바뀔 겁니다. 제가 태어난 마을에—" 존스는 그의 말을 막으려고 했다. 그때 기이한 노인이 이야기를 계속하라고 중재하고, 그동안 자신은 이야기의 뒷부분을 생각해 놓겠노라고 약속했다.

파트리지가 말을 이었다. "제가 태어난 마을에 브라이들이란 농부가 있었죠. 그의 아들은 프랜시스라는 전도유망한 녀석이었습니다. 저와 같은 중학교를 다녔는데, 그가 오비디우스의 《서한집》에 입문했던 게 기억납니다. 어떤 때는 사전도 보지 않고 세 줄을 가볍게 번역하기도 했지요. 마음씨도 착하고, 일요일에는 교회를 빼먹지도 않았으며, 마을에서 찬송가를 가장 잘 불렀지요. 이따금 술을 지나치게 마시는 버릇이 옥에 티였지만요."

존스가 소리쳤다. "유령 이야기는 언제 할 겁니까!"

파트리지가 대답했다. "걱정 마세요, 도련님. 곧 나옵니다. 여기서 농부 브라이들이 말 한 마리를 도둑맞았다는 사실을 알아야 합니다. 밤색 말이었지요, 아마. 그리고 얼마 안 있어 프랜시스는 힌던에 있는 시장에 가게 되었습니다. 날짜까지는 똑똑히 기억나지 않네요. 아무튼 시장에 갔다가 우연히 아버지의 말을 탄 자와 딱 맞닥뜨린 겁니다. 프랭크는 즉시 '도둑이야!'라고 소릴 질렀습니다. 마침 그곳은 시장 한복판이라 그자는 도망칠 수 없었죠.

사람들이 그를 붙잡아 판사 앞으로 끌고 갔습니다. 노일 출신의 윌러비라는 판사였는데, 아주 훌륭한 분이셨죠. 판사는 그놈을 감옥에 넣었습니다. 프랭크도 이른바 출두 서약(recognisance)을 해야 했죠. 're(다시)'와 'cognosco (인식)'란 단어가 합성된 어려운 말인데, 의미는 각각의 단어가 지닌 의미와는 다르죠. 합성어에는 그런 게 많지 않습니까? 어쨌거나 드디어 페이지 재판장님이 오심으로써 순회재판이 열렸고, 범인이 불려나왔습니다. 프랭크도 증인으로 나왔고요. 재판장님이 프랭크에게 범인에 대해 진술해보라고 했을 때 프랭크의 표정은 잊을 수가 없습니다. 가엾은 프랭크가 어찌나 벌벌 떨던지. '그래, 어떤 증언을 할 셈이지? 우물거리지 말고 똑똑히 말하게' 하셨지요. 그러나 이내 프랭크에게는 아주 정중하게 대해주시고, 죄인에게는 벼락같이 호통을 치기 시작했습니다. 그가 피고에게 발언하라고 하자, 범인은 그 말은 우연히 주운 말이라고 대답했습니다. 재판장이 말했지요. '자넨 대단히 재수 좋은 사나이로군. 난 40년이나 순회재판을 하면서 돌아다녔어도 우연히 말을 주운 적이 없는데 말이야. 그런데 그거 아나? 자넨 자네가 생각하는 것보다 훨씬 행운아야. 장담컨대, 말만 주운 게 아니라 고삐도 주웠을 테니 말이야.' 저는 그 말을 똑똑히 기억합니다. 모든 사람이 그 말에 와 하고 웃음을 터뜨렸지요. 누가 웃지 않을 수 있었겠습니까? 그 밖에도 스무 가지도 넘는 농담을 하셨지만 그건 기억나지 않는군요. 자기도 말을 잘 다룬다며 무슨 말을 하셨는데, 그것도 모두를 웃겼죠. 분명히 그 재판장님은 학식도 풍부하고 용감한 분이셨어요. 생사가 달린 재판을 구경하는 것은 정말로 매력 있는 오락거리죠. 다만 한 가지 조금 가혹하다고 생각했던 게 있습니다. 피고 변호인에게 변호할 기회를 주지 않았다는 겁니다. 물론 변호사는 한 마디라도 들어달라고 청했지만, 재판장님은 들은 척도 안 했죠. 그러면서 검사가 피고에게 불리한 발언을 하는 걸 30분도 넘게 놔두더라고요. 재판장, 배석판사, 배심원, 검사, 증인이 하나가 되어 가엾은 한 명을, 그것도 사슬에 묶여 있는 한 명을 공격한다는 건 솔직히 너무 가혹하다고 생각했답니다. 어쨌든 범인은 꼼짝없이 교수형에 처해지고 말았습니다. 가엾은 프랭크는 아무래도 맘이 편치 못했죠. 어둠 속에 혼자 있기만 하면, 녀석의 유령을 본 것 같은 기분이 들었거든요."

존스가 큰 소리로 말했다. "당신 이야기는 아니고요?"

파트리지가 대답했다. "무슨 천부당만부당한 말씀을! 하느님, 제게 자비를 베푸소서! 이제부터가 핵심입니다. 어느 저녁, 프랭크가 술집에서 나와 컴컴하고 좁다란 오솔길에 접어든 순간 그 범인과 딱 마주친 겁니다. 온통 흰옷을 입은 유령이 프랭크에게 덤벼들었던 거죠. 건장한 프랭크도 지지 않고 반격해서 이내 몸싸움이 벌어졌는데, 가엾게도 죽도록 두들겨 맞고 말았죠. 가까스로 집까지 기어 돌아가긴 했지만, 두들겨 맞은 충격과 공포 때문에 2주일도 넘게 앓아누웠답니다. 진짜 있었던 일이라니까요. 마을 사람들이 증언해줄 겁니다."

이 이야기에 기이한 노인은 미소를 지었고, 존스는 폭소를 터뜨렸다. 파트리지가 소리쳤다. "그래요, 웃으시겠죠. 도련님 말고도 웃은 사람이 있답니다. 특히 무신론자로 소문난 지주 나리는, 다음 날 아침 그 오솔길에 얼굴이 하얀 송아지가 죽어 있더라며, 프랭크와 송아지가 격투를 벌인 거라고 주장하셨죠. 하지만 사람에게 덤벼드는 송아지가 어디 있답니까? 프랭크도 그것은 분명히 유령이었으며, 세상 어느 기독교 법정에서도 증언할 수 있다고 말했는 걸요. 게다가 그날 술은 고작 1∼2쿼트밖에 마시지 않았다는 걸요. 신이시여, 우리에게 자비를 베푸시어 우리 손을 피로 적시는 일이 없도록 하소서!"

존스가 기이한 노인에게 말했다. "선생님, 파트리지 씨가 이야기를 마쳤으니 이제 선생님의 이야기를 방해하지 않을 겁니다. 선생님 이야기를 계속 들려주십시오." 노인은 이야기를 다시 시작했다. 그러나 그도 잠시 숨을 가다듬었으니, 독자 여러분께도 잠시 휴식 시간을 드리는 것이 적절할 것 같다. 따라서 이번 장은 여기서 맺도록 하겠다.

12
'산속 은둔자', 자신의 내력을 계속 이야기하다

기이한 노인이 말했다. "나는 자유를 되찾았지만 예전 평판은 돌아오지 않았소. 법정에서 가까스로 무죄 방면된 사람과 자타가 무죄로 인정한 사람은 천지차이이지요. 내 죄를 똑똑히 의식하는 나는 남들과 얼굴을 마주하기가 부끄러웠소. 그래서 날이 밝아 남들 눈에 띄기 전에 다음 날 아침 일찍 옥스퍼드를 뜨기로 결심했다오.

　도시를 벗어나고 맨 처음 머리에 떠오른 생각은 아버지 집으로 돌아가 어떻게든 용서를 구해보자는 것이었소. 하지만 아버지께서 일의 경위를 모르실 리 없고, 불성실한 행위를 얼마나 혐오하시는지 잘 알기 때문에, 날 기꺼이 맞아 주시리란 희망을 품을 수가 없었소. 특히나 어머니의 실권이 여기저기 뻗어 있으리란 확신도 있었고. 아버지의 용서가 그 분노만큼이나 확실하리라 가정하더라도, 과연 내가 아버지를 똑바로 쳐다볼 만큼 뻔뻔스러울 수 있을지 의문이 들더이다. 또 내가 그런 비열한 죄를 저질렀다는 사실을 아는 사람들과 어떤 식으로든 함께 어울려 살아갈 수 있을지도 의심스러웠소.

　그래서 나는 서둘러 런던으로 돌아갔소. 런던은 아주 유명한 공인만 아니라면 슬픔과 굴욕을 피해 숨을 수 있는 최적의 장소이기 때문이오. 사람들 틈에 있으면서 동시에 혼자 있을 수 있으니 고독의 장점만 있을 뿐 단점은 없는 셈이지. 누구의 시선도 끌지 않고 걷거나 앉아 있노라면 소음, 분주함, 끊임없이 이어지는 구경거리에 즐거워지죠. 울적한 기분이 스스로를 또는 슬픔이나 치욕을 먹이 삼아 공격하는 걸 막아줍니다. 슬픔과 치욕만큼 몸에 해로운 음식은 없다오. 혼자 있으면 밤낮 내내 쉬지 않고 그것만 먹어대다 목숨을 잃는 사람도 있을 정도라오(대중들 앞이 아니면 맛보지 못하는 사람도 많소만).

　그런데 인간의 선에는 악이 따르기 마련, 이런 무관심함에 불편을 느끼는 사람도 있다오. 바로 돈이 없는 사람들이지. 모르는 사람들에게 창피를 당할 일이 없는 대신, 옷이나 음식을 얻을 일도 없기 때문이지요. 결국 사람은 아라비아 사막만큼이나 레든홀 시장 복판에 있어도 쉽게 굶어 죽을 수 있는 것이오.

　그때 다행히도 나는 몇몇 작가들이 거대한 악이라고 표현한 돈을 전혀 갖고 있지 않았소. 정작 그들은 깔려 죽을 만큼 많은 돈을 갖고 있었겠지만."

　파트리지가 말했다. "죄송합니다만, 돈을 malorum(악)이라고 부른 작가는 없습니다. irritamenta malorum(악의 근원)이겠지요. Effodiuntur opes irritamenta malorum(악의 근원인 부는 지하에서 나온다)이거든요."

　기이한 노인이 이야기를 계속했다. "악이든 악의 근원이든, 아무튼 나는 전혀 갖고 있지 않았소. 친구도 없었고, 아는 사람도 없었죠. 그러던 어느 날 저녁, 몹시 배가 고파 비참한 심경으로 이너 템플에 있는 법학원을 지나가는데 갑자기 누군가가 내 세례명을 친근하게 부르는 소리가 들리지 뭡니까. 뒤를 돌아본 나는 그 사람이 내 대학 동창이란 사실을 금세 기억해냈소. 1년도 훨씬 전에 대학을 떠난 친구였는데, 내가 아직 불행에 빠지기 전 일이었지. 왓슨이라는 이름의 그 신사는 진심으로 악수를 건네고, 만나서 정말 반갑다며 당장 함께 한잔하자고 제안했소. 처음에 나는 이 제안을 거절하고 볼일이 있는 척했다오. 하지만 친구가 거듭 청하자 허기가 자존심을 이기고 말았소. 나는 주머니에 돈이 한 푼도 없다고 솔직히 고백했소. 다만 그날 아침 바지를 갈아입느라 그런 거라고 거짓으로 둘러댔지요. 왓슨은 '자네랑 내가 어디 그런 걸 따질 사이인가' 하며 내 팔을 잡아끌더이다. 나는 그에게 큰 수고를 끼치지는 않았습니다. 내 의지가 그의 팔보다 훨씬 강력하게 나를 잡아끌었기 때문이지요.

그러고서 우리는 프라이어스로 갔소. 아시다시피 떠들썩하고 유쾌한 곳이지. 한 술집에 도착하자 왓슨 군은 요리사는 쳐다보지도 않고 사환만 불러대더이다. 내가 진작 식사를 마쳤을 거라고 믿어 의심치 않았기 때문이지. 하지만 현실은 그렇지 않았기 때문에 나는 다시 거짓말을 지어냈소. 중요한 볼일 때문에 런던 반대편 교외까지 다녀오는 길인데 너무 서두르느라 양고기 몇 조각으로 식사를 때우는 바람에, 다시 배가 고프기 시작한다며 술에 비프스테이크를 추가했으면 좋겠다고 말했던 거지요."

파트리지가 소리쳤다. "거짓말을 해놓고 기억력이 나쁘면 곤란하죠. 아니면 갈아입은 바지 속에 돈이 딱 양고기 값을 치를 만큼만 들어 있었다는 뜻이었습니까?"

기이한 노인이 대답했다. "당신 말이 옳소. 하지만 그런 건 거짓말쟁이에게는 불가피한 실수지. 어쨌든 이야기를 계속하겠소이다. 나는 몹시 행복해졌소. 고기와 술 덕분에 기분이 최고조였고, 옛 친구와의 대화도 무척 유쾌했다오. 그가 대학을 떠난 뒤 학교에서 벌어졌던 사건을 그 친구가 전혀 모르리라고 생각했기 때문에 더욱 그랬지.

그러나 그는 내가 그런 망상에 오래 빠져 있도록 놔두지 않았소. 찰랑거리는 술잔을 한 손에 들고, 다른 손으론 나를 잡고서 외치더군. '친구, 그 억울한 사건에서 무사히 무죄 방면된 것을 축하하며 건배하세!' 나는 벼락을 맞은 듯한 충격을 받았소. 그걸 보고 왓슨이 말하더군. '그렇게 창피해 하지 말게. 무죄 방면이 되었으니 이제 누구도 자네에게 유죄라고 말하지 못할 걸세. 하지만 난 친구가 아닌가? 내게만 살짝 말해보게. 사실은 자네가 훔친 게 맞지? 그렇게 쥐새끼같이 모은 돈은 뺏어 버리는 게 상책이지. 200기니 아니라 2,000기니를 훔쳐도 좋다고. 자, 자, 친구, 창피해 하지 말고 다 털어놓으라니까. 자넨 지금 치안판사나 목사 나리 같은 샌님 앞에 불려와 있는 게 아니야. 나는 그런 행동을 한 자네가 존경스럽네. 나도 구원받길 바라는 사람이지만, 아무 망설임 없이 자네 같은 행동을 했을 걸세.'

그런 말을 들으니 부끄러움도 다소 가라앉더이다. 더구나 술기운에 대담해진 것도 한몫하여, 나는 솔직하게 범행을 인정했소. 다만 금액은 터무니없이 와전된 것으로, 그가 말한 액수의 1/5에 불과하다고 정정해주었지.

'그것 참 유감이구먼. 다음엔 더 크게 한탕 하라고. 애초에 내 조언을 들었더라면 그런 위험을 감수하지 않아도 됐을 테지만. 자, 이걸 보게.' 그는 호주머니에서 주사위 몇 개를 꺼내고는 다시 말했소. '이걸 봐. 이게 그 도구일세. 돈이 부족해 생기는 질병을 치료해주는 꼬마 의사들이지. 내 충고만 따른다면, 넥타이공장에 갈 걱정 없이 얼간이들의 호주머니를 탈탈 털 방법을 가르쳐주겠네.'"

파트리지가 소리쳤다. "넥타이공장이요? 그게 무슨 뜻입니까?"

기이한 노인이 말했다. "교수대를 말하는 은어라오. 도박꾼들이란 품성이 노상강도와 다를 바 없어서 사용하는 말도 아주 비슷하지요.

아무튼 우리가 술을 한 병씩 비웠을 때 왓슨이 지금 도박장이 열렸을 것이니 자기는 거길 가보겠다고 말하더군요. 그러면서 자기와 함께 가서 운을 시험해보지 않겠느냐고 열심히 권하는 거요. 나는 지금 알다시피 그럴 여력이 없으며, 주머니 사정이 어떤지는 아까 말한 대로라고 대답했소. 실은 그토록 우정을 강조한 그이니만큼 조금쯤은 꾸어 주리라 생각했지요. 그런데 녀석이 대답하길 '그 점은 걱정 말게. 여차하면 과감하게 튀어 버리면 되니까(파트리지가 이 말 뜻을 물어보려고 했지만 존스가 그의 입을 막았다). 중요한 건 상대를 잘 고르는 것이네. 내가 적당한 호구 녀석이 누군지 정보를 주겠네. 이건 꼭 필요한 일이지. 자네는 도시를 잘 몰라서 누가 똘똘한 녀석이고 누가 호구인지 분간을 못 할 테니까.' 하더군.

이때 계산서가 나오자 왓슨이 자기 몫만 계산하고 자리를 뜨려는 것 아니겠소? 나는 얼굴을 붉히며, 내게 돈이 없다는 사실을 상기시켰지. 그는 '그건 중요한 문제가 아니야. 외상으로 달아놓거나, 용감하게 뒤도 돌아보지 않고 내빼면 되질 않나. 잠깐, 내가 먼저 아래층으로 내려갈 테니 그 뒤에 자네가 돈을 갖고 카운터로 가서 계산을 마치게. 난 길모퉁이에서 기다리고 있겠네' 했소. 나는 내키지 않는 표정으로, 그가 모두 계산해줄 줄 알았다는 뜻을 내비쳤지만, 이제 자기에게는 6펜스 은화 한 닢조차 없다는 대답이었소.

그는 아래로 내려갔고, 나도 하는 수 없이 돈을 집어 들고 그를 따라갔지. 바짝 붙어서 따라갔기 때문에, 그가 사환에게 돈은 탁자 위에 있다고 말하는 걸 들을 수 있었소. 사환이 나를 지나 위층으로 올라가더군. 나는 지시받은 대로 카운터에 한 마디도 건네지 않고 재빠르게 거리로 나왔소. 사환이 실망하는 소리조차 들을 수 없었지.

우리는 곧장 도박장으로 갔소. 그런데 놀랍게도 왓슨이 거금을 꺼내어 다른 사람들처럼 자기 앞에 놓는 게 아니겠소? 모두들 자기 앞에 쌓인 돈이 미끼용 새라고 생각하는 것 같았소. 그걸로 남들 앞에 쌓인 돈을 유혹하려는 심산으로 말이오.

운명의 신, 아니 주사위가 자신의 사원인 그곳에서 보여준 수많은 장난을 일일이 들어봐야 지루할 겁니다. 금화 더미가 탁자 한쪽에선 순식간에 흔적도 없이 사라지는가 하면, 또 한쪽에선 느닷없이 수북이 쌓이더이다. 부자가 눈 깜짝할 새에 가난뱅이가 되고, 가난뱅이가 한순간에 부자가 되었죠. 철학자가 제자들에게 부를 경멸해야 한다고 가르치기에, 적어도 부의 비영속성을 가르치기에 그보다 적합한 곳은 없어보였습니다.

나는 얼마 안 되는 자금을 상당히 불렸다가 끝내 모두 잃고 말았소. 왓슨 군도 수없이 흥망을 거듭하다 결국은 격분하여 도박대에서 일어나며, 자신은 꼭 100파운드를 잃었으며 이제 도박은 하고 싶지 않다고 말하더군. 그러고는 내게로 와서, 다시 그 술집으로 가자고 제안했소. 나는 다시 그런 곤란한 지경에 빠지기 싫다고 단호히 거절했습니다. 특히 자네도 빈털터리가 되었으니 이제 나와 같은 처지가 아니냐고 말했지요. 그러자 '쳇! 방금 친구한테 2기니를 빌려왔네. 절반은 자네 걸세' 하며 금화 한 닢을 쥐어주더군요. 나는 더는 그의 뜻을 거절하지 못했습니다.

처음에 나는 그토록 야비한 방식으로 떠나왔던 술집을 다시 간다는 데에 다소 놀랐다오. 그러나 사환이 아주 공손하게 '손님, 아까 계산을 잊고 가신 것 같습니다'고 말하자 마음이 편안해지더이다. 나는 그에게 1기니를 주며 거스름돈에서 봉사료를 알아서 떼어가라고 말하고, 내 기억력에 내려진 부당한 비난을 묵묵히 받아들였소.

왓슨 군은 그가 생각하는 가장 사치스런 저녁 식사를 주문했소. 전에는 싸구려 클라레로 만족하던 자였지만, 그날은 가장 값비싼 버건디만 고집했지.

도박장에서 온 몇몇 신사가 우리 식탁에 끼어 앉아 일행이 불어났지요. 나중에 안 사실이지만, 그 대부분은 술이 아니라 돈벌이를 목적으로 술집에 온 자들이었소. 진정한 도박꾼들은 속이 안 좋다며 한 잔도 마시지 않고, 약탈 대상으로 점찍어 놓은 두 젊은이에게만 죽어라 술을 권했지. 정말이지 인정사정없더이다. 나는 약탈의 비법은 알 수 없었지만, 그들과 몫을 나누는 행운을 잡았소.

그런데 그 술집에서 벌어진 도박에는 한 가지 이상한 점이 있었소. 돈이 조금씩 조금씩 완전히 사라져 버렸다는 겁니다. 처음에는 도박대의 절반이 금화로 뒤덮여 있었는데, 다음 날인 일요일 정오 무렵 도박이 끝났을 때는 도박대 위에 단 1기니도 보이지 않았지요. 게다가 나를 제외한 모든 사람이 자기는 돈을 잃었다고 주장하니 더욱 기막힐 노릇이지. 악마가 모조리 가지고 간 게 아니라면 대체 그 돈이 어떻게 된 것인지 그야말로 수수께끼 아니겠소?"

파트리지가 말했다. "악마 짓이 분명합니다. 악마란 놈은 방 안에 사람들이 아무리 많아도 들키지 않고 무엇이든 가지고 갈 수 있거든요. 예배 시간에 도박 따위를 했으니, 악마가 그 얼간이들을 깡그리 잡아간다 해도 나는 놀라지 않을 겁니다. 못 믿으시겠다면, 남의 마누라랑 침대에서 놀아난 사내를 악마가 열쇠 구멍을 통해 데리고 가 버린 실화를 들려드리지요. 그 일이 벌어졌던 집을 실제로 본 적이 있는데, 지난 30년 동안 그 집에서 살겠다는 사람이 아무도 없었답니다."

존스는 파트리지의 무례함에 다소 화가 났지만, 그 단순함에는 웃음을 참을 수가 없었다. 그건 기이한 노인도 마찬가지였다. 노인이 이어 들려준 이야기는 다음 장으로 넘기도록 하겠다.

13
앞서 이야기의 계속

"대학 동창은 나를 새 삶으로 끌고 들어갔소. 나는 곧 전문 도박꾼을 모조리 알게 되었고, 그들의 비법도 다 배우게 되었지. 즉, 완전 초짜를 속이는 데 사용되는 야비한 속임수들을 익혔단 소립니다. 고급 기술들은 무리 가운데 고수에 해당하는 극소수만 알았는데, 나는 감히 그런 명예를 기대할 수 없었지요. 아주 엄격한 철학 일파에 견줄 만한 냉정함이 요구되는 기술이기 때문에, 나처럼 술이라면 사족을 못 쓰거나 흥분을 잘하는 사람은 큰판을 엄두도 못 내기 때문이라오.

나와 가장 친한 친구가 된 왓슨 군도 불행하게도 과음하는 버릇이 있었소. 때문에 그는 다른 도박꾼들처럼 도박으로 큰 재산을 모으지 못하고, 부와 빈곤을 되풀이하며 겪었다오. 공개 도박장에서 호구한테 기껏 돈을 따놓고, 술을 한 방울도 입에 대지 않은 냉정한 도박꾼들에게 그 돈을 고스란히 갖다 바치는 일이 허다했지요.

어쨌든 우리 둘은 이런 불안한 생계를 그럭저럭 이어갔소. 나는 2년이나 그 짓을 계속하는 동안 온갖 흥망성쇠를 맛보았다오. 호기롭게 흥청망청한 날도 있었고, 거짓말 같은 궁핍과 싸워야 한 날도 있었지. 오늘은 사치에 탐닉하며 뒹굴다가, 내일은 가장 형편없는 식사를 하는 처지로 전락했소. 저녁 때 걸쳤던 멋진 옷이 다음 날 아침에는 전당포에 가 있는 일이 비일비재했지요.

어느 밤 빈털터리가 되어 도박장에서 나왔는데, 거리에 사람들이 잔뜩 몰려 웅성대고 있는 게 아니겠소? 소매치기당할 염려도 없기에 나는 군중 속을 뚫고 들어갔다오. 무슨 일인지 묻자, 한 사나이가 강도 떼를 만나 크게 다쳤다는 겁니다. 부상당한 사나이는 온통 피투성이였소. 일어서기도 힘겨워 보였지. 당시 내 생활이나 대화에 정직함이나 부끄러움은 거의 남아 있지 않았지만 인정까지 없어진 건 아니었기에, 나는 즉시 그 불행한 남자에게 도움을 주겠다고 말했소. 그도 고마워하며 내 도움을 받아들였지. 온전히 내게 몸을 맡기고, 근처 아무 여관에나 데려다달라고 하더군. 피를 너무 흘려서 기절할 지경이니 의사를 불러야겠다는 거요. 그는 내가 신사처럼 차려입은 것을 보고 기뻐하는 것 같았소. 구경꾼들은 하나같이 도저히 신뢰가 가지 않는 차림이었거든.

나는 가엾은 사나이의 팔을 부축하여, 우리가 자주 가는 그 여관으로 데리고 갔소. 마침 그곳에서 가장 가까운 곳이었거든. 운 좋게도 여관에 의사가 한 명 있기에 즉시 그를 불러 상처를 치료하게 했다오. 다행히 목숨에는 지장이 없다고 하더군요.

빠르고 능숙하게 치료를 끝낸 의사가 부상자에게 런던 어디에 사느냐고 물었소. 그는 그날 아침 막 런던에 왔고, 타고 온 말은 피커딜리에 있는 여관에 맡겨놓았으며, 시내에 아는 집이나 아는 사람은 전혀 없다고 대답했소.

그 의사의 이름은 잊어 버렸지만, R자로 시작한다는 것만은 기억나오. 외과 의사 가운데 가장 명성이 높은 사람으로서 국왕 폐하의 전담 의사였지. 그 밖에도 훌륭한 성품을 많이 지녔으며, 너그럽고 선량하며 남을 위해 수고를 아끼지 않는 사람이었소. 그는 환자에게 숙소까지 자기 마차로 가라고 제의하는 동시에 돈이 필요하다면 마련해주겠다고 귓속말을 했소.

그런데 이 가엾은 사나이는 그 너그러운 제의에 감사 인사조차 하지 못했다오. 한동안 내 얼굴을 뚫어져라 쳐다보다가 의자 등받이에 몸을 내던지며 '오, 아들아! 내 아들아!' 하고 외치고는 기절해 버렸기 때문이오.

현장에 있던 사람들은 그가 과다 출혈 때문에 발작을 일으킨 거라고 생각했소. 하지만 조금 전부터 아버지 얼굴이 조금씩 기억나기 시작하던 나는 이제 눈앞에 있는 사람이 내 아버지라는 사실을 확신했지요. 즉시 그에게 달려가 품에 안아 일으키고, 그 차가운 입술에 정신없이 입을 맞추었다오. 그 뒷일은 나도 설명할 수 없으니 일단 여기서 막을 내려야겠소. 아버지처럼 정신을 잃은 건 아니지만, 두려움과 충격 때문에 머리가 멍해져 한동안 무슨 일이 일어났는지 기억이 나지 않았기 때문이오. 정신을 차리고 보니 아버지는 이미 깨어 계셨고, 나는 그 팔에 안겨 있었소. 우리는 부드럽게 포옹을 한 채로 눈물을 줄줄 흘렸다오.

그곳에 있던 사람들은 그 장면에 감동을 받은 것처럼 보였소. 그런데 우리는 무대 위 배우들처럼 가능한 한 빨리 관중들 시야에서 벗어나고 싶었지요. 아버지는 마차를 빌려주겠다는 친절한 의사의 호의를 받아들여 나를 태우고 아버지 숙소로 돌아갔다오.

둘이 되자 아버지는 그토록 오랜 세월 편지쓰기를 게을리했던 나를 부드럽게 책망하셨지만, 그 원인이 된 내 범죄행위에 대해서는 일절 언급하지 않으셨지. 그러고는 어머니의 죽음을 알려주시며, 함께 고향으로 돌아가자고 주장하셨소. '너 때문에 오랫동안 얼마나 큰 근심을 겪었는지 모른다. 내가 죽었을까 걱정이 되기도 했지만, 차라리 죽기를 바라기도 했지. 죽음보다 끔찍한 상황들이 떠올라서 말이다. 얼마 전에 이웃 신사가 자기 아들을 데리고 온 곳에서 너를 봤다며 장소를 알려주더라. 너를 이런 인생행로에서 데리고 돌아오는 것이 내가 런던에 온 유일한 목적이란다.' 아버지는 하마터면 목숨을 잃을 뻔했던 재앙 덕분에 운 좋게 나를 찾게 되었다며 하늘에 감사드리고, 목숨을 구한 것은 절반은 내 자비심 덕분이라고 기뻐하셨소. 자비를 베풀어야 할 대상이 아버지인 줄 알고 자식 된 도리를 한 것이 아니라 순수한 인정에서 도와준 것이기 때문에 더 기쁘다고 말씀하셨다오.

썩어빠진 내 마음도 죄 많은 자식에게 보여주신 부모의 크나큰 사랑에 감동하지 않을 수 없었소. 나는 아버지께서 다시 길을 떠나실 수 있게 되는 대로 아버지 명령에 따라 함께 고향으로 돌아가겠노라고 즉시 약속했다오. 실제로 아버지는 치료를 맡아 해주신 그 훌륭한 의사 선생님 덕택에 이삼일 만에 여행길에 오를 수 있게 되었소.

아버지와 길을 떠나기 전날(그전까지 나는 아버지 곁을 거의 떠나지 않았다오), 나는 친한 몇몇 친구, 특히 왓슨 군에게 작별을 고하러 갔소. 그는 어리석은 늙은이의 바보 같은 소망에 얼간이처럼 넘어가 시골에 파묻혀 사는 녀석이 어디 있느냐며 내 마음을 돌리려고 했다오. 그러나 그런 꼬드김도 내게 아무런 영향을 끼치지 못했소. 나는 다시 고향 사람이 되었다오. 아버지께서 이번에는 결혼을 생각해보라고 간청하셨지만 나는 조금도 그럴 마음이 없었소. 이미 사랑을 맛보았기 때문이지. 당신들도 그 부드러우면서도 격렬한 정열이 얼마나 무모한 질주를 하는지 알 것이오." 여기서 노인은 말을 멈추고 존스를 가만히 들여다보았다. 일 분도 채 안 되는 짧은 사이에 존스는 얼굴이 새빨개졌다 새하얘졌다 했다. 노인은 거기에 대해 아무 말 하지 않고, 하던 이야기를 계속했다.

"이제 입고 먹을 걱정이 없어진 나는 전보다 훨씬 큰 열의를 가지고 다시 공부에 전념했소. 주로 시간을 차지한 것은 진지한 철학을 다룬 고금의 철학서들이었소. 철학을 조롱거리로 여기는 사람이 많지만, 나는 아리스토텔레스, 플라톤, 그 밖에 고대 그리스가 유산으로 남긴 더할 나위 없이 귀한 보물들을 반복해서 읽었다오.

그 철학자들은 사소하나마 부나 세속적인 권력을 얻을 수 있는 학문을 전혀 가르쳐주지 않았지만, 그 두 가지가 가져다주는 최고의 가치를 경멸하는 기술을 가르쳐주었소. 그들은 정신을 고양하고, 변덕스런 운명의 공격에 대비할 수 있도록 정신에 철갑옷을 입혀준다오. 지혜라는 지식을 가르쳐줄 뿐 아니라, 지혜로운 습관에 확신을 주지요. 또 지혜가 이끄는 대로 따라갈 때 비로소 가장 큰 행복에 도달할 수 있으며, 사방팔방을 둘러싼 불행에서 조금이나마 안전하게 자기 자신을 지킬 수 있다는 점을 명확히 증명해줍니다.

나는 여기에 다른 학문을 접목했소. 가장 지혜로운 이교도 그리스인들이 가르친 철학도 이 두 번째 학문에 견주면 모두 꿈같은 소리며, 가장 어리석은 광대가 늘 표현하는 대로 진정한 공허 중의 공허지요. 두 번째 학문이란 바로 성서 전편에 드러난 하느님의 지혜라오. 이 세상이 우리에게 줄 수 있는 모든 것보다 우리가 훨씬 주목해야 할 것, 아무리 높은 지력을 가졌더라도 인간의 힘만으로는 도저히 알 길이 없으나 황송하게도 하느님께서 직접 우리에게 계시하신 것, 그것들을 깨우쳐주고 증명하는 것이 바로 성경이기 때문이오. 나는 점점 이교도 철학자들과 더불어 보낸 시간이 모두 노력의 낭비처럼 느껴지기 시작했소. 그들의 가르침이 제아무리 재미있고 유쾌하다 한들, 제아무리 세상만사에서 우리 행동을 규제하는 힘이 있다 한들, 성서가 제시하는 하느님의 영광에 견주면 그들이 쓴 최고의 문서들도 아이들 놀이 규칙처럼 하찮고 시시해 보였소. 철학이 우리를 현명하게 만들어주는 것은 사실이오. 그러나 그리스도교는 우리를 더 훌륭한 사람으로 만들어주지요. 철학은 정신을 고양하고 강화해주지만, 그리스도교는 마음을 부드럽고 달콤하게 해준다오. 전자는 우리를 사람들의 존경의 대상으로 만들어주지만, 후자는 하느님의 사랑의 대상으로 만들어주지요. 전자는 순간의 행복을, 후자는 영원한 행복을 보장합니다. 이런, 감정이 격해진 나머지 당신들을 지루하게 한 건 아닌지 모르겠군요."

파트리지가 소리쳤다. "천만에요! 좋은 말씀을 듣는데 지루해 하다니, 당치 않습니다."

기이한 노인이 말을 이었다. "이런 식으로 세상사에 전혀 신경 쓰지 않고 사색에만 몰두한 채 나 하고 싶은 대로 4년여를 보냈다오. 이때 가장 사랑하는 아버지를 여의었습니다. 진정으로 사랑했던 분이었기에 슬픔은 말로 표현할 수 없는 지경이었소. 책도 내팽개친 채 꼬박 한 달을 우울과 절망에 빠져 살았지. 그러나 정신을 치료하는 데 최고의 의사인 세월이 마침내 나를 구원해주었소."

파트리지가 말했다. "아무렴요. tempus edax rerum(세월은 모든 것을 집어삼키는 존재)죠."

기이한 노인이 이야기를 계속했다. "그 뒤 다시 학문에 전념했는데, 이것이 나를 완치했다고 해도 좋을 거요. 철학과 종교는 정신을 운동시키는 학문인데, 육체가 병에 걸렸을 때 몸을 움직이는 것이 도움이 되는 것처럼 정신이 병에 걸렸을 때는 정신을 움직이는 것이 유익하기 때문이오. 철학과 종교는 운동과 똑같은 효과를 낳지. 즉 정신을 굳건하게 해주어 그 사람이 어떤 상태가 되도록 만들어주지요. 호라티우스의 유명한 시구를 빌리자면 이렇소.

> Fortis, et in seipso totus teres atque rotundus,
> Externi ne quid valeat per loeve morari;
> In quem manca ruit semper Fortuna.
> (스스로를 신뢰하는 자, 내면이 강건하고,
> 자신의 적절한 행로를 달리는 자, 완벽하고 원숙하며,
> 탁월한 힘으로 불운을 깨쳐나간다.)"

여기서 존스는 불쑥 어떤 우스운 상상이 떠올라 미소를 지었다. 기이한 노인은 이를 감지하지 못했는지 이야기를 계속했다.

"가장 사랑하는 아버지가 돌아가신 뒤 내 상황은 완전히 변했소. 이제 집안의 가장이 된 형님은 나랑 성격은 물론이요 추구하는 인생 목표까지 너무 달랐기 때문에 우린 서로에게 최악의 인생 동반자였던 거요. 우리의 동거를 더욱 불편하게 만든 것은 나를 찾아오는 몇 안 되는 친구들과, 가끔 형님과 함께 사냥터에서 돌아와 식탁에 나타나는 수많은 사냥꾼들이 전혀 어울리지 못한다는 점이었소. 사냥꾼들이 고래고래 고함을 지르며 점잖은 내 친구들의 귀를 괴롭혔을 뿐더러, 늘 모욕적인 언사로 틈만 나면 공격을 해댔기 때문이지.

어찌나 심하던지. 같이 식사를 할 때마다 나와 내 친구들은 사냥 용어를 모른 다는 이유로 비웃음을 당해야 했소이다. 진정한 학식을 지닌 박식한 사람들은 타인의 무지에 연민을 갖는 법이오. 그렇지만 보잘것없고 비천한 기술에만 뛰어난 사람들은 그 기술을 모르는 사람을 경멸하기 십상이지요.

간단히 말해 우리 형제는 곧 결별했다오. 그리고 나는 의사의 충고에 따라 바스로 온천 치료를 하러 갔소. 사실 나는 극심한 두통을 앓고 있었는데, 그것이 앉아서만 생활하는 습관과 맞물려 일종의 마비증을 일으켰기 때문이지요. 마비증에는 온천수를 마시는 것 만한 특효약이 없다고 하더이다. 바스에 도착한 이튿날, 강가를 산책하던 나는 햇볕이 너무 뜨거워서(초봄이었지만) 버드나무 숲 그늘로 물러나 강을 보고 앉아 있었소. 그런데 얼마 안 있어, 버드나무 숲 반대편에 있던 어떤 사람이 한숨을 내쉬며 비통하게 신세한탄을 하는 소리가 들리는 것이오. 그때 그가 느닷없이 아주 불경스런 저주와 함께 '더는 못 참겠어!'라고 외치더니 눈 깜짝할 새에 강으로 몸을 던지지 않겠소. 나는 벌떡 일어나 그곳으로 달려가며, 젖 먹던 힘을 다해 도움을 요청했소. 키 큰 갈대에 가려 보이지 않았었지만, 다행히 내가 있는 곳 바로 아래쪽에서 낚시를 하던 한 사람이 즉시 달려와 주었소. 자칫 우리 목숨도 위험했지만, 우리는 힘을 합쳐 그 남자를 기슭으로 끌어올렸소. 처음에는 이미 죽은 줄 알았지만, 양 발꿈치를 잡고 거꾸로 들어 올리자(어느새 사람들이 많이 몰려들었거든) 그는 입에서 엄청난 양의 물을 토해내고 이윽고 숨을 조금씩 쉬더니 이내 팔다리를 움직이기 시작하더이다.

마침 구경꾼 사이에 끼어 있던 한 약종상이, 이제 물은 충분히 게워낸 것 같으나 잔경련을 일으키기 시작했으니 빨리 따뜻한 침대로 옮기는 게 좋겠다고 조언하더군요. 나는 조언대로 그를 옮겼고, 약종상이 따라와 주었소.

남자의 집을 몰랐기 때문에 무작정 여관 쪽으로 걷고 있는데 다행히도 한 여자가 그를 보고 비명을 지르더니 그가 자기 여관에 묵고 있는 손님이라는 것이오.

나는 남자를 무사히 여관에 데려다주고, 뒷일은 약종상에게 맡겼소. 약종상이 올바른 처치를 했는지, 다음 날 아침이 되자 그가 완전히 의식을 되찾았다는 소식이 들리더군요.

나는 그를 찾아가 봤소. 왜 그런 무모한 행동을 했는지를 알아보고, 가능하면 그런 비뚤어진 생각을 버리도록 해야겠다는 생각에서였소. 그런데 방에 들어선 순간 우리는 즉시 서로를 알아보았다오. 바로 내 친한 친구 왓슨 군이었지 뭡니까! 그러나 쓸데없이 이야기가 길어지지 않도록 이 첫 대면의 자세한 설명은 넘어가도록 하겠소."

파트리지가 소리쳤다. "건너뛰지 말고 다 들려주십시오. 어째서 그 남자가 바스까지 오게 되었는지 알고 싶습니다."

"필요한 사항은 모두 듣게 될 것이오." 기이한 노인이 대답했다. 그리고 이야기는 이어지는데, 그 내용은 우리 자신과 독자 여러분이 잠깐 휴식을 취한 뒤에 계속하겠다.

14
'산속 은둔자'
이야기를 맺다

기이한 노인이 계속해서 말했다. "왓슨 군은 물밀듯 밀려드는 불운에 경제상황이 몹시 악화되어 자살을 결심하는 상황에까지 내몰렸다고 숨김없이 털어놓았소.

나는 자살을 정당화하는 그의 이교도적이고 악마적인 생각에 진지하게 반대론을 제기하며, 그 주제에 대해 떠오르는 모든 생각을 말했소. 그런데 걱정스럽게도 내 말은 씨도 안 먹히는 것 같더군. 자신이 한 짓을 눈곱만큼도 후회하지 않는 모습을 보니, 조만간 다시 그 끔찍한 시도를 할 것 같다는 우려가 들더이다.

내가 이야기를 모두 마치자 그는 반론하는 대신 내 얼굴을 뚫어져라 바라보더니 미소를 지으며 이렇게 말했소. '자네 많이 변했군. 그 어떤 감독 목사도 지금 자네가 펼친 자살반대론보다 더 훌륭한 논리를 펼칠 수 없을 것 같네그려. 하지만 나는 100파운드를 빌려줄 누군가를 찾아내지 못하는 한 목매달아 죽든지, 물에 빠져 죽든지, 굶어 죽든지 해야 한다네. 이 세 가지 가운데 마지막 방법이 가장 끔찍한 죽음이겠지.'

나는 그와 헤어진 뒤에 정말로 변했으며, 내 어리석은 과거를 돌이켜보고 뉘우칠 시간을 가졌었노라고 아주 진지하게 말했소. 나와 똑같은 길을 따르라고 충고한 다음, 사정이 좀 나아지는 데 도움이 된다면 100파운드를 빌려주겠지만 주사위 따위에 빠져 모조리 강탈당하는 일은 없었으면 좋겠다고 말을 맺었소.

이야기 앞부분을 듣는 내내 거의 조는 것처럼 보이던 왓슨 군은 뒷부분을 듣더니 퍼뜩 깨어났소. 내 손을 꼭 움켜잡고 수천 번도 더 고맙단 말을 하며 나를 진정한 친구라고 공언하더군. 그리고 덧붙이길, 자기도 지금까지 경험으로 배운 게 아주 없는 건 아니며 그토록 자기를 기만한 빌어먹을 주사위 따위는 절대로 믿지 않으니 자기를 좀 더 좋게 평가해주길 바란다는 것이었소. '한 번이라도 좋으니 내가 멋지게 재기할 수 있도록 좀 도와주게나. 그러고 나서도 운명의 여신이 나를 파산시키려 한다면, 그때는 그녀를 용서하겠네.'

나는 '재기'니 '파산'이니 하는 단어가 무엇을 뜻하는지 단박에 알아채고 심각한 표정으로 말했소. '왓슨, 스스로 생계를 확보할 수 있는 사업이나 일자리를 알아보게. 자네가 돈을 갚으리라는 확신만 선다면, 자네가 말한 것보다 훨씬 많은 액수를 빌려주어 정당하고 명예로운 직업에 종사할 수 있도록 도와주겠네. 하지만 내 보기에 자네는 도박에만큼은 재주가 없어. 도박을 직업으로 삼기에는 너무 비열하고 사악하다는 점을 별개로 치더라도 말일세. 종국에는 자네를 확실히 파멸시키고 말 걸세.'

'참 이상한 일이야. 자네도 그렇고 다른 친구 놈들도 그렇고, 날 도박에 문외한인 것처럼 말하니 말이야. 하지만 난 누구랑 어떤 도박 게임을 해도 지지 않을 실력이 있다고. 자네, 전 재산을 걸고 나와 한판 해보지 않을 텐가? 그보다 재미있는 오락거리는 없을 걸세. 어떤 게임으로 승부를 볼지는 자네가 정하게. 그런데 지금 그 100파운드를 가지고 있나?'

나는 50파운드 지폐밖에 없다고 대답하고 그에게 건네주었소. 나머지는 다음 날 아침에 갖다 주겠다고 약속하고 몇 마디 충고를 한 뒤 방을 나왔지.

나는 약속을 지키고도 남았다오. 그날 오후에 당장 그를 찾아갔거든. 그런데 방에 들어가 보니, 녀석이 침대에 앉아 악명 높은 어떤 도박꾼과 카드 도박을 하고 있질 않겠소? 상상이 가겠지만, 그 광경은 적잖은 충격이었소. 게다가 내가 준 지폐가 녀석에게서 상대방에게 건네지고 그 대신 30기니밖에 거슬러지지 않는 모습을 눈앞에서 보는 것은 치욕스럽기까지 하더군요.

도박꾼은 즉시 방을 나갔소. 그제야 왓슨은 내 얼굴을 보기가 부끄럽다고 하더이다. '하지만 운이 지독하게도 나와 어긋나는 걸 알았으니 이제 도박에서 영원히 손을 떼기로 결심하겠네. 어제부터 쭉 자네의 친절한 제안을 생각해보았네. 단언하네만, 그 제안을 반드시 실행에 옮기도록 하겠네.'

그의 장담에 별 신뢰가 가진 않았지만, 어쨌든 약속이니 하는 수 없이 100파운드 중 나머지를 주었소. 그는 달랑 각서 한 장을 써주었는데, 오직 그것이 돈을 돌려받으리라 기대할 수 있는 유일한 증표였소.

그때 약종상이 들어오는 바람에 더는 얘기를 나눌 수 없었소. 얼굴 가득 기쁜 마음으로, 심지어 환자 상태도 묻지 않은 채, 자신에게 온 편지에 굉장한 소식이 담겨 있다고 떠들어대더군요. 조만간 공표될 것이라며 그 내용을 말해주었는데, 이런 것이었소. '몬머스 공작이 네덜란드 대군을 이끌고 서부 해안에 상륙했다. 또 다른 대규모 함대가 노포크 해안을 맴돌다가 공작과 양동 작전을 펴서 그곳을 급습할 것이다.'

이 약종상은 당대 내로라하는 정치광 중 하나였소. 건강해진 환자보다 하찮은 편지 한 장에 훨씬 기뻐했지. 그의 가장 큰 기쁨은 런던 시내에서 다른 누구보다도 한두 시간 일찍 새로운 소식을 아는 것이었다오. 하지만 그가 전달하는 정보는 대개 못미더웠소. 뭐든 무조건 진실이라고 믿고 떠들어댔기 때문이지요. 모두들 그게 재밌어서 그를 가지고 놀 정도로 말이오.

그 정보가 바로 그런 것이었소. 얼마 지나지 않아, 공작이 상륙한 것은 사실이지만 대군이란 겨우 수행원 몇몇에 불과하며 노포크에서의 양동 작전은 새빨간 거짓말이었음이 알려졌지요.

약종상은 소식을 전달하자 더는 방에 머무르지 않고, 환자에게 다른 말은 한마디도 건네지 않은 채, 그 소식을 시내 전역에 퍼뜨리기 위해 달려 나갔소.

그런 공적인 사건은 사사로운 문제를 덮어 버리는 경향이 있지요. 우리의 대화도 완전히 정치론으로 변했소. 전부터 나는 가톨릭 국왕의 치세 아래 개신교가 직면한 노골적인 위험을 절실히 느끼고 있었고, 그것만으로도 이번 반란의 정당성이 성립한다고 생각했었소. 곧 참혹한 경험이 보여주었듯이, 가톨릭이 권력을 무기로 박해할 때 그 권력을 박탈하는 것 말고 진정한 안전은 없기 때문이오. 제임스 왕이 그러한 시도를 진압한 뒤에 무엇을 했는지는 잘 알 거요. 왕으로서의 약속도, 대관 서약도, 민중의 자유와 권리도, 무엇 하나 존중하지 않았지 않소. 처음부터 모든 사람이 그걸 예견한 것은 아니었 기 때문에 몬머스 공작의 지지자들은 많지 않았지. 그렇지만 드디어 재난이 닥치면 누구든 눈치채기 마련. 마침내 모두가 힘을 합쳐 국왕 몰아내기에 나 선 거요. 제임스2세의 형인 찰스 2세가 왕위에 있을 시절 우리 가운데 주요 당파가 그 일에 적극 반대한 적이 있는데, 제임스를 몰아낼 때도 그 무리들 이 왕을 위해 정열을 바쳐 싸웠지."

존스가 끼어들었다. "선생님 말씀이 옳습니다. 역사상 가장 놀라운 점은, 종교와 자유를 지키기 위해 전 국민이 일치단결하여 제임스 왕을 추방한 확 실한 경험을 한 지 얼마 지나지 않아 그 왕의 일족을 다시 왕위에 세우려는 어이없는 일파가 국민 가운데 있다는 것입니다."

노인이 대꾸했다. "농담 마시오! 그런 일파가 어떻게 있을 수 있단 말이 오? 인간을 높이 평가하지는 않지만, 설마 그렇게까지 멍청하리라고는 생각 하지 않소. 몇몇 열광적인 가톨릭 신자가 신부들을 부추겨 그런 가망 없는 싸움에 뛰어들고 그것을 성전이라 생각하는 일은 있을 수 있겠지만, 개신교 도, 영국국교회 신자들이 그런 변절자, 그런 felos de se(자살자)라고는 믿을 수 없구려. 내 비록 13년 동안 세상에 무슨 일이 벌어지고 있는지 전혀 모르 긴 하나, 그런 얼토당토않은 말을 믿을 정도로 어수룩하진 않소. 뭘 모르는 늙은이라고 놀리려는 건 아니겠지?"

존스가 대답했다. "아무리 세상을 등지고 사셨어도 그동안 제임스 왕의 아들을 등에 업은 반란이 두 번이나 일어났으며, 그 두 번째 반란이 지금 이 영국 한복판에서 일어나고 있다는 사실을 모르시진 않겠죠."

이 말에 노인이 깜짝 놀라며 엄숙한 목소리로, 지금 한 말이 신께 맹세코 틀림없는 사실이냐고 물었다. 존스가 아주 엄숙하게 틀림없는 사실이라고 단언하자, 노인은 심각한 표정으로 아무 말 없이 방을 왔다 갔다 하더니 별 안간 고함을 지르고 웃어댔다. 마지막에는 무릎을 꿇고, 그런 어처구니없는 짓을 벌이는 인간이라는 동물과 일절 교제를 끊을 수 있게 허락해주신 하느 님께 큰 소리로 감사 기도를 올리고 신을 축복했다. 이윽고 존스가 과거 이 야기를 하던 중이었음을 상기시키자 그는 다시 말을 이었다.

"지금 들은 얘기로 판단하건대, 요즘 인간들은 터무니없는 광란상태에 빠져 있는 것 같군. 전염될 염려 없는 곳에 홀로 떨어져 산 덕분으로 난 운 좋게 감염을 피할 수 있었던 게 틀림없소. 그런데 내가 말한 시대에는 인류가 아직 그렇게까지 타락하지 않았기 때문에, 몬머스에 가담하여 결연히 일어난 사람도 적지 않았지. 나도 원칙상 그쪽에 강하게 이끌려 종군을 결심했소. 동기는 다르지만 왓슨 군도 똑같이 결심했기 때문에(이런 경우 도박꾼의 정신은 애국심을 부추기는 법이지요) 우리는 곧 필요한 물품들을 마련한 뒤 브리지워터에서 공작 부대에 합류했다오.

이 전투의 불행한 결과는 당신들도 잘 알 거요. 나는 세지모어 전투에서 가벼운 부상을 입고, 왓슨 군과 도망을 쳤소. 함께 엑스터 대로를 따라 40마일 가까이 말을 달리다가, 이후 말을 버리고 되도록 들판과 샛길만 골라 도망갔지요. 겨우 어느 공유지에 있는 황폐한 오두막에 도착했는데, 그곳에 사는 가난한 노파가 우리를 성심껏 보살펴주었소. 연고를 발라준 덕에 상처도 금세 나았지."

파트리지가 말했다. "어디에 상처를 입었습니까?" 기이한 노인은 팔이었다고 대답하고 이야기를 계속했다. "다음 날 아침, 왓슨 군이 컬럼프턴에서 먹을 걸 좀 사오겠다며 나를 두고 나갔소. 아……, 입에 담기도 싫구려. 아마 당신들도 못 믿을 거요. 왓슨 군이, 아니 이 친구 놈이, 아니 이 비열하고 야만스러운 배신자 놈이 제임스 왕 휘하의 기병대에 나를 밀고하고, 돌아오자마자 나를 그들 손에 넘겨 버린 것이오.

병사 여섯 명이 나를 체포하여 톤턴 감옥으로 끌고 갔소. 붙잡혔다는 사실이나 무슨 일이 벌어질지 모른다는 불안감보다 부아가 치미는 것은 친구를 위장한 그놈이 함께 끌려가고 있다는 사실이었소. 놈은 자수를 해서 나와 똑같은 포로 취급을 받았던 거요. 하지만 나를 희생시켜 항복했다는 이유로 나보다 좋은 대접을 받았지. 처음에 놈은 배신을 변명하려 애쓰더군. 그러나 내가 경멸과 비난만 돌려주자 이내 태도를 바꾸어 날 극악무도한 반란자라고 욕하고, 자신의 모든 죄를 내게 뒤집어씌웠소. 바로 내가 자애롭고 합법적인 군주에 반기를 들자고 꼬드기며 심지어 협박까지 했다고 증언한 것이오.

그 거짓 증언은(사실 우리 둘 가운데 그놈이 훨씬 적극적이었소) 내 가슴을 후벼 팠소. 그 분노는 경험하지 못한 사람은 상상도 할 수 없을 거요. 그러나 운명의 여신도 마침내 내게 연민을 느끼셨던 것 같소. 웰링턴을 조금

지나 어느 오솔길에 접어들었을 때, 호송병들이 근처에 거의 50명에 이르는 적군이 있다는 잘못된 보고를 받은 것이오. 그들은 저희 살기에 바빠, 나와 배신자를 내버려두고 꽁무니를 뺐소. 그 악당은 즉시 내게서 도망쳤는데, 나는 차라리 잘됐다고 생각했다오. 그렇지 않았다면 무기는 없었을지언정 반드시 놈의 비열한 짓거리에 응징을 했을지도 모르니까.

다시 자유의 몸이 된 나는 재빨리 대로에서 들판으로 벗어나 방향도 모른채 내달렸소. 큰 도로나 마을을 피하는 것이 가장 큰 목표였지. 아주 소박한 인가마저 피했소. 보이는 사람마다 날 배신할 것 같이 보였거든.

자연이 야생짐승들에게 제공하는 것과 똑같은 잠자리와 음식으로 버티며 들판을 헤매고 다닌 끝에 겨우 이곳에 도착하게 되었소. 그리고 이곳의 고적함과 황량함에 이끌려 거처를 정하게 된 거요. 처음에 나랑 같이 살았던 사람이 이 노파의 어머니였소. 그녀와 이곳에 숨어 사는 동안 이윽고 명예혁명 소식이 들려왔소. 신변의 위험이 사라졌기 때문에, 고향으로 돌아가서 재산 문제를 정리할 기회가 생겼지. 그것은 나도 형님도 만족스럽게 금방 해결되었소. 즉 나는 모든 걸 형님에게 넘겼고, 그 대가로 형님은 내게 일시금 1,000파운드와 평생 연금을 지급하기로 한 거요.

이 두 번째 합의에서 형님은 언제나처럼 이기적이고 인색했소. 나는 형님이 내 편이라고 생각하지 않았고, 형님도 내가 그렇게 생각해주길 바라지 않았지. 나는 곧 형님을 비롯한 모든 지인에게 작별을 고했소. 그날부터 오늘까지 내 인생 내력은 공백이나 마찬가지라오."

존스가 말했다. "그럼 그날부터 지금까지 계속 이곳에서만 사셨단 말씀입니까?"

"그렇지는 않소. 나는 대단한 여행가였다오. 유럽에서 내가 모르는 곳이 거의 없을 정도인걸."

존스가 큰 소리로 말했다. "전 그 여행 이야기를 들려달라고 조를 만큼 뻔뻔스럽지 못합니다. 그토록 열변을 토한 선생님께 또 간청을 드리는 것은 잔혹한 일이지요. 하지만 선생님 같이 풍부한 통찰력과 지식을 지니신 분이 그토록 오래 여행을 하시며 얻었을 훌륭한 견문들을 들을 기회만큼은 허락해주십시오."

기이한 노인이 대답했다. "물론이요, 젊은 양반. 그 주제에 대해서도 최선을 다해 호기심을 충족시켜 드리리다."

존스는 다시 사과하려 했지만 노인이 이를 막았다. 존스와 파트리지가 이야기를 듣고 싶어 근질거리는 귀를 쫑긋 세우고 기다리고 있는 동안, 기이한 노인은 다음 장에 나오듯이 이야기를 이어나갔다.

15
유럽의 간략한 역사
존스 군과 '산속 은둔자' 사이에 오간 흥미진진한 대화

"이탈리아의 여관 주인들은 아주 과묵하지요. 프랑스의 여관 주인들은 더 수다쟁이지만 예의가 바르고요. 독일과 네덜란드의 여관 주인들은 대개 무례하다오. 정직성이라는 면에서는 이들 어느 나라나 대동소이합니다. valets à louage(호객꾼)은 기회를 놓치지 않고 손님을 속여먹지요. 마차꾼들은 세계 모든 나라가 비슷비슷할 거요. 여행 중에 사람들을 관찰한 내용은 이게 다라오. 내가 대화를 나눈 상대는 그들이 전부니까. 내가 외국을 여행한 목적은 신께서 지구 곳곳에 조성해놓으신 풍경, 짐승, 새, 물고기, 곤충, 식물 등등 놀랍도록 다양한 모습들을 보고 마음에 위안을 얻자는 것이었소. 이 다채로운 변화야말로 사색에 빠진 구경꾼에게 큰 즐거움을 주는 동시에 조물주의 힘과 지혜와 선량함을 유감없이 보여주지요. 사실 신께서 빚으신 피조물 가운데 신을 불명예스럽게 만든 것은 딱 하나밖에 없소. 나는 오래 전부터 그 한 가지 작품과 대화나누기를 피해온 것이오."

존스가 큰 소리로 말했다. "죄송합니다만, 저는 선생님께서 말씀하신 그 한 가지 작품에도 다른 작품과 마찬가지로 다양한 종류가 있다고 전부터 생각해왔습니다. 기질의 차이는 물론이요, 습관과 풍토가 인간의 심성에 많은 변화를 가져온다고 들었습니다."

노인이 대답했다. "사실은 거의 차이가 없소. 각국 풍습의 차이를 알고자 여행을 떠난 사람은 베네치아의 사육제에 가면 훨씬 수고를 덜 거요. 유럽 각국 궁정에서 볼 수 있는 모든 모습을 한 번에 볼 수 있기 때문이지. 똑같은 위선에, 똑같은 사기술. 요컨대 복장은 달라도 완전히 똑같은 어리석음과

똑같은 악행이 있소. 스페인에서는 장엄한 옷을 입고, 이탈리아에서는 대단히 화려하게 차려입지요. 프랑스 악당들은 멋쟁이처럼 빼입고, 북유럽 국가들에선 아무렇게나 입습니다. 그러나 인간 본성은 어디나 마찬가지라오. 어느 곳에서건 혐오와 경멸의 대상이지요.

나는 그런 각국 사람들 사이를, 서커스 구경꾼 사이를 헤쳐 나가듯 지나왔소. 즉 한 손으로는 코를, 다른 한 손으로는 호주머니를 싸쥐고 누구하고도 말을 섞지 않은 채, 그래도 보고 싶은 구경거리는 보려고 복작복작한 틈을 헤치고 나아간 거요. 그 구경거리란 제아무리 재미나는 것이어도 그 시끄러운 군중을 헤치고 볼 만한 가치는 없는 것들이었소."

존스가 말했다. "하지만 여행하신 나라들 가운데서 조금은 덜 시끄러운 국민도 있었겠지요?"

"그야 물론이오. 터키인들은 그리스도인들보다 훨씬 참을성이 많지. 매우 과묵한 사람들이어서, 이방인한테 이것저것 질문을 던지며 귀찮게 구는 법이 없으니까. 이따금 욕을 좀 하고, 지나가면 괜히 얼굴에 침을 뱉을 때도 있지만, 그걸로 끝이라오. 그런 다음엔 그들 틈에서 몇십 년을 섞여 살아도 그들에게 열 마디를 채 못 들을 걸. 세계에서 가장 불쌍한 국민은 프랑스인이오! 외국 손님(그들은 이 단어를 좋아하지)에게 경의를 표한다고 하면서 얼토당토않은 수다와 공치사로 실은 자신들의 허영심을 늘어놓기에 바쁘니까. 어찌나 시끄러운지. 파리에 다시 발을 들일 바엔 호텐토트인과 평생 함께 사는 편을 택하겠소. 호텐토트인은 더럽지만 그건 대부분 표면적인 것이지. 프랑스, 그리고 지명은 구체적으로 들지 않겠지만 그 밖에 두세 나라는 마음이 더럽소. 호텐토트인의 코를 찌르는 악취보다, 이성을 자극하는 그 사람들의 악취가 훨씬 견디기 힘들다오.

이것으로 내 인생 이야기는 끝났소. 그 뒤 이곳에 은둔하며 살아온 긴 세월은 이렇다 할 변화가 없다오. 하루와 같은 13년이었지. 여긴 수많은 인구가 사는 나라의 한가운데지만, 이집트 사막에 산다 해도 이보다 더한 고독을 맛보지 못할 만큼 완벽한 은거생활이지. 가진 땅이 없으니 소작인이나 관리인 문제로 골치 썩을 일도 없고, 연금은 꼬박꼬박 들어오지. 하긴 그렇게 많은 재산을 양보한 대가치고는 터무니없이 적은 금액이니 당연하지만. 찾아오는 손님은 없소. 집안일을 해주는 저 노파는 나 대신 장을 보고, 귀찮은 볼일을 도맡아 처리해주고, 내가 집에 있을 때 말을 걸지 않는다는 규칙만 지키면 해고당하지 않을 거라는 것을 알고 있소. 산책은 늘 밤에만 하니, 이 외딴 곳에서 누굴 만날 걱정도 거의 없지. 어쩌다 한두 명과 마주친 적도 있는데, 이 괴상한 복장과 모습을 보고 날 유령이나 요정이라고 생각했는지 새파랗게 질려선 도망쳐 버리더군. 그런데 오늘 이런 사건이 벌어진 걸 보니 이제 여기 있어도 인간의 악에서 벗어나긴 힘든 것 같구려. 당신이 도와주지 않았더라면 입은 옷까지 다 빼앗기고, 어쩌면 목숨까지 잃었을지 모를 일이오."

존스는 이야기를 하느라 수고한 노인께 감사를 드렸다. 그리고 도대체 어떻게 이런 고독한 생활을 견딜 수 있는지 상당한 놀라움을 표시했다. "너무나도 단조로운 생활이 불만스러울 때도 있으셨을 텐데요. 그 많은 시간을 어떻게 채워 오셨는지, 아니 어떻게 때워 오셨는지 놀라울 따름입니다."

노인이 대답했다. "애착과 사상이 속세에만 고착되어 있는 사람들에겐 이런 곳에 사는 내가 남아도는 시간을 주체하지 못할 것처럼 보이는 것도 무리는 아니지요. 그런데 인간이 평생을 바쳐도 부족한 일이 한 가지 있다오. 바로 영광스럽고 영원불멸하신 하느님을 묵상하고 숭배하는 일이지요. 여기에는 아무리 많은 시간을 쏟아부어도 부족할 거요. 신께서 빚으신 방대한 창조물 안에서는 하늘을 가득 메운 저 수많은 별과 각각의 태양계를 비추는 태양들조차도 지구 옆에 놓인 작은 원자로 보일 겁니다. 입에 올리기도 황송하고 알 수도 없는 위대하신 신과의 교감을 신성한 묵상을 통해 허락받은 인간에게 그런 황홀한 영광을 지속하기 위한 수십 일, 수십 년, 아니 수십 세기가 어찌 긴 시간이라 할 수 있겠소? 하찮은 오락과 지루한 쾌락, 어리석은 세상사조차 우리의 시간을 순식간에 빼앗아 가는데, 그토록 고귀하고 소중하며 영광스러운 수양을 하는 사람에게 어찌 시간의 흐름이 정체되어 보이겠소? 그 중요한 일에는 아무리 많은 시간도 부족하고, 어떤 장소도 부적절하지 않다오. 우리가 시선을 던지는 사물 가운데 우리에게 신의 권능과 지혜와 선량함을 느끼게 하지 않는 것이 무엇이 있단 말이오? 아침 해가 동녘 하늘에서 불꽃 같은 광선을 던지지 않아도, 거친 바람이 동굴에서 불어와 키 큰 나뭇가지를 흔들지 않아도, 구름이 열려 억수 같은 비를 들판에 퍼붓지 않아도 좋소. 이런 현상이 하느님의 위용을 보여주지 않아도, 곤충 한 마리, 풀한 포기 같은 아주 비천한 창조물조차 위대한 창조주의 피조물임을 보여주는 증거를 지니고 있소. 신의 권능뿐만 아니라 신의 지혜와 선량함을 나타내는 증표이지요. 인간만이, 만물의 영장이며, 태양 아래 가장 높으신 하느님께서 만드신 최후이자 가장 위대한 작품인 인간만이 자신의 본성을 비열하게 더럽히고, 부정직과 잔인함, 배은망덕, 배신 등으로 창조주의 선량함에 의문을 품게 만듭니다. 자비로운 하느님께서 어찌하여 이토록 어리석고 불결한 동물을 빚으셨는지 고개를 갸우뚱하게 만드는 겁니다. 당신은 이런 동물과 교류를 끊은 내가 아주 불행할 것이며, 그 동물과 어울리지 않는 생활이 자못 따분할 거라고 생각하는 것이라오."

존스가 대꾸했다. "말씀하신 내용 가운데 앞부분에는 저도 진심으로 동의합니다. 하지만 결론 부분에서 인간이 혐오스런 존재라고 말씀하신 것은 조금 지나친 비약이 아닌가 싶습니다. 사실 선생님께서는 하나의 과오에 빠지셨습니다. 제 빈약한 경험으로 비추어볼 때 아주 흔한 과오죠. 즉 가장 악독하고 무가치한 사람들을 예로 들어 인간 특성을 비판했다는 것입니다. 그러나 어느 훌륭한 작가도 언급했듯이, 사실 어떤 종에서 가장 훌륭하고 완벽한 개체들에서 발견되는 특성만이 그 종속의 특징이 될 수 있습니다. 흔히 이런 과오는 친구나 지인을 선택할 때 세심한 주의를 기울이지 않은 탓에 비열하고 악독한 사람들에게 피해를 받은 사람들이 저지르기 쉽죠. 부당하게도 그런 두세 가지 예가 인간의 보편적 본성으로서 비난받는 겁니다."

노인이 대답했다. "그런 경험은 나도 충분히 했소. 내 첫 번째 애인과 첫 번째 친구가 가장 비열한 방식으로 날 배신했잖소. 최악의 결과를 가져올 뻔한 사건이었지. 나를 수치스러운 죽음으로 내몰 뻔한 사건이었어."

존스가 큰 소리로 말했다. "죄송하지만, 그 애인과 친구가 어떤 사람들이었는지를 생각해보시기 바랍니다. 매음굴에서 싹튼 사랑과 도박대 위에서 생겨나고 자란 우정에서 무엇을 더 기대한단 말입니까? 그런 예를 근거로 여성과 친구를 비판하는 것은, 화장실 냄새가 그렇다고 해서 공기란 구역질나고 비위생적이라고 단정하는 것만큼 부당합니다. 저는 세상을 오래 살진 않았지만, 최고의 우정이라 할 만한 남자와 최고의 사랑이라 할 만한 여자를 압니다."

기이한 노인이 대꾸했다. "오, 젊은 양반! 당신은 세상을 오래 살지 않았다고 고백했는데, 나도 당신보다 조금 더 나이가 들었을 때까지는 그렇게 생각했다오."

존스가 대꾸했다. "선생님께서 애정을 쏟을 상대를 고를 때 운이 없지 않았더라면, 아니 감히 말씀드려 부주의하지 않았더라면 지금도 그 생각을 그대로 지니고 계셨을지 모를 일입니다. 이 세상에 지금보다 많은 악이 퍼져 있다 하더라도 선생님처럼 인간 본성을 일반적으로 비판할 수는 없을 겁니다. 많은 악이 단순한 우연에서 비롯되며, 악을 저질렀다고 해서 그 사람이 마음까지 썩은 악인이라고 단정할 수는 없으니까요. 사실 자기 마음을 들여다봤을 때 거기에서 타고난 부덕함을 발견할 수 있는 사람이라면 몰라도, 인간 본성을 필연적이고 보편적으로 악이라고 단정할 권리는 누구에게도 없습니다. 그리고 선생님께서 그런 사람이라고는 도저히 생각되지 않는군요."

기이한 노인이 말했다. "그런 사람들이야말로 결코 그런 판단을 하지 않소. 악인은 인간의 비열함을 설명하려 하지 않고, 노상강도는 길거리에 도둑놈들이 있다고 알려주지 않는 법이오. 그런 짓을 하면 사람들이 경계를 하기 때문에 자신들의 목적을 이루지 못하게 되거든. 그러기에 악당이 특정인을 나쁘게 말하는 예는 종종 있어도, 일반적인 인간 본성에 투영하는 일은 결코 없소." 노신사가 몹시 열띤 어조로 말했으므로 존스는 그의 마음을 바꾸겠다는 생각을 단념했다. 또 화를 돋우고 싶지 않았기 때문에 아무런 대꾸도 하지 않았다.

어느덧 새날을 알리는 태양이 떠오르기 시작했다. 존스는 너무 오랫동안 머물러 휴식을 방해했다면 용서해달라고 사과했다. 기이한 노인이 대답했다. "아니오. 지금은 전혀 쉬고 싶은 생각이 없소. 내겐 낮이나 밤이나 별 차이가 없어서 평소에는 낮에 휴식을 취하고 밤에 산책과 사색을 즐긴다오. 그렇지만 오늘 아침은 몹시 아름답군요. 당신이 휴식과 식사를 조금만 참아준다면, 당신이 지금껏 본 적 없을 절경으로 내 기꺼이 안내하리다."

존스는 기꺼이 이 제의를 받아들였다. 그들은 즉시 오두막을 나왔다. 파트리지는 기이한 노인이 인생 이야기를 마치자마자 깊은 잠에 빠진 상태였다. 호기심을 충족한 그에게 그 뒤에 이어진 토론은 잠의 매력을 억누를 만한 강력한 작용을 하지 못했다. 존스는 잠을 실컷 즐기도록 그를 내버려두었다. 이 시간쯤이면 독자 여러분께서도 그런 친절을 원하실 것 같으니 우리도 여기서 제8권의 이야기를 끝내기로 하겠다.

제9권
12시간 동안 일어난 일

1
이 작품과 같은 역사 이야기를 합법적으로 쓸 수 있는 작가들과 쓸 수 없는 작가들

내가 이 작품 각 권에 서론을 붙여야겠다고 생각한 것은 여러 가지 용도를 고려해서였다. 그중 하나로서, 이 서장들이 무관심한 독자들로 하여금 이 작품과 같은 역사 이야기 가운데 무엇이 진짜이고 무엇이 거짓인지를 구분케 하는 일종의 표시 또는 흔적이 될 거라고 생각했다. 실제로 조만간 그런 표식이 필요해지리라고 본다. 최근 두세 작가가 이런 종류의 작품으로 대중의 호평을 받은 일이 수많은 작가가 그 비슷한 작품을 쓰는 계기가 될 것이기 때문이다. 엄청나게 많은 역사소설과 터무니없는 연애소설이 창작되어 서적상들은 파산하고, 독자들은 시간을 허비할 것이며 도덕심이 타락할 것이다. 나아가 때로는 추문과 비방이 퍼져, 훌륭하고 성실한 사람들의 평판을 손상하는 결과를 낳을지도 모른다.

〈스펙테이터〉지의 현명한 필자가 각 권 앞머리에 그리스어나 라틴어 표제를 붙이게 된 것도 그런 삼류 작가들의 모방을 피하려는 생각에서 비롯된 것이라고 확신한다. 이들 삼류 작가는 작문 선생한테 배운 것 말고는 작가로서의 재능이 전혀 없는 주제에 위대한 작가들과 똑같은 표제를 다는 것에 조금도 두려워하거나 부끄러워하지 않는다. 사자 가죽을 뒤집어쓰고 나귀 울음소리를 냈다는 우화 속 그들의 형제와 꼭 같다.

표제 어구라는 기묘한 장치로 말미암아 그리스어와 라틴어 가운데 최소한 한 가지라도 이해하지 않고서는 감히 〈스펙테이터〉를 흉내 내지 못하게 되었다. 마찬가지로 나 또한 사색 능력이 전혀 없고 논문을 쓸 학식도 부족한 자들이 감히 모방하지 못하도록 나 자신을 보호하는 셈이다.

다만 서사 작품의 가장 큰 가치가 이런 서장에 있다고 말하려는 의도는 없다. 그러나 단순히 줄거리만 담은 부분이 관찰과 사색으로 구성되어 있는 부분보다 모방 작가들의 펜을 유혹하는 것은 사실이다. 여기서 내가 말하는 모방 작가란 셰익스피어를 모방했던 니컬러스 로나, 호라티우스가 암시한 바와 같이 맨발에 잔뜩 찌푸린 얼굴로 카토를 흉내 냈던 몇몇 로마 작가를 의미한다.

훌륭한 줄거리를 생각하여 감칠맛 나게 이야기하는 것은 아주 보기 드문 재능이지만, 내가 본 바로는 개나 소나 망설임 없이 그것을 노린다. 세상에 넘쳐나는 역사소설이나 연애소설을 검토해본다면, 그 저자들의 대부분은 다른 영역의 글에서는 이를 드러내며 달려들지 못할 것이며(이런 표현이 용인된다면), 다른 주제에 대해서는 단 십여 개의 문장도 만들어내지 못하리라는 판단이 틀리지 않을 것 같다. 'Scribimus indocti doctique passim(교양이 없는 자든 있는 자든 무턱대고 글을 끼적인다)'라는 말은 다른 어떤 종류의 글보다 역사소설가나 전기 작가에 들어맞는 말일 것이다. 모든 예술과 학문을 다룬 글에는(심지어 비평문까지도) 어느 정도의 학식이 요구되기 때문이다. 시는 예외라고 생각할지 모르지만, 그 대신 시에는 운율, 또는 운율 비슷한 것이 요구된다. 반면 역사소설이나 연애소설을 쓸 때는 종이, 펜, 잉크, 이들을 사용하는 손 말고 아무것도 필요 없다. 그런 작품들로 판단하건대, 작가 자신도 그렇게 생각하는 것 같고, 그것을 읽는 독자가 있다면 그 독자들도 그렇게 생각하는 게 틀림없다.

늘 과반수를 보고 전체를 평가하는 세상 사람들이, 기록에서 작품 소재를 찾지 않는 역사 이야기 작가들을 싸잡아 경멸의 눈으로 바라보는 것은 순전히 이 때문이다. 우리가 세심한 주의를 기울여 '연애소설'이라는 용어를 피하는 것도 오로지 이런 경멸을 피하기 위해서이다. 이 점만 아니라면 우리도 연애소설이라는 명칭에 충분히 만족했을 것이다. 그러나 다른 곳에서도 암시했듯이, 이 작품에 등장하는 모든 인물에는 방대하고 확실한 '인간 본성의 기록서'라는 훌륭한 근거가 있다. 따라서 우리 노고의 산물인 이 작품은 역사라는 호칭으로 불릴 자격이 충분히 있다. 분명히 우리의 이 작품은 재치 넘치는 사람들이 pruritus(즉흥적인 생각)이나 산만한 머리에서만 나온다고 평가한 종류의 작품과는 다소 구별될 가치가 있다.

그런데 모든 글 가운데 가장 유익하고 재미있는 이런 유형의 작품에 그 같은 불명예가 주어진다는 점은 둘째치더라도, 앞서 말한 삼류 작가들을 격려하는 것은 또 다른 불명예를 확산시키리라는 우려가 다분히 있다. 즉 선량하고 가치 있는 사회 구성원들의 인품이 실추된다는 뜻이다. 어리석은 작가는 어리석은 친구와 같아서 언제나 상대방의 마음을 상하게 하기 때문이다. 양자 모두 저속하고 모욕적인 언사를 예사로 한다. 방금 인용한 가설에 오류가 없다면, 그처럼 불쾌한 머리에서 나온 작품은 그 자체가 불쾌하며 그걸 읽는 사람까지 불쾌하게 만드는 경향이 있음은 결코 놀라운 일이 아니다.

앞으로 그런 무절제한 시간·글·인쇄의 자유의 남용을 막기 위하여, 특히 지금 세상이 그런 것들에 위협을 받고 있는 것처럼 보이므로, 나는 여기서 역사 이야기 작가들에게 꼭 필요한 자질들을 몇 가지 언급해 보려 한다. 그 하나하나가 다른 무엇보다도 그들에게 꼭 필요한 것들이다.

첫 번째 자질은 타고난 재능이다. 호라티우스는 재능이 풍부하지 않으면 어떤 학문도 쓸모없다고 말했다. 타고난 재능이란 우리가 접근할 수 있거나 알 수 있는 범위 내의 모든 대상을 통찰하여 그 본질의 차이를 식별하는 정신적 능력이라고 해석하고 싶다. 바꿔 말하면 창의력과 판단력이다. 이 두 능력이 천부적으로 부여받은 자질이기 때문에 그 두 가지를 합쳐 재능이라고 부른다. 그런데 많은 사람이 이 두 능력을 크게 오해하는 것 같다. 창의력은 흔히 창작 능력으로 이해되는 것 같은데, 그렇게 해석하면 대부분의 연애소설 작가가 자신은 이 능력을 많이 가지고 있다고 자랑하는 것도 무리가 아니다. 그러나 사실 창의력이란 단순히 '발견'하거나 '찾아내는 능력'(본디 뜻이 그렇다)이다. 부연하자면, 모든 고찰 대상의 진정한 본질을 신속하고 현명하게 통찰하는 능력이다. 이것은 판단력이 동반되지 않고서는 좀처럼 존재하기 힘들다. 진정한 본질의 차이를 식별해내지 않고서는 두 사물을 발견했다고 말할 수 없기 때문이다. 그런 식별 능력은 엄연한 판단력의 영역이다. 그런데도 세상에는 모든 어리석은 사람들을 동조하는 몇몇 재미있는 사람들은 한 사람이 창의력과 판단력을 동시에 소유하는 예는 극히 드물거나 아예 없다고 주장한다.

그런데 이 두 능력을 갖추고 있더라도 그에게 상당한 학식이 없다면 우리 목적에는 부합하지 않는다. 장인에게 도구만 있고, 그것을 연마할 기술도, 작업 방침도 기준도 재료도 없다면 아무 쓸모가 없다. 이를 증명하기에 무언가 인용이 필요하다면 나는 다시 호라티우스나 그 밖에 많은 저자의 권위를 인용할 것이다. 도구를 쓸모 있게 하는 것이 바로 학문이다. 자연이 우리에게 제공하는 것은 능력뿐이다. 방금 전 비유를 계속하자면, 우리 직업에 필요한 도구만을 제공하는 것이다. 학문으로써 그 도구를 사용할 수 있게 만들고, 작업 방향을 설정하고, 마지막으로 일부분이나마 재료를 공급해야 한다. 이때 역사와 문학에 관한 충분한 지식이 반드시 필요하다. 적어도 그만한 지식 없이 주제넘게 역사 소설 작가를 자칭하는 것은 목재와 회반죽, 벽돌, 돌멩이 없이 집을 지으려는 것과 같다. 자신들의 작품에 운율이라는 장식을 추가하긴 했지만 호메로스나 밀턴은 우리와 같은 이야기꾼인 동시에 당대 모든 학문을 익힌 사람이었다.

이 학식이라는 능력을 부여하는 것 말고 또 필요한 것이 있다. 사람들과 교제함으로써 얻어지는 지식이다. 이것은 인간 본성을 파악하기에 매우 중요하다. 대학에서 책더미에 파묻혀 삶을 소진한 현학자만큼 인간에 무지한 사람은 없을 것이다. 책 속에 인간 본성이 아무리 세세하게 기록되어 있다 해도, 진정한 실질적 지식은 세상 속에서만 배울 수 있다. 똑같은 현상이 다른 방면의 학문에서도 일어난다. 즉 의술과 법률의 실질적 지식은 책에서 얻을 수 없다. 농부, 원예업자, 정원사도 책에서 얻은 기초 지식을 경험으로 완성해야 한다. 재능이 많은 밀러 씨는 매우 정확하게 식물을 기술했는데, 그런 그도 제자에게는 정원에 나가 직접 식물을 관찰하라고 가르쳤을 것이다. 누구나 인정하듯이 셰익스피어, 존슨, 위철리, 오트웨이 같은 작가들이 아무리 절묘한 필체를 갖고 있어도 세밀한 인간 본성 묘사는 독자들 눈에 전달되지 않는다. 그것을 독자들에게 전달하는 것은 개릭, 시버, 클라이버*1 같은 배우들의 신들린 연기이다. 살아 있는 무대 위에 설 때야말로 인물은 글로 도저히 묘사할 수 없을 만큼 선명하게 부각된다. 실생활에서 섬세한 인물 묘사를 취한 위대한 작가들의 작품도 그럴진대, 일개 작가가 자연스런 실생활에서가 아니라 책에서만 모방하여 인물을 묘사한다면 더욱 그러지 않겠는가? 그렇게 묘사된 인물은 존재감이 희박한 이중 복사본이며, 본디 인물

---

*1 이 위대한 남자배우와 가장 유명한 두 여자배우를 예로 든 이유는 그들이 연기의 기초를 생생한 인간 탐구에만 두고, 선배들을 모방하지 않았다는 점이 특히 적절했기 때문이다. 바로 그 점 때문에 그들은 모든 선배 배우를 능가할 수 있었다. 모방을 일삼는 비굴한 사람들은 절대로 이루어낼 수 없는 공적이다.

의 진실성도 정신도 전달하지 못한다.

한편 우리 역사 이야기 작가들의 교제는 모든 계층을 아우르는 광범위한 것이 되어야 한다. 흔히 말하는 상류 생활만 알면 하층 계급에는 통하지 않고, è converso(반대로) 하층민하고만 친하게 지내면 상류층 풍습에는 무지해지기 때문이다. 둘 중 하나만 알면 적어도 그 익숙한 한쪽 생활을 충분히 묘사할 수 있으리라 생각할지도 모르나, 사실 그렇게 되면 완성도 면에서 크게 뒤떨어진다. 어느 한쪽 계급의 어리석은 행동이 다른 쪽 계층을 부각하여 주는 경우가 많기 때문이다. 예를 들어 상류 사회의 허식은 하층 생활의 소박함에 견줄 때 훨씬 우스꽝스럽게 두드러져 보이고, 하층민의 무례함과 천박함은 상층민을 지배하는 예의범절과 대비될 때 더욱 어리석은 느낌을 준다. 사실 우리 역사 이야기 작가의 필력은 이 두 계층과 교류함으로써 더욱 향상된다. 한쪽에서는 소박함·정직함·성실함의 사례들을, 다른 한쪽에서는 세련됨·고상함·관대함의 사례들을 쉽게 찾을 수 있을 것이다. 특히 나는 마지막으로 예를 든 관대함을 비천하게 태어났거나 저급한 교육을 받은 사람들에게서 발견한 적이 없다.

지금까지 우리 역사 이야기 작가들에게 부여한 모든 자질도 이른바 선량한 심성과 공감 능력이 없다면 아무 소용이 없다. 호라티우스는 "나를 울리려는 작가는 먼저 그 작가 자신이 울어야 할 것이다"라고 말했다. 사실 어떤 작가든 슬픔을 잘 서술하려면 스스로 슬픔을 느끼면서 글을 써야 한다. 애처롭고 감동적인 장면은 틀림없이 눈물과 함께 쓰였을 것이다. 익살스러운 장면도 마찬가지이다. 먼저 나 자신이 웃지 않고 독자들을 진심으로 웃기기란 결코 불가능하다. 다만 독자가 나와 함께 웃는 게 아니라, 때와 장소를 가리지 않고 나를 비웃고 싶은 경우라면 이야기는 별개이다. 이번 장에 그런 부분이 있었을지 모르겠다. 그러한 우려 탓에 이쯤에서 이번 장을 마치기로 하겠다.

2

존스 군이 '산속 은둔자'와 산책하던 도중 마주친 실로 놀라운 사건

여명의 여신 오로라가 처음으로 창문을 열었을 때, Anglice(영어식으로 말

해) 동이 텄을 때, 존스는 기이한 노인과 함께 매저드 산을 오르고 있었다. 정상에 이르자 두 사람 눈에는 세상에서 가장 장엄한 경치가 펼쳐졌다. 나도 이 절경을 독자 여러분께 전달하고 싶지만, 유감스럽게도 여기에는 두 가지 장애물이 있다. 첫째는 이런 경치를 이미 구경하신 적이 있는 분들이 우리의 묘사에 감탄을 하실지 확신이 안 선다는 것이고, 둘째는 그것을 본 적이 없는 분들이 우리의 묘사를 이해하실 수 있을지 의심스럽다는 것이다.

존스는 한동안 똑같은 자세로 서서 남쪽을 바라보았다. 이를 본 노신사가 무얼 그리 뚫어지게 보느냐고 물었다. 존스가 한숨 섞인 말로 대답했다. "아아, 선생님! 지금까지 걸어온 길을 가늠해보고 있었답니다. 세상에! 글로스터는 정말 까마득하군요! 고향 땅이 얼마나 먼지요!"

노인이 큰 소리로 말했다. "그랬구려, 젊은 양반. 그런데 내가 잘못 생각한 게 아니라면, 그 한숨으로 미루어보건대 고향보다 연인을 더 그리는 것 같군요. 당신이 그리는 사람이 눈에 보이는 것은 아니지만, 그 방향을 바라만 봐도 즐거운 것 같구려."

존스가 미소를 지으며 대답했다. "선생님께서는 아직 젊은 날의 감성을 잊지 않으셨군요. 아닌 게 아니라 지금 추측하신 그런 생각을 하던 참입니다."

그들은 북서쪽 내리막 쪽으로 걸음을 옮겼다. 깎아지른 절벽 밑으로 울창하고 광활한 숲이 펼쳐진 곳이었다. 막 내려가려는데 멀리 아래쪽 숲에서 여자의 절박한 비명이 들려왔다. 잠시 귀를 기울이던 존스는 노인에게 한마디 말도 없이(정말이지 사건이 몹시 급박해 보였다) 산을 뛰어 내려갔다. 아니, 미끄러져 내려갔다는 표현이 옳을 것이다. 그는 자신의 안위는 조금도 신경 쓰지 않고, 목소리가 들려온 수풀 쪽으로 곧장 뛰어갔다.

숲 속으로 몇 발짝 들어가지 않아 그는 몹시 충격적인 장면을 목격했다. 한 여자가 반쯤 벌거벗겨진 채 웬 불한당 손아귀에 사로잡혀 있었던 것이다. 악당은 양말 대님을 여자 목에 두르고, 그녀를 나무 쪽으로 끌어가고 있었다. 존스는 질문을 할 겨를도 없이 번개같이 불한당에게 달려들었다. 듬직한 떡갈나무 지팡이를 마구잡이로 휘두르자 놈은 변변한 방어 한 번 못해보고, 아니 강적이 나타났다는 사실을 알아채기도 전에 즉시 땅바닥에 길게 뻗었다. 존스는 여자가 이제 됐으니 제발 그만두라고 간청할 때까지 주먹질을 멈추지 않았다.

가엾은 여자는 무릎을 꿇고, 구해줘서 고맙다는 인사를 수도 없이 되풀이했다. 존스는 여자를 잡아 일으키며, 도저히 구조를 바랄 수 없을 것 같아 보이는 이런 곳을 우연히 지나가게 된 특별한 인연이 진심으로 기쁘다고 말했다. 그리고 하느님께서 자신을 그녀의 신변을 지켜줄 행운의 도구로서 정해놓으신 것 같다고 덧붙였다. 여자가 대답했다. "네, 당신이 착한 천사같이 보인답니다. 그러고 보니 정말로 인간보다는 천사를 더 닮아 보이네요." 실제로 존스는 매력적인 용모의 소유자였다. 잘생긴 외모에 젊음, 건강, 힘, 청순함, 정신력, 선량함까지 갖춘 인간을 천사와 닮은 존재라고 할 수 있다면 존스가 바로 그 적임자였다.

반면 구조를 받은 여자는 이런 천사의 모습과 거리가 멀었다. 나이로 치자면 적어도 중년이었으며, 얼굴도 그다지 미인형이라 할 수 없었다. 다만 옷의 상체가 찢겨져 나가는 바람에 드러난 탐스럽고 새하얀 젖가슴이 구조자의 눈길을 끌었다. 한동안 그들은 서로를 응시한 채 묵묵히 서 있었다. 마침내, 땅바닥에 널브러졌던 악당이 몸을 뒤치는 기색이 나타나자 존스는 본디 다른 용도로 만들어졌을 양말대님으로 그의 양손을 뒤로 묶었다. 그러고는 그자의 얼굴을 찬찬히 들여다보는데, 놀랍게도, 그리고 적잖이 만족스럽게도, 그자는 바로 노서턴 소위가 아닌가! 소위도 지난날의 적을 잊지 않고 있었다. 정신이 돌아온 순간 존스를 알아본 것이다. 그도 존스 못지않게 놀랐으나, 기쁨은 훨씬 덜했을 것이다.

존스는 노서턴이 일어나도록 도와준 다음 얼굴을 뚫어지게 쳐다보며 말했다. "이 세상에서 나랑 또 마주칠 줄은 몰랐겠지. 솔직히 나도 네놈을 이런 곳에서 보게 될 줄은 상상도 못했다. 하지만 운명은 우리 둘을 다시 만나게 해서, 뜻하지 않게 내가 받았던 피해를 되갚을 수 있게 해주셨구나."

노서턴이 대꾸했다. "뒤에서 공격해 쓰러뜨려 놓고 만족해하다니 퍽 명예로운 사나이로구나. 어쨌든 지금은 칼이 없으니 나도 만족스런 반격을 할 수가 없다. 너도 신사도를 잊지 않았다면 칼을 준비할 수 있는 곳으로 함께 가자. 그러면 명예를 존중하는 남자답게 상대해주마."

존스가 소리쳤다. "너 같은 악당 놈이 잘도 명예라는 이름을 들먹이는구나! 어쨌든 네놈과 말싸움하는 건 시간 낭비다. 판사님께서 네 녀석에게 배상을 요구하고 받아내실 거다." 그렇게 말하고 여자를 돌아보며, 그녀의 집이 여기서 가까운지, 그렇지 않다면 치안판사 앞에 서도 부끄럽지 않을 점잖은 옷을 빌려 입을 만한 집이 가까이에 있는지 물어보았다.

여자는 자신도 이 지역에 처음 온 외지인이라고 대답했다. 존스는 문득 생각이 나, 근처에 그들에게 길을 알려줄 친구가 있다고 말했다. 그는 왜 노인이 자신을 따라오지 않는지 의아했다. 사실 선량한 '산속 은둔자'는 우리의 주인공이 달려간 뒤에 절벽 위에 총을 들고 그냥 앉아 있었다. 끈기 있고 태연하게 사건의 결말을 기다리고 있었던 것이다.

존스는 숲 밖으로 나가서야 우리의 설명대로 노인이 그냥 앉아 있다는 사실을 알아차렸다. 그는 최대한 민첩성을 발휘하여 놀랍도록 재빠르게 산을 뛰어 올라갔다.

노인은 그에게 여자를 업턴으로 데려가라고 조언했다. 그곳이 가장 가까운 도시이며, 틀림없이 그곳에서 그녀에게 필요한 모든 것을 얻을 수 있을 거라고 말했다. 존스는 그 마을로 가는 길을 물은 뒤 '산속 은둔자'에게 작별을 고했다. 파트리지에게 그곳으로 오라고 전해달라고 부탁한 뒤 급히 숲으로 되돌아왔다.

노인에게 길을 물으러 갈 때 우리의 주인공은 악당의 손이 뒤로 묶여 있는 상태이기 때문에 가엾은 여인에게 어떤 나쁜 짓도 하지 못하리라 생각했었다. 또 그녀의 목소리가 들리는 거리를 벗어나는 것이 아니며, 혹 무슨 일이 생기면 바로 달려와 불미스러운 일을 막을 수 있으리라고 생각했다. 더구나 여자를 털끝만큼이라도 건드리는 날엔 즉시 보복을 하겠노라고 악당에게 선언했었다. 그러나 불행하게도 존스는 노서턴의 양손은 묶여 있지만 양다리는 자유로운 상태임을 잊고 있었다. 또한 이 포로에게 양다리를 멋대로 움직여서는 안 된다는 명령을 조금도 내린 바가 없었다. 따라서 그런 맹세를 한 바 없는 노서턴은 자신이 도망을 치더라도 조금도 명예를 위반하는 일이 아니며, 정식 해방령을 기다릴 의무도 없다고 생각했다. 그는 자유로운 두 다리를 이용해, 자취를 감추기에 유리한 숲 속으로 사라져 버렸다. 여자도 노서턴이 도망치리라고는 꿈에도 생각하지 못하고 구원자 쪽만 쳐다보고 있었기 때문에, 범인의 도주를 막아야겠다는 생각은 조금도 하지 못했다.

그런 연유로, 존스가 돌아왔을 때는 여자 혼자만 남아 있었다. 그는 시간을 들여서라도 노서턴을 찾고 싶었지만, 여자가 그것을 허락하지 않았다. 그녀는 가르쳐준 마을로 자신을 데리고 가달라고 간절히 애원했다. "그 남자가 도망간 건 조금도 신경 쓰이지 않습니다. 철학과 그리스도교 모두 죄인을 용서하라고 가르치고 있지 않습니까? 도련님께는 폐를 끼쳐 죄송하게 생각합니다. 그리고 사실 이렇게 옷이 다 벗겨져 부끄러워 얼굴을 똑바로 볼 수가 없고요. 당신의 보호가 필요하지만 않았다면 차라리 저 혼자 가고 싶을 정도랍니다."

존스는 여자에게 자신의 외투를 내밀었다. 그러나 왠지 그녀는 그걸 받으라는 그의 진심 어린 간청을 완강히 거부했다. 그는 그녀에게 그녀를 혼란스럽게 만드는 두 가지 이유를 모두 잊어버리라고 말했다. "첫 번째 이유에 대해서 말하자면, 당신을 보호한 것은 마땅한 의무를 다한 것에 불과합니다. 두 번째 이유에 대해서 말하자면, 가는 내내 제가 당신보다 앞서 걸으면 전혀 걱정이 없겠지요. 제가 힐끔힐끔 쳐다보면 불쾌하실 테고, 저도 당신의 그 아름다운 매력에 저항할 수 있을지 장담할 수 없으니까요."

그리하여 우리의 주인공과 구조 받은 숙녀는 저 옛날 오르페우스와 그의 아내 에우리디케가 그랬던 것처럼 앞뒤로 걸어갔다. 이 미인이 고의로 존스를 유혹하여 뒤돌아보게 만들었다고 생각하지는 않지만, 어쨌든 그녀가 울타리 계단을 넘어가며 도움을 청하거나 여러 차례 발을 헛디디는 등 이런저런 사건이 벌어졌기 때문에 존스는 몇 번인가 뒤를 돌아봐야 했다. 그러나 가엾은 오르페우스보다 운이 좋았던 존스는 그의 동반자, 또는 그를 뒤따라온 여자를 무사히 그 유명한 업턴까지 데리고 갔다.

3
숙녀와 여관에 도착한 존스 군
업턴에서 벌어진 난투극의 상세한 묘사

이 숙녀가 대체 누구이고 어떻게 해서 노서턴의 손아귀에 떨어지게 되었는지 독자 여러분께서 무척 궁금해하시리라는 것은 잘 알지만, 잠시 그 호기심을 참아달라고 부탁드려야겠다. 나중에 독자 여러분께서도 짐작하시게 될 매우 타당한 여러 이유 때문에 독자 여러분의 호기심 충족을 조금 지연시킬 수밖에 없다.

존스 군과 그의 여성 동행자는 마을에 들어서자마자 시야에 들어오는 여관들 가운데 가장 훌륭해 보이는 곳으로 직행했다. 안으로 들어서자 존스는 여관 하인에게 위층 방 하나를 안내하라고 명령하고 계단을 올라갔다. 옷차림이 흐트러진 숙녀가 서둘러 그 뒤를 따라 올라가려 하자 여관 주인이 그녀를 잡아 세우며 소리쳤다. "이것 봐! 거지 주제에 어딜 따라가는 거야? 당신은 아래층에 있어!" 순간 존스가 위에서 버럭 소리쳤다. "그 숙녀분도 위로 올려 보내시오!" 매우 위엄이 서린 목소리에 선량한 주인은 즉시 꼬리를 내렸다. 그 사이 숙녀는 재빠르게 방으로 올라갔다.

존스는 무사히 도착하게 돼 기쁘다며 여자에게 축하 인사를 건넨 다음, 여관 안주인에게 옷가지를 들려 보내겠다고 약속하고 방을 나섰다. 가엾은 여인은 존스가 베풀어준 수많은 친절에 진심으로 고맙다고 말하며, 천 번을 인사해도 부족하니 조만간 뵐 수 있기를 바란다고 말했다. 이 짧은 대화를 나누는 동안 그녀는 그 하얀 젖가슴을 최선을 다해 두 팔로 가렸다. 존스도 그녀에게 불쾌감을 주지 않으려고 최대한 주의를 기울였지만 몇 번은 힐끔힐끔 훔쳐보지 않을 수 없었다.

우리의 여행자들이 묵기로 한 이 여관은 까다로운 정조 관념을 지닌 아일랜드 숙녀나 그 비슷한 범주에 드는 북쪽 지방 아가씨들이 바스로 가는 도중에 자주 묵는 곳으로서 무척 평판이 높았다. 따라서 여관 안주인은 자기 여관에서 품위 없는 대화가 오가는 것을 절대로 용납하지 않았다. 사실 그런 짓거리들은 매우 추잡하고 전염성이 강해서, 그것이 자행되는 순간 아무리 순결한 곳이어도 오염되어 버리기 마련이다. 그런 짓들이 벌어진 여관은 결국 몹쓸 여관이니 평판 나쁜 여관이니 하는 오명을 뒤집어쓰게 된다.

베스타 여신의 신전에서나 지켜질 법한 엄격한 순결함이 대중 여관에서도 유지될 수 있다고 말하려는 것은 아니다. 우리의 착한 안주인도 그런 축복을 기대하지는 않았으며, 앞서 이 여관에 자주 묵는다고 얘기했던 숙녀들이나 그 밖에 고지식한 어느 누구도 그런 것을 기대하거나 주장하지는 않을 것이다. 다만 천박한 내연녀나 누더기를 걸친 매춘부를 내쫓는 것은 누구나 가진 권한이다. 따라서 우리의 여관 안주인이 이 권한을 엄격하게 고수했으며, 누더기 차림으로 여행하는 법이 없는 정숙한 손님들이 그녀가 이 권한을 행사하기를 기대한 것은 아주 당연한 일인 것이다.

존스 군과 누더기 동행자를 보고 그 두 사람이 어떤 의도를 품고 여관에 들어왔다고 상상하는 데에는 크게 비난받을 의혹이 필요하지 않았다. 그 의도란 기독교 국가에서는 공인되고, 어떤 국가에서는 묵인되며, 모든 국가에서 실제로 벌어지지만, 그 국가들이 보편적으로 믿는 종교에서는 살인죄나 그 밖에 끔찍한 죄처럼 명백히 금기시되는 것이었다. 여관 안주인은 앞서 말한 손님들이 들어왔다는 소식을 접하자마자, 그들을 내쫓을 가장 신속한 방법을 궁리하기 시작했다. 이를 위해 그녀는 평상시에 하녀가 부지런한 거미가 애써 만든 산물을 치울 때 사용하는 길고 무시무시한 도구로 무장했다. 속된 말로 빗자루를 집어 들고 부엌에서 출격을 나가려던 참이었다. 바로 그때 존스가 나타나, 위층에 있는 반벌거숭이 숙녀가 입을 가운과 그 밖의 옷가지들을 부탁했다.

극도로 괘씸한 상대방을 위해 상식 밖의 친절을 베풀어달라고 요구받는 것만큼 부아가 치미는 일도 없거니와 인내심이라는 중요한 덕목을 위협받는 일도 없다. 바로 여기에 근거하여 셰익스피어는 오셀로의 질투와 분노를 불태워 광기의 절정에 이르도록 하는 방편으로서 교묘하게도, 데스데모나로 하여금 남편 오셀로에게 캐시오에 대한 호의를 간청하게 하는 대목을 써넣었다. 불행한 무어인 장군은 아내에게 선물했던 소중한 손수건이 자신이 연적이라 상상하는 남자의 손에 들려 있는 장면을 목격했을 때보다 격정을 다스리기가 힘들었다. 실제로 우리는 이러한 간청을 우리의 이해심을 모욕하는 일이라고 생각한다. 인간의 자존심이 그런 모욕에 굴복하기란 아주 힘든 일이다.

우리의 여관 안주인은 무척 마음씨가 고왔지만, 이런 자존심을 조금은 지닌 여자였던 것 같다. 존스가 요구 사항을 다 말하기도 전에 그녀는 자신의 확실한 무기를 휘두르며 달려들었다. 길지도 날카롭지도 딱딱하지도 않은 그 무기는 겉으로는 치명상을 입힐 것 같아 보이지 않지만, 예로부터 많은 현자가, 아니 용사들조차 몹시 두려워하는 것이다. 대포알이 장전된 포구 안을 들여다본 적 있는 용감한 사람들조차도 이 무기가 쉼 없이 활약하는 입속은 감히 들여다보지 못한다. 이 무기에 걸려드는 위험을 감수하느니, 모든 지인이 지켜보는 앞에서 꼬리 내린 애처로운 모습을 보이는 편을 기꺼이 선택할 정도이다.

진실을 말하자면, 존스 군도 그런 축이었던 모양이다. 앞서 언급한 그 무기에 무지막지한 공격을 당하면서도 그는 저항할 마음조차 일지 않았다. 몹시 겁먹은 태도로, 제발 공격을 중지해달라고 적에게 간곡히 애원할 뿐이었다. 쉽게 말하자면, 자기 말에도 귀를 좀 기울여달라고 열심히 간청하기만 반복했다. 그 요구가 받아들여지기 전에 여관 주인이 전투에 끼어들어, 전혀 지원군이 필요 없어 보이는 편을 지지하고 나섰다.

영웅 가운데는 교전해야 할 상대방의 인품이나 행동을 본 다음에 싸울 것인지 피할 것인지를 결정하는 부류가 있다. 그를 가리켜 '적수를 알아본다'고 표현하는데, 존스는 여자 적수만 알아본 모양이었다. 안주인에게는 줄곧 유순하게 굴던 존스지만 남편이 공격하자 즉시 울분을 터트리며, 잠자코 있지 않으면 가혹한 응징을 하겠노라고 으름장을 놓았다. 여차하면 장작 대신이 집을 태워 버리겠노라는 말까지 했다.

남편도 크게 분개했으나 연민을 섞어 대답했다. "싸움을 잘할 수 있게 해달라고 기도부터 드리는 게 좋을 거야. 싸움은 내가 한 수 위니까. 그렇고말고. 모든 면에서 내가 더 낫지." 그러고 나서 위층에 있는 숙녀를 매춘부 년이라고 대여섯 차례 욕했다. 입술에서 마지막 욕설이 터져 나오기가 무섭게, 존스가 들고 있던 지팡이에서 여관 주인의 어깨 위로 맹렬한 일격이 뿜어져 나왔다.

이 공격에 여관 주인이 먼저 응수했는지 안주인이 먼저 응수했는지는 정확하지 않다. 맨손이었던 우리의 여관 주인은 맨주먹으로 달려들었고, 그의 착한 마누라는 존스의 머리를 겨냥해 빗자루를 휘둘렀다. 이 일격이 전투를 즉시 종결시키고, 동시에 존스의 목숨도 끝장낼 찰나에 어떤 방해가 끼어들어 빗자루가 내리쳐지는 것을 막았다. 이교 신이 기적적으로 끼어든 것이 아니라, 매우 다행스럽고 자연스러운 우연이 한 일이었다. 파트리지의 도착이었다. 바로 그 순간 여관에 들어선 그가(두려움 때문에 산에서부터 줄곧 달려왔던 것이다) 자신의 주인, 아니 동반자(독자 여러분께서 취향에 따라 골라 부르시라)에게 닥친 위험을 목격하고는, 허공 높이 쳐들린 안주인의 팔을 잡아 비참한 결말을 막은 것이다.

안주인은 즉시 자신의 일격을 가로막은 방해물을 감지했다. 파트리지의 양손에서 자신의 팔을 빼낼 수 없다는 걸 깨닫자 빗자루를 떨어뜨린 뒤, 존스의 응징은 남편에게 맡겨둔 채 이 가엾은 사나이에게 맹렬한 기세로 달려들었다. 파트리지가 "이런 젠장할! 내 친구를 죽일 셈이야?"라고 고함을 침으로써 자신의 정체를 드러냈기 때문이었다.

파트리지는 싸움을 별로 좋아하지 않았지만, 친구가 공격당하는 것을 보고 가만히 있을 사나이가 아니었다. 또한 자신의 몫으로 떨어진 싸움이 아주 싫은 것만도 아니었다. 따라서 안주인의 공격을 받기가 무섭게 즉시 응수에 들어갔다. 결국 모든 당사자 사이에 치열한 싸움이 펼쳐졌다. 운명의 신이 어느 편을 들어주려는지 알 수 없던 바로 그때, 싸움이 일어나기 전에 오간 대화를 계단 위에서 듣고 있던 벌거숭이 숙녀가 쏜살같이 내려왔다. 둘이서 한 사람을 공격하는 불공정함은 아랑곳 않고, 그녀는 파트리지와 주먹질을 하고 있던 가엾은 안주인에게 덤벼들었다. 위대한 전사 파트리지는 새로운 원군이 도착한 걸 알자 공격을 중지하기는커녕 분노를 배가했다.

승리는 슬슬 여행자들 편으로 돌아가는 것 같았다(아무리 용감한 군대라도 숫자에는 굴복하기 마련이다). 그때 객실 담당 하녀 수전이 여주인을 지원하기 위해 달려와 전투에 참가했다. 이 지역에서 으뜸가는 양수겸장(말 그대로)을 구사하는 수전은 저 유명한 탈레스트리스나 그 부하인 아마존 여전사라도 격파했을 것이다. 건장한 체격은 흡사 남자였으며, 어느 모로 보나 싸움에 적합하게 생겼다. 두 손과 두 팔은 적에게 심한 타격과 피해를 입히게 만들어졌고, 얼굴은 얻어맞아도 그다지 큰 피해를 입지 않도록 빚어졌다. 즉 코는 이미 얼굴에 납작하게 붙어 있었고, 입술은 하도 커서 아무리 부풀어 올라도 표도 안 날 지경이었다. 게다가 하도 단단해서, 주먹으로 얻어맞아도 아무런 아픔을 느끼지 않았다. 마지막으로 광대뼈는 어찌나 높이 솟아 있는지, 자연의 신이 싸움에서 눈을 보호하기 위한 성채로 지어놓은 것 같았다. 한 마디로 싸움에 더없이 알맞은 체격과 마음가짐을 지닌 여자였다.

전장에 들어서자마자 그녀는 자기 여주인이 남녀 두 명을 상대로 고전을 벌이고 있는 쪽으로 달려들더니 즉시 파트리지에게 일대일 대결을 신청했다. 그가 도전에 응함으로써 둘 사이에 죽기 살기 식의 싸움이 시작됐다.

마침내 전쟁터의 개들이 풀려나 피투성이 입술을 핥기 시작했고, 승리의 신은 황금빛 날개를 펄럭이며 허공에 떠 있었다. 운명의 신은 선반에서 저울을 꺼내어 한쪽 접시에는 톰 존스와 그의 여자 동행자와 파트리지의 운명을, 다른 한쪽에는 여관 주인과 그의 아내와 하녀의 운명을 올려놓고 무게를 견주기 시작했다. 양쪽이 정확하게 균형을 이루어 꼼짝도 하지 않았다. 그때 갑자기 고맙게도 우연한 사건이 발생하여, 전투원 절반이 실컷 만끽하고 있던 이 피비린내 나는 싸움에 종지부를 찍었다. 사두마차 한 대가 여관 앞에 도착한 것이다. 그것을 보자 여관 주인과 안주인은 즉시 싸움을 중지하고, 두 적에게 간청하여 같은 호의를 얻어냈다. 하지만 수전은 파트리지에게 그런 호의를 베풀지 않았다. 적을 넘어뜨리고 그 위에 올라탄 이 아마존 여전사는 휴전 제의와 "살인자!" 하는 비명을 무시하고 두 손으로 상대방을 흠씬 두들겨 패려던 참이었다.

여관 주인에게서 손을 떼자마자, 싸움에 지고 있는 동료를 구하러 달려간 존스는 분노에 찬 하녀에게서 어렵사리 동료를 떼어냈다. 파트리지는 자신이 구출됐다는 사실을 곧바로 인식하지 못했다. 여전히 바닥에 납작 누워 양손으로 얼굴을 가린 채, 존스가 그의 얼굴을 강제로 들어 전투가 끝났음을 보여줄 때까지 비명을 멈추지 않았다.

눈에 띄는 상처를 입지 않은 여관 주인과 잔뜩 할퀸 상처가 난 얼굴을 손수건으로 가린 안주인이 급히 현관으로 달려가 마차를 맞이했다. 마차에서 한 젊은 숙녀와 그 몸종이 내려섰다. 안주인은 존스 군이 처음에 여자 전리품을 들이려 했던 방으로 그 두 사람을 즉시 안내했다. 이 여관에서 가장 좋은 방이었기 때문이다. 그 방으로 가려면 전장을 지나야 했다. 손님들은 남들 눈길을 피하는 사람처럼 손수건으로 얼굴을 가린 채 황급히 그곳을 지나갔다. 그런데 사실 그런 조심스런 태도는 전혀 불필요했다. 이 유혈 사태의 숙명적 원인이 된 가엾고 불행한 헬레나[2]는 자신의 얼굴을 가리기에 바빴고, 존스는 수전의 맹위에서 파트리지를 구하는 일에 정신이 팔려 있었기 때문이었다. 다행히 존스는 구출에 성공했다. 가엾은 파트리지는 얼굴을 씻고, 수전 때문에 콧구멍에서 줄줄 흘러나오고 있는 코피의 흐름을 멈추기 위해 펌프로 달려갔다.

---

*2 트로이 전쟁의 원인이 된 스파르타의 왕비. 여기서는 벌거숭이 숙녀를 빗대어 사용되었다.

4

군인들의 도착으로 싸움은 완전한 결말을 맞이하고,
당사자들은 견고하고 영원한 평화 협정을 체결하다

곧이어 하사관 한 명과 소총수 두 명이 탈주병 한 명을 데리고 여관에 도착했다. 하사관이 곧바로 그 마을 치안판사를 찾자, 여관 주인이 그 임무는 자신이 맡고 있다고 대답했다. 하사관은 맥주 한 잔과 묵을 방을 요구하더니 날씨가 춥다고 투덜대며 부엌 난로 앞에 몸을 뉘였다.

존스 군은 비탄에 빠진 가엾은 숙녀를 위로하고 있었다. 숙녀는 머리를 팔에 기대고 부엌 탁자에 앉아 불운을 한탄하고 있었다. 나의 여성 독자 여러분께서 어떤 특정 상황에 대하여 걱정을 하실지 모르니 지금 알려드리는 것이 좋겠다. 이 숙녀가 위층 방을 나서기 전에 그 방에 있던 베갯잇으로 몸을 충분히 가렸기 때문에, 부엌 안에 많은 남자가 있었지만 그녀의 품위가 조금도 손상되지 않았다는 점이다.

이때 한 병사가 하사관에게 다가와 그의 귀에 대고 무슨 말인가를 속삭였다. 그 말을 들은 하사관이 숙녀를 뚫어져라 쳐다보았다. 1분은 족히 응시하더니 그녀에게 다가와 말했다. "실례합니다, 부인. 허튼 말을 들은 것은 아닌 것 같은데, 혹시 워터스 대위님의 사모님이 아니십니까?"

가엾은 숙녀는 당장의 괴로운 처지 때문에 그곳에 있던 다른 사람들의 얼굴을 쳐다볼 겨를이 없었다. 그러나 하사관을 보자마자 그를 기억해내고는 그의 이름을 부르며 대답했다. "생각하시는 그 불행한 당사자가 맞답니다. 이런 차림인데도 용케 알아보셨군요."

하사관이 대답했다. "그런 복장을 하고 계셔서 정말 놀랐습니다. 무슨 사고라도 당하신 게 아닌지 걱정이 되는군요."

그녀가 말했다. "사고가 있었죠. 하지만 이렇게 무사히 살아서 말을 할 수 있는 건 다 이 신사분(존스를 가리키며) 덕분입니다."

하사관이 큰 소리로 말했다. "이 신사분께서 어떤 일을 했는지 몰라도 대위님께서 합당한 보상을 해주실 겁니다. 그리고 제 도움이 필요한 일이 있다면 명령만 하십시오. 사모님께 도움이 된다면 더없는 기쁨일 것입니다. 누구라도 그러할 겁니다. 대위님께서 충분한 보상을 해주실 테니까요."

계단에서 하사관과 워터스 부인의 대화를 빠짐없이 들은 여관 안주인이 황급히 부인에게 달려와, 자신이 저지른 무례를 용서해달라고 빌었다. 모두 지체 높은 그녀의 신분을 몰라 뵌 탓으로 생각해달라고 덧붙였다. "세상에! 사모님같이 지체 높으신 분이 그런 차림으로 나타나실 줄 어찌 상상이나 했겠습니까? 사모님일 거란 생각을 단 한 번이라도 했다면, 혀를 태워 없앨지언정 그런 무례한 말은 하지 않았을 겁니다. 사모님, 부디 옷을 구하실 때까지 제 가운을 입어주세요."

워터스 부인이 말했다. "아주머니, 제발 그 뻔뻔스런 말 좀 그만두시죠. 내가 당신 같이 천한 사람 입에서 나온 말 따위를 신경 쓸 거라고 생각하는 건가요? 아까 그런 난리가 벌어졌는데, 내가 당신의 더러운 옷가지를 걸칠 거라고 생각하다니 그 뻔뻔함이 놀라울 따름이네요. 미안하지만 난 그런 구차한 여자가 아니니 그런 줄 알아주었으면 좋겠군요."

이때 존스가 끼어들어, 여관 안주인을 용서하고 가운을 받아주라고 간청했다. "처음 이곳에 들어왔을 때 우리 외모는 누가 봐도 의심스러웠던 것이 사실이지요. 본인이 고백한 대로, 이 착한 부인은 여관 평판이 걱정되어서 그랬을 겁니다."

안주인이 말했다. "바로 그렇습니다. 정말로 신사답게 말씀하시는군요. 진짜 신사라는 걸 확실히 알겠어요. 아닌 게 아니라 저희 여관은 대로변에 있는 어떤 여관 못지않게 평판이 좋은 걸로 유명하답니다. 제 입으로 말씀드리긴 좀 뭐합니다만, 아일랜드나 잉글랜드의 지체 높으신 나리들이 단골로 드나드시는 곳이지요. 이 점에 대해 할 말이 있는 사람은 어디 해보라지요. 아까도 말씀드렸다시피, 사모님이신 줄 알았더라면 제 열 손가락을 불태워버리는 한이 있어도 그런 무례를 저지르지 않았을 겁니다. 진심으로 말씀드리건대, 신사분들이 오셔서 돈을 쓰시는 이 여관에서, 어디를 가나 돈보다 이를 더 많이 남겨 놓고 가는 너저분한 인간쓰레기들 때문에 그분들이 불쾌해지는 일은 정말 원치 않거든요. 그들에 대한 연민도 전혀 없고요. 그런 자들을 동정하는 건 정말 어리석은 짓이니까요. 판사 나리들께서 제대로 할 일을 하신다면 모두 나라에서 쫓겨날 자들 아닙니까? 그게 그들에게 가장 어울리는 대접이지요. 어쨌든 사모님께서 어처구니없는 재난을 당하셨다니, 진심으로 위로의 말씀을 드립니다. 사모님께서 입을 옷이 마련될 때까지 제 옷을 입어주신다면 더없는 영광이 될 것입니다. 제가 가진 가장 좋은 옷을 준비하지요."

추위와 창피함과 존스 군의 설득 가운데 어떤 것이 가장 영향을 미쳤는지는 모르지만, 어쨌든 워터스 부인은 여관 안주인의 연설에 마음이 누그러졌다. 그녀는 품위 있게 옷을 차려 입기 위해 착한 안주인과 다른 방으로 갔다.

여관 주인도 존스에게 연설을 시작했다. 그러나 이 너그러운 청년은 곧바로 그것을 가로막으며 상대방에게 악수를 청하면서 모든 것을 용서하겠노라고 단언하고 이렇게 덧붙였다. "주인장께서 만족하신다면 저도 만족합니다." 사실 어떤 의미에서 여관 주인에게는 더 만족스런 이유가 있었다. 존스가 거의 한 방도 맞지 않은 데 비해 그는 배터지게 얻어맞았던 것이다.

피범벅이 된 코를 씻으러 펌프로 갔던 파트리지는 자신의 주인과 여관 주인이 악수를 나누고 있을 때 부엌으로 돌아왔다. 본디 평화를 사랑하는 성품을 지닌 그는 그 화해 장면을 보고 몹시 기뻐했다. 얼굴에 수전의 주먹질 자국과 그보다 훨씬 많은 손톱자국이 있었지만, 그는 또 일전을 벌여 승리를 꾀하기보다 조금 전 싸움의 패배에 만족하기로 했다.

파트리지의 맨 처음 맹공에 한쪽 눈이 시퍼렇게 멍들긴 했지만 여장부 수전도 자신의 승리에 대만족이었다. 따라서 둘 사이에도 동맹이 체결되었다. 조금 전만 해도 전투 도구로 쓰였던 두 사람의 손은 이제 평화의 중재자가 되었다.

이리하여 완벽한 평정이 돌아왔다. 이를 지켜본 하사관이, 그의 직업 원칙과 정반대되는 행동처럼 보일지 모르지만, 종전에 찬성을 표명했다. "이거 참 화기애애하군요. 저는 격투를 벌인 뒤에도 계속해서 서로에게 악의를 품는 모습이 정말 싫습니다. 친구들 간의 싸움은 주먹이 됐건 칼이 됐건 권총이 됐건 아무튼 그들 마음에 드는 방식을 정해 우호적이고 정정당당하게 결판을 낸 뒤 깨끗이 잊는 게 제일이지요. 전 친구와 싸울 때 그 친구가 가장 좋은 걸요! 깊은 원한을 품는 것은 영국인이 아니라 프랑스인이 할 짓이지요."

그는 이러한 자리에 반드시 필요한 절차로서 화해주 의식을 제안했다. 이 대목에서 독자 여러분께서는 그가 고대사에 박식하다고 생각하실지 모르겠다. 그럴 가능성도 있긴 하지만, 그가 이 풍습을 주장하며 어떤 출전을 댄 것이 아니기 때문에 그 점은 나도 자신 있게 단정하기 어렵다. 그러나 몹시 흥분하며 여러 차례 선언하고 강조한 것을 보면 충분한 근거에 기초한 의견이긴 했을 것이다.

존스는 제안을 듣자마자 박식한 하사관에게 동의했다. 그는 이런 때 으레 등장하는 술을 큰 잔, 즉 커다란 머그잔에 가득 채워 가져오도록 명령하고, 가장 먼저 화해주 의식을 시작했다. 그는 오른손을 여관 주인 오른손 밑에 놓고 왼손으로는 잔을 들고서 예사로운 몇 마디 말을 한 다음 화해주를 마셨다. 그 자리에 있던 모든 사람이 그 의식을 따라했다. 고대 작품이나 그를 다듬어 최근에 재발표한 작품들에 자주 등장하는 헌주식과 별로 다를 바 없으므로, 의식의 전체를 세세하게 설명할 필요는 없을 것 같다. 다만 큰 차이점이 두 가지 있었다. 첫 번째는 지금의 참석자들이 자기 목구멍에만 술을 부었다는 점이고, 두 번째는 사제 역할을 맡은 하사관이 마지막으로 술을 마셨다는 점이다. 사제 역할로서 하사관이 참석자들 가운데 가장 많은 술을 마셨으며, 의식을 거행하기만 했을 뿐 재정적 공헌을 하지 않았다는 점에서만 큼은 고대 의식의 형식을 준수했다고 확신한다.

의식이 끝나고 부엌 난롯가에 둘러앉은 이 선량한 사람들은 유쾌함에 완전히 지배당한 것처럼 보였다. 파트리지는 치욕스러운 패배를 까맣게 잊었을 뿐만 아니라, 허기를 갈증으로 바꾸고 나서는 아주 익살꾼이 되어 버렸다. 그러나 우리는 이 즐거운 모임을 잠시 떠나 존스 군과 함께 워터스 부인의 방으로 가봐야겠다. 그 방 탁자 위에는 그가 주문한 식사가 준비되어 있었다. 이미 사흘 전에 조리된 것이었기 때문에 요리사는 그걸 데우기만 하면 되었으므로 준비에 많은 수고가 들지 않았던 것이다.

5

훌륭한 위장을 가진 영웅들을 위한 변명
사랑싸움에 대한 묘사

영웅에게는 아첨꾼이 들러붙기 마련이며, 자타를 막론하고 그들을 대단한 사람으로 생각하지만, 그들 역시 신이 아닌 인간이다. 정신이 아무리 고매하더라도 적어도 육체는(대부분 이것이 가장 중요한 부분을 차지한다) 인간의 약점에서 벗어날 수 없고, 인간으로서 마땅한 비천한 행위에 지배된다. 그중에서도 예로부터 많은 현자가 극도로 천박하며 철학의 위엄을 손상한다고 여겼던 먹는 행위는 지상에서 가장 위대한 군주, 영웅, 철학자라 할지라도 어느 정도는 할 수밖에 없다. 아니 때로는 자연의 신이 심하게 장난을 쳐서, 가장 비천한 사람들에게 부과한 것보다 훨씬 과도한 몫을 이런 걸출한 위인들에게 요구하기도 한다.

사실 이 지구상에 알려진 그 어떤 생명체도 인간보다 더하지는 않으므로, 누구든 인간의 욕구가 요구하는 바를 따랐다고 해서 부끄러워할 필요는 없다. 다만 앞서 말한 위인들이 그런 비천한 행위를 독점하려고 기를 쓴다면—가령 음식을 저장하거나 못쓰게 만듦으로써 남에게서 음식을 빼앗고 싶어 하는 것처럼 보일 때—그들은 틀림없이 천박하고 혐오스러운 사람일 것이다.

이제 간단하게나마 서두를 붙였으니, 지금 우리의 주인공이 발휘하고 있는 엄청난 식욕을 언급한다 해도 그리 큰 험담이 되지 않으리라 생각한다. 사실 먹는 장면만 등장하는 서사시 《오디세이아》의 영웅들 가운데서도 가장 왕성한 식욕을 가졌다고 하는 오디세우스조차 지금의 존스보다 더 왕성하게 식사를 했는지 의심이 들 정도였다. 한때 황소의 몸을 구성하고 있었을 살코기의 적어도 3파운드가 지금은 존스 군의 몸의 일부가 되는 영광을 얻었다.

위 사항을 언급해야겠다고 생각한 이유가 있다. 그래야 우리의 주인공이 곁에 있는 숙녀분을 잠깐 동안 잊고 있었다는 사실이 설명되기 때문이다. 부인은 거의 아무것도 먹지 않고 다른 생각에 골몰해 있었는데, 존스는 하루 동안 아무것도 먹지 못해 생겨난 맹렬한 식욕을 완전히 충족할 때까지 그 사실조차 눈치채지 못했다. 마침내 식사가 끝나자 관심이 다른 사항으로 쏠렸다. 이 다른 사항이 무엇을 가리키는지 지금부터 독자 여러분께 이야기해 드리겠다.

지금까지 존스 군의 외모의 장점에 대해서는 거의 언급하지 않았지만, 사실 그는 빼어난 외모를 가진 미남 가운데 하나였다. 얼굴은 건강 그 자체인데다, 사랑스러움과 훌륭한 인품이 돋보이는 인상이었다. 얼굴에 그런 특징이 몹시 두드러졌으므로, 눈에 담긴 기백과 현명함은 식별력이 떨어지는 사람들의 주목을 받지 못하기도 했다(물론 정확한 관찰자라면 틀림없이 감지하겠지만). 그렇지만 착한 성품은 또렷이 나타나 있었으므로, 그를 쳐다보는 모든 사람은 그것에 강한 인상을 받았다.

아마 이 점과 아름다운 얼굴빛 때문에 그의 얼굴에는 형용할 수 없는 섬세함이 깃들어 있었다. 그것뿐이었다면 지나치게 여성스러운 분위기를 자아냈을지도 모르나, 여기에 아주 남자다운 풍채와 태도가 더해졌다. 즉 풍채와 태도는 헤라클레스 같았으며, 얼굴은 아도니스 같았다. 게다가 적극적이고 점잖으며 쾌활하고 재치가 있었으며, 모임에 활력을 불어넣는 생기발랄함까지 지니고 있었다.

독자 여러분께서 우리의 주인공에게 집중되어 있는 이 많은 매력을 적절히 참작하시고, 동시에 워터스 부인이 그에게 입은, 기억에도 생생한 은혜를 고려하신다면, 부인이 그에게 큰 호감을 품었다는 이유로 그녀를 안 좋게 생각하는 것은 신중하다기보다 솔직하지 못한 일일 것이다.

그녀에게 어떤 비난이 가해지든, 사실을 있는 그대로 이야기하는 것이 나의 임무이다. 사실 워터스 부인은 우리의 주인공에게 그저 호감을 품은 것이 아니라 깊은 애정을 느꼈다. 단도직입적으로 말하자면, 요즘 흔히 인식하는 의미로 사랑에 빠진 것이다. 요즘은 이 단어가 우리의 열정, 욕망, 감각 가운데 어느 하나가 열망하는 온갖 대상에 마구잡이로 적용된다. 예를 들면, 어떤 음식보다 어떤 특정 음식이 더 좋다 하는 정도의 의미로 쓰인다.

물론 이 갖가지 대상에 대한 사랑이 내용 면에서는 모두 똑같다 하더라도, 그 작용은 다른 것임을 인정해야 한다. 우리는 맛좋은 소 등심, 버건디, 담홍색 장미, 크레모나 바이올린을 아무리 깊이 사랑하더라도, 쇠고기 따위의 환심을 사기 위해 미소를 짓거나 추파를 던지거나 아첨을 떠는 노력을 하진 않는다. 가끔 한숨짓는 일은 있겠지만, 그것은 대개 그 대상물이 없을 때 하는 것이지, 그 앞에서는 하지 않는다. 한숨이라도 짓지 않으면, 우리에게 관심조차 없는 그 대상물의 야속함을 원망하게 될지도 모른다. 파시파에가 자신이 사랑하는 황소를 원망했던 것과 같은 이치로 말이다. 그녀는 응접실에서 그 황소보다 훨씬 다정하고 분별력까지 있는 훌륭한 신사분들에게 시도해 크게 성공을 거두었던 온갖 교태를 황소에게 부리느라 애를 썼다지 않은가.

인간 사이, 특히 이성 간에 작용하는 사랑에서는 이와 정반대 현상이 벌어진다. 이때는 사랑에 빠지자마자 사랑하는 상대방의 애정을 사로잡는 일이 으뜸가는 관심사가 되어 버린다. 젊은이들이 자신을 꾸미는 모든 기술을 배우는 목적이 이것이 아니라면 무엇이란 말인가? 사랑이 목적이 아니라면, 인간의 용모를 돋보이게 하거나 꾸며주는 일이 직업인 사람들은 과연 무엇으로 생계를 이어나갈 수 있을지 의문이 든다. 예절 선생이야말로 인간을 야만스런 동물과 구별하는 법을 가르쳐주는 사람이라고 생각하는 사람이 있을지 모르겠는데, 이 훌륭한 선생들, 어쩌면 춤 선생들까지도 사회에서 설 자리를 잃게 될지도 모른다. 요컨대 젊은 신사숙녀들이 다른 사람들에게 배우는 모든 온아함과, 거울의 도움을 받아 스스로 추가해가는 다양한 화장술은 사실 오비디우스가 자주 언급했던 것처럼 spicula et faces amoris(사랑의 불화살)인 것이다. 영어로 말하자면 이른바 '사랑의 포화'이다.

워터스 부인은 우리의 주인공과 자리에 앉자마자 상대방에게 이 포화를 발사하기 시작했다. 이다음부터는 운문과 산문을 불문하고 전대미문의 묘사를 시도할 생각이므로, 우리는 어떤 천상의 존재를 호출하여 그의 도움을 얻고자 한다. 물론 그들은 기꺼이 힘을 빌려줄 것이다.

"천사 세라피나가 수호하는 하늘 저택에 사시는 미의 여신들이시여, 이야기해 주소서! 여신들께서 진정으로 신성하시며 늘 세라피나와 함께 하신다면 사랑의 모든 술책을 알고 계실 것입니다. 지금 존스 군의 마음을 사로잡기 위해 사용된 무기를 모두 말해주소서.

먼저 사랑스러운 파란 그 두 눈에서, 맑고 반짝이는 눈동자에 섬광이 번쩍이듯이, 한 쌍의 날카로운 추파가 발사되었다. 그러나 우리의 주인공에게는 다행이라 해야 할까. 마침 그가 자기 접시에 옮겨 담던 커다란 쇠고기 덩어리에 맞고는 그대로 사라져 버렸다. 공격이 실패로 끝난 것을 알자 여전사는 즉시 그 아름다운 가슴에서 치명적인 한숨을 꺼내들었다. 누구라도 그 소리를 들으면 감동받지 않을 수 없고, 한 발로 십여 명의 멋쟁이 남성들을 날려버리기에 충분한 한숨이었다. 무척 부드럽고 달콤하며 사랑스러웠으므로 본디는 묘한 바람이 은근하게 그의 가슴에 와 닿아야 했을 것이다. 그러나 하필 우리의 주인공이 병맥주를 기울여 듣기 싫은 거품 소리를 내는 바람에 그의 귀에 도달하지 못했다. 그녀는 더 많은 무기를 시도했으나 '식사의 신'(진짜 그런 존재가 있는지 확신할 수는 없지만)은 자신의 신도를 계속 지켜주었다. 어쩌면 'dignus vindice nodus(신의 개입에 의한 해결)'이 아닐는지 모른다. 존스가 무사할 수 있는 것은 순전히 자연스러운 결과일지 모른다는 것이다. 즉 종종 사랑이 허기의 습격을 막아주듯이, 때로는 허기가 아군이 되어 사랑을 물리칠 때도 있다는 말이다.

거듭되는 실패에 화가 난 부인은 잠시 휴전하기로 결심했다. 이때를 이용해 사랑의 전투에 대비한 만반의 준비를 갖추고 식사가 끝나기를 기다렸다가 재공격을 시도할 심산이었다.

식탁보가 치워지기가 무섭게 그녀는 다시 작전을 개시했다. 먼저 오른쪽 눈으로 존스를 곁눈질하면서 눈꼬리로 아주 날카로운 시선을 쏘아 보냈다. 그 시선은 목표에 닿기 전 기세가 크게 약해졌지만, 얼마간 효과를 보았다. 그녀도 이 점을 감지하고, 자기가 한 짓이 후회된다는 듯이 급히 눈을 내리깔아 시선을 거두었다. 물론 그녀의 속마음은 그의 경계심을 무너뜨리고 눈을 뜨게 하여 그 틈으로 그의 마음을 기습하려는 것이었다. 그녀는 이미 가없은 존스의 마음을 움직이기 시작한 그 반짝이는 두 눈을 천천히 들어 올리면서 얼굴 한가득 미소를 담아 조그만 매력들을 일제히 쏘아댔다. 즐거움이나 기쁨의 미소가 아니라, 많은 숙녀가 자신들이 원하는 때에 언제든 쓸 수 있는 사랑의 미소였다. 여성들의 쾌활함과 어여쁜 보조개와 새하얀 치아를 동시에 보여줄 수 있는 그런 미소였다.

이 미소를 정면으로 받자마자 우리의 주인공은 힘에 부쳐 비틀거렸다. 그는 적의 의도를 알아차리는 동시에 그것이 성공했음을 직감했다. 양측의 협상이 시작됐다. 그동안에도 술책이 뛰어난 부인은 적이 눈치채지 못하게 교묘한 공격을 계속했으므로, 다시 포화 공격에 의지하기 전에 상대방의 마음을 거의 정복했다. 사실 존스의 방어는 기회주의적인 것이었다. 즉 아리따운 소피아에게 맹세한 충성을 충분히 숙고하지 않은 채, 아군을 배신하고 요새를 적군에 넘겨주고만 것이다. 간단히 말하겠다. 사랑의 협상이 끝나고 부인이 일부러 목에서 손수건을 떨어뜨려 거포의 위용을 드러내자마자 존스 군의 마음은 완전히 점령당했다. 이 여성 정복자는 승리에 따르는 통상적인 전과를 만끽하게 되었다."

미의 여신들은 이쯤에서 묘사를 그치는 것이 적절하다고 생각하실 것이다. 우리도 이쯤에서 이번 장을 마치기로 하겠다.

6
매우 평범하나 매우 우호적이지 않게 끝나는 부엌에서의 우호적인 대화

우리의 연인들이 앞 장에서 일부 묘사한 것처럼 서로 즐기고 있는 동안, 그들은 부엌에 있는 선량한 친구들에게도 오락거리를 제공하고 있었다. 두 가지 의미에서 그러했는데, 즉 화제를 제공한다는 점과 기분을 들뜨게 하는 술 마실 구실을 가져다준다는 점이었다.

부엌 난롯가에는 가끔 자리를 떴다 돌아오곤 하는 여관 주인과 안주인 말고도 파트리지, 하사관, 젊은 숙녀와 몸종을 태우고 왔던 마부가 둘러앉아 있었다.

파트리지는 존스가 워터스 부인을 발견하게 된 경위에 대해 '산속 은둔자'에게 들은 이야기를 들려주었다. 그러자 이번에는 하사관이 부인에 대해 자신이 알고 있는 사실을 이야기했다. 그녀는 자기 연대 대위인 워터스라는 사람의 아내이며, 자신과 같은 주둔지에서 생활한 적도 여러 번 있다고 말했다.

"두 분이 합법적으로 교회에서 결혼했는지 여부를 의심하는 사람도 있지만 그건 내가 상관할 바가 아니죠. 굳이 말하라면 솔직히 전 그녀가 우리와 조금도 다를 바 없다고 생각합니다. 대위님은 비 오는 날 해가 내리쬐는 일이나 생겨야 천국에 갈 수 있을 테고요. 하지만 그건 중요한 일이 아니죠. 함께 갈 일행이 부족하진 않을 테니까요. 아무리 싫어도 인정할 건 인정해야 한다는 말에 따르자면, 부인은 정말 좋은 분입니다. 군대를 사랑하고, 늘 군대에 엄격한 정의가 행사되길 원하셨죠. 가엾은 병사들의 목숨을 위해 간청하고, 병사들이 벌을 받는 것을 절대로 원치 않는 친절한 분이랍니다. 그런데 부인은 노서턴 소위와 마지막 주둔지에서 아주 긴밀하게 지냈어요. 이건 정말입니다. 대위는 그 사실을 까맣게 몰라요. 하지만 대위에게도 똑같이 대해주니 별 대수는 아니죠. 그는 변함없이 아내를 사랑해요. 아내를 욕하는 놈이 있다면 몸통을 푹 찔러 버릴 겁니다. 그러니 나도 욕은 하지 않겠습니다. 나는 사람들이 말하는 내용을 전달할 뿐입니다. 모두가 말한다면 뭔가 진실이 담겨 있다는 뜻이니까요."

파트리지가 큰 소리로 말했다. "그렇고말고요. 엄청난 진실이 담겨 있지요. Veritas odium parit(진리는 증오를 낳는다)이니까요."

여관 안주인이 대꾸했다. "온통 근거도 없는 험담이군요. 옷을 제대로 갖춰 입으신 것을 보니 영락없는 귀부인이셨어요. 행동도 그렇고요. 제 옷을 빌린 보답으로 1기니까지 주셨다니까요."

여관 주인이 소리쳤다. "훌륭한 귀부인이고말고! 당신이 그리 성급하게 굴지만 않았더라면 처음의 그런 난리는 벌어지지 않았을 거야."

"환기해줘서 참 고맙네요! 당신이 터무니없는 짓만 하지 않았더라면 아무 일도 일어나지 않았을 것 아니에요? 이 이는 자기 일도 아닌 일에 나서서 바보 같은 말싸움을 벌여야 성이 차는 양반이라니까."

"지난 일을 어쩌겠어. 그 이야기는 이제 그만둡시다."

"좋아요, 이번 한 번은 그렇다고 칩시다. 그런데 그 다음엔 고쳐지나요? 당신의 그 돌대가리 때문에 고통을 겪은 게 이번이 처음이 아니에요. 제발 여관에서는 그 혀 좀 붙잡아 매 놓고, 당신하고 관계 있는 바깥일이나 참견하세요. 7년 전 일이 기억 안 나요?"

"여보, 그만해. 지난 이야기는 꺼내지 맙시다. 자, 자, 다 잘 되지 않았소. 내가 저지른 짓은 미안하오."

안주인이 다시 응수하려 했지만, 중재자인 하사관에게 저지당했다. 파트리지는 몹시 불쾌했다. 그는 이른바 재미있는 구경거리를 몹시 사랑하는 사람이었으며, 비극이 아니라 희극적인 사건을 낳는 무해한 싸움을 부추기는 데 선수였다.

하사관은 파트리지에게 그와 그의 주인이 어딜 가는 중이냐고 물었다. 파트리지가 대답했다. "주인이라니 당치 않소. 분명히 말하지만, 나는 하인이 아니오. 산전수전 다 겪은 몸이지만, 이름 뒤에 신사란 호칭만은 붙어 있단 말입니다. 지금은 불쌍하고 보잘것없어 보이겠지만, 한때는 학교 선생 노릇도 했었소. Sed hei mihi! non sum quod fui(하지만, 아! 나는 과거의 내가 아니로구나)."

하사관이 말했다. "그렇게 화내지 마십시오. 외람된 질문이지만, 선생님과 친구분은 어딜 가는 중이셨습니까?"

"이제야 제대로 부르는군요. amici sumus(우린 친구요). 그리고 내 친구는 이 나라에서 가장 위대한 신사지요(이 말에 여관 주인과 안주인이 귀를 쫑긋 세웠다). 바로 올워디 지주 나리의 상속자랍니다."

안주인이 소리쳤다. "네? 이 근방에서 그토록 많은 선행을 베푸시고 계신 그 지주님 말입니까?"

파트리지가 대답했다. "바로 그분이시지요."

그녀가 말했다. "그렇다면 앞으로 엄청난 재산을 물려받게 되겠군요."

"틀림없이 그럴 겁니다."

"어쩐지 딱 보는 순간 훌륭한 신사 같더라니. 그런데 여기 이 내 남편이란 자는 세상에서 자기가 가장 잘났답디다."

그가 소리쳤다. "여보, 그건 실수였어!"

그녀가 대답했다. "실수고 말고요! 그런데 내가 언제 그런 실수를 하던가요?"

여관 주인이 큰 소리로 말했다. "그건 그렇고, 선생. 그런 훌륭한 신사가 어찌 이런 시골구석을 걸어 다니게 되었단 말입니까?"

파트리지가 대답했다. "모르지요. 신사란 가끔씩 변덕을 부리지 않습니까. 그는 글로스터에 말 십여 필과 하인 십여 명이 있지만, 어젯밤 더워서 못 견디겠다며 무슨 일이 있어도 저기 저 산까지 몸을 식히러 올라가야겠다는 겁니다. 나도 따라가긴 했지만, 두 번 갈 곳은 못됩디다. 내 평생 그토록 놀랐던 적이 없어요. 정말 기이한 사람을 만났거든요."

여관 주인이 소리쳤다. "사람들이 '산속 은둔자'라고 부르는 자였을 겁니다. 그자가 정말로 사람이었다면 말이죠. 그곳에 사는 자가 악마라고 믿고 있는 사람도 여럿 있거든요."

파트리지가 말했다. "과연 그랬군요. 그러고 보니 분명히 악마가 틀림없었어요. 갈라진 발톱은 보진 못했지만, 발을 감출 신통력쯤은 있을지 모르죠. 악마는 원하는 모습으로 변신할 수 있지 않습니까."

하사관이 말했다. "결례가 아니라면, 그 악마가 어떤 모습을 하고 있었는지 말씀해 주시겠습니까? 장교들이 말하길 악마 따위는 없다고 하던데요. 목사들이 장사를 계속하기 위해 만들어낸 속임수라는 겁니다. 악마가 없다는 사실이 알려진다고 생각해 보십시오. 목사들은 전쟁이 없을 때의 우리처럼 밥줄이 끊길 것 아닙니까."

파트리지가 말했다. "그 장교 양반들도 대단한 학자군요."

하사관이 대꾸했다. "뭐, 학자랄 것까진 없습니다만. 학식은 선생님 반만큼도 없답니다. 그중 한 사람은 대위였는데, 그가 뭐라고 지껄이든 난 악마가 틀림없이 있다고 믿어요. 악마가 없다면 대체 악인들이 어떻게 그에게 보내질 수 있는지 이상하지 않습니까. 모두 책에서 읽은 내용이죠."

여관 주인이 말했다. "당신네 장교님들 가운데 몇 명은 악마가 존재한단 사실을 발견하고 치욕을 당할 겁니다. 악마가 있어야 장교들이 우리 여관에 달아놓은 해묵은 외상값이 해결될 테니까요. 반년이나 우리 여관에서 묵었던 한 장교가 있었는데, 뻔뻔스럽게도 가장 좋은 방을 차지했지 뭡니까. 그런 주제에 여관에서는 하루에 1실링도 쓰지 않았죠. 일요일에는 식사를 제공하지 않는다고 하자, 제멋대로 부하들을 시켜서 부엌에서 양배추를 굽게 했답니다. 그런 놈들을 벌하기 위해서라도 그리스도인들은 악마가 존재하기를 기도해야 합니다."

하사관이 말했다. "이것 보시오, 주인장. 신성한 군대를 욕보이면 내 참지 않겠소."

여관 주인이 대꾸했다. "신성한 군대는 무슨. 내가 그들 때문에 얼마나 괴로운데."

하사관이 말했다. "들으셨소, 여러분? 이자가 국왕을 모욕했소. 그리고 이건 대역죄요."

여관 주인이 말했다. "내가 국왕을 모욕했다고! 이런 몹쓸 놈을 봤나!"

하사관이 고함쳤다. "모욕했고말고! 당신은 신성한 군대를 모독했고, 그건 바로 국왕을 욕한 거요. 똑같은 거지. 신성한 군대를 욕하는 자라면 언제든 국왕을 욕할 것이기 때문이오. 그러니 그게 그거요."

파트리지가 말했다. "잠깐 실례하겠소, 하사관 양반. 그건 non sequitur (논리의 비약) 같습니다만."

하사관이 의자에서 벌떡 일어나며 대답했다. "알아먹지도 못할 외국말은 집어치우시오. 신성한 군대가 모욕당하는 걸 가만히 앉아서 듣고 있진 않겠어."

파트리지가 소리쳤다. "이보시오, 내 말을 오해했군요. 나는 신성한 군대를 욕한 게 아니오. 당신의 결론이 non sequitur라고 말한 것뿐이잖소."

하사관이 고함쳤다. "당신도 똑같이 욕을 한 거야! sequitur니 뭐니는 당장 집어치워! 당신도 한패야. 내가 그걸 증명해주지. 20파운드를 걸고 당신들 가운데 싸움을 가장 잘하는 자와 상대해주겠어."

이 도전은 파트리지를 효과적으로 침묵시켰다. 방금 전에 주먹을 배불리 대접받았기 때문에, 같은 음식에 대해 식욕이 그렇게 신속하게 되살아나지 않았던 것이다. 그러나 그보다 뼈가 덜 쑤시고 전투욕도 훨씬 왕성했던 마부는 그리 쉽게 분을 억누를 수 없었다. 그는 주인이 받은 모욕 가운데 일부는 자신에게 향한 것이라고 생각했다. 그는 의자에서 벌떡 일어나 하사관에게 다가가더니, 어떤 군인에게도 뒤지지 않을 자신이 있다며 호언장담하고는, 1기니를 걸고 맨주먹 결투를 하자고 제안했다. 하사관은 결투를 받아들였으나 내기는 거절했다. 곧바로 둘은 옷을 벗고 격투를 시작했는데, 결국 말을 모는 사나이가 사람을 지휘하는 사나이에게 흠씬 두들겨 맞는 꼴이 되었다. 마부는 얼마 안 남은 숨을 쥐어짜내 목숨을 구걸하는 데 써야 했다.

이때 젊은 숙녀가 슬슬 떠나고 싶다며 마차를 준비하라고 지시했다. 그러나 그것은 전혀 이행되지 않았다. 마부가 그날 밤 안에는 임무를 수행할 수 없는 지경이었기 때문이다. 고대 이교도라면 이런 마부의 임무 불이행을 군신(軍神)뿐만 아니라 주신(酒神) 탓으로도 돌렸을 것이다. 사실 두 전사 모두 양쪽 신에게 똑같이 자신을 바쳤기 때문이다. 쉽게 말해 두 사람 모두 지독하게 취해 있었다. 파트리지의 사정도 별반 차이가 없었다. 술 마시는 것이 직업인 여관 주인만큼은, 이 여관에 있는 술잔들이 그러한 것처럼, 술이 들어가도 멀쩡했다.

존스 군과 부인의 차 시중을 들기 위해 불려간 여관 안주인은 앞선 장면의 후반부를 상세히 얘기해 주고, 젊은 숙녀를 크게 걱정하며 말했다. "그 숙녀분은 여행을 계속하지 못하게 돼서 몹시 걱정하고 계신답니다. 아주 사랑스럽고 예쁜 아가씬데, 분명히 전에 뵌 적이 있는 얼굴이에요. 아무래도 사랑에 빠져 집에서 도망 나온 것 같아요. 어딘가에서 젊은 신사분이 그 아가씨 못지않은 무거운 마음으로 기다리고 계실지 모를 일이죠."

이 말을 듣고 존스는 무거운 한숨을 내쉬었다. 워터스 부인은 그 한숨을 눈치챘지만, 여관 안주인이 방에 있는 동안은 모른 체했다. 착한 안주인이 나가자 그녀는 존스 군에게 그들의 사랑에 매우 위험한 경쟁자가 나타난 것 아니냐는 의혹을 내비치지 않을 수 없었다. 존스가 그녀의 질문에 입으로는 직접 답하지 않았으나 몹시 어색한 태도를 보이자 그녀는 확신을 얻었다. 하지만 그녀는 그런 사실을 알았다고 해서 전전긍긍할 정도로 사랑에 섬세한 여자가 아니었다. 존스의 잘생긴 용모는 그녀의 눈을 호강시켜 주었지만 그 마음속까지 들여다볼 수는 없었기에 그녀는 거기까지는 신경 쓰지 않았다. 누군가가 이미 자신과 똑같은 요리를 먹었을지 모르고 앞으로 먹을지도 모른다는 생각을 하지 않고 사랑의 식탁에서 입맛을 다실 수 있는 여자였다. 요리의 섬세한 맛보다 실체를 따지는 식이었다. 그것은 사랑의 적이 자기 애인을 소유하지 않았다는 확신만 서면 그 애인이 자기 소유가 되지 않아도 충분히 만족하는 여자들의 욕정과 견주어 덜 변덕스럽고, 덜 심술궂으며, 덜 이기적인 감정이었다.

7
워터스 부인에 대한 자세한 정보
존스가 구조해 주었던 고통스런 상황에 빠지게 된 경위

자연의 신이 모든 사람의 기질 속에 똑같은 양의 호기심과 허영심을 섞어 놓았을 리는 없겠지만, 이 두 감정을 아무런 기술과 노고 없이 억제하거나 감출 수 있을 만큼 조금만 받은 사람도 없을 것이다. 하지만 조금이나마 지혜롭거나 예의 바르다는 평가를 받고 싶다면 반드시 이런 자제심을 지녀야 한다.

존스도 예의 바른 사나이라고 불릴 만한 사람답게, 처음 워터스 부인을 그런 특별한 상황에서 발견하고 마땅히 느꼈을 호기심을 억눌러 버렸다. 물론 처음에는 부인을 몇 번 떠보았지만 그녀가 애써 설명을 회피하는 것을 감지하고는 그냥 모르는 체하기로 했다. 얼굴을 붉히지 않고는 말할 수 없는 사정이 있다는 생각이 들었기 때문에 더욱 그런 태도를 취했다.

그러나 우리의 독자 여러분 가운데는 도저히 진상을 모른 채 넘어갈 수 없다는 분도 계실 것이다. 우리로서는 모든 독자 여러분을 만족시켜 드리고 싶기 때문에, 엄청난 수고를 들여 진실을 알아보았다. 그 이야기를 하며 이번 권을 마치고자 한다.

몇 년 전부터 이 부인은 노서턴 군과 같은 연대에 속해 있는 워터스 대위라는 사람과 같이 살았다. 대위의 아내로 통했으며 그의 이름을 썼지만, 하사관이 말했듯 그들의 결혼 여부에는 다소 의문이 있었다. 여기서는 그 점을 따져보지 않기로 하겠다.

유감스럽게도 워터스 부인은 꽤 오래 전부터 앞서 말한 소위와 친밀한 사이가 되었는데, 그것은 그녀의 평판에 득이 되지 못했다. 부인이 이 청년에게 큰 호의를 품고 있음은 의심할 여지가 없었다. 그것이 인류의 범위를 넘는 선까지 진행되었는지는 확실하지 않다. 단, 관심 있는 모든 남자에게는 허락하면서 한 남자에게만은 허락하지 않는 여자는 없다고 생각하고 싶다면 이야기는 별개이다.

워터스 대위가 속한 연대는 노서턴 군이 기수병으로 있는 중대보다 이틀 앞서 행군하고 있었다. 따라서 앞서 말한 존스와 노서턴의 불행한 만남이 있은 다음 날 대위는 이미 우스터에 도착해 있었다.

부인과 대위 사이에는 그녀가 우스터까지만 남편의 행군을 따라갔다가 그곳에서 헤어진 뒤 바스로 돌아가, 반란군에 대한 겨울 진압 작전이 끝날 때까지 머물러 있기로 약속이 되어 있었다.

노서턴 군은 이 약속을 알고 있었다. 실은 부인이 밀회 장소로 그곳을 지정하며, 그의 부대가 도착할 때까지 우스터에서 기다리겠노라고 약속한 것이다. 무슨 의도, 무슨 목적으로 그런 약속을 했는지는 독자 여러분의 추측에 맡겨야겠다. 우리에게는 사실을 이야기해야 할 의무는 있으되, 신의 창조물 가운데서도 가장 아름다운 이 여성에게 누가 되는 설명까지 모두 해서 인간의 본성을 모함할 의무는 없기 때문이다.

앞서 보았던 대로 노서턴은 감금 상태에서 벗어나자마자 서둘러 워터스 부인의 뒤를 쫓아갔다. 매우 활발하고 민첩한 사나이였으므로, 워터스 대위가 부인과 헤어진 지 몇 시간 뒤에는 앞서 말한 우스터에서 그녀와 만날 수 있었다. 도착하자마자 그는 자신에게 일어났던 불행한 사건을 조금도 망설이지 않고 부인에게 이야기했는데, 그것은 정말로 불운한 사건처럼 들렸다. 법정에서 논란의 여지가 있을 수 있는 상황을 조금 언급하긴 했지만, 적어도 명예의 법정에서 과실로 치부될 수 있는 내용은 완전히 빼 버렸기 때문이다.

여성들의 명예를 위해 해두어야 할 말이 있다. 대개 여성은 남성보다, 연인만을 생각하는 격렬하고 사심 없어 보이는 애정을 품기 쉬운 법이다. 워터스 부인도 연인이 위험에 처해 있다는 사실을 듣자마자 사랑스런 그의 안전

이외의 다른 것은 까맣게 잊어 버렸다. 이는 그에게도 환영할 만한 화제였으므로 곧 그들의 논의 주제가 되었다.

오랜 논의 끝에, 소위가 들판을 넘어 헤리퍼드로 가서 무엇이 됐든 교통수단을 이용해 웨일즈 지역 항구들 가운데 한 곳으로 이동한 뒤 거기서 외국으로 도주한다는 계획이 채택되었다. 부인은 그 기나긴 도피 과정에 함께 하겠노라고 선언했다. 노자는 부인이 대겠다고 제안했는데, 이것은 노서턴 군에게 중요한 사항이었다. 당시 그녀는 수중에 현금 약간과 총 90파운드에 달하는 은행권 석 장이 있었고, 손가락에는 매우 값나가는 다이아몬드 반지를 끼고 있었다. 노서턴을 추호도 의심하지 않았던 그녀는 그가 강도를 계획하리라고는 꿈에도 생각하지 못한 채 그 모든 것을 꺼내어 악당에게 보여주었다. 우스터에서부터 말을 타고 가면 추적자들이 자신들의 도주로를 발견하는 빌미가 될 것이 틀림없었으므로 소위는 첫 번째 도주 여정을 걸어서 가자고 제안했고, 부인도 즉시 동의했다. 땅에 내린 서리가 걸어가기에 딱 좋을 정도로 얼어 있었다.

부인의 짐은 대부분 이미 바스로 보냈기 때문에 당장 소지한 것이라곤 속옷 몇 벌뿐이었다. 그녀의 애인이 그것을 주머니에 넣어 가지고 가기로 했다. 그날 밤 안에 모든 사항이 결정되었고, 그들은 다음 날 새벽에 일어나 다섯 시에 우스터를 나섰다. 동이 트기까지는 아직 두 시간도 더 남았으나 마침 보름이어서 달빛이 무척 밝았다.

세상에는 자신들을 한 장소에서 다른 장소로 이동시켜주는 마차라는 발명품에 고마워하며, 그 마차를 인생의 필수품 가운데 하나로 여기는 나약한 여자들이 있다. 워터스 부인은 그런 부류가 아니었다. 팔다리에는 힘과 민첩함이 넘쳐흐르고 기백도 충만했으므로 그녀는 재빠른 연인과 완벽하게 보조를 맞출 수 있었다.

헤리퍼드로 가는 길이 분명하다고 노서턴이 장담한 큰길을 몇 마일 걸은 뒤, 그들은 동 틀 무렵에 어느 커다란 숲가에 다다랐다. 그곳에서 그가 갑자기 멈춰 서서 잠시 골똘히 생각하는 척하더니, 계속 큰길로 가는 것은 위험하다고 말했다. 그곳에서 똑바로 숲 속으로 이어지는 오솔길로 벗어나야 한다며 여성 동행자를 금세 설득했다. 그 길을 지나 그들은 마침내 매저드 산기슭에 도착했다.

이때 그가 저지르려 했던 극악무도한 계략이 사전에 계획된 것이었는지, 순간 불현듯 떠오른 생각이었는지 나로서는 판단할 수 없다. 어쨌든 방해꾼이 끼어들 걱정이 없는 외진 곳에 도착하자 그가 갑자기 다리에서 양말대님을 풀었다. 그러고는 이 가엾은 부인에게 폭력을 휘두르면서, 앞서 말한 끔찍하고 가증스런 범행을 시도했다. 그때 천만다행으로 존스가 나타나 범행을 막은 것이다.

워터스 부인이 나약한 여자가 아니었다는 점도 그녀로서는 다행이었다. 그녀는 노서턴이 양말대님으로 매듭을 묶는 것을 보고, 또 그의 말에서 흉악한 의도를 알아차리자마자 방어에 나섰다. 굳세게 대항하며 격투를 벌이고 비명을 질러 도움을 청함으로써 흉악범의 의도가 실행되는 것을 몇 분간 지연시켰다. 그리고 저항하는 힘이 소진되어 완전히 제압당하려는 순간 존스가 나타나 불한당의 손에서 구해주었던 것이다. 등 쪽이 찢겨 나간 옷과, 격투 중에 빠졌는지 노서턴이 강제로 빼냈는지 알 수 없는 다이아몬드 반지 말고 별다른 피해는 없었다.

이상으로 독자 여러분께 만족을 드리기 위하여, 우리가 고생해서 조사한 결과를 공표했다. 여기에서 보여드린 악행과 우행의 현장은 인간이라면 도저히 저지를 수 없어 보이는 악질의 것이다. 다만 이자가 당시 자신은 이미 살인을 저질렀으며, 그 때문에 자기 목숨이 법에 몰수당한 상태라고 착각하고 있었음을 잊어서는 안 된다. 그렇기 때문에 그는 자신의 안전이 오로지 도피에 달려 있으며, 그를 위해 이 가엾은 부인의 돈과 반지를 빼앗는 것은 양심에 또 다른 무거운 짐을 얹는 꼴이 될지언정 충분한 보상이 되리라 생각한 것이다.

그런데 여기서 독자 여러분께 엄숙히 경고드려야 할 것이 있다. 이런 불한당 녀석들이 하는 짓거리 때문에 명예롭고 훌륭한 우리 군대 장교 전체를 비난하지 말라는 것이다. 이미 알려드렸다시피, 이 남자가 장교 신분으로 태어나지도 않았고, 장교 교육도 받지 못했으며, 장교 명단에 오르기에도 부적합한 자였음을 부디 고려해주시라. 그의 비열한 짓 때문에 정의로운 다른 장교들까지 불명예를 안게 되는 일이 있다면, 그 불명예는 오로지 그에게 장교 임명장을 준 사람들에게 돌아가야 할 것이다.

제10권
앞으로 12시간 동안 일어날 일

1
현대 비평가들이 반드시 자세하게 읽어야 할 수칙들

독자 여러분이 어떤 사람인지 우리로서는 알 리가 만무하다. 어쩌면 셰익스피어처럼 인간의 본성을 잘 아는 사람일 수도 있고, 일부 셰익스피어 편집자들처럼 어리석은 사람일 수도 있을 것이다. 여러분이 후자여서는 곤란하므로, 우리는 여러분과 함께 이야기를 진행해 나가기에 앞서 몇 가지 유익한 충고를 드리고자 한다. 앞서 말한 일부 편집자들이 원작자인 셰익스피어를 잘못 이해하고 잘못 말한 것처럼, 여러분께서 우리를 터무니없이 오해하고 잘못 말씀하시지 않도록 하기 위해서이다.

먼저 경고 드리고 싶은 점은 이 이야기에 나오는 어떤 사건도 작품 주제와 무관하거나 부적절하다고 성급하게 비난하지 말라는 것이다. 그 사건이 주제에 어떤 식으로 이바지할지 대번에 알 수 없기 때문이다. 이 작품은 우리의 위대한 창작물이 될지도 모른다. 버러지 같은 비평가들이 작품 속 내용들이 어떻게 얽혀 있는지도 모르면서, 대단원에 이르기도 전에 함부로 그 일부를 비난하는 것은 몹시 무례하고 어리석은 짓이다. 위대한 창작물이라든가 버러지 같다든가 하는 표현이 다소 과장스럽다는 것은 우리도 인정한다. 하지만 일급 작가와 가장 저급한 비평가의 차이를 나타내기에 이보다 적절한 표현은 없을 것이다.

고매하신 버러지 선생들에게 또 한 가지 주의 드리고 싶은 점이 있다. 여러분의 눈으로는 이 작품에 등장하는 특정 인물들 사이에서 그다지 유사성을 찾을 수 없으리라는 것이다. 제7권에 나오는 여관 안주인과 제9권에 나오는 여관 안주인이 그 예이다. 물론 어떤 직업이든 그 업에 종사하는 대부분의 사람에게는 동일한 특징이 있다. 그 특징을 살리는 동시에 개개인의 행동을 구분하여 쓰는 것이 훌륭한 작가의 재능 중 하나이다. 같은 악행, 같은 우행을 저지르는 두 사람을 미묘하게 구분하여 묘사하는 것 또한 재능이다. 이 두 번째 재능을 구사하는 작가도 극소수지만, 그 미묘한 차이를 진정으로 꿰뚫어보는 독자도 거의 없다. 간파하는 능력을 지닌 사람에게는 그 차이점을 구분하는 것만큼 큰 즐거움은 없을 것이다. 예를 들어 《연금술사》의 에피큐어 마몬 경과 포플링 플러터의 구분이라면 누구나 한다. 그러나 포플링 플러터 경과 코틀리 나이스 경의 차이점을 분별하는 데는 조금 더 정교한 판단력이 필요하다. 그 판단력이 없기에 저속한 관객들은 극장에서 어처구니없는 판단을 내린다. 나는 무대 위의 시인이 자칫 도둑으로 단죄될 뻔한 사례를 안다. 손이 닮았다는 증거가 법으로 인정되는 것보다 더 형편없는 이유에서였다. 이런 식이라면 무대에 등장하는 사랑에 빠진 과부는 모두 디도를 천박하게 모방한 인물이라고 비난받을 우려가 있지만, 다행스럽게도 극 비평가 가운데 베르길리우스를 이해할 정도로 라틴어를 아는 사람은 거의 없다.

다음으로, 나의 훌륭한 친구인 독자 여러분(여러분은 머리보다 마음이 훌륭하리라고 생각한다)께 경고 드릴 점이 있다. 어떤 인물이 완벽한 선인이 아니라고 하여 악인이라고 비난해서는 안 된다는 것이다. 아무런 결점도 없는 선의 귀감 같은 인물을 좋아하신다면, 여러분의 그런 취향을 만족하게 해 드릴 책은 이미 얼마든지 있다. 그러나 우리는 실생활에서 그런 사람을 만난 적이 없기에, 이 작품 속에 그런 인물을 소개하지 않기로 했다. 사실 나는 고작 인간에 불과한 존재가 그런 완벽한 선에 도달한 예가 있는지 의문이다. 뿐만 아니라 유베날리스가 말한 다음과 같은 구절에 딱 들어맞는 극악한 괴물이 존재한 적이 있었는지도 의심스럽다.

—nulla virtute redemptum A vitiis—
—한 점의 선도 섞이지 않은 순수한 악—

또 천사처럼 완벽하거나 악마처럼 극악한 인물들을 창작물 속에 집어넣는 일이 대체 어디에 도움이 될지 궁금하다. 독자는 그런 선악의 본보기에서 어떤 교훈을 얻는 것이 아니라, 슬픔과 굴욕에 압도당하기 쉽기 때문이다. 즉 인간 본성에 담긴 선의 극치를 보고 자신은 도저히 그런 경지에 도달할 수 없음을 깨달으면 괴로움과 부끄러움을 느낄 것이고, 자신과 똑같은 인간이 끔찍하고 혐오스러운 존재로 타락하는 모습을 보면 전자 못지않은 불안한 마음이 생길 것이다.

실제로 어떤 사람이 호의적인 사람들의 존경심과 애정을 받기에 충분히 착한 성품을 지녔다면, quas humana parum cavit natura(인간이 본디 피할 수 없는) 사소한 결점이 다소 보이더라도 동정을 살지언정 혐오감을 불러일으키지는 않을 것이다. 사실 이런 인물에게서 보이는 결점들만큼 교훈적인 효과가 큰 것은 없다. 우리를 깜짝 놀라게 하여, 극악무도한 인물들의 결점보다 훨씬 우리 마음에 큰 영향을 미치며 더 오래 남기 때문이다. 아주 선한 인물이 지닌 결점이나 악덕은 미덕과 대조되어 더욱 추하게 두드러져 보인다. 그러한 악이 우리가 지지하는 인물에게 나쁜 결과를 가져오는 것을 볼 때 우리는 스스로를 위해 그런 악을 피해야겠다는 교훈을 얻는다. 뿐만 아니라 그 악덕들이 우리가 사랑하는 인물들에게 초래한 폐해 때문에 그것들을 증오하게 된다.

친구이신 독자 여러분이시여, 이제 몇 가지 충고 말씀을 드렸으니, 괜찮으시다면 다시 우리의 이야기를 계속하겠다.

2
어느 아일랜드 신사의 도착
뒤이어 여관에서 일어난 매우 기이한 사건

수많은 적, 특히 교활하고 잔인한 육식동물인 인간이 두려워 종일 은신처에서 숨어 덜덜 떠는 가련한 토끼가 풀밭 위를 마음껏 뛰어다니며 장난칠 시간이 찾아왔다. 근처 나무구멍에서 밤의 날카로운 성가대원 올빼미가 현대 음악 감상가의 귀를 매혹할 울음소리를 내는 시간이 됐다. 교회 묘지를 비틀대며 가로질러 집으로 돌아가는 시골 주정뱅이가 머릿속으로 피투성이 귀신을 떠올리는 시간이 됐다. 이제 도둑과 강도는 잠에서 깨고, 정직한 경비원은 잠에 빠져드는 시간이었다. 쉽게 말하자면 깊은 밤이었다. 앞서 이야기에 등장한 손님들뿐 아니라 그 뒤 밤에 도착한 손님들까지 모두 잠자리에 들었다. 객실 담당 하녀 수전만이 깨어 돌아다니고 있었는데, 자신을 기다리고 있는 마부의 품속에 들어가기 전에 부엌을 청소해 놓아야 했기 때문이다.

그때 한 신사가 황급히 여관에 도착했다. 즉시 말에서 내려 수전에게 다가오더니 숨을 헐떡거리며 몹시 허둥대는 말투로, 이 여관에 숙녀 한 분이 묵고 있지 않은지 물어보았다. 시각도 시각이거니와 내내 험상궂게 노려보는 남자의 태도에 수전은 다소 놀라 한동안 대답을 머뭇거렸다. 그러자 신사는 사실대로 말해달라고 더욱 간절하게 매달리며, 잃어 버린 아내를 추적하는 중이라고 말했다. "실제로 두세 차례는 거의 잡을 뻔했지요. 그런데 다 따라 잡았다 싶으면 꼭 직전에 떠나 버리는 거요. 만약 이 여관에 있다면 제발 불을 밝히지 말고 날 그녀에게 안내해주시오. 또 가 버린 뒤라면, 어디로 가야 만날 수 있을지 가르쳐 주시고요. 내 영혼을 걸고 맹세하건대, 그렇게만 해 준다면 당신을 이 나라에서 가장 부유한 하녀로 만들어 드리겠소." 그러고는 기니 금화를 한 움큼 꺼냈다. 이 하녀보다 훨씬 신분이 높은 사람일지라도 매수당하여 훨씬 좋지 않은 목적을 달성했을 액수였다.

워터스 부인의 이야기를 들은 바 있는 수전은 그녀가 이 정당한 소유자가 찾고 있는 아내라는 사실을 조금도 의심하지 않았다. 그녀는 아내를 남편에게 되찾아주고 돈을 받을 수 있다면 그보다 정당하고 떳떳한 돈벌이는 없을 거라는 아주 그럴싸한 결론을 내리고, 그가 찾는 부인이 분명히 이 여관에 있다고 망설임 없이 단언했다. 그러고는 그에게 설득당하여(사례금을 넉넉하게 주겠다는 약속과 더불어 착수금을 얼마간 쥐어 주자) 워터스 부인이 머무는 방으로 신사를 안내했다.

문명사회에 오래전부터 확실하게 자리를 잡은 관습에 따라, 그것도 아주 확고하고 지당한 이유에 근거하여, 남편은 아내 방에 들어가기 전에 문을 두드려야 한다. 문명사회를 조금이라도 알고 계신 분들께는 이 관습이 지닌 훌륭한 효용들을 새삼 설명할 필요가 없을 것이다. 이 관습 덕분에 아내들은 매무새를 고치거나 맘에 안 드는 것들을 치울 시간을 버는 것이다. 점잖고 섬세한 아내라면 남편에게 들키고 싶지 않은 상황도 있는 법이다.

사실 세련된 사람들 사이에는 여러 규정된 의식들이 존재한다. 상스러운 사람에게는 그저 형식에 지나지 않아 보이지만, 그보다 분별력 있는 사람에게는 아주 실질적인 의미를 지니는 의식들이다. 이때도 우리의 신사가 앞서 언급한 관습을 지켰더라면 다행이었을 것이다. 사실 그도 문을 두드리긴 했었다. 다만 그런 경우 으레 하는 점잖은 노크가 아니었다. 반대로 그는 문이 잠겨 있는 걸 발견하고는 매우 거칠게 문으로 돌진했다. 즉시 문고리가 날아가고 문이 벌컥 열리자 신사는 방 안으로 고꾸라지듯이 굴러 들어갔다.

그가 다리를 채 추스르기도 전에 침대에서 몸을 일으킨 사람은—몹시 창피하고 서글픈 심정으로 이야기를 이어가야 하지만—바로 우리의 주인공이었다. 존스 군은 잡아먹을 듯한 기세로, 신사의 정체가 무엇이며 그토록 난폭하게 방으로 쳐들어온 저의가 뭐냐고 따졌다.

처음에 신사는 자기가 방을 잘못 찾아온 줄 알고 용서를 구하며 물러나려고 했다. 그때 문득 밝은 달빛 아래 바닥에 널려 있는 코르셋, 가운, 속치마, 모자, 리본, 스타킹, 양말대님, 구두, 나막신 등등이 눈에 들어왔다. 그 광경에 그의 타고난 질투심이 맹렬하게 끓어올랐다. 화가 머리끝까지 치밀어 말도 제대로 할 수 없을 정도였다. 그는 존스에게 한 마디도 하지 않고 곧장 침대로 다가가려고 했다.

존스가 즉시 그를 가로막았다. 격한 언쟁이 순식간에 주먹다짐으로 변했다. 그제야 잠에서 깨어난 워터스 부인이(그녀가 존스와 같은 침대에 있었다는 사실을 고백해야겠다) 자기 침실에서 두 남자가 격투를 벌이고 있는 광경을 보고는, 강도야! 살인자야! (가장 많이)강간범이야! 목이 터져라 외쳐댔다. 부인이 이 마지막 비명을 왜 질렀는지 의아해하시는 분들이 계실지 모르겠는데, 그런 분들은 여자가 공포에 질렸을 때 내지르는 소리가 음악의 파, 라, 라, 라, 다 등처럼 별다른 의미 없는 음성에 불과하다는 사실을 고려하지 않는 분들이다.

부인의 옆방에는 아일랜드 출신 신사 한 명이 묵고 있었는데, 여관에 너무 늦게 도착하는 바람에 우리가 미처 언급할 겨를이 없었다. 이 신사는 아일랜드인들이 말하는 '카라발라로', 즉 무술 훈련을 받은 기사였다. 훌륭한 집안의 둘째 아들이었지만 집에 재산이 없어 다른 나라로 돈을 벌러 나온 참이었고, 그런 의미에서 카드 게임과 여자들로 자신의 운을 시험해 보기 위해 바스로 가던 길이었다.

이 젊은 신사는 침대에 누워 벤 아프라 여사의 소설을 읽던 중이었다. 여성들의 호감을 사려면 지성을 기르고 훌륭한 문학 작품으로 마음을 살찌우는 것이 제일이라는 사실을 어느 친구에게 배운 바 있었기 때문이다. 그는 옆방에서 나는 격렬한 싸움 소리를 듣자마자 베개에서 벌떡 일어났다. 한 손에는 칼을, 다른 한 손에는 옆에 놓여 있던 양초를 들고 즉시 워터스 부인의 방으로 달려왔다.

속옷 차림을 한 남자가 또 한 명 등장하자 워터스 부인은 체면에 상당한 충격을 입었다. 그러나 이내 그 보상으로 공포심은 눈에 띄게 가라앉았다. 기사가 방에 들어오자마자 이렇게 외쳤기 때문이다. "피츠패트릭 씨, 이게 대체 무슨 일입니까?"

상대방이 즉시 대답했다. "오, 맥라클란 군! 마침 잘 나타났네. 이 자식이 내 마누라를 꼬드겨 한 침대에서 뒹굴었다네."

맥라클란이 소리쳤다. "아내라니요! 피츠패트릭 부인을 잘 알진 못하지만, 속옷 차림으로 서 있는 이 신사분과 함께 침대에 있던 저 숙녀분은 절대로 사모님이 아닌 것 같습니다만!"

그제야 숙녀를 힐끔 보고 그 목소리를 들은 피츠패트릭은(진작 목소리를 들었다면 지금보다 먼 거리에서도 식별했었을 테지만) 자신이 황당한 실수를 저질렀음을 깨닫고 부인에게 백배사죄했다. 그러고는 존스에게 몸을 돌리고 말했다. "당신에겐 용서를 구하지 않을 테니 그리 아시오. 실컷 얻어맞았기 때문이지. 내일 아침에 크게 복수할 것이오."

존스는 이 협박에 코웃음을 쳤다. 맥라클란 군이 대신 나섰다. "피츠패트릭 씨, 이런 오밤중에 낯모르는 사람들을 방해했으면 부끄러운 줄을 좀 아십시오. 여관 손님들이 다 잠들어 있기에 망정이지, 그렇지 않았더라면 모두 나처럼 잠을 깼을 겁니다. 이분한테 얻어맞은 건 자업자득이죠. 난 아직 아내가 없지만, 혹 내 아내가 이런 꼴을 당했다면 당신의 숨통을 끊어놓았을 겁니다."

존스는 애인의 평판이 나빠질까 걱정이 되어 무슨 말을 해야 할지, 무슨 행동을 해야 할지 갈피를 잡지 못했다. 반면 흔히 목격되듯, 여성은 남성보다 머리회전이 빠르다. 그녀는 자신의 방과 존스 군의 방을 잇는 비밀 통로가 있다는 사실을 기억해내고, 존스의 명예심과 자신의 뻔뻔함에 의지하여 이렇게 소리쳤다. "이 악당들, 도대체 무슨 소리들을 하는 거야! 나는 너희

누구의 마누라도 아니야. 사람 살려! 강간이야! 살인이야! 강간이야!" 때
마침 여관 안주인이 들어오자 부인은 그녀를 붙들고 사납게 물고 늘어졌다.
"점잖은 여관인줄 알았더니 매음굴이었구먼! 내 방에 악당이 몇 명이나 쳐
들어왔다고! 내 목숨까지는 아니지만 정조를 노렸어. 내게는 두 가지 다 소
중한 것이라고!"

이번에는 여관 안주인이 침대 위에 앉아 있는 이 가엾은 부인 못지않은 큰
소리로 고래고래 떠들어댔다. "이제 나는 망했네! 이제껏 한 번도 그른 적
이 없었던 우리 여관의 명성이 이제 완전히 무너져 버렸어!" 그러고 나서 남
자들을 향해 소리쳤다. "대체 숙녀분의 방에서 이게 웬 난리란 말입니까?"

피츠패트릭이 머리를 숙이고 "내 실수를 열심히 빌던 참이오" 되풀이하며
동향인과 함께 방을 나갔다. 애인이 준 힌트를 눈치채지 못할 만큼 둔하지
않았던 존스가 용감하게 주장했다. "문이 부서지는 소리를 듣고 도우러 달
려온 겁니다. 저자들의 꿍꿍이는 알 수 없으나, 아마 강도가 목적이었겠지
요. 다행히도 제가 사전에 막은 겁니다."

안주인이 소리쳤다. "영업을 시작한 이래 이 여관에서 강도 사건은 한 번
도 없었어요. 외람된 말씀입니다만, 우리 여관은 절대로 노상강도를 받지 않
는다는 점을 알아주셨으면 좋겠군요. 그 단어를 입에 담기조차 경멸스럽군
요. 저희 여관에는 정직한 신사분이 아니면 묵을 수 없어요. 다행히도 언제
나 그런 손님들만 와주셨고요. 제가 감당하기 힘들 정도로 많이요. 어디 보
자—" 그러고는 그 훌륭한 신사들의 이름과 지위를 하나씩 늘어놓았는데,
그 대부분은 이곳에서 밝히면 명예훼손이 될 만한 것이다.

존스는 참을성 있게 듣고 있다가 안주인의 말을 끊고 끼어들며, 속옷 차림
으로 나타나 죄송하다고 워터스 부인에게 사과했다. 부인의 안전이 걱정되
지 않았더라면 그런 짓을 하지 않았을 거라고 말했다. 독자 여러분께서 부인
이 만들어낸 상황, 즉 정숙한 부인이 세 남자의 난입으로 잠에서 깨어난 상
황을 고려하신다면, 이 말에 그녀가 뭐라고 대답했을지, 그 상황이 마무리될
때까지 그녀가 어떻게 행동했을지 저절로 짐작이 가실 것이다. 그녀는 바로
그 정숙한 부인 역할을 맡기로 마음먹었고, 실제로 훌륭하게 연기해냈다. 무
대 위에서건 밖에서건 우리나라 여배우 가운데 그 역할로 그녀를 능가하기
란 어려울 것이다.

정숙한 척하는 것이 여성에게 얼마나 자연스러운 태도인지 입증하는 논거를 바로 이 점에서 도출해낼 수 있다. 훌륭한 여배우가 될 능력을 지닌 여성은 만 명에 한 명도 안 되고, 그들 가운데서도 같은 인물을 똑같이 연기할 수 있는 배우는 두 명도 되지 않는다. 그런데 정숙한 여인 역할은 모든 여배우가 훌륭하게 연기해낸다. 실제로 정숙한 여성도, 정숙하지 않은 여성도 모두 똑같이 완전무결한 연기를 펼쳐 보이는 것이다.

남자들이 모두 사라지자 워터스 부인은 공포심도 가라앉고 분노도 누그러졌으므로 여관 안주인을 대하는 말투가 한결 부드러워졌다. 여관 명성에 대한 걱정을 쉽사리 씻을 수 없는 안주인이 자기 여관에 묵었던 명사들의 이름을 다시 거론하기 시작했다. 부인이 이를 제지하며, 이번 소동에 안주인은 절대로 책임이 없다고 말하고, 적어도 아침까지 아무 방해도 받지 않고 푹 쉬고 싶으니 그만 나가달라고 부탁했다. 이 말을 듣고 안주인은 아주 공손하게 거듭 예를 표한 뒤 방을 나갔다.

3

모든 여관 주인과 그 하인이 반드시 읽어야 할 여관 안주인과 객실 담당 하녀 수전의 대화
아름답고 젊은 숙녀분의 도착과, 지체 높은 분들에게
온 세상의 사랑을 얻는 비결을 알게 해줄 그녀의 상냥한 행동

문이 부서졌을 때 유일하게 깨어 있던 사람이 수전이라는 사실을 떠올린 안주인은 곧장 그녀에게 가서, 소동의 원인이 무엇이고, 그 낯선 신사는 누구이며 언제 어떻게 도착했는지를 캐물었다.

수전은 독자 여러분께서 이미 아시는 내용을 상세히 말했다. 다만 자신에게 유리하도록 몇 군데를 바꾸고, 자신이 받은 돈 얘기는 완전히 숨겼다. 그러나 안주인이 처음 질문을 하기에 앞서, 워터스 부인이 자신의 정조를 빼앗으려는 의도에 겁을 먹었더라고 말하며 크게 동정심을 표시한 데에 대해서는 그 우려를 진정시켜야 했다. 즉 존스가 부인 침대에서 뛰어나오는 것을 분명히 목격했다고 맹세한 것이다.

여관 안주인이 이 말을 듣고 펄펄 뛰었다. "정말 그럴듯한 얘기로구나. 네

말이 사실이라면, 그 부인은 자기 죄를 사방팔방에 알리고 싶어서 비명을 지른 거란 말이냐? 여자가 비명을 질렀다는 것은 정조를 지켰다는 가장 큰 증거이지 않니? 그 부인이 비명을 질렀다는 사실은 스무 명도 넘는 사람이 증명할 수 있다. 그렇게 손님 험담을 하면서 다니는 거 아니다. 손님뿐 아니라 우리 여관의 명예까지 훼손하는 일이니까. 우리 여관은 뜨내기나 거지들이 드나드는 곳이 아니잖니."

수전이 말했다. "그럼 제 눈도 믿지 말라는 건가요?"

안주인 마님이 대답했다. "못미더울 때도 있는 법이지. 나라면 그런 지체 높으신 양반들에게 불리한 광경은 믿지 않겠다. 최근 반년 동안 어젯밤 그두 분이 주문하신 식사만큼 훌륭한 주문은 없었어. 게다가 어찌나 너그럽고 마음이 넓으신지, 내가 샴페인이라고 속이고 판 우스터셔 페리주에 대해서 조금도 흠을 잡지 않으셨지. 물론 그건 영국 제일의 샴페인 못지않게 맛 좋고 건강에도 좋은 술이야. 그렇지 않다면 그분들께 권해드리지도 않았을 거야. 그분들은 그걸 두 병이나 마셨지. 그렇지, 그렇고말고. 그런 훌륭한 분들이 나쁜 행동을 할 리가 없고말고."

이렇게 수전의 입을 봉해 버리고 안주인은 다음 화제로 넘어갔다. "그런데 아까 뭐라고 했더라? 그 낯선 신사가 허둥지둥 들어왔고, 밖에는 하인이 말을 대기하고 있었다고? 그렇다면 그분도 틀림없이 지체 높으신 분이겠구나. 그분에게 식사는 좀 하셨는지 물어보지 그랬니? 지금 다른 신사분의 방에 가 계시지? 당장 가서, 혹시 부르셨느냐고 여쭤보렴. 요리를 할 사람이 깨어 있다는 걸 알면 뭔가 주문하실지도 모르니까. 화덕이 꺼졌다는 둥, 닭이 아직 살아 있다는 둥 하는 평소처럼 실없는 소리를 해선 안 돼. 양고기를 주문하시더라도 없다는 얘기는 마라. 내가 알기론, 내가 잠자리에 들기 전에 푸줏간 주인이 양을 잡았어. 좀 달라고 하면 아직 따끈따끈한 살점을 잘라줄 게다. 양이든 닭이든 뭐든지 되는 거야, 알아듣겠니? 가서 문을 열고, '손님, 혹시 부르셨어요?' 하는 거다. 말씀을 안 하시면, 저녁 식사로 뭘 드시겠는지 물어봐. '손님'이란 말을 잊지 말아라. 자, 가 보렴. 이런 일에 좀 더 신경을 쓰지 않으면 절대로 성공 못한다."

갔다가 이내 돌아온 수전이 두 신사가 한 침대에서 자고 있다고 보고했다. 안주인이 말했다. "둘이서 한 침대라니! 그런 말도 안 되는 일이! 그렇다면 두 사람 다 쓰레기 같은 놈이겠군. 올워디 도련님 추측이 옳았어. 그 부인 방에서 강도짓을 할 생각이었던 거야. 마누라를 찾겠다고 여자 방 문을 부순 작자가 저녁식사 값과 방값을 아끼겠다고 다른 방에 몰래 숨어들어갈 리가 없지. 그놈들은 도둑이 틀림없어. 마누라를 찾고 있다는 건 그냥 평계인 거야."

이 비난은 피츠패트릭 씨에게는 억울한 누명이었다. 땡전 한 푼 없지만 좋은 집안에서 태어난 것은 사실이었고, 머리에도 가슴에도 다소 결함은 있지만 몰래 남의 방에 들어가거나 인색한 짓을 하는 사람은 아니었다. 사실 그는 씀씀이가 몹시 헤펐다. 아내가 지참금으로 엄청난 재산을 가지고 왔었지만, 지금은 그녀에게 증여금으로 설정된 쥐꼬리만 한 돈을 빼고는 탕진한 상태였고, 그마저도 빼앗으려고 아내를 못살게 굴었다. 가엾은 아내는 그의 이런 태도와 지독한 질투심을 못 이기고 그에게서 도망친 것이었다.

이 신사는 하루 만에 체스터에서 이곳까지 긴 여행을 했던 터라 몹시 피곤했다. 게다가 격투 중에 실컷 얻어터져 뼈마디가 견딜 수 없이 쑤셨고, 거기에 마음의 상처까지 더해져 식욕이 완전히 달아나 버렸다. 그리고 하녀의 말에 아내로 오인했던 숙녀에게 몹시 실망했기 때문에, 첫 번째 급습은 실패였을지언정 역시 아내가 이 여관에 있을지도 모른다는 생각은 결코 하질 못했다. 그래서 그는 오늘 밤은 아내 찾기를 단념하라는 친구의 조언에 따랐으며, 함께 침대를 쓰자는 친절한 제의도 받아들인 터였다.

하인과 마부는 생각이 달랐다. 그들은 여관 안주인이 제공하려는 음식보다 많은 걸 주문할 심산이었다. 그들에게 사건의 진상을 충분히 듣고 피츠패트릭 씨가 도둑이 아님을 알자 여관 안주인도 마음이 누그러져 차가운 고기 몇 점을 내놓았다. 두 사람이 고기를 게걸스럽게 먹고 있을 때 파트리지가 부엌으로 들어왔다. 앞서 소동 때문에 잠에서 깼던 그는 다시 베개에 머리를 붙이고 잠을 청하려 애썼지만, 바로 그때 창가에서 부엉이 한 마리가 구슬픈 소야곡을 불러대는 바람에 기겁해서 벌떡 일어나 허둥지둥 대충 옷을 걸쳐 입고, 부엌에서 두런대는 손님들의 보호를 받기 위해 달려 내려온 것이었다.

그가 등장하자, 자러 들어가려던 여관 안주인이 걸음을 멈추었다. 앞의 두 손님은 수전에게 맡길 셈이었지만, 올워디 도련님의 친구는 소홀히 대할 상대가 아니었다. 그가 데운 포도주를 1파인트나 주문한 이상 더욱 그랬다. 그녀는 어떤 포도주로도 즉시 변신이 가능한 페리주 1파인트를 불에 올렸다.

아일랜드 출신 하인이 침실로 물러가자 마부도 그 뒤를 따라가려 했다. 그때 파트리지가 마부에게 좀 더 남아서 포도주를 같이 마시지 않겠느냐고 권하자, 청년도 그 청을 고맙게 받아들였다. 이 선생은 혼자 침대로 돌아가기가 두려웠고, 안주인이 언제까지 같이 있어줄지 알 수 없었기 때문에 이 청년을 꼭 붙들어두어야겠다고 결심했던 것이다. 그와 함께라면 악마가 나오건 그 수하가 나오건 두려울 게 없을 것 같았다.

그때 현관에 다른 마부가 얼굴을 내밀었다. 부름을 받고 나간 수전이 승마복을 입은 젊은 숙녀 두 명을 모시고 돌아왔다. 한 명의 옷에 호화로운 레이스가 달려 있는 것을 보고 파트리지와 마부는 즉시 의자에서 일어났으며, 여관 안주인은 매우 간절하게 '아가씨'를 외쳐대며 연신 굽실댔다.

호화로운 승마복을 입은 숙녀가 매우 겸손한 미소를 지으며 말했다. "실례가 되지 않는다면 부엌 불가에서 잠시 몸을 녹이고 가도 될까요? 정말이지 추운 날씨군요. 아, 앉으세요. 방해할 생각은 전혀 없어요." 이 말은 파트리지에게 한 말이었다. 이 선생은 숙녀의 호화로운 옷차림에 주눅이 들어 눈을 동그랗게 뜨고 부엌 구석으로 물러나 있었던 것이다. 옷 때문이 아니더라도 이 숙녀는 더 많은 존경을 받을 만한 자격이 있었다. 실로 절세미인이었던 것이다.

숙녀는 파트리지에게 부디 자리로 돌아와 앉으라고 진심으로 권했지만 소용이 없자 장갑을 벗고 두 손을 불에 쬐었다. 그녀의 손은 불에 녹는다는 점을 빼고는 새하얀 눈 그 자체였다. 그녀의 동행은 사실 몸종이었다. 그녀도 장갑을 벗었으나, 드러난 것은 차갑기로 보나 색으로 보나 얼린 쇠고기랑 똑같았다.

하녀가 말했다. "아가씨, 오늘 밤은 더 가시지 않는 게 좋겠어요. 피로를 견디시지 못하게 될까 걱정이에요."

안주인이 소리쳤다. "물론 아가씨는 그런 생각을 안 하실 거예요. 이런 오밤중에 길을 더 가다니요! 아가씨, 제발 그럴 생각일랑 접으세요. 그런 생각은 할 수도 없겠지만요. 저녁식사로는 뭘 드시겠습니까? 양고기 요리도 많고, 아주 맛난 닭요리도 있답니다."

숙녀가 말했다. "저녁식사보단 아침식사에 가깝겠군요. 어쨌든 아무것도 먹고 싶지 않아요. 다만 숙박이 가능하다면 한두 시간만 누웠다 갔으면 싶은데. 아, 아주머니, 우유가 든 셰리주를 한 잔 주시겠어요? 아주 연하게요."

여관 안주인이 소리쳤다. "알겠습니다, 아가씨. 아주 좋은 백포도주가 조금 있죠."

숙녀가 말했다. "셰리주는 없나요?"

"물론 있습니다요. 이 근방에서 가장 맛있는 셰리주가 있지요. 그런데 술 말고 뭐 다른 것을 좀 드시는 게 어떨는지요?"

숙녀가 대답했다. "정말로 아무것도 넘어갈 것 같지 않아요. 죄송하지만 지금 바로 방을 준비해주실 수 있을까요? 세 시간 뒤에 다시 말을 탈 생각이거든요."

안주인이 소리쳤다. "수전, '기러기실'에 아직 불씨가 남아 있니? 아가씨, 죄송합니다만 좋은 방들은 다 찼어요. 지체 높으신 손님들이 묵고 계시거든요. 대지주의 자제분도 계시고, 그 밖에 훌륭하신 분이 많이 묵고 계시죠."

수전이 대답했다. "'기러기실'에는 아일랜드 신사분들이 묵고 계십니다."

안주인이 말했다. "아니, 일이 그렇게 됐어? 어째서 상류층 손님을 위해 좋은 방을 남겨놓지 않은 거야? 그런 분들이 오시지 않은 날이 하루도 없는데 말이야. 하지만 뭐, 그분들이 신사라면 이 아가씨를 위해 기꺼이 방을 비워주시겠지."

숙녀가 말했다. "그럴 수 없어요. 남에게 폐를 끼치고 싶지 않아요. 그저 쉴 수 있다면 허름한 방이어도 괜찮습니다. 저 때문에 그리 신경 쓰실 것 없어요."

안주인이 소리쳤다. "오, 아가씨! 그냥저냥 괜찮은 방도 여러 개 있답니다. 아가씨께서 묵으실 만한 방이 아니라서 그렇죠. 아무튼 그나마 가장 좋은 방으로 만족하시겠다니, 수전, 당장 가서 '장미실'에 불을 지펴라. 아가씨, 지금 올라가시겠습니까, 불이 지펴질 때까지 기다리시겠습니까?"

숙녀가 대답했다. "몸이 충분히 녹은 것 같으니 괜찮다면 지금 올라가겠어요. 저 때문에 여러분, 특히 저분이(파트리지) 추운 곳에 너무 오래 계셨네요. 이렇게 끔찍하게 추운 날씨에 남을 불가에서 쫓아냈다니, 생각만 해도 싫군요." 그리고 그녀는 몸종을 데리고 부엌을 나갔다. 안주인이 불을 켠 양초 두 자루를 들고 앞서 갔다.

착한 안주인이 돌아오자 부엌의 대화는 온통 이 젊은 숙녀의 매력에 대한 것이 되었다. 완벽한 아름다움에는 누구도 저항하기 힘든 매력이 있다. 우리의 안주인은 저녁식사를 하지 않겠다는 숙녀의 부정적인 대답이 못마땅하긴 했지만, 그토록 사랑스러운 아가씨는 처음 본다고 선언했다. 파트리지도 숙녀의 미모를 입에 침이 마르도록 칭찬했다. 물론 그는 그녀의 옷에 달린 금레이스도 찬양하지 않을 수 없었다. 마부가 그녀의 착한 심성에 찬사를 늘어놓자, 금방 들어온 또 다른 마부가 거기에 호응했다. "장담하건대, 정말 착한 숙녀분이세요. 말 못하는 짐승에까지 자비를 베푸시더라니까요. 너무 빨리 달리는 통에 말들이 다치지나 않을지 걱정이 된다는 말씀을 도중에 몇 번이나 하셨답니다. 여관에 도착하면 여물을 배터지게 먹여주라는 지시도 하시고요."

상냥한 태도에는 그런 매력들이 있어서 틀림없이 모든 사람의 칭찬을 이끌어낸다. 그런 태도는 저 유명한 허시 부인[1]에 비견할 수 있다. 두 사람 모두 여성의 완벽한 장점을 극도로 돋보이게 해주며, 모든 결점을 감싸고 숨겨준다. 독자 여러분께서 상냥한 태도가 지닌 사랑스러움을 지켜보셨기에, 이 자리에서 이 정도 촌평을 하지 않을 수 없었다. 그런데 지금, 이와 정반대 유형의 예를 들어 보여 대조해보라고 진리가 우리에게 강요하고 있다.

4
세상 사람들의 경멸과 혐오를 얻어내는 확실한 묘약

숙녀가 베개에 머리를 대기가 무섭게 몸종은 부엌으로 돌아왔다. 자신의 아가씨가 거절한 맛있는 음식을 먹고 원기를 회복하기 위해서였다.

그녀가 들어오자 사람들이 모두 일어서서, 조금 전 그녀의 여주인에게 그랬던 것처럼 경의를 표했다. 그러나 그녀는 자기 여주인을 흉내 내는 일을 잊고, 도로 앉으라고 말하지 않았다. 또 사실 모두가 다시 앉기도 불가능했다. 몸종이 불을 거의 독차지하는 모양으로 의자를 놓았기 때문이다. 그녀는

---

*1 스트랜드의 유명한 재단사. 여성의 아름다움을 돋보이게 만드는 재주로 유명했다.

당장 닭 한 마리를 구워오라고 주문하며, 15분 안에 요리가 준비되지 않으면 더는 기다리지 않겠노라고 말했다. 닭이 닭장 횃대에 앉아 있었기 때문에, 그걸 석쇠에 올려놓으려면 먼저 잡고 죽이고 털을 뽑는 절차가 필요했다. 그럼에도 우리의 안주인은 제시간에 모든 것을 준비하겠다고 말하고 싶었다. 그러나 안타깝게도, 이미 무대 뒤편을 구경한 이 손님이 자신의 간계를 꿰뚫어볼 것이 분명했다. 가엾은 안주인은 마침 닭이 똑 떨어졌다고 실토할 수밖에 없었다. "하지만 양고기라면 어떤 부위든 당장 푸줏간에서 가져올 수 있답니다."

몸종 아가씨가 대꾸했다. "아니, 이런 오밤중에 양고기라니요? 내가 말 같은 위장이라도 갖고 있는 줄 아세요? 당신네 여관 주인들은 엄연히 신분이 다른 우리를 자기들과 똑같다고 생각하는 경향이 있지요. 뭐, 어차피 이런 누추한 곳에서 뭔가 먹을 수 있을 거란 기대도 안 했어요. 우리 아가씨는 어째서 이런 곳에 머물 생각을 하셨을까? 기껏해야 장사치나 양치기들이나 드나들 법한 여관에."

안주인은 이 폭언에 화가 치밀어 올랐지만, 성질을 누르고 이런 말로 자위했다. "감사하게도 상류층 손님들이 찾아주시는 걸요!"

상대방이 소리쳤다. "내 앞에서 상류층을 들먹이면 안 되죠! 상류층이라면 당신보다 내가 많이 알 테니까. 그런 주제넘은 소리는 집어치우고, 저녁으로 뭘 먹을 수 있는지 말해보세요. 말고기는 사양이지만, 지금 정말로 배가 고프거든요."

안주인이 대답했다. "그게 저……. 정말 죄송한 말씀입니다만, 지금 먹을 만한 게 아무것도 없답니다. 그나마 식어빠진 쇠고기가 몇 점 있었는데, 그것도 어떤 신사분의 하인과 마부가 뼈까지 다 발라 드시고 없어요."

애버게일[2](간단하게 이렇게 부르기로 하겠다)이 말했다. "이것 봐요, 구역질나는 소리는 그만두시죠. 한 달을 굶은 뒤라도 그런 천한 손가락이 닿았던 음식을 먹을 순 없다고요. 이 끔찍한 여관에는 제대로 된 음식이 하나도 없단 말인가요?"

안주인이 말했다. "달걀과 베이컨은 어떠신지요?"

---

[2] 구약성서 사무엘전서 25장에 나오는 여성. 17세기 극작가 보몬트, 플레처의 합작극에서 몸종의 이름으로 쓰인 이래 귀부인의 몸종을 가리키는 대명사가 되었다.

"신선한 달걀이에요? 오늘 낳은 달걀이 확실하냔 말이에요. 베이컨은 품위 있게 얇게 썰어줘요. 천박한 건 질색이니까. 오늘 밤만큼은 솜씨를 발휘해서, 어지간히 참고 먹어줄 만한 요리를 만들어보세요. 농부 아낙네 나부랭이가 묵는 게 아니니까 말이죠."

여관 안주인이 칼을 만지자, 상대방이 그녀를 제지하며 말했다. "이봐요, 먼저 손을 씻어야죠. 나는 아주 까다로운 사람이에요. 갓난아기 때부터 우아한 것들에 익숙한 사람이라니까요."

안주인은 애써 자제심을 발휘하며, 필요한 준비를 했다. 수전은 요리에서 완전히 손을 떼라고 아주 모욕적인 말로 거부당했다. 이 가엾은 하녀가 주먹을 휘두르지 않으려고 가까스로 분을 삭이는 모습은 안주인이 혀를 휘두르지 않으려고 참는 것만큼이나 힘들어 보였다. 그러나 수전의 혀는 완전히 억제되지 않았다. 얌전히 입 안에 들어있긴 했으나, 입 안에서는 "꼴값 떨고 있네. 너도 나랑 같은 인간이라고" 따위의 분노에 찬 말들을 씨부렁대고 있었다.

식사가 준비되는 동안, 애버게일은 응접실에 불을 지펴 놓으라고 지시하지 않았던 것을 유감스러워했다. "하지만 지금은 이미 늦었지. 부엌에서 식사하는 것도 색다른 경험이긴 해. 이런 적은 한 번도 없었으니까." 그러고는 마부들에게 물었다. "당신들은 왜 말들과 함께 마구간에 있지 않는 거죠?" 그러더니 이번엔 안주인에게 소리쳤다. "그 허드레 음식을 먹을 데가 여기 부엌밖에 없다면 깨끗하게 정리나 좀 해주세요. 읍내 불량배들한테 둘러싸여 먹긴 싫으니까요." 그리고 파트리지에게 말했다. "당신은 그래도 좀 신사처럼 보이니 그대로 있어도 괜찮아요. 어중이떠중이가 아니라면 누구도 방해하고 싶지 않으니까요."

파트리지가 소리쳤다. "그렇고말고요. 전 신사죠. 웬만한 일엔 신경을 안 쓴답니다. Non semper vox causalis est verbo nominativus(늘 주격으로 쓰이는 단어는 없으니까요)." 애버게일은 이 라틴어를 모욕적인 말이라고 생각하고 대답했다. "당신이 신사일진 모르겠지만, 숙녀에게 라틴어를 자랑하는 건 그만두셨으면 좋겠네요." 파트리지는 점잖게 대꾸했지만, 또 끝에 라틴어를 붙였다. 그녀는 코끝을 치켜들며, 참 대단하신 학자라고 비꼬는 데에 만족했다.

식탁 위에 음식이 차려지자 애버게일은 품위 있는 사람치고는 몹시 게걸스럽게 먹어댔다. 주문에 따라 같은 두 번째 코스 음식이 준비되는 동안 그녀가 말했다. "그런데 아주머니, 이 여관에 아주 지체 높으신 분들이 자주 묵는다고요?"

여관 안주인이 그렇다고 대답하고 이렇게 말했다. "지금도 아주 지체 높으신 분들과 신사 나리들이 묵고 계신답니다. 올워디 도련님도 계세요. 저기 저 양반도 아시지요."

애버게일이 말했다. "그 올워디 도련님이라는 지체 높으신 젊은 신사가 누군데요?"

파트리지가 대답했다. "누군 누구겠어요. 서머싯셔의 대지주 올워디 씨의 아드님이자 상속자시죠."

애버게일이 말했다. "정말 이상한 말씀을 하시는군요. 서머싯셔 올워디 나리는 나도 아는데, 그분에겐 아드님이 없어요."

이 말에 안주인이 귀를 쫑긋 세웠다. 파트리지는 조금 당황스런 표정을 지었다. 조금 머뭇대다 그가 대답했다. "사실 도련님이 올워디 지주님의 아들이란 사실을 다는 모릅니다. 나리께서 도련님의 어머님과 결혼하신 적이 없기 때문이죠. 하지만 도련님은 나리의 아드님이 틀림없고, 존스라는 이름이 분명한 이상 조만간 상속자가 될 겁니다."

이 말을 듣고 애버게일은 입으로 가져가던 베이컨을 떨어뜨리며 외쳤다. "세상에 이런 일이! 존스 도련님이 지금 이 여관에 있다고요!"

파트리지가 대답했다. "Quare non(안 될 게 뭐가 있습니까)? 충분히 묵을 수 있죠. 틀림없는 사실이고요."

애버게일은 남은 음식을 황급히 넘긴 뒤 부랴부랴 자기 여주인에게 돌아갔다. 그 뒤 오간 대화는 다음 장으로 넘기겠다.

5
상냥한 숙녀와 그렇지 못한 몸종의 정체

유월 백합 틈에 핀 한 송이 다마스크 장미가 주위의 순백에 붉은 점 하나를 찍어놓듯이, 또는 상쾌한 오월 장난기 넘치는 어린 암소가 꽃들로 뒤덮인 초원에 그 향기로운 입김을 흩트려놓듯이, 또는 꽃피는 사월 온순하고 의연한 비둘기가 아름다운 나뭇가지에 앉아 자신의 짝을 생각하듯이, 바로 그렇듯 얼굴에 수많은 매력을 띠고, 입김에 수많은 향기를 머금고, 사랑하는 톰을 그리며, 아름다운 얼굴만큼이나 착하고 순수한 마음으로 소피아는 사랑스런 머리를 한 손에 기대고 누워 있었다(바로 그녀가 소피아였다). 그때 몸종이 방으로 들어와 침대로 곧장 달려오며 소리쳤다. "아가씨, 아가씨! 이 여관에 누가 묵고 계신지 아세요?"

소피아가 깜짝 놀라 벌떡 일어나며 외쳤다. "아버지께서 우리를 따라잡으신 건 아니겠지?"

"아니에요, 아가씨. 아버지보다 백 배는 소중한 분이시죠. 바로 존스 도련님께서 지금 이 여관에 계신답니다."

"존스 도련님이라고! 말도 안 돼. 그렇게 재수가 좋을 리 없잖아."

몸종은 틀림없다고 주장했다. 소피아는 즉시 당사자를 불러오도록 몸종을 급파했다. 당장 그를 보기로 결심했던 것이다.

앞서 보았던 대로, 하녀 아너가 부엌을 부랴부랴 떠나자마자 여관 안주인이 그녀를 사납게 욕하기 시작했다. 아까 전부터 이 가엾은 여인의 마음속에 가득 쌓여 있던 욕설이, 흙 수레를 막고 있던 널빤지를 치웠을 때 진흙이 한꺼번에 쏟아져 나오듯이, 입에서 마구 쏟아져 나왔다. 파트리지도 이에 질세라 상스러운 욕을 퍼부었다. (독자 여러분께서도 어리둥절하시겠지만)몸종뿐 아니라 백합처럼 새하얀 소피아의 성품까지도 욕하려 들었다.

"유유상종이지. Noscitur à socio(친구를 보면 그 사람을 안다)란 말이 딱 맞는다니까. 두 사람 가운데 좋은 옷을 입은 쪽이 더 예의 바른 건 사실이지만, 둘 다 올바른 처신을 하지 않는 사람들인 건 분명합니다. 바스의 매춘부들이 틀림없어요. 상류층 사람이라면 하인도 없이 이런 한밤에 말을 타고 오진 않죠."

안주인이 소리쳤다. "암요, 그렇죠. 그 말이 딱 맞아요. 상류층 손님들은 여관에 들어와 식사를 꼭 주문하거든요. 먹든 안 먹든 말이에요."

그들이 한창 이야기를 나누고 있을 때 아너가 돌아와 명령을 이행했다. 즉 곧장 가서 존스 씨를 깨우고, 어느 숙녀가 만나고 싶어 한다는 말을 전하라고 안주인에게 명령했다. 안주인은 아너를 파트리지 쪽으로 밀어내며 "저분이 그 신사분의 친구세요. 저는 남자들, 특히 신사분들 방에는 결코 들어가지 않습니다" 하고는 통명스럽게 부엌에서 나갔다. 아너가 파트리지에게 부탁했지만, 그도 거절했다. "내 친구는 너무 늦게 잠자리에 들었습니다. 이렇게 이른 시각에 깨우면 몹시 화를 낼 거요." 아너는 그를 깨우라고 계속해서 주장하며, 이유를 알게 되면 화는커녕 크게 기뻐할 거라고 말했다.

파트리지가 큰 소리로 말했다. "다른 때라면 기뻐했겠지요. 하지만 non omnia possumus omnes(인간의 힘에는 한계가 있는 법). 무슨 소린고 하니, 평범한 남자라면 한 번에 한 여자로 족하다는 겁니다."

아너가 소리쳤다. "한 번에 한 여자라니, 이봐요, 지금 무슨 소리예요?"

파트리지가 대답했다. "이봐라니!" 그러고는 존스가 지금 어떤 계집과 같이 자고 있다고 노골적으로 말했는데, 그 표현이 너무나도 상스러운지라 여기서는 소개하지 않겠다. 아너도 화가 머리끝까지 치밀어 올라 그에게 "뻔뻔스런 놈"이라고 욕하고는 쏜살같이 여주인에게 돌아갔다. 그녀는 임무를 다하지 못했노라 말하고, 지금 들은 이야기를 들려주었다. 그것도 파트리지 입에서 나온 말들이 존스 본인이 내뱉은 말인 것처럼 분통을 터트리며 더욱 과장해서 보고했다. 쉴 새 없이 욕설을 퍼부으며, 아가씨에게 어울리는 구석이라곤 조금도 보이지 않는 그런 자 따위는 잊어버리라고 충고했다. 그러고는 몰리 시그림 사건을 들추어내며, 그때도 소피아를 버렸던 것 아니냐며 지극히 심술궂은 해석을 했다. 지금의 상황이 그 해석을 적잖이 뒷받침함은 인정해야 할 것이었다.

소피아는 너무나도 큰 충격에 기운이 빠져, 몸종의 말을 막을 힘조차 없었다. 그러나 마침내 겨우 그 말을 막으며 말했다. "네 말을 도저히 믿을 수 없어. 어떤 나쁜 사람이 도련님을 중상모략한 게 틀림없어. 그분의 친구에게서 들었다고 했지? 그렇지만 그런 비밀을 폭로하는 건 친구가 할 짓이 아닌걸."

아너가 큰 소리로 말했다. "그자가 중간에서 다리를 놓은 게 분명해요. 그렇게 인상이 고약한 자는 처음이었거든요. 게다가 존스 도련님 같은 난봉꾼들은 이런 일을 결코 부끄러워하지 않는 법이죠."

사실 파트리지의 언동에는 조금의 변명의 여지도 없었다. 그러나 전날 밤 삼킨 약 기운을 수면으로 풀지 못한 데다, 새벽녘에 1파인트도 넘는 포도주,

정확히 말하자면 결코 순수한 술이라 할 수 없는 페리주까지 마신 상태였다. 조물주께서 그의 머릿속에 술을 저장하라고 만들어놓으신 저수지는 매우 얕아서 술이 조금만 들어가도 곧 홍수를 일으키고 마음의 수문을 열었다. 그 결과, 그곳에 저장되어 있던 온갖 비밀이 흘러나오는 것이었다. 사실 그 수문은 천성적으로 아주 허술했다. 그의 심성을 최대한 좋게 평가하자면, 그는 아주 정직한 사람이었다. 호기심이 지나쳐 끊임없이 남들 비밀을 캐묻고 다녔지만, 그 보답으로 다른 이들에게 자기가 아는 모든 비밀을 알려줌으로써 충실하게 대가를 치렀다.

소피아가 근심으로 괴로워하며, 아녀의 말을 믿어도 좋을지 결단을 내리지 못하고 있는 차에 수전이 우유가 든 셰리주를 가지고 들어왔다. 아녀가 즉시 여주인에게 귓속말하길, 이 계집을 추궁하면 진실을 알아낼 수 있을 거라고 조언했다. 소피아도 그 말에 동의하여 이렇게 시작했다. "애, 이리 와보렴. 이제부터 내가 묻는 말에 솔직하게 대답해야 한다. 사례는 넉넉히 해주마. 지금 이 여관에 젊은 신사분, 그러니까 아주 잘생긴 젊은 신사분이, 그러니까, 저……." 소피아가 얼굴을 붉히며 당황했다. 아녀가 소리쳤다. "지금 부엌에 있는 그 뻔뻔스런 놈하고 같이 온 젊은 신사 말이야. 이 여관에 계시지?"

"네, 계십니다."

소피아가 계속 말했다. "함께 있는 숙녀분에 대해 뭐 아는 게 있니? 그 숙녀분 말이야. 예쁜지 아닌지를 묻는 게 아니란다. 예쁘지 않을 수도 있지. 그건 중요한 게 아니야. 어쨌든 그 숙녀분에 대해 좀 아니?"

아녀가 소리쳤다. "아가씨, 정말 형편없는 심문관이시네요! 너, 똑바로 대답해라. 지금 그 신사가 어떤 추잡스런 계집년과 함께 자고 있지?"

수전은 빙글빙글 웃으며 침묵을 지켰다. 소피아가 말했다. "애야, 대답해보렴. 그러면 여기 이 1기니를 주마."

수전이 외쳤다. "1기니라고요! 하지만 1기니가 무슨 대수겠어요? 안주인 마님께서 이 사실을 아시는 날엔 전 그 즉시 목이 달아날 텐데요."

소피아가 말했다. "1기니를 더 주지. 그리고 주인아주머니가 절대로 모르도록 하마."

수전은 잠시 망설이다 돈을 받아든 뒤 모든 진상을 말하고 끝에 이렇게 덧붙였다. "꼭 알고 싶으시다면 제가 몰래 그분 방으로 가서, 침대에 계신지 보고 오겠습니다." 소피아가 그렇게 해달라고 하자 수전은 즉시 움직였다. 그리고 돌아와서는 안 계신다고 말했다.

소피아는 몸을 떨며 얼굴이 창백해졌다. 아너가 위로하며, 그런 나쁜 자식은 그만 잊어버리라고 말했다.

수전이 말했다. "저, 아가씨, 제 말을 불쾌하게 생각하지 마세요. 혹시 성함이 소피아 웨스턴 아니십니까?"

"네가 어찌 내 이름을 아느냐?"

"저 숙녀분께서 말씀하신 부엌에 있는 그 남자분이 어젯밤에 아가씨에 대해 말씀하셨거든요. 제게 화를 내시진 않겠죠?"

"왜 화를 내겠니. 부디 모든 사실을 얘기해다오. 사례는 분명히 할 테니."

수전이 말을 이었다. "저, 그분이 부엌에서 모두에게 말했어요. 소피아 웨스턴 아가씨께서……. 아, 어떻게 얘길 꺼내야 할지 모르겠네요."

수전은 말을 끊었으나, 소피아가 격려하고 아너가 맹렬히 재촉하자 말을 이었다. "분명히 모두 거짓말이겠지만, 모두에게 이렇게 말했어요. 아가씨께서 젊은 지주님을 죽도록 사랑하는데, 그런 아가씨에게서 도망치기 위해 도련님이 전쟁터로 가는 중이라고요. 전 혼자 그분을 신의 없고 비열한 철면피라고 생각했지요. 아가씨처럼 훌륭하시고 부자이시며 아름다우신 숙녀분이 그따위 하찮은 여자 때문에 버림받으시다니요. 그래요, 그 여잔 정말 보잘것없는 데다 다른 남자의 아내랍니다. 정말 부조리한 일이지요."

소피아는 수전에게 세 번째 금화를 주었다. 지금 오간 내용을 발설하지 말고 자기 정체를 누구에게도 알리지 않는다면 틀림없이 자기와 친구가 될 것이라고 말하고, 마부에게 즉시 말을 준비시키라고 전달하라는 명령과 함께 하녀를 내보냈다.

아너와 단둘이 남자 소피아는 이 충직한 몸종에게 말했다. "이렇게 마음이 편안했던 적이 없어. 그는 망나니일 뿐만 아니라 아주 비열하고 천박한 자야. 다른 건 다 용서해도, 내 이름을 그런 야만스런 방식으로 드러낸 건 용서 못해. 이젠 그 사람이 경멸스러워. 아니, 나 진짜로 마음이 편해졌어. 정말이야. 정말 아주 편안해." 이렇게 말하고 눈물을 펑펑 쏟아냈다.

소피아가 울면서, 마음이 완전히 편안해졌다고 거듭 강조하며 짧은 시간을 보내고 나자, 수전이 다시 찾아와 말이 준비됐다고 전했다. 그때 우리의 여주인공에게 한 가지 기발한 생각이 떠올랐다. 자기가 이 여관에 다녀갔다는 사실을 어떤 방법을 써서 존스에게 알려주겠다는 것이었다. 그에게 자신에 대한 사랑의 불꽃이 조금이라도 남아 있다면, 적어도 그의 실수에 대한 징벌이 될 수 있는 방법이었다.

독자 여러분께서는 이 작품에서 영광스럽게도 몇 차례 거론된 바 있는 조그만 토시를 기억하실 것이다. 존스가 떠나간 뒤 이 토시는 낮에는 소피아의 변함없는 동반자였고, 밤에는 침대 동무였다. 그녀는 지금도 그 토시를 팔에 차고 있었다. 그러나 몹시 화가 나서 토시를 벗은 뒤, 종이에 연필로 자기 이름을 적고 그 종이를 토시에 핀으로 꽂았다. 그러고는 여관 하녀를 매수해서 그것을 존스 방 빈 침대에 갖다 놓으라고 말했다. 그가 자기 침대로 돌아올 기색이 없거든, 어떻게든 방법을 찾아내어 아침에 그의 눈에 띄도록 만들라고 지시했다.

그러고 나서, 아녀가 먹은 식사 값을 지불한 뒤(계산서에는 먹지도 않은 소피아 몫까지 얹혀 있었다) 말에 오른 다음, 마음이 더할 나위 없이 편안하다고 다시 한 번 단언하고는 길을 떠났다.

6

파트리지의 계략, 존스의 격분, 피츠패트릭의 우둔함
그 밖의 사건들

새벽 5시가 지나자 손님들이 하나둘 일어나 부엌으로 나오기 시작했다. 그중에는 하사관과 그와 싸움을 벌였던 마부도 있었다. 이들이 완전히 화해를 한 뒤였으므로 화해주 의식이 거행되었다. 쉽게 말하자면, 사이좋게 한잔 걸쳤다.

이 술자리에서 파트리지의 행동보다 눈에 띄는 일은 일어나지 않았다. 하사관이 조지 국왕 폐하의 건강을 빌며 건배제의를 했을 때, 파트리지는 '국왕'이라는 단어만 따라했을 뿐 나머지는 끝내 말하지 않은 것이다. 자기 신념에 반하여 싸우러 가는 몸이었지만, 신념을 저버린 건배는 도저히 용납할 수 없었기 때문이었다.

마침내 자기 방 침대로 돌아온 존스가(어디에서 돌아왔는지는 말씀드리지 않을 테니 용서해주시기 바란다) 이 유쾌한 술자리에서 파트리지를 불러냈다. 파트리지는 의례적인 말로 운을 떼고, 의견을 말씀드리겠다는 허락을 얻은 뒤 이렇게 말했다.

"'현명한 사람도 가끔은 바보에게서 깨달음을 얻는다'는 격언이 있는데, 그건 맞는 말입니다. 그러니 감히 제 의견을 말씀드리건대, 이 horrida bella, 즉 피비린내 나는 전쟁은 먹을 게 궁해서 화약이라도 집어삼킬 녀석들에게 맡겨 버리고 부디 집으로 돌아갑시다. 집으로 돌아가시면 아무 부족함이 없을 거라는 점은 모두가 아는 바입니다. 사정이 그럴진대 이렇게 객지를 떠돌 이유가 어디에 있습니까?"

존스가 큰 소리로 말했다. "파트리지, 당신 겁쟁이군요. 고향으로 돌아가고 싶으면 내게 더는 상관 말고 혼자 가세요."

파트리지가 소리쳤다. "도련님, 용서해주세요. 저보다 도련님을 생각해서 한 말이었습니다. 제 삶이 보잘것없다는 사실은 신께서도 아시죠. 또 저는 두려움과는 아주 거리가 멉니다. 권총이든 나팔총이든 제겐 장난감 공기총만도 못하죠. 어차피 인간은 한 번은 죽습니다. 어떻게 죽든 마찬가지죠. 팔 하나, 다리 하나만 잃고 돌아올 수도 있을 테고요. 진심으로 말씀드리는데, 전 조금도 두렵다는 생각을 한 적이 없습니다. 그러니 도련님께서 계속 가실 결심이라면 저도 따라가겠습니다. 하지만 할 말은 해야겠습니다. 도련님처럼 지체 높으신 신사분께서 맨다리로 다니시는 건 부끄러운 여행 방식이라는 것이죠. 이 여관 마구간에 훌륭한 말이 두세 필 있는데, 주인도 도련님께라면 주저 없이 빌려줄 겁니다. 또 그가 망설인다 해도, 그 말들을 데려갈 묘안이 있답니다. 최악의 상황이 닥친다 하더라도, 국왕 폐하는 도련님을 반드시 용서해주실 것입니다. 뭐니 뭐니 해도 국왕 폐하를 위해 싸우러 가는 길이니까요."

파트리지의 정직함은 그 이해력에 버금가는 것이어서 사소한 문제들에만 관여했다. 그는 여간 안전하다는 확신이 들지 않으면 이런 나쁜 짓을 시도하지도 않을 사람이었다. 어떤 일이 적합한가 여부보다 교수대를 더 많이 고려하는 사람이었기 때문이다. 지금은 이런 중죄를 저질러도 전혀 위험하지 않다고 생각했다. 올워디라는 이름을 들으면 여관 주인도 뭐라고 할 수 없을 터이므로, 일이 어떻게 흘러가든 안전할 거라는 확신이 들었기 때문이다. 한편으로는, 자신들을 지켜줄 친구가 존스 편에도, 자기편에도 많이 있을 거라 생각했다.

존스는 파트리지의 이 제안이 진심 어린 것임을 알고 그를 호되게 나무랐다. 아주 거친 표현이 튀어나왔으므로 파트리지는 그것을 그냥 웃어넘기려 했다. 그는 즉시 화제를 돌렸다. 이 여관은 아무래도 매춘굴인 것 같으며, 한밤중에 웬 계집 두 명이 도련님의 잠을 방해하려는 걸 힘들게 막아냈노라고 말했다. "어, 이게 뭐야? 제 허락도 받지 않고 그 계집들이 이 방에 들어왔던 것 같군요. 여기 바닥에 그중 한 계집의 토시가 떨어져 있어요." 어둠 속에서 돌아온 탓에 이불 위에 토시가 놓인 줄 몰랐던 존스는 침대 위로 뛰어오르다 그것을 바닥에 떨어뜨린 것이었다. 파트리지가 토시를 집어 들어 주머니에 넣으려고 하는데, 존스가 좀 보자고 했다. 그 토시는 특징이 뚜렷한 것이었다. 쪽지가 없었더라도 우리의 주인공은 그 토시를 기억해냈을 것이다. 그러나 그의 기억력은 그런 힘든 일을 할 필요가 없었다. 토시를 보는 순간, 핀으로 고정된 종이 위에서 소피아 웨스턴이라는 글자를 읽었기 때문이다. 순식간에 미친 듯 흥분한 표정으로 바뀌어 애절하게 소리쳤다. "오, 하느님! 어찌하여 이 토시가 여기에 있단 말인가!"

파트리지가 소리쳤다. "저도 영문을 모르겠습니다. 어젯밤 도련님을 깨워 달라던 여자들의 청을 허락했더라면, 그 가운데 한 명이 그 토시를 팔에 차고 있는 것을 보았겠죠."

존스가 침대에서 뛰쳐나와 파트리지의 옷자락을 움켜잡으며 소리쳤다. "그 두 사람이 어디 있습니까!"

"지금쯤 벌써 몇 마일은 갔을 겁니다."

존스는 좀 더 캐물은 결과, 이 토시의 주인이 바로 사랑스러운 소피아임을 확신했다.

이때 존스가 보여준 행동, 생각, 표정, 말, 태도는 이루 형용할 수 없을 만큼 대단했다. 그는 먼저 파트리지에게 수도 없이 욕설을 퍼부었으며, 그 못지않게 자기 자신에게도 저주를 퍼부었다. 너무 놀라 거의 제정신이 아닌 가엾은 파트리지에게 즉시 아래로 가서 무슨 수를 써서라도 말을 빌리라고 명령했다. 그리고 불과 몇 분 뒤 옷을 아무렇게나 걸쳐 입고는 방금 내린 명령을 스스로 처리하기 위해 급히 아래로 달려 내려갔다.

그가 부엌에 도착했을 때 무슨 일이 일어났는지를 말하기에 앞서, 조금 전 파트리지가 자신의 주인에게 부름을 받고 부엌을 떠난 뒤 벌어진 사건으로 되돌아가야 할 것 같다.

하사관이 부하들을 데리고 행군을 떠난 지 얼마 되지 않아 아일랜드 신사 두 명이 일어나 내려왔다. 둘은 여관이 하도 시끄러워 몇 번이고 눈이 떠지는 바람에 밤새 거의 한숨도 못 잤노라고 투덜거렸다.

전날 밤 도착했던 젊은 숙녀와 몸종을 태우고 온 마차를 독자 여러분께서는 지금까지 그 숙녀 것이라고 생각하셨을지 모르겠다. 사실 이 마차는 바스에 사는 킹이라는 사람의 소유로서, 그의 집으로 돌아가던 길이었다. 킹 씨는 마차업 종사자 가운데 가장 정직한 사람이다. 그 길로 여행 가시는 독자분들께 진심으로 그의 말과 마차를 추천하는 바이다. 킹 씨의 마차를 이용하신다면, 이 이야기에 앞서 등장한 바로 그 마부와 바로 그 마차를 이용하는 즐거움을 맛보시게 될지도 모른다.

손님이 두 분밖에 없는 마부는 맥라클란 군도 바스로 간다는 얘길 듣고, 아주 싼 가격에 모셔다 드리겠다고 제안했다. 맥라클란 군은 이 제안이 마음에 들었다. 그가 우스터에서 임대해 온 말은 장거리 여행보다 우스터의 동료들에게 돌아가는 편을 기뻐할 거라는 여관 마부의 보고를 받은 터였기 때문이다. 문제의 말은 네 발이 아니라 두 발로 달린다고 표현하는 편이 나은 상태였다.

맥라클란 군은 마부의 제안에 즉시 동의했다. 동시에 친구 피츠패트릭을 마차의 네 번째 자리에 함께 타고 가도록 설득했다. 피츠패트릭은 뼈마디가 쑤셨던지라 말보다 마차가 더 마음에 들었고, 더구나 바스에서 아내를 만나게 되리라 확신했기 때문에, 시간이 조금쯤 지체되는 것은 큰 문제가 아니라고 생각했다.

둘 중 훨씬 영리한 맥라클란은 동행하게 된 숙녀가 체스터에서 왔다는 정보를 듣자마자, 마부에게서 들은 다른 정황을 종합해 볼 때 그녀가 친구의 부인일지도 모른다고 생각했다. 그는 즉시 그 의혹을 친구에게 알려주었다. 정작 피츠패트릭은 그런 의심을 꿈에도 하지 못하고 있었다. 사실 그는 조물주가 너무 급하게 만드느라 머리에 뇌를 넣는 것을 잊어버린 창조물 중 하나였다.

이런 사람들은 형편없는 사냥개와 같아서 자기 힘으로는 결코 사냥감 냄새를 맡지 못하는 주제에, 영리한 개가 짖기 시작하면 이내 따라 짖으며 냄새 따위는 아랑곳 않고 무작정 돌진하기 마련이다. 지금 상황이 그와 같았다. 맥라클란 군이 의심을 언급하자마자 피츠패트릭 씨는 그의 말에 동의하고, 정확히 어디 있는지도 모르면서 아내를 급습하기 위해 위층으로 날아 올라갔다. 그러고는 불행하게도(운명의 여신은 전적으로 자신의 지배하에 있는 신사들을 갖고 놀기를 좋아한다) 아무 성과도 없이, 머리를 이 문 저 기둥에 부딪치고 다녔다. 앞서 사냥개 비유를 떠오르게 해주었다는 점에서 운명의 여신은 내게 훨씬 친절한 것 같다. 이런 경우 가엾은 그의 아내는 그야말로 쫓기는 토끼에 비유될 수 있기 때문이다. 그녀는 불쌍한 작은 토끼처럼 추적자의 목소리에 귀를 쫑긋 세우고 있었다. 그 소리를 듣고는 토끼처럼 몸을 벌벌 떨며 도망치다 끝내는 토끼처럼 붙잡혀 목숨을 잃고 말 처지였다.

그러나 그런 일은 일어나지 않았다. 한참을 수색하고 다닌 보람도 없이 피츠패트릭 씨가 부엌으로 돌아왔을 때, 진짜 사냥이라도 하듯이, 사냥개가 냄새를 잃었을 때 사냥꾼이 외쳐대는 함성을 내지르며 한 신사가 여관 안으로 들어섰다. 말에서 내린 직후였으며, 많은 하인을 거느리고 있었다.

이쯤에서 독자 여러분께 몇 가지 사실을 알려드려야 할 것 같다. 이미 그 내용을 짐작하신다면, 여러분은 내가 생각하는 것보다 훨씬 현명하신 분이다. 어쨌든 그 내용은 다음 장에서 알려드리겠다.

7

업턴 여관에서 일어난 사건들의 결말

첫째로, 방금 도착한 이 신사는 바로 지주 웨스턴 씨였다. 딸을 추적하다 이곳까지 오게 된 것이었다. 운 좋게 두 시간만 일찍 도착했더라면 딸은 물론이고 덤으로 조카딸까지 찾을 수 있었을 것이다. 피츠패트릭 씨의 아내가 바로 그의 조카딸이었던 것이다. 5년 전 피츠패트릭 씨는 저 현명한 웨스턴 부인의 감시 아래 있던 그녀를 유혹해서 도망쳤었다.

이 숙녀도 소피아와 거의 같은 시간에 여관을 떠난 뒤였다. 남편 목소리에 잠에서 깬 그녀는 여관 안주인을 불러 사태를 파악했다. 그러고 착한 안주인을 거액의 돈으로 매수하여, 도망치는 데 필요한 말을 준비시켰던 것이다. 이 여관 사람들에게 돈의 위력은 그토록 대단했다. 이 안주인이 수전에 대해 독자 여러분만큼 진실을 알고 있었다면 그녀를 즉시 부패한 계집으로 몰아 쫓아냈겠지만, 사실 그녀도 가엾은 하녀 못지않게 부패의 소질이 있었다.

웨스턴 씨와 그의 조카사위는 서로 모르는 사이였다. 아는 사이였다 하더라도 웨스턴 씨는 그에게 눈길조차 주지 않았을 것이었다. 결혼 자체가 도둑 결혼이었고, 착한 지주가 생각하기에는 비정상적인 결혼이었기 때문이다. 조카딸이 죄를 저지른 그날부터 그는 당시 열여덟 살에 불과했던 가엾은 그녀를 못된 문제아로 여겨 포기해 버렸으며, 이후 자기 앞에서 그 이름을 부르는 것조차 허락하지 않았다.

부엌은 이제 난장판이었다. 웨스턴은 딸을 찾아 이리저리 묻고 다녔고, 피츠패트릭은 그에 질세라 아내에 대해 캐묻고 다녔다. 그때 불행하게도 존스가 소피아의 토시를 들고 나타났다.

웨스턴은 존스를 보자마자, 사냥감을 발견한 사냥꾼이 내지르는 것과 똑같은 고함을 내질렀다. 그러고는 즉시 존스에게 달려들어 그를 움켜잡으며 소리쳤다. "수여우 놈을 잡았다! 암놈도 이 근처에 있을 것이다." 그 뒤 몇 분 동안 이어진 사냥용 은어들은 모두에게 저마다 다른 의미를 지니기에 묘사하기가 매우 힘들 뿐더러, 읽기에도 불쾌한 것들이다.

존스가 웨스턴 씨의 손을 간신히 떨쳐내자, 그 자리에 있던 몇몇이 그 둘을 갈라놓았다. 우리의 주인공은 숙녀의 행방을 모른다며 자신의 무죄를 주장했다. 그때 서플 목사가 앞으로 나서며 말했다. "부인해봐야 소용없습니다. 죄의 증거가 그 손에 있지 않습니까. 맹세컨대, 그 토시는 소피아 아가씨 것입니다. 요즘 아가씨가 걸치고 다니시는 걸 자주 보았지요."

지주가 격분하여 외쳤다. "맞아, 내 딸년 토시야! 이 자식이 내 딸년 토시를 갖고 있어! 다들 보시오, 이 자식이 증거물을 갖고 있소! 이 자식을 당장 치안판사에게 데려가야겠어. 이 자식, 내 딸은 어디 있느냐!"

존스가 말했다. "제발 진정하십시오. 이 토시는 분명히 따님 것이지만, 제 명예를 걸고 말하건대, 저는 결코 아가씨를 만나지 못했습니다." 이 말에 웨스턴은 모든 인내심을 잃어 버렸다. 격분한 나머지 말도 제대로 하지 못할 지경이었다.

그 사이 하인 가운데 누군가가 피츠패트릭에게 웨스턴 씨의 정체를 알려 주었다. 이 착한 아일랜드인은 지금이야말로 처삼촌께 도움을 드릴 수 있는 절호의 기회이며, 잘하면 그의 호감을 살 수 있으리라 생각하고는 존스에게 다가서며 고함을 질렀다. "내 앞에서 저 신사분의 따님을 만난 사실을 부인하다니 창피한 줄 아시오! 당신도 알다시피, 내가 당신들이 한 침대에 있는 장면을 목격하지 않았소?" 그러고 나서 웨스턴 쪽으로 몸을 돌리고, 즉시 따님이 계신 방으로 안내하겠다고 제안했다. 제안이 받아들여지고, 그와 지주, 목사, 그 밖에 몇몇이 워터스 부인의 방으로 곧장 올라갔다. 그들은 전날 밤의 피츠패트릭 씨 못지않게 난폭하게 방문을 열어젖혔다.

가엾은 워터스 부인은 소스라치게 놀라고 겁에 질려서 잠에서 깼다. 침대 옆에 웬 정신병원에서 탈출한 것 같은 사람이 서 있었다. 웨스턴 씨의 표정이 그 정도로 난폭하고 광기 어려 보였던 것이다. 그는 부인을 보자마자 깜짝 놀라 뒤로 물러섰다. 굳이 말로 하지 않아도, 부인이 자신이 찾던 사람이 아님을 태도로 분명히 보여주고 있었다.

여성은 자신의 몸보다 명예를 훨씬 중시하는 존재이다. 지금, 전날 밤보다 몸은 덜 위태로워 보였지만 명예는 안전했으므로 부인은 전날 밤만큼 사나운 비명을 내지르지는 않았다. 어쨌든 다시 홀로 남게 되자, 그녀는 이제 잠을 자겠다는 생각을 깨끗이 접어 버렸다. 이 여관이 마음에 들지 않는 이유는 수도 없이 많았으므로 최대한 서둘러 옷을 챙겨 입기 시작했다.

웨스턴 씨는 온 여관을 뒤지고 다녔지만, 가엾은 워터스 부인의 잠을 방해했던 것과 마찬가지로 아무런 수확이 없었다. 낙심하여 부엌으로 돌아와 보니, 존스가 자신의 하인들에게 붙잡혀 있었다.

이 대소동 때문에, 아직 동도 트지 않은 시각이었지만 여관의 모든 손님이 잠에서 깼다. 이들 가운데 우스터 주 치안판사라는 명예를 지고 있는 근엄한 신사가 있었다. 이 사실을 알자 웨스턴 씨는 즉시 그를 찾아가, 재판을 맡아 달라고 부탁했다. 판사는 당장 서기도 없거니와 법률서도 없으므로 재판을 할 수 없다고 거절했다. 도망간 딸에 대한 법령 같은 것을 모두 머릿속에 넣고 다닐 리 만무하지 않느냐고 말했다.

그때 피츠패트릭 씨가 자신도 법을 배운 바 있다고 하면서 도움을 드리겠다고 제안했다(실제로 그는 아일랜드 북부에서 변호사 서기로 3년을 일한 뒤, 더 품위 있는 직업을 찾고자 변호사 곁을 떠나 잉글랜드로 와서 견습 기간이 필요 없는 직업, 즉 신사업을 개업했다. 그 방면에서 성공을 거두었음은 앞서 잠깐 말씀드린 대로이다).

피츠패트릭 씨는 딸에 대한 법률은 이 사건에 적용되지 않으나 토시를 훔친 행위는 명백한 유죄이며, 몸에서 증거물이 발견됐다는 것은 그 사실을 충분히 입증하는 증거라고 말했다.

이토록 박식한 조언자에게 힘을 얻은 데다 지주의 강력한 제소도 있었으므로 마침내 판사는 판사석에 앉는 데에 동의했다. 자리에 앉은 그는 존스가 아직도 토시를 들고 있는 것을 보았다. 그 토시가 웨스턴 씨의 소유물이 확실하다는 목사의 증언을 듣자, 피츠패트릭 씨에게 수감 영장을 작성하라고 지시하고, 거기에 서명을 하겠다고 말했다.

존스도 발언을 요청하고 어렵사리 허락을 받아냈다. 그는 바닥에 토시가 떨어져 있는 걸 발견했다는 파트리지의 증언을 제출했다. 더욱 유력한 증인은 수전이었다. 소피아가 직접 그 토시를 자기에게 건네주며 존스 방에 갖다 놓으라고 지시했다고 진술해준 것이다.

수전으로 하여금 이런 증언을 하게 만든 것이 본디 정의를 사랑하는 마음인지, 존스의 비범한 외모인지 나로서는 판단할 수가 없다. 어쨌든 그녀의 증언이 미친 효과는 대단했다. 판사는 의자 등받이에 몸을 내던지고, 처음에는 사건이 피고에게 불리하게 돌아갔지만 이제는 명백하게 유리해졌다고 선언했다. 목사도 동의하며, 무고한 사람을 감옥으로 보내는 데 한 몫 할 뻔했던 것을 하느님께서 막아주셨다고 말했다. 판사가 일어나 피고를 무죄 방면함으로써 법정은 폐정되었다.

웨스턴 씨는 현장에 있던 모든 사람에게 실컷 욕설을 퍼붓고, 곧이어 말을 준비하라고 지시했다. 방금 전 조카사위인 피츠패트릭에게 그렇게 많은 은혜를 입었음에도 그에게 눈길 한 번 주지 않은 채, 또 그가 인척관계를 주장하는 것에 대해 아무 대꾸도 없이, 딸을 다시 추격하기 위해 떠나 버렸다. 어찌나 서두르고 화를 냈던지, 다행스럽게도 존스에게서 토시를 빼앗는 것을 잊어

버렸다. 내가 여기서 '다행스럽게도'라고 말한 까닭은 존스로서는 그 토시와 이별하느니 그 자리에서 죽음을 택하겠다는 심정이었기 때문이다.

존스도 계산을 마치고는 곧 동행자 파트리지와 함께 사랑하는 소피아를 쫓아 길을 떠났다. 이제는 그녀를 끝까지 쫓아갈 생각이었다. 워터스 부인에게는 작별인사를 하고 싶은 마음조차 없었다. 의도한 바는 아니었을지라도, 영원한 충성을 맹세한 소피아와의 행복한 만남이 좌절된 것이 그녀 탓이라고 생각하면 더는 떠올리기조차 싫었다.

워터스 부인은 바스로 떠날 예정인 마차를 얻어 타고 가기로 하고, 두 아일랜드 신사와 함께 출발했다. 친절하게도 여관 안주인이 옷을 빌려주었는데, 그 대가로 안주인은 실제 옷값의 두 배에 해당하는 돈만 받는 것에 만족했다. 바스로 가는 도중에 부인은 비범한 미남인 피츠패트릭 씨와 완전히 화해했으며, 아내를 잃어 버린 그에게 온 정성을 쏟아 위로했다.

이리하여 존스 군이 업턴 여관에서 만났던 희한한 사건들이 모두 끝났다. 오늘날까지도 이 여관에서는 매력적인 소피아의 미모와 사랑스런 행동이 서머싯셔의 천사라는 이름으로 전해 내려온다고 한다.

8
과거로 거슬러 올라간 이야기

이야기를 더 진행하기에 앞서, 소피아와 그녀의 아버지가 업턴 여관에서 그토록 특별나게 등장하게 된 연유를 설명하기 위해 시간을 다소 거슬러 올라가기로 하겠다.

독자 여러분께서도 기억하시겠지만, 우리는 제7권 제9장에서 소피아가 사랑과 자식으로서의 도리 사이에서 갈등을 한 끝에, 흔히 그렇게 되기 마련이지만, 사랑 쪽에 유리한 결론을 내린 대목에서 그녀와 헤어진 채이다.

앞서 보신 바대로, 이 갈등은 그녀의 아버지가 그녀에게 블리필과의 결혼을 강요하기 바로 전에 찾아왔다. 정확히 그가 딸의 "아버지께서 내리시는 절대적인 명령을 어떻게 거부하겠어요?"라는 발언에 결혼 승낙 의사가 담겨 있다고 해석한 데에 갈등의 근원이 있었다.

그날 딸을 만나고 돌아온 지주는 딸을 설득하는 데 성공한 것을 매우 기뻐하며 늘 하던 대로 늦은 술자리를 시작했다. 사교 기질이 있어 기쁨을 남들과 공유하고 싶어 하는 그는 부엌에도 아낌없이 맥주를 돌리라고 지시했다. 그 결과 밤 11시가 되기도 전에 웨스턴 고모와 사랑스런 소피아를 빼고는 집 안에서 멀쩡한 정신을 가진 사람이 한 명도 없었다.

다음 날 아침, 블리필 군을 모셔오도록 심부름꾼이 급파되었다. 지주는 이 청년이 딸이 그토록 그를 혐오한다는 사실을 그렇게 자세히는 모를 거라고 생각했다. 또 딸의 승낙을 아직 알리지 않았기 때문에, 그 소식을 꼭 알리고 싶어 안달이었다. 예비 신부가 자기 입으로 그 사실을 확인시켜주리라는 점도 의심하지 않았다. 결혼식은 하루건너 그 다음 날 아침 올리기로, 전날 밤 남자들끼리 결정해 놓은 상태였다.

응접실에 아침 식사가 차려졌다. 블리필이 자리에 앉고, 지주와 그의 여동생도 앉았다. 지주가 소피아를 데려오라는 지시를 내렸다.

오, 셰익스피어여! 내게 그대의 펜이 있다면! 오, 호가스여! 내게 당신의 연필이 있다면! 그렇다면 나도 이때 가엾은 하인이 새파랗게 질린 채 앞을 빤히 쳐다보며, 이를 딱딱 부딪치고, 말은 더듬더듬, 사지를 부들부들 떨며 식당으로 돌아와, "소피아 아가씨께서 안 보이십니다" 말했을 때의 모습을 훌륭히 묘사했을 텐데!

(바로 그처럼 금방이라도 쓰러질 것 같은
우울한 죽은 사람의 표정으로,
슬픔에 넋이 나간 남자가,
칠흑 같은 밤에 프리아모스 왕 침실의 커튼을 젖히며,
트로이는 이미 절반이 불탔노라고 말했을 것이다)[3]

지주가 소리치며 의자에서 벌떡 일어났다. "안 보이다니! 제기랄! 빌어먹을! 기가 차 피를 토할 노릇이군! 언제, 어디서, 뭐가, 어떻게 됐다는 거야? 안 보이다니! 어디서!"

---

[3] 셰익스피어 《헨리4세》 제2부 1막 1장 70~73행의 유명한 구절.

웨스턴 부인이 진정으로 정치가다운 냉담함을 유지하며 말했다. "오라버니, 오라버닌 늘 아무것도 아닌 일에 그렇게 역정을 내시는군요. 그 애는 분명히 정원을 좀 산책하고 있을 거예요. 요즘 들어 오라버닌 정말 이해할 수 없게 변했어요. 도저히 한 집에서 같이 살 수가 없을 정도네요."

지주가 이성을 상실했을 때만큼이나 순식간에 정신을 가다듬으며 대꾸했다. "그래그래. 안 보이는 것 자체가 대단한 일은 아니지. 하지만 저 녀석이 딸애가 안 보인다고 말했을 때는 정말로 가슴이 덜컥 내려앉았다고." 그는 정원에 종을 울리라고 지시하고 편안한 마음으로 자리에 앉았다.

대부분의 경우 이 오빠와 여동생만큼 정반대 성격을 보여주는 예도 없었다. 특히 지금이 그랬다. 오빠는 먼 일은 절대로 예측하지 못하는 대신 어떤 일이 일어난 순간 모든 사태를 알아차리는 데는 아주 빨랐다. 반대로 여동생은 늘 먼 앞날은 예측했지만, 눈앞의 일을 보는 데는 그다지 안목이 높지 못했다. 이 두 가지 사례를 독자 여러분께서는 이미 아실 것이다. 그런데 사실 이들 남매의 이러한 능력에는 지나침이 있었다. 즉 여동생은 일어나지 않을 일까지 예측하곤 했고, 오빠는 실제 상황보다 많은 것을 보곤 했던 것이다.

다만 지금 상황은 그렇지 않았다. 정원에서 들어온 보고도 방금 전 침실에서 들어온 보고와 똑같이 소피아의 행방이 묘연하다는 것이었다.

이번에는 지주가 직접 나섰다. 그는 저 옛날 헤라클레스가 힐라스의 이름을 외쳤을 때만큼이나 크고 거친 목소리로 소피아의 이름을 외쳐댔다. 시인은 그때 온 해안이 그 아름다운 청년의 이름을 메아리로 되돌려주었다고 이야기했지만, 지금은 저택과 정원과 인근 모든 들판이 남자들의 거칠거칠한 목소리와 여자들의 째지는 목소리로 소피아의 이름을 되돌려주었다. 요정 에코가 이 사랑스런 이름을 따라하기를 몹시 즐기는 것 같았으므로, 진짜로 그런 요정이 있다면 나는 오비디우스가 그 요정의 성별을 잘못 알고 있었다고밖에 생각할 수가 없다.

오랫동안 혼란이 지속되었다. 마침내 지주가 씩씩거리며 응접실로 돌아왔다. 그곳에는 웨스턴 부인과 블리필 군이 기다리고 있었다. 지주는 몹시 의기소침하여 안락의자에 몸을 던졌다.

웨스턴 부인이 위로의 말을 건넸다.

"오라버니, 일이 이렇게 되어 유감이에요. 그 애가 가문에 누가 되는 행동을 한 것도 유감이고요. 하지만 이 모든 게 오라버니가 초래한 일이에요. 스스로를 탓할 일이죠. 그동안 제 충고와 정반대되는 교육만 시키시더니, 이제 그 결과를 아시겠지요? 그 애를 너무 제멋대로 키운다고 제가 천 번도 넘게 오라버니와 논쟁하지 않았던가요? 하지만 오라버니는 끝내 제 의견을 들은 척도 안 하셨어요. 그 애의 고집을 뿌리 뽑고 오라버니의 그릇된 교육 방식을 바로잡으려고 제가 그렇게 애쓰고 있을 때 그 애를 제 손에서 데려가셨죠. 그러니 저는 책임질 게 없어요. 조카의 교육을 전적으로 저에게 맡기셨더라면 지금 같은 꼴을 보지 않아도 되었을 거예요. 그러니 이 모든 것이 자업자득이다 생각하시고 그만 포기하세요. 말이야 바른 말이지, 그렇게 응석받이로 키웠으니 이런 일밖에 더 일어나겠어요?"

"빌어먹을! 네 말을 듣고 있자니 머리가 돌아 버릴 지경이다. 내가 그 애를 응석받이로 키웠다고? 그 애를 고집쟁이로 키웠다고? 내 말을 듣지 않으면 평생 빵과 물만 주고 방에 처박아 놓겠다고 위협한 게 바로 어젯밤이야. 욥 같은 인내심에도 한계가 있어."

그녀가 대꾸했다. "지금 그걸 말이라고 하세요? 제 인내심이 욥보다 50배나 강하지 않았더라면, 전 품위고 예절이고 다 잊어 버릴 참이라고요. 대체 쓸데없이 왜 끼어드신 거예요? 모든 걸 제게 맡겨달라고 그렇게 애원하고 부탁드리지 않았던가요? 제가 기껏 계획하고 실행해온 것을 오라버니가 단 한 번 발을 잘못 디딤으로써 모두 망쳐놓았어요. 제정신을 가진 사람이라면 딸을 그런 식으로 협박하겠어요? 영국 여자를 체르케스 노예처럼 다뤄선 안 된다고 제가 얼마나 자주 말씀드렸어요? 우리는 세상의 보호를 받고 있어요. 점잖은 방법에는 움직이죠. 하지만 협박하고 때려서 굴복시켜서는 안 돼요. 천만다행으로 살리 법전은 우리나라에서 아무 효력이 없으니까요. 오라버니의 거친 방식은 저니까 참아주지, 다른 여자 같으면 어림없어요. 조카애가 겁에 질려 그런 방법을 택한 것도 무리는 아니죠. 솔직히 말해, 세상 사람들도 그 애의 행동을 인정할 거예요. 다시 말씀드리지만, 오라버니, 모든 걸 자업자득이라 생각하고 그만 포기하세요. 제가 얼마나 자주 충고를—"

여기서 웨스턴은 의자에서 벌떡 일어나 두세 마디 끔찍한 욕설을 퍼부은 뒤 방을 뛰쳐나갔다.

오빠가 나가자 여동생은 그가 앞에 있을 때보다 더욱(그게 가능하다면)

신랄한 표현을 사용했다. 그러고는 자기 말이 사실이란 것에 블리필 군이 찬성해주길 바랐다. 그는 아주 정중한 태도로 그녀의 말에 전적으로 동의했다. 그러나 웨스턴 씨의 잘못을 모두 용서해주기도 했다. "부모로서 지나친 사랑을 쏟은 것이 죄라고 생각해야겠지요. 사랑스런 약점이랄까요." 숙녀가 대꾸했다. "그래서 더 용서할 수 없는 거예요. 그 지나친 사랑 때문에 망친 게 바로 자기 딸 아니고 누구랍니까?" 블리필은 즉시 동의했다.

웨스턴 부인은 블리필 군에게 아주 당황스런 감정을 표현했다. 결혼이 성사되었더라면 웨스턴 가문의 명예였을 텐데, 오히려 자기 가족 때문에 이런 꼴을 당하게 해서 면목이 없다고 말했다. 이 점을 가지고 조카의 어리석음을 가혹하게 비난했지만, 마지막에는 모든 책임을 오빠에게 돌렸다. 딸의 결혼 승낙 여부를 좀 더 확실히 확인하지 않고 일을 진행한 점은 용서의 여지가 없다고 말했다. "오라버니는 늘 다혈질에 고집불통이지요. 그토록 충고를 하고도 그 성질을 고치는 데 실패한 나에게도 죄가 있어요."

여기서 시시콜콜 내용을 이야기한다 해도 독자 여러분께 큰 재미를 드리진 못할 것이다. 어쨌든 이런 대화가 한참 이어진 뒤에 블리필 군은 작별 인사를 하고 집으로 돌아갔다. 실망감 때문에 썩 즐거운 기분은 아니었지만, 스퀘어에게 배운 철학과 스웨컴이 주입한 신앙심과 그 밖의 것이 작용하여, 더 뜨거운 연인들이 그런 종류의 재앙에 견딜 때보다 훨씬 잘 참는 법을 배운 바 있었다.

9
소피아의 도주

이제 소피아를 쫓아가 볼 시간이다. 독자 여러분께서 내가 그녀를 사랑하는 만큼의 절반이라도 그녀를 사랑하신다면, 그녀가 그토록 성미 급한 아버지의 지배와 그토록 냉정한 예비 신랑의 소유에서 무사히 벗어난 것을 기뻐하실 것이다.

시간을 알리는 쇳조각이 낭랑한 소리로 금속 종을 열두 차례 울리며, 그만 일어나 밤 순찰을 나가라고 유령들을 불러댔다. 쉽게 말하자면 자정이 되었다. 앞서 말했듯이 온 집안사람이 술에 취해 곯아떨어지고, 깨어 있는 사람은 정치 선전문을 골똘히 읽고 있는 웨스턴 부인과 우리의 여주인공뿐이었다. 우리의 여주인공은 살금살금 아래층으로 내려가 대문 빗장을 풀고 자물쇠를 연 뒤 밖으로 나와 서둘러 약속 장소로 갔다.

숙녀들은 때로 자질구레한 사건에도 두려움을 드러낼 수 있는 몇 가지 우아한 기술을 알고 있다(남성이 두려움을 숨기기 위해 사용하는 기술만큼이나 많이). 동시에 여자에게 어울리는, 아니 종종 여자로서 의무를 다하기에 필요한 일종의 용기도 지니고 있음은 분명하다. 여자의 미덕을 해치는 것은 사나움이지 용감함이 아니다. 정당하게 평가를 받는 저 유명한 아리아 이야기를 읽고서 그녀가 굳은 의지와 더불어 정숙함과 온순함까지 지니고 있었다는 사실에 감탄하지 않는 사람이 있을까? 쥐를 보고 비명을 지르는 여자들도 남편을 독살하거나 더 심하게는 남편에게 스스로 독을 먹으라고 몰아붙이는 능력을 지니고 있을지 모를 일이다.

소피아도 여자로서 지닐 수 있는 모든 온순함과 더불어, 마땅히 지녀야 할 용기를 갖추고 있었다. 따라서 약속 장소에 도착하여, 만나기로 한 몸종은 보이지 않고 대신 한 남자가 곧장 말을 타고 달려오는 것을 보았을 때도 그녀는 비명을 지르지도 기절하지도 않았다. 물론 맥박이 평소처럼 규칙적으로 뛰었다고는 말할 수 없다. 처음에는 조금 놀라기도 하고 걱정도 되었으나, 그런 감정들도 이내 사라졌다. 남자가 모자를 벗고 매우 공손하게 "혹시 다른 숙녀분을 만나기로 하시지 않았느냐" 묻고는, 실은 자신이 그 숙녀에게 그녀를 안내하기 위해 온 사람이라고 말했기 때문이었다.

소피아는 그 설명을 추호도 의심하지 않았다. 그녀는 결연히 남자 뒤에 올라탔다. 남자는 5마일쯤 떨어진 읍내까지 그녀를 안전하게 데려다 주었다. 그녀는 그곳에서 아너를 만나고 나서야 마음을 놓았다. 사실 이 몸종은 늘 자기 몸을 감싸고 있는 옷가지에 영혼까지 싸여 있는 사람이어서, 그 옷가지들에서 도무지 눈을 뗄 수가 없었다. 그래서 몸소 경계를 서기로 하고, 앞서 말한 남자에게 적절한 지시를 내려 여주인을 모셔 오게 한 것이었다.

소피아와 아너는 몇 시간 내로 쫓아올 것이 분명한 웨스턴 씨의 추적을 피하려면 어떤 길을 선택해야 할지 의논했다. 아너는 런던으로 가는 길이 몹시 끌렸기 때문에 곧장 그리로 가고 싶어 했다. 다음 날 아침 여덟아홉 시까지는 소피아가 없어진 사실이 발각될 리 없고, 자신들이 어느 쪽으로 갔는지 들통 난다 해도 따라잡힐 염려가 없다는 이유에서였다. 그러나 소피아는 일을 요행에 맡길 만큼 느긋한 처지가 아니었고, 오직 속도로 판가름 나는 이 시합에서 자신의 나약한 다리에만 의지할 마음이 없었다. 그녀는 적어도 이삼십 마일은 시골길을 가로질러 가고, 그 다음부터 런던으로 곧장 뻗은 도로를 이용하기로 결심했다. 20마일쯤 달리다가 방향을 바꾸어 다시 20마일쯤 달릴 생각으로 말을 빌리고, 아버지 집에서부터 자신을 뒤에 태우고 온 남자를 안내인 삼아 길을 나섰다. 안내인은 소피아를 태웠던 뒷자리에 이제 훨씬 무겁고 사랑스럽지도 않은 짐을 싣고 있었다. 그 짐이란 옷가지가 잔뜩 든 커다란 여행 가방이었다. 어여쁜 아너는 그것을 이용하여 런던에서 수많은 남자를 정복하고 마침내 운을 터볼 속셈이었다.

여관에서 나와 런던행 도로를 200걸음쯤 나아갔을 때, 소피아가 말을 탄 채 안내인에게 다가갔다. 그녀는 입 안이 벌꿀로 가득했다던 플라톤보다 더 달콤한 목소리로, 브리스틀로 가는 첫 번째 분기점에서 길을 꺾으라고 부탁했다.

독자 여러분이시여. 나는 미신을 믿는 사람도 아니고, 현대판 기적을 심각하게 믿는 사람도 아니다. 따라서 다음에 전할 내용이 틀림없는 사실이라고 주장하지는 않겠다. 나 자신조차 믿을 수 없는 내용이기 때문이다. 다만 한편에서 확실하게 주장하는 사람도 있는 바, 그것을 말하는 것이 역사가로서 충실한 태도일 것이다. 바로 안내인이 탄 말이 소피아의 목소리에 완전히 매료되어 우뚝 멈춰 서서는 더는 나아가지 않겠다고 고집을 피웠다는 것이다.

그러나 어쩌면 사실이고, 전해지는 것만큼 놀라운 일은 아니었을지 모른다. 뭔가 자연스러운 원인만으로도 그런 결과가 나올 수 있기 때문이다. 즉 바로 그 순간 안내인이 박차가 달린 오른쪽 발꿈치로(그는 휴디브라스처럼 박차를 한쪽에만 차고 있었다) 말 허리를 계속해서 차던 동작을 멈추었는데, 이 한 번의 멈춤이 말을 서게 한 원인일 가능성이 높다는 것이다. 더군다나 이 말이 평소에도 자주 그러했다는 점을 고려하면 더욱 그랬다.

아무튼 소피아의 목소리가 실제로 말에게 영향을 미쳤다 치더라도, 말을 탄 안내인에게는 아무런 영향도 미치지 못했다. 그는 다소 퉁명스럽게 대답했다. "우리 주인님께서는 그런 길로 가라는 지시를 내리지 않으셨습니다.

지시받지도 않은 길로 간다면 전 모가지가 달아날 겁니다."

아무리 설득해도 소용없음을 깨닫자 소피아는 저항할 수 없는 또 다른 매력을 그 아름다운 목소리에 추가했다. 속담에서 말하길, 늙은 암말조차도 그 매력에는 쉬지 않고 내달린다고 한다. 현대인들은 이 매력에 고대인들이 완벽한 웅변술에서 인정한 것과 똑같은 무적의 힘이 있다고 본다! 요컨대 얼마든 그가 원하는 보상을 해주겠노라고 약속한 것이다.

안내인도 이 약속이 전혀 솔깃하지 않은 것은 아니었다. 그러나 약속이 불분명하다는 점이 마음에 걸렸다. 어쩌면 그는 '불분명'이란 단어를 들어본 적이 없을지 모르지만, 어쨌든 그 점 때문에 꺼려졌던 건 사실이었다. "양반 나리들은 가난한 사람들의 사정을 고려하지 않지요. 전에도 올워디 나리 댁의 한 도련님과 함께 말을 타고 시골을 달렸었는데, 도련님은 약속한 보상도 해주지 않으셨고 전 해고될 뻔 했었지요."

소피아가 흥분하여 물었다. "누구와 함께라고요?"

안내인이 대답했다. "올워디 나리 댁 도련님이요. 지주님 아들이라고 그러던데요."

"어디로 갔죠? 그 도련님이 어느 쪽으로 가셨어요?"

"브리스틀에서 조금 벗어나 20마일쯤 떨어진 곳이었습니다."

"나도 같은 곳으로 데려다줘요. 1기니를 주겠어요. 부족하다면 2기니라도 드리겠어요."

"2기니는 주셔야죠. 제가 얼마나 큰 위험을 감수해야 하는지 고려하신다면 말입니다. 2기니를 주겠다고 약속하신다면 모험을 해보겠습니다. 우리 주인님 말을 타고 멋대로 돌아다니는 건 나쁜 짓입니다. 하지만 한 가지 위안은 그래봐야 제가 해고될 뿐이고, 2기니면 조금은 그 보상이 된다는 겁니다."

거래가 성사되자 젊은이는 브리스틀 쪽으로 방향을 바꾸었다. 소피아는 아너의 거센 항의를 뿌리치고 존스의 뒤를 쫓게 되었다. 아너는 존스 군보다 런던이 훨씬 보고 싶었다. 애당초 이 하녀는 그와 자기 여주인 사이가 탐탁지 않았다. 이유인즉슨, 연애 사건에서, 더군다나 비밀스런 연애에서 마땅히 몸종 몫이 되어야 할 금전적인 배려를 그가 등한시했기 때문이다. 우리는 그 것이 존스의 부주의한 성품 탓이지 인색함 때문이 아니라고 생각하지만, 그녀는 그 이유를 후자 탓으로 돌렸는지도 모르겠다. 어쨌든 그런 연유로 아너가 그를 심하게 미워하고, 틈만 나면 자기 여주인에게 그를 험담하리라 결심한 것은 사실이었다. 따라서 존스가 처음에 묵었던 바로 그 마을 그 여관으로 가게 된 것은 아너에게 아주 불행한 일이었다. 또한 존스가 데리고 나섰던 안내인을 만나 소피아가 우연히 그 사실을 알게 되기까지 한 일은 더욱 불행한 사건이었다.

우리의 여행자들은 동이 틀 무렵 함부르크*⁴에 도착했다. 아너는 전혀 그러고 싶지 않았지만, 존스 군의 행방을 알아보라는 지시를 받았다. 사실 안내인이 알려줄 수도 있는 사항이었지만, 웬일인지 소피아는 그에게 그런 질문을 하지 않았다.

아너가 여관 주인을 만나고 돌아와 보고를 했다. 소피아는 변변치 않은 말 몇 마리를 어렵사리 구해 타고 어느 여관에 도착했다. 존스가 머리가 깨져서라기보다 불행하게도 의사를 잘못 만난 탓에 억지로 발이 묶여 있어야 했던 바로 그 여관이었다.

여기서도 진상을 알아보라는 분부를 받고 아너는 여관 안주인에게 존스 군의 외모를 설명했다. 영악한 안주인은, 속된 말로, 바로 낌새를 챘다. 소피아가 여관에 들어서자 안주인은 몸종에게 대답하는 대신 여주인 쪽을 향해 이렇게 말을 꺼냈다. "세상에! 누가 그런 줄 생각이나 했겠어요! 두 분은 정말로 잘 어울리는 한 쌍이세요. 도련님께서 입만 열면 아가씨 얘기를 하신 것도 무리가 아니군요. 아가씨처럼 완벽한 분은 없다고 말씀하셨는데, 그 말이 딱 맞습니다. 아, 불쌍하신 도련님! 진심으로 도련님이 가엾어요. 언제나 베개를 끌어안고 '사랑스런 소피아'를 외치셨답니다. 전쟁터에 나가지 말라고 제가 얼마나 열심히 말렸는지 몰라요. 이렇게 아름다운 아가씨의 사랑도 받지 못한 채 전쟁터에서 죽는 것 말고는 써먹을 데가 없는 녀석들이 지천에 깔렸으니까요."

소피아가 말했다. "아주머닌 머리가 좀 이상하시군요."

"아닙니다, 아니에요. 저는 정신이 나가지 않았어요. 아가씬 제가 모르는 줄 아시나보네요. 모두 그분께 들은 이야기인걸요."

아너가 소리쳤다. "아니, 대체 어떤 건방진 녀석이 우리 아가씨에 대해 말

---

*4 존스가 퀘이커교도를 만난 마을이다.

했단 거죠?"

"건방진 녀석이 아니라, 숙녀분들이 찾고 계신 바로 그 젊은 신사분 말씀이죠. 아주 잘생긴 도련님이요. 온통 소피아 웨스턴 아가씨 생각으로 가득한 그분 말입니다."

"그가 우리 아가씨를 사랑한다고! 잘 들어요. 우리 아가씨는 그런 사람한테 과분한 몸이라고요."

소피아가 말을 가로막았다. "그만둬, 아너. 착한 부인에게 화를 내지 마. 나쁜 의도가 있어서 그러는 건 아닐 테니."

소피아의 상냥한 말투에 용기를 얻어 안주인이 대답했다. "아니지요, 세상에나, 아니고말고요." 그러고는 여기에 옮겨 적기에도 무척 지루하고 장황한 이야기를 시작했다. 그중 몇 가지 내용은 소피아의 기분을 상하게 하는 것이었고, 또 몇 가지는 하녀를 화나게 하는 것이었다. 아가씨와 단둘이 있게 되자 아너는 그 이야기를 빌미삼아 가엾은 존스를 규탄했다. "정말 몹쓸 사람이군요. 술집에서 숙녀의 이름을 함부로 말하고 다니다니, 숙녀를 사랑할 자격이 없어요."

소피아는 그의 행동이 그리 나쁘게 생각되지 않았다. 다른 내용 때문에 화가 나기는 했지만, 그의 격렬하고 황홀한 사랑(여느 때 버릇대로 여관 안주인이 심하게 과장하긴 했지만)이 감격스러운 마음이 더 강했다. 사실 그녀는 모든 일을 존스의 지나친 정열, 또는 넘쳐흐르는 열정과 솔직한 심성 탓으로 돌렸다.

나중에 아너는 이 여관에서의 일을 소피아에게 상기시키는데, 그것도 매우 불리하고 해롭게 덧칠하여 말하게 된다. 때문에 이 일은 업턴에서 일어난 불행한 사건을 자못 진실처럼 보이게 하고, 몸종이 여주인으로 하여금 존스를 만나지 않고 그 여관을 떠나게 하는 데 일조하게 된다.

여관 안주인은 소피아가 말들이 준비될 동안만 잠깐 머무를 뿐 뭘 먹거나 마실 생각도 없음을 알자 금세 물러났다. 아너는 아가씨를 책망했다(사실 아주 방자한 내용이었다). 본디 목적지는 런던이며, 도련님을 쫓아가는 일이 얼마나 부적절한지를 끊임없이 암시하며 장광설을 늘어놓은 뒤, 다음과 같은 진지한 권고로 말을 맺었다. "제발요 아가씨, 어쩌실 작정인지, 또 어디로 가시려고 하는지 숙고해주세요."

결코 적절하다 할 수 없는 계절에 이미 40마일 가까이 말을 타고 온 숙녀에게 이런 충고를 하는 것은 어리석어 보일는지 모르겠다. 물론 아너로서도 그 점은 충분히 숙고한 끝에 말하기로 결심한 것이리라 생각된다. 또 그녀가 암시한 내용들로 미루어 볼 때, 실제로 그런 것 같아 보인다. 독자 여러분 가운데도 그런 의견을 가지신 분이 많으리라. 그런 분들은 우리 여주인공이 진작 결심을 굳혔다고 생각하시고, 그러기에 그녀를 조심성 없는 아가씨라고 진심으로 비난하기도 하셨을 것이다.

하지만 사실은 그렇지 않았다. 소피아는 최근까지도 희망과 두려움, 효도와 사랑, 블리필에 대한 증오와 존스에 대한 연민과 (솔직하게 진실을 말하자면)사랑 사이에서 갈피를 잡지 못했다. 게다가 그 사랑이 아버지와 고모, 그 밖에 여러 사람, 그중에서도 특히 존스의 행동 때문에 불꽃처럼 피어올라 마침내 그녀는 혼란에 빠져들었다. 자신이 지금 무엇을 하고 있는지, 어디로 가는지도 모르고, 그 결과에 대해서도 무관심하게 만드는 상태였다.

그러나 몸종의 신중하고 현명한 충고로 다소 냉정해진 그녀는 먼저 글로스터에 들렀다가 곧장 런던으로 가기로 결심했다.

그런데 우연하게도 그 마을에 들어가기 몇 마일 전에 그녀는 앞서 존스 군과 식사를 했던 돌팔이 변호사를 만났다. 아너와 잘 아는 사이였던 그가 가던 길을 멈추고 그녀에게 말을 건 것이다. 소피아는 그가 누구냐고 묻기는 했으나 특별히 신경을 쓰지는 않았다.

그녀는 글로스터에 도착한 뒤 아너에게서 그에 대한 자세한 설명을 들었다. 평소 여행을 아주 빨리 하는 것으로(앞에서도 나온 얘기다) 특히 유명하다는 설명이었다. 소피아는 아너가 그에게 자신들이 글로스터로 가는 길이라고 말하는 것을 들은 것이 기억이 났다. 그러자 그 때문에 아버지가 이 도시까지 추적해올 수도 있겠다는 두려움이 들었다. 이 마을에서 런던으로 이어지는 길로 접어들었다가는 아버지에게 따라잡힐 것이 틀림없었다. 소피아는 예정에 없던 길로 일주일 정도 가기로 마음을 바꾸고 말을 빌렸다. 몸종의 진지한 간청과 그 못지않게 강력한 여관 안주인 휘트필드 부인의 청이 있었지만, 몸을 잠시 추스른 뒤 다시 길을 나서기로 했다. 훌륭한 예의범절과 착한 마음씨(가엾은 어린 숙녀가 몹시 피곤해 보였기 때문에)를 지닌 안주인이 그날 밤은 자기 여관에서 묵고 가라고 간곡하게 애원했던 것이다.

말들이 준비되는 동안 차를 조금 마시고 침대에서 두 시간 정도 쉰 것으로 원기를 보충한 뒤, 소피아는 밤 열한 시경 단호하게 휘트필드 부인의 여관을 떠나 곧장 우스터로 가는 길로 접어들었다. 그리고 채 4시간도 안 되어, 우리가 그녀를 마지막으로 보았던 바로 그 여관에 도착했다.

　이렇게 해서 우리의 여주인공이 집을 떠나 업턴에 도착하기까지의 과정을 상세하게 추적했다. 이번에는 아주 간단히 그녀의 아버지도 같은 장소에 데려다 놓도록 하겠다. 웨스턴 씨는 딸을 함부르크까지 안내한 안내인에게서 첫 번째 단서를 잡아낸 뒤, 아주 쉽게 글로스터까지 그녀를 추적했다. 거기서부터는 존스가 업턴으로 갔다는 사실을 알아내고(지주의 표현으로는 파트리지가 곳곳에 강한 냄새를 남겨 놓았기 때문에), 소피아도 물론 같은 길로 갔으리라 또는 '도망쳤으리라' 믿고 그 뒤를 쫓은 것이다. 그는 아주 거친 표현을 썼는데 그것을 여기에 소개할 필요는 없을 것 같다. 여우 사냥꾼들이나 이해할 표현인 데다, 굳이 쓰지 않아도 그들은 쉽게 짐작할 것이기 때문이다.

제11권
사흘 동안 일어난 일

1
비평가에 대한 단상

앞 권 첫 장에서 우리가 비평가라 불리는 무시무시한 집단을 분수도 모르고 지나치게 대한 것 아니냐고 생각하시는 분들이 계실 것이다. 그들은 작가에게 엄청난 겸양을 강요하고, 실제로도 그런 대접을 받기 때문이다. 따라서 이번 장에서는 이 준엄한 집단을 우리가 왜 그렇게 대했는지 그 이유를 제시하겠다. 어쩌면 그들을 조명하는 전례 없는 관점이 될지도 모르겠다.

비평가란 단어는 본디 그리스어에서 파생된 것으로, '재판'이란 의미이다. 그래서인지, 원어를 이해하지 않고 영어 번역만을 보고서 이 단어를 법률상 '재판'과 같은 뜻으로 생각하는 사람들이 있다. 법률에서는 이 단어가 종종 '단죄'와 같은 뜻으로 사용되곤 한다.

특히 최근에 법률가 출신으로서 비평가가 된 사람이 아주 많아진 현상을 보면 위 의견에 상당히 공감이 간다. 웨스트민스터 홀 의석에 진출할 희망을 잃은 탓인지, 이들 중 다수는 극장 재판관석을 차지하고 앉아 법의 권위를 휘두르며 판결을 내린다. 바꿔 말하면, 가차 없이 단죄한다.

우리가 위처럼 이 신사분들을 우리나라에서 가장 중요하고 가장 명예로운 직책에 계신 분들과 비교하는 데에만 그쳤다면 그들도 만족했을 것이다. 또 우리가 그들의 비위를 맞출 생각이었다면 거기서 멈추었을 것이다. 그러나 그들을 정직하고 솔직하게 다루기로 작정한 우리는 앞서 법률가 집단보다 훨씬 지위가 낮은 사법 관리의 존재를 그들에게 상기시켜야겠다. 나름대로 발언도 하고 집행에도 관여한다는 점에서 이 하급 관리들과 어느 정도 닮은 구석이 있기 때문이다.

그러나 사실 현대 비평가들을 보다 공정하고 적절하게 조명할 수 있는 또 다른 관점이 있다. 즉 그들은 흔하디흔한 중상모략가라는 관점이다. 남의 결점을 들추어 세상에 폭로하겠다는 의도만으로 그에 대해 꼬치꼬치 캐묻고 다니는 자를 사람의 명예를 비방하는 중상모략가라고 부른다면, 똑같은 악의를 가지고 책을 읽는 비평가도 작품의 명예를 비방하는 자라고 부르지 못할 이유가 어디 있겠는가?

세상에 중상모략가보다 비열한 노예는 없으며, 사회에 그보다 혐오스러운 해충은 없다. 악마의 초대에 어울리는 손님으로서, 또 악마에게 환영받을 손님으로서 그들을 따를 자는 그 어디에도 없다. 유감스럽게도 세상 사람들은 이 괴물에게 마땅히 품어야 할 혐오감의 절반도 품고 있지 않다. 무슨 연유로 그들에게 그런 죄악과도 같은 너그러움을 보여주는지 그 이유를 지적하기는 나도 꺼려지지만, 아무튼 도둑도 이들에 견주면 순수해 보이고, 살인자조차 그 죄질로는 그들에 비할 바가 아니다. 중상모략은 칼보다도 잔인한 무기이다. 그것이 주는 상처는 치료가 불가능하다. 사람을 죽이는 방법 가운데 중상모략의 죄질과 몹시 비슷한 것이 딱 하나 있다. 가장 비열하고 가장 혐오스러운 방법, 바로 독살이다. 이 방법은 너무 비열하고 끔찍한 복수 수단이기 때문에, 한때 영국 국법은 실로 현명하게도 이것을 다른 살인과 구별하여 특히 가혹한 형벌을 내렸다.

중상모략이 빚어내는 끔찍한 재앙과 그 재앙을 초래하는 비열한 수단은 제쳐두고라도, 중상모략의 부도덕함을 더욱 악화시키는 이유가 또 있다. 즉 중상모략이 종종 아무 도발도 없고 대개는 어떠한 보상도 약속되지 않는데도 발생한다는 것이다. 물론 극악무도한 자가 남을 파멸이라는 불행으로 떨어뜨리는 것을 그 보상이라고 생각한다면 이야기는 별개이다.

셰익스피어는 이 죄악을 아주 품위 있게 표현했다.

내 지갑을 훔치는 자는 아무것도 훔치지 않은 거나 마찬가지이다.
내가 가졌던 것은 그의 소유가 되었지만, 전에는 만인의 것이었기 때문이다.
그러나 내게서 명예를 빼앗아가는 자는
정작 자신에게는 돈도 되지 않으면서

나만 빈털터리로 만드는 것을 빼앗는 것이다. *1

물론 고매하신 독자 여러분께서도 구구절절 공감하실 것이다. 다만 이것을 이 책을 중상모략하는 사람들에게 적용하는 것은 지나치게 가혹하게 보일지 모르겠다. 그러나 이 점을 숙고해보시길 바란다. 양자 모두 비뚤어진 근성에서 출발하며, 그 도발 이유를 설명할 변명거리가 없다는 점이다. 책을 작가의 자식으로 여길 때, 즉 진정으로 저자의 두뇌의 소산으로 생각할 때, 이런 방식으로 입게 되는 피해를 결코 사소한 일로 치부할 수 없다.

자신의 뮤즈를 처녀 상태로 유지해 온 독자는 이런 부성애를 잘 이해 못하실 것이다. 그런 분들께는 맥더프*2의 비통한 탄식을 빗대어 말하겠다. "아아, 그대는 책을 써보질 않았소!" 그러나 뮤즈에게 출산시킨 적이 있는 작가라면, 그 뮤즈가 커다란 배를 안고 다닐 적의 불안함, 산고, 마침내 태어난 자식을 어엿한 성인으로 키워 세상에 내보내기까지 다정한 아버지의 노고와 애정 등을 이야기할 때 반드시 그 애처로운 중압감에 공감하고 나를 따라 눈물을 흘리실 것이다(특히 그 사랑하는 아내가 이미 세상에 없다면 더더욱).

부성애 가운데서도 이만큼 절대적인 본능을 느끼게 하는 것은 드물며, 세상의 지혜와 잘 들어맞는 것은 없다. 그 자식들은 실로 그 생부의 재산이다. 그들이 진정한 효심을 발휘하여 아버지의 노후를 책임진 사례도 많다. 그러므로 중상모략가가 독기 어린 입김으로 책을 비명횡사시키는 것은 작가의 부성애뿐 아니라 그의 이익에도 똑같은 피해를 입히는 셈이다.

끝으로 책을 중상모략하는 행위는 사실상 그 저자를 중상모략하는 행위이다. 어떤 사람을 사생아라고 욕하면 자연스레 그 어머니를 매춘부라고 욕하는 격이 되듯이, 어떤 책을 졸작이나 형편없는 작품이라고 욕하면 그 저자를 멍청이라고 욕하는 꼴이다. 도덕 차원에서 보면 멍청이라고 불리는 편이 악당이라고 불리는 편보다 낫겠지만, 세속의 이익이라는 측면에서 보면 전자가 훨씬 해롭게 느껴진다.

위 내용을 우습게 생각하는 사람도 있겠지만, 진실이라고 여기고 동감하

---

*1 셰익스피어 《오셀로》 3막 3장 158행 이하 이아고의 독백.
*2 셰익스피어 《맥베스》 4막 3장 216행에서 자식의 죽음을 알고 맥더프가 "그대에게는 자식이 없소!"라고 외친 대사를 가리킴.

는 사람도 있으리라 의심치 않는다. 내가 이 주제를 적절하고 엄숙하게 다루지 않았다고 생각하시는 분도 계실는지 모르겠다. 확실히 사람은 미소 띤 얼굴로 진실을 말한다. 진정으로 말하건대, 책을 심술궂고 방자하게 비판하는 것은 적어도 아주 근성이 비뚤어진 방식이다. 까다롭게 트집을 잡는 비평가는 악인으로 의심해도 문제없다고 믿는 바이다.

따라서 이번 장 나머지에서 그런 비평가의 특징을 설명하고, 내가 어떤 비평을 배격하려는지 밝히고자 한다. 내가 글에는 적절한 판정가란 없다고 암시하려 한다든가, 우리 문인들이 그 노고에 큰 빚을 지고 있는 고귀한 비평가들을 문학계에서 내쫓으려 한다고 생각하는 사람은 지금 이 문제의 당사자들밖에 없음은 두말할 필요가 없다. 이런 고귀한 비평가로서 고대 작가들 가운데는 아리스토텔레스·호라티우스·롱기누스가 있고, 프랑스에는 다시에르와 보쉬에가 있으며, 우리 영국에도 몇 명 있다. 이들이야말로 in foro literario(문학의 법정에서) 사법권을 행사하는 정당한 권한을 인정받은 비평가이다.

다만, 다른 장에서 다룬 바 있는 자격, 즉 비평가에게 적절한 자격을 일일이 따져보지 않더라도, 직접 읽어보지도 않은 작품을 비난하는 비평가는 누구든 과감히 배척해도 좋다고 생각한다. 자기 억측이나 의심에서 나오는 것이든 남의 이야기나 견해에 바탕을 둔 것이든, 그런 비난을 하는 자들은 그 작품의 명예를 중상모략하는 자로 간주해도 지장 없을 것이다.

또한 어떤 책의 특정한 결점을 들지도 않고 그저 부도덕하다, 지루하다, 형편없다 하는 두루뭉술한 표현으로 비난하는 자들도 같은 범주에 속한다고 봐도 좋다. 이들은 특히 '저급한'이란 단어를 자주 사용하는데, 이 단어는 '진정으로 존경스런 비평가'가 아닌 한 그 어떤 비평가도 입에 담아서는 안될 말이다.

작품 속에 정당하게 지적할 수 있는 결점이 있다 치더라도, 그것이 가장 본질적인 부분에 들어 있지 않거나 그것을 상쇄할 더 큰 장점이 있는데도 그 결점만으로 작품 전체를 가혹하게 판결하는 것은 진정한 비평가의 판정이 아니다. 오히려 중상모략가가 지닌 악의의 냄새가 풍긴다. 호라티우스가 천명한 다음의 견해와 정반대이다.

Verum ubi plura nitent in carmine, non ego paucis

Offendor maculis, quas aut incuria fudit,

Aut humana parum cavit natura-

그러나 결점보다 더 많은 아름다움이 있다면,

어쩌다 시 한 줄이 부주의한 손길이나 인간의 취약점을 보여준다 할지

라도

(몇몇 사소한 실수로 고르지 못한 흐름이 될지라도)

나는 화를 내지 않을 것이다-

    그야말로 마르티알리스가 말했듯이 "Aliter non fit, avite, liber", 즉 "어떤 책도 그렇게밖에 쓰일 수 없기" 때문이다. 성격이나 외모 등 인간과 관련된 모든 아름다움을 이런 식으로 판단해야 한다. 이 작품처럼 수천 시간을 들여 완성한 역사 이야기의 한두 장에 어쩌다 재미없고 비난받을 내용이 들어 있다고 해서 작품 전체가 세상의 지탄을 받는다면 실로 가혹한 일일 것이다. 더구나 그런 비난을 근거로 책에 아주 혹독한 판결을 내리는 예는 아주 흔하다. 사실 그런 비난이 정당한 범위를 벗어나지 않는다면(벗어나기 십상이지만), 전체적인 장점에 누를 끼치는 일은 결코 없을 것이다. 특히 연극에서 관객 취향에 맞지 않거나 관객석에 앉은 특정 비평가의 성향에 맞지 않는 표현이 하나라도 나오면 그 작품은 반드시 욕을 먹는다. 더 나아가 비난받을 장면이 하나라도 등장하는 날엔 작품 전체가 위태로워진다. 이런 가혹한 원칙을 지켜가며 집필하는 것은 어떤 괴팍한 생각에 맞춰 살아가는 것만큼이나 어려운 일이다. 일부 비평가와 일부 그리스도인의 견해에 따라 판단하자면 현세에서 구원받을 작가도, 내세에서 구원받을 사람도 누구 하나 없을 것이다.

2

업턴을 떠난 뒤 소피아가 마주친 사건들

    우리의 이야기가 부득이 방향을 틀어 과거로 거슬러 올라가기 직전에, 우리는 소피아와 그 몸종이 업턴 여관을 떠난 상황까지 얘기했었다. 따라서 이

제 우리는 이 사랑스런 여주인공의 발자국을 뒤따라가고, 자격 없는 그녀의 연인은 자신의 불운과 부도덕한 행실을 좀 더 슬퍼하도록 놔두기로 하겠다.

소피아가 안내인에게 샛길을 통해 마을을 가로지르라고 지시했기 때문에 일행은 이제 겨우 시번 강을 지나고 있었다. 여관에서 1마일도 채 벗어나지 않은 지점에서 뒤를 돌아보니, 말 여러 필이 전속력으로 쫓아오고 있는 것이 아닌가. 깜짝 놀란 그녀는 안내인에게 가능한 한 빨리 달리라고 명령했다.

그는 즉시 명령에 따랐고, 그들은 쏜살같이 내달렸다. 그러나 그들이 빨리 달릴수록, 뒤쫓는 무리도 속도를 냈다. 쫓아오는 말들이 앞서가는 말들보다 빨라서 소피아 일행은 마침내 따라잡히고 말았다. 가엾은 소피아에게는 차라리 다행스런 상황이었다. 공포감과 피곤함이 겹쳐 쓰러지기 일보직전이었기 때문이다. 그러나 그녀는 매우 부드럽고 정중하게 인사를 건네는 한 숙녀의 목소리를 듣고서 바로 안도감을 느꼈다. 소피아도 한숨을 돌리고서 곧바로 그 못지않게 정중한 태도로 깊은 안도감을 느끼며 인사에 답했다.

소피아 일행을 따라와 그녀를 그토록 겁먹게 했던 이 숙녀 일행도 소피아 일행과 마찬가지로 여성 두 명과 안내인 한 명으로 구성되어 있었다. 두 숙녀 일행은 함께 3마일을 나아갔는데, 그동안 누구도 입을 떼려 하지 않았다. 마침내, 공포심이 꽤 가라앉은 우리의 여주인공이(상대방이 큰길을 택하지 않고, 이미 몇 번이나 갈림길을 지났는데도 계속 자기 일행을 따라와 다소 수상쩍기는 했지만) 낯선 숙녀에게 매우 호의적인 어조로 말을 붙였다. "같은 길을 여행하게 돼서 참 다행이네요."

상대방은 유령처럼 누가 말 붙여 오기만을 바랐다는 듯이 냉큼 대답했다. "다행스러운 건 오히려 제 쪽이죠. 이곳은 처음인지라, 같은 여성 여행자를 만나 아주 기뻐요. 먼저 양해를 구해야겠다고 생각하면서도 이렇게 함께 가는 무례를 범하고 있네요."

두 숙녀 사이에 정중한 인사말들이 계속 오갔다. 아녀는 낯선 숙녀의 훌륭한 복장에 기가 죽어 뒤로 빠져주었다. 소피아는 어째서 이 숙녀가 자기가 가는 샛길을 계속 따라오는지 몹시 궁금했고, 조금 불안하기도 했다. 하지만 두려움, 신중함, 그 밖에 다른 이유 때문에 끝내 물어보지는 않았다.

낯선 숙녀는 이 이야기의 체면상 언급하기 곤란해 보이는 난처한 상황 때문에 불편을 겪고 있었다. 1마일 전부터 보닛 모자가 다섯 차례나 벗겨져 내렸던 것이다. 하지만 모자를 턱밑에서 묶어줄 리본이나 손수건을 지니고 있지 않았다. 소피아가 그 사실을 알고는 손수건 한 장을 건네려고 했다. 그런데 주머니에서 손수건을 꺼낼 때 그만 고삐를 놓친 모양이었다. 불행하게도 말이 걸음을 헛디뎌 앞다리를 꺾으면서, 등에 탄 여주인을 내동댕이치고 말았다.

소피아는 거꾸로 땅바닥에 처박혔지만, 천만다행으로 조금도 상처를 입지 않았다. 또한 말에서 떨어진 또 다른 원인이었던 어떤 상황이 그녀를 이 당황스러움에서 구해주었다. 마침 좁고 나무가 빽빽이 자란 오솔길을 지나고 있었기 때문에 달빛이 거의 비추지 않은데다, 운 좋게 달이 구름에 가려 있었기 때문에 칠흑 같이 어두운 상태였다. 따라서 아주 섬세하고 예민한 이 숙녀의 수치심은 팔다리만큼이나 아무런 손상을 입지 않아도 되었던 것이다. 결국 그녀는 말에서 떨어져 조금 놀란 것 말고는 아무런 피해도 입지 않은 채 다시 안장에 올라앉았다.

드디어 아침 햇살이 온 사방에 가득 퍼졌다. 나란히 말을 타고 가던 두 숙녀는 그제야 상대방을 찬찬히 볼 수 있었다. 둘의 시선이 동시에 서로에게 고정되었다. 둘은 동시에 말을 멈추고, 똑같이 기쁨을 표시하며, 한쪽은 '소피아', 다른 한쪽은 '해리엇'이라고 상대방의 이름을 동시에 소리쳤다.

이 뜻밖의 만남에는 현명하신 독자 여러분보다도 본인들이 훨씬 놀랐을 것이다. 독자 여러분께서는 이 낯선 숙녀가 웨스턴 부인의 사촌인 피츠패트릭 부인임을 상상하셨을 것이기 때문이다. 그녀가 소피아보다 몇 분 뒤처져 여관을 떠났음은 앞서 말한 대로이다.

이 예기치 않은 만남에 두 사람은 대단히 놀라고 기뻤다(예전에는 아주 친한 친척이자 친구였으며, 오랫동안 웨스턴 고모 댁에서 함께 살았던 적도 있었다). 이런 때 으레 묻게 되는 어디로 가느냐는 질문은 하지도 않고 서로 환성만 올렸는데, 그 내용은 여기에 그 절반조차 기록하기 불가능하다.

마침내 피츠패트릭 부인이 먼저 질문을 꺼냈다. 수월하고 자연스러워 보이는 질문이었지만, 소피아는 얼른 정확한 대답을 내놓기가 어려웠다. 그녀는 사촌 언니에게 여관에 도착할 때까지 질문을 참아달라고 간청했다. "이제 곧 여관이 나올 거예요. 해리엇, 나도 묻고 싶은 게 많답니다. 서로 놀라긴 마찬가지니까요."

두 숙녀가 길 위에서 나눈 대화는 딱히 전달할 가치가 없을 것 같다. 몸종들 사이에도 인사말이 오갔는데, 그 내용은 더욱 말할 필요가 없다. 안내인들은 대화를 나누는 즐거움을 누릴 수가 없었다. 한 명은 앞서 가고, 다른 한 명은 어쩔 수 없이 뒤를 따라야 했기 때문이다.

일행은 이런 모습으로 몇 시간을 여행했다. 드디어 넓고 잘 다져진 큰길로 나와 오른쪽으로 꺾자마자 꽤 괜찮아 보이는 여관이 나타났다. 일행은 이 여관에서 내렸다. 몹시 피곤해서 마지막 5, 6마일은 말에 올라타 있는 것조차 힘에 부쳤던 소피아는 도착해서도 누군가의 도움 없이 말에서 내리지 못할 지경이었다. 그녀의 말을 붙잡고 있던 여관 주인이 즉시 이 사실을 알아차렸다. 그가 안장에서 안아 내려주겠다고 제안하자 소피아는 기꺼이 이 친절한 제안을 받아들였다. 정말이지 운명의 여신은 이날 소피아의 얼굴을 붉히기로 작정한 것 같았다. 그리고 두 번째 시도가 첫 번째보다 성공했다. 여관 주인이 소피아를 안자마자, 최근 통풍으로 심한 고통을 겪었던 두 다리에 힘이 풀려 풀썩 주저앉아 버린 것이다. 그러나 그와 동시에, 숙녀에 대한 배려와 순발력으로 그 아름다운 짐 밑에 자기 몸을 밀어 넣었다. 덕분에 부상을 입은 사람은 그 혼자였다. 소피아가 입은 큰 상처는 수치심에 가해진 엄청난 충격이었다. 땅바닥에서 일어날 때 주변에 있던 구경꾼들이 만면에 미소를 짓는 것을 보고, 그들이 무엇 때문에 웃는지 짐작한 것이다. 숙녀의 예민한 감수성이 상처 입은 것을 보고 웃음을 터뜨리실 수 있는 몇몇 독자의 비위를 맞추겠다고 여기서 그 내용을 이야기할 마음은 없다. 우리는 이런 종류의 사고를 우스갯거리로 삼은 적이 없다. 젊고 아름다운 여성의 수치심을 웃음이라는 하찮은 만족감의 제물로 삼고자 하는 남자가 있다면, 그는 수치심이란 것을 잘못 이해하는 사람이라고 주저 없이 단정하는 바이다.

몸과 마음을 엄습한 극심한 피로감에 이런 놀라움과 충격까지 더해지자, 본디 튼튼한 소피아의 체력도 거의 바닥날 지경이었다. 하녀 팔에 매달려 비틀거리며 여관 안으로 걸어 들어가는 것조차 힘에 겨웠다. 안에 들어가 앉자마자 그녀는 물 한 잔을 달라고 했다. 아너는 현명하게도 그 주문을 포도주 한 잔으로 바꾸었다.

아너에게서 소피아가 이틀 동안 잠을 자지 않았다는 사실을 듣고, 피로로 창백해진 소피아의 얼굴을 본 피츠패트릭 부인이 일단 잠을 자서 원기부터 회복하라고 진지하게 간청했다. 그녀는 소피아의 사정과 그 근심의 원인을 아직 몰랐으나, 알았다 하더라도 같은 충고를 했을 것이다. 얼핏 보기에도 휴식이 반드시 필요해 보였고, 오랫동안 샛길을 따라 여행함으로써 추격의 위험을 완전히 없앴다는 사실에 그녀 자신도 온전히 마음을 놓은 상태였기 때문이다.

몸종도 사촌 언니의 충고를 진심으로 거들었으므로 소피아는 순순히 그들의 의견에 따랐다. 피츠패트릭 부인이 자기도 함께 쉬러 가겠다고 제의하자 소피아는 큰 안도감을 느끼며 수락했다.

주인 아가씨가 잠자리에 들자마자 몸종도 쉴 준비를 했다. 그녀는 동료 하녀에게, 여관 응접실 같은 무시무시한 장소에 혼자 남겨둬서 미안하다고 여러 차례 사과했다. 상대방이 그 말을 막으며, 자기도 한숨 자고 싶으니 한 침대를 쓸 영광을 달라고 부탁했다. 소피아의 몸종은 침대를 나눠 쓰는 데는 동의했으나, 영광스러운 것은 오히려 자기 쪽이라고 주장했다. 정중한 절과 인사말이 여러 차례 오간 뒤, 두 몸종도 여주인들을 따라 한 침대에 들었다.

우리의 여관 주인은(같은 직업을 가진 사람들이 다 그렇지만) 마차꾼, 하인, 길 안내인 등등 수행자를 붙들고, 그들이 모시고 온 손님의 이름, 재산, 그 소재지 따위를 캐묻는 버릇이 있었다. 그러므로 우리의 여행자들이 갖춘 특이한 조건들, 특히 아침 열 시라는 비정상적인 시간에 모두가 잠자리에 들었다는 사실이 그의 호기심을 자극한 것은 전혀 놀랄 일이 아니었다. 그는 길 안내인들이 부엌으로 들어오기가 무섭게 숙녀들의 정체와 출신지를 물었다. 안내인들이 자신들이 아는 모든 내용을 성실하게 이야기해 주었음에도 그는 썩 만족스럽지 못했다. 두 사람의 이야기는 그의 호기심을 진정시킨 것이 아니라 오히려 불을 붙인 결과를 낳았다.

여관 주인은 인근에서 가장 현명한 사나이로 통했다. 교구 목사를 포함한 마을에 있는 누구보다도 사물을 멀고 깊게 꿰뚫어보는 사람으로 여겨졌다. 아마 표정이 그런 명성을 가져다주는 데 한몫했을 것이다. 그의 얼굴에는 놀랄 만치 지혜롭고 의미심장한 구석이 있었으며, 파이프를 물었을 때는(좀처럼 파이프를 뗀 적은 없으나) 유난히 그래 보였다. 행동거지 또한 지혜롭다는 여론을 조성하는 데에 크게 기여했다. 그의 태도는 퉁명스럽다 할 정도는 아니지만 엄숙하고 진지했다. 좀처럼 말하는 법이 없고, 입을 열면 늘 느릿

느릿 말했다. 구사하는 문장들은 짧았지만, 계속해서 '흠', '에', '음' 같은 추임새가 끼어들었다. 따라서 그의 말을 보충하는 듯한 몸동작, 이를테면 고개를 가로젓거나, 끄덕이거나, 손가락으로 어딘가를 가리키거나 하는 동작들이 더해지면, 대체로 그의 말을 듣는 사람들은 그가 말하는 내용보다 많은 것을 이해했다. 흔히 그는 많은 것을 알지만 그것을 일부러 다 말하지 않고 있다는 인상을 주었다. 이 마지막 사실만으로도 그가 현명한 사람으로 여겨지는 이유가 충분히 설명될 수도 있다. 이상하게도 인간에게는 자신이 이해할 수 없는 존재를 숭배하는 경향이 있기 때문이다. 협잡꾼 가운데는 이 엄청난 비밀에만 의존하여 쉽사리 사기에 성공한 사람도 적지 않다.

이 군자가 자기 아내를 옆으로 끌고 가서 물었다. "당신, 방금 도착한 숙녀들을 어떻게 생각해?"

아내가 말했다. "어떻게 생각하다니요? 어떻게 생각해야 되는데요?"

"어떻게 생각해야 할지 난 알지. 안내인들이 이상한 이야기를 했어. 한 사람은 글로스터에서 오고 또 한 명은 업턴에서 왔다는데, 어디로 가느냐고 물었더니 둘 다 말을 못하는 거야. 그런데 업턴에서 들판을 가로질러 여행하는 사람이 세상에 어디 있느냐 말이야. 더군다나 런던으로 가는 사람이. 하녀 중 하나가 말에서 내리기 전에, 이 길이 런던으로 가는 길이 맞느냐고 물어봤거든. 여러 정황상 내가 이 사람들의 정체를 뭐라고 생각했을 것 같아?"

"당신이 알아낸 사실을 저 따위가 감히 상상이나 하겠어요?"

그가 아내의 턱 밑을 가볍게 치며 대꾸했다. "사랑스러운 사람. 당신은 이런 일에선 늘 내 지력에 굴복하지. 어쨌든 내 말 잘 들어. 저들은 반란군 측 귀부인들이 틀림없어. 컴벌랜드 공작의 군대를 피해 우회로를 이용해 찰스 왕세자와 함께 여행하는 귀부인들이 있다는 이야기를 들었거든."

부인이 말했다. "제대로 짚으신 것 같네요. 한 사람은 왕녀처럼 훌륭한 복장을 하고 있었거든요. 확실히 왕녀처럼 보였어요. 하지만 생각해 보면 한 가지가……."

여관 주인이 경멸스럽다는 듯이 소리쳤다. "당신이 생각을 해? 뭘 생각했다는 건지 어디 들어나 보지."

"그게, 지체 높은 숙녀라고 하기에는 너무나도 겸손했다는 거예요. 베티가 침대를 덥히고 있는데 그분께서 그 애를 '애야', '착한 아이야', '귀여운 아이야' 하고 불렀다는 거예요. 또, 신발과 양말을 벗겨드리겠다고 하자, 그런 수발은 들게 하고 싶지 않다고 말씀하셨다는군요."

남편이 대꾸했다. "쳇! 그게 뭐 대수로운 일이라고. 당신, 그동안 아랫사람들에게 무례하고 교양 없이 구는 귀부인들만 보았다고 해서 모든 귀부인이 천한 사람 앞에서 어떻게 처신해야 할지 모르리라고 생각하는 거야? 나는 상류층 손님들을 보면 척 구분해낼 수 있어. 정말이라고. 그 사람은 여기 들어와서 물 한 잔을 요구했잖아? 다른 여자였다면 술을 요구했을 거야. 당신도 알잖아. 그 여자가 대단히 지체 높은 사람이 아니라면, 나를 얼간이라고 팔아먹어도 좋아. 나를 사는 사람은 손해 보는 거래를 하는 셈이지만. 아무튼 아주 특별한 사정이 없는 이상 저런 지체 높은 숙녀가 하인도 거느리지 않고 여행을 하겠어?"

"이런 일은 당신이 나보다, 아니 누구보다 잘 알잖아요."

"내가 좀 알긴 하지."

"그분이 의자에 앉아 계실 때 뭔가 몹시 애처로워 보여서 연민을 느끼지 않고는 배길 수가 없었어요. 어쨌든 이제 어떻게 하지요? 당신, 그녀가 반란군 편이라면 법정으로 끌고 갈 생각이겠죠? 하지만 정말 상냥하고 착한 분이에요. 아무리 반란군 편이라도 저런 분이 교수형이나 단두대 형벌에 처해졌단 얘길 들으면 전 울고 말 거예요."

"쳇! 어쨌든 앞으로 어찌해야 할지를 결정하는 건 그리 쉬운 일이 아니지. 저 여자가 떠나기 전에 전쟁 상황을 알면 좋을 텐데. 왕세자가 승리하면, 저 여자가 자길 밀고하지 않은 대가로 우릴 부자로 만들어줄 거야."

"맞아요. 저분에게 꼭 그런 재량이 있었으면 좋겠네요. 상냥하고 착한 분이니까요. 저런 분에게 조금이라도 해를 끼치게 된다면 참을 수 없을 거예요."

주인이 소리쳤다. "흥! 여자들은 마음이 약해서 탈이지! 하지만 당신도 반란군을 숨겨주기는 싫을 것 아냐?"

아내가 말했다. "그야 그렇죠. 밀고 결과가 어찌 되든, 그 일로 우릴 비난할 사람은 없을 거예요. 우리 같은 처지라면 누구라도 똑같이 할 테니까요."

보시다시피 지혜로움으로 이웃에 명성이 자자한 것이 괜한 일만은 아닌 우리의 현명한 여관 주인이 이 문제를 가지고 한창 갈팡질팡할 때(그는 아내 의견에 귀를 기울이는 사람이 아니었다), 반란군이 공작의 군대를 따돌리고 하루면 런던까지 진격할 수 있는 곳에 다다랐다는 소식이 전해졌다. 그리고 얼마 뒤에 한 유명한 야곱파 지주가 얼굴에 함박웃음을 띠고 찾아와 여관 주인의 손을 잡고 이렇게 말했다. "이보게, 이제 모든 게 우리 것일세. 프랑스군 1만 명이 서퍽에 상륙했다는 거야. 영국은 옛날로 돌아갈 걸세! 프랑스군 1만 명이야! 축배를 들자고!"

이 소식에 현자는 숙녀가 일어나면 곧 비위를 맞추기로 결심했다. (그가 말하길) 이 젊은 숙녀가 제니 캐머런 부인[*3]이라는 사실을 지금 막 깨달은 것이다.

3
매우 짧으나 해, 달, 별, 천사가 들어 있는 장

해가 휴식을 취하러 물러나고 한참이 지나서야(이 시기에는 해가 일찍 자고 일찍 일어나므로) 소피아는 잠으로 충분히 원기를 회복하고 일어났다. 짧은 잠이기는 했지만, 그나마 극도로 피곤했기 때문에 잘 수 있었다. 업턴을 떠나올 때 몸종과 자기 스스로에게 마음이 완전히 편해졌다고 누차 말했었지만, 사실 그녀의 마음은 열병의 불안정한 증상을 수반하는 질병에 걸려 있었다. 의사들이 '마음의 열병'이라고 말하는(무슨 병을 의미하는지는 모르겠지만) 병에 걸린 것이 틀림없었다.

피츠패트릭 부인도 같은 시간에 자리에서 일어나 몸종을 부른 뒤 곧 옷을 차려입었다. 그녀는 정말로 예뻤다. 동행인이 소피아가 아니었더라면 미인이란 소리를 들었을 것이다. 하지만 아녀의 자발적인(그녀의 여주인은 그녀를 깨우고 싶어 하지 않았다) 시중을 받으며 우리의 여주인공이 옷을 차려입자, 새벽 별 역할을 맡았던 피츠패트릭 부인의 매력은 아침 햇살이 비추자마자 그 별의 운명처럼 완전히 빛을 잃고 말았다.

이때만큼 소피아가 아름답게 보인 적은 없었을 것이다. 따라서 우리는 여

[*3] 1745년 찰스 왕세자가 스코틀랜드에서 거병했을 때 모인 사람들 가운데 제니 캐머런이라는 쉰 살가량의 부인이 있었는데, 당시 그녀가 왕세자의 정부로서 그와 함께 진군했다고 잘못 알려져 있었다. 참고로 이 장은 1745년이 배경이다.

관 하녀가 다소 말을 과장했다고 해서 그녀를 비난해서는 안 된다. 그녀가 모닥불을 피운 뒤 아래층으로 내려와, 지상에 천사가 있다면 그건 바로 지금 2층에 계신 숙녀분일 거라고 공언한 것이다.

소피아는 자신이 런던까지 갈 계획을 사촌 언니에게 털어놓았다. 피츠패트릭 부인도 그녀를 따라가기로 했다. 남편이 업턴에 도착함으로써, 바스나 웨스턴 부인 댁으로 가겠다는 계획이 끝장났던 것이다. 두 사람이 차를 마시기가 무섭게 소피아는 당장 출발하자고 제안했다. 달은 훤히 밝았고, 서리 따위는 무시해 버렸다. 밤길을 갈 때 여느 젊은 숙녀가 느끼는 염려는 전혀 하지 않았다. 앞서도 말했듯이 그녀는 어느 정도 용기를 타고났고, 절망에 가까운 지금 심경에서 그 용기가 더욱 부풀었기 때문이다. 또 달빛 아래서 이미 이틀 밤이나 무사히 여행을 했으므로 그녀는 다시 한 번 대담하게 운명을 달에 맡겨보기로 했다.

피츠패트릭 부인은 겁이 많은 편이었다. 큰 공포감이 작은 공포감을 눌러 남편의 등장으로 불가피하게 그런 부적절한 시간에 업턴을 도망 나오긴 했지만, 이제 남편이 따라올 위험이 없다고 생각하자 뭐라 꼬집어 말할 수 없는 작은 공포감이 강하게 영향을 미치기 시작했다. 그녀는 굳이 위험한 밤길로 나가지 말고 다음 날 아침까지 여관에 머무르자고 사촌 동생에게 간곡히 애원했다.

끈질긴 간청에 약한 소피아는 웃음으로도, 논리적 설득으로도 사촌 언니를 걱정에서 벗어나게 할 수 없음을 알자 마침내 뜻을 꺾었다. 아버지가 업턴에 도착했다는 사실을 알았더라면 그리 손쉽게 마음을 바꾸지는 않았을 것이다. 존스 군이 쫓아올 거라는 생각에는 별반 두려움을 느끼지 않았다. 사실을 말하자면, 두려워하기보다 오히려 그것을 바라는 편이었을 것이다. 솔직히 이런 바람은 종종 이성과 무관하게 마음속에 은밀하고 자연스레 생겨나는 감정에 불과하기 때문에 독자 여러분께는 지금까지 숨겨 왔었다.

우리의 숙녀분들이 여관에서 하룻밤을 묵기로 결정하자 여관 안주인이 시중을 들었다. 그녀는 무얼 드시겠느냐고 물었다. 소피아의 목소리며 태도며 몸가짐이 몹시 사랑스러웠으므로 안주인은 황홀할 지경이었다. 소피아가 제니 캐머런이 분명하다고 결론 내린 이 착한 여인은 바로 충직한 야곱파로 변신해, 진심으로 젊은 참주 찰스의 건승을 기원했다. 참주의 연인이라 생각되는 그녀가 아주 사랑스럽고 상냥하게 자신을 대해주었기 때문이다.

두 사촌 자매는 저마다 어떠한 사연 때문에 이처럼 신기하고 예상치 못한 만남에 이르게 되었는지 서로 궁금해 했다. 이윽고 피츠패트릭 부인이 나중에 소피아도 사연을 고백해야 한다는 약속을 받아낸 뒤에 이야기를 시작했다. 그녀의 사연이 궁금한 독자 여러분께서는 다음 장에서 읽으실 수 있다.

4
피츠패트릭 부인의 사연

피츠패트릭 부인은 잠시 침묵을 지키다 깊은 한숨을 내쉰 뒤 이야기를 시작했다.

"불행한 사람이 인생에서 가장 즐거웠던 시절을 떠올리며 은밀한 애상을 느끼는 건 자연스러운 일이야. 즐거웠던 옛 추억은 떠나간 친구를 추억할 때와 같은 애틋한 슬픔을 가져다주지. 이 두 가지 모두 우리의 뇌리에서 좀처럼 떠나지 않는 법이니까.

그래서 난 웨스턴 고모의 보살핌을 받으며 너랑 함께 지냈던 시절(내 인생에서 가장 행복했던 시절이었어)을 생각하면 늘 슬퍼져. 아아! 그 '새침데기'와 '말괄량이'는 어디로 가 버린 걸까. 너도 우리가 서로 그런 별명으로 불렀던 걸 기억하지? 네가 나한테 말괄량이란 별명을 붙인 건 정말이지 정확했어. 그 별명이 내게 얼마나 잘 어울리는 것이었는지 나중에 뼈저리게 경험했으니까. 소피아, 넌 뭐든 나보다 뛰어났지. 앞으로 운명도 그러길 진심으로 바라고. 언젠가 내가 무도회에서 실망하고 돌아와 한탄하고 있을 때 네가 지혜로운 아줌마처럼 충고해 주었던 일을 잊지 못할 거야. 그때 넌 열네 살도 안 됐었는데 말이야. 오, 소피, 고작 그 정도 일이 세상에서 가장 큰 불행처럼 느껴졌을 정도이니 얼마나 축복받은 환경이었니!"

소피아가 대답했다. "하지만 해리엇, 그때는 언니에게 심각한 문제였어. 지금은 무도회 따위 시시하게 생각되잖아? 그러니까 지금 언니가 슬퍼하는 일도 나중엔 하찮고 시시한 일로 여겨질 거야. 그렇게 생각하고 맘을 편히 가져."

상대방 숙녀가 대답했다. "아니, 소피아. 너도 내 처지였다면 그렇게 생각하지 않을 거야. 내 불행에 탄식과 눈물을 보이지 않는다면, 네 가녀린 마음도 꽤 변질됐다 해야겠지. 이제부터 들려줄 이야기가 분명히 널 심란하게 만들 거라 생각하니 말하기가 꺼려지는구나." 여기서 피츠패트릭 부인은 말을 끊었으나, 소피아가 자꾸 간청하자 다시 이야기를 이어나갔다.

"너도 내 결혼에 대해선 많은 애기를 들었겠지. 그중엔 잘못 알려진 내용도 있을 거야. 그러니 불행하게도 지금의 남편을 처음 알게 된 시점부터 이야기를 할게. 네가 고모 댁을 떠나 아버지 댁으로 돌아간 직후 바스에서였어.

그 무렵 바스에 놀러와 있던 멋쟁이 청년들 가운데 피츠패트릭도 끼어 있었어. 잘생기고, 의젓하고, 여자에게 아주 정중하고, 다른 청년들보다 옷도 잘 입었었지. 너에게 지금 그 사람을 보여주고, 옛날엔 지금과 모든 게 정반대였다고 설명하면 가장 빠를 텐데 그러지 못해 아쉽구나. 오랫동안 촌구석에 틀어박혀 사느라 지금은 아일랜드 촌뜨기가 다 되었거든. 어쨌든 애기를 계속할게. 그는 그런 자질 덕분에 인기가 대단했어. 당시 상류층 사람들은 일반인들과 거리를 두고 지냈어. 연회를 열 때도 일반인들은 일절 부르지 않았는데, 피츠패트릭만은 그런 모임에 낄 수 있었어. 아니, 그를 피하기란 쉬운 일이 아니었어. 그는 초청장이 거의, 아니 아예 필요 없는 사람이었거든. 잘생긴데다가 예의까지 있어서 숙녀들의 환심을 사는 건 일도 아니었지. 또 걸핏하면 칼을 빼들었기 때문에, 남자들도 사람들 앞에서는 그를 화나게 하지 않으려고 조심했어. 그런 이유라도 없었다면 곧바로 남자들 무리에서 쫓겨났을 거야. 잉글랜드 신사보다 잘난 점이 한 군데도 없었고, 남자들은 그에게 딱히 호의를 보이지 않았거든. 모두들 뒤에선 그를 욕했지. 질투심 때문이었는지도 모르지. 여자들한테는 인기가 많아서 특별한 대접을 받았으니까.

고모님은 상류층이라곤 할 수 없었지만, 늘 왕실을 드나들었기 때문에 그들 사교 모임에 낄 수 있었어. 어떤 수단을 쓰던 일단 상류층 모임에 들어가게 되면 그다음부터는 바로 그게 그런 모임에 참석할 충분한 자격이 되는 거야. 넌 당시 어렸지만, 고모님을 보고 자연스레 깨달은 바가 있을 거야. 고모님은 누구한테든 그 사람이 상류 모임에 낄 자격이 있느냐 없느냐에 따라 스스럼없이 대할지 거리를 둬야 할지를 판단하셨잖니.

피츠패트릭도 주로 그런 자격 때문에 고모님 마음에 들었던 것 같아. 고모님 마음에 쏙 들게 된 그는 고모님이 사적으로 주최하는 모임에도 늘 끼었어. 그가 질세라 고모님을 각별하게 대하고 특별한 태도를 보이자, 남 말하기 좋아하는 사람들이 가장 먼저 그 사실을 알아차렸고, 좀 더 착한 사람들은 두 사람을 결혼시켰지. 솔직히 말하는데, 나는 그의 속마음이 흔히 '단연코 명예로운' 것이라 말하는 바로 그것임을 의심치 않았어. 무슨 소리냐 하면, '결혼을 통해 여자의 재산을 강탈하려는' 의도였다는 거지. 고모님은 이미 남자의 흑심을 자극할 만한 젊음도 미모도 지니고 있지 않았지만 결혼상대로서의 매력은 대단히 컸거든.

우리가 처음 만난 순간부터 그가 내게 특별한 관심을 보이자 나는 그런 생각을 더욱 굳혔어. 그의 그런 태도를, 내가 실리를 따져서 고모님과 그의 결혼을 반대한다고 생각한 그가 최대한 내 비위를 맞추려는 시도라고 해석했거든. 또 어느 정도 그 방식이 먹혀들었다고 생각해. 나는 내 재산에 만족했고, 결코 누구를 타산적인 관점에서 판단하는 사람이 아니었지만, 남자가 그런 식으로 나오면 몹시 기뻐져서 그 사람을 철저한 적으로 돌리지는 못했거든. 그가 내게만 관심을 보이고 다른 상류층 여성들에겐 전혀 무관심했기 때문에 더욱 그랬지.

그것만으로도 기뻤는데, 곧 그의 태도는 또 다른 방향으로 바뀌었어. 더 특별한 쪽으로 말이야. 더욱 부드럽고 상냥해졌으며, 수심 깃든 한숨을 줄곧 내쉬는 거야. 꾸며낸 행동인지 자연스런 행동인지는 알 수 없었지만, 때로는 평소처럼 명랑하고 쾌활하게 떠들었어. 하지만 그건 언제나 여러 사람이 있을 때나 다른 여자들 앞에서였지. 컨트리댄스에서 나랑 파트너가 되지 않으면 그는 침울해졌고, 내 쪽으로 다가오면 무척 부드러운 표정을 짓는 거야. 모든 일에서 나한테만 다른 태도를 보였으니, 장님이 아닌 이상 나도 눈치를 채게 됐지. 그리고, 그리고, 그리고…….

소피아가 큰 소리로 말했다. "그리고 점점 더 황홀해졌다는 거겠지, 해리엇. 부끄러워할 필요 없어." 그러고는 한숨을 내쉬며 덧붙였다. "남자들은 아주 다정하게 대해주는 척하는 게 특기니까. 우리는 그 매력에 넘어가는 거고."

사촌 언니가 대꾸했다. "맞아. 남자들은 다른 건 아무것도 모르면서, 사랑의 기술에서만큼은 마키아벨리 같은 책략가지. 그런 실례를 몰랐더라면 좋았을걸……. 어쨌든 이번엔 나에 대한 소문이 이전 고모님에 대한 소문만큼

급속히 퍼지기 시작했어. 피츠패트릭이 나와 고모님 사이에서 양다리를 걸치고 있다고 주저 없이 단언하는 여자들도 있었지.

그런데 놀라운 것은, 우리 두 사람의 행동거지를 보면 누구 눈에도 우리 관계가 뻔하게 비쳤을 텐데 고모님은 그걸 보지 못하셨다는 거야. 수상쩍다는 생각조차 안 하시는 것 같았어. 여자는 나이를 먹으면 사랑에 눈이 머는 모양이지. 자기 앞으로 전달되는 달콤한 말을 난폭한 탐식가처럼 집어삼키느라 바빠서, 같은 식탁에 앉은 다른 사람들 사이에 무슨 일이 벌어지고 있는지 관찰할 겨를이 없는 거야. 꼭 내 사례가 아니더라도 그런 예는 여러 번 봤어. 고모님도 그 훌륭한 실례인 셈이지. 고모님께서는 무도회에서 돌아온 우리가 함께 있는 모습을 종종 목격했으면서도, 그가 고모님이 안 계셔서 보고 싶어 견딜 수가 없었다고 천연덕스럽게 한마디 하면 의혹을 깨끗이 지워버리시는 거야. 특히 훌륭한 효과를 발휘한 책략이 한 가지 있었어. 고모님 앞에서는 그가 나를 '귀여운 아가씨'라고 부르며 어린아이 취급했다는 거야. 사실 처음에는 조금 화가 났지만, 나는 곧 그 의도를 간파했어. 고모가 안 계실 때는 나를 완전히 다르게 대했으니까. 어쨌든 그의 속내를 읽고 나자 그런 행동 때문에 속이 상하는 일은 없어졌어. 하지만 아주 심각한 피해를 입었지. 고모님께서 당신의 연인(고모님은 그를 그렇게 생각했어)이 부르는 호칭 그대로 나를 생각한 거야. 즉 모든 일에서 나를 완전히 갓난아기 취급하셨지. 다시 걸음마를 가르치지 않는 게 신기할 정도였다니까.

마침내 내 연인은(사실이 그랬어) 내가 진작 알고 있던 비밀을 밝히는 게 좋겠다고 진지하게 생각했어. 고모님에게 거짓으로 쏟아 붓던 애정을 모조리 내게로 돌린 거지. 고모님께서 먼저 자기에게 애정 공세를 펼쳤다며 아주 애처롭게 한탄하고, 고모님과 함께 보낸 지루한 시간들을 대단한 공적인 양 말했지. 네게 무슨 말을 해야 할까, 소피아? 그래, 역시 솔직하게 고백할게. 나는 그가 내 사람이 된 게 기뻤어. 내 승리가 만족스러웠어. 고모를 누르고, 그 많은 여자를 누른 것이 무척 흐뭇했어. 요컨대 나는 그가 내게 첫 고백을 했을 때부터 옳지 못한 행동을 한 거야. 그날 헤어지기 전, 그를 부추기는 말을 하지 말았어야 했어.

온통 바스가 내 일로 떠들썩해졌지. 그래, 모두 날 맹렬하게 비난했어. 젊은 숙녀들은 나와 만나기조차 꺼려 했지. 우리 사이를 수상하게 생각해서였다기보다, 만인의 연인인 그를 내가 독차지하니까 날 추방하고 싶었던 거겠지. 이 대목에서, 내시 씨가 베풀어주신 친절에 감사를 표하지 않을 수 없어. 하루는 그분이 나를 따로 불러내 충고를 해주셨거든. 그 충고를 따랐더라면 행복해졌을 텐데. 그분은 이렇게 말씀하셨지. '애야, 너와 전혀 어울리지 않는 녀석과 그토록 가까운 사이가 되다니 정말 유감이구나. 그놈은 널 파멸시킬 거야. 그놈이 네 그 역겨운 고모의 재산을 모조리 가로챈다면 난 진심으로 쾌재를 부를 거다. 물론 너와 사랑스런 소피 웨스턴 양에게 해를 끼치지 않는 수준에서 말이지(그놈 표현을 빌린 거다). 나는 나이 먹은 여자에겐 결코 충고를 안 한단다. 그들이 한번 불구덩이로 뛰어들기로 마음먹으면 그걸로 끝이거든. 말릴 가치도 없고, 말릴 수도 없지. 하지만 순진무구함, 젊음, 아름다움은 더 나은 운명을 맞이할 가치가 있기 때문에, 그런 자질을 지닌 어린 아가씨들은 마수에서 구해내고 싶단다. 애야, 그래서 충고하는데, 더는 그런 녀석과 특별한 관계가 되지 마라.' 그 밖에도 여러 말씀을 해주셨는데, 기억이 안 나는구나. 사실 처음부터 귀담아 듣지 않았어. 내 마음이 그분의 말씀을 모두 부정했지. 게다가 그분이 좋지 않게 말씀하신 그런 남자와 친해지려고 상류층 숙녀들이 기를 쓸 리가 없다고 생각하면 도무지 옳게 여겨지지 않았거든.

이런 자질구레한 이야기를 늘어놔서 지루한 건 아닌지 모르겠구나. 간단히 말할게. 결혼한 내 모습을 상상하렴. 남편과 함께 고모님 발밑에 꿇어앉은 모습을 상상하고, 정신병원에서 가장 머리가 돈 여자가 발작을 일으키며 날뛰는 모습을 상상하렴. 네가 상상하는 그대로가 실제로 일어난 거야.

고모님은 바로 다음 날 버스를 떠나셨어. 피츠패트릭과 나를 보지 않으려는 이유도 있겠지만, 다른 사람들하고도 만나고 싶지 않으셨겠지. 나중에 모든 것을 완강히 부인하셨단 얘기를 듣긴 했지만, 당시 상심도 크시고 화도 나셨을 테니까. 그 뒤 나는 고모님께 몇 번이나 편지를 보냈지만, 끝내 답장은 한 통도 받지 못했어. 고모님께서 의도하신 바는 아니었지만, 이것이 나를 무겁게 짓누르는 고통의 원인이란다. 고모님께 구애를 한다는 명분이 없었더라면 피츠패트릭이 내 마음을 사로잡을 기회를 충분히 갖지 못했을 테니까. 그런 상황이 아니었더라면, 좀 건방진 말이지만, 그런 남자한테 손쉽게 정복당하는 일은 결코 없었을 거야. 내 판단을 믿지만 않았더라면 이런 잘못된 선택을 하지 않았겠지. 나는 남의 의견만 믿고서 어리석게도 그의 가치를 당연하게 받아들인 거야. 여자들이 한결같이 그를 좋게 보았으니까. 가장 현명하고 훌륭한 남성에게도 뒤지지 않는 이해력을 지니고 있으면서 우리 여자들이 그토록 자주 얼간이 같은 남자들을 일생의 반려자나 연인으로 선택하는 이유가 뭘까? 분별력을 지니고 있으면서도 바보 같은 남편 때문에 일생을 그르친 여자가 얼마나 많은지 생각하면 분통이 터져." 여기서 그녀는 잠시 말을 끊었으나, 소피아가 아무런 대꾸도 하지 않자 다음 장과 같이 애기를 계속했다.

5

피츠패트릭 부인의 사연이 계속되다

"우리는 결혼식이 끝나고 2주일만 바스에 머물렀어. 고모님과 화해할 가능성이 전혀 없었고, 내 재산은 내가 성년이 되기 전엔 한 푼도 만질 수가 없었는데 그러자면 2년도 넘게 기다려야 했거든. 남편은 아일랜드로 가자고 했지만, 나는 맹렬히 반대했어. 내 동의 없이는 아일랜드로 절대로 데리고 가지 않겠다던 결혼 전 약속을 들어서 말이야. 나는 동의할 마음 따위 털끝만큼도 없었어. 누구도 나의 그런 결심을 비난하지 못할 거야. 나는 남편에게는 그런 결심을 말하지 않고, 그저 한 달만 미루자고 간청했어. 하지만 그는 출발 날짜를 맘대로 정하더니 완고하게 그날을 고집했어.

출발 전날 밤, 이 문제를 놓고 서로 열띤 논쟁을 하던 중에 그가 의자에서 벌떡 일어나더니 클럽에 간다며 휙 나가 버렸어. 그가 나가고 곧, 바닥에 종이 한 장이 떨어져 있는 것을 발견했지. 주머니에서 손수건을 꺼낼 때 실수로 딸려 나온 거겠지. 주워서 보니 편지였어. 망설임 없이 꺼내 읽었지. 하도 여러 번 읽어서 토씨 하나 안 틀리고 외울 정도인데, 이런 내용이었어.

브라이언 피츠패트릭 선생에게.

편지 잘 받았소. 면모 혼방 외투 한 벌 값을 지불한 것 빼고, 현찰이라곤 본 적 없는 사람처럼 구는 데에 깜짝 놀랐소. 당신에게 청구할 액수가

150파운드를 넘었소. 생각해 보시오. 조만간 이 여자랑 결혼한다 저 여자랑 결혼한다 하며 나를 얼마나 자주 속여먹었소. 나도 희망이나 약속만으로 먹고 살 수는 없으며, 내게 옷감을 대주는 포목상에게 그런 걸로 대금을 치를 수도 없는 노릇이오. 당신은 고모든 조카딸이든 한 명은 확실하게 붙잡았으며, 막대한 재산이 있는 과부하고는 당장 결혼할 수 있지만 현금을 가진 조카딸이 훨씬 낫다고 말했소. 그런데 선생, 가끔은 이 어리석은 사람의 충언도 좀 들어주시오. 어느 쪽이건 빨리 손에 넣을 수 있는 쪽과 결혼하라는 것이오. 무례하나 모두 당신을 위해 진심으로 드리는 충언이니 용서해주시오. 다음 편에 존 드러짓 상회 앞으로 당신 명의의 14일짜리 어음을 발행할 테니 그런 줄 아시오.

샘 코즈그레이브.

이런 편지였지. 생각해 봐, 소피아. 내가 얼마나 큰 충격을 받았겠니. 현금을 가진 조카딸이 훨씬 낫다니! 편지의 단어 하나하나가 단검이라면 기꺼이 그 남자 심장에 그것들을 모조리 찔러 넣고 싶은 심정이었어. 그때 내가 얼마나 실성한 사람처럼 굴었는지는 얘기하지 않을게. 그가 돌아왔을 때 울음은 이미 그친 상태였지만 퉁퉁 부은 눈엔 눈물이 아직도 그렁그렁했어. 그는 뚱하게 의자에 몸을 내던졌고, 우리는 한참동안 침묵을 지켰어. 마침내 그가 거만하게 말하더구나. '하인들을 시켜 당신 짐을 다 꾸려 놓았겠지? 내일 아침 여섯 시에 마차가 올 거야.' 이 도발에 내 인내심은 한계에 도달하고 말았어. 나는 대답했지. '아니오. 편지 한 통을 미처 챙기지 못했거든요.' 그러면서 편지를 탁자에 내던지고, 생각해낼 수 있는 가장 심한 말로 그에게 비난을 퍼부었어.

죄의식 때문이었는지 수치심 때문이었는지 신중함 때문이었는지 모르겠지만, 불같은 성미를 지닌 사람이 그때는 조금도 화를 내지 않는 거야. 오히려 매우 부드럽게 나를 달래더라고. 가장 나를 괴롭혔던 편지 속 그 구절은 말한 적도, 쓴 적도 없다고 맹세하더구나. 곧 결혼할 거라는 이야기와 나를 선택했다는 이야기는 했지만, 그게 현금 때문이라는 이야기는 절대로 한 적이 없다고 계속해서 주장했지. 애초에 그런 이야기를 하게 된 것도 요즘 돈이 몹시 궁했기 때문이라고 변명하고, 그건 아일랜드에 있는 자기 저택을 너무 오래 비운 탓이라고 말했어. 지금까지 밝힐 순 없었지만 실은 그것이 아일랜드행을 고집한 유일한 이유였다는 거야. 온갖 달콤한 표현을 늘어놓고는 사랑스럽게 날 껴안고 격렬한 애정 표현으로 마무리했지.

그가 직접 호소한 건 아니었지만, 그에게 유리하게 작용한 한 가지 정황이 있었어. 양복업자 편지에 쓰여 있던 '과부'란 단어였지. 고모님은 결혼한 적이 없었고, 그건 피츠패트릭도 잘 아는 사실이었거든. 그 단어는 양복업자가 멋대로 꾸며내거나 소문을 듣고 끼워 넣은 게 틀림없다고 생각했어. 그러자 그 불쾌한 한 줄도 아무런 근거 없이 날조한 것일지 모른다는 생각이 드는 거야. 소피아, 대체 이게 무슨 변명이란 말이니? 재판관이 아니라 꼭 변호사 같지 않니? 하지만 그를 용서한 것을 정당화하자고 이런 상황을 설명할 이유가 어디 있겠니. 아무튼 그가 그보다 스무 배는 더한 잘못을 저질렀다 하더라도 그날 보여준 애정과 다정함의 딱 절반만 보여주었다면 나는 역시 그를 용서했을 거야. 나는 출발에 더는 반대하지 않았고, 우리는 다음 날 여행을 떠나 일주일 만에 피츠패트릭의 시골집에 도착했어.

여행 중에 일어났던 일이 궁금할 테지만 그 부분은 참아줘. 되새기기에 몹시 불쾌한 경험이고, 너도 들으면 나 못지않게 그런 기분이 들 것이기 때문이야.

그 시골집이란 오래된 대저택이었어. 지금의 내가 예전에 네가 알던 쾌활한 성격이라면 아주 재미있게 그 저택을 묘사할 수 있을 텐데. 어쨌든 전에는 신사가 살던 저택 같았어. 공간도 넓어서, 가구 때문에 방이 좁아 보이는 일도 없었지. 실제로 가구가 거의 없기도 했지만. 건물만큼이나 오래 돼 보이고, 연극 〈고아〉에서 샤몽이 거래했던 노파와 똑같이 생긴 할머니가 현관에서 우릴 맞이했어. 사람 목소리라고 할 수 없는, 도저히 알아들을 수 없는 쉰 소리로 주인을 환영했어. 짧게 말하자면, 모든 풍경이 음침하고 어두워서 나까지 우울해지고 말았어. 그걸 안 남편은 내 기분을 풀어주기는커녕 심술 사나운 말로 날 더 우울하게 했지. '보다시피 잉글랜드가 아니어도 훌륭한 집은 있어. 설마 당신, 바스의 그 더러운 집이 더 맘에 드는 거야?'

소피아, 처지가 어떻든, 쾌활하고 다정한 남편이 보살펴주고 위로해주는 여자가 행복한 거야. 하지만 나만 더 비참해질 뿐인데 그런 행복한 상황을 생각해 무엇하겠니! 남편이란 작자는 쓸쓸함으로 말미암은 우울함을 없애주기는커녕, 그와 함께라면 어디에서 어떤 처지로 살건 비참할 게 틀림없다는 확신을 심어주었어. 한마디로 말해, 퉁명스럽기 짝이 없는 남자였다는 거지. 넌 본 적 없을 거야. 아버지나 오빠나 남편에게서만 발견되는 성격이니까. 물론 네게도 아버지가 계시지만, 네 아버진 그런 분이 아니시지. 이 퉁명스런 남자가 예전 내 눈에는 정반대로 보였고, 지금도 다른 사람들에게는 그렇게 보이고 있지. 세상에! 어떻게 밖에서는 줄곧 가면을 쓰고 있으면서 집에서는 역겨운 본모습을 드러내놓고 흡족해 할 수 있다니? 분명히 밖에서 본성을 죽이고 다니다가 집에 돌아와서 그 보상을 하는 거야. 사람들과 쾌활하고 즐겁고 신나게 어울린 날일수록 그 뒤 단둘이 되면 꼭 그만큼 더 뚱하고 심술궂게 굴었거든. 그의 잔인함을 어떻게 설명해야 할까? 내 애정 표현에도 싸늘하고 무정했어. 너나 다른 사람들이 재미있어 한 내 장난스런 행동에도 그는 냉소로 대할 뿐이었단다. 내가 심각한 주제를 꺼내들면 콧노래와 휘파람으로 대답하고, 내가 몹시 실망해서 비참해하면 화를 내고 욕을 퍼부었지. 내가 기분 좋아하는 꼴을 못 봤고, 그 이유를 내가 자기에게 만족하기 때문이라고 결코 말한 적 없는 주제에, 내가 기분이 안 좋을 때면 반드시 화를 냈지. 내가 아일랜드인하고 결혼한 걸 후회한다는 거야.

새침데기 양(어머나, 그만 옛날 별명이 나와 버렸네), 여자가 세상이 흔히 말하는 경솔한 결혼을 하는 건, 다시 말해 돈 욕심에 몸을 팔지 않는 건 상대방 남성에게 호감과 애정이 있기 때문이야. 그런데 그 애정이 식는 일도 있단다. 장담컨대 애정을 뿌리째 뽑아 버리는 건 경멸감이야. 그 경멸감을 나는 남편에게 느끼게 되었어. 그가—이것 말고 달리 표현할 방법이 없구나—끔찍한 얼간이라는 사실을 알았거든. 그 정도는 진작 알았어야 하는 거 아니냐고 생각할지도 모르겠지만, 여자는 좋아하는 남자의 어리석음에 수천 가지 변명거리를 생각해내기 마련이지. 게다가, 잘난 척으로 들릴지 모르겠지만, 쾌활함과 훌륭한 교양을 가장한 자가 얼간이라는 사실을 꿰뚫어보려면 대단한 통찰력이 필요한 법이거든.

그런 이유로, 솔직히 말하자면, 나는 곧 남편을 경멸하게 됐어. 일단 그렇게 되자 함께 있기조차 싫어진 건 당연한 일이지. 다행스럽게도 우린 부딪칠 기회가 그다지 없었어. 당시 집엔 우아한 가구들이 놓여 있었고, 술 저장실엔 술이 가득했으며, 개와 말을 몇 마리나 기르고 있었어. 남편은 이웃들을 후하게 대접했기 때문에 늘 사람들이 몰려들었고, 사냥이다 술이다 바빠서 나의 언짢은 이야기 상대가 될 시간이 거의 없었던 거지.

남편 아닌 다른 불쾌한 상대도 그렇게 간단히 피할 수 있었다면 얼마나 행복했을까. 줄곧 나를 괴롭히는 상대가 있었는데, 나로선 도저히 벗어날 가망이 없었기 때문에 더욱 비참했어. 그 상대라는 건 머릿속에 든 수천 가지 생각이었어. 이것이 밤이고 낮이고 나를 따라다니며 괴롭히는 거야. 그러는 사이에 난 붓으로 그릴 수도 상상할 수도 없는 끔찍한 일을 겪게 되었어. 내가 얼마나 괴로웠겠는지 상상해보렴. 가능하다면 마음에 그려봐. 바로 경멸하고 증오하며 혐오하는 남자에 의해 엄마가 된 거야. 난 사막 한복판에서, 아니 와자한 잔치 속에서 친구나 동료도 없이 분만의 고통과 비참함을 맛봤어 (사랑하는 남자를 위해 꾹 참는 가장 심한 진통보다 이런 상황에서의 산고가 열 배는 더 고통스럽지). 출산의 고통을 줄여주거나 때로는 산고를 충분히 보상해줄 즐거운 상황 같은 건 하나도 없었던 거야."

6
여관 주인의 착각으로 대경실색한 소피아

피츠패트릭 부인이 이야기를 계속하는 중에 식사가 들어와 이야기를 방해했다. 소피아는 무척 고민스러웠다. 사촌 언니의 불행한 이야기에 마음이 아파 식욕이 전혀 없었기 때문이었다. 피츠패트릭 부인의 이야기만이 그녀를 충족시킬 수 있었다.

여관 주인은 겨드랑이에 접시를 끼고 옆에서 시중을 들었다. 그의 표정과 말투에는 두 숙녀가 6두 마차를 타고 온 손님이라도 되는 양 존경심이 가득 담겨 있었다.

결혼한 숙녀 쪽은 자신의 불행을 사촌 동생만큼 크게 신경 쓰지 않는 듯했다. 사촌 동생이 거의 한 입도 먹지 못하는 데 반해 그녀는 아주 열심히 식사를 했다. 얼굴도 소피아 쪽이 우울하고 근심스러워 보였다. 부인이 그 모습을 보고 위로를 건넸다. "너나 내가 예상하지 못한 좋은 결말이 기다리고 있을지 몰라."

여관 주인은 바로 지금이 입을 열 기회라고 생각했다. 이 좋은 기회를 놓치지 말아야겠다고 마음먹고 큰 소리로 말했다. "그렇게 못 드셔서 어쩌십니까. 오랫동안 식사를 못하셔서 배가 많이 고프실 텐데요. 아가씨, 아무 걱정 마십시오. 저 부인께서 말씀하신 것처럼 모든 일은 누구도 예상치 못한 쪽으로 결말이 나는 법이니까요. 방금 도착한 어떤 신사가 희소식 하나를 갖고 오셨습니다. 추적자들을 따돌린 어떤 사람들이 그 추적자들에게 따라잡히기 전에 런던에 도착할지도 모른다는 겁니다. 그렇게 된다면 그들을 기쁘게 맞이해줄 사람들도 분명히 있겠지요."

신변에 위협을 느끼는 사람은 보고 듣는 모든 내용을 공포의 대상으로 바꾸어 버린다. 소피아도 여관 주인의 말을 듣자마자, 자신의 정체가 탄로 났으며, 아버지가 쫓아오는 중이라고 결론 내렸다. 그녀는 혼비백산할 정도로 놀라 몇 분간 말할 기운도 잃은 채였다. 이윽고 기운을 쥐어짜내어 여관 주인에게 하인들을 방 밖으로 내보내라고 부탁하고는 이렇게 말했다. "우리가 누군지 아시는 것 같군요. 하지만 간청 드려요……. 아니, 조금이라도 자비심과 선량함을 지니고 계시다면 절대로 우리를 밀고하지 않으시겠죠."

여관 주인이 말했다. "제가 아가씨를 밀고한다고요! 그럴 리가 있겠습니까(그는 진지하게 거듭 맹세했다)! 그런 짓을 하느니 이 몸을 갈기갈기 찢고 말겠습니다. 저는 배반이라면 딱 질색입니다. 제가 어찌 그런 짓을! 태어나서 한 번도 남을 배신한 적 없는 제가 제일 처음으로 아가씨 같이 사랑스러운 분을 배신하다니요! 그런 짓을 하면 온 세상이 절 엄청나게 비난할 겁니다. 또 아가씨는 저에게 금방 보상을 내리실 수 있는 분이잖습니까? 우리 마누라한테 물어보십시오. 전 우리 여관에 들어오시는 순간 아가씨를 알아보았답니다. 말에서 내려드리기 전부터 이분이다 싶었지요. 그때 생긴 흉터는 평생 없어지지 않겠지만, 아가씨를 돕다 입은 상처라고 생각하면 그깟게 대수겠습니까? 오늘 아침 그 자리에 있던 사람들 가운데는 보상금을 타내겠다고 생각한 사람이 있을지 모르겠지만, 저는 그런 건 꿈에도 생각하지 않습니다. 아가씨를 밀고해서 보상금을 타느니 굶어죽고 말겠습니다."

"약속드리죠. 제가 사례를 드릴 수 있는 처지가 되면, 당신이 베푼 관대함에 부족함 없이 드리겠어요."

"세상에나, 아가씨! 그런 처지가 되면이라뇨! 모든 건 아가씨 마음먹기에 달린 것 아닙니까. 다만 아가씨께서 저같이 하찮은 여관 주인을 잊지나 않을까 하는 게 걱정이죠. 잊지 않으신다면, 제가 보상금을 거부했다는 사실을 떠올리시기 바랍니다. 거부입니다! 아마도 거부했겠죠. 분명히 거부라고 불러도 좋을 겁니다. 틀림없이 받을 수 있었을 테니까요. 아가씬 어디 다른 곳에 가 계실지 모를 일이죠. 어쨌든 제가 아가씨를 밀고할 생각을 품었다는 심한 오해는 절대로 하지 마시기 바랍니다. 그 기쁜 소식을 듣기 전부터 그럴 생각은 없었으니까요."

"기쁜 소식이라니요?" 소피아가 조금 흥분하며 말했다.

"아직 못 들으셨단 말입니까? 아니, 충분히 그러실 수 있죠. 저도 불과 몇 분 전에 들은 소식이니까요. 하지만 제가 그 소식을 들은 적이 없다 치더라도, 아가씨를 밀고하려 들었다면 지금 당장 악마에게 잡혀가도 좋습니다. 암요, 그렇고말고요. 제가―" 그 뒤로도 끔찍한 저주가 이어졌다.

소피아가 여관 주인을 제지하며, 기쁜 소식이 뭐냐고 물었다. 그가 막 대답을 하려는데 아너가 창백한 얼굴로 헐떡거리며 달려와 외쳤다. "아가씨, 이제 끝장이에요, 끝장! 그들이 왔대요. 그들이 왔다고요!"

이 말에 소피아는 피가 얼어붙는 심정이었다. 피츠패트릭 부인이 대체 누가 왔냐고 물었다. 아너가 대답했다. "누구긴요, 프랑스 놈들이죠! 수십만 명이 상륙했대요. 우린 다 살육되고 겁탈당할 거예요."

멋지게 잘 건설된 도시에 겨우 20실링짜리 오두막을 소유한 구두쇠가 멀리 외출을 나갔다가 불이 났다는 소식을 들으면, 자기가 입을 손실 때문에 새파랗게 질려 벌벌 떤다. 그러나 결국 아름다운 궁궐만 불에 타고 자기 오두막은 무사하다는 소식을 들으면, 곧 이성을 찾고 자기 행운에 미소를 짓는다. 또는(앞의 비유는 어딘가 맘에 들지 않는다) 사랑하는 자식이 물에 빠져 죽었다는 소식을 들은 다정한 어머니는 망연자실하여 거의 죽은 거나 다름없는 상태가 되었다가, 자기 아들은 무사하고 빅토리 호가 1200명의 용사와 함께 바다 밑으로 침몰했을 뿐이라는 소식을 들으면 다시 정신을 차린다. 근심이 완전히 사라지고 어머니로서 기쁨에 넘친 나머지, 다른 때 같았으면 그 끔찍한 재앙을 듣고 느꼈을 보편적인 자비심도 고이 잠들어 버린다. 누구보다도 조국의 불행을 걱정하는 소피아도 아버지에게 따라잡히리라는 공포감에서 벗어난 만족감이 상대적으로 컸기 때문에 프랑스군의 상륙에는 거의 아무런 느낌을 받지 못했다. 그녀는 사람을 쓸데없이 놀라게 한 몸종을 가볍게 나무란 뒤 말했다. "그보다 나쁜 소식이 아니라서 다행이야. 난 또 다른 사람이 왔다는 줄 알았잖아."

여관 주인이 빙그레 웃으며 말했다. "암요, 암요. 아가씨께서 사태를 잘 파악하고 계시군요. 프랑스군은 우리의 가장 든든한 우군이죠. 상륙한 것도 다 우릴 위해섭니다. 그들이야말로 옛 영국의 번영을 되찾아줄 사람들이죠. 아가씨께서는 공작이 쳐들어온 걸로 생각하셨던 모양이군요. 그렇다면 놀라시는 것도 당연하죠. 참, 기쁜 소식을 말하려던 참이었죠? 왕세자님께서 하느님의 가호로 공작을 따돌리고 전속력으로 런던으로 진군 중이시랍니다. 1만 프랑스 대군이 상륙해서 도중에 왕세자님과 합세한다 하고요."

소피아는 이 소식이 그다지 기쁘지 않았고, 소식을 전한 여관 주인도 맘에 들지 않았다. 그러나 그가 자신의 정체를 알고 있다고 생각했기 때문에(그녀는 그것을 추호도 의심치 않았다) 함부로 불쾌감을 표시할 수 없었다. 여관 주인이 식탁보를 걷어 가지고 나가면서, 나중에 꼭 자신을 떠올려달라는 소망을 거듭 피력했다.

여관 전체에 자신의 정체가 알려져 있을 거라는 생각 때문에 소피아는 마음이 편치 않았다. 여관 주인이 자신을 제니 캐머런으로 오인하고 말한 내용들을 자기 처지에 적용해 생각해 보았다. 주인이 자신의 정체를 알게 된 경위와 밀고 시 보상금을 주겠다고 한 자가 누구인지를 직접 알아보고 오라고 몸종에게 지시했다. 또한 새벽 네 시에 말을 준비시키라는 명령을 내렸다. 피츠패트릭 부인도 그 시간에 함께 가겠다고 약속했다. 소피아는 최대한 마음을 진정시킨 뒤, 사촌 언니에게 이야기를 계속해달라고 부탁했다.

7
피츠패트릭 부인이 이야기를 끝맺다

주인 아가씨의 지시를 수행하기 위해 아너는 펀치볼을 주문한 뒤 여관 주인과 안주인에게 함께 마시자고 권했다. 한편 피츠패트릭 부인은 이야기를 다시 시작했다.

"이웃 마을에 주둔해 있던 장교들 대부분이 남편과 친구였어. 그중에 몹시 잘생긴 중위 한 명이 있었는데, 그에게는 마음씨도 곱고 말솜씨도 빼어난 아내가 있었어. 나는 해산한 직후에 그 부인과 처음 알게 되었는데, 우리는 떼려야 뗄 수 없는 절친한 친구가 되었지. 다행히 나도 그녀 마음에 들었던 거야.

술꾼도 사냥광도 아니었던 중위는 종종 우리와 함께 만났어. 사실 그는 내 남편과 그리 자주 어울리지 않았어. 다만 우리 집에서 살다시피 했기 때문에, 예의에 어긋나지 않는 한에서만 남편과 어울렸던 거지. 남편은 중위가 자기보다 나와 함께 있는 걸 좋아한다는 사실에 큰 불만감을 표시하곤 했어. 그 일로 내게 무척 화를 내며, 내가 자기 친구들을 빼앗아 간다며 심한 욕설을 퍼부어댔지. '세상에서 가장 훌륭한 사나이를 졸장부로 만들어 망치고 있으니 천벌을 받을 것'이라는 거야.

그런데 소피아, 남편의 분노가 내게 친구들을 빼앗겼기 때문이라고 생각한다면 잘못 생각한 거야. 중위는 얼간이와 어울리며 즐거워하는 사람이 아니었거든. 혹 그런 자리를 즐긴다 치더라도, 남편에겐 자기 친구를 잃은 일을 내 탓으로 돌릴 권리가 없어. 중위가 우리 집을 찾아오게 된 건 처음부터 나랑 대화를 나누기 위해서였다고 난 확신하거든. 그래, 그건 질투였어. 질투 가운데서도 가장 저질이고 악질인, 자신보다 우월한 지력에 대한 질투심이었지. 그 악마 같은 인간은 최소한의 질투심조차 품을 수 없는 상대가 자기보다 나와 더 이야기하고 싶어 하는 꼴을 두고 볼 수가 없었던 거야. 오, 사랑하는 소피. 너는 분별력 있는 여자니까 그렇게 될 가능성이 높지만, 너보다 능력이 떨어지는 남자와 결혼하게 된다면, 결혼 전에 그의 성질을 여러 차례 시험해서 그가 네 우월한 지력에 견딜 수 있는 사람인지 잘 살펴봐야 한다. 약속해줘, 소피, 내 충고를 받아들이겠다고. 너도 나중에 이게 얼마나 중요한 일인지 알게 될 거야."

소피아가 대답했다. "나는 결혼 안 할지도 몰라. 아니, 적어도 결혼 전에 지력에 결함이 보이는 사람하고는 결혼하지 않을 테야. 결혼한 다음에 그런 결함을 깨닫는다면 차라리 내 지력을 포기해 버리겠어."

"지력을 포기한다고! 바보 같은 소리! 난 네가 그렇게 시시한 사람이라고 생각하지 않는다. 난 다른 건 다 포기해도 지력만큼은 안 돼. 조물주께서 우리를 남편들에게 굴복시킬 셈이셨다면, 이토록 많은 아내에게 우월한 지력을 주셨을 리가 없지. 분별력 있는 남자라면 자기 아내가 지력을 버리길 원하지 않을 거야. 아까 말한 중위가 그 좋은 예야. 자신도 훌륭한 분별력을 지니고 있으면서도, 자기 아내가 자기보다 더 뛰어난 지력을 갖고 있다는 걸 늘 인정했어(사실 그렇기도 했고). 이 점이 내 폭군 남편이 그녀를 싫어했던 이유 가운데 하나였어.

남편은 '나 같으면 마누라한테, 특히나 그런 추녀한테(사실 아주 마음씨 곱고 예의바른 사람이긴 했지만, 전형적인 미인상은 아니었어) 지배당하느니 세상 모든 여자를 악마한테 줘 버리겠다'라는 말을 입에 달고 살았지. 나한테도 대체 어디가 좋아서 그런 여자랑 어울리는지 모르겠다고 말했어. '그 여자가 이 집에 오게 되고부터 당신은 독서도 딱 끊었잖아. 전에는 이웃 여자들의 방문에 답방할 시간도 없을 만큼 좋아했으면서'라고. 확실히 나도 답방을 하지 않은 점은 조금 무례했다고 생각해. 그렇지만 그곳 귀부인들은 고작해야 이곳 시골 여자들 수준이거든. 그들과 친하게 지내지 않았다고 해서 너한테 더 변명할 필요는 없겠지?

우리의 교우 관계는 중위가 그 마을에 주둔한 1년 동안 계속되었어. 나는 앞서 말한 식으로 끊임없이 남편의 불평을 들어야 했는데, 난 그걸 일종의 세금이라고 생각하고 달게 받아들였어. 무슨 말이냐 하면, 그가 집에 있을 때만 불평을 들으면 됐기 때문이야. 남편은 한 달에 한 번꼴로 더블린에 가서 머물렀고, 한 번은 런던으로 두 달가량 여행을 갔던 적도 있거든. 그럴 때 날 결코 데려가지 않으려 한 것을 난 천만다행으로 생각했어. 아니, 그는 마누라를 꼬리에 묶어 데려가지 않고는 여행을 하지 못하는 자식들을(그의 표현대로야) 욕하곤 했어. 내가 여행에 따라가고 싶어 한다 해도 그 소망은 절대로 이루어지지 않으리라는 것을 은근히 암시한 거지. 그렇지만 난 그런 소망 따윈 전혀 갖고 있지 않았어.

마침내 내 친구는 떠나갔어. 다시 고독해진 나는 사색과 고통스러운 대화를 나누고, 독서를 유일한 낙으로 삼게 되었지. 나는 거의 종일 책만 읽었어. 석 달 동안 내가 책을 몇 권이나 읽었을 것 같니?"

"글쎄, 열 권쯤?"

"열 권? 오백 권은 되겠다. 대니얼의 《프랑스사》 거의하고, 플루타르코스의 《영웅전》, 《아틀란티스》, 포프가 번역한 호메로스의 작품, 드라이든의 희곡, 칠링워드의 작품, 올누아 공작부인의 작품, 로크의 《인간오성론》 등등.

그러면서 아주 절절하고 감동적인 편지를 고모님께 세 통이나 보냈어. 하지만 한 차례도 답장을 받지 못했지. 결국 모멸감 때문에 더는 애원하지 않게 되었어." 여기서 그녀는 말을 끊고, 진지하게 소피아를 바라보며 말했다. "왠지 네 눈빛이 고모님 말고 다른 사람에게 편지를 보냈더라면 친절한 답장을 받을 수 있었을 거라고 비난하는 것 같구나."

소피아가 대꾸했다. "해리엇, 언니 이야기 자체가 편지를 보내지 않은 데에 대한 변명이야. 나야말로 그런 핑곗거리도 없었는데 편지를 게을리 해서 정말로 미안해. 어쨌든 얘길 계속해봐. 무섭긴 하지만 결말을 꼭 듣고 싶어."

피츠패트릭 부인은 이야기를 이어갔다. "남편은 이 무렵 잉글랜드로 두 번째 여행을 가서 석 달 넘게 머물렀어. 그 기간의 대부분을, 더 심한 꼴도 당하며 살아오지 않았느냐는 생각만으로 겨우 견딜 수 있었어. 혐오스런 사람과 마주하지 않아도 된다는 점만큼은 고마웠지만, 완벽한 고독은 나 같은 사교가가 절대로 견디기 힘든 것이었어. 나를 더욱 비참하게 만든 건 아기를 잃은 일이었어. 물론 내가 다른 상황이었더라면 마땅히 느꼈을 크나큰 애정을 그 아기에게 쏟았다고는 말할 수 없어. 그래도 어쨌거나 자애로운 엄마로서의 의무는 다하기로 결심했지. 바로 이 결심이 자식을 잃었다는 무엇보다 무거운 마음의 짐을, 내 경우엔 무거운 짐이라고 할 수도 없겠지만, 그나마 덜 느끼게 해주었어.

난 꼬박 10주를 거의 외톨이로 지냈어. 그동안 하인들과 극소수 손님들 말고는 누구하고도 만나지 않았지. 그때 남편 쪽 친척 가운데 한 젊은 숙녀가 아일랜드 벽지에서 찾아왔어. 전에 한 번 일주일간 묵은 적이 있었는데, 그때 내가 꼭 한 번 다시 와달라고 초대했었거든. 아주 심성이 곱고, 타고난 훌륭한 재능을 적절한 교육으로 갈고닦은 사람이었지. 내겐 정말 반가운 손님이었어.

도착하고 며칠이 지나 그녀는 내가 아주 침울해 하는 걸 보고는 그 원인도 묻지 않고(사실은 아주 잘 알고 있었지만) 내게 동정의 말을 건넸어. '당신은 예의상 남편의 친척들에게 그의 행실을 비난하지 못하지만, 사실은 친척 모두가 알고 있고 아주 걱정하고 있어요. 특히 제 걱정이 아주 크답니다.' 그리고 나서 우리는 그 문제에 대해 좀 더 일반적인 대화를 나누었어. 내가 은근히 유도하자 마침내 그녀는 놀라지 말고, 남에게 절대로 발설하지 말라고 운을 띄운 뒤 엄청난 비밀을 알려주었어. 남편에게 정부가 있다는 거였어.

너는 분명히 내가 그 정보를 아주 무심하게 흘려들었으리라고 생각하겠지? 그렇다면 대단히 터무니없는 상상을 한 거야. 남편에 대한 분노가 경멸감을 압도했지. 그녀의 말을 듣고 증오심이 끓어올랐어. 도대체 내가 왜 그랬을까? 우리는 지독하리만치 이기적인 존재이기 때문에, 경멸하는 사람이라도 남에게 빼앗기면 신경이 쓰이는 걸까? 아니면 우리는 지독하리만치 허영심이 강하고, 그 허영심을 가장 상처 입히는 것이 그런 일이기 때문일까? 소피아, 어떻게 생각하니?"

소피아가 대답했다. "모르겠어. 그런 어려운 문제는 고민해본 적이 없는걸. 하지만 그 친척분이 언니에게 그런 비밀을 털어놓은 건 옳지 않았다고 생각해."

"그건 자연스런 행동이란다. 나처럼 많은 일을 겪고, 많은 책을 읽으면 너도 인정하게 될 거야."

"자연스럽다니, 말도 안 돼. 독서 경험과 인생 경험은 적지만, 나도 그게 아주 심술궂은 행동이라는 것쯤은 알아. 남편에게든 부인에게든 어느 한쪽의 과오를 고자질하는 건 본인 얼굴에 대고 그 사람의 과오를 지적하는 것만큼이나 무례한 짓이야."

피츠패트릭 부인이 이야기를 계속했다. "어찌됐든, 마침내 남편은 집으로 돌아왔어. 나 스스로 내 마음을 정확히 판단하는 거라면, 그때 난 어느 때보다도 남편이 미웠어. 하지만 경멸감은 오히려 줄었지. 자존심이나 허영심에 상처를 입는 것만큼 경멸감을 약화시키는 건 없거든.

남편의 태도는 출발 전과 완전히 반대로 바뀌어 있었어. 결혼 첫 주에 보였던 태도와 아주 흡사하게 굴었지. 내게 조금이라도 사랑의 불씨가 남아 있었더라면 내 애정에 다시 불이 붙었을지도 몰라. 그러나 증오심이라면 경멸감을 누르고 그 자리를 대신할 수 있지만, 애정은 그렇지 못해. 사실 사랑의 열정은 불안정한 것이어서 그 대상에서 만족감을 얻지 않으면 배기지 못하지. 사랑이란 행위 없이 애정을 갖는다는 건 시력 없는 눈을 가진 것만큼 허망한 이야기야. 그래서 남편이 더는 정열의 대상이 아니게 되면 다른 누군가가…… 그러니까 남편에게 무관심해지면…… 일단 남편을 경멸하게 되면……… 어, 그러니까…… 아직 사랑의 정열이 남아 있다면……. 맙소사! 내가 지금 무슨 말을 하는 건지 나도 헷갈리네. 로크 선생이 말했듯이 이런 추상론은 사상의 연결고리를 잃기 십상이라니까. 간단히 말해, 사실인즉슨……. 간단히 말해, 나도 잘 모르겠지만, 어쨌든 남편은 돌아왔고, 난 그의 처음 태도에 놀랐어. 하지만 곧 그 이유를 알고 이해가 갔지. 한마디로 말하자면 그는 내가 가진 현금을 몽땅 써 버렸던 거야. 자기 땅을 더는 저당 잡힐 수가 없자, 얼마 안 되는 내 땅을 팔아 유흥자금을 마련할 속셈이었지. 그러기 위해선 내 동의가 필요하니까 어떻게든 동의를 받아내려는 것이 그렇게 사랑을 위장한 오직 하나뿐인 이유였던 거야.

나는 단호하게 거절했어. 그리고 솔직하게 얘기했지. 결혼 초였다면, 인도가 내 소유였대도 당신이 지배하도록 양보했을 거라고. 여자는 자신이 마음을 준 사람에게 반드시 재산을 맡겨야 한다는 신념을 어렸을 때부터 가지고 있었으니까. 하지만 친절하게도 당신이 진작 내 마음을 돌려준 덕에, 얼마 안 되는 남은 재산도 그냥 내가 가지고 있기로 했다고.

이 발언과 단호한 태도에 남편이 얼마나 펄펄 뛰었는지는 설명하지 않을게. 우리 둘 사이에 어떤 활극이 벌어졌는지도 시시콜콜 말하지 않겠어. 물론 정부 이야기도 분노와 경멸감으로 이런 저런 과장이 덧붙어 튀어나왔어.

피츠패트릭도 이 이야기엔 다소 주춤하는 것 같았어. 그렇게 횡설수설하는 모습은 처음 봤을 정도야. 하긴 언제나 생각이 뒤죽박죽인 사람이지만. 하지만 그는 변명하지 않고, 이번엔 날 당황하게 만드는 수를 썼어. 맞불작전이지! 그는 질투심을 가장했어. 내가 아는 바로 그는 질투심을 타고난 사람이야. 그래, 처음부터 질투심을 갖고 태어났거나, 악마가 머릿속에 집어넣어 준 게 분명해. 세상에 내 정조를 정당하게 비방할 수 있는 사람은 없을 거야. 사실 그 어떤 중상모략가라도 감히 내 품행을 비난한 사람은 없었고, 다행히 내 삶과 명예 모두 오점 하나 없는 상태였지. 어떤 거짓말쟁이도 내 명예를 비난할 순 없을 거야. 새침데기 양, 아무리 화가 나도, 아무리 학대받고 사랑에 상처를 입어도, 난 내 정조가 트집 잡힐 빌미만큼은 결코 제공하지 않겠노라 굳게 다짐했었어. 하지만 세상에는 정말로 못되고 악독한 혀를 가진 사람이 있는 법이야. 아무리 결백한 사람이라도 그들을 피할 순 없어. 그들은 아주 사소한 말, 우연한 눈빛, 최소한의 친근함, 순진하고 자유분방한 태도조차 왜곡해서 터무니없이 부풀려 버리지. 난 그런 중상모략을 경멸해. 그런 악의적인 말에 나는 전혀 불안해하지 않았어. 아무렴, 나는 절대로 그런 말에는 흔들리지 않았어. 어디까지 얘기하다 말았지? 어디보자, 남편이 질투하기 시작했다는 얘기까지 했었구나. 그 상대가 대체 누구였을 것 같아? 아까 말한 그 중위야! 그런 얼토당토않은 질투의 증거를 찾으려고 남편은 1년도 더 된 과거로 거슬러 올라가야 했지. 뭐, 애초에 날 학대하기 위한 새빨간 거짓말일 뿐 질투도 뭣도 아니지.

이야기가 너무 자질구레해서 지루한 건 아닌지 모르겠다. 이제 이야기를 신속하게 마무리할게. 결국 말할 가치도 없는 많은 소동이 벌어졌어. 그때마다 사촌이 열심히 내 편을 들자 남편은 그녀를 내쫓고 말았어. 어르고 달래도, 윽박질러도 내가 꿈쩍 않는다는 걸 알자 남편은 아주 난폭한 수단을 썼어. 이렇게 말하면 그가 나를 때렸나보다 하겠지만, 그는 구타만큼은 하지 않았어. 그 직전까지 간 적은 있었지만 말이야. 그는 날 내 방에 가둬두고, 펜, 잉크, 종이, 책 말고는 아무것도 허락하지 않았어. 하인이 날마다 찾아와 잠자리를 봐주고 식사를 챙겨주었지.

이런 감금 상태로 일주일이 지나자 그가 나를 찾아와 학교 선생님 같은 목소리로, 아니, 어차피 그게 그거지만 폭군 같은 목소리로 '이래도 말을 안 듣겠어?' 하는 거야. 나는 고집스럽게 '그럴 바엔 죽겠다'고 대답했지. 그가 소리쳤어. '그렇다면 네년을 죽여주지! 이 방에서 살아서는 못 나갈 줄 알아라!'

나는 2주일을 더 버텼어. 사실을 말하자면, 나는 거의 의지가 꺾여서 투항하기 직전이었어. 그러던 어느 날, 남편이 잠깐 외출을 나가고 없을 때 천우신조의 사건이 일어났어. 내가…… 극도의 절망감에 굴복하려던 바로 그때 …… 그런 때에는 무슨 일이든 용서받을 수 있지…… 바로 그런 때에 내가 …… 사정을 다 얘기하자면 한 시간은 걸릴 거야. 간단히 말하자면(미주알고주알 얘기해서 널 피곤하게 만들고 싶진 않거든), 모든 자물쇠를 여는 만능열쇠인 '황금'이 방문을 열고 날 해방해준 거지.

나는 그 길로 더블린으로 가서 잉글랜드행 승선권을 즉시 구했어. 그러고는 고모님이든 네 아버지든 다른 누구든 날 보호해줄 친척을 찾아 서둘러 바스로 가던 길이었는데, 어젯밤 내가 묵었던 여관, 네가 나보다 몇 분 앞서 도착했던 그 여관까지 남편이 쫓아온 거야. 하지만 천만다행으로 남편에게서 도망쳐 너를 따라온 거란다.

내 이야기는 이걸로 끝이야. 분명히 내게는 비극이지만, 지루했다면 용서해줘."

소피아가 깊은 한숨을 내쉬며 대답했다. "해리엇, 언니가 진심으로 불쌍해! 하지만 대체 뭘 기대했던 거야? 대체 왜 아일랜드 남자랑 결혼한 거냐고."

사촌 언니가 대답했다. "그 비난은 부당하구나. 아일랜드인 가운데도 잉글랜드인 못지않게 훌륭한 사람이 있단다. 아니, 솔직히 말하자면 너그러운 마음씨는 그들이 한 수 위야. 훌륭한 남편의 본보기도 많이 보았는걸. 잉글랜드엔 그런 예가 그리 많지 않잖니. 그런 얼간이와 결혼해놓고 뭘 기대한 거냐고 물으렴. 진짜 진짜 진실을 말하자면, 난 그가 그런 얼간이인 줄 몰랐단다."

소피아가 어조를 바꾸어 매우 낮은 목소리로 물었다. "그럼 얼간이가 아닌 남자는 나쁜 남편이 되지 않는단 얘기야?"

"그건 부정이 지나치구나. 얼간이만큼 나쁜 남편이 될 가능성이 높은 남자는 없다고 생각해. 내가 아는 사람들만 봐도 그래. 멍청한 사람들이 최악의 남편들이지. 과감히 말하자면 이래. 분별 있는 남자가 훌륭한 대접을 받을 가치가 있는 아내에게 못되게 구는 예는 거의 없다는 거야."

8
여관에서 벌어진 소란
피츠패트릭 부인 친구의 갑작스런 등장

사촌 언니의 바람에 따라 이번에는 소피아가 이야기를 시작했다. 이미 이 작품 앞 장들에서 말한 내용이므로, 여기서 반복하지 않아도 독자 여러분께서는 양해해 주시리라 믿는다.

다만, 그녀의 이야기에서 한 가지 짚고 넘어가야 할 게 있다. 그녀가 존스에 대해, 그런 사람은 실제로 존재하지 않는다는 듯이, 시종 한마디도 언급하지 않았다는 점이다. 나는 애써 그 이유를 설명하지도 변명하지도 않겠다. 그녀의 그런 태도를 일종의 부정직함이라 부를 수 있다면, 상대방 숙녀가 보여주었던 솔직함과 성실성에 견주어 더욱 변명의 여지가 없어 보일 것이다. 어쨌든 사실이 그랬다.

소피아가 이야기를 마칠 무렵, 두 숙녀가 있는 방까지 시끄러운 목소리가 들려왔다. 그 목소리는 개집에서 풀려난 사냥개 무리가 짖어대는 소리만큼 크고, 발정 난 고양이나 부엉이의 비명만큼 날카로웠다. 그러나 가장 닮은 것은(어떤 동물이 인간의 소리를 흉내 낼 수 있겠는가?) 혀의 이중성에 어원을 두었다는 어떤 문 근처 유쾌한 대저택**4에서, 고대에는 '나이아스'라 불렸으며 지금은 속칭 '굴 파는 아줌마'로 번역되는 강의 정령들이 입이나 콧구멍으로 내는 소리였다. 이 강의 정령이 우유와 꿀과 향유로 만든 고대 제사용 술 대신에 아침 일찍 신자들이 바친, 주니퍼베리와 맥아를 끓여 진하게 만든 액체를 들이붓듯 마셔 버렸으니 감히 누가 무엄하게 혀를 놀리랴. 맛좋게 살 오른 밀턴산 굴, 싱싱하고 단단한 가자미, 물속에 있을 때만큼 신선한 넙치, 참새우만큼이나 큰 새우, 불과 몇 시간 전까지 살아 있던 훌륭한 대구, 그 밖에 물의 신이 강과 바다에서 잡아 올려 이들 물의 정령에게 건네준 각종 보물을 불경스럽게 흠잡으면 분노한 나이아스들은 불멸의 목소리를 높이고, 불경스러운 자들은 모독의 대가로 귀청이 찢어지는 꼴을 당한다.

별안간 아래층에서 터져 나온 시끄러운 목소리가 이와 같았다. 한동안 멀리서 치는 천둥처럼 우르릉대던 그 소리가 점점 가까워지더니 천천히 계단을 올라와 마침내는 두 숙녀가 있는 방으로 들어왔다. 비유와 수식을 다 빼고 간단히 말하겠다. 아래층에서 격렬하게 욕지거리를 해대던 아녀가 계단을 올라오면서도 욕을 멈추지 않고 씩씩대며 주인 아가씨를 찾아와 이렇게 외친 것이다.

"아가씨, 어떻게 생각하세요? 내 참 기가 막혀서. 뻔뻔스런 이 여관 주인

---

*4 런던 템스 강가에 어시장으로 유명한 Billingsgate라는 곳이 있었다. 생선장수 여자들의 거친 입담으로 유명해서 뒷날에는 'billingsgate'라는 단어 자체가 '상스러운 말'이라는 의미를 지닌 보통명사가 되었다. Billingsgate의 어원은 사람 이름에서 유래되었다는 설도 있으나, Brewer('Dictionary of Phrase and Fable')에 따르면 색슨어의 bellan(울부짖다)가 billings으로 바뀌었다고 하니 '혀의 이중성'이란 표현에 일리가 있다. '유쾌한 대저택'은 생선가게를 가리킴.

놈이 무례하게도 아가씨를 참주한테 딱 붙어 온 나라를 들쑤시고 다니는 저 더럽고 냄새나는 갈보라고 우기잖아요(제니 캐머런이라고들 부르죠)! 뻔뻔 스럽게도 그 시건방진 거짓말쟁이 놈이 아가씨께서 그렇게 스스로 시인하셨다는 거예요. 제가 그놈을 할퀴었어요. 그 뻔뻔스런 얼굴에 손톱자국을 남기고 이렇게 말해주었죠. '뭐, 우리 아가씨가 어떻다고? 이 건방진 놈, 우리 아가씨는 참주 따위나 상대하시는 분이 아니야. 서머싯셔에서 가장 훌륭한 가문의 부잣집 아가씨라고. 당신, 웨스턴 지주님에 대해 들어본 적 없어? 우리 아가씨가 바로 그분 외동 따님이라고. 그 엄청난 재산을 상속받으실 분이지!' 여관 종놈 주제에 아가씨를 그 스코틀랜드 출신 갈보라고 부르다니요! 펀치 볼로 그 머리통을 박살 내야 하는데."

소피아는 여관 주인의 말보다 아너가 했다는 말 때문에 불안해졌다. 아너가 홧김에 소피아의 정체를 누설해 버렸기 때문이다. 그러나 여관 주인의 착각을 들으니 앞서 자기가 그의 말을 듣고 오해했던 것도 이해가 갔으므로 그 점에서는 얼마간 마음이 편해졌다. 모든 상황을 종합해보니 웃음이 절로 나왔다. 그 모습을 보고 아너가 더욱 격분하며 소리쳤다.

"세상에나, 아가씨! 아가씨께서 이 일을 우스갯거리로 여기실 줄은 생각지도 못했네요. 그런 뻔뻔하고 천박한 놈에게 갈보 소릴 듣고서도 말예요! 제가 쓸데없는 참견을 했다고 저한테 화를 내실지도 모르죠. 주제넘은 호의는 역겹다고들 하니까. 하지만 제가 모시는 주인님이 그런 오명을 뒤집어쓰는 건 절대로 참을 수 없어요. 안 참고말고요. 영국 땅에 발을 들여놓은 여자들 가운데 아가씨만큼 정숙한 숙녀는 없다고 확신해요. 누구든 한마디라도 그렇지 않다고 말하는 놈이 있다면, 전 그놈의 눈알을 뽑아 버리겠어요. 제가 모시는 분의 성품을 조금이라도 욕하는 놈은 있을 수 없다고요."

Hinc illoe lachrymoe(그러고 나서 눈물이 흘러내렸다). 사실 아너는 여느 하인들 못지않게 자기 주인에게 애정을 품고 있었다. 그러나 그 밖에도 그녀의 자존심이 자신이 모시는 아가씨의 명예를 옹호하도록 강요하고 있었다. 주인의 명예와 자신의 명예가 밀접하게 연관되어 있다고 생각했기 때문이다. 주인의 명예가 높아질수록 자기 명예도 높아지고, 주인의 명예가 실추되면 반드시 자기 명예도 깎인다고 생각했던 것이다.

이 주제와 관련하여 독자 여러분께 잠시 한 가지 이야기를 해드리고자 한다. "어느 날, 저 유명한 넬 그윈*⁵이 잠시 묵었던 여관에서 나와 마차에 오르려는데, 엄청난 군중이 모여 있고 자기 하인이 피투성이가 되어 흙먼지를 뒤집어쓰고 있는 것이 보였다. 여주인이 영문을 묻자 하인이 대답했다. '마님을 갈보라고 욕한 무례한 놈과 싸웠습니다.' 그윈 부인이 대답했다. '이런 멍청한 녀석을 봤나. 그런 이유라면 너는 평생 날마다 싸워야 할 게야. 그건 온 세상 사람이 다 아는 사실이니까.' '온 세상 사람이 다 안다고요?' 하인은 마차 문을 닫은 뒤 혼잣말로 외쳤다. '그래도 날 갈보년 하인이라고 부르면 가만두지 않겠어.'"

같은 이치로 아너의 분노는 충분히 설명이 된다. 다른 이유가 없다 해도 말이다. 그런데 사실 그녀가 화를 낸 데에는 또 다른 이유가 있었다. 거기에 대해서는 앞서 비유에서도 언급되었던 한 가지 사실을 여러분께서 상기해 보시기 바란다. 어떤 액체는 우리의 감정에, 또는 불에 들이부으면 물과는 정반대 효과를 낳는다. 즉 불을 끄는 것이 아니라 오히려 불타오르게 하는 작용을 한다. 펀치라 부르는 대중적인 액체도 그중 하나이다. 박식한 체니 박사님께서, 이 술을 마시는 것은 목구멍에 액체성 불을 들이붓는 것이나 마찬가지라고 말씀하시곤 한 것도 지당하다 하겠다.

불행하게도 아너는 이 액체성 불을 목구멍에 너무 많이 들이부었던 것이다. 거기에서 발생한 연기가 뇌로 올라와 그곳에 자리 잡고 있는 이성의 눈을 멀게 하고, 그와 동시에 위장에서 타오르는 불길 자체가 손쉽게 심장에 이르러 자존심이라는 고귀한 감정에 불을 붙였다. 그러니 이 모든 것을 종합해 볼 때, 이 몹쓸의 격렬한 분노에 의구심을 가질 필요는 없어 보인다. 물론 얼핏 보기에 그만한 결과를 낳은 것 치고 원인이 빈약하다는 점은 인정해야 할 것이다.

소피아와 사촌 언니는 온 여관을 요란스레 울리며 불타오르는 이 불꽃을 끄기 위해 사력을 다했으며, 마침내 성공을 거두었다. 같은 비유를 한 걸음 진전시키자면, 불은 영어가 제공하는 모든 연료를 다 써 버린 뒤, 즉 온갖 욕설을 내뱉은 뒤 제풀에 꺼져 버렸다.

위층은 다시 평정을 되찾았지만, 아래층은 그렇지 못했다. 그곳에서는 자

---

*5 1650~1687. 극장에서 오렌지를 팔다가 여배우가 된 인물로서, 그 뒤 찰스2세의 정부가 되었고 평생 스스로를 매춘부라 불렀다.

기 남편의 멋진 얼굴에 아녀가 남긴 손톱자국을 보고 격분한 안주인이 정의와 복수를 소리 높여 외치고 있었다. 정작 교전 피해자인 가엾은 사나이는 완전히 침묵을 지키고 있었다. 그가 잃은 피의 양이 그의 분노를 식힌 것이었을지도 모른다. 적은 그의 뺨에 손톱을 사용하는 동시에 그의 코에 주먹을 사용했으며, 코는 그 일격을 한탄하며 엄청난 피눈물을 흘린 것이었다. 우리는 여기에 그가 자기 실수를 반추했다는 이유를 덧붙일 수 있을 것이다. 사실 그의 분노를 침묵시킨 가장 큰 원인이 된 것은 그가 자신의 실수를 깨달은 경위였다. 그는 아녀의 말과 행동에 비추어 오히려 자기 생각에 확신을 갖게 되었다. 그런데 그때, 훌륭한 마차를 타고 도착한 어느 귀족풍 손님에게서 2층 숙녀 중 한 분은 상류층 귀부인이시며 자신과 절친한 지인이라는 말을 들은 것이었다.

이 손님의 지시에 따라 여관 주인은 2층으로 올라가 숙녀 손님들에게 아래층에서 한 지체 높은 신사분께서 뵙기를 청한다는 말을 전했다. 이 전언에 소피아는 얼굴이 창백해지며 몸을 떨었다. 물론 독자 여러분께서는, 여관 주인의 실수는 차치하고라도, 그것이 그녀의 아버지가 전하는 말이라고 하기에는 지나치게 정중하다고 판단하실 것이다. 그러나 공포심은 치안판사들과 똑같은 실수를 저지르는 법이다. 즉, 양쪽의 증거를 꼼꼼히 검토하지 않고 아주 사소한 몇몇 정황에 근거하여 성급하게 결론을 내리기 쉽다는 것이다.

독자 여러분의 걱정보다는 호기심을 해소해 드리기 위해 말씀드리겠다. 런던으로 향하던 아일랜드 귀족 한 명이 그날 밤 늦은 시간에 이 여관에 도착한 것이었다. 이 귀족은 앞서 설명한 대소동이 벌어졌을 때 저녁 식사를 하던 중에 뛰쳐나왔다가 피츠패트릭 부인의 하녀를 발견했으며, 그녀에게 몇 마디 물어보고는 자신과 특별히 절친한 사이인 숙녀가 2층에 머물고 있다는 사실을 알았다. 이 정보를 얻자마자 그는 여관 주인을 불러 그를 진정시키고, 실제로 전달되었던 것보다 훨씬 정중한 인사를 하라는 당부와 함께 그를 위층으로 올려 보냈던 것이다.

이때 심부름꾼으로서 왜 하녀를 쓰지 않는지 이상하게 여기시는 분들도 계실 것이다. 유감스럽게도 그때 그녀에게는 그런 심부름을 할 자격이, 아니 그 어떤 일을 할 자격도 없었다. 비열하게도 럼주(맥아로 빚은 음료를 여관 주인은 이렇게 불렀다)가 이 가엾은 하녀가 피곤한 틈을 타, 습격에 속수무

책인 상태에 있던 그녀의 숭고한 정신을 엄청나게 약탈한 것이었다.

이 비극적인 장면을 장황하게 묘사하지 않겠다. 다만 역사 이야기 작가로서의 성실성을 공언한 만큼 이 사건을 간략하게나마 암시할 의무가 있다고 생각했다. 그렇지 않았더라면 이 암시마저도 아꼈을 것이다. 사실 많은 역사 이야기 작가가 이 성실성이 부족하기 때문에, 좋게 말해 부지런하지 못하기 때문에 종종 독자들로 하여금 세부 상황을 어림짐작하게 만들어 때로는 독자들을 큰 혼란과 당혹감에 빠뜨린다.

마침내 이 귀족이 방에 들어오자 소피아는 즉시 근거 없는 두려움에서 해방되었다. 이 사나이는 피츠패트릭 부인의 절친한 지인이었을 뿐만 아니라 매우 특별한 친구이기도 했다. 사실 피츠패트릭 부인이 남편에게서 도망칠 수 있었던 것은 그의 도움 덕택이었다. 이 귀족은 영웅 이야기에 등장하는 유명한 기사들 못지않게 의협심이 넘치는 사나이로서, 감금 상태에 있던 미녀들을 수차례 구해낸 바 있었다. 그는 남편들이나 아버지들이 젊고 아름다운 여성들에게 너무나도 자주 행사하는 야만스런 권력을, 그 옛날 기사들이 마법사들의 야만스런 힘을 증오하는 것 못지않게 증오했다. 솔직히 나는 각 나라 연애 소설에 빈번히 등장하는 마법사야말로 실은 그 시대 남편들을 지칭하는 것이며, 미녀들이 감금되어 있다는 마법의 성은 결혼 생활 자체가 아닌지 남몰래 생각하곤 한다.

이 귀족은 피츠패트릭의 집 인근에 저택을 갖고 있었으며, 오랫동안 피츠패트릭 부인과 알고 지낸 사이였다. 따라서 그녀가 감금되었다는 이야기를 듣자마자, 그녀에게 자유를 되찾아주기 위해 온 힘을 다했다. 그는 고대 영웅들의 선례에 따라 성을 직접 공격한 것이 아니라, 현대식 전술에 따라, 성을 지키는 감시꾼을 매수하는 방법을 사용함으로써 일을 성공시켰다. 현대 전투에서는 용기보다 책략이 중요하며, 납이나 강철보다 황금이 저항하기 힘든 힘을 갖는다.

부인 자신이 이 사정을 사촌 동생에게 말할 정도로 중요하다고 생각하지 않았기 때문에 당시 우리도 이것을 독자 여러분께 전달하지 않으려 했었다. 우리는 본인이 언급할 가치가 없다고 생각한 내용을 굳이 꺼냄으로써 그녀의 이야기를 방해하기보다, 그녀가 감시인을 매수할 돈을 찾아냈거나, 만들어냈거나, 뭔가 매우 신기하고 초자연적인 수단을 이용해 손에 넣게 되었다고 독자 여러분이 한동안 상상하도록 만드는 편을 택한 것이다.

짧은 대화를 마친 뒤 귀족은 이곳에서 부인을 만나 상당히 놀랐으며, 그녀가 이미 바스에 가 있을 줄로만 알았다고 말하지 않을 수 없었다. 피츠패트릭 부인은 매우 솔직하게 대답했다.

"굳이 이름을 말하지 않아도 아시겠지만, 어떤 남자가 나타나는 바람에 계획이 무산되었답니다. 간단히 말해, 남편에게 따라잡혔다는 거죠(이제 세상이 모두 아는 사실이니 굳이 감출 필요는 없겠지요). 하지만 다행스럽게도 매우 기습적인 방법으로 남편을 따돌리고, 이 숙녀와 함께 런던으로 가는 길이었답니다. 이 숙녀는 저와 가까운 친척인데, 제 남편 못지않은 폭군의 손아귀에서 도망쳐 나왔죠."

귀족은 그 폭군이란 자도 남편일 거라 생각하고, 두 숙녀를 입에 침이 마르도록 칭찬하는 동시에 자신과 같은 남성들에게 욕설을 퍼부었다. 또 결혼 제도 자체와, 그 제도가 남성들에게 훨씬 분별력 있고 훨씬 우수한 인종을 지배하는 부당한 권력을 준다는 점을 직시하지 않을 수 없다며 비난을 감추지 않았다. 그는 자신이 두 숙녀를 보호해 주겠으며, 육두마차를 제공하겠다는 제안으로 웅변을 끝맺었다. 피츠패트릭 부인은 그 제안을 즉시 받아들였으며, 그녀의 설득으로 소피아도 결국 거기에 동의했다.

일이 그렇게 결정되자 귀족은 방에서 물러가고, 숙녀들은 잠자리에 들었다. 피츠패트릭 부인은 사촌 동생에게 그 귀족의 성품에 대한 찬사를 늘어놓았으며, 특히 그가 자기 아내를 얼마나 사랑하는지에 대해 아주 구체적으로 과장해서 설명했다. 그가 상류층 신사들 가운데서 결혼 생활의 정절을 완벽하게 지키는 거의 유일한 사람일 거라고 말했다. "소피, 상류층에서 그렇게 훌륭한 신사는 정말 보기 드물어. 결혼하더라도 그런 미덕은 기대 않는 게 좋아. 그런 기대감을 가졌다간 분명히 실망할 테니까."

이 말에 소피아의 입에서 가벼운 한숨이 새어나왔다. 그 말이 그녀가 별로 유쾌하지 않은 꿈을 꾸게 된 원인이 되었을지 모른다. 그러나 그녀가 그날 밤 꿈을 끝내 누구에게도 말하지 않았으므로, 독자 여러분께서도 여기에 그 내용이 언급되기를 기대하지 말아야 할 것이다.

9

아침 풍경을 아름다운 문장으로 소개, 역마차 한 대, 객실 하녀들의 예의 바름,
소피아의 영웅 기질과 너그러움, 그런 심성에 대한 보답,
일행의 출발과 런던 도착, 여행자들을 위한 몇 가지 발언

삶의 은총들을 제공하려고 태어난 사회 구성원들이 그 은총들을 누리려고
태어난 사람들을 위해 일과를 시작하려고 양초들을 켜기 시작했다. 이 시간
이 되면 다부진 농장 관리인은 동료 노동자인 황소의 아침 문안을 받는다.
노련한 기능공과 부지런한 기계공은 딱딱한 매트리스에서 벌떡 일어난다.
예쁘장한 하녀가 어지러이 흐트러져 있는 저녁 파티가 열렸던 방을 정돈한
다. 그동안, 그 방을 어지럽혔던 장본인들은 딱딱한 깃털이불조차 그들의 잠
을 방해한다는 듯이 자다 깨다를 반복하며 이리저리 뒤척인다.

쉽게 말하겠다. 시계가 일곱 시를 알리자마자 숙녀들은 길 떠날 채비를 마
쳤다. 그녀들의 바람대로 귀족과 그의 마차도 그녀들을 수행하기 위해 준비
되었다.

이때 한 가지 문제가 발생했다. 정작 귀족 자신은 어디에 타는가 하는 것
이었다. 승객을 짐짝 취급하는 역마차라면 솜씨 좋은 마부가 네 명이 들어갈
자리에 여섯 명 정도는 아무렇지도 않게 구겨 넣는다. 그 솜씨가 하도 놀라
워서, 살찐 여관 안주인이나 뚱뚱한 시의원 나리도 빼빼마른 아가씨나 호리
호리한 신사보다 많은 공간을 차지하는 법이 없다. 또 본디 인간의 내장은
납작 짓눌리면 비좁은 공간에서도 잘 자리 잡기 마련이다. 그러나 구분의 편
의상 신사용 마차라고 부르는 이런 마차라면 역마차보다 크기는 크더라도
이러한 우겨넣기는 결코 시도되지 않는 법이다.

귀족이 의협심을 발휘하여 자신은 말을 타고 가겠노라고 말함으로써 문제
는 곧 해결되려는 듯이 보였다. 그러나 피츠패트릭 부인이 이에 결코 동의하
지 않았다. 결국 두 하녀가 번갈아가며 귀족의 말을 타고 가기로 했으며, 이
를 위해 말에 곁 안장이 장착되었다.

여관에서 모든 문제가 정리되자 숙녀들은 저마다 안내인을 해고했다. 소
피아는 여관 주인에게 선물을 했다. 절반은 그가 자기 밑에 깔렸을 때 입은
상처에 대한 보상이었으며, 나머지 반은 화가 나 이성을 잃었던 몸종 때문에

입은 부상에 대한 보상이었다. 이때 소피아는 어떤 중요한 물건을 잃어 버렸음을 처음으로 깨닫고 다소 마음이 불편해졌다. 마지막으로 아버지를 대면했을 때 받은 100파운드짜리 은행 수표를 잃어 버린 것이었다. 적다면 적은 돈이었지만, 당장 그녀가 가진 전 재산이었다. 그녀는 뒤질 만한 곳을 다 뒤지고, 모든 소지품을 흔들고 뒤집어 보았지만 아무 소용없었다. 수표는 끝내 나오지 않았다. 결국 그녀는 앞서 기록했던 것처럼 어두운 오솔길에서 말에서 떨어지는 재난을 당했을 때 주머니에서 돈이 빠져나간 것이라고 확신했다. 당시 주머니 안이 다소 헝클어져 있었으며, 말에서 떨어지기 직전에 피츠패트릭 부인의 고통을 덜어주기 위해 손수건을 꺼내느라 애를 먹었던 일이 떠오르자 더욱 그런 생각이 들었다.

이런 종류의 재난은 다소 불편이 따르긴 하나, 탐욕의 도움이 없이는 강한 정신력을 지닌 사람을 조금도 정복하지 못한다. 따라서 소피아는 시기상 부적절한 때에 닥친 재난이긴 했지만, 곧 불안한 마음을 극복하고 여느 때와 같이 명랑하고 쾌활한 낯빛으로 일행에게 돌아갔다. 귀족은 두 숙녀를 마차로 안내하고, 아녀도 똑같은 태도로 안내했다. 수차례 예의 바른 인사말과 양보를 교환한 끝에 아녀가 동료 하녀의 끈질김에 굴복하여 먼저 마차에 오르기로 한 것이었다. 사실 나중에는 여행 내내 마차 자리를 내놓지 않으려 했으므로, 여주인은 몇 차례 성과 없는 암시를 준 끝에 마지막에는 이제 순서를 바꿔서 말을 타고 가라고 강제로 명령을 내렸다.

일행이 모두 타자 마차가 움직이기 시작했다. 많은 하인이 뒤따르고, 대위 두 명이 앞장섰다. 이 여관까지 귀족과 함께 마차를 타고 온 이 대위들은 애초에 두 숙녀에게 자리를 양보하는 일과는 비교도 안 되게 하찮은 상황에서라도 마차에서 쫓겨났던 자들이었다. 지금 그들의 역할은 그저 수행 신사쯤이었지만, 귀족을 수행한다는 명예가 없더라도 식탁의 편의를 위해서라면 하인 역할이라도, 아니 그보다 비천한 역할이라도 기꺼이 떠맡았을 것이다.

여관 주인은 소피아에게서 받은 선물이 몹시 흡족했다. 자신이 입은 타박상과 하녀가 할퀸 자국이 유감스럽기는커녕 기쁠 정도였다. 독자 여러분께서는 이 선물의 내용이 궁금하실 것이다. 그러나 우리는 그 호기심을 충족시켜 드릴 수 없다. 그게 뭐가 됐던 여관 주인은 자신의 상처를 기뻐하는 동시에, 그 숙녀가 이토록 돈의 가치를 모르는 사람이었음을 진작 알아보지 못한 것을 애석해 했다. "모든 걸 두 배로 불려서 청구해도 될 뻔했어. 계산서에 트집을 잡는 사람이 아니었단 말이지."

아내의 결론은 크게 달랐다. 그녀가 남편이 입은 피해를 본인 이상으로 아프게 느꼈는지에 대해서는 말하지 않겠다. 하지만 소피아의 너그러움에 대해 남편보다 훨씬 덜 만족했음은 분명했다.

"여보, 그 숙녀분은 당신이 생각하는 것보다 돈 쓰는 법을 훨씬 잘 알고 있어요. 뭔가를 쥐어주지 않으면 우리가 그냥 넘어가지 않을 거라고 생각했겠죠. 법에 호소했더라면 겨우 이 정도로 끝나진 못했을 텐데, 고작 이걸 받은 당신의 마음을 이해할 수 없군요."

남편이 말했다. "늘 그렇지만 당신은 정말로 똑똑해. 겨우 이 정도론 끝나지 않았을 거라고? 내가 그 정도도 모를 거라 생각해? 하지만 그렇게 많은 돈이, 그중 일부라도 우리 주머니로 들어올까? 우리 아들 변호사 톰이 살아 있었다면 기꺼이 이 굉장한 사건을 녀석 손에 맡길 수 있었을 테지. 녀석도 이 사건에서 한몫 단단히 챙겼을 테고. 하지만 친척 중에 변호사도 없는 이 마당에 생판 모르는 남 좋으라고 법에 호소할 이유는 없잖아?"

"하긴 그러네요. 당신 말이 맞아요."

"물론 그렇지. 돈이 되는 일이라면 나도 누구 못지않게 확실히 냄새를 맡을 수 있어. 분명히 말하지만, 그 누구도 내가 이런 일을 못하게 말로써 단념시킬 순 없었을 거야. 숙녀를 꾀어 돈을 뜯어내는 일은 아무나 할 수 있는 일이 아니란 걸 명심해."

그제야 부인은 남편의 현명함을 칭찬하는 데 가세했다. 이 문제에 대한 부부의 짧은 대화는 이처럼 끝났다.

이제 우리는 이 선량한 부부와 작별을 고하고, 귀족과 그의 여성 동반자들을 뒤따라 가봐야겠다. 길을 몹시 서두른 덕에 일행은 90마일이나 되는 여정을 이틀 만에 주파했고, 도중에 이 이야기에서 언급할 만한 사건은 하나도 만나지 않은 채 이틀째 밤에 런던에 도착했다. 따라서 우리의 펜도 묘사 대상의 여행을 모방하여 우리의 이야기를 그 주인공들인 여행자들 보조에 맞추기로 하겠다. 훌륭한 작가는 이런 때에 현명한 여행자를 모방하는 것이 좋다. 현명한 여행자는 어떤 장소의 아름다움, 고상함, 진기함에 비례하여 그곳에 머무르기 때문이다. 이셔, 스토, 윌턴, 이스트베리, 프라이어스 파크

같은 곳에서 우리는 자연을 인위적으로 개선한 놀라운 솜씨에 감탄하게 되는데, 그런 사람이 황홀한 상상에 빠져 보내기에 며칠은 무척 짧은 시간이다. 이들 가운데 어떤 곳에서는 주로 인공의 솜씨가 우리의 경탄을 자아내고, 어떤 곳에서는 자연과 인공이 경쟁하듯 우리의 박수를 요구한다. 다만 마지막 한 곳에서는 자연이 승리한 듯이 보인다. 이곳에서는 자연이 가장 값비싼 옷을 입고, 인공은 소박하기 그지없는 옷을 입고서 자애로운 주인인 자연을 모신다. 이곳에서 자연은 자신이 이 세상에 선물한 가장 정교한 보배들을 아낌없이 쏟아 붓는다. 또한 인간 본성이 오직 자연에만 뒤떨어지는 대상을 선물해준다.

이런 고상한 풍광을 유유히 즐길 줄 아는 취향과 상상력을 지닌 사람은 이보다 훨씬 격조가 떨어지는 대상도 즐길 줄 안다. 현명한 여행자는 데번이나 도싯의 숲, 강, 풀밭 등에도 시선을 빼앗기고 발걸음을 멈춘다. 그리고 그곳에서 지체한 시간을 만회하려고 나중에 백셧의 쓸쓸한 히스 벌판이나 스톡브리지에서 서쪽으로 펼쳐진 널따란 들판을 재빨리 지나친다. 이런 들판에서는 16마일을 가도 나무 한 그루만 눈에 띌 뿐이다. 우리의 지루한 기분을 불쌍히 여긴 하늘이 친절하게도 다채로운 구름 저택을 우리 눈앞에 펼쳐보여 준다면 이야기는 별개이지만.

돈만 생각하는 장사꾼, 명석한 판사, 근엄한 의사 선생, 옷을 잔뜩 껴입은 목동, 그 밖에 부자와 그들의 우둔한 자식들은 이런 식으로 여행하지 않는다. 그들의 말은 정확히 시속 4마일 반의 속도를 유지한다. 푸른 초원이건 메마른 히스 벌판이건 똑같은 속도로 지나친다. 말의 시선과 주인의 시선이 똑같이 앞만 향한다. 똑같은 대상을 똑같은 시선으로 바라볼 뿐이다. 선량한 기수는 유명 건축가가 가장 자랑스러워하는 건축물이건, 옷감으로 유명한 부촌을 장식한 무명 건축가들의 건축물이건, 똑같은 만큼의 황홀한 시선으로 바라본다. 그곳에 쌓인 벽돌더미가 무슨 기념비처럼 예전 그 마을에 돈더미가 쌓여 있었음을 말해주고 있는데도 말이다.

독자 여러분이시여, 우리는 서둘러 여주인공의 뒤를 따라가야 하는 몸이다. 따라서 이런 묘사를 예술에 무지한 보이오티아 작가들이나 그들과 정반대 성향을 지닌 작가들의 작품에서 찾는 일은 현명한 여러분께 맡기겠다. 여러분은 우리의 도움 없이도 충분히 하실 수 있으리라 본다. 아무튼 지금은 서둘러야 한다. 어떤 작가들은 독자 여러분이 자신들의 의도를 알아내기 위해 추측이란 기술을 사용하리라고 생각하지만, 우리는 그렇게 기대하지 않는다. 따라서 어려운 장면에서는 적절한 도움의 손길을 내미는 데에 결코 인색하지 않을 작정이다. 그러나 주의만 기울이신다면 충분히 알아낼 수 있는 장면에서는 여러분의 게으름을 받아주지 않을 생각이다. 우리가 이 위대한 작품에 숨겨놓은 의도를 독자 여러분의 현명한 판단에 하나도 맡기지 않으리라고 생각하셨거나, 이따금 그러한 재능을 발휘하지 않고도 이 몇 권이나 되는 작품을 단숨에 읽고서 재미나 이득을 얻을 수 있으리라고 생각하셨다면 대단한 오해를 하신 셈이다.

10
정숙함에 대한 한두 마디 조언과 의혹에 관한 몇 마디 조언

일행은 런던에 도착하여 귀족 집에 내렸다. 그곳에서 여독을 풀며 휴식을 취하는 동안, 두 숙녀가 묵을 곳을 찾기 위해 하인들이 급파되었다. 하필 귀족의 아내가 시내에 없었던 까닭에 피츠패트릭 부인이 그 집에서 잠자리를 빌리기를 결단코 거부했기 때문이다.

어떤 독자분들께서는 이런 유별나리만치 예민한(이런 용어를 쓸 수 있을 것이다) 정숙함을 지나치게 까다롭다거나 지나치게 세심하다고 비난하실 것이다. 그러나 그녀의 처지가 아주 미묘했음을 인정하고, 그 점을 고려해주어야 한다. 남 헐뜯기 좋아하는 사람들의 악의를 생각해볼 때 우리는 그녀의 태도가 잘못된 것이라 하더라도 그것이 올바른 방향으로 치우친 잘못이었음을, 그녀와 똑같은 상황에 처한 여자라면 누구든 보고 배워야 할 잘못이었음을 인정해야 한다. 형식상의 정숙함이 겉모습에 불과할 때 추상론으로는 형식을 갖추지 않은 실질적 정숙함보다 칭찬할 가치가 없어보일는지 모른다. 그러나 실제로는 전자 쪽이 훨씬 많은 칭찬을 받는다. 아주 특수한 상황을 빼고는 여성이 이 두 가지 태도 가운데 어느 한쪽을 존중해야 한다는 것은 모두가 인정하는 바일 것이다.

숙소가 마련되자 소피아도 그날 밤은 사촌 언니와 같은 곳에서 묵었다. 그러나 이튿날 아침 일찍, 앞서 얘기했던 대로, 아버지의 집을 떠날 때 몸을 의탁하기로 결심했던 친척 귀부인 댁을 찾아보기로 했다. 마차를 타고 오는 동안 관찰한 몇몇 사실 때문에 한시바삐 그렇게 하려고 열심이었던 것이다.

우리로서는 소피아에게 의심 잘하는 불쾌한 성격을 부여할 마음이 결코 없기에, 그녀가 피츠패트릭 부인에게 마음 가득 품게 된 이상한 생각을 독자 여러분께 공개하기가 조금 망설여진다. 지금 그녀는 확실히 이 부인에게 얼마간 의혹을 품고 있었다. 그런데 의혹이란 어쨌거나 못된 사람 마음에 깃들기 쉬운 감정이다. 때문에 우리는 먼저 독자 여러분께 이 의혹이란 감정에 대해 일반적인 한두 마디 설명을 드린 다음에 소피아의 의혹을 밝히는 것이 적절하다고 생각한다.

의혹에는 두 가지가 있다고 나는 예전부터 생각해왔다. 첫 번째는 마음에서 생겨나는 의혹이다. 이 종류의 의혹이 등장하는 엄청난 속도로 미루어볼 때 이미 내부에 어떤 충동이 존재한다고 생각할 수 있기 때문이다. 이 의혹이 가장 심할 때는 스스로 의심의 대상을 만들어내기도 한다. 없는 것을 보고, 때로는 실제로 존재하는 것 이상을 본다. 그 매의 눈에 걸리면 어떤 나쁜 징후도 피해갈 길이 없는 혜안의 통찰력이다. 이것은 사람의 행동뿐 아니라 말과 눈빛까지도 관찰한다. 관찰자의 마음에서 피관찰자의 마음으로 파고들어, 말하자면 아직 태아 상태에 있는 그 속의 악까지도 탐지해낸다. 아니, 어떤 때는 아직 잉태되었다고 말할 수도 없는 상태의 악까지도 감지해낸다. 오류가 없다면 실로 놀라운 재능이겠으나, 그런 완벽함을 자랑할 수 있는 사람은 인간 세상에 존재하지 않는다. 그러한 예리한 통찰력에 오류가 발생하기에, 무고하고 착한 사람들이 애통한 재앙이나 가슴 아픈 고통에 빠지는 예가 적지 않다. 따라서 나는 악을 꿰뚫어보는 이런 종류의 혜안을 지나친 폐단에 빠진 행동, 바꿔 말해 그 자체가 아주 해로운 악이라고 간주하지 않을 수 없다. 이것 말고도 내가 이 견해를 지지하는 이유가 더 있다. 착한 사람이 이러한 혜안을 지닌 예를 목격한 적이 없는 것으로 보아, 아무래도 이것은 늘 악한 사람의 마음에서만 생기는 것이라고 생각되기 때문이다. 따라서 이 첫 번째 의혹은 소피아와는 절대로 무관하다고 보인다.

이에 반해 두 번째 종류의 의혹은 머리에서 나오는 것 같다. 즉, 눈앞에 있는 사실을 보고, 그 사실에서 결론을 이끌어내는 능력이다. 이 두 가지 가운데 전자는 눈을 가진 사람이라면 누구든 피할 수 없는 것이고, 후자는 조금이라도 뇌를 가진 사람에게는 필연적인 결과이다. 요컨대 첫 번째 종류의 의혹이 죄 없는 사람들에게 엄청난 적인 것처럼, 이것은 죄 있는 사람들에게 엄청난 적이다. 인간은 종종 오류를 저지르기에 때로 잘못된 추측을 하기도 하지만, 나는 이것을 부정적인 눈으로 볼 수 없다. 예를 들어, 바람둥이 기술을 자랑하는 잘생긴 청년의 무릎에 눕거나 그의 팔에 안긴 아내를 남편이 우연히 발견했다고 치자. 그때 그가 자신이 실제로 목격한 두 남녀의 허물없는 현장, 그것이 결백하고 자유로운 행위였다면 우리도 조금은 호의를 가지고 볼 수 있었을 허물없는 현장을 보고 진짜로 본 것 이상의 내용을 추론했다 하더라도 나는 그 남편을 비난할 수 없다. 독자 여러분께서도 이런 사례는 수없이 떠올리실 수 있을 것이다. 한 가지만 더 예를 들어보겠다. 매우 비그리스도교적이라고 생각하는 사람이 있을지 모르겠지만, 나로서는 아주 정당하다고 생각할 수밖에 없는 의혹이다. 말하자면, 인간은 한 번 한 행동을 또 할 수 있다. 즉, 한 번 나쁜 짓을 한 사람은 다시 똑같은 짓을 저지를 수 있다는 생각이다. 사실 소피아도 이런 종류의 의혹을 품던 것 같다. 이런 의혹 때문에 그녀는 사촌 언니가 실은 보기보다 좋은 사람이 아니라는 생각을 품게 된 것이다.

진상은 다음과 같아 보였다. 현명하게도 피츠패트릭 부인은 젊은 숙녀들의 정조는 불쌍한 토끼 같은 처지여서 밖으로 나가면 반드시 적을 만나며, 적이 아닌 누군가를 만나는 일은 좀처럼 없다고 생각했다. 그래서 그녀는 남편의 보호에서 벗어날 첫 기회를 잡기로 결심하자마자, 누군가 다른 남자의 보호를 받기로 마음먹었다. 그런데 후견인으로서 지위와 재산과 명예를 동시에 지닌 사람을 고르는 것보다 적절한 선택이 어디 있겠는가? 또한 무사 수행을 자처하는 정중한 성품을 지닌 사람, 즉 고통에 빠진 숙녀의 보호를 자처하는 사람을 제쳐두고 그 누가 그녀에게 여러 차례 절절한 사랑고백을 하고 능력껏 애정의 증표를 보여 왔겠는가?

그러나 어리석게도 법률은 남편의 대리인, 또는 도망친 부인의 후견인을 공식적으로 규정한 바 없고, 악의적인 세상 사람은 그런 남자를 더 불쾌한 호칭으로 부르고 싶어 하는 법이다. 결국 이 귀족은 부인에게 남몰래 친절을 베풀 뿐 그녀의 보호자라는 성격을 공공연히 드러내지 말아야 했다. 단 몇 사람에게라도 그렇게 보이지 않기 위해, 부인이 먼저 바스로 가고 귀족은 런던에 들렀다가 의사의 권유를 받아 자연스레 바스로 가겠다는 협정이 이루어졌었다.

그런데 지금 소피아가 그 모든 사실을 눈치챈 것이다. 피츠패트릭 부인의 입이나 행동을 통해서가 아니라, 비밀을 지키는 데 부인보다 훨씬 서투른 귀족을 통해서였다. 어쩌면 피츠패트릭 부인이 자신의 사연을 이야기하며 이 부분을 전혀 언급하지 않았다는 사실이, 지금 사촌 동생의 마음에 피어오르기 시작한 의혹을 굳히는 데 적잖이 일조했는지도 모른다.

소피아는 자신이 찾던 귀부인을 쉽게 찾아냈다. 런던의 가마꾼 가운데 그 귀부인 댁을 잘 모르는 사람이 한 명도 없었던 것이다. 그녀가 전갈을 보내자, 꼭 방문해달라는 답장이 곧바로 도착했다. 소피아는 즉시 그 초대를 받아들였다. 피츠패트릭 부인도 예의상 필요한 만큼 이상으로는 사촌 동생을 만류하지 않았다. 앞서 말한 소피아의 의혹을 알아채고 기분이 상해서 그랬던 건지, 뭔가 다른 동기가 있었던 건지 나로서는 알 수 없다. 어쨌든 소피아가 떠나고 싶어 했던 것만큼이나 부인도 소피아와 헤어지길 바랐던 것은 분명하다.

소피아는 사촌 언니와 작별인사를 나누며 짤막한 충고를 넌지시 하지 않을 수가 없었다. 부디 몸조심하고, 자신이 얼마나 위험한 상황에 처해 있는지 생각하라고 말했다. 그리고 남편과 화해할 수 있는 좋은 방법을 찾길 바란다고 덧붙였다. "웨스턴 고모가 우리에게 수도 없이 말씀하셨던 교훈을 기억하지? 결혼 서약이 깨지고 부부 사이에 전쟁이 시작되면, 어떤 조건이건 아내에게 불리한 화친은 없다고 하셨잖아. 그 말씀이 꼭 맞아. 고모는 세상 경험이 아주 풍부한 분이시니까."

피츠패트릭 부인이 의기양양한 미소를 지으며 대꾸했다. "내 걱정은 관두고 너나 조심해. 네가 나보다 어리잖니. 며칠 있다가 놀러 갈게. 그런데 소피, 딱 한 가지만 충고하자. 시골에서 놀던 그 '새침데기 양'은 이제 그만두렴. 런던에서는 아무런 쓸모도 없을 테니까."

이렇게 해서 둘은 헤어졌다. 곧장 벨라스턴 부인 댁을 찾아간 소피아는 아주 정중하고 진심 어린 환대를 받았다. 이 부인은 일찍이 고모 댁에서 지내던 소피아를 보고 큰 호감을 느낀 바 있었다. 진심으로 소피아를 환영했으며, 아버지 집을 나와 런던으로 도망쳐온 이유를 듣고서는 그 분별력과 결단력을 크게 칭찬했다. 자신의 집을 피난처로 선택한 것은 자신을 높이 평가하고 있다는 증거라며 아주 큰 만족감을 표시한 뒤, 능력이 닿는 한 그녀를 보호해주겠노라고 약속했다.

이제 소피아를 안전한 보호의 손길에 인도했으니, 그녀를 그곳에 당분간 놔두고 다른 사람들, 특히 가엾은 존스를 살펴보자는 데에 독자 여러분께서도 반대하지 않으실 것이다. 우리는 그를 너무 오랫동안 과거의 잘못을 속죄하도록 내버려두었다. 죄악의 속성이 그렇듯이, 그는 이미 그 자체로 충분한 형벌을 받은 셈이다.

제12권
앞에 권과 같은 시기에 일어난 사건

1
현대 작가들에게 어디서부터가 표절이며
어디까지를 정당한 보상으로 간주해야 하는지를 보여주다

  박식한 독자라면 내가 이 대작 안에서 원전을 밝히지 않거나 인용 구절의 출처가 되는 원작의 이름을 조금도 언급하지 않은 채 유명 고전 작가들의 구절을 자주 번역해 사용한다는 사실을 틀림없이 알아채셨을 것이다.

  이러한 창작 관행에 대해 독창적인 프랑스 작가 아베 바니에르는 그의 엄청난 학식과 그 못지않은 판단력이 들어 있는 명저 《신화론》 서문에서 타당하게 비판을 한 바 있다. "독자 여러분께서는 내가 자주 나 자신의 평판보다 여러분을 배려했음을 쉽게 인정할 것이다. 저자가 머릿속에 떠오른 조예 깊은 인용 구절을 애써 사용하지 않는 것은 독자를 위한 배려이다. 인용이란 그저 옮겨 적는 수고에 불과하지 않은가."

  그러한 자투리 인용구들로 작품을 가득 채우는 일은 학식 있는 독서가에게 그야말로 명백한 사기 행위라 해도 좋을 것이다. 독자는 거기에 속아서, 이미 통째로 갖고 있는(기억에는 없을지라도 적어도 책장에는 있는) 책과 똑같은 내용을 찔끔찔끔 다시 사 모으는 격이다. 이는 무식한 자들에게는 더욱 가혹한 일이다. 그들은 아무짝에도 쓸모없는 작품에 속아 돈을 지불하는 셈이다. 자기 작품에 엄청난 양의 그리스어와 라틴어를 뒤섞어 놓는 작가는 신사숙녀들에게 경매업자와 똑같은 사기를 치려는 자들이다. 경매업자들은 종종 경매품을 묶음으로 만들어 놓고, 원하는 상품을 구입하려면 자신에게 아무런 쓸모도 없는 물건까지 함께 구입하게 만드니까 말이다.

  하지만 제아무리 공평무사한 방식이라도 무지한 자들에게 잘못 이해되고 악의 있는 자들에게 곡해되기 마련이므로, 나는 가끔 독자 여러분을 희생해서라도 나 자신의 평판을 먼저 생각하고 싶은 유혹을 느꼈다. 즉 남의 사상이나 표현을 인용하며 원전을 그대로 베끼거나, 최소한 장과 행만이라도 그대로 베끼고 싶은 유혹을 받는다. 그런데 나는 사실상 그 반대 방식을 사용하느라고 자주 손해를 보는 것 같다. 원작자의 이름을 밝히지 않은 결과, 앞서 말한 고명한 프랑스인 작가가 지적한 훌륭한 동기에서 그랬다는 평가를 받기는커녕 오히려 표절 혐의를 뒤집어쓴 것 같기 때문이다.

따라서 앞으로 그러한 오명에서 벗어나기 위해 여기서 사실을 고백하고 해명해보겠다. 고전 작가는 우리의 비옥한 공유지로 간주할 수 있다. 파르나소스 산*1에 최소한의 지분이 있는 사람이면 누구나 그 땅을 이용해서 시냥을 살찌울 수 있는 권리가 있다. 더 명확히 표현하자면, 우리 현대 작가들과 고전 작가들의 관계는 가난뱅이와 부자의 관계이다. 이때 가난뱅이란 흔히 '폭도'라 불리는 거대하고 존경스런 집단을 의미한다. 누구든 이 폭도들과 조금이라도 친해질 기회를 허락받는 명예를 얻은 사람이라면 부유한 이웃을 망설임 없이 약탈하라는 것이 그들 사이에 공인된 격언이며, 그들은 그런 약탈 행위를 범죄나 수치라고 여기지 않음을 알 것이다. 그들이 이 금과옥조를 늘 가슴에 새기고 거기에 따라 행동하기 때문에, 영국에 있는 거의 모든 마을에서 '지주'라고 불리는 부자들에 대항하는 공모가 반드시 이루어진다. 지주의 재산은 가난한 모든 이웃이 마음대로 약탈해도 되는 전리품쯤으로 여겨진다. 그들은 이 약탈 행위를 죄라고 조금도 느끼지 않을뿐더러, 그런 때에 서로 숨겨주어 징벌을 피하게 하는 일이 서로의 명예이자 도의라고 생각한다.

마찬가지로 호메로스, 베르길리우스, 호라티우스, 키케로 같은 고전 작가들은 우리 현대 작가들에게 부유한 지주이며, 파르나소스 산의 가난뱅이인 우리 현대 작가들은 오랜 관습에 따라 그들에게서 닥치는 대로 약탈할 권리가 있다고 생각해도 좋다. 나는 그런 자유를 요구하는 바이며, 내 가난한 이웃들에게도 그런 자유를 허락하고자 한다. 다만 내가 소리 높여 동료 작가들에게 요구하는 바는, 앞서 폭도들이 서로에게 보여주었던 엄격한 성실함을 우리끼리도 지키자는 것이다. 같은 동료를 상대로 절도를 하는 것은 정말이

---

*1 그리스에 있는 산. 뮤즈 신이 사는 곳으로, 문예의 상징이다.

지 극악하고 부도덕한 짓이다. 가난뱅이(때로는 우리 자신보다 가난한 사람들)를 등쳐먹는 짓이며, 가장 야비한 표현을 사용하자면 '구빈원을 약탈하는 짓거리'라 해도 무방할 것이다.

따라서 엄밀히 따져보아도, 양심에 비추어 나는 그렇게 한심한 절도 행위를 저지른 기억이 없다. 첫 번째 비난에 대해서는 기꺼이 죄를 인정하겠다. 나는 어떤 고전 작품에서 내 글의 목적에 부합하는 구절을 발견하면, 원전에 있는 작가의 이름을 명시하지 않은 채 주저 없이 그것을 인용할 것이다. 아니, 그러한 고전 작가의 글이 내 작품 안으로 베껴져 들어오는 순간, 그 인용 구절에 대한 소유권까지 절대적으로 주장하겠다. 앞으로 독자 여러분께서도 그런 내용들을 완전히, 그리고 순수하게 내 소유물로서 인정해주시길 바란다. 다만 이런 요구가 허용되려면 한 가지 조건이 필요하다. 가난한 동료 작가들에게는 엄격한 성실함을 지켜야 한다는 것이다. 그들의 미미한 재산에서 뭔가를 빌려올 때는 반드시 거기에 그들의 이름을 명기할 것이며, 언제든 정당한 소유자에게 되돌려줄 준비를 할 것이다.

무어라는 작가가 이 점을 소홀히 한 것은 몹시 비난받을 일이었다. 그는 전에도 포프 일파의 시구 몇 줄을 빌려와 그 가운데 여섯 행을 《경쟁 방식》이라는 자기 극작품에 멋대로 집어넣었다. 그러나 천만다행으로 포프 선생이 그 각본에서 이 여섯 행을 발견하고 격렬하게 소유권을 주장하여 자기 작품들 안에 돌려다 놓았다. 그러고도 성이 차지 않자 그는 이 무어라는 작가를 《우인열전》이라는 끔찍한 감옥에 가둬 버렸다. 무어에 대한 이 불행한 기억은 문학계의 부당거래에 대한 정당한 징벌로서 앞으로도 영원히 남게 될 것이다.

2
딸을 찾지 못한 채 추격을 중지해야 할 발견을 한 지주

이야기는 업턴 여관으로 돌아간다. 먼저 지주 웨스턴 씨의 발자취를 더듬어보기로 하자. 곧 그의 여행이 끝나면, 우리의 주인공과 함께 할 시간이 넉넉해질 것이기 때문이다.

독자 여러분께서는 이 지주가 노발대발 격분하여 여관을 출발한 것을 기억하실 것이다. 그는 더욱 불같이 화를 내며 딸의 뒤를 쫓았다. 여관 마부가 그녀가 세번 강을 건넜다고 알려주자 그도 마차를 타고 그 강을 건넜다. 잡히기만 하면 가만 안 두겠다고 다짐하며 전속력으로 말을 달렸다.

얼마 가지 않아 그는 갈림길에 다다랐다. 그는 간략한 전략 회의를 소집하여 의견들을 들은 뒤, 마침내 추격 방향을 운명에 내맡기고 곧장 우스터 가도로 들어섰다.

가도를 2마일쯤 달렸을 때 그는 자신의 불행한 신세를 통렬하게 한탄하며 계속해서 소리를 질렀다. "이게 웬 거지같은 일이람! 나처럼 불행한 놈도 없을 거야!" 그 뒤로도 욕설과 저주를 끊임없이 내뱉었다.

함께 가던 서플 목사가 그를 위로하려 했다. "아무런 희망도 없는 사람처럼 슬퍼해선 안 됩니다. 아직 아가씨를 따라잡진 못했지만, 여기까지 제대로 추격해온 것만 해도 행운이라 생각해야지요. 아가씨께선 곧 여행에 지쳐 어느 여관에 묵으며 피로를 풀 것입니다. 그렇게 되면 머잖아 반드시 compos voti(소원 성취)하는 겁니다."

지주가 대꾸했다. "망할 년 같으니라고! 내가 슬퍼하는 건 사냥하기 딱 좋은 이 멋진 아침을 놓쳤다는 점이오. 어느 모로 보나 이 계절 중 사냥하기 가장 알맞은 날씨에 사냥을 못하고 있다니 정말 화나는 일이잖소! 더구나 그 지긋지긋하던 서리가 걷힌 뒤인데 말이오!"

극심한 변덕을 부리는 와중에도 연민의 정을 보여주곤 하는 운명의 여신이 지주를 불쌍히 여겼던 것인지, 딸을 더는 추격하지 못하게 하기로 결정한 대신 그 보상을 하기로 결심한 것인지 확신할 수는 없으나, 어쨌든 지주가 앞서와 같은 발언을 하고 끝자락에 욕설 두세 마디를 내뱉자마자 별안간 그리 멀지 않은 곳에서 사냥개 한 무리가 낭랑한 목청을 열고 짖어대기 시작했다. 지주의 말과 말 주인 모두가 그 소리를 듣고 순식간에 귀를 쫑긋 세웠다. 지주가 "사냥감이 도망가는 소리다! 도망가는 소리야! 내 말이 틀리면 손가락에 장을 지지겠다!"라고 소리치며 즉시 말에 박차를 가했다. 사실 말은 박차가 필요하지 않았다. 기질이 자기 주인과 똑같았기 때문이다. 일행은 '와' 하며 밀밭으로 뛰어들어 곧장 사냥개들 쪽으로 달려갔다. 가엾은 목사도 신의 가호를 빌며 꽁무니를 따라갔다.

우화에 등장하는 그리말킨은 그녀를 열렬히 사랑한 남자의 소원으로 비너스가 고양이에서 아름다운 여인으로 변신시켜준 인물이다. 그런데 그녀는 쥐를 보자마자, 과거에 즐겼던 장난이 되살아났다. 그리고 본성이 남아 있던 탓인지 즉시 남편 침대에서 뛰쳐나와 그 작은 동물을 추격했다고 한다.

이 이야기를 어떻게 해석해야 할까? 신부가 사랑하는 신랑 품에 안기는 데 불만을 품었다는 이야기는 아닐 것이다. 고양이는 은혜를 쉽게 잊는다고들 하는데, 여자든 고양이든 특정한 상황에서는 기분이 좋아져 그르렁거리는 법이다. 사실 현명한 로저 레스트랑주 경이 그 심오한 사색 끝에 말한 바와 같이, "본성은 대문에서 차단되면 반드시 창문으로 들어온다. 여자가 되었더라도, 고양이는 여전히 쥐를 잡는 동물이다." 마찬가지 이유로 우리는 딸에 대한 사랑이 부족하다고 지주를 비난해서는 안 된다. 실제로 그는 딸에게 크나큰 애정을 지니고 있었다. 다만 우리는 그가 시골 대지주이자 사냥꾼이라는 사실을 고려해야 한다. 그러면 앞서 소개한 우화 또는 현명한 사색을 그에게도 그대로 적용할 수 있을 것이다.

사냥개들은 말 그대로 죽을힘을 다해 내달렸다. 지주도 여느 때와 같이 고함을 내지르며, 여느 때와 같이 민첩하게, 여느 때와 같은 기쁨을 맛보며 울타리를 넘고 도랑을 건너 사냥감을 추격했다. 도중에 소피아가 머릿속에 떠올라 사냥의 희열을 방해하는 일은 한 번도 없었다. 그의 표현을 빌리자면, 이런 멋진 사냥은 생전 처음이며, 이런 사냥을 위해서라면 50마일이라도 내달릴 가치가 충분히 있었다. 지주가 딸 생각을 잊었을 정도이니, 하인들이 아가씨 생각을 까맣게 잊었음은 쉽게 상상이 갈 것이다. 처음에는 라틴어로 어처구니가 없다고 중얼거리던 목사마저 마침내 아가씨 생각을 완전히 접어버렸다. 그는 한참 뒤처져 느릿느릿 말을 몰고 가며, 다음 일요일에 할 설교 내용을 생각하기 시작했다.

사냥개들의 주인인 대지주는 자신과 똑같이 사냥 좋아하는 지주가 등장하자 몹시 기뻐했다. 사람은 나름의 기준으로 남의 장점을 평가하는 법인데, 사냥에서만큼은 웨스턴 씨를 능가하는 전문가가 없었기 때문이다. 고함 하나로 사냥개들을 고무하고 사냥에 활력을 불어넣는 기술에 그보다 능통한 사람은 없었다.

사냥광은 추적에 열중하다 보면 예절 따위에 신경 쓸 겨를이 없다. 심지어 인간으로서의 도리조차 잊어버린다. 일행 가운데 한 명이 실수로 도랑이나 강물에 처박혀도 나머지는 전혀 개의치 않고 그냥 지나쳐 가며, 떨어진 동료를 운명에 맡기기 일쑤이다. 이 두 지주도 이따금 거리가 가까워지긴 했지만 대화는 한 마디도 나누지 않았다. 다만 사냥 주관자 쪽은 길을 잘못 든 사냥개를 도로 불러들이는 이 낯선 손님의 대단한 솜씨를 여러 차례 목격하고 인정했으며, 나아가 그의 지력까지 아주 높게 평가했다. 그를 수행하는 사람의 수도 그의 신분에 적잖은 존경심을 불러일으켰다. 사냥이 벌어진 계기가 되었던 작은 동물의 죽음으로써 사냥이 끝나고 나서야 두 지주는 얼굴을 마주보고 제법 지주다운 인사를 나누었다.

아주 즐거운 대화여서 따로 부록을 만들어 기록해도 좋을 정도였지만, 이 이야기와는 아무런 상관이 없는 내용이므로 여기서는 공간을 내어주지 않기로 하겠다. 대화는 그 다음 사냥 약속과 저녁 식사 초대로 끝났다. 손님이 이 제안을 수락하자 넉넉한 술자리가 벌어졌으며, 마지막은 웨스턴 씨의 쾌적한 낮잠으로 끝났다.

그날 밤 우리의 지주는 이 집주인에게도 서플 목사에게도 적수가 못 되었다. 다만 극심한 심신의 피로가 원인이었으므로, 그의 명예에는 조금도 손상을 주지 않았다. 속되게 말해 그는 '코가 삐뚤어지도록' 만취했다. 세 번째 병을 따기도 전에 완전히 곯아떨어진 것이다. 그를 침대로 옮긴 것은 한참이 지나서인데, 그동안 목사는 그를 없는 사람 취급했다. 그는 상대방 지주에게 소피아에 대한 내용을 모조리 이야기한 뒤, 다음 날 아침 자신이 웨스턴 씨를 집으로 돌아가도록 설득할 때 그를 거들어주겠다는 약속을 얻어냈다.

선량한 지주가 밤의 숙취를 털고 일어나 해장술을 요구한 뒤 다시 딸을 추격하기 위해 말을 준비시키자 서플 목사가 재빨리 그를 만류했다. 주인이 강력하게 목사를 지지했다. 마침내 설득이 성공을 거두어 웨스턴 씨도 귀가에 동의했다. 무엇보다 그를 움직인 강력한 근거는 그들이 이미 길을 잃은 터라 자칫 잘못하다간 딸과 거리를 좁히는 게 아니라 더 멀어질 수도 있다는 주장이었다. 그는 사냥 동료에게 작별을 고하고, 서리가 녹은 데에 큰 기쁨을 표명하며(이것도 그를 황급히 귀가하게 만든 적잖은 동기였을지 모른다) 서머싯셔로 진군을, 또는 퇴각을 개시했다. 다만 출발 전에 부하 중 몇 명을 딸 수색조로 파견하고, 그들이 떠난 뒤 그쪽을 향해 할 수 있는 가장 심한 욕설을 연신 퍼부어댔다.

3

업턴을 출발한 존스
길 위에서 파트리지와 나눈 대화

겨우 우리의 주인공 곁으로 되돌아왔다. 사실 너무 오래 헤어져 있었던 데다 헤어질 때 상황을 종합해볼 때, 많은 독자 여러분께서 우리가 그를 영원히 버렸다고 생각하셨을 것 같다. 그가 처했던 상황이, 사려 깊은 사람이라면 친구의 안부를 묻고 싶어도 혹시 그가 목매달아 자살했다는 소식이나 듣게 되지 않을까 두려워 질문을 꺼리게 될 정도로 비참했기 때문이다.

그러나 사실 우리는 사려 깊은 사람의 장점을 모두 갖춘 것은 아닐지언정, 감히 말씀드리건대, 그런 사람이 지닌 단점만 갖춘 것도 아니다. 가엾은 존스 군의 지금 처지보다 비참한 상황은 상상하기조차 쉽지 않지만, 우리는 그에게 돌아가, 그가 운명의 여신이 비춰주는 가장 밝은 빛을 받으며 즐겁게 노닐고 있을 때 못지않게 부지런히 그를 따라가 보겠다.

존스 군과 그의 친구 파트리지는 웨스턴 씨보다 몇 분 늦게 여관을 떠나 똑같은 길을 걸어서 갔다. 여관 마부에게 이런 시간에는 업턴에서 절대로 말을 구할 수 없다는 말을 들었기 때문이었다. 그들은 무거운 마음으로 서둘러 걸었다. 두 사람은 매우 다른 이유에서 불안해했지만, 기분이 좋지 않기는 둘 다 마찬가지였다. 존스가 깊은 한숨을 내쉬면, 파트리지도 매 걸음 그 못지않게 구슬피 앓는 소리를 냈다.

지주가 멈춰 서서 전략 회의를 열었던 갈림길에 이르자 존스도 멈춰 서서, 어느 길로 가야겠는지 파트리지에게 의견을 구했다. 파트리지가 대답했다. "아하, 도련님! 제 충고를 따르시겠단 말씀이시군요!"

존스가 대답했다. "따르고말고요. 이제 난 어디로 가든, 무슨 일이 생기든 아무래도 좋아요."

"그렇다면 말씀드리죠. 제 충고는 당장 발걸음을 돌려 집으로 돌아가자는 겁니다. 도련님처럼 엄연히 돌아갈 집이 있는 분이 대체 왜 이렇게 방랑자처럼 떠돌아다니시는 겁니까? 죄송하지만 sed vox ea sola reperta est(제가 드릴 수 있는 말은 오직 이뿐)입니다."

존스가 소리쳤다. "아아! 내게 돌아갈 집 따윈 없어요! 아버님께서 날

받아들여 주신다 해도, 소피아가 없는 그곳에서 어찌 견디겠습니까. 무정한 소피아! 무정해! 아냐, 내가 죽일 놈이야. 그래, 내가 죽일 놈이지. 바보! 멍청이! 네가 나를 파멸시켰어. 네 영혼을 몸뚱이에서 잡아 뜯어내 버리겠다!" 그러면서 그는 가엾은 파트리지의 옷깃을 격렬하게 움켜쥐고, 학질 발작이나 과거 어떤 공포감 때문에 몸을 떨었을 때보다 더 맹렬하게 그를 흔들어댔다.

파트리지는 온몸을 벌벌 떨면서 무릎을 꿇고, 악의는 없었다고 맹세하며 자비를 구했다. 존스는 잠시 매서운 눈초리로 그를 노려보다가 손을 놓고 이번에는 자기 자신에게 분노를 폭발시켰다. 그 분노가 파트리지를 향한 것이었다면, 분명히 그 목숨을 앗아가 버렸을 것이다. 아니, 사실 파트리지는 공포감만으로도 거의 명이 다한 느낌이었다.

독자 여러분께서 이때 존스가 보인 미친 듯한 언행을 읽는 데 수고를 아끼지 않으시리라는 보장만 있다면, 우리는 기꺼이 상세한 묘사를 해드렸을 것이다. 그러나 우리가 힘들여 묘사해도 여러분께서 이 장면을 완전히 건너뛸 거라는 우려가 들기에 그런 수고를 덜기로 했다. 사실 우리는 바로 이 이유 때문에 우리의 풍요로운 창작 재능에 여러 차례 큰 손상을 입었다. 본디대로라면 이 작품 안에 들어갔을 수많은 탁월한 묘사를 모두 빼 버린 것이다. 솔직히 말하자면, 이런 우려는 흔히 그렇듯이 우리의 못된 심성에서 비롯된 것이다. 우리 자신이 두꺼운 역사서를 읽을 때 너무나도 자주 대충대충 넘겨 읽곤 하는 것이다.

그러한즉, 한참동안 미치광이 같은 언행을 보인 뒤 존스가 차츰 이성을 찾았다는 말 정도면 충분할 것 같다. 제정신이 돌아오자마자 그는 파트리지에게, 분노를 폭발시키며 그를 공격한 일을 진심으로 사과했다. 다만 이제 고향을 보지 않기로 결심했으니 집으로 돌아가자는 말을 다시는 하지 말기 바란다고 덧붙였다.

파트리지는 고분고분 존스를 용서하고, 지금 내린 명령에 따르겠노라고 진심으로 맹세했다. 존스가 활기차게 소리쳤다. "이 이상 내 천사의 뒤를 쫓기란 절대로 불가능하니 난 명예를 따라가겠어요. 용감한 친구여, 군대로 갑시다. 영광스러운 대의가 있습니다. 오래 살 가치가 있는 몸이라 할지라도 조국을 위해 기꺼이 이 목숨을 바치겠어요." 이렇게 말하면서 그는 지주가 선택했던 길과 다른 길로 재빨리 뛰어들었는데, 아주 우연히도 그 길은 먼저 소피아가 지나간 길이었다.

우리의 여행자들은 서로 한 마디도 나누지 않고 족히 1마일을 걸었다. 그래도 존스는 줄곧 혼잣말을 중얼거렸다. 반면 파트리지는 깊은 침묵에 빠져 있었다. 조금 전 공포감에서 완전히 회복되지 못했기 때문일는지도 모른다. 게다가 그는 다시 친구가 자극을 받아 두 번째 발작을 일으키지나 않을까 걱정이 되었다. 특히 그는 막 이상한 생각을 품기 시작했는데, 독자 여러분께서도 그 생각에 크게 놀라시지 않을 것이다. 요컨대 존스가 완전히 정신이 나가 버린 것이 아닌가 의심하기 시작했던 것이다.

마침내 독백에 싫증이 난 존스가 길동무를 돌아보며, 왜 그렇게 말이 없느냐고 한마디 했다. 가엾은 사나이는 그를 다시 화나게 할까봐 겁이 나서 그런다고 아주 솔직하게 해명했다. 절대로 화내지 않겠노라는 굳은 약속을 받고 두려움이 거의 사라지고 난 다음에야 파트리지는 혀에 맸던 고삐를 다시 풀었다. 자유를 찾은 그의 혀는 목장에 방목된 고삐 풀린 망아지마냥 기쁨을 만끽했다.

가장 말하고 싶은 화제를 꺼내지 못하도록 금지당한 파트리지는 두 번째로 머리를 점령하고 있는 주제인 '산속 은둔자' 이야기를 꺼냈다. "분명히 사람이 아닐 겁니다. 평범한 사람들하고 다른 이상한 옷을 입고 이상한 생활을 하는 걸요. 게다가 그 집 노파 말로는 거의 풀만 먹는대요. 그리스도인보다 말에게 적합한 음식 아닙니까. 업턴 여관 주인도 그랬어요. 인근 주민들이 그자를 몹시 두려워한다고요. 왠지 우리에게 경고를 하기 위해 보내진 정령 같다는 생각이 들어요. 그자가 전쟁에 나갔다가 포로로 잡혀 하마터면 교수형에 처해질 뻔했다는 이야기를 했잖습니까. 지금 우리가 하려는 일을 생각하면, 그게 다 우리에게 내리는 경고 같단 말씀입니다. 게다가 저는 어젯밤 내내 전쟁 꿈만 꾸었어요. 술통 주둥이에서 흘러나오는 술처럼 제 코에서 피가 줄줄 흘러나오는 꿈이었던 것 같은데. 정말이지 Infandum, regina, jubes renovare dolorem(오, 여왕이시여! 당신은 제게 말할 수 없는 슬픔을 상기하라고 명령하시는군요)입니다."

존스가 대꾸했다. "당신 이야기도 그 라틴어도 이 상황에 전혀 맞질 않는군요. 전쟁에 나가는 이상 죽음은 각오해야죠. 아마 우리 둘 다 전사하게 될 겁니다. 그게 무슨 대수라고."

파트리지가 대꾸했다. "무슨 대수냐고요! 그렇게 되면 우리 둘 다 끝장나는 겁니다. 죽으면 모든 게 끝이라고요. 죽어 버리면 대의명분이 무슨 소용이고, 누가 승리를 거두든 알 게 뭡니까. 이득 될 게 아무것도 없질 않습니까. 지하 6피트에 묻힌 사람한테 총소리와 화톳불이 무슨 소용이 있어요? 불쌍한 파트리지의 임종인데요."

존스가 큰 소리로 말했다. "불쌍한 파트리지의 임종은 어차피 언젠가 찾아오게 돼 있어요. 당신이 라틴어를 좋아하니, 호라티우스가 쓴 멋진 시를 들려주죠. 겁쟁이에게 용기를 불어넣는 내용이에요.

> Dulce et decorum est pro patria mori.
> Mors et fugacem persequitur virum
> Nec parcit imbellis juventoe
> Poplitibus, timidoque tergo."

파트리지가 큰 소리로 말했다. "해석도 해 주셔야죠. 호라티우스는 난해해서 듣기만 해서는 몰라요."

존스가 말했다. "그럼 서툴지만 흉내를, 아니 의역을 해보죠. 나도 시에는 재주가 없거든요.

> 조국의 대의를 위해 죽지 않을 자 누가 있으랴?
> 천박한 공포감이 비겁한 발걸음을 내빼게 만든다 해도,
> 그 누구도 죽음으로부터 도망칠 수는 없는 법,
> 마침내 공동묘지는 겁쟁이와 용사 모두를 받아들인다."

파트리지가 소리쳤다. "그건 확실합니다. 분명히 mors omnibus communis (죽음은 만인에게 공통)이니까요. 하지만 천수를 누린 뒤에, 슬퍼 우는 친구들에 둘러싸여 그리스도인답게 침대에서 죽는 것과, 오늘이나 내일 당장이라도 미친개처럼 총탄에 맞거나 칼에 난도질당해 죽는 것과는 어마어마한 차이가 있죠. 죄를 회개할 겨를도 없이 죽는다면 더욱더요. 오, 주님! 우리

에게 자비를 베푸소서! 정말로 군인이란 사악한 인종입니다. 저는 원체 그들과 얽히기를 좋아하지 않았어요. 그들을 그리스도인이라고 생각해 본 적도 없고요. 언제나 저주하고 욕만 했죠. 도련님께서도 회개하시길 바랍니다. 너무 늦기 전에 부디 회개하세요. 그들과 같은 길을 갈 생각일랑 마세요. 같이 어울리면 물드는 법입니다. 그게 가장 두려운 거지요. 죽음은 저도 딱히 두렵지 않아요. 전혀 문제가 안 되죠. 어차피 인간은 죽어야 합니다. 하지만 역시 오래 사는 사람도 있어요. 저는 이미 중년이지만 아직 몇십 년은 더 살 수 있습니다. 백 년 이상, 그 가운데에는 백 년도 훨씬 넘게 살았던 사람들에 대한 글을 읽은 적이 있어요. 그렇게까지 오래 살길 바라는 건 아닙니다. 그렇게 오래 살아야겠다는 각오도 없어요. 그저 여든이나 아흔까지면 족하죠. 감사하게도 아직 그 나이가 되려면 한참 남았고요. 그때가 되면 저도 죽음을 딱히 두려워하지 않을 겁니다. 하지만 수명이 다하지도 않았는데 일부러 죽음을 시험해 보는 일은 아주 괘씸하고 거만한 행동 같습니다. 또, 우리가 보탬이 된다 칩시다. 하지만 대의명분은 둘째치고라도, 고작 우리 두 사람이 얼마나 도움이 되겠습니까? 게다가 전 아무것도 모릅니다. 태어나서 총을 쏴 본 게 열 번도 안 된단 말입니다. 그것도 장전하지 않은 총이었고요. 검술도 배워본 적이 없으니 알 리가 없죠. 그리고 대포란 놈이 있는데, 그 속으로 뛰어드는 것이야말로 주제넘기 짝이 없는 짓입니다. 미친놈이라면 몰라도……. 아, 말이 지나쳤군요. 맹세코 나쁜 뜻은 없었습니다. 다시 화를 내진 말아주세요.”

존스가 소리쳤다. “걱정 마세요, 파트리지. 당신이 겁쟁이란 걸 충분히 알았으니, 이제 무슨 말을 해도 화내지 않을 거예요.” 그가 대꾸했다.

“겁쟁이든 뭐든 맘대로 부르십시오. 무탈을 비는 사람이 겁쟁이라면 non immunes ab illis malis sumus(그런 잘못에서 벗어날 수 없겠지요). 전쟁에 나가지 않으면 훌륭한 사람이 될 수 없다는 내용은 제 문법책에서 읽은 기억이 없습니다. Vir bonus est quis? Qui consulta patrum, qui leges juraque servat(어떤 사람이 훌륭한 사람인가? 원로원의 율령과 국법을 지키는 사람이다)라는 내용은 읽었죠. 전쟁에 대한 내용은 한 마디도 없습니다. 성경도 엄격히 반대하고 있지 않습니까? 그리스도교도의 피를 흘리게 만든 사람이 훌륭한 그리스도교도라고 주장해도 저를 설득시킬 수 없을 겁니다.”

4
거지의 모험

파트리지가 앞 장 끝부분에서 말한 아주 훌륭한 신앙론에 대해 설파를 막 끝냈을 때, 그들은 또 다른 갈림길에 이르렀다. 그때 누더기를 걸친 한 절름 발이 사내가 적선을 요구했다. 파트리지가 "빈민은 저마다 마을에서 돌봐야 하는 것 아니냐"며 그를 심하게 꾸짖자 존스가 웃음을 터뜨리며 파트리지에게 말했다. "입으로는 그토록 자비를 주장하면서 가슴에는 자비심이 전혀 없는 게 부끄럽지도 않습니까? 당신의 종교는 자기 잘못을 변명하는 데만 도움이 되지, 덕성을 권장하지는 않는 모양이군요. 진정한 그리스도인이라면 저토록 비참한 지경에 빠진 동포를 구원하는 일을 어찌 마다할 수 있겠습니까?" 그러며 주머니에 손을 넣어 거지에게 1실링을 꺼내 주었다.

사나이가 고맙다고 말한 뒤 소리쳤다. "도련님, 제 주머니에 희한한 물건 하나가 들어 있습죠. 여기서 2마일쯤 떨어진 곳에서 주운 것인데, 혹시 사지 않으시겠는지요. 아무에게나 함부로 내보이는 물건이 아닌데, 도련님께서는 선량한 신사분이시고 가난뱅이에게도 그토록 친절하시니, 가난하다는 이유 만으로 저를 도둑놈이라고 의심하시진 않을 것 같네요." 그러면서, 금박을 입힌 작은 수첩을 꺼내어 존스 손에 건넸다.

즉시 펼쳐 보니, 첫 장에 소피아가 그 아름다운 손으로 직접 쓴 '소피아 웨스턴'이라는 글자가 있는 것이 아닌가(독자들이시여, 이때 그의 심정이 어떠했을지 상상해보시라). 그 이름을 읽자마자 그는 그곳에 입술을 갖다 댔다. 옆에 누가 있건 말건 기쁨에 도취되어 제정신이 아니었다. 황홀한 나머지, 자신이 혼자가 아니라는 사실을 깜빡 잊은 건지도 몰랐다.

존스가 버터 바른 갈색 토스트를 씹어 먹듯 수첩에 키스하고 우물거리며 글자 그대로 책벌레처럼, 또는 자기 작품 빼고는 아무것도 먹지 않겠노라는 작가처럼 굴고 있을 때 수첩 갈피에서 종이 한 장이 바닥으로 떨어졌다. 파트리지가 그것을 주워 존스에게 건넸다. 은행 수표였다. 소피아가 집을 떠나기 전날 밤 웨스턴이 딸에게 주었던 바로 그것이었다. 유대인이라면 100파운드에서 5실링이 빠진 거액을 주고서라도 구입하겠노라고 덤벼들었을 것이다.

존스가 감탄사를 내뱉자 파트리지가 눈을 빛냈다. 수첩을 줍긴 했으나 펴보지는 않았던(정직이라는 원칙에서 그랬기를 바란다) 가난한 사나이의 눈도 빛났다(조금 다른 눈빛이었지만). 여기서 어떤 중요한 사정을 말하지 않고 넘어간다면 우리는 독자 여러분께 정당한 의무를 다하지 않은 셈이 될 것이다. 즉 이 사나이가 글을 읽을 줄 몰랐다는 사실이다.

수첩을 발견하여 오로지 순수한 기쁨과 황홀감을 느꼈던 존스는 이 새로운 발견으로 다소 근심에 빠져들었다. 수표를 돌려받기 전까지 그 임자가 그것을 얼마나 애타게 원할지 쉽게 상상이 갔기 때문이다. 그는 수첩 발견자에게 자기가 수첩 주인인 숙녀를 알고 있으며, 가능한 한 빨리 그녀를 찾아 수첩을 돌려주겠노라고 말했다.

이 수첩은 웨스턴 부인이 최근에 조카에게 선물한 것으로서, 어느 유명한 장난감 상인에게서 25실링에 산 물건이었다. 걸쇠에 함유된 은의 실제 가치만 해도 18펜스쯤 나가는 데다 처음 팔았을 때와 견주어 조금도 흠집이 없었으므로, 앞서 말한 장난감 상인이라도 기꺼이 그 값에 도로 사들였을 것이다. 물론 약삭빠른 사람이라면 거지의 무식함을 적절히 이용하여 1실링, 아니 6펜스밖에 주지 않았을 것이다. 한 푼도 주지 않고, 이 사나이에게 횡령물 반환 소송을 거는 사람도 있을는지 모르겠다. 물론 학식 있는 변호사 가운데는 이때 과연 이 거지에게 횡령 혐의가 있는지 여부를 의심하는 사람도 있으리라.

반대로, 타고난 너그러움을 뛰어넘어 낭비벽이라고 의심받아도 할 말 없을 성품을 지닌 존스는 수첩의 대가로 1기니를 지불했다. 오랫동안 그토록 큰돈을 만져본 적이 없던 가엾은 사나이는 존스에게 수백 번도 넘게 절을 했다. 귀에 입이 걸린 모습은 방금 전 존스가 소피아 웨스턴이란 이름을 처음으로 읽었을 때 못지않았다.

사나이는 우리의 여행자들을 수첩을 주운 곳까지 안내하는 데 기꺼이 동의했다. 그들은 곧장 그곳으로 갔지만, 존스가 바라는 만큼 빠른 속도는 아니었다. 불행하게도 안내인이 다리를 절었기 때문에 도저히 시속 1마일 이상으로는 걸을 수가 없었던 것이다. 사나이의 주장과 다르게 그곳은 3마일도 넘게 떨어진 곳이었다. 그러니 거기까지 가는 데 얼마나 오래 걸렸을지 독자 여러분께 굳이 알려드리지 않아도 될 것 같다.

존스는 도중에 수도 없이 수첩을 펴보고 그때마다 입을 맞추었다. 일행에게는 거의 말을 걸지 않고 계속해서 혼잣말만 중얼거렸다. 이 행동을 보고 안내인은 파트리지에게 놀랍다는 표시를 몇 차례 해보였다. 파트리지도 줄 곧 고개를 절레절레 흔들며 "불쌍한 도련님! Orandum est ut sit mens sana in corpore sano(건전한 육체에 건전한 마음이 깃들기를)!" 하고 외쳤다.

드디어 그들은 불행히도 소피아가 수첩을 떨어뜨리고, 다행히도 사나이가 그것을 주운 현장에 도착했다. 이곳에서 존스는 안내인과 헤어져 발걸음을 재촉하려 했다. 그런데 처음 1기니를 받을 때 느꼈던 맹렬한 놀라움과 기쁨 이 완전히 가라앉고, 이성을 되찾을 여유도 충분히 있었던 거지가 불만스런 표정으로 머리를 긁으며 말했다. "도련님, 좀 더 주셨으면 하는데요. 제가 정직한 놈이 아니었다면 모든 걸 차지할 수도 있었다는 점을 고려해주세요." 독자 여러분께서도 이 말이 사실임은 인정하실 것이다. 그가 계속 말했다. "수첩 안에 들어 있던 종이가 100파운드 가치가 있는 물건이라면, 그걸 주 운 사람이 고작 1기니를 갖는다는 건 말이 안 되죠. 게다가 만일 도련님께서 그 숙녀분을 못 만나시거나 돌려주지 않으신다면……. 물론 도련님은 신사 처럼 보이시고 말씀도 그렇게 하시지만, 저로서는 도련님 말만 믿어야 하는 것 아닙니까. 임자를 찾지 못하면 뭐든 처음에 주운 사람이 갖는 것이 정석 이고요. 도련님, 이 점들을 참작해주시기 바랍니다. 저는 가난뱅이입니다. 다 달라고까지는 않겠지만, 응분의 몫은 받을 자격이 있지요. 도련님은 선량 한 분처럼 보이니, 부디 제 정직성을 고려해주시기 바랍니다. 제가 땡전 한 닢까지 다 꿀꺽했다 해도 아무도 몰랐을 테니까요."

존스가 큰 소리로 말했다. "본디 주인을 알고 있으니 반드시 그 사람에게 돌려주겠소. 명예를 걸고 약속하지요."

사나이가 대꾸했다. "그건 도련님이 알아서 하십시오. 제 몫을 주신 다음 에, 그러니까 그 절반을 주신 다음에 나머지는 도련님께서 가지시라는 겁니 다." 그리고 마지막으로 굳은 맹세를 했다. "누구에게도 단 한 마디도 하지 않겠습니다."

존스가 소리쳤다. "이보시오, 난 본디 주인에게 잃어 버린 물건을 반드시 모두 돌려줄 생각이오. 지금으로선 그것보다 많은 사례금을 줄 형편도 안 되 고요. 하지만 이름과 주소를 알려준다면 오늘 아침의 이 모험을 다시 기쁘게 생각할 일이 생길 것이오."

사나이가 큰 소리로 말했다. "'모험'이라는 게 무슨 의미인지 모르겠군요. 도련님께서 숙녀분께 돈을 돌려줄 것이냐 아니냐가 제겐 훨씬 모험처럼 생각됩니다만. 그보다 도련님께서 생각하셔야 할 점은—"

파트리지가 말했다. "이봐, 이봐, 도련님께 자네 이름과 사는 곳을 말씀드리란 말이야. 도련님께 돈을 건네 드린 것을 결코 후회하지 않으리라고 내가 장담하지."

수첩을 되돌려 받을 가망이 없음을 깨닫자 사나이는 마침내 이름과 주소를 말하는 데에 동의했다. 존스는 소피아의 연필로 그것을 종이에 적었다. 그러고는 그 종이를 소피아의 이름이 적힌 곳에 끼워 넣으며 큰 소리로 말했다. "당신은 세계제일의 행운아요. 당신의 이름과 천사의 이름이 함께 있으니."

사나이가 대꾸했다. "천사 같은 건 모릅니다. 돈을 좀 더 주시든지, 수첩을 돌려받고 싶을 따름이죠."

파트리지의 분노가 폭발했다. 그는 가엾은 절름발이에게 상스러운 욕을 퍼부었다. 그를 두들겨 패려고까지 했으나 존스가 허락지 않았다. 기회가 생기면 반드시 보답을 하겠노라 약속하고 존스는 서둘러 길을 떠났다. 100파운드에 대한 상상으로 새로운 용기를 얻은 파트리지도 뒤를 따랐다. 홀로 남겨진 사나이는 두 사람과 자기 부모를 욕하며 이렇게 말했다. "부모님이 나를 자선학교에라도 보내 읽기쓰기와 산수를 배우게 했더라면, 남들처럼 물건의 가치를 한눈에 알아봤을 텐데."

5
존스 군과 파트리지가 여행 중에 만난 또 다른 사건

우리의 여행자들은 발을 재빠르게 놀렸다. 대화를 나누거나 숨을 쉴 겨를도 없었다. 존스는 걷는 내내 소피아 생각만 했고, 파트리지는 수표 생각만 했다. 수표를 생각하면 즐거웠지만, 동시에, 지금껏 어디를 돌아다녀도 자신의 정직함을 선보일 기회를 주지 않은 운명이 원망스럽기도 했다. 3마일도 넘게 걸었을 때, 마침내 존스를 따라가기가 벅찼던 파트리지가 속도를 좀 늦추자고 간청했다. 존스는 기꺼이 동의했다. 서리가 녹은 길 위에 몇 마일 동안 추적의 단서가 되어준 말 발자국을 놓친 지 한참 되었던 것이다. 지금은 여러 갈래로 갈라진 널따란 들판에 들어서 있었다.

그는 그곳에서 걸음을 멈추고, 어느 길로 가야 할지 곰곰이 생각했다. 그때 불현듯 그리 멀지 않은 곳에서 북소리가 들려왔다. 그 소리를 듣자마자 파트리지가 겁에 질려 소리쳤다. "하느님, 우리에게 자비를 베푸소서! 이건 분명히 그들이 오는 소립니다!"

존스가 큰 소리로 말했다. "누가 온다는 겁니까?" 그의 마음속에는 공포심 대신 온화한 생각들이 자리를 차지한 지 오래였다. 절름발이 사나이를 만난 뒤로 소피아를 쫓기에만 바빠 적에 대한 생각은 까맣게 잊고 있었던 것이다.

파트리지가 소리쳤다. "누구긴요, 반란군이지요! 그런데 내가 왜 그들을 반란군이라고 부르는 거지? 내가 아는 거랑은 반대로 아주 성실한 신사들일지도 모르는데. 그들을 모욕하는 사람은 악마에게나 잡혀가라지. 그들이 내게 시비를 걸어오지 않는다면 나도 아무 짓 안 하겠어. 그저 공손하게 인사하면 되지 뭐. 제발 그들이 나타나더라도 무례한 언동을 보이지 마세요. 그러면 우리에게 아무런 해도 끼치지 않을 겁니다. 그런데 그들이 지나갈 때까지 저기 저 덤불에 들어가 숨어 있는 게 현명하지 않을까요? 5만 명도 넘을지 모르는 자들을 상대로 무기도 들지 않은 사내 둘이 뭘 할 수 있겠습니까? 미친놈이 아니라면—아, 화내지 마십시오—mens sana in corpore sano (건전한 육체에 건전한 정신)을 지닌 사람이라면 누구라도—"

존스가 겁에 질려 아무 말이나 쏟아내고 있는 파트리지를 가로막으며 말했다. "북소리가 들리는 걸 보니 마을이 가까운 것 같은데요."

그는 파트리지에게 "절대로 위험에 빠뜨리지 않을 테니 용기 내라"고 말하고, "반란군이 그렇게 가까이까지 와 있을 리 없다"고 덧붙인 뒤, 소리가 나는 쪽으로 곧장 걸어갔다.

파트리지는 마지막 말에 다소 용기를 얻었다. 실은 반대 방향으로 갔다면 더 기뻤겠지만, 결국 대장의 뒤를 따라갔다. 심장이 북소리 박자에 맞추듯 쿵쿵 뛰었다. 그렇다고 영웅들의 심장 뛰는 소리 같았다는 것은 결코 아니다. 심장 고동은 그들이 넓은 들판을 가로질러 좁다란 오솔길에 들어설 때까지 멈추지 않았다.

존스와 보조를 맞춰 가던 파트리지가 불과 몇 야드 앞에서 뭔가 색깔 있는 물체가 허공에 펄럭이는 것을 발견했다. 그는 그것이 적의 군기가 틀림없다고 생각하고 비명을 질렀다. "오, 하느님! 그들이 저기 있어요! 왕관과 관문양이 보이잖아요. 오, 하느님! 저렇게 무서운 깃발은 처음 봅니다. 우린 이미 저들의 사정거리 안에 들어선 겁니다."

눈을 들어 그것을 쳐다본 존스는 파트리지가 오해한 것이 어떤 물체인지 곧 알아보았다. "파트리지, 저런 적이라면 당신 혼자서도 상대할 수 있을 것 같은데요. 저 깃발을 보니 방금 전 북소리가 무슨 소리였는지도 알겠어요. 인형극단에서 신입 단원을 불러 모으려고 치는 북소리였다고요."

파트리지가 뛸 듯이 기뻐하며 대답했다. "인형극이라고요! 정말입니까? 제가 세상에서 가장 좋아하는 오락거리가 바로 인형극이지요. 도련님, 제발 조금만 구경하고 갑시다. 게다가 배가 고파 죽을 지경입니다. 날도 어둑어둑해졌는데, 새벽 3시부터 아무것도 먹지 못했질 않습니까."

그들은 어느 여관, 아니 사실은 술집에 도착했다. 존스가 그곳에 들르기로 한 또 다른 이유는 길을 잘못 들지 않았다는 확신이 흔들리기 시작했기 때문이었다. 그들은 곧장 부엌으로 갔다. 존스가 오늘 아침 어느 숙녀 일행이 이 마을을 지나가지 않았느냐고 묻자, 파트리지는 질세라 그 여관의 식량 상황을 조사하기 시작했다. 파트리지의 조사가 성과가 좋았다. 존스는 소피아의 소식을 들을 수 없었지만, 파트리지는 김이 모락모락 나는 계란과 베이컨을 기대할 수 있을 만한 충분한 양을 이내 파악하고서 매우 흡족해 했다.

사랑이 미치는 영향은 체질이 튼튼하고 건강한 사람일 때와 허약한 사람일 때가 크게 다르다. 후자일 때 대체로 사랑은 몸을 보존하는데 필요한 모든 식욕을 없애 버린다. 전자일 때는 종종 건망증을 유발하거나 할 일을 소홀하게 만들지만, 식사에만 국한된 이야기는 아니다. 사랑에 빠진 배고픈 남자 앞에 맛있게 양념한 커다란 고깃덩어리를 갖다놓아 보라. 분명히 그는 자신의 할 일을 훌륭하게 수행해낼 것이다. 바로 그와 같은 일이 지금 일어났다. 지금은 옆에서 유혹하는 사람이 있었지만, 존스가 혼자 여행하는 중이었다면 허기진 상태로 더 멀리까지 갔을 터였다. 그렇지만 그는 베이컨과 계란 앞에 앉자마자 파트리지 못지않게 게걸스럽게 먹어댔다.

우리의 여행자들이 식사를 다 마치기도 전에 밤이 찾아왔다. 이미 보름이 훨씬 지났기 때문에 밖은 깜깜한 어둠이었다. 파트리지는 존스에게 이 여관에서 하루 묵고, 막 시작하려는 인형극을 보러 가자고 졸랐다. 인형극 공연자도 그들을 열심히 부추겼다. 그는 자기 인형들이 세상에서 가장 정교하며, 영국 어느 마을을 가더라도 상류층 양반들에게 커다란 만족을 안겨드리고 있다고 공언했다.

인형극은 매우 질서 있고 품위 있게 상연되었다. 유명한 정극 〈성난 남편〉에서 훌륭하고 진지하다는 평을 받는 장면이 공연되었는데, 실제로 저급한 농담이나 우스갯소리가 하나도 들어 있지 않은 엄숙하고 근엄한 내용이었다. 적어도 공평하게 평가하자면, 웃음을 유발할 거리라곤 전혀 없었다. 하지만 관객들은 대만족이었다. 점잖은 한 노부인은 공연자에게, 극 중에 허튼 내용이 하나도 안 나오니 내일 밤은 두 딸을 데리고 오겠노라고 말했다. 변호사 서기와 징세원은 '타운리 경'과 '타운리 경 부인'의 성격이 잘 표현되어 무척 자연스러웠노라고 입을 모아 분명하게 말했다. 파트리지도 이 의견에 동의했다.

이 찬사들에 우쭐해진 공연자는 자화자찬을 몇 마디 덧붙이지 않을 수 없었다. "요즘은 인형극 말고 어떤 분야에서도 발전이 없어요. '펀치'와 그의 아내 '조앤' 같은 쓸모없는 주인공들을 추방함으로써 드디어 인형극도 건전한 오락이 된 겁니다. 제가 처음 이 사업에 뛰어들었을 때는 저급한 작품밖에 없었죠. 관객을 실컷 웃게 만드는 것은 좋지만, 젊은이들의 도덕심을 향상하는 면은 조금도 없었어요. 그 점이야말로 모든 인형극이 목표로 삼아야 하는데 말이죠. 유익한 교훈을 연극을 통해 전달해선 안 된다는 법은 없으니까요. 제 인형은 진짜 사람 크기만 하고, 인생의 세세한 부분까지 꼼꼼히 재현해냅니다. 관객들은 이 작은 인형극을 통해서도 진짜 연극을 봤을 때와 똑같은 교훈을 얻을 거라고 나는 확신합니다."

존스가 대꾸했다. "당신 인형극의 독창성을 폄하할 생각은 없습니다만, 역시 전 제 오랜 친구 펀치 선생을 보고 싶었습니다. 그와 그의 아내 조앤을 빼버림으로써, 당신은 인형극을 발전시킨 게 아니라 망쳐 버린 것 같은데요."

이 말을 듣는 순간 존스에게 강한 경멸감을 느낀 줄 인형 조작자는 아주 깔보는 얼굴로 대꾸했다. "물론 도련님은 그렇게 생각하시겠지요. 하지만 다행스럽게도 최고의 비평가 선생들은 도련님과 의견이 다릅니다. 그리고 모든 사람의 취향을 만족시키기란 불가능한 법이지요. 사실 이삼 년 전쯤에 바스에서도 몇몇 상류층 나리께서 펀치를 다시 무대에 올리기를 원하셨습니다. 그 권고를 듣지 않아서 돈벌이는 조금 시원찮았지요. 하지만 맘대로들 떠들라지요. 전 돈 몇 푼에 제 인형극을 팔 생각이 없으니까요. 그런 저급한 인물을 등장시켜서, 질서 있고 품위 있는 무대를 망치고 싶지는 않습니다."

서기가 소리쳤다. "옳은 말씀이오, 선생. 당신 말이 전적으로 옳아요. 저급한 건 다 몰아내야 합니다. 런던에 내 친구가 몇 명 있는데, 그들도 무대에서 저급한 것을 다 쓸어내고 싶어 하죠."

징세원이 입에서 파이프를 빼내며 소리쳤다. "마땅히 그래야죠. 이 〈성난 남편〉이 초연되던 밤, 하인석에(그때는 주인을 모시던 신분이었거든요) 앉아서 보았던 것이 기억나는군요. 의회에 진출하기 위해 런던으로 올라온 한 시골 신사에 관한 이야기였는데, 저급한 내용이 잔뜩 들어 있었죠. 그 신사의 하인들도 등장했어요. 특히 그의 마부가 기억납니다. 우리 관람석에 앉아 있던 사람들은 그 천박한 내용을 참을 수 없어 비난을 퍼부었지요. 당신은 그런 내용을 다 빼 버리셨는데, 아주 칭찬 받을 일이오."

존스가 큰 소리로 말했다. "이렇게 많은 분이 반대하신다면 제 의견을 고집할 순 없겠죠. 뭐, 대다수 관객이 싫어한다면, 이 박식한 신사가 펀치를 추방한 건 아주 잘한 일일 수도 있겠습니다."

공연자는 다시 장광설을 늘어놓기 시작했다. 모범적 사례가 지닌 어마어마한 영향력을 역설하고, 상류 계급이 악덕을 증오하는 장면을 관람함으로써 하층민들도 악으로부터 차단된다고 말했다. 그때 공교롭게도 한 가지 사건이 일어나 그의 말이 중단되었다. 다른 때라면 생략해도 좋을 사건이지만, 지금은 이야기하지 않을 수 없다. 다만 이번 장에서는 아니다.

6
제아무리 훌륭한 것이라도 때로는 오해되거나 잘못 해석될 수 있음을 알게 해주는 장

여관 입구에서 격렬한 소동이 벌어졌다. 안주인이 주먹과 혀 모두를 이용하여 하녀를 흠씬 두들겨 패고 있었다. 일을 시키려고 하녀를 찾아다니던 안주인이 인형극 무대 위에서 어릿광대와 함께 있는 현장을 발견한 것이다. 그

것도 여기서 설명하기에 적절치 못한 짓거리를 벌이던 중이었다.

그레이스(하녀의 이름이었다)는 정절이란 칭호를 몰수당한 상태였지만, 범죄 현장을 급습당하고도 범행을 부정할 만큼 몰염치한 여자는 아니었다. 그녀는 방침을 바꾸어, 죄의 경감을 시도했다. "마님, 저를 왜 이렇게 때리세요? 제 행실이 못마땅하시면 차라리 저를 해고하세요. 제가 음탕한 계집년이라면(안주인은 거리낌 없이 이 호칭을 사용했다), 지체 높으신 분들도 마찬가지예요. 방금 전 인형극에 등장했던 귀부인도 그랬잖아요? 아무 이유 없이 남편 몰래 외박을 하진 않았을 거 아니에요?"

안주인은 부엌으로 돌진해서 남편과 가엾은 줄 인형 조작자에게 거칠게 달려들었다. "당신, 이런 자들을 우리 여관에 들인 결과 좀 보세요. 술이야 몇 병 더 팔아준다 쳐도, 이렇게 집 안을 휘저어놓으면 우리도 채산이 맞지 않죠. 이 버러지 같은 인간들 때문에 우리 여관이 갈보 집이 되었잖아요! 간단히 말하겠어요. 인형극 주인 양반, 내일 아침 당장 떠나주세요. 당신들 하는 짓거리를 더는 참지 못하겠어요. 우리 하인들에게 게으름과 허튼 생각만 가르칠 뿐이잖아요. 이 시시한 인형극을 보고 배우는 거라곤 그런 것뿐이라고요! 예전엔 인형극이라고 하면 〈입다의 경솔한 서약〉 같이 성경에 나오는 훌륭한 내용을 다루었죠. 사악한 자들은 악마에게 잡혀가게 만들었어요. 그런 이야기는 뭔가 의미가 있잖아요. 하지만 지난 일요일 목사님 말씀처럼 요새는 누구도 악마를 믿지 않아요. 이런 판국에 당신이 귀족들 같이 차려입힌 인형을 한 무더기 가져와서는 가엾은 시골 계집년들 머리를 돌아 버리게 만든 거죠. 일단 머리가 뒤죽박죽 돼 버리면 다른 것도 모두 엉망진창이 되는 게 뻔한 이치잖아요."

베르길리우스가 이런 말을 했을 것이다. 군중이 시끌벅적하게 모여, 쏘아 보내는 온갖 무기를 날릴 때, 누군가 위엄 있고 근엄한 사람이 이들 사이에 나타나면 소동이 금세 가라앉는다. 한데 모이면 당나귀에나 비유되는 군중도 그 긴 귀를 쫑긋 세우고 그 근엄한 사람의 말을 경청한다.

이와 반대로, 근엄한 사람들이나 철학자들이 논쟁하는 자리에 지혜의 여신이 참석하여 논쟁자들에게 저마다 논리를 나눠주고 있다고 생각될 때, 군중 사이에 소동이 벌어지거나 혼자서도 거대한 군중에 필적할 만한 잔소리꾼 아낙네가 이 철학자들 사이에 나타나면 그들의 논쟁은 순식간에 멈추고 지혜의 여신도 더는 관리 임무를 수행할 수 없게 된다. 즉시 모든 사람의 관심이 이 잔소리꾼 아낙에게 쏠리기 때문이다.

마찬가지로, 앞서 말한 소동과 안주인의 갑작스런 출현이 인형극 공연자를 침묵시켰다. 앞서 독자 여러분께 충분히 맛보여 드린 바 있는 그의 근엄하고 엄숙한 장광설도 순식간에 결정적인 파국을 맞았다. 무엇보다 이 가엾은 사나이가 자기 공연이 도덕심을 고취하는 까닭을 의기양양한 얼굴로 떠벌리던 참이었으니 이만큼 시기 부적절한 사건도 없었다. 아무리 심술궂은 운명의 여신이라 할지라도, 이만큼 이 가엾은 사나이를 당황하게 만드는 전술을 궁리해내지는 못했을 것이다. 자신이 만든 알약의 대단한 효능을 한창 떠벌리는 가운데 그 의술에 대한 증거로써 그 약에 희생된 시체 한 구가 운반되어 와 모두의 앞에 놓였을 때의 돌팔이 의사처럼 공연자의 입은 효과적으로 닫혀 버렸다.

인형극 공연자는 여관 안주인에게 응수하는 대신 어릿광대를 벌하기 위해 뛰쳐나갔다. 시인들의 말을 빌리자면, 달님이 은빛을 발하기 시작하는 시간이 되자(실제로 이 시간에는 달이 구리 조각처럼 보이지만) 존스는 계산서를 요구하고, 토막잠에 깊이 빠져 있다가 방금 전 안주인 목소리에 눈을 뜬 파트리지에게 떠날 준비를 하라고 지시했다. 그러나 독자 여러분께서도 앞서 보았듯이 자신의 주장을 두 번이나 관철시킨 바 있는 파트리지는 대담하게도 세 번째 승리를 시도했다. 즉, 그날 밤은 그냥 그 여관에서 묵자고 존스를 설득하기로 한 것이다. 먼저 그는 출발하자는 존스의 말에 놀란 척했다. 출발에 반대하는 그럴싸한 논리들을 펼치고서 마지막으로 지금 출발해봐야 아무 소용없다고 강력히 주장했다. 소피아의 행방을 정확히 모르는 이상, 한 걸음 내딛을 때마다 그만큼 그녀에게서 멀어지는 길이 될지 모른다고 말했다. "이 여관 사람들 이야기를 들어보아도, 아가씨께서 이 마을을 지나지 않은 것은 분명합니다. 그러니 아침까지 기다리는 게 상책이지요. 날이 밝으면 아가씨의 행방을 물을 만한 사람을 만날지도 모르잖습니까."

이 마지막 주장이 어느 정도 효과를 발휘했다. 존스가 이 문제를 곰곰이 저울질 해보고 있는데, 여관 주인이 온갖 어휘를 동원하여 파트리지 쪽 주장에 무게를 실었다. "도련님 하인 분께서 아주 훌륭한 조언을 하신 겁니다. 이런 계절 깊은 밤에 길을 떠난다는 이야기는 들어본 적도 없습니다요." 그러고는 늘 하던 대로 자기 여관이 얼마나 훌륭한 설비를 갖추고 있는지에 대해 떠벌리기 시작했다. 안주인도 질세라 입을 열었다. 그러나 모든 여관 주인과 안주인에게 공통적인 이런 내용으로 독자 여러분을 붙들고 있지는 않겠다. 그저 이런 설명이면 충분할 것 같다. 결국 존스가 설득당하여, 그곳에서 몇 시간 더 머물며 원기를 회복하기로 했다는 것이다. 사실 그도 휴식을 몹시 원했다. 머리가 깨진 사건이 일어났던 여관을 떠난 뒤로 거의 눈을 붙이지 못했던 것이다.

존스는 그날 밤은 더 여행하지 않기로 결정하자마자 잠자리에 들었다. 두 잠자리 친구, 즉 소피아의 수첩과 토시와 함께였다. 하지만 때때로 토막잠을 통해 원기를 보충한 파트리지는 잠보다 먹을 것을 원했다. 아니, 그 두 가지보다 술을 더 원했다.

그레이스가 불러일으켰던 폭풍우도 가라앉았다. 안주인은 인형극 주인과 화해했다. 인형극 주인이 착한 안주인이 격분한 나머지 자기 인형극에 퍼부었던 무례한 비난을 모두 용서한 것이다. 완벽한 평화와 평정이 부엌을 지배하게 되었다. 여관 주인과 안주인, 인형극 공연자, 변호사 서기, 징세원, 그리고 재기 발랄한 파트리지가 불가에 모여 앉았다. 그들 사이에 오간 유쾌한 대화는 다음 장에서 보실 수 있을 것이다.

7
작가의 한두 마디 발언과 부엌에 모인 선량한 사람들의 더 많은 발언

파트리지는 자존심 때문에, 자신을 하인이라고 시인하려 들지 않았다. 그러나 대부분의 상황에서 하인 같은 흉내 내기를 꺼리지 않았다. 그 일례가 그가 '존스'라 부르는 동행자의 재산을 어마어마하게 부풀려 말한 것이다. 낯선 사람들을 만나면 모든 하인이 이런 태도를 보인다. 비렁뱅이의 하인으로 여겨지고 싶은 사람은 없기 때문이다. 주인의 지위가 높을수록 하인의 지위도 높아진다고 생각하는 것이다. 이 가설이 진실이라는 것은 귀족을 모시는 모든 하인의 행동을 보면 명백하다.

지위와 재산은 그 주변 사람에게도 광채를 뿌려주는 바, 지위와 재산을 모

두 가진 사람의 하인은 세상 사람들이 주인의 지위와 재산에 표하는 존경심의 일부를 자기 자신도 받을 자격이 있다고 생각한다. 그러나 덕행과 지혜로움은 이와는 사정이 다르다. 이들 덕목은 엄연히 개인적인 것이어서, 이 덕목들이 가져오는 존경심은 모두 주인 혼자서 흡수해 버린다. 진실을 말하자면, 여기에서 오는 존경심은 그 양이 너무 적어서 다른 사람들에게 나눠주고 말고 할 여지가 없다. 따라서 이들 덕목은 하인들에게 아무런 특전도 가져다주지 않는다. 그 대신, 주인에게 이들 덕목이 턱없이 부족하다 할지라도, 그 사실은 하인들에게 아무런 불명예도 되지 않는다. 물론 여주인에게 정숙함이라는 덕목이 부족할 때는 상황이 다른데, 그 결과가 어떤지는 앞서 본 대로이다. 정숙함의 결여는 가난과도 같아서, 거기에 접근하는 모든 사람에게 전염되기 때문이다.

이렇게 생각하면, 세상 모든 하인(오로지 남자 하인을 의미한다)이 자기 주인의 재산이 어떻게 평가받는가에는 지대한 관심을 보이면서 다른 평판에는 거의 또는 전혀 흥미가 없는 것은 놀라운 일이 아니다. 비렁뱅이 주인을 모시는 것은 부끄러워하면서 악당이나 얼간이 주인을 모시는 것은 그렇지 않게 여겨지는 것도 놀랍지 않다. 그들은 주인의 부도덕함이나 어리석음 같은 악명을 가능한 한 멀리 퍼뜨리기를 주저하지 않는다. 그것도 종종 아주 즐기며 퍼뜨리고 다닌다. 사실 종복은 자신에게 하인 복장을 입혀준 주인 나리를 희생시키는 입담꾼이기도 하고 한량이기도 하다.

파트리지도 존스가 얼마나 엄청난 재산을 상속받기로 되어 있느냐를 마구 부풀려서 떠벌린 뒤, 전날부터 품기 시작한 걱정을 거리낌 없이 이야기했다. 앞서 나도 잠깐 암시한 바 있는데, 존스의 거동이 충분한 근거를 제공한 것으로 보이는 바로 그 걱정이었다. 쉽게 말해 파트리지는 주인이 제정신이 아님을 상당히 확신하고 있었으며, 그런 생각을 불가에 모여 앉은 사람들에게 숨김없이 이야기했다.

이 의견에 인형극 공연자가 즉시 동의했다. "그가 인형극에 대해 너무 터무니없는 이야기를 하기에 솔직히 놀랐습니다. 정신이 온전한 사람이라면 그렇게까지 어처구니없는 소리를 하리라곤 상상도 할 수 없죠. 선생이 지금 하신 말씀을 들으니 그 얼토당토않은 생각도 이해가 가는군요. 불쌍한 사람! 진심으로 안됐어요. 차마 입 밖에는 내지 않았지만, 어쩐지 처음부터 눈빛이 이상하더라니."

여관 주인도 이 마지막 말에 동의했다. 자신도 그 점을 눈치챘었다며 총명함을 자랑하고 이렇게 덧붙였다. "틀림없습니다. 미친 사람이 아니라면 누가 이런 좋은 여관을 떠나 오밤중에 들판을 헤매고 다닐 생각을 한답니까."

징세원이 입에서 파이프를 빼내며 말했다. "나도 그 사람의 눈빛과 말투가 이상하다고 생각했었소." 그러고는 파트리지를 돌아보며 말했다. "미친 사람이라면 이렇게 함부로 돌아다니게 놔둬선 안 되죠. 무슨 문제라도 일으킬지 모르지 않습니까. 왜 붙잡아서 친척 집에라도 보내지 않는지 유감이구려."

실은 파트리지의 마음속에도 그와 같은 생각이 숨어 있었다. 그는 존스가 올워디 씨 댁을 도망쳐 나왔다고 확신했으므로, 어떻게 해서든 그를 집으로 데리고 돌아가면 보상을 듬뿍 받을 수 있으리라고 멋대로 생각하고 있었다. 그런데 존스의 난폭함과 완력을 목격하고 몇 차례는 직접 당하기도 하자 그가 두려워져, 그런 계획은 도저히 실행할 도리가 없다는 생각이 들었다. 목적 달성을 위한 체계적인 계획을 세울 마음조차 들지 않았다. 그러나 징세원의 말을 듣는 순간, 지금이야말로 자신의 속마음을 표출할 절호의 기회라는 듯이, 그런 일이 실제로 이루어지기를 진심으로 바란다고 말했다.

징세원이 말했다. "그런 일이 이루어지기를 바란다고요? 아니 그보다 더 쉬운 일이 어디 있소?"

파트리지가 대답했다. "오, 그가 얼마나 힘이 센지 몰라서 하는 말씀입니다. 그는 나를 한 손으로 들어 창밖으로 집어던질 수 있는 사람이에요. 또 마음만 먹으면—"

징세원이 말했다. "쳇! 나도 그만큼 힘이 센 사람이오. 게다가 우리는 다섯 명이잖소?"

안주인이 소리쳤다. "왜 다섯 명이라고 하는지 모르겠네요. 우리 남편은 빼주세요. 아니, 누구든 우리 여관에서 폭력을 행사하는 건 용납하지 않겠어요. 그 젊은 신사는 이제껏 본 신사 가운데 가장 잘생기고, 우리처럼 정신이 온전한 분이에요. 눈에 광기가 서렸다는 게 대체 무슨 소린지 모르겠군요. 그렇게 아름다운 눈은 처음 보는데 말이에요. 표정도 아주 아름답고요. 게다가 얼마나 겸손하고 예의가 바르던지요. 그 도련님이 사랑에 좌절을 겪었다고 저 구석에 계신 분이 말씀하셨을 때부터 전 내심 그를 동정했답니다. 실연을 당했다면 누구든 전과는 달라지는 게 당연하죠. 그분같이 점잖고 젊은 신사라면 더욱이요. 그 숙녀란 사람도 기가 막히지! 엄청난 자산가에 저렇게 잘생기기까지 한 신사를 버리고 대체 누굴 고를 생각이랍니까? 틀림없이 지체 높은 아가씨겠죠? 아까 인형극에서 본 그 타운리 부인 같은 여자일 게 분명해요. 자기도 자기 마음을 모르는 거라고요."

변호사 서기는 변호인의 의견을 듣기 전에는 자신은 이 건에서 빠지겠다고 선언했다. "불법 감금 건으로 고소라도 당하면 우리에겐 변론의 여지가 없어요. 배심원에게 광기의 증거로 뭘 제시해야 하는지 아무도 모르잖소. 다만 이건 내 처지에서 하는 발언입니다. 법률가는 이런 사건에 관여할 때 법률가로서 생각하기 마련이에요. 배심원들은 우리 같은 법률가에게 일반인을 대할 때보다 덜 호의적이거든요. 그러니까 톰슨 씨 당신이나(징세원에게) 여기 계신 다른 분들에게까지 그만두라고 말하지는 않겠습니다."

징세원이 이 말을 듣고 고개를 젓자 인형극 주인이 말했다. "광기란 때로 배심원들도 판결내리기 어려워하는 문제지요. 예전에 미치광이 공판을 방청한 일이 있습니다. 증인 가운데 스무 명은 피고가 완전히 미쳤다고 증언했고, 다른 스무 명은 피고가 여느 영국인처럼 완전히 제정신이라고 증언했습니다. 그 가엾은 피고에게서 재산권을 빼앗기 위해 친척들이 꾸민 계략이라는 것이 대다수 의견이었죠."

안주인이 소리쳤다. "틀림없이 그럴 거예요! 나도 가족 때문에 평생을 정신병원에서 갇혀 지낸 한 가엾은 신사를 알아요. 결국 가족들이 그의 땅을 차지했는데, 그들에게 돌아온 이익은 아무것도 없었죠. 법률은 땅을 그들에게 주었지만, 재산권은 그 신사에게 있었던 거예요."

서기가 격렬한 경멸감을 나타내며 소리쳤다. "쳇! 법률이 인정한 사람에게만 권리가 있다는 사실도 몰랐단 말이오? 법이 이 나라에서 제일가는 땅을 준다 해도, 난 재산권 소유자 문제로 골머리를 썩지 않을 것이오."

파트리지가 말했다. "그렇다면 Felix quem faciunt aliena pericula cautum (앞에 가는 마차가 뒤집히는 것을 보고 조심하는 사람은 행복하다)군요."

이때, 대문에 도착한 마부의 부름을 받고 나갔던 여관 주인이 부엌으로 돌아와 겁에 질린 표정으로 외쳤다. "여러분, 어떻게 생각하십니까? 반란군이 공작을 따돌리고 런던에 거의 도착했다는군요. 틀림없는 사실인 것 같습니다. 말을 탄 남자가 방금 한 이야기예요."

파트리지가 소리쳤다. "그거 참 기쁜 일이군요. 그렇다면 이 근방에선 전투가 벌어지지 않을 테니까요."

서기가 큰 소리로 말했다. "저는 더 훌륭한 이유 때문에 기쁘군요. 전 정당한 권리를 가진 자가 이기길 원하니까요."

여관 주인이 대꾸했다. "하지만 반란 주모자에게는 아무런 권리가 없다고 말하는 사람들도 있소."

서기가 소리쳤다. "그건 잘못된 논리라는 걸 지금 당장 증명해드리죠. 내 아버지가 어떤 권리를 소유한 채 돌아가셨다고 칩시다. 알겠소? '소유한 채'란 말이오. 그러면 그 권리는 자연히 아들에게 귀속되겠지요. 따지고 보면 왕의 권리도 개인의 권리와 마찬가지 아니겠소?"

여관 주인이 말했다. "하지만 그자가 우리를 천주교도 나부랭이로 만들 권리가 어디 있단 말이오?"

파트리지가 소리쳤다. "그건 걱정 마시오. 저 신사분께서 권리문제는 태양처럼 선명하게 입증하셨지만, 종교문제는 빗나갔소. 교황주의자들도 그런 일은 기대하지 않습니다. 내가 잘 아는 매우 정직한 천주교 신부님 한 분이 자신의 명예를 걸고 맹세했습니다. 자기들에겐 그런 의도가 전혀 없다고요."

안주인이 말했다. "제가 아는 신부님도 똑같은 말씀을 하셨죠. 하지만 우리 남편은 늘 가톨릭교도를 무서워해요. 저는 천주교인을 많이 아는데, 그들은 매우 정직하고 돈도 아낌없이 잘 쓴답니다. '돈은 네 것 내 것 할 것 없이 모두 좋다'는 게 제 철칙이죠."

인형극 공연자가 말했다. "맞는 말씀이십니다, 아주머니. 저도 장로파만 아니라면 어떤 종교든 상관없습니다. 장로파는 인형극의 적이거든요."

징세원이 소리쳤다. "그러니까 이익을 위해 종교를 희생시키겠다는 거군. 천주교가 들어오는 걸 그저 구경하겠다는 거요?"

상대방이 대답했다. "그런 게 아니오. 나도 누구 못지않게 천주교가 싫어요. 하지만 장로파 밑에서는 먹고살 수 없어도 천주교 밑에서는 먹고살 수 있으니 고마운 일 아닙니까. 뭐니 뭐니 해도 먹고사는 게 먼저니까요. 그 점은 인정해야 합니다. 속내를 말하라면, 당신도 일자리를 잃는 게 가장 무서울 거요. 하지만 걱정 마시오. 정부가 바뀌어도 세금은 사라지지 않으니까."

징세원이 대꾸했다. "아뇨, 국왕이 내리는 녹을 먹으면서 국왕을 존경하지 않는다면 짐승만도 못한 놈이죠. 그게 자연스런 이치 아닙니까? 바뀐 정부에서 징세원 노릇을 하는 게 무슨 의미가 있느냐 말입니다. 동료가 모두 쫓겨나면 나도 그들 뒤를 따르는 수밖에요. 아닙니다, 절대 아녜요. 나는 다른 정부 밑에서 일자리를 보전하겠다고 종교를 기만하기 싫습니다. 그래 봤자 나아지기는커녕 틀림없이 더 나빠질 테니까요."

여관 주인이 소리쳤다. "그래요, 앞일을 누가 알겠느냐고 사람들이 말할 때마다 내가 하는 말이 그겁니다. 처음 보는 사람한테, 어쩌면 갚을지도 모른다는 막연한 기대감으로 돈을 빌려준다면 바보가 아니겠습니까? 돈은 내 책상 서랍에 있을 때가 가장 안전한 겁니다. 그래서 나는 언제나 그곳에다 보관하지요."

변호사 서기는 파트리지의 현명함이 무척 마음에 들었다. 그것이 이 사나이의 사물이나 사람에 대한 통찰력에서 비롯된 것인지, 두 사람 모두 야곱파 지지자라는 정신적 교감에서 비롯된 것인지 나로서는 알 수 없다. 어쨌거나 둘은 진심 어린 악수를 나누고, 도수 높은 맥주를 가득 채운 잔을 들어 건강을 기원하며 건배했다. 누구의 건강을 기원했는지는 망각의 골짜기에 묻어 두는 편이 나을 것 같다.

마침내는 그 자리에 있던 모두가 축배를 들게 되었다. 여관 주인도 마지못해 거기에 끼었다. 건배를 거절하면 다시는 이 여관에 발을 들여놓지 않겠노라는 서기의 으름장에 대항할 수 없었던 것이다. 잔을 들어 건배를 나눔으로써 대화가 끝났다. 우리도 이쯤에서 이번 장을 마치기로 하겠다.

8
존스에게 이전과는 달리 환한 미소를 보인 운명의 여신

피곤함만큼 건전하면서도 강력한 수면제는 없다. 존스는 이 수면제를 엄청나게 많이 먹은 셈이었고, 약효는 훌륭했다. 그는 아홉 시간을 내리 잤다. 방문 쪽에서 들려오는 격렬한 소음에 눈을 뜨지 않았더라면 더 잤을지도 모른다. 뭔가를 사정없이 두들겨 패는 육중한 소리에 섞여 "사람 살려!"라는 비명이 계속해서 들렸다. 침대에서 벌떡 일어나 나가 보니, 인형극 공연자가 가엾은 어릿광대를 붙들고 등짝이며 갈비뼈를 사정없이 구타하는 중이었다.

존스는 피해자를 구하러 얼른 끼어든 다음, 폭행을 가하고 있는 정복자를 꼼짝 못하도록 벽으로 밀어붙였다. 얼룩덜룩한 옷을 입은 가엾은 광대가 인형극 주인에게 반항하지 못한 것처럼, 이번에는 인형극 주인이 존스에게 반항하지 못했다.

어릿광대는 몸집도 작고 그다지 힘도 세지 않았지만 성깔만큼은 누구 못지않은 사나이였다. 그는 적의 손아귀에서 벗어나자마자, 상대에게 필적할 수 있는 유일한 무기로 공격을 시작했다. 이 무기로 처음에는 일반적인 욕설을 퍼붓다가 그 다음에는 구체적인 비난을 발사했다. "이 빌어먹을 놈! 내가 네놈을 먹여 살렸어(네 손안에 돈이 굴러들어오는 건 다 내 덕이 아니냐). 게다가 네놈을 교수형에서 구해주기까지 했어. 바로 어제 이 근방 뒷골목에서 어떤 숙녀의 멋진 승마복을 강탈하려 했지 않느냐! 숲 속에 그 숙녀 혼자 있다면 홀딱 벗기고 싶다고 한 게 누구더라, 응? 세상에서 가장 예쁘게 생긴 그 숙녀를 말이다. 그런데도 내게 달려들어 날 죽이려 하다니! 그 하녀가 나한테 마음이 있었던 게 뭐가 나빠? 네놈이 아니라 나한테 반했을 뿐이잖아!"

이 이야기를 듣자마자 존스는 더는 어릿광대를 괴롭히지 말라고 단단히 일러둔 뒤 주인을 놓아주었다. 그러고는 가엾은 피해자를 자기 방으로 데리고 들어간 다음 곧 소피아의 소식을 알게 되었다. 전날 북을 치며 주인을 따라가던 도중에 그녀가 지나가는 걸 봤다는 것이었다. 존스는 그 현장을 안내하도록 이 사나이를 손쉽게 설득하고, 파트리지를 부르러 허둥지둥 달려 나갔다.

출발 준비를 모두 마친 것은 여덟 시가 다 되어서였다. 파트리지가 꾸물댄 탓도 있었고, 계산서가 바로 나오지 않은 탓도 있었다. 게다가 이 두 문제가 해결되자 이번에는 존스가 인형극 주인과 광대가 완전히 화해하기 전에는 여관을 떠나려 하지 않았기 때문이었다.

이 문제도 원만히 해결되어 그는 길을 떠났다. 듬직한 어릿광대의 안내로, 소피아가 지나갔다는 지점까지 갔다. 안내인에게 충분한 보상을 한 뒤, 더욱 열정적으로 앞으로 나아갔다. 이처럼 뜻하지 않게 정보를 얻게 되어 아주 기분이 좋았다. 일의 전말을 들은 파트리지는 아주 열정적으로 예언을 하더니, 모든 일은 도련님이 원하는 대로 마무리될 거라고 단언했다. "하느님께 결국 두 분을 다시 만나게 할 의도가 없으시다면, 아가씨의 행방을 알려주는 이런 우연이 두 번이나 일어날 리가 없지요." 존스가 이 길동무가 주장하는 미신에 조금이나마 귀를 기울인 것은 이번이 처음이었다.

2마일을 조금 지났을 때 갑자기 맹렬한 폭우가 쏟아졌다. 마침 술집이 하나 보였으므로 파트리지는 그곳으로 들어가 비바람을 피하자고 존스를 간곡하게 설득하는 데 성공했다. 허기라는 적(적이라고 불러도 된다면)은 프랑스인보다 영국인의 기질에 많이 들어 있다. 그것은 몇 번을 정복하더라도 조금만 지나면 반드시 세력을 회복한다. 파트리지도 그랬다. 부엌에 발을 디디기가 무섭게 그는 전날 밤 물어보았던 것과 똑같은 질문을 던지기 시작했다. 그 결과 식탁 위에 최상급 냉등심 고기가 차려졌다. 파트리지는 물론이거니와 존스도 왕성한 식욕으로 아침 식사를 마쳤다. 다만 존스는 술집 사람들에게서 소피아에 대한 새로운 정보를 얻을 수 없었기에 다시 마음이 불안해졌다.

식사가 끝나자, 여전히 사나운 폭풍우가 몰아치고 있는데도 존스는 다시 출격 준비를 했다. 파트리지는 맥주 한 잔만 더 하자고 열심히 졸랐다. 그때, 조금 전 부엌에 들어와 난롯가에 서서 내내 이쪽을 뚫어져라 쳐다보고 있던 한 소년이 눈에 들어왔다. 별안간 파트리지가 존스를 돌아보며 소리쳤다.

"도련님, 허락해주세요. 한 잔으론 뭔가 아쉽지 않습니까. 오호라, 저기 소피아 아가씨가 상경했다는 소식이 서 있네요. 난롯가에 서 있는 저 소년, 아가씨를 안내해 갔던 아이 아닙니까? 얼굴에 바른 저 고약은 제가 발라준 것이 틀림없습니다."

소년이 큰 소리로 말했다. "맞습니다. 나리께서 발라주신 고약이에요. 나리께서 베풀어주신 친절은 평생 잊지 못할 겁니다. 덕분에 상처가 거의 나았으니까요."

이 말에 존스는 의자에서 벌떡 일어났다. 소년에게 즉시 따라오라고 지시한 뒤, 부엌을 나와 별실로 들어갔다. 소피아와 관련된 일에는 무척 신중해서, 많은 사람 앞에서는 결코 그 이름을 언급하려 하지 않았던 것이다. 물론 넘치는 애정 때문에 장교들 앞에서 소피아 이름을 부르며 건배를 하긴 했었지만, 그건 그녀를 아는 사람이 있을 턱이 없다고 생각했기 때문이었다. 더구나 그때도 성까지는 죽어도 말하려 하지 않았던 사실을 독자 여러분께서도 기억하실 것이다.

따라서 지금 그가 처한 불행이, 실은 이토록 다분히 지니고 있는 신중함이 부족하다고 여겨진 데서 기인했음은 쓰라린 사실이다. 현명하신 많은 독자 여러분에게도 어처구니없고 기이한 일로 생각될 것이다. 사실 소피아가 화가 났던 것은 주로 자신의 이름과 평판이 노리갯감으로 전락했다고 생각했기 때문이지(그렇게 생각한 것도 당연하지만), 그가 지금과 같은 처지에서 다른 여자와 내키는 대로 놀아났기 때문이 아니었다. 또 솔직히 말해, 그의 경솔함을 증명하는 두 가지 유력한 증거, 즉 연인에 대한 존중심이 전혀 없었으며, 훌륭하고 신중한 남자라면 지니고 있어야 할 사랑과 배려와는 아주 상반되는 행동을 했다는 두 가지 사항이 없었더라면 아녀도 자기 아가씨에게 존스를 만나지 말고 업턴을 떠나자고 설득하는 일은 결코 없었을 것이다.

어쨌든 사실이 그랬으며, 나는 사실대로 이야기해야만 한다. 독자 여러분께서 이 상황이 부자연스럽다고 해서 충격을 받으신다 해도 나로서는 어쩔 수가 없다. 그런 분들께 드리고 싶은 말이 있다. 내가 쓰고 있는 이 작품은 이론이 아니라 역사이며, 다행스럽게도 모든 문제를 사실이나 체계에 대한 기존 관념에 맞추어야 할 의무가 내게는 없다는 것이다. 그러는 편이 훨씬 쉽다 해도 나로서는 역시 그 방법을 피하는 것이 현명할 것이다. 예를 들어 지금 우리 앞에 논평 한 줄 없이 어떤 사실 하나가 놓여 있다고 치자. 일견 화를 내실 독자 여러분도 계시겠으나, 좀 더 숙고해보면 틀림없이 모두가 흡족해 하실 것이다. 즉 현명하고 선량한 분이라면, 업턴에서 존스에게 일어났던 일이 그의 여자놀음에 대한 정당한 징벌이라고 생각하실 것이다. 직접적인 응보인 것이 사실이기 때문이다. 어리석고 사악한 분이라면, 사람의 평판은 행실보다는 우연에 좌우된다고 자기에게 유리하게 해석함으로써 자신들의 악행을 위안할 것이다. 그런데 우리가 여기서 이끌어내고 싶은 교훈은 위 두 가지 결론 모두와 일치하지 않는다. 우리가 제시하고 싶은 것은 이러한 사건들이 위대하고 유익하며 특별한 한 가지 원칙을 뒷받침하는 데 도움이 된다는 것이다. 그 원칙을 주장하는 것이 이 작품의 목적이다. 하지만 우리는 목사님들이 설교 한 단락을 끝낼 때마다 같은 성경 구절을 반복하여 설교를 가득 채우듯이 이 원칙을 몇 번이고 되풀이하며 지면을 채우지는 않을 것이다.

소피아가 존스를 오해한 것은 안타까운 일이지만, 거기에는 그럴 만한 이유가 있다고 생각된다. 그녀 같은 상황에 처한다면 어떤 숙녀건 똑같은 오해를 했을 것이다. 지금 막 연인의 뒤를 쫓아온 그녀가 그가 나간 직후에 이 술집에 들어왔다 하더라도, 그녀는 역시 그 술집의 주인이 업턴 여관 하녀가 그랬던 것처럼 자신의 이름과 신상을 알고 있음을 발견했을 것이다. 존스가 내실에서 귓속말로 소년을 탐문하는 동안, 부엌에서는 존스와 같은 신중함을 전혀 지니고 있지 않은 파트리지가 피츠패트릭 부인을 수행했던 또 다른 안내인을 공개적으로 캐묻고 있었기 때문이다. 그 덕분에, 이런 일이 있을 때면 반드시 귀를 열어놓는 이 술집 주인은 소피아가 낙마한 일, 제니 캐머런으로 오인 받았던 일, 펀치로 기인한 많은 사건 등등 요컨대 두 숙녀가 육두 마차를 타고 서둘러 떠나기까지 그 여관에서 일어나고 우리가 지켜본 모든 사건을 완벽하게 알게 된 것이다.

9

몇 가지 기이한 관찰

별실에서 족히 30분을 보낸 존스가 황급히 부엌으로 돌아오더니 술집 주인에게 당장 계산이 어떻게 되는지 알려달라고 말했다. 파트리지는 드디어 따뜻한 난롯가와 맛있는 맥주를 두고 떠나야 한다는 생각에 불안했지만, 이제부턴 걸어가지 않을 거라는 말을 듣고 어느 정도 걱정을 덜었다. 존스가 황금정책을 사용하여, 소피아를 안내해 간 여관까지 자신을 데리고 가달라고 소년을 설득한 것이다. 단 소년은 한 가지 조건을 붙였다. 또 다른 안내인 소년이 이 술집에서 자기가 돌아오기를 기다려야 한다는 것이었다. 업턴 여관 주인이 글로스터 여관 주인과 절친한 사이이기 때문에, 언젠가는 글로스터 여관 주인 귀에 자기 말이 도중에 다른 손님에게 대여되었다는 사실이 들어가게 될 것이고, 그렇게 되면 이 소년이 현명하게도 자기 주머니에 챙겨 넣으려던 돈이 발각되지 않으리란 보장이 없다는 이유에서였다.

사소한 일 같지만, 우리로서는 이 사정을 언급하지 않을 수 없었다. 이 때문에 존스의 출발이 상당히 지연되었기 때문이다. 다시 말해, 몹시 정직한 두 번째 소년 때문에 비싼 대가를 치러야 했던 것이다. 이미 말했듯이 아주 영악한 파트리지가 소년에게 친구를 기다리는 동안 술집에서 술이라도 사마시라며 반 크라운을 던져주지 않았더라면, 존스는 심한 바가지를 뒤집어썼을 것이다. 그런데 이 반 크라운 냄새를 맡은 술집 주인이 즉시 교묘한 말솜씨로 맹렬하게 소년을 다그쳤다. 결국 소년은 함락되었고, 동료를 기다리는 대가로 반 크라운을 더 받아내는 데에 동의했다. 여기서 우리는 하층 계급에도 수많은 책략이 존재함을 관찰하지 않을 수 없다. 상류층 인사들이 이런 종류의 정교한 사기술을 자신들의 전유물인 양 생각하는 것은 잘못이다. 가장 비천한 사람들이 그들을 능가할 때도 있는 것이다.

말들이 준비되자마자 존스는 사랑하는 소피아가 올라탔던 여성용 곁안장으로 뛰어올랐다. 소년이 매우 공손하게 자기 안장을 이용하라고 권했음에도 그가 곁안장을 선택한 것은 아마도 곁안장이 더 부드러웠기 때문일 것이다. 파트리지는 존스 못지않게 여성스러운 면이 있었지만, 남자의 권위를 손상하는 일은 참을 수 없었으므로 소년의 권유를 받아들였다. 이리하여 존스는 소피아가 탔던 곁안장에, 소년은 아녀가 앉았던 곁안장에, 파트리지는 세 번째 말에 걸터앉아 여행길에 올랐다. 이들은 네 시간 만에, 독자 여러분께서 이미 많은 시간을 함께 하신 바 있는 여관에 도착했다. 파트리지는 가는 내내 매우 들떠 있었다. 요즘 계속해서 길조들이 찾아오고 있으니 앞으로 성공할 것이 틀림없다는 말을 몇 번이나 존스에게 건넸다. 미신을 믿을 마음이 추호도 없는 독자 여러분이라도 특히 최근 들어 행운이 이어지고 있음은 인정하실 수밖에 없을 것이다. 게다가 파트리지는 길동무가 전장의 영광이라는 목적을 추구했을 때보다 지금의 목적을 추구하게 된 것이 기뻤다. 또한 그에게 성공의 확신을 심어준 그 길조들 덕분에, 이 선생은 처음으로 존스와 소피아의 사랑을 분명히 인식하게 되었다. 사실 그는 지금까지 이 점에 거의 주목하지 않았었다. 존스가 집을 떠난 이유를 애초부터 잘못 짚었기 때문이었다. 업턴에서 사건이 일어났을 때는, 그곳을 떠나기 전후로 완전히 겁에 질려 있었기 때문에, 가엾은 존스가 아주 미쳐 버렸다는 것 외에 다른 어떤 결론도 이끌어낼 수가 없었다. 이 결론은 존스가 상당히 난폭한 사나이라는 기존 생각과 완벽하게 일치했다. 글로스터를 떠날 때 존스가 보인 행동이 그가 익히 들어왔던 존스에 대한 소문을 뒷받침해주었던 것이다. 그랬는데 지금은 새로운 원정이 몹시 만족스러워서 이 친구의 정신 상태에 대해 훨씬 좋은 생각을 품기 시작했다.

그들은 시계가 정각 세 시를 알렸을 때 도착했다. 존스는 곧장 역마를 구할 수 있는지 알아보았다. 그러나 불행하게도 어디에서도 말을 구할 수가 없었다. 당시의 온 나라가, 특히 이 지방이 혼전을 겪느라 시도 때도 없이 파발마가 오가던 긴박한 시점이었음을 고려하면 독자 여러분께서도 이 점을 전혀 의아해 하시지 않을 것이다.

존스는 이곳까지 안내해 온 소년에게 코번트리까지 동행해 달라고 열심히 설득했으나, 소년은 요지부동이었다. 안마당에서 소년과 말씨름을 하고 있는데 한 신사가 다가와 이름을 부르며 인사를 한 뒤, 서머싯셔에 계신 가족들은 안녕하시느냐고 물었다. 그를 쳐다본 존스는 그가 글로스터에서 함께 식사한 적이 있는 변호사 다울링 씨임을 즉시 알아보고 정중히 인사에 답했다.

다울링은 그날 밤은 더 여행하지 말라고 존스 군을 간곡하게 만류했다. 이런저런 타당한 이유를 들어 자신의 간청을 뒷받침했다. 이미 날이 어두워졌다든가, 길 상태가 몹시 엉망이라든가, 낮에 돌아다니는 편이 훨씬 낫다는 등의 이유였다. 그 가운데 몇 가지는 존스도 전에 스스로 생각했던 이유였다. 그러나 그때 그 이유들이 효과를 발휘하지 못했던 것처럼 지금도 그랬다. 그는 걸어가는 한이 있더라도 자신의 의사는 단호하다는 태도를 고수했다.

존스를 만류할 수 없음을 깨달은 착한 변호사는 이번에는 존스와 함께 가주라며 안내인을 열심히 설득했다. 이 짧은 여행에 동행토록 하기 위해 갖은 이유를 들어 역설한 뒤 이렇게 말을 맺었다. "이 신사가 수고의 대가를 충분히 주시리라고 생각하지 않나?"

수적 우세란 축구에만 존재하는 것이 아니다. 누군가를 설득하거나 간청할 때도 이런 협력이 유리함은 예로부터 호기심 많은 관찰자들이 인정해온 바이다. 어떤 사람이 갖가지 이유를 들어 설득해도 완고하게 거절하던 아버지, 주인, 아내, 그 밖의 권위자들이 제2, 제3의 인물이 거들고 나서면 쉽게 함락되는 예를 종종 보셨을 것이다. 딱히 새로운 논거를 드는 것이 아니라, 그저 똑같은 의견을 반복하기만 해도 그렇다. 토론이나 의회 발의에서 '재청한다'는 어구가 만들어진 것도, 공식 토론회 등에서 이 재청이 커다란 역할을 하는 것도 여기서 연유한 것일 게다. 법정에서 박식한 신사(대개 고등 변호사)가 다른 신사가 바로 전에 말했던 내용을 무려 한 시간이나 똑같이 되풀이하는 것도 이런 이유 때문일 것이다.

설명은 이쯤하고, 우리는 늘 하던 대로, 앞서 말한 소년의 행동에서 그 실례를 찾아보도록 하겠다. 소년은 다울링 씨의 설득에 굴복하여, 다시 존스를 곁안장에 태우기로 약속했다. 단, 가엾은 말들이 이미 꽤 먼 거리를, 그것도 아주 열심히 달려왔다며, 먼저 말들에게 충분한 휴식과 먹이를 주어야 한다고 주장했다. 사실 이 소년의 배려는 불필요한 것이었다. 초조하게 서두르고 있을지언정, 그러지 않아도 존스가 알아서 지시했을 것이기 때문이다. 동물을 단순한 기계처럼 생각하여, 말 허리에 박차를 가하면 박차와 말이 똑같이 통증을 느낄 거라고 생각하는 자들이 있는데, 존스는 결코 그런 생각에 동의하는 사람이 아니었다.

말들이 여물을 먹는 동안, 또는 먹고 있다고 모두가 생각하는 동안(소년이 부엌에서 자기 몸을 추스르는 동안 마구간에서는 술집 마구간지기가 여물이 줄어들지 않도록 세심한 주의를 기울이고 있었던 것이다), 존스 군은 다울링 씨의 간절한 소망에 따라 그의 방으로 들어갔다. 두 사람은 포도주 한 병을 사이에 두고 마주앉았다.

10
존스 군, 다울링 변호사와 술을 마시다

다울링 씨는 포도주를 잔에 따른 뒤 선량한 올워디 지주의 건강을 빌며 건배를 들고 이렇게 덧붙였다. "그분의 조카이자 상속자이신 젊은 지주님도 잊지 말아야죠. 자, 멋지고 젊은 신사 블리필 도련님을 위해 건배! 장담하건대, 그 도련님은 앞으로 그 지역에서 아주 중요한 인물이 될 겁니다. 사실전 그분을 위해 선거구까지 준비해 두었답니다."

존스가 대답했다. "변호사님께 저를 모욕할 의도가 없다는 걸 아니까 화는 내지 않겠습니다. 그런데 변호사님께서는 두 사람을 아주 부적절하게 묶으셨어요. 한 분은 온 인류의 영광이신 분이지만, 다른 한 놈은 인간이란 이름에 먹칠을 하는 악당이거든요."

다울링이 눈을 휘둥그레 뜨고 말했다. "두 분 모두 나무랄 데 없이 훌륭한 분들이라고 생각했는데요. 전 아직 올워디 나리를 뵙는 영광을 누리지 못했습니다만, 어디를 가더라도 모두 그분 이야기를 하죠. 젊은 도련님은 그분 어머님이 돌아가셨다는 소식을 전하러 갔을 때 딱 한 번 뵈었을 뿐인데, 그때 저는 몸이 몇 개가 있어도 모자랄 정도로 일이 많고 정신없이 바빠서 그분과 변변히 이야기를 나눌 틈도 없었죠. 하지만 아주 정직한 신사처럼 보이셨습니다. 실제로 태도도 훌륭했고요. 태어나서 그분만큼 유쾌한 신사는 본 적이 없는 걸요."

존스가 대꾸했다. "한 번밖에 만난 적이 없으니 변호사님께서 속은 것도 무리는 아니죠. 그는 악마 같이 교활한 놈입니다. 여러 해를 같이 산다 해도 실체를 파악할 순 없을 거예요. 저는 갓난아기 때부터 그놈이랑 같이 컸어요. 거의 떨어져 본 적이 없죠. 그런데도 아주 최근에서야 그놈 내부에 도사린 사악한 심성을 알게 되었지요. 그것도 절반만요. 물론 처음부터 별로 좋아하진 않았습니다. 인간 본성이 지닌 위대함과 고귀함의 확실한 토대가 되는 너그러운 심성이 그에겐 없다고 생각했거든요. 특히 그놈의 이기심을 간파하고 아주 경멸했죠. 그런데도 최근에, 아주 최근에 들어서야 그놈이 더없이 비열하고 더없이 음험한 음모를 꾸밀 수 있는 놈이라는 걸 알게 된 겁니다. 이제야 깨달은 건데, 그놈은 제 솔직한 성품을 이용해서 온갖 사악한 술책들로 저를 파멸로 몰아넣을 깊은 꿍꿍이들을 획책한 겁니다. 그리고 드디어 성공을 거둔 거죠."

다울링이 소리쳤다. "아니, 그럴 수가! 그렇다면 그런 자가 도련님 삼촌이신 올워디 씨의 엄청난 재산을 상속받는다는 건 유감스러운 일이 아닙니까."

존스가 외쳤다. "아아, 그분을 삼촌이라고 말씀해주시니 더없는 영광입니다만, 제겐 그렇게 불릴 자격이 없습니다. 한때 그분은 친절하게도 저더러 그보다 더 가까운 호칭으로 당신을 부르라고 허락하셨죠. 하지만 그건 친절에서 우러나온 자발적인 행동이었을 뿐입니다. 제게서 그렇게 부를 영광을 박탈해 가셨다고 해서, 그 일을 부당하다고 불평할 순 없습니다. 빼앗긴 것이 부당한 일이라면, 애초에 그런 호칭을 부여받은 것은 더 부당한 일일 테니까요. 저는 올워디 씨와 아무런 관계도 아니랍니다. 그분의 훌륭함을 정당하게 평가할 줄 모르는 세상 사람들이 그분이 제게 하신 행동을 보고 혈연가족을 가혹하게 내쳤다고 생각한다면, 그들은 가장 훌륭한 인물을 부당하게 깎아내리는 셈입니다. 저는……. 아, 죄송합니다. 제 얘기를 시시콜콜하게 해서 변호사님을 귀찮게 하는 일은 그만두죠. 다만 변호사님께서 저를 올워디 씨의 혈연으로 생각하고 계신 듯하여, 그 점만큼은 바로잡는 것이 옳다고 생각했던 겁니다. 그분께 비난이 돌아갈 수 있는 문제니까요. 그런 일을 만들 바엔 이 목숨을 잃는 편이 낫습니다."

다울링이 큰 소리로 말했다. "지금 말씀은 명예를 매우 존중하는 사람만이 할 수 있는 말이군요. 도련님께서 올워디 씨의 친척이 아니라면, 어떤 연유로 올워디 씨의 친척으로 받아들여지게 되었는지 알려주십시오. 그래 주신다면 귀찮기는커녕 기쁨이 될 것입니다. 어차피 말이 준비되려면 30분은 걸립니다. 시간은 충분히 있으니, 그 경위를 말씀해주시지 않겠습니까? 친척이 아닌데도 신사의 친척으로 통하는 건 놀라운 일이 아닙니까."

솔직하다는 점에서 소피아와 닮은 구석이 있던 존스는(신중함은 그렇지 않았지만) 자신의 출생과 받은 교육을 이야기함으로써 다울링 씨의 호기심을 만족시키는 데에 손쉽게 동의했다. 그는 오셀로처럼 이야기했다.

—소년 시절부터 바로 이 순간까지 그는 이야기를 잘 못하는 편이었다.

다울링은 데스데모나처럼 진지하게 이야기를 경청했다.

그는 '기이하고도 기이하며, 딱하고도 딱한 이야기도다'며 단언했다. 내공

다울링 씨는 실제로 존스의 이야기에 매우 커다란 감동을 받았다. 변호사이긴 하지만, 몰인정한 사람은 아니었기 때문이다. 직업에 대한 선입견을 사생활에까지 적용하고, 직업에 대한 통념을 빌려 그 사람을 평가하는 것만큼 부당한 일은 없다. 습관이 직업상 불가피한, 따라서 몸에 배어 버린 행동들에 대한 혐오감을 줄여주는 것은 사실이다. 그러나 그 밖에 다른 경우에는 직업에 관계없이 본성이 모든 사람에게 똑같이 작용한다. 아니, 업무를 수행할 때 본성을 잠시 쉬게 하는 사람에게는 오히려 더 강력하게 작용할지 모른다. 푸주한도 훌륭한 말이 살육당하는 광경을 보면 죄책감을 느꼈을 것이다.

팔다리 절단 수술을 할 때는 아무런 고통을 느끼지 않으면서 통풍 발작을 일으킨 사람에게는 동정을 느끼는 외과 의사를 나는 안다. 수백 명의 목을 매단 덤덤한 교수형 집행자도 맨 처음 목을 자를 때는 벌벌 떤다고 한다. 전쟁이라는 직업을 수행할 때는 자기와 같은 전문가뿐 아니라 종종 부녀자까지도 수천 명씩 아무렇지 않게 죽이는 인간 살육 전문가들조차, 북과 나팔을 내려놓는 평화가 찾아오면 그 흉악성을 어딘가로 집어던지고 시민 사회의 점잖은 구성원이 된다. 같은 이치로, 자신이 반대편에 고용된 상태가 아니라면, 변호사라 하더라도 동료 인간의 비참함과 고통을 모두 느낄 수 있는 것이다.

독자 여러분께서도 아시듯이, 존스는 자신이 어떤 흑색선전으로 올워디 씨에게 참소되었는지 아직 몰랐다. 또한 다른 사항에 대해서는 자신에게 크게 불리한 관점에서 말하지 않았다. 지난날의 친구이자 후원자인 분을 비난할 마음은 없지만, 그렇다고 자신이 모든 잘못을 뒤집어쓰고 싶지도 않았기 때문이다. 따라서 다울링은 분명히 주도적으로 사악한 음모를 꾸민 누군가가 있다고 생각하게 되었다. 그것도 아주 근거 없는 주장은 아니었다.

"젊은이라면 누구나 저지를 수 있는 사소한 잘못 때문에 지주님이 도련님의 상속권을 박탈했다고는 생각하지 않습니다. 아니, 상속권 박탈은 적절하지 않은 용어군요. 법적으로 도련님은 상속인 자격이 없으니까요. 그건 확실합니다. 누구의 자문을 구할 필요도 없을 정도로요. 하지만 도련님처럼 신사가 양자로 들인 경우라면, 전 재산까지는 아니더라도 꽤 많은 유산을 기대하셨던 것도 억지스런 일은 아니겠죠. 아니, 전 재산을 기대하셨다 하더라도 전 도련님을 비난하지 않을 겁니다. 누구나 최대한 많은 것을 갖기를 원하는 법이고, 그건 비난받을 일이 아니니까요."

"저를 잘못 보셨군요. 전 아주 적은 재산으로도 만족했을 겁니다. 올워디 씨의 재산에 욕심을 내본 일은 없어요. 아니, 나한테 얼마를 주실까 하는 생각 따위는 한 번도 해본 일이 없다고 해도 좋아요. 단연코 맹세할 수 있습니다. 그분이 저를 편애하셔서 조카인 블리필이 불이익을 당하도록 꾸며놓으셨더라도 제가 그걸 원상태로 돌려놓았을 겁니다. 남의 재산을 탐하기보다 제 마음에 모든 것을 맡기는 편을 택하겠습니다. 선한 사람이 인자하고 올바르며 고귀하고 자비로운 행동을 명상하며 누리는 따뜻하고 실질적인 만족감, 가슴 벅찬 설렘, 두근대는 환희 등과 비교하면 웅장한 저택, 수많은 하인, 산해진미, 그 밖에 부에서 오는 화려한 겉모습을 자랑하는 것 따위가 뭐란 말입니까? 블리필의 앞날에 부가 기다리고 있더라도, 아니, 실제로 부를 손에 넣어도 저는 부럽지 않습니다. 처지를 바꾸어 저더러 딱 30분만 못된 놈이 되라 해도 싫습니다. 물론 블리필 군은 제게 그런 꿍꿍이가 있다고 의심했었죠. 그런 의심은 그의 비열한 마음에서 나온 것입니다. 그래서 저도 똑같이 비열한 마음을 갖고 있을 거라고 생각한 것일 테고요. 하지만 천만다행으로 저는…… 저는 제게 죄가 없다는 걸 압니다. 느낍니다. 그 느낌은 세상 무엇과도 바꿀 수 없는 소중한 것이지요. 전 어느 누구에게도 해를 끼친 적이 없습니다. 그런 생각을 한 적조차 없습니다. 제가 아는 한은요.

> Pone me pigris ubi nulla campis
> Arbor oestiva recreatur aura,
> Quod latus mundi nebuloe, malusque,
> Jupiter urget.
> 여름 산들바람이 대지를 구속하고,
> 나무들을 더위 먹지 않게 해주는 곳,
> 늘 낮은 구름이 드리워져 있고, 분노한 주피터가 혹독히 한 해를 변형하는 곳,
> 그곳에 나를 있게 하소서.
>
> Pone sub curru nimium propinqui
> Solis in terra domibus negata;
> Dulce ridentem Lalagen amabo,
> Dulce loquentem.
> 태양 마차가 빠르게 지나가는 곳,
> 그 타오르는 햇볕 아래,
> 부드럽게 말하고 상냥스레 미소 짓는 요정과 사랑이 내 노고를 매혹하는 곳,
> 그곳에 나를 있게 하소서."

존스는 포도주 잔을 채운 뒤, 그의 사랑스런 '라라게(요정)'의 건강을 빌며 잔을 비웠다. 다울링의 잔도 가득 채운 뒤, 마찬가지로 그가 했던 것처럼 축배를 들어달라고 부탁했다. 다울링이 외쳤다. "그렇다면, 충심으로 '라라게' 양의 건강을 빌며 건배! 그녀를 직접 본 적은 없지만, 그 이름으로 건배하는 것은 몇 번인가 들었지요. 아주 미인이라는 소리도요."

존스가 말한 내용 가운데 다울링이 이해하지 못한 부분은 라틴어 구절뿐만이 아니었다. 하지만 거기에는 그에게 깊은 감명을 주는 무언가가 들어 있었다. 그는 눈을 깜박거리거나, 고개를 끄덕이거나, 코웃음 소리를 내거나, 씩 웃거나 하며 존스에게 자신이 감명 받은 모습을 보이지 않으려 애썼다 (때로 인간은 틀린 생각뿐 아니라 올바른 생각조차 부끄러워한다). 그러나 그가 자신이 이해한 모든 내용에 내심 공감하고 강한 연민을 느꼈음은 분명했다. 그러나 이에 대한 자세한 설명은 다음 기회로, 특히 이 이야기 속에서 다시 다울링 씨를 만나게 될 때로 미루도록 하겠다. 다소 갑작스럽기는 하지만, 지금은 우리도 존스 군을 따라 이 신사와 헤어져야만 한다. 존스는 파트리지에게서 말들이 준비되었다는 이야기를 듣자마자 계산을 마친 뒤 술동무에게 작별인사를 하고 말에 올라 코번트리를 향해 길을 떠났다. 밤은 칠흑같이 어두웠으며, 하필 그때부터 비가 억수같이 퍼붓기 시작했다.

11

코번트리로 출발한 존스에게 일어난 엄청난 재앙
파트리지의 명언

이들이 지금 있는 곳에서 코번트리까지 가는 길보다 알기 쉬운 길은 없었다. 존스와 파트리지뿐만 아니라 길 안내인도 그 길은 처음이었지만, 앞 장 끝에서 언급했던 두 가지 사정만 없었더라면, 일부러 그러려 해도 길을 잃어버리기란 거의 불가능했다.

어쨌든 이 두 가지 사정이 유감스럽게도 한꺼번에 발생했기 때문에, 우리의 여행자들은 인적이 매우 드문 곳에서 길을 잃고 말았다. 6마일은 족히 내달렸는데도 코번트리의 당당한 첨탑은 보이지 않고, 여전히 질척질척한 시골길 위에 있었다. 대도시 교외가 가까워져 오고 있는 징후가 전혀 없었다.

존스가 자신들은 길을 잃은 것이 틀림없다고 단언했다. 하지만 안내인은 그럴 리가 없다고 주장했다. 이 '그럴 리가 없다'는 표현은 일상 대화에서 '있을 법하지 않다'는 의미로 쓰이기도 하지만, 종종 '아주 있을 법한 일' 또는 '이미 분명히 일어난 일'을 뜻한다. 이와 같이 터무니없는 과장법은 '끝없는'이나 '영원한' 같은 단어에서도 자주 찾아볼 수 있다. 전자가 겨우 반 야드 거리를, 후자가 고작 5분을 가리키는 일은 드물지 않다. 같은 이치로 사실상 이미 길을 잘못 들었는데 '잘못 들었을 리 없다'고 주장하는 일도 흔하다. 지금이 바로 그랬다. 아무리 소년이 그렇지 않다고 자신만만하게 주장했어도, 그들이 코번트리로 가는 길 위에 있지 않다는 것은 부정하고 인색하고 잔혹하며 겉으로만 신앙심 있는 척하는 구두쇠가 천국으로 가는 길 위에 있지 않은 것만큼이나 분명했다.

이런 경험이 없는 독자분이시라면, 오밤중에 길을 잃은 사람의 마음에 어둠이나 비바람이 얼마나 무시무시한 공포감을 불러일으키는지 쉽게 상상하실 수 없을 것이다. 모진 날씨에 맞서면서, 마음에 힘이 되는 따뜻한 불, 마른 옷가지, 맛있는 음식과 같은 즐거운 상상을 하기란 힘든 법이다. 이때 파트리지의 머리를 가득 메운 망상도 이 공포감이라는 불완전한 신념으로 충분히 설명될 것이다. 그 망상이 무엇인지는 지금부터 밝히기로 하겠다.

존스는 길을 잃어버렸다는 확신이 점점 강해졌다. 마침내 소년도 그 길이 코번트리로 가는 길이 아닌 것 같다고 시인했다. 물론 그러면서도 그는 길을 잃었을 리 없다고 계속 주장했다. 파트리지의 생각은 달랐다. 그는 처음에 길을 떠난 순간부터 뭔가 재앙이 일어날 것 같은 기분이 들었다고 말했다.

"도련님께서 막 말을 타시려고 할 때 술집 문간에 노파가 서 있는 걸 보지 못하셨나요? 진심으로 하는 말인데, 그 노파에게 조금이라도 적선을 하셨어야 했어요. 그때 그 노파가 말했죠. 도련님께서 곧 후회하게 될 거라고. 그 말을 하자마자 비가 내리기 시작하고 바람이 거세졌지요. 사람들이 어떻게 생각하던, 저는 마녀란 언제든 바람을 일으킬 수 있다고 확신합니다. 지금껏 살아오며 그런 일을 자주 보았어요. 제 평생에 마녀를 본 적이 있다고 하면, 바로 그 노파일 겁니다. 그 노파를 보자마자 속으로 그렇게 생각했지요. 그때 주머니에 반 페니 동전이라도 들어 있었다면 주었을 것을. 그런 사람한테는 자비를 베푸는 게 상책이거든요. 무슨 일이 생길지 모르니까요. 호미로 막을 일을 가래로 막는다는 말도 있지 않습니까."

존스는 길을 잘못 드는 바람에 여정이 길어질지 모른다는 생각으로 무척 짜증이 났지만, 미신에 대한 친구의 발언에 절로 미소가 나왔다. 그때 한 사건이 일어나 미신에 대한 친구의 신념은 더욱 확고해졌다. 바로 파트리지가 말에서 굴러 떨어진 사건이었다. 다행히도, 옷에 진흙물이 묻은 것 말고 별다른 피해는 없었다.

일어나기가 무섭게 파트리지는 이 낙마 사건이야말로 방금 자신이 한 말의 결정적인 증거라고 주장했다. 존스는 파트리지가 특별히 부상을 입지 않은 것을 보고 미소를 지으며 대답했다.

"그 마녀도 참 배은망덕하군요. 아군 적군도 구분 안 하고 화풀이를 하다니요. 나한테 무시를 당해서 화가 난 거라면, 이토록 호의를 표시하고 있는 당신을 말에서 떨어뜨릴 이유는 없을 텐데요."

파트리지가 소리쳤다. "마법을 부릴 줄 아는 사람을 농담거리로 삼는 건 좋지 않은 생각입니다. 그들은 아주 심술궂은 짓도 곧잘 하거든요. 그런 여자를 화나게 했던 어느 편자공이 생각나는군요. 그는 그녀에게 악마와 거래한 시간이 언제 끝나느냐고 물었었죠. 그날로부터 석 달도 되지 않아, 그가 키우는 소 가운데 가장 튼실한 녀석이 물에 빠져 죽었습니다. 그런데 그녀는 그것으로는 만족하지 않았죠. 그 일이 있고 얼마 뒤에, 그는 최고급 술 한 통을 날려 버렸습니다. 나중에 이웃들과 즐거운 시간을 보내려고 술통 마개를 막은 그날 밤, 그 늙은 마녀가 마개를 뽑아 버려서 술이 모두 창고 바닥으로 쏟아진 겁니다. 간단히 말하자면, 그날 이후 그자에게는 되는 일이 하나도 없었어요. 그녀가 그 가엾은 사나이를 너무 괴롭혀서 그는 술독에 빠지게 되었답니다. 한두 해 있다가는 재산도 모두 압류되었지요. 지금은 온 식구가 구빈원 신세를 지고 있답니다."

안내인도, 어쩌면 그의 말까지도 이 이야기에 넋을 놓고 있었던 모양이었다. 부주의 때문이었는지 마녀의 심술 때문이었는지는 모르겠으나, 어느새 둘 다 진창 속에서 뒹굴고 있었던 것이다.

파트리지는 그들이 나뒹군 것을 자기가 말에서 떨어진 것과 같은 이유 탓으로 돌렸다. "이번에는 분명히 도련님 차례일 테니, 당장 돌아가서 그 노파를 찾아 달래주어야 한다"고 존스를 열심히 설득했다. "이제 곧 그 여관이 나올 겁니다. 우리가 앞으로 나아가고 있는 것처럼 보이지만, 사실은 한 시간 전과 같은 곳에 있는 게 틀림없어요. 지금이 낮이었다면, 우리가 떠나왔던 여관이 보일 겁니다."

이 현명한 권고에는 대꾸도 않고, 존스는 소년에게 일어난 일에만 신경을 썼다. 소년도 파트리지와 같은 피해를 입었는데, 그의 옷은 그런 피해에 벌써 여러 해 익숙해져 있는지 멀쩡했다. 그는 잽싸게 곁안장에 올라타 말에다 실컷 욕설을 퍼붓고 몇 대 갈김으로써, 자신이 아무런 부상도 입지 않았음을 보여주어 존스 군을 안심시켰다.

12
파트리지의 권고를 무시하고 여행을 계속하는 존스
도중에 일어난 사건

그때 멀리서 불빛이 보였다. 존스는 무척 기뻐했지만, 파트리지는 적잖이 겁에 질렸다. 자신들은 마법에 홀렸으며, 그 불빛이 도깨비불이거나 더 무시무시한 불빛일 거라고 굳게 믿었다.

불빛(점점 수가 늘었다)으로 다가갈수록, 사람들이 웃고 떠들며 노래하는 소리가 뒤섞여 들려왔다. 여기에 어떤 악기에서 나오는 듯한 기이한 소리, 다만 음악이라 부르기엔 다소 무리가 있는 소리가 들렸을 때 파트리지의 공포심은 극에 달했다. 조금 그의 편을 들어 말하자면, 그 소리는 마법에 걸린 음악이라 부르기에 충분했다.

이때 파트리지를 사로잡은 것보다 섬뜩한 공포감을 상상하기란 불가능할 것이다. 그것은 파트리지가 그동안 지껄인 이야기에 열심히 귀를 기울이고 있던 소년에게까지 전염되었다. 따라서 그도 존스에게 돌아가자고 애원하는 일에 가세하게 되었다. 파트리지가 방금 말한 대로, 그는 말들이 계속 앞으로 나아가는 것 같이 보이지만 실은 적어도 30분 전부터 한 걸음도 나아가지 않았다고 말했다.

성가신 와중에도 존스는 이 가엾은 자들의 겁에 질린 모습이 우스워 견딜 수가 없었다. "우리가 나아가는 게 아니라면 저 불빛이 우리 쪽으로 오고 있는 모양이군. 이제 바로 코앞에 있잖아. 그저 사람들이 잔뜩 모여 즐겁게 놀고 있는 것 같은데, 대체 뭐가 무섭다고들 하는 건지, 원."

파트리지가 소리쳤다. "즐겁게 놀고 있다니요, 도련님! 이런 오밤중에, 이런 곳에서, 이런 날씨에 대체 누가 즐겁게 논답니까? 귀신이나 마녀나 악령 같은 게 분명해요. 틀림없이 그렇다니까요."

존스가 큰 소리로 말했다. "뭐든 상관없어요. 나는 그들에게 가서 코벤트리로 가는 길을 물어봐야겠어요. 모든 마녀가 우리가 아까 만난 노파처럼 심술궂으리란 법은 없잖아요."

파트리지가 소리쳤다. "말도 안 됩니다, 도련님! 지금 저들 기분이 어떤지 알지도 못하잖아요. 저런 사람들에게는 늘 공손하게 대하는 게 최선이죠. 그런데 마녀보다 악랄한 존재, 그러니까 악령 같은 거면 어떡하죠? 도련님, 제발 제 말을 들으세요. 도련님께서도 저처럼 이런 무시무시한 이야기를 많이 읽으셨다면 이처럼 무모한 행동은 하지 않으실 텐데. 여기가 어딘지, 어디로 가게 될지 모르잖습니까. 지구상에서 이렇게 캄캄한 곳은 없을 겁니다. 저승도 이보다 캄캄하진 않을 거예요."

이 모든 조언과 경고에도 존스는 더욱 빠르게 앞으로 나아갔다. 가엾은 파트리지도 뒤따를 수밖에 없었다. 앞으로 나아가기도 꺼려졌지만, 혼자 뒤에 남는 것보다는 나았기 때문이다.

마침내 그들은 불빛과 잡다한 소리가 새어나오는 곳에 도착했다. 존스는 그곳이 평범한 헛간이며, 많은 남녀가 모여 시끌벅적하게 즐기고 있다는 사실을 알아차렸다.

열려 있는 헛간 문 앞에 존스가 나타나자, 안에서 한 남자가 "거기 누구요?" 거친 목소리로 물었다. 존스는 "수상한 사람은 아닙니다" 점잖게 대답하고는 얼른 코벤트리로 가는 길을 물었다.

헛간 안에서 다른 사나이가 소리쳤다. "수상한 사람이 아니라면 폭풍우가 멎을 때까지 말에서 좀 내려오는 게 어떻겠소(사실 비바람이 전보다 더욱 거세져 있었다). 헛간 구석에 말 한 마리쯤 들어갈 공간은 충분하니, 말을 좀 쉬게 해주면 좋지 않소?"

존스가 대답했다. "정말 고맙습니다. 비가 그칠 때까지 잠시 선생님 제의를 받아들이도록 하지요. 그런데 똑같은 호의를 베풀어주셨으면 하는 사람이 두 명 더 있습니다만."

그러나 베풀 쪽보다 받을 쪽에 더 많은 호의가 필요했다. 파트리지는 요괴라고 여기는 자들의 자비심에 매달리느니 험악한 날씨에 몸을 내맡기고 싶었고, 가엾은 소년도 똑같은 공포감에 전염되어 있었기 때문이다. 그러나 두 사람 모두 존스를 따를 수밖에 없었다. 한 사람은 말을 두고 떠날 수 없었으며, 다른 한 사람은 혼자 남는 일이 무엇보다 무서웠던 것이다.

이 이야기가 미신을 믿던 시절에 쓰인 것이라면, 지금 일족을 이끌고 나타난 것이 마왕이든 사탄이든, 이렇게나 오래 독자 여러분께서 궁금증을 품고 기다리게 한 것을 나는 틀림없이 죄스럽게 생각했을 것이다. 그러나 요즘은 아무도 그런 이론을 믿지 않고, 악마를 믿는 사람도 거의 없으므로, 앞서 내용을 읽고 그런 의미의 공포감을 느낀 독자는 없으리라고 생각한다. 사실 마계에서 쓰는 비품들은 진작부터 연극 연출자들의 전유물로 전락했고, 요즘은 그 연출자들조차 그것들을 거의 쓰레기처럼 방치해두는 형편이다. 그것들은 독자 여러분이라면 거의 앉지도 않으실 싸구려 3등 관람석의 관객들을 웃기는 데 사용될 뿐이다.

따라서 우리가 독자 여러분께 커다란 공포감을 드렸다고는 생각지 않는다. 다만 우리가 뜻하지 않게 다른 걱정을 끼쳐 드린 것은 아닌가 우려가 된다. 이제부터 우리가 요정의 나라로 여러분을 데려가, 웬만큼 순진한 사람이 아니면 믿지 않을 존재들을 우리 이야기에 소개하려는 것은 아닌가 하는 걱정 말이다. 물론 그런 존재의 모험을 읽고 쓰는 데 시간을 허비하는 어리석은 사람이 많기는 하다.

사실만을 소재로 쓰겠노라 공언한 이야기 작가의 명예에 크나큰 누가 될지도 모르는 그런 걱정을 없애기 위해, 우리는 갑작스럽게 등장하여 파트리지를 공포감에 빠뜨리고, 그 못지않게 안내인 소년도 두렵게 하고, 심지어 존스 군마저 다소 놀라게 한 이 사람들의 정체를 독자 여러분께 알려드리도록 하겠다.

헛간에 모여 있던 사람들은 바로 이집트인 무리로, 속칭 집시들이었다. 그들은 지금 동료의 결혼을 축하하는 중이었다.

여기 모인 집시들보다 즐거워 보이는 사람들을 상상하기란 불가능할 것이다. 어떤 얼굴도 더없이 즐거워 보였으며, 무도회는 흔히 보는 시골 집회보다 훨씬 질서와 품위가 있었다. 나름대로 공식적인 통제와 법률이 지배하고 있었으며, 그들이 '왕'이라고 부르는 지배자에게 모두가 복종하기 때문이었다.

또한 이 헛간만큼 풍성하게 음식이 차려진 광경은 그 어느 곳에서도 볼 수 없을 정도였다. 물론 그 차림새는 세련되거나 우아하지 않았지만, 손님들의 왕성한 식욕은 그런 것을 필요로 하지 않았다. 베이컨과 닭고기, 양고기가 수북이 쌓여 있었고, 사람들은 저마다 최고의 프랑스 요리사라도 만들 수 없을 법한 가장 맛있고 값비싼 소스를 지니고 있었던 것이다.

주노의 신전에 들어간 아이네아스는 그림들을 보고 깜짝 놀랐다고 한다.

Dum stupet obtutuque hoeret defixus in uno.
소스라치게 놀라 그저 멍하니 서서 눈동자를 고정했다.

하지만 헛간 안을 들여다보고 우리의 주인공이 놀랐던 것보다는 덜했을 것이다. 존스가 어안이 벙벙하여 구석구석 둘러보고 있는데, 한 지긋한 노인이 다가와 친근하게 인사를 건넸다. 인사치레가 아니라 진심 어린 따뜻한 인사였다. 이 노인은 집시들의 왕이었다. 옷차림은 신하들과 거의 다를 바 없었고, 권위를 부여하는 왕권의 상징도 지니고 있지 않았다. 그러나 (존스 군의 말을 빌리자면) 그 태도에는 위엄이 서려 있었고, 보는 이에게 경외감과 존경심을 느끼게 하는 면모가 있었다. 물론 이 모든 생각은 존스의 상상에서 비롯된 것일지도 모른다. 사실 그런 분위기는 권력에 부수되기 마련이며, 이 두 가지는 불가분의 관계일지 모르기 때문이다.

존스의 솔직해 보이는 인상과 정중한 태도, 거기다 잘생긴 외모에는 첫눈에 그를 보는 이들에게 호감을 느끼게 하는 무언가가 있었다. 집시 왕의 위엄을 느낀 순간 존스가 그에게 표시한 깊은 존경심이 그 호감을 한층 끌어올린 것 같았다. 왕으로서는 자기 신하들 외의 다른 사람에게서 그런 경의를 받아본 일이 드물었기에 그것이 더욱 기쁘게 느껴졌는지도 모른다.

왕은 존스에게 대접할 수 있도록 가장 맛있는 음식들을 식탁에 차리라고 지시한 뒤, 그를 자신의 오른편에 앉히고 다음과 같이 이야기를 시작했다.

"당신은 물론 우리 같은 사람을 본 일이 있으시겠죠. 여기저기 떠돌아다닌다는 이유로 당신들이 이른바 떠돌이라고 부르는 무리 말입니다. 그런데 우리가 이렇게 큰 집단인 줄은 모르셨을 겁니다. 더구나 우리 집시들이 어느 민족 못지않게 질서가 정연하고 제대로 통치되는 민족이라는 얘길 들으시면 더 놀라실 테죠.

나는 과분하게도 그들의 왕이라는 영광을 얻었습니다. 그 어떤 국왕도 충직하고 사랑스러운 신하들을 나만큼 자랑할 순 없을 겁니다. 내가 그들의 호의에 어디까지 보답할 수 있을지는 모르겠습니다. 하지만 그들에게 이익이 되는 일만을 생각한다는 점은 말씀드릴 수 있습니다. 그렇다고 그걸 자랑하는 건 아닙니다. 종일 돌아다녀서 얻은 물건 가운데 가장 좋은 것을 제게 주는 그런 가엾은 사람들의 이익이 되는 일을 생각하는 것은 마땅하니까요. 내가 그들을 사랑하고 보살펴주니까 그들도 나를 사랑하고 존경하는 겁니다. 그게 다지, 그 밖에 다른 이유는 없습니다.

제가 읽고 쓰기를 못해서 정확한 연도는 말씀드릴 수 없습니다만, 천 년인가 이천 년 전에 집시들 사이에서 당신들이 말하는 '대혁명'이 일어났습니다. 당시는 집시 우두머리들이 있었는데, 그들은 서로 영토문제로 싸웠죠. 그런데 집시 왕이 그들을 모두 물리치고 모든 백성을 평등하게 만들었습니다. 그때 이후로 모두 잘 지내고 있죠. 왕이 되려는 자도 없습니다. 사실 백성으로 사는 편이 나으니까요. 왕이 되어 늘 공평한 판결을 내리며 사는 것은 실로 골치 아픈 일입니다. 친한 친구나 친인척에게 벌을 내려야 할 때는 나도 그냥 평범한 집시였으면 하고 몇 번이나 바랐는지 모릅니다. 우리는 사형을 집행하진 않지만, 형벌은 매우 가혹하거든요. 죄인 스스로 수치심을 느끼게 하는 아주 끔찍한 형벌이죠. 그 벌을 받고서도 다시 죄를 저지른 예는 거의 본 적이 없습니다."

왕은 다른 나라에 수치심이라는 형벌이 없다는 데에 놀라움을 표시했다. 존스는 그렇지 않다고 반박했다. 영국 법에도 수치심을 줄 수 있는 죄목이 많이 있으며, 모든 형벌은 수치심으로 귀결된다고 주장했다. 왕이 말했다. "그것 참 이상하군요. 영국인과 함께 살진 않지만, 저는 당신 나라에 대해 익히 이야기를 들어 알고 있습니다. 듣자 하니 수치심은 당신 나라에서 보상의 결과이자 원인이라고 하던데요. 당신 나라에서는 상과 벌이 같은 겁니까?"

왕이 존스와 이런 대화를 나누고 있을 때, 헛간에서 갑작스런 소동이 벌어졌다. 그 사연은 이랬다. 집시들의 친절한 접대에 걱정이 차츰 사라진 파트리지는 그들의 권유로 음식을 실컷 먹었을 뿐 아니라 술도 양껏 마셨다. 술을 마실수록 공포심이 옅어지다 마침내 완전히 사라졌으며, 그 자리에 아주 기분 좋은 감정이 대신 들어서게 되었다.

이때 미모보다는 재치 때문에 눈에 띄는 한 젊은 여자 집시가 운세를 봐주겠다며 이 순진한 사나이를 옆으로 꾀어냈다. 적당한 피로감 뒤에 과도한 욕망을 불타게 하는 독주 때문이었는지, 집시 여인이 여자로서의 품위와 정숙함을 벗어던지고 노골적으로 젊은 파트리지를 유혹했기 때문이었는지는 모르겠다. 어쨌든 그들이 헛간 후미진 곳에 단둘이 있는 현장이 집시 여인의 남편에게 아주 부적절한 방식으로 발각되었다. 아마도 질투심에 아내를 예의 주시하다가 이곳까지 미행해온 남편이 아내가 멋진 남자 품에 안겨 있는 것을 본 것이다.

존스가 무척 당황한 가운데 파트리지가 왕 앞에 끌려 나왔다. 왕은 죄상과 죄인의 변명을 들었다. 변명은 그야말로 궁색하기 짝이 없었다. 자기에게 불리한 명백한 증거가 있었기 때문에 횡설수설하느라 거의 아무 말도 하지 못한 것이다. 왕이 존스를 돌아보며 말했다. "당신도 다 들으셨죠? 당신의 하인에게 어떤 벌이 합당하다고 생각하십니까?"

존스는 이런 일이 벌어져서 죄송하며, 남편에게 최대한 보상을 하도록 파트리지에게 이르겠다고 대답했다. 당장은 가진 돈이 얼마 없다고 말하며, 주머니에서 1기니를 꺼내어 사나이에게 내밀었다. 남자가 즉시 "5기니 이하로 주실 생각은 일체 마시길 바란다"고 말했다.

몇 차례 언쟁이 오간 끝에 보상액은 2기니로 줄어들었다. 파트리지와 그 부인을 완전히 용서해준다는 조건으로 존스가 돈을 막 건네려 할 때였다. 왕이 존스의 손을 저지하며 증인에게 "죄인들을 발견한 게 언제였느냐"고 물었다. 증인은 "부인이 이방인에게 처음 말을 건넨 순간부터 남편이 그녀의 행동을 감시해달라고 부탁했으며, 그때부터 죄가 저질러지기까지 그녀를 단한 순간도 놓치지 않고 지켜봤다"고 대답했다. 왕이 "그동안 남편도 함께 숨어 있었느냐"고 묻자, 증인은 그렇다고 대답했다.

이집트인 집시 왕이 남편에게 말했다. "아내의 명예를 돈을 받고 파는 파렴치한 집시가 있다니 유감이다. 네가 아내를 사랑한다면, 아내가 부정을 저지르도록 내버려둔 뒤 현장을 급습하는 짓은 하지 않았을 것이다. 그런 일이 일어나지 않도록 미리 수를 썼겠지. 짐은 너에게 한 푼도 받지 말 것을 명하노라. 너는 상이 아니라 벌을 받아 마땅한 인간이다. 너에게 수치스러운 집시로서 한 달 동안 이마에 뿔 두 개를 달고 다닐 것을 명하노라. 그동안 네아내는 창녀라고 불리며 손가락질을 받을 것이다. 너도 파렴치한 집시이지만, 네 아내도 너 못지않게 뻔뻔스런 창녀이기 때문이다."

집시들은 즉시 판결을 이행했다. 존스와 파트리지와 왕만이 남았다.

존스가 판결의 공정함을 높이 칭찬했다. 왕이 존스를 돌아보며 말했다. "놀라셨죠? 우리에게 좋은 인상을 품고 계시진 않았을 테니까요. 하찮은 도둑놈들이라고만 생각하셨을 테죠."

"솔직히 말씀드리죠. 지금껏 집시들에 대해, 당신들이 들었어야 마땅한 좋은 평판을 들은 적이 없습니다."

"당신들과 우리의 차이가 뭔지 말씀드리겠소. 우리 집시들은 당신들을 강탈하지만, 당신들은 서로서로 강탈한다는 것이오."

존스는 그와 같은 지배자 밑에서 사는 백성들은 행복할 거라고 매우 진지하게 칭송했다.

진정으로 그들은 완벽하리만치 행복해 보였다. 누군가 독재 권력을 옹호하는 사람이 있다면, 앞으로 이들 집시를 예로 들며 독재 체제야말로 다른 통치 체제보다 월등한 장점을 지녔다고 주장하지 않을까 걱정이 될 정도였다.

우리가 이런 말을 하는 것이 의외일는지 모르겠지만, 한 가지 인정하고 넘어갈 점이 있다. 어떤 통치 체제도 독재 체제만큼 완벽한 영역에는 도달할 수 없으며, 사회에 그만한 이득을 가져다줄 수 없다는 것이다. 이제껏 알려진 대다수 국가가 단일 지배자의 통치 아래 있었을 때 인류는 가장 행복했으며, 이 상태는 5대에 걸친 로마의 치세 기간*² 동안 이어졌다. 이 시기야말로 진정한 황금시대였다. 또한 시인들이 상상하는 따뜻한 시대를 제외한다면, 인류가 에덴동산에서 쫓겨난 이래 오늘날에 이르기까지 역사상 존재했던 유일한 황금시대였다.

사실 절대 군주 체제에 분명히 반대할 수 있는 근거는 내가 아는 한 하나밖에 없다. 절대 군주 자리에 앉을 적임자를 찾아내는 일이 너무나도 어렵다

---

*2 네르바, 트라야누스, 아드리아누스, 두 명의 안토니우스.

는 것이 그 훌륭한 체제의 유일한 결점이라는 것이다. 역사를 통해서 볼 때, 절대 군주는 매우 까다로운 세 가지 성질을 반드시 갖추어야 하기 때문이다. 첫째는 군주로서 가질 수 있는 최대 권력에 만족할 줄 아는 절제력이고, 둘째는 자신의 행복을 자각할 줄 아는 지혜이다. 셋째는 타인의 행복이 자신의 행복과 양립할 뿐만 아니라 자신의 행복에 기여할 때, 그 타인의 행복을 헤아려줄 줄 아는 선량함이다.

절대 군주가 이러한 보기 드문 미덕을 모두 갖추었을 때 사회에 커다란 이익을 가져다줌을 인정한다면, 반대로 절대 권력이 이 자질들을 전혀 갖추지 못한 자의 손에 넘어갔을 때 크나큰 해악이 초래된다는 것에는 반론의 여지가 없을 것 같다.

간단히 말해 절대 권력에는 행복도 재앙도 수반할 수 있으며, 우리의 종교는 그 두 가지를 숙고하게 해준다. 천국과 지옥의 심상은 이 두 가지를 우리 눈앞에 생생하게 보여준다. 지옥의 왕이 갖는 권력은 본디 천국을 다스리는 전능한 신에게서 받은 것 외에 있을 수 없다. 그러나 성경을 보면 지옥을 지배하는 마왕에게 절대 권력이 있음은 명백하며, 이 절대 권력은 하늘에서 부여받은 유일한 권한이다. 그러므로 지상에 있는 폭군들에게 신권을 요구할 자격이 있다면, 본디 하느님이 저승의 왕에게 넘겨준 것을 다시 넘겨받은 것이라고 보아야 한다. 따라서 이러한 이차적 권리 위양은 직접 악마의 손으로 이루어졌다고 보아야 하며, 그렇다면 이들 폭군에게는 명백히 악마의 낙인이 찍혀 있는 셈이다.

결론은 이렇다. 일반적으로 인간은 해악을 끼치기 위해서만 권력을 희망하며, 권력을 얻고서 그 말고 다른 목적으로 그것을 사용한 예는 역사상 없었다. 굳이 변화를 시도하려는 것은 어리석기까지 하다. 그나마 우리에게 희망을 품게 하는 것은 우리를 벌벌 떨게 한 천여 건의 사례 가운데 두세 가지가 고작이다. 냉정하고 무관심한 법이 초래하는 얼마간의 불편을 감수하는 편이, 언제 미쳐 날뛸지 모르는 군주의 귀에 호소하여 그 불편을 없애겠다고 나서는 편보다 훨씬 현명한 일일 것이다.

앞서 집시의 예도 그렇다. 그들이 그러한 통치 체제에서 오랫동안 행복하게 지낸 것은 사실이나, 그것은 유력한 논거가 되지 못한다. 그들에게는 다른 민족과 달리 중요한 특질이 있으며, 그들의 행복은 전적으로 그 한 가지 특질에서 비롯한 것이기 때문이다. 즉 그들에게는 비뚤어진 명예심이라는 것이 없으며, 수치심을 세상에서 가장 가혹한 형벌로 보고 있다는 사실이다.

13
존스와 파트리지의 대화

우리는 사악하고 뻔뻔스러운 성직자들이 설파하는 가장 해로운 이론에 우리의 이야기가 이용되는 것을 막기 위해 앞장 끝 부분에 기다란 곁가지를 붙이고 말았다. 자유를 사랑하는 정직한 독자분들이시라면 그 긴 여담을 용서해주시리라 믿는다.

이제부터 우리는 존스 군과 함께 길을 서두르겠다. 폭풍우가 멈추자, 그는 집시 왕의 정중한 대접과 친절한 환대에 여러 차례 감사를 표한 뒤 그와 헤어져 코번트리로 떠났다. 코번트리까지 그를 안내해주라는 명령을 받고 집시 하나가 동행했다(길이 아직 어두웠기 때문이다).

길을 잃어버렸던 까닭에 존스는 6마일이 아니라 12마일을 여행해야 했다. 게다가 그 길은 산파를 부르러 갈 때였더라도 걸음을 서두를 수 없을 것만 같은 아주 험한 길이었다. 일행은 12시가 다 되어서야 코번트리에 도착했다. 그 뒤 2시가 지날 때까지 다시 안장에 오를 수가 없었다. 역마를 구하기가 쉽지 않았기 때문이다. 한편 마부와 안내인 소년은 그의 절반만큼도 급하지가 않았으며, 오히려 파트리지의 태평한 기질을 흉내 내려고 했다. 잠이라는 자양분을 빼앗겼던 파트리지는 모든 기회를 동원하여 그것을 대체할 다른 자양분들을 찾았다. 따라서 여관에 도착했을 때는 세상없이 기뻐하더니, 여관을 다시 떠나게 되자 아주 못마땅해했다.

존스는 부랴부랴 길을 재촉했다. 우리도 우리의 관습과 롱기누스가 정한 규칙을 지켜 부지런히 따라가 보겠다. 그는 코번트리에서 대번트리로, 대번트리에서 스트랫퍼드로, 스트랫퍼드에서 던스터블로 이동했다. 던스터블에 도착한 것은 이튿날 정오를 조금 지나서였다. 소피아가 그곳을 떠난 지 몇 시간이 되지 않은 시각이었다. 대장장이가 그가 타고 갈 말의 편자를 꼼꼼히 박는 동안, 그는 원했던 것보다 오래 그곳에 머물러야 했지만, 소피아가 세인트올번스를 출발하기 전에 그녀를 따라잡을 수 있으리라 확신했다. 그 마을에서 그 귀족이 식사를 하리라고 그럴듯한 결론을 내렸던 것이다.

이 추리가 맞았더라면 그는 틀림없이 앞서 말한 마을에서 그의 천사를 따라잡을 수 있었을 것이다. 그러나 애석하게도 그 귀족은 런던에 있는 자택에 식사 준비를 지시했으며, 제시간에 도착하기 위해 세인트올번스에서 바꿔 탈 말들까지 주문해 놓은 상태였다. 따라서 그곳에 도착한 존스는 소피아 일행을 태운 육두 마차가 두 시간 전에 떠났다는 말을 들었다.

갈아탈 말도 없었지만, 준비됐다 하더라도 런던에 도착하기 전에 마차를 따라잡기란 불가능해 보였다. 파트리지는 지금이야말로 그의 친구가 완전히 잊은 것 같은 한 가지 문제를 떠올릴 좋은 기회라고 생각했다. 존스가 소피아와 헤어져 여관으로 돌아온 안내인을 처음으로 만났던 그 술집을 떠난 뒤에 달걀 반숙 한 개밖에 먹지 않았다는 사실을 말씀드리면 독자 여러분께서도 그 문제가 무엇인지 짐작하시리라. 집시들과 함께 있었을 때는 머리의 양식만 먹었던 것이다.

여관 주인은 파트리지의 의견에 전적으로 찬성했다. 파트리지가 그의 친구에게 이곳에서 식사하고 가자는 것을 듣자마자 주인이 그 말을 거들고 나섰다. 당장 말을 준비하겠노라고 했던 방금 전 약속을 뒤집고, 식사 준비에 그리 긴 시간은 걸리지 않는다고 말했다. 풀밭에서 말들을 데려와 먹이를 주고 여행 준비를 마치는 것보다 식사가 먼저 나올 것이라고 장담했다.

특히 여관 주인의 이 마지막 주장 때문에 마침내 존스는 설득되었다. 커다란 양고기가 불에 올려졌다. 요리가 준비되는 동안, 친구 또는 주인과 한 방을 쓰도록 허락받은 파트리지가 장광설을 늘어놓았다.

"젊은 숙녀분을 차지할 자격이 있는 남자가 있다고 한다면, 도련님이야말로 웨스턴 아가씨를 차지할 자격이 있습니다. 도련님처럼 아무것도 드시지 않고 사랑만으로 살 수 있다면 대체 얼마나 많은 사랑을 먹어야 할까요? 지난 24시간 동안 저는 도련님보다 서른 배는 더 먹었지만 그래도 배가 고파 죽을 지경입니다. 여행만큼 사람을 허기지게 하는 일은 없거든요. 특히 이렇게 춥고 을씨년스러운 날씨에는 말이죠. 그런데도 도련님께서 쌩쌩하고 기운 넘쳐 보이는 것은 어찌된 영문인지 모르겠습니다. 도련님은 사랑을 먹고 사시는 게 틀림없어요."

존스가 대답했다. "아주 영양가 있는 음식이기도 하죠. 하지만 운명의 여신이 어제 내게 최고로 진귀한 음식을 보내주셨잖아요? 이 소중한 수첩을 얻었는데, 내가 겨우 24시간도 못 버티리라 생각한 거예요?"

"그런 거였군요! 그 수첩 안에는 몇 번이라도 맛난 음식을 사먹을 수 있는 돈이 들어 있으니까요. 시기적절한 때에 행운의 여신이 당장 쓸 돈을 보내주신 셈이군요. 도련님 주머니도 슬슬 바닥을 보일 때니까요."

"무슨 소리예요? 그것이 웨스턴 양의 돈이 아니라 다른 사람 돈이라 하더라도 날 그렇게 부정직한 사람으로 생각하지 말길 바라요."

파트리지가 대답했다. "부정직하다니요! 제가 어찌 감히 도련님의 명예를 모욕한단 말입니까. 당장 쓸 돈을 조금 빌리는 게 어디가 부정직하다는 겁니까. 나중에 아가씨께 갚을 게 분명한데요. 물론 저도 도련님께 사정이 되는 대로 그 돈을 갚으라고 말씀드릴 생각이었습니다. 어쨌든 필요할 때 좀 빌려 쓰는 게 뭐가 나쁩니까. 가난한 사람의 돈이라면 모르겠지만, 그런 부잣집 아가씨가 돈에 궁할 리는 없잖습니까. 더구나 지금은 귀족과 함께 계시고요. 아가씨께서 필요하신 거라면 뭐든 그분께서 마련해주시지 않겠어요? 그리고 아가씨께서도 그 돈의 일부라면 몰라도 전액을 되돌려 받으리라 기대하시진 않을 겁니다. 그러니까 저라면 아가씨께 일부만 드리겠습니다. 애초에 제 몫을 떼내기 전에는, 돈을 주웠다는 얘기를 절대로 하지 않을 겁니다. 런던은 돈 없이 살기에 최악의 장소라고 들었거든요. 그 돈의 임자가 누군지 몰랐더라면, 저는 그걸 악마가 떨어뜨린 돈이라고 생각하고 무서워서 쓰지 못했을 겁니다. 하지만 도련님께선 그렇지 않다는 걸 알고 계시고, 또 정당한 방법으로 손에 넣으셨습니다. 돈이 가장 절실한 때에 모조리 돌려준다는 것은 행운의 여신을 모욕하는 일입니다. 여신께서 또 그런 행운을 주시리라고 생각하면 큰 오산이에요. Fortuna nunquam perpetuo est bona(행운은 늘 찾아오는 것이 아니거든요). 물론 제가 뭐라고 하건 도련님께서 좋으실 대로 하십시오. 하지만 저 같으면 교수형을 당하는 한이 있더라도 돈 얘긴 절대로 입 밖에 내지 않겠습니다."

존스가 소리쳤다. "내가 보기에 교수형은 non longe alienum à Scoevoloe studiis(스카이볼라의 학문과 그리 멀지 않은 문제)예요."

파트리지가 말했다. "'alienus'*³라고 말씀하셔야죠. 저도 그 구절을 기억합니다. 'communis, alienus, immunis, variis casibus serviunt(communis, alienus, immunis는 여러 가지 격을 취한다)'라는 항목에서 나온 예문이었죠, 아마."

존스가 큰 소리로 말했다. "기억은 할지 몰라도 의미는 모르나보군요. 쉽게 말하자면 이거예요. 남의 물건을 주워 함부로 가로채는 사람은 도둑놈과 마찬가지로 in foro conscientioe(양심의 법정)에서 교수형감이라는 거죠. 이 수표는 내 천사의 것이고, 한때 그녀가 소중히 지니고 있던 거예요. 무슨 일이 있어도 다른 사람 손에 넘기지 않을 겁니다. 내가 당신처럼 허기지고, 먹을 것 외에 그 맹렬한 식욕을 채울 수단이 없다 하더라도 죽기 전에 난 이 돈을 돌려줄 겁니다. 하지만 그러지 못한다 하더라도, 영원히 날 불쾌하게 할 생각이 아니라면, 뻔뻔스럽게 그런 혐오스럽고 비열한 얘기를 꺼내어 나를 화나게 만드는 일은 하지 않았으면 좋겠군요."

"그렇게 생각했다면 감히 입 밖에 냈겠습니까! 저도 누구 못지않게 부도덕한 짓을 경멸합니다. 어쨌든 도련님 말씀이 옳을지 모르겠군요. 하여튼 이토록 오래 살고 그토록 오래 학교 선생을 했으면서 제가 fas et nefas(옳은 일과 그른 일)도 구별하지 못할 줄은 몰랐습니다. 하지만 인간은 한평생을 배우며 사는 존재죠. 대단한 학자였던 제 옛 스승님이 늘 말씀하셨죠. 'Polly matete cry town is my daskalon(학생이 자기 선생보다 똑똑하다)'라고요. 영국식으로 말하자면, 때로는 어린아이가 자기 할머니에게 달걀 빨아먹는 법을 가르친다는 거죠. 이 나이에 초등 문법을 배우다니, 나도 참 훌륭한 인생을 산 셈이네요. 도련님도 제 나이가 되면 생각이 바뀔 겁니다. 저도 스물한두 살 애송이였을 때는 제가 똑똑한 줄 알았어요. 저는 늘 alienus라고 가르쳤었고, 전에 절 가르치셨던 선생님께서도 그러셨지요."

존스가 파트리지 때문에 화를 내는 일도, 파트리지가 발끈하여 존스에 대한 존경심을 잊어버리는 일도 그리 많지 않았다. 하지만 공교롭게도 지금은 둘 다 그런 상황이었다. 앞서 밝힌 대로 파트리지는 자신의 학식을 공격받고 가만히 있는 사람이 아니었으며, 존스도 파트리지의 장광설 가운데 몇몇 부분이 거슬렸다. 마침내 경멸감에 가득 찬 눈으로(평소와 다르게) 파트리지를 쳐다보며 존스가 말했다. "파트리지, 당신이 어리석은 꽁생원인 건 알았지만, 악당처럼은 굴지 않았으면 좋겠네요. 악당이라는 게 확실하다면, 이

＊3 중성 어미 '-um'을 남성 어미 '-us'라고 정정한 것.

이상 날 따라오는 건 거절하겠어요."

이 현명한 교육가는 자신이 이미 분풀이를 했다는 데에 만족했으므로, 속된 말로 즉시 뿔들을 집어넣었다. 신경을 거슬리게 해서 죄송하지만 악의는 없었다고 말하고 "nemo omnibus horis sapit(늘 현명한 사람은 없다)"고 덧붙였다.

존스는 쉽게 흥분하는 단점이 있었지만, 결코 냉정한 사람은 아니었다. 그에게 호감을 지니고 있는 사람들도 그가 쉽게 끓어오른다는 점은 분명히 인정하겠지만, 동시에 그의 적들도 그가 또한 쉽게 화를 가라앉힌다는 점을 분명히 인정할 것이다. 바다가 폭풍우가 한창 몰아칠 때보다 물러간 다음에 더욱 거세게 넘실대는 것과는 전혀 다르다고 할 수 있었다. 존스는 즉시 파트리지의 항복을 받아들이고 악수를 나누었다. 호의에 가득 찬 표정으로 따뜻한 말들을 건네는 동시에 스스로를 통렬하게 비난했다. 물론 우리의 선량하신 독자 여러분 가운데는 더 격렬하게 그를 비난한 분도 적지 않으리라.

파트리지는 크게 안심했다. 존스를 화나게 했다는 걱정도 금세 사라졌고, 존스가 자신의 잘못을 인정함으로써 그의 자존심도 완전히 회복되었기 때문이다. 존스가 한 발 물러선 것을 즉시 자신이 가장 거슬렸던 부분과 연결시켜 중얼거리듯 다시 한 번 말했다. "어떤 사항에서는 분명히 도련님 지식이 저보다 한 수 위입니다. 하지만 문법만큼은 살아 있는 어느 누구에게도 뒤지지 않습니다. 그것만큼은 자유자재로 구사할 수 있다고 자부합니다."

지금 이 가엾은 사나이가 느끼는 만족감에 무언가 더할 수 있는 게 있다면, 바로 그 순간 식탁에 차려진 김이 모락모락 나는 최상급 양고기 어깨살 요리였다. 두 사람은 그 요리를 배터지게 먹고서 다시 말을 타고 런던을 향해 출발했다.

14
세인트올번스를 떠나 여행하던 존스에게 일어난 사건

바넷을 지나 2마일 가량 가자 땅거미가 내리기 시작했다. 그때 초라한 말을 탄 점잖게 생긴 사나이가 존스에게 다가와, 런던으로 가는 길이냐고 물었다. 존스가 그렇다고 대답하자 신사가 말했다. "저와 함께 가주신다면 정말로 고맙겠습니다. 시간도 늦은 데다 초행길이어서요." 존스는 기꺼이 승낙했다. 그들은 이런 때 으레 나누는 대화를 나누며 함께 여행길에 올랐다.

이런 대화에서 가장 주된 화제는 노상강도이다. 낯선 사나이는 그것이 가장 걱정스럽다고 말했다. 그러나 존스는 자신은 잃을 게 없어서 그다지 걱정스럽지 않다고 대답했다. 파트리지가 그새를 못 참고 끼어들었다. "잃을 게 없다고 말씀하셨지만, 제가 도련님처럼 주머니에 100파운드 수표를 가지고 있다가 강도에게 빼앗긴다면 정말 아까울 겁니다. 하지만 전 지금처럼 든든했던 적이 없어요. 이쪽은 네 명이니까요. 네 명이 힘을 합치면, 영국에서 가장 악랄한 놈이라도 강도짓을 할 순 없을 겁니다. 총을 가지고 있다 하더라도 우리 가운데 한 명밖에 죽일 수가 없으니까요. 게다가 사람은 딱 한 번밖에 죽지 않아요. 딱 한 번만 죽으면 되니 얼마나 다행입니까."

수적 우세는 모든 근대 국가에 찬란한 영광을 누리게 해주었다. 그런데 지금 파트리지가 대단한 용기를 보이는 데에는 이 수적 우세 말고도 다른 이유가 있었다. 즉 술의 힘을 전적으로 빌린 것이다.

하이게이트까지 1마일쯤 남은 지점이었다. 갑자기 이 낯선 남자가 존스 쪽으로 돌아서서 총을 들이대더니, 조금 전 파트리지가 말한 수표를 내놓으라고 말했다.

존스는 예기치 않은 이 요구에 처음에는 다소 놀랐으나 이내 냉정을 되찾았다. 주머니에 있는 돈은 줄 수 없다고 말하고, 대신 3기니를 꺼내어 건네려고 했다. 그러나 상대방은 그것으로는 불충분하다며 욕설을 내뱉었다. 존스는 차가운 어조로 대단히 유감이라고 대답하며 돈을 도로 주머니에 넣었다.

강도는 당장 수표를 내놓지 않으면 쏴 버리겠다고 위협하며 존스의 가슴께에 총을 갖다 댔다. 존스는 즉시 사나이의 손을 낚아채어 총구를 옆으로 치웠다. 사나이의 손은 총을 제대로 쥐지도 못할 만큼 부들부들 떨리고 있었다. 뒤이어 격투가 벌어졌다. 존스는 상대방의 손에서 총을 잡아챘다. 두 사람은 뒤엉켜 말에서 굴러 떨어졌다. 강도가 밑에 깔리고, 존스가 그 위에 올라탐으로써 승리를 거머쥐었다.

가엾은 사나이는 승리자에게 자비를 구걸했다. 사실 그는 완력에서 존스의 적수가 못 되었던 것이다. "쏠 생각은 털끝만큼도 없었습니다. 보십시오. 실은 총알도 장전되어 있지 않습니다. 태어나서 처음으로 시도한 강도질입니다. 가난에 쪼들려 어쩔 수 없이 그런 겁니다."

이때 150야드쯤 떨어진 곳에서는 또 다른 남자가 땅바닥에 엎어져 강도보다 큰 목소리로 자비를 외쳐대고 있었다. 파트리지였다. 그는 격투 현장에서 도망치려다 말에서 내동댕이쳐진 뒤, 감히 위를 올려다보지도 못하고 땅바닥에 얼굴을 처박은 채 납작 엎드려, 언제 총에 맞을까 벌벌 떨고 있었다.

그 자세로 엎어져 있는데, 자기 말에만 정신이 팔려 있던 안내인이 발버둥치는 말을 겨우 진정시키고 파트리지 옆으로 다가와, 주인이 노상강도를 물리쳤노라고 알려주었다.

이 소식을 듣고 파트리지가 벌떡 일어나 현장으로 달려왔다. 그곳에서는 존스가 손에 칼을 빼들고 가엾은 사나이를 감시하고 있었다. 파트리지가 그 광경을 보자마자 소리 질렀다. "도련님, 그 강도 놈을 죽여 버리세요. 칼로 몸통을 찔러 버리세요. 당장 죽여 버려요."

그러나 다행스럽게도 가엾은 강도를 제압한 사람은 좀 더 자비로웠다. 총을 살펴보고, 정말로 총알이 들어 있지 않다는 사실을 알자 존스는 파트리지가 오기 전에 남자가 말한 내용을 모두 믿기로 했다. 즉 강도짓은 처음이며 가난에 쪼들려 어쩔 수 없이 그랬다는 것, 굶주린 아이가 다섯이나 되며 아내는 여섯째를 가져 누워 있다는 것, 상상도 못할 정도로 찢어지게 가난하다는 것이었다. 노상강도는 자신의 말에 한 치의 거짓도 없다고 강력하게 주장했다. 2마일도 떨어지지 않은 곳에 있는 자기 집에 가 보면 사실을 확인할 수 있을 거라고 말했다. "어떤 호의를 기대해서 그러는 건 아닙니다. 그저 제 말이 거짓이 아니라는 것을 알아주셨으면 합니다."

처음에 존스는 그의 말을 믿어주는 척하며, 그를 따라가 확인한 뒤 사실 여부에 따라 그의 운명이 결정될 거라고 공언했다. 그런데 그 말을 듣자마자 불쌍한 사나이가 다급하게 서두르는 모습을 보고는 그 말에 거짓이 없음을 확신하게 되었다. 더 나아가 동정심마저 품었다. 강도에게 텅 빈 총을 돌려주고, 가난에서 벗어날 수 있는 좀 더 정직한 방법을 생각하라고 충고한 뒤, 당장 가족을 부양할 돈으로 2기니를 건네준 다음 덧붙였다. "더 갖고 있다면 좋았겠지만, 아까 말한 100파운드는 내 것이 아닙니다."

이 태도에 대해 독자 여러분의 의견은 두 가지로 갈릴 것이다. 어떤 분들은 보기 드문 인도주의적 행동이라고 갈채를 보내실 것이고, 좀 더 냉소적인 분들이라면 국민의 의무인 신상필벌 정신을 무시한 처사라고 생각하실 것이다. 파트리지의 관점은 명백히 후자 쪽이었다. 그는 존스의 처사에 심한 불만을 드러내며, 오래된 속담을 인용하여 "런던에 도착하기 전에 이놈에게 다시 강도를 당한다 해도 놀라지 않을 것"이라고 말했다.

노상강도는 감사의 마음을 표현하느라 정신이 없었다. 그는 실제로 눈물까지 흘렸다. 아니, 흘리는 척했는지도 모른다. 즉시 집으로 돌아가겠으며, 다시는 그런 범행을 저지르지 않겠노라 맹세했다. 그가 이 맹세를 지켰는지 아닌지는 나중에 밝혀질 것이다.

우리의 여행자들은 다시 말에 올라 별다른 사건 없이 런던에 도착했다. 도중에 이 사건에 대해 존스와 파트리지 사이에 유쾌한 대화가 오갔다. 존스는 피할 수 없는 가난 때문에 불법적인 행로를 걷다 치욕스런 죽음을 맞이하는 노상강도들에게 크나큰 연민을 표명했다. "잔인하거나 모욕적인 죄는 결코 저지르지 않고 단순히 강도질만 하는 사람을 말하는 겁니다. 바로 이 점이 우리나라 강도들과 다른 나라 강도들의 차이점이죠. 그건 우리나라의 명예라 해도 좋을 겁니다. 다른 나라에서는 강도질에 살인이 반드시 따르거든요."

파트리지가 대답했다. "물론 목숨을 빼앗기보다 돈을 빼앗는 편이 낫죠. 하지만 정직한 사람이 볼일을 보러 다니면 반드시 그런 악당을 만난대서야 될 말입니까? 정직한 사람이 한 명이라도 피해를 당하기보다, 그런 악당을 모조리 교수형에 처해서 쓸어버리는 편이 낫지요. 제 손에 그런 놈들의 피를 묻힌대도 상관없습니다. 하지만 법률로 교수형에 처하는 편이 가장 좋은 방법이지요. 어떤 놈이건 내가 주지도 않았는데 내게서 단돈 6펜스라도 빼앗아갈 권리가 어디 있단 말입니까? 그런 놈이 어디가 정직하다는 겁니까?"

존스가 소리쳤다. "물론 없고말고요. 남의 마구간에서 말을 훔치거나, 주운 돈의 임자가 누군지 알면서 자기가 써 버리겠다고 하는 사람도 마찬가지고요."

이 비아냥거림에 파트리지는 입을 다물었다. 이다음에 입을 연 것은 존스가 그의 겁을 조롱했을 때였다. 그는 무기가 공평하지 않았다고 변명하며 이렇게 말했다. "무기를 들지 않은 사람이 천 명이 있다한들 총 한 자루엔 못 당하죠. 물론 한 발에 한 명밖에 죽이지 못하지만, 그 사람이 내가 아니라고 누가 장담할 수 있겠습니까?"

제13권
12일 동안 일어난 일

1
기원문

오소서, 화사하고 사랑스러운 명예의 신이시여. 고동치는 제 가슴에 영감을 불어넣어 주소서. 수백만 백성의 탄식을 돛에 싣고 넘실대는 피와 눈물의 바닷길을 건너 영광의 저편으로 가는 영웅에게 힘을 빌려주는 신을 부르는 것이 아닙니다. 제가 부르는 신은 행복한 요정 므네모시네가 처음 헤브루스 강가에서 낳았던 그 어여쁘고 상냥한 아가씨입니다. 마에오니아가 가르쳤고, 만투아가 반했으며, 영국의 자랑스러운 수도를 굽어보는 아름다운 언덕에서 달콤한 리라 연주로 서사시를 노래하면서 총아 밀턴과 함께 앉아 있는 그대여. 텅 빈 제 공상을 매혹적인 미래의 희망으로 채워주소서. 후세에 어떤 아리따운 아가씨가, 소피아라는 허구의 이름으로 등장하는 인물에게서, 아직 그 할머니도 태어나지 않았던 먼 옛날 나의 샬럿[1]이 지녔었던 참된 미덕을 읽고 공감하여 가슴 벅찬 한숨을 내쉬게 되리라고 예언하소서. 후세의 칭찬을 예견하고, 즐기고, 일용할 양식으로 삼는 법을 가르쳐주소서. 지금 제가 앉아 있는 이 작은 방이 더 을씨년스러운 육척 관으로 바뀐다 할지라도, 저를 알지 못하고 본 적도 없는 사람들이, 또 제가 알지 못하고 본 적도 없는 사람들이 제 작품을 계속 읽으리란 것을 엄숙히 선서하시어 저를 위로하소서.

다음으로 그대, 천상의 옷도 환상의 옷도 걸치지 않고, 잘 양념된 쇠고기와 자두가 듬뿍 들어간 푸딩을 사랑하는 포동포동한 여인이여. 그대를 부릅

---

*1 소피아가 작가의 죽은 부인 샬럿을 모델로 했음은 이미 밝힌 바 있다(제4권 제2장).

니다. 그대는 네덜란드 어느 운하에 떠 있는 예인선에서 암스테르담의 활기
찬 상인의 씨앗을 받은 살찐 '겔트*² 부인'에게서 태어났으며, 그러브 거리*³
에 있는 학교에서 학문의 기초를 빨아먹고 컸습니다. 좀 더 성숙한 나이에
이르자, 이곳에서 시란 후견인의 상상력이 아니라 자부심에 아첨하는 것임
을 배웠습니다. 희극은 그대에게서 근엄하고 엄숙한 분위기를 배웠고, 비극
은 요란한 폭풍우를 몰고 와, 공포에 젖은 극장을 천둥소리로 괴롭혔습니다.
지친 그대의 팔다리를 잠재우기 위해 '역사'라는 시의원은 지루한 이야기를
들려주었고, 그대를 깨우기 위해 '연애소설'이라는 신사는 놀라운 솜씨들을
발휘했습니다. 살찐 출판업자들도 그대의 영향력에 복종합니다. 오랫동안
책장 먼지에 파묻혀 그동안 전혀 읽히지 않던 육중한 2절판 책이 그대의 충
고에 따라 조각조각 분리되어 온 나라를 재빠르게 헤집고 다닙니다. 그대의
가르침을 받아 어떤 책들은 돌팔이 의사처럼 기적을 약속하며 세상 사람들
을 기만하고, 어떤 책들은 멋쟁이로 변신하여 자신의 가치를 금박 입힌 표지
에 내맡깁니다. 그대, 명랑한 물질이시여, 번쩍이는 얼굴로 오소서. 영감을
거둬들이고, 그대의 고혹적인 보상만을 가져오소서. 반짝이고 짤랑대는 돈
더미, 언제든 금화로 변신할 수 있으며 보이지 않는 부를 품고 있는 은행 수
표, 변화무쌍한 자본과 따뜻하고 안락한 저택을 주소서. 마지막으로, 탐욕스
럽게 제 형제를 젖꼭지에서 밀쳐내는 자식만 없다면 그 많은 자식을 배불리
먹이기에 충분한 풍만한 어머니의 젖가슴처럼 제 몫을 나누어주소서. 오소
서, 그대여! 제가 그대의 귀중한 보화들을 맛볼 수 없다면, 적어도 그 보화
들을 자손에게 물려주는 황홀한 상상만이라도 주시어 제 가슴을 뜨겁게 하
소서. 제 노고의 산물이 아직 말도 어눌한 어린아이들의 순수한 놀이를 방해
하곤 하지만, 그대의 자비로 언젠가는 그들에게 충분한 보상이 있으리라 말
씀해주소서.

이처럼 야윈 아가씨와 뚱뚱한 물질이라는 어울리지 않는 한 쌍이 제게 작
품을 쓰라고 격려해 주십니다. 다음으로 제 펜을 지도해 주시는 도움을 얻기
위해 누구에게 기원해야 하겠나이까.

먼저, 그대, 하늘이 주신 선물인 '창작 재능'이시여! 그대의 도움 없이는

---

*2 '금전'이라는 뜻.
*3 런던에 있는 지명. 삼류 문인이 많이 살았다.

우리는 공허하게 인간 본성의 흐름에 역행할 뿐입니다. 그대가 풍성하게 씨앗을 뿌리면 예술이 자양분을 공급하여 아름드리나무로 키웁니다. 그대여, 부디 제 손을 잡고 인간 본성의 온갖 미로와 구불거리는 미궁 안에서 저를 이끄소서. 세속의 눈으로 볼 수 없는 신비로운 비밀을 가르쳐주소서. 남들보다 인간을 잘 알 수 있는 방법을 가르쳐주소서. 이는 그대에겐 아주 쉬운 일일 것입니다. 인간의 지성을 흐리는 안개를 거두어주소서. 그 안개 때문에, 사실은 자신을 속이는 것이기에 스스로도 조소의 대상이 됨에도 인간은 남을 속이고서 자신들의 책략을 찬탄하거나 자신들의 간계를 혐오하게 됩니다. 또한 지혜를 가장한 자만심, 풍요로움을 가장한 탐욕, 명예를 가장한 야망 따위의 가식을 벗겨주소서. 총애하는 아리스토파네스, 루치안, 세르반테스, 라블레, 몰리에르, 셰익스피어, 스위프트, 마리보에게 영감을 불어넣어주셨던 그대여! 부디 오셔서 제 펜에 해학을 주소서. 그리하여 사람들로 하여금 다른 사람의 어리석음을 비웃는 착한 심성과 자신의 어리석음을 슬퍼하는 겸손한 심성을 깨닫게 하소서.

다음으로 그대, 진정한 창작 재능에 반드시 수반하는 '인류애'시여. 그대가 지닌 모든 자애로움을 가져다주소서. 그 감정들을 앨런과 리틀턴 두 분께 모두 나눠주신 뒤라면, 부디 그분들의 가슴에서 그것들을 조금이라도 훔쳐다주소서. 그 감정들 없이는 따사로운 인간적인 장면을 채색할 수 없습니다. 고귀하고 사심 없는 우정, 마음을 움직이는 사랑, 자비로움, 뜨거운 보은의 마음, 부드러운 연민, 솔직한 견해 이 모두가 그 감정에서 생겨납니다. 촉촉한 눈에 눈물을, 빛나는 뺨에 핏기를, 가슴에 슬픔과 기쁨과 자비심을 물결치게 하는 선량한 심성이 지닌 강력한 힘도 모두 거기에서 생겨납니다.

그리고 그대, '학문'이시여! (그대의 도움 없이는 창작 재능도 순수함과 정직함을 낳을 수 없습니다!) 저의 펜을 인도해주소서. 맑고 투명하며 온화하게 흘러가는 템스 강이 이튼의 강둑을 씻어주는 곳, 그대가 가장 좋아하는 그 들판에서 소년 시절 저는 그대에게 절을 올렸습니다. 그대의 자작나무 제단 앞에서 진정한 스파르타인 같은 헌신적인 마음으로 저의 피를 그대에게 바쳤습니다. 그러니 그대여, 오랜 세월 쌓아온 그대의 방대하고 다채로운 창고를 열어 풍성한 재물들을 쏟아내소서. 마에오니아 산과 만투바 산의 궤짝들과 그 밖에 그대의 온갖 철학·시·역사가 들어 있는 비밀 궤짝, 그 육중한 뚜껑에 그리스어나 로마어가 새겨져 있는 그 궤짝들을 열어주소서. 그대가 워버턴에게 맡긴 그 궤짝들을 열 열쇠를 잠시 제게 주소서.

끝으로, 현자, 선인, 학자, 신사들과 오랜 교우를 나누고 있는 '경험'이시여, 오소서. 아니, 이들뿐 아니라 아침 예배를 드리는 성직자에서 구치소 집행관에 이르기까지, 야유회를 즐기는 공작부인에서 술집 안주인에 이르기까지 모르는 사람이 없는 그대여. 저마다 다른 사람들의 행동 방식은 그대를 통해서 비로소 알 수 있습니다. 아무리 뛰어난 재능과 방대한 학식을 지녔다 할지라도, 은둔한 현학자들은 끝내 그런 것들에는 문외한입니다.

모두 오소서! 가능하다면 더 많이 오소서. 제가 맡고 있는 이 작업이 너무도 고되고 힘이 듭니다. 그대들의 도움 없이는 저 혼자서 감당하기에 버거운 짐이 될 것입니다. 하지만 그대들이 제 노고에 미소를 지어준다면, 저는 더욱 행복하게 이 작업을 완성하겠노라는 희망을 버리지 않을 것입니다.

2
런던에 도착한 존스 군에게 일어난 일

박식하신 미저반 박사는 자기에게 우편물을 보낼 때는 수취인 주소로 "온 세상 사람이 다 아는 미저반 박사님께"면 충분하다고 늘 말씀하셨다. 그 말에 숨은 뜻은 이 세상에 자신의 이름을 모르는 사람이 없다는 것이다. 이 문제를 꼼꼼하게 따져보면, 위대해짐으로써 얻게 되는 많은 행복 가운데 명성이 무시할 수 없는 부분을 차지한다는 사실을 깨닫게 될 것이다.

앞 장에서 우리도 그렇게 되리라 희망하며 몹시 즐거워했던 행복, 즉 후세에 알려진다는 크나큰 행복은 극소수에게만 주어진다. 시드넘이 말했듯, 천 년 뒤에도 우리 이름이 반복하여 거론되려면 수많은 요소가 필요하다. 그리고 그것들을 모두 갖춘다는 것은 부귀영화 못지않은 하늘의 선물이며, 그것들은 칼이나 펜의 힘을 통해서만 얻을 수 있다. 살아 있는 동안 '누구도 알아보지 못하는 사람'이라는 창피한 오명(참고로 호메로스*4 시대 이미 이런

---

*4 《오디세이아》제2권, 175행 참고.

사례가 있었다)을 피하는 것은 명예나 재산을 정당하게 소유한 사람들이 지니고 있는 부러운 특권이다.

소피아를 런던으로 데려온 아일랜드 귀족이 이미 이 이야기에서 보여준 풍모로 볼 때, 독자 여러분께서는 그가 사는 동네나 거리 이름은 모른다 하더라도 런던에서 그의 저택을 찾기란 매우 쉬운 일이라고 생각하실 것이다. '온 세상 사람이 다 아는' 사람이 틀림없을 것이기 때문이다. 사실 그 집을 찾는 사람이 권문세가를 밥 먹듯 드나드는 상인이었다면 그것은 아주 쉬운 일이었을 것이다. 권문세가의 문은 들어가기는 어려우나 찾기는 쉬운 법이기 때문이다. 그러나 존스와 파트리지는 둘 다 런던이 처음이었다. 게다가 공교롭게도 처음 도착한 곳은 하노버 광장이나 그로스브너 광장*5 같은 곳에 사는 사람들과 거의 교류가 없는 사람들이 사는 구역이었다(즉 그가 들어선 곳은 그레이스 인 거리였다). 때문에 한참을 헤매고 난 뒤에야, 그 행복한 저택들이 있는 지역으로 가는 길을 찾을 수 있었다. 운명의 여신이 너그러운 군자들, 즉 고대 브리튼 족, 색슨 족, 데인 족의 후예들을 하층민들과 분리해 놓은 지역이었다. 이 군자들의 조상들이야말로 좋은 시절에 태어나 많은 훈공을 세우고 얻은 부와 명예를 그 후손들에게 물려준 것이다.

존스는 겨우 이 지상 낙원에 도착했다. 본디대로라면 벌써 그 귀족의 저택을 발견했어야 하지만, 불행하게도 귀족이 아일랜드로 떠나면서 옛 집을 처분하고 새 집으로 이사한 참이었기 때문에 그 화려한 마차의 명성이 이웃에 충분히 빛을 발하지 못하고 있는 상태였다. 시계가 열한 시를 칠 때까지 허탕을 치며 돌아다닌 존스는 그제야 파트리지의 충고를 받아들여서, 그가 처음에 도착한 여관인 홀본의 '불 앤드 게이트'로 돌아왔다. 그곳에서 방 하나를 빌려, 그와 같은 처지에 있는 사람들에게 흔히 찾아오는 종류의 휴식을 즐겼다.

다음 날 아침 일찍 다시 소피아를 찾으러 나섰다. 피곤에 지친 발을 이끌고 한참을 다녔지만 역시 아무 수확도 없었다. 그러나 마침내, 운명의 여신이 마음을 누그러뜨린 것인지, 그를 실망시키려다 이제 힘에 부쳤던 것인지, 그는 영광스럽게도 그 귀족의 저택이 있는 거리로 들어섰고 그 저택을 찾아

---

*5 런던 서쪽에 있는 고급주택가.

내어 가볍게 대문을 두드렸다.

조심스럽게 문을 두드리는 소리를 듣고 대단한 손님이 찾아온 게 아니라고 판단했던 문지기는 존스의 외모를 보고 역시 그렇다고 생각했다. 위아래로 능직 무명옷을 입고, 허리에는 앞서 하사관에게 샀던 무기를 차고 있었다. 칼날은 잘 단련된 강철인지 몰라도, 손잡이는 그저 놋쇠에 지나지 않고 그나마 전혀 빛나지도 않았다. 따라서 존스가 주인과 함께 런던으로 온 젊은 숙녀가 계시느냐고 묻자, 이 사나이는 "그런 숙녀는 안 계신다"고 퉁명스럽게 대답했다. 존스가 주인을 만나고 싶다고 청하자, 오늘 아침은 아무도 만나지 않으실 거라는 대답이 돌아왔다. 더욱 끈질기게 간청하자 문지기가 대답했다. "누구도 집 안에 들이지 말라는 엄명이오. 하지만 이름을 알려주면 나리께 전달해 드리겠소. 언제 다시 한 번 찾아오면 나리를 뵐 수 있을지 알려드리지."

존스가 말했다. "그 젊은 숙녀분께 급한 용무가 있으니 만나지 않고는 돌아갈 수 없습니다."

문지기가 결코 호의적이라고 할 수 없는 목소리와 태도로 말했다. "이 집에 젊은 숙녀가 없으니 못 만나는 게 당연하지. 그렇게 대답을 해도 믿질 않으니, 당신 같이 이상한 사람은 내 생전 처음이오."

나는 베르길리우스가 《아이네이스》 제6권에서 지옥문을 지키는 개 케르베로스를 묘사한 것이 그 시대 고위 인사들 댁 문지기들을 풍자하려는 의도였을 거라고 가끔 생각한다. 적어도 그 묘사는 오늘날 귀족들 댁 문을 지키는 영광을 부여받은 문지기들을 방불케 한다. 문지기실 안에 있는 이 문지기도 우리 안에 있던 케르베로스와 똑같았다. 주인과 만나기 위해서는 먼저 그에게 미끼를 사용해야 한다. 존스도 이 사나이를 그런 관점에서 생각하고, 무녀가 아이네이스를 지옥으로 들여보내기 위해 지옥문 수문장인 개에게 미끼를 던졌다는 구절을 생각해낸 듯했다. 존스가 사람 얼굴을 한 케르베로스에게 뇌물을 건네려는데, 마침 그 말을 엿듣고 있던 한 하인이 냉큼 뛰어나와서 "지금 제안한 그 돈을 자기에게 준다면 그 숙녀분께 바로 안내해 드리겠다"고 말했다. 존스는 즉시 동의했으며, 바로 전날 두 숙녀의 시중을 담당했던 그 하인에게 피츠패트릭 부인의 방으로 곧장 안내되었다.

성공에 거의 가까웠다가 실패하는 일보다 화나는 일은 없다. 피켓 게임에서 한 점 차이로 진 도박꾼은 전혀 이길 가망성이 없던 사람보다 자신의 불운을 열 배는 한탄한다. 복권 추첨도 마찬가지이다. 당첨 번호의 바로 옆 번호를 가진 사람은 다른 낙첨자들보다 자신을 훨씬 불행한 사람이라고 생각한다. 요컨대 이처럼 간발의 차로 행운을 놓치면, 우리를 갖고 장난치며 우리를 희생양 삼아 즐기는 운명의 여신에게 모욕당한 기분이 든다.

이 이교 여신의 장난기를 몇 차례 경험한 바 있는 존스는 지금 또 같은 장난에 감질나는 상황에 부딪치는 불운을 겪었다. 부인 방 앞에 도착한 때가 소피아가 떠난 지 10분 뒤였던 것이다. 그는 피츠패트릭 부인의 몸종을 불러 물었다. 그녀는 찾으시는 숙녀분께서 이미 떠났다는 대답만 할 뿐, 어디로 갔는지는 모른다고 말했다. 뒤이어 그는 피츠패트릭 부인에게도 같은 대답을 전해들었다. 존스를 웨스턴 삼촌이 딸을 추격하기 위해 보낸 사람이라고 착각한 부인이 소피아를 배신하는 몰인정한 짓을 하지 않았던 것이다.

존스는 피츠패트릭 부인을 본 적이 없었지만, 소피아의 사촌 언니 한 명이 그런 이름을 가진 신사와 결혼했다는 얘기는 들은 바가 있었다. 그러나 지금은 마음이 동요된 상태였기 때문에 그 사실이 전혀 떠오르지 않았다. 귀족 집에서부터 그를 안내해온 하인에게서 두 숙녀가 몹시 친하게 서로를 언니 동생으로 불렀다는 사실을 듣고 나서야 예전에 들었던 결혼 이야기가 생각났다. 자신이 만나려는 숙녀가 바로 그 사촌 언니라는 확신이 들자, 조금 전에 전해들은 대답이 더욱 이해가 가지 않았다. 직접 부인을 만나고 싶다고 간곡히 청했지만, 부인은 그런 영광을 주기를 단호히 거부했다.

왕실에 가 본 적이 없었지만, 그곳을 드나드는 대부분의 사람보다 교양 있고 예의 바른 존스는 숙녀에게 무례한 행동을 할 사람이 아니었다. 따라서 단호하게 방문을 거절당하자 일단 물러가기로 하고 몸종에게 "지금이 뵙기에 마땅치 않은 시각이라면 오후에 다시 오겠으니 그때는 만나주셨으면 좋겠다"고 말했다. 출중한 외모에 이 정중한 말까지 더해지자 몸종은 "네, 기대하셔도 좋을 것 같습니다." 감명받아 대답하지 않을 수 없었다. 실제로 나중에 그녀는 그 잘생긴 젊은 신사(존스를 그렇게 불렀다)의 방문을 허락하는 데 도움이 될 만한 내용을 총동원하여 주인마님을 설득했다.

존스는 재빠른 상황 판단으로 소피아가 지금 사촌 언니와 함께 있으면서도 자신을 만나주지 않는 것이며, 그 이유는 업턴에서 일어난 사건 때문에 화가 난 탓이라고 생각했다. 따라서 숙소를 알아보라고 파트리지를 보낸 뒤, 그는 자신의 천사가 숨어 있다고 생각되는 그 집 문을 감시하며 종일 밖에 서 있었다. 그러나 그 집 하인 한 명 말고 문을 나오는 사람은 볼 수 없었다. 저녁이 되자 그는 다시 피츠패트릭 부인을 방문했다. 이번에는 이 착한 숙녀도 마침내 그의 출입을 허락했다.

옷의 힘을 빌려서는 갖출 수도 없고 숨길 수도 없는 타고난 기품이란 것이 있다. 앞서도 암시했듯이, 존스 군은 그런 기품을 두드러지게 지니고 있었다. 그는 부인에게서 얼핏 복장에서 예상되는 것과는 사뭇 다른 대접을 받았다. 그가 먼저 부인에게 적절한 예를 표하자, 부인이 자리에 앉으라고 권했다.

독자 여러분께서는 이때 오간 대화 내용을 시시콜콜 알고 싶지 않으실 것이다. 어쨌든 그 결과는 가엾은 존스의 실패로 끝났다. 피츠패트릭 부인은 곧바로 존스가 소피아를 사랑한다는 사실을 눈치챘다(모든 여성이 이런 일에는 매의 눈을 가지고 있다). 그렇지만 소피아의 너그러운 친구인 자기가 그녀를 배신하고 모든 것을 털어놓아도 좋을 만한 연인은 아니라고 생각했다. 요컨대 그를 소피아가 도망쳐온 블리필 군이라고 생각한 것이다. 올워디 씨 가족에 대해 유도 심문한 결과 의심은 더욱 확실해졌다. 그녀는 소피아의 행방을 모른다고 끝까지 잡아뗐다. 결국 존스는 다음 날 저녁 다시 방문해도 좋다는 허락을 받은 것 말고 아무런 소득도 얻지 못했다.

존스가 떠나자 피츠패트릭 부인은 몸종에게 지금 왔다 간 사람이 블리필 군이 아닐까 하는 의심을 털어놓았다.

몸종이 대답했다. "하지만 마님, 저렇게 잘생긴 분한테서 도망가는 여자가 있으리라고는 생각되지 않는데요. 저분은 존스 도련님이 틀림없어요."

"존스 도련님? 그게 누군데?"

사실 소피아는 사촌 언니와 여러 대화를 나누면서도 존스에 대해서는 한마디도 언급하지 않았었다. 그러나 수다쟁이 하녀 아너는 동료 하녀에게 존스에 대한 모든 사실을 알려 주었고, 그 내용을 지금 이 하녀가 자기 주인에게 이야기한 것이다.

피츠패트릭 부인은 그 이야기를 듣기가 무섭게 몸종의 의견에 동조했다. 그런데 매우 이상하게도, 버림받은 젊은 신사라고 생각했을 때는 느끼지 못했던 매력을 이 남자답고 행복한 연인에게서는 느낄 수 있었다. 부인이 말했다. "베티, 네 말이 옳아. 그분은 정말 잘생겼어. 사촌 동생의 하녀가 네게 수많은 여자가 그를 좋아한다고 말했다지? 무리도 아닌 것 같구나. 사촌 동생이 있는 곳을 알리지 않은 것은 내가 나빴어. 하지만 네 말대로 그가 대단한 난봉꾼이라면, 소피아와 그를 다시 대면시키는 건 생각해볼 일이야. 아버지 허락도 없이 무일푼 난봉꾼이랑 결혼하면 소피아는 파멸할 게 뻔하잖니. 네가 소피아의 하녀에게서 들은 내용이 틀림없다면, 그 남자를 못 만나게 하는 게 자비를 베푸는 길이야. 결혼의 쓰디쓴 불행을 맛본 두 사람을 대면시킨다면 정말로 용서 받기 힘든 죄가 될 거야."

이때 방문객이 찾아와 대화가 중단되었다. 앞서 등장했던 바로 그 귀족이었다. 그런데 이 방문에서 딱히 새롭거나 특별하거나 우리 이야기에 조금이라도 중요한 사건은 일어나지 않았으므로, 이쯤에서 우리도 이 장을 마치기로 하겠다.

3
피츠패트릭 부인의 계획
벨라스턴 부인을 방문한 피츠패트릭 부인

피츠패트릭 부인은 잠자리에 들었지만, 머리는 온통 소피아와 존스 군 생각으로 가득했다. 소피아에게는 지금에서야 알게 된 한 가지 사실 때문에 다소 화가 났다. 그런 생각을 하며 이런저런 상상을 하던 중에 문득 어떤 기발한 계획이 떠올랐다. 자신이 소피아와 존스의 만남을 가로막고, 그녀를 아버지에게 데리고 돌아감으로써 일가족에게 큰 공을 세운다면 웨스턴 삼촌과 고모가 다시 화해할 수 있으리라는 생각이었다.

이들의 화해는 그녀의 숙원 가운데 하나였고, 성공 가능성이 충분해 보였다. 남은 것은 그 계획을 실행에 옮길 적절한 수단을 강구하는 것 말고는 없는 듯했다. 이치를 앞세워 소피아를 설득하는 일은 적절한 방법이라고 생각되지 않았다. 베티가 아녀에게 전해들은 정보로 미루어 보건대, 소피아는 존스를 열렬히 사모하고 있으며, 둘의 결혼을 만류하는 일은 여름 나방에게 불로 뛰어들지 말라고 간청하는 것과 마찬가지라고 생각되었다.

독자 여러분께서 소피아가 벨라스턴 부인과 알게 된 것이 웨스턴 고모 댁에서이며 피츠패트릭 부인도 고모 댁에서 머물며 소피아와 친분을 쌓았다는 사실을 떠올리신다면, 이 부인과 벨라스턴 부인이 아는 사이임을 자연히 짐작하시게 될 것이다. 게다가 이 두 숙녀 모두 벨라스턴 부인과 먼 친척이었다.

한참 궁리한 끝에 그녀는 다음 날 아침 일찍 벨라스턴 부인을 찾아가 소피아 몰래 모든 사실을 털어놓기로 결심했다. 예전 대화를 나눌 때, 이 사려 깊은 부인은 낭만적인 사랑이라든가 신중치 못한 결혼을 조롱하곤 했었다. 존스와 소피아의 결혼에 대해서도 쉽게 자신의 의견에 동조하고, 그것을 막기 위해 응원을 아끼지 않으리라 믿어 의심치 않았다.

그녀는 자신의 결심을 즉시 실행하기로 했다. 이튿날 아침 동이 채 트기도 전에 부랴부랴 옷을 차려입고, 예의에 어긋날 뿐 아니라 방문하기에도 적합하지 않은 때아닌 이른 시간에 벨라스턴 부인 댁을 찾아가 그녀를 만났다. 그 시간에 소피아는 그런 일이 있는 줄은 전혀 모른 채 침대에 누워 있었으나 눈은 말똥말똥 뜬 상태였고, 그 옆에서 아너가 코를 골며 자고 있었다.

피츠패트릭 부인은 이토록 이른 시간에 갑작스럽게 찾아뵈어 죄송하다고 말하며, "매우 중요한 용무가 아니었다면 이런 시간에 폐를 끼치지 않았을 것"이라고 운을 뗐다. 그런 다음 베티에게서 들은 자초지종을 모두 털어놓고, 어젯밤 존스가 자신을 찾아왔다는 이야기도 빼놓지 않았다.

벨라스턴 부인이 미소를 지으며 대꾸했다. "그렇다면 부인도 그 굉장하다는 청년을 본 거군요. 그런데 정말로 그 청년이 그렇게 잘생겼던가요? 지난밤 에토프가 거의 두 시간이나 그 청년 얘기를 들려주었지요. 에토프는 소문만 듣고도 사랑에 빠졌어요."

독자 여러분께서는 이게 무슨 말인지 의아해 하실 것이다. 사실인즉슨, 벨라스턴 부인의 의복 수발 담당 하녀 에토프가 존스 군에 대해 완벽한 정보를 입수하고는 지난밤(오늘 새벽이라는 표현이 옳을는지 모르겠다) 마님이 옷을 벗는 동안 그 내용을 충실하게 전달했던 것이다. 그 때문에 부인은 한 시간 반도 넘게 잠자리에 드는 준비를 해야 했다.

벨라스턴 귀부인은 그 시간에 에토프의 이야기를 즐겨 듣곤 했는데, 존스에 대한 이야기는 특히 귀기울여 들었다. 아너가 굉장한 미남이라고 말했던 것에 에토프가 더욱 과장해서 살을 붙였으므로, 벨라스턴 부인은 존스를 거의 기적에 가까운 미남으로 머릿속에 그리고 있었다.

하녀가 불을 붙인 부인의 호기심은 지금 피츠패트릭 부인의 이야기 때문에 더욱 부풀어 올랐다. 피츠패트릭 부인은 먼저 존스의 출생, 품성, 재산에 대해 비방을 퍼부었지만, 나중에는 그의 외모를 입에 침이 마르도록 칭찬했던 것이다.

자초지종을 들은 벨라스턴 부인이 진지하게 말했다. "과연 아주 중대한 문제로군요. 부인이 하려는 일은 지극히 마땅해요. 그런 훌륭한 아가씨를 지키기 위해 내가 도울 일이 있다면 기쁘겠어요. 나도 그 애를 몹시 아끼거든요."

피츠패트릭 부인이 간절하게 말했다. "당장 삼촌께 편지를 써서, 소피아가 있는 곳을 알리는 것이 최선이라고 생각하시지 않는지요?"

벨라스턴 부인이 잠시 생각한 뒤 말했다. "그건 안 될 것 같네요. 디 웨스턴 양은 자기 오빠를 가리켜 형편없는 무뢰한이라고 말했었죠. 힘들게 그런 무뢰한의 손아귀에서 도망친 딸을 다시 그 수중으로 돌아가게 하는 일에는 동의할 수 없어요. 그자는 자기 아내에게도 극악무도한 짓을 했대요. 여성에게 폭군처럼 군림할 권리가 있다고 생각하는 사람이지요. 폭력에 짓눌린 불행한 여성을 구하는 것이 우리 여성의 의무라고 생각해요. 그러니 우리가 해야 할 일은 소피아가 그 청년을 만나지 못하도록 하는 걸로 충분하다고 봐요. 여기서 지내다 보면 소피아에게도 훌륭한 청년들과 만날 기회가 생길 것이고, 좋은 방향으로 돌아서게 될 거예요."

"하지만 그 청년이 소피아가 있는 곳을 알아낸다면 무슨 수를 써서라도 접근하려고 할 거예요."

"그렇지만 여길 쳐들어오지는 못할 거예요. 물론 소피아가 어디 있는지 정보를 얻어 이 주변에 숨어 기다릴 수는 있겠죠. 그러니까 나도 그가 어떤 사람인지 좀 봐야겠어요. 한번 직접 볼 방법이 없을까요? 내가 모르는 사이에 둘이 여기서 만날 궁리를 하고 있을지도 모르잖아요."

"오늘 저녁에 다시 방문하겠다고 했으니, 번거로우시겠으나 제집으로 6시에서 7시 사이에 오신다면 틀림없이 그 시간에 그를 보실 수 있을 겁니다. 혹시 일찍 오게 되면, 부인께서 도착하실 때까지 어떻게든 붙잡아 놓고 있겠어요."

"저녁식사가 끝나는 대로 곧 가겠어요. 늦어도 7시까지는 갈 거예요. 어떻게든 그 청년의 얼굴을 봐두어야겠어요. 소피아의 일이니 이만큼은 주의를 기울일 만하죠. 평범한 인도주의 차원에서라도, 우리 가문을 생각해서라도, 우리 둘 다 그런 마음을 먹어야 해요. 정말이지 그 둘의 결합은 끔찍한 일이니까요."

피츠패트릭 부인은 벨라스턴 부인이 사촌 동생에게 한 칭찬에 적절히 화답했다. 그러고는 몇 가지 사소한 대화를 나눈 뒤, 소피아나 아너 눈에 띄지 않도록 서둘러 가마를 타고 집으로 돌아왔다.

4
존스의 방문

그날 존스는 그 문이 보이는 곳을 종일 어슬렁댔다. 연중 해가 가장 짧은 날이었지만, 그에게는 가장 긴 날처럼 생각되었다. 마침내 시계가 5시를 알리자 그는 피츠패트릭 부인의 집을 다시 찾았다. 방문에 적합한 시간보다 족히 한 시간은 일렀지만 부인은 아주 정중하게 그를 맞이했다. 그러나 여전히 소피아에 대해서는 아는 바가 없다고 고집했다.

그의 천사에 대해 물어보면서 존스는 우연찮게 '사촌'이라는 단어를 흘렸다. 피츠패트릭 부인이 놓치지 않고 말했다. "그럼 우리가 사촌지간이란 걸 아셨단 얘기네요. 그렇다면 제게 사촌 동생에게 무슨 볼일인지 자세히 물어볼 권리가 있다는 걸 인정하시겠군요?"

존스는 한참을 망설이다가 마침내 대답했다. "소피아 소유로 된 꽤 거액의 수표를 가지고 있는데, 그걸 돌려주려는 겁니다."

그러고는 소피아의 수첩을 꺼내서 내용물을 보여주고, 그것이 자기 손에 들어온 경위를 설명했다. 그 이야기가 채 끝나기도 전에 요란한 소음이 온 집안을 뒤흔들었다. 그것을 들은 적이 있는 사람들에게 그 소리를 전달하는 일은 무의미할 것이다. 또한 들어본 적이 없는 사람들에게 그것이 어떤 소리인지 조금이나마 설명하려고 시도하는 일은 더욱 소용없는 짓일 것이다. 그야말로 그 소리는 'Non acuta Sic geminant Corybantes oera (큐벨의 사제들이 심벌즈를 두드려대는 소리 못지않았다)'라 해도 좋았다.

간단히 말하자면, 어떤 하인이 대문을 부서져라 두드린 소리였다. 존스는 그런 시끄러운 소리는 처음 들었던지라 깜짝 놀랐다. 그러나 피츠패트릭 부인은 매우 침착하게, 손님이 오신 모양이니 지금은 어떤 대답도 해드릴 수가 없으며, 손님들이 돌아가실 때까지 기다리신다면 나중에 말씀드리겠노라고 말했다.

방문이 활짝 열리더니, 후프로 잔뜩 부풀린 치맛자락을 옆으로 밀치며 벨라스턴 부인이 등장했다. 그녀는 먼저 몸을 살짝 낮추어 피츠패트릭 부인에게 정중하게 인사하고, 다음으로 존스에게 똑같이 정중한 인사를 한 뒤 방 안쪽으로 안내되었다.

이런 사소한 사항을 언급하는 것은 남자에게 무릎을 구부리는 일을 정절의 원칙에 반하는 거라 생각하는 몇몇 시골 숙녀분들이 읽으셨으면 하는 바람에서이다.

그런데 모두가 자리에 앉기도 전에, 이번에는 앞서 말한 바 있던 그 귀족이 등장하여 다시 한바탕 의례적인 인사가 오갔다.

인사가 모두 끝나자 이윽고 매우 현란한 대화(글자 그대로)가 시작되었다. 그러나 이 이야기에서 중요하다고 생각되는 내용, 아니 그 자체로서도 중요하다고 생각되는 내용이 한 마디도 없었으므로 여기서는 빼도록 하겠다. 세련된 상류층 대화가 책에 옮겨지거나 무대에서 반복되는 순간 아주 지루한 대화가 되어 버리는 예를 아는 만큼 더욱 생략하고 싶다. 사실 이런 정신의 식사는 귀족의 식탁에만 제공되는 프랑스 요리들과 같아서, 상류 모임과 거리가 먼 사람들은 몰라도 그냥 참는 수밖에 없다. 사실 어느 쪽이건 누구의 미각에도 맞지 않는 요리이며, 비천한 사람들에게는 돼지 목에 진주목걸이인 경우가 많다.

가엾은 존스는 이 고상한 장면의 등장인물이라기보다 관객이었다. 귀족이 등장하기 전까지 얼마 동안은 벨라스턴 부인과 피츠패트릭 부인이 가끔 그에게도 말을 걸었었다. 그러나 귀족은 등장과 동시에 두 부인의 관심을 독점하더니, 존스는 숫제 없는 취급하며 일절 관심을 주지 않았다. 그저 이따금 흘깃거릴 뿐이었는데, 부인들도 그를 따라 행동했다.

손님들이 돌아갈 기미를 보이지 않자, 피츠패트릭 부인은 그들 모두가 상대방보다 오래 남아 있기로 마음먹었다는 것을 알아챘다. 그래서 그녀는 존스를 먼저 보내기로 결심했다. 그가 가장 격식을 덜 따져도 되는 손님이었기 때문이다. 대화가 잠시 멈춘 틈을 타서 그녀는 존스에게 진지하게 말을 건넸다. "아무래도 오늘 밤은 대답을 해드릴 수가 없겠네요. 내일 심부름꾼을 보낼 주소를 알려주고 가시면 어떨는지요."

존스의 예의범절은 타고난 것이지 인위적인 것이 아니었다. 그는 여관 주소를 하인이 아니라 부인에게 직접 자세히 알려준 다음 공손히 물러났다.

그가 사라지자마자, 그가 있었을 때는 그에게 눈길조차 주지 않았던 이 고귀한 양반들은 그에게 대단한 관심을 보이기 시작했다. 독자 여러분께서는 이날 오간 현란한 대화조차 전달하기를 면제해주셨으니, 저속한 욕설이라 불러도 전혀 지장 없는 내용을 여기에 반복하는 일도 기꺼이 면제해주시리라 믿는다. 다만 존스보다 몇 분 늦게 떠나며 벨라스턴 부인이 피츠패트릭 부인에게 한 말은 우리 이야기에도 중요한 내용이므로 전달해두는 편이 좋을 것 같다. 즉 이런 말이었다. "소피아 일은 안심했어요. 이 청년 때문에 소피아가 위험에 빠질 일은 없을 것 같으니까요."

우리의 이야기도 벨라스턴 부인의 선례를 따라서 두 사람을 남기고 이 자리를 떠나도록 하겠다. 남은 두 사람 사이에 우리나 독자 여러분과 관계가 있는 대화는 전혀 오가지 않았으므로, 그런 것에 정신을 빼앗기느라, 우리 주인공에게 조금이라도 관심을 가지고 계신 분들에게 중요한 문제를 방치해두고 싶지는 않다.

5
하숙집에서 존스 군에게 일어난 일
그곳에 묵고 있던 젊은 신사와 하숙집 여주인, 그녀의 두 딸에 대한 소개

다음 날 아침, 예의에 어긋나지 않을 만큼 적당히 이른 시간에 존스는 피츠패트릭 부인의 집을 다시 찾았다. 그러나 부인은 집에 없다는 대답이었다. 동이 튼 직후부터 줄곧 집 앞을 서성였던지라 더욱 뜻밖의 대답이었다. 그녀가 외출을 했다면 틀림없이 그녀를 보았을 터였다. 그러나 이 대답을 받아들이는 수밖에 없었다. 이때뿐이 아니었다. 그 뒤 다섯 차례나 방문했지만 모

두 같은 대답이었다.

독자 여러분께 솔직히 말씀드리겠다. 무슨 이유에서인지는 모르겠으나, 아마도 피츠패트릭 부인의 명예를 고려해서 그랬으리라고 생각되는데, 그 귀족이 자신은 존스를 버려지만큼 하찮게 생각한다며, 부인에게도 앞으로 존스를 만나지 말라고 주장한 것이다. 부인은 그러겠노라고 약속하는 데 동의했고, 우리가 지금 보았듯이 그 약속을 철저히 지켰다.

그러나 우리의 상냥하신 독자 여러분께서는 이 젊은 신사를 이 부인이 생각하는 것보다 나쁘게 평가하지 않으실 것이다. 어쩌면 걱정까지 하실는지 모르겠다. 그가 불행하게도 소피아와 떨어져 있는 이 기간에 여인숙이나 길거리를 숙소로 삼는 건 아닌지 걱정하시지 않도록 설명을 해드려야겠다. 그가 잡은 숙소는 런던 상류층 동네에 위치한 실로 명망 높은 하숙집이었다.

존스 군은 올워디 씨가 런던에 올 때마다 신세를 진다는 어느 부인 이야기를 종종 들은 적이 있었다. 이 부인이 본드 거리에 살고 있으며, 죽은 남편은 성직자였고, 유산으로서 두 딸과 방대한 설교 원고 더미를 물려받았다는 사실을 존스는 알고 있었다.

두 딸 가운데 언니 낸시는 올해 17살이었고, 동생 벳시는 10살이었다.

바로 그 집으로 존스가 파트리지를 보냈던 것이었다. 존스는 이 집 3층에 있는 한 방을 쓰게 되었고, 파트리지는 5층에 있는 한 방을 쓰게 되었다.

2층에는 앞 시대였다면 '웃음과 쾌락을 추구하는 도시 한량'이라고 불렸을 유형의 젊은 신사 한 명이 살고 있었다. 이 호칭도 당시에는 아주 그럴싸했다. 흔히 사람은 직업에 따라 호칭이 붙는다. 그런데 유용한 일을 전혀 하지 않아도 되는 운명을 타고 난 신사들의 유일한 직업은 노는 것이기 때문이다. 극장·커피숍·술집 따위가 이들이 만나는 주 무대이고, 재치와 해학이 따분한 시간을 즐기는 오락이며, 더 진지한 시간에 하는 일은 연애였다. 술과 뮤즈가 힘을 합쳐 그들의 가슴에 가장 빛나는 불꽃을 피웠다. 그들은 아름다움을 찬미했다. 뿐만 아니라 그 가운데에는 자신이 찬미하는 아름다움을 시로 노래할 줄 아는 능력을 갖춘 자도 있었으며, 그 시문을 평가할 줄 아는 능력은 그들 모두가 갖추고 있었다.

따라서 그들이 '웃음과 쾌락을 추구하는 한량'이라고 불린 것은 아주 지당한 일이다. 그러나 재능을 돋보이게 하고 싶어 하는 야심만큼은 뒤지지 않는 우리 시대 젊은이들에게 그와 똑같은 호칭을 붙이는 것이 과연 얼마나 옳은 지는 의문이다. 확실히 그들은 재치와는 거리가 멀다. 솔직히 말해, 그들은 앞 세대 선배들보다 한 발짝 앞서 있다. '지혜와 감식안(vertù)(덕성(virtue) 으로 읽지 않게 조심하라)을 지닌 신사'라 불려도 지장 없을 것이다. 앞서 언 급한 선배 한량들이 여성의 아름다움을 칭송하며 건배하고, 찬미의 소네트를 짓고, 극장에서 연극 비평을 하고, 윌스나 버턴스 같은 커피숍에 모여 시를 논하면서 시간을 보내던 같은 나이에, 요즘 시대 젊은 신사들은 회사에 뇌물 먹일 방법을 궁리하거나, 하원이나 잡지에 발표할 연설문을 곰곰이 생각한 다. 특히 그들의 머리를 점령하고 있는 것은 도박술이다. 이것들이 그들이 진지한 시간에 하는 연구 제목이라면, 오락거리로서는 감식·회화·음악·조소· 자연철학 따위를 다루는 거대한 모임이 있다. 자연철학은 차라리 부자연철학 이라 부르는 편이 나을 것 같다. 괴상한 것들만 대상으로 다루고, 자연계에 있는 존재로서는 괴물과 정조를 잃은 처녀만 연구하려 들기 때문이다.

존스는 온종일 피츠패트릭 부인을 찾아다니며 시간을 허비한 끝에 마침내 낙심하여 숙소로 돌아왔다. 방에서 혼자 우울한 기분을 풀고 있는데, 아래층 에서 우당탕하는 격렬한 소리가 들렸다. 곧이어 '사람 죽네!', '사람 살려!' 하는 여자의 비명이 들려왔다. 어떤 상황에서건 고통에 빠진 사람 돕기를 주 저하지 않는 존스는 즉시 아래층으로 달려 내려갔다. 소음의 진원지인 식당 으로 뛰어 들어가 보니, 앞서 말한 '지식과 감식안을 지닌 신사'가 자기 하 인에게 벽에 꼼짝 못하고 짓눌려 있었다. 옆에는 젊은 여자가 두 손을 꼭 쥐 고 서서 "저러다 죽겠어요! 죽어 버리겠어요!" 비명을 질러대고 있었다. 가 엾은 신사는 정말로 질식해 죽을 것 같아 보였다. 존스가 그를 돕기 위해 황 급히 달려들었다. 그리고 숨이 막 넘어가려는 찰나에 적의 무자비한 두 손에 서 그를 구출해냈다.

하인은 기백은 있으나 힘은 없는 애송이 신사에게 몇 차례 발길질과 주먹 질을 당하긴 했지만, 양심상 도저히 주인을 때릴 수 없어 그저 목을 조르는 데 만족하는 것 같았다. 하지만 존스에게는 그런 배려를 하지 않았다. 이 새 로운 적에게 다소 거친 대접을 받았다고 생각하자마자 그는 즉시 적의 배에 매서운 주먹을 날렸다. 브로턴 권투 경기장의 관람객이라면 이 펀치를 보고 매우 짜릿한 즐거움을 느꼈을 것이다. 하지만 얻어맞은 쪽으로서는 그리 즐접지 않았다.

혈기 왕성한 청년 존스는 가격을 당하자마자 몹시 정중한 답례를 해야겠다고 생각했다. 존스와 하인 사이에 치열한 격투가 벌어졌다. 싸움은 격렬했지만 오래 가지 않았다. 앞서 주인이 하인의 적수가 되지 못했던 것처럼, 이번에는 하인이 존스의 적수가 되지 못했던 것이다.

늘 하던 대로 운명의 여신이 사태를 역전시켰다. 처음의 승자가 기절하여 바닥에 뻗고, 패자인 신사는 겨우 숨을 회복하고 때맞춰 나타나 도움을 준 존스에게 감사 인사를 했다. 존스는 옆에 있던 젊은 숙녀에게서도 진심 어린 감사 인사를 받았는데, 그녀는 바로 그 집 큰딸 낸시 양이었다.

겨우 두 다리를 딛고 일어선 하인이 존스를 향해 머리를 절레절레 흔들며 분별력 있는 표정으로 외쳤다. "제기랄, 앞으로 당신과는 절대로 상대 안 하겠소. 당신은 내가 권투 무대에서 본 선수가 틀림없어. 아니면 내가 상대를 잘못 만난 것이든지."

사실 우리는 그의 의심을 용서해줘야 할 것이다. 우리 주인공의 민첩함과 완력이 일류 권투 선수에게도 필적할 만한 것이었기 때문이다. 브로턴 씨가 운영하는 권투 학교의 복면*6을 쓴 졸업생들도 간단히 때려눕혔을 것이 틀림없다.

주인은 격분하여 입에 거품을 물고 하인에게 당장 하인 정복을 벗으라고 명령했다. 하인은 급료를 받는 조건으로 기꺼이 이에 동의했다. 조건은 즉시 받아들여졌으며, 하인은 해고되었다.

나이팅게일이란 이름의 이 젊은 신사는 자신을 구해준 은인에게 함께 술 한 병을 마셔야겠다고 강력하게 말했다. 너무나도 간곡한 청에 존스는 응하

---

*6 후세 사람들이 이 단어를 보고 고개를 갸우뚱하지 않도록 1747년 2월 1일자 광고문을 인용하여 설명하는 것이 적절할 것 같다.
　광고—브로턴 씨는 궁극의 권투 기술을 연마하고자 하는 사람들을 위해 헤이마켓에 있는 자택에 적절한 조력을 얻어 연구소를 개설하려고 한다. 선수들이 꼭 갖추어야 할 각종 방어기술, 공격, 허리치기 등을 비롯한 영국 고유 권투 기술에 대한 모든 이론과 실제가 이곳에서 철저하게 전수될 것이다. 또한 상류층 귀족들도 이 수업에 참가할 수 있도록 수업 시에는 연구생들의 미세한 체격 및 체질 차이까지 충분히 고려할 것이다. 이를 위해 복면을 사용할 것인데, 이것을 사용하면 눈에 멍이 들거나 턱뼈가 부러지거나 코피가 나는 등의 부상을 전혀 걱정 안 해도 된다.

기로 했다. 내키지는 않았지만 예의를 생각해서였다. 누군가와 대화를 나누기에는 마음이 어수선했기 때문이다. 엄마와 여동생이 연극을 보러 가서 이때 마침 집 안의 유일한 여성이었던 낸시 양도 두 신사와 자리를 함께하는 호의를 베풀었다.

술병과 잔들이 식탁에 놓이자, 신사는 앞서 소동의 자초지종을 들려주었다.

"방금 전 장면만 보고 제게 하인을 때리는 습관이 있다고 생각하지 않으셨으면 합니다. 제가 기억하는 한 제가 이런 죄를 저지른 것은 이번이 처음입니다. 지금껏 그 녀석의 괘씸한 짓거리를 수없이 보고도 눈감아 줬었는데 이번만큼은 참을 수가 있어야지요. 오늘 저녁에 있었던 일을 들으신다면 손님도 그럴 만하다고 생각하실 겁니다. 제가 평소보다 몇 시간 일찍 돌아와 보니, 글쎄 이 방 난롯가에 하인 넷이 모여앉아 카드 게임을 하고 있는 겁니다. 그것도 제가 1기니나 주고 산 호일의 호화판 저서가 탁자 위에 펼쳐진 채로 놓여 있고, 가장 중요한 내용이 적힌 책장에 흑맥주가 잔뜩 엎질러져 있었죠. 그런 상황에서 화를 내는 건 당연하지 않습니까? 그러나 저는 나머지 하인들이 돌아갈 때까지 제 하인 녀석에게 한 마디도 하지 않았습니다. 녀석이 혼자 남기를 기다렸다가 가볍게 질책했지요. 그런데 놈은 죄송하다고 말하기는커녕 툴툴대며 이러는 겁니다. '하인들도 남들처럼 기분전환이 필요합니다. 책이 그렇게 된 건 죄송하지만, 제 친구들 가운데는 그것과 똑같은 책을 1실링에 산 녀석도 많아요. 그러니 원하신다면 제 임금에서 1실링을 빼십시오.' 제가 화가 나서 전보다 더 강하게 질책했더니 놈이 뻔뻔스럽게도……. 간단히 말하자면, 제가 집에 일찍 돌아온 탓을 하는 겁니다……. 요컨대 절 비난한 거죠……. 어떤 숙녀의 이름을 들먹이며……. 그것도 아주 밉살스럽게 말하기에 저도 인내심이 폭발하여 때리게 된 겁니다."

존스가 대답했다. "누가 당신을 비난할 수 있겠습니까. 저라도 그런 말을 들었으면 똑같이 했을 겁니다."

세 사람이 자리에 앉은 지 얼마 안 되어, 연극 구경을 마치고 돌아온 어머니와 둘째 딸이 합석했다. 모두 매우 즐거운 저녁을 보냈다. 존스를 제외한 모두가 진심으로 즐거워했으며, 존스도 억지로라도 최대한 즐거운 척하려고 애썼다. 사실 다정한 성품에다, 자연스레 배어나오는 쾌활함의 절반만 더해도 그는 아주 유쾌한 친구가 되기에 충분했다. 실제로는 마음이 무거웠지만 애써 유쾌한 태도를 가장했으므로, 자리가 파할 무렵 젊은 신사는 진심으로 존스와 친해지고 싶어 했다. 낸시 양도 존스를 마음에 들어 했으며, 이 새로운 하숙 손님에게 무척 매료된 과부는 그와 젊은 신사를 다음 날 아침 식사에 초대했다.

존스도 이들 못지않게 만족스러웠다. 낸시 양은 아직 어리고 작은 소녀였지만 무척이나 예뻤다. 과부도 쉰 가까운 부인이 지닐 수 있는 모든 매력을 갖추고 있었다. 세상에서 가장 순수하고 가장 쾌활한 여자였다. 악의라고는 생각한 적도 입 밖에 낸 적도 가슴에 품은 적도 없으며, 늘 남을 즐겁게 하기를 소망했다. 이런 소망은 가식에 물들지 않는 한 반드시 그 목적을 이루게 되며, 그런 점에서 무엇보다 행복한 소망이라 할 수 있다. 요컨대 가진 능력은 적으나 마음만은 누구보다 따뜻한 친구였고, 한때는 사랑스러운 아내였으며, 지금은 다정하고 자상한 어머니였다. 우리의 이야기는 신문과 달라서, 과거에 들어본 적도 없고 앞으로도 들어볼 일이 없을 인물을 추어올리는 일은 하지 않는다. 그러므로 독자 여러분께서는 이 훌륭한 여성이 앞으로 이 이야기에서 뭔가 중요한 역할을 하게 될 것이라고 짐작하셔도 좋다.

존스는 술자리를 베푼 젊은 신사 또한 적잖이 마음에 들었다. 도시의 허세에 조금 물들어 있긴 했지만, 매우 분별 있는 사나이라고 생각되었다. 가장 마음에 든 점은 가끔 입을 통해 드러난 대단히 너그럽고 인간미 넘치는 생각이었다. 특히 사랑 문제에 대한 사심 없는 말들을 통해 그 생각을 알 수 있었다. 저 옛날 아르카디아의 목동에게나 어울렸을 법한, 현대 멋쟁이 신사 입에서 나오기에는 매우 특이해 보이는 말이었다. 사실 그는 겉모습만 현대 신사와 비슷할 뿐, 본성은 훨씬 훌륭한 인물이었다.

6

모두 모여 아침식사를 하고 있을 때 도착한 물건
딸을 관리하는 법에 대한 몇 가지 조언

다음 날 아침, 그들은 전날 밤 헤어졌을 때 서로에 대해 품었던 것과 똑같은 호감을 품은 채 다시 모였다. 그러나 가엾은 존스는 크게 낙심하고 있었다. 방금 전 파트리지에게서 피츠패트릭 부인이 숙소를 떠났으며, 행방이 묘연하다는 소식을 들었던 것이다. 그는 이 소식에 몹시 우울했다. 그러지 않으려고 온갖 노력을 기울였는데도, 표정도 행동도 심란한 심경을 그대로 고스란히 드러내 보였다.

사랑이 다시 화제로 올랐다. 현명하고 진지한 남자라면 '낭만적'이라고 불렀겠지만 현명하고 진지한 여자라면 대개 그보다 호의적으로 보는 이 문제에 대해 나이팅게일 군은 다시 그 따뜻하고 너그럽고 사심 없는 의견을 펼쳤다. 밀러 부인(하숙집 부인의 이름이었다)은 그 의견에 크게 동조했다. 그러나 젊은 신사가 낸시 양의 견해를 묻자, 그녀는 그저 "가장 말수가 적은 신사가 가장 많은 것을 느끼는 사람이라고 생각한다"고 대답했다.

이 찬사는 명백히 존스를 향한 것이었다. 그가 이 말을 전혀 신경 쓰지 않고 그냥 흘려들었다면 우리로서도 대단히 유감이었을 것이다. 하지만 다행히 그는 낸시에게 정중한 답례 인사를 하고, 당신이 입을 다물고 있는 것도 같은 이유냐는 뜻을 넌지시 내비치며 말을 맺었다. 사실 그녀는 지금도 지난밤도 거의 입을 열지 않고 있었다.

밀러 부인이 말했다. "낸시, 이분께서 그렇게 말씀해주시니 다행이구나. 엄마도 그렇게 생각하던 참이거든. 대체 왜 그러니? 그렇게 이상하게 구는 건 처음 보는구나. 넌 언제나 쾌활했잖니? 손님, 제가 이 아이를 '귀여운 수다쟁이'라고 불렀다면 믿으시겠어요? 그런데 이번 주 들어서는 스무 단어도 말하지 않고 있답니다."

이때 하녀가 들어와 대화가 끊겼다. 보따리를 든 하녀가 말했다. "어떤 짐꾼이 존스 씨에게 보낸 겁니다. 답장은 필요 없다면서 이내 돌아가셨어요."

존스는 다소 놀랐다. 분명히 잘못 배달된 물건일 거라고 말했다. 하지만 하녀는 존스라는 이름이 확실하다고 주장했다. 여자들이 일제히 즉시 보따리를 풀어보라고 요구했다. 결국 존스 군의 동의를 얻어 어린 벳시가 보따리를 풀었다. 가면무도회 때 입는 두건 달린 의상과 가면, 그리고 가면무도회 입장권 한 장이 나왔다.

존스는 더욱더 강하게, 이 물건들은 잘못 배달된 것이라고 주장했다. 밀러 부인도 "이 물건들을 어떻게 생각해야 할지 모르겠다"며 다소 의혹을 표명했다. 그러나 나이팅게일 군에게 의견을 묻자 그는 매우 다른 견해를 내놓았다. "제가 내릴 수 있는 결론은 당신이 아주 행운아라는 것입니다. 이걸 보낸 사람은 어느 귀부인이 분명합니다. 가면무도회에 가면 그녀를 만날 수 있겠죠."

존스는 그런 허황된 상상의 나래를 펼칠 정도로 어리석지 않았다. 밀러 부인도 나이팅게일 군의 주장에 그다지 동의하지 않았다. 그때 낸시 양이 가면무도회 옷을 집어 들자 소매에서 초대장이 떨어졌다. 거기에는 이렇게 쓰여 있었다.

존스 씨
요정의 여왕이 당신께 이 초대장을 보냅니다.
호의를 헛되게 하지 마세요.

밀러 부인과 낸시 양도 나이팅게일 군의 생각에 동의하게 되었다. 아니, 존스마저도 거의 같은 생각을 하게 되었다. 피츠패트릭 부인 말고 자신의 거처를 아는 사람이 있으리라고는 생각되지 않았다. 보따리를 보낸 사람은 그 부인이고, 어쩌면 소피아를 만나게 될지도 모른다는 희망이 끓어올랐다. 근거가 실낱같은 희망인 것은 틀림없었다. 그러나 자기와 만날 약속을 지키지 않고 숙소를 떠나 버린 피츠패트릭 부인의 행동이 몹시 이상하고 설명하기 힘든 것이었기에, 이 부인(그녀가 아주 변덕스럽다는 이야기를 전에 들은 적이 있었다)이 평범한 방법은 거부하고 이런 엉뚱한 방법으로 소원을 들어주려는 것이 아닌가 하는 일말의 희망이 생겨난 것이다. 사실 이런 기괴하고 특이한 사건은 확실한 해석이 불가능한 만큼 거꾸로 터무니없고 허무맹랑하게 해석될 여지가 있다. 천성이 낙천적인 존스는 이번 일도 무작정 좋은 쪽으로 해석했다. 오늘 밤 사랑스런 소피아를 만날 수 있으리라는 기대감을 더욱 부풀리는 허황된 공상만 수없이 그려냈다.

독자 여러분께서 내게 호의를 조금이라도 가져주신다면, 나는 그 답례로 여러분께서도 이런 낙천적인 기질을 갖게 되길 기도하겠다. 예로부터 수많은 문호의 펜을 분주하게 만들었던 행복이라는 주제에 대해 많은 책을 읽고 곰곰이 생각해본 결과, 나는 행복이란 낙천적 기질을 소유하는 일이라고 단정하게 되었다. 낙천성은 우리가 운명의 여신의 손길이 닿지 않는 곳에 있게 하며, 그녀의 도움 없이도 우리를 행복하게 해준다. 사실 낙천성이 주는 행복감은 저 눈먼 여신이 주는 행복감보다 훨씬 강렬하고 훨씬 영속적이다. 자연은 현명하게도 현실의 모든 향락에는 약간의 싫증과 권태가 따르도록 만들었다. 우리가 다른 일이 손에 잡히지 않을 정도로 한 가지 향락에 빠지지 않도록 배려해 놓은 것이다. 이 점에서 이제 막 변호사가 된 공상 속의 미래의 대법관, 막 법의를 입은 미래의 대주교, 야당 좌석 말석에 앉은 미래의 총리가 실제로 그런 직무 권한과 이권을 쥐고 있는 사람들보다 진정한 의미에서 훨씬 행복하다고 나는 굳게 확신한다.

마침내 존스가 그날 밤 가면무도회에 가겠다고 결심하자, 나이팅게일 군이 그곳까지 안내하겠다고 제의했다. 젊은 신사는 낸시 모녀에게도 입장권을 사주겠다고 했지만, 선량한 부인은 그 제안을 받아들이지 않았다. "사람들이 말하듯 가면무도회가 해롭다고는 생각하지 않습니다. 하지만 그런 사치스런 오락은 지위와 재산이 있는 분들에게나 어울리지 겨우 선량한 장사꾼의 아내에게는 어울리지 않아요."

나이팅게일이 소리쳤다. "장사꾼이라니요! 낸시의 가치를 과소평가하지 마세요. 그 어떤 귀족도 그녀보다 가치 있지 않습니다."

"쯧쯧, 나이팅게일 씨. 딸애 머릿속에 그런 허황된 생각을 심어주지 마세요. 이 애가 운 좋게 (엄마는 억지웃음을 지으며 말했다) 당신처럼 관대하게 생각하는 신사를 만난다 해도, 사치스런 쾌락에 정신을 빼앗겨 버린다면 그 관대함에 보답하는 길이 될까요? 그야 여자가 많은 재산을 들고 시집오는 경우라면 자기 돈을 쓰겠다고 주장할 권리도 얼마간 있겠죠. 나는 신사분들이 '부자보다 가난뱅이를 아내로 들이는 편이 훨씬 낫다'고 하는 소릴 종종 들었답니다. 어쨌든 제 딸은 누구와 결혼하든 남편에게 축복이 되는 아내로 만들고 싶어요. 그러니 이젠 가면무도회 얘기는 그만두세요. 낸시는 그런 곳에 가고 싶어 하는 나쁜 딸이 아니랍니다. 이 애도 기억할 거예요. 작년에 당신이 낸시를 데리고 갔을 때 완전히 넋이 나가서 한 달 정도는 바늘도 제대로 잡고 있지 못할 지경이었잖아요."

낸시의 가슴에서 가벼운 한숨이 새어나왔다. 어머니의 의견에 내심 불만을 품고 있는 듯했지만, 대놓고 반박하지는 않았다. 이 착한 부인이 아주 다정하면서도 부모로서의 권위를 충분히 지니고 있었기 때문이다. 자식의 안

전과 미래의 행복에 걱정이 없는 한 그들이 원하는 것은 무엇이든 들어주려 했으나, 그런 걱정이 들 때는 자신의 명령에 어기거나 말대답하는 것을 용납하지 않았다. 이 집에 벌써 2년이나 묵고 있는 이 젊은 신사도 이 점을 잘 알고 있었으므로 즉시 그녀의 거절에 따랐다.

나이팅게일 군은 시간이 갈수록 존스에 대한 호감이 커졌다. 그는 친구 몇 명을 소개해줄 테니 오늘 함께 식당에 가서 점심 식사를 하자고 제안했다. 그러나 존스는 "아직 런던에 옷가지가 도착하지 않았다"며 거절했다.

사실을 얘기하자면, 존스 군은 지금 그보다 훨씬 명망 있는 젊은 신사들에게도 종종 일어나는 상황에 처해 있었다. 즉 수중에 한 푼도 없었다. 고대 철학자 사이에서는 더없이 신용을 얻을 만한 상황이었지만, 롬바드 거리에 살거나 화이트의 초콜릿 가게에 뻔질나게 드나드는 현대 현자들 사이에서는 그렇지 못했다. 고대 철학자가 대단한 명예로 여겼던 빈 주머니가 앞서 말한 주소나 초콜릿 가게에서는 그들이 몹시 경멸당하는 이유 가운데 하나인 것이다.

사람이 덕성만으로 편안하게 살 수 있다는 고대의 주장이 앞서 말한 현대 현자들이 발견했다고 주장하듯이 터무니없는 과오라고 한다면, 사람이 사랑만으로 생존할 수 있다는 연애 소설 작가들의 주장 또한 거짓이라 해야 할 것이다. 사랑은 우리의 특정한 몇몇 감각과 욕구에는 매우 맛있을지 몰라도, 나머지 다른 감각이나 욕구들에는 명백히 아무 짝에도 쓸모없기 때문이다. 그런 연애 소설 작가들을 과신한 사람들은 뒤늦게 자신의 과오를 깨닫는다. 사랑이 허기를 달래줄 수 없음은 장미가 귀를 즐겁게 하지 못하고, 바이올린이 후각을 만족시키지 못하는 것과 같음을 깨닫게 되는 것이다.

그런 연유로, 사랑이 눈앞에 온갖 진귀한 음식을 차려놓았음에도, 즉 무도회에서 소피아를 보게 되리라는 희망이 있었음에도—상상의 근거가 희박할지언정 그는 이 음식들을 종일 배터지게 즐겼다—저녁이 되자 존스 군은 그보다 조금 격이 떨어지는 음식이 그리워졌다. 직감적으로 그것을 알아차린 파트리지가 기회는 이때다 하고 그 은행 수표를 쓰라고 넌지시 암시했다. 그러나 가차 없이 무시되자 이번에는 용기를 끌어 모아, 올워디 씨 댁으로 돌아가자고 다시 한 번 말했다.

존스가 소리쳤다. "파트리지, 당신은 모르겠지만 난 내 운명에 완전히 절망했어요. 당신에게 편안하게 살던 집을 버리고 여기까지 나를 따라오게 한 것을 지금은 진심으로 후회해요. 지금 당장에라도 집으로 돌아가세요. 그동안 고맙게도 나 때문에 쓴 돈과 수고의 대가로, 당신 집에 맡기고 온 내 옷가지를 모두 주겠어요. 유감스럽게도 그것 말고 달리 보답할 방법이 없네요."

그 말투가 자못 비장했으므로, 결점은 수없이 많으나 심성이 비뚤어지거나 매정하지 않은 파트리지는 와락 눈물을 쏟았다. 곤경에 빠진 도련님을 버리고 가지 않겠노라고 맹세한 뒤, 제발 집으로 돌아가자고 열과 성을 다해 애원했다. "도련님, 제발 생각해보세요. 도련님이 여기서 뭘 하실 수 있겠습니까? 돈 한 푼 없이 이 런던에서 어떻게 지낼 생각이세요? 도련님께서 무슨 일을 하시든, 어디를 가시든, 저는 도련님을 절대로 버리지 않을 겁니다. 하지만 간절하게 부탁드리니 생각 좀 해보세요. 도련님을 위해 부탁드리는 겁니다. 제발 생각을 해보세요. 도련님의 분별력도 집으로 돌아가라고 권할 겁니다."

존스가 대답했다. "내게는 돌아갈 집이 없다고 몇 번을 말해야 돼요? 올워디 나리 댁 대문이 나를 맞이할 거라는 희망만 있다면 마지막 한 푼이 떨어질 때까지 기다릴 리 있겠어요? 그런 희망만 있다면 난 일 초도 망설이지 않고 그분 앞으로 날아갈 겁니다. 하지만 아아! 나는 영원히 추방당했어요. 그분의 마지막 말씀은…… 아아, 지금도 귀에 생생해요…… 마지막 말씀은, 내게 돈을 주시면서…… 얼만지는 모르지만 상당한 액수였을 거예요…… 그분의 마지막 말씀은 '오늘 이 순간부터 절대로 너와는 말을 섞지 않기로 결심했다'는 거였어요."

이 대목에서 가슴이 북받쳐 올라 존스는 입을 다물었다. 순간 놀란 파트리지도 말문을 닫았다. 다시 말을 할 수 있게 되자 파트리지는 굳이 미주알고주알 캐묻고 싶지는 않다고 짧게 운을 뗀 뒤, 얼만지는 모르겠으나 상당한 액수란 대체 무슨 뜻이며 그 돈이 어떻게 되었느냐고 물어보았다.

이 두 가지 사실에 파트리지는 몹시 만족스러웠다. 그가 그 점에 대해 뭔가 비평을 하려는 순간, 나이팅게일 군이 보낸 심부름꾼 때문에 말이 중단되었다. 자기 방에서 존스와 만나고 싶다는 내용이었다.

두 신사는 가면무도회에 가기 위해 옷을 차려입었다. 나이팅게일 군이 가마를 부르라고 지시했다. 존스에게 곤란한 상황이 벌어진 것이다. 많은 독자 여러분께는 아주 우스꽝스럽게 보이겠지만, 1실링을 어디서 구하느냐 하는 것이 문제였다. 그러나 그런 독자 여러분도 천 파운드가 없어서, 아니 10파운드나 20파운드가 없어서, 하고 싶은 일을 하지 못했을 때 심정이 어땠는지를 조금 생각해보신다면 이때 존스의 심정도 충분히 이해하실 것이다. 결국 존스는 파트리지에게 그 돈을 꾸기로 했다. 존스로서는 이 사나이에게 돈을 꾸는 것이 이번이 처음이었으며, 이 가엾은 사나이로서도 마지막으로 꿔줄 셈이었다. 사실 파트리지는 지금껏 이런 종류의 제안을 조금이라도 한 적이 없었던 것이다. 존스로 하여금 은행 수표를 쓰게 하려는 심산에서였는지, 돈이 궁해지면 존스에게 집으로 돌아갈 마음이 생기리라 생각해서였는지, 그것도 아니면 다른 동기가 있었는지, 나로서는 판단할 수가 없다.

7
가면무도회에서 일어난 모든 일

우리의 두 기사는 드디어 저 쾌락의 전당에 도착했다. 이곳을 다스리는 사람은 위대한 arbiter deliciarum, 즉 쾌락의 대사제 하이데거였다. 다른 이교 사제들과 마찬가지로, 있지도 않은 신이 왕좌에 앉아 있는 것처럼 가장하여 신봉자들을 속이는 것이다.

나이팅게일 군은 존스와 함께 무도회장을 한두 차례 빙 둘러보고는 "이제 이곳에 왔으니 당신 사냥감은 스스로 찾아보시오"라는 말을 남기고 한 여성과 함께 사라졌다.

존스는 사랑스러운 소피아가 그곳에 있으리란 강한 희망을 품었다. 불빛과 음악과 사람들도 울적함을 달래주는 꽤 좋은 해독제였지만, 그 희망이 이런 것들보다 기운을 북돋워주었다. 그는 키나 외모나 분위기가 자신의 천사와 조금이라도 닮아 보이는 숙녀가 눈에 띨 때마다 다가가 말을 걸었다. 그들에게 재치 있는 말을 걸어 대답을 얻어내려고 애썼다. 대답하는 목소리로 소피아를 알아낼 수 있으리란 생각에서였다. 몇 명은 날카로운 목소리로 "저를 아세요?" 반문만 했지만, "전 당신을 모르는데요." 말하는 사람이 훨씬 많았다. 뻔뻔스럽다고 욕하는 숙녀도 있었으며, 아예 대답을 않는 숙녀도 있었다. "당신 목소리를 모르니 아무 대꾸도 하지 않겠다"고 말하는 숙녀도 있었고, 예상 밖으로 친절하게 대답해주는 숙녀도 많았다. 그러나 애석하게도 그가 듣고 싶은 목소리는 없었다.

그가 마지막으로 한 여인(양치기 복장을 하고 있었다)과 이야기를 나누는데, 두건 달린 옷을 입은 여자가 다가와서 그의 어깨를 가볍게 치며 귀에 속삭였다. "저런 더러운 계집과 계속 얘기하면 웨스턴 양에게 이르겠어요."

그 이름을 듣자마자 존스는 지금까지 이야기를 나누던 숙녀를 내팽개쳐두고 두건 달린 옷 입은 여자를 붙잡았다. 지금 말한 숙녀분이 이 무도회장 안에 있다면 제발 만나게 해달라고 애걸했다.

가면 쓴 숙녀는 아무 말 없이 무도회장 가장 안쪽 구석으로 종종 걸어갔다. 대답은 하지 않고 의자에 앉았더니 피곤하다고 말했다. 존스도 그녀 옆에 앉아 계속 애원했다. 마침내 그녀가 냉랭하게 대답했다. "아무리 변장을 했기로서니 존스 씨가 연인도 못 알아보는 눈썰미 없는 분일 줄은 몰랐네요."

존스가 달려들듯 물었다. "그럼 소피아가 이곳에 와 있습니까?"

숙녀가 소리쳤다. "쉿! 사람들이 쳐다보잖아요. 제 명예를 걸고 맹세하는데, 웨스턴 양은 여기에 없습니다."

존스는 가면 쓴 여인의 손을 잡고, 어디로 가면 소피아를 만날 수 있는지 알려달라고 간절히 애원했다. 직접적인 답변을 얻어낼 수 없자, 그는 상대방이 전날 바람맞혔던 일을 가볍게 원망하고 이렇게 말을 맺었다. "저의 요정 여왕 폐하. 목소리를 바꾸고 계셔도 폐하가 누구신지 잘 압니다. 피츠패트릭 부인, 절 괴롭히며 즐기는 건 조금 잔인하지 않습니까."

가면 쓴 숙녀가 대답했다. "용케 제 정체를 알아내셨군요. 하지만 다른 사람들이 눈치채지 못하도록 계속 같은 목소리로 얘기하겠어요. 그런데 혹시 내가 사촌 동생을 생각하는 마음을, 당신이 사랑을 쟁취하기만 하면 두 사람에게 파멸이 찾아와도 내가 상관 안 할 거다, 정도로 생각하는 건 아니겠죠? 게다가 당신은 내 사촌 동생을 파멸시킬 무시무시한 원수일지 몰라도, 내 사촌 동생은 당신을 파멸로 몰아넣는 데 동의할 정도로 정신이 빠지진 않았어요."

존스가 말했다. "아아 부인! 저더러 소피아의 원수라니, 부인은 제 마음을 전혀 모르시는군요!"

상대가 소리쳤다. "누군가를 파멸시키는 일이 원수가 하는 짓 아닌가요? 게다가 그 행동 때문에 명백하게 자기 자신도 파멸에 빠진다면, 그건 죄일 뿐 아니라 어리석고 미친 짓이죠. 존스 씨, 제 사촌 동생은 아버지에게서 받을 재산 말고 아무것도 가진 게 없답니다. 상류층 아가씨치고는 턱없이 부족하죠. 그 애 아버지가 어떤 사람인지, 당신이 지금 어떤 처지인지, 당신도 잘 알잖아요?"

존스는 소피아의 재산에는 아무런 생각도 없다고 맹세했다. "그녀의 미래를 제 욕망의 희생물로 삼을 바엔 이 몸이 비명에 가는 편이 낫습니다. 모든 면에서 제가 그녀에 비해 얼마나 부족한지도 잘 알기 때문에 그런 이루지 못할 희망은 진작 버리기로 결심했습니다. 다만 이상한 일들이 계속 일어나서 그녀를 한 번만 더 만나려는 것뿐입니다. 딱 한 번만 만나면 이제 영원히 헤어지기로 약속하겠습니다. 제 사랑은 제가 사랑하는 사람에게 가장 소중한 것을 희생해서까지 욕심을 채우려는 그런 비열한 사랑이 아닙니다. 소피아를 갖기 위해서라면 뭐든 희생하겠지만, 소피아까지 희생할 생각은 전혀 없습니다."

이미 독자 여러분께서는 이 가면 쓴 부인의 정조를 그리 높이 평가하지 않으실 것이다. 어쩌면 이 부인에게 앞으로도 여성의 귀감이 될 가치가 없다고 생각하실는지 모르겠다. 하지만 존스의 이런 고결한 생각은 그녀에게 강한 인상을 심어준 듯했다. 일찍이 그녀가 우리의 젊은 주인공에게 품었던 호감이 배가되었음은 의심할 여지가 없었다.

부인은 잠시 잠자코 있다가 말했다. "당신이 소피아를 원하는 마음은 어리석기는 하지만 뻔뻔한 것 같지는 않네요. 젊은이는 아무리 높은 희망이라도 품을 수 있죠. 젊은이의 야망은 저도 좋아해요. 당신도 가능한 한 그런 생각을 갖길 바랍니다. 상대방이 아무리 대단한 재산을 가졌다 해도 성공 말란 법은 없죠. 아니, 여자로서는…… 그런데 존스 씨, 잘 알지도 못하고, 제가 별로 달갑지도 않을 당신에게 이런 충고를 한다고 해서 저를 이상한 여자라고 생각하진 않으시겠죠?"

존스는 사과하고, 사촌 동생에 대해 말한 내용 때문에 기분이 상하지 않으셨길 바란다고 말했다. 가면 쓴 부인이 대답했다. "숙녀에게 다른 숙녀를 사랑한다고 털어놓는 것보다 큰 모욕은 없다는 사실조차 모를 정도로 여자 마음을 모르는군요? 요정의 여왕도 여성에 대한 당신의 예의가 고작 그 정도인 줄 알았다면, 무도회에 만나러 오라는 초대장은 보내지 않았을 겁니다."

존스는 지금보다 사랑이라는 감정이 멀게 느껴진 적이 없었다. 하지만 숙녀에게 예의에 대해 지적을 받은 한 그것은 명예 문제라고 생각했다. 사랑의 도전에 응하는 것은 결투 도전에 응하는 것 못지않은 의무였다. 아니, 소피아에 대한 사랑 때문에서라도 이 부인과 사이좋게 지낼 필요가 있었다. 이 부인이 자신을 소피아와 만나게 해줄 수 있음을 추호도 의심하지 않았다.

그는 부인의 마지막 말에 매우 진심 어린 대답을 하려 했다. 그때 노파 가면을 쓴 숙녀가 곁으로 다가왔다. 왜곡된 진실을 퍼트리거나 최대한 무도회를 망치는 등 자신의 비뚤어진 심성을 발산할 목적만으로 가면무도회를 찾아오는 부류의 숙녀였다. 이 착한 숙녀는 존스가 자신도 잘 아는 가면 쓴 숙녀와 방구석에서 친밀하게 정담을 나누는 장면을 목격하고는 그 둘을 방해하는 일이야말로 자신의 심술을 만족시키는 최선의 방법이라고 생각했다. 이런 이유에서 두 사람을 습격하여 방구석에서 쫓아내는 데 성공했으나, 그것만으로는 만족하지 않았다. 그녀를 피하려고 두 사람이 자리를 옮길 때마다 졸졸 따라다닌 것이다. 마침내, 곤경에 빠진 친구를 발견한 나이팅게일 군이 노파 분장을 한 숙녀를 다른 곳으로 유도함으로써 겨우 존스를 구해주었다.

이 심술궂은 여자에게서 도망 다니며 존스와 가면 쓴 부인이 방 안을 여기저기 돌아다니는 동안, 그는 부인이 가면 쓴 여러 사람에게 마치 얼굴이 보이기라도 하듯이 자유롭고 허물없이 말을 건네고 있다는 사실을 깨달았다. 그 모습에 몹시 놀라 저도 모르게 말했다. "어떤 변장을 하고 있어도 알아보시다니, 부인은 눈썰미가 굉장히 좋으신가 봅니다."

부인이 대답했다. "상류층 사람들에게는 가면무도회만큼 시시하고 애들 장난 같은 게 없죠. 우린 모임에서건 응접실에서건 이런 곳에서건 대개 아는 사람만 만나요. 또 지체 높은 숙녀는 모르는 사람과 대화를 나누지 않지요. 요컨대 이런 파티에 오는 사람의 대부분은 다른 파티 때보다 쓸데없는 시간 죽이기를 하고 있는 셈이죠. 대개는 아주 길고 지루한 설교를 들었을 때보다 지쳐서 집으로 돌아간답니다. 실은 나도 그런 상태에 빠지기 시작했어요. 내 추측이 틀리지 않았다면 당신도 그런 것 같고요. 아무래도 집으로 돌아가는 편이 당신에게 자선을 베푸는 일이 될 것 같네요."

존스가 큰 소리로 말했다. "그에 필적하는 자선 행위는 제가 부인 댁까지 동행하는 것을 허락해주시는 것입니다."

"고작 이 정도 친분 가지고 이런 늦은 밤에 내가 당신을 집으로 들일 거라고 생각하다니, 날 한참 우습게 본 모양이군요. 사촌 동생하고 아는 사이라고 해서 호의를 좀 보였더니 뭔가 착각을 하셨나 봐요. 솔직히 말해보세요. 이런 의도된 만남은 순전히 밀회나 다를 바 없다고 생각하시는 거죠? 존스 씨, 이런 식으로 갑작스레 여자를 사로잡는 일에 능숙하신가요?"

"이렇게 갑작스레 사로잡히는 일에는 능숙하지 않지요. 하지만 제 심장이 당신의 기습을 받아 정복당했으니 몸도 따라갈 권리가 있습니다. 제가 당신을 끝까지 따라가기로 결심했다 하더라도 용서해주셔야 합니다."

이렇게 말하며 그는 적절한 행동을 곁들였다. 부인은 가볍게 비난한 뒤, 지나치게 붙어 있으면 남의 이목을 끌지 모른다고 주의를 주며 말했다. "난 지금부터 지인과 저녁 식사를 할 예정이에요. 거기까진 따라오지 않으셨으면 좋겠군요. 혹시라도 따라오신다면, 그 사람은 날 이상한 여자라고 생각할 거예요. 그다지 남의 일에 참견하는 사람은 아니지만요. 하지만 역시 따라오시지 않는 편이 좋아요. 만약 따라온다면, 제가 그 사람한테 뭐라고 설명할 말이 없잖아요."

이윽고 부인은 가면무도회장을 떠났다. 따라오지 말라는 엄중한 주의에도 개의치 않고 존스는 대담하게 그 뒤를 따라갔다. 이때 다시 앞서 말한 바와 같은 곤란한 상황에 빠지게 되었다. 즉 수중에 단돈 1실링도 없었으며, 설상가상으로 이번에는 돈을 꿔서 상황을 모면할 수도 없었다. 결국 부인이 타고 가는 가마 뒤를 과감히 걸어서 따라갔다. 현장에 있던 가마꾼이란 가마꾼들이 그 모습을 보고 함성을 질러댔다. 현명하게도 그들은 상전을 따라 걸어가는 사람만 보면 열심히 놀려대는 것이었다. 다만 다행스럽게도 오페라하우스 안에 있는 신사들은 너무 바빠서 아직 한 명도 무도회장을 떠나지 않았다. 또한 밤늦은 시각이어서 거리에서도 다른 신사들과 마주치지 않았으므로 곤혹을 치르지 않아도 되었다. 가면무도회 복장을 하고 있었던지라, 다른 때 같았으면 틀림없이 군중들을 몰고 다녔을 것이다.

하노버 광장에서 그다지 멀지 않은 거리에서 내린 부인은 곧바로 집 문이 열리자 안으로 들어갔다. 존스도 성큼성큼 따라 들어갔다.

존스와 부인이 들어간 곳은 훌륭한 가구들이 갖추어진 따뜻한 방이었다. 부인이 여전히 무도회에서 내던 목소리로, 친구가 약속을 완전히 잊어버린 것 같다며 놀라워했다. 거기에 대해 분통을 터뜨린 뒤 이번에는 갑자기 걱정스레, 이런 밤중에 단둘이 있는 것을 사람들이 어떻게 생각할 것 같느냐고 물었다. 존스는 그 중요한 물음에는 대답하지 않고, 가면을 벗으라고 끈질기게 애원했다. 결국 설득이 성공했는데, 모습을 드러낸 여성은 피츠패트릭 부인이 아니었다. 벨라스턴 부인이었다.

그 뒤 흔해 빠진 평범한 대화가 새벽 2시부터 6시까지 이어졌는데, 그 내용을 시시콜콜 말하기는 지루할 것이다. 우리 이야기에 조금이라도 의미 있는 내용만 언급해도 충분할 것 같다. 벨라스턴 부인이 어떻게든 소피아를 찾아내 며칠 안에 만나게 해주겠다는 것을, 한 번 만나면 반드시 헤어지겠다는 조건을 붙여 약속한 것이다. 이 문제가 완전히 합의되자, 그들은 그날 저녁 같은 장소에서 다시 만나기로 약속한 뒤 헤어졌다. 부인은 자기 저택으로, 존스는 하숙집으로 돌아갔다.

8
대부분의 독자분들께는 매우 기이하게 보일 곤란한 장면

존스는 몇 시간 눈을 붙이고 원기를 회복했다. 파트리지를 불러 50파운드짜리 지폐를 건네주며 잔돈으로 바꿔오라고 지시했다. 파트리지는 눈을 반짝이며 돈을 받았지만, 조금 곰곰이 생각하자 주인의 명예에 그다지 바람직하지 않은 의혹이 들기 시작했다. 그가 가면무도회에 대해 가지고 있는 좋지 않은 생각, 주인이 변장을 하고 나갔다가 그 모습 그대로 돌아왔다는 점, 외박을 하고 왔다는 점 등이 그 의혹을 부풀렸다. 쉽게 말해 존스가 지폐를 손에 넣은 경위에 대해 그가 생각해낼 수 있는 유일한 설명은 강도밖에 없었다. 솔직히 독자 여러분께서도 이 돈이 벨라스턴 부인의 호의에서 나왔을 거라는 추측 말고는 달리 생각할 길이 없으실 것이다.

존스 군의 오명을 씻고, 부인의 관대함을 밝히기 위해 말하겠다. 실제로 그 돈은 부인이 선물한 것이었다. 벨라스턴 부인은 병원 건립과 같이 그 시대에 흔했던 자선 사업에는 큰돈을 기부하는 사람이 아니었지만, 그러한 그리스도교적 미덕이 아주 결여된 사람은 아니었다. 훌륭한 가치를 지닌 청년이 단 1실링도 없는 것을 보고는, 그 청년이 그런 덕목을 발휘하기에 부적절한 대상이 아니라고 생각했던 것이다(실로 옳은 판단이었다고 생각된다).

존스 군과 나이팅게일 군은 그날 밀러 부인에게 식사 초대를 받았다. 두 청년은 약속된 시간에 두 딸과 함께 응접실에 모습을 드러냈다. 그런데 세 시부터 다섯 시가 다 될 때까지 기다려도 그 선량한 부인은 나타나지 않았다. 실은 시골에 있는 친척 댁을 방문하러 갔던 것이다. 부인이 돌아와서 이렇게 말했다.

"이렇게 오래 기다리게 한 것을 부디 용서해주세요. 이유를 들으시면 분명히 이해해주실 겁니다. 실은 이곳에서 6마일쯤 떨어진 곳에 사는 제 사촌 동생을 만나러 갔었답니다. 사촌 동생은 아이를 낳고 자리에 누워 있어요. 경솔한 결혼을 하면 어떻게 되는지(딸들을 쳐다보며) 그 애가 모두에게 좋은 본보기예요. 일정한 재산이 없으면 행복이란 없죠. 오, 낸시! 그 비참한 생활을 어떻게 설명해야 좋을까. 해산한 지 일주일도 채 안 됐는데 이런 끔찍한 추운 날씨에 차가운 방에서 침대도 커튼도 없이 지내고 있어. 불을 피우고 싶어도 집 안에는 석탄 한 통 없지. 그 귀여운 둘째 사내아이는 편도선에 걸려 엄마와 같은 침대에 누워 있더구나. 집에 다른 침대가 없거든. 불쌍한 토미! 낸시, 네가 좋아하는 그 꼬마를 이제 더는 볼 수 없을 듯싶구나. 건강이 몹시 안 좋아. 나머지 아이들은 그럭저럭 건강한 편이지만, 몰리가 좀 걱정이구나. 나이팅게일 씨, 그 애는 겨우 열세 살인데, 그렇게 훌륭한 간호사는 본 적이 없답니다. 엄마와 남동생을 얼마나 잘 돌보는지 몰라요. 게다가 놀랍게도 그 어린 나이에 엄마에게는 웃는 낯만 보이는 거예요. 하지만 저는요, 나이팅게일 씨, 그 애가 돌아서서 몰래 눈물을 훔치는 걸 보았답니다."

여기서 밀러 부인도 눈물이 흘러내려 얘기를 계속할 수 없었다. 그 자리에 있던 사람들 가운데 울지 않는 이는 단 한 명도 없었다. 마침내 얼마간 마음을 진정시킨 그녀가 말을 이었다.

"그런 비참한 상황에서도 애 엄마는 놀라우리만치 씩씩하게 행동했어요. 아들의 위독한 병세가 그녀를 가장 무겁게 짓누르지만, 그 걱정조차 남편 앞에서는 최대한 숨기려고 애쓰고 있지요. 하지만 어떤 때는 그런 노력도 슬픔을 이기지 못해요. 평소에 무척이나 귀여워하던 아이거든요. 영리하고 마음 씨도 고운 아이랍니다. 엄마가 자기 때문에 눈물을 흘리자, 글쎄 아직 일곱 살도 안 된 그 조그만 아이가 엄마를 위로하는 거예요. 그 말을 듣고 얼마나 감동했는지 몰라요. 그 애가 이러더군요. '엄마, 난 안 죽어. 하느님도 토미를 데려가시지 않을 거예요. 천국이 아무리 좋은 곳이라 해도, 거기에 가느니 이곳에서 엄마랑 아빠랑 함께 굶어죽겠어요.' 죄송합니다, 여러분. 눈물이 멈추질 않는군요(눈물을 훔치며). 그토록 섬세하게 엄마를 배려하는 아이를 보셨어요? 하지만 불쌍해할 필요가 없는지도 모르죠. 아마 하루나 이틀 뒤면, 인간의 악한 손길이 미치지 않는 곳으로 갈 테니까요. 사실 가장 동정해야 할 사람은 그 아버지예요. 가엾은 사람! 그의 얼굴은 공포 그 자체였어요. 차라리 시체처럼 보였지요. 오, 그 비참한 방에 들어갔을 때 내가 본 광경이란! 그 착한 아버지는 아이와 아내가 베고 있는 베개 뒤에 누워 있었어요. 입은 거라곤 달랑 얇은 조끼 하나였죠. 외투는 담요 대신 침대 위에 펼쳐놓았거든요. 제가 방에 들어가자 그가 일어났는데, 누군지 몰라볼 정도였어요. 존스 씨, 그는 2주 전만 해도 아주 잘생긴 미남이었어요. 나이팅게일 씨는 아시겠지만요. 그랬던 그가 눈은 움푹 꺼지고, 얼굴은 창백하고, 수염은 덥수룩하게 나 있었습니다. 몸은 추위로 벌벌 떨리고, 굶주림에 바싹 야위어 있었죠. 사촌 동생이 뭘 권해도 전혀 먹질 않는대요. 본인이 제 귀에 속삭였죠—그가 직접 말했어요—말하기가 괴롭군요—자기보다도 아이들에게 빵 한 조각이라도 더 먹여야 한다고요. 제 말이 믿어지세요? 그런 비참한 상황 속에서도 아내에게는 풍요 속에서 해산한 부인이 먹을 법한 아주 영양가 있는 죽을 먹이고 있었어요. 제가 맛을 보았는데, 그렇게 맛있는 죽은 먹어본 적이 없을 정도였지요. 그 죽은 하늘에서 온 천사가 보내준 거라고 하던데, 무슨 의미인지는 알 수가 없었어요. 한 마디라도 질문할 기운이 나지 않았거든요.

그들의 결혼은 서로가 좋아서 한 이른바 연애결혼이었지요. 두 가난뱅이가요. 그렇게 서로 사랑하는 부부는 본 적이 없어요. 하지만 그렇게 산대서야 서로 사랑한 일이 서로 괴롭히는 일밖에 더 되나요?"

낸시가 소리쳤다. "하지만 엄마, 저는 앤더슨 아줌마(이것이 그녀의 이름이었다)가 세상에서 가장 행복한 여자라고 생각했어요."

밀러 부인이 말했다. "지금은 그렇지 않단다. 남편이든 부인이든, 상대방의 고통을 따뜻하게 위로하는 일이 오히려 가장 견딜 수 없는 고통이라는 것이 누구의 눈에도 뻔히 보이거든. 그 고통에 비하면 허기나 추위는 혼자만 견디면 되니 아무 문제도 아니야. 게다가 아직 두 살도 안 된 막내만 빼고, 어린아이들까지 모두 같은 마음이잖니. 무엇보다 서로를 사랑하는 가족이야. 일정한 재산만 있다면, 세상에서 가장 행복한 가족이 되었을 텐데."

"그 집이 그렇게 가난에 쪼들리는지 처음 알았어요. 엄마 말씀을 들으니 마음이 저릿해요."

"오, 애야. 아줌마는 최선을 다해 노력해왔단다. 그런데도 늘 큰 고통을 겪어왔지. 그런데 이번처럼 심한 처지에 내몰린 건 실은 다른 사람 탓이란다. 가엾은 그 남편이 못된 자기 형의 채무 보증을 섰던 거야. 일주일 전, 그러니까 사촌이 애를 낳기 바로 전날, 집안 살림이 몽땅 압수되어 강제로 팔리게 되었단다. 내게 편지를 전달해달라고 그가 집행관에게 부탁했는데, 그 못된 놈이 편지를 전해주지 않았어. 소식도 없이 내가 일주일을 그냥 모른 척한 셈이 돼 버렸으니, 그가 나를 얼마나 원망했겠니?"

존스는 이 이야기를 눈물 없이는 들을 수가 없었다. 이야기가 끝나자 밀러 부인을 따로 불러 다른 방으로 데려갔다. 그 50파운드가 든 지갑을 통째로 건네며, 그 불쌍한 가족에게 적당하다고 생각하는 만큼의 액수를 꺼내어 갖다 주라고 말했다. 이때 밀러 부인이 존스를 쳐다본 눈빛은 뭐라 형용하기 어려울 것 같다. 그녀는 환희의 고통과도 같은 목소리로 외쳤다. "세상에! 당신 같이 친절하신 분이 또 있을까요?" 그러더니 정색을 하고 말했다. "참, 그런 분이 한 분 더 있죠. 그분 말고 다른 분이 또 있을까요?"

존스가 큰 소리로 말했다. "얼마든지 있지요. 고통에 빠진 이웃을 구제하는 것은 인간이라면 마땅히 해야 할 일에 불과한 걸요."

밀러 부인은 10기니만 꺼내고, 그 이상은 끝내 받지 않았다. "내일 아침 일찍 이 돈을 전달할 방법을 찾아보겠어요. 그 가난한 가족에게 저도 얼마간 돈을 주고 왔답니다. 처음 발견했던 그 비참한 상황을 그냥 놔두고 오진 않았어요."

두 사람은 응접실로 돌아왔다. 나이팅게일은 그 불쌍한 가족의 비참한 모습이 무척 걱정된다고 말했다. 몇 번인가 이 집에서 그 가족을 만난 적이 있었던 것이다. 그는 다른 사람의 채무에 책임을 지우는 제도의 어리석음을 비난하고, 그 형에게 통렬한 욕설을 퍼부은 뒤, 그 불행한 가족을 위해 뭔가 해줄 수 있는 일이 있었으면 좋겠다고 말을 맺었다. "그 가족을 올워디 씨에게 소개하면 어떻겠습니까? 아니면 기부금을 모으는 건 어떻겠어요? 저도 기꺼이 1기니를 내놓겠습니다."

밀러 부인은 아무런 대답도 하지 않았다. 어머니의 귓속말로 존스의 관대한 처사를 알고 있는 낸시는 얼굴이 창백해졌다. 물론 모녀 누구도 나이팅게일에게 화낼 이유는 없었다. 나이팅게일이 존스의 너그러운 처사를 알았다한들 그 태도를 따라할 의무는 없었고, 세상에는 동전 한 푼 기부하지 않는 사람이 수없이 많지 않은가. 결과적으로 그는 한 푼도 내지 않았다. 아무도 그를 부추기거나 얼마를 내라고 요구하지 않았으므로 주머니 안에 손을 넣지 않았던 것이다.

내가 이제까지 보아왔던 사실을 전달하기에 지금보다 좋은 기회는 없을 것 같으니 여기서 이야기를 해보겠다. 대개 자선 행위에 대한 세상 사람들의 의견은 완전히 상반된 두 가지로 나뉜다는 것이다. 한쪽은 모든 자선 행위는 자발적인 선물로 여겨야 하며, 그 선물이 아무리 작은 것이라 할지라도(심지어 마음만 기부한다 해도) 기부 행위 자체만으로 대단한 공적이 된다고 생각하는 것 같다. 이에 반해 다른 쪽은 자선이란 순전한 의무이며, 부자가 가난한 자의 딱한 처지를 도와줄 때 자기 능력의 절반도 발휘하지 않는다면, 그 인색한 기부는 공적은커녕 의무를 절반만 다한 셈이니 어떤 의미에서는 의무를 완전히 게을리한 사람보다 더욱 경멸받아 마땅하다고 굳게 믿는 것 같다.

이 상반된 두 견해를 조정하는 것은 내 능력 밖의 일이다. 다만 보통 자선을 베푸는 사람은 앞쪽 견해를 갖고 있고, 자선을 받는 사람은 거의 예외 없이 뒤쪽 견해를 지지한다는 점만 덧붙여 두겠다.

9
앞 장 내용과 전혀 다른 내용

그날 저녁, 존스는 벨라스턴 부인을 다시 만나 긴 대화를 나누었다. 그런데 이번에도 앞서와 마찬가지로 그저 흔하디흔한 내용뿐이었으므로 자세한 내용은 언급하지 않도록 하겠다. 그 내용을 독자 여러분께 유쾌하게 전달하기란 버거운 일이다. 독자 여러분께서 가톨릭 신자들이 성화에 대해 그러는 것처럼 그림의 힘을 빌려 여성 숭배의 마음을 고쳐하고자 한다면 이야기는 별개이지만 말이다. 나는 그런 난잡한 그림을 대중에게 보여주고 싶은 마음이 전혀 없다. 최근 번역본이라는 미명하에 매우 조잡하게 옮겨져 우리 영국에 소개된 몇몇 프랑스 소설 속에 들어 있는 그런 류의 그림에는 커튼을 드리우고 싶은 소망마저 있다.

존스는 소피아를 만나고 싶어 안달이 났다. 그런데 벨라스턴 부인과 만남이 거듭되면서, 이 부인을 통해 소피아를 만날 가능성이 없음을 깨달았다(부인은 소피아라는 이름만 거론해도 화를 냈다). 그는 다른 방법을 시도하기로 결심했다. 부인이 그의 천사가 있는 곳을 알고 있다는 것은 의심하지 않았다. 자연히 부인의 하인 몇몇도 같은 비밀을 알고 있으리라 생각했다. 그는 파트리지를 그들과 친해지도록 만든 다음 그들에게서 비밀을 캐내기로 결심했다.

이 가엾은 주인이 지금 처한 것보다 불안한 상황은 상상할 수가 없었다. 먼저 소피아를 찾아내기 위해 해결해야 할 어려움이 많았다. 그녀를 화나게 만들었다는 걱정, 소피아가 자신과 만나지 않기로 결심하고 일부러 몸을 숨겼다는 벨라스턴 부인의 이야기, 그것이 사실이라고 믿을 만한 충분한 근거가 그를 불안하게 했다. 그것 말고도 싸워야 할 어려움이 또 한 가지 있었다. 연인의 마음이 아무리 호의적이라 하더라도 그녀의 힘으로는 해결할 수 없는 어려움이었다. 바로 그녀 아버지가 그녀의 재산 상속권을 박탈할 위험이었다. 아버지 승낙 없이 두 사람이 결혼한다면 거의 피하기 힘들어질 결과였지만, 그 허락을 받아낼 가망성은 전혀 없었다.

이것도 모자라, 이제는 우리로서도 숨길 수 없는 어려움이 추가되었다. 벨라스턴 부인이 격렬한 애정의 증거로 그에게 수많은 선물을 잔뜩 안긴 것이다. 부인 덕분에 이제 존스는 런던에서 가장 옷을 잘 입는 남자가 되었다. 앞서 말했던 극심한 가난에서 벗어났을 뿐 아니라, 사실상 지금까지 꿈에도 알지 못했던 부유한 상태로 신분 상승을 이루었다.

아무런 보상도 없이 여자의 전 재산을 차지하고서도 태연히 뒤돌아보지 않는 신사도 많다. 그러나 악랄한 교수형과 어울리지 않는 착한 심성의 소유자들은 자신이 받은 애정에 보답하지 못하는 것만큼 불안한 일이 없을 것이다. 마음이 엉뚱한 곳으로 이끌려가는 때는 더욱 그렇다. 불행하게도 지금 존스가 처한 상황이 바로 그랬다. 그가 소피아에게 품었던 순수한 사랑, 다른 여성이 끼어들 틈이 없었던 그 순수한 사랑은 이제 문제 밖의 일이었다. 그렇다고 이 부인의 친절한 열정에 적절한 보답을 할 수도 없었다. 이 부인에게도 남자의 마음을 빼앗던 시절이 있었다. 지금은 옷차림도 태도도 아주 젊은 아가씨처럼 화려하게 꾸미고는 있지만, 속일 수 없는 인생의 쇠퇴기에 있었다. 장밋빛 뺨을 유지하려고 궁리는 했지만 철 지난 꽃을 억지로 피운 것처럼, 제때 피는 자연의 꽃에 조물주가 선물하는 생생함과 향기로운 신선함을 조금도 지니고 있지 않았다. 뿐만 아니라 이 부인에게는 얼핏 봐서는 아름답지만 향기로운 들판에 섞어 놓기에는 아주 부적절한 꽃과 같은 결점이 있었다. 사랑의 숨결이라고 부르기에는 몹시 거슬리는 체취를 지니고 있었던 것이다.

존스는 한편으로는 이러한 여러 단점을 인정하면서도, 다른 한편으로는 자신이 받은 은혜를 확고하게 인식했다. 또한 그 은혜의 원천이 열렬한 사랑이라는 점도 분명히 꿰뚫어 보았다. 그 맹렬한 사랑에 응하지 않는다면 부인이 자신을 배은망덕한 인간이라고 생각할 거라는 점, 더 나아가 자기 자신도 그렇게 생각할 거라는 점을 잘 알았다. 부인의 무한한 호의에서 나오는 무언의 조건도 잘 알고 있었다. 필요상 그 호의를 어쩔 수 없이 받아들였으니, 이제 대가를 치르지 않으면 명예 문제로 발전할 것이라고 생각했다. 따라서 그는 어떤 불행을 겪게 되건 그 대가를 치르기로 결심했다. 즉 부인에게 몸을 바치기로 한 것이다. 몇몇 나라 법에서 부채 변제 능력이 없는 채무자를 채권자의 노예로 삼아야 한다고 규정한 그 정의의 대원칙에서 비롯된 결심이었다.

이런 문제들을 골똘히 생각하고 있을 때, 부인에게서 다음과 같은 편지를 전달받았다.

"지난번 헤어진 뒤 몹시 어처구니없고 고약한 일이 일어나는 바람에, 늘 만나던 곳에서는 이제 뵙지 못하게 되었습니다. 되도록 내일까지 다른 장소를 찾아보고 알려 드리겠습니다. 그때까지 안녕히."

독자 여러분께서는 이 편지에서 비롯한 실망감이 그리 크지 않을 것이라고 생각하실지 모르겠다. 그러나 대단히 실망했다 하더라도, 그는 곧바로 회복되었다. 한 시간도 채 지나기 전에 같은 사람이 또 편지를 보낸 것이다. 거기에는 이렇게 쓰여 있었다.

"앞서 편지를 보내고 나서 마음이 바뀌었습니다. 당신이 사랑이라는 감정을 아시는 분이라면 이해하시겠지요. 어떤 결과가 벌어지든 나는 오늘 밤 우리 집에서 당신을 뵙기로 결심했습니다. 일곱 시 정각에 집으로 오세요. 식사하러 외출할 예정이지만 7시까지는 돌아올 겁니다. 진정으로 사랑에 빠진 연인들에게는 하루가 생각보다 훨씬 길다는 걸 깨달았습니다.

혹시 나보다 먼저 도착하거든, 응접실로 안내해달라고 하세요."

사실을 말하자면, 존스는 이 편지가 앞 편지보다 기쁘지 않았다. 이제 아주 친한 사이가 된 나이팅게일 군의 간곡한 청에 응할 수 없게 되었기 때문이다. 그 청이란 그날 밤 상연되는 신작 연극을 함께 보러 가자는 것이었다. 나이팅게일의 친구가 쓴 작품으로, 작가에게 반감을 품은 어느 유력한 일파가 야유를 퍼붓기로 약속이 된 연극이었다. 솔직히 털어놓기 창피하지만, 우리의 주인공은 앞서 같은 약속보다 이런 류의 오락이 훨씬 좋았다. 그러나 명예를 존중하는 마음이 취향을 이겼다.

그를 따라 이 부인과의 밀회 장소로 출발하기 전에, 앞서 두 편지에 대한 설명을 하는 것이 적절할 것 같다. 독자 여러분께서 자신의 연적이 묵고 있는 집으로 연인을 불러들이는 벨라스턴 부인의 무모함에 놀라셨을지도 모르니까 말이다.

지금까지 이 두 연인이 밀회를 즐겨온 집의 여주인은 몇 년 전부터 벨라스턴 부인에게 고용된 사람이었다. 그런데 최근 감리교로 개종하면서 그날 아침 부인을 방문하여 부인의 과거 행적을 심하게 비난한 뒤, 앞으로 무슨 일이 있어도 그런 애정 행각의 도구 역할을 하지 않겠노라고 단호하게 선언한 것이었다.

이 뜻하지 않은 사건으로 부인은 몹시 당황하여, 그날 밤 존스를 만날 다른 장소를 찾을 생각조차 하지 못하고 있었다. 이윽고 놀란 마음이 진정되고 머리를 다시 굴리던 중에 다행히도 어떤 생각이 떠올랐다. 소피아에게 연극 구경을 권유하겠다는 생각이었다. 소피아는 즉시 찬성했고, 그녀와 함께 갈 적당한 숙녀도 구했다. 아너와 에토프도 딸려 보냈다. 부인의 집은 존스 군을 안전하게 맞아들일 상태가 된 것이다. 그녀는 시내에서 꽤 멀리 떨어진 동시에 이전 밀회 장소와 가까운 친구 집에서 식사를 마친 뒤 집으로 돌아와, 누구의 방해도 받지 않고 두세 시간 정도 존스와 밀회를 즐길 속셈이었다. 지금 애인의 마음속에 일어나고 있는 도덕심의 동요를 모른 채 약속을 해 버린 것이다.

10
짧지만 몇몇 분들의 눈물을 자아낼지도 모르는 장

존스 군이 벨라스턴 부인을 방문하려고 막 옷을 차려입었을 때, 밀러 부인이 그의 방문을 두드렸다. 그녀는 방 안에 들어와, 아래층으로 내려와 응접실에서 함께 차를 마시자고 간절히 권했다.

응접실에 들어서자 부인이 곧 한 남자를 소개하며 말했다. "존스 씨, 이 사람이 제 사촌의 남편입니다. 존스 씨의 호의에 큰 은혜를 입었죠. 진심으로 감사를 드리고 싶다며 찾아온 겁니다."

밀러 부인의 친절한 소개가 끝나고 남자가 막 더듬더듬 감사의 말을 하려는 순간이었다. 존스와 남자는 서로를 뚫어지게 응시했다. 둘 다 몹시 놀란 모습이었다. 남자는 즉시 목소리가 기어들어갔다. 인사는 제쳐두고 의자에 털썩 주저앉으며 외쳤다. "그랬군요! 역시 그랬어요!"

밀러 부인이 소리쳤다. "아니, 대체 그게 무슨 소리죠? 어디 아픈 거 아니에요? 물이든 각성제든 아무튼 빨리 마시는 게 좋겠어요."

존스가 큰 소리로 말했다. "걱정 마십시오, 부인. 각성제는 저도 필요할 것 같습니다. 예상치 못한 만남에 우리 둘 다 똑같이 놀랐으니까요. 사촌의 남편분과 저는 친구랍니다, 밀러 부인."

남자가 소리쳤다. "친구라고요! 하느님, 맙소사!"

존스가 대꾸했다. "그래요, 친구요. 존경할 만한 친구죠. 처자식이 굶어죽는 걸 막기 위해 무슨 일이든 가리지 않는 사람을 사랑하고 존경하지 않는다면, 내 친구도 내가 곤경에 처했을 때 날 버리지 않겠습니까!"

밀러 부인이 큰 소리로 말했다. "오, 당신은 정말로 훌륭한 분이군요! 그래요, 정말로 가엾은 사람이지요! 무슨 일이든 가리지 않아 왔어요. 건강한 체질을 타고났으니 망정이지, 그렇지 않았다면 저세상에 가 있을 겁니다."

제정신을 차린 남자가 소리쳤다. "처형, 이분이 바로 하늘에서 내려왔다는 그 천사랍니다. 처형이 오시기 전까지 폐기가 목숨을 부지할 수 있었던 것은 이분 덕분이에요. 이분이 베푸신 친절 덕분에 그만한 생필품과 음식을 살 수 있었습니다. 진정 이분이야말로 세상에서 가장 훌륭하고, 가장 용감하고, 가장 고귀하신 분입니다. 처형, 저는 이분께 그만한 은혜를 받은 겁니다!"

존스가 안절부절못하며 소리쳤다. "은혜라니 당치 않습니다. 그런 말씀은 마세요. 아무 말도 하지 마세요(강도 사건을 누구에게도 발설하지 말라는 의미로 한 말 같았다). 겨우 그걸 가지고 제가 당신의 가족을 살린 거라면 저도 참 싼값에 기쁨을 산 셈이군요."

남자가 소리쳤다. "오오, 선생님! 당장 저희 집에 가서 직접 보시길 바랍니다. 지금 말씀하신 기쁨을 누릴 권리가 있는 사람이 있다면, 그건 바로 선생님입니다. 제 처형이 우리의 비참한 꼴을 보고 선생님께 말씀을 드렸다던데, 그것도 이제 꽤 정리되었답니다. 그게 다 선생님 덕택이지요. 아이들이 잘 침대도 생겼고…… 그리고…… 그리고…… 뭐라 감사의 말씀을 드려야 할지…… 먹을 빵도 있답니다. 병에 걸렸던 아이도 나았고, 아내도 위험한 상태를 넘겼어요. 저는 행복합니다. 이 모든 것이 선생님 덕택이고, 또 세상에서 가장 훌륭한 제 처형 덕택입니다. 진심으로 제 집에 한 번 모시고 싶습니다. 우리 집사람도 선생님을 뵙고 감사를 드려야지요. 아이들도 감사 인사를 드려야 하고요. 아이들도 은혜가 무엇인지쯤은 안답니다. 아내와 아이들이 감사 인사를 드릴 처지가 된 것이 다 누구 덕인지를 생각하면 저는……. 아아, 선생님께서 따뜻하게 데워주신 아이들의 작은 심장은 선생님의 도움이 없었더라면 지금쯤 얼음처럼 차갑게 식어 있었겠죠."

여기서 존스는 가엾은 남자의 이야기를 막으려 했다. 그러나 북받쳐 오르는 감정 때문에 남자는 저절로 말문이 막혔다. 그러자 이번에는 밀러 부인이 자신의 몫과, 사촌 몫까지 대신하여 감사의 말을 쏟아냈다. 그녀는 "그런 친절한 마음씨에는 반드시 훌륭한 보상이 따르리라고 믿는다"며 말을 맺었다.

존스가 대답했다. "전 이미 충분한 보상을 받았습니다. 사촌 남편분 말씀을 듣고 전 예전에 몰랐던 유쾌함을 맛보았답니다. 그런 이야기를 듣고도 감동하지 않는 사람은 악인일 것입니다. 그렇다면 그 이야기에서 행복한 역할을 맡았다고 생각하는 것이 얼마나 큰 환희겠습니까! 다른 사람에게 행복을 선물하는 기쁨을 느끼지 못하는 사람이 있다면, 저는 진심으로 그들을 동정할 겁니다. 제 생각에 그들은 야심가나 욕심쟁이나 방탕한 자들이 알 수 없는 커다란 명예와 많은 이익과 달콤한 기쁨을 무엇 하나 맛볼 수 없는 자들이니까요."

약속 시간이 다가왔으므로 존스는 서둘러 작별을 고해야 했다. 그에 앞서 남자의 손을 진심으로 꼭 쥐고, 가능하면 다시 만나게 되길 바라며, 기회가 되는 대로 집을 방문하겠노라 약속하기를 잊지 않았다. 그는 불쌍한 가족에게 행복을 가져다주었다는 기쁨에 들뜬 채 가마를 타고 벨라스턴 부인 댁으로 향했다. 큰길에서 습격을 받았을 때 자비의 목소리가 아니라 엄한 정의의 목소리에 귀를 기울였더라면, 그 가족에게 얼마나 끔찍한 결과가 초래되었을까 생각하니 오싹하지 않을 수가 없었다.

밀러 부인은 그날 밤 내내 존스를 향한 찬가를 불렀다. 앤더슨 씨도 돌아가기 전까지 감격스런 마음을 담아 열정적으로 거기에 화음을 넣었다. 하마터면 그 강도 사건을 발설할 뻔한 적이 몇 번이나 있었지만, 다행히 제정신을 차리고 경솔한 언행을 삼갔다. 밀러 부인이 원칙상 그런 일에 몹시 엄격하다는 사실을 알고 있었기 때문이다. 그는 또한 이 부인이 엄청난 수다쟁이라는 사실도 알고 있었다. 그럼에도 감사의 마음이 너무 커서, 그만 분별력과 수치심을 넘어 진실을 밝힐 뻔했다. 은인의 완벽한 명예가 될 자질구레한 상황을 감출 바에는 자신의 이름에 먹칠을 하는 편이 낫다고 생각한 것이다.

11

독자 여러분께서 놀라실 장

존스 군은 약속 시간보다 조금 일찍 부인 댁에 도착했다. 부인은 식사 약속 장소가 멀었던 데다, 지금과 같은 심리 상태에서는 몹시 짜증나는 불운한 사건 때문에 빨리 돌아올 수가 없었다. 그는 응접실로 안내되었다. 그곳에 들어가고 얼마 지나지 않았을 때였다. 갑자기 문이 열리더니 소피아가 들어오는 것이 아닌가! 제1막이 끝나기 전에 극장에서 뛰쳐나온 것이었다. 앞서 말했듯이 이 신작 연극은 한쪽은 비난하고 한쪽은 칭찬하는 두 파가 부딪쳐 격렬한 소동이 벌어졌고, 급기야는 두 진영 사이에 싸움까지 벌어졌던 것이다. 몹시 겁에 질린 우리의 여주인공은 한 젊은 신사의 보호에 기꺼이 몸을 맡겼고, 신사는 그녀를 무사히 가마 있는 곳까지 데려다 주었다.

벨라스턴 부인이 늦게까지 돌아오지 않을 거라고 말했었기 때문에, 소피아는 응접실에 아무도 없을 거라고 생각하고 급히 안으로 들어와 바로 맞은 편 거울 쪽으로 갔다. 존스가 석상처럼 굳은 채 꼼짝 않고 서 있는 구석 쪽은 한 번도 쳐다보지 않았다. 거울에 자신의 예쁜 얼굴을 한참 비춰보던 그녀는 그제야 그 석상을 발견했다. 깜짝 놀라 뒤를 돌아보니 석상의 실체가 있었다. 그녀는 꺅하는 비명과 함께 기절 직전이었다. 겨우 움직일 수 있게 된 존스가 달려와 그녀를 안았다.

이때 두 연인의 표정과 감정을 그려내기란 내 능력 밖의 일이다. 서로 아무 말도 없는 것으로 보아, 그들의 감정이 말로 표현하기 힘들 정도로 컸다는 것만은 판단할 수 있다. 그 감정을 내가 표현할 수 있으리라 생각하시면 곤란하다. 안타깝게도 독자 여러분 가운데 이때 두 연인의 마음을 자신의 경험처럼 절실히 느낄 정도로 사랑에 익숙한 분이 거의 없을 거라는 사실이다.

한참 뒤에 존스가 우물쭈물 말했다. "꽤 놀랐나 보군요."

그녀가 대답했다. "놀라고말고요! 정말 놀랐어요. 당신이 진짜로 지금 제 눈에 보이는 그 사람이 맞는지 의심이 들 정도로요."

"아아, 나의 소피아. 이번 한 번만 그렇게 부르게 허락해주시오. 내가 바로 수많은 좌절 끝에 겨우 운명의 여신이 당신에게 인도해준 그 빌어먹을 존스가 맞소. 오, 소피아! 이 길고 보람 없는 추적을 하는 동안 내가 얼마나 괴롭고 고통스러웠는지 아실는지요."

다소 정신을 차린 소피아가 주저하며 말했다. "누구를 추적했단 말인가요?"

"그런 질문을 하다니, 어찌 그리 무정하오? 당신을 추적한 것이 뻔하지 않소?"

"저를 추적했다고요? 저에게 중요한 볼일이라도 있으세요?"

존스가 외쳤다. "사람에 따라서는 중요한 볼일일 수도 있겠죠(그러면서 수첩을 건넸다). 분실했을 때보다 가치가 줄어들지 않았기를 바랍니다."

수첩을 받아 든 소피아가 무슨 말을 하려는데 존스가 그를 막으며 말했다. "운명의 여신이 선물한 이 소중한 시간을 한순간도 헛되이 하지 맙시다. 오, 나의 소피아! 그보다 훨씬 중요한 일이 있소. 내 무릎을 꿇고 용서를 빌겠소."

소피아가 소리쳤다. "용서라고요! 그런 일을 벌여놓고 참 뻔뻔하시군요. 전 들은 이야기도 많답니다."

"나도 무슨 말을 해야 할지 모르겠소. 사실 나도 용서받으리란 생각은 않소. 오, 소피아. 앞으로 나 같은 몹쓸 놈은 잊어주시오. 나에 대한 기억이 그 여린 가슴에 파고들어 단 한순간이라도 당신을 불안하게 한다면, 내가 얼마나 하찮은 놈이었는지를 생각하시오. 업턴에서 있었던 일을 떠올리고 당신 마음에서 영원히 나를 지워 버리시오."

그동안 소피아는 내내 몸을 떨며 서 있었다. 얼굴은 하얀 눈보다 창백하고, 심장은 코르셋을 통해 고동쳤다. 업턴이란 단어를 듣자마자 뺨이 확 붉어지며, 그 전까지는 거의 내리깔고 있던 눈을 들어 경멸의 눈빛으로 존스를 쳐다보았다. 그는 이 무언의 비난을 알아차리고 이렇게 대답했다.

"오, 나의 사랑스러운 소피아. 그곳에서 있었던 일로 당신이 나를 증오하는 것 이상으로 나도 나 자신을 증오하오. 그러나 내 가슴은 결코 당신을 배신한 적이 없음을 알아주시오. 내가 저지른 어리석은 짓과 내 가슴은 관계가 없소. 그때조차 내 가슴만은 변함없이 당신 것이었소. 당신을 내 것으로 만들고 싶다는 소망, 아니 다시 볼 수 있으리란 희망조차 잃었었지만 그래도 난 사랑스러운 당신에게만 흠뻑 빠져 있었소. 다른 여성은 진정으로 사랑할 수가 없었소. 내 가슴이 당신 것이 아니었다고 해도, 그 저주받은 마을에서 나와 우연히 함께 있었던 그 숙녀는 내 진정한 사랑이 아니었소. 나의 천사여, 내 말을 믿어주오. 그날 이후 지금까지 나는 그녀를 만나지 않았소. 다시 만날 의사도 없고, 만나고 싶지도 않소."

소피아는 이 말을 듣고 내심 기뻤지만, 억지로 더욱 차가운 표정을 지으며 말했다. "도련님, 묻지도 않은 일을 어째서 굳이 변명하시죠? 도련님의 죄가 비난받아 마땅하다고 생각한다면, 저는 도저히 용서할 수 없는 중대한 죄를 비난하겠어요."

존스는 자신과 벨라스턴 부인 사이의 밀회 이야기가 나올까봐 얼굴이 창백해져서 대답했다. "그게 대체 무슨 소리요?"

그녀가 말했다. "아아, 어떻게 그럴 수 있나요! 고귀한 모든 것과 비천한 모든 것이 어떻게 한 사람의 가슴에 함께 들어 있을 수 있나요?"

벨라스턴 부인의 기둥서방이나 다를 바 없는 자신의 불명예스런 처지가 존스 마음속에서 다시 고개를 쳐들었다. 그는 대답을 할 수 없었다. 소피아가 말을 이었다.

"도련님께 그런 대접을 받을 줄은 꿈에도 생각하지 못했어요. 아니, 꼭 도련님이 아니더라도, 신사라면, 명예를 존중하는 사람이라면, 그런 짓은 하지 않겠죠. 제 이름을 사람들 앞에서 함부로 거론하고 비방하다니요! 그것도 천박한 사람들이 모인 대중 여관 따위에서요! 무방비한 상태에서 그만 경솔하게 드러내 보였을지도 모르는 자그마한 호의를 떠벌리다니요! 제가 당신을 사랑하는 게 싫어 제게서 도망칠 수밖에 없었다니요!"

소피아의 말을 듣고 존스가 느낀 충격은 무엇에도 비할 바가 없었다. 하지만 그런 말을 한 기억이 없는 만큼, 양심에 경보를 울렸던 가느다란 줄을 소피아가 건드렸을 때보다는 훨씬 덜 당황하며 방어 방법을 찾았다. 잠시 정황을 따져 물은 끝에, 자신이 연인의 명예에 그토록 충격적으로 먹칠을 했다고 소피아가 생각하게 된 것은 전적으로 이 여관 저 여관에서 여관주인들과 하인들에게 제멋대로 떠벌리고 다닌 파트리지 때문임을 깨달았다. 소피아가 그런 사람들에게서 정보를 얻었다고 고백했던 것이다. 결국 그리 어렵지 않게 그는 자신의 성품과 어울리지 않는 그런 죄는 하나도 저지르지 않았다고 그녀를 설득했다. 그러나 소피아는 당장 숙소로 돌아가 파트리지를 요절내겠다는 존스를 말리느라 애를 먹어야 했다. 그가 파트리지를 반드시 죽이겠노라고 몇 차례나 맹세했기 때문이었다. 오해가 풀리고 정신을 차리고 보니, 두 사람은 서로 몹시 만족해하고 있었다. 존스는 이제 자기를 깨끗이 잊어달라고 간청함으로써 대화를 시작했다는 사실조차 까맣게 잊었다. 소피아도 이제 그런 간청과는 사뭇 다른 간청에 귀를 기울일 수 있는 심경이 되어 있었다. 즉 어느새 이야기가 진척되어 그는 구혼처럼 들리는 말을 하고 있었고, 그녀는 "아버지에 대한 의무가 제멋대로 구는 것을 금하지만 않는다면, 다른 남자와 결혼하여 갑부가 되기보다 당신과 결혼하여 구걸하며 사는 편이 낫다"고 대답했던 것이다. '구걸'이라는 말에 존스는 깜짝 놀라, 아까부터 잡고 있던 그녀의 손을 놓고 손으로 가슴을 치며 소리쳤다.

"오, 소피아! 내가 어찌 당신에게 구걸을 시킨단 말이오? 하늘에 맹세코 절대로 그럴 순 없소. 그런 한심한 짓은 할 수 없소. 사랑스러운 소피아, 아무리 괴롭더라도 난 당신을 포기하겠소. 당신을 단념하겠소. 당신을 위하는 길이 아닌 소망은 이 가슴에서 떼어내겠소. 사랑은 영원히 간직하겠지만, 입밖에 내지는 않을 것이오. 당신에게서 멀리 떨어진 곳, 내 절망의 목소리와 한숨이 절대로 당신 귀를 괴롭히지 못할 어느 외국에서 당신을 그리겠소. 내가 죽으면……."

이야기를 계속하려고 했지만, 아까부터 그의 가슴에 기대어 말 한 마디 없이 눈물을 펑펑 쏟고 있는 소피아 때문에 멈추고 말았다. 그가 입맞춤으로 눈물을 닦아냈다. 소피아는 한동안 그대로 있다가 마침내 정신을 차리고는 부드럽게 그의 품에서 벗어났다. 너무나도 애절하고 견딜 수 없는 그 주제에서 화제를 돌리려고, 지금까지 미처 물을 겨를도 없었던 질문을 던졌다. "어째서 이 방에 있는 것이냐?"는 질문이었다. 존스는 말을 더듬거렸다. 그대로 있었더라면 소피아의 의혹을 불러일으킬 대답을 했을 것이다. 그런데 마침 그때 문이 벌컥 열리더니 벨라스턴 부인이 들어왔다.

몇 걸음 걸어오다가, 존스와 소피아가 함께 있는 것을 보고 부인은 갑자기 멈춰 섰다. 그러더니 이내 놀라우리만치 평정을 되찾고 말했다—목소리나 표정은 놀란 기색이 완연한 채였다. "웨스턴 양은 연극 구경을 갔을 거라고 생각했는데요?"

소피아는 존스가 어떻게 자신이 있는 곳을 알아냈는지 그의 입으로 직접 들을 기회가 없었다. 그러나 사건의 진상은 꿈에도 몰랐고, 존스와 벨라스턴 부인이 구면일 거라고도 생각하지 않았으므로 별로 당황하지 않았다. 더구나 그동안 부인과 대화를 나누어본 결과로 부인은 아버지에 크게 반대하고 완전히 자기편이기 때문에 더욱 태연했다. 따라서 그녀는 아무런 망설임 없이, 극장에서 있었던 일과 자신이 서둘러 돌아오게 된 이유를 자세히 설명했다.

설명이 길었던 관계로, 벨라스턴 부인은 정신을 가다듬고 어떤 식으로 행동해야 할지 생각할 기회를 얻게 되었다. 소피아의 태도로 보건대, 존스가 자신을 배신했다고는 생각되지 않았다. 그녀는 쾌활한 척하며 말했다. "웨스턴 양, 손님이 계신 줄 알았더라면 이렇게 갑작스레 방해하지 않았을 텐데요."

이렇게 말하며 벨라스턴 부인은 소피아에게 시선을 집중했다. 가엾은 숙녀는 얼굴이 새빨개져서 당황하여 어찌할 바를 몰라 하며 더듬더듬 대답했다. "아주머니께서 함께 하시겠다면 언제든—"

벨라스턴 부인이 큰 소리로 말했다. "적어도 내가 용무를 방해한 건 아니길 바라요."

소피아가 대답했다. "천만에요. 우리 용무는 끝났어요. 아주머니도 제가 수첩을 잃어버렸다고 여러 번 말했던 것을 기억하시죠? 다행히 그걸 이분이 발견하셔서, 친절하게도 그 안에 든 수표와 함께 돌려주러 오신 거랍니다."

벨라스턴 부인이 등장한 이후 존스는 두려움에 휩싸여 쓰러지기 직전이었다. 그는 발뒤꿈치로 바닥을 차고, 손가락을 만지작거리며 앉아 있었다. 젊은 시골 지주가 처음으로 사교계 모임에 소개되었을 때보다 얼뜨기 같은 모습이었다(그렇게 보이는 게 가능하다면). 그러나 점점 평정을 되찾았다. 부인의 행동을 보고, 부인에게 자신과 아는 사이임을 알릴 마음이 없음을 알아챘다. 그도 부인 못지않게 완전히 낯선 사람인 양 행동하기로 마음먹었다.

"수첩을 주운 뒤, 안에 적힌 이름을 보고 그 숙녀의 주소를 알아내려고 백방으로 노력했지만, 불행하게도 오늘날까지 도저히 알아낼 수가 없었습니다."

소피아가 벨라스턴 부인에게 수첩을 잃어버린 사실을 이야기한 것은 사실이었다. 하지만 왜인지는 몰라도 존스는 수첩을 주웠다는 이야기를 그동안 부인에게 한 적이 없었다. 따라서 부인은 소피아가 지금 말한 내용을 한 마디도 믿지 않았다. 그런 변명을 꾸며낸 이 어린 숙녀의 영악함에 놀라움을 금치 못했다. 극장을 뛰쳐나왔다는 소피아의 변명도 일절 믿지 않았다. 두 연인이 어떻게 만나게 되었는지는 알 수 없지만, 어쨌든 우연은 아니라고 확신했다.

부인이 억지로 미소를 지으며 말했다. "웨스턴 양, 돈을 되찾았다니 참 다행이군요. 정직한 신사분께서 주워 주인을 찾아 주셨으니까요. 광고를 낼 생각은 없었을 거 아니에요? 손님, 수표 주인을 찾으셨다니, 아주 운이 좋았어요."

존스가 소리쳤다. "그렇습니다, 부인. 수첩 안에 끼워져 있었는데, 그 수첩에 숙녀분 성함이 적혀 있었거든요."

부인이 큰 소리로 말했다. "그게 정말로 행운이었지 뭡니까. 웨스턴 양이 우리 집에 있다는 사실을 알아내신 것도 굉장한 행운이고요. 아는 사람이 거의 없거든요."

존스는 마침내 완전히 활기를 되찾았다. 그는 지금이야말로 벨라스턴 부인이 들어오기 직전에 소피아가 물었던 질문에 대답할 절호의 기회라고 생각하고 말했다.

"부인, 제가 숙녀분 소재를 알게 된 것은 그야말로 우연한 행운이었습니다. 며칠 전 밤 가면무도회에서 한 숙녀분께 제가 발견한 수첩과 주인 이름을 얘기한 적이 있는데, 그 숙녀분이 웨스턴 양을 만날 수 있는 곳을 안다고 하지 않겠습니까. 다음날 아침 자기 집으로 오면 그곳을 가르쳐주겠다는 겁니다. 저는 약속대로 그 집에 갔는데, 그분은 외출하고 없었죠. 그 뒤로 그녀를 만날 수 없었는데, 오늘 아침에야 그분이 부인 댁으로 가보라고 가르쳐 준 겁니다. 그래서 이렇게 찾아와, 부인을 뵙고 싶다고 청한 거지요. 아주 중요한 용무가 있다고 말하자, 하인이 저를 이 방으로 안내했습니다. 그런데 얼마 되지 않아, 이 젊은 숙녀분께서 극장에서 돌아오셨던 겁니다."

가면무도회라는 단어를 말하며 그는 벨라스턴 부인에게 매우 은밀한 눈빛을 보냈다. 소피아에게는 들킬 염려가 없었기 때문이다. 소피아는 몹시 당황해서, 무얼 관찰할 상태가 아니었던 것이다. 존스의 암시에 부인은 조금 당혹스러워 침묵을 지켰다. 소피아의 마음에 일어난 동요를 감지한 존스는 그녀를 진정시킬 유일한 방법을 취하기로 결심했다. 바로 집으로 돌아가는 것이었다. 방을 나가기 전에 그가 말했다. "부인, 이런 경우 뭔가 보상을 받는 것이 관례이지요. 제 정직함에 대한 보상으로는 더 높은 것을 받고 싶습니다만. 부인, 그것은 댁을 다시 방문할 수 있는 영광을 허락해 주십사 하는 것입니다."

부인이 대답했다. "당신은 신사가 틀림없습니다. 그리고 우리 집은 상류층 인사들이라면 누구든 환영하죠."

존스는 적절한 예를 표한 뒤 물러났다. 본인도 몹시 흡족했지만, 소피아도 그 못지않게 안심했다. 사실 그녀는, 벨라스턴 부인이 이미 너무도 잘 알고 있는 비밀을 들킬까봐 몹시 긴장하고 있었던 것이다.

존스는 계단에서 옛 친구 아너와 마주쳤다. 그녀는 그동안 그토록 그에게 악담을 퍼부었던 주제에, 지금은 아주 예의 바르고 공손하게 굴었다. 이 만남은 행운이었다. 그가 소피아에게 미처 말하지 못한 자신의 하숙집을 아너에게 알려준 것이다.

12
제13권의 결말

고매하신 섀프츠베리 경께서 어디에선가 너무 많은 진실을 이야기하는 것에 반대하신 적이 있다. 이 주장을 추론해보면, 때에 따라서는 거짓말도 용서될 뿐 아니라 때로는 칭찬받을 만하다고 말해도 좋을 것이다.

그런데 사랑에 빠진 젊은 여성보다 이런 칭찬받을 만한 진실 왜곡의 권리를 정당하게 주장할 사람은 없을 것이다. 그들은 거짓말을 하더라도 행동 수칙, 교육, 특히 사회 관습, 더 나아가 습관상 필요라고 해도 좋을 여러 가지 이유를 들어 발뺌할 수 있다. 이것들은 숙녀들이 정직한 본성의 충동에 몸을 내맡기는 일까지는 억제하지 못하나(그런 충동을 금하는 일은 어리석은 행동이다), 그러한 충동을 고백하는 일은 억제해준다.

우리도 지금 우리의 여주인공이 앞서 말한 존경스런 철학자의 주장을 따른 사실을 부끄럽게 생각하지 않는다. 소피아는 벨라스턴 부인이 존스의 정체를 모른다고 확신했다. 따라서 조금쯤은 거짓말을 하더라도 부인에게는 끝까지 알리지 않기로 결심한 것이다.

존스가 떠나고 곧 벨라스턴 부인이 큰 소리로 말했다. "정말 훌륭하고 잘생긴 청년이구나. 대체 누굴까? 내 기억으로는 본 적이 없는 얼굴인데."

소피아가 외쳤다. "저도 마찬가지랍니다. 수표를 돌려주신 일은 퍽 훌륭한 처신이었어요."

"그렇구나. 게다가 아주 잘생긴 청년이야. 그렇게 생각하지 않니?"

"그렇게 자세히는 안 봤어요. 하지만 굳이 말하자면 좀 촌스럽고 교양 없어 보이던데요."

벨라스턴 부인이 큰 소리로 말했다. "그 말이 맞구나. 그의 태도를 보면 그가 그저 그런 사람들과 어울린다는 걸 알겠어. 수표를 돌려주고도 보답을 거절하긴 했지만, 그가 진짜 신사가 맞는지 의심스럽구나. 양갓집 사람들에겐 그렇지 않은 사람들이 결코 갖지 못한 무언가가 있다는 것이 내 신념이거든. 그자를 다시 이 집에 들이지 말라고 지시를 내려야 할 것 같네."

"하지만 그렇게 현명한 처신을 하셨으니, 훌륭한 분이 틀림없어요. 게다가 자세히 보면 말투에도 품위가 있고, 부드럽고 멋있는 표현을 쓰시며, 그리고, 또—"

"솔직히 말하자면 그 청년은 말이 많았어. ……그리고 소피아, 실은, 용서하렴. 정말로 용서해줘야 해."

"제가 아주머니를 용서하다니요!"

부인이 웃으면서 대답했다. "그래, 용서해야 한다. 실은 처음 방에 들어왔을 때, 말도 안 되는 의심을 했거든. 정말로 용서하렴. 난 그 사람이 존스 씨라고 생각했단다."

소피아가 얼굴을 붉히고 거짓으로 웃으며 외쳤다. "어머나, 아주머니! 그게 정말이세요?"

"그래, 정말 그랬지 뭐니. 어째서 그런 생각을 했는지 몰라. 솔직히 옷은 꽤 괜찮지 않니? 그런데 네 친구 존스는 그리 좋은 옷을 입지 않았다고 하지 않았어?"

"아주머니도 참, 그런 걸 갖고 놀리시다니 심술궂으세요. 제가 약속드렸잖아요."

"이게 뭐가 심술궂다는 거니? 전 같으면 그랬을지 몰라도. 넌 아버지 허락 없이는 결혼하지 않겠다고 약속했어. 그건 존스 씨를 포기하겠다는 뜻이지. 옛 사랑이 놀림을 받더라도 괜찮아야 정상 아니니? 시골 아가씨가 빠질 법한 사랑이었고, 이미 그 사랑을 완전히 극복했다고 말하지 않았어? 그 청년의 옷을 가지고 농담을 좀 했다고 해서 발끈하다니, 내가 어떻게 생각해야 좋은 거니? 아직도 홀딱 빠져 있는데, 나한테는 적당히 둘러댄 것 같다는 생각이 드는구나."

소피아가 큰 소리로 말했다. "아주머니, 제가 그 사람을 신경 쓰고 있다고 생각하신다면 오해예요."

"그 사람? 너야말로 날 오해했구나. 난 옷 얘기밖에 하지 않았잖니. 다른 걸 비교해서 네 맘을 상하게 하고 싶진 않다. 꿈에서라도 너의 존스 씨가 그런 초라한—"

"하지만 아주머니, 그가 잘생겼다는 건 인정하신 거죠?"

부인이 다급하게 소리쳤다. "누구 말이지?"

"존스 씨요." 소피아가 대답했다. 그러고는 즉시 정신을 차리고 정정했다. "존스 씨라니, 말도 안 돼! 죄송해요. 제 말은, 방금 여기 있던 신사분 말이에요."

"어머나, 소피아! 그 존스라는 청년이 아직도 네 머릿속에 맴도는 모양이네!"

"제 명예를 걸고 맹세하지만, 존스 씨건 지금 돌아간 신사분이건, 전 눈곱만큼도 관심이 없답니다."

"나도 내 명예를 걸고 그 말을 믿으마. 그러니 악의 없는 그 농담은 용서해주렴. 앞으로는 그 청년 이름을 입 밖에 내지 않으마."

그러고 나서 두 숙녀는 헤어졌다. 이것은 벨라스턴 부인보다 소피아에게 훨씬 기쁜 일이었다. 부인은 연적을 조금 더 괴롭히고 싶었지만, 그보다 중요한 용무가 기다리고 있었다. 소피아는 생전 처음 한 거짓말 때문에 마음이 진정되지 않았다. 자기 방으로 돌아와서도 몹시 불안한 마음과 부끄러움으로 전전긍긍했다. 자신의 힘든 처지와 불가피했던 당시 상황을 고려해도 자신의 행동을 용서할 수 없었다. 사정이야 어떻건 자신이 거짓말을 했다고 생각하면 견딜 수 없을 만큼 그녀는 예민했다. 그것이 마음에 걸려 그날 밤은 한숨도 자지 못했다.

제14권
이틀 동안 일어난 일

1
작가가 자신이 쓰려고 하는 주제에 대해 어느 정도 지식이 있을 때
그만큼 더 잘 쓸 수 있음을 증명하는 글

요즘 몇몇 신사가 학식의 도움을 조금도 빌리지 않고, 때로는 읽는 능력도 없는 상태에서 놀라운 재능만 가지고 문단에 감명을 던진다. 이 때문에 현대 비평가들이 최근 다음과 같은 주장을 펴기 시작했다는 소리가 들린다. 작가에게는 모든 학문이 전적으로 무용지물이며, 본디 상상력이 지닌 생기발랄한 활동력을 제약하는 일종의 족쇄에 불과하다는 주장이다. 그 때문에 상상력은 무거운 짐을 지게 되었고, 학문만 없었다면 도달했을 높은 경지로 비상할 수가 없게 되었다는 것이다.

현재 이런 주장들이 지나치게 퍼져 있는 것 같다. 문장이 다른 기예들과 달라야 할 이유가 뭐란 말인가? 춤 선생의 민첩함은 동작을 가르친다고 해서 조금도 손상 받지 않는다. 어떤 장인이 도구 사용법을 배웠다고 해서 그 도구들이 망가지는 것은 아니다. 나는 호메로스나 베르길리우스가 그 시대 온갖 학문을 배우지 않고 현대 대부분 작가들처럼 무지했다면 더 열정적인 시를 썼으리라고 생각할 수 없다. 또한 명연설가 피트가 데모스테네스나 키케로의 문장을 숙독하거나 그들의 기백과 지식을 자기 연설 안에 집어넣지 않았더라면, 그의 상상력과 열정과 판단력만 가지고는 우리 시대 영국 상원 연설에서 그리스 로마에 필적하는 수많은 대 연설을 낳지 못했으리라 믿는다.

그렇다고 동료 작가들에게도 키케로가 웅변가에게 필수라고 지적한 만큼의 학문이 필요하다고 주장하는 것은 아니다. 오히려 내 생각으로는 시인에게 필요한 독서량은 극히 적으며, 비평가는 더욱 적게 읽어도 충분하고, 정치가는 더 적어도 된다. 시인에게는 비시의 《시화집》과 그 밖에 영국 현대 시인 몇 명의 작품만 있으면 충분할 것이고, 비평가에게는 각본 몇 편, 정치가에게는 정치신문 한 다발이면 족할 것이다.

사실 내가 요구하는 바는 그저 인간은 자기가 다루는 문제에 대해 조금은 지식을 가질 필요가 있다는 것이다. 즉 Quam quisque norit artem in eâ se exerceat(사람은 저마다 아는 분야에서 자기 자신을 갈고닦아야 한다)는 옛 법률 격언과 같은 주장이다. 자기 분야의 지식을 갖추어야 비로소 작가도 때로 상당한 양의 작업을 해낼 수 있다. 그런 지식이 없다면 다른 학문을 아무리 많이 쌓은들 아무 쓸모가 없다.

호메로스, 베르길리우스, 아리스토텔레스, 키케로, 투키디데스, 리비우스가 한데 모여 저마다 지력을 발휘해서 춤 기술에 대한 논문을 쓴다고 가정해보자. 그들의 노작이 에섹스 씨가 같은 주제로 발표한 훌륭한 논문 〈신사 교육 입문서〉에 상대도 되지 않으리란 것은 말할 필요도 없다. 또한 권투의 달인 브로턴 씨를 설득하여 펜을 쥐게 하고, 앞서 언급한 입문서의 속편으로서 권투 기술의 참뜻을 집필하게 한다고 생각해보자. 유사 이래 그처럼 고상하고 유용한 기술을 다룬 대작가가 없었다며 개탄할 필요가 있을지 나는 의심스럽다.

간단한 문제에 실례만 덧붙이는 일은 그만두고 단도직입적으로 말하겠다. 나는 예로부터 많은 영국 작가가 상류 사회 풍습을 묘사하는 데 서투른 이유 가운데 하나는 그들이 실제로 그것을 모르기 때문이라고 말하고 싶은 것이다.

상류 사회에 대한 지식은 유감스럽게도 많은 작가가 도달할 수 없는 영역이다. 책을 읽어도 매우 불완전하게밖에 알 수 없으며, 연극 무대도 그보다 나을 게 없다. 책을 읽고 탄생시킨 훌륭한 신사는 거의 대부분 현학자이며, 무대를 본보기로 삼아 탄생시킨 신사는 결국 어릿광대에 지나지 않는다.

작중 인물도 이들을 모델로 묘사한다면 몹시 근거가 빈약해진다. 벤브루와 콩그리브는 실물을 그대로 옮겼다. 그러나 그들을 모방한 작가들이 지금 시대를 옮기지 못하는 이유는 호가스가 티치아노나 반다이크의 옷을 빌려입고 대연회를 그리려는 것과 마찬가지이다. 요컨대 모방은 작업이 아니다. 실물 자체를 옮겨야 한다. 진짜로 세상을 알려면 그 속으로 들어가는 수밖에 없다. 모든 계층의 풍습을 알고 싶다면 직접 봐야 한다.

그런데 상류층 사람이란 평민들처럼 길거리나 가게, 커피숍에서 흔히 볼 수 있는 존재가 아니다. 값비싼 동물처럼 돈을 주고 구경할 수 있는 존재도 아니다. 요컨대 출생 신분이 좋든지 재산이 많든지, 이 두 가지에 필적하는 도박꾼이라는 명예로운 직업을 갖고 있든지, 이 중 한 가지 자격이라도 갖춘 사람이 아니면 절대로 볼 수가 없다. 그런데 불행하게도 그런 자격을 가진 사람은 좀처럼 문필업이라는 돈벌이가 되지 않는 직업에 종사하지 않는다. 이 직업을 꿈꾸는 사람은 대개 가난한 계층의 빈곤한 자들뿐이다. 흔히 아무 자본 없이 시작할 수 있는 직업이라고 생각하기 때문이다.

　　따라서 레이스나 자수나 비단이나 양단을 걸치고 거대한 가발을 쓰고 치마에는 후프를 집어넣은 기이한 차림의 괴물이 귀족, 귀부인이라고 뽐내며 무대를 활보함으로써, 1층 일반 관람석에 앉은 변호사들과 그들의 서기들, 또 3층 싸구려 관람석에 앉은 시민들과 도제들을 기쁨의 도가니로 빠뜨리는 일이 벌어지는 것이다. 그런 괴물이 실제로 존재하지 않음은 켄타우로스나 키메라가 공상 속의 동물인 것과 다르지 않다. 여기서 독자 여러분께 비밀을 한 가지 알려 드리겠다. 이런 상류 생활에 대한 지식은 실수를 예방하기 위해 꼭 필요하긴 하지만, 희극이나 내가 지금 쓰는 이 작품 같은 희극에 속하는 소설을 다루는 작가에게는 그다지 도움이 되지 않는다는 사실이다.

　　포프 선생의 여성 평론은 이 계층 사람들에게도 대부분 딱 들어맞는다. 그들이 형식과 허식만으로 이루어져 있어 도무지 개성이란 것을 찾아볼 수 없으며, 적어도 겉으로 드러나는 개성은 전혀 없다는 것이다. 더 심하게 말하자면, 최상류층 생활은 참으로 따분하기 짝이 없으며, 눈곱만큼의 재미나 오락거리도 제공하지 않는다. 하류 계층에 존재하는 다양한 직업은 각종 잡다한 인물을 만들어낸다. 그러나 상류층 영역에서는 야망을 좇는 데 몰두하는 소수, 쾌락을 추구하는 극소수를 제외하고는 모두 허영덩어리에 굽실거리는 모방품이다. 옷을 입고, 카드놀이를 하며 먹고 마시고, 허리 굽혀 인사하는 일이 그들 생활의 전부이다.

　　그러나 이 계층에도 사랑이라는 폭군의 노예가 되어, 형식이 규정한 범위를 훨씬 뛰어넘어 내달리는 사람들이 있다. 이들 가운데 귀부인들이 하층민 여성들과는 달리 평판 따위를 전혀 의식하지 않고 고귀한 저돌성을 발휘하는 것은, 정숙한 상류층 여성이 우아하고 섬세한 감정이라는 면에서 농부나 상인의 정직한 아내들과는 다른 것과 마찬가지이다. 바로 벨라스턴 부인이 이 저돌적인 부류였다. 그러니 시골에 사시는 독자 여러분께서 이 귀부인을 보시고, 상류층 여성의 행실이 모두 그러하다든가 우리가 상류층 부인을 일반적으로 그렇게 묘사하려 한다고 속단하시지 말기 바란다. 모든 목사가 스웨컴 같다든가, 모든 군인이 노서턴 소위 같다고 생각하는 사람은 아무도 없을 것이다.

무식한 풍자 작가들의 생각을 빌려, 우리 시대의 특징을 문란하다고 규정해 버리는 것보다 큰 오류는 없다. 오히려 요즘만큼 지체 높으신 양반들 사이에서 사랑의 밀회가 적게 이루어진 시대가 없었다고 확신하는 바이다. 현대 영국 여성들은 어머니들에게 머리를 야심과 허영심으로만 채우고, 사랑의 즐거움 따위는 돌아볼 가치도 없는 일로 경멸하라는 가르침을 받는다. 그런 어머니의 배려에 따라 결국 남편 없는 결혼을 하고는 어머니의 생각이 옳았음을 십분 확신하는 것 같다. 그들은 따분한 반평생을 사랑 대신 순진한, 그러나 애들 장난 같은, 이름을 거론하는 것만으로 이 이야기의 권위를 떨어뜨릴 것 같은 오락을 추구하며 사는 데 만족한다. 변변찮은 내 생각으로는 현대 상류 사회의 진정한 특징은 부도덕이라기보다는 어리석음이며, 거기에 딱 들어맞는 유일한 형용사는 '경박스런'이라는 단어이다.

2
편지 두 통, 그 밖에 사랑에 수반되는 것들

집에 돌아온 지 얼마 되지 않아 존스는 다음과 같은 편지를 받았다.

당신이 가 버렸다는 것을 알았을 때만큼 놀란 적이 없었습니다. 당신이 방을 나갔을 때, 나를 다시 만나지 않고 돌아갈 거라고는 생각지 못했으니까요. 당신의 한결같은 행동은 그런 백치 같은 아이에게 홀딱 빠진 남자를 내가 얼마나 경멸해야 하는지 확신시켜 주었습니다. 물론 그 애의 단순함보다 교활함에 더 경탄해야 하는 건 아닌지 모르겠습니다. 둘 다 어쩌나 놀랍던지! 우리 사이에 오간 대화 내용을 한 마디도 모르면서 그 애가 내

면전에서 당신을 모른다고 잡아떼고, 당신을 만난 적이 없다고 부인하던 그 솜씨와 뻔뻔스러움이라니……. 대체 그런 태도를 뭐라고 불러야 할까요? 혹시 당신들 두 사람이 그러기로 입을 맞춘 건가요? 그렇다면 당신은 나를 배신하는 비열한 짓을 저지른 건가요? 오, 경멸스러워요. 그 애가, 당신이, 세상 모든 사람이, 특히 나 자신이요. 왜냐하면……. 나중에 다시 읽으면 머리가 돌아 버릴 것 같은 내용을 쓸 용기가 없군요. 어쨌든 명심하세요. 나는 격렬하게 사랑했던 것만큼 격렬하게 증오할 수도 있는 사람이란 것을.

이 편지를 곰곰이 생각해볼 겨를도 없이 같은 필체로 쓰인 두 번째 편지가 배달되었다. 이 편지도 앞 편지와 마찬가지로 꼼꼼하게 옮겨 놓겠다.

조금 전 편지를 아주 당혹스런 마음에 썼다는 것을 고려하신다면, 그 속에 담긴 표현에 놀라지 않으실 겁니다. 가만히 생각해보니, 조금 흥분했었던 것 같네요. 되도록 모든 일을 그 저주스런 연극과, 나를 정해진 시간보다 오래 붙들어둔 바보 같은 친구 탓으로 돌리고 싶습니다. 사랑하는 사람을 좋게 생각하기란 얼마나 쉬운 일입니까? 당신도 내가 당신을 그렇게 생각해주길 바라겠지요. 오늘 밤 다시 당신을 만나기로 마음먹었습니다. 그러니 즉시 와주세요.
　추신 : 당신 말고는 누가 와도 집에 없다고 말하라고 일러두었습니다.
　추신 : 당신도 상상하시겠지만, 나는 당신의 변명을 믿습니다. 당신이 날 속이려고 생각할 리 없으니까요.
　추신 : 즉시 와주세요.

분노의 감정으로 쓴 앞 편지와 따뜻한 감정으로 쓴 나중 편지 가운데 어느 쪽이 존스를 더 불안하게 했는지는 밀회의 달인들에게 결정을 맡기겠다. 다만 그가 딱 한 사람을 빼고는 오늘 밤은 이제 누구도 방문하고 싶지 않았던 것은 확실했다. 그러나 벨라스턴 부인을 방문하는 것은 자신의 명예가 걸린 문제였다. 아니 그것뿐만이라면 몰라도, 도저히 벨라스턴 부인의 분노에 불을 붙일 수는 없었다. 부인이 훨훨 불타오르는 성격이라는 것은 충분히 알고 있었고, 그렇게 되면 소피아에게 모든 것을 말해 버리는 일로 귀결될 것이었다. 그것이 두려웠다. 그는 애타는 마음으로 방 안을 이리저리 거닐다 외출 준비를 시작했다. 그때 부인이 친절하게도 방문을 중지시켜주었다. 이번에는 편지가 아니라 본인이 직접 등장한 것이다. 그녀는 몹시 흐트러진 옷매무새에 표정도 아주 불안해 보였다. 의자에 몸을 던지고는 숨을 고르며 이렇게 말했다. "여자는 경계를 한 발짝 넘으면 무슨 수를 써도 멈추지 않는답니다. 일주일 전에 누군가가 내게 그런 말을 했다면, 나는 그렇지 않다고 그 말을 믿지 않았겠지만요." 존스가 말했다. "아름다운 벨라스턴 부인께서 설마 제게 화를 내고 계신 건 아니시겠죠? 부인께서 베풀어주신 은혜들은 결코 잊지 않고 있습니다." 그녀가 말했다. "뭐라고요! 은혜를 잊지 않아요? 존스 씨에게서 그런 냉담한 말을 들을 줄은 몰랐군요." 그가 말했다. "미안합니다, 나의 천사. 편지를 받고 당신의 무시무시한 분노가 느껴져서……. 물론 뭣 때문에 화가 났는지는 모르지만요." 그녀가 미소를 지으며 말했다. "내가 그렇게 화난 표정을 짓고 있나요? 내가 정말로 그토록 질책하는 표정을 짓고 등장한 거예요?" 그가 말했다. "사람에게 명예심이라는 게 있다면, 저는 당신을 분노케 할 짓을 하지 않았다고 맹세합니다. 편지에서 약속하신 내용을 기억하시겠지요? 그 말씀대로 하려던 것뿐입니다." 그녀가 소리쳤다. "그 불쾌한 내용을 구구하게 말씀하지 마세요. 한 가지 질문에만 대답해주신다면 맘이 편해지겠어요. 그 애에게 내 명예와 관련된 내용을 말하진 않았겠죠?" 존스가 무릎을 꿇고 격렬한 항의를 시작하려는데 파트리지가 기쁨에 취한 사람처럼 덩실덩실 춤추며 뛰어 들어와 외쳤다. "찾았어요! 찾아냈다니까요! 이곳에 있습니다. 이곳에 와 있어요. 아너가 계단에 와 있습니다." 존스가 소리쳤다. "아너 좀 붙들고 있어요! 부인, 어서 침대 뒤로 숨으세요! 여기 말고는 숨겨드릴 방도, 옷장도 없습니다. 제기랄! 이런 빌어먹을 일이 생기다니!" "정말 빌어먹을 일이네요!" 부인이 말하며 침대 뒤로 숨기가 무섭게 아너가 들어왔다. "세상에, 존스 도련님! 이게 대체 무슨 일이랍니까? 저 무례한 도련님 하인이 절 2층으로 못 올라오게 하잖아요. 설마 업턴 때와 같은 이유 때문에 절 들이지 않으신 건 아니겠지요? 제가 올 줄은 모르셨을 테니까요. 아가씨께서는 도련님께 단단히 빠지셨어요. 불쌍한 아가씨! 정말이지 저는 아가씨를 친여동생처럼 아낀답니다. 도련님, 꼭 좋은 남편이 되어주셔야 해요! 그러지 않으신다면 어떤 천벌을 받을지 모르니까요." 존스는 옆방에서 귀부인이 죽어가고 있으니 목소리를 낮추라고 부탁했다. 아녀가 소리쳤다. "귀부인이라고요! 오호라, 도련님께서 사귀시는 계집년 가운데 한 명인가 보군요. 존스 도련님, 세상엔 그런 귀부인이 아주 많지요. 아가씨와 제가 지내는 집의 부인도 그런 것 같고요. 벨라스턴 부인이라는 여잔데, 보통 여자가 아니죠." 존스가 소리쳤다. "쉿! 옆방에 다 들릴 거야." 아녀가 소리쳤다. "조금도 신경 안 써요. 없는 소릴 하는 게 아니라고요. 그 귀부인이 외간 남자랑 만난다고 그 댁 하인들이 거리낌 없이 말하더라니까요. 둘이서 만나는 집은 어떤 가난한 부인 이름으로 되어 있는데, 집세는 벨라스턴 부인이 내준대요. 그것 말고도 집주인 여자는 벨라스턴 부인 덕에 여러 혜택을 받고 있다나 봐요." 존스는 안절부절못하며 아녀의 입을 막으려고 했다. "어머, 왜 그러세요? 말하게 해주세요. 근거 없는 헛소문이 아니라니까요. 사람들한테 들은 이야기를 하는 것뿐이에요. 전 혼자 생각해 봤어요. 그런 못된 처신으로 돈을 벌다니, 그 여자도 참 한심하다고요. 가난하더라도 정직한 편이 낫죠." 존스가 소리쳤다. "하인 놈들이란 못돼 먹어서 주인에 대해 있지도 않은 험담을 지어낸다니까." "그렇죠. 어차피 하인은 나쁜 놈들이잖아요. 아가씨도 그렇게 말씀하시며 그 소문을 한 마디도 믿지 않으시죠." 존스가 말했다. "소피아는 그런 천박한 소문에 귀를 기울일 사람이 아니니까." 아녀가 소리쳤다. "하지만 근거 없는 소문이 아니라니까요. 남의 집에서 남자를 만나다니, 이상하잖아요. 뭔가 이유가 있는 게 틀림없죠. 정식으로 청혼 받을 생각이라면, 어떤 귀부인이건 떳떳하게 남자를 만나서 나쁠 게 뭐가 있겠어요? 이상하지 않아요?" 존스가 소리쳤다. "신분도 있고, 소피아의 친척이기도 한 부인의 험담을 잠자코 들을 수는 없어. 게다가 이런 얘기는 가엾은 옆방 숙녀에게 해로울 거야. 부탁이니 나랑 같이 밑으로 내려가자." "아녜요, 도련님. 그만 말하라면 그만두죠. 여기요, 우리 아가씨께서 보낸 편지예요. 사람에 따라서는 무척 고마워하며 보상을 주실 편지죠. 하지만 존스 도련님은 딱히 후한 분이 아니시죠. 어떤 하인한테 들었는데…… 아무튼 도련님한테서 돈을 받은 적이 없는 것은 사실이죠." 존스는 황급히 편지를 건네받고, 즉시 금화 다섯 닢을 꺼내어 그녀에게 주었다. 그러고는 작은 목소리로 소피아에게 고맙다는 말을 수도 없이 말하고, 편지를 읽을 테니 혼자 있게 해달라고 말했다. 아너는 도련님의 후한 마음에 대한 감사 인사를 잊지 않고 방을 나갔다.

벨라스턴 부인이 침대 커튼 뒤에서 나왔다. 그녀의 분노를 어떻게 설명해야 좋을까. 먼저 그녀는 혀로 말을 하는 게 불가능했다. 눈에서는 불꽃이 뿜어져 나왔다. 무리도 아닌 것이, 가슴속에 온통 분노의 화염이 타오르고 있었기 때문이다. 마침내 목소리가 출구를 찾자마자, 그녀는 아너와 자기 집 하인들에게 분노를 터트리는 대신 가엾은 존스를 공격했다. "당신도 보았겠죠. 당신을 위해 내가 뭘 희생했는지요. 내 명성과 내 명예가…… 모두 사라져 버렸어요! 그런데 그 보답은 뭐지요? 시골 백치 계집애 때문에 무시당하고 경시당하고나 있으니." 존스가 소리쳤다. "제가 언제 무시하고 경멸했다고 그러십니까?" 그녀가 말했다. "시치미 떼지 마세요. 나를 안심시키려면 그 애를 완전히 포기하셔야 할 거예요. 그리고 그 증거로 그 편지를 보여주세요." 존스가 말했다. "무슨 편지 말씀이십니까?" 그녀가 말했다. "기가 막혀. 아까 그 하녀 편에 편지를 전달받은 사실을 뻔뻔스럽게 부인할 생각이신가요?" 그가 소리쳤다. "부인은 제게 명예를 버리지 않는 한 승낙할 수 없는 일을 시키시려는 겁니까? 제가 부인에게 그런 일을 강요한 적이 있습니까? 제가 부인 말씀대로 이 가엾고 순진한 숙녀를 배신하기로 마음먹는다면, 부인에게도 똑같은 죄를 저지르지 않으리란 보장이 어디 있습니까? 숙녀의 비밀을 지켜주지 못하는 남자는 경멸할 만한 나쁜 놈이라는 사실을 조금만 생각해보면 금방 아실 겁니다." 그녀가 말했다. "좋아요. 당신더러 당신이 말하는 경멸할 만한 나쁜 놈이 되라고 주장할 필요는 없겠죠. 편지 내용이라고 해봐야 어차피 내가 아는 것뿐일 테고, 당신 마음이 어떤지도 잘 아니까요." 대화는 더 이어졌지만, 호기심이 지나치지 않은 독자분이시라면 그 내용이 소개되지 않은 편을 기뻐할 것 같다. 벨라스턴 부인의 마음이 점차 누그러져, 마침내 존스가 그날 밤 소피아와 만난 것은 단순한 우연이었다는 주장과 독자 여러분께서 이미 아시는 내용을 믿었다, 아니 믿는 척했다는 점만 알려드리면 충분할 것이다. 존스가 그 사정을 매우 강력하게 해명했기 때문에 그녀가 진심으로 그에게 화낼 근거를 잃은 것은 명백했다.

그러나 부인은 내심 그가 편지를 보여주기를 거부한 일에 여전히 떨떠름했다. 우리는 명명백백한 논리를 가지고 있어도 그것이 우리의 지배적 감정과 모순될 때는 귀머거리가 되어 버린다. 소피아가 존스의 사랑의 제1순위를 차지했음을 부인도 똑똑히 감지했다. 그러나 오만하고 호색적인 부인은 2위 자리에 만족하기로 했다. 법률 용어로 적절히 표현하자면, 다른 여자에게 소유권이 있는 재산을 공유하는 데 만족하기로 했다.

결국 다음에는 존스가 부인의 집을 방문하기로 합의되었다. 그렇게 하면 소피아도, 그녀의 몸종도, 집안 하인들도 존스가 부인을 개의치 않고 소피아를 만나러 온 것으로 여길 거라고 생각했기 때문이다.

이 계획은 부인이 착안해냈는데, 존스도 대찬성이었다. 그로서는 어쨌든 소피아를 만날 수 있다는 것이 기뻤고, 부인으로서는 소피아를 보기 좋게 속이는 일이 여간 즐겁지 않았다. 존스도 스스로 약점이 있는 만큼 소피아에게 그녀와의 관계를 누설하지 못하리라는 속셈이었다.

첫 번째 방문을 다음 날로 정하고, 벨라스턴 부인은 작별인사를 한 뒤 집으로 돌아갔다.

3
다양한 내용

존스는 혼자가 되자마자 허둥지둥 편지를 뜯었다.

도련님께서 돌아가신 뒤 제가 얼마나 괴로웠는지 글로 표현하기 힘들군요. 도련님께서 다시 이곳을 방문하실 것이라 생각하기 때문에, 늦은 시간이지만, 또 마침 아너가 도련님 거처를 알고 있다기에, 도련님의 방문을 막기 위해 아너를 보냅니다. 저를 생각하신다면 부디 이곳을 다시 방문하지 말아주세요. 발각될 것이 뻔하니까요. 벨라스턴 부인의 말투로 짐작하건대, 부인은 이미 뭔가 의심을 품고 있는 것 같습니다. 기다리다 보면 좋은 기회가 찾아올 겁니다. 그때까지 참고 견뎌야지요. 제 마음의 평안을 헤아려주신다면, 부디 이곳을 찾을 생각일랑 접어주시길 거듭 부탁드립니다.

이 편지가 가엾은 존스에게 가져다준 위안은 저 옛날 욥[*1]이 친구들에게서 얻은 위안과 같은 것이었다. 소피아를 만나게 되리라는 모든 희망은 사라지고, 벨라스턴 부인에 관련해서는 불행한 딜레마에 빠졌다. 파기할 때 쉽사리 핑계를 대기 어려운 약속이 있음을 그는 잘 알고 있었다. 한편 소피아에게 이런 엄명을 받은 이상, 누가 뭐라던 그녀를 만나러 갈 수는 없는 노릇이었다. 결국 한잠도 자지 않고 밤새 곰곰이 생각한 끝에, 그는 꾀병을 부리기로 결심했다. 벨라스턴 부인을 화나게 하지 않으면서 방문 약속을 깰 수 있는 유일한 방법이라고 생각했던 것이다. 부인을 분노케 하는 일은 어떻게든 피하고 싶었다.

아침이 되자마자 가장 먼저 한 일은 소피아에게 답장을 쓰는 것이었다. 봉투에는 아녀 이름을 썼다. 그런 다음, 다른 편지에 앞서 말한 핑계를 적어 벨라스턴 부인에게 보냈다. 이에 곧바로 답장이 도착했다.

오늘 만날 수 없다니 화가 나는군요. 하지만 그보다 당신 몸이 걱정됩니다. 부디 몸조심하시고, 의사에게 진찰을 받으세요. 위험한 상태가 아니길 빕니다. 오늘 아침은 바보 같은 인간들 때문에 골치가 아파서 천천히 편지 쓸 여유가 없네요. 안녕.
추신 : 오늘 밤 9시에 문병 가도록 해보겠습니다. 꼭 혼자 있으세요.

그때 밀러 부인이 찾아왔다. 그녀는 형식적인 인사말을 한 뒤 이렇게 말했다. "존스 씨, 이런 일로 찾아와서 죄송합니다. 하지만 우리 집에 대해 나쁜 소문이 돌면, 가엾은 우리 딸들 평판에 얼마나 악영향을 미치게 될지 생각해 주셨으면 해요. 그러니 이제 밤늦은 시간에 여자들을 집에 들이지 말라고 부탁드린다고 해서 저보고 무례하다고 화내지 말아주세요. 숙녀 손님 중 한 분이 돌아가실 때가 이미 두 시가 넘은 시각이었어요." 존스가 말했다. "하지만 어제 밤늦게 돌아가신 숙녀는 대단한 상류층 숙녀로서 저와는 가까운 친척입니다(또 한 명은 편지를 가지고 온 것뿐이고요)." 밀러 부인이 대답했다. "그분이 얼마나 지체 높으신 분인지는 몰라도, 정숙한 숙녀라면, 여간 가까운 친척이 아닌 한, 젊은 남자를 밤 열 시에 찾아와 단둘이 한 방에서

---

*1 욥기 2장~32장.

네 시간이나 머물다 가지는 않을 것 같은데요. 게다가 그 숙녀를 모시고 온 가마꾼들의 태도만 보아도 그분이 어떤 사람인지 알 만하던데요. 밤새 현관에서 농지거리를 해댔으니까요. 우리 하녀가 듣는 데서 파트리지 씨에게 자기들 마님이 밤새 주인과 함께 계실 작정인지 물어보았대요. 그것 말고도 제 입으로는 도저히 되풀이할 수 없는 말들을 지껄이고요. 존스 씨, 저는 당신을 정말로 존경한답니다. 제부에게 베푸신 관대한 처사에는 큰 은혜를 입었고요. 사실 최근까지만 해도 당신이 그토록 훌륭한 분이셨는지 제대로 알지 못했답니다. 고통에 빠진 불쌍한 제부가 그런 끔찍한 짓을 저질렀다는 사실을 꿈에도 몰랐으니까요. 당신이 제게 10기니를 주셨을 때, 그 돈을 노상 강도에게 주신 거라고는 전혀 생각도 못했어요! 오, 정말로 어찌나 큰 선행이신지요! 덕분에 한 가족이 살았습니다. 전에 올워디 씨에게서 들은 당신에 대한 소문이 구구절절 사실이었어요. 사실 당신게 은혜를 입지 않았다 하더라도, 그분게 입은 은혜만으로 저는 당신에게 최대한 경의를 표해야 한답니다. 제 말을 믿으세요, 존스 도련님. 제 딸들과 저 자신의 평판은 제쳐두고라도, 당신 같은 훌륭한 청년이 그런 여자들과 어울리는 것은 당신을 위해 유감스러운 일입니다. 하지만 끝내 계속 어울리시겠다면 부디 다른 여관으로 옮겨주세요. 그런 일이 이 지붕 아래서 벌어지는 건 싫습니다. 특히 착한 성품 빼고는 거의 내세울 게 없는 우리 딸들을 위해 부탁드립니다." 존스는 올워디라는 이름을 듣고 깜짝 놀라 안색이 변했다. 그가 다소 성난 목소리로 대답했다. "밀러 부인, 말씀이 좀 지나치시군요. 저는 결코 이 집 평판을 더럽히지 않을 겁니다. 하지만 제 방에서 제가 만나고 싶은 손님을 만나는 게 뭐가 나쁜지 모르겠군요. 그게 싫으시다면, 되도록 빨리 다른 여관을 알아보지요." 그녀가 말했다. "헤어지게 되다니 유감이군요. 하지만 올워디 씨에게서는 우리 집이 풍기 문란한 곳이라는 의심이 조금만 들어도 결코 묵으러 오시지 않을 겁니다." 존스가 말했다. "잘 알겠습니다, 부인." 그녀가 말했다. "부디 노여워 마세요. 세상 무슨 일이 있어도 올워디 씨 가족을 화나게 하고 싶진 않답니다. 어젯밤에는 이 일 때문에 한숨도 못 잤답니다." 존스가 말했다. "부인의 잠을 방해했다니 죄송합니다. 어쨌든 파트리지를 즉시 불러주시겠습니까." 부인은 그렇게 하겠다고 약속하고, 무릎을 굽혀 공손하게 절을 한 뒤 방을 나갔다.

파트리지가 나타나자, 존스는 그에게 맹렬히 달려들었다. "당신의 어리석음 때문에 대체 내가 얼마나 더 고통을 당해야 속이 시원하겠습니까. 아니면 당신을 곁에 두고 있는 내가 어리석은 건가요? 당신 혀는 날 파멸에 빠뜨리지 않으면 성에 안 찬답니까?" 파트리지가 겁에 질려서 대답했다. "제가 무슨 짓을 했다고 그러세요, 도련님?" "누구 허락을 받고, 강도를 만난 얘기며, 이 집에서 만난 남자가 그 강도라는 얘기를 하고 다니는 겁니까?" 파트리지가 소리쳤다. "제가 그 얘기를 했다고요?" 존스가 말했다. "그걸 부정한다면 거짓말이라는 죄까지 보태는 셈입니다." 파트리지가 대꾸했다. "제가 그런 말을 했다손 치더라도 결코 악의가 있어 그런 건 아닙니다. 전 그 남자의 친구와 친척들에게만 얘기했어요. 그 사람들이라면 그 이야기를 퍼뜨리고 다니진 않을 테니까요." 존스가 소리쳤다. "당신은 그보다 더 무거운 죄를 지었습니다. 그토록 주의를 주었건만, 어찌 이 집에서 올워디 나리의 이름을 들먹인 거죠?" 파트리지는 거듭 맹세하며 부인했다. 존스가 말했다. "당신이 말하지 않았다면, 밀러 부인이 그분과 내 관계를 알 리 없지 않습니까. 방금 전에 부인이 그럽디다. 그분 때문에 날 존경한다고요." 파트리지가 말했다. "오, 도련님! 제 말을 끝까지 들어보세요. 그건 정말 재수가 나빴습니다. 잘 들어보시면, 제게 비난받을 이유가 없다는 걸 아시게 될 겁니다. 지난밤 아너가 아래층으로 내려왔을 때 입구에서 저랑 마주쳤어요. 그때 아너가 요즘 올워디 나리께서 도련님께 소식을 전하시는지 물어보았죠. 밀러 부인이 그 말을 듣고, 아너가 돌아가자 절 응접실로 불러 물었죠. '파트리지 씨, 지금 저 숙녀분이 말한 올워디 씨가 누군가요? 혹시 서머싯셔에 사시는 훌륭하신 올워디 씨를 말하는 건가요?' 제가 '저는 아무것도 모릅니다' 하자 그녀가 말했습니다. '당신 주인이 설마 올워디 씨께서 말씀하신 적 있는 그 존스 도련님은 아니시겠죠?' 거기에도 '저는 아무것도 모릅니다' 하자, 부인이 낸시 양에게 말했죠. '역시 그런 모양이구나. 위층에 계신 분하고 지주님께서 말씀하시던 분이 정확히 일치하는 걸.' 부인에게 누가 그런 말을 했는지는 하느님만이 알고 계시겠죠. 만에 하나라도 그 말이 제 입에서 나온 거라면, 전 인류가 탄생한 이래 가장 나쁜 놈입니다. 저도 지키라는 비밀쯤은 꼭 지킵니다. 저는 부인에게 올워디 나리에 대해 말하기는커녕 정반대로 얘기했다니까요. 그때는 바로 반박하지 못했지만, 그러니까 저, 좋은 생각은 한

번 더 숙고한 뒤에 찾아온다고들 하지 않습니까. 누군가가 얘기한 게 틀림없다는 확신이 들자, 그 이야기에 종지부를 찍어야겠다는 생각이 들었습니다. 그래서 한참 있다가 다시 응접실로 돌아가서 말했지요. 저분이 존스 도련님이라고, 그러니까 이 존스 도련님이 그 존스 도련님이라고 누가 말했는지는 몰라도, 그건 얼토당토않은 거짓말이라고요. 도련님께서 내가 말한 걸로 오해하실 테니, 다시는 그런 얘기를 꺼내지 말라고도 말했죠. 내가 그런 말을 했다고 떠벌리고 다니는 녀석이 있다면 누구든 가만 안 놔두겠다고도 했습니다. 어쨌든 도통 짐작이 가지 않습니다. 저도 밀러 부인이 어떻게 그 사실을 알게 되었는지 궁금할 따름이에요. 단 한 가지 걸리는 게 있는데, 요전에 이 집에 웬 거지 노파가 찾아온 일이 있어요. 그런데 그 노파가 우리가 전에 워릭셔에서 보았던 노파를 닮았지 뭡니까. 우리를 불행에 빠뜨렸었던 그 노파 말이에요. 그러기에 거지 노파를 만나면, 특히 얼굴을 빤히 쳐다보면 뭘 적선하지 않으면 안 된다니까요. 누가 뭐라던, 전 그런 노파들에겐 남에게 해코지하는 능력이 있다고 생각합니다. 이제부터 거지 노파를 보면 전 이렇게 생각할 겁니다. Infandum, regina, jubes renovare dolorem(오, 여왕이시여, 당신은 제게 말할 수 없는 슬픔을 상기하라고 명령하시는군요)."

파트리지의 단순함에 존스는 웃음을 터뜨렸고, 그것으로 분노도 가라앉았다. 평소에도 그는 분노를 오래 품고 있는 성격은 아니었다. 그는 파트리지의 변명에 가타부타 토를 달지 않은 채, 그저 이 집을 당장 나갈 테니 다른 하숙집을 얼른 알아보라고 명령했다.

4
모든 젊은 남녀가 정독하길 바라는 장

파트리지가 떠나자, 이번에는 존스와 매우 절친한 사이가 된 나이팅게일 군이 찾아왔다. 짧은 인사말을 건넨 뒤 그가 말했다. "톰, 듣자 하니 어젯밤 아주 늦게까지 즐겼다지? 자넨 정말 행운아야. 런던에 온 지 보름도 안 돼, 새벽 두 시까지 현관 앞에 가마를 대기시켜 두다니." 이런 진부한 농담이 장황하게 이어졌다. 마침내 존스가 그를 가로막으며 말했다. "밀러 부인이 고

자질을 한 모양이군. 방금 전 이 방에 찾아와 경고를 하고 갔지. 딸들의 평판이 신경 쓰이는 모양이야." 나이팅게일이 말했다. "부인은 그런 문제엔 무척 민감하니까. 자네도 기억하지? 낸시가 우리랑 같이 가면무도회에 가는 것도 허락하지 않지 않은가." 존스가 말했다. "그랬지. 그건 당연한 처사였다고 생각하네. 어쨌든 나는 부인의 경고를 받아들이기로 했네. 지금 파트리지가 다른 하숙집을 알아보는 중이야." 나이팅게일이 말했다. "그럼 우리 다시 같이 살게 되겠는 걸. 비밀 한 가지를 말해주겠네. 이 집 사람들에겐 입도 벙긋하지 말게. 사실 나도 오늘 이 집을 나갈 생각이야." 존스가 소리쳤다. "뭐라고! 그럼 자네도 경고를 받았는가?" 나이팅게일이 대답했다. "아니. 하지만 지금 있는 방은 불편해. 게다가 이 변두리는 싫증났네. 좀 더 번화가 쪽으로 가고 싶단 말이지. 그래서 펠멜로 가기로 했네." 존스가 말했다. "그래, 몰래 도망칠 셈이란 말인가?" 나이팅게일이 대답했다. "하숙비를 떼어먹을 생각은 아니네. 실은 당당하게 말하고 떠나기 힘든·개인적인 사정이 있어." 존스가 대꾸했다. "개인적인 사정이 아닐 텐데. 이 집에 온 다음 날부터 간파했지. 자네가 떠나면 눈물을 흘릴 누군가가 있을 거야. 가엾은 낸시. 불쌍하기도 하지! 사실 잭, 자넨 그 애를 가지고 논 거야. 자네는 그 애를 애타게 했어. 이제 그 애 마음은 치유 받지 못할 걸세." 나이팅게일이 대꾸했다. "대체 나더러 어쩌라는 건가? 그 애 마음을 치유하기 위해 결혼이라도 하라는 건가?" 존스가 대답했다. "아니. 내 앞에서도 종종 했듯이, 그런 식으로 구애를 하지 않았어야 한다는 거네. 엄마라는 사람이 그 사실도 눈치채지 못하고 있다니, 그저 놀라울 따름이네." 나이팅게일이 소리쳤다. "쳇! 눈치채지 못하다니, 대체 뭘 눈치챈단 말인가?" 존스가 말했다. "뭐긴, 자기 딸이 자네한테 목매달았다는 사실이지. 가엾게도 그 애는 그 사실을 조금도 감추지 못했어. 자네에게서 한 순간도 시선을 뗀 적이 없었고, 자네가 방에 들어올 때마다 얼굴을 붉혔지. 진심으로 그 애가 가여워. 그렇게 착하고 솔직한 아이도 없는데." 나이팅게일이 대꾸했다. "자네 이론대로라면, 장난으로라도 여자에겐 흔한 친절을 베풀면 안 되겠군. 사랑에 빠지면 안 되니까 말이야." 존스가 말했다. "잭, 일부러 내 말을 곡해하는군. 나도 여자들이 그렇게 쉽게 사랑에 빠진다고는 생각지 않아. 하지만 자네는 흔한 친절의 범주를 넘어섰어." 나이팅게일이 말했다. "뭐야, 그럼 내가 그 애랑 잠이라도 같이 잤다는 건가?" 존스가 매우 진지하게 대답했다. "맹세코 그건 아니네. 자넬 그렇게까지 나쁘게 볼 리 있는가. 자네가 그 가엾은 아이의 평온한 마음을 어지럽히려고 미리 계획을 꾸몄다거나, 결과를 예측하고 그랬으리라고도 생각하지 않아. 자네는 성품이 아주 착한 사람이네. 자네 같은 사람은 그런 잔혹한 짓을 저지를 수가 없어. 다만 자네가 그 가엾은 아이가 희생양이 된다는 사실을 고려하지 않고 자신의 허영심을 충족한 것은 사실이네. 자네는 그저 심심풀이였겠지만, 결과적으로 그 애는 자네가 진심으로 자기를 좋아하는 줄 착각하고 우쭐했던 거야. 잭, 솔직히 대답해주게. 서로의 사랑이 행복을 낳는다는 둥 하는 그 격렬하고 달콤한 속삭임이 어떤 결과를 낳았다고 생각하나? 다정한 사랑이다, 관대하고 사심 없는 사랑이다 하는 열렬한 고백이 어떤 결과를 낳은 것 같아? 그 애가 그 말들을 남 일처럼 들었을 것 같나? 솔직히 말해, 자기 일처럼 들리도록 말한 것 아닌가?" 나이팅게일이 소리쳤다. "놀랍군, 톰. 자네한테 이런 면이 있는 줄은 몰랐는데. 아주 훌륭한 목사님이 되겠어. 그렇다면 자네는 낸시가 유혹해온다 해도 같이 자지는 않겠구먼?" 존스가 소리쳤다. "절대로 안 하지. 그런 짓을 한다면 천벌을 받을 걸세." 나이팅게일이 대꾸했다. "이봐, 톰, 어젯밤은? 어젯밤 일을 기억하게. '세상 모두가 잠들어도, 창백한 달과 말 없는 별들만은 도둑을 지켜본다.'"

존스가 말했다. "이봐, 나이팅게일 군. 나도 입만 살아 있는 위선자가 아니야. 남들보다 순결하게 태어났다고도 할 수 없지. 솔직히 말하자면, 여자일로 죄를 짓기도 했어. 하지만 여자에게 상처를 준 일은 단 한 번도 없네. 내 쾌락을 얻기 위해, 뻔히 알면서도 남을 비참한 지경에 빠뜨리고 싶은 생각은 없어."

나이팅게일이 말했다. "그래, 그야 그렇겠지. 하지만 나 또한 그런 남자가 아니라는 걸 자네도 인정해주겠지?"

존스가 대답했다. "나도 자네가 그 애와 잤다고는 생각하지 않네. 하지만 그 애에게 사랑의 감정을 불러일으킨 것은 부정할 수 없지."

나이팅게일이 말했다. "정말 그랬다면 유감스런 일일세. 하지만 눈에서 멀어지고 시간이 지나면 그런 기억들은 금방 사라지는 법이야. 나 자신이 감당해야 할 일이기도 하지. 진실을 고백하자면, 내 평생 그토록 좋아했던 여자는 없었다네. 톰, 모든 비밀을 털어놓겠네. 사실 우리 아버지께서 한 번도 본 적 없는 여자와 날 결혼시키기로 결정하셨다네. 그런데 그 여자가 나와 사귀려고 지금 런던으로 오고 있다는 거야.”

이 말에 존스는 큰 소리로 웃음을 터뜨렸다. 나이팅게일이 소리쳤다. “비웃지 말게! 난 이 일 때문에 머리가 돌아 버릴 지경이라고. 나의 불쌍한 낸시! 오, 존스, 내게 맘대로 쓸 수 있는 재산이 있다면 얼마나 좋을까.”

존스가 큰 소리로 말했다. “나도 그랬으면 좋겠군. 그런 사정이라면, 자네와 낸시 둘 다 진정으로 가엾어. 어쨌든 자네, 그 애에게 작별 인사도 없이 떠날 생각은 아니겠지?”

나이팅게일이 대답했다. “내게 1만 파운드를 준다 해도, 작별이라는 고통은 겪고 싶지 않네. 게다가 그래봤자 좋은 일은 없을 거야. 그저 가엾은 낸시의 사랑에 불을 붙이는 꼴 아닌가. 그러니 자네도 오늘은 아무 말 말게. 난 오늘 밤이나 내일 새벽에 떠날 생각이야.”

존스는 그러겠다고 약속했다. 곰곰이 생각해 보니, 헤어지기로 결심하고 또 헤어지는 것 말고 도리가 없는 이상, 그것이 가장 현명한 방법일 것 같다고 말했다. 나이팅게일과 같은 집에 살게 되면 좋겠다는 바람을 내비치자, 나이팅게일이 존스를 위해 1층이나 3층을 구해보겠다고 말했다. 이 젊은이는 중간층을 쓰기로 되어 있었던 것이다.

이 나이팅게일이란 청년에 대해 몇 마디 더 언급하겠다. 그는 일상생활에서 일어나는 문제에 명예를 매우 존중하는 사람이었으며, 도시 신사로서는 드물게 아주 정직했다. 그러나 사랑과 관련된 문제에서는 다소 품행이 단정치 못했다. 물론 이 문제에서도 신사들이 가끔 그러하듯이, 또는 그러는 척하듯이 원칙이 전혀 없지는 않았다. 다만 여성들을 여러 차례 배신했다는 데에는 변명의 여지가 없으며, 이른바 ‘연애 기술’이라고 부르는 비술로 수많은 사기 행위를 저질렀다는 것은 부정할 수 없었다. 이 사기술로 장사를 했다면, 세상에서 가장 극악무도한 흉악범 취급을 받았을 것이다.

그러나 무슨 이유에서인지 몰라도 세상은 그런 배신행위를 나쁘게 보지 않는다. 따라서 그도 그런 종류의 부도덕한 행위를 부끄럽게 생각하기는커녕 오히려 의기양양하게 여겼으며, 여자를 자기 것으로 만드는 기술과 여심을 정복한 사례들을 자랑했다. 이 때문에 그는 이번 일이 있기 전부터 존스에게 질책을 받은 바 있었다. 존스는 늘 여성에 대한 부도덕한 행위를 신랄하게 비난했다. 여성을 소중한 친구로 생각한다면(마땅히 그렇게 생각해야 하지만) 가장 사랑스럽고 다정하게 대접해야 한다는 것이 존스의 주장이었다. 그는 또한 여성을 적으로 간주하고 정복하는 행위는 자랑할 일이 아니라 마땅히 부끄러워해야 할 일이라고 주장했다.

5
밀러 부인의 내력에 대한 짤막한 설명

존스는 이날 아픈 사람치고는 꽤 왕성한 식욕을 보이며, 커다란 양 어깨 부위 고기의 절반을 먹어치웠다. 오후에 밀러 부인에게서 차를 마시자는 초대를 받았다. 파트리지에게서든, 다른 자연적인 또는 초자연적인 방법에서든, 존스가 올워디 씨와 가족 관계라는 사실을 알게 된 이 착한 부인은 서로 화가 난 채 헤어질 수는 없다고 생각했던 것이다.

존스는 초대에 응했다. 찻주전자가 치워지자 부인은 딸들을 다른 방으로 내보낸 뒤 별다른 서론 없이 말을 꺼냈다. "세상에는 아주 놀라운 일들이 일어나는 법이지요. 이 집에 올워디 씨의 친척이 묵으시고, 그걸 제가 전혀 몰랐다는 사실이 놀라울 따름입니다. 오! 그 훌륭하신 신사분께서 저희 가족에게 얼마나 큰 힘이 되어주셨는지 도련님은 상상도 못하실 겁니다. 솔직히 말씀드리죠. 제가 진작 굶어죽지 않고, 가엾은 두 딸을 가난하고 의지할 곳 없는 고아로 만들어 남들 신세를 지지 않게 한 것도, 아니 잔혹한 세상에 내맡기지 않은 것도 다 그분 은혜 덕이랍니다.

지금은 몰락해서 하숙이나 치는 처지지만, 저는 본디 양갓집 딸로 태어났답니다. 아버지는 육군 장교셨는데, 상당히 높은 계급까지 진급하셨다 돌아가셨지요. 아버지 봉급으로 살아가던 우리 가족은 아버지가 돌아가시면서 수입이 없어지자 알거지가 되었습니다. 우리는 세 자매였는데, 다행히도 그 뒤 얼마 안 있어 큰언니가 천연두에 걸려 죽었습니다. 친절하게도 어떤 귀부인께서 자비를 베푼다는 명목으로 둘째 언니를 몸종으로 데려갔지요. 그 부인의 어머니는 우리 할머니의 하녀였어요. 그 부인은 자기 아버지가 전당포 일로 모은 거대한 재산을 상속받고, 어마어마한 토지를 소유한 상류층 신사와 결혼했지요. 그녀는 우리 언니를 몹시 학대했어요. 종종 출생과 빈곤을 가지고 욕을 했고, 언니를 귀부인이라고 조롱하며 부르기도 했죠. 결국 가없은 언니는 그걸 견디지 못했는지, 아버지가 돌아가신 지 1년도 채 안 되어 세상을 뜨고 말았어요. 운명의 신은 제게 좀 더 나은 운명을 주신 것 같아요. 아버지가 돌아가시고 한 달이 채 안 되어 저는 전부터 연인이던 목사와 결혼을 했답니다. 성직자라는 이유 때문에 아버지에게 푸대접을 받던 사람이지요. 가난한 아버지는 우리 자매에게 1실링도 줄 수 없는 처지였으면서도, 우리를 백만장자의 딸인 양 귀하게 기르셨어요. 우리를 그런 귀한 신분이라고 생각하셨고, 우리 스스로도 그렇게 생각하길 바라셨지요. 제 남편은 자신이 당했던 푸대접을 다 잊고, 우리 아버지가 세상을 떠나자마자 제게 열렬히 구혼했습니다. 안 그래도 그를 좋아했던 저는 그가 더욱 존경스러워져 즉시 그 구혼을 받아들였죠. 5년 동안 저는 최고의 남편과 완벽하게 행복한 나날을 보냈습니다. 그런데 그때…… 아! 잔인하고도 잔인한 운명은 우리를 갈라놓았답니다. 제게서 더없이 따뜻한 남편을 빼앗고, 가없은 딸들에게서 더없이 다정한 아빠를 빼앗아 가 버린 것입니다. 오, 내 가없은 딸들! 그 애들은 자신들이 잃어버린 은총을 끝내 모르지요. 존스 도련님, 여자의 유약함을 보여서 부끄럽지만, 남편 얘기를 하자니 눈물이 앞을 가리는군요." 존스가 말했다. "함께 눈물을 흘리지 못해 제가 오히려 부끄러운 걸요." 그녀가 말을 이었다. "그래서 전 전보다 안 좋은 처지에 놓이게 되었습니다. 끔찍한 마음의 고통과 맞서 싸워야 했던 데다, 이번에는 두 자식까지 먹여 살려야 했으니까요. 더구나 돈은 더 궁해졌죠. 그때, 남편과 조금 친분이 있던 그 고매하시고 선량하시며 훌륭하신 올워디 나리께서 우연히 제 불행한 얘기를 들으시고, 즉시 이런 편지를 보내셨습니다. 여기 그 편지가 있어요. 도련님께 보여드리려고 주머니에 넣어 가지고 왔지요. 이 편지랍니다. 제가 읽어서 들려 드리겠어요.

밀러 부인께
　얼마 전에 당하신 불운에 심심한 애도를 보냅니다. 제가 드릴 수 있는 어떤 충고보다도, 부인의 뛰어난 분별력과 훌륭했던 남편분께 배우셨을 지혜로운 교훈들이 슬픔을 잘 견뎌낼 수 있는 힘을 주리라 믿습니다. 저는 부인께서 더없이 다정한 엄마라고 들었습니다. 그런 부인께서 지금이야말로 엄마의 다정함이 필요한 불쌍한 자녀분들에게 의무를 소홀히 할 정도로 지나친 슬픔에 빠지는 일도 없을 거라 확신합니다.

하지만 지금은 세속적인 생각을 하실 여유가 없으리라 생각되기에, 무례하지만, 20기니를 드리고 오라고 사람을 보냈습니다. 부디 받아주시기 바랍니다. 언젠가 뵐 날을 기대하겠습니다.

이 편지를 받은 것은 남편과 돌이킬 수 없는 이별을 하고 2주 만이었답니다. 그 뒤로 다시 2주가 지나자 올워디 씨께서—축복받은 올워디 씨께서 몸소 저를 찾아오셔서, 지금 도련님께서 보고 계시는 이 집에 거처를 마련해주시고, 가구를 장만하라며 큰돈을 주셨습니다. 또 제게 연간 50파운드의 연금을 주시기로 하셨고, 그 뒤로 저는 연금을 쭉 받고 있답니다. 그러니 제 생명의 은인이자, 제 삶의 유일한 낙인 소중한 자식들의 생명을 구해주신 그런 크나큰 은인을 제가 어떻게 생각할지 상상해 보십시오. 그러면 존스 도련님께서도(올워디 씨께서 소중히 여기시는 분이라면 저도 마땅히 존경해야죠) 제가 그런 행실 나쁜 여자들과 어울리지 말라고 충고했다고 해서 절 무례한 여자라고는 생각하지 않으실 겁니다. 도련님은 아직 어리세요. 그런 여자들의 교활한 책략을 절반도 모르십니다. 우리 집 사정을 이유로 내세운 것에 대해서도 화내지 마세요. 안 좋은 소문이라도 퍼지면, 우리 가엾은 딸들이 파멸하게 되리란 것을 이해해주세요. 게다가 제가 그런 일을 묵인했다는 걸 아시면, 특히 그 일을 저지른 사람이 도련님이라는 사실을 아시면 올워디 씨가 결코 용서하지 않으리란 걸 도련님도 모를 리 없잖습니까."

존스가 말했다. "더는 변명하지 않으셔도 됩니다. 부인 말씀을 기분 나쁘게 생각하는 마음은 조금도 없어요. 다만 올워디 나리를 가장 존경하는 사람은 바로 저라는 점을 말씀드리고 싶군요. 또 한 가지 오해를 바로잡고 싶습니다. 그 오해가 결국 그분의 명예에 누가 될 테니까요. 분명히 말씀드리지만, 저는 그분의 가족이 아닙니다."

"그건 저도 압니다. 도련님이 누군지 올워디 씨께 들어 잘 알고 있어요. 그분은 제 앞에서 몇 번이나 도련님에 대한 각별한 애정을 표현하셨어요. 그분 친자식이었대도 그렇게까지는 안 했을 거예요. 도련님은 업둥이라는 사실을 조금도 부끄러워할 필요가 없답니다. 그런 이유로 도련님을 경멸하는 사람이야말로 한심한 인간이잖아요? 우리 그리운 남편이 자주 하던 말인데, '수치스런 출생'이란 말은 있을 수 없답니다. '수치스럽다'는 단어는 그 부모에게나 적용될 말인 거죠. 아무 죄도 없는 아이들에게 불명예를 떠안길 수는 없어요."

존스는 깊은 한숨을 내쉬며 말했다. "부인께서 저를 잘 아시고, 올워디 나리께서 제 이름까지 말씀하신 데다, 부인도 자신의 처지를 솔직하게 말씀해 주셨으니, 저도 제가 살아온 이야기를 좀 더 말씀드리죠." 밀러 부인이 꼭 듣고 싶다며 커다란 관심과 호기심을 나타내자, 그는 자신의 내력을 자세히 이야기했다. 다만 소피아라는 이름만은 한 차례도 언급하지 않았다.

솔직한 사람들끼리는 일종의 공감대가 존재하며, 바로 그 때문에 서로를 쉽게 신뢰하게 된다. 밀러 부인은 존스의 이야기를 모두 믿고 많은 동정과 염려를 내보였다. 그녀가 그 이야기에 의견을 말하려는데 존스가 그 말을 가로막았다. 벨라스턴 부인이 정한 약속 시간이 다가왔으며, 오늘 밤 한 번만 더 이곳에서 만나게 해달라고 부탁했다. 이번 밀회가 이 집에서 마지막 만남이 될 것이라고 약속했다. 벨라스턴 부인은 대단히 지체 높은 숙녀이며, 아주 순수한 대화만 나눌 거라고 맹세했다. 나도 그가 이 약속을 지킬 셈이었다고 확신하는 바이다.

밀러 부인을 겨우 설득한 존스는 자기 방으로 돌아가 12시까지 홀로 기다렸지만 벨라스턴 부인은 코빼기도 보이지 않았다.

우리는 이 부인이 존스에게 크나큰 애정을 지니고 있다고 말한 바 있다. 실제로도 그렇게 보인 만큼, 독자 여러분께서는 그녀가 처음으로 약속을 어긴 사실에 놀라셨을 것이다. 부인은 존스가 병석에 누워 있다고 생각할 터이고, 그렇다면 우정으로써 병문안을 하는 것이 당연하지 않은가. 따라서 이 부인의 행동을 몰인정하다고 비난하는 사람도 있을 것 같다. 그러나 그것은 우리 잘못이 아니다. 우리의 임무는 그저 진실을 기록하는 것이니까 말이다.

6

모든 독자 여러분께 반드시 충격을 주리라고 예상되는 장면

존스는 그날 밤 늦게까지 눈을 붙이지 못했다. 벨라스턴 부인에게 바람을 맞은 일로 마음이 거북하기 때문이 아니었다. 대개 잠을 못 이루는 원인은 소피아 때문이라고 해도 좋았지만, 이때만큼은 그 때문이 아니었다. 사실 가엾은 존스는 진정으로 보기 드문 착한 심성의 소유자로서, 동정심이라는 약점을 지니고 있었다. 이 연민을 지닌 불완전한 성격은 굳은 의지라는 미덕과 성질이 매우 다르다. 이른바 굳은 의지에 단련된 사람은 윤기 나게 닦인 볼링공처럼 매끄럽고 거침없이 거친 세상을 헤쳐 나가면서, 사람들에게 일어나는 여러 재앙을 목격하더라도 절대로 전전긍긍하지 않는다. 그러나 동정심 많은 그는 가엾은 낸시에게 연민을 느끼지 않을 수가 없었다. 그녀가 나이팅게일 군을 사랑한다는 사실이 그토록 명백한데도, 놀랍게도 엄마라는 사람은 그걸 알아차리지 못하고 있었다. 전날 밤 밀러 부인은 몇 차례고 딸이 아주 이상하게 변했다며, "그토록 쾌활하고 명랑하던 아이가 갑자기 의기소침하고 침울해졌다"고만 했던 것이다.

그러나 마침내 잠이 모든 저항군을 물리쳤다. 고전 작가들의 비유처럼, 그는 신이 된 듯이, 그것도 분노에 불타는 신이 된 듯이, 몹시 힘든 싸움 끝에 얻은 이 승리를 만끽하는 것처럼 보였다. 비유 없이 쉽게 얘기하겠다. 존스 군은 다음 날 아침 11시까지 푹 잤다. 격렬한 소음에 깨지 않았더라면 그 평온한 상태가 훨씬 오래 지속되었을 것이다.

파트리지를 불러 무슨 일인지 묻자, 그는 "아래층에 끔찍한 태풍이 불어와 낸시 양이 발작을 일으켰고, 여동생과 엄마는 울부짖고 있다"고 대답했다. 이 소식에 존스가 크게 걱정하자 파트리지가 존스를 안심시키려고 미소를 지으며 말했다. "목숨에 지장이 있는 건 아닙니다. 수전(하녀 이름이었다)이 하는 말로 봐선 흔한 일인가 봐요. 간단히 말해, 낸시 양이 엄마 못지않게 현명했다는 거죠. 즉 배가 조금 고파, 식사 기도를 올리기 전에 음식을 좀 집어 먹은 것뿐입니다. 기아 보호소로 갈 아이가 탄생한 거죠." 존스가 소리쳤다. "맙소사, 그 바보 같은 농담 집어치우지 못해요? 이 가엾은 가족의 비참함을 농담거리로 삼다니! 당장 밀러 부인에게 가서, 내가…… 아니, 됐어요. 또 어처구니없는 실수를 저지를지 모르니 내가 직접 가죠. 아침 식사에 초대도 받은 김에." 그는 자리에서 일어나 서둘러 옷을 차려입었다. 그가 옷을 갈아 입는 중에도 파트리지는 몇 차례나 엄한 꾸지람을 들으면서도, 흔히 농담이라 부르는 무자비한 말들을 계속해서 던졌다. 존스는 옷도 입는 둥 마는 둥 하고 아래층으로 내려가 문을 두드렸다. 곧 하녀가 나와 그를 바깥 응접실로 안내했다. 그곳에는 사람도 식기도 보이지 않았다. 밀러 부인은 딸과 함께 아직 내실에 있었다. 곧 하녀가 전갈을 가지고 왔다. "예기치 않은 일이 일어나 아침 식사를 함께하지 못해 실망하게 한 점을 용서 바라며, 미리 통보하지 못한 점도 용서해주시기 바란다"는 내용이었다. 존스는 "제 실망 같은 사소한 일에는 전혀 괘념치 말기를 바라고, 이번 일은 진심으로 유감스럽게 생각하며, 뭔가 도움이 될 일이 있으면 명령만 하시라"고 전했다.

그의 말이 채 끝나기도 전에, 방 안에서 그 말을 모두 듣고 있던 밀러 부인이 갑자기 문을 벌컥 열고 나오더니 눈물을 펑펑 쏟으며 말했다. "오, 존스 도련님! 도련님같이 따뜻한 분은 또 없을 겁니다. 그 친절한 제안에 뭐라 감사의 말씀을 드려야 옳을까요. 아아, 하지만 도련님 힘으로 어찌할 수 있는 일이 아니랍니다. 아아, 내 딸, 내 딸! 그 애는 끝장이에요. 영원히 파멸이랍니다!" 존스가 말했다. "설마 악당에게……." 그녀가 말했다. "오, 존스 도련님! 어제 우리 집을 나간 그 악당 놈이 불쌍한 우리 딸애를 배반했답니다. 짓밟은 거예요. 도련님은 명예를 존중하는 분이시죠. 도련님은 훌륭하고 고귀한 심성을 지니고 계세요. 제가 제 눈으로 목격한 그 선행도 그 고귀한 성품에서 나온 것이죠. 모두 말씀드리겠어요. 이렇게 된 마당에 숨길 수도 없는 일이죠. 그 나이팅게일이란 작자, 그 야만스런 악당 놈이 제 딸을 파멸시켰답니다. 제 딸애가…… 딸애가……. 오! 존스 도련님, 제 딸애가 그자의 애를 뱄어요. 그자가 그런 애를 버린 겁니다. 여기 그자의 잔인한 편지가 있답니다. 읽어보세요, 도련님. 이렇게 극악무도한 놈이 세상에 또 있을까요?

사랑하는 낸시

나 못지않게 당신에게도 충격일 거라 생각하니 도저히 말로 할 수 없어 편지로 알려 드리기로 했습니다. 아버지께서 내게 즉시 재산가의 딸과 교제를 하라고 명령하셨습니다. 아버지께서는 그 아가씨를 내—이 혐오스러운 단어를 구태여 쓸 필요는 없겠지요—로 삼을 생각이십니다. 사랑스런 당신의 품에서 영원히 나를 떼놓게 될 그 명령에 내가 복종할 수밖에 없음을 당신의 그 뛰어난 분별력으로 이해해주시겠지요. 우리 사랑의 불행한 결말은 자비로운 어머님께 맡기세요. 세상에는 알리지 않을 수도 있을 거라 생각합니다. 당신은 물론 아이의 양육비도 내가 책임지겠습니다. 당신이 이 일로 나보다 덜 괴로워하고, 불굴의 정신을 발휘하여 날 용서하고 잊기를 바랍니다. 당신이 만일의 일을 벌일까봐 걱정이 되어 이 내키지 않는 편지를 씁니다. 잊어달라고는 했지만, 그건 연인으로서 잊어달라는 뜻입니다. 전 영원히 당신의 가장 좋은 친구입니다.

당신의 충직한, 그러나 불행한 J.N.

존스는 편지를 모두 읽었다. 두 사람은 서로 마주보고 한동안 말없이 서 있었다. 이윽고 존스가 말했다. "이 편지를 읽고 제가 얼마나 큰 충격을 받았는지 표현할 길이 없군요. 하지만 한 가지 이자의 충고를 받아들이셨으면 하는 점이 있습니다. 따님의 평판을 생각하시라는 겁니다." 그녀가 소리쳤다. "이미 끝났어요. 순결이고 평판이고 이제 돌이킬 수 없단 말입니다. 딸애는 이 편지를 손님들로 가득 찬 자리에서 받았어요. 그런데 봉투를 뜯자마자 기절하는 바람에, 거기 있던 모두가 내용을 알게 되었죠. 평판을 잃은 것도 가슴 아프지만, 그게 다가 아닙니다. 딸애를 잃게 생겼어요. 벌써 두 차례나 스스로 목숨을 끊으려고 시도했답니다. 두 번 다 간신히 막았지만, 그애는 더는 살고 싶지 않대요. 저도 이런 일을 당하고 보니 더 살고 싶은 생각이 들지 않아요. 그렇게 되면 의지할 곳 없는 고아가 될 우리 벳시는 어떻게 하나요? 그 가엾은 어린 것은 뭐가 뭔지도 모른 채, 언니와 엄마가 미치는 비참한 꼴을 보고 가슴이 찢어지겠죠. 눈치도 빠르고 마음씨도 고운 정말 착한 아이인데! 그 극악무도하고 잔혹한 놈이 우리 가족 모두를 파멸시킨 겁니다. 아, 가엾은 내 딸들! 이게 지금까지 해온 고생에 대한 보상이란 말입니까? 제 희망의 결실이란 말입니까? 엄마로서의 힘든 의무를 기분 좋게 견뎌낸 것도, 애들을 어렸을 때부터 따뜻하게 보살피고 교육에 신경 쓴 것도, 오랜 세월 고생하고 내 삶을 되돌아보지 않은 채 아이들을 최소한으로라도 부양하려고 애써온 것도, 이런 식으로 딸들을 잃기 위해서였단 말입니까?" 존스가 눈물을 글썽이며 말했다. "부인, 진심으로 동정을 보냅니다." 그녀가 대꾸했다. "오, 존스 도련님! 도련님의 착한 심성은 잘 알지만, 아무리 도련님이라도 제 마음은 알 수 없을 겁니다. 이렇게 착하고, 이렇게 다정한 효심 지극한 아이들은 또 없을 거예요. 오, 가엾은 낸시! 내 영혼의 사랑! 내 눈의 기쁨! 내 가슴의 자랑! 글쎄, 자랑이 지나쳤던 게지요. 그 애의 미모 때문에 제가 어리석은 야망을 꿈꾸었고, 그것이 그 애를 파멸시킨 거예요. 아아! 저는 그놈이 딸애에게 호감을 느끼는 걸 보고 기뻐했어요. 그걸 진정한 사랑이라고 생각했죠. 그렇게 훌륭한 신사와 딸이 결혼하리라는 생각으로 어리석은 허영심을 만족시킨 겁니다. 그놈은 제 앞에서 수도 없이, 아니 도련님 앞에서까지도 수도 없이 사심 없는 사랑을 역설해서 우리에게 그런 희망을 품게 하려고 애썼어요. 그 사심 없는 사랑을 가엾은 제 딸에게 퍼부었죠. 저와 제 딸은 그걸 진짜라고 믿었던 겁니다. 그것이 실은 그 애의 순결을 빼앗고, 우리 가족의 미래를 파멸로 몰아넣기 위한 덫이었다는 걸 어째서 생각하지 못했을까요?" 이때 벳시가 달려와 울부짖었다. "엄마, 언니한테 와 봐요! 다시 발작을 일으켰는데, 사촌 언니가 붙잡고 있질 못해요." 밀러 부인은 즉시 부름에 응했다. 가기 전에 먼저 벳시에게 존스 군과 있으라고 지시하고, 존스에게는 잠시 애를 맡아달라고 부탁하며, "오, 하느님! 적어도 한 명은 살려주소서" 애절한 목소리로 외쳤다.

사실 존스는 자기 자신이 밀러 부인의 이야기에 무척 동요된 상태였지만, 부탁받은 대로 소녀를 달래려고 최선을 다했다. "언니는 곧 괜찮아질 거야. 그렇게 울면 언니한테도 안 좋고, 엄마도 몸이 안 좋아지실 게다." 아이가 말했다. "진심으로 난 언니와 엄마에게 해로운 일은 하고 싶지 않아요. 심장이 찢어지는 한이 있더라도 우는 얼굴은 보이고 싶지 않답니다. 하지만 불쌍한 우리 언니는 내가 울어도 우는 걸 알아차리지 못해요. 언니가 제가 우는 걸 다시는 알아차리지 못하게 될까봐 두려워요. 언니와 헤어지기 싫어요. 정말로 싫어요. 그렇게 되면 불쌍한 엄마는 어떻게 될까요? 엄마도 날 남겨두고 죽을 거래요. 하지만 나도 뒤에 홀로 남겨지긴 싫어요." 존스가 말했다. "죽는 게 무섭지 않니, 벳시?" 아이가 대답했다. "아니요. 저는 늘 죽는 게 무서웠어요. 엄마랑 언니를 떠나는 거라고 생각했거든요. 하지만 사랑하는 엄마랑 언니랑 함께 간다면 어디든 무섭지 않아요."

존스는 이 대답이 몹시 기뻐 소녀에게 입을 맞췄다. 곧 밀러 부인이 돌아와 말했다. "천만다행으로 낸시가 제정신을 차렸어요. 자, 벳시, 언니에게 가 보렴. 언니 상태가 좋아졌어. 네가 보고 싶다는구나." 부인은 존스를 돌아보며, 아침 식사 약속을 지키지 못해 미안하다고 다시 사과했다.

존스가 말했다. "아침 식사 대접도 좋지만, 사랑 가득한 댁에 제가 뭔가 도움이 될 수 있다면, 훌륭한 식사 대접 못지않은 기쁨이 될 것 같습니다. 일이 성공할지는 모르겠지만, 한 가지 시도를 해보죠. 이미 일어난 일은 그렇다 치고, 만일 나이팅게일 군이 마음속 밑바탕에 선량한 심성을 지닌 자가 아니었다거나 따님에게 열렬한 구애를 한 게 아니었다면, 저도 그자를 크게 잘못 본 셈입니다. 그런 게 아니라면, 제가 가서 모든 걸 털어놓으면 그도 분명히 마음을 움직일 겁니다. 최대한 마음을 편안하게 가지세요. 낸시 양도 편안하게 있도록 하시고요. 제가 당장 가서 나이팅게일 군을 찾아보겠습니다. 모쪼록 좋은 소식을 가지고 오죠."

밀러 부인은 무릎을 꿇고, 존스 군에게 하느님의 온갖 축복이 있기를 기원했다. 그리고 진심에서 우러나는 감사의 말을 덧붙였다. 존스는 나이팅게일 군을 찾아 나섰다. 착한 부인은 방으로 돌아가 딸을 위로했고, 딸은 엄마의 보고에 다소 기운을 차렸다. 두 모녀는 입을 모아 존스 군을 극구 칭찬했다.

7
존스 군과 나이팅게일 군의 면담

우리가 남에게 베푸는 선행 또는 악행은 종종 우리 자신에게 되돌아온다. 자비로운 사람은 자신이 베푼 선행을 그 선행의 수혜자들 못지않게 누리는 법이다. 한편 남에게 해를 끼치고서도 남들이 입은 피해에 조금도 가책을 느끼지 않을 만큼 극악무도한 악당은 거의 없다.

적어도 나이팅게일 군은 그런 극악무도한 사람이 아니었다. 오히려 그 반대였다. 존스가 그의 새 하숙집에 가보니, 그는 난롯가에 우울하게 앉아 가엾은 낸시를 불행에 빠뜨린 일을 조용히 슬퍼하고 있었다. 그는 존스의 모습을 보자마자 황급히 일어나 친구를 맞이했다. 그가 장황하게 기쁨을 표현하며 말했다. "때마침 잘 와주었네. 내 평생 이렇게 우울했던 적이 없었거든."

존스가 대답했다. "미안하지만 실은 자네에게 위로가 되지 않을 소식을 가져왔네. 확신컨대, 다른 어떤 소식보다 충격적인 소식이야. 하지만 자네가 꼭 알아야 하는 소식이네. 서론은 빼고 말하겠네. 나이팅게일 군, 나는 자네 때문에 비통과 파멸에 빠진 고귀한 가족의 심부름꾼으로서 왔다네." 나이팅게일은 이 말을 듣고 안색이 변했다. 존스는 개의치 않고 최대한 생생하게, 독자 여러분께서 앞장에서 보셨던 비극을 이야기했다.

나이팅게일은 중간 중간 격한 감정을 내보였지만, 단 한 차례도 끼어들지는 않았다. 이야기가 다 끝나자 깊은 한숨을 내쉬며 그가 말했다. "자네 이야기를 들으니 당혹스럽군. 그 가엾은 아이가 내 편지를 모두에게 보여주었다니, 터무니없는 짓을 저질렀어. 그러지만 않았다면 그 아이의 명예도 손상을 입지 않았을 텐데. 아무도 모른 채 일이 비밀로 덮였을 테고, 그 아이도 아무렇지 않게 새 삶을 살 수 있었을 텐데. 이 도시에선 그런 일이 예사롭게 일어나거든. 뒤늦게 남편이 부인을 의심하게 되더라도 이미 때는 늦은 거지. 결국 부인과 세상 사람들에게 그런 의혹을 발설하지 않는 편이 남편으로서 현명한 처신이 되는 거라네."

존스가 대꾸했다. "자네와 낸시의 일은 결코 그렇게 될 수 없어. 그 애는 자네에게 온 마음을 바쳤네. 그 애가 괴로워하고, 더 나아가 그 아이와 그 가족이 파멸한 것은 명예 따위가 아니라 자네를 잃은 것 자체가 원인이라네." 나이팅게일이 소리쳤다. "그 문제라면 나도 할 말이 있네. 온 마음을 바친 건 나도 마찬가지야. 누가 내 아내가 되든지 내 사랑은 한 조각도 차지할 수 없을 거네." 존스가 말했다. "그런데도 어떻게 그 애를 버린다는 생각을 할 수 있나?" 나이팅게일이 대답했다. "그럼 내가 뭘 할 수 있단 말인가?" 존스가 흥분하여 대답했다. "그건 낸시 양에게 물어봐야지. 자신을 그런 처지에 빠뜨린 자네에게 어떤 보상을 요구할지는 그 애만이 결정할 문제라고 생각하는데. 자네의 이익이 아니라 그 애의 이익만을 고려해야 하는 것 아닌가? 어쨌든 어찌해야 될지 물으니, 대답하겠네. 적어도 자넨 그 가족과 그 애의 기대에 보답해야 하네. 아니 사실을 말하자면, 자네들 두 사람을 처음 봤을 때부터 나도 그와 똑같은 기대를 품었었네. 그 가엾은 가족에 대한 동정 때문이라고는 해도 우리 우정을 빌미로 쓴소리를 하는 것 같아 미안하네만, 자네 행동에 그 아이는 물론 그 엄마까지 착각하게 해놓고 정작 자신은 그런 속내가 없었다고 생각하려던 의도가 추호도 없었는지 자네 가슴에 물어보면 가장 잘 알 걸세. 그런 의도가 있었다면, 직접적인 결혼 약속이 없었다고는 하나, 자네 책임이 어디까지인지는 자네의 현명한 판단에 맡길 문제라고 보네."

나이팅게일이 말했다. "그래, 자네가 지금 암시한 그 의도가 있었을 뿐 아니라, 직접적인 결혼 약속까지 했었음을 인정하겠네." 존스가 말했다. "그걸 인정하면서 어찌 망설이는 거지?" 나이팅게일이 대답했다. "잠깐만. 자네는 명예를 존중하고, 누가 명예의 원칙에 어긋나는 행동을 하는 것을 용서치 않는 사람이네. 그런데 다른 지장은 없다손 치더라도, 여자의 부정한 행실이 드러난 상황에서 그 여자와의 결혼을 생각하는 일이 과연 명예의 원칙에 들어맞는 일인가?" 존스가 대답했다. "물론. 명예도 명예거니와, 명예의 가장 훌륭한 원칙인 선량함이라는 원칙으로 봐도 마땅히 그래야지. 그런 일을 가지고 망설이고 있으니, 그 문제를 한번 따져보세. 자네는 거짓된 구실로 어린 아가씨와 그 가족을 속이고, 그 속임수로 여자의 순결을 빼앗았네. 그것이 명예와 어떻게 양립할 수 있단 말인가? 그렇게 될 줄 알면서 고의로 한 사람을 파멸시킨 일이, 아니, 계략적으로 파멸로 몰아넣은 일이 어떻게 명예와 양립한단 말이야? 다른 사람의 명예와 평화를, 어쩌면 목숨과 영혼마저도 짓밟아 놓고 명예와 양립하길 바라나? 심지어 그 상대는 연약하고 의지할 데 없는 어린 아가씨야. 명예를 아는 자라면 그 생각만으로도 견딜 수 없을 걸세. 그 어린 아가씨가 자네를 사랑하고, 자네에게 푹 빠져 목숨까지 걸고, 자네의 약속을 무조건 믿고, 그 믿음 때문에 소중한 모든 것을 희생한 것이 왜라고 생각하나? 명예를 아는 자라면 그런 생각만으로도 한순간도 편안히 쉬지 못할 거란 말이네."

나이팅게일이 말했다. "과연 상식적으로는 자네 말이 맞네. 하지만 자네도 알다시피, 세상 사람의 생각은 상식과 전혀 다르네. 자기가 아무리 사랑하는 사람이라 할지라도 매춘부랑 결혼했다면 다시는 얼굴을 들고 다닐 수 없게 된단 말일세."

존스가 말했다. "집어치우게! 어찌 그런 냉혹한 말을 하는가. 결혼 약속을 한 순간 그 애는 자네 부인이 된 거야. 그 애에게 잘못이 있다면, 그건 정조를 지키지 못해서가 아니라 신중하지 못해서야. 그리고 자네가 차마 얼굴을 들 수 없다고 한 세상이란 건 비열하고 어리석은 방탕한 사람들의 세상 아닌가. 미안하지만, 그런 부끄러움은 거짓된 명예에 그림자처럼 따라다니는 거짓된 겸손에서 비롯된 것이네. 진정한 분별력과 선량함을 지닌 사람이라면 한 명도 빠짐없이 남자다운 행동을 존경하고 칭찬할 걸세. 아무도 칭찬하지 않는다 해도, 자네 마음이 칭찬해주지 않겠나? 정직하고 고귀하며 관대하고 자비로운 행동을 의식할 때 느껴지는 환희에 찬 따뜻한 감정은 수백만 명에게 이유 없이 칭찬받는 것보다 훨씬 기쁜 것 아닌가? 양쪽을 잘 비교해보게. 한편으로는 가엾고 불행하며 가녀리고 자네를 믿는 소녀가 불쌍한 엄마에게 안겨 마지막 숨을 거두려 하고 있네. 괴로움에 고통 받은 가슴이 자네 이름을 탄식처럼 내뱉는 소리가 들릴 것이네. 자신을 짓눌러 파멸로 빠뜨린 잔혹한 자네의 행동을 비난하기보다 그저 탄식하는 그 소리가. 사랑하는 딸을 잃고 절망에 빠져 미쳐 버리거나, 어쩌면 죽음에 내몰릴지 모르는 불쌍한 엄마의 모습을 상상해봐. 불쌍하고 오갈 데 없는 고아가 될 막내딸도 떠오를 걸세. 잠시라도 좋으니 그 모습들을 상상해보고, 그 가엾고 고귀하며 무력한 가족의 파멸이 모두 자네 때문이라는 점을 생각해보게. 또 다른 한편으로는 그들을 일시적인 고통에서 구해내는 자네를 생각해보게. 그 사랑스러운 소녀가 얼마나 기뻐하고 얼마나 황홀해하며 자네 품으로 뛰어들 것인지. 그 창백한 뺨에 혈색이 돌아오고, 기운 없던 눈에 광채가 되살아나고, 고통 받던 가슴에 환희가 되돌아오는 모습이 보일 걸세. 그 애 엄마의 기쁨과 온 가족의 행복을 생각해봐. 이 작은 가족이 자네의 사소한 행동으로 완전한 행복을 되찾는 걸세. 그런 광경을 떠올려 보게. 그러고도 자네가 이 가엾은 가족을 영원히 침몰시켜 버릴지, 관대하고 고귀한 결단을 내려 고통과 절망의 구렁텅이에서 그들을 행복의 절정으로 끌어올릴지 쉽게 결정을 내리지 못한다면, 내가 자네를 잘못 본 것일 테지. 또 한 가지, 자네의 의무를 생각해주었으면 하네. 자네가 그 가엾은 가족을 구해내려고 하는 그 비참한 처지에 그들을 고의로 빠뜨린 사람은 바로 자네 자신이네."

나이팅게일이 소리쳤다. "오, 친구! 자네의 웅변을 듣지 않아도 그건 아니네. 나도 진심으로 낸시가 불쌍하네. 우리 사이가 그렇게 가까워지지 않았다면 얼마나 좋았을까 하고 생각해. 그 불행한 가족을 비참한 지경에 빠뜨린 그 잔인한 편지를 쓸 마음이 들기까지 나도 내 감정과 수없이 싸웠네. 내 마음만 생각해도 좋은 거라면, 당장 내일 아침에라도 그녀와 결혼할 걸세. 암, 그렇고말고. 하지만 아버지에게 그런 결혼을 허락받는 것이 얼마나 불가능한 일인지는 자네도 짐작이 갈 거야. 게다가 아버지께서는 내게 다른 짝을 준비해 놓으셨다네. 아버지 명령으로 난 내일 그 여자를 만나러 가야 하네."

존스가 말했다. "아직 자네 아버지를 뵙는 영광을 누리진 못했지만, 내가 만일 그분을 설득할 수 있다면, 자네는 그 가엾은 가족을 구하는 유일한 수단에 동의하겠는가?" 나이팅게일이 대답했다. "기꺼이 동의하고말고. 다른 여자하고는 절대로 행복해질 수 없을 테니까. 오, 친구! 요 12시간 동안 불쌍한 그녀 때문에 내가 얼마나 괴로웠는지 자네가 상상할 수 있다면, 자네는 분명히 그녀에게뿐만 아니라 나에게도 동정을 느낄 걸세. 내 사랑은 오로지 그녀에게 향해 있다네. 명예다 뭐다 하는 바보 같은 생각으로 고민하던 것은 자네가 완전히 해결해주었네. 아버지만 내 소망에 동의해주신다면, 나와 낸시는 즉시 완벽한 행복을 누리게 될 걸세."

존스가 말했다. "좋아, 그럼 한번 해보지. 어차피 아버지께 오래 감춰둘 순 없는 문제니, 이 이야기를 어떤 식으로 꺼내게 되더라도 내게 화를 내선 안 되네. 이런 일은 일단 밖으로 새나가면 점점 퍼지는 법이고, 불행하지만 이번 일도 이미 새나갔으니까. 더구나 지금 당장 수를 쓰지 않는 한, 한 사람의 목숨이 달린 문제야. 만일의 일이 벌어지면 자네는 세상에 오명을 떨치게 될 걸세. 자네 아버지가 평범한 인품을 지닌 분이라면 분명히 노여워하시겠지. 그러니 자네 아버지가 계신 곳을 알려주면 내 당장 일을 처리하겠네. 그동안 자네는 불쌍한 그 애를 찾아가는 게 좋아. 내가 말한 그 가족의 비참한 상황이 과장이 아니었다는 걸 알게 될 걸세."

나이팅게일은 이 제안에 즉시 동의하고, 존스에게 아버지의 거처와 그를 찾을 가능성이 있는 커피 하우스를 일러주었다. 그리고 잠시 머뭇거리다가 이렇게 말했다. "이보게, 톰. 자네가 하려는 일은 너무 무리한 계획이야. 자네가 내 아버지를 안다면, 아버지의 동의를 얻어내겠다는 생각은 결코 안 했을 걸세. 잠깐, 한 가지 방법이 있네. 내가 이미 결혼했다고 말하면 어떨까. 이미 저지른 일은 포기하기 쉬울지 모르니까. 맹세코 말하지만, 나는 자네 말에 큰 감동을 받았네. 진심으로 낸시를 사랑하고, 결과가 어찌 되든 결혼해 버릴 걸 하고 생각할 정도로 말이야."

존스는 이 제안에 크게 찬성하며, 꼭 그러겠노라고 약속했다. 그러고 나서 나이팅게일은 사랑하는 낸시를 만나러, 존스는 나이팅게일의 아버지를 찾아뵈러 집을 나섰다.

8
존스와 노신사 나이팅게일 씨의 대화
지금껏 이야기에 언급되지 않았던 새로운 인물의 등장

어느 로마의 풍자가는 운명의 신을 부정했고, 세네카도 이에 동의했다. 그러나 그 두 사람보다 훨씬 현명했다고 알려진 키케로는 공공연하게 그 반대 주장을 폈다. 사실 이 세상에는 자못 기괴하고 설명하기 힘든 일들이 일어나고, 그런 일들을 만들어내는 데는 인간의 지혜나 통찰력을 넘어서는 무언가가 필요한 듯이 보인다.

지금 존스가 맞닥뜨린 일이 바로 그랬다. 그가 나이 든 나이팅게일 씨를 만난 것은 하필 결정적인 순간이었다. 운명의 여신이 온 로마의 숭배를 받을 만큼 훌륭한 여신이라 해도 생각해낼 수 없을 법한 순간이었다. 간단히 말하자면, 이 노신사와, 그가 아들의 신붓감으로 정해놓은 숙녀의 아버지가 몇 시간 동안 격전을 벌이다가 숙녀의 아버지가 막 돌아가고, 그가 장시간에 걸친 대전에서 쟁취한 승리감을 만끽하고 있을 때였다. 미래의 신랑 아버지와 신부 아버지는 서로 상대방의 의표를 찌르려고 애를 썼으며, 이런 상황에서 흔히 있는 일이지만, 양쪽 모두 승리를 얻어냈다고 크게 만족하며 병사를 거두어들인 참이었다.

존스 군이 방문한 이 신사는 이른바 '속물적인 사람'이었다. 즉 이승 외의 세상은 없다고 확신하고, 살아 있는 한 이승을 최대한 즐기려는 사람이었다. 어려서부터 장사꾼 교육을 받고 자랐는데, 막대한 재산을 축적하게 되면서 요즘에는 장사 업종을 바꾸었다. 단적으로 말하자면, 물건을 다루는 장사에서 돈만 다루는 장사로 건너 탄 것이다. 늘 풍부한 자금을 끌어안고서, 때로는 개인의 필요에 편승하여, 때로는 공공의 필요에 편승하여 어마어마한 이익을 거두어들이는 기술을 터득한 사람이었다. 이 세상에 돈 말고 다른 것도 존재 한다는 생각을 하기는 하는 건지 의심이 들 정도로 돈만 상대했다. 적어도, 돈 이외에 진정한 가치를 지닌 것은 없다고 확신하는 것만은 틀림없었다.

따라서 존스가 대적하여 성공을 거둘 가능성이 있는 상대로서 운명의 여 신이 그보다 부적절한 사람을 선택할 수 없었으리라는 점을 독자 여러분께 서도 인정하실 것이다. 또한 대적 시기로서, 이 변덕스러운 여신도 이보다 부적절한 순간은 생각해내지 못했을 것이다.

돈이 늘 머릿속을 차지하고 있는 만큼, 신사는 낯선 사람이 찾아온 것을 보자마자 그자가 자신에게 돈을 갖다 주러 온 사람이거나 빼앗으러 온 사람 일 거라고 확신했다. 이 두 가지 가운데 어느 쪽이 우세를 보이는가에 따라 그는 자신에게 다가오는 사람에게 호의나 악의를 느끼곤 했다.

존스로서는 불행하게도, 이번에는 악의가 우위를 차지했다. 전날 한 청년이 찾아와, 아들 나이팅게일 군이 연극 공연 때문에 발행한 수표의 지급을 요구 했었던 것이다. 그는 존스를 얼핏 보고, 같은 용무로 찾아온 심부름꾼이라고 생각했다. 존스가 아드님 문제로 찾아왔다는 얘기를 꺼내기가 무섭게 노신사 는 그럴 줄 알았다는 듯이 고함을 질렀다. "헛수고하러 왔구먼!" 존스가 대꾸 했다. "아니, 제가 무슨 일로 왔는지 아신단 말입니까?" 노신사가 대답했다. "알건 모르건 할 말은 한 가지요. 당신은 헛수고하러 온 것이오. 어차피 당신 은 내 아들을 주색잡기와 방탕으로 끌어들여 파멸시키려는 한량 가운데 하나 일 테지. 그런데 난 앞으로 아들의 수표를 계산해주지 않기로 했소. 녀석도 앞으로는 당신 같은 패거리와 모든 인연을 끊을 것이오. 그렇게 기대하지 않 았다면 신붓감을 마련해주지도 않았지. 누구를 파멸시키는 일을 거들고 싶진 않으니까." 존스가 말했다. "네? 그렇다면 그 숙녀분이 선생님께서 직접 고른 신붓감이란 말입니까?" 노신사가 대답했다. "그게 당신과 무슨 상관이오?" 존스가 대답했다. "아닙니다. 아드님의 행복과 관련된 일에 제가 관심을 갖는 것을 불쾌해하지 마십시오. 저는 아드님을 매우 존경하며 소중히 여긴답니다. 그래서 이렇게 선생님을 찾아뵈러 온 것이고요. 지금 하신 말씀을 듣고 정말 로 안심했습니다. 정말로 아드님을 무척 존경하거든요. 그리고 선생님, 그토 록 흠잡을 데 없는 신붓감을 마련해주시다니, 선생님의 너그럽고 친절하며 훌륭하신 마음에 어떻게 경의를 표해야 할지 모르겠군요. 그분이라면 분명히 아드님을 세상에서 가장 행복한 사람으로 만들어줄 겁니다."

처음 만났을 때 놀라움을 주는 것만큼 상대방에게 호의를 줄 수 있는 방법은 없다. 일단 처음에 품었던 의심이 사라지면 우리는 곧 두려움을 잊고, 지금 편안하게 있을 수 있는 것은 처음에 우리에게 두려움을 품게 했던 그 당사자 덕분이라고 생각하게 된다.

나이팅게일 씨에게 그런 일이 일어났다. 처음에 걱정했던 것처럼 존스가 그에게 돈을 요구하러 온 게 아니라는 사실을 알자 그는 곧 존스에게 호감을 갖기 시작했다. "청년, 여기 좀 앉으시오. 지금껏 어디서 만난 기억은 없지만, 아들 녀석의 친구인 데다 신붓감에 대해 뭔가 할 얘기가 있다니 기쁘게 들어보지요. 그 신붓감이 내 아들을 행복하게 해줄 거라고 했는데, 아닌 게 아니라 그런 신붓감을 얻고도 행복해지지 못한다면 그건 아들 녀석 잘못이오. 가장 중요한 부분을 신경 써서 처리했으니 난 부모의 책임은 다한 셈이지. 그녀는 합리적이고 신중하며 제정신이 박힌 남자라면 누구든 행복해질 만한 재산을 가지고 올 것이오." 존스가 큰 소리로 말했다. "틀림없이 그럴 겁니다. 그녀 자신이 하나의 재산이니까요. 아름답고 품위 있으며 상냥하고 몸가짐도 정숙한 아가씨니까요. 정말로 각종 기예에 뛰어나서, 노래도 훌륭하거니와 하프시코드 연주 솜씨도 기가 막히죠." 노신사가 대꾸했다. "만난 적이 없어서 그런 줄은 전혀 몰랐는데, 청년 얘기를 들으니 더욱 흡족하구려. 거래를 할 때 사돈어른이 그런 점을 전혀 강조하지 않았다는 점이 더 마음에 들고요. 사돈께서 분별력 있는 사람이라는 증거로 생각하지요. 어리석은 자였다면 그런 것들을 재산과 함께 자랑해댔을 거요. 그런 점을 전혀 언급하지 않았다는 점을 높이 평가해야겠지. 여자로서 불명예스런 이야기가 아니니까 말이오." 존스가 소리쳤다. "그녀는 그런 여러 가지 미덕을 탁월할 정도로 갖추고 있습니다. 사실 전 선생님께서 이 결혼을 다소 망설이시거나 그다지 내키지 않아 하실까봐 걱정이었습니다. 선생님께서 그 숙녀를 보신 적이 없다고 아드님이 그랬거든요. 그래서 제가 찾아온 겁니다. 아드님의 행복을 바라시는 선생님께 이 결혼을 반대하지 말아달라고 간청하기 위해서요. 무엇보다 신붓감은 제가 말씀드린 것 말고도 여러 장점을 지닌 숙녀이기 때문입니다." 노신사가 말했다. "그런 용무라면 나와 내 아들이 고마워할 일이죠. 마음 놓으십시오. 난 신붓감의 재산에 아주 만족한다오." 존스가 대꾸했다. "더욱 선생님이 존경스럽습니다. 그 점을 만족스럽게 생각해주시다니요. 그토록 욕심이 없으시다니요. 선생님의 건전한 지성과 고매한 정신을 잘 보여주는 증거입니다." 아버지가 대꾸했다. "결코 욕심이 없는 건 아니랍니다. 청년, 욕심이 없다고는 할 수 없어요." 존스가 대꾸했다. "더욱 고매한 말씀이시군요. 그리고 양식이 있으시다는 말도 추가하겠습니다. 돈만이 행복의 유일한 근원이라고 생각하는 건 미친 짓이니까요. 재산 따위는 거의, 아니, 전혀 없어도 그토록 훌륭한 신붓감이라면—" 노신사가 소리쳤다. "청년은 돈에 대해 뭘 모르는구먼. 그게 아니면 숙녀의 성품만 알고 환경은 잘 모르던지. 대체 그 신붓감이 얼마나 많은 재산을 갖고 있는지 알기나 하는 거요?" 존스가 소리쳤다. "얼마나 많은 재산이라니요? 아드님께 시집오기엔 턱도 없을 만큼 하찮은 정도겠지요." 노신사가 말했다. "그래요? 그렇단 말이지. 그렇담 신부를 잘못 골랐단 말인가." 존스가 말했다. "그렇지 않습니다. 그런 훌륭한 신붓감은 또 없을 겁니다." 노신사가 대꾸했다. "아니, 재산을 말하는 거요. 그 숙녀가 얼마나 많은 재산을 갖고 올 거라고 생각하시오?" 존스가 소리쳤다. "얼마나 많은 재산이라! 얼마나…… 뭐, 고작해야 200파운드 아니겠습니까." 아버지가 발끈하며 소리쳤다. "청년, 지금 누굴 놀리는 거요?" 존스가 대답했다. "당치 않습니다. 진지하게 말씀드린 겁니다. 동전 한 푼까지 탈탈 털어 계산한 액수인데요. 숙녀분께 누를 끼친 거라면 용서를 빌지요." 아버지가 소리쳤다. "누를 끼쳤다마다. 그 오십 배는 되는 재산을 가진 사람이오. 그 오십 배를 가지고 오지 않는다면 내 아들이랑 결혼시킬 수 없지." 존스가 말했다. "글쎄요, 이제 와서 승낙 운운하기엔 늦은 일 아닐까요. 그녀가 50파딩이나마 가져왔을는지 몰라도, 아무튼 아드님은 이미 결혼했으니까요." 노신사가 놀라 대답했다. "내 아들이 결혼을 했다?" 존스가 말했다. "모르실 줄 알았습니다." 그가 다시 대답했다. "내 아들이 해리스 양과 결혼했다?" 존스가 말했다. "해리스 양이라니요? 아닙니다, 아드님은 낸시 밀러 양과 결혼했지요. 아드님이 묵고 계신 하숙집 따님 말씀입니다. 어머니는 몰락해서 하숙을 치는 형편이지만, 그 따님은—" 아버지가 몹시 심각한 목소리로 소리쳤다. "이것 봐, 지금 농담하는 거야, 진심으로 말하는 거야?" 존스가 대답했다. "전 농담이나 하는 사람을 경멸합니다. 저는 아주 진지한 마음으로 찾아온 겁니다. 아드님께는 이렇게 재산 차이가 나는 결혼을 한 사실을 선생님께 알릴 용기가 없으리라 생각했거든요. 사실이 그렇고요. 숙녀분의 명예를 고려할 때 이 이상 비밀에 부칠 수는 없었습니다."

아버지가 이 말을 듣고 갑자기 벙어리라도 된 듯 멍하니 서 있을 때, 한 신사가 들어와 그를 형님이라 부르며 인사를 건넸다.

두 신사는 촌수가 무척 가까웠지만, 기질은 거의 정반대였다. 방금 등장한 이 동생도 장사꾼 교육을 받고 자랐는데, 장사를 해서 6,000파운드를 모으자 그 대부분을 투자해 조그만 부동산을 산 뒤 시골로 내려가 무급 목사의 딸과 결혼했다. 미모도 재산도 없는 숙녀였지만, 아주 쾌활한 기질 때문에 그의 눈에 든 것이었다.

그는 이 부인과 25년 동안, 요즘 흔히 보이는 형태보다는 시인들이 황금 시대의 전형이라 부르는 결혼 생활과 비슷한 생활을 영위해왔다. 이 부인과의 사이에 네 자녀를 두었는데, 큰딸을 빼고는 누구도 성년에 이르지 못하고 있었다. 큰딸은 속된 말로 오냐오냐 컸다. 바꿔 말하면, 부모가 무조건적인 사랑으로 키운 자식이었다. 딸도 부모에게 같은 마음이어서, 마흔을 갓 넘긴 신사와의 보기 드문 결혼을 거부하고 말았다. 부모님과 도저히 헤어질 수 없었던 것이다.

나이팅게일 씨가 아들의 신붓감으로 정해 놓은 숙녀는 바로 이 동생의 이웃으로서, 자연히 이 조카딸의 친구였다. 이 동생이 런던으로 온 것도 사실은 이 결혼 때문이었다. 그런데 결혼을 돕기 위해서가 아니라, 형을 만류하기 위해서였다. 이 결혼 때문에 조카 나이팅게일이 반드시 파멸하리라 생각한 것이다. 엄청난 재산은 둘째 치고, 해리스 양의 미모로 보나 성품으로 보나 도무지 행복한 결혼을 보장하는 구석이 전혀 없었기 때문이다. 사실 해리스 양은 키가 아주 크고, 아주 마르고, 아주 못생겼고, 아주 위선적이고, 아주 어리석고, 아주 심술궂은 여성이었다.

따라서 형에게서 조카와 밀러 양이라는 아가씨가 이미 결혼했다는 소식을 듣자마자 그는 대단히 만족스러워했다. 아버지가 아들을 심하게 욕하며, 거지나 되라고 단호하게 말하자 숙부가 이렇게 말했다.

"형님, 좀 냉정해지세요. 아들에 대한 사랑이 아들을 위한 것인지, 형님 자신을 위한 것인지 묻고 싶군요. 물론 형님께서는 아들을 위해서라고 대답하실 테고, 실제로도 그렇게 생각하시겠지요. 물론 이번 결혼도 아들의 행복을 고려한 처사일 것이 분명할 테고요.

그런데 형님, 저는 옛날부터 '이렇게 하면 행복해질 것이다'라고 남에게 행동 양식을 부과하는 것이 불합리한 행동이라 생각했습니다. 그것을 강요하는 것은 압제이고요. 흔히 저지르는 잘못이긴 하지만, 역시 잘못은 잘못이죠. 그런 태도는 다른 경우에도 불합리하지만, 결혼이라는 문제에서 가장 그렇습니다. 결혼이 행복하고 불행하고는 당사자가 서로 얼마나 사랑하느냐에 달려 있으니까요.

따라서 저는 이런 일에서 부모가 자녀를 대신해 배우자를 선택하고자 하는 태도를 부당하다고 생각해 왔습니다. 사랑은 강요할 수 없는 문제니까요. 네, 사랑은 강요를 끔찍이 싫어하지요. 인간 본성에 내재된 불행하고 숙명적인 심술 때문에, 사랑은 강요는커녕 설득받는 일조차 견디지 못하는 것이 아닌가 생각합니다.

부모가 행동 양식을 부과하는 것은 현명한 처사가 아니지만, 결혼 문제에서 부모의 의견을 묻는 것은 당연한 일입니다. 엄밀히 말해 부모는 적어도 소극적인 발언권을 가져야 합니다. 따라서 그 애가 형님의 의견을 묻지 않은 채 결혼한 것은 그 애 잘못이라는 점은 인정합니다. 하지만 솔직히 말해서, 그런 잘못을 저지르도록 부추긴 사람은 형님 아닙니까? 이 문제에 대해 형님께서 여러 차례 공언하신 내용이 그 애에게 재산이 조금이라도 부족하면 형님이 반대할 거란 생각을 심어준 게 아니냔 말입니다. 실제로 지금 형님이 화를 내는 이유도 그런 것이고요. 그 애도 잘못을 저지르긴 했지만, 당사자에게 알리지도 않고 신붓감을 결정해 버린 형님도 권위를 남용하신 겁니다. 더구나 형님 자신도 본 적 없는 여자를요. 나처럼 실제로 본인을 봤다면, 그 여자를 가족으로 맞아들이겠다는 생각은 미치광이가 아닌 이상 절대로 하지 않을 겁니다.

어쨌든 그 애가 잘못한 건 잘못한 거죠. 다만 용서할 수 없는 잘못은 아닙니다. 마땅히 형님 의견을 물었어야 할 일을 아무 말 없이 저지른 것은 잘못입니다. 하지만 이 문제의 가장 직접적인 당사자는 그 애입니다. 형님도 그 애가 자기 생각만 했다는 점은 인정하실 겁니다. 불행하게도 형님과 달리 그 애가 행복에 대해 잘못된 생각을 했다 하더라도, 형님이 자식을 사랑한다면 그 잘못을 더욱 부풀리시겠습니까? 그 애의 단순한 선택이 빚어낸 나쁜 결과를 더욱 커지게 하겠습니까? 까딱하면 불행으로 끝날지 모르는 상황을 일부러 확실한 불행이 되도록 만들겠습니까? 간단히 말해, 형님이 그 애를 부자로 만들려는 것을 제가 반대했다고 해서, 이번에는 반대로 최대한 그 애를 곤경에 처하도록 만들고 싶으시냐는 겁니다."

진정한 가톨릭 신앙의 힘으로 성 안토니우스는 물고기들을 설복했다. 좀더 나아가 오르페우스와 암피온은 음악의 매력을 이용하여 무생물마저도 매료했다. 두 가지 모두 얼마나 놀라운 일인가! 그러나 역사에서건 우화에서건, 습성이 된 탐욕을 논쟁과 이성의 힘으로 극복했다는 과감한 예는 아직까지 기록된 바가 없다.

나이팅게일 씨는 동생의 말에 대꾸하지 않고, 너와 나는 옛날부터 자식 교육에 대한 의견이 달랐다고 말하는 데에 만족했다. "넌 내 아들 걱정은 관두고, 네 딸이나 신경 써. 내 아들은 네 가르침이나 행동에서 아무것도 얻은 게 없으니까." 사실 나이팅게일 군은 이 작은아버지의 대자로서, 아버지와 같이 지낸 시간보다 그와 보낸 시간이 더 길었다. 따라서 작은아버지도 조카를 친자식처럼 사랑한다고 공언하곤 했었다.

존스는 이 선량한 신사의 태도에 크게 만족했다. 수많은 설득에도 아버지가 진정하기는커녕 점점 화를 내는 것을 보고, 작은아버지를 밀러 부인 댁으로 간 조카에게 안내하기로 했다.

9
이상한 사건

존스가 하숙집으로 돌아와 보니, 상황은 자신이 떠났을 때와 크게 달라져 있었다. 어머니와 두 딸, 나이팅게일 군이 함께 식탁에 앉아 저녁식사를 하고 있었던 것이다. 작은아버지는 본인의 바람대로 아무런 격식 없이 그 자리에 끼었다. 조카를 보러 이 집을 몇 차례 방문한 적이 있었으므로 모두 그를 잘 알았기 때문이다.

노신사는 즉시 낸시 양에게 다가가 인사와 동시에 축하 말을 건넸다. 다음으로 어머니와 여동생에게도 같은 인사를 했다. 마지막으로 조카에게 제대로 된 축하 인사를 보냈다. 조카가 정해진 모든 절차에 따라, 자신과 대등하거나 더 많은 재산을 가진 여성과 결혼이라도 했다는 양 아주 익살스럽고 예의바르게 행동했다.

낸시 양과 이른바 그녀의 미래의 남편은 이 인사에 안색이 창백해진 채 얼빠진 표정을 짓고 있었다. 밀러 부인이 재빨리 기회를 보아 방을 나갔다. 존스를 식당으로 불러내더니 그의 발치에 몸을 내던지고 뜨거운 눈물을 왈칵 쏟아냈다. 착한 천사라는 둥 가엾은 가족의 구세주라는 둥 그 밖에 존경심 어린 다양한 애칭들로 그를 부르며, 가장 높은 은혜에 가장 큰 감사를 바칠 때 사용하는 온갖 인사를 늘어놓았다.

격정적인 최초의 돌풍이 다소 잦아들자(밖으로 터트리지 않으면 온몸이 파열할 것 같았다고 그녀는 말했다), 부인은 존스에게 나이팅게일 군과 딸 사이의 모든 문제가 해결되어 두 사람이 내일 아침 결혼하기로 했다고 말했다. 이 소식을 들은 존스가 몹시 기뻐하자, 가엾은 부인은 다시 환희와 감사를 격렬하게 표현했다. 존스는 간신히 부인을 진정시키고, 다시 사람들에게 돌아가자고 설득했다. 사람들은 아까와 마찬가지로 계속 들뜬 상태였다.

이 작은 모임의 구성원들은 아주 유쾌한 두세 시간을 보냈다. 술을 좋아하는 작은아버지가 조카에게도 거듭 술을 권했기 때문에, 조카는 취하지는 않았지만 다소 입이 가벼워졌다. 마침내 나이팅게일 군은 노신사를 최근까지 자신이 세 들어 살았던 2층 방으로 데리고 올라가 속내를 털어놓았다.

"작은아버지는 늘 제게 더없이 친절하신 분이셨습니다. 분명히 어느 정도 무모해 보이는 이 결혼을 용서해주신 것도 헤아릴 수 없는 호의라고 생각합니다. 그래서 무슨 일이든 작은아버지를 속이고 싶은 마음은 들지 않습니다." 그러고 나서 그는 모든 진실을 고백했다.

노신사가 말했다. "뭐라고? 그렇다면 실은 그 아가씨와 아직 결혼한 게 아니란 말이냐?" 나이팅게일이 대답했다. "네. 사실 그대로를 말씀드린 겁니다." 작은아버지가 조카에게 입 맞추며 말했다. "애야, 그 말을 들으니 진심으로 기쁘구나. 내 생애 최고로 기쁜 소식이야. 네가 진짜로 결혼을 했었더라도, 나는 능력이 닿는 한 전화위복이 되도록 너를 도와주었을 거다. 하지만 이미 저질러져 돌이킬 수 없는 일을 생각하는 것과 아직 일어나지 않은 일을 생각하는 것은 하늘과 땅 차이지. 이성으로 생각해보려무나. 그러면 이 결혼이 얼마나 어리석고 터무니없는지 너도 뼈저리게 깨닫게 될 거다. 너를 만류하고 자시고 할 필요도 없는 것 아니냐." 나이팅게일이 대꾸했다. "하지만 작은아버지, 이미 어떤 행동을 취한 것과 명예를 걸고 지키겠노라고 한 약속이 어떻게 다르다는 겁니까?" 작은아버지가 말했다. "무슨 소리! 명예란 사람들이 만들어낸 산물이야. 명예를 만들어낸 창조주로서 사람들은 명예를 마음대로 지배하고 지시를 내릴 마땅한 권리를 갖지. 약속을 어기는 일쯤이야 사람들 눈에는 실로 사소한 일이란다. 아무리 야비하게 약속을 깼다고 해도, 사람들이 놀라거나 쑥덕대는 건 고작 하루다. 아무리 결혼을 약속했다 한들, 자기 여동생이나 딸을 남에게 주기 싫은 마음은 당연하지 않느냐. 여동생이나 딸도 남편을 받아들이기가 망설여지는 건 당연하고. 결혼은 명예 따위와 전혀 무관한 거란다." 나이팅게일이 소리쳤다. "죄송합니다만 전 그렇게 생각하지 않습니다. 결혼은 명예뿐만 아니라 양심이나 인정하고도 관련이 있죠. 만일 지금 그녀를 실망시키면, 그녀는 죽음을 선택할 것입니다. 그러면 저는 저 자신을 살인자라고 생각해야겠지요. 그것도 가장 잔혹한 살인자요. 남의 마음에 상처를 주었으니까요." 작은아버지가 소리쳤다. "마음에 상처를 주다니, 웃기지도 않는구나! 여자 마음은 그리 쉽사리 상처받지 않아. 얼마나 강한데. 그럼, 강하고말고." 나이팅게일이 대꾸했다. "하지만 한편으론 저 자신의 애정 문제입니다. 저는 그녀 말고 다른 여자와는 행복해질 수 없어요. 작은아버지께서도 결혼은 자식 선택에 맡겨야 하며, 사촌 누이 해리엇도 스스로 선택하도록 하실 거라고 늘 말씀하셨잖습니까." 노신사가 대답했다. "그래, 그랬지. 자식에게 선택하라고 했었지. 하지만 현명한 선택을 했으면 좋겠구나. 아무튼 이 아가씨와는 헤어져야 해. 내가 그렇게 만들 거다." 나이팅게일이 소리쳤다. "전 죽어도 그녀와 결혼할 겁니다." 작은아버지가 말했다. "죽어도 결혼하겠다? 네게서 그런 말을 듣게 될 줄은 몰랐구나. 네 아버지에게 한 말이라면 이해가 가겠다만 말이다. 네 아버지는 늘 너를 강아지 취급하고, 폭군이 신하를 멀리하는 것처럼 너와 거리를 두었으니까. 하지만 너를 대등하게 대해온 나한테는 다른 태도를 보여야 마땅하지 않으냐? 네가 그러는 이유도 알 만하구나. 그게 다 나 모르는 사이에 네가 받은 터무니없는 교육 탓이다. 내 딸애를 봐라. 나는 그 애를 친구처럼 키웠어. 그 애는 내 조언 없이는 아무 짓도 하지 않고, 내가 조언을 하면 거부하는 일이 없지." 나이팅게일이 말했다. "그야 이런 문제로 조언하신 적이 없으니까 그렇죠. 작은아버지께서 사촌 누이에게 자기 마음을 포기하라고 말씀하신다면, 작은아버지께서 어떤 엄명을 내리셔도 누이는 그 명령을 따를 사람이 아닙니다." 노신사가 조금 격분하여 대꾸했다. "내 딸 해리엇을 모욕하지 마라. 난 그 애를 내 뜻에 거스르는 아이로 키우지 않았어. 뭐든 그 애 마음대로 하도록 허락해왔기 때문에, 내 마음에 들도록 행동하는 것을 기뻐하는 습관이 저절로 생겼지." 나이팅게일이 말했다. "죄송합니다. 전 사촌 누이를 대단히 존중합니다. 비난할 의도는 추호도 없었어요. 작은아버지께서 누이에게 지금 저를 괴롭히고 있는 가혹한 시련을 주시거나 엄격한 통제를 가하시는 일은 절대로 없겠죠. 어쨌든 이제 사람들에게 돌아가요. 자리를 너무 오래 비우면 모두 걱정할 겁니다. 다만 한 가지 간청이 있습니다. 가엾은 그 소녀와 어머니에게 충격을 주는 말씀일랑 일절 말아주세요." 그가 대꾸했다. "그건 걱정할 필요 없다. 난 여성을 모욕하는 무례한 사람이 아니니까. 그 청은 받아들이겠다만, 그 대신 나도 부탁이 있다." 나이팅게일이 말했다. "작은아버지의 명령이라면 뭐든 기꺼이 따르겠습니다." 작은아버지가 말했다. "다른 게 아니라, 우리집까지 같이 가자는 거다. 이 문제를 좀 더 상세하고 신중하게 의논하고 싶구나. 형님은 세상에서 가장 똑똑한 척하면서 이렇게 터무니없는 짓을 저지르곤 하지. 하지만 나로선 되도록 어떻게든 가족을 구하고 싶으니까."

나이팅게일은 작은아버지를 따라가기로 했다. 작은아버지도 아버지 못지않게 고집불통이란 사실을 잘 알기 때문이었다. 노신사는 모두가 있는 방으로 돌아가서도 아까처럼 계속 예의 있게 행동하겠다고 약속했다. 두 사람은 방으로 돌아갔다.

10

제14권을 맺는 짤막한 장

조카와 작은아버지가 오랫동안 자리를 비우자, 남은 사람들의 마음속에는 작은 불안감이 싹텄다. 앞서 대화에서 작은아버지가 때때로 목소리를 높인 것이 아래층까지 들렸으므로 더욱 그랬다. 내용까지 알아들을 수는 없었지만, 그것은 낸시와 어머니, 심지어 존스에게도 불길한 징조처럼 생각되었다.

따라서 이 착한 사람들이 모두 다시 마주하게 되자, 그들의 표정에는 뚜렷한 변화가 일어났다. 앞서 모였을 때 한결같이 그들의 얼굴을 비추던 명랑함이 지금은 완전히 사그라졌다. 영국에서 흔히 볼 수 있듯이 화창한 날씨에서 구름 낀 날씨로, 6월 날씨에서 12월 날씨로 급변하는 그런 변화였다.

그러나 모두 이 변화를 크게 알아채지 못했다. 모두가 자기 속내를 감추고 연기하려 애를 쓰느라, 이른바 이 장면에 직접 참여하기에 바빠서 관객이 될 여유가 없었던 것이다. 이리하여 작은아버지와 조카는 어머니와 딸이 품은 의심을 전혀 눈치채지 못했으며, 어머니와 딸은 노신사가 필요 이상으로 아무렇지 않은 척 행동한다는 사실과 조카가 만족감을 가장하여 웃음 짓고 있다는 사실을 알아차리지 못했다.

친구끼리 서로 상대방을 속이려고 자기가 연출한 연극에 몰두한 나머지, 상대방도 계략을 쓰고 있다는 사실을 전혀 눈치채지 못할 때 이와 비슷한 일이 종종 일어난다. 이때 쌍방의 날카로운 공격(이 경우 부적절하지 않은 비유라고 생각한다)이 동시에 성공을 거둔다.

같은 이유에서, 반드시 한쪽이 더 큰 피해를 입긴 하지만, 거래 당사자 양측이 서로 보기 좋게 한방 먹는 일도 허다하다. 눈 먼 말을 팔아먹으려다 위조지폐를 받아든 격이다.

일동은 반 시간 만에 헤어졌다. 작은아버지는 조카를 데리고 떠났다. 그에 앞서 조카는 귓속말로 낸시에게, 다음 날 아침 일찍 찾아와 약속을 지키겠노라고 다짐하는 것을 잊지 않았다.

이번 일과 가장 관련성이 적은 존스가 가장 많은 것을 보았다. 사실 그는 거의 진상을 파악했다. 작은아버지의 태도에서 큰 변화를 감지했다. 낸시 양에 대한 거리감과 억지스런 예절을 간파했다. 이런 밤늦은 시간에 신랑을 신부에게서 데려간다는 사실도 몹시 수상쩍었다. 이 행동들은 나이팅게일이 모든 사실을 고백했다고 생각하지 않는 한 설명되지 않았다. 더구나 그것은 나이팅게일의 솔직한 성격과 취기를 고려해볼 때 자못 있을 법한 일이었다.

존스가 자신이 품은 의심을 이 가엾은 가족에게 알려야 할지 말아야 할지 따져보고 있을 때, 이 집 하녀가 찾아와 웬 숙녀분이 뵙고 싶어 한다고 전했다. 그는 즉시 방을 나와 하녀에게서 촛불을 건네받은 뒤, 손님을 직접 2층으로 안내했다. 그 손님은 바로 아너였다. 그는 아너에게서 사랑하는 소피아에 대한 끔찍한 소식을 전해 들었다. 다른 사람에 대한 걱정은 순식간에 사라져 버렸다. 자기가 가진 모든 동정심을 자신의 슬픔과 불운한 자신의 천사가 빠진 비참한 상황을 생각하는 데 모두 써버렸기 때문이다.

이 끔찍한 일이 무엇인지는 그런 일이 생기게 된 여러 정황을 먼저 이야기한 뒤에 전달하도록 하겠다. 그 사실들이 다음 권의 주제이다.

제15권
이틀 동안 일어날 사건

1
너무 짧아 서문이라 하기도 어려운 장

선이 행복에 이르는 확실한 길이고, 악이 불행에 이르는 확실한 길이라고 가르치는 종교적·도덕적인 작가들이 이 세상에는 존재한다. 매우 건전하고 위안이 되는 이론이다. 그러나 한 가지 단점은, 그것이 사실이 아니라는 점이다.

그들이 주장하는 '선'이, 이를테면 착한 주부라면 집에 있으면서 오직 가족 일에만 신경 써야 한다는 식의 기본적인 덕목을 실천하는 것이라면, 나도 기꺼이 그들의 주장을 인정하겠다. 이러한 덕목은 매우 확실하게 행복에 기여하고 행복을 이끌어 낼 것이기 때문이다. 고대와 현대의 현자들과 달리 나는 이런 덕목을 '선'이라기보다는 '지혜'라는 이름으로 부르고 싶을 정도다. 이유인즉슨, 현재의 우리 삶을 놓고 볼 때, 지혜야말로 으뜸가는 선이라고 주장한 고대 에피쿠로스학파의 이론보다 더 현명한 이론 체계는 일찍이 없기 때문이다. 반대로 행복의 기원을 감각적 욕망 충족에 둔 현대 쾌락주의자들의 이론보다 더 어리석은 이론 체계는 없을 것이다.

그러나 만약 '선'이란 말이(나는 당연히 이런 의미라고 생각한다), 늘 집 밖에서 분주히 일하며 다른 사람의 이익을 마치 자신의 이익처럼 추구하는 일에 관심을 쏟는 상대적 품성을 의미한다면, 나는 이런 덕목이 인간의 행복에 이르는 가장 확실한 길이라는 주장에 선뜻 동의할 수 없다. 만약 그렇다면 우리는 가난·경멸·험담·질투·배은망덕 같은 악덕이 사람들에게 가져다주는 온갖 해악을 행복의 개념 안에 포함해야 하기 때문이다. 아니, 때로 우리는 그 행복의 길동무가 되어 감옥에까지 가야 한다. 이러한 선 덕분에 많은 사람이 스스로 감옥에 들어가는 쓰라림을 맛보아야 했다.

어쨌든 지금은 앞서 다루었던 이 거대한 사색의 주제를 심도 있게 살펴볼 여유가 없다. 이야기 진행에 방해되는 이론 따위는 모두 없애 버리자는 것이 내 생각이다. 존스가 동료를 파멸로부터 지켜주고자 애쓰고 상상할 수 있는 모든 선량한 역할을 최대한으로 수행하던 동안, 사람의 모습을 한 악마 또는 악령이 그가 사랑하는 소피아를 파멸시켜 더없는 불행에 빠뜨리려 열심히 획책하고 있었기 때문이다.

이런 상황은, 앞서 말한 행복의 원칙(진정 그것이 원칙이라면)에서 예외적인 상황으로 보일지도 모른다. 그러나 인생이라는 길을 여행하면서 우리는 그 같은 원칙의 예외 상황들만 수두룩하게 보아왔기 때문에, 그 원칙의 기반을 이루는 이론의 진위를 살펴보는 것이다. 우리는 그 이론이 기독교적이라고 생각하지 않으며, 사실도 아니라고 확신한다. 또한 그 이론은 불멸의 신앙을 위해 이성만이 제공할 수 있는 가장 고귀한 논쟁을 사실상 파괴해 버린다.

어쨌든 독자 여러분의 호기심(혹시 조금이라고 갖고 계신다면)이 지금 잠에서 깨어나 공복 상태에 있을 터이니, 되도록 신속하게 허기를 채워 드리도록 하겠다.

2
소피아에 대해 몹시 음험한 음모가 시작된다

내가 알던 어떤 현명한 노인은 "아이들이 아무 짓도 하지 않을 때는 뭔가 못 된 장난을 꾸미고 있는 것"이라고 말했다. 이 재미있는 말을 모든 피조물 가운데 가장 아름다운 존재인 여성에게까지 확대하고 싶진 않다. 그러나 다음과 같은 말은 너그러이 용서될 것이다. 즉, 여성의 질투심이 분노와 격분이라는 적절한 형태로 노골적으로 드러나지 않을 때, 우리는 그 심술궂은 감정이 은밀히 작용하여 상대를 노골적으로 공격하는 대신 음흉하게 해치려는 계획을 몰래 꾸민다고 의심할 수 있다.

이와 같은 의심은 벨라스턴 부인의 행동으로 입증되었다. 얼굴에 미소를 띠고 있지만 부인은 사실 소피아에 대한 크나큰 분노를 숨기고 있었다. 그녀는 욕정을 마음껏 즐기는 데 이 젊은 숙녀가 방해가 된다는 걸 잘 알고 있었으므로, 어떻게 해서든 소피아를 제거하기로 마음먹었다. 그런데 그리 오래지 않아 절호의 기회가 찾아왔다.

독자 여러분은 소피아가 극장에서 런던 시민이라고 자칭하는 젊은 신사들의 위트와 유머에 대경실색했을 때, 한 젊은 귀족 청년의 보호로 가마까지 무사히 안내되었던 사실을 기억할 것이다.

벨라스턴 귀부인 댁을 자주 방문하던 이 귀족은 사실 소피아가 런던에 도착한 이후 그 댁에서 여러 차례 소피아를 본 적이 있으며, 그녀에게 큰 호감을 품게 되었다. 본디 미인은 고통스러워할 때 더욱 사랑스러워 보이는 법이기에, 이 귀족은 소피아가 두려움에 떠는 모습을 보고 더욱 큰 호감을 느꼈다. 말 그대로 사랑에 빠져 버렸다고 해도 과언이 아니었다.

예의상 방문을 해도 좋다고 했으니, 사랑에 빠진 숙녀와 친분을 쌓을 수 있는 절호의 기회를 그가 놓치지 않으리란 것은 누구나 상상할 수 있다.

따라서 그 사건이 일어난 다음 날 아침, 그는 바로 소피아를 방문하여 의례적인 인사말을 늘어놓았으며 지난밤의 사건으로 아무런 손해도 입지 않았기를 바란다고 말했다.

사랑이란 불과 같아서, 일단 충분히 점화되고 나면 이내 걷잡을 수 없이 타오르는 법이다. 소피아는 순식간에 그를 완전히 사로잡아 버렸다. 시간이 어떻게 흘러가는지 모르게 사라졌고, 숙녀와 함께한 지 두 시간이 지나서야 비로소 이 귀족 청년은 너무 오래 머물렀다고 퍼뜩 깨달았다.

이런 상황만으로도 소피아를 놀라게 하기에는 충분했는데, 청년의 눈빛에는 지금 그의 가슴속에서 일어나고 있는 일이 고스란히 드러나 있었다. 그는 노골적으로 사랑을 고백하진 않았지만, 그의 표정과 말투에는 과장스런 인사치레가 유행하던 시대에도 단순한 치렛말로 여겨지기 어려울 만큼 열정과 다정함이 가득 어려 있었다. 게다가 당시의 지배적 유행은 알다시피 그와는 정반대였다.

벨라스턴 귀부인은 이 귀족 청년이 집에 처음 찾아왔을 때부터 이 사실을 알고 있었다. 그리고 그 방문이 오래 지속되는 것이 매우 만족스러웠다. 젊은 남녀가 함께 있는 모습을 두 번째로 보았을 때는 사실상 상황이 자기가 바라는 대로 돌아가고 있다고 느꼈다. 부인이 두 사람 사이에 끼어들어 괜히 관계를 부추기지 말아야겠다고 생각한 것은, 내가 볼 때도 올바른 판단이다. 부인은 귀족 청년이 집을 떠나려 할 때 대화를 나누고 싶다는 말을 전하라고 하인들에게 지시했다. 그리고 그 동안 이 귀족이 기꺼이 받아들이리라고 믿어 의심치 않는 음모를 어떻게 하면 잘 성사시킬 수 있을지 생각했다.

펠라머 (귀족 청년의 이름이다) 경이 부인을 찾아오자마자 벨라스턴 부인은 다음과 같은 말투로 공격했다. "세상에, 아직도 계셨어요? 하인들이 깜빡 잊고 그냥 가시게 두었다고 생각했는데. 어쨌든 중요한 일이 있어서 뵙자고 했어요." "부인께서 놀라시는 것도 당연합니다. 제가 너무 오래 있었지요. 두 시간이나 넘게 있었으니까요. 하지만 저는 30분도 지나지 않았다고 생각했거든요." "그게 무슨 말씀이세요, 펠라머 경? 모르는 사이에 시간이 그렇게 흐를 정도라니, 이야기 상대가 정말 마음에 드신 모양이군요." "무척 마음에 듭니다. 벨라스턴 부인, 부인께서 갑자기 우리 사이에 등장시킨 저 혜성 같은 숙녀는 대체 누구십니까?" 그녀가 짐짓 놀라는 척하며 말했다. "혜성이라니요?" "일전에 제가 이 댁에서 보았고, 간밤에 극장에서 제 품에 안겼으며, 오늘 제가 이처럼 무례한 방문까지 하게 된 숙녀분 말씀입니다." "아하, 웨스턴 말씀이시군요! 그 혜성은 얼간이 시골 지주의 딸로, 태어나 처음 런던에 온 지 이제 2주쯤 되었지요." "아무리 봐도 왕실에서 자란 숙녀분 같더군요. 미모는 물론, 그토록 고상하며 분별력 있고 예의 바른 숙녀는 처음 보았습니다." "오호, 저런! 그 애가 경을 완전히 사로잡아 버렸군요." "제발 그래주시면 좋겠습니다. 저는 미칠 만큼 그녀를 사랑하고 있어요." "그래요, 펠라머 경? 경에게도 나쁜 조건은 아니에요. 그 애는 재산이 어마어마하거든요. 외동딸인데다가 아버지의 수입이 연간 3천 파운드는 족히 되니까요." "그렇다면 이보다 좋은 신붓감이 없군요." "그렇게 마음에 드신다면 정말로 결혼하시면 될 텐데요." "그렇게 말씀해 주시니 감사합니다, 부인. 부인의 친척이라 하셨으니, 그녀의 아버지께 제 청혼 의사를 대신 전해 주실 수는 없으신지요?" 부인이 짐짓 신중한 척하며 말했다. "그럼 정말 진심이란 말씀이시지요?" "제가 이런 일로 부인과 농담을 주고받을 사람이라고 생각지 말아주시기 바랍니다." "그렇담 어려운 일도 아니니 펠라머 경의 청혼을 그 애 아버지에게 전해 드리지요. 기꺼이 승낙하실 거라고 장담해요. 하지만 장애물이 있어요. 말씀드리기 창피한 일이지만, 경께서 좀처럼 이겨내기 힘든 장애물이랍니다. 펠라머 경에게 경쟁자가 한 명 있어요. 이름을 말하긴 조금 거북하지만. 어쨌든 경이나 세상 그 누구도 물리치기 힘든 경쟁자예요." "부인께서 제 심장에 찬물을 끼얹으시니 제 생명까지 꺼져 버릴 것만 같습니다." "어머나! 저는 경의 가슴에 불을 지펴드릴 생각이었는데. 사랑에 빠졌다는 사람이 가슴에 찬물 운운하시다니요! 저는 경께서 그 연적의 이름을 물어보고, 그와 당장 결투를 벌이실 거라고 생각했어요." "그 아름다우신 숙녀분을 위해서라면 그 어떤 일도 마다하지 않을 것입니다. 어쨌든 대체 그 행복한 남자는 누굽니까?" "유감스럽지만, 세상의 행복한 자들이 대개 그렇듯 그도 출신이 비천한 자랍니다. 무일푼에 사생아에 업둥이라, 경의 하인보다도 더 천박한 자예요." "아니, 그토록 완벽한 숙녀분이 그런 비천한 사내에게 마음을 주다니 있을 수 있는 일입니까?" "아! 시골 숙녀의 비운이지요. 시골은 모든 젊은 숙녀들에게 독과 같아요. 그들은 시골에서 사랑이 소설처럼 낭만적이라고 믿고 어리석은 망상을 키우지요. 그런 공상은 런던에 와서 겨울 한철 내내 훌륭한 사람들과 어울린다 하더라도 좀처럼 뿌리 뽑기 힘듭니다." "귀하신 분을 그런 식으로 방치할 순 없습니다. 그런 파멸은 반드시 막아야 해요." "하지만 어떻게 막을 수 있겠어요? 그 애의 가족들이 할 수 있는 방법은 모두 써 봤답니다. 내 생각에 그 애는 이미 사랑에 도취해서 파멸까지 가보지 않고는 만족하지 않을 거예요. 경께 좀더 솔직히 제 생각을 말씀드리자면, 저는 당장이라도 그 애가 그자와 함께 도망쳤다는 소식이 들려올 것 같아 노심초사하고 있답니다." "말씀을 들으니 마음이 무척 아픕니다, 부인. 그분에 대한 제 흠모의 정이 줄기는커녕 오히려 연민의 정이 커지는군요. 더할 나위 없이 소중한 보석을 지키기 위해서 반드시 수단을 강구해야 합니다. 부인께서는 그분을 설득해 보셨는지요?" 이 말을 듣고 벨라스턴 부인은 웃음을 터뜨리는 척하며 큰 소리로 말했다. "펠라머 경, 사랑에 빠진 젊은 숙녀의 마음을 설득으로 돌릴 수 있다고 생각할 만큼 경께서도 어수룩하진 않으시잖아요? 더할 나위 없이 귀한 보석이라는 그 숙녀들은 진짜 보석처럼 귀가 없어서 남의 말을 듣지 못해요. 그들의 어리석음을 고치는 유일한 약은 바로 시간이에요, 펠라머 경. 하지만 그 애가 순순히 약을 먹을 리 없지요. 저는 그 애 때문에 매시간 심장이 떨려서 살 수가 없어요. 그러니까 오직 강압적인 수단밖에 방법이 없어요." "제가 어떻게 해야 한단 말씀이십니까? 좋은 방법이 있으십니까? 오! 벨라스턴 부인! 그런 보상이 주어진다면 저는 무슨 일이든 할 수 있습니다." 잠시 뜸을 들인 뒤 그녀가 대답했다. "사실은 저도 잘 몰라요." 그리고 다시 뜸을 들인 뒤 큰 소리로 말했다. "정말이지, 저도 그 애만 생각하면 어찌할 바를 모르겠어요. 그 애를 지킬 수만 있다면 당장 무슨 수라도 써야 해요. 오직 강압적인 방법만이 소용이 있을 거예요. 경께서 그토록 소피아를 사랑하신다면(솔직히, 누가 봐도 그 애는 모든 면에서 장점을 지닌 아이예요. 바보 같은 사랑이 말썽이지만 머지않아 자신의 어리석음을 깨닫게 될 거예요) 한 가지 방법이 있을 것 같아요. 매우 불쾌하고 생각하기조차 소름끼치는 방법이지요. 무엇보다, 큰 용기가 있어야 해요." "용기라면 스스로도 전혀 부족함이 없다고 생각하고, 부인께서도 그리 생각하시리라 믿습니다. 이제 와서 꽁무니를 뺀다면 그건 제가 구제할 길 없는 겁쟁이라는 소리지요." "그럼요, 저는 결코 경을 의심하지 않아요. 오히려 저는 저 자신의 용기가 의심스러울 뿐이에요. 경을 무조건 믿어야 하기 때문에 저로서도 아주 큰 모험이거든요. 현명한 여자라면 어떠한 경우에도 남자를 그렇게까지 믿지 않으니까요." 이 점에도 펠라머 경은 부인을 충분히 만족시켰다. 그의 명성은 아주 깨끗했고, 세상이 그를 칭찬하는 것도 당연했기 때문이다. 부인이 말했다. "그렇다면 좋아요. 저는 …… 저는 너무 걱정스러워서 견딜 수 없어요. 역시 그만두는 게 좋겠어요. 적어도 다른 방법을 모조리 시도해본 뒤에 하도록 해요. 펠라머 경, 오늘 약속을 다 취소하시고 우리 집에서 저녁을 드실 수 있으세요? 조금 있으면 웨스턴 양을 다시 만날 수 있을 거예요. 잠시도 지체할 순 없어요. 오늘 만찬엔 베티 부인, 이글 양, 햄스테드 대령, 톰 에드워즈 씨만 참석하실 거예요. 그분들은 모두 금방 돌아가실 테고, 그러고 나면 누구도 집에 들이지 않을 생각입니다. 그러면 경께서도 좀더 솔직한 태도를 보이실 수 있을 거예요. 제가 무슨 수를 써서든 그 애가 앞서 말한 그 비천한 자에게 홀딱 빠져 있는 모습을 경께 보여드리지요." 귀족은 정중하게 이 초대를 수락하고 옷을 갈아입기 위해 집으로 돌아왔다. 이미 오전 세 시, 아니 옛날식*1으로 생각한다면, 오후 세 시가 지나 있었다.

---

*1 옛날이나 지금이나 시간 차이는 없으므로 단순한 농담일 뿐이다.

3

앞 장의 음모에 대한 보다 상세한 설명

독자 여러분께서는 이미 오래 전부터 벨라스턴 부인이 상류층 '사교 모임'의 일원(그것도 중요한 구성원)이라고 결론 내렸을 것이다. 하지만 그녀는 사실 '극소수 상류층 모임'의 주요 구성원이었다. 이 '극소수 상류층 모임'은 매우 고귀하고 영예로운 최상류층 사교 모임으로, 얼마 전부터 영국에서 늘어나고 있다.

이런 극소수 상류층 사교 모임이 존립하기 위한 몇 가지 훌륭한 원칙이 있는데, 그중 주목할 것이 하나 있다. 지난번 전쟁의 종결과 함께 결성된 명예로운 전쟁 영웅 클럽에서 모든 구성원들은 적어도 하루에 한 번은 싸워야 한다는 원칙이 있었듯이, 이 사교 모임에는 모든 구성원이 적어도 하루에 한 가지씩 즐겁고 사소한 거짓말을 해야 하며, 구성원 모두가 이 거짓말을 널리 퍼뜨려야 한다는 원칙이 있다.

따라서 이 모임과 관련된 많은 허황된 이야기들이 널리 회자되었다. 그 가운데에는 모임 내부에서 나왔을 법한(크게 부당한 생각이 아닐 것이다) 이야기도 있다. 이를테면 악마가 모임의 회장이라거나, 악마가 모임의 식탁 위쪽 끝의 팔걸이의자에 직접 앉아 있다는 등의 이야기이다. 그러나 엄밀히 따져 보면, 이런 이야기 중 어떤 것에도 최소한의 진실조차 담겨 있지 않다. 실제로 이 모임의 구성원들은 매우 선량한 사람들이고, 그들이 퍼뜨리는 거짓말은 아무런 해를 끼치지 않고 단지 유쾌한 웃음을 자아내기 위해 만들어낸 것들이었다.

에드워즈도 이 재미있는 사교 모임의 구성원이었다. 그래서 벨라스턴 부인은 자신의 목적을 달성하기 위한 도구로 적당한 그를 골라 만찬 때 그에게 적절한 거짓말을 해 달라고 부탁했다. 부인이 신호를 보내면 즉시 그가 이 거짓말을 하기로 했다. 물론 이 거짓말은 늦은 시간, 펠라머 경과 에드워즈를 제외한 모든 손님들이 돌아간 뒤 그들이 카드놀이 삼세판 승부를 시작할 때 할 예정이다.

그러니 독자 여러분도 저녁 일곱 시와 여덟 시 사이에 다시 모여 주시기 바란다. 벨라스턴 부인, 펠라머 경, 웨스턴 양, 그리고 톰 에드워즈가 한창 카드놀이를 하고 있다. 마침내 삼세판 중 마지막 판을 벌일 때 벨라스턴 부인이 톰에게 신호를 보냈다. 부인이 말했다. "에드워즈 씨, 요즘 너무 재미없어지신 것 아니에요? 옛날에는 런던 시민들의 소식을 곧잘 전해 주시더니, 요즘은 다른 세상에라도 살고 계신 것처럼 세상일을 전혀 모르시나 봐요."

그러자 에드워즈가 얘기를 시작했다. "부인, 그건 제 잘못이 아니라 아무런 얘깃거리도 없이 따분하게 돌아가는 세상 탓이랍니다. 아, 그렇지! 지금 생각해 보니, 가엾은 윌콕스 대령에게 일어난 끔찍한 사건이 있긴 하군요. 불쌍한 네드! 펠라머 경, 경도 그를 아시죠? 하긴 누가 모르겠어요. 정말이지, 대령 때문에 걱정이랍니다."

"대체 무슨 일인데요?" 벨라스턴 부인이 말했다.

"오늘 아침에 대령이 결투를 벌여 한 젊은이를 죽였대요. 그게 다예요."

미리 얘기가 되어 있는 줄 모르는 펠라머 경이 심각한 태도로 대령이 누굴 죽였냐고 물었다. 에드워즈가 대답했다. "우리 누구도 알지 못하는 젊은 청년이라지요, 아마. 런던에 온 지 얼마 안 되는 서머싯 주 출신이고, 이름은 존스라고 한대요. 올워디 씨라는 지주분과 가까운 인척이라는데, 올워디 씨의 이름은 경도 들은 적이 있을 겁니다. 그 청년이 커피 하우스에 죽어 누워 있는 걸 제가 봤습니다. 단언하건대, 제가 평생 본 시체 중 가장 미남이었어요."

에드워즈가 청년이 죽었다는 얘기를 꺼내자 막 카드를 돌리기 시작하던 소피아는 손을 멈추고 그 얘기를 주의 깊게 들었다(그런 이야기는 언제나 충격적이었다). 이야기가 후반으로 접어들자 소피아는 다시 패를 돌리기 시작했다. 그러나 한 사람에게는 카드 석 장을 돌리고, 다른 사람에게 일곱 장, 세 번째 사람에게 열 장을 돌리고는, 손에 들고 있던 나머지 카드들을 떨어뜨리며 의자 뒤로 쓰러져 버렸다.

일행은 이런 일이 있을 때 늘 하던 대로 움직였다. 흔히 벌어지는 소동이 뒤따랐고, 통상적인 처치를 하고, 평소와 같이 소피아는 제정신으로 돌아왔으며, 조금 뒤 그녀는 양해를 구하고 자기 방으로 물러났다. 벨라스턴 부인은 펠라머 경의 요청에 따라 소피아의 방으로 가서 그녀에게 진실을 말해주고, 앞서의 이야기는 자신이 꾸며낸 농담이라고 말해주었다. 그리고 펠라머 경도 에드워즈 씨도, 비록 자기가 그에게 이 이야기를 전하긴 했지만, 일의 진상은 모르고 있다고 여러 차례 되풀이하여 소피아를 안심시켰다.

펠라머 경에게도, 벨라스턴 부인이 말한 소피아의 마음을 확인하는 데에 이 이상의 증거는 필요하지 않았다. 부인이 방으로 돌아오자, 두 귀족 남녀는 한 가지 계략을 꾸몄다. 이 계략이 펠라머 경에겐 그다지 악독한 음모로 보이지 않았지만(그는 능력이 닿는 한 모든 사후 변상을 결혼을 통해 하겠노라고 진심으로 약속했고 결심했다), 독자 여러분은 혐오감을 떨칠 수 없으리라고 의심치 않는다.

소피아에게 치명적인 해를 입힐 계략을 실행할 시간이 다음날 저녁 7시로 정해졌다. 벨라스턴 부인은 그 시각에 소피아가 방에 홀로 있도록 만들어 놓고, 그곳에 펠라머 경을 들여보내기로 했다. 집 안의 모든 사람들은 방해가 되지 않도록 단속하고, 하인들은 집 밖으로 내보낼 예정이었다. 하녀 아너만은 의심하지 않도록 펠라머 경이 도착할 때까지 주인과 함께 있도록 그대로 두었다가, 상황을 봐서 벨라스턴 부인이 음모의 현장에서 되도록 멀리 떨어진, 소피아의 목소리가 들리지 않는 방으로 데려가기로 했다.

이야기가 끝나자 펠라머 경은 집으로 돌아갔고, 벨라스턴 부인은 이 음모에 몹시 흐뭇해하며 잠자리에 들었다. 계획은 틀림없이 성공할 것이며, 그로써 존스를 향한 자신의 사랑을 방해하는 소피아를 매우 효과적으로 제거할 수 있다. 게다가 이 일이 세상에 알려진다 하더라도 그녀가 비난받는 일은 없을 것이고, 서둘러 결혼시켜 버리면 비밀이 탄로 날 걱정도 없으며, 소피아도 몸을 강탈당하고 나면 결혼에 쉽게 동의할 테고, 그녀의 가족들도 기뻐할 것이다.

그러나 이 음모의 또 다른 공모자 펠라머 경의 속마음은 벨라스턴 부인처럼 그리 평온하지 않았다. 그의 마음은 셰익스피어가 매우 훌륭하게 묘사한 바 있듯이, 헤아릴 수 없는 불안감에 휩싸여 있었다.

끔찍한 음모를 꾸민 순간부터 그 음모를 실행하기까지의
모든 중간 시간들은 마치 유령과 같고 섬뜩한 악몽과도 같다.
정신과 육체의 여러 기관이 격렬한 논쟁을 벌이며,
인간이란 통일체는 마치 작은 왕국처럼
일종의 내란상태에 접어든다. [2]

처음 이 음모가 고개를 쳐들었을 때 그는 격렬한 연정 때문에 이 제안에 동의했다. 특히 그 제안이 숙녀의 친척 부인 입에서 나왔으므로 더 그랬다. 그러나 명상의 친구인 베개를 베고 자리에 눕자, 그 행위 자체의 음험한 빛깔이 그의 눈앞에 고스란히 드러났다. 또한 틀림없이 그것에 따르게 될, 혹은 따를지도 모르는 결과들이 선명하게 모습을 드러내자 그의 결심이 흔들리며 이리저리 몸을 뒤척였다. 밤새도록 명예와 욕정이 격렬하게 싸운 끝에 마침내 명예가 승리를 거두었다. 그는 벨라스턴 부인을 방문하여 이 음모는 그만두겠다고 말하기로 결심했다.

해가 중천에 떴지만 벨라스턴 부인은 아직도 침대 속에 있었고, 소피아가 그 옆에 앉아 있었다. 이때 하인이 부인에게 펠라머 경이 아래층 응접실에 와 계신다고 알렸다. 부인은 곧 내려갈 테니 조금만 기다려달라고 전하라고 말했다. 하인이 나가자마자 가엾은 소피아는 그 불쾌한 귀족(다소 부당하긴 하지만 소피아는 그를 이렇게 불렀다)이 너무 자주 오지 못하게 해달라고 간청했다. "그의 속셈이 무엇인지 저도 알아요. 어제 아침에는 노골적으로 구애를 했거든요. 하지만 저는 결코 그를 받아들일 마음이 없으니 부디 앞으로는 그분과 저를 단둘이 있게 하지 말아 주세요. 또 하인들에게도, 그분이 저를 찾으신다면 만날 수 없다고 전하라고 지시해 주시고요."

벨라스턴 부인이 말했다. "저런, 소피아, 너희 시골 아가씨들 머릿속은 애인 생각뿐이로구나. 그저 누군가가 정중히 대해주기만 하면 자신에게 구애를 한다고 생각하지. 펠라머 경은 여성에게 예를 갖출 줄 아는 도시 분이니까 소피아에게도 그저 약간의 예의를 보였을 뿐이야. 세상에, 구애를 했다니! 그분이 정말로 그래주신다면 얼마나 좋을까. 그리고 그런 분을 거절한다면 넌 틀림없이 머리가 어떻게 된 거야."

"차라리 정신 나간 여자가 될 테니 제발 그분의 방문을 강요하지 말아 주세요."

"어머, 소피아, 그렇게 두려워하지 않아도 돼! 어차피 그 존스라는 자와 도망칠 작정이라면 널 막을 수 있는 사람은 아무도 없을 테니까 말이야."

"말씀이 지나치시네요. 저는 어떤 남자와도 도망치지 않을 거예요. 아버

---

*2 〈율리우스 카이사르〉 2막 1장 63~9행. 카이사르 암살을 앞둔 브루투스의 독백.

지 뜻을 거스르는 결혼은 결코 하지 않을 생각이에요."

"잘 알겠어요, 웨스턴 양." 부인이 말했다. "오늘은 사람들을 만날 기분이 아니라면 방으로 가서 쉬어요. 나는 펠라머 경이 무섭지 않으니, 내 응접실로 그분을 부르겠어요."

소피아는 귀부인에게 감사를 표하고 물러났다. 부인은 곧 펠라머 경을 위층으로 올라오게 했다.

4

유창한 언변을 사악한 목적에 이용하면 얼마나 위험한 변호인이 되는지를
벨라스턴 귀부인이 보여 준다

벨라스턴 부인은 젊은 귀족의 망설임을 듣자, 뉴게이트 변호사*³라 불리는 박식한 법률가들이 양심의 가책을 느낀 어린 증인들을 다룰 때처럼 일소에 부치며 말했다. "친애하는 펠라머 경, 보아하니 경께는 강심제가 필요한 것 같네요. 에췰리 부인에게 사람을 보내서 독한 술이라도 한 잔 얻어다 줄까요? 대체 그게 무슨 소립니까! 좀더 마음을 굳게 잡수세요. 혹시 '강간'이란 단어 때문에 겁이 나세요? 아니면 걱정스러우세요? 글쎄요! 만약 헬레네*⁴ 이야기가 요즘 이야기라면 나도 참 이상하다고 생각해요. 내 말은 그 숙녀의 사랑이 아니라 파리스의 행동이 이상하다는 거예요. 자고로 여자란 용기 있는 남자를 사랑하는 법이지요. 사비니의 여인들*⁵에 대한 이야기—다행히 그 이야기도 아주 오래된 이야기이지요. 경께서는 아마 제 독서량에 놀라실 거예요. 어쨌든 혹 씨의 이론에 따르면, 그 여자들도 나중에는 다 착한 아내가 되었다고 해요. 결혼한 제 지인 몇 명도 처음에는 남편에게 강간을 당했더랍니다." 그가 소리쳤다. "그런 식으로 저를 조롱하지 마십시오, 벨라스턴

---

*3 뉴게이트는 런던의 지명으로 12세기 이래 유명한 감옥이 있던 곳. 악덕변호사를 말함.
*4 그리스 신화에 나오는 미녀. 스파르타 왕 메넬라오스의 아내였으나 트로이 왕자 파리스가 유혹하여 트로이로 납치한다. 이로써 트로이 전쟁이 시작되었다.
*5 로마인은 이웃 부족인 사비니 사람들을 경기 관람에 초청하여 그 틈에 여인들을 강탈했다 《아에네이스》 1권 8절에 언급되어 있다).

부인." 부인이 대답했다. "무슨 말씀이세요, 펠라머 경? 온 영국 여자들 가운데 당신의 그런 모습을 보고 겉으로는 얌전한 척하지만 속으로 비웃지 않을 여자가 있다고 생각하세요? 경 때문에 굉장히 이상한 말로 같은 여성을 험담까지 하게 되었지만, 나쁜 뜻은 없을뿐더러 소피아를 위한 일이라고 믿으니까 그래도 상관없어요. 결국 경께서는 그 애의 남편이 되어주실 거니까요. 맹세코 말씀드립니다만, 그렇지 않다면 저는 아무런 지위도 얻지 못한 채 자신을 버리라고 그 애를 설득하는 일은 결코 하지 않을 겁니다. 나중에 그 애한테서 용기 있는 남자를 놓쳤다고 불평하는 소리는 듣고 싶지 않아요. 그 가난한 젊은이에게 용기가 있다는 점만은 틀림없는 사실이니까요."

아내나 정부로부터 이런 잔소리를 듣는 즐거움을 누려 본 사람들이 있다면, 이런 말이 여자의 입에서 나왔다는 사실 때문에 조금이라도 달콤하게 들렸는지 얘기해 보라. 어쨌든 펠라머 경에게는 데모스테네스나 키케로의 어떠한 연설보다 이 말이 훨씬 더 마음 깊이 이해되었다.

젊은 귀족의 자만심에 불을 지폈다는 사실을 감지한 벨라스턴 부인은 이제 진정한 연설가처럼 다른 감정들도 자극했다. 부인은 목소리를 가다듬고 말했다. "펠라머 경, 이 이야기를 먼저 꺼내신 분은 펠라머 경이세요. 제가 그 아이를 경에게 팔아 치우려 한다고 생각하지 말아 주시기 바랍니다. 8만 파운드의 재산이 있으면 중매인은 필요 없으니까요." "재산이 없어도 웨스턴 양이라면 중매인이 필요 없지요. 그 어떤 숙녀도 그녀가 가진 매력의 절반도 못 따라가니까요." 부인이 거울을 들여다보며 대답했다. "무슨 말씀을 그렇게 하세요. 절반이 넘는 숙녀들이 분명히 있다고 장담해요. 그렇다고 해서 그 아이를 깎아내릴 필요는 없지요. 물론 소피아는 아주 매력 있는 아가씨예요. 그리고 이제 앞으로 몇 시간 뒤에는 그만한 가치도 없는 사내의 품에 안기겠지요. 사실 확실히 용기만큼은 있는 분이에요."

"소피아 양이 제 분에 넘친다는 걸 솔직히 인정하겠습니다만, 어쨌든 저도 일이 그렇게 되길 바랍니다. 하늘이건 부인이건 제 계획을 좌절시키지만 않는다면, 그 몇 시간 안에 그녀가 제 품에 안길 것이기 때문입니다."

부인이 대답했다. "말씀 잘 하셨어요, 펠라머 경. 제가 경을 실망시켜드리는 일은 절대 없을 거예요. 그리고 이번 주 안에 사람들에게 경과 인척 관계가 되었다고 선언할 수 있으리라고 확신합니다."

이 장면의 나머지 대화는 당사자들에게 직접 듣는다면 아주 즐거울 기쁨과 변명, 칭찬 일색으로 채워졌다. 하지만 이런 내용을 옆에서 듣고 있으면 지루하기 짝이 없다. 따라서 이쯤에서 이들의 대화를 끝맺기로 하고, 모든 일이 가엾은 소피아의 파멸을 위해 준비된 운명의 시간으로 서둘러 가 보도록 하겠다.

하지만 이 사건은 우리 이야기의 전체를 통틀어 가장 비극적인 내용인지라, 다음 장에서 따로 다루고자 한다.

5
이 장은 일부 독자에게는 충격을, 일부 독자에게는 놀라움을 주리라

시계가 일곱 시를 알렸을 때 가엾은 소피아는 홀로 쓸쓸하게 앉아 비극 각본을 한 편 읽고 있었다. 《운명적인 결혼》*6이란 작품으로, 마침 고통을 겪던 가엾은 여주인공 이사벨라가 결혼반지를 처분하는 장면을 읽고 있었다.

이 대목에서 그녀는 책을 떨어뜨리고 홍수 같은 눈물을 펑펑 쏟아 냈다. 이런 상태로 일 분쯤 지났을 때, 갑자기 문이 열리면서 펠라머 경이 방 안으로 들어오는 것이 아닌가! 소피아는 그의 갑작스러운 출현에 깜짝 놀라 의자에서 벌떡 일어났다. 펠라머 경이 앞으로 다가와 정중하게 인사를 건넨 뒤 말했다. "웨스턴 양, 이렇게 불쑥 찾아와 죄송합니다." "정말 그렇군요, 펠라머 경. 갑자기 오셔서 깜짝 놀랐습니다." "제 방문을 예상치 못하셨다니, 지난 번 뵈었을 때 제 두 눈이 제 마음을 충분히 전하지 못한 모양입니다. 그렇지 않았다면, 소피아 양께서 제 마음을 사로잡으셨으니 그 마음의 주인이 찾아오는 것은 당연하다고 생각하셨을 테니까요." 소피아는 당황하면서도, 이런 허풍에(지극히 당연하다고 나도 생각한다) 경멸감이 가득한 눈빛으로 응수했다. 그러자 펠라머 경은 또다시 앞에서 했던 것보다 더 거창한 장광설을 늘어놓았다. 소피아가 몸을 부들부들 떨며 말했다. "경께서 제정신이 아니라고 생각해야 하는 겁니까? 정말이지, 펠라머 경, 경의 행동은

---

*6 The Fatal Marriage. 애프라 벤의 소설을 바탕으로 한 비극. 1694년 초연. 여주인공 이사벨라가 남편이 죽은 줄 알고 재혼하면서 비극이 시작된다.

변명의 여지가 없군요." 펠라머 경이 소리쳤다. "그렇습니다, 웨스턴 양. 저는 지금 웨스턴 양께서 생각하는 그런 상태에 빠져 있습니다. 사랑이 제 이성을 완전히 앗아가 버려서 제 행동을 스스로 책임질 수 없을 지경입니다." 소피아가 말했다. "저는 경께서 하시는 말씀과 행동이 도무지 이해가 되지 않습니다." 펠라머 경이 소리쳤다. "그렇다면 당신의 발밑에 무릎 꿇고 설명하게 해 주십시오. 제 가슴을 모조리 드러내 보이고, 제가 미쳐 버릴 만큼 당신을 사랑한다고 고백하겠습니다. 오! 진정으로 사랑하고 가장 성스러운 소피아 양! 제 감정을 그 어떤 말로 표현할 수 있으리까!" 소피아가 말했다. "계속 그런 말씀을 하시겠다면 저는 이만 물러나겠습니다." "그토록 잔인하게 떠나지 말아주십시오. 제가 느끼는 이 고통스러운 감정을 절반만이라도 아신다면, 분명히 그대의 두 눈이 불러일으킨 결과에 대해 그 따스한 가슴으로 연민을 느끼실 겁니다." 그는 깊은 한숨을 내쉬며 소피아의 손을 붙들고 그녀에게는 물론 독자 여러분께도 유쾌하지 않은 어조로 몇 분 동안 말을 했다. 마침내 그는 이렇게 주장하며 말을 맺었다. "만약 이 세상이 제 것이라면, 당신의 발밑에 모조리 드릴 것입니다." 그러자 소피아는 그의 손에서 억지로 손을 빼내고 성을 내며 대답했다. "분명히 말씀드리지만, 경께서 말씀하신 세상이건 그 주인이라는 경이건 간에 저는 똑같이 경멸하며 사양하겠습니다." 그리고 나서 그대로 나가려는 소피아의 손을 펠라머 경이 다시 잡으며 말했다. "오, 사랑스런 천사여, 부디 제 무례를 용서해 주십시오. 너무 절망한 나머지 말이 헛나오고 말았습니다. 부디 용서해 주십시오. 제 작위나 재산은 당신의 가치와 비교하면 둘 다 변변치 않지만 당신이 받아주시기만 한다면 공손히 바치겠다고 생각했을 뿐입니다. 어쨌든 저는 당신을 놓칠 수 없습니다. 하늘에 맹세하지만 당신을 놓치느니 차라리 제 영혼과 작별하겠습니다. 당신은 오직 저만을 위한 존재이고, 그래야 하고, 또 그렇게 될 것입니다." 소피아가 말했다. "펠라머 경, 제발 부탁이니 그런 헛된 기대는 버리시기 바랍니다. 제 명예를 걸고 맹세하건대, 앞으로는 이 문제로 경의 말씀을 듣지 않을 것입니다. 손을 놔 주세요. 펠라머 경. 그만 실례하겠습니다. 앞으로 다시는 경을 만나지 않겠어요." 그가 소리쳤다. "그렇다면 지금 이 순간을 최대한 이용해야겠습니다. 어차피 저는 당신 없이는 살아갈 수 없으니까요." "그게 무슨 말씀이세요! 사람들을 부르겠어요." 그가 대답했다. "상관없습니다. 저는 두려운 게 없어요. 오로지 당신을 잃는 게 두려울 뿐입니다. 그러니 당신을 잃지 않기 위해 제 절망감이 지시하는 유일한 방법을 쓰기로 결심했습니다." 그러고 나서 그는 느닷없이 그녀를 와락 품에 안았다. 소피아는 큰소리로 비명을 질렀다. 그 소리가 하도 커서, 벨라스턴 부인이 아무도 그 소리를 듣지 못하도록 미리 손을 써두지 않았더라면, 분명 누군가 놀라서 달려왔을 것이다.

그러나 천만다행으로 가엾은 소피아에게 다행스런 상황이 발생했다. 소피아의 비명을 잠재워 버릴 만큼 시끄러운 고함 소리가 온 집 안에 쩌렁쩌렁 울려 퍼졌다. "아니, 대체 이년이 어디 있는 거야, 제기랄! 내 당장 이년을 쫓아내 버리겠어. 어느 방이야? 딸년 방으로 가자! 이 집에 있는 걸 다 알아. 살아 있으면 이리 데려 와. 그년이 있는 곳으로 안내하란 말이야!"

이 마지막 말과 함께 소피아의 방문이 벌컥 열리면서 웨스턴 씨가 목사와 수행 하인 몇 명을 거느리고 방 안으로 쳐들어왔다.

격분한 아버지의 목소리마저 반갑게 들릴 정도였으니 가엾은 소피아가 처해 있던 상황이 얼마나 비참했겠는가? 아버지의 목소리가 그녀에겐 진정으로 반가웠으며, 아버지의 등장만큼 다행스러운 일이 없었다. 그녀의 마음의 평화가 영원히 산산조각 나는 걸 막을 수 있는 유일한 사건이었기 때문이었다.

공포에 질려 있었음에도 소피아는 아버지의 목소리를 즉시 알아들었다. 그리고 펠라머 경은 타오르는 욕정에도 불구하고, 지금은 계획했던 악독한 짓을 할 때가 아니라고 단호하게 충고하는 이성의 목소리를 알아들었다. 방쪽으로 점점 다가오는 목소리와 그 목소리의 주인공이 누구인지 알아채고 (웨스턴 씨가 여러 차례 '딸년'이라고 소리를 지르자 소피아도 발버둥치는 와중에 '아버지'라고 불렀기 때문이다), 펠라머 경은 소피아의 스카프만 헝클어뜨리고, 난폭한 입술로 그녀의 사랑스러운 목에만 폭력을 행사한 채, 눈앞의 먹잇감을 포기하는 것이 현명하다고 생각했다.

독자 여러분의 상상력이 도와주지 않는다면, 나는 웨스턴 씨가 방 안으로 들어왔을 때 두 사람이 처해 있던 상황을 결코 묘사하지 못할 것이다. 소피아는 비틀거리면서 의자에 풀썩 주저앉아 멍한 상태로 얼굴이 창백해지고 숨도 제대로 쉬지 못한 채 펠라머 경을 노려보며 분노를 폭발시키고 있었다. 아버지의 등장이 두렵기는 했지만 그보다는 기쁜 마음이 더 컸다.

펠라머 경은 그녀 옆에 주저앉아 있었으며, 뒷머리 가발의 댕기가 어깨 위에 걸쳐져 있었다. 나머지 옷차림도 헝클어져 있어서 가슴의 하얀 속옷이 평소보다 더 드러나 있었다. 그는 놀라고 겁에 질려 초조해 하며 수치심을 느끼고 있었다.

웨스턴 씨는 우연찮게도 영국 시골 귀족들을 늘 쫓아다니며 한 번도 따라잡힌 적이 없는 적에게 붙잡혀 있었다. 다시 말해 그는 술에 만취해 있었다. 타고난 급한 성격에 술기운까지 더해지자 그는 곧장 딸에게 달려가는 일 외에 다른 일은 생각하지도 못했다. 그는 딸을 향해 있는 대로 자신의 혀를 더럽혔다. 동행한 서플 목사가 끼어들어 말리지 않았더라면 아마 그는 딸에게 손찌검까지 했을 것이다. "나리, 제발 부탁입니다. 명망 높은 귀부인 댁에 와 계신 점을 유념하세요. 제발 노여움을 좀 가라앉히십시오. 따님을 찾아내셨으니 이제 충분하지 않습니까. 분풀이는 우리가 할 만한 일이 아닙니다. 소피아 아가씨 얼굴을 보세요. 크게 뉘우치고 계시지 않습니까? 나리께서 아가씨를 용서해 주신다면 지나간 모든 잘못을 뉘우치고 다시 자식으로서 도리를 다하는 착한 딸로 돌아오시리라 확신합니다."

처음에는 목사의 말솜씨보다 두 팔의 힘이 훨씬 더 도움이 되었다. 그러나 그가 한 마지막 말이 다소나마 효과를 보였다. 웨스턴 씨가 소리쳤다. "그 녀석과 결혼한다면 내 용서해 주지. 그렇게만 한다면 내 다 용서해 주마. 왜 말이 없어? 결혼을 할 거야, 말 거야? 제기랄, 해! 하라고! 왜 대답이 없어! 이런 고래심줄 같은 년을 봤나!"

"나리, 조금만 더 부드럽게 말씀해주세요. 아가씨께서 너무 겁에 질려서 말씀도 못하시지 않습니까." 목사가 말했다.

"뭐, 말씀을 하고 말고가 어딨어! 네 이놈, 이년의 편을 드는 건가? 이런 불효막심한 년의 편을 들다니 네놈이 그러고도 목사야? 그래, 그래, 내가 네놈을 염병에 걸리게 해서 악마 새끼한테 보내 주지."

"용서하십시오. 그럴 뜻은 추호도 없습니다." 목사가 말했다.

이때 벨라스턴 부인이 방으로 들어와 웨스턴 씨에게로 다가갔다. 부인을 보자마자 그는 여동생이 일러준 대로 하리라 마음먹고는, 촌스럽지만 매우 공손하게 절을 하며 자신이 할 수 있는 최선의 인사말을 건넸다. 그리고 나서 그는 바로 불평을 늘어놓았다. "좀 보세요, 귀부인 마님. 저기 세상에서 제일 불효막심한 딸년이 있답니다. 거지발싸개 같은 놈 뒤꽁무니만 쫓아다니면서 우리가 소개해준 영국에서 가장 훌륭한 신랑감은 쳐다도 보지 않는 년입니다."

부인이 대답했다. "어머, 그렇지 않아요, 웨스턴 씨. 따님은 그렇게 어리석지 않아요. 분명히 장담하건대, 소피아 양은 자신에게 큰 이익을 가져다줄 결혼을 거절할 아가씨가 아닙니다."

벨라스턴 귀부인은 일부러 웨스턴 씨가 한 말을 잘못 알아들은 척하며 말했다. 부인은 웨스턴 씨가 말하는 신랑감이 누군지 이미 잘 알고 있었지만, 펠라머 경의 구혼이라면 웨스턴 씨도 쉽게 받아들이리라고 판단한 것이다.

"너도 부인의 말씀을 들었지? 온 집안이 이 결혼에 찬성했어. 자, 그러니 소피, 제발 이 아빠 말 좀 듣고 착한 딸이 되어 주렴. 이 아빠 좀 행복하게 해 줘." 웨스턴 씨가 말했다.

"제가 죽어서 아빠께서 행복해지신다면 곧 그렇게 되실 거예요." 소피아가 말했다.

"그런 말이 어디 있냐! 왜 그런 소리를 해! 너도 잘 알면서!" 웨스턴 씨가 말했다.

"정말이지, 소피아 양, 그렇게 말하면 아버지가 너무 딱하시잖니. 아버지께서는 오직 딸을 위하는 마음에서 이 결혼을 주선하셨는데. 그리고 나도 그렇고 다른 모든 사람도 그렇고, 이 결혼이 소피아 양의 가문에 더없는 명예라는 걸 인정해야 할 거예요." 벨라스턴 부인이 말했다.

"그렇죠. 우리 모두가 다 알죠. 그리고 결혼 제의는 결코 제가 먼저 한 게 아닙니다. 얘도 알지만, 애 고모가 먼저 제게 제안을 했어요. 자, 소피, 다시 한 번 착한 딸이 되어 달라고 부탁하마. 귀부인 앞에서 결혼을 승낙하겠다고 말해 주렴." 웨스턴 씨가 말했다.

"두 사람이 손을 잡게 해 주세요. 요즘은 시간을 들이며 오랫동안 구애하지 않는 게 유행이니까." 귀부인이 말했다.

"흥, 시간이 뭐 대수랍니까? 가까워질 시간은 나중에 얼마든지 있어요. 일단 잠자리부터 함께 한 뒤에 가까워져도 충분해요."

펠라머 경은 벨라스턴 귀부인이 말하고 있는 신랑감이 바로 자신이라고 확신하고 있었다. 그는 또한 블리필이란 이름은 결코 들어 본 바도 없었고 그의 존재를 눈치채지도 못했기 때문에, 소피아 아버지의 의중에 있는 신랑 감도 바로 자신일 거라고 믿어 의심치 않았다. 따라서 그는 웨스턴 씨에게로 다가가 말했다. "어르신, 개인적으로 어르신을 뵙는 영광은 아직 누리지 못했지만 이제 보니 운 좋게도 제 청혼이 받아들여진 듯하군요. 그러니 어르신, 따님 대신 제가 감히 한 말씀 올리겠습니다. 부디 이번만은 더 이상 따님을 재촉하지 말아주십시오."

"이것 보시오, 젊은 양반, 어딜 끼어드는 거야? 이런 제기랄, 당신 대체 누구야?" 웨스턴 씨가 말했다.

"어르신, 저는 펠라머라고 합니다. 어르신께서 영광스럽게도 사윗감으로 받아들여 주시기로 한 행복한 남자지요." 그가 말했다.

"뭐? 레이스 장식으로 뒤덮은 고급 외투만 입었으면 다야? 뭐야? 이 개자식아! 뭐, 내 사윗감이라고? 어디서 헛소리를 지껄이고 있어!"

"어르신에게라면 그 어떤 말을 들어도 상관없지만, 지금 같은 말씀을 그냥 흘려듣기에는 아직 익숙하지 않다는 점만은 말씀드리겠습니다."

"그냥 흘려듣는다고?" 웨스턴 씨가 말했다. "내가 너 같은 귀족 놈을 겁낼 줄 알아? 옆구리에 칼이나 차고 있으면 다야, 이 자식아? 칼 내려놔. 그러면 네 일도 아닌 일에 쓸데없이 끼어들면 어떻게 되는지 가르쳐 줄 테니. 나를 장인으로 모신다는 게 어떤 건지 똑똑히 가르쳐주마. 흠씬 두들겨 패버리겠다 이 말씀이야."

"좋습니다, 어르신. 숙녀분들 앞에서 소동을 벌이고 싶진 않으니 아무 말씀도 드리지 않겠습니다. 오늘은 이만 물러나지요. 안녕히 계십시오, 벨라스턴 귀부인."

펠라머 경이 떠나자마자 벨라스턴 부인은 웨스턴 씨에게 다가가 말했다. "세상에, 웨스턴 씨, 대체 무슨 짓을 하신 겁니까? 당신이 모욕을 준 저 분이 누군지 모르시지요. 누구보다 신분이 높고 재산이 많을뿐더러 어제 따님에게 구혼까지 했답니다. 웨스턴 씨도 아주 흡족한 마음으로 저분의 구혼을 받아들일 거라 확신합니다만."

"알 게 뭐요. 나는 귀족한텐 관심 없소. 내 딸애는 정직한 시골 신사와 결혼할 겁니다. 이미 한 명 골라 놓았어요. 딸애는 그 청년과 결혼시킬 겁니다. 딸애가 부인께 폐를 끼쳐 드린 점은 진심으로 미안하게 생각합니다." 벨라스턴 부인이 '폐'라는 단어에 의례적인 인사말을 건네자, 웨스턴 씨가 대답했다. "친절을 베풀어주셔서 감사합니다. 언젠가는 저도 부인께 그만큼 도움이 되기를 바랍니다. 본디 친척들은 서로 돕고 사는 거지요. 어쨌든 이만 작별 인사를 드리겠습니다. 자, 애야, 순순히 따라 오너라. 아니면 마차까지 끌고 갈 테다."

소피아는 제 발로 순순히 따라가겠노라고 말했다. 하지만 다른 마차는 타고 싶지 않으니 가마를 마련해 달라고 요구했다.

"뭐라고! 사륜마차는 타지 않겠다는 거냐? 절대로 안 되지, 안 되고말고. 결혼하기 전까지는 한시도 내 눈앞에서 벗어나지 못할 줄 알아." 소피아는 아버지가 자기 가슴을 찢어 놓기로 작정한 모양이라고 말했다. "뭐야, 네 가슴을 찢는다고? 빌어먹을. 좋은 남편감 구해주는 게 가슴을 찢는 일이냐? 이런 불효막심한 딸년 같으니라고." 웨스턴 씨는 이렇게 말하고는 딸의 손을 거칠게 움켜잡았다. 목사가 다시 끼어들어 부디 온화한 방법을 쓰라고 부탁했다. 그 말을 듣자 웨스턴 씨는 버럭 욕설을 퍼부으며 목사에게 닥치라고 명령했다. "여기가 지금 설교대인 줄 알아? 설교대 위에서라면 무슨 말을 하든 당신 마음대로 지껄여. 하지만 여기까지 와서 목사한테 이래라 저래라 지시받진 않겠어. 자, 부인, 그럼 안녕히 계십시오. 가자, 소피. 제발 착하게 좀 굴어. 그러면 모든 게 다 잘될 테니, 무슨 일이 있어도 둘이 결혼시켜주마."

이때 하녀 아너가 아래층에 나타나서, 웨스턴 씨에게 몸을 굽혀 인사를 올린 뒤 자기도 아가씨를 따라가겠다고 말했다. 그러자 웨스턴 씨가 그녀를 밀치며 말했다. "필요 없어. 이제 더는 내 집에 얼씬도 하지 마." 소피아가 말했다. "그렇다면 제 하녀까지 빼앗으시겠단 말씀이세요?" 웨스턴 씨가 소리쳤다. "당연하지. 하지만 시중드는 사람 없이 지내라곤 하지 않을 테니 걱정 말거라. 다른 훨씬 좋은 하녀를 구해 주마. 1크라운에 5파운드만 더하면 젊은 계집년이 아니라 할머니에 가까운 하녀를 구할 수 있으니까. 소피, 이제 하녀 년이 네 도피계획을 돕는 일은 절대 없을 거다."

그러고 나서 그는 전세 마차에 딸과 목사를 밀어 넣고 자기도 마차에 오른 뒤 숙소까지 말을 몰라고 지시했다. 가는 동안 소피아에게는 아무 말도 못하게 했으며, 훌륭한 예의범절과 자신보다 훌륭한 사람들 앞에서 처신하는 법에 대해 목사에게 연설을 늘어놓았다.

벨라스턴 귀부인이 소피아를 붙잡고 보내지 않기로 작정했다면 웨스턴 씨는 이렇게 쉽게 딸을 데려가지 못했을 것이다. 그러나 사실 부인은 소피아가 앞으로 처하게 될 감금 상태를 적잖이 기뻐했다. 펠라머 경과의 음모가 실패로 끝나긴 했지만, 또 다른 신랑감을 위해 앞서와 비슷한 강압적인 방법이 사용되리라는 사실에 부인은 아주 기분이 좋았다.

6
웨스턴 씨가 어떻게 딸을 발견하게 되었는가

수많은 역사 이야기의 독자들은 앞서 웨스턴 씨가 등장한 것보다 훨씬 더 이상야릇한 등장 장면들을 아무런 설명도 듣지 못한 채 무작정 받아들여야 했다. 하지만 우리는 언제든 능력이 닿기만 한다면 최대한 독자 여러분께 호의를 베푸는 일을 끔찍이 사랑하기 때문에, 이번에도 웨스턴 씨가 어떻게 해서 딸의 소재를 알게 되었는지 알려 드리겠다.

앞 권 제3장에서 우리가 암시했듯이(어느 때건 상황에 꼭 필요한 내용만 밝히는 것이 우리의 습관이기 때문에 암시만 했다), 웨스턴 삼촌과 웨스턴 고모와 화해하기를 애타게 바라던 피츠패트릭 부인은, 가족들의 분노를 자초했던 자신의 잘못을 소피아가 똑같이 저지르지 않도록 막는 데 도움을 주면 그들의 마음을 돌릴 수 있으리라고 생각했다. 그리하여 심사숙고 끝에 그녀는 사촌 동생 소피아가 있는 곳을 웨스턴 고모에게 알려 드리기로 결심했다. 피츠패트릭 부인은 고모에게 다음과 같은 편지를 썼다. 여러 가지 이유 때문에 우리는 이 편지 전문을 독자 여러분께 보여 드리기로 한다.

존경하는 고모님,
제가 이 편지를 쓰는 이유를 아신다면 사랑하는 고모님께서도 제 편지가 마음에 드실 겁니다. 발송인이 고모님의 조카라는 사실은 큰 기쁨을 드리지 못하겠지만 말이에요.
불행한 제 몸을 고모님 발치에 던져 빌기로 작정했으니 더는 변명을 하지 않겠습니다. 어쨌든 저는 세상에서 가장 기이하고 우연하게 사촌 동생 소피아를 만났답니다. 그 애의 안타까운 사정은 고모님께서 저보다 더 잘 아시겠지만, 지금은 저도 너무나 많은 일을 알게 되었습니다. 그 애의 사정을 듣고 제가 가장 걱정하는 바는, 지금 당장 그 애를 막지 않는다면, 누구보다 현명하시고 분별 있으신 고모님의 충고를 바보처럼 거절하여 불행하게도 제가 초래했던 그 치명적인 과오와 똑같은 위험 속으로 그 애가 뛰어들 수도 있다는 점입니다.

한 마디로 말씀드리면, 제가 그 남자를 만났답니다. 아니, 어제는 거의 온종일 그와 함께 있었어요. 너무나도 매력적인 청년이었습니다. 어떤 연유로 제가 그를 알게 되었는지는 이야기가 너무 길어지니 지금은 말씀드리지 않겠습니다. 어쨌든 저는 오늘 아침 그를 피하기 위해 숙소를 옮겼습니다. 그가 저를 통해 사촌 동생 소피아를 발견하는 걸 막기 위해서였습니다. 그는 아직까지 소피아가 있는 곳을 모르고 있습니다. 그리고 삼촌께서 소피아를 데리고 가실 때까지 모르는 편이 낫다고 생각합니다. 따라서 허비할 시간이 없습니다. 저는 그저 고모님께, 소피아가 지금 벨라스턴 귀부인 댁에 머물고 있다는 사실을 알려 드릴 따름입니다. 저도 그 귀부인을 뵈었는데, 제가 보기에 부인은 소피아를 가족들로부터 숨겨주실 생각이신 듯합니다. 고모님도 아시다시피 그 귀부인은 이상한 여자입니다. 하지만 고모님처럼 이해력이 뛰어나시고 사리를 잘 아시는 분께 그저 단순한 사실만을 전달해 드리는 것 외에 다른 사실을 귀띔해 드리는 것은 주제넘은 일이라고 생각합니다.

고모님, 우리 가족의 행복을 염려하는 제 마음을 헤아리시어 부디 고모님께서 저를 다시 봐주신다면 그보다 큰 기쁨이 없을 것입니다. 고모님께서는 늘 우리 모두의 명예와 진정한 이익을 위해 너무나도 많은 열정을 쏟아 부어 주셨던 분이시니까요. 또한 이번 일이 고모님의 사랑을 되찾는 계기가 되기를 기도합니다. 고모님의 사랑이야말로 옛날 저의 크나큰 행복이었고, 또 앞으로의 행복에도 절실히 필요하니까요.

제가 가장 공경하는 고모님께 가장 큰 존경심을 담아,
고모님께 은혜를 입은 순종적인 조카이며,
고모님께 가장 복종하는 충직한 하인인,
해리엇 피츠패트릭이 올립니다.

이 무렵 웨스턴 고모는 마침 오빠의 집에 묵고 있었다. 소피아가 도망친 뒤부터 그녀는 괴로워하는 가엾은 오빠를 위로하기 위해 쭉 이곳에 묵고 있었다. 그녀가 오빠에게 날마다 어떤 위안을 나눠주었는지는 앞서 예를 든 바 있다.

편지가 도착했을 때, 그녀는 난로를 등지고 서서 코담배를 한 움큼 손에 들고 하루치 위안을 웨스턴 씨에게 나눠주던 중이었다. 웨스턴 씨는 오후의 파이프 담배를 피우고 있었다. 그녀는 편지를 읽자마자 바로 오빠에게 건네며 말했다. "보세요, 오라버니. 집 나간 오라버니의 양에 대한 얘기가 쓰여 있어요. 운명의 여신께서 그 애를 다시 돌려주실 모양이에요. 오라버니께서 제 충고를 따르신다면 그 애를 되찾을 수 있을 거예요."

웨스턴 씨는 편지를 읽자마자 의자에서 벌떡 일어나며 파이프를 불 속으로 집어던졌다. 그리고 기쁨에 찬 환호성을 내질렀다. 그는 하인들을 불러 장화를 가져오라고 시키고, 슈발리에를 비롯한 여러 말들에 안장을 준비해놓으라고 명령했다. 그리고 사람을 보내 즉시 서플 목사를 데려오게 했다. 모든 준비를 마치자 그는 동생을 품에 꽉 안으며 말했다. "이런 젠장! 너는 즐거워 보이지 않는구나. 누가 보면 내가 딸을 찾은 걸 네가 유감스러워 하는 줄 알겠다."

"오라버니." 그녀가 대답했다. "밑바닥까지 꿰뚫어보는 속 깊은 정치가들은 종종 표면에 떠 있는 현상에서 전혀 다른 사태의 양상을 발견한답니다. 그야 물론 루이 14세가 암스테르담 성문까지 쳐들어왔을 때의 네덜란드에 비하면*7 사태가 위급해 보이지는 않지요. 그러나 이런 일은 세심하게 처리해야 합니다. 그리고 오라버니께는 미안한 말입니다만, 그런 세심함이 부족한 것 같습니다. 오라버니, 벨라스턴 귀부인과 같은 상류층 거물을 대할 때는 예의를 지켜야 해요. 그리고 그건 유감스럽게도 오라버니께서 속한 세계보다 더 우월한 세계에 대한 지식을 요하는 일이랍니다."

"이것 봐, 동생." 웨스턴 씨가 소리쳤다. "네가 내 재능을 높이 사지 않는 건 나도 알아. 하지만 이번에야말로 누가 바보인지 보여 주지. 지식이라, 그

---

*7 "짐이 곧 국가니라"고 말한 프랑스왕 루이 14세는 치세 동안 수차례 침략전쟁을 일으켜 주변 국가를 위협했다. 그 때마다 영국·에스파냐·네덜란드 등은 동맹하여 프랑스에 대항했다. 암스테르담에 위기가 닥친 때는 1672년이다.

럿듯하군. 나는 영장이라든가 법이라든가 하는 것들에 대해 잘 알지 못하고 이런 시골에서 오랫동안 살아 왔어. 하지만 어디 있는지만 알면 그곳이 어디든 가서 내 딸년을 데려올 수 있다는 건 알고 있지. 소피아가 있다는 걸 알면서 내가 손도 못 쓴다면 그때는 평생 나를 바보라고 비웃어도 좋아. 다른 곳과 마찬가지로 런던에도 치안판사는 있으니까 말이야."

그녀가 소리쳤다. "정말이지 이번 일이 어떻게 될지 생각하면 불안해서 참을 수가 없군요. 제가 충고하는 대로만 따라 하신다면 유익한 결과를 얻으실 겁니다. 오라버니, 지체 높으신 그런 귀부인 댁에 영장이니 무식한 치안판사니 하는 것들을 보내도 된다고 정말로 생각하시는 거예요? 제가 오라버니께서 어떻게 하셔야 할지 알려 드리겠어요. 우선 런던에 도착하자마자 점잖은 옷으로 갈아입으시고(오라버니가 지금 가지고 계신 옷들은 안 돼요), 벨라스턴 귀부인께 사람을 보내 인사말을 먼저 올리고 나서 뵙기를 청하세요. 접견이 허락되면(분명히 그리 되겠지만) 귀부인께 상황을 잘 설명하고 제 이름을 적절히 이용하세요(같은 친척이라도 오라버니는 겨우 얼굴만 아는 사이니까요). 그러면 분명히 귀부인께서도 소피아를 보호하는 일에서 손을 떼실 겁니다. 틀림없이 소피아가 부인께 거짓말을 했을 테니까요. 이것이 유일한 방법입니다. 세상에, 치안판사라니요! 문명국가의 상류층 귀부인께 그 따위 방식이 가당키나 하다고 생각하세요?"

"상류층 귀부인이라고? 나가 죽으라고 해, 제기랄!" 웨스턴 씨가 소리쳤다. "여자들이 법보다도 위라니, 퍽도 대단한 문명국가로구나. 그리고 뭐라고? 딸년을 친아버지에게서 앗아간 그런 패씸한 여자에게 인사말을 올리라고? 내 말 잘 들어, 동생. 나는 네가 생각하는 것처럼 그렇게 무식하지 않아. 너는 여자가 법보다 위에 있다고 생각하고 싶겠지만 그런 일은 없어. 나는 순회재판 때 판사님께서 그 누구도 법보다 위에 있지 않다고 말씀하시는 걸 똑똑히 들었다고. 하지만 너희들이 말하는 그 법은 아마 하노버 왕조의 법이겠지."

"이것 보세요, 오라버니." 그녀가 말했다. "오라버니의 무식함은 나날이 향상되어 가는군요. 이 상태라면 나중엔 곰이랑 구분도 안 되겠어요."

"뭐라고? 이것 봐, 동생, 내가 곰이라면 너도 곰이야." 웨스턴 씨가 말했다. "흥! 예의범절을 지껄이면서 네가 언제 나한테 예의를 보인 적 있어?

없지, 없고말고. 나는 곰도 아니고 개도 아니야. 물론 나는 개새끼 같은 어
떤 녀석을 알고 있지. 어쨌든 제기랄, 내가 다른 사람보다 훨씬 더 예의범절
을 잘 지키는 사람이란 걸 보여주마."

　"하고 싶은 대로 말씀하세요. je vous mésprise de tout mon coeur(저는 오
라버니를 진심으로 경멸하니까요). 따라서 화도 내지 않겠어요. 게다가 그
불쾌한 아일랜드 이름을 지닌 조카애도 말했듯이, 저는 우리 가문의 명예와
진정한 이익을 무척이나 소중히 여기고, 그 가문의 일원인 조카애도 걱정스
러우니 이번엔 저도 런던에 가겠어요. 정말이지, 오라버니는 점잖은 왕실에
서 고용할 만큼 적절한 외교사절은 절대로 아니니까요. 그린란드, 그래요,
그린란드 같은 북쪽 야만인들이 논쟁을 벌이는 그런 곳이라면 또 모르죠."

　"하느님께 감사할 일이구나." 웨스턴 씨가 외쳤다. "지금 네가 무슨 소릴
하는지 도대체 모르겠으니. 네 그 하노버식 말투 말이다. 어쨌든 예의범절에
서 내가 너보다 뒤떨어지지 않는다는 걸 보여주마. 그리고 내가 한 말에 화
를 내지 않겠다고 했는데, 나도 네가 한 말에 화를 내지 않겠다. 나는 가족
끼리 다투는 건 어리석은 일이라고 늘 생각해 왔으니까. 가끔씩 벌컥 성이
나서 경솔한 말을 내뱉는다 해도 말이란 서로 주고받는 법이니까. 어쨌든 나
는 결코 나쁜 뜻은 없었어. 그리고 런던에 같이 가겠다니 정말 고맙구나. 사
실 내 평생 그곳에는 딱 두 번밖에 가보지 못했고, 한 번에 2주 이상 머물렀
던 적이 없어. 분명히 그때의 거리나 사람들을 지금은 기억하지 못할 거야.
이런 것들은 네가 나보다 더 잘 안다는 사실을 결코 부인하지 않아. 그런 일
로 너와 겨루는 건, 사냥개를 다루거나 토끼가 숨어 있는 곳을 발견하는 일
에서 네가 나를 이기려 하는 것과 마찬가지니까." 그녀가 말했다. "그런 일
은 결코 없을 거라고 약속 드려요." 그가 대답했다. "나도 런던의 일로 네게
맞서지 않겠다고 약속하마."

　이리하여 논쟁의 두 당사자 사이에 연맹 관계가 체결(웨스턴 양의 표현을
빌리자면)되었다. 목사가 도착하고 말들이 준비되자 웨스턴 씨는 여동생에
게 충고를 따르겠다고 약속한 뒤 길을 떠났다. 여동생도 다음 날 떠날 준비
를 했다.

　하지만 런던으로 가면서 웨스턴 씨는 목사와 이 문제를 상의했다. 두 사람
은 웨스턴 양이 지시한 인사치레는 생략하기로 뜻을 모았다. 그래서 마음을

바꿔 먹은 웨스턴 씨가 우리가 앞서 보았던 식으로 행동했던 것이다.

7
가엾은 존스에게 여러 가지 불운한 사건이 겹친다

하녀 아너가 밀러 부인의 집으로 달려가 사람들 사이에서 존스를 불러냈을 때의 상황은 이미 우리가 앞서 본 바와 같다.*8 존스와 단둘이 있게 되자 그녀는 이렇게 입을 열었다.

"오, 존스 도련님, 도련님께 이 이야기를 어찌해야 할지 모르겠군요. 도련님께선 이제 끝장이십니다. 불쌍한 아가씨도 끝장이고, 저도 끝장이랍니다." 존스가 미친 사람처럼 눈을 동그랗게 뜨고 소리쳤다. "소피아에게 무슨 일이 생겼단 말이야?" 아너가 소리쳤다. "온갖 나쁜 일이 다 생겼어요. 저는 다시는 그런 훌륭한 아가씨를 모시지 못할 겁니다. 아, 이런 날을 맞이하게 될 줄이야!" 이 말을 듣고 존스는 얼굴이 잿빛으로 창백해졌으며, 몸을 벌벌 떨고 말도 더듬거렸다. 그러나 아너는 말을 계속했다. "오, 존스 도련님, 저는 영원히 아가씨를 잃고 말았답니다." "뭐라고? 아니 왜? 제발 좀 자세히 이야기해 봐. 오, 사랑하는 소피아!"

아너가 말했다. "우리 아가씨를 도련님께서 그렇게 부르시는 건 당연해요. 아가씨는 제게도 가장 소중한 분이셨어요. 저는 이제 다시는 그런 일자리를 얻지 못할 거예요." 존스가 소리쳤다. "빌어먹을! 일자리 얘기는 그만 집어치워. 소피아는 지금 어디 있어? 어떻게 됐다는 거야? 소피아에게 무슨 일이 일어났다는 거야?" 아너가 소리쳤다. "그래요. 분명히 하녀들이란 빌어먹을 년들이죠. 우리 같은 년들은 쫓겨나건 영원히 파멸하건 아무 의미도 없어요. 사람이 아니니까요. 어떻게 되건 말건 누가 관심이나 있겠어요." 존스가 소리쳤다. "제발, 조금이라도 연민과 자비심이 있다면 부디 소피아에게 무슨 일이 일어났는지 어서 얘기해 줘." "그야 도련님께서 저를 어떻게 생각하시건 저는 도련님을 동정해요. 도련님께서 세상에서 가장 다정하신

---

*8 14권 마지막 대목 참조.

숙녀를 잃으셨다고 해도 저는 도련님한테 집어치우라고 하지 않을 테니까요. 분명히 도련님께는 딱한 일이에요. 하지만 저 역시 그렇답니다. 세상에 그런 훌륭한 아가씨가 또 어디 있겠어요?" 존스가 미친 듯이 격노하며 소리를 질렀다. "도대체 무슨 일이 생겼다는 거야? 무슨 일, 무슨 일이냐고?" 아너가 말했다. "무슨 일이겠어요. 도련님과 저 두 사람 모두에게 일어날 수 있는 최악의 일이 일어났지요. 아가씨 아버님께서 런던에 오셔서는 우리 두 사람에게서 아가씨를 빼앗아 가셨어요." 이 말을 듣고 존스는 무릎을 꿇고 앉아서 그만한 일이라 다행이라고 감사했다. "그만한 일이라뇨!" 아너가 존스의 말을 되풀이하며 말했다. "이보다 더 나쁜 일이 어디 있다고 그러세요? 나리께서 아가씨를 데려가시면서 블리필 도련님과 결혼시키겠다고 공언했단 말이에요. 도련님껜 다행한 일인지 몰라도, 불쌍한 저는 일자리까지 잃었다고요." "정말이지, 아너. 네가 하도 이상한 소리를 하니까 제정신이 아니었어. 소피아에게 몹시 끔찍한 사고라도 일어난 줄 알았거든. 소피아가 블리필과 결혼하는 일과는 비교도 안 될 만큼 끔찍한 사고 말이야. 하지만 소피아가 살아만 있다면 희망은 있어. 아너, 이런 자유 국가에서는 여자들에게 폭력을 동원해 강제로 결혼하게 할 수는 없거든." "그야 그렇겠지요. 도련님껜 아직 희망이 있는지도 모르겠군요. 하지만 아아! 불쌍한 저한테는 무슨 희망이 있나요? 그리고 제가 이 모든 고통을 겪게 된 건 바로 도련님 때문이라는 걸 알아주셔야지요. 웨스턴 나리께서 저를 싫어하시는 건, 제가 도련님 편을 들고 블리필 도련님 편을 안 들었기 때문이니까요." "그럼, 알지. 네게 진 빚을 어떻게 잊을 수 있겠니? 그 보답으로 내가 할 수 있는 일이라면 뭐든지 다 할 생각이야." 아너가 말했다. "아아, 도련님, 일자리를 잃은 하녀에게 보상하는 길이라면, 그에 못지않은 다른 일자리를 얻어 주는 일 말고 뭐가 더 있겠습니까?" 존스가 말했다. "실망하지 마, 아너. 원래 있던 자리로 다시 돌아가게 해줄 테니까." "글쎄요. 불가능한 줄 뻔히 아는 일에 어떻게 기대를 걸 수 있겠어요? 웨스턴 나리께서는 저를 무척이나 싫어하세요. 하지만 만약 도련님께서 아가씨와 결혼하신다면야 문제가 없겠죠! 도련님은 너그럽고 착한 성품을 지닌 분이니까요. 그리고 저는 도련님께서 아가씨를 진심으로 사랑하신다고 확신해요. 그리고 아가씨도 틀림없이 자신의 영혼만큼이나 소중하게 도련님을 사랑하시지요. 그 사실은 아무도 부정하지 못해요. 아가씨를 조금이라도 아시는 분이라면 누구나 아실 테니까요. 가엾은 우리 아가씨는 감정을 숨길 줄 모르는 분이세요. 그리고 서로 사랑하는 두 연인이 행복을 누리지 못한다면 대체 누가 행복해질 수 있겠어요? 행복은 돈이 있다고 찾아오는 게 아니에요. 게다가 아가씨는 도련님과 아가씨 두 분이 충분히 쓰실 만큼 재산을 갖고 계시지요. 그러니까 도련님과 아가씨 같은 두 연인을 갈라놓는 일만큼 무자비한 짓이 세상에 또 있겠어요? 아니, 저는 도련님과 아가씨가 결국은 다시 만나게 되리라고 확신해요. 어차피 그렇게 될 운명이라면 아무도 방해할 수 없으니까요. 천국에서 이미 맺어진 인연은 치안판사가 무더기로 달려들어도 깰 수 없어요. 정말이지, 서플 목사님께서 좀더 용기를 내셔서 웨스턴 나리께 따님의 뜻을 무시하고 결혼을 강요하는 것은 죄악이라고 한 말씀 해주시면 좋을 텐데요. 하지만 가엾은 목사님께서 나리께 전적으로 의탁해 살고 계신 처지라서 어떨지 모르겠네요. 매우 독실하고 착한 분이라 나리가 안 보이는 곳에서는 그러면 안 된다고 말씀하시지만, 나리 앞에만 가면 자기 영혼이 자기 것이라는 말도 감히 못하시는 분이죠. 오늘처럼 대담한 태도를 보이신 적은 처음이라 웨스턴 나리께서 목사님께 주먹질을 하는 게 아닌가 싶어 얼마나 조마조마했다고요. 도련님은 침울해 하시거나 절망에 빠지시면 안 돼요. 도련님께서 아가씨에 대한 믿음만 가지고 계시다면 상황은 나아질 거예요. 아가씨는 믿을 만한 분이세요. 도련님을 놔두고 절대 다른 남자와 결혼하는 일은 없을 거예요. 사실 저는 나리께서 불같이 화를 내시다가 아가씨께 어떤 화라도 입히는 게 아닌가 싶어 너무나 두렵답니다. 나리께서는 못 말리는 다혈질이시니까요. 또 저 병아리처럼 여리신 가엾은 아가씨께서 마음의 상처를 입게 되는 건 아닌지도 걱정된답니다. 아가씨께서도 저처럼 조금은 용기를 가지셔야 할 텐데요. 만약 제가 젊은 남자와 사랑에 빠졌는데 제 아버지가 저를 감금하겠다고 한다면, 저는 아버지의 눈알을 뽑는 한이 있어도 남자를 따라가겠어요. 하지만 아가씨 일에는 어마어마한 재산이 관련되어 있고, 그 재산을 아가씨께 물려주느냐 아니냐는 아버님 마음에 달려 있으니, 문제가 조금 다를 수도 있겠네요."

아너의 장광설에 열심히 귀를 기울였기 때문인지, 아니면 끼어들 틈이 없어서였는지 나로서는 모르겠지만, 어쨌든 존스는 단 한 차례도 대답을 하지 않았다. 아너 또한 단 한 차례도 말을 멈추지 않았다. 이런 상태에서 파트리지가 방으로 뛰어 들어오더니 벨라스턴 귀부인께서 아래층에 와 계신다고 전했다.

그 어떤 상황도 지금 존스가 처한 상황보다 더 곤란할 수는 없을 것이다. 아너는 존스와 벨라스턴 귀부인이 서로 아는 사이인 줄은 꿈에도 몰랐고, 존스는 아너에게만큼은 귀부인과의 관계를 절대 들키고 싶지 않았다. 결국 그는 이런 급박하고 곤란한 상황에서 최악의 선택지(흔히 그러하듯이)를 골랐다. 즉 귀부인에게 아너를 보여주면 별 문제 없었을 텐데, 그는 반대로 아너에게 귀부인을 보여주기로 한 것이다. 따라서 그는 아너를 숨기기로 결심했지만, 그녀를 침대 뒤로 데려가 커튼을 내릴 시간밖에 없었다.

가엾은 하숙집 여주인과 그 딸 때문에 온종일 종종거렸고, 아너 때문에 심장이 철렁한데다, 거기에 귀부인의 갑작스런 방문까지 받자 너무나 당황한 나머지 아너를 벨라스턴 부인에게 보여야겠다는 생각이 존스의 머릿속에서 완전히 사라져 버린 것이다. 또한 아픈 척 해야겠다는 생각도 전혀 떠오르질 않았다. 그리고 이런 평계는 그가 입고 있던 화려한 옷이나 건강한 안색 때문에 전혀 설득력이 없었을 것이다.

따라서 그는(벨라스턴 귀부인은 욕정이 불타올랐지만 전혀 생각지도 못했던 표정이었다) 가장 반가운 안색을 지어 보이며, 조금도 아픈 기색 없이 그녀를 반갑게 맞이했다.

벨라스턴 귀부인은 방에 들어오자마자 침대 위에 앉으며 말했다. "사랑하는 존스 씨, 그 어떤 일도 나를 당신에게서 오랫동안 떼어놓지 못한다는 사실을 잘 아셨지요? 온종일 얼굴도 보여주지 않고 편지 한 장 보내시지 않다니 제가 화를 내야 마땅한 상황이죠. 보아하니 외출하지 못할 만큼 몸이 아프진 않은 것 같군요. 설마 해산한 귀부인이 손님을 맞이할 때처럼 멋지게 차려 입고 온종일 방 안에 앉아 있었던 건 아니겠지요. 어쨌든 내가 당신을 질책한다고는 생각하지 마세요. 마누라처럼 잔소리를 퍼부어서 당신이 남편들이 하는 차가운 태도를 보일 구실을 만들어 줄 생각은 없으니까요."

"너무하십니다, 벨라스턴 부인." 존스가 말했다. "오로지 부인의 지시를 기다리고 있던 제게 의무를 소홀히 했다고 비난하시다니요. 친애하는 부인, 불평을 해야 할 사람이 과연 누굽니까? 지난밤 약속을 어겨, 불행한 한 남자를 기다리고 바라며 한숨짓고 그리워하게 한 사람이 누구였습니까?"

"존스 씨, 그 얘기는 하지 마세요." 그녀가 소리쳤다. "사정을 아신다면 나를 가엾이 여길 겁니다. 간단히 말한다면, 상류층 여성들이 세상의 희극을 견뎌 나가기 위해서 어리석은 자들의 뻔뻔스런 무례를 얼마나 많이 견뎌내야 하는지 짐작도 못 하실 거예요. 어쨌든 당신이 그토록 한숨짓고 그리워했는데도 특별히 몸이 축나 보이진 않으니 다행이네요. 오히려 지금보다 더 건강해 보인 적은 없었던 것 같아요. 정말로 지금 당장 아도니스 초상화 모델을 해도 될 정도예요."

명예를 소중히 여기는 남자라면 한 방 먹이는 수밖에 응수할 방법이 없는 도발적 발언들이 이후에도 계속되었다. 연인들 사이라면 키스로만 답할 수 있는 표현이 있을지도 모른다. 벨라스턴 귀부인이 지금 존스에게 하고 있는 찬사가 바로 그런 표현이었다. 특히 부인이 말로 표현할 수 있는 것보다 훨씬 더 부드러운 생각을 전달해 주는 표정을 함께 짓고 있었기 때문에 더욱 그랬다.

존스는 지금 상상할 수 있는 가장 불쾌하고 난처한 상황에 빠져 있었다. 우리가 앞서 사용한 비유를 계속한다면, 비록 부인의 도발을 받으면서도 그는 제삼자가 방 안에 있는 상태에서 그런 도전에 응하지 못하고, 요구할 수도 없었던 것이다. 결투 입회인이 반드시 전투의 법칙에 따르지는 않기 때문이다. 자기 외에 다른 여자가 방 안에 있다고는 꿈에도 짐작하지 못한 벨라스턴 귀부인은 자신의 이런 도발을 존스가 거부하리라고는 상상도 못했기 때문에 몹시 놀라며 한참동안 존스의 응답을 기다렸다. 하지만 존스는 자신의 바보스러운 모습을 의식하면서 멀찌감치 떨어져 적절한 응대를 할 수 없다 보니 결국 아무런 말도 하지 못했다. 이런 어색한 장면이 좀더 지속되었다면 이보다 더 희극적이면서도 비극적인 상황이 없었을 것이다. 이미 벨라스턴 귀부인은 두세 차례나 안색이 변하여 침대에서 일어났다 앉은 상황이었고, 존스는 발밑이 꺼져 버리든지 천장이 무너져 내리기만을 바랄 뿐이었다. 바로 그때였다. 개망신을 당하지 않고서는, 키케로의 달변이나 마키아벨리의 책략으로도 도저히 그를 구해내지 못할 것 같던 곤혹스러운 상황에서 그를 구해 준 희한한 사건이 발생했다.

바로 엉망으로 취한 나이팅게일 청년의 등장이었다. 팔다리를 가누지 못할 정도는 아니었지만 이미 이성을 잃어버릴 만큼 만취한 상태였다. 밀러 부인과 딸들은 이미 잠자리에 든 뒤였고 파트리지는 부엌 난롯가에서 파이프 담배를 피우고 있었던지라, 그는 아무런 제지도 받지 않고 존스 군의 침실 문까지 올 수 있었다. 그가 문을 벌컥 열어젖히며 아무런 격식도 차리지 않고 방 안으로 들어왔다. 존스는 깜짝 놀라 자리에서 벌떡 일어나 그를 못 들어오게 막으려고 달려갔다. 그리고 성공적으로 그를 저지했기 때문에 나이팅게일은 침대에 앉아 있는 사람이 누구인지 알아볼 만큼 방 안으로 들어오지는 못했다.

사실 나이팅게일은 존스의 방을 자기 방으로 착각한 것이었다. 따라서 그는 방 안으로 들어가겠다고 바락바락 우겼으며, 자기 침대에서 쫓겨나진 않겠노라고 끊임없이 욕설을 해 댔다. 그러나 존스는 결국 그를 설득했다. 그리고 위층에서 나는 소음을 듣고 주인을 돕기 위해 즉시 달려온 파트리지의 손에 그를 넘겼다.

그러고 나서야 존스는 마지못해 방 안쪽으로 다시 몸을 돌렸다. 그런데 방 안으로 들어서는 순간 그는 그리 큰 소리는 아니었지만 벨라스턴 귀부인이 놀라서 외치는 비명을 들었다. 그리고 부인이 몹시 허둥거리며 의자에 몸을 내던지는 모습을 보았다. 섬세한 기질의 숙녀였다면 히스테리성 발작을 일으켰을지도 모른다.

진상을 말하자면, 결과가 어떻게 될지 알 수 없는 두 청년 사이의 우격다짐에 놀란 귀부인은 나이팅게일이 자기 침대로 가겠다고 여러 차례 욕설을 해 대는 소리를 듣고는 자신이 익히 알고 있는 방 안의 은닉장소로 숨으려 했던 것이다. 그런데 바로 그곳에 이미 다른 여자가 있는 것을 발견하고 소스라치게 놀랐던 것이다.

"이봐요, 존스 씨, 내가 이런 대접을 받아야겠습니까?" 부인이 소리쳤다. "내 얘기를 엿듣게 한 이 천한 계집년은 대체 누굽니까?" "계집년이라니요!" 숨어 있던 아너가 커튼 뒤에서 버럭 화를 내며 튀어나왔다. "아니, 세상에! 어떻게 그런 말을! 계집년이라니요! 비록 가엾은 하녀이긴 하지만 남한테 손가락질 당할 이유는 없어요. 아무리 부자라지만 정말 너무해요."

존스 군보다 좀더 경험이 많은 난봉꾼이었다면 아마 곧장 아너에게로 가서 격렬한 화부터 삭이게 했을 것이다. 그러나 그는 그러는 대신 자신의 운명을 저주하면서 자신이 세상에서 가장 불운한 남자라고 한탄했다. 그리고 즉시 벨라스턴 귀부인에게로 다가가서 자신의 무죄를 주장하는 바보 같은 변명을 시작했다. 특히 이런 일을 당했을 때 세상물정을 잘 아는 여자라면 누구나 그렇듯이 부인도 자신의 이성을 사용하는 방법을 되찾은 뒤였으므로, 침착하게 대답했다. "존스 씨, 변명할 필요 없습니다. 저 여자가 누군지 알았으니까요. 처음엔 아녀인 줄 몰랐지만 이제는 알겠군요. 저 애와 당신 사이에 불미스런 일이 있었다고 의심하진 않습니다. 그리고 저 애도, 내가 당신을 찾아온 것을 이상하게 오해할 정도로 상식 없는 애는 아니리라고 확신해요. 늘 내가 친절하게 대해 주었고, 앞으로도 더 큰 도움을 줄 수 있을 테니까요."

하녀 아녀 역시 화를 내는 것만큼이나 평정을 되찾은 속도도 빨랐다. 벨라스턴 귀부인의 말투가 누그러진 걸 알자 그녀도 목소리를 누그러뜨렸다. "그렇고말고요, 마님. 저는 늘 마님께서 보여 주신 호의에 기꺼이 보답할 준비가 되어 있답니다. 마님처럼 제게 친절하게 대해 주신 분은 없으셨죠. 그리고 제가 감히 말을 내뱉은 대상이 마님이었다는 걸 알고 나니 너무 화가 나 제 혀를 깨물어 버리고 싶은 심정이랍니다. 제가 마님을 이상하게 오해하다니요. 마님처럼 지체 높으신 귀부인께 저 같은 하녀가 그런 생각을 하다니 가당키나 한가요. 아니, 제 말은 하녀였다고요. 지금은 그 누구의 하녀도 아니니 더욱 비참한 처지가 되었지요. 그토록 훌륭하신 주인을 잃고……." 여기서 아녀는 눈물을 펑펑 쏟는 게 적절하다고 생각했다. "울지 마라, 애야." 귀부인이 말했다. "내가 보상해 줄 방법을 찾을 수 있을 게다. 내일 아침 나를 찾아오렴."

그러고 나서 귀부인은 바닥에 떨어진 부채를 집어 들고 존스에게 눈길 한 번 주지 않은 채 당당한 태도로 방을 나갔다. 지체 높은 상류층 여성들의 뻔뻔스런 태도에는 일종의 권위 같은 것이 있다. 심지어 그보다 지위가 낮은 여자들도 지금 같은 상황에 처하면 헛되이 이런 태도를 따라 하려고 한다.

부인을 따라나서며 존스가 여러 차례 손을 내밀었지만 부인은 단호히 그 손을 뿌리쳤다. 그리고 그녀는 앞에 서서 존스가 인사를 건네는데도 눈길 한 번 주지 않은 채 가마에 올라탔다.

위층으로 돌아온 뒤 그는 하녀 아녀와 긴 대화를 주고받았다. 그러는 동안 그녀는 자신이 겪었던 심란한 감정을 추슬렀다. 대화의 주제는 아녀의 주인

아가씨에 대한 존스의 불성실한 행위를 따지는 내용이었다. 아너는 매우 신랄하게 어찌 그럴 수가 있냐고 따졌다. 그러나 마침내 존스는 그녀를 달래는 방법을 발견했다. 그뿐만 아니라 무슨 일이 있어도 이 일에 대한 비밀을 지키겠다는 약속과 함께, 다음 날 어떻게 해서든 소피아를 찾아내고 웨스턴 씨의 행적도 상세히 알아봐 주겠다는 약속도 받아냈다.

결국 이 불행한 사건은 오직 하녀 아너만 득을 보는 식으로 끝이 났다. 비밀이란 (우리의 몇몇 독자분들께서도 아마 경험해 보셨겠지만) 종종 아주 값진 재산이 되기 때문이다. 그것도 그 비밀을 충직하게 지키는 사람에게만 그런 것이 아니라 모든 사람의 귀에 들어갈 때까지 여기저기 속삭이고 다니는 사람에게도 그러했다. 다만 이미 공공연하게 알려진 사실을 숨기려고 돈을 지불하는 무지한 자만은 예외이다.

8
짧고 달콤한 장

존스에게 온갖 은혜를 입었더라도, 밀러 부인은 아침이 되자 전날 밤 그의 방에서 일어난 소동에 대해 가벼운 충고를 하지 않을 수 없었다. 그러나 그녀의 충고는 몹시 다정다감하고 우호적이었으며, 존스 군 자신의 행복을 바라는 마음 외에는 어떤 의도도 없어 보였고, 사실 진심으로 그러했다. 따라서 그는 화를 내기는커녕 고마운 마음으로 이 착한 부인의 충고를 받아들이고, 지난밤의 일에 크게 유감을 표시하며 최선을 다해 변명했다. 그리고 다시는 그와 같은 소란이 집 안에서 일어나지 않게 하겠다고 약속했다.

어쨌든 밀러 부인은 존스를 처음 만났을 때 개인적으로 짤막한 충고를 하긴 했지만, 아침에 그녀가 그를 아래층으로 부른 이유는 사실 그보다 훨씬 더 즐거운 일 때문이었다. 즉 낸시 양의 결혼식에서 아버지 역할을 대신하여 나이팅게일 군에게 그녀를 인도해 달라고 부탁했다. 나이팅게일은 이미 옷을 차려입고 있었으며, 이처럼 무분별하게 아내를 맞이하는 사람이라면 마땅히 그래야 한다고 많은 독자 여러분이 생각하시는 것만큼 멀쩡하게 술이 깬 상태였다.

그런데 여기서 이 청년이 작은아버지에게서 도망쳐 나와 어젯밤 우리가 본 것처럼 엉망으로 취해 나타나게 된 경위를 설명할 필요가 있다고 본다.

그의 작은아버지는 조카를 이끌고 숙소에 도착하자, 자신이 마시고 싶기도 했고(그는 정말로 애주가였다), 또 조카가 자신의 목적을 곧바로 실행하지 못하도록 막고자 했기 때문에 술을 가져오라고 시켰다. 그리고 끊임없이 조카에게 술을 권했다. 조카는 술을 그다지 즐기지는 않았지만, 술잔을 거절하여 작은아버지에게 무례를 범할 정도로 싫어하진 않았던 나이팅게일은 바로 만취하고 말았다.

작은아버지가 이렇게 승리를 얻어 낸 뒤 조카를 위해 잠자리를 준비하던 찰나, 심부름꾼이 그에게 소식 하나를 갖고 왔다. 너무나도 실망스럽고 충격적인 소식이었는지라 그는 조카에 대한 생각을 모두 잊고, 오로지 자신의 걱정에만 정신이 쏠려 버렸다.

이 갑작스럽고 비통한 소식이란, 자신의 딸이 아버지가 집을 비우자마자 기다렸다는 듯이 인근에 사는 젊은 목사와 도망쳐 버렸다는 소식이었다. 아버지가 이 목사를 반대할 이유는 오직 그가 무일푼이라는 이유밖에 없었지만, 그녀는 그를 향한 사랑을 아버지에게조차 말하지 않고 숨겨왔다. 그리고 교묘하게 일을 진행하여 사랑의 결실을 맺게 된 이 시점까지 그 누구에게도 들키지 않았던 것이다.

나이팅게일 씨는 이 소식을 접하자마자 더없이 당황하며 즉시 마차를 준비하라고 지시했다. 그러고는 하인에게 조카를 돌보라고 맡기고는 곧장 자신이 뭘 하는지 어디로 가는지도 모른 채 집을 나섰다.

작은아버지가 떠나고 나서, 하인이 나이팅게일을 침대에 눕히려고 그를 깨우고 작은아버지가 집을 나갔다는 사실을 알려 주자, 그는 하인의 친절한 호의를 받아들이는 대신 가마를 불러 달라고 고집했다. 그러지 말라는 단호한 지시를 받은 바 없는 하인은 기꺼이 그 부탁을 들어주었다. 그리하여 나이팅게일은 밀러 부인의 집으로 다시 돌아오게 되었으며, 앞서 설명한 바와 같이 잔뜩 취해 비틀거리면서 존스 군의 방까지 올라갔던 것이다.

작은아버지라는 장애물이 이처럼 사라지고(비록 나이팅게일 군은 어찌된 영문인지 아직 몰랐지만) 모든 관계자들이 신속하게 준비를 마치자, 밀러 부인, 존스 군, 나이팅게일 군, 그리고 새 신부는 전세 마차를 함께 타고

'민법박사회관'*⁹으로 갔다. 그곳에서 낸시 양은 속된 말로 '정식' 아내가 되었으며, 가엾은 그 어머니는 가장 순수한 의미에서, 세상에서 가장 행복한 사람이 되었다.

가엾은 부인과 그녀의 가정에 베푼 자신의 선행이 행복한 결말을 맺는 모습을 지켜본 존스 군은 이제 자신의 걱정거리로 되돌아왔다. 여기서 잠깐, 많은 독자 여러분께서 남의 일에 이토록 수고를 마다않는 존스 군의 어리석음을 비난하시거나, 또 몇몇 분들께서는 그가 실제보다 더 자신을 잊고 헌신했다고 생각하실 수도 있기 때문에, 만약을 위해 독자 여러분께 말해 두겠다. 즉 그에게는 이 일이 결코 남의 일이 아니었으며, 앞서와 같은 행복한 결말을 이끌어 내는 데 지대한 관심을 가지고 있었다.

언뜻 보면 역설적으로 들리겠지만 간단히 설명하자면 이렇다. 그는 진정으로 테렌티우스가 말한 "Homo sum, humani nihil a me alienum puto(나는 인간이다. 인간과 관련된 그 어떤 일에도 무관심할 수 없다)"라는 말이 딱 들어맞는 사람이었다. 그는 다른 사람의 불행이나 행복을 무관심하게 방관하지 못하고, 자기가 그 행복과 불행의 영향을 받기라도 한 듯 더욱더 절절히 느끼는 사람이었다. 따라서 그는 한 가족 모두를 비탄의 구렁텅이에서 구해 내어 가장 행복한 상태로 끌어올리는 도구 역할을 하는 데서 스스로 큰 기쁨을 느꼈다. 그의 기쁨은 세상 사람들이 종종 가혹한 노동을 견뎌내고 때로는 더없이 부도덕한 짓을 저지르면서 얻는 행복보다 훨씬 더 큰 기쁨이었을 것이다.

그와 성격이 비슷한 독자분들이시라면, 아마 이 짧은 장에 풍부한 내용이 담겨 있다고 생각하실 테고, 그렇지 않은 분들은 이 장이 짧긴 하지만 전체 작품의 주된 의도와 무관하기 때문에 빼야 한다고 생각하실 것이다. 내 생각에 이런 분들의 결론은 이 작품의 의도가 존스 군을 교수대로 보내거나, 가능하다면 더 비참한 파멸을 맞이하게 해야 한다는 것이리라.

＊9 Doctors' Commons. 1509년에 창설되었으며, 회관 건물은 19세기 중반까지 남아 있었다. 이곳 법정에서 결혼·이혼·유언 등의 사무를 보았다. 19세기 작가 찰스 디킨스는 궁핍한 젊은 시절 속기술을 배워 한때 이 법정에서 서기로 일했으며, 그의 처녀작 《보스의 스케치집》에 이 회관의 스케치가 있다.

9
몇몇 종류의 연애편지

존스 군은 집으로 돌아오자 다음 편지들이 탁자 위에 놓여 있는 것을 발견했다. 다행스럽게도 이 편지들은 보내진 순서대로 개봉되었다.

편지 1

아무래도 내가 뭔가에 홀린 것 같다는 생각이 듭니다. 아무리 단단히 마음을 먹고 올바르게 결단을 내려 보지만 그것을 단 한 순간도 유지할 수가 없습니다. 지난밤 나는 결코 당신을 다시 보지 않으리라 결심했습니다. 그런데 오늘 아침에는, 당신이 말했듯이 이번 일을 당신이 깨끗이 해명할 수 있다면 기꺼이 듣고 싶은 마음이 생겼습니다. 하지만 그게 불가능하다는 것도 아닙니다. 나는 당신이 꾸며낼 수 있는 모든 변명을 스스로에게 말해 보았습니다. 아니, 아직 부족한지도 몰라요. 아마 당신이라면 더 그럴듯한 변명을 찾아낼 수 있을 거예요. 그러니 이 편지를 받자마자 즉시 내게로 와 주세요. 당신이 어떤 변명이든 꾸며내기만 한다면 나는 그대로 믿으리라 약속하겠습니다. 내게 즉시 와주세요. 이 편지는 내가 세 번째 쓴 것이랍니다. 먼저 쓴 두 편지는 태워 버렸습니다. 이 편지 역시 태워 버리고 싶은 마음이 굴뚝같았습니다. 제발 내가 제정신을 유지하고 있기를 바랄 뿐입니다. 지금 바로 와주세요.

편지 2

조금이라도 용서받고자 한다면, 또 내 집에 출입하고 싶다면, 지금 당장 내게 오세요.

편지 3

내 짧은 편지들이 당신 숙소에 전달됐을 때, 당신이 집에 없었다는 사실을 지금 알았습니다. 이 편지를 받자마자 날 보러 오세요. 꼼짝 않고 집에 있을 테니까요. 또 당신 이외에는 누구도 집에 들이지 않을 겁니다. 오지 못할 이유는 어디에도 없잖아요?

존스가 이 짧막한 편지 세 통을 막 읽고 났을 때 나이팅게일 군이 방 안으로 들어왔다.

"이보게, 톰." 그가 말했다. "자네 지난밤 그토록 난리를 치렀는데도 벨라스턴 귀부인에게서 무슨 소식이 왔는가?"(이제 귀부인이 누군지 모르는 사람은 이 집에서 아무도 없었다.) 존스가 몹시 심각하게 대답했다. "벨라스턴 귀부인이라고?" 나이팅게일이 소리쳤다. "그래, 이 친구야, 우리 사이에 뭘 그리 감추려 하나. 내 비록 지난밤에는 너무 취해 귀부인을 알아보진 못했지만 언젠가 가면무도회에서 만난 적이 있어. 내가 그 요정의 여왕이 누군지 몰랐다고 생각하나?" 존스가 말했다. "그렇다면 자네 진짜로 그 가면무도회 때부터 귀부인을 알고 있었단 말인가?" 나이팅게일이 말했다. "그렇고말고. 그 이후로도 그렇다는 귀띔을 자네에게 몇 번이나 주었네. 자네가 늘 그 문제는 언급하고 싶어 하지 않는 모양새라 분명하게 얘기하지 못했을 뿐이야. 이보게, 친구. 자네가 이 문제에 대해 지나치게 예민하게 구는 걸 보니, 자넨 다른 사람만큼 그 귀부인의 정체를 잘 모르는 모양이군. 화내지 말게, 톰. 맹세코 말하지만, 그 귀부인의 유혹에 넘어간 젊은이는 자네가 처음이 아니라네. 그러니 그 부인의 명예가 훼손될까봐 전전긍긍할 필요는 없어."

존스도 귀부인과의 밀회가 시작되었을 때 그녀가 정숙하고 순결한 여자일 거라고 생각하진 않았다. 그러나 그는 도시 사람들에 대한 지식이 전혀 없었고 아는 사람도 거의 없었기 때문에, 속된 말로 화류계 여자라 불리는 여성에 대해서도 전혀 아는 바가 없었다. 다시 말하자면, 정숙한 숙녀라는 미명과 위장 아래 자신의 마음에 드는 모든 남자와 밀회를 즐기는 여자, 지나치게 까다로운 귀부인들은 가까이 하려 하지 않지만 런던 시내 모든 상류 계층 사람들이 방문(사람들 표현에 따르면)하는 여자였다. 요컨대 그 누구도 직접 그 이름을 부르지는 않지만 모든 사람이 귀부인의 정체를 알고 있었다.

따라서 존스는 나이팅게일이 자신의 밀회 사실을 어느새 완전히 알고 있고, 지금까지 자신이 고수해 왔던 세심하고 신중한 태도가 이제 불필요하다는 생각이 들자 친구의 혀에 자유를 허용했다. 그리고 그가 알고 있는 사실과 부인에 대해 지금까지 들었던 소문을 모조리 얘기해 달라고 부탁했다.

다른 면에서도 지나치게 여성스러운 기질을 보이는 나이팅게일은 이런 객담을 늘어놓길 아주 좋아했다. 그는 존스로부터 자유롭게 혀를 놀려도 좋다는 허락이 떨어지자마자, 벨라스턴 귀부인에 대한 긴 이야기를 늘어놓기 시작했다. 이 이야기에는 부인의 명예를 손상하는 세부 사항들도 포함되어 있는지라, 우리는 상류층 귀족 여성을 배려하고자 그 내용을 여기서 되풀이하진 않겠다. 우리는 후세의 비평가들이 우리가 의도한 바를 악의적으로 비틀어 우리를 중상모략의 장본인으로 몰아세울 기회를 제공하는 일만큼은 조심스럽게 피하고자 한다. 우리는 한 번도 그런 생각을 해본 적이 없다.

나이팅게일이 얘기한 모든 내용을 주의 깊게 듣고 난 존스는 깊은 한숨을 내쉬었다. 그 모습을 본 나이팅게일이 소리쳤다. "저런! 아니, 자네 설마 사랑에 빠진 건 아니겠지! 내 얘기가 자네에게 충격을 주리란 걸 알았더라면 말해주지 않았을 걸세." 존스가 소리쳤다. "오, 이보게 친구, 실은 귀부인과 너무 깊숙이 얽혀 버려 대체 어떻게 빠져 나와야 할지 모르겠네. 사랑에 빠지진 않았지만 부인에게 신세, 그것도 아주 큰 신세를 지고 있다네. 자네가 이미 다 알고 있으니 얘기하네만, 그동안 내가 밥걱정 없이 살 수 있었던 것은 순전히 부인 덕택이네. 그런 부인을 내가 어찌 버린단 말인가? 하지만 그녀를 떠나야 하네. 그렇지 않으면 나 같은 놈은 도저히 따라갈 수도 없는 훌륭한 또 다른 숙녀를 가장 비열하게 배반하는 셈이 된다네. 이보게, 나이팅게일, 나는 그 숙녀에게 누구도 상상할 수 없을 만큼 깊은 애정을 품고 있다네. 대체 어찌해야 좋을지 몰라 머리가 돌아 버릴 지경이네." 나이팅게일이 물었다. "그 숙녀분은 정숙한 분이신가?" 존스가 대답했다. "정숙한 분이냐고? 지금까지 그 누구도 감히 그녀의 명예를 훼손하는 말을 한 적이 없어! 그녀는 가장 향기로운 공기보다도 맑고 가장 깨끗한 시냇물보다도 투명한 사람이야. 그야말로 신체적으로나 정신적으로나 이상적인 완벽함 그 자체라네. 세상에서 가장 아름다운 사람이지만, 너무나도 고귀하고 숭고한 품성까지 지니고 있어서, 내 한시도 그녀를 잊은 적이 없건만 만날 때 말고는 그 미모를 생각하는 일이 없다네." 나이팅게일이 소리쳤다. "이보게 친구, 그렇다면 자네는 그런 숙녀분을 곁에 두고도 한쪽으로는 그런……." 존스가 말했다. "그만하게. 더는 귀부인을 욕하지 말게. 나는 배은망덕한 사람이 되고 싶진 않네." "쳇! 그 부인이 그런 식으로 은혜를 베푼 사람이 자네가 처음인 줄 아나? 자기 맘에 들기만 하면 놀랄 만큼 넉넉히 베푸는 사람이야. 혹시나 싶어 말해두자면, 부인의 호의는 받는 사람으로부터 감사의 마음보다는 허영심을 불러일으키는 용의주도한 면이 있어." 간단히 말해, 나이 팅게일은 이 점에 대해 몹시 자세하게 얘기하며 진실이라고 맹세까지 했다. 결국 그는 존스의 가슴속에서 부인에 대한 모든 존경심을 송두리째 뽑아 버렸으며, 그와 비례하여 감사의 마음도 줄어들었다. 존스 군은 그동안 부인에게서 받은 모든 호의가 은혜라기보다는 보수라고 생각하기 시작했다. 그리고 이런 생각은 부인의 품위를 깎아내릴 뿐만 아니라, 상념에 잠긴 자신까지도 부끄럽게 만들었다. 그는 부인은 물론 자신에게도 화가 났다. 그의 마음은 이런 혐오감에서 자연스럽게 소피아 쪽으로 향하게 되었다. 소피아의 정숙함, 순수함, 자신에 대한 사랑, 자신 때문에 겪는 고통 등이 그의 모든 생각을 가득 메우자, 벨라스턴 귀부인과의 밀통 행위가 더욱 혐오스러워졌다. 결국 그는 부인에 대한 봉사를(그는 이제 부인과의 밀회를 이런 관점으로 보게 되었다) 당장 그만둔다면 밥줄이 끊어지겠지만, 그럴듯한 구실만 찾아 낸다면 그녀와 작별하겠노라고 단호히 결심했다. 이런 결심을 나이팅게일에게 얘기하자, 그는 곰곰이 생각한 뒤 말했다. "내게 좋은 생각이 있네, 친구. 확실한 방법을 찾아냈어. 그 귀부인에게 청혼하는 거야. 내 목을 걸고 장담하네만, 틀림없이 성공할 걸세." 존스가 소리쳤다. "청혼이라고?" 나이팅게일이 대답했다. "그래, 청혼을 하란 말일세. 그러면 한순간에 부인이 자네와 결별을 선언할 걸세. 내 일전에 부인과 사귀었던 젊은 친구 하나를 아는데, 그는 부인에게 진지하게 청혼을 했다가 그 즉시 쫓겨나고 말았지."

존스가 그런 모험은 감히 하지 못하겠다고 말했다. "처음에는 놀랐겠지만 두 번째부터는 놀라지 않을 거야. 그리고 만에 하나 그녀가 진짜로 받아들이면 나는 어떡하나? 내가 놓은 덫에 걸려 영원히 파멸하지 않겠는가?" 나이팅게일이 대답했다. "아니, 언제든지 그 덫에서 빠져나올 수 있는 방법이 있으니 문제없네." 존스가 물었다. "대체 무슨 방법인가?" 나이팅게일이 대답했다. "바로 이것이지. 아까 얘기했던 내 친구 녀석 말이네만, 사실 그 녀석은 세상에서 나와 가장 친한 녀석이야. 그가 그 뒤에 부인한테 지독한 짓을 당했다며 몹시 분개하고 있네. 그러니 부탁하기만 하면 선선히 부인의 편지를 자네에게 보여줄 걸세. 그 편지를 보면 자네도 양심의 가책을 느끼지 않고 그녀와 결별할 수 있을 거네. 혹시 부인이 진심으로 결혼할 생각이라면 그렇게 되기 전에 절교를 선언해 버리는 거야. 물론 부인은 그러지 않으리라고 확신하네만."

얼마동안 망설인 뒤 나이팅게일의 확신에 힘입어 존스도 마침내 그의 말에 동의했다. 그러나 그는 이 문제를 부인에게 직접 얘기할 용기는 도저히 나지 않았으므로 나이팅게일이 불러 주는 대로 다음과 같은 편지를 썼다.

벨라스턴 귀부인께,

안타깝게도 외출 약속이 있어서 부인의 소중한 지시 사항을 편지가 도착한 바로 그 순간 받아들이지 못해 진심으로 유감스럽게 생각합니다. 그리고 부인께 변명하느라 또다시 이렇게 시간을 늦추게 되어 불행을 더 크게 만드는군요. 오, 벨라스턴 부인! 이런 짓궂은 우연의 장난 때문에 부인의 명예에 잘못을 하는 건 아닌가 싶어 제가 얼마나 걱정하고 있는지 아시는지요. 그것을 바로 잡는 방법은 하나밖에 없습니다. 그것이 무엇인지 제가 구체적으로 말씀드릴 필요는 없겠지요. 다만 이 말만은 하게 해 주십시오. 부인의 명예는 저의 명예만큼이나 소중하기에, 저의 자유를 부인의 발치에 내던지는 영광을 누리게 해 주시길 바랍니다. 진심으로 말씀드립니다. 부인을 앞으로 영원히 제 아내라고 부를 수 있는 권리를 선사해 주시지 않는다면, 저는 결코 온전한 행복을 누리지 못할 것입니다. 부인을 가슴 깊이 존경하고, 부인께 가장 큰 은혜를 입고 있으며, 부인의 가장 충직하고 순종적인 하인,

토머스 존스 올림.

벨라스턴 귀부인은 즉시 답장을 보내왔다.

존스 씨에게,

당신의 진지한 편지를 다 읽고 있자니, 그 냉정하고 의례적인 말투에서 이미 당신이 편지에서 말한 법적 권리를 가지고 계신 듯이 느껴지는군요. 마치 우리가 이미 여러 해 동안 부부라는 그 괴기스러운 하나의 동물로 살아온 것 같다는 생각마저 들었습니다. 존스 씨, 정말이지, 나를 바보라고 생각하시는 겁니까? 아니면 당신은 내가 완전히 제정신을 잃고 미쳐서, 당신의 발판이 되도록 내 전 재산을 당신에게 바치리라고 생각한 것입니

까? 내 돈으로 당신이 쾌락을 즐기기 위해 나를 설득할 수 있으리라 상상한 겁니까? 이것이 내가 기대했던 사랑의 결과란 말입니까? 하지만 당신을 비난해봐야 아무런 의미가 없지요. 그리고 진심으로 존경한다시니 감사하군요.

추신 : 편지를 교정 볼 새가 없습니다. 어쩌면 내 마음에도 없는 말을 썼는지도 모르겠군요. 오늘 밤 8시에 내게 오세요.

고문 격인 나이팅게일의 조언으로 존스는 답장을 보냈다.

귀부인께,
부인이 저에게 당치않은 의혹을 품고 계시다니 제가 얼마나 충격을 받았는지 말로 표현할 수가 없군요. 벨라스턴 귀부인께서는 정녕 그토록 비열한 의도를 지닌 남자라고 생각하시면서 제게 애정을 주셨단 말입니까? 아니라면, 부인께서는 가장 엄숙한 사랑의 결합을 경멸하신단 말씀입니까? 부인께서는 저의 이 격렬한 애정이 저도 모르게 어느 순간 지금까지 제가 부인의 명예를 위해 지켜 온 조심스러운 태도를 눌러 버릴 경우에도, 제가 부인과 아무렇지 않게 밀회를 계속할 수 있다고 생각하십니까? 그런 교제는 어차피 세상 사람들의 눈을 오랫동안 피해 다닐 수 없습니다. 그리고 발각된다면 틀림없이 부인의 명성에 너무나도 치명적인 영향을 끼치지 않겠습니까? 부인께서 저를 그런 인간으로 여기신다면, 안타깝지만 부인께서 제게 베풀어 주신 금전적인 은혜를 지금 당장 갚을 수 있는 기회를 주십사 부탁드립니다. 그리고 금전 외에 오랫동안 제가 받아온 정신적 은혜에 대해서는 영원히……

그리고 편지는 앞 편지의 끝부분과 똑같은 호칭으로 마무리 지었다.
벨라스턴 귀부인이 답장을 보냈다.

당신이 비열한 악당이란 걸 이제야 알았군요. 진정으로 당신을 경멸합니다. 나를 찾아오더라도 만나지 않을 것입니다.

경험해 본 사람이라면 결코 가볍지 않다고 인정할 만한 속박에서 벗어나게 되자 존스는 충분히 만족스러웠지만, 마음이 전적으로 편치만은 않았다. 이 책략은 온갖 거짓과 부정직함을 혐오했던 청년을 만족시키기에는 너무나 많은 거짓으로 얼룩져 있었다. 부득이 두 여성 중 어느 한쪽의 명예를 손상할 수밖에 없는 고통스러운 상황에 빠지지 않았더라면, 결코 이 계략을 실행에 옮기지 않았을 것이다. 그리고 독자 여러분께서도 인정하시겠지만, 사랑뿐만 아니라 모든 선의 원칙이 소피아 편을 들라고 그에게 강력하게 항변하고 있었다.

나이팅게일은 자신의 계략이 성공하자 크게 기뻐했으며, 친구로부터 그 일로 수차례 고맙다는 인사와 칭찬을 들었다. 그는 말했다. "이보게 톰, 우리는 서로에게 빚을 진 거네. 자네는 내 덕에 자유를 얻고, 나는 자네 덕에 자유를 잃었지. 하지만 자네도 행복하고 나도 행복하니, 온 영국에 우리 둘보다 행복한 녀석들은 없을 걸세."

두 청년은 식사를 하러 아래층으로 내려오라는 부름을 받았다. 밀러 부인이 요리사를 자임하며 딸의 결혼을 축하하기 위해 온갖 실력을 발휘했다. 그녀는 이런 기쁜 상황이 전적으로 존스의 우정 덕택이라고 생각하며, 그에 대한 감사의 마음으로 끓어올랐다. 그녀의 표정과 말과 행동 모두가 그런 감사의 마음을 표현하느라고 너무 바빠서, 딸과 새로 얻은 사위조차도 눈에 들어오지 않을 정도였다.

식사가 막 끝난 무렵 밀러 부인은 편지 한 통을 받았다. 하지만 이번 장에서 이미 편지들을 충분히 다루었으므로, 이 편지의 내용은 다음 장에서 다루기로 하겠다.

10

일부분은 사실이고, 일부분은 그 사실에 대한 관찰로 이루어진 장

앞 장의 끝부분에 도착한 편지는 올워디 씨에게서 온 것으로, 그가 곧 조카 블리필과 함께 런던을 방문할 예정이니, 늘 묵던 2층 방은 자기가 쓰고 3층은 블리필이 쓰길 바란다는 내용이었다.

부인의 얼굴에 나타났던 즐거운 기색이 다소 어두워졌다. 이 소식은 그녀를 매우 당황스럽게 만들었다. 우선 아무 사심 없이 딸과 결혼한 사위에게 당장 집을 나가라는 식으로 보답하는 것은 변명의 여지가 없는 행동이라고 생각했다. 하지만 다른 한편으로는, 올워디 씨에게 온갖 신세를 진 처지에서 엄밀히 말하자면 그의 소유나 마찬가지인 집에 오지 못하게 할 구실을 찾아야 한다는 생각도 견딜 수가 없었다. 올워디라는 신사는 다른 사람들에게 한없이 은혜를 베풀면서도, 자선을 베푸는 대부분의 사람들과는 정반대 원칙에 따라 행동하는 사람이었기 때문이다. 그는 자신이 베푸는 자선을 세상 사람들뿐만 아니라 자선을 받는 당사자에게까지 숨기려고 애썼다. 그는 늘 '베푼다'는 말 대신 '빌려 준다'거나 '갚는다'는 표현을 썼으며, 자신이 생각해낼 수 있는 모든 방법을 동원하여 말로는 항상 자신이 베푸는 선행을 낮추고 두 손으로는 듬뿍 베푸는 사람이었다. 밀러 부인에게 연간 50파운드의 연금을 지불하기로 했을 때에도 그는 "자신이 런던에 오게 되면(사실 그런 의도는 거의 없었다) 늘 2층 방을 빌려주는 대가로 주는 돈"이며, 다만 "다른 때는 언제든 임대해도 되고, 자신이 런던에 올 일이 생기면 한 달 전에 미리 통지를 할 것"이라고 말했다. 그러나 이번에는 하도 급작스레 런던에 오게 되어 부인에게 미리 통지를 할 겨를이 없었다. 숙소에 대해 편지를 쓰면서 "혹시 그 방들이 비어 있으면"이라고 추가하지 않은 것만 보아도 역시 어지간히 서둘렀던 모양이다. 사실 그는 지금 밀러 부인이 처한 상황보다 훨씬 모자란 핑계를 댔어도, 충분히 수긍하며 틀림없이 그 방들을 포기했을 사람이었다.

그러나 프라이어*¹⁰가 아주 잘 표현한 것처럼, 이 세상에는,

> 학교에서 가르치는 선악의
> 확고하게 정해진 규칙들을 넘어서고,
> 또한 법의 자구를 넘어서는,

무언가를 자신의 행동 원칙으로 삼는 사람들이 있다. 이들은 재판소에서

---

*10 Matthew Prior(1664~1721). 영국의 외교관·시인.

변호인단이 무죄방면을 받게 해 준다고 해도 결코 흡족해 하지 않으며, 모든 재판관들 중 가장 가혹하고 엄정한 재판관인 양심이 무죄 방면해 준다고 해도 흡족해 하지 않는다. 오직 공정하고 명예로운 의지만이 그들의 예민한 마음을 만족시켜 줄 뿐이다. 만약 자신의 행동이 이런 기준에 못 미치면 그들은 침울해지고 수척해지며, 마치 유령이나 교수형 집행관을 두려워하는 살인자처럼 안절부절못하며 불안해한다.

밀러 부인이 바로 그런 부류의 사람이었다. 올워디 씨의 편지를 받고 그녀는 불안한 감정을 숨길 수가 없었다. 편지를 사람들에게 보여주고 그녀의 괴로운 심정을 내비치자, 그녀의 수호천사 존스가 즉시 그녀의 걱정을 덜어주었다. "저는 지금 당장이라도 방을 빼 드릴 수 있습니다. 그리고 나이팅게일 군도 아직 부인을 맞이하기에 적당한 집을 구하진 못하겠지만 자기 새 숙소로 돌아가는 데 동의할 겁니다. 그리고 나이팅게일 부인께서도 분명히 함께 가시리라 생각합니다." 이런 제안에 신혼부부는 즉시 동의했다.

독자 여러분께서는 존스에게 거듭 감사를 느끼며 밀러 부인의 두 뺨이 다시 한 번 붉게 타올랐을 것이라고 쉽게 믿으실 것이다. 하지만 마지막 말에서 부인의 딸을 '나이팅게일 부인'이라고 부름으로써 존스가 부인의 눈앞에 닥친 걱정을 덜어준 것보다도 훨씬 더 많은 만족감을 안겨주고, 존스에 대한 부인의 마음을 더욱 훈훈하게 만들어 주었다는 사실을 독자들은 이해하기 어려울지도 모르겠다.

따라서 바로 다음 날 신혼부부와 존스 군은 이사하기로 결정했으며, 존스 군은 친구와 같은 집에 숙소를 마련하기로 했다. 이제 다시 모두의 마음에 평화가 돌아오자 그들은 더없이 즐거운 하루를 보냈다. 하지만 존스만은 예외였다. 겉으로는 다른 사람들을 따라 즐거운 척했지만, 그는 소피아 때문에 비통한 심정을 적지 않게 느끼고 있었다. 그런 심정은 블리필이 런던으로 온다는 소식 때문에 더욱 고조되었다(그가 런던에 오는 의도를 분명히 알고 있었기 때문이다). 그리고 소피아의 소식을 알아내서 다음 날 이른 저녁에 알려 주겠다고 약속했던 하녀 아너에게서 아직도 아무 소식이 없다는 점이 그의 걱정을 부채질했다.

자신과 소피아가 현재 처해 있는 상황에서 희소식을 기대할 근거는 거의 없었다. 하지만 그는 소피아와 만날 약속을 담은 편지를 아너가 갖고 오리라고 기대하며 초조하게 기다렸고, 그만큼 아너의 배신이 가슴아팠다. 존스의 이런 초조함이 최악의 결과를 알고 싶어 하고 불확실한 사실을 가장 견디기 힘든 고통으로 여기는 인간의 타고난 나약함에서 생겨난 것인지, 아니면 아직까지도 마음속으로 희망을 품고 있었기 때문인지는 우리도 결론 내리지 않을 것이다. 그러나 사랑을 해 본 사람이라면 누구나 그의 마음이 후자 쪽이리라는 사실을 모를 리 없다. '사랑'이라는 감정이 우리의 정신에 미치는 여러 영향 가운데 가장 놀라운 것이 바로 절망 가운데서도 희망을 갖게 하는 힘이기 때문이다. 어려운 난관들, 가능성이 적은 일들, 아니 불가능한 일들조차 사랑이란 감정은 보지 못한다. 따라서 격렬한 사랑에 빠진 사람에겐 애디슨이 카이사르에 대해 말한 내용을 적용할 수 있을 것이다.

알프스 산맥과 피레네 산맥이 그의 앞에 침몰했도다! [11]

그러나 똑같은 사랑이 때로는 작은 것을 크게 확대하고, 희망 가운데에서 절망을 만들어 내기도 한다. 그러나 이런 차가운 감정의 발작은 훌륭한 심성의 소유자들에게는 그리 오래가지 못한다. 존스가 지금 어떤 심리상태에 있는지는 확실한 정보가 없기에 독자 여러분의 추측에 맡기겠다. 그러나 이 점만은 확실하다. 즉 그가 기대감에 차서 두 시간을 기다리다가 더는 불안한 심사를 숨기지 못해 자기 방으로 물러났으며, 그곳에서 걱정거리로 거의 돌아 버릴 지경에 이른 순간, 하녀 아너로부터 다음과 같은 편지가 그에게 도착했다. 철자가 엉망인 자자구구 글자 그대로 편지를 독자 여러분께 보여드리겠다.

도련님께,
벨라스틴 기부인게서 저를 막찌만 안아떠라면 제가 한 약소게 따라 분명히 도련님을 차자 뱄을 껍니다. 어째든 도련님께서도 아시드시 사람은 자기 몸이 우서니지요. 이러케 좋은 기홰가 항상 오진 안는다는 걸 잘 아실 껍니다. 제가 부타글 드리지도 안안는데 부인게서 저를 하녀로 삼게따는 넘우도 친절한 재안을 해주션는데 제가 그걸 바다드리지 안는다면 저

*11 조지프 애디슨의 비극 〈카토(Cato)〉 1막 3장 14행.

는 정말로 비난바다 마땅할 껍니다. 부인은 이 새상에서 가장 훌륭한 숭녀부니세요. 그렇지 안타고 말하는 사람들이 이따면 틀리멈씨 아주 사아칸 마음을 가진 자들일 꺼에요. 제가 만약 그런 비스탄 애기를 한 적이 이따면 그건 잘 몰라서 그런 거고 지금은 진시므로 후해하고 이씁니다. 도련님은 명애와 정지글 사랑하시는 부니니까, 제가 험담을 하더라도 나만테 애기해서 도련님을 가장 존경하는 이 불쌍한 하녀 년을 상처주지는 아느시게찌요. 정말이지 사람은 입단속을 잘 해야 합니다. 누구도 아프로 무슨 일이 일어날찌 모르는 버비니까요. 그리고 또 분명히, 어제 만약 누가 제게 오늘 이러케 조은 자리를 구할 꺼라고 애기해떠라도 저는 미찌 아났을 껍니다. 그런 일은 꿈도 꺼보지 아났꼬 다른 자리를 차자나선 적도 엄서쓰니깐요. 하지만 제가 부탁드리지도 안안는데 기부인 마님게서 친절하시게도 먼저 제게 그런 자리를 주셨으니, 하늘이 내리신 선물을 제가 받았다고 해서 하녀 에토프건 그 누구건 저를 비난할 순 업슬 껍니다.

도련님께 재발 간청드리오니 제가 말씀드려떤 내용은 절때로 입바께 내지 마라 주십시오. 도련님의 행복을 기도하게씁니다. 그리고 저는 도련님께서 결구게는 소피아 아가씨를 차지하실 꺼라고 미더 의심치 안는담니다. 하지만 아프로는 제가 도련님을 도와드리지 못합니다. 이제 저는 아가씨가 아니라 다른 마님의 명령에 따라야 하는 몸이라 함부로 움지길 수 업쓰니까요. 재발 지나간 일은 아무론 말씀도 하지 마라 주시기를 간청드림니다. 하지만 저는 언제까지나 도련님 편이에요.

아너 불랙모어 올님.

벨라스턴 귀부인의 이런 조치에 존스는 수많은 억측을 품었다. 사실 부인으로서는 비밀을 쥐고 있는 이 하녀를 자기 집에 붙잡아 놓고 이 이상 소문이 퍼지는 것을 막으려고 생각했을 뿐이었다. 특히 자신의 비밀을 소피아에게만은 알리고 싶지 않았다. 그 어린 숙녀는 그런 비밀을 남에게 옮기지 않을 거의 유일한 사람이긴 했지만, 부인은 그 점을 자신할 수 없었다. 자신이 소피아에게 큰 앙심을 품고 미워하게 되었듯이, 소피아의 따사로운 가슴에도 그만큼의 증오심이 자리 잡았을 것으로 생각했기 때문이다.

아너가 하녀 일자리를 얻게 된 배경에는 온갖 음모와 음험한 책략과 계략이 깔려 있으리라고 존스가 걱정하며 애간장을 태우는 동안, 지금까지 소피아와 그의 결합에 철천지원수 같은 태도를 보여 오던 운명의 여신이 마침내그 일에 종지부를 찍듯 그의 앞에 새로운 유혹을 던져주었다. 지금과 같은절박한 상황에서 존스가 그 유혹을 견뎌 내기란 불가능해 보였다.

11
호기심을 자극하지만, 이례적이지 않은 내용을 담고 있다

헌트 부인이라는 숙녀가 있는데, 그녀는 존스가 묵고 있던 집에서 종종 그를 본 적이 있었다. 그곳에 살던 부인들과도 친했고, 밀러 부인과도 절친한사이였기 때문이다. 나이는 대략 30세 정도였지만 본인은 26세라고 했다.얼굴과 몸매도 꽤 괜찮았지만 약간 살쪄 보이는 것이 흠이었다. 그녀는 어려서 친척들에게 떠밀려 나이 많은 터키 상인과 결혼한 바 있다. 남편은 엄청난 재산을 모은 뒤 장사를 그만둔 상태였다. 그녀는 그 남편과 함께 겉으로는 나무랄 데 없이 대략 12년 동안 잘 살았지만, 지독한 자기부정 상태에 빠져서 고통이 없지는 않았다. 정조의 보상으로, 남편이 죽자 그녀는 큰 부자가 되었다. 과부가 된 첫해는 그럭저럭 지나갔다. 그동안 그녀는 그저 몇몇친한 친구들만 만났고, 기도를 드리고 끔찍이 좋아하는 소설 읽기에 대부분의 시간을 할애하면서 집에서 칩거하며 보냈다. 하지만 아주 건강하고 열정적인 기질을 지녔으며, 대단히 종교적이었던 그녀에게 재혼은 꼭 필요한 일이었다. 그녀는 첫 번째 결혼에서는 친구들만 만족시켜 주었으니, 이번에는자기가 즐길 수 있을 만한 남편을 찾아야겠다고 마음먹었다. 그녀가 존스에게 다음과 같은 짤막한 편지를 보냈다.

존스 씨께,
당신을 처음 본 날부터 제가 당신에게 관심이 없지 않다는 점을 제 두눈이 분명히 전했다고 생각합니다. 그러나 당신이 묵고 있는 댁 숙녀분들께서 당신이 너무나도 다정하고 훌륭한 분이라고 칭찬하고, 또 당신의 덕성과 선량함을 증언해 주지 않았더라면, 제 혀와 손은 그 사실을 인정하지 않았을 것입니다. 저는 또한 그 숙녀분들로부터 저의 용모, 지력, 성격을 당신이 싫어하지 않는다는 소식을 듣고 기뻤습니다. 저는 우리 두 사람이 충분히 행복해질 만큼의 재산을 갖고 있지만, 당신이 없다면 그런 재산도 제게는 아무 소용이 없습니다. 저의 이런 처신을 세상 사람이 비난할지도 모른다는 점은 잘 알고 있답니다. 하지만 세상 사람들을 두려워하는 마음 보다 당신을 사랑하는 마음이 더 크지 않다면 저는 당신을 차지할 자격이 없을 겁니다. 다만 한 가지 높은 장벽이 저를 주저하게 하는군요. 당신이 한 상류층 귀부인과 교제 중이란 얘길 들었습니다. 만약 저를 차지하기 위해 그 교제를 희생할 가치가 있다고 여기신다면, 저는 당신의 소유입니다. 만약 그렇지 않다면 제 심약함을 잊어주시고, 부디 이 편지는 당신과 저 사이의 영원한 비밀로 남겨 주십시오.

아라벨라 헌트 올림.

편지를 읽으면서 존스는 격렬한 감정의 동요에 빠졌다. 당시 그의 주머니 사정은 아주 좋지 않았다. 지금까지 도움을 받았던 후원자 벨라스턴 귀부인의 지원이 끊겨 버린 까닭이었다. 부인에게서 받았던 돈은 이제 금화 5기니도 남지 않았으며, 그날 아침에도 한 상인에게 그 액수의 두 배에 이르는 금액을 독촉 받은 바 있다. 소중한 그의 연인은 아버지의 손에 붙잡혀 있고, 그녀를 다시 빼내 올 희망도 거의 없었다. 아버지와 무관하게 그녀가 소유한 몇 푼 안 되는 재산에 기대어 살아가는 것은 예민한 그의 자존심과 사랑의 감정이 용납하지 않았다. 하지만 헌트 부인의 재산이라면 그에게 충분한 안락을 가져다 줄 것이고, 어느 모로 보나 부인이 싫지도 않았다. 소피아를 제외한다면, 그 누구 못지않게 마음에 드는 편이었다. 하지만 소피아를 포기하고 다른 여자와 결혼할 수는 없다. 그 어떤 이유로도 그 일 만큼은 생각할수 없었다. 그러나 어차피 소피아가 자신의 아내가 될 수 없다면, 결혼해도 되지 않겠는가? 자신에 대한 희망 없는 사랑에 계속 붙들어 매 두느니 차라리 그게 더 그녀에게 친절한 일이 아닐까? 소피아와의 우정을 생각해서라도 결혼해야 하지 않을까? 잠시 이런 상념들이 그를 지배했다. 마침내 그는 도의심이라는 높은 차원에서 소피아를 배반하기로 거의 결심했다. 그러나 그런 작위적인 생각은, 가슴속에서 그 따위 우정이란 사랑에 대한 반역이라고 외치는 본성의 목소리에 그리 오래 대항하지 못했다. 마침내 그는 펜, 잉크, 종이를 찾아 헌트 부인에게 답장을 썼다.

부인께,

부인을 차지하기 위해 저의 다른 교제를 중지하는 것은 부인께서 제게 베풀어 주신 호의에 대한 충분한 보답이 되지 않습니다. 지금은 어떤 관계도 맺고 있지 않지만, 그런 교제를 하고 있다고 하더라도 저는 부인을 위해 기꺼이 그 관계를 끊을 것입니다. 하지만 저의 애정이 그야말로 정숙하고 제가 절대로 버릴 수 없는 다른 한 숙녀에게 온통 가 있다는 사실을 부인께 말씀드리지 않는다면, 저는 부인께서 생각하시는 만큼 정직한 사람이 아닐 것입니다. 물론 그 숙녀는 결코 제 사람이 되지 않겠지만, 부인께서 베풀어 주신 친절에 대한 보답으로 제 마음을 드리지도 못하면서 부인께 결혼 약속을 하며 피해를 끼친다면 천벌을 받을 것입니다. 그런 일은 절대 할 수 없습니다. 그런 죄를 저지르느니 차라리 굶어 죽는 편이 나을 것입니다. 제가 말한 숙녀가 다른 남자와 결혼을 하더라도, 제 가슴에 있는 그녀의 기억을 깨끗이 지우기 전에는 부인과 결혼할 수 없습니다. 부인의 비밀은 부인 자신보다도 오히려 제 가슴속에서 훨씬 더 안전하게 간직될 터이니 부디 안심하십시오. 부인께 큰 은혜를 입었으며, 부인께 사의를 표하는 충직한 하인,

T. 존스 올림.

편지를 써서 보내고 난 뒤 우리의 주인공은 책상으로 가 웨스턴 양의 토시를 꺼내 여러 차례 입을 맞추었다. 그리고 5만 파운드라는 거액을 손에 넣은 아일랜드 사람이 느꼈을 만족감보다도 더 큰 만족감을 느끼며 방 안을 몇 바퀴나 돌았다.

12
파트리지가 만난 사람

신의를 지켰다는 생각을 하며 존스가 의기양양해 있을 때 파트리지가 까

불거리며 방 안으로 들어왔다. 그런 태도는 희소식을 가져오거나, 혹은 가져온다고 생각할 때 보이는 습관이었다. 그날 아침 그는 주인인 존스의 지시에 따라 벨라스턴 귀부인의 하인들을 통하든 다른 방법을 동원하든, 어떻게 해서든지 소피아가 끌려간 곳을 알아 오라는 심부름을 갔던 터였다. 그가 지금 만면에 웃음을 띠고 돌아와 우리의 주인공에게 잃어버린 새를 찾았다고 보고했다. "도련님, 글쎄 제가 사냥터지기 블랙 조지를 만났지 뭡니까. 웨스턴 나리께서 런던까지 함께 데려온 하인들 중에 그자가 끼어 있었던 거예요. 몇 년 동안 그자를 본 적이 없었지만 즉시 알아보았지요. 도련님께서도 아시지만 녀석의 용모가 워낙 눈에 띄잖아요. 좀더 자세히 말하면 녀석의 그 턱수염, 그렇게 크고 검은 수염은 처음 봤단 말이죠. 하지만 블랙 조지 녀석은 시간이 한참 지난 뒤에야 저를 기억해냈답니다." 존스가 소리쳤다. "그래, 알았어요. 그런데 희소식이란 게 뭐요? 소피아에 대해서 뭘 좀 알아냈어요?" 파트리지가 대답했다. "좀 기다려 보세요. 안 그래도 되도록 빨리 그 얘기를 하려고 하는데. 도련님은 너무 성급하세요. 명령법이 되기도 전에 부정법을 가르치라고 하신다니까요. 그러니까 아까 말씀드렸듯이, 녀석은 한참 뜸을 들이고서야 제 얼굴을 기억해 냈답니다." 존스가 버럭 소리를 질렀다. "이보시오, 당신 얼굴 따위야 아무러면 어때요! 그보다 소피아가 어떻게 되었냐는 말입니다." "글쎄요, 도련님, 소피아 아가씨 소식도 어련히 다 아는 대로 말씀드리지 않겠어요? 도련님께서 방해하지만 않았다면 이미 다 말씀드렸을 겁니다. 하지만 그렇게 화난 표정을 짓고 계신다면 제가 너무 두려워 머릿속에서, 아니 좀더 정확하게 말한다면 제 기억 속에서 그 내용이 다 날아가 버리고 말 거예요. 업턴을 떠난 이후로 도련님께서 그렇게 화난 표정을 짓는 건 본 적이 없어요. 앞으로 제가 천 년을 산다고 해도 그 표정을 잊지 못할 겁니다." 존스가 말했다. "알았소. 그럼 당신 방식대로 얘기해 보시오. 나를 미치게 만들기로 작정한 것 같으니." 파트리지가 대답했다. "세상에 그럴 리가 있나요. 저는 이미 그런 일로 충분히 고통을 겪었는걸요. 그러니 앞으로 아무리 오래 살더라도 잊지 못할 거라고 말씀드린 거예요." 존스가 소리쳤다. "글쎄, 알았다니까요. 어쨌든 블랙 조지가 어쨌다고요?" "그게 말입니다, 도련님, 아까도 말씀드렸듯이 시간이 한참 지나고 나서야 녀석은 저를 기억하더군요. 사실 그를 마지막으로 본 뒤로 제 모습이 좀 변했거든요. Non sum qualis eram(나는 과거의 내가 아니다). 세상 풍파에 시달리며 고난을 겪었기 때문이지요. 고난보다 더 사람의 외모를 바꿔 버리는 게 없거든요. 하룻밤 만에 머리카락 색깔까지 달라진다는 얘기도 들었거든요. 어쨌든 그자가 마침내 저를 알아봤답니다. 어쨌거나 우리는 동년배였고, 같은 자선 학교에 다녔었거든요. 조지는 멍청한 녀석이었지만 그게 뭐 대순가요. 세상에 나갔을 때 모든 사람이 학식에 따라 성공하는 건 아니니까요. 이렇게 말하는 근거도 있어요. 하지만 그런 건 천 년만 지나면 다 똑같아요. 아차, 도련님, 제가 어디까지 얘기했죠? 아, 그렇지, 우리는 서로를 알아보자 여러 차례 진심 어린 악수를 한 뒤 술집에 가서 한잔하기로 했죠. 그런데 운 좋게도 그때 마신 맥주는 제가 런던에 와서 마신 맥주 중 맛이 최고였어요. 자, 도련님, 이제 본론으로 들어갈게요. 제가 도련님 이름을 말하며 녀석에게 도련님과 함께 런던에 와서 그 뒤로 쭉 같이 살고 있다고 얘기하자, 녀석은 맥주 한 잔을 더 주문하고는 도련님의 건강을 빌며 건배하겠노라 말했죠. 정말이지, 녀석이 어찌나 진심으로 도련님을 위해 건배하던지, 그래도 아직 세상에 은혜를 아는 놈이 있다고 생각하니 참 기쁘더군요. 그 술잔을 비운 뒤 이번엔 제가 한잔 사겠다고 말했죠. 그리고 이번에도 도련님의 건강을 빌며 또 한 잔을 마셨답니다. 그리고 나서 도련님께 서둘러 소식을 전해 드리기 위해 집으로 돌아온 거죠."

존스가 소리쳤다. "그게 대체 무슨 소리요? 소피아에 대해서는 아직 단 한마디도 하지 않았잖아." "맙소사! 하마터면 그걸 까먹을 뻔했네요. 사실 우리는 웨스턴 아가씨에 대해 굉장히 많은 얘길 나누었답니다. 조지가 모든 사실을 다 말해 줬죠. 블리필 도련님이 아가씨와 결혼하기 위해 런던에 온다고 하더군요. 그래서 제가 말해줬죠. '그렇다면 서두르는 게 나을 걸. 런던에 도착하기도 전에 다른 분이 아가씨를 가로채갈 테니'라고요. 또 '그 다른 분이 아가씨와 결혼하지 못하면 시그림 씨가 너무 딱하잖아. 왜냐하면 그분은 세상의 어떤 여성들보다도 그 아가씨를 사랑하는데. 그리고 자네도 아가씨도 이 점을 알아야 해. 그분이 아가씨를 따라온 것은 아가씨의 재산이 탐나서가 아니야. 그 점은 내 자네에게 장담할 수 있네. 아가씨보다 훨씬 더 신분이 높고 재산이 많은 귀부인이 그분한테 홀딱 빠져서 밤낮으로 쫓아다닐 정도거든'이라고 했죠."

이 말을 듣고 존스는 파트리지가 자신을 배반했다며 벌컥 화를 냈다. 그러나 이 불쌍한 하인은, 자기는 그 어떤 이름도 말하지 않았다고 대답했다. "게다가, 도련님, 분명히 장담하건대, 조지는 진심으로 도련님 편이랍니다. 블리필 같은 놈은 지옥에나 떨어지라고 여러 차례 말했어요. 나아가 도련님께 도움이 된다면 그 어떤 일이라도 하겠다고 말했지요. 그는 반드시 그럴 사람이죠. 그런데 도련님을 배반했다니요. 도련님을 위해서라면 그 어떤 일도 마다치 않는 조지 같은 친구가 아니면 누구와 힘을 합하겠어요? 물론 저 말고 다른 사람 중에 말이에요."

"알았소." 다소 누그러진 존스가 말했다. "당신 말인즉슨, 진심으로 내 편이 되어 줄 믿을 만한 그자가 지금 소피아와 한집에 있다는 거지요?"

"한집이고 말고요!" 파트리지가 대답했다. "도련님, 그는 웨스턴 씨 댁 하인인걸요. 옷도 아주 잘 입었어요. 그 검은 수염이 아니었으면 못 알아볼 뻔 했는걸요!"

"그렇다면 적어도 그자가 한 가지 도움은 줄 수 있을 거요. 소피아에게 편지를 전달해 줄 수 있을 테니."

"바로 그거예요!" 파트리지가 소리쳤다. "제가 왜 그 생각을 못했을까요. 제가 말만 하면 틀림없이 바로 전해줄 겁니다."

"좋아, 그렇다면 잠깐 자리를 비켜 주시오. 내 서둘러 편지를 쓸 테니. 그걸 내일 아침 그자에게 전해주시오. 그자를 어디서 찾을 수 있을지는 당신이 잘 알 테니."

"오, 그렇고말고요. 틀림없이 다시 찾아낼 수 있습니다. 걱정하지 마세요. 술을 너무 좋아해 잠시도 술과 떨어져서 살 수 없는 자니까요. 런던에 머무르는 동안 매일같이 그 술집에 나타날 겁니다."

"그럼 지금 소피아가 묵고 있는 곳을 모른단 말인가요?" 존스가 소리쳤다.

"그야 알고 있습죠." 파트리지가 말했다.

"거리 이름이 뭐요?"

"거리는 웬걸요, 도련님. 여기서 한두 블록도 떨어지지 않은 곳이랍니다." 파트리지가 대답했다. "거리 이름은 몰라요. 녀석이 얘기하지 않았고, 만약 제가 그걸 물어본다면 뭔가 수상하다고 생각할지 모르니까요. 그럼 안 되죠, 안 되고말고요. 도련님, 이 문제는 제게 맡겨 두세요. 빈틈없이 해낼 테니까요."

"당신은 정말이지 용의주도하구려." 존스가 대답했다. "어쨌든 나는 연인에게 편지를 쓰겠소. 당신이 내일 빈틈없이 그 술집에서 그자를 찾아낼 테니까."

그리하여 영악한 파트리지를 내보낸 뒤 존스 군은 책상 앞에 앉아서 편지를 쓰기 시작했다. 우리는 잠시 그가 자기 일을 하도록 내버려 두고 이쯤에서 제15권을 맺기로 한다.

제16권
닷새 동안 일어난 일

1
프롤로그에 대하여

어느 극작가는 연극의 프롤로그를 쓰느니 차라리 각본을 한 편 더 쓰겠다고 했다는 이야기를 들은 적이 있다. 그와 마찬가지로 나도 이 책의 각 권 앞에 붙은 이런 서장보다는 본론 내용을 쓰는 것이 더 쉽다고 생각한다.

사실, 연극 앞머리에 프롤로그*1를 붙이는 관행을 처음 시작한 극작가에게 수많은 사람들이 비난을 퍼붓고 있다고 생각한다. 사실 프롤로그는 처음에 작품의 일부였으나 요즈음 대부분의 프롤로그는 뒤에 나오는 본 작품 내용과 아무런 상관관계가 없으며, 심지어 한 작품의 프롤로그를 다른 작품에 갖다 붙여도 아무런 지장이 없을 정도이다. 최근의 프롤로그들은 모두 다 똑같이 세 가지 주제만을 다룬다. 도시인의 취향 비판, 동시대 작가 비난, 그리고 곧 시작될 공연에 대한 찬사 등이다. 이런 프롤로그의 내용은 거의 차이가 없으며, 차이가 있을 가능성도 없다. 나는 똑같은 내용을 다루면서 그토록 다양한 어구를 동원할 수 있는 작가들의 위대한 창의력에 종종 놀라움을 금할 수 없다.

그런데 이와 마찬가지로 미래의 역사이야기 작가가(영광스럽게도 후세 작가들이 내가 사용하는 권두 서론 쓰기 방식을 흉내 낸다면) 한참 머리를 긁적이다가, 작품 첫머리에 머리말을 쓰는 관행을 내가 최초로 확립했다고 말하게 되진 않을지 걱정스럽다. 사실 내가 쓴 이 권두의 서론 대부분도 현대의 연극 프롤로그처럼 이 작품 속 어느 권이건 다른 작품 어디에건 갖다 붙

---

*1 당시 나온 각본에는 거의 모두 프롤로그가 달려 있었다.

여도 적절히 어울릴지도 모르기 때문이다.

그러나 작가들이 이 두 가지 창의적인 글쓰기(프롤로그와 서론)로 고통을 겪는다 할지라도, 독자 여러분은 연극 관객이 오래전부터 프롤로그에서 발견해 온 것과 같은 이득을 이런 서론 장에서 충분히 발견하실 수 있으리라고 본다.

우선 잘 알려져 있다시피, 연극의 프롤로그는 비평가에게 빈정대는 기질을 발휘할 수 있는 기회를 주고, 또 빈정대는 소리를 최대한 효과적으로 조율할 기회를 제공한다. 그리고 관객들은 프롤로그를 통해 악기들의 준비가 끝났으며, 막이 올라가면 일제히 연주될 거라는 점도 알게 된다.

서론 장에서도 바로 이와 같은 이점을 이끌어 낼 수 있다. 우선 비평가는 이 서론 장에서 자신의 고귀한 비평 정신을 자극하는 소재를 늘 확인할 수 있으며, 그리하여 그는 본 이야기보다 이런 내용에 보다 탐욕적으로 덤벼들수 있다. 현명한 비평가라면 그런 훌륭한 목적을 위해서 이 서론 장들이 얼마나 교묘한 계산에 따라 쓰였는지 구태여 말하지 않아도 알아챌 것이다. 왜냐하면 우리는 이런 서론 장 속에 앞서 말한 그의 비평 정신을 예리하게 자극하려는 목적으로 늘 뭔가 날카롭고 신랄한 내용을 세심하게 섞어 놓았기 때문이다.

한편 게으른 연극 관객이나 독자도, 프롤로그나 서론 장치에서 커다란 이득을 얻을 수 있다. 프롤로그를 보거나 서론을 읽는 일은 의무가 아니다. 따라서 연극과 작품이 이런 내용으로 시간을 질질 끈다면, 연극 관객은 식사 자리에 15분 정도 더 느긋하게 앉아 있을 수 있으며, 독자는 각 권을 읽을 때 1쪽이 아니라 4쪽이나 5쪽부터 읽어도 된다는 이점이 생긴다. 독자의 경우 이런 이득은 그저 자신이 책을 읽었다고 말하기 위해서(이런 목적으로 책을 읽는 사람은 생각보다 아주 많다) 독서하는 사람에게 적지 않은 중요성을 띤다. 바로 이런 목적으로 법률 서적, 각종 양서, 호메로스, 베르길리우스, 스위프트, 세르반테스 작품들의 책장을 넘기는 일이 많기 때문이다.

프롤로그나 서론에서 생기는 이득은 그 밖에도 많다. 그러나 이런 이득은 대부분 너무나 빤하기 때문에 여기서 하나하나 열거하지는 않겠다. 프롤로그와 서문의 으뜸가는 장점은 길이가 짧은 것이라는 생각이 불현듯 떠올랐기 때문이다.

2

웨스턴 씨에게 일어난 엉뚱한 사건과 소피아가 처한 난처한 상황

이제 우리는 독자 여러분을 피카딜리 거리에 있는 웨스턴 씨의 숙소로 모시겠다. 그는 하이드 파크 코너에 있던 헤라클레스 필러스 여관 주인의 추천으로 그곳에 묵고 있다. 런던에 도착하여 그가 처음 찾아간 곳이었던 헤라클레스 필러스 여관에 말들을 맡겨 놓고, 그는 그곳에서 다시 소개해 준 숙소에 묵기로 한 것이다.

소피아는 벨라스턴 귀부인 댁에서부터 자신을 태우고 온 전세 마차가 이 숙소 앞에 멈추자, 마차에서 내려 자신이 머물 방으로 들어가 쉬겠다고 말했다. 아버지도 흔쾌히 허락하고 몸소 딸을 방으로 데려갔다. 이어서 별로 중요하지도 않고 듣기 좋지도 않은 짤막한 대화가 부녀 사이에 오갔다. 웨스턴 씨는 앞서 얘기했듯이 며칠 안에 블리필 군이 런던으로 올 예정이니 그와 결혼하라고 딸을 거세게 몰아붙였다. 그러나 아버지 말을 따르기는커녕, 소피아는 그 어느 때보다도 더 단호하게 이를 거절했다. 딸의 태도에 너무 화가 난 아버지는 좋건 싫건 강제로라도 블리필과 결혼시키겠다고 난폭하게 소리친 뒤, 욕설을 퍼부으며 방에서 나갔다. 그리고 방문을 잠그고 열쇠를 주머니에 넣었다.

몸이 꽁꽁 묶여 감금된 국사범처럼 난로와 양초만 덩그러니 놓여 있는 방에 소피아가 감금되어 있던 동안, 웨스턴 씨는 원기 회복을 위해 자리에 앉아 서플 목사, 헤라클레스 필러스 여관 주인과 함께 술을 마셨다. 웨스턴 씨가 말한 것처럼 이 여관 주인은 매우 훌륭한 술 동무였으며, 런던 시민들 소식이라든가 현재 정세를 훤히 꿰고 있었다. 수많은 상류층 고위 인사들의 말들이 그의 여관에서 쉬었다 가기 때문에 엄청난 양의 정보를 알고 있다고 본인도 말했다.

웨스턴 씨는 이처럼 즐거운 술자리를 가지면서 그날 밤과 다음날 대부분의 시간을 보냈다. 그동안 이 작품에 실을 만큼 중요한 일은 아무것도 일어나지 않았다. 소피아는 내내 홀로 시간을 보냈다. 블리필과 결혼하겠다고 말하지 않으면 결코 살아서 나오는 일은 없을 것이라고 아버지가 맹세했기 때문이다. 그는 음식을 갖다 줄 때 말고는 방문을 여는 일조차 허락하지 않았

다. 음식을 갖다 줄 때도 그가 직접 따라갔다.

숙소에 도착한 이튿날 아침, 웨스턴 씨가 서플 목사와 함께 토스트와 맥주를 들며 아침식사를 하고 있는데, 아래층에 신사 한 분이 찾아와 뵙기를 청한다는 얘기를 들었다.

"뭐, 신사라고?" 웨스턴이 소리쳤다. "대체 누구야? 목사님이 내려가서 누군지 좀 보고 오시오. 블리필 군이 벌써 런던에 도착했을 리는 없는데. 내려가서 그자가 무슨 일로 찾아왔는지 좀 알아보시오."

아래층에 내려갔던 목사는 돌아와서, 찾아온 손님은 옷을 잘 차려입고 모자에 리본까지 단 신사이며, 자기가 보기에는 군대 장교 같은데 특별한 용무가 있어서 찾아온 까닭에 웨스턴 나리가 아니면 누구에게도 용무를 말할 수 없다 했다고 전했다.

"장교라고!" 웨스턴이 소리쳤다. "대체 그런 자가 내게 무슨 볼일이 있다는 거야? 군용 행낭을 운반할 짐마차라도 필요하단 거야? 나는 이곳 치안판사*²가 아니라 영장을 승인할 수도 없는데. 어쨌든 꼭 할 말이 있다면 올라오라고 하시오."

매우 점잖아 보이는 장교가 방 안으로 들어섰다. 웨스턴 씨에게 인사를 마친 뒤, 그는 둘만 있게 해 달라고 부탁하고는 다음과 같이 말했다.

"나리, 저는 펠라머 경의 지시에 따라 나리를 뵈러 왔습니다. 며칠 전 밤에 그런 일이 벌어지긴 했지만, 어쨌든 저는 나리께서 기대하시리라 생각되는 것과 전혀 다른 메시지를 갖고 왔습니다."

"무슨 경이라고요?" 웨스턴이 말했다. "그런 이름은 들어본 적이 없는데."

"경께서는 그날 일어난 모든 일을 나리께서 술에 취하셨던 탓으로 돌리고자 하신답니다. 그러니 나리께서 잘못을 조금만 인정하신다면 모든 일이 원만하게 해결될 것입니다. 무례한 언동을 보이시긴 했지만, 나리야말로 이 세상에서 펠라머 경이 가장 화를 내고 싶어하지 않은 분이시기 때문입니다. 나리께서 경의 명예에 먹칠을 했다고 생각지 않으시고 공공연하게 이런 일을 거론하실 정도로 경께서 용기를 내보이신 것은 나리와 경 모두에게 다행한 일이지요. 따라서 경께서 그저 원하시는 바는, 제 앞에서 나리께서 조금만이

---

*2 고향에서 웨스턴은 치안판사이며, 군의 식량 징발 등의 문제는 치안판사의 직권이었다.

라도 잘못을 시인해 주십사 하는 것입니다. 한 마디면 충분합니다. 그러면 경께서는 오늘에라도 따님의 연인 자격으로 방문을 허락 받기 위해 몸소 나리를 찾아뵙고 문안드릴 의향이 있다고 하셨습니다."

"대체 무슨 말씀인지 도통 못 알아듣겠소, 선생." 웨스턴이 말했다. "하지만 자꾸 내 딸 얘기를 하는 걸 보니, 그 펠라머 경이라는 자가 바로 내 딸에게 구혼했다는, 벨라스턴 귀부인이 말한 그 귀족인 게로군. 만약 그렇다면 당신의 그 귀족에게 안부를 전해 주고, 내 딸은 이미 임자 있는 몸이라고 얘기해 주시오."

"나리," 장교가 말했다. "나리께선 이 제안이 얼마나 굉장한 것인지 충분히 이해하지 못하신 듯싶군요. 그 인품과 신분과 재산을 두루 지니신 신랑감을 마다할 분은 어디에도 없으리라 확신합니다만."

"이것 보시오, 선생." 웨스턴 씨가 대답했다. "분명히 말하지만, 내 딸은 이미 임자가 있소이다. 하지만 그렇지 않다고 하더라도 나는 내 딸을 귀족 나부랭이와는 절대로 결혼시키지 않아. 난 귀족이라면 딱 질색이니까. 전부 알랑거리는 왕실 지지자이거나 하노버 왕가 지지자 무리거든. 내가 그런 자들과 관계 맺는 일은 없을 거요."

"알겠습니다, 나리." 장교가 말했다. "나리의 결심이 그러하시다면 제 주인의 전언을 말씀드리겠습니다. 경께서 오늘 아침 하이드 파크에서 나리를 뵙자고 청하십니다."

"바빠서 못 간다고 당신 주인께 말씀드리시오." 웨스턴 씨가 대답했다. "집안 일이 너무 많아서 절대 밖으로 나갈 수가 없다고 하시오."

"신사로서 설마 그런 답변을 하시진 않으리라 믿습니다. 또한 나리께서도 귀족을 모욕하고 부탁마저 거절했다는 이야기는 듣고 싶지 않으실 것입니다. 펠라머 경께서는 따님에 대한 크나큰 관심 때문에 문제를 다른 식으로 해결하고 싶으셨던 겁니다. 나리를 아버지로 생각할 필요가 없다면, 나리께서 그분께 보인 무례한 태도는 그분의 명예가 용납할 수 없는 일입니다."

"뭐, 내가 무례하게 굴었다고?" 웨스턴 씨가 소리쳤다. "아니, 그런 빌어먹을 거짓말이 어디 있어? 내가 그자에게 무슨 짓을 했다고 그래?"

이 말을 듣자 장교는 몇 마디 욕설로 응수하면서 동시에 몇 차례의 손동작으로 항의를 했다. 그 손이 웨스턴 씨의 귀에 닿자마자, 이 훌륭한 시골 지주는 민첩하게 방 안을 내달리며 온 힘을 다해 고함을 질러 댔다. 마치 자신의 민첩한 도망 솜씨를 구경하라고 더 많은 구경꾼을 불러 모으는 식이었다. 술잔에 거의 손을 대지 않았던 목사는 그 방에서 그다지 멀지 않은 곳에 있었다. 그는 웨스턴 씨의 큰소리로 외치는 소리를 듣자마자 즉시 소리를 지르며 현장으로 달려왔다. "맙소사! 나리, 무슨 일이십니까?" 웨스턴 씨가 대답했다. "무슨 일이냐고? 이 자식 노상강도야. 나를 강탈하고 죽이려고 했어! 손에 지팡이를 들고 내게 덤벼들었어. 이쪽에선 아무 잘못도 안 했는데 말이야."

"뭐라고요!" 대위가 반박했다. "나리께서 제가 거짓말을 했다고 말씀하시지 않았습니까?"

"나는 하늘에 맹세코 그런 말 한 적 없어." 웨스턴 씨가 말했다. "다만 내가 일부러 귀족을 모욕했다는 게 거짓말이라는 거지, 네놈이 '거짓말했다'고 말한 적은 없어. 나는 분별 있는 사람이거든. 그리고 네놈도 맨주먹인 사람에게 지팡이를 들고 덤벼들면 안 된다는 것쯤은 잘 알 거야. 내 손에도 지팡이가 들려 있었다면 네놈이 감히 나를 치려고 하진 못했겠지. 네놈 귀때기를 날려버렸을 테니까. 지금 당장 마당으로 나와, 이 자식아. 서로 지팡이 하나씩 들고 결판을 내자 이거야, 머리가 박살 날 때까지. 아니면 빈방으로 가서 진절머리나도록 권투로 맞붙는 건 어때. 네놈이 졸장부가 아니라면 분명히 거절하지 않겠지."

대위가 화를 벌컥 내며 대답했다. "이제 보니 나리는 경의를 표할만한 가치도 없는 사람이군요. 우리 주인께도 나리가 그럴 가치도 없는 사람이라고 말씀드리겠소. 나리 때문에 내 손가락을 더럽혀 유감입니다." 이 말과 함께 그는 방을 나가 버렸다. 웨스턴 씨가 그를 막아서려 했지만 목사가 끼어들어 만류하자 그는 집요하게 맞설 생각이 없었으므로 쉽게 승복했다. 그러나 장교가 떠나고 나자 웨스턴 씨는 그 뒤에 대고 수많은 욕설과 위협적인 말들을 퍼부어댔다. 하지만 그는 장교가 계단을 다 내려가고 나서야 이런 말들을 시작했고, 그가 점점 집에서 멀어질수록 더욱더 바락바락 외쳐댔다. 따라서 그의 말들은 장교의 귀에까지 들어가지 않았으며, 적어도 그의 발걸음을 붙잡지는 않았다.

하지만 이번에는 방에 감금되어 아버지가 내지르는 욕설과 고함을 모두 듣고 있던 가엾은 소피아가 발을 쿵쿵 구르며 아버지 못지않은 큰 소리로 비명을 지르기 시작했다. 물론 아버지보다 더 부드러운 목소리이기는 했다. 딸의 비명에 웨스턴 씨는 즉시 입을 다물고 모든 관심을 딸에게 기울였다. 그는 딸을 너무 사랑해서, 딸에게 조금이라도 해가 된다고 생각하면 걱정스러워서 안절부절못했다. 딸의 행복한 미래를 좌우하는 결혼 문제만 제외한다면 소피아는 아빠의 모든 애정을 지배하는 여왕이었다.

반드시 고소하겠다고 맹세하며 대위를 향한 분노를 삭인 웨스턴 씨는 곧바로 소피아가 있는 위층 방으로 뛰어올라갔다. 문을 따고 들어서니 새파랗게 질린 딸이 숨을 헐떡이고 있었다. 그러나 아버지를 보는 순간 소피아는 모든 기운을 끌어 모아 정신을 차리며 아버지의 손을 잡고 걱정에 싸여 소리쳤다. "오, 사랑하는 아빠, 무서워서 죽는 줄 알았어요. 아빠께 아무런 일도 일어나지 않기를 하늘에 기도했어요." 웨스턴 씨가 소리쳤다. "그런 일은 결코 없어. 별일 아니란다. 큰 상처는 아니다만, 그 빌어먹을 놈, 반드시 고소하고 말겠어." 소피아가 말했다. "아빠, 대체 무슨 일인지 말씀해 주세요. 아빠를 모욕한 자가 대체 누구예요?" "이름도 모르는 놈이다." 웨스턴이 대답했다. "국민의 세금으로 먹고사는 주제에 감히 그 국민을 쳐! 어쨌든 그 자식이 땡전 한 푼이라도 있는 놈이라면 오늘 일에 반드시 배상을 해야 할 거야. 하긴 땡전 한 푼 없는 놈 같긴 하더라. 옷은 꽤 그럴듯하게 차려입었지만, 손바닥만 한 땅뙈기도 가진 놈 같지는 않거든." "그런데, 아빠, 대체 싸우신 이유가 뭐예요?" 웨스턴 씨가 대답했다. "너와 관련된 일이 아니라면 뭐겠니? 소피, 내 불행은 모두 너 때문이야. 아마 너는 결국 이 불쌍한 아비의 목숨까지 앗아갈 게다. 사실은 누군지도 모르는 웬 귀족 놈의 종자가 왔다 갔단다. 글쎄, 그 귀족 놈이 너를 꽤나 좋아한다는 거야. 내가 승낙하지 않자 그 종자 놈이 도전장을 가지고 온 거야. 그러니 제발 착한 딸 좀 되어 다오, 소피. 그래서 이 아비의 걱정거리를 좀 없애 다오. 제발 블리필 군을 신랑으로 받아들여 달란 말이다. 오늘내일이면 블리필 군이 런던에 도착할 게다. 그러니 제발 그가 도착하자마자 결혼하겠다고 약속해 주렴. 그러면 너는 나를 세상에서 가장 행복한 아비로 만들어 주는 거야. 나는 너를 세상에서 가장 행복한 딸로 만들어 줄 거고. 런던에서 가장 좋은 옷과 보석을 사주고, 6두마차도 마음대로 타고 다니게 해 주마. 이미 올워디 씨에게 내 재산의 반을 내놓겠다고 약속했지만…… 에이, 제기랄! 내 전 재산을 내놓는다 해도 아깝지 않을 게다." 소피아가 말했다. "아빠도 제 말을 좀 들어주시면 안 될까요?" 그가 소리쳤다. "새삼스럽게 왜 그러니, 소피! 영국에서 가장 훌륭한 사냥개들이 짖어대는 멋진 소리보다도 네 목소리를 더 듣기 좋아하는 사람이 바로 나란 걸 너도 잘 알지 않느냐. 그래, 들으마. 사랑하는 귀여운 딸아! 내 목숨이 붙어 있는 한 나는 네 그 목소리를 듣길 바란단다. 그런 즐거움을 누리지 못한다면 단 한 순간이라도 뻔뻔스럽게 목숨을 유지할 이유가 어디 있겠니? 소피, 넌 내가 널 얼마나 사랑하는지 모를 게다. 그래, 정말이지 너는 몰라. 그렇지 않다면, 내게서 도망칠 리가 없지. 어여쁜 소피 말고는 세상 그 어떤 기쁨과 위안도 가지고 있지 않은 이 불쌍한 아빠를 두고 어떻게 떠날 수 있겠어." 이렇게 말하는 그의 두 눈에 눈물이 그렁그렁 고였다. 소피아도 눈물을 펑펑 흘리며 대답했다. "사랑하는 아빠, 저도 아빠께서 저를 진심으로 사랑해 주신다는 걸 알아요. 그리고 저 역시 얼마나 진심으로 그 사랑에 보답해 왔는지는 하늘이 아실 거예요. 블리필 도련님의 품에 강제로 끌려 들어가는 두려움만 아니었다면, 저는 제 생명까지도 아빠의 행복을 위해 기꺼이 바칠 만큼 사랑하는 아빠로부터 무슨 일이 있었어도 도망치지 않았을 거예요. 아니, 저는 아빠를 사랑하는 마음에서 그보다 더한 일도 감수하자고 스스로를 설득했어요. 아빠의 의향에 따라, 가장 비참한 삶일지언정 견디어보겠다고 결심도 했어요. 하지만 그런 비장한 결심만으로는 도저히 제 마음을 강요할 수 없었답니다. 앞으로도 영원히 그럴 거고요." 웨스턴 씨의 표정이 다시 일그러지며, 입가에 거품을 물기 시작했다. 그걸 보고 소피아는 제발 자기 말을 끝까지 들어 달라고 간청하며 이야기를 계속했다. "정말로 아빠의 생명과 건강과 진정한 행복이 걸려 있다면 저는 모든 걸 희생할 수 있어요. 아빠를 구하기 위해서라면 어떤 불행도 기꺼이 감수하겠어요! 가장 혐오스럽고 가장 지긋지긋한 그 운명도 받아들이겠어요. 아빠를 위해서라면 블리필 도련님의 부인이 되어 드리지요." 아버지가 대답했다. "그게 바로 날 살리는 길이야. 그렇게 되면 나는 건강, 행복, 생명 모든 걸 다 누릴 수 있어. 네가 내 말을 거부한다면 나는 살 수가 없어. 틀림없이 가슴이 찢어져서 죽을 거야, 틀림없이." 소피아가 말했다. "하지만 아빠는 그토록 저를 불행하게 만들고 싶으세요?" 그가 큰소리로 대답했다.

"그게 무슨 말이냐! 네가 행복해지기 위해서라면 나는 그 어떤 일도 마다하지 않을 거다." "그렇게 말씀하시면서 아빠께서는 어째서 제가 행복해질 수 있는지 조금도 설명해주시지 않으세요? 행복이 사람의 마음에 달려 있다는 말이 사실이라면, 이 세상에 저만큼 불행한 사람이 없다고 생각하는 제가 어떻게 행복해질 수 있죠?" "가난한 사생아 떠돌이 놈하고 결혼해서 그런 처지를 직접 경험하느니, 혼자 그렇게 생각하는 게 훨씬 낫지." "아빠가 원하신다면, 그분과는 결코 결혼하지 않겠어요. 또한 아빠가 살아 계신 동안, 아빠의 허락 없이는 그 누구와도 결혼하지 않겠다고 하늘에 맹세해요. 제 평생을 아빠를 위해 봉사하게 해 주세요. 다시 한 번 아빠의 귀여운 소피로 돌아가 지금까지 그랬듯이 아빠를 즐겁고 기쁘게 해 드리는 일만을 의무와 기쁨으로 삼게 해 주세요." 웨스턴 씨가 말했다. "나는 그런 속임수에 넘어갈 사람이 아니야. 만약 그렇다면 네 고모에게 나를 바보 취급할 명분만 던져주는 셈이지. 안 되지, 암, 안 되고말고. 나는 남자가 관련된 문제에 여자가 하는 말을 곧이곧대로 믿을 만큼 바보도 아니고 세상 물정 모르는 얼간이도 아니야." 소피아가 말했다. "어째서 그렇게 저를 믿지 못하세요? 제가 단 한 번이라도 아빠와 약속을 깬 일이 있나요? 태어난 순간부터 지금까지 한 번이라도 거짓말한 적이 있나요?" "그런 건 아무래도 좋아. 이번 결혼은 이미 다 결정 났어. 무슨 일이 있어도 블리필 군과 짝을 지어 줄 테다. 내일 아침 네가 목을 매 죽는다 하더라도 반드시 결혼시키겠어." 이 말을 되풀이하면서 그가 주먹을 꽉 쥐며 이마를 찡그리고 입술을 꽉 깨물며 천둥 같은 큰소리를 버럭버럭 지르자, 겁에 질려 괴로워하던 소피아는 몸을 벌벌 떨며 의자에 털썩 주저앉았다. 펑펑 흐르는 눈물이 그녀를 구해 내지 않았다면 아마 이보다 훨씬 더 나쁜 결과가 뒤따랐을 것이다.

웨스턴은 딸의 애처로운 모습을, 뉴게이트 감옥에서 사형 선고를 받은 남편과 마지막 작별을 하는 가엾은 아내를 지켜보는 간수처럼 가책과 후회를 느끼며 지켜보았다. 또한, 당연히 갚아야 할 10파운드의 빚을 갚지 않아 감옥으로 끌려가는 채무자를 바라보는 정직하고 공정한 상인과 같은 감정을 느끼며 딸을 내려다보았다. 좀더 친숙한 비유로 설명하자면, 자신의 덫에 걸려든 불쌍하고 순진한 아가씨가 이른바 첫 손님을 맞은 뒤 졸도하는 걸 지켜보며 뚜쟁이가 느끼는 양심의 가책을 그도 똑같이 느끼고 있었다. 뚜쟁이는 그 행위로 이득을 보는 반면 아버지는(어리석은 본인은 그렇지 않다고 생각할지 모르지만) 실제로 딸을 매춘과 비슷한 상황으로 내몰면서 사실상 아무런 이득도 얻을 수 없다는 점에서 차이가 나지만, 어쨌든 이 비유가 가장 정확할 것이다.

이런 상태로 가엾은 소피아를 방에 홀로 남겨 두고, 눈물의 효과에 대해 매우 상스러운 말을 지껄이면서 문을 잠근 뒤 웨스턴 씨는 서플 목사가 있는 곳으로 돌아왔다. 목사는 소피아를 대신하여 감히 주인께 드릴 수 있는 말씀을 모두 드렸다. 물론 목사가 의무상 당연히 해야 하는 말과는 거리가 멀었지만, 웨스턴 씨의 격렬한 분노를 돋우고 성직자 집단 전체를 향해 상스런 욕설을 퍼붓게 하는 데는 충분했다. 우리는 이 신성한 직책에 대한 존경심이 너무도 크기 때문에, 그런 욕설을 지면에 옮기지는 않겠다.

3
감금되어 있는 동안 소피아에게 일어난 일

웨스턴 씨가 묵고 있던 숙소의 여주인은 일찍부터 이 손님들을 이상하게 여겼다. 그러나 웨스턴 씨가 막대한 재산의 소유자란 말을 들은 바 있고, 방 값을 아주 톡톡히 받아 내리라 생각했기 때문에 그의 신경을 거스르지 말아야겠다고 생각했다. 소피아는 마음씨 곱고 매우 사랑스런 아가씨라고 여관 하녀가 매우 호의적으로 얘기했고, 웨스턴 씨의 하인들도 그렇게 말했기 때문에, 그 딱한 아가씨가 방 안에 홀로 감금되어 있다는 사실이 걱정스럽기는 했다. 하지만 그녀는 자신의 이득을 챙기는 일에 더 관심이 많았으므로 성질 급해 보이는 신사의 분노를 자극할 생각은 없었다.

소피아는 식사를 거의 하지 않았지만 식사는 매끼마다 빠짐없이 제공되었다. 사실 그녀가 아주 진귀한 음식이 먹고 싶다고 했다면, 아무리 화가 났어도 웨스턴 씨는 그 음식을 구하려고 어떤 수고와 비용도 아끼지 않았을 것이다. 독자 여러분은 이런 점을 이상하게 생각하실지 모르지만, 그는 딸을 진심으로 그리고 맹목적으로 사랑하고 있었다. 무슨 일이건 딸을 즐겁게 해주는 일이 그의 인생에 더없는 만족을 주었다.

점심시간이 되자 블랙 조지가 영계요리를 소피아에게 갖고 왔다. 웨스턴 씨가 방문까지 따라갔다(열쇠를 절대로 손에서 놓지 않겠다고 맹세했기 때문이다). 접시를 내려놓으며 블랙 조지는 소피아와 인사말을 주고받았다(그녀가 시골을 떠난 이후로 처음 얼굴을 마주한 상황이며, 일반 사람들이 자기보다 신분이 조금이라도 낮은 사람을 대할 때와 달리 그녀는 모든 하인에게 함부로 대하지 않았다). 소피아는 먹을 생각이 없으니 다시 가져가라고 했지만, 조지는 제발 드셔보라고 간청하며, 특히 닭 요리 안에 달걀이 꽉 차 있으니 꼭 드시라고 권했다.

그동안 웨스턴 씨는 문 앞에서 기다리고 있었다. 어쨌든 조지는 주인의 총애를 받는 하인이었다. 그가 웨스턴 씨에게 가장 중요한 사냥과 관련된 일을 담당하기 때문이다. 따라서 그는 비교적 자유롭게 행동하는 데 익숙했다. 따라서 그는 주인께 아가씨가 너무 보고 싶다고 말하며 자신이 식사를 나르겠다고 자원했고, 아무런 거리낌 없이 소피아에게 인사말을 건네며 주인을 10분 이상이나 문밖에 서 있게 만들었다. 그러고도 문 밖으로 나섰을 때 주인으로부터 가벼운 힐책만 들었을 뿐이다.

영계나 자고새, 꿩의 알은 소피아가 가장 좋아하는 음식임을 조지도 잘 알고 있었다. 따라서 집안의 모든 하인이 소피아가 굶어 죽진 않을까 걱정하는 소리를 듣고, 천성이 몹시 착한 블랙 조지가 세심하게도 그녀가 좋아하는 맛난 음식을 가져다준 것은 전혀 이상한 일이 아니었다. 소피아는 거의 40시간 동안이나 음식을 한 입도 삼키지 않았던 것이다.

속상하고 괴로운 심정은 과부의 경우 종종 반스테드 구릉지나 솔즈베리 평원의 공기보다도 더 식욕을 왕성하게 자극하지만, 모두에게 똑같은 영향을 미치진 않는다. 그러나 슬픔이 아무리 크더라도, 그렇지 않다고 말하는 사람도 있을지 모르지만, 사람은 결국 음식을 먹는 편을 택한다. 소피아도 곰곰이 생각해 보고 조지가 가져온 영계요리를 가르기 시작했다. 조지가 말한 대로 안에는 달걀이 가득 차 있었다.

소피아는 이 알 때문에도 기뻤지만, 그 안에는 그녀보다도 왕립학회[3]를 더 놀라게 할 내용물이 들어 있었다. 다리 셋 달린 새가 역사상 1천여 건 정

---

*3 the Royal Society. 1662년에 설립된 자연과학연구학회.

도만 보고될 정도로 진귀한 존재라면, 동물 조직학의 모든 법칙을 무시하고 뱃속에 편지를 품고 있는 새가 있다면 그 가치를 어떻게 평가해야 할까? 오비디우스[*4]는 우리에게 히아킨토스가 꽃잎에 글자가 새겨진 꽃으로 바뀌었다고 얘기했고, 베르길리우스는 그 꽃을 당시 왕립학회에 기적의 신물이라고 소개했다. 그러나 그 어느 시대나 나라에도 뱃속에 편지가 들어 있는 새에 대한 기록은 없다.

이런 종류의 기적은 유럽의 모든 학술원 및 기타 무익한 연구에 열중하는 모든 학술원의 관심을 끌겠지만, 존스 군과 파트리지가 나눈 앞의 대화를 조금이라도 기억하시는 독자 분이시라면, 이 편지가 어디서 왔으며 어떻게 해서 이 닭요리 속에 들어가게 되었는지 쉽게 이해하시리라.

오랫동안 굶었고 자신이 가장 좋아하는 음식이 눈앞에 있는데도, 소피아는 편지를 보자마자 곧바로 집어 들어 봉인을 뜯고 다음과 같은 내용을 읽었다.

소피아 양께,

지금 내가 영광스럽게도 누구에게 편지를 쓰고 있는지 모르는 상태였다면, 아무리 어렵더라도 나는 하녀 아너가 가져온 소식을 듣고 내가 얼마나 놀라고 두려웠는지를 묘사하려 애썼을 것이오. 하지만 오직 부드럽고 따뜻한 심성의 소유자만이 같은 심성을 가진 사람이 느끼는 고통을 진정으로 이해할 수 있으니, 더없이 따뜻한 심성을 지니신 소피아 양께서는 내가 이번에 일어난 우울한 일로 얼마나 괴로워하는지 충분히 이해하시리라 믿소. 소피아 양께 들이닥친 불행한 사건을 들었을 때만큼 내 심장을 찢어발긴 상황이 세상에 또 있겠습니까. 딱 한 가지 있습니다. 그리고 그 한 가지 일 때문에 나는 지금 몹시도 괴롭소. 소피아, 바로 나 자신이 당신을 비참하게 만든 원인이라는 끔찍한 사실이오. 내가 지나치게 자만하는 건지도 모르겠소. 하지만 이토록 큰 희생을 치러야 하는 자만을 그 누가 부러워하겠소. 나의 뻔뻔스런 무례를 용서해 주시오. 그리고 더욱 뻔뻔스럽지만 내 충고, 내 도움, 내 존재, 내 부재, 내 죽음, 혹은 내 고통이 당신

[*4] 로마 시인 오비디우스의 《변신이야기》에 따르면 미청년 히아킨토스가 살해당하자 그의 피로 물든 대지에서 히아신스 꽃이 피었는데, 꽃잎에 미청년이 탄식하는 소리가 새겨져 있었다고 한다. 베르길리우스에 관한 내용은 출처 불명.

에게 조금이라도 위안이 되지 않느냐고 묻더라도 용서해 주시오. 진심어린 찬미와 더없이 세심한 배려, 열렬한 사랑, 부드러운 다정함, 그리고 모든 것을 체념한 당신의 의지를 존중하는 마음으로, 내 행복을 위해 당신이 치르는 희생을 보상할 수 있겠소? 만약 그렇다면, 내 사랑하는 천사여, 당신을 맞이하고 보호하기 위해 언제나 열려 있는 내 품으로 날아오시오. 내 품 안으로 당신 홀로 오건 세상의 부귀영화를 함께 가지고 오건 나는 조금도 신경 쓰지 않소. 하지만 반대로 당신의 지혜가 이끄는 대로 숙고한 결과 당신의 희생이 너무 크다고 생각하신다면, 또 당신 아버지와 화해하여 마음의 평정을 되찾기 위해 나를 포기해야 한다면, 부디 나를 영원히 당신의 머릿속에서 몰아내고, 결단력을 발휘하여 내 고통에 대한 연민이 당신의 가녀린 가슴에 둥지를 틀지 못하게 하시기 바랍니다. 진심이오, 소피아 양. 진심으로 나는 나 자신보다 당신을 더 사랑합니다. 내가 바라는 것은 오로지 당신의 행복뿐이오. 내 첫 번째 소망은(왜 운명의 여신이 내 소망을 이루어주지 않는지 모르겠소만) 당신이 이 세상에서 가장 행복한 여성이라는 증거를 직접 보는 것이라오. 그리고 내 두 번째 소망은 당신이 그렇다는 얘기를 듣는 것입니다. 그러니 당신이 나 때문에 불행한 시간을 보내고 있다고 생각하면, 그때 내가 느끼는 불행에 필적하는 고통은 어디에도 없을 것입니다.

당신을 헌신적으로,
열렬히 사랑하는,
토머스 존스.

편지를 읽고 나서 소피아가 무슨 말을 했고 무슨 행동을 했으며 무슨 생각을 했는지, 또 그녀가 편지를 몇 번이나 읽었는지, 한 번밖에 안 읽었는지, 이런 문제는 모두 독자 여러분의 상상에 맡기겠다. 편지에 대한 답장은 아마 나중에 보게 되겠지만 여기서는 다루지 않기로 한다. 여러 가지 이유가 있지만, 첫째로 소피아가 아직 답장을 쓰지 않았기 때문이다. 현재 그녀의 수중에 종이와 펜과 잉크가 없다는 것도 그중 한 가지 이유이다.

소피아가 존스의 편지와 다른 여러 가지 일들로 상념에 빠져 있던 그날 밤, 아래층에서 격렬한 소음이 들려와 그녀의 상념을 방해했다. 두 사람이 목소리를 높이며 말싸움을 벌이고 있었는데, 목소리로 보아 한 사람은 아버지임을 즉시 알아차렸지만 웨스턴 고모의 성대에서 나오는 날카로운 목소리는 바로 알아차리지 못했다. 런던에 막 도착한 고모는 헤라클레스 필러스 여관에 머물고 있는 하인에게서 오빠가 묵고 있는 숙소를 알아내자마자 곧바로 찾아온 것이다.

4
소피아가 감금 상태에서 풀려난다

웨스턴 씨는 서플 목사(여관 주인은 마침 다른 일을 하고 있었다)와 함께 파이프 담배를 피우고 있을 때, 웨스턴 고모가 여관에 도착했다는 소식을 들었다. 여동생의 이름을 듣자마자, 웨스턴 씨는 즉시 그녀를 위층으로 안내하기 위해 아래층으로 달려 내려갔다. 그는 그런 격식을 대단히 잘 지키는 사람이었고, 특히 여동생에게는 더욱 그랬다. 본인은 좀처럼 인정하지 않고, 어쩌면 의식조차 하지 못하는지도 모르지만, 사실 웨스턴 씨는 세상 누구보다도 여동생을 존경했다.

웨스턴 고모는 식당에 들어서자마자 의자에 앉으며 장광설을 늘어놓기 시작했다. "세상 누구도 이런 지긋지긋한 여행은 해보지 못했을 거예요. 그렇게 많은 통행세 법안들을 신설했는데 길은 전보다 더 열악해지다니. 그런데 세상에, 오라버니, 아니 어째서 이런 지저분한 여관에 숙소를 정하신 거예요? 지체 높은 상류층 인사는 절대 이런 여관에 발을 들이지 않을 겁니다." 웨스턴 씨가 소리쳤다. "글쎄다, 내 생각엔 그럭저럭 괜찮은 것 같은데. 헤라클레스 여관 주인이 추천한 여관이니까. 그자는 어지간한 상류층 인사들을 다 알고 있으니, 그런 인사들이 드나드는 곳을 가장 잘 안내해 줄 거라 생각했어." 웨스턴 고모가 말했다. "그건 그렇다고 치고 소피아는요? 오라버니, 벨라스턴 귀부인 댁에는 찾아가 보셨어요?" "그럼, 찾아뵈었지. 소피아는 잘 있어. 위층 침실에 있지." "뭐라고요? 이 여관에 있는데도 내가 온 것을 아직 모른단 말이에요?" "누구도 만날 수 없게 해 놨거든. 자물쇠를 채워서 방에 감금해 놨어. 달아날 걱정도 없지. 런던에 도착한 첫날 그 귀부인 댁에서 데려와 쭉 감시하고 있어. 사냥 주머니에 잡아놓은 여우만큼 안전해." 웨스턴 고모가 대답했다. "세상에! 대체 무슨 소릴 하시는 거예요? 오라버니께서 혼자 런던에 가시겠다고 했을 때 동의하긴 했지만, 그 결과가 얼마나 멋진 작품이 될까 의아했어요. 아니지요, 동의는 무슨. 오라버니가 고집을 부리는 통에 어쩔 수 없이 그렇게 됐으니 저는 아무 잘못 없어요. 오라버니, 이런 강압적인 억지 수단은 절대로 쓰지 않겠다고 제게 약속하지 않으셨나요? 애초에 소피아가 시골에서 도망친 것도 오라버니께서 이런 강압적인 수단을 쓰니까 그렇게 된 거잖아요! 그 애에게 또다시 도망치라고 호의라도 베푸실 참이세요?" 웨스턴 씨가 담배 파이프를 바닥에 내동댕이치며 말했다. "이런 젠장. 잘 했다고 칭찬할 줄 알았는데, 왜 그렇게 잡아먹을 듯이 딱딱거려!" "아니, 뭐라고요, 오라버니? 딸을 감금하면 제가 칭찬할 거라고 대체 누가 그럽디까? 제가 오라버니께 자유 국가의 숙녀를 그런 독단적이고 강압적인 방식으로 다루면 절대로 안 된다고 수없이 말씀드리지 않았나요? 우리도 남자들 못지않게 자유롭다고요. 아니, 우리 여자들이야말로 그런 자유를 누릴 자격이 있다는 말입니다. 이런 형편없는 여관에 조금이라도 더 머무르길 바라시거나 앞으로도 오라버니라고 불리길 바라신다면, 그리고 오라버니 식구 일에 지혜를 발휘해 주길 바라신다면 지금 당장 소피아를 풀어 주세요." 웨스턴 고모는 등을 난로 쪽으로 향하고 한 손은 뒤로 한 채, 다른 손으로는 코담배를 한 줌 집으며 너무도 위풍당당한 태도로 요구했다. 아마존 여전사들의 수장 탈레스트리스라고 하더라도 그녀보다 더 무시무시할지 의심스러울 정도였다. 따라서 웨스턴 씨가 여동생이 자아내는 공포 분위기에 눌려 기를 펴지 못한 것도 전혀 놀라운 일이 아니다. "옜다." 방 열쇠를 던지면서 그가 소리쳤다. "열쇠를 줄 테니 네 맘대로 해. 나는 그저 며칠 뒤에 블리필 군이 런던으로 오니 그때까지만 가둬두려 했을 뿐이야. 어쨌든 그때까지 무슨 사고라도 생기면 그 책임을 누가 져야 하는지 명심해."

"목숨을 걸고 제가 책임지지요." 웨스턴 고모가 소리쳤다. "하지만 한 가지 조건을 들어주지 않으면 저는 이 일에 개입하지 않겠어요. 모든 일을 전적으로 저한테 맡기시고, 오라버니는 제가 지시하기 전까진 어떤 일도 하시면 안 돼요. 이런 전제 조건을 들어주신다면 저도 다시 한 번 오라버니 가족의 명예를 지키기 위해 노력하지요. 하지만 그렇지 않다면 저는 손을 뗄 겁니다."

"부탁입니다, 나리." 목사가 말했다. "이번 한 번만 웨스턴 고모님의 충고에 따르시지요. 고모님께서 소피아 아가씨게 잘 말씀해주시면 나리께서 지금까지 엄한 방식을 택해 망쳐놓으신 일을 해결해 주실지도 모르지 않습니까."

"아니 뭐야? 네놈이 뭐라고 끼어들어!" 웨스턴 씨가 소리쳤다. "주제넘게 자꾸 지껄이면 사냥 채찍으로 당장 요절을 내주겠어."

"쯧쯧, 오라버니," 웨스턴 고모가 말했다. "그게 성직자에게 할 소립니까? 서플 목사님은 분별 있는 분이시고, 오라버니께 최선의 조언을 해 드린 거예요. 아마 온 세상 사람들이 목사님 생각에 동의할 겁니다. 자, 어떻게 하실 건지 지금 당장 대답해 주세요. 소피아를 제게 맡기실지, 아니면 오라버니의 분별없는 지혜로 해결하실지 선택하세요. 만약 후자라면 저는 지금 당장 목사님 앞에서 수비병을 철수시켜 앞으로 영원히 오라버니와 오라버니 가족을 만나지 않을 겁니다."

"제발 제게 중재자 역할을 맡겨 주십시오." 목사가 말했다. "간청 드립니다."

"글쎄, 거기 탁자 위에 열쇠가 있다니까." 웨스턴 씨가 소리쳤다. "멋대로 가져가면 될 거 아냐? 누가 말려?"

"아니에요, 오라버니." 웨스턴 고모가 대답했다. "제가 요구한 조건을 오라버니께서 완전히 인정하시고, 공식적으로 저 열쇠를 제게 인계해 달라는 거예요."

"그래, 그러면 공식적으로 인계하마. 자, 가져 가." 웨스턴 씨가 소리쳤다. "지금까지 딸애를 네게 맡기지 않겠다고 말한 적이 한 번이라도 있더냐. 꼬박 일 년 이상이나 네가 데리고 있어서 나는 거의 얼굴도 못 본 적도 있는데."

"계속 저랑 살았더라면 그 애도 행복했을 거예요. 제가 지켜보고 있었다면 지금과 같은 일은 절대 일어나지 않았겠지요."

"그래, 분명히 그랬겠지. 그저 나만 죽일 놈이니까." 웨스턴 씨가 소리쳤다.

"그야 당연히 오라버니 책임이죠. 지금까지도 그렇다고 말씀드려 왔고, 앞으로도 그럴 겁니다. 어쨌든 이번만큼은 제발 잘못을 고치고 지금까지의 잘못을 경험 삼아, 오라버니의 말도 안 되는 실수로 현명한 제 책략을 망치지 말아주세요. 애당초 오라버니한테는 이런 협상을 이끌어나갈 능력이 없어요. 오라버니의 책략은 다 틀렸다고요. 그러니 다시 한 번 말씀드리지만, 제발 이번 일에 끼어들지 마세요. 그리고 그저 지난 일만 기억하세요."

"이런 제기랄, 이것 봐 동생," 웨스턴 씨가 소리쳤다. "대체 나한테 무슨 말이 듣고 싶은 거야? 네 말을 들으면 악마라도 화가 나서 펄펄 뛸 게다."

"이것 봐요, 또 옛날 버릇이 나오잖아요. 하기야 오라버니께 말해 무엇 하겠어요. 제가 누군가의 화를 돋울 만한 얘기를 했는지 아닌지, 분별력 있는 서플 목사님께 여쭤보겠어요. 오라버니는 무슨 일에나 고집을 부리시니까요."

"제발 부탁드립니다, 아씨, 나리를 너무 화나게 하지 마세요." 목사가 말했다.

"오라버니를 화나게 했다고요? 이제 보니 목사님도 오라버니 못지않게 바보로군요. 어쨌든 좋아요, 오라버니. 오라버니께서 개입하지 않겠다고 약속하셨으니 다시 한 번 제가 조카 일을 떠맡기로 하지요. 남자들이 지휘하는 모든 일에 하느님의 가호가 있기를! 여성 한 명의 머리는 남자 천 명의 머리에 필적하니까요." 그러고 나서 그녀는 소피아에게 안내해 줄 하인을 부른 뒤 열쇠를 가지고 나갔다.

그녀가 나가자마자 웨스턴 씨는(먼저 문부터 닫은 뒤) 스무 번도 넘게 "나쁜 년"이라고 내뱉으며 지독한 욕설을 퍼부었다. 그리고 여동생 재산에 괜히 눈독을 들였다고 스스로를 나무랐다. 하지만 곧 이렇게 덧붙였다. "그렇게 오랫동안 비굴하게 굴었는데, 이제 와서 좀더 참지 못하고 그만한 재산을 놓친다면 도로아미타불이지. 저 나쁜 년도 영원히 살진 않을 테니, 그때는 유언장을 가로채서라도 그 재산을 내 손에 넣고 말겠어."

목사는 이런 결심을 크게 칭찬했다. 웨스턴 씨는 기분 좋은 일이나 화가 나는 일이 있을 때면 늘 그렇듯이 술 한 병을 더 시켰다. 그리고 이 만병통치약을 실컷 들이켜며 자신의 울분을 완전히 씻어냈다. 웨스턴 고모가 소피아를 데리고 방으로 돌아왔을 때에는 완전히 평정심을 되찾은 뒤였다. 어린 숙녀는 모자와 두건 달린 망토 외투를 입고 있었다. 웨스턴 고모는 오빠에게 소피아를 자기 숙소로 데려가겠다고 말하며, "이 여관방은 기독교인이 묵기에 적합한 곳이 아니에요"라고 덧붙였다.

"좋아. 마음대로 해. 딸애는 너한테 맡겨놓는 게 가장 낫지. 네가 올라가고 난 뒤, 세상에 너만큼 슬기로운 여자는 어디에도 없을 거라고 오십 번도 더 얘기했어. 여기 목사님이 증명해 주실 거야."

"그 점은 제가 증명합니다." 목사가 말했다.

"아니에요, 오라버니. 저도 늘 오라버니를 칭찬한답니다. 성미가 조금 급하신 점은 스스로도 인정하시겠지만, 다시 생각할 여유만 가지신다면 오라버니만큼 합리적인 사람도 없을 거예요."

"그래, 동생아, 네가 그렇게 생각한다면 내 진심으로 네 건강을 위해 건배하마. 내가 가끔 욱하는 성질이 있긴 하지만 나쁜 뜻은 털끝만큼도 없어. 소피, 너도 고모님 말씀 잘 듣고 얌전히 있어야 한다."

"소피아는 걱정 없어요." 웨스턴 고모가 대답했다. "이미 내 충고를 저버렸다가 파멸한 사촌 언니 해리엇의 행동을 통해 두 눈으로 선례를 똑똑히 보았을 테니까요. 참, 오라버니, 어떻게 생각하세요? 글쎄, 오라버니께서 런던으로 떠나신 지 얼마 되지 않아 그 밉살스럽고 뻔뻔스러운 아일랜드 이름을 지닌 자가 찾아왔지 뭡니까! 피츠패트릭 말이에요. 아무런 기별도 없이 불쑥 찾아온 거예요. 그렇지 않았다면 제가 그자를 만났을 리 없죠. 그자가 자기 아내에 대해 무슨 소린지 알 수도 없는 이야기를 장황하게 늘어놓으며 제게 들어 보라고 강요하지 뭐예요. 하지만 저는 거의 대답도 하지 않고 그자에게 해리엇이 보낸 편지를 건네며 스스로 답장을 쓰라고 시켰어요. 어쨌든 그 애도 우리를 찾아올 텐데, 저는 절대로 만날 생각이 없으니 오라버니께서도 만나시면 안 돼요."

"내가 그 애를 만난다고?" 웨스턴 씨가 대답했다. "그런 걱정은 할 필요도 없어. 그런 불효막심한 년을 내가 왜 만나. 내가 집에 없던 게 그 남편 놈한테는 천만다행이었지. 나쁜 자식, 내가 집에 있었더라면 그 자식을 말먹이 세척용 웅덩이에 빠트려서 허우적거리게 만들었을 게다. 소피, 은혜를 모르는 놈들이 어떻게 되는지 너도 잘 알지? 네 친척 중에 그 선례가 있으니 말이다."

"오라버니, 그런 불쾌한 말을 되풀이해서 소피를 겁줄 필요가 어디 있어요? 아니, 왜 저한테 가만히 맡겨두지 못하세요?" 웨스턴 씨가 말했다. "그래그래, 알았다 알았어."

소피아에게는 다행스럽게도, 웨스턴 고모는 대화를 끊고는 바로 가마를 불렀다. 내가 다행스럽다고 한 까닭은, 만약 대화가 계속 이어졌더라면, 십중팔구 이 남매 사이에 새로운 다툼이 벌어졌을 것이기 때문이다. 사실 웨스턴 남매는 교육 정도와 성별만 다를 뿐, 둘 다 똑같이 과격하고 독단적인 사람들이었다. 그리고 둘 다 소피아를 몹시 사랑하고, 서로에게 극단적인 경멸감을 품고 있었다.

5
존스는 소피아로부터 편지를 받고
밀러 부인, 파트리지와 함께 연극을 보러 간다

블랙 조지가 런던에 왔으며, 은혜를 잊지 않는 그 친구가 옛날의 은인인 자신에게 호의를 베풀기로 약속한 사실은, 소피아 문제로 걱정과 불안에 빠져 있던 존스에게 크나큰 위안이 되었다. 조지의 도움으로 그는 소피아로부터 자신이 보낸 편지에 대한 답장을 받았다. 그녀는 감금상태에서 풀려나 펜과 잉크와 종이를 다시 쓸 수 있게 되자 그날 밤 바로 이 편지를 썼다.

존스 도련님께,

도련님께서 보내신 편지글의 진실성을 의심치 않기에, 도련님께서 제 소식을 들으신다면 틀림없이 기뻐하실 것으로 생각해요. 그 뒤 웨스턴 고모께서 런던으로 오셔서 저의 고통스런 상황도 다소 끝나게 되었어요. 저는 지금 고모와 함께 있으며, 제가 바랄 수 있는 모든 자유를 만끽하고 있답니다. 다만 고모께서는 저에게 한 가지 약속을 요구하셨어요. 고모 몰래, 고모 허락 없이는 누구와도 만나거나 대화하지 않겠다는 다짐이에요. 저는 아주 엄숙하게 약속을 했으며, 신성하게 그 약속을 지킬 생각입니다. 그런데 고모께서는 제게 편지 쓰는 것까지 금하진 않으셨어요. 분명히 깜빡하고 빠뜨리셨겠지요. 아니면 고모께서 말씀하신 '대화'에 편지까지 포함되는지도 몰라요. 어쨌든 저는 이런 편지를 보내는 일이 제 명예를 너그럽게 믿어 주신 고모에 대한 배신이라는 생각을 떨칠 수 없어요. 그러니 앞으로는 고모 모르게 제가 편지를 쓰거나 받는 일은 없을 거예요. 제게 약속이란 아주 신성한 것이며, 분명히 말한 내용뿐만 아니라 그 안에 담긴 속뜻까지 포함된답니다. 이 점을 알아주신다면 도련님께도 다소나마 위안이 될 거예요. 어쨌든 제가 도련님께 이런 위안을 말씀드린들 무슨 소용이 있을까요. 가장 사랑하는 아버지에게 결코 동의할 수 없는 한 가지 일이 있긴 하지만, 저는 결코 아버지의 뜻을 거스르거나 아버지의 동의 없이 중요한 결정을 내리지는 않겠다고 굳게 다짐했답니다. 제 다짐을 이해해주신다면, 운명의 여신이 방해하는 우리 일에 대해 도련님께서도 생각을 접으실 거예요. 그것이 도련님을 위한 길이기도 해요. 이 일이 올워디 선생님과 도련님의 화해에도 도움이 되길 기도할게요. 만약 그렇게만 된다면 꼭 그 길로 밀고 나가 주세요. 저는 여러 우연찮은 사건으로 도련님께 은혜를 입었고, 또 도련님의 따뜻한 마음으로 더 큰 은혜를 입었어요. 언젠가는 운명의 여신도 우리 두 사람에게 지금보단 관대해질 날이 오겠지요. 언제까지나 도련님을 잊지 않겠어요. 도련님은 그럴 만한 가치가 있는 분이니까요.

도련님께 감사하는 충직한 종복,
소피아 웨스턴 올림.

'앞으로는 저에게 편지를 보내지 말아주세요. 적어도 당분간은요. 그리고 저에게는 지금 당장 이 돈*5이 필요 없으니 도련님께서 받으세요. 반드시 쓰일 데가 있을 거예요. 얼마 안 되지만 도련님이 발견하신 행운의 결과라고 생각해주세요.'

글자를 갓 배운 어린애가 이 편지를 한 글자 한 글자 읽었다 하더라도, 존스가 정성스레 읽은 시간보다는 더 적게 걸렸을 것이다. 편지를 읽고 그는 기쁨과 슬픔을 동시에 느꼈다. 마치 너무나 곤궁한 처지에 빠진 선량한 친구가, 엄청난 유산을 자신에게 남기고 죽은 친구의 유언장을 읽고 큰 기쁨을 느끼면서도 한편으로는 여전히 슬픈 느낌과 비슷했다. 그러나 전반적으로는 슬픔보다 기쁨이 더 컸다. 독자 여러분은 그가 왜 슬퍼하는지 이상하게 여길지도 모르겠다. 그러나 여러분은 가엾은 존스처럼 지독한 사랑에 빠져 있지 않기 때문에 그리 생각하시는 것이다. 사랑이라는 질병은, 어떤 경우에는 폐

---

*5 예의 백 파운드 수표를 가리킴.

결핵(종종 실제로 사랑이 발병시키기도 한다)과 비슷한 증상을 보이지만, 또 어떤 경우에는 그와 정반대의 증상을 유발하기도 한다. 특히 그 병은 결코 본인은 낙관적으로 생각하지 않거나, 아무리 사소한 징후도 유리하게 해석하지 않는다는 특징이 있다.

한 가지 사실은 그를 완벽하게 만족시켰다. 사랑하는 소피아가 자유를 되찾았고, 적어도 당장은 사람다운 대접을 해주리라고 확신하는 고모와 함께 있다는 사실이었다. 또 한 가지 기쁜 사실은 그녀가 결코 다른 남자와 결혼하지 않겠다고 약속한 것이었다. 자신의 연정에 아무런 사심이 없다고 믿었더라도, 또 자신이 편지로 소피아에게 온갖 관대한 제안을 했다 하더라도, 소피아가 다른 남자와 결혼했다는 소식보다 더 그를 고통스럽게 하는 소식은 없었을 것이기 때문이다. 비록 그 결혼이 소피아를 더없이 행복하게 해줄 완벽한 결혼일지라도 말이다. 육체와 무관하며 순수하고 정신적으로 우아한 플라토닉 사랑이란 것은 여성들에게만 한정된 선물이다. 나는 많은 여성들이 다음과 같이(당연히 의심할 여지없이) 공언하는 소리를 들었다. 사랑하는 사람의 세속적인 이익을 위해 연적에게 양보해야 한다면 기꺼이 체념하겠다고. 따라서 나는 그런 사랑이 실제로 존재한다고 생각한다. 비록 그런 사례를 한 건이라도 직접 본 적은 없지만.

존스 군이 편지를 다 읽고 입 맞추기까지는 세 시간이 걸렸다. 그리고 앞서와 같은 생각에 기분이 좋아진 그는 전에 밀러 부인과 했던 약속을 실천에 옮기기로 했다. 밀러 부인과 막내딸과 함께 극장 위층 관람석에 앉아 연극을 보자고 한 약속이었다. 그는 파트리지도 끼워주자고 제안했다. 존스는 많은 사람들이 즐기는 유머에 대한 감식안을 이미 소유하고 있었기 때문에, 파트리지의 연극 비평을 듣고 적잖은 즐거움을 만끽하리라고 기대했다. 그는 파트리지로부터 인위적인 기교로 다듬어지지 않은, 불순물이 조금도 섞이지 않은 자연 그대로의 단순한 비평을 기대했다.

마침내 극장의 일등석 좌석 첫째 열에 존스 군과 밀러 부인, 부인의 막내딸 그리고 파트리지가 자리를 잡았다. 파트리지는 앉자마자 이렇게 훌륭한 자리에는 처음 앉아본다고 떠벌렸다. 막이 올라가기 전에 음악이 연주되자 그는 "어떻게 저렇게 많은 바이올린 연주자들이 한꺼번에 연주하면서 서로 헷갈리지 않는지 놀랍다"고 말했다. 한 사람이 나와서 천장의 양초에 불을 붙이려 하자 그는 밀러 부인에게 크게 소리쳤다. "저것 좀 보세요, 부인. 기도서 맨 끝에 있는, 화약 음모 사건 예배문*6 바로 앞에 나오는 남자 판화 그림하고 똑같네요." 양초에 불이 모두 켜지자, 그는 한숨을 내쉬며 이렇게 말했다. "여기서 하룻밤에 쓰는 양초는 착한 가난뱅이 가족이 일 년 열두 달을 쓰고도 남을 거예요."

〈덴마크 왕자 햄릿〉 공연이 시작되자 파트리지는 연극에 완전히 몰입하여 유령이 등장하는 장면까지 한 마디도 하지 않았다. 유령이 등장하자 그가 존스에게 물었다. "도련님, 저기 저 괴상하게 옷을 입은 자는 대체 뭡니까? 꼭 그림 속에서 본 자와 비슷한데요. 저거 갑옷은 아니지요, 그렇죠?" 존스가 대답했다. "저 사람은 유령이오." 그러자 파트리지가 웃으면서 대답했다. "도련님도 참, 농담도 잘 하십니다. 비록 제 평생 실제로 유령을 본 적은 없지만, 만난다면 바로 알아볼 겁니다. 누가 저런 것에 속겠어요? 아니지요, 아니고말고요. 도련님, 저런 옷을 입고 나타나는 유령이 어디 있답니까?" 파트리지는 유령의 존재를 부인하며 주변 사람들까지도 크게 웃겼다. 그런데 유령과 햄릿 사이의 대화 장면이 시작되자, 존스의 말은 믿지 않던 그가 햄릿 역을 맡은 개릭 씨의 연기는 믿으며 갑자기 극심하게 몸을 떨기 시작했다. 양 무릎이 서로 부딪칠 정도였다. 존스는 무슨 일이냐고 하면서 무대 위의 병사가 무서운 거냐고 물었다. 파트리지가 말했다. "오, 세상에, 이제야 저자가 도련님이 말씀하신 대로 유령인 줄 알았네요. 저는 무섭지 않아요. 그냥 연극인데 뭐가 무섭겠어요. 그리고 이를테면 저자가 진짜 유령이라 해도 이렇게 관객이 많은데다 이렇게 멀리 떨어진 곳까지 해를 끼치기야 하겠어요? 하지만 이렇게 무서운 게 저만은 아니겠지요." 존스가 소리쳤다. "아니지. 당신 말고 그런 겁쟁이가 또 어디 있겠소?" "그래요, 저를 겁쟁이라고 부르고 싶으시면 맘대로 하세요. 하지만 무대 위의 저 작은 사람이 무섭지 않다면, 저는 제 평생 무서운 사람은 결코 본 일이 없는걸요. 그래, 그렇

---

*6 '화약 음모 사건 예배문'은 기도서 마지막에 있는 '11월 5일 감사기도'를 말한다. 1605년 11월 5일, 국왕 제임스 1세의 의회를 폭파하려는 음모가 있었으나 미연에 발견하여 국왕 이하 전원이 무사할 수 있었다. 이후 매년 그날이 오면 국왕이 무사함을 감사하는 기도를 올렸다. '앞에 나오는 남자'가 누구인지는 모르겠으나, 기도서 내용에는 나오지 않으며, 아마도 삽화를 가리키는 듯하다.

지. 함께 가버려! *7 대체 누가 바보라는 거야? 어라, 진짜 가는 거야? 세상에 저렇게 무모하다니! 무슨 일이 일어나든 다 네 책임이야. 따라오라고? 그러느니 내 차라리 악마를 따라가겠다. 아냐, 저놈이 악마일지도 몰라. 악마란 놈은 맘먹은 대로 변장을 한다고들 하니까. 허허! 저놈이 또 나타났네. *8 더는 안 가겠다고? 하긴, 거기까지 갔으면 됐지. 나 같으면 거기까지도 안 가겠지만." 존스가 뭐라 말하려 하자 파트리지가 소리쳤다. "쉿! 쉿! 도련님, 저놈 말소리가 안 들리세요?" 그러면서 유령이 대사를 하는 동안 햄릿과 유령을 뚫어지게 바라보며 입을 헤벌리고 있었다. 햄릿의 내면에 차례로 생겨나는 감정들이 파트리지의 마음속에도 똑같이 일어나고 있었다.

그 장면이 끝나자 존스가 말했다. "이봐요, 파트리지, 당신은 기대 이상이구려. 그토록 연극에 심취할 줄은 미처 몰랐소." 파트리지가 대답했다. "그래요, 도련님. 도련님께서 유령이 무섭지 않다면 어쩔 수 없는 일이지요. 하지만 저런 것을 보면 가짜인 줄 알아도 놀라는 게 당연해요. 저도 유령을 보고 놀란 건 아니에요. 그 유령이 그저 괴상망측한 옷을 차려입은 배우에 지나지 않는다는 걸 저도 아는걸요. 하지만 저 작은 배우가 공포에 질려 놀라는 모습을 본 순간 저도 덩달아 무서워진 거예요." 존스가 소리쳤다. "아니, 그렇다면 그 배우가 정말로 겁에 질려 놀랐다고 생각한단 말이오?" 파트리지가 말했다. "그렇고말고요, 도련님. 도련님도 직접 봤잖아요. 나중에 그 유령이 자기 아버지인 줄 알고, 정원에서 어떻게 살해당했는지 내막을 듣고 나서야 그 남자의 공포감이 서서히 사라지고 슬픔으로 충격을 받아 말문이 막혀 버렸잖아요. 아마 저라도 꼭 그랬을 거예요. 하지만, 쉿! 저게 무슨 소리죠? 아, 저놈이 또 나왔네. 어차피 연극인 줄은 알지만 저기 아래쪽 자리에 앉지 않아서 참 다행이에요." 그러고 나서 그는 햄릿을 보며 말했다. "그래, 칼을 뽑아라. 악마한테 칼이 무슨 소용이 있겠냐마는."

2막이 공연되는 동안 파트리지는 말을 아꼈다. 그는 배우들의 화려한 의상을 찬탄했다. 또한 왕의 표정을 보자 가만히 있지 못하고 말했다. "그래,

---

*7 무대 위의 햄릿에게 하는 말. 햄릿이 유령의 뒤를 따라가려 하자 그것을 허세라 믿고 한 말일 것이다(1막 4장).

*8 유령이 한 번 사라졌다가 다시 나타나므로, 여기부터 1막 5장이다. "더는 안 가겠다고?"라는 말은 햄릿이 유령에게 "더는 따라가지 않겠소"라고 한 대사를 듣고 한 말이다.

사람은 얼굴만 보고는 알 수 없지. Nulla fides fronti(겉만 보고 믿지 말라)라는 말은 진짜 맞는 말이거든. 저 국왕 놈 얼굴만 보고 누가 살인자라고 생각하겠어?" 그러고 나서 파트리지는 존스에게 유령은 어찌 되었느냐고 물어보았다. 존스는 깜짝 놀라게 해주려고 "불빛이 번쩍하면서 또 나올지도 모르지요"라고만 대답했다.

파트리지는 숨죽이며 그 장면만 기다렸다. 그러다 마침내 유령이 다시 나타나자 크게 소리쳤다. "저기, 지금 나왔어요, 도련님. 이번에도 저 주인공은 겁먹었을까요? 제가 겁먹은 만큼 놀랐을 거라고 하시겠지만, 누구나 조금쯤은 무서울 거예요. 저는 세상 무슨 일이 있어도 저기 저 인물, 이름이 뭐더라, 그래 햄릿 같은 처지에는 빠지고 싶지 않네요. 응? 유령이 어떻게 된 거죠? 분명히 땅속으로 꺼져버린 것 같은데, 제가 잘못 봤나요?" 존스가 대답했다. "아니, 제대로 봤소." "좋아요, 좋아. 어차피 다 연극인데요 뭐. 만약 진짜라면 밀러 부인이 저렇게 웃을 리 없죠. 도련님은 악마가 눈앞에 나타난다고 해도 무섭지 않으시죠? 그렇지, 그렇지. 당신이 화를 내는 것도 당연하지. *9 그 사악한 년을 갈기갈기 찢어 버려. 만약 저 여자가 제 어머니라면 저도 그렇게 할 겁니다. 저런 나쁜 년한테 효도가 다 뭐래요. 그래, 어서 들어가 버려. 괜히 눈만 버리게 하지 말고."

우리의 이 비평가께서는 햄릿이 국왕 앞에서 연기하는 장면*10이 나올 때까지 꽤나 침묵을 지켰다. 그는 처음에 존스가 의미를 설명해 줄 때까지 이 극중극을 이해하지 못했다. 그러나 극중극을 이해하자 자신은 살인을 저지른 적이 없어서 참 다행이라고 말했다. 그러고 나서 그는 밀러 부인 쪽으로 몸을 돌리며 물어보았다. "저 국왕 놈이 충격을 받은 것 같지 않으세요? 물론 안 그런 척 최선을 다해 숨기고 있긴 하지만요. 정말이지, 나라면 저 의자보다 훨씬 더 높은 자리에 앉게 된다 하더라도 저 악당처럼 추악한 짓은 하고 싶지 않네요. 놈이 도망치는 것도 당연하지. 네놈 덕분에 나는 앞으로 순진해 보이는 얼굴을 한 사람은 결코 믿지 않기로 했다고."

다음에는 무덤 파는 장면이 파트리지의 관심을 사로잡았다. 그는 무대 위에 내던져지는 해골의 숫자에 크게 놀랐다. 그 모습을 보고 존스가 말했다.

---

*9 이후부터는 다시 햄릿에게 하는 말. 3막 4장에서, 햄릿이 어머니를 비난하는 장면.
*10 유명한 극중극 장면. 원작은 3막 2장.

"이 극장은 런던에서 가장 유명한 공동묘지 중 한 곳이야." "그렇다면 이곳에 송장이 굴러다녀도 당연한 일이네요. 그런데 제 생전 무덤을 저렇게 형편없이 파는 일꾼은 처음 봤어요. 제가 교회 서기 노릇을 하던 시절 우리 교회에 머슴이 하나 있었는데, 그자라면 저자가 무덤 하나를 팔 때 아마 세 개는 팠을 겁니다. 저자는 꼭 난생 처음 삽자루를 쥐어 본 사람 같잖아요? 그래, 노래나 불러라, 이놈아. 어차피 네 녀석은 일보다 노래가 좋지." 햄릿이 해골을 집어 들자 파트리지가 큰 소리로 외쳤다. "글쎄, 세상에는 겁이 없는 사람도 있다니까요. 저 같으면 죽은 사람 것은 손끝 하나도 대기 싫은데 말이에요. 유령이 나왔을 땐 그렇게 무서워하더니. Nemo omnibus horis sapit (그 어떤 사람도 언제나 현명하지만은 않다)는 거겠죠."

그 뒤로는 별다른 일도 일어나지 않았다. 연극이 끝나자 존스가 물었다. "어떤 배우가 가장 맘에 들었소?" 파트리지는 그 질문에 다소 화가 난 듯이 대답했다. "그야 물론 국왕이지요." 밀러 부인이 말했다. "글쎄요, 파트리지 씨, 런던 사람들과는 생각이 다르네요. 모두들 햄릿을 연기한 배우가 무대 역사상 가장 훌륭했다고 칭찬하던데요." 파트리지가 코웃음 치며 대답했다. "그가 최고라고요! 흥, 그 정도 연기는 나도 하겠네요. 나도 유령을 보면 그와 똑같은 표정을 짓고 그와 똑같이 행동했을 겁니다. 그리고 그자와 어머니가 나오는 장면만 해도 말입니다, 부인은 연기를 아주 잘했다고 말씀하셨지만, 누구라도 그런 어머니를 둔 사람이라면 꼭 그대로 행동했을 겁니다. 부인은 날 놀리려는 심산인가 본데, 런던 연극은 처음 봤지만 시골에서도 연극은 봤다고요. 국왕 역할을 한 배우는 입장료 값을 톡톡히 했죠. 대사도 똑똑히 말하고, 햄릿보다 목소리가 배는 컸어요. 누가 보더라도 그 배우야말로 진정한 배우죠."

밀러 부인이 파트리지와 이런 대화를 나누고 있을 때 한 숙녀가 존스 군에게 다가왔다. 보는 순간 피츠패트릭 부인이란 걸 알아차렸다. 그녀는 관람석 반대쪽에서 그를 발견하고는 그에게 뭔가 큰 도움이 될 만한 이야깃거리도 있고 하니 다행이다 싶어 찾아왔다고 했다. 피츠패트릭 부인은 존스에게 숙소를 알려 주며, 내일 아침 만나자고 약속했다가 잠시 곰곰이 생각해 보고는 약속 시간을 오후로 변경했다. 존스는 오후에 부인을 찾아가겠다고 약속했다.

이리하여 연극 구경은 끝이 났다. 파트리지는 존스와 밀러 부인뿐만 아니라 주위에 있던 사람들 모두에게 큰 즐거움을 선사했다. 그들은 무대 위보다도 오히려 파트리지의 말에 더 귀를 기울일 정도였다.

그는 그날 밤 내내 유령이 무서워서 잠자리에 들지 못했다. 그 이후에도 몇 날 밤이나 잠자리에 들기 전에 똑같이 무서워하며 두세 시간씩 식은땀을 흘렸고, 몇 번이나 "하느님 자비를 베푸소서! 앗, 저기 유령이다!" 큰소리로 외치며 깜짝 놀라 잠에서 깨곤 했다.

6
부득이 이야기가 과거로 돌아간다

아무리 훌륭한 부모라도 자녀에게 언제나 공정한 태도를 취하기란 거의 불가능하다. 관심을 끄는 특출한 장점을 지닌 자녀가 없어 부모의 애정이 한쪽으로 쏠리지 않는 경우에도 그렇다. 그러니 바로 그런 특출한 장점을 지닌 자녀가 있어 눈을 뗄 수 없는 경우라면, 좀처럼 그 부모를 비난하기란 쉽지 않다.

나는 이 작품에 등장하는 모든 인물을 나의 자녀라고 생각하지만, 방금 말한 것처럼 소피아를 특히 편애한다고 고백하지 않을 수 없다. 하지만 그 이유는 앞서 말한 것처럼 그녀가 특출한 품성을 지니고 있기 때문이니, 독자 여러분도 이해해 주시리라 생각한다.

이렇듯 여주인공을 특별히 아끼다 보니, 소피아에게서 오래도록 떨어져 이야기를 진행하기란 쉬운 일이 아니다. 따라서 아버지의 손아귀에서 풀려난 뒤 사랑스러운 우리의 여주인공에게 무슨 일이 일어났는지 알아보러 가고 싶은 마음은 굴뚝같지만, 그 전에 블리필 군에게 잠깐 들러야 한다.

처음에 웨스턴 씨는 도망친 딸 소식을 갑작스럽게 듣고 허둥지둥 서둘러서 그녀를 찾아야겠다는 생각에 정신이 없었으므로, 딸을 발견했다는 소식을 블리필에게 전해야겠다는 생각까지는 하지 못했다. 그러나 길을 떠난 지 얼마 안 되어 정신을 추스르고 나자, 그는 마침내 지나가다 들른 첫 번째 여관에서 블리필에게 소식을 급히 전했다. 소피아를 찾았으니 자신을 따라 런던으로 온다면 그녀와 즉시 결혼시키겠다는 굳건한 결심을 알리는 내용이었다.

소피아에 대한 블리필의 사랑은 그녀가 재산을 잃는다든가 또는 그녀에게 불의의 사고가 일어나지 않는 한 절대로 사그라지지 않는 격렬한 사랑이었다. 물론 자기 때문에 소피아가 도망쳤다고 인정할 수밖에 없었지만, 그렇다고 해도 결혼하고 싶은 그의 마음은 조금도 변하지 않았다. 따라서 그는 웨스턴 씨의 제안을 기꺼이 받아들였다. 사실 그는 소피아와 결혼을 함으로써 탐욕 이외에도 강력한 또 한 가지 감정을 충족시키려 했다. 바로 증오심이다. 그는 결혼이 증오와 사랑을 맞먹을 정도로 충족시키는 기회라고 결론 내린 바 있다. 그리고 이런 생각은 십중팔구 많은 경험 사례를 통해 입증되었다. 사실, 결혼한 사람들이 배우자에게 하는 평상시 행동만을 놓고 판단한다면, 우리는 일반 사람들이 이심동체(異心同體)가 됨으로써 증오의 감정을 탐닉한다고 결론 내릴 수 있을 것이다.

그러나 방해물이 한 가지 있었다. 바로 올워디 씨였다. 이 선량한 신사는 소피아의 도주 소식을 듣고 그녀가 블리필을 몹시 싫어한다는 사실을 알았다(그녀가 도주한 사실과 그 원인을 그에게 숨길 수는 없었다). 따라서 그는 지금까지 자신이 사태를 잘못 파악하고 일을 추진해 왔다며 심각하게 걱정하고 있었다. 올워디 씨는 결혼 문제에서 자녀의 의향 묻기를 여행을 떠날 때 하인들의 동의를 묻는 일 만큼이나 대수롭지 않게 생각하는 부모들이나, 또는 세상의 법도나 적어도 체면 때문에 절대적인 강경책을 쓰지 않을 뿐인 부모들의 견해에는 결코 동의하지 않았다. 그는 결혼을 가장 신성한 제도로 존중하는 사람이었다. 따라서 결혼의 신성성을 지키려면 결혼을 앞둔 배우자들이 신중해야 하며, 그러기 위한 가장 확실한 방법은 배우자들의 애정 관계에 터전을 두는 결혼이라고 현명하게 결론지었다.

블리필은 자기도 사실 모르고 있었다고 여러 차례 맹세하고 항변하며 웨스턴 씨와 미리 말을 맞춰두었으므로 자신을 속였다고 화를 내는 삼촌을 이내 진정시킬 수 있었다. 그러나 지금 와서 다시 소피아와 결혼하도록 허락해 달라고 올워디 씨를 설득하는 일은 너무나 어려워 보였다. 기가 약한 사람은 보기만 해도 뒷걸음질 칠 난관이었다. 그러나 이 청년은 자신의 재능을 너무나 잘 알고 있었으므로, 어떠한 간계도 이루기 어려워 보이지 않았다.

따라서 그는 자신이 소피아를 열렬히 사랑하고 있으며, 인내심을 갖고 기다리면 그녀의 마음을 돌릴 가망이 있다고 피력했다. 그는 자신의 평온한 미래가 모두 이 일에 달려 있으니 적어도 일을 성사시키기 위해 공정한 수단은 시도해 볼 수 있게 해 달라고 삼촌에게 간청했다. 그리고 자신이 불순한 방법으로 사욕을 채우려 한다면 천벌이 내릴 거라고 말했다. 블리필은 이렇게 덧붙였다. "그래도 안 된다면(그때 결정해도 늦지 않습니다) 삼촌의 뜻을 따르겠습니다." 그리고 웨스턴 씨가 이 결혼을 매우 바라고 있음을 강조하고, 존스의 이름을 들먹이며 일이 이렇게 된 원인은 모두 존스 때문이며, 그런 자로부터 소중한 숙녀를 지키는 일은 자선행위에 해당한다고 말했다.

블리필의 주장에 스웨컴 선생도 적극 동조했다. 그는 블리필보다 한 술 더 떠서 부모의 권위를 강조했으며, 블리필이 취하고자 하는 조치들을 기독교적인 동기에서 나온 것이라 설명했다. "비록 착한 도련님께서 자선이라는 말을 가장 나중에 말씀하셨지만, 바로 그 점이 도련님께서 가장 중요하게 고려하신 사항이라고 확신합니다."

스퀘어도 그 자리에 있었다면 음조는 달라도 같은 곡조의 노래를 불러 대며, 블리필의 방식에서 많은 도덕적 타당성을 발견했을 것이다. 그러나 그는 건강을 회복하려고 지금 바스에서 요양 중이었다.

올워디 씨는 내키지 않았지만 결국 조카의 소망에 굴복하고 말았다. 그는 자신도 런던까지 동행하겠으며, 소피아 양을 되찾기 위해 모든 정직한 방법을 자유롭게 사용해도 좋다고 말하며 이렇게 못을 박았다. "그러나 조금이라도 폭력을 써서 그 애의 뜻을 꺾으려 한다면 용서치 않을 것이며, 그 애가 자유의지에 따라 동의하지 않으면 결혼시키지 않겠다."

조카에 대한 애정 때문에 올워디 씨의 탁월한 지성은 그보다 훨씬 열등한 지성에 정복당하고 말았다. 가장 훌륭한 지성의 소유자가 지닌 신중함은 종종 가장 훌륭한 감성의 소유자가 지닌 다정함에 패하고 마는 것이다.

뜻하지 않던 삼촌의 승낙을 얻어 낸 블리필은 자신의 목적을 실행에 옮길 때까지 안절부절못했다. 마침 당장 올워디 씨가 시골에서 처리해야 할 일이 없었고, 또 두 사람은 여행에 딱히 준비할 것도 별로 없었기에, 그들은 바로 다음 날 길을 나서, 마침 존스 군이 파트리지와 함께 연극 관람을 즐기던 그날 밤에 영국에 도착했다.

런던에 도착한 다음 날 아침, 블리필 군은 웨스턴 씨를 방문하여 매우 친절하고 품위 있는 대접을 받으며, 머지않아 소피아가 그를 더없이 행복하게 만들어 줄 것이라는 온갖 보증(아마 가능한 것 이상으로)까지 받았다. 웨스턴 씨는 블리필이 거부하건 말건 그를 자기 여동생이 있는 곳으로 데려가기 전에는 그를 삼촌에게 돌려보낼 생각이 없었다.

7
웨스턴 씨가 블리필 군과 함께 여동생을 방문한다

오빠와 블리필 군이 방문의 격식도 차리지 않고 방 안으로 불쑥 들어왔을 때, 웨스턴 고모는 소피아에게 분별력과 결혼의 목적 등을 설교하고 있었다. 소피아는 블리필을 보자마자 얼굴이 창백해지며 제정신을 잃을 지경이었다. 그러나 반대로 고모는 얼굴이 시뻘게지며 조금도 당황하지 않고 웨스턴 씨에게 말을 퍼붓기 시작했다.

"오라버니, 이게 무슨 일이세요! 아니, 대체 예의범절이라고는 배운 적이 없으세요? 아직도 모든 방을 오라버니 집 방이나 시골 소작인의 방이라고 생각하세요? 오라버니께선 최소한의 예의나 통보도 없이 품위 있는 상류층 여성의 방에 마음대로 침입해도 된다고 생각하세요?" 웨스턴 씨가 말했다. "이런 젠장, 아니, 대체 뭐가 문제야? 누가 들으면 내가 너의 못 볼 데라도 본 줄 알겠다." 여동생이 대답했다. "제발 그런 상스러운 말 좀 그만하세요. 저 아이 좀 보세요. 오라버니께서 가엾은 조카 애를 너무 놀라게 하는 바람에 애가 제대로 서 있지도 못하잖아요. 소피아, 가서 쉬면서 기운 좀 차려라. 꼴이 말이 아니구나." 소피아는 그보다 더 반가운 말을 들은 적이 없다는 듯 서둘러 방에서 나가 버렸다.

"이것 봐 동생." 웨스턴 씨가 소리쳤다. "소피아에게 구혼을 하라고 블리필 군을 일껏 데려왔는데 딸애를 보내버리다니, 지금 제정신이야?"

"상황을 뻔히 알면서도 이런 일을 저지르신 오라버니야말로 정신 나간 것 이상이에요. 블리필 군에게는 미안한 얘기지만, 이런 불쾌한 대접이 누구 때문에 생긴 일인지 블리필 군 자신도 잘 알겠지요. 나는 언제든지 기꺼이 블리필 군을 만날 겁니다. 하지만 블리필 군의 상식으로 볼 때, 오라버니께서 강요하지만 않았다면 이렇게 급작스럽게 일을 진행하려 하진 않았을 테지요."

블리펄은 우물거리면서 바보 같은 표정을 지어 보였다. 웨스턴 씨가 그에게 말할 틈도 주지 않고 대답했다. "그래, 그래, 또 내가 죽일 놈이다. 늘 내가 문제지. 하지만 소피아를 다시 불러오든가, 아니면 블리펄 군을 그 애에게 보내야겠어. 그 때문에 일부러 시골에서 올라왔으니 한시도 낭비할 순 없지."

웨스턴 고모가 소리쳤다. "오라버니, 상황이 이렇게 되었으니 블리펄 군도 오늘 아침은 더 이상 조카애를 봐야겠다는 분별없는 생각은 안 할 겁니다. 여자들이란 섬세해서, 한 번 혼란에 빠지면 좀처럼 마음이 진정되지 않는 법이에요. 오라버니께서 블리펄 군에게 소피아와 인사를 나누게 시켰다거나, 아니면 오후에 방문해도 되는지 양해를 구하게 시켰더라면 나도 조카 애를 설득해서 그를 만나게 했을 겁니다. 하지만 지금은 내가 그러지 않겠어요."

블리펄이 큰소리로 말했다. "정말 죄송합니다, 고모님. 웨스턴 선생님께서 제게 아무리 감사해도 지나치지 않을 만큼 특별한 친절을 베풀어 주셔서 ……." 웨스턴 고모가 그의 말을 가로막았다. "블리펄 군, 변명할 필요는 없어요. 오라버니의 성격은 누구나 잘 알고 있잖아요."

"내 성격을 누가 알건 말건 내 알 바 아니다만, 어쨌든 블리펄 군이 소피아를 만나러 언제 다시 오면 되겠냐? 블리펄 군도 올워디 씨도 그것 때문에 일부러 런던까지 오셨는데." "오라버니, 블리펄 군이 조카애에게 전하고 싶은 말이 있다면 제가 빠짐없이 전하지요. 소피아도 누가 시키지 않더라도 답장 정도는 알아서 쓰겠지요. 그 애도 적절한 때가 오면 블리펄 군과 만나기를 거절하진 않을 거예요." 웨스턴 씨가 대답했다. "젠장, 뭐, 거절 안 한다고? 웃기는 소리! 아니, 우리가 모르냐? 그래 별 말 않겠다. 허나 세상에는 특별히 현명한 사람들이 있으니까 잘 알 거다. 만약 내 뜻대로 했다면 지난번에도 그 애가 도망치지는 않았을 거야. 지금도 어느 순간 그 애가 또 달아날지 누가 알겠냐? 세상 사람들이 나를 멍청이 취급하지만, 나 역시 그 애가……." "그만하세요, 오라버니. 조카 애를 욕하는 소린 듣고 싶지 않군요. 그건 우리 가족을 비난하는 소리기도 하니까요. 그 애는 우리 가문의 영광이고, 앞으로도 그럴 거예요. 그 애의 품행에 대해서는 제가 모든 책임을 지겠어요. 오라버니는 오후에 다시 오세요. 마침 긴히 드릴 말씀이 있어요. 지금은 오라버니뿐만 아니라 블리펄 군에게도 양해를 구해야겠네요. 급히 옷을 갈아입어야 하거든요." 웨스턴 씨가 말했다. "그래 좋다. 하지만 시간을 확실히 정해." "정확한 시간은 모르겠네요. 어쨌든 오후에 다시 뵙도록 해요." 블리필을 보며 웨스턴 씨가 말했다. "대체 어쩌면 좋겠나, 블리필 군? 작은 사냥개가 큰 토끼를 몰아내지 못하듯이 저 애는 여기서도 꿈쩍을 않으니 말이야. 오후가 되면 마음이 풀릴지도 모르지." 블리필이 말했다. "이제 보니 저란 놈은 불행을 타고났나 봅니다. 하지만 어르신께서 베풀어주신 은혜는 늘 간직하겠습니다." 그러고 나서 그는 예를 갖춰 웨스턴 고모에게 작별을 고했고, 고모도 마찬가지로 예를 갖추었다. 떠나면서 웨스턴 씨는 욕설과 함께 오후에는 반드시 블리필과 딸을 만나게 하겠다고 맹세하며 혼자 중얼거렸다.

사실 웨스턴 씨는 여동생과의 만남으로 기분이 아주 많이 상하진 않았다. 하지만 블리필은 그보다 훨씬 더 기분이 상했다. 웨스턴 씨는 단순히 자신이 여동생의 기분을 헤아리지 않고 격식도 없이 방문한 일로 그녀가 화를 낸다고 생각했다. 그러나 블리필은 사태를 좀더 깊이 파악하고 있었다. 그는 웨스턴 고모가 내뱉은 두세 마디 말을 통해 좀더 심각한 문제가 있다고 판단했다. 사실 그의 판단은 옳았으며, 그 내용은 다음 장에서 다룰 여러 가지 내용에서 명확하게 드러날 것이다.

8
존스를 파멸시키려는 벨라스턴 귀부인의 음모

펠라머 경 마음속에 자리잡은 사랑은 웨스턴 씨가 거친 손길로 뽑아내기에는 너무 깊이 뿌리를 내렸다. 분노한 나머지 경은 에그레인 대위에게 앞서와 같은 지시를 내렸고, 대위도 그 지시를 성급하게 실행에 옮겼다. 만약 그가 벨라스턴 귀부인을 만나고 난 뒤 대위를 찾을 수 있었더라면, 대위가 이런 지시를 실행에 옮기는 일은 없었을 것이다. 그가 대위에게 지시를 내린 때는 그가 모욕을 당한 다음 날 오후였다. 그러나 지나칠 만큼 임무에 충실한 대위는 끈질긴 탐문 끝에 지시를 받은 당일 밤 느지막이 웨스턴 씨의 숙소를 알아내고는, 다음 날 아침 웨스턴 씨를 놓치지 않기 위해 밤새도록 술집에 앉아 뜬눈으로 기다렸다. 따라서 그는 펠라머 경이 그의 숙소로 지시를 취소한다는 전언을 보낸 것을 놓치고 말았다.

소피아를 강탈하려고 했던 다음 날 오후, 앞서 얘기했듯이 펠라머 경은 벨라스턴 귀부인을 방문했다. 귀부인이 웨스턴 씨의 욱하는 성미와 됨됨이를 얘기해주자, 그는 웨스턴 씨의 말에 자신이 화를 낼 필요가 없었음을 분명히 깨달았다. 특히 그 딸에게 그런 훌륭한 음모를 꾸몄던 만큼 더욱 그랬다. 따라서 그는 소피아에 대한 자신의 뜨거운 사랑을 벨라스턴 귀부인에게 털어놓았고, 귀부인은 이내 그의 편이 되어 주었다. 그리고 귀부인은 가문 어른들이라면 펠라머 경의 청혼을 기쁜 마음으로 받아들일 것이며, 웨스턴 씨도 제정신으로 돌아와 경의 마음이 진심임을 이해하면 딸과의 결혼을 찬성할 것이라고 그를 격려했다. 다만 유일한 난관은 전에 자신이 말했던 청년이며, 그는 거지이고 떠돌이인데도 도저히 이해할 수 없는 수단을 써서 그럴듯하게 옷을 차려입고 신사 행세를 하고 다닌다고도 말했다. "그런데 소피아를 위해 그자의 행방을 추적한 결과, 운 좋게도 드디어 그자의 숙소를 알아냈답니다." 그녀는 펠라머 경에게 그 주소를 알려 주었다. 그리고 이렇게 덧붙였다. "펠라머 경, 그자는 경이 화를 낼 가치도 없는 비천한 인간이랍니다. 그래서 생각해 보았는데, 경께서 그자를 수병에 강제 징집하여 군함에 태워 멀리 보내버리는 방법은 없을까요? 그러면 법률상으로나 양심상으로 거리낄 점도 없잖아요. 그자가 아무리 옷을 잘 차려입고 다닌다 해도 부랑자에 불과하니 길거리의 건달처럼 수병으로 강제 징집할 적임자가 아니겠어요? 그리고 양심에 비추어 보아도, 젊은 숙녀를 파멸에서 구하는 건 매우 훌륭한 일이잖아요. 나아가 그 본인에게도 좋은 일이죠. 그가 만약 소피아를 손에 넣는다면 모르지만(그런 일은 도저히 있을 수 없지만!) 그렇지 않다면 결국 교수대로 가게 될 테니까요. 결국 이 방법이 그가 정직한 방식으로 한 재산 만들 계기가 될지도 모르잖아요."

펠라머 경도 그 성공 여부에 자신의 모든 행복이 달려 있는 일에, 벨라스턴 귀부인이 기꺼이 도움을 주겠다고 하자 진심으로 감사를 드렸다. 그는 존스를 강제로 징집시키자는 계획에 반대하지 않으니 그 계획을 실행에 옮기는 걸 고려해 보겠다고 말했다. 그리고 그는 매우 진지하게 소피아의 가족에게 자신의 청혼을 즉시 전해달라고 부인에게 부탁했다. 그는 소피아의 가족에게 '백지 위임장'을 제시할 것이며, 그들이 원하는 만큼 자신의 재산을 양도하겠다고 말했다. 그리고 그는 여러 차례 소피아에 대한 자신의 황홀한 느낌과 큰 기쁨을 표현한 뒤, 부인에게 작별을 고하고 떠났다. 하지만 떠나기 전에 그는, 존스를 조심해야 하며 존스가 젊은 숙녀를 파멸시키기 위해 어떤 시도도 할 수 없는 곳에 감금해 놓는 일에 시간을 허비해서는 안 된다는 강력한 권고를 부인에게서 받았다.

웨스턴 고모는 숙소에 도착하자마자 벨라스턴 귀부인에게 인사말을 담은 카드를 보냈다. 벨라스턴 귀부인은 카드를 받자마자 마치 연인과도 같이 한달음에 그녀가 있는 곳으로 달려왔다. 귀부인은 생각지도 못했던 절호의 기회가 저절로 굴러들어오자 매우 기뻤다. 자신이 호텐토트족이라 부르는 무식한 시골 지주보다는 세상을 아는 분별 있는 숙녀와 펠라머 경의 청혼 문제를 논의하는 쪽이 훨씬 더 편했기 때문이다. 물론 웨스턴 씨도 청혼을 거절하리라고는 생각하지 않았지만.

두 숙녀는 만나자마자 의례적인 짧은 인사를 나눈 뒤 바로 본론으로 들어갔으며, 시작만큼이나 빠르게 바로 결론을 내렸다. 웨스턴 고모는 펠라머라는 이름을 듣자마자 너무 기뻐서 뺨이 붉게 타올랐다. 게다가 그 귀족의 열렬한 애정과 진지한 청혼, 관대한 제안까지 알게 되자 최상의 만족감을 숨기지 않았다.

이야기하다가 화제는 존스에게로 향했다. 두 숙녀는 매우 유감스러워 하며 소피아가 이 청년을 사모하는 것은 불행(둘 다 이 용어에 동의했다)이라고 개탄했다. 웨스턴 고모는 그 원인을 전적으로 오빠가 딸을 어리석게 관리한 탓으로 돌렸지만, 마지막으로 자기는 조카 소피아의 훌륭한 지성을 믿는다고 공언하며, 비록 소피아가 사랑을 버리고 블리필을 선택하진 않겠지만, 귀족 칭호와 굉장한 재산을 동시에 안겨줄 이 훌륭한 귀족 신사의 구혼에는 바보 같은 애정을 희생하라고 설득할 수 있으리라고 말했다. 그리고 이렇게 덧붙였다. "사실 소피아도 눈이 높아요. 그 블리필이란 청년은 시골 신사들이 다 그렇듯 정말 끔찍한 부류의 인간이에요. 내세울 거라고는 그저 재산밖에 없는 사람들이죠."

"글쎄요." 벨라스턴 귀부인이 말했다. "그렇다면 소피아의 마음도 이해가 되네요. 확실히 그 존스라는 자는 썩 괜찮은 청년이고, 우리 여자들에게 큰 매력 요인이 되는 장점을 한 가지 가지고 있으니까요. 웨스턴 부인은 틀림없이 웃으시겠지만, 아니, 나 스스로도 우스워서 말하기 그렇지만, 글쎄 그 청년이 뻔뻔스럽게도 내게 구애를 하지 뭐예요! 못 믿으시겠다면, 보세요, 여기 그 청년이 직접 쓴 편지도 있답니다." 귀부인은 웨스턴 고모에게 존스가 보낸 구혼 편지를 건네주었다. 그 편지를 보고 싶은 독자가 계시다면, 제15권에 나와 있는 편지를 보시면 될 것이다.

웨스턴 고모가 말했다. "세상에, 이럴 수가. 진정 뻔뻔함의 극치로군요. 허락해 주신다면, 제가 이 편지를 좀 이용하고 싶은데요." 벨라스턴 귀부인이 말했다. "마음대로 이용할 수 있는 모든 권한을 드리겠습니다. 하지만 소피아 이외에 다른 사람에게는 보여 주지 말았으면 좋겠군요. 물론 소피아에게도 꼭 필요한 경우에만 보여주고요." "알겠습니다. 그런데 그 청년에게는 어떻게 했나요?" 귀부인이 대답했다. "물론 남편으로 삼진 않았죠. 결혼하지 않았어요. 결혼의 즐거움은 이미 한 번 맛보았고, 분별 있는 여자라면 누구나 그런 경험은 한 번이면 족하다고 생각할 거예요."

벨라스턴 부인은 편지를 보여주면 틀림없이 소피아의 마음이 존스에게서 멀어지리라고 생각했으므로 큰맘 먹고 편지를 넘겨주었다. 존스가 머지않아 멀리 쫓겨 갈 것이라는 희망이 있었을뿐더러, 넌지시 떠본 바로는 무슨 말이든 이쪽에서 원하는 대로 증언해 줄 수 있을 것 같은 아너의 증언을 확보해 두었기 때문이었다.

독자 여러분은 마음속 깊이 소피아를 미워하는 벨라스턴 귀부인이 어찌하여 소피아에게 엄청난 이득이 되는 결혼을 이토록 열성적으로 추진하는지 아마 궁금하실 것이다. 그런 독자분들은 인간의 본성을 끝까지 세심하게 살펴보시길 바란다. 본성의 책을 거의 마지막까지 넘겨보면 좀처럼 해독하기 힘든 글자로 이런 내용이 적혀 있다. 결혼 문제에서 어머니, 고모, 이모들은 이해할 수 없는 행동을 보이는데, 여자들이란 사실 자신의 사랑이 방해 받는 걸 가장 큰 불행으로 여기기 때문에, 사랑을 이루지 못한 원망만은 무슨 일이 있어도 풀어주어야 한다는 것이다. 같은 페이지에 이런 내용도 적혀 있다. 한 남자를 소유하는 즐거움을 맛 본 여자는, 다른 여자가 그 남자를 소유하지 못하도록 방해하기 위해서라면 악마에게라도 갈 태세가 되어 있다는 것이다.

이런 설명이 만족스럽지 않다 하더라도, 나로서는 벨라스턴 귀부인의 행동에 대한 다른 동기를 찾을 수 없다. 그녀가 펠라머 경에게 매수되었다면 혹 모르겠지만 그렇게 생각할 근거가 없다.

웨스턴 고모가 소피아에게 이 이야기를 꺼내려고 서론 격으로 사랑의 어리석음과 합법적 매춘의 지혜로움을 강의하고 있던 바로 그때에 오빠와 블리필 군이 갑자기 방 안으로 불쑥 들어왔던 것이다. 웨스턴 고모가 블리필에게 보인 냉랭한 태도는 바로 이런 연유에서 생겨난 것이었다. 웨스턴 씨는 늘 그렇듯이 자기 탓이라고 착각했지만, 블리필(훨씬 교활한 인간)은 부인의 태도가 뜻하는 바를 짐작하고 있었다.

9
존스가 피츠패트릭 부인을 방문한다

독자 여러분은 이제 우리와 함께 다시 존스 군의 이야기로 되돌아오시길 바란다. 존스는 약속된 시간에 피츠패트릭 부인을 방문했다. 그러나 두 사람의 대화를 이야기하기에 앞서, 왜 이 숙녀의 행동에 이토록 큰 변화가 일어났는지부터 설명하려면, 즉 존스 군을 피하기 위해 숙소까지 옮겼던 그녀가 왜 이제 와서 앞에서 살펴보았듯 열의를 갖고 이런 만남을 시도했는지를 설명하려면 우리의 방식에 따라 다소 시간을 거슬러 올라갈 필요가 있다.

하지만 그래봐야 단지 하루 전으로 돌아가면 된다. 웨스턴 씨가 런던에 도착했다는 소식을 벨라스턴 귀부인으로부터 들은 피츠패트릭 부인은 문안 인사를 드리기 위해 이날 피커딜리 거리에 있는 숙소로 그를 찾아갔었다. 하지만 부인은 차마 지면에 옮기기 힘들 만큼 거칠고 상스러운 욕을 실컷 듣고, 심지어 발로 차서 문밖으로 쫓아내겠다는 위협까지 들었다. 그래서 부인은 자신이 잘 알던 웨스턴 고모의 늙은 하인의 안내를 받아 고모의 숙소까지 갔는데, 웨스턴 씨보다는 좀더 예의 바른 태도였지만 고모에게서도 역시 쌀쌀맞고 냉랭한 대접을 받았다. 사실을 말하자면, 또 다른 식으로 무례한 대접을 받았을 뿐이었다. 요컨대 부인은 두 사람을 만나고 돌아오면서 자신의 화해 계획이 수포로 돌아갔을 뿐만 아니라, 이제 어떤 방법으로도 그런 일을 도모할 생각을 영원히 접어야 한다고 확신했다. 바로 그 순간부터 오로지 복수해야겠다는 소망만이 그녀의 마음을 가득 채웠다. 그런 마음에 사로잡혀 있을 때 극장에서 존스를 만났으며, 복수를 실행할 절호의 기회가 찾아왔다고 생각한 것이다.

독자 여러분은 피츠패트릭 부인이 자신의 과거를 이야기할 때, 웨스턴 고모가 옛날 바스에서 자신의 남편이 된 피츠패트릭 씨를 좋아한 적이 있으며, 그 사랑이 이루어지지 않았기 때문에 피츠패트릭 부인이 고모의 괴롭힘을 당하고 고통을 겪었다는 사실까지 말했던 것을 기억하실 것이다. 따라서 부인은 웨스턴 고모가 옛날 피츠패트릭에게 그랬던 것처럼, 존스의 구애에도 솔깃하며 넘어가리라고 확신했다. 매력을 따져 보아도 존스 쪽이 더 뛰어나며, 그 뒤로 웨스턴 고모가 나이를 더 먹었다는 사실도 자신의 계획에 유리한 요인이 되리라고 판단했다(이 판단이 얼마나 정확한지는 말할 것도 없다).

따라서 존스가 찾아오자 부인은 먼저 자신이 그를 돕고자 하는 까닭은 소피아에게 큰 도움이 되리라는 굳건한 확신 때문이라고 공언했다. 그리고 자신이 일전에 그를 실망시켰던 일을 사과한 뒤, 존스 군이 현재 소피아가 어디에 감금되어 있는지 모른다고 생각하고 이를 알려 주었다. 그리고 매우 분명하게 자신의 계획을 설명했다. 소피아의 노처녀 고모에게 거짓 구애를 하라고 충고하고, 그것이 소피아에게 쉽게 접근하는 지름길이라고 말했다. 부인은 또한 피츠패트릭 씨도 옛날에 그와 똑같은 방법을 써서 성공을 거두었다고 말했다.

존스는 부인의 제안과 고백에 머리 숙여 감사했지만, 피츠패트릭 씨의 경우와 달리, 웨스턴 고모가 조카 소피아에 대한 자신의 사랑을 알고 있기 때문에 성공할 수 있을지 의문이라고 했다. 또한 소피아 양이 거짓이라면 끔찍이 혐오할 뿐더러, 고모에게도 의무를 다하겠다고 공언했기 때문에 이런 기만행위에는 결코 동의하지 않으리라고 말했다.

피츠패트릭 부인은 이 말에 다소 화가 났다. 존스의 발언을 말실수라고 볼 순 없다 치더라도 그가 다소 예의에서 벗어난 건 사실이었다. 소피아를 칭찬하는 기쁨에 들떠 있지만 않았다면, 그는 결코 이런 결례를 저지르지 않았을 것이다. 이런 식으로 사촌 여동생을 노골적으로 칭찬하는 일은 다른 사촌 언니를 은근히 비난하는 일이기 때문이다.

"존스 씨, 호색한 늙은 여자를 속이는 데에 사랑 고백보다 손쉬운 방법은 없답니다." 부인이 다소 안달하며 대답했다. "제 고모이긴 하지만, 고모보다 바람기 많은 여자는 결코 없을 거예요. 소피아가 블리필과 약혼하여 그녀를 소유하지 못해 좌절했다는 핑계를 대며 고모에게로 애정의 방향을 돌린 척할 수 없단 말이에요? 소피아도, 나는 그 애가 이런 경우 조금이라도 망설일 거라고는 생각하지 않아요. 심술 고약한 노처녀들이 자신의 희극인지 비극인지 모를 연정으로 가문에 많은 피해를 끼쳤으니, 그중 한 명에게 벌을 준다고 해도 나쁘다고 생각하지 않을 겁니다. 오히려 법으로 징벌하지 못하는 게 유감인걸요. 제 경우에도 그런 생각은 전혀 하지 않았었어요. 하지만 제가 사촌 동생보다 더 세상의 온갖 거짓을 혐오한다고 말해도, 소피아는 그걸 모욕이라 생각지 않을 거예요. 저는 그런 고모에게 아무런 의무감도 느끼지 않아요. 그런 걸 받을 가치가 없는 사람이니까요. 어쨌든 존스 씨, 하고 싶은 얘기는 모두 말씀드렸어요. 제 조언을 따르기 싫다시면, 저는 존스 씨의 머리가 형편없다고 생각할 밖에요. 이상입니다."

존스는 그제야 자신이 저지른 실수를 분명히 깨닫고 어떻게든 만회하기 위해 갖은 애를 썼지만, 그저 머뭇거리며 말을 더듬고 의미 없는 모순된 말만 중얼거렸을 뿐이었다. 사실 종종 보면, 첫 번째 실수를 만회하려 애쓰기보다 차라리 그 실수로 인한 결과를 그냥 묵묵히 감내하는 게 더 나을 때가 있는 법이다. 왜냐하면 실수를 만회하려고 버둥거릴수록 자신을 구하기는커녕 더욱 깊은 수렁으로 빠져들기 때문이다. 그리고 이런 경우, 피츠패트릭 부인처럼 생글생글 웃으며 이렇게 말해주는 착한 사람도 거의 없을 것이다. "변명하지 않아도 돼요. 진정한 사랑을 하는 사람이라면 애인을 생각하는 마음에서 무슨 짓을 하더라도 저는 쉽게 용서할 수 있으니까요."

부인은 다시 한 번 제안하며 매우 열성적으로 권유했다. 그녀가 생각해 낼 수 있는 모든 논리적 근거도 빠뜨리지 않았다. 고모에게 몹시 화가 나 있었기 때문에, 고모의 가면을 벗겨내는 일보다 기쁜 일은 어디에도 없었다. 그리고 과연 여자답게 부인은 자기의 계획을 실행하는 데 어떤 어려움도 내보이려 하지 않았다.

그러나 존스는 성공할 가능성이 전혀 없다며 그녀의 제안을 고집스럽게 거절했다. 피츠패트릭 부인이 왜 그렇게 열심히 충고를 따르라고 강요하는

지 그 동기를 쉽게 간파했기 때문이다. 그는 소피아를 향한 자신의 다정하고 열정적인 사랑을 부인하진 않겠지만 자신과 소피아의 불평등한 처지를 너무나 잘 알고 있기 때문에, 그런 훌륭한 숙녀가 창피를 무릅쓰고 자신 같은 볼품없는 녀석을 생각해 주리라는 희망을 품을 만큼 자만에 빠지지는 않았다고 말했다. 아니, 그는 소피아가 그래주길 바라지도 않는다고 말했다. 마지막으로 그는 관대한 감정을 고백하며 말을 맺었지만, 여기에 그 내용을 다 기록할 여유는 없다.

자아가 너무나도 강한 나머지 어떤 문제도 본인을 제외하고는 생각할 수 없는 훌륭한 여성들이 있다(귀부인이 다 그렇다고는 말하지 않겠다). 이런 숙녀를 지배하는 행동 원칙은 바로 자만이기 때문에, 어떤 칭찬이든 꽉 움켜쥐고 놓지 않으며, 다른 사람을 칭찬하는 말이라도 자기 쪽으로 이용한다. 이런 숙녀 앞에서 다른 숙녀를 조금이라도 칭찬하면 곧바로 그 말을 이용한다. 아니, 종종 자신이 들은 칭찬을 더 끌어올린다. 예를 들어 다른 여성의 미모, 재치, 상냥함, 유머가 그만큼 칭찬받을 만한 가치가 있다면, 그보다 더 탁월한 자신은 어떤 말로 칭찬하겠느냐는 식이다.

그런데 이런 숙녀는 흔히 다른 여자를 칭찬하는 남자에게 호감을 느낀다. 연인을 향한 열정과 관대한 감정을 나타내는 그를 보면서, 숙녀는 그런 시시한 여자에게도 애정을 느끼니 자신에게는 얼마나 매력적인 애인이 될까 상상하는 것이다. 이상하게 들릴지 모르겠지만, 피츠패트릭 부인 외에도 그런 예는 얼마든지 있다. 어쨌든 이 부인에게도 그런 일이 실제로 일어났다. 부인은 존스 군에게 묘한 감정을 느끼기 시작했고, 그런 감정의 징후를 옛날 소피아가 그랬던 것보다 훨씬 더 빨리 알아차렸다.

진실을 말하자면, 남녀를 불문하고 완벽한 미모란 일반적으로 생각하는 것보다 훨씬 더 저항하기 힘든 매력이다. 어떤 사람들은 상대의 못생긴 외모에 만족하며 외양을 경시하고 내면의 아름다움이 더 가치 있다는 말을 곧이 믿는다(아이들이 무슨 뜻인지도 모르고 암송하듯이). 하지만 내가 관찰한 바에 따르면, 완벽한 미모의 소유자 앞에서 그런 내면의 아름다움은 마치 한낮의 별처럼 빛을 잃고 만다.

존스가 소피아에게 마치 오룬데이츠나 입에 올릴 법한 많은 경탄과 찬사를 바치자, 피츠패트릭 부인은 깊은 한숨을 몰아쉬며 한참 동안 가만히 보고 있던 존스에게서 눈을 돌리고 바닥을 바라보며 큰소리로 말했다. "정말이지 존스 씨는 딱한 분이세요. 하지만 그토록 열렬한 사랑이 그걸 알지도 못하는 숙녀에게 낭비되듯 버려지는 것도 다 운명이겠지요. 존스 씨보다 제가 사촌 여동생을 더 잘 안답니다. 존스 씨, 분명히 말씀드려야겠네요. 당신 같은 사람이 그토록 열정적인 사랑을 보내는데도 아무런 반응을 보이지 않는 여자라면, 누구든 그만한 가치가 없다고 봅니다."

존스가 말했다. "부인, 설마 말씀하시고자 의도하는 사람이……." 피츠패트릭 부인이 소리쳤다. "의도라니요, 저도 제가 무슨 생각으로 말씀드리는 건지 모르겠네요. 진정한 사랑에는 보는 사람을 매혹시키는 뭔가가 있다고 해요. 남자에게서 그런 사랑을 얻는 여자는 다만 몇 안 될 뿐더러, 그런 사랑을 얻고도 그 가치를 아는 여자는 그보다 더 적답니다. 저는 존스 씨처럼 고귀한 감정을 지니신 분은 처음 보았고, 어째선지 당신의 말을 믿지 않을 수 없군요. 당신의 그런 가치를 가볍게 보는 여자는 가장 경멸받아 마땅한 여자일 거예요."

이런 말을 하는 그녀의 태도와 표정이 존스의 마음에 의심을 불러일으켰지만, 독자 여러분께 그 태도를 직접 말로 전하진 않겠다. 어떤 대답도 하지 않은 채 그는 "부인, 제가 너무 오래 실례한 것 같군요." 말하며 물러날 채비를 했다.

"전혀 그렇지 않아요, 존스 씨." 피츠패트릭 부인이 말했다. "참으로 딱하기도 하셔라. 정말 그래요. 어쨌든 가시겠다면 제가 말씀드린 계획을 다시 생각해 주세요. 틀림없이 찬성하시리라 믿어요. 그리고 되도록 빠른 시일 내에 다시 와 주세요. 가능하면 내일 아침, 혹은 늦어도 모레쯤에요. 하루 내내 집에 있을 테니까요."

존스는 여러 차례 고맙다는 인사를 하고 공손하게 물러났다. 피츠패트릭 부인은 작별할 때 의미 있는 표정을 감추지 못했는데, 그 표정에서 아무것도 읽어 내지 못한다면 눈빛 언어를 전혀 이해하지 못하는 사람일 것이다. 사실 존스는 그 눈빛을 보고 다시는 부인을 방문하지 말아야겠다고 결심을 굳혔다. 비록 지금까지 이 작품 속에서 몇 차례나 비난받아 마땅한 행동을 하긴 했지만, 지금 그의 마음속에는 오로지 소피아밖에 없었으므로, 세상 그 어떤 여자도 이제 그를 유혹하여 부정한 행동을 하게 할 수는 없을 것이다.

그러나 여전히 우호적이지 않은 운명의 여신은, 존스가 피츠패트릭 부인에게 두 번째 기회를 주지 않기로 결심하자, 그 기회를 다른 식으로 최대한 이용하려 했다. 그 결과 여신은 우리가 비통한 마음으로 기록할 수밖에 없는 비극적인 사건을 만들어 냈다.

10
앞 장의 방문 결과

앞 장에서 웨스턴 고모가 준 편지를 통해 부인이 은거해 있는 장소를 알게 된 피츠패트릭 씨는 곧장 바스로 돌아갔다가 다음 날 런던으로 출발했다.

독자 여러분도 이미 여러 차례 이 신사의 질투심 많은 성격을 들어왔으며, 또한 업턴에서 워터스 부인과 한 방에 있던 존스를 발견하고 그가 의혹을 품었던 일도 기억하실 것이다. 물론 그 이후 충분한 근거에 따라 의혹이 말끔히 해소되긴 했지만, 자기 아내가 존스를 추어올리는 편지를 읽자 아내도 그때 한 여관에 있었던 게 아닐까 하는 의혹이 생겼다. 이런저런 생각으로 본디 명석한 편이 아닌 머리가 복잡하게 뒤얽히자, 셰익스피어가 비극 《오셀로》에서 말한 바 있는 초록빛 눈의 괴물*11이 태어났다.

그런데 마침 아내가 사는 거리를 수소문하여 대문으로 이어진 길에 들어선 순간, 불행하게도 존스 군이 막 그 문에서 나오고 있었다.

피츠패트릭은 그때까지 아직 존스의 얼굴을 기억하지 못하고 있었지만, 옷을 잘 차려입은 청년이 아내 집에서 나오는 걸 보자 즉시 그에게로 달려가 그 집에 무슨 볼일이 있느냐고 물었다. "나오는 모습을 내 눈으로 똑똑히 보았으니 발뺌하진 못할 거야."

존스는 겸손한 태도로 대답했다. "어느 부인을 방문하고 나오는 길입니다." 피츠패트릭이 물었다. "그 부인에게 무슨 볼일이 있는데?" 그제야 존스는 이 신사의 목소리, 외모, 그리고 사실상 겉옷까지 완전히 기억해 내고 큰 소리로 외쳤다. "하하, 노형, 당신이었군요! 악수합시다. 우리 둘 사이에

---

*11 《오셀로》 3막 3장 166행, 이아고의 유명한 대사로, '질투'를 뜻한다.

오래전에 있었던 작은 실수 때문에 어떤 앙금이 남아 있진 않겠지요?"

"미안하오만, 나는 당신 이름도 얼굴도 기억나지 않소." "그야 저도 당신의 이름은 모릅니다만 얼굴만큼은 업턴에서 틀림없이 본 기억이 있어요. 그때는 바보 같은 다툼이 있었지만 그 일로 아직 화해한 게 아니라면 술이나 한잔하며 지금 화해합시다."

"업턴이라고! 그럼 틀림없이 당신 이름이 존스렷다?" "바로 그렇소." 피츠패트릭이 소리쳤다. "그럼 네 녀석이 바로 내가 찾던 놈이로군. 네 녀석과 술도 마시겠지만 그 전에 먼저 네놈 골통부터 한 방 날려야겠어. 받아라, 이 나쁜 자식아. 한 방으로 성이 차지 않으면 이번엔 이걸로 상대해 주지." 그러고 나서 그는 칼을 빼 들고 곧장 방어 자세를 취했다. 검술은 그가 아는 유일한 학문이었다.

뜻밖의 공격을 받고 존스는 약간 비틀거렸으나 곧바로 정신을 가다듬고 자신도 칼을 빼 들었다. 검술에는 문외한이지만 대담하게 피츠패트릭에게 덤벼들어 방어 자세를 허물어뜨리고는 상대방 신사의 몸을 칼로 푹 찔렀다. 칼을 맞은 신사는 이내 뒷걸음질을 치며 자신의 칼끝을 아래로 떨어뜨리고 칼에 몸을 기대며 소리쳤다. "그만 됐어. 나는 이제 죽은 목숨이야."

"설마 목숨에는 지장이 없겠지만 결과가 어찌되든 모두 당신이 자초한 일이오." 존스가 외쳤다. 그 순간 한 무리의 남자들이 우르르 몰려와 존스를 체포했다. 존스는 저항하지 않을 테니 적어도 몇 사람은 부상당한 신사를 돌봐달라고 부탁했다.

"알았소." 그들 중 한 명이 소리쳤다. "부상당한 신사는 우리가 책임지겠소. 어차피 몇 시간 못 살 테니. 그리고 당신은 잘해야 앞으로 한 달 살면 많이 산 게요." 또 다른 자가 말했다. "제기랄, 이제 배에는 못 태우겠군. 도착할 항구가 달라졌어." 이들은 가엾은 존스를 소재로 온갖 농담을 지껄여댔다. 사실 이자들은 펠라머 경이 고용한 패거리로, 존스를 따라 피츠패트릭 부인의 집까지 몰래 미행하여 길거리 모퉁이에서 그가 나오길 기다리다 이 불행한 사건을 목격한 것이다.

패거리 대장은 매우 현명하게도, 이제 그가 할 일은 죄인을 런던의 치안판사님께 인도하는 일이라고 결론지었다. 따라서 그는 존스를 술집으로 데려가도록 지시하고, 그곳에서 경관을 불러 존스를 인도했다.

경관은 존스 군의 훌륭한 옷차림을 보고, 또 이 사건이 결투 중에 일어났다는 얘기를 듣고는 피의자를 매우 공손하게 대했다. 그리고 존스의 요청에 따라 심부름꾼을 보내어 인근 여관에서 의사의 치료를 받고 있는 부상자의 안부를 물어보았다. 그러나 되돌아온 소식은 부상자가 치명상을 입어 살아날 가망이 없다는 것이었다. 이 말을 듣고 경관은 존스에게 어쩔 수 없이 판사 앞에 가야만 하겠다고 알렸다. 존스는 대답했다. "좋으실 대로 하십시오. 저는 어떻게 되든 상관없습니다. 법률상 살인죄에 해당하진 않는다고 확신합니다만, 사람이 죽을지도 모른다는 중압감은 견디기 힘들군요."

존스는 판사 앞에 끌려갔고, 그곳에 피츠패트릭 씨를 치료한 의사가 와서 피해자가 치명상을 입었다고 증언했다. 이 증언에 의해 존스는 감옥으로 이송되었다. 밤이 깊은 시간이었으므로 존스는 다음 날 아침이 되어서야 파트리지를 부르러 사람을 보낼 수 있었다. 그러나 아침 일곱 시가 되도록 좀처럼 눈을 붙이지 못하며, 아무리 기다려도 도련님으로부터 소식이 없자 몹시 걱정하던 가엾은 파트리지가 이 엄청난 소식을 전해 들었을 때는 거의 열두 시가 다 된 시각이었다.

그는 무릎이 벌벌 떨리고 심장이 쿵쿵 뛰는 가운데 감옥으로 달려갔다. 그리고 존스의 얼굴을 보자마자 눈물을 펑펑 쏟으며 존스에게 닥친 불운을 슬퍼했다. 그러면서도 그는 새파랗게 질려서 끊임없이 주위를 둘러보았다. 마침 그때 피츠패트릭 씨가 사망했다는 소식이 전달되었으므로, 이 가엾은 친구는 당장이라도 그 유령이 감방으로 들어오진 않을까 두려웠던 것이다. 마침내 그는 하마터면 잊어버릴 뻔했던, 소피아가 블랙 조지 편에 보낸 편지를 존스에게 건넸다.

존스는 서둘러 모든 사람을 방에서 내보낸 뒤 애타는 마음으로 편지를 뜯었다. 편지는 다음과 같이 쓰여 있었다.

제가 다시 편지를 쓰게 된 건 참으로 뜻밖이었던 한 가지 일 때문이랍니다. 고모님께서 방금 전 제게 도련님께서 벨라스턴 귀부인에게 보내셨다는 편지를 보여 주셨어요. 청혼하는 내용을 담고 있더군요. 도련님의 필체가 틀림없었습니다. 더 놀라운 점은 그 편지가 도련님이 저 때문에 걱정하고 계시리라고 믿었던 바로 그 날짜에 쓰였다는 사실이에요. 해명은 도련님께 맡기겠어요. 제 소망은, 이제 다시는 도련님의 이름을 듣고 싶지 않다는 겁니다.

S.W.

존스의 현재 심경이 어떠한지, 그가 지금 얼마나 괴로워하고 있는지에 대해, 우리는 그저 그의 고통이 스웨컴 선생조차도 가엾이 여길 만큼 극심했다고밖에 표현할 길이 없다. 물론 최악의 상황이긴 하지만, 지금은 우리도 그를 고통 속에 남겨 두기로 한다. 그의 선량한 수호신(그런 신이 실제로 그에게 붙어 있다면)도 그럴 생각인 듯하니까 말이다. 그리고 여기서 우리 이야기의 제16권을 끝맺겠다.

제17권
사흘 동안 일어난 일

1
약간의 서론적인 내용을 담고 있다

희극 작가는 주인공을 최상으로 행복하게 만들었을 때, 그리고 비극 작가는 주인공을 최악으로 불행하게 만들었을 때 자신이 해야 할 일을 모두 끝냈으며 작품에 종지부를 찍을 때가 됐다고 생각한다.

우리가 비극 작가에 가깝다면, 독자 여러분은 지금 우리가 그 시점에 거의 도달했다고 틀림없이 인정하시리라. 악마라 할지라도, 혹은 이 세상의 그 어떤 악마의 대행자라 할지라도 앞 권 마지막에서 존스가 맞이한 상황보다 더 고통스런 상황을 만들어 내기란 쉽지 않기 때문이다. 그리고 소피아도, 선량한 성품을 지닌 여자라면 분명히 현재 소피아가 느끼고 있을 불안한 감정보다 더 불편한 감정을 자신의 연적에게 선사하고자 하지 않을 것이다. 그러므로 여기서 한두 사람의 죽음과 약간의 교훈적인 문장만 첨가하면 그야말로 완벽한 비극이 완성된다!

하지만 사랑하는 우리의 주인공 남녀를 지금 처한 역경에서 구해내어 그들을 행복이라는 해안에 무사히 이르게 하는 일은 그보다 훨씬 어려워 보인다. 진정 너무 어려워서 우리도 그럴 생각이 들지 않는다. 소피아는, 언젠가 때가 되면 결국 블리필이든 펠라머 경이든, 아니면 다른 누구든 훌륭한 남편감을 충분히 고를 수 있다. 그러나 가엾은 존스는, 자신의 경솔함 때문에, 즉 세상에 죄를 짓진 않았다 하더라도 적어도 자기 자신에게 중죄를 저지른 그 경솔함 때문에, 그가 지금 휘말리게 된 재앙은 너무나도 끔찍했다. 게다가 그를 도와줄 사람은 아무도 없고 그를 괴롭히는 적들의 핍박만 하도 극심해서, 우리로서도 그를 구해낼 길이 없다. 독자 여러분도 혹시 처형 장면 구경을 즐기시는 분이라면, 지체 없이 타이번*1 형장의 첫 번째 줄을 예약하러 가야 할 것이다.

불행하게도 우리 이야기의 주인공으로 뽑힌 이 악동 청년에게 우리가 아무리 깊은 애정을 품고 있어도, 우리는 아주 중요한 경우에만 사용한다는 조건으로 우리에게 맡겨진 초자연적인 힘을 그의 구원에 쓰지 않으리라고 약속하는 바이다. 따라서 그가 모든 고난으로부터 자신을 정당하게 구해내는 자연스러운 수단을 찾아내지 못한다 하더라도, 우리는 우리 이야기의 진실성과 권위를 왜곡하지 않을 것이다. 정직성을 상실하고 독자의 믿음을 배신하느니, 차라리 그가 타이번 형장에서 교수형에 처해졌다고(그럴 가능성이 매우 높다) 이야기하는 쪽을 택하겠다.

이 점에서 고전 작가들은 현대 작가들보다 훨씬 유리했다. 고대 사람들은 오늘날 사람들이 종교를 믿는 마음보다도 더욱 굳건하게 그들의 신화를 믿었으므로, 자신들이 좋아하는 영웅을 구출할 기회가 얼마든지 있었다. 신화 속 신들은 작가의 뜻을 실천하기 위해 늘 작가 바로 옆에서 대기하고 있었다. 그리고 그 내용이 특이할수록 무엇이든 쉽게 믿는 독자들의 놀라움과 기쁨은 커져만 갔다. 고전 작가들은 가엾은 현대 작가가 주인공을 감옥에서 구출해 내는 일보다도 훨씬 더 쉽게 주인공을 한 나라에서 다른 나라로, 아니, 한 세계에서 다른 세계로 데려갔다가 다시 데려올 수 있었다.

아라비아와 페르시아의 작가들도 요정을 이용하여 이야기를 쓴다는 점에서 고전 작가들과 같은 이점을 누렸다. 그들은 코란의 권위에 의거하여 신앙의 한 항목으로 그런 요정의 존재를 믿었다. 그러나 우리 현대 작가에게는 이런 도움이 전혀 없다. 우리는 그저 자연스러운 수단만 사용하도록 제약받는다. 따라서 우리는 이런 자연스러운 수단을 통해 가엾은 존스에게 해줄 수 있는 일을 찾아봐야 한다. 다만 진실을 고백하자면, 그는 아직까지 최악의 구렁텅이에 빠지지 않았으며, 아직 열리지 않은 운명의 책장 속에는 지금까지 들은 어떤 소식보다도 더 충격적인 소식이 그를 기다리고 있다고 누군가 내 귀에 속삭이고 있다.

---

*1 런던 북서쪽 근처로, 1783년까지 형장이 있던 곳이다(8권 1장 참조).

2
너그럽고 은혜로운 밀러 부인의 행동

올워디 씨와 밀러 부인이 아침 식사를 하기 위해 자리에 앉았을 때 아침 일찍 외출했던 블리필도 돌아와 자리를 함께했다.

자리에 앉은 지 얼마 되지 않아 블리필이 말했다. "세상에! 삼촌, 대체 무슨 일이 일어났는지 아세요? 정말이지 이런 말씀을 드리면 삼촌께서 그런 나쁜 놈에게 친절을 베푸신 일을 새삼 떠올리시고 기분 상하실까봐 차마 입이 떨어지지 않아요." 삼촌이 물었다. "대체 무슨 일이니? 내가 그럴 가치도 없는 나쁜 사람들에게 친절을 베푼 게 한두 번이 아닌 모양이다만, 선행은 그 대상의 악까지 택하지는 않는단다." 블리필이 대답했다. "오, 삼촌, 그 '택한다'란 단어에 하느님의 뜻이 은밀하게 작용하고 있는 거예요. 삼촌께서 양자로 택하신 그 존스란 놈, 삼촌께서 가슴에 품고 키우신 바로 그놈이 이 세상에서 가장 악독한 놈으로 밝혀졌다지 뭡니까." 밀러 부인이 소리쳤다. "모든 성스러운 존재들을 걸고 맹세하건대, 존스 도련님은 나쁜 사람이 아닙니다. 도련님은 누구보다 훌륭하신 분이에요. 누구든지 도련님을 악당이라고 부른다면 저는 이 펄펄 끓는 물을 그 사람 얼굴에 끼얹어 줄 거예요." 올워디 씨는 부인의 서슬에 몹시 놀란 표정이었다. 그러나 부인은 그에게 말할 틈도 주지 않고, 그를 향해 돌아서며 소리쳤다. "선생님, 제게 화를 내지 마시기를 바랍니다. 세상 무슨 일이 있어도 저는 결코 선생님의 심기를 거스를 생각은 없어요. 하지만 존스 도련님을 악당이라고 욕하는 건 참을 수가 없군요." 올워디가 매우 진지하게 말했다. "솔직히 부인께서 알지도 못하는 애를 그렇게 열을 내며 옹호하시다니 좀 놀랍군요." "오, 올워디 선생님, 저는 도련님을 잘 알아요. 알고말고요. 제가 모른다고 잡아뗀다면 그야말로 배은망덕한 몹쓸 년이지요. 존스 도련님은 저와 제 가족을 구해 주셨답니다. 우리 가족은 살아 있는 한 그분을 축복해도 모자랄 충분한 근거가 있죠. 부디 하느님께서도 그분을 축복하시고, 악의에 찬 그분의 적들이 마음을 고쳐먹도록 도와주소서. 이제 보니 정말로 그런 적들이 있다는 걸 잘 알겠네요." 올워디가 말했다. "부인, 저를 더욱 놀라게 하시는군요. 부인께서는 지금 다른 사람을 말씀하시는가 봅니다. 제 조카가 말한 그놈에게 부인이 그런 은혜를 입다니 있을 수 없는 일이에요." 부인은 대답했다. "아니오, 저는 그분께 가장 크고 따뜻한 은혜를 입었답니다. 그분은 저와 제 아이들의 목숨을 구해 주신 은인이에요. 믿어 주세요. 선생님께서는 그분을 비방하는 말만 들어오셨나 봐요. 그렇지 않다면 선량한 심성과 명예 자체이신 선생님께서 오갈 데 없는 그 가엾은 도련님을 생각하시어 저에게 그토록 여러 차례 따뜻한 말씀을 하셨는데 갑자기 그토록 경멸적으로 '그놈'이라고 부르실 리 없으니까요. 그 친절한 도련님은 선생님께 그런 말을 들을 이유가 없어요. 도련님은 언제나 선생님께 진심으로 감사하며 훌륭하신 분이라고 말씀하셨어요. 도련님은 단 한 번도 존경심 없이 선생님의 이름을 부른 적이 없었어요. 바로 이 방에서도 도련님은 무릎을 꿇고 선생님을 위해 하느님의 축복을 기원하셨는걸요. 제가 딸애를 사랑하는 마음 이상으로 도련님은 선생님을 사랑하고 계세요."

"보아하니 밀러 부인은 정말로 그놈과 아는 사이인가 봅니다." 블리필이 악마의 애제자 특유의 비웃음을 지으며 말했다. "그놈은 이 부인뿐 아니라 삼촌의 지인 모두에게 삼촌 얘기를 하고 다니는가 보군요. 부인의 말투로 보아 그놈이 제 얘기를 멋대로 지껄여댄 모양이지만 저는 그놈을 용서하겠습니다." 밀러 부인이 말했다. "주님께서는 블리필 도련님도 용서하실 겁니다. 우리는 모두 죄 많은 인간이니 주님께 용서를 빌어야지요."

올워디가 말했다. "제 조카에게 말씀이 심하시군요. 장담컨대, 부인이 이 아이를 비난하는 이유는 그 사악한 놈에게 속아 넘어가 그런 것일 테니 결국 그놈에 대한 제 분노를 더 키우기만 할 뿐입니다. 분명히 말씀드리지만, 지금 부인 앞에 있는 이 아이는 부인이 역성드는 그 배은망덕한 놈을 너무도 열심히 옹호했답니다. 그 얘기를 들으신다면 부인께서도 그놈이 얼마나 비열하고 배은망덕한 놈인지 아시고 혀를 내두르실 겁니다."

"선생님께서 속고 계신 겁니다." 밀러 부인이 대답했다. "이 말이 제가 이 세상에서 마지막으로 하는 말이라 하더라도 저는 선생님께서 속고 계신 거라고 말씀드리겠어요. 다시 한 번 말씀드리지만, 나리를 속인 사람들을 주님께서 용서해 주시기를! 물론 존스 도련님께 잘못이 전혀 없다는 건 아니에요. 하지만 아직 혈기왕성하고 어리다 보니 실수한 거지요. 나중에는 다 고쳐졌을, 아니 도련님이 틀림없이 바로잡았을 잘못이에요. 예컨대 고치지 못한다 하더라도, 그 정도 결점은 그토록 인간적이고 따뜻하며 정직한 도련님의 심성에 비하면 결점이라고 할 수도 없지요."

올워디가 말했다. "부인이 그렇게 말씀하셔도 저는 믿지 못하겠군요." 밀러 부인이 대답했다. "아니오, 선생님께선 제가 말씀드릴 모든 내용을 믿게 되실 거예요. 틀림없이 믿으실 거라고 확신해요. 지금부터 제가 하는 얘기를 모두 들으신다면(빠짐없이 말씀드리겠어요), 선생님께서는 화를 내시기는커녕(선생님은 공평하신 분이니까요), 제가 도련님을 변호하지 않았다면 분명히 저를 배은망덕한 나쁜 여자라고 말씀하셨을 거예요."

"좋습니다, 부인." 올워디가 말했다. "솔직히 말해, 변명이 필요한 것 같은 그놈의 행동에 대한 타당한 변명을 듣게 된다면 저는 아주 기쁠 겁니다. 그런데 부인, 우선 제 조카애가 아까 하려고 했던 이야기부터 먼저 들어보십시다. 저 애도 별것 아닌 소식에 그런 요란스러운 서두를 붙여 얘기하는 애는 아니니까요. 조카의 얘기를 들으신다면 부인께서도 얼마나 큰 착각에 빠져 있었는지 깨달으실 것입니다."

밀러 부인이 승낙하자 블리필이 입을 열었다. "삼촌, 밀러 부인의 부당한 말씀에 삼촌께서 화를 내지 않으신다면, 저와 관련된 부분만큼은 기꺼이 용서하겠습니다. 하지만 선량하신 삼촌께 부인이 그런 무례한 태도를 보이는 것은 참기 힘들군요." 올워디가 말했다. "어쨌든 그 새로운 소식이란 게 대체 뭐냐? 그놈이 또 무슨 짓을 저질렀단 말이냐?" "밀러 부인은 그렇게 말씀하셨지만, 참으로 유감스러운 소식입니다. 제 입으로 말씀드리고 싶진 않지만, 어차피 숨기려야 숨길 수 없는 일이지요. 간단히 말씀드리면, 그놈이 사람을 죽였답니다. 살인은 아니에요. 법률상 그렇지는 않을 겁니다. 처벌이 가볍게 끝나면 좋을 텐데요."

충격을 받은 올워디 씨가 성호를 긋고 밀러 부인을 향해 큰소리로 말했다. "자, 부인. 이제 뭐라고 말씀하시겠소?"

부인이 대답했다. "제 평생 이보다 더 걱정스러운 소식이 없군요. 그 말이 사실이라면 누군진 몰라도 그 피해자가 먼저 잘못했을 게 틀림없어요. 이런 던에는 젊은 신사들에게 싸움을 거는 게 일인 나쁜 놈들이 수두룩하니까요. 어지간히 지독한 일을 당하지 않으셨던들 존스 도련님이 응수하실 리 없지요. 우리 집에 하숙하셨던 신사분들 가운데 그토록 점잖고 다정한 성품을 지닌 분은 결코 본 적이 없으니까요. 도련님은 우리 집은 물론 우리 집에 드나

드는 모든 사람들에게 사랑받는 신사분이셨어요."

부인이 말하고 있을 때 갑자기 문을 거칠게 두드리는 소리가 나는 바람에 이야기가 끊기면서, 부인은 뒷얘기를 계속하지도, 대답을 듣지도 못하게 되었다. 부인은 올워디 씨를 찾아온 손님일 거라 짐작하고는 서둘러 어린 딸을 데리고 방에서 나왔다. 막내딸은 존스 군에 대한 슬픈 소식을 듣고 엉엉 울고 있었다. 존스는 늘 이 막내를 종종 꼬마부인이라고 부르면서 장난감도 많이 사주고 몇 시간씩 함께 놀아 주기도 했다.

몇몇 독자분들은 아마 우리가 동료 역사가들 가운데 가장 훌륭한 인물인 플루타르크의 선례에 따라 이런 자질구레한 상황까지 얘기해 드린 점에 흡족해하실 것이다. 그리고 이런 사소한 상황들을 하찮다고 여기시는 다른 독자분들께서도 너그러이 봐주시리라 생각한다. 이런 경우 우리는 결코 내용을 장황하거나 지루하게 끌고 가지 않기 때문이다.

3
웨스턴 씨의 방문과 아버지의 권위에 관한 문제들

밀러 부인이 방에서 나가자 이내 웨스턴 씨가 들어왔다. 그러나 그에 앞서 한바탕 가벼운 언쟁이 웨스턴 씨와 가마 마차꾼들 사이에 벌어졌다. 헤라클레스 필러스 여관에서부터 웨스턴 씨를 태우고 온 가마꾼들은 이 시골 지주를 앞으로 또 태울 일은 없다고 판단하고, 게다가 이 고객이 몹시 후하다는 사실(이미 웨스턴 씨 스스로 정식 요금보다 6페니를 더 주었기 때문이다)에 힘을 얻어, 대담하게도 요금을 1실링 더 달라고 요구한 것이다. 화가 머리끝까지 치민 웨스턴 씨는 문 앞에서 마차꾼들에게 있는 대로 욕설을 퍼부어 댔으며, 집 안으로 들어온 뒤에도 분을 삭이지 못하고, 런던 녀석들은 모두 꼭 왕실 녀석들 같아서 시골 사람을 뜯어먹을 궁리만 한다고 투덜댔다. "저런 녀석들의 마차에 다시 타느니 차라리 빗속이라도 걸어서 다니겠소. 고작 1마일을 오면서 흔들리긴 또 왜 그렇게 흔들리는지, 내 말 브라운베스는 오랫동안 여우사냥을 할 때도 절대 그런 일이 없었는데."

마침내 화가 다소 가라앉자, 그는 다른 일에도 똑같이 흥분하며 열을 올렸다.

"그런데 일이 아주 이상하게 되었습니다그려. 마침내 사냥개들이 방향을 틀어서 여우 녀석을 다 잡았다고 생각했는데 제기랄, 알고 보니 그놈은 오소리지 뭐요."

올워디가 말했다. "웨스턴 씨, 부디 비유적인 표현 말고 좀더 알기 쉽게 말씀해 주시지요." 웨스턴 씨가 말했다. "좋소. 분명히 말씀드리리다. 전부터 근본도 모르는 사생아 놈 때문에 내내 골머리를 썩여 왔는데, 이제는 또 웬 빌어먹을 귀족 놈이 등장했지 뭡니까. 내가 보기엔 이놈 역시 개자식이에요. 이 자식이 내 딸과 결혼하도록 허락하는 일은 결코 없을 겁니다. 그런 귀족 놈들 때문에 나라가 거지꼴인데, 내 것에까지 손을 대려 하다니 어림도 없지. 내 땅을 하노버 왕가 놈에게 넘기다니, 내가 미쳤소?"

올워디 씨가 말했다. "친구 양반, 갑작스런 얘기에 정신이 없구려." 웨스턴 씨가 말했다. "젠장! 정신이 없는 건 바로 나요. 어젯밤 여동생과 약속한 대로 그 애를 보러 갔는데 방 안에 여자들만 잔뜩 있지 뭡니까. 내 친척들인 벨라스턴 귀부인, 베티 부인, 캐서린 부인, 그리고 누군지 잘 모르는 부인도 있었어요. 하나같이 후프 고리가 들어간 페티코트를 입고 있는 그 계집년들 소굴에서 제가 그 눈길들을 받고 어떤 기분이었을지 상상 좀 해 보시오. 제기랄, 이야기책에 나와 있듯이 토끼로 변신했다가 자기 개들에게 물려 죽은 액턴*2이란 사내처럼 차라리 내 사냥개들에게 추격을 당하는 편이 더 나았을 거요. 젠장맞을, 그 누구도 그토록 거세게 내몰린 적은 없을 겁니다. 한쪽으로 도망치면 다른 쪽에서 누군가가 낚아채고, 조용히 쭈그리고 앉아 있으면 또 다른 누군가가 물어뜯죠. '오! 영국에서 가장 훌륭한 결혼식이 될 거예요!'(부인들의 목소리를 흉내 내며)라고 한 부인이 말하면 또 다른 부인이 '이보다 좋은 조건이 어딨겠어요' 하고 소리쳤죠(모두 다 내 친척이라는데 그들 중 절반은 얼굴도 본 적이 없어요). 그리고는 그 뚱뚱한 벨라스턴 귀부인이 '그렇고말고요. 이런 청혼을 거절하다니 머리가 어떻게 된 것 아니에요?'라고 지껄였죠."

"이제야 무슨 말씀인지 이해가 되는군요." 올워디가 말했다. "그러니까 어

---

*2 그리스 신화에 나오는 사냥꾼 악타이온을 어렴풋이 기억하고 말한 듯하다. 악타이온은 여신 아르테미스(다이아나)의 노여움을 사는 바람에 사슴으로 변해서 자신이 기르던 개에게 물려 죽었다.

떤 귀족이 웨스턴 양에게 청혼을 했고, 그 일에 친척 부인들은 찬성하는데 웨스턴 씨는 마음에 들지 않는다는 말씀이군요."

"맘에 들긴, 무슨! 제기랄, 누가 그런 청혼을 맘에 들어 하겠소? 청혼한 놈이 귀족이라니까요. 나는 귀족 놈들하고는 절대로 관계를 맺지 않겠다고 단단히 결심했소. 웬 귀족 놈이 사냥터로 만들겠다며 땅을 조금 사려고 40년 동안 값을 올리며 애를 쓰고 있지만 나는 거절하지 않았소? 단지 그놈이 귀족이라는 이유로 말이오. 그런 내가 딸을 귀족 놈에게 시집보내겠소? 게다가 당신과 먼저 약속을 하지 않았소? 내가 언제 약속했다가 깬 적이 있소?"

"이웃 양반, 그 약속은 없었던 걸로 합시다. 약속할 때 당사자들이 그 약속을 책임질 능력이 있거나 나중에라도 그 능력을 얻는다면 몰라도, 그게 아닌 약속은 효력이 없으니까요."

"아니, 젠장, 대체 그게 무슨 소리요?" 웨스턴이 대답했다. "분명히 말씀 드리지만, 나는 전권을 갖고 있고 약속을 이행할 거요. 지금 당장 민법박사 회관으로 갑시다. 내 당장 결혼 허가서를 얻어낼 테니. 그리고 여동생에게 가서 딸애를 강제로라도 끌고 와서 조카분과 결혼시키겠소. 그렇지 않으면 딸애를 평생 감금해 놓고 빵과 물만 먹으며 살 게 할 테요."

"웨스턴 씨, 이 일에 대한 제 생각을 들어 주시겠습니까?" 웨스턴이 대답했다. "물론이죠, 듣고말고요." "그럼 말씀드리지요. 웨스턴 씨와 따님을 칭찬하려는 뜻이 아니라 제 진심을 말씀드리는 것입니다. 처음 결혼 제의를 받았을 때 저는 진심으로 기뻐하며 찬성했지요. 이웃끼리 옛날부터 사이가 아주 좋았으니 이 결혼이 매우 바람직한 일이라고 생각했습니다. 그리고 따님을 아는 모든 사람이 한결같이 생각하듯이, 저도 그 애가 착한 남편에게 더할 나위 없이 훌륭한 보석 같은 아내가 되리라고 확신했습니다. 따님의 개인적인 자질에 대해서는 아무런 말도 하지 않겠습니다. 그 착한 성품, 자비심, 겸손함 등은 너무 훌륭해서 새삼스레 칭찬할 필요도 없으니까요. 그러나 천사와 같은 숙녀분들 중에서도 으뜸가는 숙녀인 따님에게는 최고 수준의 자질이 하나 더 있죠. 반짝반짝 빛을 발하는 종류의 자질은 아니기 때문에 평소에는 눈에 잘 띄지 않고 남의 입에 오르내리지도 않기 때문에 한 마디 해두고자 합니다. 저는 따님의 입에서 어떤 버릇없는 말이나 말대답도 들은 적이 없습니다. 또 따님은 재치 있는 척한다든가, 대단한 학식이 있는 척, 또 경험의 산물일 뿐인 지혜를 가진 척하지도 않지요. 어린 숙녀가 그런 자질을 가진 척하는 건 원숭이가 사람 흉내를 내는 일만큼이나 어리석은 짓이에요. 따님은 또한 독단적인 생각, 강압적인 의견, 거만한 비판 같은 것도 가지고 있지 않습니다. 남자들과 같이 있을 때는 언제나 이야기를 경청하며 남을 가르치려 들지 않고 배우는 학생처럼 늘 겸손하지요. 죄송한 말씀입니다만, 한번은 제가 따님을 시험해 보려고 스웨컴 선생과 스퀘어 선생 사이에 벌어진 논쟁을 어떻게 생각하느냐고 의견을 물어본 적이 있어요. 따님은 아주 붙임성 있게 '올워디 선생님도 너무하세요. 그토록 훌륭하신 선생님들도 뜻을 모으지 못하는 문제를 제가 어떻게 결론 내릴 수 있겠어요?'라고 대답하더군요. 스웨컴 선생과 스퀘어 씨는 서로 따님에게서 유리한 대답을 얻어낼 거로 생각하고는 꼭 의견을 말해 달라고 부탁했지요. 따님은 두 사람에게도 역시 명랑한 태도로 대답했어요. '정말 죄송해요. 한쪽 선생님 편을 들어서 다른 선생님께 무례를 범하고 싶지 않답니다.' 정말이지, 따님은 남자들의 지성에는 늘 더없는 경의를 보였어요. 그런 태도야말로 훌륭한 아내가 되는 데 꼭 필요한 자질이지요. 따님은 허세를 부릴 줄도 모르니, 그런 존경심 역시 틀림없는 진실일 겁니다."

여기서 블리필은 씁쓸히 한숨을 내쉬었다. 딸에 대한 칭찬을 듣고 눈에 눈물이 그렁그렁 맺혀 있던 웨스턴 씨가 그 모습을 보고 펑펑 울며 말했다. "소심하게 왜 그러나. 내 딸은 틀림없이 자네에게 줌세. 제기랄, 그 애보다 스무 배 착한 여자도 반드시 자네에게 주겠어."

올워디가 말했다. "웨스턴 씨, 제 얘기를 방해하지 않겠다고 약속하셨잖아요." 그가 대답했다. "물론이오. 방해 안 하오. 이제 입 다물고 가만히 있겠소."

"웨스턴 씨," 올워디가 말을 이었다. "따님의 장점을 길게 말씀드렸는데, 그 까닭은 첫째로 제가 따님의 성품에 진심으로 반했기 때문이고, 둘째는 제가 결혼을 전적으로 승낙한 이유가 재산에 눈이 멀어서라고 생각하지 마시길 바라기 때문입니다(이 점에서 이 결혼은 사실 제 조카에게 아주 유리하니까요). 정말이지, 저는 훌륭한 보석 같은 따님이 우리 식구가 되길 진심으로 바랐답니다. 그러나 그 훌륭한 보석이 탐난다고 해서 그것을 훔칠 생각은 없어요. 또 본인이 동의하지도 않는 결혼을 강요할 마음은 조금도 없고요.

그런 부정하고 억압적인 행동은 법률로 금해야 한다고 생각합니다. 하지만 국법이 아무리 부실하더라도 양심의 규제는 늘 작용하지요. 입법자들이 게을러서 깜박 잊고 제정하지 못한 법률의 결함은 양심이 스스로 보충한답니다. 이 결혼 문제가 바로 그런 경우에 해당하지요. 숙녀의 의사와 상관없이 결혼을 강요하는 건 잔인하고 불경스러운 일 아닙니까? 그런 행동은 가장 숭고하고 가장 엄정한 양심의 법정에서 자신의 영혼을 걸고 책임져야 하는 일이니까요. 아내의 의무를 빈틈없이 해내기란 결코 쉬운 일이 아닙니다. 그런데 따님에게 그 무거운 짐만 지워주고 결혼 생활을 헤쳐 나갈 수 있는 모든 도움은 다 빼앗아버리시겠습니까? 그녀의 심장을 찢어서 떼어내고는, 건강한 심장의 소유자라도 감내하기 힘든 결혼 생활의 의무를 다하라고 명령할 수 있겠습니까? 분명히 말씀드리지만, 그렇게 하는 부모는, 자녀들이 나중에 저지르게 되는 모든 죄의 공범자입니다. 따라서 공정한 판사님 앞에서 자녀가 심판을 받을 때 함께 그 벌을 받을 각오를 해야 해요. 만일 그들이 징벌을 피했다 치더라도, 세상에 자기 자녀의 파멸에 기여했다는 생각을 참고 살 부모가 어디 있겠습니까?

존경하는 웨스턴 씨, 바로 이런 여러 가지 이유 때문에, 안타깝게도 따님께서 제 조카를 싫어한다는 사실이 분명해진 이상, 제 조카에게 베푸시려는 영광을 더는 받아들이지 못하는 것입니다. 물론 그 은혜는 늘 감사하게 생각하며 마음속에 간직하겠습니다."

"자, 당신이 하는 말을 끝까지 다 들었으니 이제 내 말을 들어보시오." 웨스턴은 코르크 병마개가 열리는 순간 거품이 뿜어져 나오듯 말을 쏟아냈다. "그리고 당신 말 한 마디 한 마디에 내가 대답하지 못한다면, 좋소, 그때는 이 결혼을 없었던 일로 합시다! 우선 첫째로 내 질문에 대답부터 해주시오. 딸애는 내가 낳은 자식 아닙니까? 그렇지요? 흔히 자식 속은 부모도 모른다고 하지만, 내가 낳아 기른 자식인데 내 맘대로 못하면 누구 맘대로 한단 말이오? 그 애가 내 자식이란 건 올워디 씨도 인정하시지요? 그렇다면 내가 내 자식을 지배하는 게 뭐가 잘못이란 거요? 아무 문제 없잖소? 다른 일에서 지배할 수 있다면, 그 애 인생에서 가장 중요한 결혼 문제라고 다르겠습니까? 그리고 내가 이 고생을 해가며 뭘 바라겠소? 날 위해서 딸애한테 뭔가 바란 게 있소? 뭘 달라고 요구한 적이 있소? 천만에, 그 반대예요. 나는 그저 그 애가 지금 내 재산의 절반을 가져가고, 내가 죽으면 나머지 절반을 가져가라고 바랄 뿐이오. 그게 다 무얼 위해서겠소? 단지 그 애를 행복하게 해주고 싶어서가 아니오? 남들이 하는 소리를 듣고 있으면 아주 골치가 지끈지끈 아파요. 내가 재혼이라도 한다면 딸애가 엉엉 울만도 하지요. 하지만 그런 일은 결코 없을 겁니다. 어떤 여자가 나를 남편감으로 맞이하려 한다면, 내가 하고 싶어도 결혼이 안 되도록 내 땅을 법적으로 묶어 놓겠다고 한 적도 있어요. 젠장, 내가 이 이상 뭘 더 할 수 있겠습니까? 그런데도 내가 딸애를 파멸로 몰아넣는다고요! 빌어먹을! 온 세상이 파멸하더라도 딸애는 손끝 하나 다치지 않게 할 거요! 올워디 씨, 이렇게 말씀드려 죄송합니다만, 당신의 얘기는 참으로 어처구니가 없군요. 당신이 어떻게 생각하든, 나는 당신이 좀더 양식 있는 분이라고 생각했소."

올워디 씨는 웨스턴 씨의 이런 비난에도 그저 가벼운 미소로만 대꾸했다. 그리고 그가 그렇게 하려고 노력했다 하더라도, 미소에 어떤 악의와 경멸감도 섞어 넣지는 않았을 것이다. 웨스턴 씨와 같은 어리석은 사람에게 그가 내보인 미소는, 마치 천사들이 우리 인간의 아둔함을 내려다보며 짓는 그런 미소였다.

블리필이 몇 마디 말씀을 올리겠다고 허락을 구했다. "소피아 양에게 폭력적인 방법을 쓰는 것은 저도 결코 동의하지 않겠습니다. 제 양심이 그 누구에게도 폭력을 행사하는 걸 용납하지 않으니까요. 하물며 숙녀분에게 어찌 그러겠어요. 그녀가 제게 아무리 차갑게 대하더라도 저는 늘 그녀를 향한 순수하고 진실한 애정만 간직할 겁니다. 그러나 여자들은 끈질긴 인내심 앞에서는 결국 마음이 흔들린다고 어떤 책에서 읽었습니다. 저는 그런 인내심을 발휘하여 마침내 그녀의 애정을 얻고 경쟁자도 물리치려고 합니다. 그 귀족은, 웨스턴 어르신께서 친절하시게도 그자보다 저를 더 좋아해주십니다. 이런 문제에서는 적어도 부모에게 소극적인 발언권이 있다고 할 수 있지요. 소피아 양 본인도 여러 차례 말했어요. 부모의 의사에 반하는 결혼을 하는 자식들은 용서할 수 없다고 공언하는 걸 제 귀로 똑똑히 들었습니다. 게다가 웨스턴 가문의 친척 부인들께서는 그 귀족을 선호하시는 모양이지만, 소피아 양도 그 귀족한테 넘어갈 거라고는 생각하지 않아요. 그렇고말고요! 그런 일은 절대 없을 거예요. 소피아 양의 마음을 차지하고 있는 사람은 또 다른 사악한 놈이란 걸 저도 잘 아니까요."

"그래, 그래. 바로 그놈이지." 웨스턴이 소리쳤다.

"하지만 소피아 양도 그놈이 살인을 저지른 소식을 듣는다면, 그러나 법률이 그놈의 목숨을 살려준다 해도……." 블리필이 말했다.

"아니, 그게 무슨 소리야?" 웨스턴이 소리쳤다. "살인이라고! 그놈이 살인을 저질렀단 말이야? 그럼 그놈이 교수형 당하는 꼴을 구경하겠군? 톨드롤, 톨롤 드롤." 그는 너무 기뻐 노래를 부르며 방 안을 신나게 뛰어다녔다.

"애야, 네 그 불행한 격정을 보니 너무도 가슴이 아프구나. 진심으로 네가 가엾다. 정정당당한 일이라면 네 성공을 도와주기 위해 내 무슨 일이든 하겠다만." 올워디가 말했다.

"정당한 수단만으로 충분합니다." 블리필이 소리쳤다. "설마 삼촌께서도 제가 정당하지 않은 수단까지 쓸 녀석이라고 생각하진 않으시겠지요?"

"내 말 잘 듣거라, 블리필." 올워디가 말했다. "소피아 양이 허락만 한다면 편지를 쓰거나 방문은 해도 좋다. 하지만 폭력적인 생각은 절대로 해서는 안 돼. 감금이니 뭐니 하는 일은 결코 용납하지 않겠다."

"그런 일은 없을 겁니다." 웨스턴 씨가 외쳤다. "정당한 수단이 얼마나 효과를 발휘하는지 당분간 두고 보지요. 그놈이 교수형에 처해져 없어지기만 한다면야. 톨를 드롤. 내 평생 이보다 기쁜 소식은 들은 적이 없습니다. 모든 일이 다 내 뜻대로 되는군. 친애하는 올워디 씨. 헤라클레스 필러스 여관에 가서서 저와 함께 식사나 하십시다. 구운 양 어깨살, 돼지갈비, 닭 요리, 달걀 등을 주문해 놓았답니다. 여관 주인을 부르지 않는다면 우리 둘밖에 없을 겁니다. 서플 목사는 담뱃갑을 찾으러 베이싱스토크에 보냈어요. 깜박 잊고 제가 그곳 여관에 놓고 왔는데, 세상 무슨 일이 있어도 그 담뱃갑만큼은 잃어버리고 싶지 않거든요. 20년 넘게 사용해서 오랜 친구나 다름없으니까요. 여관 주인은 아주 웃기는 친구인데, 당신도 그를 엄청 좋아할 겁니다."

올워디 씨는 결국 이 식사 초대를 수락했다. 웨스턴 씨는 머지않아 가엾은 존스의 비극적인 종말을 보게 되리라는 희망에 차서 노래하고 춤을 추며 떠났다.

웨스턴 씨가 떠나자, 올워디 씨는 아주 진지하게 앞서 말하던 주제를 다시 꺼냈다. 그는 조카에게 말했다. "네 사랑은 아무리 좋게 봐도 이루어질 가망이 없으니 그 점은 네가 극복하길 바란다. 싫다는 숙녀도 인내심으로 극복할 수 있다는 생각은 당치 않은 착각이야. 좋지도 싫지도 않다면 아마 언젠가는 인내에 굴복하겠지. 사랑에 빠진 남자의 인내는, 변덕, 허식, 거만함이나 지나친 경박함의 충동에 넘어가 본디 크게 열정적이지 않은 여성이 상대 남자를 자극해서 구애 기간을 길게 연장시키고 허영심을 채우며 마지막에 아주 보잘것없는 보상을 해주려고 결심할 때에나(이런 여자가 결심이란 걸 한다면 말이다) 승리할 수 있어. 상대방 남성이 충분히 만족스러울 때조차도 그래. 그러나 유감스럽게도 지금 네 경우처럼 여자 쪽에서 확고하게 반감을 갖고 있으면 그 반감은 시간이 갈수록 극복되기는커녕 점점 더 힘을 얻는 법이란다. 게다가 애야, 나는 또 다른 걱정거리도 있단다. 아무래도 네가 그 훌륭한 숙녀를 아름다운 외모만 보고 좋아하는 게 아닌지 걱정이란다. 그런 감정은 결혼에서 행복의 유일한 기초가 되는 사랑이란 이름에 적합하지 않아. 상대방이 자기를 어떻게 생각하는지는 전혀 고려하지 않고 아름다운 외모만을 흠모하고 소유하려는 태도는, 유감스럽게도 무척 자연스러운 일이기는 하지. 하지만 사랑은 오직 사랑이 있는 곳에서만 생겨난단다. 적어도 자신을 싫어한다고 확신하는 사람을 사랑하는 일은 인간의 본성에 어긋난다고 할 수 있어. 그러니 애야, 네 가슴속에 있는 진심을 철저히 검토해 보려무나. 검토해 보고 만약 조금이라도 그런 의심이 든다면, 네가 가진 도덕성과 신앙심이 네 가슴속에서 그런 사악한 감정을 쫓아내라고 명령할 것이 틀림없어. 그리고 네 양식이 아무런 고통 없이 네가 그 일을 해내도록 도와줄 게다."

독자 여러분께서는 블리필의 대답을 충분히 짐작하실 것이다. 하지만 혹시나 그런 짐작을 못하시고 당혹스러워 하신다 해도, 지금으로서는 여러분을 만족시켜 드릴 여유가 없다. 우리의 이야기가 그보다 훨씬 더 중요한 일을 향해 급박하게 나아가고 있기 때문이다. 또한 소피아도 더는 홀로 내버려둘 수가 없다.

4

소피아와 고모 사이에 일어난 특별한 광경

음매 우는 어린 암소나 매 하고 우는 암양들은 무리 속에 있으면 누구의 관심도 받지 않은 채 안전하고 자유롭게 목초지를 누비고 다닌다. 사실 이런 가축들은 때가 되면 사람들의 먹이가 될 운명이지만, 그 전까지는 여러 해 동안 아무런 방해도 받지 않고 자유를 만끽할 수가 있다. 그러나 만약 통통하게 살찐 암사슴 한 마리가 숲 속을 벗어나 어느 들판이나 수풀 사이에서 휴식을 취하는 모습을 발견하면, 온 마을 사람들이 야단법석을 떨며 곧바로 사냥개를 풀어 사슴을 잡으러 간다. 혹 마을 지주가 그 암사슴을 보호하고자 한다면, 그 까닭은 자신의 식량으로 확보해두기 위해서일 뿐이다.

나는 많은 재산과 높은 신분을 지닌 훌륭한 젊은 숙녀가 육아실 울타리에서 처음 벗어나면, 앞서 말한 암사슴과 같은 처지에 빠지게 된다고 전부터 생각해 왔다. 이런 숙녀가 등장하면 도시 전체가 큰 소동에 빠지며, 공원에서 극장, 궁정에서 사교 모임, 무도회장에서 그녀의 방에 이르기까지 사냥터로 바뀌어, 단 한 철도 이런저런 포식자의 입을 좀처럼 피하지 못한다. 혹 그녀의 친구들이 그녀를 구해 준다 해도, 그것은 단지 자신들이 선택한 누군가에게, 대체로 그녀가 가장 싫어하는 남자에게 그녀를 넘겨주기 위해서일 뿐이다. 그러나 소와 양에 해당하는 다른 숙녀들은 눈길도 끌지 않고 안전하게 공원, 극장, 오페라, 무도회장을 유유히 돌아다닌다. 그들 대부분도 언젠가는 누군가에게 잡아먹히지만, 오랫동안 아무런 방해나 통제를 받지 않고 자유를 만끽할 수 있는 것이다.

이런 탁월한 미인 중에서 가엾은 소피아보다 더 심한 박해를 맛본 숙녀는 일찍이 없었다. 그녀의 불운한 별은 블리필 때문에 겪은 모든 고통에 만족하지 않고, 이번에는 그 못지않게 그녀를 괴롭힐 또 다른 추적자를 만들어 냈다. 비록 아버지보다는 덜 폭력적이지만 고모 역시 소피아를 괴롭히는 데에는 아버지 못지않게 열심이었다.

식사 후 하인들이 물러가자마자 고모는 소피아에게 사실을 밝히고 이렇게 말했다. "오후에 펠라머 경이 방문하실 예정인데, 나는 기회를 봐서 자리를 비켜줄 테니 둘이서 잘해 보려무나." 소피아가 화를 조금 내며 대답했다. "그럼 저도 기회를 봐서 그분을 방에 혼자 남겨 두고 나오겠어요." "뭐라고! 아니, 아버지의 감금상태에서 구해주었더니 그 보답이 고작 이거니?" "제가 감금되었던 원인은 싫어하는 남자를 받아들이라는 아버지 말씀을 따르지 않았기 때문이란 걸 고모도 잘 아시잖아요. 그런 고통에서 저를 구해

주신 고모께서 어째서 또다시 제게 똑같은 괴로움을 주려 하세요?” 고모가 말했다. “아니 그럼, 너는 펠라머 경과 블리필 군이 똑같다는 말이냐?” 소피아가 소리쳤다. “제가 볼 땐 다르지 않아요. 만약 둘 중 하나를 선택해야 한다면, 차라리 아버지께서 바라시는 쪽을 고르겠어요.” “그럼 넌 내 기분 같은 건 아무래도 상관없다는 말이구나. 하지만 그런 사소한 일은 문제 삼지 않으마. 나에게는 더 고귀한 동기가 있으니까. 나는 우리 가문의 명예를 높이고 너를 좋은 데 시집보내려는 마음뿐이야. 너는 야심도 없니? 네 마차에 보관 문양을 새기는 일에 아무런 매력도 못 느낀단 말이야?” 소피아가 말했다. “제 명예를 걸고 말씀드리건대, 전혀 못 느껴요. 마차에 바늘꽃이 문양을 새긴다 해도 전혀 부끄럽지 않아요.” “명예란 말은 꺼내지도 말거라! 감히 너 같은 나쁜 계집애가 입에 올릴 수 있는 말이 아니야. 이런 말까지 하고 싶진 않았지만, 네 천박한 기질을 더는 참을 수가 없구나. 네 몸에는 웨스턴 가의 피가 한 방울도 흐르지 않아. 하지만 네 생각이 아무리 천박하고 저급하다 하더라도, 나까지 그런 말을 들을 생각은 없다. 영국에서 가장 훌륭한 혼담을 네가 거절하도록 방조했다고 세상 사람들에게 비난을 들을 수야 없지. 재산상으로도 이득이지만, 사실 어떤 가문이건 명예로운 결혼 아니니? 가문은 그쪽이 훨씬 높으니까 말이다.” 소피아가 말했다. “저는 뭔가 부족한 상태로 태어난 게 틀림없어요. 다른 사람들이 지니고 태어난 감각들을 저는 갖지 못했어요. 분명히 소문이나 자기 과시가 주는 기쁨을 즐기는 감각이 있는 것 같은데, 제게는 그것이 없어요. 왜냐하면 제가 세상에서 가장 하찮다고 생각하는 것을 세상 사람들도 똑같이 하찮게 여긴다면 그것을 얻기 위해 그토록 기를 쓰고 손을 뻗으며 희생을 감수하진 않을 테니까요. 그리고 그것을 가졌다고 그토록 우쭐해 하고 자랑스러워하지도 않겠지요.”

“아니, 그렇지 않아. 너도 다른 사람처럼 번듯하게 오감을 타고났단다.” 고모가 소리쳤다. “하지만 나를 놀리거나 내 행동을 세상 사람들의 웃음거리로 만들 만한 지력이 있다고 생각한다면 큰 착각이야. 네게 분명히 말해둔다만, 내 결심이 얼마나 굳은지는 너도 잘 알 거다. 오늘 오후 펠라머 경을 만나지 않겠다면, 당장 내일 아침 내 손으로 너를 끌고 가 오라버니에게 넘겨주고, 앞으로는 결코 네 일에 개입하지 않을 게다. 네 얼굴을 두 번 다시는 보지 않을 거고.” 고모가 몹시 화를 내며 단호하게 잘라 말하자 소피아는 한동안 아무 말도 못하고 서 있다가 울음을 터뜨리며 소리쳤다. "고모 좋으실 대로 하세요. 저는 세상에서 가장 비참한 여자예요. 고모까지 절 버리시는데 어디서 제 보호자를 찾을 수 있겠어요?" "펠라머 경이 네 훌륭한 보호자가 되어줄 거야. 존스라는 몹쓸 놈에게 마음이 있지만 않다면 그 좋은 상대를 거절할 이유가 없잖니!" "고모께선 저를 오해하고 계세요. 고모께서 그런 편지를 보여 주셨는데 어떻게 제가 아직도 그런 마음을 품고 있겠어요? 마음이 있었다 해도 이미 깨끗이 지워버리지 않았겠어요? 고모께서 하라시면, 다시는 그 사람의 얼굴도 보지 않겠다고 하느님께 맹세하겠어요." "그렇다면 도대체 알 수가 없구나. 펠라머 경이 싫은 이유를 한 가지라도 댈 수 있겠니?" 소피아가 대답했다. "이유는 이미 충분히 말씀드렸는걸요." "뭐라고? 나는 아무것도 들은 기억이 없구나." "그자가 저에게 너무나도 무례하고 비열한 짓을 했다고 말씀드렸잖아요!" "그게 무슨 소리냐? 나는 처음 듣는구나. 아니면 내가 흘려들었거나. 어쨌든 무례하고 비열한 짓이라는 게 대체 무슨 소리니?" "정말이지, 고모, 말씀드리기조차 부끄러워요. 그자가 저를 끌어안고 긴 의자 위에 쓰러뜨리더니 제 가슴속에 손을 집어넣고는 난폭하게 입까지 맞췄어요. 지금도 제 왼쪽 가슴에 그 자국이 남아 있을 정도예요." 웨스턴 고모가 소리쳤다. "아니, 그게 정말이니?" "네, 정말이에요, 고모. 때마침 그때 아버지께서 방 안으로 들어오지 않으셨더라면, 그자가 무슨 야비한 짓을 하려 했는지는 하늘도 모를 거예요." "어떻게 그런 일이! 웨스턴 가문의 여자들 중 지금까지 그런 일을 당한 사람은 한 명도 없었거늘. 나라면 설령 국왕이라 하더라도 그런 무례한 짓거리를 저지르면 눈알을 뽑아 버렸을 게다! 하지만 도저히 있을 수 없는 일이야! 소피아. 펠라머 경에 대한 내 분개심을 자아내려고 네가 꾸며 낸 얘기 아니니?" "설마 제가 거짓말쟁이라고 생각하시는 건 아니시겠죠? 제 영혼을 걸고 말씀드리건대, 틀림없는 사실이에요." 고모가 말했다. "내가 그 자리에 있었더라면 심장을 칼로 찔러 버렸을 게다. 하지만 처음부터 몹쓸 마음을 먹고 그랬을 것 같진 않구나. 감히 그랬을 리가 없지. 게다가 공명정대하고 관대한 청혼 내용을 보아도 그럴 사람 같진 않거든. 나는 잘 모르겠다만, 요즘 시대가 경박한 면도 있지. 나라면 결혼 전에는 형식적인 인사 정도만 허락할 텐데. 나한테도 전에는, 바로 얼마 전까지만 해도 구애하는 사람이 있었단다. 몇 명은 됐지. 비록 결혼에 동의하진 않았지만 말이다. 하지만 그들에게 방자한 행동은 털끝만큼도 용인하지 않았어. 그런 바보 같은 관습에는 절대 동의할 수 없지. 어떤 남자도 뺨 말고는 입을 맞추지 못하게 했어. 입술은 남편에게만 허용해야 하는데다, 만일 결혼하자는 설득에 넘어갔다 하더라도 금세 그런 일까지 참고 견디는 지경에는 이르지 않았을 거야." "죄송해요, 고모, 한 가지만 더 말씀드릴게요. 고모께서 직접 구애하는 사람이 많았다고 고백하셨고, 그리고 고모께서 아니라고 하셔도 그 점은 세상 사람들이 다 알고 있지요. 고모께서 그분들을 다 거절하셨다고 하셨는데, 그 중에 보관 문양을 달고 다니는 귀족이 적어도 한 사람쯤 있었을 거라고 확신해요." "맞는 말이다, 소피. 귀족이 구혼한 적도 있었지." "그렇다면 이번 한 번만 저도 거절하도록 허락해주시지 않겠어요?" "애야, 내가 귀족의 청혼을 거절한 건 사실이다만 썩 훌륭한 자리는 아니었어. 빼어나게 훌륭한 청혼이 아니었단다." "하지만 고모께서는 어마어마한 자산가들로부터 매우 훌륭한 청혼도 받으셨잖아요. 그리고 그런 청혼도 첫 번째, 두 번째, 세 번째로 유리한 조건도 아니었잖아요." 고모가 말했다. "그야 그렇지." "그렇다면, 고모, 저도 이번 청혼보다 더 훌륭한 청혼을 기대할 수 있지 않을까요? 고모도 젊었을 땐 재산이나 작위를 가진 첫 번째 구혼자에게 순순히 굴복할 생각은 없으셨을 거라 확신해요. 저는 아직 어린데 벌써부터 포기할 필요는 없지 않겠어요?" "그래, 귀여운 소피, 내가 어떻게 해주길 바라는 거니?" "적어도 오늘 저녁만큼은 저를 혼자 내버려 두지 말아 주세요. 그것만 약속해 주세요. 그런 일이 있은 뒤이니 고모와 함께 그 사람을 만나는 게 좋겠다고 고모께서 생각하신다면 저는 시키시는 대로 따를게요." "알았다, 그렇게 하마. 소피, 내가 너를 사랑하고 네 부탁을 거절하지 못한다는 건 알지? 내 성격이 무르다는 것도 알 거고. 하지만 옛날부터 이렇게 만만한 사람은 아니었단다. 옛날에는 차갑다는 말을 많이 들었어. 남자들한테서 한때 냉정한 파르테니사라고 불리기도 했단다. 냉혹한 파르테니사라는 시행이 적힌 창문을 많이도 깨 먹었지. 소피, 나는 너만큼 예쁘지는 않았지만, 그래도 너와 닮은 점도 있었단다. 지금은 좀 변했지. 국가는 흥망성쇠를 겪는다고 키케로가 편지에서 말했듯이, 사람도 그와 똑같단다." 고모는 이런 식으로 자기 자신에 대해, 그리고 자신이 남자의 마음을 거머쥔 얘기와 냉정했던 태도에 대해 반시간 가량이나 떠들었다. 드디어 펠라머 경이 도착했는데, 그는 웨스턴 고모가 한시도 방을 떠나지 않았기 때문에 꽤나 지겨운 시간을 보내고 돌아갔다. 오히려 조카보다도 고모 때문에 기분이 나빠질 정도였다. 무엇보다 소피아가 고모의 기분을 한껏 끌어올려두었기 때문에 고모는 조카가 하는 말이라면 무조건 찬성하며, 결국 이런 뻔뻔스러운 자에게는 조금 쌀쌀하게 대하는 게 좋겠다는 얘기에도 동의했던 것이다.

이렇게 해서 소피아는 교묘한 아첨으로(하지만 누구도 그녀를 비난할 수 없으리라) 다소나마 평온을 얻었고, 적어도 불길한 날을 뒤로 늦출 수 있었다. 이제 우리는 여주인공의 상황이 보기 드물게 나아진 것을 알았으니, 상상할 수 있는 가장 비참한 상황에 빠진 존스 군의 소식을 좀더 알아보도록 하겠다.

5
밀러 부인과 나이팅게일 군이 감옥에 갇힌 존스를 면회한다

올워디 씨와 조카 블리필 군이 웨스턴 씨를 방문하려고 여관을 나서자, 밀러 부인은 친구인 존스에게 일어난 사건을 알리기 위해 사위의 집으로 갔다. 그러나 나이팅게일 군은 파트리지에게서 이야기를 들어(밀러 부인의 집에서 나온 존스는 나이팅게일과 같은 집에 방을 빌렸다) 이미 이 사실을 알고 있었다. 착한 부인은 존스 군 사건으로 딸이 괴로워하는 모습을 보고 최선을 다해 위로해준 뒤 존스 군이 있다는 감옥으로 길을 나섰다. 그곳에는 이미 나이팅게일이 도착해 있었다.

진정한 친구가 보여 주는 끄떡없는 우정과 지조는 고통에 처한 사람에겐 무엇보다 기쁜 법이다. 또한 비록 일시적이며 고통이 해소될 여지는 없다 할지라도, 우정 어린 위로로 충분한 보상을 받는다. 이런 예들은 몇몇 피상적이고 부정확한 관찰자들이 보고하듯이 그렇게 드물지 않다. 사실, 동정심의 결여는 우리의 일반적인 단점으로 꼽지 말아야 한다. 우리의 심성을 더럽히는 독소는 질투심이다. 이런 이유로 우리의 시선은 유감스럽게도 어느 정도 악의를 갖지 않고서는 좀처럼 우리보다 분명히 더 위대하고 훌륭하며 현명하고 행복한 사람들 쪽을 올려다보지 않는다. 반면 우리보다 더 비천하고 비참한 불행에 빠진 사람들은 넘치는 자비심과 연민을 느끼며 내려다본다. 내가 관찰한 바에 따르면, 우정에 나타난 결함은 대부분 질투심에서 비롯된다. 질투야말로 가장 흉측한 악덕이지만, 질투심이 없는 사람을 나는 거의 본 적이 없다. 하지만 이 논의를 계속 진행한다면 할 얘기가 너무나 많기 때문에 이 얘기는 여기서 끝내겠다.

존스 군이 역경의 무게에 짓눌려 무너지자, 그를 괴롭힐 기회가 영영 사라지는 걸 걱정해서인지, 아니면 그에 대한 가혹한 처사를 진심으로 조금이나마 줄여 주려 했던 모양인지 모르겠지만, 어쨌든 운명의 여신은 진정한 두 친구와 어쩌면 그들보다 훨씬 더 소중하고 충직한 하인을 그에게 보내주었다. 여신이 박해의 고삐를 다소 늦춘 듯했다. 파트리지는 단점이 많은 사람이지만 존스에 대한 충성심만큼은 부족함이 없었다. 비록 겁이 나서 주인 대신 교수형을 받지는 못하겠지만, 온 세상 사람이 나서서 그를 매수하려 하더라도 그가 주인을 배반하게 만들 수는 없을 것이다.

친구들의 등장을 존스가 매우 기뻐할 동안, 파트리지는 비록 의사가 가망이 거의 없다고 선언하긴 했어도 피츠패트릭 씨가 아직 살아 있다는 소식을 전했다. 이 소식을 듣고 존스가 안도의 한숨을 깊게 내쉬자 나이팅게일이 말했다. "이보게, 톰, 우연히 일어난 사고를 가지고 뭘 그리 괴로워하나. 결과야 어찌됐건, 그 사고로 자네에게 문제가 생기진 않을 거야. 그리고 자네 양심에 비춰 보아도 털끝만한 책임도 없지 않은가. 그자가 사망한다 해도 그렇다네. 자네는 스스로를 방어하기 위해 불한당 같은 놈의 목숨을 빼앗았을 뿐이야. 검시 결과에서도 분명히 그 점이 밝혀질 거네. 그리 되면 보석은 쉽게 허용되지. 설령 재판이란 형식을 거친다 하더라도, 아마 많은 사람들이 단돈 1실링만 받고 자네를 변호해 줄 그런 재판을 할 걸세." 밀러 부인이 말했다. "맞는 말이에요. 맞고말고요. 존스 도련님, 기운을 내세요. 저는 도련님이 먼저 공격하셨을 리가 없다는 걸 잘 알아요. 올워디 선생님께도 그렇게 말씀드렸어요. 그분께서 믿지 않으신다면 몇 번이고 다시 말씀드릴 거예요."

존스가 진지하게 대답했다. "제 운명이야 어찌되든 간에 동포에게 피를 흘리게 했다는 사실만으로도 저는 이보다 큰 불행은 없으며, 아마 평생 슬퍼할 것입니다. 하지만 그보다 가슴 아픈 불행이 하나 더 있답니다. 오! 밀러 부인, 제가 이 세상에서 가장 소중하게 여기던 걸 잃어버렸어요." 밀러 부인이 말했다. "사랑하는 숙녀분 말씀이시군요. 저도 다 알아요(사실 파트리지가 모든 사실을 부인에게 다 떠벌린 상태였다). 도련님께서 모르시는 얘기까지 들었답니다. 그 문제는 도련님께서 생각하시는 것보다 훨씬 더 잘 풀릴 거예요. 제가 나서서 블리필 도련님이 그 숙녀분과 함께 있지 못하도록 반드시 저지하겠어요."

존스가 대답했다. "부인께서는 제 슬픔의 원인을 전혀 모르세요. 부인께서 사정을 아신다면 제 상황이 얼마나 절망적인지 이해하실 겁니다. 블리필 따위는 조금도 걱정하지 않아요. 이제 다 끝났어요." 밀러 부인이 말했다. "절망하지 마세요. 도련님은 여자의 능력을 조금도 모르시는군요. 제 능력이 닿기만 한다면 무슨 일이든 반드시 도와드리겠어요. 그건 제 의무이기도 하지요. 제 사위 나이팅게일도 같은 이유로 도련님께 은혜를 입었다고 말하지만, 역시 그것이 제 의무예요. 제가 직접 그 숙녀분을 찾아뵐까요? 무슨 말씀이든 다 전해 드릴게요."

"세상에서 가장 착하신 부인!" 존스가 부인의 손을 잡으며 소리쳤다. "은혜니 뭐니 하는 건 아무래도 상관없지만, 부인께서 그렇게 말씀해 주시니 염치없지만 한 가지 부탁이 있어요. 부인께서는 제 가장 소중한 숙녀분을 알고 계신 듯하니(어떻게 아셨는지는 모르겠지만요) 부디 이것을(주머니에서 쪽지한 장을 건네며) 전해 주신다면 부인의 친절을 영원히 잊지 않을 것입니다."

"제게 맡기세요." 밀러 부인이 말했다. "오늘 밤 잠들기 전까지 이 편지가 그 숙녀분에게 전해지지 않는다면 저는 그 잠에서 영원히 깨어나지 못해도 좋아요. 마음 푹 놓으세요. 그리고 앞으로는 과거의 어리석은 잘못을 거울삼아 반성하고 현명하게 행동하세요. 그러면 모든 일이 다 잘 풀려서 도련님은 세상에서 가장 아름다운 그 숙녀분과 함께 행복하게 사실 거예요. 저는 아직 그 숙녀분을 만나보지 못했지만 세상 사람들이 다 그렇게 칭찬하더군요."

존스가 말했다. "부인, 이런 불행한 처지에 빠진 사람들이 누구나 징징대는 흔해 빠진 말이 아니에요. 저는 이 끔찍한 사고가 일어나기 전에 이미 어리석었던 지난 생활을 깨닫고 깨끗이 청산하기로 이미 결심했답니다. 죄송스럽게도 부인의 집에서 소란을 일으킨 점은 진심으로 사과드립니다. 하지만 저는 파렴치한 난봉꾼은 절대 아닙니다. 비록 경솔하게 부정을 저지르기도 했지만, 결코 사악한 사람은 아니에요. 그리고 지금 이 순간부터는 결코 악당이라고 손가락질 당할 일은 하지 않을 겁니다."

밀러 부인은 존스의 말에 매우 흡족해하며, 그 말의 진정성도 전적으로 신뢰한다고 말했다. 이제 그들의 대화는 낙담한 존스의 기분을 북돋워주기 위해 착한 부인과 나이팅게일 군이 입을 모아 위로하는 내용으로 이어진다. 이런 시도는 꽤나 성공을 거두어, 마침내 존스는 두 사람이 처음 왔을 때보다 훨씬 더 편안하고 만족스러운 상태가 되었다. 이러한 심경 변화에 가장 크게 기여한 것은 소피아에게 편지를 전해 주겠다고 나선 밀러 부인의 친절한 태도였다. 편지를 전달할 방법을 찾지 못해 거의 포기하고 있었기 때문이다. 소피아의 마지막 편지를 가져왔을 때 블랙 조지는 파트리지에게, 아가씨께서 더 이상 답장을 가져오지 말라고 엄명하셨으며, 이를 어기면 답장을 아버지께 가져가겠다고 말했다는 것이다. 존스는 또한 착한 밀러 부인이 올워디 씨에게 그토록 열심히 자신을 옹호해 주었다는 사실을 알고 적잖이 기분이 좋았다. 진정 세상에서 가장 착한 부인이 아닐 수 없다.

부인이 한 시간쯤 머물렀을 때(나이팅게일은 그보다 훨씬 더 오래 있었다) 두 사람은 곧 다시 오겠다고 약속하며 돌아갔다. 부인은 소피아 양으로부터 희소식을 가져올 것이라고 말했으며, 나이팅게일 군도 피츠패트릭 씨의 부상 정도를 알아보고 결투 당시 현장에 있던 사람들도 찾아보겠노라고 약속했다.

부인은 즉시 소피아를 찾아 나섰다. 우리도 부인과 함께 가도록 한다.

6

밀러 부인이 소피아를 방문한다

소피아 양을 만나는 일은 그다지 어렵지 않았다. 소피아는 이제 고모와 완벽하게 우호적인 관계를 유지하고 있었기 때문에, 어떤 방문객이든 자유롭게 맞이할 수 있었다.

소피아는 옷을 갈아입다가 웬 부인이 만나기를 청한다는 소식을 들었다. 같은 여자를 만나는 일은 두렵지도 수치스럽지도 않았으므로 그녀는 바로 밀러 부인을 만나기로 했다.

처음 만나는 두 숙녀는 먼저 공손하게 몸을 굽혀 인사를 나누었다. 그런 다음 소피아가 말했다. "실례지만 부인, 처음 뵙는 듯합니다만." 밀러 부인이 대답했다. "네. 이렇게 불쑥 찾아와서 죄송해요. 하지만 무슨 일로 찾아왔는지 아신다면 아가씨도……." 소피아가 다소 감정의 동요를 나타내며 말했다. "무슨 용건이신가요?" 밀러 부인이 목소리를 낮추었다. "주위를 물리쳐 주시겠어요?" 소피아가 말했다. "베티, 잠깐 나가 있으렴."

베티가 나가자 밀러 부인이 말했다. "아가씨, 저는 몹시 불행한 어떤 신사분의 부탁을 받고 이 편지를 전하러 왔답니다." 소피아는 필체를 알아보고는 안색이 변했다. 그리고 잠시 망설인 뒤 말했다. "부인, 찾아오신 용건이 이런 일일 줄은 생각도 못했습니다. 이 편지를 쓴 사람이 누구이건 열어 보지 않겠습니다. 누구에게든 부당한 의혹을 품고 싶진 않지만 어쨌든 부인은 제가 전혀 모르는 분이니까요."

밀러 부인이 말했다. "조금만 참고 제 이야기를 들어 보시면 제가 누구이고, 어떻게 해서 이 편지를 가져오게 되었는지도 아시게 될 겁니다." 소피아가 소리쳤다. "부인, 저는 아무것도 알고 싶지 않아요. 편지는 보낸 사람에게 다시 가져가주시기 바랍니다."

그러자 밀러 부인은 무릎을 꿇고 너무나도 진심어린 말로 소피아에게 자비를 애원했다. 소피아가 대답했다. "부인께서 그 사람을 위해 그토록 열성을 보이시다니 놀랍군요. 이런 생각까지는 하고 싶지 않지만……." 밀러 부인이 말했다. "잘못된 생각은 하지 말아주세요. 모든 사실을 다 말씀드린다면, 아가씨도 제가 왜 이렇게 열심인지 이해하실 거예요. 그분처럼 착한 심성을 지니신 분은 어디에도 없답니다." 그러고 나서 밀러 부인은 사촌 앤더슨 씨 사건을 모두 얘기하고 큰소리로 외쳤다. "이토록 친절하신 분이세요. 하지만 저는 그분께 그보다 더 큰 은혜를 또 입었답니다. 그분께서는 제 딸애도 구해 주셨어요." 부인은 한바탕 눈물을 쏟아내고는, 딸의 명예와 관련된 문제만 빼고 예의 그 사건을 모조리 이야기하며 이렇게 말을 맺었다. "그러니 제가 그토록 친절하고 착하며 너그러우신 도련님을 위해 제가 무슨 일로 그 큰 은혜를 다 갚을 수 있을지 생각해 보세요. 그분은 정말로 가장 훌륭하고 고귀하신 분이랍니다."

소피아의 얼굴빛은 계속 나쁜 쪽으로 변해가고 있었다. 파랗게 질리다 못해 창백한 기운까지 띠고 있었는데, 이때 주홍빛에서 붉은빛으로 바뀌더니 그녀가 소리쳤다. "대체 무슨 말을 해야 할지 모르겠군요. 고마움의 마음에서 비롯된 부인의 행동을 비난할 수는 없겠지요. 하지만 제가 이 편지를 읽는다고 해서 부인의 그 친구분께 무슨 도움이 되겠어요? 저는 이미 '다시는 그분의 편지를 받지 않겠다'고 결심했어요." 밀러 부인은 다시 한 번 간청하고 양해를 구하면서 자신이 편지를 다시 가져갈 수는 없다고 말했다. 소피아가 대답했다. "알겠습니다, 부인. 부인께서 편지를 억지로 놓고 가시겠다면 저도 어쩔 도리가 없지요. 제 의지와 상관없이 놓고 가신다면 말이에요." 소피아가 무슨 의도로 이런 말을 했는지, 또는 의도한 바가 있었는지 여부는 결론을 내리지 않겠다. 어쨌든 밀러 부인은 이 말이 어떤 암시라고 해석하고는 편지를 탁자 위에 내려놓은 뒤 작별을 고했다. 나가기 전에 부인은 다시 방문해도 괜찮겠냐고 허락을 구했지만, 소피아로부터 어떤 동의도 거부도 얻지를 못했다.

밀러 부인이 방에서 나가자마자 편지는 탁자 위에서 자취를 감추었다. 소피아가 바로 집어들어 읽었기 때문이다.

그러나 이 편지는 존스에게 큰 도움이 되지 못했다. 그는 편지에 그저 못난 자신을 고백하고 절망스러운 처지를 한탄하며 앞으로 소피아에게 한결같은 신의를 지키겠다고 진지하게 맹세하고, 만일 그녀가 다시 만나준다면 자신의 마음을 충분히 알 수 있을 것이라고 적었다. 또한 벨라스턴 귀부인에게 보낸 편지는 당연히 용서받을 수 없는 일이지만 적어도 그녀의 자비로운 용서를 구할 만큼은 해명할 수 있다고 쓰고, 벨라스턴 귀부인과 결혼할 생각은 조금도 없다고 맹세하며 편지를 맺었다.

소피아는 아주 꼼꼼하게 편지를 두 번이나 읽었지만 그의 속마음은 여전히 알 수가 없었다. 아무리 생각해도 존스를 용서할 방법이 떠오르지 않았다. 소피아는 아직 그에게 몹시 화가 나 있었다. 하지만 분노의 대부분은 사실상 벨라스턴 귀부인이 차지하고 있었으므로, 상냥한 그녀의 마음속에 다른 사람에게 나눠 줄 몫이 얼마 남지 않은 탓이기도 했다.

마침 그날은 매우 불행하게도 벨라스턴 귀부인이 웨스턴 고모와 함께 식사를 한 뒤 셋이서 오페라 관람을 갔다가 토머스 해치트 부인 댁의 카드 모임에 가기로 약속되어 있었다. 소피아는 모두 취소하고 싶었지만 고모를 실망시키고 싶지도 않았다. 그녀는 꾀병 기술에 완전히 문외한이었으므로 그런 생각이 떠오르지도 않았다. 소피아는 마지못해 옷을 갈아입고 아무리 불쾌한 일이라도 감내하기로 마음을 단단히 먹고 아래층으로 내려왔지만, 결국 그날은 몹시 불쾌한 하루가 되었다. 벨라스턴 귀부인은 아주 예의 바른 척하면서 틈만 나면 교활하게 소피아를 모욕했다. 소피아는 심적으로 워낙 침체돼 있었던지라 아무런 응수도 하지 못했다. 그리고 사실을 고백하자면, 그녀는 재치 있는 응수와는 인연이 없는 숙녀였다.

가엾은 소피아에게 일어난 또 다른 불행은 펠라머 경이 합세한 일이었다. 오페라 극장에서 만난 그는 카드 모임에까지 따라왔다. 물론 두 곳 모두 보는 눈이 많은 장소였으므로 깊이 있는 얘기는 하지 못했고, 음악과 카드 게임으로 많은 위안을 받기는 했지만 펠라머 경이 함께 있으면 도저히 흥이 나지 않았다. 자신에게 구애하려 한다는 걸 알고 있고, 또 그런 구애를 받아들일 마음이 전혀 없는 남자 앞에서는 마음을 편안하게 먹을 수조차 없는 것이 여성이기 때문이다.

이번 장에서 두 차례나 카드 모임이란 말을 썼는데, 여기서 사용되는 뜻을 후손들은 이해하지 못할 테니, 지금 매우 급박한 상황이긴 하지만 여기서 잠깐 그 오락 모임의 의미를 대략적으로 설명하겠다.

이 카드 모임은 옷을 잘 차려입은 신사와 숙녀들의 사교 모임으로서, 대부분의 참석자들은 카드 게임 외에는 아무것도 하지 않는다. 모임을 주선한 집 여주인이 여관 안주인 역할을 수행하며, 손님 수가 많은 것을 자랑으로 여기는 점도 여관 안주인과 동일하지만 반드시 돈벌이로 이어지지 않는다는 점에서 차이가 있다.

이런 지루한 모임에서 쾌활한 태도를 유지하려면 아주 많은 활기가 필요하기 때문에, 상류층 사람이 늘 활기가 부족하다고 불평하는 것도 당연하다. 물론 이것은 전적으로 상류층 사람들만의 불평이다. 어쨌든 바로 지금, 끊임없이 이런 무례한 불평을 들으면서 소피아가 얼마나 견디기 힘들지 상상이 간다. 실제 속마음은 가슴 아픈 슬픔으로 가득하여 무슨 생각을 해도 결국 고통스러운 상념으로 이어지는 상태에서 억지로 쾌활한 표정을 지어야 했으니, 이 모임이 얼마나 힘들었을까.

그러나 마침내 밤이 깊어지자 그녀도 다시 잠자리로 돌아왔다. 휴식을 언지는 못하겠지만 최소한 우울한 심사라도 달랠 수 있도록 소피아를 잠자리에 홀로 남겨 두고, 우리는 우리의 이야기를 따라가 보기로 하겠다. 이야기가 어떤 엄청난 사건이 벌어지기 직전에 이르렀다고 누군가 속삭이고 있기 때문이다.

7
올워디 씨와 밀러 부인의 애처로운 장면

밀러 부인은 식사를 마치고 돌아온 올워디 씨와 오랫동안 대화를 나누었다. 존스가 집을 떠날 때 올워디 씨가 준 돈을 다 잃어버린 사실과 그 때문에 얼마나 큰 고난을 겪었는지, 충직한 이야기꾼 파트리지로부터 들은 내용을 올워디 씨에게 빠짐없이 말해 주었다. 그리고 부인은 자신이 존스에게 입은 은혜도 설명했다. 물론 딸에 대한 내용까지 노골적으로 다 밝히진 않았다. 비록 올워디 씨를 깊이 신뢰하고 있고, 불행하게도 이미 대여섯 사람 이상에게 알려진 이야기라 이제 와서 비밀이라고 할 수도 없었지만, 그래도 가엾은 엄마는 딸의 순결을 훼손하는 정황을 자기 입으로 말할 수 없었던 것이다. 따라서 부인은 마치 사생아를 살해한 죄로 기소된 딸의 재판에서 증인으로 판사 앞에 불려간 사람처럼 그 부분의 증언은 조심스럽게 묻어 버렸다.

올워디는 밀러 부인의 말을 듣고, 아무리 악인이라도 선량한 심성이 조금도 없는 철저한 악인은 없다며 말했다. "비록 악당이지만 부인께서 그놈에게 은혜를 입었다는 사실까지 부인하지는 않겠습니다. 그러니 이미 지나간 일로 뭐라 하지는 않겠지만, 앞으로는 그 이름을 두 번 다시 언급하지 말아 주십시오. 제가 그놈에게 그런 조치를 취하기로 결심한 데에는 더없이 완벽하고 명백한 증거가 있으니까요." 부인이 말했다. "물론 그렇겠지요, 올워디 선생님. 그 점은 또한 조금도 의심치 않는답니다. 그러나 시간이 지나면 모든 일의 진상이 밝혀지겠지요. 그러면 가엾은 도련님이, 이름은 말하지 않겠지만 그 누군가보다 훨씬 더 자식 같다고 선생님께서도 인정하실 겁니다."

올워디가 다소 화를 내며 소리쳤다. "조카애를 비방하는 말은 듣고 싶지 않군요. 그런 말씀을 한 번만 더 하시면 나는 그 즉시 부인 댁을 떠나겠소.

블리필은 너무나도 착하고 훌륭한 아입니다. 다시 한 번 말씀드리지만, 그 애는 심지어 그 못된 녀석을 위해 자기가 비난을 들으면서까지 우정을 지켰습니다. 말할 수 없이 괘씸한 사실까지도 아주 오랫동안 숨겨 주었지요. 그 놈이 이 착한 애에게 배은망덕하게 군 게 제가 가장 용서할 수 없는 점이에요. 부인, 저는 그놈이 제 총애를 얻기 위해 블리필을 밀어내고, 또 그 아이의 유산 상속권을 박탈하기 위해 음모를 꾸몄다고 생각하는 충분한 근거를 확보하고 있답니다."

밀러 부인은 다소 겁에 질려(올워디 씨는 웃으면 더없이 다정하고 자비로운 신사였지만, 얼굴을 찡그리면 굉장히 무서웠다) 대답했다. "저는 결코, 선생님께서 좋게 생각하시는 그 신사분을 비방할 생각은 없습니다. 제가 어떻게 감히 그러겠어요. 하물며 선생님의 친척분에게요. 하지만 선생님, 제가 그 가없고 불쌍한 존스 도련님에게 호의를 보인다고 해서 화를 내진 말아 주세요. 옛날에는 제가 도련님에 대해 조금만 불손하게 말해도 선생님께서 제게 화를 내셨는데, 지금은 참 딱하게 됐어요. 선생님께서 도련님을 '내 아들'이라고 부르신 적이 얼마나 많았습니까? 눈에 넣어도 안 아플 자식이라고 그토록 칭찬을 하셨는데. 선생님께서 도련님의 잘생긴 용모와 재능, 덕성, 착한 심성, 너그러운 마음을 칭찬하며 이런저런 말씀을 해주셨던 일을 저는 잊을 수가 없답니다. 선생님의 그 말씀 모두가 다 사실이란 걸 직접 체험했기 때문이죠. 도련님의 그 모든 자질이 제 가족을 구해주었으니까요. 눈물을 보여서 죄송해요. 제게 너무나도 큰 은혜를 베푼 가엾은 도련님이 맞이한 잔혹한 운명을 생각하면, 정말이지, 도련님이 자기 목숨보다 더 소중히 여기던 선생님의 총애를 잃어버렸다고 생각하면 딱해서 견딜 수가 없어요. 선생님께서 단검으로 제 심장을 찌르신다 하더라도, 저는 선생님께서 한때 사랑하셨고 제가 앞으로 영원히 사랑할 도련님의 비참한 운명을 가엾게 여길 거예요."

올워디 씨는 부인의 발언에 크게 감동한 듯했다. 물론 화가 나지도 않는 것 같았다. 잠시 침묵한 뒤 밀러 부인의 손을 잡고 애정을 담아 이렇게 말했기 때문이다. "자, 부인, 따님 일을 좀더 생각해 봅시다. 따님에게 큰 이득이 될 듯 보이는 결혼을 기뻐하는 부인을 탓할 수는 없지만, 부인도 아시다시피 그 이득을 얻으려면 먼저 시아버지와 화해해야 하지 않겠습니까? 마침 제가 나이팅게일 씨를 잘 알고, 전에는 가까이 지냈었답니다. 제가 그분을 방문해서

이 일이 해결되도록 애써 보겠습니다. 세속적인 영리를 따지는 사람이지만, 자기 외아들 일인 데다 사태를 되돌리지도 못하는 만큼, 그도 빠른 시간 안에 제정신으로 돌아올 겁니다. 어쨌든 제가 할 수 있는 만큼은 해 보겠습니다."

친절하고 너그러운 제안에 가엾은 부인은 수도 없이 감사를 표하고, 이 기회에 다시 한 번 존스에게 감사하지 않을 수 없었다. "선생님께 그런 수고를 끼쳐 드리게 된 것도 다 존스 도련님 덕분이지요." 올워디는 점잖게 그녀의 말을 막았다. 하지만 지금 부인의 사고를 지배하고 있는 고결한 원리의 작용에 진정으로 화를 내기에는, 그는 심성이 너무나도 착한 사람이었다. 그리고 사실상 이번에 벌어진 새로운 사태로 존스에 대한 그의 오래 쌓인 분노가 다시 불타오르지만 않았더라면, 밀러 부인의 얘기를 듣고 조금은 그에 대한 미움이 누그러졌을지도 모른다. 천하의 악당이라도 사악한 동기에서 밀러 부인을 도왔다고는 생각할 수 없기 때문이다.

올워디 씨와 밀러 부인은 한 시간이 넘도록 이야기를 나누었으나 블리필과 또 다른 손님이 도착하는 바람에 대화가 끝이 났다. 이 손님은 다름 아닌 변호사 다울링 씨로, 현재 블리필의 총애를 받고 있었으며, 조카의 권유에 따라 올워디 씨도 그에게 재산 관리를 맡기고 있었다. 나아가 블리필은 이 변호사를 웨스턴 씨에게까지 소개하여, 자리가 비는 즉시 채용하겠다는 약속까지 받아 놓았다. 그리고 그때 웨스턴 씨는 런던에서의 저당권 문제와 관련된 몇 가지 일을 처리하도록 그를 고용했다.

다울링 씨가 런던에 온 것은 주로 그 용무 때문이며, 이번 기회를 이용하여 올워디 씨에게 약간의 비용을 청구하고, 다른 일로 그에게 보고할 내용도 있어 들른 참이었다. 우리가 살펴보기에는 너무나 지루한 내용이므로, 이 일은 관계자들인 삼촌, 조카, 그리고 전속 변호사에게 맡겨두고 우리는 다른 문제를 살펴보기로 하겠다.

8

다양한 내용을 담고 있다

존스 군에게 돌아가기에 앞서 다시 한 번 소피아의 상황을 들여다보겠다.

이 젊은 아가씨는 앞서 말한 회유책으로 고모의 기분을 좋게 만들기는 했지만, 펠라머 경과의 결혼에 대한 고모의 열성은 조금도 식히지 못했다. 게다가 전날 밤 벨라스턴 귀부인은 이러한 열성을 한층 더 부추겨 놓았다. 벨라스턴 귀부인은, 소피아의 행동이나 펠라머 경을 대하는 태도로 보아 더 이상 늦추면 위험할 수 있으며, 결혼을 성사시킬 유일한 방법은 속전속결로 밀어붙여 소피아에게 생각할 틈을 주지 않고, 자신이 무슨 일을 하는지도 모른 채 결혼에 동의하게끔 만드는 것이라고 말했다. 귀부인은 상류층 사람들의 결혼은 반 이상이 그런 식으로 이루어진다고 말했다. 물론 이 말은 십중팔구 진실이다. 그리고 내가 보기에, 바로 이런 연유로 많은 행복한 부부 사이에 존재하는 서로의 애정이 결혼하고서야 생겨난다.

벨라스턴 귀부인은 이와 비슷한 귀띔을 펠라머 경에게도 주었다. 두 사람은 기꺼이 귀부인의 충고를 받아 들였으며, 펠라머 경이 요청하자 웨스턴 고모는 두말없이 바로 다음 날 그와 소피아의 오붓한 만남을 약속했다. 고모는 이 약속을 강경한 말투로 소피아에게 전달했다. 소피아는 생각나는 온갖 구실을 다 끌어대며 반대했지만 눈곱만큼의 효과도 볼 수가 없었다. 결국 그녀는 최대한 상냥한 태도로 펠라머 경을 만나기로 동의했다.

이런 주제의 대화는 썩 재미있지도 않으므로, 그 만남의 모든 대화를 그대로 옮기지는 않겠다. 어쨌든 말없이 얼굴만 붉히고 있는 소피아에게 펠라머 경이 순수하고 열정적인 사랑을 거듭 고백하자, 그녀도 마침내 필사적으로 용기를 짜내어 떨리는 낮은 목소리로 말했다. "펠라머 경, 경께서 일전에 제게 하셨던 행동과 지금 하시는 말씀이 들어맞는지 어떤지는 경께서도 잘 아시지요." 펠라머 경이 대답했다. "그때의 미친 짓을 보상할 방법이 없겠습니까? 격렬한 사랑의 감정이 제 분별력을 앗아갔기 때문에 저지른 짓이었음을 소피아 양께서도 분명히 확신하셨으리라 생각합니다만." "그렇지 않은 사랑이라면 오히려 저도 바라는 바이고 감사히 여길 거예요. 그런 사랑의 증거를 보여주실 수도 있겠지요." 경이 안달하며 물었다. "어떠한 증거를 말씀하십니까?" 부채를 내려다보며 소피아가 말했다. "펠라머 경, 경의 그 가식적인 사랑이 저를 얼마나 불편하게 만드는지 경께서도 분명히 의식하고 계실 거예요." "제 사랑이 가식적이라니 말씀이 너무하시네요!" "그래요. 상대를 괴롭히며 사랑을 고백하는 건 몹시 치욕적인 가식이에요. 경께서 이처럼 저를 쫓아다니는 일도 제게는 너무 잔인한 괴롭힘이랍니다. 경께서는 지금 제가 처한 불행한 상황을 비열하게 이용하고 계세요." 펠라머 경이 소리쳤다. "너무나도 사랑하고 너무나도 흠모하는 아름다운 소피아 양, 제가 비열하게 상황을 이용한다는 비난만은 하지 마십시오. 저는 소피아 양의 명예와 이익 외에는 어떤 생각도 하지 않습니다. 제 자신과 명예, 재산 등 모든 것을 소피아 양의 발 앞에 내던지는 일 말고는 어떤 목적도 희망도, 야심도 없는 사람입니다." "경께서 그 재산과 명예를 이용하고 계신다는 말이에요. 그런 것들로 제 친척들을 유혹하셨지만 저는 그런 것들에 관심이 없어요. 경께서 제 감사를 받고 싶으시다면 방법은 단 한 가지밖에 없습니다." "실례지만 소피아 양, 그런 방법은 있을 수가 없어요. 제가 소피아 양을 위해 할 수 있는 모든 일은 마땅히 소피아 양이 받아야 할 몫입니다. 그것이 저의 행복이니 소피아 양께서 감사하실 이유는 없습니다." "아니에요. 경께서 제가 드리는 감사와 찬사와 호의를 받아 주세요. 부디 안심하시고 받아주세요. 관대하신 분이라면 저의 소원을 들어주시는 일쯤은 문제도 아닐 테니까요. 제 부탁은, 성공할 가능성도 없는 일을 그만 포기해 달라는 거예요. 저뿐만 아니라 펠라머 경을 위해서도 제발 부탁드릴게요. 경께서는 불행한 여자를 괴롭히며 희열을 느끼실 분이 아니에요. 경께서 아무리 끈질기게 매달리신들 저는 경에게 불편한 심정을 안겨 드릴 뿐, 결코 제 마음을 드리진 않을 거예요. 그렇다면 경도 끝내 안정을 찾지 못하실 거예요." 이 말을 듣고 펠라머 경은 깊은 한숨을 내쉬며 말했다. "그렇다면 불행한 저는 소피아 양이 싫어하고 경멸하는 대상일 뿐이란 말입니까? 그게 아니라면 혹시 마음에 두신 다른 분이……." 펠라머 경이 머뭇거리자 소피아가 용기를 내어 대답했다. "펠라머 경, 제 행동의 이유까지 경께 설명할 의무는 없어요. 경의 관대하신 제안은 고맙게 생각합니다. 제 분수나 기대를 넘어선 것이라고 고백하지요. 하지만 펠라머 경의 제안을 받아들이지 않는다고 해서 그 이유까지 설명할 필요는 없다고 생각해요." 펠라머 경은 소피아의 말에 여러 가지 대답을 했지만 우리는 그 뜻을 이해하지 못한다. 엄밀히 말해 이성적이지도 않고 문법에도 맞지 않기 때문일 것이다. 어쨌든 그가 장황하게 연출하며 이렇게 말을 맺었다. "당신이 이미 다른 신사와 언약을 맺었다면 아무리 괴롭더라도 제가 물러서야 하는 절대적인 의무가 있습니다." 어쩌면 그는 '신사'라는 단어를 너무 강조했는지도 모른다. 그렇지 않고서야 소피아가 화를 낸 이유를 어떻게 설명하겠는가. 소피아는 펠라머 경에게서 모욕을 받고 단단히 화가 난듯 보였다.

소피아가 전에 없이 격양된 어조로 말하고 있는데 웨스턴 고모가 들어왔다. 뺨은 이글이글 불타고 눈에서는 불꽃이 튀고 있었다. 고모가 말했다. "이런 대접을 받게 해드려 정말 부끄럽습니다. 경의 제안이 얼마나 영예로운지 우리 가족 모두 잘 알고 있답니다. 소피아, 우리 가족 누구도 네가 이렇게 나올 줄은 몰랐구나." 펠라머 경이 소피아를 변호했지만 소용이 없었다. 고모는 소피아가 의자에 몸을 던지고 손수건을 꺼내어 흐느껴 울 때까지 꾸짖음을 멈추지 않았다.

펠라머 경이 떠날 때까지 그와 웨스턴 고모가 나눈 대화를 보면, 경은 비통하게 탄식하고, 고모는 조카애가 경의 뜻에 따라야 하고 또 따를 것이라고 큰소리로 자신있게 말했다. "정말이지, 펠라머 경, 저 애는 재산과 가문에 어울리지 않는 어리석은 교육을 받았답니다. 유감이지만 다 저 애 아버지 탓이에요. 소피아는 촌스럽게 수줍음이 많아요. 단지 그뿐이랍니다. 하지만 머리는 좋으니 틀림없이 깨달으리라고 생각해요."

이 마지막 말을 할 때 소피아는 자리에 없었다. 이미 한참 전에, 이제껏 결코 보인 적이 없던 격정적인 모습으로 소피아가 방에서 뛰쳐나가 버렸던 것이다. 펠라머 경은 웨스턴 고모에게 여러 차례 감사를 표하면서, 그 어떤 것으로도 억누를 수 없는 연정을 열렬히 고백하고는, 자기는 끈기 있게 기다리겠다고 수차례 맹세한 뒤 작별을 고했다. 웨스턴 고모는 이런 그의 태도를 크게 격려했다.

이제 웨스턴 고모와 소피아 사이에 일어난 일을 이야기하기에 앞서, 우리는 웨스턴 고모가 어떻게 해서 그토록 불같이 화를 내며 방 안으로 들이닥쳤는지 그동안의 불운한 전말부터 언급해야 할 것이다.

우선 독자 여러분은 현재 소피아의 시중을 드는 하녀가 벨라스턴 귀부인의 추천으로 들어온 하녀라는 점을 아셔야 한다. 이 하녀는 원래 귀부인의 머리를 빗겨주는 하녀였다. 제법 똑똑한 소녀로, 소피아를 주의 깊게 감시하라는 엄명을 받고 왔다. 이 지시를 하녀에게 전달한 사람은 안타깝지만 하녀 아녀였다. 벨라스턴 귀부인이 너무나도 잘 구워삶는 바람에 이 하녀는 옛 주인 소피아에게 품었던 열렬한 애정을 새 주인에 대한 더 큰 애정으로 완전히 지워 버리고 말았다.

그런데 밀러 부인이 떠난 뒤 베티(새 하녀의 이름이다)는 아가씨에게로 돌아와 그녀가 편지를 매우 주의 깊게 읽고 있는 걸 발견했다. 소피아의 얼굴에 분명히 드러난 감정의 동요만으로도 이 소녀가 의혹을 품기에 충분했으리라. 그러나 베티가 의혹을 품은 데에는 더 강력한 근거가 있었다. 바로 소피아와 밀러 부인이 나눈 대화를 그녀가 모두 엿들었던 것이다.

베티는 이 사실을 웨스턴 고모에게 빠짐없이 보고했다. 고모는 하녀의 충직함을 여러 차례 칭찬하고 충분히 보상을 해준 뒤, 편지를 가지고 온 부인이 다시 나타나면 곧바로 자기에게 데려오라고 지시했다.

그런데 불행하게도 소피아가 펠라머 경과 만나고 있던 바로 그 시간에 밀러 부인이 다시 찾아온 것이다. 베티는 즉시 부인을 고모에게 안내했다. 웨스턴 고모는 전날 있었던 일을 모조리 알고 있었으므로 가엾은 부인을 쉽게 속일 수 있었다. 고모는 소피아가 자신에게 모든 사실을 다 털어놓았다고 믿게 만들었으며, 유도신문을 해서 편지와 관련된 사실과 존스 군에 대한 사실을 비롯하여 부인이 알고 있는 모든 사실을 다 알아냈다.

가엾은 밀러 부인은 순진함 그 자체랄 수 있는 사람이었다. 남이 하는 얘기는 무조건 믿으며 기만이라는 창과 방패를 갖지 못하고 태어나, 결과적으로 아주 사소한 거짓말에도 쉽게 속는 사람이었다. 웨스턴 고모는 밀러 부인이 알고 있는 모든 사실을 뽑아내고는(사실 얼마 안 되는 내용이었지만 고모가 의혹을 품기에는 충분한 양이었다) 소피아가 만나고 싶어 하지 않고, 답장도 쓰지 않았으며 다시는 편지를 받지 않겠다고 했다며 부인을 돌려보냈다. 또한 부인이 떠날 때 밀러 부인이 하는 일은 '뚜쟁이'나 다름없다며 일장연설까지 덧붙였다. 어쨌든 이렇게 해서 알게 된 사실로 심기가 크게 불편해진 상황에서, 하필이면 펠라머 경과 소피아가 있는 방 바로 옆방에 들어갔는데 소피아가 크게 화를 내며 펠라머 경의 구애에 항의하는 소리가 들려온 것이다. 그 소리를 듣자 안 그래도 이미 불이 붙은 그녀의 분노가 결국 폭발해 버렸다. 그리하여 몹시 격분한 태도로 조카의 방으로 돌진하여 들어갔고, 나머지는 설명한 바와 같다.

펠라머 경이 떠나자마자 웨스턴 고모는 소피아에게 돌아와 자신이 베푼 신뢰를 악용하여, 바로 전날 다시는 만나지 않겠다고 엄숙하게 맹세까지 한 남자와 연락을 주고받으며 배신이라고 갖은 말로 조카를 비난했다. 소피아는 연락을 주고받은 바가 없다고 항변했다. 고모가 소리쳤다. "뭐라고? 어제 그자로부터 편지를 받지 않았다고 잡아뗄 셈이냐?" 소피아가 조금 놀라며 대답했다. "편지라고요, 고모?" "남의 말을 되받는 것은 교양 있는 행동이 아니야! 그래, 편지라고 했다. 지금 당장 그 편지를 이리 가져와." "저는 거짓말을 경멸해요, 고모. 물론 편지를 받긴 했지만 원해서 받은 건 아니에요. 제 의사와 상관없는 일이었다고요." "편지를 받았다고 자백하는 것만으로도 부끄러운 줄 알아야지. 어쨌든 그 편지는 어디 있니? 내가 좀 봐야겠다."

고모의 단호한 요구에 소피아는 한동안 대답을 하지 못했다. 이윽고 간신히 지금은 갖고 있지 않다며 달아날 구멍을 찾았다. 그건 사실이었다. 고모는 벌컥 성을 내며 조카에게 펠라머 경과 결혼할 생각이 있느냐고 느닷없이 물었다. 대답은 강경하게 부정적이었다. 그러자 웨스턴 고모는 욕설까지는 아니라도 그 비슷한 말을 내뱉으며, 다음 날 아침 일찍 소피아를 아버지에게 넘기겠다고 대답했다.

소피아는 다음과 같이 고모를 설득하기 시작했다. "고모, 대체 제가 왜 결혼을 강요당해야 하나요? 고모도 이게 자신의 일이라면 얼마나 잔인하다고 생각하시겠어요. 그리고 부모님이 이런 일을 고모의 자유의사에 맡겼다면 얼마나 고마워했겠어요. 대체 제가 그런 자유를 빼앗길 만한 일이라도 저질렀나요? 저는 아버지가 동의하지 않고 고모가 반대하시는 결혼은 결코 하지 않겠어요. 제가 두 분의 허락을 구하지 않을 때, 그때 가서 제게 다른 결혼을 강요하셔도 늦지 않잖아요?" 웨스턴 고모가 소리쳤다. "세상에, 내가 지금 주머니에 살인자가 보낸 편지를 넣고 있는 애한테서 그런 소리를 듣고 참아야겠니?" "분명히 말씀드리지만 그런 편지는 갖고 있지 않아요. 그리고 그가 살인자라면 머지않아 고모를 성가시게 하고 싶어도 더는 그럴 수 없는 처지가 될 것 아니겠어요." "아니, 소피아, 어떻게 내 앞에서 그리 뻔뻔스럽게 그 나쁜 놈을 사랑한다고 고백할 수 있단 말이냐?" "고모, 제 말을 너무 이상하게 해석하시는군요." 고모가 소리쳤다. "사람을 무시하는 것도 정도가 있지! 그런 건방진 태도는 네 아버지한테 배운 모양이구나. 나를 무시하라고 가르친 거야. 네 아버지가 잘못된 교육 방식으로 너를 완전히 망쳐 버렸어. 그 결과를 아버지한테 실컷 보여줘야지! 다시 한 번 말하지만 내일 아침 일찍 너를 아버지에게 돌려보내겠다. 나는 전장에서 병력을 철수하고 앞으로는 현명한 프러시아 왕처럼 완전중립을 지킬 거야. 너희 부녀 같은 똑똑한 사람들을 내가 어떻게 감당하겠니. 어쨌든 내일 아침 이 집을 비울 테니 준비하고 있거라."

소피아는 온 힘을 다해 이의를 제기했지만 고모는 한 마디도 듣지 않았다. 따라서 지금으로서는 우리도 이런 결심을 한 웨스턴 고모를 그대로 남겨 둬야겠다. 그녀의 마음을 바꾸게 할 희망이 지금은 전혀 보이지 않기 때문이다.

9
감옥에 있던 존스에게 일어난 일

파트리지가 있어 위안은 됐지만, 존스는 스물네 시간 이상을 침울하게 홀로 보냈다. 그때 나이팅게일 군이 다시 찾아왔다. 이 훌륭한 청년은 친구를 버리지도 잊지도 않았다. 사실 그는 지난 스물네 시간 동안 감옥에 갇힌 친구를 위해 이리저리 바삐 뛰어다녔던 것이다.

그가 수소문 끝에 불행한 결투의 시작 부분을 당시 데트포드 항*3에 정박해 있던 군함 소속 수병들이 유일하게 목격했다는 얘기를 들었다. 그는 이 수병들을 찾아 데트포드 항으로 갔으며, 그곳에서 자신이 찾는 수병들이 모두 배에서 내려 육지로 들어갔다는 얘기를 들었다. 따라서 그는 이곳저곳으로 그들의 흔적을 찾아 다니다가, 마침내 그 중 두 명이 올더스게이트*4 인근의 싸구려 선술집에서 술을 마시고 있는 것을 발견했다.

나이팅게일은 존스와 단 둘이 얘기하겠다고 하고(그가 들어왔을 때 파트리지도 방 안에 있었다) 둘만 남게 되자 존스의 손을 잡고 큰소리로 말했다. "자, 용감한 친구, 지금부터 하는 얘기를 듣고 너무 낙심하지 말게. 나쁜 소식을 전하게 되어 나도 유감이네. 하지만 자네에게 말하는 게 내 의무 아니겠나." 존스가 소리쳤다. "그 나쁜 소식이라는 게 뭔지 짐작하겠네. 그 가엾

---

*3 런던 동남부에 위치.
*4 런던 중동부.

은 신사가 죽었단 얘기로군." 나이팅게일이 대답했다. "그렇지 않아. 적어도 오늘 아침까진 살아 있었네. 하지만 솔직히 내가 듣기로는 상처가 치명적이라는군. 그런데 만약 상황이 자네가 말한 그대로라면 그가 어떻게 되든 자네는 마음의 가책만 걱정하면 될 거야. 그리고 자네 친구에겐 아무리 나쁜 상황이라도 사실대로 말해 주게. 아무리 사소한 일이라도 숨긴다면 무엇보다 자네 자신에게 가장 좋지 않아."

존스가 말했다. "이보게 잭, 어째서 내 가슴에 비수를 꽂는 의심을 하는 건가?" "진정하게. 내 모두 이야기할 테니. 열심히 수소문한 끝에 나는 마침내 그 불행한 사건 현장에 있던 두 목격자를 찾아냈네. 하지만 안타깝게도 자네 말과 달리 그자들의 증언은 자네에게 유리하지 않았어." "뭐라고? 그자들이 뭐라고 말하던가?" "정말이지, 자네가 충격받을 걸 생각하면 입이 떨어지지 않네. 멀리 떨어져 있어서 자네들이 무슨 얘기를 나누는지는 듣지 못했지만 두 사람 모두 자네가 먼저 공격했다고 말하더군." 존스가 말했다. "절대 그렇지 않네. 그쪽에서 아무 이유도 없이 먼저 나를 공격했단 말일세. 그자들이 말도 안 되는 거짓으로 나를 음해하는 이유를 모르겠군." "글쎄, 그건 나도 모르겠네. 하지만 자네 자신과 자네의 진정한 친구인 나조차도 그들이 왜 자네를 음해하는지 이유를 알 수 없다면, 직접적인 이해관계도 없는 법정에서 그들의 말을 믿지 않을 이유가 어디 있겠나? 나는 목격자들에게 몇 번이나 되물어보았어. 술자리에 함께 있던 사람도 그래 주었지. 선원처럼 보이는 사람이었는데, 정말이지, 자네를 아주 좋게 생각해 주었어. 그는 두 목격자에게 한 남자의 목숨이 걸려 있으니 신중히 생각하라고 몇 차례나 강조하면서, 그들의 기억이 정말로 확실한지 몇 차례나 물어보았어. 그런데 둘 다 확신한다고 대답했고, 자신들의 증언을 번복할 생각이 없다고 대답했다네. 이보게, 친구, 부디 기억을 잘 더듬어 보게. 만약 그자들의 증언이 사실로 받아들여진다면, 자네는 제때에 알맞는 법적 권리를 최대한 이용해야 하네. 겁주려는 건 아니네만 자네도 법률의 준엄함은 알잖나. 이를테면 그가 아무리 심한 말로 도발했다고 해도 말일세."

존스가 소리쳤다. "아아, 친구, 대체 나 같은 놈에게 무슨 법적 권리가 있단 말인가? 그리고 자넨 내가 살인범이란 오명을 뒤집어쓰고 살길 바란다고 생각하는가? 내게 법조계 친구들이 있다 해도(안타깝게도 없지만), 인간으로서 가장 무거운 죄를 저지른 나 같은 놈을 변호해 달라고 어찌 뻔뻔스럽게 간청한단 말인가?

나는 그런 희망을 갖고 있지 않네. 하지만 더할 수 없이 높은 옥좌에 앉아 계신 하느님만이 나를 마땅하게 보호해 주시리라고 조금 믿고 있네."

그리고 그는 자신이 처음에 한 주장은 틀림없는 진실이라고 엄숙하며 강력하게 거듭 단언했다.

나이팅게일의 신념은 다시 한 번 흔들려 친구의 말을 믿는 쪽으로 기울었다. 그때 밀러 부인이 나타나 사명을 완수하지 못했다고 울면서 보고했다. 그 얘기를 듣고 존스는 당당하게 외쳤다. "이제 됐네, 친구. 적어도 내 목숨에 대한 일만큼은 어찌되든 상관없어. 사람 해친 죄를 목숨으로 속죄하는 게 하늘의 뜻이라면 그렇게 하겠네. 하느님께서 언젠가 반드시 내 오명을 벗겨 주실 테고, 적어도 죽음을 앞둔 사람의 말은 본인의 품성을 입증해 줄 정도의 힘은 있을 테니까."

뒤이어 수감된 존스와 친구들 사이에 매우 슬픈 장면이 이어졌다. 아마 그런 장면을 함께 하고픈 독자분은 별로 없을 테고, 마찬가지로 그 내용을 자세히 듣고 싶은 독자분도 거의 없을 것이다. 따라서 우리는 간수의 등장 장면으로 건너뛰겠다. 간수는 존스에게 시간이 나면 얘기를 좀 나누고 싶다며 한 숙녀분이 밖에서 기다리고 있다고 전했다.

존스는 이런 전언에 놀라움을 표하며, "이런 곳까지 자기를 만나러 올 만한 숙녀는 아무도 없는데" 하고 말했다. 하지만 찾아온 숙녀가 누구든 만남을 거부할 이유도 없었기에, 밀러 부인과 나이팅게일 군은 서둘러 작별을 고하고 자리를 피해 주었다. 그는 곧 찾아온 숙녀분을 들어오게 했다.

숙녀가 찾아왔다는 소식만으로 존스가 놀랐다면, 그 숙녀가 다름 아닌 워터스 부인임을 알았을 때는 얼마나 더 놀랐겠는가. 어쨌든 우리는 잠시 그가 놀라고 있도록 남겨 두고, 부인의 등장에 마찬가지로 적잖이 놀라셨을 독자 여러분의 궁금증부터 풀어드리겠다.

워터스 부인이 누구인지는 독자 여러분도 기억하실 것이고, 그녀가 어떤 사람인지도 잘 알고 계실 것이다. 이 부인이 업턴에서 피츠패트릭 씨와 한 아일랜드 신사와 같은 마차를 타고 바스까지 함께 갔다는 사실도 기억하시리라.

그런데 그때 피츠패트릭 씨가 관할하는 곳에 빈자리가 하나 생겼다. 바로 그의 아내 자리였다. 얼마 전까지 그 자리에 앉아 있던 부인이 사임했기 때문이다. 또는 적어도 그 자리를 버리고 도망쳐 버렸기 때문이다. 따라서 피츠패트릭 씨는 바스까지 함께 여행을 하며 워터스 부인을 꼼꼼히 살펴본 뒤, 그녀가 자기 아내 자리에 적임자라고 판단했다. 그는 바스에 도착하자마자 부인에게 아내 자리를 제의했고, 그녀 또한 조금도 망설이지 않고 그것을 수락했다. 그리하여 두 신사 숙녀는 바스에 머무는 동안 부부로 지냈으며, 부부로서 함께 런던에 온 것이었다.

피츠패트릭 씨가 지금으로서는 되찾을 가망성만 있는 본부인을 확실히 찾을 때까지 이 착한 워터스 부인과 헤어지지 않을 정도로 현명한 사람이었는지, 아니면 워터스 부인이 아내 역할을 너무 잘 수행해서 그녀를 계속해서 본부인으로 삼고 첫 번째 부인은 그저 첩으로 삼으려고(종종 일어나는 일이다) 생각했는지 나로서는 알 수 없다. 어쨌든 확실한 사실은 그가 워터스 부인에게 본부인의 존재를 단 한 차례도 언급하지 않았으며, 웨스턴 고모가 보낸 편지 얘기도 하지 않고, 본부인을 되찾는다는 목적은 내색조차 하지 않았다는 점이다. 하물며 존스의 이름은 입도 뻥긋할 리 없었다. 존스를 만나기만 하면 가만두지 않을 생각이었는데, 그는 이런 일에 있어 아내, 어머니, 누이, 때로는 온 가족이야말로 자신의 가장 듬직한 지지자라고 생각하는 사려 깊은 사람이 아니었기 때문이다. 따라서 워터스 부인은 그동안 일어난 사건의 모든 진상을, 그가 부상을 당하고 술집에서 상처를 처치 받은 뒤 집으로 실려 온 뒤에야 처음으로 그에게서 듣게 되었다.

그러나 피츠패트릭 씨는 평소에도 이야기를 분명하게 하는 사람이 아니었다. 게다가 지금은 보통 때보다 정신이 더 오락가락하는 상태였으므로, 부인은 한참 뒤에야 비로소 그에게 부상을 입힌 신사가 바로 그녀의 가슴에도 아픈 상처를 입힌 바 있는 존스 군이란 사실을 알게 되었다. 비록 치명상은 아니었지만, 그때의 상처가 꽤 깊어 상당 부분 흉터가 남아 있는 터였다. 그리하여 이 살인 미수 사건 때문에 존스 군이 감옥에 투옥되었다는 소식을 듣자마자 워터스 부인은 피츠패트릭 씨를 간병인에게 맡기고 서둘러 이 승리자를 찾아왔다.

그녀는 처음에 신이 나서 감방에 들어섰지만, 가엾은 존스의 침울한 모습을 보고 이내 그런 태도를 접었다. 존스는 부인을 보자 깜짝 놀라며 성호를 그었다. 그 모습을 보고 그녀가 말했다. "그래요, 당신이 놀라는 게 당연하지요. 저를 다시 만나게 되리라고는 상상도 못하셨지요? 이런 곳까지 찾아오는 숙녀는 당사자의 부인 말고는 아무도 없을 테니까요. 당신이 제게 얼마나 큰 영향을 미쳤는지 이제 아시겠지요? 존스 씨, 정말이지, 업턴에서 헤어질 때는 설마 이런 곳에서 다시 만나리라고는 꿈에도 생각지 못했어요." 존스가 말했다. "정말이지 이렇게 방문해 주시다니 너무도 친절하시군요. 이런 음침한 감옥까지 나 같은 가엾은 놈을 찾아오는 사람은 거의 없을 겁니다." "사실대로 말씀드리면, 제가 업턴에서 보았던 그 유쾌한 청년이라고는 도저히 믿어지지가 않는군요. 당신 얼굴은 세상 어느 지하 감옥보다도 더 비참해 보여요. 대체 무슨 일이 있는 겁니까?" 존스가 말했다. "제가 이곳에 있다는 걸 아셨으니 그 불행한 원인도 잘 아실 텐데요." "그래봐야 결투에서 한 남자를 찌른 것뿐이잖아요?" 존스는 부인의 채신없는 태도에 화가 나서, 이미 일어난 일을 진심으로 후회하는 기색을 보이며 설명했다. 부인이 대답했다. "그 일을 그토록 마음에 두고 계신다면 제가 짐을 덜어 드리지요. 부상당한 피해자는 죽지 않았답니다. 죽을 위험도 없고요. 그 사람을 처음 치료했던 의사는 젊은 사람이었는데, 가능하면 환자의 상태를 최악으로 설명하고 싶었던 거죠. 그래야만 그 사람을 치료했을 때 더 큰 명성을 얻을 테니까요. 그러나 이후 왕실 담당 의사가 와서 환자를 보고는, 당장은 그럴 징후가 전혀 보이지 않으며 어쨌든 열만 나지 않으면 사망 위험이 거의 없다고 말씀했습니다." 이 말을 듣고 존스의 얼굴에 커다란 만족감이 떠올랐다. 그러자 부인은 자기 말이 진실이라고 맹세하며 이렇게 덧붙였다. "참으로 기이한 인연 덕분에 저는 그 피해자와 같은 집에 묵고 있어요. 그 사람을 직접 보기도 했는데, 그는 당신을 공정하게 대해 주셨어요. 결과야 어찌되든 자신이 먼저 도발을 했으며, 존스 씨에게는 티끌만한 잘못도 없다고 말씀하셨어요."

존스는 워터스 부인이 가져온 소식을 듣고 이루 말할 수 없이 만족했다. 그러고 나서 그는 부인이 이미 들어 알고 있는 여러 사실, 즉 피츠패트릭 씨의 정체와 그가 화를 낸 이유 등을 부인에게 알려 주었다. 또한 부인이 미처 모르고 있는 사실들도 말해 주었다. 이를테면 토시 사건이나 기타 자질구레한 내용들이었다. 다만 소피아의 이름만은 숨겼다. 그리고 그는 지금까지 자신이 저질러 온 어리석고 나쁜 짓들을 후회했다. 그는 그 행동 하나하나가 최악의 결과를 빚어냈으며, 이번 일을 교훈삼아 앞으로 그런 사악한 행실을 바로잡지 않는다면 자신은 용서 받지 못하리라고 말했다. 그리고 마지막으로 존스는 워터스 부인에게 이보다 더 나쁜 일이 일어나지 않도록 앞으로는 결코 죄를 짓지 않겠다고 맹세했다.

워터스 부인은 존스를 크게 비웃으며, 지금은 감금되어 의기소침해 있기 때문에 그런 말이 나오는 것이라고 조롱했다. 그녀는 '악마가 아플 때' 이야기에 나오는 재담을 읊조리면서 그에게 말했다. "머지않아 자유의 몸이 되면 전과 똑같이 활기찬 청년으로 돌아가겠지요. 그러면 분명히 지금 당신을 잠식하고 있는 온갖 양심의 가책에서도 풀려날 거예요."

워터스 부인은 이와 비슷한 조롱을 더 퍼부었지만, 그런 말을 몇 마디 더 기억해 봐야 그녀의 명예에 도움이 되지 못한다고 생각하시는 독자분도 계시리라. 또한 여러분 가운데 존스의 대답을 듣고 부인과 마찬가지로 코웃음을 치는 독자분이 없다고도 장담할 수 없다. 따라서 우리는 두 사람이 나눈 그 밖의 대화는 덮어두기로 하겠다. 다만 결말은 아주 깔끔했으며, 부인보다는 존스가 훨씬 더 만족스러워하며 끝났다는 점만 얘기해 두겠다. 존스는 부인이 가져온 소식에 뛸 듯이 기뻤지만, 부인은 처음 만났을 때는 오늘과 전혀 다른 사람 같았던 존스 군이 회개하는 태도가 영 마음에 들지 않았던 것이다.

이리하여 나이팅게일 군의 보고를 듣고 침울해진 기분은 상당 부분 해소되었지만, 밀러 부인이 전해준 소식 때문에 존스는 여전히 낙담해 있는 상태였다. 부인의 설명이 소피아가 편지로 했던 말과 너무나 딱 들어맞았던 것이다. 그는 소피아가 자신이 보낸 편지를 고모에게 보여 주었으며, 그녀가 자신을 포기하기로 결심을 굳힌 사실을 결코 의심치 않았다. 이런 생각으로 그가 받은 마음의 고통과 맞먹는 것은, 운명의 여신이 그를 위해 마련해 놓은 또 한 가지 소식밖에 없었다. 그 소식은 다음 권 두 번째 장에서 이야기하기로 한다.

제18권
약 엿새 동안 일어난 일

1
독자 여러분께 드리는 작별인사

독자 여러분, 마침내 우리는 긴 여행의 마지막 단계에 이르렀다. 독자 여러분과 우리는 지금까지 수백 페이지에 걸쳐 함께 여행해 왔으니, 같은 역마차를 탄 여행객들처럼 서로를 위해 주어야 하지 않겠는가. 그들은 긴 여행길을 함께 하는 동안 말다툼을 하거나 사이가 틀어지기도 하지만 마지막에는 모두들 화해하고, 즐겁고 기쁜 마음으로 최종 목적지를 향해 마차에 오른다. 마지막 여정이 끝나고 나면, 그 여행객들과 마찬가지로 우리들도 이제 다시는 만날 일이 없을지도 모르기 때문이다.

여행에 빗대어서 설명했으니, 이 비유를 좀더 사용하도록 허락해 주시기 바란다. 나는 이 마지막 권에서, 지금 말한 선량한 역마차 손님들의 마지막 여행을 흉내 낼 생각이다. 아시다시피, 이런 여행의 마지막 단계에서는 농담이라든지 우스갯소리가 중지된다. 여행 도중 사람들이 장난삼아 어떤 역할을 연기해왔건 지금은 모두 연기를 멈추고, 대화 내용도 대개 단순하고 진지해진다.

마찬가지로 이 작품을 진행시켜 오면서 내가 독자 여러분의 흥미를 자아내기 위해 혹시라도 농담이나 우스갯소리를 즐긴 일이 있다면 이제 여기서 그만두겠다. 게다가 이번 권 안에 부득이 넣어야 하는 온갖 잡다한 내용 때문에 그런 익살스런 내용을 넣을 빈틈이 없다. 때로는 그러한 익살이 여러분의 낮잠을 방해했을지도 모르지만, 이 마지막 권에서는 그런 내용을 전혀 (혹은 거의) 발견하지 못할 것이다. 아마 여러분이 이번 권에 담겨 있는 엄청난 사건들을 다 읽고 나시면, 그 많은 이야기를 모두 담아내기에 페이지가 충분치 않다고 생각하실 것이다.

자, 친구이신 독자 여러분, 이번 기회를 빌려(앞으로 기회가 없을 테니) 여러분께 진심어린 작별 인사를 드린다. 그동안 내가 여러분의 유쾌한 길동무였다면 나는 더 바라는 바가 없다. 혹시 어떤 내용이 여러분을 불쾌하게 해드린 적이 있다면 내 진심이 아니었다는 점을 이해해 주기 바란다. 책 속에 언급된 내용이 여러분이나 여러분의 친구분들께 상처를 주었을지도 모르지만, 엄숙하게 맹세하건대, 그것은 결코 여러분을 겨냥한 것이 아니다. 분명히 여러분은 나에 대해 이런저런 소문을 들으셨을 테고, 아주 상스런 자와 여행하게 되었다는 소리도 틀림없이 들으셨을 것이다. 그러나 여러분께 누가 그런 얘기를 했건 나를 음해하려고 하는 소리다. 나보다 더 상스러움을 혐오하고 경멸하는 사람은 없다. 혐오하고 경멸할 이유를 나만큼 많이 가진 사람도 없다. 나보다 많이 남의 입방아에 오르내린 사람이 없기 때문이다. 가혹한 내 운명 때문에, 다른 작품에서 더없이 상스러운 말로 나를 모욕한 사람들이 쓴 욕설투성이 작품이 바로 내 작품이라고 소문난 일이 있다.

그러나 분명히 확신하건대, 그런 작품들은 독자 여러분이 지금 이 페이지를 읽기 훨씬 전에 사장되어 버릴 것이다. 비록 내 작품의 수명이 아무리 짧더라도, 병약한 저자나 그 저자를 비방하는 동시대 작가들의 허약한 창작물보다는 오래 살아남을 것이기 때문이다.

2
매우 비극적인 사건을 담고 있다

존스가 스스로를 괴롭히며 불쾌한 사색에 잠겨 있을 때, 잿더미보다도 더 창백해진 얼굴로 파트리지가 비틀거리면서 감방 안으로 들어왔다. 한곳을 뚫어져라 쳐다보고, 머리털은 곤두서 있었으며, 팔다리를 부들부들 떨고 있었다. 요컨대 마치 유령을 보았거나, 그 자신이 유령이라도 된 듯한 모습이었다.

좀처럼 겁에 질리지 않는 존스 군도 파트리지의 갑작스런 모습에 놀라지 않을 수 없었다. 존스는 안색이 변한 채 떨리는 목소리로 대체 무슨 일이냐고 물었다.

파트리지가 말했다. "도련님, 제발 화를 내지 마세요. 엿들으려고 해서 엿들은 게 아니니까요. 저는 그저 방 밖에 있었을 뿐입니다. 정말이지, 그런 얘기를 듣느니 100마일 밖에 떨어져 있는 편이 나을 거예요." 존스가 말했다. "대체 무슨 소리요?" "무슨 소리냐고요? 아아, 도련님, 방금 나간 저 숙녀분, 업턴에서 도련님과 함께 계시던 부인 아닙니까?" 존스가 소리쳤다. "그런데요?" 벌벌 떨면서 파트리지가 말했다. "그럼, 도련님이 정말로 저 부인과 같이 잤단 말입니까?" "유감스럽지만, 우리 둘 사이의 일을 모르는 사람은 없어요." 파트리지가 소리쳤다. "제발 확실히 대답해 주세요, 도련님." "같이 잤다고 말하고 있잖아요." "아아, 그렇다면 하느님께서 도련님의 영혼을 불쌍히 여기시어 도련님을 용서해 주시길 빌겠습니다. 도련님, 진실만을 말씀드리건대, 도련님께서는 친어머니와 잠자리를 함께 하신 겁니다."

이 말을 듣자마자, 존스는 순식간에 파트리지보다도 더 무시무시한 모습으로 바뀌었다. 그는 너무나 큰 충격을 받아서 한동안 말문까지 막혀버렸다. 두 사람은 선 채로 상대를 뚫어지게 쳐다볼 뿐이었다. 마침내 겨우 말문이 터진 존스가 더듬거리며 물었다. "아니, 뭐라고요? 그럴 리가! 대체 그게 무슨 소리요!" "지금은 숨통이 막혀서 자세히 말씀드릴 수 없지만, 어쨌든 지금 드린 말씀은 모두 사실이에요. 방금 나간 그 부인이 바로 도련님의 친어머님이세요. 업턴에서 제가 부인의 얼굴을 보았더라면 그런 일이 일어나지 않도록 막았을 텐데 어쩜 이리 운이 없을까요! 틀림없이 악마란 놈이 수작을 부린 게 틀림없어요."

존스가 소리쳤다. "아아, 운명의 여신은 내가 진짜 미치는 꼴을 보아야 직성이 풀리는 모양이다! 하지만 운명의 여신을 탓해 무엇하겠나. 다 내가 자초한 불행인 걸. 내게 일어난 모든 끔찍한 불행은 다 내 어리석음과 사악함의 결과물에 불과해. 파트리지, 당신이 한 말 때문에 나는 거의 돌아버릴 지경이오. 그럼 워터스 부인은⋯⋯아니야, 이런 질문을 뭐 하러 하겠어? 당신이 부인을 분명히 안다는데. 파트리지, 나에게 조금이라도 애정이 남아 있다면, 아니, 나를 조금이라도 불쌍히 여긴다면 제발 가서 저 불행한 부인을 다시 데려와 주시오. 오! 하느님 맙소사! 근친상간이라니! 그것도 친어머니와! 대체 내 운명은 어디까지 추락한단 말인가?" 그는 극심한 슬픔과 절망감으로 몸부림쳤다. 파트리지는 그런 상태에 빠진 그를 혼자 두고 나갈 수 없다고 했다.

이윽고 격렬한 격정이 한풀 꺾이자 존스는 다소 제정신을 차렸다. 그는 불쌍한 부인이 결투에서 부상당한 신사와 같은 집에 살고 있으니 그곳에 가면 찾을 수 있다고 파트리지에게 알려 주고 그녀를 데려오라고 보냈다.

독자 여러분이 기억을 되살려 제9권의 업턴 장면을 회상해 보신다면, 워터스 부인이 온종일 존스 군과 함께 보내는 동안, 기이한 우연들이 그녀와 파트리지가 한 번도 만나지 못하도록 방해한 사실에 놀라실 것이다. 이러한 우연들은 사실 우리 인생에서 흔히 보곤 한다. 미묘하게 얽힌 일련의 사소한 상황 때문에 매우 중대한 사건들이 발생하지 않는가. 그리고 날카로운 시선을 가진 독자라면 이 비슷한 일들이 우리의 이야기 속에도 한 건 이상 등장했음을 찾아낼 것이다.

두세 시간을 아무 소득도 없이 수소문하고 다닌 끝에 파트리지는 결국 워터스 부인을 만나지 못하고 주인에게 돌아왔다. 시간이 흐를수록 점점 더 애를 태우던 존스는 파트리지가 부인을 찾지 못했다는 소식을 갖고 오자 미친 듯 소리를 질러 댔다. 이런 상태에 빠진 지 얼마 되지 않아 존스는 다음과 같은 편지를 받았다.

　존스 씨께,

　당신과 헤어진 뒤 저는 한 신사분을 만났답니다. 그분에게서 당신과 관련된 어떤 사실을 듣고 큰 충격을 받았고 걱정스럽기도 합니다. 하지만 지금은 그처럼 중요한 문제를 세세히 알려 드릴 시간적 여유가 없으므로 다음번에 만날 때까지 기다려 주세요. 상황을 봐서 되도록 서둘러 찾아뵙겠습니다. 아, 존스 씨, 업턴에서 그토록 행복한 하루를 보냈을 때, 저는 그런 엄청난 행복을 제공해 준 당신의 정체를 꿈에도 몰랐답니다. 그 생각을 하면 제 앞으로의 삶이 어떻지 상상도 할 수 없습니다. 진심으로 당신을 영원히 사랑하는 불행한……

J. 워터스.

　추신. 피츠패트릭 씨가 모든 위험에서 벗어났으니 부디 안심하세요. 가슴 아픈 다른 죄들을 아무리 후회하신다 하더라도, 거기에 살인죄는 넣지 마세요.

존스는 편지를 모두 읽고는 힘없이 툭 떨어뜨렸다(들고 있을 힘조차 없었고, 다른 어떤 기운도 남아있지 않았다). 편지를 집어 든 파트리지는 존스의 침묵을 읽어도 좋다는 허락으로 생각하고 편지를 읽었다. 그리고 그 역시 존스 못지않게 충격을 받았다. 두 사람의 얼굴에 서린 공포감은 펜이 아니라 연필로 묘사해야 할 것이다. 두 사람이 아무 말도 못하고 멍하니 서 있을 때 마침 간수가 방 안으로 들어왔다. 두 사람의 얼굴에 선명히 드러난 공포에도 아랑곳 않고, 간수는 존스에게 방 밖에서 한 남자가 얘기를 나누고 싶어 한다고 전했다. 안내를 받아 온 사람은 다름 아닌 블랙 조지였다.

간수와 달리 공포에 질린 모습에 익숙지 않은 블랙 조지는 곧바로 존스의 얼굴에 나타난 혼란 상태를 보고 예의 결투사건 때문이라고 생각했다. 웨스턴 씨 자택에서 그 사건은 최악의 상황이라고 묘사되었으므로, 조지는 상대 신사가 사망했으며 존스 군도 결국 치욕스러운 죽음을 맞이할 거라고 결론 내렸다. 이렇게 생각하자 마음이 매우 조마조마해졌다. 본질적으로 그는 자비심이 많은 성격이라, 비록 유혹에 져서 존스 군과의 우정에 사소한 균열이 생기긴 했지만, 그래도 과거에 이 청년에게서 입었던 은혜를 잊지는 않았다.

따라서 그는 눈앞의 광경을 보고 눈물을 참을 수 없었다. 그는 존스의 불행이 진심으로 유감스럽다고 말하며 자신이 도울 수 있는 일이 있으면 무엇이든 얘기해 달라고 간청했다. "도련님, 이런 상황에는 돈이 좀 필요하신 게 아닌지 모르겠습니다. 만약 그렇다면 제가 가진 게 좀 있는데 진심으로 도련님을 위해 쓰고 싶어요."

존스는 진심에서 우러난 악수를 하며 그의 친절한 제의에 여러 차례 감사를 표했다. 하지만 그는 "돈은 조금도 필요하지 않네"라고 대답했다. 그러자 조지는 더욱더 도움을 드리고 싶다고 간청했다. 존스는 다시 한 번 감사하다고 말한 뒤, 지금의 자신을 도와줄 수 있는 사람은 아무도 없다고 말했다. 조지가 대답했다. "부디 진정하세요, 도련님. 가끔은 생각지도 못한 방향으로 결말이 날 때도 있답니다. 사람을 죽이고도 무사했던 사람들도 얼마든지 있는걸요." 파트리지가 말했다. "자네, 엄청난 착각을 하고 있군. 피해자 신사는 죽지 않았고 죽을 염려도 없네. 우리 도련님을 혼란스럽게 만들지 말게. 지금 도련님께서는 자네 힘으론 도저히 어쩔 수 없는 문제 때문에 괴로워하고 계시니까 말이야." "제가 도련님께 무슨 일을 해드릴 수 있는지 당신은 몰라요, 파트리지 씨. 만약 도련님이 우리 아가씨 때문에 걱정하고 계신다면 도련님께 전해 드릴 소식이 있답니다." 존스가 소리쳤다. "무슨 말을 하는 거야, 조지? 나의 소피아에게 무슨 일이라도 생겼다는 거야? 아, 나의 소피아라니! 나 같은 나쁜 놈이 어찌 불경스럽게 그 이름을 함부로 입에 올릴 수 있겠는가!" 조지가 대답했다. "그래도 저는 여전히 아가씨가 도련님 차지가 되기를 바란답니다. 그런데 도련님, 아가씨에 대해 말씀드릴 게 있어요. 웨스턴 고모님께서 아가씨를 집으로 데려가셨는데 그곳에서 엄청난 소동이 있었어요. 정확한 진상은 저도 잘 모르지만 나리께서 엄청 화가 나셨고, 웨스턴 고모님도 마찬가지였죠. 그러고는 고모님이 문밖으로 나가 가마에 올라타며 다시는 주인님 집에 발을 들여놓지 않겠다고 하시는 걸 저도 똑똑히 들었습니다. 무슨 일 때문인지는 전혀 모르지만 제가 나왔을 때는 온 집안이 아주 조용했어요. 어쨌든 저녁 시중을 든 로빈이 하는 말로는, 주인님께서 아가씨와 그렇게 즐거운 시간을 보낸 건 꽤나 오랜만이라고 합니다. 여러 차례 입맞춤까지 하면서 앞으로는 네가 하고 싶은 대로 하게 해 주마, 이제 다시는 감금하지 않겠다고 하셨답니다. 그 소식을 들으시면 도련님도 기뻐하실 거라고 생각하고 이렇게 늦은 시간인데도 어서 빨리 알려 드리려고 몰래 집을 빠져나왔습죠." 존스는 그 소식을 들으니 참으로 기쁘며, 무엇과도 비교할 수 없는 훌륭한 아가씨에게 이제는 눈길조차 건넬 수 없는 처지가 됐지만, 그녀가 행복하다는 소식을 듣는 기쁨보다 자신의 불행을 덜어주는 건 없다고 말했다.

그 뒤에 이어진 대화는 여기서 이야기할 만큼 중요한 내용이 아니다. 그러니 독자 여러분께서도 갑자기 얘기를 중단하는 걸 용서하시리라. 그리고 웨스턴 씨가 어떻게 해서 갑자기 딸에게 그토록 큰 애정을 다시 갖게 되었는지 그 연유를 듣고 싶어 하실 것이다.

웨스턴 고모는 오라버니 집에 도착하자마자 소피아가 단호하게 거절한 펠라머 경과의 결혼이 가문에 얼마나 훌륭한 명예와 이익을 가져다줄지 설명하기 시작했다. 하지만 웨스턴 씨가 결혼을 거부한 딸 편을 들자 고모는 펄펄 뛰며 불같이 화를 냈다. 그러자 웨스턴 씨도 점점 얼굴이 붉으락푸르락해지며 결국 그의 인내심과 분별력으로도 더는 참지 못하고 폭발해 버렸다. 두 사람은 런던의 빌링스게이트 어시장 장사꾼들조차도 적수가 안될 만큼 격렬한 말싸움을 벌였다. 결국 서로를 꾸짖고 비난하다가 웨스턴 고모가 떠나 버렸기 때문에, 고모는 소피아가 받은 편지를 오빠에게 설명할 틈이 없었다. 그 이야기를 했더라면 틀림없이 아주 나쁜 결과를 초래했을 것이다. 하지만 아마 그때 고모의 머릿속에는 편지 따윈 전혀 떠오르지도 않았을 것이다.

웨스턴 고모가 떠나자, 타고난 성격 탓도 있지만 그럴 필요도 있었기 때문에 그때까지 침묵을 지키고 있던 소피아가 입을 열었다. 소피아는 아버지가 자기편을 들어준 보답으로 이번에는 자기가 아버지 편을 들면서 고모를 비난하기 시작했다. 소피아가 이런 태도를 보인 적은 처음이었으므로, 웨스턴 씨에게는 최고로 기분 좋은 일이었다. 웨스턴 씨는 폭력적인 수단은 완전히 배제해야 한다는 올워디 씨의 주장을 떠올렸다. 그리고 존스는 교수형에 처해질 것이라고 믿어 의심치 않았기 때문에, 정당한 방법으로도 충분히 딸을 자기 뜻에 따르도록 설득할 수 있다고 철석같이 믿었다. 따라서 그는 다시 한 번 딸에 대한 애정을 마음껏 표출했다. 그리고 그런 애정은 효심 많고, 고마워 할 줄 알고, 상냥하고, 사랑스러운 소피아의 가슴에 큰 감동을 주었다. 명예를 건 존스와의 약속과, 존스와 관련된 또 다른 문제만 없다면, 소피아는 아버지를 기쁘게 해드리기 위해 제 한 몸 희생해서 싫어하는 남자와 기꺼이 결혼했으리라고 나는 생각한다. 그녀는 평생 아버지를 기쁘게 해드리며 사는 걸 인생 최대의 목표로 삼겠으며, 아버지의 반대를 무릅쓰고 결혼하는 일은 결코 없을 거라고 맹세했다. 딸의 약속에 늙은 아버지는 천상의 기쁨을 맛보았고, 마침내 방침을 바꿔야겠다고 굳게 다짐하며 만취 상태로 잠자리에 들었다.

3
올워디 씨가 나이팅게일 씨를 방문한다
그때 알게 된 기이한 비밀 하나

이러한 일이 있었던 다음 날 아침, 올워디 씨는 약속대로 나이팅게일 군의 아버지를 방문했다. 나이팅게일 씨는 올워디 씨의 권위에 완전히 눌려, 두 사람이 함께 자리를 한 지 세 시간 만에 결국 올워디 씨는 그를 설득하여 아들을 만나겠다는 약속을 얻어냈다.

그런데 이때 희한한 일이 벌어졌다. 너무나도 기이한 우연인지라, 바로 이런 일들 때문에 착하고 근엄한 사람들은, 하느님은 사람들이 정도에서 벗어나지 않도록 경고하기 위해, 아무리 은밀하게 악행을 꾸미더라도 언젠가는 그 일이 세상에 드러나도록 개입하신다고 생각했던 것이다.

올워디 씨는 나이팅게일 씨 집에 들어설 때 블랙 조지를 보았다. 사실 그는 이자를 특별히 주목하지 않았으며, 블랙 조지 또한 올워디 씨가 자기를 알아보았다고 생각하지 않았다. 그러나 중요한 문제가 일단락되자, 올워디 씨는 나이팅게일 씨에게 조지 시그림을 어떻게 알고 있으며, 그자가 무슨 일로 이 집에 왔는지 물어보았다. 나이팅게일 씨가 대답했다. "아주 잘 알지요. 아주 대단한 사람이에요. 글쎄 요즘 같은 시절에 일 년에 30파운드 수입이 나오는 재산을 임대해서 500파운드까지 저축했지 뭡니까." 올워디 씨가 말했다. "그자가 직접 말했습니까?" "왜 아니겠어요? 장담하건대, 사실입니다. 왜냐하면 제가 지금 그자의 은행권 다섯 장을 맡고 있거든요. 그 돈으로 저당권에 투자하건 영국 북부에 토지를 사건 제 마음대로 할 수 있습니다." 올워디 씨는 그 은행권을 보여 달라고 했다. 그것을 보고 그토록 기이하게 돈을 찾게 된 우연에 깜짝 놀랐다. 그는 즉시 나이팅게일 씨에게 그 은행권이 본디 자기 것이라고 말하면서 모든 진상을 말했다. 노상강도나 도박꾼 같은 도둑놈들만큼 사업가의 사기 행위를 불평하는 자가 없듯이, 사업가만큼 도박꾼, 고리 대금업자, 중매업자 같은 도둑놈들을 신랄하게 비난하는 사람도 없다. 한쪽 편의 사기술이 다른 편의 얼굴을 깎아 내린다고 생각해서 그러는 것일까, 아니면 모든 사기꾼들의 공통적인 목적은 돈이라는 정부이므로 서로 연적처럼 대립하는 것일까. 어쨌든 나이팅게일 씨는 이야기를 듣자마자, 정의롭고 정직한 올워디 씨로서는 도저히 상상할 수도 없는 가혹한 용어로 블랙 조지를 소리 높여 비난했다.

올워디 씨는 다음에 다시 연락할 때까지 돈에 대한 비밀을 지켜 달라고 나이팅게일 씨에게 부탁했다. 그리고 혹 그 사이에 블랙 조지를 만나더라도 자신이 모든 사실을 알아냈다는 점은 내색하지 말아 달라고 부탁했다. 그러고 나서 그는 집으로 돌아왔다. 집에 돌아온 그는 사위가 전해 준 소식 때문에 크게 낙심해 있는 밀러 부인을 발견했다. 그는 꽤나 명랑한 기색으로 부인에게 전해 줄 희소식이 많다고 말하고, 아무 조건 없이 나이팅게일 군의 아버지에게 아들과 만나겠다는 약속을 받아냈으며, 두 부자의 완벽한 화해가 이루어질 날도 머지않았다고 알려 주었다. 그러나 나이팅게일 씨가 그의 가족에게 일어난 비슷한 사건 때문에 몹시 심란해 있다는 말도 해 주었다. 나이팅게일 군의 작은아버지의 딸이 도망쳤다는 얘기였다. 그가 나이팅게일의 아버지로부터 직접 들은 얘기였으며, 밀러 부인과 사위인 나이팅게일 군은 아직 모르는 얘기였다.

독자 여러분은 올워디 씨 얘기를 듣고 밀러 부인이 매우 고마워하며 아주 기뻐했으리라고 상상하실 것이다. 그러나 존스 군에 대한 그녀의 애정은 너무나 특별했기 때문에 자기 가족에게 큰 행복을 가져다 줄 이 반가운 소식도 존스의 처지를 걱정하는 마음을 이기지 못했다고 나는 생각한다. 게다가 이 기쁜 소식 덕분에 또다시 존스에게서 입은 은혜가 떠올라 부인은 기쁘면서도 가슴이 아팠던 게 아닐까. 은혜에 감사하는 부인의 가슴은 스스로에게 속삭이고 있었다. "우리 가족이 이렇게 행복해진 건 모두 너그러운 심성의 소유자, 가엾은 존스 도련님 덕분인데 그분은 지금 얼마나 비참한 지경에 빠져 있단 말인가!"

올워디 씨는 밀러 부인이 첫 번째 소식을 곰곰이 되새김질하도록(이런 표현을 써도 되는지 모르겠지만) 잠깐 기다렸다가, 부인이 기뻐할 만한 소식이 한 가지 더 있다고 말했다. "부인의 친구인 청년의 돈을 제가 되찾은 것 같답니다. 물론 그의 현재 상황으로 보아 그 돈이 큰 도움이 될 것 같지는 않습니다만." 이 뒷부분의 말을 듣고서야 밀러 부인은 올워디 씨가 말하는 청년이 누구인지 알아차리고 한숨을 내쉬며 대답했다. "부디 그런 일은 생기지 말아야지요." "저도 진심으로 그런 일이 없길 바랍니다, 부인. 하지만 오늘 아침 제 조카가 전해준 얘기론 그 사건이 쉽게 풀리지 않을 것 같다더군요." 부인이 말했다. "맙소사! 나리, 말씀드리면 안 되지만, 알고 있는데도 억지로 입을 다물고 있자니 정말 힘들군요." 올워디 씨가 말했다. "부인, 하시고 싶은 말씀이 있다면 뭐든 말씀하세요. 부인도 제가 누구에게 편견을 가질 사람이 아니란 걸 잘 아시지 않습니까. 그리고 문제의 그 청년은, 분명히 말씀드리지만 그 애가 이번 유감스러운 사건에서 무죄판결을 받을 수 있다면 저도 그보다 기쁜 일이 없을 겁니다. 제가 옛날에 그 애를 얼마나 사랑했는지는 부인도 잘 아시지요. 제가 그 애를 너무 편애한다고 세상 사람들이 비난할 정도였어요. 그런 제가 정당한 이유도 없이 그 애와 의절할 리 있겠습니까? 진심입니다, 밀러 부인. 그 애에 대한 제 생각이 틀렸다는 걸 알게 된다면 그보다 기쁜 일이 또 있을까요." 밀러 부인이 열성적으로 대답을 하려는 순간, 하인이 들어와 밖에 신사분 한 분이 그녀와 대화를 나누고 싶어한다고 전했다. 올워디 씨는 조카가 어디 있는지 물었다. 그가 요즘 자주 찾아오는 신사분과 자기 방에 함께 있은 지 한참 되었다는 말에, 그 신사가 바로 다울링 변호사라는 걸 알아차린 올워디 씨는 즉시 얘기를 나누고 싶다고 전하라고 했다.

다울링이 들어오자 올워디 씨는 블랙 조지의 이름은 말하지 않고 은행권 사건을 설명하며 범인이 어떤 벌을 받게 되는지 물어보았다. 다울링이 대답했다. "아마 '흑색 법'으로 기소될 겁니다. 하지만 문제가 조금 미묘하기 때문에 변호사협의회 자문을 구하는 게 좋겠군요. 며칠 뒤에 웨스턴 씨의 일로 협의회에 출석할 예정인데 그 문제도 거론해 볼까요?" 이 일은 그렇게 하기로 뜻을 모았다. 이때 밀러 부인이 문을 열고 소리쳤다. "죄송합니다. 손님이 계신 줄 몰랐네요." 그러나 올워디 씨는 용무가 다 끝났다며 그녀에게 들어오라고 했다. 이 말을 듣고 다울링 씨는 물러갔다. 밀러 부인은 올워디 씨에게 나이팅게일 군을 소개하며, 사위에게 베풀어 준 크나큰 친절에 감사인사를 하게 했다. 하지만 사위가 말을 다 마칠 때까지 기다리지 못하고 부인이 그 말을 막아서며 말했다. "오, 선생님, 나이팅게일 군이 가엾은 존스 도련님에 대한 아주 기쁜 소식을 갖고 왔답니다. 부상당한 신사를 만나고 오는 길인데, 글쎄 그자가 죽음의 위험에서 완전히 벗어났고, 게다가 자기가 먼저 존스 도련님에게 덤벼들어 때렸다고 진술했다지 뭡니까. 이제 틀림없이 선생님께서도 존스 도련님을 겁쟁이로 여기지 않으시겠지요? 저라도 만일 남자였다면, 누군가가 공격해 올 때는 분명히 칼을 빼 들었을 거예요. 자, 이 보게, 올워디 씨께 직접 말씀드리게." 그러자 나이팅게일은 밀러 부인이 말한 사실을 재차 확인해 주고 존스의 수많은 장점을 얘기하며 말을 맺었다. 그는 존스 군이 세상에서 가장 심성이 착한 친구이며, 절대 싸움을 즐기는 사람이 아니라고 말했다. 나이팅게일이 여기서 말을 끝내려 하자, 밀러 부인이 다시 그에게 존스 도련님이 올워디 씨를 얼마나 존경하고 사랑하는지 들은 대로 말씀드리라고 했다. 나이팅게일이 힘주어 말했다. "올워디 선생님을 칭송하는 것은 지극히 당연한 일이라 딱히 칭찬 받을 일도 아니지만, 사실 훌륭하신 선생님께서 베풀어 주신 은혜를 가엾은 존스 군보다 더 깊이 명심하고 있는 사람은 없다고 감히 말씀드립니다. 선생님의 노여움을 산 일이 존스에게는 가장 무거운 짐입니다. 그는 종종 그런 속마음을 탄식처럼 내뱉었고, 결코 선생님께 의도적으로 잘못을 저지른 적은 없다고 몇 번이나 엄숙하게 주장했습니다. 오히려 그는 양심을 걸고, 단 한 차례라도 불경스럽고 배은망덕하며 불효막심한 생각을 품었다면, 자신은 천 번 죽어 마땅하다고 맹세까지 했답니다. 어쨌든 송구스럽습니다, 선생님. 제가 너무 주제넘게 끼어든 것 같군요. 용서 하십시오." 밀러 부인이 큰소리로 말했다. "자네는 그저 기독교인이라면 마땅히 해야 할 말을 했을 뿐일세." 올워디 씨가 대답했다. "정말 그렇다네, 나이팅게일 군. 자네의 너그러운 우정에 찬사를 보내네. 그리고 자네 친구가 그런 우정을 받을 만한 자격이 있기를 바라네. 솔직히 나도 그 부상당한 신사 소식은 참으로 기쁘오. 그리고 만약 그 사건의 내막이 자네가 말한 대로라면(자네 말을 의심하고 싶은 마음은 전혀 없네), 머지않아 그 애를 요즈음 생각했던 것과는 다르게 생각할 날이 올지도 몰라. 여기 계신 이 착한 부인과 나를 아는 모든 사람들이 내가 그 애를 친자식처럼 몹시 소중하게 보살피며 사랑했다고 증언해줄 걸세. 나는 진심으로 그 애가 내게 운명적으로 보내진 아이라고 생각했네. 처음 보았을 때의 순진하고 연약한 모습을 아직도 또렷이 기억하네. 지금 이 순간도 그 애의 작고 보드라운 손의 감촉이 생생하게 남아 있어. 정말 눈에 넣어도 안 아플 만큼 사랑스러운 아이였지." 말을 멈춘 그의 눈가엔 눈물이 그렁그렁 맺혀 있었다.

밀러 부인의 대답을 전하면 이야기가 또다시 새로운 방향으로 흘러갈 것 같으니, 여기서 잠시 이야기를 멈추고, 올워디 씨의 심경이 눈에 띄게 달라지고, 존스에 대한 분노가 누그러진 이유가 무엇인지 살펴보겠다. 사실 이같은 급격한 심경 변화는 소설이나 희곡에서 이야기가 결말에 다다랐다는 이유만으로 자주 일어나며, 작가들의 권위에 힘입어 정당화 된다. 우리도 권위는 여느 작가 못지않다고 주장하는 바이지만, 그 권위를 남용하고 싶지는 않다. 따라서 불가피한 경우가 아니라면 이런 권한을 결코 쓰지 않을 생각이며, 이 작품에서는 아직 그럴 필요가 생길 기미도 보이지 않는다.

올워디 씨가 급격한 심경 변화를 일으킨 까닭은 그가 얼마 전에 받았던 스퀘어 씨의 편지 때문이었다. 우리는 그 편지를 다음 장 첫머리에서 독자 여러분께 보여 드리겠다.

4
전혀 상반된 내용을 담고 있는 두 통의 편지

존경하는 친구 보시오.

지난 번 편지에서, 광천수가 내 병의 증상을 누그러지게 하기는커녕 오히려 덧나게 한다는 사실이 밝혀져 음용을 금지 당했다는 소식은 전해 드렸지요. 이제 나는 나보다 도리어 내 친구들을 더 슬프게 할 소식을 전해야 합니다. 해링턴 박사와 브루스터 박사가 내게 회복할 가망이 없다고 통보했습니다.

나는 어디선가 '철학의 첫 번째 효용은 죽음을 깨닫는 일'이란 내용을 읽은 적이 있습니다. 그러니 평생 철학을 연구한 내가 이제 와서 당황하고 허둥거리면서 내 철학을 모욕할 수는 없지요. 하지만 진실을 고백하자면, 복음서 한 페이지가 고대와 현대의 모든 철학 책보다 훨씬 더 죽음을 초월하는 효과가 있지요. 내세의 삶을 보장하는 복음서의 확신이, 자연 법칙의 필연성이라든가 현세적인 쾌락의 공허함과 포만감 같은 상투적인 가르침보다도 훨씬 더 굳건하게 선량한 심성의 소유자들을 지지해 줍니다. 이런 가르침은 때로 우리의 마음을 강인한 인내심으로 무장시켜 죽음의 공포에 대항하게 할 수는 있어도, 정말로 죽음을 업신여기는 경지까지는 끌어올리지 못하며, 심지어 죽음이야말로 진정한 선이라고 생각하게 만들지도 못합니다. 나는 모든 철학자들이 무신론자이거나 인간의 불멸성을 전면 부인한다고 헐뜯으려는 게 아닙니다. 고대와 현대의 철학자들 중에 이성적인 견지에서 어느 정도 미래에 대한 삶의 희망을 발견한 사람도 적지 않지요. 그러나 사실 그 이성의 빛이 너무나 흐릿한 탓에 그 희망도 불확실하여, 결국 그들의 신념이 어디에 있는지조차 의심스러울 정도였습니다. 플라톤도 《파이돈》의 결론 부분에서 자신이 주장한 최고의 논증도 결국은 하나의 가능성에 불과하다고 선언했지요. 그리고 키케로도 영원불멸이론을 진실로 믿었다기보다는 그저 믿고 싶은 마음을 드러냈을 뿐입니다. 솔직히 고백하면 나 역시 참된 기독교인이 되기 전에는 이런 믿음을 진지하게 받아들인 적이 결코 없었답니다.

이 마지막 말이 대체 무슨 소린지 의아하시겠지요? 사실 나는 얼마 전에야 비로소 스스로를 진정한 기독교인이라고 부를 수 있게 되었답니다. 철학에 대한 자만심으로 내 이성이 도취되어, 옛날 그리스 사람들이 그랬던 것처럼 세상에서 가장 숭고한 지혜가 내게는 그저 어리석은 잠꼬대로만 보였던 거예요. 그러나 자비로우신 하느님께서 내 과오를 보여주시고 영원한 어둠의 세계로 잠기기 직전에 나를 진리의 길로 인도하셨습니다.

이 글을 쓰는 동안에도 힘이 점점 빠져 나가는 게 느껴지는군요. 서둘러 이 편지를 쓰는 주된 목적으로 넘어가야겠습니다.

지난날 내 행동들을 곰곰이 되짚어 보면, 당신의 양아들, 그 가엾은 존스 군에게 심한 짓을 한 일이 무엇보다 양심을 무겁게 짓누릅니다. 나는 다른 사람의 악행은 묵인했을 뿐만 아니라 적극적으로 가담해서 그 애에게 부당한 짓거리를 했습니다. 그 애는 비열하게 음해를 당했어요. 죽어가는 사람이 하는 말이니 믿어 주기 바랍니다. 당신이 그 애와 인연을 끊은 그 사건에서도, 그 애에게 죄가 없다는 점을 제가 엄숙히 증언합니다. 당신이 위독하여 목숨이 경각에 달린 줄 알았을 때, 온 집안에서 당신을 진심으로 걱정했던 유일한 사람은 존스 군이었습니다. 그리고 얼마 지나지 않아 그 애가 저지른 일은 당신이 회복됐단 얘길 듣고 너무 기쁜 나머지 도를 넘은 게지요. 그리고 이런 말을 하게 되어 유감이지만, 어떤 비열한 사람이 그 사건을 꾸민 겁니다(내 소망은 죄 없는 사람을 옹호하는 것이지 다른 사람을 비난하려는 게 아니기에 이름은 직접 말하지 않겠습니다). 내 말을 믿어 주시오, 친구. 존스 군은 가장 고결하고 너그러운 심성을 가졌으며 무엇보다 우정을 중시하며 한없이 성실할뿐더러 진정 사람을 고귀하게 만드는 모든 덕목을 갖춘 청년입니다. 물론 그 애에게 단점이 없는 건 아닙니다만, 당신에 대한 효심이 약하다든가, 은혜를 잊는 일은 결코 없어요. 나는 그 애가 당신 집에서 쫓겨날 때 자기 자신보다도 당신을 걱정하며 속으로 피눈물을 흘렸을 거라고 확신합니다.

내가 비겁하게도 오랫동안 이 사실을 당신에게 숨겨온 까닭은 세속적인 목적 때문이었습니다. 지금은 모든 진실을 밝혀 진리라는 대의를 섬기고, 죄 없는 그 애의 누명을 벗겨 주어 지난날 내 죗값을 치르고 싶은 소망밖에 없습니다. 따라서 내 고백이 효험이 있어 그 훌륭한 청년이 당신의 총애를 되찾게 되기를 바랍니다. 내가 살아 있는 동안 그렇게 됐다는 소식을 듣는다면 그야말로 내게는 최고의 위안이 될 것입니다. 친구에게 가장 큰 은혜를 입은, 가장 듬직하고 비천한 종복,

토머스 스퀘어 올림.

이런 편지를 읽고 나니, 독자 여러분도 그토록 눈에 띄는 올워디 씨의 갑작스런 심경 변화가 전혀 놀랍지 않을 것이다. 특히 같은 날 스웨컴 선생에게서 완전히 상반된 내용의 편지를 받았음에도 말이다. 아마 앞으로 이 선생의 이름을 언급할 기회는 없을 듯하니, 그 편지도 여기 추가해 보기로 한다.

올워디 선생님께,

고명하신 조카님의 편지를 보니 무신론자 스퀘어 씨의 제자 존스 녀석이 또다시 나쁜 짓을 저지른 모양입니다만, 저는 전혀 놀랍지 않군요. 저는 그 녀석이 몇 사람을 죽였다 해도 놀라지 않을 것입니다. 다만 저는 진심으로 그가 울부짖음과 이빨 가는 소리로 가득 찬 그곳으로 이송될 때, 선생님의 피로써 그놈의 죄를 증명하지 않기를 바랍니다.

선생님께서 그 몹쓸 녀석에게 보이셨던 정당치 못한 많은 처사들은, 선생님의 유서 깊은 가문과 선생님의 품성에도 너무나 큰 누를 끼쳤으니 그점을 깊이 후회하고 계실 것입니다. 이런 이유들이 지금도 충분히 선생님의 양심을 찌르고 있겠지만, 그래도 저는 한 말씀 올리지 않을 수 없군요. 선생님의 잘못을 충분히 깨달으시도록 충고 드리지 않는다면 제 의무를 소홀히 하는 결과가 되기 때문입니다. 따라서 저는 그 사악한 악당 놈이 받게 될 하늘의 심판을 진지하게 고려해 보시라고 충고 드립니다. 그리고 이 일을 기회로 늘 선생님의 안녕만을 바라는 자의 진심어린 충고를 앞으로는 가벼이 여기지 말아 주시길 바랍니다.

그 애를 적절히 교정시키려 했던 제 손길을 저지하지만 않으셨더라면,

어릴 때부터 철저하게 악마의 소유물로 전락한 그 애의 몸에서 악마적인 심성을 매질로 상당 부분 제거할 수 있었을 겁니다. 하지만 이제 와서 그런 생각을 해 봤자 뭐하겠습니까.

선생님께서 웨스터튼 목사의 생계비를 그토록 성급하게 접어 버리신 일도 유감입니다. 그때 제가 좀더 일찍 부탁드리지 않은 건, 일을 처리하시기 전에 저와 먼저 상의하시리라고 생각했기 때문입니다. 선생님께서 여러 교회를 겸직하는 문제에 반대하시는 것은 지나치게 강경하신 태도입니다. 그런 관행에 잘못된 점이 있다면 신앙심 깊은 수많은 성직자들이 먼저 반대하지 않았겠습니까? 올더그로브의 부목사님이 돌아가시면(그분께서 몸이 아주 쇠약해지셨다는 얘기를 들었습니다) 부디 그 자리에 저를 생각해 주시길 바랍니다. 제가 선생님의 행복을 위해 얼마나 열심히 애쓰고 있는지 선생님께서도 분명히 아시리라 확신합니다. 선생님의 행복에 비하면 온갖 세속적인 일들은 성경에 언급된 사소한 십일조*¹만큼이나 하찮은 일에 지나지 않습니다.

충직하고 비천한 하인,
로저 스웨컴 올림.

스웨컴 선생이 이처럼 권위적인 어조로 올워디 씨에게 편지를 쓴 것은 이번이 처음이었다. 그리고 가장 높은 수준의 선량함을 가장 저급한 어리석음이라고 착각하는 사람이 늘 그렇듯, 그도 이 편지를 보낸 일을 매우 후회한다. 올워디는 사실 처음부터 이 선생이 마음에 들지 않았다. 그는 이 선생이 오만하고 심성이 사악한 사람임을 알고 있었으며, 그의 신학 자체도 그런 심성에 물들어 있다는 사실을 잘 알고 있었다. 물론 선생은 이런 사실을 많은 점에서 결코 시인하려 하지 않았다. 다만 그는 뛰어난 학자였으며, 두 소년을 가르치는 데는 매우 열심이었다. 게다가 엄격하고 엄정한 생활과 태도, 비난의 여지가 없는 정직성, 그리고 종교에 대한 독실한 애착까지 갖고 있었다. 바로 이런 이유 때문에, 올워디 씨는 그를 존경하지도 좋아하지도 않았

＊1 "율법학자들과 바리사이파 사람들아, 너희 같은 위선자들은 화를 입을 것이다. 너희는 박하와 회향과 근채에 대해서는 십분의 일을 바치라는 율법을 지키면서 정의와 자비와 신의 같은 아주 중요한 율법은 대수롭지 않게 여긴다."(마태복음, 23:23)

지만 차마 해고하지 못했던 것이다. 학식으로 보나 근면성으로 보나 그는 두 소년의 가정교사라는 직책에는 더없이 적합한 사람이었다. 그리고 아이들의 교육은 집에서 자기가 직접 감독하기 때문에, 스웨컴 선생님의 가르침에 뭔가 잘못된 게 있다면 뭐든 자신이 직접 바로잡을 수 있으리라 생각했다.

5
이야기가 계속된다

올워디 씨가 이야기를 하다가 끝내, 존스에 대한 애정 어린 감정을 떠올리며 눈물을 보인 점은 앞에서 언급했다. 이 모습을 보고 밀러 부인이 말했다. "그렇고말고요, 선생님. 가엾은 존스 도련님을 아끼시는 선생님의 사랑은 아무리 감추려 애쓰셔도 잘 알다마다요. 하지만 그 나쁜 놈들이 하는 말은 다 새빨간 거짓말이에요. 나이팅게일 군이 모든 진상을 알아냈답니다. 그들은 가엾은 존스 도련님을 수병으로 강제 모병하기 위해 존스 도련님과 라이벌 관계에 있는 귀족이 고용한 자들이에요. 다음번엔 또 누굴 제물로 삼을지 어떻게 알겠어요? 나이팅게일 군이 그들을 인솔하는 장교를 만났는데, 훌륭한 신사인 그가 모든 진실을 고백하고 자신들이 한 짓을 미안해했답니다. 그리고 존스 군이 어엿한 신사라는 걸 알았다면 결코 그런 짓을 저지르지 않았을 거라고 말했대요. 자기는 존스 군이 길거리를 배회하는 흔해 빠진 부랑자라고 들었다는 거예요."

올워디는 깜짝 놀라 눈을 동그랗게 뜨고 그런 말은 처음 듣는다고 말했다. 부인이 대답했다. "그러시겠지요. 그자들이 변호사에게 말한 내용과는 전혀 다른 얘기니까요."

올워디가 말했다. "변호사라니, 대체 누구를 말씀하는 겁니까, 부인?" 밀러 부인이 말했다. "자신의 선행을 부인하시다니 역시 선생님답네요. 하지만 나이팅게일 군이 이미 만나고 왔어요." "누구를요?" "그야 선생님께서 친절하시게도 사건을 조사하라고 보내주신 그 변호사 분이지 누구겠어요?" 올워디가 말했다. "나는 무슨 얘긴지 도통 모르겠소만." 부인이 소리쳤다. "이보게, 자네가 직접 말씀드리게." 나이팅게일이 말을 받았다. "정말입니다, 선생님. 제가 이 방에 들어올 때 선생님을 만나고 나가던 그 변호사와 올더스게이트 술집에서 정말로 만났습니다. 존스 군을 강제로 모병하기 위해 펠라머 경에게 고용되어 존스 군과 피츠패트릭 씨의 불행한 결투를 목격하게 된 두 수병이 그 변호사와 함께 있었습니다." 밀러 부인이 말했다. "실은, 그 변호사 분께서 찾아오신 걸 보고, 저는 틀림없이 선생님께서 진상을 조사하라고 보내셨을 거라고 나이팅게일 군에게 말했어요." 올워디는 너무나 뜻밖이라 이삼 분간 말문이 막힐 정도였다. 이윽고 나이팅게일 군에게 그가 말했다. "솔직히 태어나서 이렇게 놀란 적은 처음이구려. 정말로 방금 나간 사람이 틀림없소?" 나이팅게일이 대답했다. "그럼요, 확신합니다." "올더스게이트였다고요? 청년이 그 변호사와 두 수병과 함께 같은 술집에 있었다고요?" "그렇습니다, 선생님. 거의 반시간 가까이 함께 있었지요." "잘 알겠소. 그래, 변호사의 태도는 어땠소? 변호사와 수병들의 대화를 모두 들었습니까?" "아니오. 세 사람은 제가 술집에 들어가기 전부터 함께 있었습니다. 제가 나타나자 변호사는 거의 말을 하지 않았어요. 하지만 두 수병 녀석은 제가 존스 군에게서 들은 내용과 정반대되는 이야기를 고집하기에, 그 얘기가 새빨간 거짓말이라는 걸 이미 피츠패트릭 씨 본인에게서 들어 알고 있었지만, 제가 그들을 집요하게 심문했지요. 그러자 변호사도 수병들에게 오직 진실만을 이야기하라며 존스 군 편을 드는 것처럼 말했어요. 그래서 저는 아까 그 변호사가 선생님과 함께 있는 걸 보고 선량하신 선생님께서 보내셨다고 생각한 거지요." 밀러 부인이 말했다. "그러면 선생님께서 보내신 게 아니란 말씀이세요?" 올워디가 대답했다. "정말 안 보냈습니다. 그가 그런 일을 하러 갔다는 얘기도 지금 처음 들었어요." 밀러 부인이 말했다. "아하, 이제야 어떻게 된 일인지 다 알겠네요! 그래서 요즘 계속 둘이서 딱 붙어 쑥덕거렸던 거예요! 이보게, 사위, 당장 달려가서 그 수병들을 불러오게. 무슨 수를 써서라도 찾아야 해. 아니지, 내가 직접 가겠어요." 올워디가 부인을 말렸다. "부인, 진정하세요. 하인을 하나 보내서 다울링 변호사를 불러오라고 하고, 없으면 블리필더 내려오라고 하세요." 밀러 부인은 혼잣말로 뭐라고 중얼거리며 밖으로 나갔다가 바로 돌아와서 말했다. "다울링 변호사는 떠났지만 다른 사람(그녀는 블리필을 이렇게 불렀다)은 곧 올 거예요."

친구인 존스 군 일로 잔뜩 화가 난 착한 부인에 비해, 올워디 씨는 좀더 냉정하고 차분했지만 그 또한 가슴속에 부인과 별반 다르지 않은 의혹을 품고 있었다. 블리필이 방으로 들어오자, 올워디는 블리필에게 한 번도 보인 적이 없는 냉랭한 표정을 지어 보이며 물었다. "혹시 다울링 변호사가 존스의 결투현장을 목격한 자들과 만난 일을 알고 있느냐?"

진실을 숨기거나 거짓을 옹호하려고 혈안이 된 사람에게는 무엇보다도 갑작스런 질문이 가장 위험한 법이다. 바로 그래서, 런던 중앙 형사재판소에서 동포의 목숨을 구하는 숭고한 직분을 수행하는 고귀한 변호사님들이 여러 차례 사전 조사를 통해 재판 당일 의뢰인이 받을 수 있는 당혹스런 질문을 사전에 찾아내기 위해 온 신경을 집중하는 것이다. 아무리 창의력이 풍부하고 상상력이 기발한 피고라도 바로 답변을 할 수 없는 질문들을 적절히 준비하기 위해 노력한다. 게다가 이런 기습 질문에 혈액이 갑작스런 충격을 받으면 안색이 바뀌면서 스스로 불리한 증거를 제공하고 마는 일도 적지 않다. 지금도 이 느닷없는 질문을 받고 블리필의 안색에 갑자기 변하는 것을 보고 흥분한 밀러 부인이 "유죄예요! 제 목숨을 걸고 장담하건대, 유죄예요!" 외쳐댔지만, 우리는 결코 부인을 비난할 수 없다.

올워디 씨는 부인의 성급한 태도를 매섭게 나무라며, 쥐구멍에라도 숨고 싶은 모양새인 블리필을 향해 말했다. "왜 대답을 머뭇거리는 거냐? 네가 고용한 게 틀림없는데. 그 사람이 어디 나한테 한 마디 알리지도 않고 멋대로 그런 일을 할 사람이더냐?"

그제야 블리필이 대답했다. "삼촌, 제가 잘못한 사실은 인정하겠습니다. 하지만 충분히 용서받을 수 있다고 생각하는데요?" 올워디가 불같이 화를 냈다. "용서라고?" "네, 삼촌." 블리필이 대답했다. "삼촌께서 화를 내실 줄은 알았어요. 하지만 분명히 삼촌께서도 인간의 약점 가운데 가장 당연한 마음에서 나온 일로 저를 나무라시진 않으실 겁니다. 동정 받을 가치도 없는 자에게 동정을 베푸는 일은 죄가 틀림없지만, 삼촌도 그 죄에서 완전히 자유롭지는 못하시잖아요. 그런 그놈한테는 한 번도 아니고 여러 차례 동정이라는 죄를 지었습니다. 제가 다울링 씨를 보내긴 했지만, 단순한 호기심에서 그랬던 게 아니라 증인들을 찾아내서 그들의 증언을 누그러뜨려 보려고 그랬던 겁니다. 삼촌, 이게 진실이에요. 삼촌께는 말씀드리지 않을 생각이었지만 더는 부인하지 않겠습니다."

"변호사의 행동도 꼭 그렇게 보였습니다." 나이팅게일이 말했다.

"자, 부인, 이번만큼은 부인께서도 잘못 생각하셨다는 걸 인정하시지요? 제 조카에 대한 화도 누그러지셨을 겁니다."

밀러 부인은 말이 없었다. 존스를 파멸에 빠뜨린 장본인이라고 믿는 블리펄을 그리 쉽게 용서할 순 없었지만, 이번 사건만 놓고 본다면 부인도 다른 사람들처럼 블리펄의 사기술에 감쪽같이 넘어간 것이다. 악마란 놈이 전적으로 그의 편을 들어준 것이다. 흔히 "악마는 곤경에 빠진 친구조차 버리고 내버려 둔다"고 하지만, 나는 그 말이 악마에 대한 엄청난 모욕이라고 생각한다. 악마란 놈은 그저 껍데기뿐인 술친구나 기껏해야 무늬만 친구인 자들을 버리긴 하지만, 자신의 철저한 심복들은 반드시 편을 들어주고 거래가 끝날 때까지 그들이 빠진 모든 극한 상황에서 빠져나오게 돕는다.

반란 진압이 정권을 강화시켜 주듯, 혹은 병을 앓다가 회복하면 건강이 더욱 완벽하게 안정되듯, 분노라는 감정도 일단 사라지고 나면 종종 새로운 애정에 생명을 불어넣기 마련이다. 올워디 씨의 마음도 그랬다. 블리펄에 대한 커다란 의혹이 깨끗이 사라지자 스퀘어의 편지로 생긴 작은 의혹까지 깨끗이 날아가 버렸다 그리고 그가 크게 불쾌하게 여기는 스웨컴 선생이, 스퀘어가 존스를 음해한 적들에게 퍼부었던 모든 비난을 모조리 뒤집어썼다.

존스 군에 대한 올워디 씨의 분노도 점점 더 사그라졌다. 그는 블리펄에게 "착한 심성에서 나온 훌륭한 노력을 용서해 줄 뿐만 아니라 나도 너에게 모범을 보이마"라고 말했다. 그러고는 밀러 부인을 향해 천사와 같은 미소를 보이며 말했다. "어떻습니까, 부인, 전세 마차를 빌려 모두 함께 부인의 젊은 친구를 면회하러 가지 않겠습니까? 나는 감옥에 가보는 게 이번이 처음이 아니랍니다."

아마 모든 독자분이 이 착한 부인의 대답을 예상하실 수 있을 것이다. 하지만 선량한 성품을 지니고 우정에 대해서도 잘 알고 계시지 않으면 지금 밀러 부인이 지금 느낀 감정에 공감하지 못하실 것이다. 블리펄의 속마음을 꿰뚫어보는 독자분은 거의 없으시길 바라지만, 혹시 계시다면 그가 이 면회를 반대할 수 없으리란 점을 인정하시리라. 블리펄이 이렇게 큰 어려움을 넘길 수 있었던 것은 운명의 여신, 또는 앞서 말한 그의 친구 악마가 도와주었기 때문이다. 그런데 마차를 부르러 사람을 보낸 바로 그때, 파트리지가 찾아와 부인을 한쪽 구석으로 불러내어, 앞서 드러난 존스와 그 어머니에 대한 끔찍한 사실을 알려 주었다. 파트리지는 올워디 씨가 면회를 가려 한다는 이야기를 듣고는 제발 그걸 막아달라고 부인에게 애원하며 말했다. "무슨 일이 있더라도 올워디 나리께는 이 일을 비밀로 해야 해요. 만약 나리께서 지금 도련님을 면회하러 가신다면, 내가 나올 때 막 도착하신 어머니와 함께 자신들이 아무것도 모르고 저질러버린 끔찍한 죄악을 슬퍼하고 있는 모습을 보게 되실 겁니다."

불쌍한 밀러 부인은 끔찍한 소식을 듣고 정신이 거의 나가버려 평소의 능란한 말솜씨를 발휘하지 못했다. 하지만 상황을 얼버무리는 능력은 남자들보다 여자들이 훨씬 뛰어난 법이므로, 결국 그녀도 적절한 핑계거리를 찾아냈다. 부인은 올워디를 향해 돌아서면서 이렇게 말했다. "선생님의 친절하신 제안을 제가 반대한다면 분명히 놀라시겠지요. 하지만 지금 당장 찾아가서 어떤 결과를 초래할지 걱정스럽네요. 가엾은 도련님은 요즘 들어 끔찍한 일들만 연달아 일어나는 바람에 완전히 풀이 죽어 계시잖아요? 그런데 저희가 느닷없이 들이닥쳐 도련님께 급작스런 기쁨을 안겨드리면(선생님이 가시면 틀림없이 기뻐서 어쩔 줄 모를 테니까요), 그게 오히려 화가 되지 않을까 두렵네요. 밖에 있는 도련님 하인이, 존스 도련님의 건강이 지금 아주 안 좋다고 했거든요."

"그 애의 하인이 밖에 있다고요? 그럼 좀 들어오라고 하세요. 주인에 대해 몇 가지 물어볼 말이 있으니." 올워디가 소리쳤다.

처음에 파트리지는 올워디 씨 앞에 나서기를 두려워했지만 결국 뜻에 따르기로 했다. 파트리지에게서 이런저런 이야기를 듣고 사정을 알고 있는 밀러 부인이 그를 올워디 씨에게 소개해 주겠다고 약속했기 때문이다.

파트리지의 얼굴을 보지 않은 지 꽤 오랜 세월이 흘렀지만, 올워디 씨는 그가 방에 들어서자마자 바로 누구인지 알아보았다. 따라서 밀러 부인이 공식적인 소개를 할 필요도 없었지만 부인은 장황하게 말을 늘어놓았다. 이 착한 부인은 다른 특기도 있지만 무엇보다 친구를 위해서라면 늘 봉사할 준비가 돼 있는 달변의 소유자란 사실을, 독자 여러분도 이미 눈치 채셨을 것이다.

올워디 씨가 파트리지에게 말했다. "아니, 자네가 존스의 하인이란 말인가?" 그가 대답했다. "정식 하인이라고 할 수는 없지만, 어쨌든 지금은 도

런님과 같이 살고 있습니다. 나리께서도 잘 아시듯이, Non sum qualis eram
(나는 옛날의 내가 아니다)'이니까요."

올워디 씨는 존스의 건강과 다른 여러 문제를 자세히 물어보았다. 모든 질
문에 파트리지는 실제 있었던 사실은 조금도 상관하지 않고, 대신 이렇게 봐
주면 좋겠다고 생각하는 쪽으로만 대답했다. 진실을 고수하는 태도는, 이 착
한 사람의 도덕은 물론 종교적 신조에도 들어 있지 않았다.

두 사람이 대화를 나누는 동안 나이팅게일 군이 자리를 뜨고, 곧이어 밀러
부인도 방에서 나갔다. 그러자 올워디 씨는 블리펄도 내보냈다. 둘만 있으면
파트리지가 좀더 솔직하게 사실을 털어놓을 것 같았기 때문이다. 단둘만 남
게 되자마자 올워디는 다음 장에서처럼 이야기를 시작했다.

6
이야기가 더 계속된다

선량한 신사가 말했다. "자네처럼 기이한 사람은 본 적이 없네. 옛날에도
집요하게 거짓말을 고집해서 고생해놓고, 여전히 끝까지 거짓말을 고집하며
친아들의 하인이라고 세상 사람들에게 떠벌리고 다니다니. 그래서 자네에게
무슨 이득이 생기나? 대체 이유가 뭔가?"

파트리지가 무릎을 꿇으며 말했다. "나리께서는 제게 선입견을 갖고 계시
니 제가 무슨 말씀을 드려도 믿지 않으실 텐데 항변을 한들 무슨 의미가 있
겠습니까? 하지만 하느님만큼은 제가 도련님의 아버지가 아니라는 걸 잘 아
십니다요."

올워디 씨가 말했다. "뭐라고! 그렇다면 옛날에 반박할 여지없는 명백한
증거에 따라 유죄를 확정 받은 사실을 아직도 부인한단 말인가? 자네가 지
금 그 청년과 함께 살고 있다는 사실이 20년 전 자네의 죄를 확증하는 결정
적인 증거가 아니고 무엇인가? 나는 자네가 이 나라를 떠난 줄, 아니, 오래
전에 죽은 줄 알았네. 대체 어떻게 다시 존스와 알게 됐나? 어디서 만났지?
틀림없이 둘 사이에 교류가 계속 있었던 게야. 숨기지 않아도 되네. 그 애가
오랫동안 몰래 친아버지를 도와주었다니, 그 효심 덕분에 나도 자네 아들을

다시 보게 되었으니 말일세."

파트리지가 말했다. "나리께서 인내심을 갖고 제 얘기를 들어 주신다면 모든 사실을 다 말씀드리겠습니다." 그렇게 하라는 허락을 받자 그가 얘기를 시작했다. "옛날 나리의 노여움을 사는 바람에 저는 곧 모든 것을 잃고 말았습니다. 제 조그만 학교도 빼앗기고, 목사님은 나리 맘에 드실 거라고 생각하며 저를 교회 사무장 직에서도 쫓아내셨어요. 남은 건 이발소밖에 없었지만 그런 시골에서는 먹고살기도 버거운 직업이지요. 머잖아 마누라가 세상을 떠나자(그때까지는 익명의 후원자가 연간 12파운드를 원조해 주었습니다. 그 후원자 분이 바로 나리시지요? 나리 이외에 그런 선행을 베푸는 사람이 있다는 얘기는 들어 본 적이 없거든요), 어쨌든 마누라가 죽자 이 보조금도 끊겼습니다. 그래서 결국 두세 가지 소소한 빚을 지게 되었고 그게 저를 괴롭히기 시작했습죠. 변호사 수임료가 15실링에서 무려 30파운드로 불어나버린 소송 빚이 특히 그랬어요. *2 살아갈 길이 완전히 막혀버리자 저는 그나마 있는 짐을 꾸려 집을 떠났습니다.

처음 간 곳은 솔즈베리였어요. 그곳에서 법조계에 종사하는 한 신사분을 모시게 되었죠. 제가 그때까지 알았던 분들 가운데 가장 훌륭한 신사분이셨어요. 제게 잘 대해 주셨을 뿐만 아니라, 제가 있는 동안 천여 건이 넘는 선행과 자선을 베푸셨어요. 제가 두 눈으로 직접 보았지요. 때로는 사건 의뢰도 시시하다거나 남을 괴롭히기만 하는 사건이라며 거절하셨지요." 올워디 씨가 말했다. "그렇게 세세하게 얘기할 필요는 없네. 나도 그 양반을 아는데, 아주 훌륭하신 분이고 동종업계의 귀감이라 할 수 있지." 파트리지가 얘기를 계속했다. "그곳에서 저는 리밍턴으로 옮겼습니다. 그곳에서 3년 넘게 다른 변호사 분을 모셨죠. 그분도 역시 매우 훌륭하신 분이셨어요. 또 쾌활하기로 치면 영국에서 따를 자가 없는 분이셨죠. 3년이 지난 무렵 저는 그곳에서 작은 학교를 하나 열었습니다. 그때 불행한 사건만 일어나지 않았다면 다시 한 번 잘해 나갈 수 있었을 거예요. 저는 돼지를 한 마리 키우고 있었는데 어느 날,

---

*2 이러한 일이 도싯셔의 어느 가난한 목사에게 실제로 일어났다. 한 악덕변호사가 소송비용으로 목사에게 청구한 어마어마한 액수로도 만족하지 못하고, 원판결에 재심을 청구했기 때문이다. 변호사가 가난한 사람들을 쥐어짜서 자기 주머니를 채우기 위해 종종 사용하는 방법으로, 법률도 국가도 기독교도, 아니 인간성조차 찾아볼 수 없다.

불운이란 놈은 늘 그렇게 찾아오지요, 이 돼지가 우리를 몰래 빠져나가 이웃 집 정원에 무단 침입한 겁니다. 그러자 매우 거만하고 앙갚음을 잘 하는 그 이웃이 변호사를 고용했지요. 뭐라더라, 변호사 이름은 잘 기억나지 않지만, 어쨌든 그 변호사가 제게 영장을 청구해서 저를 순회 재판소까지 끌고 갔습니다. 재판소에 갔더니, 맙소사, 그 변호사란 작자가 하는 말이라니! 변호사란 놈이 재판장님 앞에서 그야말로 새빨간 거짓말을 한 보따리나 늘어놓지 뭡니까. 아 글쎄, 제가 돼지들을 다른 사람 정원으로 몰아넣는 상습범이며, 그보 다 더한 짓들도 했다는 겁니다. 그리고 마지막에는 제가 돼지들을 시장으로 데려가 팔아먹었다는 겁니다. 듣고 있자니, 제가 조그맣고 불쌍한 돼지 한 마 리의 주인이 아니라, 영국에서 으뜸가는 돼지 상인이라도 되는 것 같더라니까 요, 세상에." 올워디 씨가 말했다. "그리 세세하게 말하지 않아도 되네. 아직 자네 아들 얘기는 시작도 못하지 않았나." 파트리지가 대답했다. "그야 나리 께서 말씀하시는 그 '아들'을 만나기까지는 꽤 긴 세월이 흘렀으니까요. 그 일 이 있고 나서 저는 아일랜드로 갔습니다. 코크에 있는 학교에서 애들을 가르 쳤지요(방금 말씀드린 그 소송 때문에 저는 또다시 쫄딱 망하고 윈체스터 감 옥에서 7년이나 썩었죠)." 올워디 씨가 말했다. "그 기간은 건너뛰고 영국으 로 돌아온 다음부터 얘기하게." "그러지요. 다시 영국으로 돌아와 브리스틀에 상륙한 게 반년쯤 전입니다. 그곳에 얼마간 머물렀지만 별로 할 일이 없다는 걸 깨달았죠. 그래서 브리스틀과 글로스터 사이에 있는 어느 마을에서 이발사 가 죽었다는 얘기를 듣고는 그리로 갔지요. 그곳에서 두 달쯤 지냈을 무렵 존 스 도련님이 그 마을로 오신 겁니다." 그러고 나서 그는 처음 만나게 된 세세 한 경위와 지금까지 있었던 모든 일들을 생각나는 대로 빠짐없이 올워디 씨에 게 말씀드렸다. 그리고 이야기 틈틈이 존스 군에 대한 칭찬을 곁들였으며, 존 스 군이 올워디 씨에게 갖고 있는 크나큰 애정과 존경심을 넌지시 내비치는 일도 잊지 않았다. 마지막으로 그는 "자, 나리, 이제 모든 진실을 다 말씀드 렸습니다. 제가 존스 도련님의 아버지라니, 그 말은 로마 교황님의 아버지라 고 하는 것과 똑같아요" 거듭 엄숙하게 내세웠다. 이 말이 거짓이라면 자기 머리 위에 고통스런 신의 저주가 내릴 거라고 맹세하기도 했다.

올워디 씨가 소리쳤다. "도통 이유를 모르겠군. 사실을 인정하는 게 자네 한테 더 유리할 것 같은데 어째서 그토록 완강히 부인하는 건가?" "나리께서 저를 믿지 못하셔도 언젠가 납득하실 겁니다. (파트리지는 더는 입을 다물고 있지 못했다) 존스 도련님의 아버지뿐 아니라 어머니도 차라리 오해하고 계시면 좋을 텐데!" 그건 또 무슨 소리냐고 묻자, 그는 목소리와 표정에 두려움을 적나라하게 드러내면서 결국 올워디 씨에게 모든 사실을 말해 버리고 말았다. 조금 전까지만 해도 올워디 씨에게는 절대 비밀로 하라고 밀러 부인에게 신신당부했는데도 말이다.

올워디 씨는 파트리지 못지않게 이 새로운 사실에 큰 충격을 받았다. "세상에! 부도덕과 무분별은 사람을 밑도 끝도 없는 불행과 고통 속으로 빠뜨리는구나! 사악한 심성은 우리가 상상도 못할 극악한 결과를 초래하는구나!" 그의 비통한 탄식이 채 끝나기도 전에 갑자기 워터스 부인이 허겁지겁 방 안으로 들어왔다. 파트리지는 부인을 보자마자 소리질렀다. "이 분입니다, 나리. 바로 이 부인이 존스 도련님의 딱하신 어머니입니다. 분명히 나리 앞에서 이 부인이 제가 무죄라는 걸 증명해 드릴 겁니다. 제발 부인⋯⋯."

워터스 부인은 파트리지의 말에는 신경도 쓰지 않고, 아니 그의 모습은 보이지도 않는다는 듯이 똑바로 올워디 씨에게 다가갔다. "나리께서 저를 만나신 지 꽤 오랜 시간이 지났으니 기억하지 못하시리라 생각합니다만." "과연 부인도 여러 면에서 너무 많이 변하는 바람에, 이 사람에게서 부인이 누구인지 미리 듣지 않았다면 곧바로 떠올리지 못했을 겁니다. 내게 특별한 볼일이라도 있습니까?" 올워디 씨가 냉랭하게 말했다. 독자 여러분도 쉽게 상상하셨겠지만, 그는 옛날에 들었던 소문은 물론 방금 파트리지가 해준 얘기까지 포함하여 부인의 행실이 마음에 들지 않았다.

워터스 부인이 대답했다. "아주 특별한 용무가 있어 찾아왔습니다. 하지만 오직 나리께만 말씀드릴 수 있는 내용이에요. 부디 나리 혼자만 들어주셨으면 합니다. 정말 중요한 얘기거든요."

파트리지는 물러나 있으라는 지시를 받았다. 그러나 그는 방을 나서기 전에, 워터스 부인에게 자신이 무죄임을 올워디 씨께 잘 말해 달라고 간청했다. 부인이 대답했다. "걱정하지 마세요. 그 점은 제가 올워디 나리께 충분히 잘 말씀드릴게요."

이리하여 파트리지가 물러갔다. 올워디 씨와 워터스 부인이 나눈 대화 내용은 다음 장에서 이야기하겠다.

7
계속 이어지는 이야기

워터스 부인이 잠시 침묵을 지키자, 올워디 씨가 먼저 말을 하지 않을 수 없었다. "미안하지만 지금까지 제가 듣기로는 부인이 아주 옳지 않은 행실을—" 그녀가 말을 가로막으며 말했다. "올워디 나리, 제가 잘못했다는 건 저도 압니다. 하지만 은혜를 잊은 적은 없습니다. 그럴 자격도 없는 저에게 베풀어주신 친절은 결코 잊지 못할 겁니다. 잊어서도 안 되지요. 어쨌거나 지금은 절 꾸짖지 말아주세요. 나리께서 제 처녀 시절 성을 따 존스라는 이름을 붙여주신 청년에 대해 나리께 긴히 드릴 말씀이 있으니까요."

올워디가 말했다. "그럼 지금 나간 남자를 벌한 것은 잘 알지도 못하면서 죄를 뒤집어씌운 거란 말이오? 그 사람이 존스의 친아버지가 아니었나요?" 워터스 부인이 말했다. "네, 아버지가 아니랍니다. 옛날에 제가 나리께 언젠가 때가 되면 밝히겠노라고 말씀드렸던 것을 기억하시나요? 이제와 생각하니, 진작 말씀드리지 못하고 지독한 게으름을 피우는 잘못을 저지른 꼴이 되고 말았네요. 실은 그렇게 중요한 일이라고 생각하지 않았거든요." 올워디가 말했다. "좋소, 부인. 얘기를 계속해 보시오." 그녀가 말했다. "서머라는 이름의 청년을 기억하실 겁니다." 올워디가 큰 소리로 말했다. "기억하다마다요. 그의 아버지는 학덕을 겸비한 훌륭한 목사로, 내 존경하는 벗이었습니다." 그녀가 대답했다. "그러시겠지요. 그러니까 그 청년을 키워주시고, 대학까지 보내주신 거겠지요. 청년이 대학을 마친 뒤에는 나리 댁에서 함께 사시고요. 그렇게 훌륭한 사람은 또 없을 겁니다. 아주 잘생긴 데다, 실로 점잖고, 머리도 좋고, 예의도 발랐으니까요." 올워디가 말했다. "가엾게도 일찍 세상을 떠났지. 그런데 그가 그런 죄를 지을 줄은 꿈에도 생각 못했소. 즉 부인 아들의 아비가 바로 그 청년이라고 말하려는 거지요?"

그녀가 대답했다. "아니요, 그렇지 않습니다." 올워디가 말했다. "아니라고요? 그럼 대체 무슨 말을 하려고 그렇게 길게 서론을 늘어놓는 겁니까?" 그녀가 말했다. "진실을 말씀드리기 위해서입니다, 나리. 꼭 들려드려야 할 이야기가 있습니다." 올워디가 말했다. "말해보시오. 난 죄를 저지른 기억이 없으니, 듣기를 두려워할 이유가 없소." 그녀가 말했다. "나리, 나리 친구분의 자제이시고, 나리께서 학비를 대주신 분이며, 나리의 친아들인 양 1년을 댁에서 사셨고, 천연두로 돌아가셨을 때 나리께서 친자식처럼 가슴 아파하시며 묻어주셨던 그 서머 씨가 아이의 아버지랍니다." 올워디가 말했다. "뭐라고요! 방금 전과 말이 다르질 않소!" 그녀가 대답했다. "아뇨. 아이 아버지는 그분이 맞습니다. 엄마가 제가 아닐 뿐이죠." 올워디가 말했다. "신중하시오, 부인. 죄를 면하자고 거짓말이라는 죄를 저지르지 마시오. 하느님의 눈은 결코 속일 수 없소. 하느님의 법정에 서면 거짓은 죄를 더 무겁게 할뿐이오." 그녀가 말했다. "진실입니다. 저는 아이 어머니가 아니에요. 이제 저 스스로 그렇게 생각하기도 지긋지긋합니다." 올워디가 말했다. "알만 하오. 당신이 엄마가 아니라면 나로서도 그런 기쁜 일은 없소. 하지만 부인이 내 앞에서 그렇게 자백하지 않았소?" 그녀가 말했다. "제 손으로 갓난아이를 나리 침대에 갖다 놓았다는 부분까지는 사실입니다. 친엄마 지시로 아이를 가져다 놓은 거지요. 또 그녀 지시에 따라 나중에 거짓 자백을 한 것이고요. 제 비밀도 제 치욕도 그녀의 넉넉한 마음씨로 멋지게 보상받을 거라 생각했었습니다." 올워디가 말했다. "대체 그 여자가 누구란 말이오?" 워터스 부인이 대답했다. "그 이름을 말하려니 떨리는군요." 그가 소리쳤다. "그렇게 조심스러워하는 걸 보니, 혹시 내 친척이 아닐까 짐작되는군요." "아주 가까운 분이시죠." 올워디는 깜짝 놀랐다. 그녀가 말을 이었다. "나리께는 여동생 한 분이 계셨죠." 그가 경악하며 되풀이했다. "여동생이라고!" 그녀가 소리쳤다. "바로 그 여동생 분이 그 버려진 아이의 어머니랍니다." 그가 소리쳤다. "그럴 수가! 세상에!" 워터스 부인이 말했다. "고정하시고 제 말을 끝까지 들어보세요. 나리께서 런던으로 떠나신 직후, 하루는 브리짓 아씨께서 우리 어머니를 찾아오셨죠. 아씨는 저더러 학식을 갖추고 있다는 둥, 다른 시골 처녀들보다 머리가 좋다는 둥 하시며 몹시 칭찬하시더니, 저택으로 놀러오라고 하셨어요. 댁으로 찾아뵙자, 아씨께서는 제게 책 읽기를 시키셨죠. 아씨는 저더러 책을 잘 읽는다고 크게 칭찬하시며 매우 친절하게 대해주셨고, 선물도 많이 주셨답니다. 그러더니 비밀에 대해 어떻게 생각하는지 많은 질문을 던지셨어요. 저는 아주 만족스러운 답변을 했지요. 마침내 아씨께서는 방문을 걸어 잠그시더니 저를 안쪽 방으로 데리고 들어가셨어요. 그 문도 걸어 잠그시고는, 제 훌륭한 성품을 믿는다는 증거로 자신의 명예는 물론이요 목숨마저 걸린 비밀을 한 가지 털어놓으시겠다고 말씀하시는 겁니다. 그러더니 잠시 아무 말씀 없이 몇 번이고 눈물을 훔치셨어요. 이윽고 제 어머니는 믿을 만한 사람이냐고 물으셨지요. 저는 제 어머니의 충성심은 제 목숨을 걸고 보증한다고 대답했습니다. 그러자 아씨께서는 그동안 가슴속에 품고 계셨던 크나큰 비밀을 털어놓으셨습니다. 지금 생각해 보면, 아씨께서는 나중에 아기를 낳으셨을 때보다 그때가 더 괴로우셨을 거예요. 우리는 아씨의 출산이 다가오면 어머니와 저만 아씨를 도와주고, 윌킨스 부인은 어딘가로 보내기로 계획을 짰습니다. 실제로 아씨는 한 하녀의 성품을 알아보고 오라고 윌킨스 부인을 도싯셔 맨 끄트머리로 심부름을 보내셨습니다. 아씨의 몸종은 출산하기 석 달 전에 이미 해고했고요. 그들이 없는 동안 아씨는 시험 삼아 절 곁에 두셨는데, 나중이 되자 저하고 이 댁 가풍이 맞지 않는다는 말씀을 종종 하셨죠. 그런 식으로 말씀하신 것은 나중에 제가 아이 엄마라고 밝혔을 때 윌킨스 부인이 수상하게 여기지 않도록 수를 쓴 것이었습니다. 그토록 좋지 않게 여기는 사람에게 비밀을 털어놓으리라고는 누구도 생각하지 않을 거라는 속내였죠. 모욕을 받은 대신 금전적인 보상을 듬뿍 받았음은 굳이 말씀드리지 않아도 아시겠지요. 저는 보상도 받고, 아씨께서 왜 저를 욕보이셨는지 이유도 알았기 때문에 만족했습니다. 아씨께서는 다른 누구보다도 윌킨스 부인에게 마음을 놓지 못하셨답니다. 부인이 싫어서가 아니라, 비밀을 지킬 사람이 아니라고 생각하셨던 거죠. 특히 나리께 일러바칠 거로 생각하셨어요. 전 브리짓 아씨께서 이런 말씀까지 하시는 걸 몇 차례나 들었답니다. 윌킨스 부인은 자기가 살인을 저지르고도 나리께 모두 고백할 사람이라고요. 어느덧 출산 예정일이 다가왔고, 이런저런 핑계로 출발이 계속 늦춰졌던 윌킨스 부인은 그제야 심부름을 떠났죠. 준비는 일주일 전에 끝났지만, 너무 빨리 내보내면 그만큼 일찍 돌아올까 봐 그동안 붙들어두었던 겁니다. 그다음에 오직 저와 어머니가 지켜보는 가운데 아기가 태어났어요. 우리는 아기를 집으로 데리고 갔습니다. 몰래 숨겨두었다가, 이윽고 나리께서 돌아오신 날 밤 브리짓 아씨의 지시대로 제가 나리 침대에 아기를 갖다 놓았죠. 그걸 나리께서 발견하신 겁니다. 그 뒤 아씨는 아기를 싫어하는 듯이 행동하셨어요. 그저 나리에 대한 예를 차리고자 귀여워하는 척 훌륭히 연기하셨죠. 그래서 아무도 아씨를 의심하지 않은 겁니다.”

워터스 부인은 이 이야기에 거짓이 없음을 거듭 강조하고 마지막으로 말했다. "이로써 겨우 나리께 진짜 조카 분을 소개해드렸습니다. 앞으로는 그 분을 조카라고 불러주시겠지요. 그렇게 부르시면 나리의 명예와 위안이 될 거라고 생각합니다만."

올워디가 말했다. "부인 이야기를 듣고 내가 얼마나 놀랐는지 짐작이 가실 겁니다. 어쨌든 있지도 않은 사실을 증언하기 위해 그토록 많은 정황을 짜 맞추었을 리는 없겠지요. 가능한 일도 아니고요. 그러고 보니 생각난 사실인데, 전에 서머의 태도를 보고 여동생이 그를 좋아하는 게 아닌가 하고 의심했던 적이 있었다오. 난 동생을 떠봤습니다. 그 청년의 성품과 아버지와의 친분 때문에 나도 그에게 호감을 갖고 있으니 둘이 결혼한다면 기꺼이 허락하겠다고요. 하지만 동생이 터무니없는 의심이라며 잘라 말하기에 나도 그 문제를 다시 거론하지 않았소. 그런데 맙소사! 하지만 모든 것은 신께서 하신 일입니다. 그건 그렇고 죽는 날까지 그런 비밀을 털어놓지 않았다니, 동생도 참 독한 사람이구려." 워터스 부인이 말했다. "그렇지 않습니다. 아씨 마음은 그렇지 않았어요. 때가 되면 나리께 모든 사실을 털어놓을 생각이라고 제게 몇 번이고 말씀하셨답니다. 계획이 성공을 거두어, 나리께서 자발적으로 아기를 그토록 귀여워하시게 되어 무척 기쁘다고 말씀하셨습니다. 그렇기 때문에 아직은 진실을 밝힐 필요가 없다고 하셨죠. 오! 아씨께서 계속 살아 계셔서, 그 가엾은 도련님이 나리 댁에서 쫓겨나 방랑자 처지가 되었다는 사실을 아셨으면 어찌하셨을까요! 나리께서 변호사를 고용하여, 그 분을 저지르지도 않은 살인죄로 고소하려 하셨다는 사실을 아셨다면! 이런 말씀을 드려 죄송합니다만, 나리도 참 너무하셨어요. 나리께선 속으신 거예요. 도련님은 결코 그런 악당이 아니랍니다." 올워디가 말했다. "부인께 그런 말을 한 사람이 누군지는 모르겠지만, 아마 나도 그 사람에게 속은 거요." 그녀가 말했다. "나리, 제 말뜻을 오해하시지 마세요. 나리께 죄가 있다고 말하려는 건 아닙니다. 저를 찾아왔던 신사분도 그런 말씀은 안하셨어요. 다만 저를 피츠패트릭 씨의 아내로 착각하고는, "그 청년 때문에 남편분께서 돌아가신 거라면 소송에 필요한 비용은 모두 그 훌륭한 신사분께서 내실 것이다, 그분은 상대방이 얼마나 극악무도한 악당인지 잘 알고 계신다"고 말했을 뿐입니다. 그 사람 말을 듣고, 존스라는 그 소송 상대의 정체를 알게 된 겁니다. 그 사람은 다울링이라는 이름이었는데, 나리의 재산 관리 변호사라고 존스 도련님이 제게 말씀하신 적이 있거든요. 그의 이름을 알게 된 건 아주 우연이었어요. 그분은 이름을 물어도 대답하길 거부했었는데, 두 번째 저를 찾아왔을 때 마침 저희 집에 있던 파트리지 씨가 그를 솔즈베리에서 본 적이 있다고 말했거든요."

올워디가 매우 놀란 표정을 지으며 말했다. "그 다울링이란 사람이 내가 소송을 도와줄 거라고 말했단 말이오?" 그녀가 대답했다. "아니요. 저도 그 사람에게 없는 죄를 덮어씌우고 싶진 않습니다. 그 사람은 제가 도움을 받게 될 거라고만 했지, 누가 도와줄 거라고는 말하지 않았어요. 하지만, 무례한 말씀입니다만, 정황상 나리라고밖에 생각할 수 없잖습니까?" 올워디가 말했다. "부인, 여러 정황상 내가 아닌 다른 자가 배후에 있다는 걸 알았소. 세상에! 간교하기 그지없는 못된 꿍꿍이도 때로는 아주 놀라운 방식으로 드러나는 법이군요! 부인께서 지금 말씀하신 그 변호사가 이리로 올 테니, 그때까지 조금만 기다려주시지요. 아니, 어쩌면 벌써 와 있을지도 모릅니다."

이렇게 말하고 올워디는 하인을 부르러 문 쪽으로 다가갔다. 그때 다울링 씨가 아닌 다른 신사가 나타났다. 그가 누구인지는 다음 장에서 밝혀질 것이다.

8

계속 이어지는 이야기

방으로 들어온 사람은 바로 웨스턴 씨였다. 그는 올워디를 보자마자, 워터스 부인의 존재는 조금도 개의치 않은 채, 고래고래 소리 지르기 시작했다. "우리 집에 멋진 일이 벌어졌소! 드디어 아주 희귀한 골칫거리를 발견했지 뭡니까. 이제 딸년이라면 지긋지긋하오!" 올워디가 말했다. "대체 무슨 일입니까?" 웨스턴이 대답했다. "무슨 일이고 자시고 골치 아파 죽겠소. 이제야 딸년이 제정신이 돌아왔다고 생각했는데, 이제 내가 원하는 대로 하겠다고 약속도 했겠다 이제 변호사만 부르면 만사 끝나는구나 생각했는데 내 참기가 막혀서. 그 년이 처음부터 내 눈을 피해 당신네 그 사생아 놈과 편지를 주고받아왔단 말이오! 그동안 여동생하고 딸년 문제로 쭉 다퉈왔는데, 바로 그 여동생이 말해줍디다. 딸년이 자는 틈을 타 주머니를 뒤지게 했더니, 여기 이것 보시오, 그 망할 자식이 서명한 편지가 한 통 발견되었소. 어찌나 부아가 치밀던지, 서플 목사의 설교보다 긴 이 편지를 절반도 읽지 못했소이다. 딱 봐도 사랑 타령이더이다. 뭐, 달리 쓸 내용도 없었겠지만. 아무튼 그래서 딸년을 다시 방에 가둬버렸소. 결혼에 즉시 동의하지 않으면, 내일 아침 당장 시골로 보내버릴 생각이오. 그곳 다락방에서 평생 빵과 물만 먹으며 살게 할 겁니다! 그런 나쁜 년은 가슴이 찢어지는 고통을 빨리 맛볼수록 좋소. 나쁜 년! 나도 내가 지나치다는 건 압니다. 딸년은 오래오래 살며 날 괴롭힐 거요!" 올워디가 대꾸했다. "저런! 저는 강압적인 방법을 반대해왔습니다. 당신도 이제 폭력은 쓰지 않겠다는 데에 동의하시지 않았습니까." 그가 소리쳤다. "그랬죠. 하지만 딸애가 결혼에 동의한다는 조건에서였소. 제기랄! 내 딸도 내 맘대로 못한다는 거요? 그것도 딸의 행복만 바라는 이 아비가 말이오!" 올워디가 대꾸했다. "좋습니다. 허락해 주신다면 제가 한번 따님을 설득해보지요." 웨스턴이 말했다. "그래주시겠습니까? 이웃 좋다는 게 이런 거군요. 제가 설득하는 것보다 애기가 잘 먹힐지도 모르겠군요. 딸애는 당신을 존경하니까요." 올워디가 말했다. "댁으로 돌아가셔서 따님을 방에서 나오게 하세요. 제가 반시간 안에 찾아뵙지요." 웨스턴이 말했다. "하지만 그 사이에 그 자식과 도망치면 어쩝니까? 다울링 변호사가 그러던데요. 피해자가 살아났고 건강을 회복할 가능성이 높아져서 존스가 곧 풀려날 것 같다고." 올워디가 말했다. "뭐라고요! 그럼 당신이 그자를 고용해서 사건을 조사하라고 시킨 겁니까?" 웨스턴이 대답했다. "저는 그런 적 없습니다. 방금 전에 그 사람이 알아서 그렇게 말하던데요." 올워디가 소리쳤다. "방금 전이라고요! 그 사람을 어디서 봤습니까? 다울링 씨를 꼭 만나야 합니다." "지금 제 집으로 가시면 만날 수 있을 겁니다. 저당 건으로 오늘 아침 우리 집에서 변호사 모임이 있었거든요. 제기랄! 그 정직한 척하는 나이팅게일 덕택에 이삼천 파운드는 손해 봤습니다!" 올워디가 말했다. "알겠습니다. 반시간 안에 찾아뵙죠." 지주가 소리쳤다. "제발 이번만은 이 어리석은 사람의 의견을 들어주세요. 딸애를 점잖게 다룰 생각일랑 하지 말란 말입니다. 그런 방법은 절대 통하지 않을 거요. 내가 벌써 숱하게 시험해봤거든……. 협박해서 말을 들어 먹게 하는 수밖에 없소. 그 애에게 내가 제 아버지라고 말씀해주세요. 불효가 얼마나 끔찍한 죄인지, 저승에 가면 그 때문에 얼마나 무시무시한 벌을 받게 되는지 가르쳐주세요. 이승에서는 평생 다락방에 감금된 채 빵과 물만 먹으며 살게 될 거라고 알려주시고요." 올워디가 말했다. "할 수 있는 일은 모두 하겠습니다. 그리고 분명히 말씀드립니다만, 전 그 사랑스러운 따님과 연을 맺게 되기를 몹시 바란답니다." 지주가 소리쳤다. "그래요. 내 딸은 그럴 자격이 충분히 있는 아입니다. 다른 곳을 찾아봐도 그만한 애는 드물죠. 제 딸이긴 하지만, 자신 있게 말씀드릴 수 있어요. 내 말만 잘 듣는다면, 나보다 더 딸을 사랑하는 아버지는 100마일 이내 없을 겁니다. 어쨌든 여기 계신 부인과 용무가 있으신 듯하니, 저는 먼저 돌아가 기다리겠습니다. 그럼 실례."

웨스턴 씨가 떠나자 워터스 부인이 말했다. "웨스턴 나리께서도 제 얼굴을 전혀 못 알아보시는군요. 나리께서 처음에 저를 알아보시지 못한 것도 이해가 됩니다. 나리께서 제게 따뜻한 충고를 해주셨던 그날 이후 제 모습이 너무도 많이 변했으니까요. 나리의 충고를 따랐더라면 행복하게 살았을 텐데……." 올워디가 큰 소리로 말했다. "그랬겠지요. 부인께서 제 충고를 따르지 않았다는 소식을 처음 들었을 때는 나도 몹시 걱정했었소." 그녀가 말했다. "저는 비열하고 악독한 음모에 휘말려 파멸을 자초했습니다. 나리께서 그 내용을 아신다면, 물론 그렇다고 용서받지는 못하겠지만, 적어도 제 잘못을 조금이나마 덜어주시고 저를 불쌍히 여겨주시리라 생각합니다. 지금은 바쁘신 것 같으니 장황하게 신세한탄을 늘어놓지는 않겠습니다만, 이 점만은 말씀드리겠습니다. 저는 둘도 없이 엄숙한 결혼 약속에 배반당했습니다. 아니죠, 하느님의 눈으로 본다면 저는 그 남자와 결혼한 셈입니다. 많은 책을 읽고 나서 이렇게 믿게 되었답니다. 즉 예식이란 그저 결혼에 법률상 승인을 부여하기 위해 필요하며, 여자에게 아내라는 특권을 부여하는 세속적인 역할을 할 뿐이라는 거죠. 엄숙한 맹세를 나눈 뒤 한 남자에게만 정조를 지키며 살아간다면, 세상이 뭐라고 하건 양심에 거리낄 것이 없다는 확신도 갖게 되었습니다."

올워디가 말했다. "공부한 내용을 그런 식으로 오해했다니 유감이군요. 부인이 좀 더 많은 지식을 쌓았든지, 차라리 무지한 상태로 있었더라면 좋았을걸 그랬습니다. 부인께서 저지른 잘못은 그것만이 아닐 것 같은 생각이 드는

데요." 그녀가 대답했다. "그 남자와 살았던 12년 남짓한 기간에는 어떤 잘 못도 저지르지 않았다고 신께 맹세합니다. 하지만 나리, 제 처지가 되어 생각해보세요. 오명을 뒤집어쓰고 한 푼 없이 쫓겨난 여자에게 무슨 힘이 있었 겠습니까. 당사자가 아무리 진심으로 바라도, 길 잃은 양이 도덕의 길로 돌아오는 것을 세상은 결코 허용하지 않는답니다. 저도 할 수만 있었다면 마땅히 그런 길을 택했을 겁니다. 하지만 가난이 저를 워터스 대위 품으로 몰아넣었고, 이번에도 정식 결혼을 하지 못한 채 저는 그 남자의 아내로서 몇 년을 살며 그 남자의 성을 따라 썼습니다. 그러다 그 사람이 반란군 진압에 나서게 되어 우리는 우스터에서 헤어졌고, 그곳에서 우연히 존스 도련님을 만난 거지요. 도련님께서는 어떤 흉악범 손에서 저를 구해주셨습니다. 정말이지 그렇게 훌륭한 분은 없어요. 도련님 또래의 청년치고 그만큼 착한 심성을 가진 사람은 없을 겁니다. 도련님께서 지니신 장점의 이십 분의 일이라도 가진 청년도 없을 거고요. 물론 도련님께서는 한때 많은 악행을 저지르셨지요. 하지만 지금은 악과 인연을 완전히 끊기로 결심하셨다고 저는 확신합니다."

올워디가 소리쳤다. "나도 그러길 바랍니다. 그 결심을 계속 간직하기도 바라고요. 또한 부인에 대해서도 같은 희망을 버리지 않았소. 과연 세상은 그런 일에 아주 가혹한 법이지요. 하지만 세월이 흐르고, 또 인내심을 갖고 기다리다 보면, 그러니까 저, 뭐랄까, 세상의 가혹함을 이겨낼 수 있을 겁니다. 세상은 하늘과 달라서 회개한 죄인을 쉬 받아들이려 하지 않지만, 계속해서 참회하면 끝내는 그 세상 사람들도 자비를 베풀게 됩니다. 워터스 부인, 부인께서 선으로 돌아가려는 의지가 진심에서 우러나온 것임을 확신하는 한, 저는 그 의지가 실현되도록 제가 할 수 있는 모든 지원을 아끼지 않을 겁니다. 그렇게 믿으셔도 좋습니다."

워터스 부인은 그 앞에 무릎을 꿇고 눈물을 펑펑 쏟으며 그의 선량한 심성에 감사를 표했다. 그녀가 적절하게 표현했듯이, 그 선량한 심성은 인간이 아니라 신을 연상케 했다.

올워디는 그녀를 일으켜 세우고, 생각나는 온갖 표현을 동원하여 진심으로 따뜻한 위로의 말을 건넸다. 그때 그 말을 가로막듯이 다울링 변호사가 들어왔다. 그는 워터스 부인을 발견하더니 흠칫 놀라며 다소 난처한 표정을 지었다. 하지만 이내 애써 아무렇지 않은 듯한 표정으로, 웨스턴 씨 댁에서 열리는 변호사 회의에 참석하기 위해 서둘러 가던 중에, 전에 말한 건에 대한 변호사들의 의견을 알려드려야 할 것 같아 잠시 들렀다고 말했다. 그 사건의 경우 돈 착복 문제로 형사 소송을 제기할 수는 없지만 동산 횡령 소송은 제기할 수 있으며, 배심원들이 그 돈을 원고 소유로 판단한다면, 피고는 원고에게 전액을 돌려주라는 판결이 내려질 거라는 것이었다.

올워디는 거기에는 아무런 대꾸도 하지 않은 채 방문 빗장부터 걸어 잠갔다. 그런 다음 근엄한 표정으로 다울링에게 다가가 말했다. "얼마나 바쁘신지 모르겠지만, 먼저 몇 가지 질문에 답변해주셔야겠소. 이 부인을 아십니까?" 다울링이 한참 머뭇거리다 대답했다. "이 부인 말씀이십니까?" 올워디가 위엄있는 목소리로 말했다. "내 말 잘 들으시오, 다울링 씨. 내 후원을 바라고, 1초라도 더 나를 위해 일하고 싶다면, 망설이거나 얼버무리지 말고, 이제부터 내가 하는 모든 질문에 정확하고 솔직하게 대답하시오. 이 부인을 아십니까?" 다울링이 말했다. "네. 본 적이 있습니다." "어디서 봤습니까?" "이분 댁에서요." "무슨 일로 그곳에 갔으며, 누가 당신을 그곳으로 보냈습니까?" "네, 저, 존스 도련님에 대해 알아보러 간 것입니다." "그걸 알아보고 오라고 시킨 사람이 누굽니까?" "그게 저…… 블리필 도련님이십니다." "그래 이 부인에게 그 용건에 대해 뭐라고 말씀하셨소?" "글쎄요, 나리. 단어 하나하나를 기억해내기란 불가능합니다." "부인, 이 신사분의 기억을 좀 도와주시겠습니까?" 워터스 부인이 말했다. "저분께서 말씀하시길, 존스 도련님이 제 남편을 살해한 거라면, 소송에 필요한 모든 비용을 어떤 훌륭한 신사분이 내주실 거라고 하셨습니다. 그 신사분은 가해자가 얼마나 나쁜 놈인지 잘 아는 분이라고 했지요. 이게 저분이 말씀하신 내용입니다. 절대로 틀림없습니다." 올워디가 말했다. "이 내용이 맞습니까, 다울링 씨?" 다울링이 소리쳤다. "정확하게는 기억나지 않지만, 그런 취지로 말한 것 같습니다." "블리필이 그렇게 말하라고 시키던가요?" "제가 자발적으로 갔을 리가 없잖습니까. 또 제멋대로 제 권한을 넘어서는 일을 했을 리도 없고요. 제가 그렇게 말했다면, 블리필 도련님의 지시를 그런 의미로 이해했기 때문일 겁니다." 올워디가 말했다. "내 말 잘 들으시오, 다울링 씨. 이 부인 앞에서 약속하는데, 이번에 당신이 블리필의 지시에 따른 것에 대해서는 모두 용서하겠소. 다만 당신이 이 자리에서 오로지 진실을 말한다는 조건 하에서요.

지금 당신이 했던 말을 믿기 때문이지. 아무런 권한도 없으면서 자발적으로 그런 행동을 했을 리 없다는 그 말 말이오. 자, 그렇다면 당신이 올더스게이트에서 두 수병을 조사한 것도 블리필의 지시였소?" "그렇습니다." "그땐 어떤 지시를 받았소? 최대한 기억을 떠올려서 그 말을 그대로 옮겨보시오." "네. 블리필 도련님께서는 저더러 존스 도련님이나 도련님 친구분들이 수를 쓰기 전에 결투 목격자를 찾아오라고 말씀하셨습니다. 피에는 피로 응수해야 하며, 살인범을 숨겨주는 자는 물론이요 범인이 정당한 법의 심판을 받도록 협력하기를 게을리 한 자도 그 죄에 가담한 거나 마찬가지라고 하셨죠. 그 악한에게 법의 심판을 받게 하는 일은 사실 올워디 나리께서도 몹시 원하시는 바이지만, 직접 나서시지는 않을 거라고도 하셨습니다." 올워디가 말했다. "그런 말을 했단 말이오?" 다울링이 소리쳤다. "그렇습니다. 나리를 위해서가 아니었다면, 제가 누구를 위해 그런 고생까지 했겠습니까." 올워디가 말했다. "무슨 고생이오?" 다울링이 소리쳤다. "나리, 어떤 이유로든, 저를 사람을 매수해서 위증시키는 죄를 저지를 사람이라고 생각하지 말아주십시오. 증언에는 두 가지 방법이 있지요. 저는 두 수병에게 상대방 측에서 매수 제의가 들어오면 그것을 거절하라고 말하고, 정직하게 진실을 말해서 손해보는 일은 없을 거라고 용기를 주었습니다. 우리가 듣기로는 존스 군이 먼저 피해자를 공격했다던데, 그게 사실이라면 그대로 증언하라고 말했습니다. 그러면서 손해 보는 장사는 아닐 거라고 넌지시 귀띔했죠." 올워디가 소리쳤다. "과연 고생했겠구먼." 다울링이 대꾸했다. "정말로 저는 그들에게 거짓 증언을 하라고 시키지는 않았습니다. 또 나리를 위해서라고 생각하지 않았다면, 그런 말조차 하지 않았을 거고요." 올워디가 말했다. "존스가 내 친조카라는 사실을 알았더라면, 그게 나를 위한 일이라고는 생각하지 않았을 테지요." 그가 대꾸했다. "하지만 나리께서 숨기고 싶어 하시는 일을 저 따위가 아는 척 하는 것은 주제넘은 짓이니까요." 올워디가 외쳤다. "뭐요? 그럼 당신은 알고 있었소?" 다울링이 대답했다. "나리께서 진실을 말하라고 지시하신다면 뭐든지 말씀드리겠습니다. 사실 저는 알고 있었답니다. 블리필 아씨께서 운명하시기 직전에 말씀해주셨거든요. 제가 아씨 침대 옆에 홀로 서 있을 때였습니다. 제가 나리께 전해드렸던 그 편지도 그때 제게 건네주셨답니다." 올워디가 소리쳤다. "편지라니?" 다울링이 대답했다. "제가 솔즈베리에서 가져온 편지 말입니다. 블리필 도련님께 전해드렸습니다만." 올워디가 소리쳤다. "그럴 수가! 그래 어떤 내용이었소? 내 여동생이 당신에게 했다는 말은 또 뭐요?" 그가 대답했다. "아씨께서는 제 손을 잡고 편지를 건네시며 말씀하셨습니다. '저도 제가 뭐라고 썼는지 모르겠네요. 오라버니께 존스가 오라버니의 조카라고 전해주세요. 존스는 제 아들이랍니다. 오, 그 애에게 하느님의 가호가 있기를!' 그러고는 숨이 끊어진 듯이 뒤로 쓰러지셨죠. 저는 즉시 사람들을 불렀고, 아씨께서는 더는 아무 말씀도 하지 않으셨습니다. 그리고 몇 분 있다가 세상을 뜨셨습니다." 올워디는 잠시 아무 말 없이 눈을 치켜뜨고 있다가 다울링을 돌아보며 말했다. "다울링 씨, 어째서 그 전언을 내게 전달하지 않았소?" 그가 대답했다. "기억하시겠지만 나리께서는 당시 병중이었습니다. 또, 지금도 그렇지만, 그때 전 급한 볼일이 있었기 때문에 편지와 전언을 블리필 도련님께 전해드렸지요. 도련님께서는 두 가지 모두 나리께 전달하겠노라 말씀하셨습니다. 나중에, 자신이 직접 전달했다고도 말씀하셨고요. 다만 나리께서 존스 도련님과 아씨에 대한 배려 차원에서 그 사실이 새나가지 않도록 사람들에게는 비밀로 할 생각이라고 하셨지요. 그래서 나리께서 먼저 입을 여시지 않는 한, 제가 나서서 나리께든 다른 사람에게든 그 사실을 언급하는 것은 천부당만부당한 일이라고 생각한 겁니다."

우리가 이미 어디선가 말한 것처럼, 사람은 진실을 이용해 거짓을 전달할 수 있다. 지금이 바로 그랬다. 블리필이 다울링에게 지금 그가 고백한 내용을 말했던 것은 사실이었다. 그러나 다울링은 결코 속은 것이 아니었으며, 블리필 또한 그를 속일 수 있다고 생각하지 않았다. 사실을 말하자면, 다울링이 비밀을 지키기로 마음먹은 것은 블리필이 당시 다울링에게 몇 가지 약속을 했기 때문이었다. 그런데 이제 블리필이 그 약속을 지키지 못하게 되었음을 알아차리자 다울링은 차라리 자백하는 편이 낫겠다고 생각했다. 올워디 씨의 무서운 목소리와 표정, 용서해주겠다는 약속, 이미 알아낸 사실들, 거기에 갑작스런 공격으로 빠져나갈 구멍을 생각할 겨를도 없었던 것이다.

올워디는 이 자백이 만족스러운 듯했다. 지금까지 말한 내용을 결코 입 밖에 내지 말라고 다울링에게 엄명을 내린 뒤, 대문까지 몸소 나가 그를 배웅했다. 방으로 돌아가 있는 블리필과 만나지 못하도록 하기 위해서였다. 이때 블리필은 다시 삼촌을 속여먹은 일을 자기 방에서 크게 기뻐하고 있었다. 그 뒤 아래층에서 일어난 일 따위는 까맣게 모르고 있었다.

방으로 돌아가던 올워디는 현관에서 밀러 부인을 만났다. 부인이 창백한 얼굴로 부들부들 떨며 말했다. "오, 그 사악한 여자가 나리와 함께 있다니요! 이제 나리께서도 모든 걸 아시겠군요. 하지만 그걸 이유로 가엾은 도련님을 버리지 마세요. 자기 어머니인 줄 몰랐잖아요. 나리께서 질책하지 않으셔도, 그 사실을 안 것만으로도 가슴이 갈기갈기 찢기는 기분일 겁니다."

올워디가 말했다. "부인, 실은 지금 아주 놀라운 이야기를 들어 정신이 없는 관계로 부인께 무슨 말씀을 드려야 할지 모르겠군요. 어쨌든 제 방으로 함께 갑시다. 정말이지 몹시 놀라운 진실을 알아냈답니다. 곧 부인께도 말씀 드리지요."

가엾은 부인은 몸을 떨며 그를 따라 들어갔다. 올워디가 워터스 부인에게 다가가 그 손을 잡고, 밀러 부인을 돌아보며 말했다. "이 부인에게 너무 많은 신세를 져서 어떻게 보상해야 할지 모르겠습니다. 오, 밀러 부인! 부인께서 깊은 호의를 품고 있는 그 젊은이를 제가 '아들'이라고 부르는 것은 수없이 들으셨겠지요. 그런데 그 청년과 내가 정말로 핏줄로 맺어진 사이일 거라고는 꿈에도 생각하지 않았습니다. 부인, 당신의 젊은 친구가 내 조카랍니다. 내가 오랫동안 품고 길러온 음흉한 독사 같은 놈하고 형제지간인 겁니다. 여기 이 부인께서 일의 자초지종과, 그 애가 어떻게 해서 이 부인의 아들로 여겨지게 됐는지 얘기해줄 겁니다. 밀러 부인, 그동안 그 애는 중상모략을 당해왔고, 저는 기만을 당해왔습니다. 부인께서 옳으셨습니다. 부인께서 악당일 거라고 의심했던 바로 그놈이 절 속여 온 겁니다. 정말이지 그놈은 세상에서 가장 사악한 놈입니다."

밀러 부인은 기쁜 나머지 언어 능력을 잃어버렸다. 때맞추어 우정의 눈물이 쏟아져 내리지 않았더라면, 목숨까지는 아니더라도 의식 정도는 잃었을 것이다. 이윽고 다시 말을 할 수 있을 정도로 정신을 되찾자 그녀가 외쳤다. "그럼 존스 도련님이 나리의 조카란 말입니까? 이분의 아들이 아니고요? 드디어 나리도 그분을 제대로 보아주셨군요. 그분께서 그 가치에 어울리는 행복을 누리는 모습을 이 눈으로 볼 수 있게 됐다는 거군요?" 올워디가 말했다. "틀림없이 그는 내 조카요. 나머지도 모두 부인 말대로 될 겁니다." 그녀가 소리쳤다. "그 모든 사실이 밝혀진 건 이 부인 덕분이고요?" 올워디가 말했다. "바로 그렇습니다." 밀러 부인이 무릎을 꿇고 소리쳤다. "그렇다면 하느님께서 이분께 최고의 축복을 내려주시기를! 이분이 아무리 많은 잘못을 저질렀다 해도, 이 한 가지 선행으로 그 모든 죄가 사해지기를!"

워터스 부인은 이들에게 존스가 곧 석방될 거라 믿는다고 말했다. 외과 의사와 어떤 귀족이 피츠패트릭 씨의 목숨이 위험하지 않음을 증명하고 죄인의 석방을 요구하기 위해, 존스를 감옥에 가둔 판사를 찾아갔다는 것이었다.

올워디는 지금 중요한 용건이 있어 외출해야 하는데, 집으로 돌아왔을 때 조카가 돌아와 있다면 기쁠 거라고 말했다. 그리고 하인을 불러 가마를 대기시킨 뒤 두 부인을 남겨두고 방을 나갔다.

블리펄 군은 삼촌이 가마를 불렀다는 이야기를 듣고 그를 배웅하러 내려왔다. 그는 그런 예의를 철저히 지키는 사람이었다. 그는 삼촌에게 외출하시느냐고 물었다. 어딜 가시는 길인지 에둘러 묻는 방법이었다. 올워디가 대답을 하지 않자, 이번에는 언제쯤 돌아오실 예정이냐고 물었다. 올워디는 이 물음에도 대답하지 않았다. 그러다 가마에 올라타기 직전에 몸을 휙 돌리고 말했다. "내 말 잘 들어라, 블리펄. 내가 돌아올 때까지, 네 어머니가 임종 자리에서 내게 전해주라고 했다는 편지를 반드시 찾아 놓아라." 그러더니 올워디는 떠났다. 남겨진 블리펄의 처지를 혹시라도 부러워하는 사람이 있다면, 그것은 교수형 직전의 사람들뿐일 것이다.

9
계속 이어지는 이야기

올워디는 웨스턴이 존스가 소피아 앞으로 쓴 것이라며 전해준 편지를 가마 안에서 읽었다. 그중에는 자신과 관련된 구절도 있었는데, 그것은 눈물을 자아냈다. 마침내 웨스턴 씨 저택에 도착한 그는 바로 소피아 방으로 안내되었다.

의례적인 인사가 끝나고 신사와 숙녀는 자리에 앉았다. 잠시 침묵이 이어졌다. 손님이 올 거라는 이야기를 아버지에게 들어 알고는 있었지만, 그동안 숙녀는 부채만 만지작거릴 뿐 표정과 행동에는 당혹해 하는 기색이 역력했다. 이윽고 올워디가 다소 안절부절못하며 말을 꺼냈다. "웨스턴 양, 내 식구가 폐를 끼친 것 같아 죄송합니다. 게다가 모르는 사이에 나까지 생각지도 못하게 한 몫을 한 것 같더군요. 그렇지만 웨스턴 양, 이번 결혼 제의가 당신을 얼마나 불편하게 만드는 일인지 처음에 알았더라면, 이렇게 오래도록 당신을 고통에 빠뜨리지는 않았을 겁니다. 그러니 오늘 방문한 목적은 또다시 그런 청을 해서 당신을 괴롭히기 위해서가 아니라, 오히려 그 청에서 당신을 해방시키기 위해서임을 알아주시기 바랍니다."

소피아가 조심스럽게 조금 주저하며 말했다. "정말로 친절하고 너그러운 말씀입니다. 나리가 아니라면 누가 그렇게까지 말씀하실 수 있을까요. 나리께서 친절하게도 그렇게 말씀해주시니, 저도 양해를 얻어 말씀드리겠습니다. 사실 전 그 일 때문에 몹시 불편했답니다. 아버지에게 가혹한 대접을 받은 것도 그 때문이고요. 이 불행한 일이 벌어지기 전까지는 아껴주시던 아버지였는데 말이죠. 나리, 나리께서는 아주 친절하고 너그러운 분이시니, 제가 조카분의 구혼을 거절했다고 해서 화를 내시진 않으리라 믿습니다. 사람 마음이란 자기 마음대로 되는 게 아니잖아요. 그분도 훌륭한 면을 많이 지니신 분이지만, 아무래도 전 호감이 가지 않았답니다." 올워디가 말했다. "친애하는 웨스턴 양, 그 아이가 내 친아들이고 내가 가장 아끼며 존중하는 자식이었다 해도 내가 화를 낼 수는 없는 일이지요. 말씀하신 대로, 우리는 자기 마음을 맘대로 바꿀 수 없으니까요. 더구나 남의 의견을 듣고 자기 마음을 바꿀 수는 없는 법이지요." 소피아가 대꾸했다. "오! 나리의 한 마디 한 마디가 온 세상 사람이 나리를 선량하고 위대하며 자비로운 분이라고 칭송하는 이유를 증명해주는군요. 맹세코 말씀드리건대, 제가 아버지 명령을 거스른 것은 틀림없이 불행해지리라는 확신이 있었기 때문이었답니다." 올워디가 대꾸했다. "그 마음에 한 점의 거짓도 없음을 믿소. 그리고 당신의 선견지명에 진심으로 축하를 드리는 바이오. 그 지당한 저항 덕분에 불행을 피할 수 있었던 것은 사실이니까요!" 그녀가 소리쳤다. "올워디 나리, 그 말씀이야말로 남자에게선 찾아보기 힘든 섬세한 마음을 증명해주는군요! 진심으로 저는 좋아하지 않는 사람과 평생을 사는 일은 불행이 틀림없다고 생각한답니다. 애정을 쏟을 수 없는 상대에게서 장점을 발견하기라도 한다면, 그 불행은 더욱 커질 뿐이겠지요. 제가 블리필 도련님과 결혼했다면—" 올워디가 말했다. "말을 가로막아 미안합니다만, 지금은 그런 일을 상상하는 것만으로도 참을 수 없는 심정이라오. 웨스턴 양, 나는 진심으로 기쁩니다. 당신이 재앙을 피하게 되어 진심으로 기뻐요. 당신이 아버지에게 잔혹한 일을 당하는 원인을 제공했던 그 장본인이 실은 악당이었다는 사실이 드러나게 되었답니다." 소피아가 소리쳤다. "그게 무슨 말씀인가요! 정말 놀라운 말씀이군요!" 올워디가 대답했다. "나도 놀랐고, 세상도 놀랄 거요. 하지만 지금 한 말은 거짓 한 점 없는 사실입니다." 소피아가 말했다. "나리 입에서 거짓이 나올 리 없다는 건 저도 믿습니다. 어쨌든 정말 갑작스럽고 예상치 못한 말씀이군요. 발각되었다……. 지금 그렇게 말씀하셨죠? 오, 모든 악당이 발각되기를!" 올워디가 큰 소리로 말했다. "곧 자초지종을 들려드리죠. 지금은 그 혐오스러운 자의 이름을 입에 올리지 맙시다. 저, 실은 중요한 이야기가 한 가지 더 있소. 오, 웨스턴 양! 나는 당신의 훌륭한 마음씨를 알고 있습니다. 그런 훌륭한 당신과 가족의 연을 맺고 싶은 야심을 쉽게 버릴 수가 없군요. 내 가까운 친척 가운데 청년 하나가 있는데, 그가 어떤 악당 놈하고는 정반대 성품을 지녔다는 건 내가 보장하는 바라오. 마땅히 그가 가졌어야 할 만큼의 재산도 줄 생각이오. 그래서 말인데, 그 청년의 방문을 한 번 받아주지 않겠소?" 잠시 침묵한 뒤 소피아가 대답했다. "나리께는 저도 무엇 하나 숨기지 않고 솔직하게 대답하겠습니다. 나리의 성품으로 보나, 방금 제가 받은 은혜로 보나, 그러는 것이 마땅하겠지요. 전 지금으로서는 누구에게 그런 청을 받더라도 귀 기울이지 않기로 결심했습니다. 제 유일한 바람은 아버지의 사랑을 되찾아 다시 우리 집안의 안주인이 되는 것입니다. 나리의 친절함 덕분에 이 바람이 이루어진다면 정말 기쁠 것입니다. 그러니 부탁드려요. 저, 그리고 나리를 아는 모든 사람이 경험한 나리의 그 친절한 마음씨를 빌려 간절히 부탁드립니다. 한 가지 고통에서 저를 구원해 주시자마자 그와 똑같이 무자비한, 그리고 아무런 결실도 보지 못할 새로운 고통에 절 묶어두지 말아주세요." 올워디가 대답했다. "웨스턴 양, 나는 그런 짓을 할 사람이 아닙니다. 당신 결심이 그러하다면, 아무리 고통스럽더라도 그 청년은 실망을 감수해야겠지요." 소피아가 대꾸했다. "제가 모르는 분, 따라서 저를 전혀 모르시는 분이 고통을 겪을 거라니 조금 이상하게 들리는데요." 올워디가 소리쳤다. "친애하는 웨스턴 양, 미안합니다만 그는 당신을 잘 압니다. 당신 마음이 그런 줄 알면 평생 낙담하는 게 아닌가 걱정이 될 정도로요. 이 세상에 진실하고 격정적이며 고귀한 연정을 품을 수 있는 남자가 있다면, 그건 바로 내 불행한 조카일 겁니다." 소피아가 대꾸했다. "조카요? 정말 이상한 이야기군요. 나리께 조카가 있단 얘기는 들어본 적이 없는데요." 올워디가 큰 소리로 말했다. "사실 당신이 모르는 것은 그 청년이 내 조카라는 사실 뿐이오. 실은 나도 오늘날까지 모르고 있었죠. 오래 전부터 당신을 사모해온 존스가 바로 그 청년입니다! 그 애가 내 조카예요!" 소피아가 소리쳤다. "존스 도련님이 조카라고요! 그게 정말인가요?" 올워디가 대답했다. "정말 입니다! 내 여동생의 아들이지요. 앞으로 평생 그렇게 인정할 겁니다. 그렇게 인정하는 걸 부끄러워하지 않을 거고요. 부끄러운 건 지난날 그 애를 대했던 내 행동입니다. 하지만 지금까지는 그 애의 출생도 그 훌륭한 됨됨이도 몰랐기 때문에 그랬지요. 정말이지 나는 그 애를 잔인하게 대했어요. 정말로 그랬습니다." 이렇게 말하며 이 착한 신사는 눈물을 닦았다. 그리고 잠시 말을 멈췄다가 다시 이어 나갔다. "당신이 도와주지 않는다면, 나는 그 애가 겪었던 고통에 대해 어떤 보상도 해줄 수 없을 겁니다. 친애하는 웨스턴 양, 아까 내가 그런 제안을 한 것은 당신의 진가를 알아보았기 때문입니다. 그 애가 이런저런 잘못을 저질렀다는 건 나도 압니다. 하지만 마음속 깊은 곳은 대단히 착한 아이랍니다. 내 말을 믿어주세요." 여기서 그는 대답을 기대하듯 말을 멈췄다. 놀랍고 갑작스런 소식 때문에 일었던 동요가 조금 가라앉자, 소피아의 입에서 대답이 나왔다. "그 사실을 발견해서 몹시 만족스러운 듯이 보이는군요. 저도 진심으로 축하드립니다. 나리께서 그 사실을 바탕으로 상상하실 수 있는 모든 기쁨이 모두 실현되리라 믿습니다. 그분은 확실히 수많은 장점을 지니고 계십니다. 그 점으로 미루어보아도, 그분께서 나리처럼 훌륭한 삼촌을 잘 따르는 장면이 눈에 보이는 듯합니다." 올워디가 말했다. "나는 그 애가 훌륭한 남편이 되는 자질도 갖추고 있다고 생각합니다. 틀림없이 아주 헌신적인 남편이 될 겁니다. 당신처럼 훌륭한 아가씨가 그 애의—" 소피아가 말했다. "죄송합니다만 나리, 이 결혼 제의는 받아들일 수 없습니다. 존스 도련님은 분명히 장점을 많이 지니셨지만, 전 그분을 제 남편감으로 받아들이고 싶은 마음이 없습니다. 결코 그러지 않을 겁니다." 올워디가 소리쳤다. "미안합니다만 웨스턴 양, 좀 뜻밖의 말씀이군요. 아버지 말씀이랑 다른 것 같아서요. 나는 그 불행한 녀석이 당신에게 호감을 가진 적은 있을지언정, 당신의 호감을 상실시키는 짓은 전혀 한 적이 없다고 생각하는데요. 어쩌면 누군가가 당신에게 그 애를 음해한 건지도 모르죠. 꼭 내게 그랬던 것처럼요. 똑같은 악당이 도처에 그 애에 대한 나쁜 소문을 퍼트리고 다닌 거겠죠. 분명히 말하지만, 그 애는 살인범이 아닙니다. 그저 소문이지 사실이 아니에요." 소피아가 대꾸했다. "나리, 제 결심은 이미 말씀드렸습니다. 제 아버지께서 무슨 말씀을 하신 것 같은데, 아버지의 노파심이야 어떻든 저는 아버지가 걱정할 만한 짓을 한 기억이 전혀 없습니다. 아버지 허락 없이는 결혼하지 않겠다는 것이 일관된 저의 원칙이었거든요. 이것은 부모에 대한 자식의 의무라고 생각하며, 그 어떤 것도 제게 그 의무를 저버리라고 설득할 수 없습니다. 하지만 부모의 권위로 밀어붙여서, 자식 마음과 전혀 다른 결혼을 시켜도 좋다고는 생각하지 않는답니다. 저는 그런 강압을 느꼈고, 그것을 피하기 위해 집을 나가 다른 곳에서 보호를 받으려 했던 것이지요. 이것이 제 행동의 진상입니다. 주위 사람들이나 아버지가 이 이상 저의 뜻을 짓밟는다면, 제 양심은 저를 나무라지 않을 겁니다." 올워디가 소리쳤다. "감탄스러울 따름입니다. 당신의 그 올바른 생각에 경탄할 수밖에 없단 말이지요. 하지만 아무래도 뭔가가 더 있을 것 같은데요. 기분을 상하게 하고 싶진 않지만 웨스턴 양, 내가 지금까지 보고들은 모든 것이 꿈에 불과하다고 생각해야 할까요? 당신은 처음부터 끝까지 전혀 관심 없던 남자 때문에 아버지의 그 잔혹한 처사를 견뎌왔단 말입니다?" 소피아가 대답했다. "나리, 제가 왜 그랬는지 그 이유를 캐묻지는 말아주세요. 제가 고통을 겪어온 것은 맞습니다. 그걸 숨기지는 않겠어요. 나리께는 솔직히 말씀드리지요. 확실히 이전에는 존스 도련님께 호감을 느꼈습니다. 그 호감 때문에 고통을 겪은 것도 사실이고요. 아버지뿐만 아니라 고모까지도 제게 냉혹하게 대하셨지요. 하지만 이제 모두 지난 일입니다. 이제 부디 더는 억압하지 말아 주세요. 과거에 무슨 일이 있었든, 제 결심은 이제 확고하답니다. 조카분은 많은 장점을 지녔습니다. 대단한 장점들이지요. 그분께서 나리의 자랑이 되어주실 분이고, 나리를 행복하게 해줄 분이란 것을 저는 의심치 않습니다." 올워디가 대꾸했다. "아니요, 내가 그 애를 행복하게 해주고 싶습니다.

그런데 그 힘은 당신밖에 갖고 있질 않아요. 그렇게 확신하기 때문에, 그 애를 위해 이렇게 열심히 간청하는 거랍니다." 소피아가 말했다. "나리께서는 속으신 겁니다. 그분을 과대평가하신 거예요. 그렇다고 그분이 나리를 일부러 속였다고는 생각하고 싶지 않군요. 저를 기만한 것만으로도 충분하니까요. 나리, 이제 이 문제로 저를 얽어매지 말아 주세요. 나리께서 그분을 높이 평가하시는 것에 트집을 잡고 싶지는 않아요. 그러면 너무 불쌍하니까요. 저는 존스 도련님이 행복해지시기를 빕니다. 진심으로 그렇게 생각해요. 한 번 더 말씀드리지만, 그분은 제게 많은 잘못을 했지만, 그래도 많은 장점을 지니신 분인 것은 사실입니다. 예전에 호감을 가졌던 사실도 부정하지 않겠지만, 이제 무슨 일이 있어도 제 마음을 예전으로 되돌릴 수 없을 겁니다. 현재로서는 이 지상에 존스 도련님보다 제가 단호히 거부하고 싶은 남자는 없습니다. 블리필 도련님의 구애조차도 덜 불쾌하게 여겨질 정도니까요."

두 사람의 면담 결과를 초조히 기다리고 있던 웨스턴 씨가 마침내 더 참지 못하고 방문 앞까지 와 귀를 기울였다. 그런데 바로 그때 딸의 속마음이 담긴 이 마지막 말이 들렸다. 그는 침착성을 잃고 격분하여 방문을 벌컥 열면서 고함을 질렀다. "거짓말입니다! 새빨간 거짓말이에요! 다 그 빌어먹을 존스 놈 때문에 그러는 겁니다. 그놈을 다시 만나면, 당장이라도 부부가 되겠다고 지껄일 겁니다." 올워디가 끼어들며 다소 화난 표정으로 지주에게 말했다. "웨스턴 씨, 이건 저와 한 약속과 다르군요. 폭력은 절대로 삼가겠다고 약속하시지 않았습니까?" 웨스턴이 소리쳤다. "그래왔죠, 최대한. 하지만 저 몹쓸 년이 저런 괘씸한 거짓말을 하는 걸 들으니…… 제기랄! 딸년은 다른 사람을 바보 취급할 수 있다면 나까지도 바보 취급할 수 있다고 생각하는 겁니다! 틀림없어요, 틀림없어. 이 애의 근성은 선생보다 내가 잘 알죠." 올워디가 대꾸했다. "죄송합니다만 웨스턴 씨, 따님께 하시는 행동을 보면, 조금도 따님을 이해하고 있는 것 같지 않군요. 이런 말씀을 드리는 건 실례입니다만, 우리가 절친한 사이이기도 하며 당신께서 바라는 것도 있고, 또 경우가 경우이니만큼 제 말도 용납되리라 믿습니다. 웨스턴 씨, 소피아 양은 당신 딸입니다. 당신 가문이 자랑스러워해도 좋을 딸이지요. 내게 남을 질투하는 마음이 있다면, 이런 따님을 두신 당신을 다른 누구보다도 질투할 겁니다." 지주가 소리쳤다. "무슨 소릴 지껄이는 게요! 차라리 이 애를 당신한테 줘버리고 싶을 정도인데. 이 골칫덩이를 없애버리면 얼마나 개운할까!" 올워디가 대꾸했다. "웨스턴 씨, 자꾸 골칫덩이 골칫덩이 불평을 하시는데, 그것도 모두 당신이 자초한 일 아닙니까. 따님 성품을 믿으시고, 따님을 믿으세요. 그러면 당신은 세상에서 가장 행복한 아버지가 될 겁니다." 지주가 소리쳤다. "저 애를 믿으라고요? 허, 웃기는군! 내가 시키는 대로 죽어도 하지 않는 애를 어떻게 믿으라는 말이오? 내가 바라는 결혼에 동의만 한다면, 얼마든지 원하는 만큼 믿어주겠소." 올워디가 대꾸했다. "당신한테는 그런 동의를 강요할 권리가 없습니다. 당신에게 거부권이 있다는 것은 따님도 인정하는 바이나, 그 이상은 신도 인류도 인정하지 않을 겁니다." 지주가 소리쳤다. "거부권이라? 그래, 좋다! 좋아! 내 거부권이 어떤 건지 본때를 보여주지. 자, 어서 네 방으로 가. 이 고집쟁이—" 올워디가 말했다. "웨스턴 씨, 정말이지 따님을 너무 무지막지하게 대하시는군요. 참고 볼 수 없을 정도입니다. 좀 더 따뜻하게 대하시면 좋을 텐데요. 더없이 따뜻한 대접을 받아 마땅한 따님인데요." 지주가 말했다. "시끄럽소. 뭐가 마땅한 일인지는 똑똑히 알고 있소. 자, 이제 딸년이 제 방으로 갔으니, 저 애를 어떻게 대접하는 게 마땅한 건지 보여드리죠. 자, 이걸 보세요. 제 사촌 벨라스턴 부인이 보낸 편지입니다. 그놈이 감옥에서 나왔다는 소식을 친절하게도 알려온 거죠. 딸년에게 충분히 주의를 기울이라는 충고입니다. 어떻소, 올워디 씨. 당신은 딸을 통제한다는 게 어떤 건지 몰라요."

지주는 자신의 똑똑함에 대한 자화자찬으로 연설을 맺었다. 올워디는 형식적인 머리말을 붙인 뒤, 존스에 대해 새롭게 알게 된 사실, 블리필에 대한 자신의 분노, 그밖에 독자 여러분께서 이미 앞장을 보고 알게 된 세세한 사항을 자세하게 말해주었다.

쉽게 격분하는 사람은 대체로 몹시 변덕스런 기질을 지닌 법이다. 웨스턴은 올워디 씨가 존스를 상속인으로 삼을 생각이라는 이야기를 듣자마자 태도가 돌변했다. 진심으로 이 삼촌 편에 서서 조카를 칭찬하고, 전에 딸을 블리필과 엮으려고 했던 것만큼이나 열렬히 딸이 존스와 결혼하기를 바랐다.

올워디 씨는 어쩔 수 없이 다시 한 번 끼어들어, 조금 전 자신과 소피아가 나눈 대화 내용과 몹시 뜻밖이었다는 의견을 전달했다.

이 말을 듣고 지주는 순간 침묵을 지켰다. 놀란 나머지 험상궂은 표정이 되었다. 이윽고 그가 소리쳤다. "대체 그게 무슨 의미겠소, 올워디 씨? 딸애가 존스 군을 사랑했다는 건 틀림없는 사실이잖소. 오호라! 알겠군! 총알처럼 확실하게 그 핵심을 알았단 말이오! 모두 내 여동생이 꾸민 짓입니다. 딸애는 어떤 빌어먹을 귀족 놈을 노리는 거예요! 내 사촌 벨라스턴 부인 댁에서 그 둘이 함께 있는 장면도 봤다니까요. 그놈에게 눈이 먼 겁니다. 틀림없어요. 하지만 빌어먹을, 내가 그 따위 놈에게 딸을 줄 것 같소? 귀족 놈이나 왕실 놈이 내 가족이 되는 건 딱 질색입니다."

올워디는 일장연설을 늘어놓으며, 폭력적인 수단은 피해야 한다는 자신의 결의를 되풀이했다. 부드러운 방법이야말로 따님에게 가장 효과적인 수단이 될 거라고 열심히 권했다. 그러고는 작별을 고하고, 밀러 부인에게 돌아왔다. 그러나 그 전에, 그날 오후 존스 군을 데리고 다시 방문하겠다고 약속해 달라는 지주의 열렬한 간청에 동의해야 했다. 지주의 말을 빌리자면, "그 청년과 만반의 준비를 하기 위해"서였다. 올워디가 떠날 때, 웨스턴은 소피아를 충고대로 대하겠노라고 약속하며 이렇게 말했다. "왜인지는 모르겠지만, 이상하게도 늘 당신이 시키는 대로 하게 되는군요. 나도 당신 못지않은 땅을 가졌고, 치안판사 자리에 있는 것도 당신과 똑같은데 말이오."

10

드디어 결말에 가까워지는 이야기

집으로 돌아온 올워디는 존스 군이 한 발 앞서 집에 도착했다는 보고를 받았다. 그는 서둘러 빈방으로 들어가, 존스 군에게 혼자 오도록 지시했다.

이 삼촌과 조카의 대면보다 애정 넘치고 감동적인 장면을 상상하기란 불가능할 것이다(워터스 부인이 마지막 면회를 가서 조카에게도 출생의 비밀을 말해주었으리라는 것은 독자 여러분께서도 물론 추측하셨을 것이다). 두 사람이 만나 느꼈던 기쁨의 극치를 묘사해내기란 내 능력을 벗어나는 일이다. 따라서 그것을 시도하지는 않겠다. 올워디는 자기 발치에 엎드린 존스를 일으킨 뒤 품에 안고 소리쳤다. "오, 애야! 그동안 정말 잘못했다! 그동안 내가 얼마나 너를 괴롭혔니! 부도덕하며 부당한 의심을 품고 그 때문에 널 수많은 고통에 빠뜨렸다. 내가 어떻게 그것을 보상할 수 있겠니?" 존스가 소리쳤다. "제가 받았던 고통이 열 배는 더 컸다 하더라도, 지금 그 이상으로 보상받는 것 아닌가요? 오, 삼촌! 삼촌의 선량함과 다정함에 압도되어 힘이 빠져 쓰러질 지경입니다. 밀려드는 환희의 파도에 휩쓸려갈 것 같습니다. 다시 삼촌 앞에 서서 사랑을 받게 되다니요! 내 위대하고 고귀하며 너그러운 은인에게 다시 이처럼 따뜻한 대접을 받게 되다니요!" 올워디가 소리쳤다. "정말이지 내게 몹쓸 짓을 했구나!" 이렇게 외치고 올워디는 블리펄의 간계를 자세히 설명했다. 자신이 그 간계에 홀려 그를 학대한 일을 몹시 후회한다고 되풀이했다. 존스가 대답했다. "그런 말씀 마세요, 삼촌. 학대는커녕 저는 아주 훌륭한 대접을 받았습니다. 어떤 현자라도 속아 넘어가는 일이 있습니다. 속아 넘어가면 어떤 훌륭한 사람이라도 그렇게 행동했을 거고요. 삼촌의 선량한 심성은 분노하신 와중에도 저절로 드러났습니다. 저는 무슨 일에서든지 제게는 과분한 그 선량함에 은혜를 입기만 했습니다. 너그러운 심성도 도가 지나치면 저는 자책감을 느끼지 않을 수 없습니다. 정말이지 저는 제가 받아 마땅한 벌을 받은 겁니다. 앞으로는 지금 삼촌께서 베풀어주시는 행복에 걸맞은 사람이 되는 것을 평생의 과업으로 삼겠습니다. 진심으로 말씀드리건대 삼촌, 제가 받은 벌은 결코 의미 없는 것이 아니었습니다. 저는 큰 잘못을 저지른 죄인이긴 했지만, 죄로 똘똘 뭉친 사람은 아닙니다. 제 지난 삶을 반성해볼 수 있는 시간을 주신 하느님께 감사드립니다. 돌이켜보니, 비열하고 극악무도한 죄까지는 아니지만, 아무리 후회하고 부끄러워해도 모자랄 우행과 악행을 저질렀다는 사실을 깨달았습니다. 그 우행이 끔찍한 결과를 초래하고, 저를 파멸 직전까지 몰고 갔던 것이지요." 올워디가 대꾸했다. "네 입에서 그토록 현명한 말이 나오니 무척 기쁘구나. 애당초 네가 저지른 과오 안에 위선만은 들어있지 않았다고 확신하기에(아아, 사람들의 위선에 얼마나 속았는지 모르겠다!), 네 말을 쉽게 믿을 수 있구나. 이제 너도 알게다, 톰. 경솔함만으로도 선량한 사람이 얼마나 큰 위험에 빠지게 되는지를 말이다(네가 선을 대단히 사랑한다는 사실을 이제 의심하지 않는단다). 분별과 신중함이야말로 인간이 스스로에게 져야 할 의무란다. 신중함을 잊고 스스로 자신의 적이 된다면, 세상이 우리에게 마땅히 져야 할 의무를 다하지 않는다고 해서 놀랄 게 없단다. 파멸을 부르는 기초공사를 자기 손으로 해놓으면, 주위 사람들은 몹시 기뻐하며 그 다음 공사를 맡아하는 법이거든. 그렇지만 너는 네 잘못을 깨닫고, 앞으로는 고치겠다고 얘기했어. 나는 네 말을 완전히 믿는다. 지금 이 순간부터 내가 네 과거의 잘못을 상기시키는 일은 결코 없을 게다. 이따금 너 혼자 떠올려보고, 앞으로는 그런 잘못을 저지르지 않도록 스스로를 훈계하렴. 또 한 가지 기억해두고 위안을 삼았으면 하는 점이 있다. 공평한 사람이라면 경솔함 탓으로 해석할 잘못과 극악무도한 마음에서만 생겨나는 악행은 천지차이라는 것이다. 인간을 파멸로 이끈다는 점에서는 전자가 위일지 모르지만, 이 경우 본인이 회개만 한다면 그 인격은 마침내 오명을 완전히 벗게 되지. 당장은 아니더라도 세상은 언젠가 그 사람을 받아들여준단다. 그러면 본인도 스스로 벗어난 위험이 얼마나 컸는지를 되돌아보고 어느 정도 기쁨을 느끼게 될 게다. 그렇지만 극악한 악행은 한 번 발각되면 돌이킬 수가 없단다. 뒤에 남는 오명과 굴욕은 아무리 오랜 시간이 지나도 씻기지 않기 때문이지. 세상의 비난이 그 사람을 끝까지 따라다니고, 주위에서 퍼붓는 경멸감은 그 사람을 남들 앞에 서지 못하게 할 게다. 치욕을 견디다 못해 은둔 생활에 들어간다 하더라도, 귀신을 두려워하는 아이가 사람들 곁을 떠나 홀로 잠자리에 들러 갈 때 느끼는 것과 같은 두려움이 따라다닐 게다. 죽었다고 생각했던 양심이 그를 따라다니며 귀찮게 할 거고, 휴식은 거짓 친구처럼 그를 버릴 게다. 어느 쪽으로 시선을 돌려도 공포가 모습을 드러낼 게야. 뒤를 돌아보면 이제는 소용없는 후회가 따라오고 있으며, 앞을 보면 치유할 수 없는 절망이 정면에서 노려보고 있을 게다. 마침내 그 사람은 감옥에 갇힌 사형수처럼 현 상황을 증오하면서도 자신을 그 상황에서 벗어나게 해줄 시간이 오는 것을 두려워하게 되지. 네 상황이 그렇지 않다는 것을 위안으로 삼고, 스스로 과오를 일찌감치 깨달을 수 있게 해주신 신께 감사드리며 기뻐하렴. 네가 저지른 작은 잘못조차도 계속 반복하다 보면 언젠가 파멸로 몰아갈 테니까. 너는 잘못들을 모두 털어냈어. 이제 네 앞에는 밝은 미래가 놓여 있단다. 이제 행복을 붙잡은 거나 다름없어.” 이 말을 듣고 존스는 깊은 한숨을 내쉬었다. 올워디가 이유를 묻자 그가 말했다. “삼촌께는 아무것도 숨기지 않겠습니다. 제가 저지른 악행이 초래한 결과 가운데 결코 되돌릴 수 없는 것이 딱 하나 있습니다. 오, 삼촌, 저는 소중한 보물을 잃어버렸답니다!” 올워디가 대꾸했다. “그 일이라면 더 애기할 필요 없다. 나도 분명히 말하마. 네가 뭘 슬퍼하는지 안단다. 내가 그 아가씨를 만나서, 네 애기를 나누었단다. 이 일에서만큼은 내 뜻에 따라 주어야겠다. 지금 네가 말한 모든 내용이 진실이라는 것과 네 결심이 확고하다는 것을 보증하는 수단으로서 요구하는 바이다. 즉 그 아가씨가 너를 좋아하기로 했든 아니든, 전적으로 그 결정에 따라야 한다는 것이다. 소피아 양은 생각하기도 싫은 결혼 압박에 충분히 고통을 겪었다. 이 이상 우리 가족 때문에 강요받게 하고 싶지 않구나. 소피아 양의 아버지는 전에 블리필을 가지고 그랬던 것처럼 이번엔 너를 가지고 그녀를 들볶고 싶어 안달이란다. 하지만 나는 그녀에게 이 이상 감금, 폭력, 불안감을 맛보게 하지 않기로 결심했단다." 존스가 대답했다. "오, 삼촌, 부디 제가 복종해서 칭찬을 들을 수 있을 만한 명령을 내려주세요. 지금 하신 말씀은 저에게도 마땅한 일입니다. 제가 삼촌 명령을 거역하는 일이 있다면, 그건 저 사랑스러운 소피아를 한순간이라도 불안하게 만드는 명령일 때뿐일 겁니다. 제가 불행하게도 용서받을 가망이 전혀 없을 정도로 그녀를 불쾌하게 만들었다고 생각하면, 게다가 그녀마저 불행에 빠뜨릴 거라는 끔찍한 생각을 하면 그것만으로도 저는 좌절할 겁니다. 소피아를 제 아내라고 부르는 것만이 가장 큰 행복이며, 하늘이 지금 제 행복에 보태줄 수 있는 유일한 축복입니다. 하지만 그 축복도 그녀의 자발적인 의사에 맡기지 않는 한 받고 싶지 않습니다." 올워디가 큰 소리로 말했다. "듣기 좋은 말로 위로하진 않겠다. 솔직히 말해 네 바람은 절망적이야. 네 구혼을 받아들이지 않겠다고 잘라 말하던 그 격렬한 말투, 그 말투에서 엿보인 그보다 확고한 결의의 빛을 나는 여태껏 누구에게서도 본 적이 없단다. 그 원인이 어디에 있는지 나보다 네가 잘 알 게다." 존스가 대답했다. "오, 삼촌! 너무나도 잘 알고말고요. 저는 그녀에게 용서받을 수 없을 만큼 많은 죄를 지었습니다. 그리고 제가 죄를 지은 것은 사실이나, 불행하게도 그 죄가 그녀 눈에는 사실보다 열 배는 사악하게 비친 겁니다. 오, 삼촌! 제 어리석은 행동은 정말로 돌이킬 수 없습니다. 삼촌의 선량한 심성으로도 저를 절망적인 나락에서 구할 수 없을 겁니다."

이때 하인이 들어와, 웨스턴 씨가 아래층에 와 계신다고 알렸다. 존스를 만나고 싶은 열망에 오후까지 기다릴 수가 없었던 것이다. 두 눈에 눈물이 그렁그렁하던 존스는 삼촌에게, 잠시 마음을 추스를 때까지 웨스턴 씨를 상대해달라고 부탁했다. 착한 삼촌은 이에 동의하고, 웨스턴 씨를 응접실로 안내하라고 지시한 뒤 몸소 내려갔다.

밀러 부인은 존스가 혼자 있다는 이야기를 듣자마자(부인은 존스가 석방된 뒤 아직 그를 만나지 못하고 있었다) 부리나케 방으로 들어왔다. 그녀는 존스에게 다가와, 새로 삼촌을 얻게 된 일과 행복한 화해를 진심으로 축하한다고 말하고 이렇게 덧붙였다. "또 다른 일로도 축하를 드릴 수 있으면 좋을 텐데, 그처럼 요지부동인 분은 본 적이 없으니……."

존스는 다소 놀라, 그게 무슨 소리냐고 물었다. 그녀가 말했다. "제가 아가씨를 찾아가, 사위 나이팅게일에게 들은 대로 모든 것을 설명하고 오는 길이거든요. 이제 아가씨께서는 그 편지 사건은 의심하지 않으실 겁니다. 그 문제는 걱정 없어요. 제가 아가씨께 모든 일은 사위 나이팅게일이 생각해낸 일이며 편지 문구도 그가 불러준 내용이다, 원하신다면 본인에게 맹세라도 시키겠다고 말씀드렸거든요. 벨라스턴 부인에게 그 편지를 보낸 존스 도련님의 심정을 헤아려 보신다면, 도련님께 더욱 호감을 가져도 좋을 거라고도 말했죠. 모두 아가씨를 생각해서 한 일이고, 앞으로는 방탕한 생활을 그만두기로 결심하셨다는 가장 명확한 증거라고요. 적어도 런던에서 아가씨를 만난 뒤로는 단 한 번도 아가씨를 배반하는 부정을 저지른 적이 없다고도 말했습니다. 조금 과하긴 했지만, 그래도 나쁜 뜻으로 한 말은 아니에요. 앞으로 도련님의 행동이 제 말을 증명해주리라 믿습니다. 하여튼 입에서 신물이 나도록 말씀드렸지만 다 소용없었어요. 꿈쩍도 안 하시던 걸요. 아가씨께선 지금껏 도련님께서 저지른 이런저런 잘못을 모두 젊기 때문이라 생각하고 용서해오셨지만, 난봉꾼은 딱 질색이래요. 어찌나 서슬이 시퍼렇던지 전 말문이 꽉 막히고 말았답니다. 어떻게든 도련님을 위해 변명하려고 했지만, 제 얼굴에 대고 정당한 비난을 하시니 뭐라 대꾸할 수가 없더라고요. 제 명예를 걸고 맹세합니다만, 아가씨는 제가 본 가운데 가장 사랑스럽고 마음씨 고우며 분별 있는 숙녀입니다. 아가씨께서 어떤 말씀을 하셨을 땐 정말이지 그분께 입이라도 맞추고 싶은 심정이었답니다. 세네카나 어느 감독목사님에게나 어울릴 법한 말이었거든요. 이런 말이었죠. '한때는 저도 존스 도련님께서 아주 착한 심성을 지니고 있다고 생각했답니다. 바로 그 점 때문에 진심으로 존경했다는 것도 인정합니다. 하지만 방탕꾼 같이 생활하다 보면 아무리 훌룡한 심성을 가진 사람도 타락하기 마련이지요. 착한 심성을 지닌 난봉꾼이 유일하게 기대할 수 있는 것은 세상 사람들이 경멸과 혐오 안에 약간의 연민을 섞어주는 것입니다.' 정말로 천사 같은 분이세요. 진짜 천사죠." 존스가 대꾸했다. "오, 밀러 부인! 나는 그런 천사를 잃고 말았습니다! 생각만으로도 견딜 수 없군요!" 밀러 부인이 소리쳤다. "잃다니요! 저는 아직 그렇지 않다고 생각해요. 과거의 나쁜 행실을 딱 끊어버리겠다는 결심이나 단단히 하세요. 그러면 아직 희망은 있으니까요. 아가씨께서 끝내 꿈쩍도 안 하신다면, 또 다른 젊은 숙녀가 있지요. 아주 상냥하고 예쁜 분으로, 엄청난 재산도 있고, 도련님을 죽도록 사랑하는 숙녀랍니다. 저는 오늘 아침에야 그 얘기를 들었답니다. 그래서 곧장 웨스턴 아가씨께 달려가 말씀드렸죠. 실은 사실보다 조금 부풀려서요. 도련님께서 그 숙녀분을 거절했다고 얘기했거든요. 하지만 실제로도 거절하리란 걸 아니까요. 아, 도련님께 조금 위로가 될 만한 이야기가 있습니다. 제가 그 숙녀분, 즉 미모의 과부 헌트 부인 이름을 말하자 아가씨 얼굴이 창백해지는 것 같았습니다. 하지만 도련님께서 그녀를 거절했다고 말씀드리자, 분명히 아가씨 얼굴이 순식간에 새빨개지며 이렇게 말씀하셨죠. '존스 도련님께서 저에게 어느 정도 애정을 갖고 계시다는 걸 실은 저도 생각하고 있답니다.'"

이때 웨스턴 씨가 등장하는 바람에 대화가 중단되고 말았다. 올워디 씨의 권위가 그에게 놀라운 힘을 발휘함은 우리가 자주 목격한 바이지만, 이번에는 그 권위로도 그를 그 이상 방 밖에 붙들어둘 수가 없었던 것이다.

웨스턴이 곧장 존스에게 다가와 소리쳤다. "여어, 톰, 오랜만에 만나 이렇게 기쁠 수가 없구먼! 지난 일은 다 잊어버리게. 자네를 욕보일 생각은 털끝만큼도 없었다네. 여기 올워디 씨가 잘 아시다시피, 아니 자네도 잘 알다시피, 자네를 다른 사람으로 오해했던 것뿐이야. 진심에 악의가 없다면, 성급하게 내뱉은 말 한두 마디에 무슨 의미가 있겠는가. 그리스도인이라면 서로 용서하고 잊기도 해야지." 존스가 말했다. "선생님께서 베풀어주신 수많은 은혜는 결코 잊지 않을 겁니다. 하지만 제게 무슨 피해를 주셨다고 하시는데, 분명히 말씀드려 저는 전혀 짐작 가는 바가 없군요." 웨스턴이 말했다. "그래? 그렇다면 손을 이리 내게. 정말이지 자네처럼 서글서글하고 정직한 호남은 없을 걸세. 자, 나와 함께 가세. 내 당장 자네를 연인에게 안내하지."

이때 올워디가 끼어들었다. 삼촌도 조카도 꿈쩍하지 않자 지주는 한동안 입씨름을 벌여야 했다. 결국 존스를 소피아에게 데리고 가는 건을 오후까지 연기하기로 합의했다. 웨스턴의 열망에 부응하기 위해, 그리고 존스에 대한 동정심에서, 올워디도 오후에 차를 마시는 자리에 참석하기로 약속했다.

그 뒤 이어진 대화도 즐거운 것이었다. 그 대화가 이 이야기의 좀 더 앞부분에서 이루어진 것이라면, 우리도 그 내용을 소개하여 독자 여러분께 즐거움을 드렸을 것이다. 그러나 유감스럽게도 지금은 매우 중요한 내용을 살펴볼 여유밖에 없다. 여기서는 웨스턴 씨가 오후 방문에 대해 충분한 논의를 한 뒤 집으로 돌아갔다는 사실만 말해두겠다.

11
결말을 향해 더욱 가까이 다가가는 이야기

웨스턴 씨가 가고 나자 존스는 올워디 씨와 밀러 부인에게 자신이 자유를 얻게 된 사정을 말하기 시작했다. 두 고매한 귀족이 외과의사 두 명과 나이팅게일 씨의 친구 한 명을 데리고, 자신을 감옥에 가둔 치안판사를 찾아갔으며, 피해자가 부상으로 인한 위험에서 벗어났다는 의사들의 증언에 근거하여 판사가 자신을 석방해주었다는 내용이었다.

그는 두 귀족 가운데 전에 본 적이 있는 사람은 단 하나뿐이었으며, 그것도 딱 한 번이었다고 말했다. 그런데 놀랍게도 그가 만난 적 없는 귀족이, 전에 자신에게 죄를 지은 적이 있는데, 자신이 누군지 몰라서 그랬노라며 용서를 구하더라고 말했다.

존스가 나중에 가서 알게 된 바로, 진상은 이랬다—펠라머 경이 벨라스턴 부인의 충고에 따라 존스를 부랑자로 몰아 강제로 배에 태우기 위해 고용했던 중위는 이미 우리가 알고 있는 그 사건을 펠라머 경에게 보고하러 와서, 존스 군의 행동은 어떻게 봐도 아주 훌륭한 것이었다고 칭찬했다. 펠라머 경이 사람을 잘못 본 게 틀림없으며, 그 존스라는 청년은 분명히 신사라고 강한 어조로 단언했다. 어찌나 단호하게 말하던지, 명예를 몹시 중시하는 신사이자 세상 사람들이 비난할 행동을 결코 할 사람이 아닌 이 귀족은 그러한 충고를 받아들인 일을 몹시 걱정하기 시작했다.

며칠 뒤, 펠라머 경은 우연히 그 아일랜드 귀족과 식사를 하게 되었다. 어쩌다 결투 사건이 화제로 등장했을 때, 귀족에게서 피츠패트릭이란 자의 성품을 듣게 되었다. 사실 이 귀족의 말은 꽤 편향된 발언이었고, 특히 그 부인에 대해서는 더욱 그랬다. 그는 피츠패트릭 부인만큼 무고하게 피해를 본 여성은 없으며, 자신은 순수하게 동정심에서 그녀를 도와주게 되었다고 말했다. 그리고 다음 날 아침 피츠패트릭의 숙소를 찾아가, 가능하다면 부인과 헤어지라고 설득할 생각이라고 말했다. 그 부인이 만에 하나라도 남편 손아귀로 돌아가게 된다면 목숨이 위험하다는 것이었다. 펠라머 경은 존스 군의 인품과 결투 상황에 대해 좀 더 자세히 묻기 위해 자신도 같이 가겠다고 말했다. 자신이 맡았던 역할 때문에 불안해 견딜 수가 없었던 것이다. 펠라머 경이 부인 구출에 자신도 기꺼이 거들겠다는 의사를 살며시 내비치자, 곧 또한 귀족이 자신도 그 일에 동참하겠다고 나섰다. 펠라머 경의 권위를 크게 신뢰하는 그는 피츠패트릭을 위협하여 설득에 응하는 일에 자신이 큰 도움이 될 거라고 생각했다. 그런데 이 생각은 옳았던 것 같다. 가엾은 아일랜드인은 두 귀족이 아내 편에 선 것을 보고 바로 굴복했던 것이다. 곧 결별에 대한 조항이 작성되었으며, 서로의 서명이 이루어졌다.

피츠패트릭은 업턴에서 자기 아내와 존스 사이에 아무 일도 없었다는 사실을 워터스 부인에게 충분히 들은 뒤였으므로, 아니 또 다른 이유가 있었는지 모르겠지만, 이미 그 문제에 전혀 관심이 없었다. 그는 펠라머 경에게 존스 군을 매우 칭찬하고, 모든 것은 자기 탓이며 상대는 그야말로 명예를 존중하는 신사처럼 행동했다고 말했다. 펠라스 경이 존스 군에 대해 좀 더 캐묻자, 피츠패트릭은 그가 아주 높은 지위와 엄청난 재산을 가진 어느 신사의 조카이며, 이 사실은 조금 전 다울링 변호사와 만나고 온 워터스 부인에게서 방금 들었다고 말했다.

마침내 펠라머 경은 자신이 그토록 괴롭혔던 신사에게 힘닿는 한 최대한 보상을 하는 것이 자신의 의무라고 생각했다. 존스가 연적이라는 생각은 조금도 없었다(그는 이미 소피아를 완전히 단념하고 있었다). 게다가 담당 외과의사 뿐만 아니라 피츠패트릭 본인에게서도 상처가 치명적이지 않다는 이야기를 듣고 존스 군에게 자유를 안겨주기로 결심했다. 그리하여 존스가 간힌 감옥으로 함께 가자고 아일랜드 귀족을 설득했고, 우리가 앞서 본 것처럼 존스를 대했던 것이다.

집으로 돌아온 올워디는 바로 존스를 자기 방으로 불러, 다울링 씨에게서 들은 내용부터 워터스 부인에게서 들은 내용까지 모든 것을 말해주었다.

존스는 이 이야기를 듣고 크게 놀라며 적잖은 걱정을 보였으나, 거기에 대한 비평이나 의견은 한 마디도 말하지 않았다. 그때 블리필 군이 지금 삼촌께서 시간이 된다면 찾아뵙고 싶다는 전갈을 보내왔다. 올워디는 깜짝 놀라 얼굴이 창백해졌다. 그러고는 그로서 난생처음이라 여겨지는 격렬한 어조로, 나는 너를 모른다고 전하라고 하인에게 지시했다. 존스가 떨리는 목소리로 외쳤다. "삼촌, 부디 신중하게 생각하세요." 올워디가 대꾸했다. "신중하게 생각했다. 그렇지, 네가 가서 그 악당에게 직접 내 말을 전달해라. 녀석에게 파멸을 선고할 사람으로서 그 못된 녀석 때문에 파멸할 뻔한 장본인보다 적임자는 없지." 존스가 말했다. "죄송합니다만 삼촌, 잠시 생각하신다면 지금 말씀을 분명히 거두실 것입니다. 다른 사람의 입으로 들으면 정당하게 생각될 내용도 제 입으로 들으면 모욕이 될 겁니다. 더구나 그 말을 듣는 당사자가 누구입니까? 제 친동생이자 삼촌의 조카입니다. 그리고 그 애는 제게 잔인하게 행동하지 않았답니다. 만약 잔인하게 굴었다면, 그것이야말로 그 애가 저지른 어떤 잘못보다 용서받을 수 없는 일이 될 거예요. 근성이 그다지 비뚤어지지 않은 사람도 운명의 여신에게 유혹당하면 때로 남에게 부당한 짓을 합니다. 하지만 모욕을 주는 행위는 아주 음험하고 악의에 불타는 심성에서만 나오지요. 아무리 유혹을 당했다고 말해봐야 변명이 되지 않습니다. 제발 부탁이니, 지금처럼 화가 절정에 이른 상태에서는 그 애에게 무슨 일도 하지 말아주세요. 삼촌, 부디 다시 생각해주세요. 저조차도 변명할 기회 없이 유죄를 선고받은 적은 없습니다." 올워디는 잠시 잠자코 서 있다가 눈물을 쏟으며 존스를 끌어안고 말했다. "오, 애야! 이토록 착한 네 심성을 이렇게 오랫동안 나는 까막눈처럼 보지 못하였구나!"

이때, 문을 조심스럽게 두드려도 반응이 없자 밀러 부인이 안으로 들어 왔다. 그녀는 존스가 삼촌 품에 안겨 있는 장면을 목격하고 미친 듯이 기뻐하며 무릎을 꿇고, 일이 이렇게 된 것에 대해 환희에 찬 감사 기도를 올렸다. 그러고는 존스에게 달려가 그를 뜨겁게 껴안고서 소리쳤다. "오, 사랑하는 친구이신 도련님, 오늘처럼 축복받은 날에는 수만 번이라도 기쁨을 표현하고 싶군요." 다음으로 올워디 씨도 똑같은 축하를 받았다. 이에 그가 말했다. "정말이지, 정말이지 밀러 부인, 뭐라 표현할 수 없을 정도로 기쁘답니다." 세 사람은 번갈아가며 기쁨의 말들을 나누었다. 이윽고 밀러 부인이 두 사람에게, 응접실에 점심 식사가 준비되어 있으며 행복한 사람들만 모여 있으니 함께 내려가자고 말했다. 그 사람들이란 바로 나이팅게일 군과 그의 신부, 그리고 그의 사촌인 해리엇과 그녀의 신랑이었다.

올워디는 일행과 함께 식사를 못할 것 같다고 양해를 구했다. 조카와 함께 먹으려고 방으로 요리를 주문해놓았으며, 실은 두 사람끼리 개인적으로 할 이야기가 있다는 것이었다. 하지만 이 착한 부인에게 저녁식사 때는 존스와 함께 참석하겠노라고 기꺼이 약속했다.

밀러 부인은 블리필을 어떻게 할 셈이냐고 물었다. "이런 말씀을 드리는 건, 그런 악당이 이 집에 있는 한 마음이 편치 않기 때문입니다." 올워디가 대답했다. "사실은 저도 그 녀석 때문에 불편하답니다." 그녀가 소리쳤다. "그렇습니까! 그렇다면 그 일은 제게 맡기세요. 반드시 당장 쫓아내 버리죠. 아래층에 건강한 남자가 두세 명 있거든요." 올워디가 소리쳤다. "폭력을 쓸 필요까진 없습니다. 제 말씀만 전해주시면 그 애는 분명히 제 발로 나갈 겁니다." 밀러 부인이 말했다. "말씀만 전하면 된다고요? 제 평생 지금보다 그러고 싶었던 적이 없을 정도랍니다." 존스가 끼어들며 말했다. "곰곰이 생각해 보았는데, 삼촌만 허락하신다면 역시 제가 그 심부름을 하겠습니다. 삼촌 뜻은 잘 알았고, 저도 제 입으로 그 뜻을 전달하고 싶거든요. 제발 부탁이니, 그 애를 무작정 급격한 절망으로 밀어 넣었을 때 불러올 끔찍한 결과를 생각해주세요. 지금 같은 상황에서 죽기라도 한다면, 아무리 그런 애라도 너무 불쌍하잖아요." 이 말은 밀러 부인을 몹시 감동시켰다. 그녀가 방을 나가며 소리쳤다. "존스 도련님, 도련님은 이 세상을 살아가기에는 너무 착해요!" 올워디는 더욱 깊은 감명을 받았다. "애야, 네 착한 심성과 빠른 이해력에 몹시 경탄했단다. 그래, 그놈에게 뉘우칠 기회나 시간도 주지 않는다는 건 너무 가혹하지. 생각만 해도 끔찍한 일이야. 어쨌든 그 애에게 가보아라. 나머지는 네 재량에 맡기마. 단, 조금이라도 내 용서를 얻을 수 있으리란 헛된 희망을 품게 하진 마라. 신앙 때문에 어쩔 수 없이 허락해야 하는 정도 이상으로는 그놈의 사악한 악행을 용서할 맘이 절대로 없으니까. 즉 돈 푼을 쥐여주거나 말을 바꾸는 일은 결코 없을 거란 말이다."

블리펠의 방으로 올라간 존스는 눈에 비친 광경에 연민의 정을 느꼈다. 물론 다른 사람들이 봤다면 이런 따뜻한 감정을 일으키지 않았을 광경이었다. 블리펠은 침대에 몸을 던진 채 절망감에 빠져 누워 있었고, 두 눈은 눈물로 흠뻑 젖어 있었다. 그것은 뉘우침에서 나오는 눈물이 아니었다. 본디 성품에 반하여 그만 갑작스런 유혹을 받아 충동적으로 저지른 죄(인간은 약한 존재이기에 착한 사람에게도 때로 이런 일이 일어난다)를 마음에서 씻어내는 눈물도 아니었다. 블리펠이 흘리는 눈물은 공포감에 사로잡힌 절도범이 호송마차 안에서 흘리는 눈물이었으며, 아무리 모질고 악덕한 사람일지라도 느끼지 않을 수 없는 파멸에 대한 불안감에서 나오는 눈물이었다.

이 장면을 장황하게 그려내기란 불쾌하기도 하고 지루하기도 하므로, 존스의 태도가 지나칠 정도로 친절했다는 이야기만 해두겠다. 존스는 풀이 죽은 블리펠의 기운을 북돋기 위해 생각나는 말을 빠뜨리지 않고 모두 말한 다음에야 비로소 오늘밤 내로 이 집을 떠나라는 삼촌의 결심을 전달했다. 돈이 필요하다면 얼마든지 주겠노라고 제안하고, 그동안 블리펠이 자신에게 저지른 모든 일을 진심으로 용서한다고 확언했다. 앞으로도 그를 동생으로 여기겠다고 말하며, 삼촌과 화해할 수 있도록 모든 수단을 강구하겠노라고 약속했다.

블리펠은 처음에 뚱한 얼굴로 아무 말도 하지 않았다. 아직은 계속 모든 상황을 부인해야 하는 것 아닌가 속으로 저울질하고 있었다. 그러나 마침내 자신에게 불리한 증거가 너무나도 틀림없다는 사실을 깨닫고, 자백하는 길을 선택했다. 간절하게 형의 용서를 구하고, 바닥에 엎드려 존스의 발에 입을 맞추었다. 짧게 말하자면, 지금 그는 여태껏 놀라우리만치 사악하게 굴었던 것만큼이나 놀라우리만치 비굴한 태도를 보였다.

이 극단적인 비굴함에는 존스도 경멸감을 느끼지 않을 수 없었다. 그 심정이 얼굴에도 조금 드러나고 말았다. 그는 기회를 보아 동생을 얼른 바닥에서 일으켜 세우고, 좀 더 남자답게 고통을 견디라고 충고했다. 그러면서 그 고통을 덜어주기 위해 할 수 있는 모든 일을 하겠노라고 약속을 되풀이했다. 이에 대해 블리펠은 자신은 그런 은혜를 입을 자격이 없는 놈이라고 줄곧 주장하면서도 감사의 말을 수없이 쏟아냈다. 마지막으로 그가 당장 숙소를 옮기겠노라고 분명히 말하자, 존스는 삼촌에게 돌아왔다.

올워디는 존스에게 이런저런 이야기를 하는 중에, 그가 발견한 500파운드 은행권에 대해서도 말했다. "실은 그 일로 변호사에게 자문을 구해보았는데, 놀랍게도 그런 종류의 부정행위는 징벌대상이 아니라는구나. 정말이지 그놈이 네게 저지른 비열하고 배은망덕한 짓을 생각하면 노상강도는 죄가 없는 축이라고 해도 좋을 정도다."

존스가 말했다. "정말이지 충격입니다. 어떻게 그런 일을 저지를 수가. 실로 놀랍습니다. 세상에 그런 정직한 사람은 없다고 생각했었는데. 액수가 크다보니 유혹을 이기지 못한 거겠죠. 실제로 더 작은 돈은 그자가 찾아주었거든요. 삼촌, 저는 배은망덕이라기보다 인간의 나약함 탓이라고 생각하고 싶습니다. 확실히 그 가엾은 남자는 제게 호의를 갖고 있습니다. 평생 잊지 못할 친절도 수없이 베풀어 주었어요. 그 일도 지금은 몹시 후회하고 있을 겁니다. 실제로 하루 이틀 전쯤 제가 이제 틀렸다고 생각하고 있을 때 감방을 찾아와, 돈이 필요하다면 얼마든지 마련해주겠노라 제안했었답니다. 삼촌, 그처럼 가난을 맛보아온 사람에게 그런 거금이 얼마나 큰 유혹이었을지 생각해주세요. 그와 그의 가족이 앞으로는 예전과 같은 고통을 겪지 않고 잘살 수 있는 액수였으니까요."

올워디가 소리쳤다. "애야, 네 너그러운 성품도 이번에는 도가 지나친 듯싶구나. 그런 잘못된 동정심은 단점일 뿐만 아니라 거의 부정에 가까우며, 사회에 아주 해롭기까지 하단다. 악을 조장하게 될 테니까 말이다. 그자의 부정직함만이라면 나도 용서했겠지만, 배은망덕만큼은 용서가 안 된다. 감히 말하자면, 유혹이 있었으니 부정직한 행위 자체를 용서해도 좋다는 생각은 흠잡을 데 없이 순수하고 자비로운 생각이다. 솔직히 말해 나도 거기까지는 생각한 적이 있지. 실제로, 대배심을 맡았을 때는 노상강도 같은 자들의 운명을 동정했단다. 정상참작을 할 정황이 있을 때는 피고에게 유리하도록 재판장에게 증거를 제시한 적도 한두 번이 아니었지. 하지만 부정직함에 그보다 훨씬 흉악한 죄, 이를테면 잔혹 행위, 살인, 배은망덕 같은 죄가 덧붙는다면 동정이나 용서는 잘못된 거란다. 나는 그자가 악당이라고 확신한다. 따라서 벌을 내릴 생각이다. 적어도 내가 벌줄 수 있는 한에서 말이다."

너무나도 단호한 어조라서 존스도 대꾸할 생각을 못했다. 게다가 웨스턴 씨가 약속했던 시간이 다가왔으므로 이제 옷을 차려입을 시간도 부족했다. 그런 연유로 대화는 그쯤에서 끝났고, 존스는 다른 방으로 물러났다. 방에서는 파트리지가 미리 지시한 대로 옷을 준비해놓고 있었다.

다행스럽게 모든 사실이 밝혀진 이후, 파트리지는 주인과 제대로 얼굴을 마주한 적이 없었다. 이 가엾은 사나이는 황홀한 기쁨을 감출 수도, 드러낼 수도 없었다. 어찌나 미친 사람처럼 굴었던지, 존스가 옷 갈아입는 것을 도와주며 몇 번이나 실수를 저질렀다. 나는 예전에 어릿광대가 무대 위에서 혼자 옷을 갈아입으며 그와 똑같은 실수를 저지르는 것을 본 적이 있다.

그의 기억은 몹시 정확했다. 이 행복한 결말을 예언한 수많은 전조와 징조를 기억해냈다. 그중에는 당시 그가 입에 담았던 것도 있었지만, 대부분은 이제 와서 기억해낸 것이었다. 존스를 만나기 전날 밤에 꾸었던 꿈도 기억하고 있었다. 그가 마지막에 이렇게 말했다. "제가 여러 번 말씀드렸죠? 언젠가 도련님께서 제게 한몫 크게 안겨주실 것이고, 제 마음이 그렇게 예언하고 있다고요." 존스는 자신과 관련된 많은 전조가 실현된 것처럼 그 예언도 틀림없이 실현되도록 해주겠다고 약속했다. 이 가엾은 사나이가 주인으로 말미암아 이미 품고 있던 환희는 이 말을 듣고 몇 갑절이나 늘어났다.

12
결말을 향해 한층 나아가는 이야기

옷을 완벽하게 차려입은 존스는 삼촌과 함께 웨스턴 씨 댁을 방문했다. 정말이지 그는 잘생긴 청년이었다. 용모 하나만으로도 대다수 여성을 매혹시킬 수 있었으리라. 그러나 자연의 여신이 어떤 작품을 빚으며 가끔 그러는 것과 달리, 이 청년을 빚을 때는 그 장점 하나에만 모든 복을 떠맡기지 않았음은 이미 이 이야기 안에서 밝힌 바 있다.

아직도 화가 난 상태였지만, 소피아도 장점이 돋보이도록 훌륭하게 차려입고 있었다. 그 설명은 여성 독자분들께 맡기겠지만, 몹시 아름다운 모습이었다. 올워디조차 그녀를 본 순간, 세상에서 가장 아름다운 숙녀라는 칭찬을 웨스턴 귀에 속삭이지 않을 수 없었다. 웨스턴도 여기에 귓속말로 대답했는데, 그 자리에 있던 모든 사람에게 다 들릴 만큼 큰 소리였다. "톰에게는 더욱 잘된 일 아니겠소. 이제 저 애를 어떻게 다루든 자기 마음일 테니까." 이 말을 듣고 소피아는 얼굴이 새빨개졌고, 톰은 완전히 창백해졌다. 쥐구멍이라도 찾아 숨고 싶어 하는 모습이었다.

차 탁자가 모두 치워지기도 전에, 웨스턴은 아주 중요한 용건이 있는데 잊어버리기 전에 즉시 단둘이 이야기해야겠다며 올워디를 억지로 방 밖으로 끌고 나갔다.

방 안에는 두 연인만 남게 되었다. 둘만의 대면에 위험과 어려움이 뒤따르던 지금까지는 그토록 서로에게 할 말이 많았고, 수많은 장애물이 둘 사이를 방해했을 때는 그토록 서로의 품으로 달려가 안기기를 열망했던 두 연인이 이제 마음껏 얘기하고 행동할 수 있게 되자 한동안 꿀 먹은 벙어리처럼 말없이 꼼짝 않고 앉아 있는 모습은 많은 독자분 눈에 이상하게 비쳤을 것이다. 평범한 지능을 가진 사람이 사정을 모른 채 이 모습을 보고, 두 사람 마음이 식은 거라고 결론내리더라도 어쩔 수 없을 정도였다. 어쨌든 아무리 이상하게 보인다 할지라도 사실이 그랬다. 두 사람 모두 시선을 바닥으로 떨어뜨리고 앉아 몇 분 동안 한결같이 침묵을 지켰다.

존스 군은 그사이 한두 차례 대화를 시도했다. 그러나 띄엄띄엄 몇 마디를 중얼거리거나 탄식처럼 내뱉었을 뿐 완전히 실패였다. 마침내 소피아가 절반은 그에 대한 연민에서, 절반은 그가 꺼내려는 주제에서 화제를 돌리기 위해(그녀는 그가 무슨 말을 하려는지 잘 알고 있었다) 입을 열었다.

"이번에 모든 사실이 밝혀지면서 도련님은 세상에서 가장 운 좋은 사람이 되셨군요." 존스가 한숨을 내쉬며 말했다. "진정으로 날 그런 행운아라고 생각하십니까? 내가 당신을 불행에 빠뜨렸는데도요?" 그녀가 말했다. "네, 그런 면에서 그게 자업자득인지 아닌지는 도련님이 가장 잘 아시겠죠." 그가 대답했다. "내 결점에 대해서는 당신도 잘 알 것이오. 듣기로는 밀러 부인이 모든 사실을 말했다던데. 오! 나의 소피아 양, 나는 영원히 용서받을 수 없는 것이오?" 그녀가 말했다. "존스 도련님, 그 일이라면 저는 도련님의 정의감을 믿겠습니다. 도련님 행동에 판결을 내리는 것은 도련님께 맡겨도 되겠지요?" 그가 대답했다. "아아! 소피아, 내가 당신에게 애원하는 건 정의가 아니라 자비라오. 정의는 내게 유죄를 선고할 게 뻔하오. 하지만 그건 벨라스턴 부인에게 보낸 편지 때문이 아니지요. 신께 맹세코, 거기에 대해서는 당신이 들은 대로가 진실입니다." 그는 자신과 나이팅게일의 기대에 반하여 벨라스턴 부인이 자신의 제안을 받아들이려 한다면 발뺌을 할 좋은 핑계가 있다고 나이팅게일이 자신을 안심시켰던 일을 힘주어 고백했다. 그러면서도, 부인에게 그런 편지를 보낸 것은 아주 경솔한 죄였음을 인정했다. "그 편지 때문에 당신이 그토록 큰 충격을 받았으니, 나도 아주 비싼 대가를 치른 셈입니다." 그녀가 말했다. "그 편지에 대해서는 도련님께서 저더러 믿으라고 말씀하시는 대로 믿겠습니다. 또 그럴 수밖에 없고요. 제가 그 편지에 큰 의미를 두지 않는다는 것은 제 태도로 분명히 아실 겁니다. 하지만 존스 도련님, 제가 화를 낼 일이 그 밖에도 충분히 많지 않습니까? 업턴에서의 일이 있고 나서 어떻게 그렇게 빨리 또 다른 여자랑 새로운 밀애에 빠질 수 있나요? 저는 도련님이 저 때문에 속으로 피눈물을 흘리고 있을 거라 생각했었어요. 도련님도 그런 척 행동하지 않았습니까! 도련님 태도를 정말 모르겠어요. 제게 고백하셨던 사랑이 진실했다는 걸 제가 어찌 믿겠습니까? 그건 믿는다 쳐도, 그런 부정을 아무렇지 않게 저지르는 사람과 결혼해서 무슨 행복을 기대할 수 있단 말이죠?" 그가 소리쳤다. "오, 나의 소피아! 내 사랑은 인간의 가슴에 불을 지폈던 사랑 가운데 가장 순수한 사랑이오. 그 진실함을 의심치 말아주오. 다만 그 당시 내가 처했던 불행한 상황과 절망감을 생각해주시오. 소피아, 그때 내가 언젠가 지금처럼 그대 발치에 몸을 던지는 일이 조금이라도 허락될 거라는 아득한 희망을 품을 수 있었다면, 그대 아닌 어떤 여자도 내 마음에 그런 생각을 불러일으키지 못했을 거요. 완전무결한 만큼 깨끗한 마음의 소유자라면 사악하다고 여길 그런 마음 말이오. 그대에게 부정을 저지르다니! 오, 소피아! 지난 일을 용서할 수 있는 착한 심성을 지니고 있다면, 앞날을 걱정하거나 괴로워할 필요가 전혀 없음을 믿고 부디 내게 자비를 베풀어주시오! 난 진심으로 뉘우치고 있소. 이 뉘우침을 믿고 그리운 그대 품에 나를 받아들여 내게 천국을 맛보게 해주오." 그녀가 대답했다. "존스 도련님, 진심으로 뉘우친다면 죄인도 용서받는 법입니다. 그러나 죄를 용서할 수 있는 존재는 정말로 그 뉘우침이 진심에서 우러나온 것인지를 완벽하게 판단할 수 있는 하느님뿐이지요. 인간은 속아 넘어갈 수도 있으니까요. 그것을 예방할 절대적인 방법은 없답니다. 만에 하나라도 제가 도련님의 뉘우침을 믿고 용서할 마음을 먹게 된다면, 그땐 적어도 그 진실성을 입증할 결정적인 증거를 요구받을 각오를 해두세요." 존스가 열렬히 대답했다. "내 능력이 닿는 한 뭐든 하겠소. 어떤 증거인지 말만 하시오." 그녀가 대답했다. "시간입니다. 존스 도련님, 시간만이 그 뉘우침의 진실성을, 부정한 생활과 진정으로 연을 끊겠다는 결심을 제게 확신시킬 수 있답니다. 도련님께서 그런 부정한 생활을 계속할 사람이라는 생각이 들게 한다면, 저는 그런 도련님을 증오할 겁니다." 존스가 소리쳤다. "그런 생각은 마시오. 이렇게 무릎 꿇고 빌겠소. 부디 날 믿어주시오. 그 믿음에 어울리는 사람이 되는 것을 평생의 업으로 삼을 생각이오." 그녀가 말했다. "그렇다면 정말로 그럴 가치가 있다는 걸 제게 보여주는 일에 생애의 일부만 쓰도록 하세요. 도련님께 그럴 가치가 있다는 확신이 들면 진심으로 도련님을 믿겠다는 건 이미 충분히 말씀드렸으니까요. 그런 일은 다음이니, 제가 도련님 말을 곧이곧대로 받아들이지 못하는 것도 무리는 아니라고 생각합니다."

그가 대답했다. "내 말을 억지로 믿어주지 않아도 좋소. 내가 부정한 남자가 아니라는 가장 명확한 증거가 있습니다. 한 번 보면 의심할 수 없는 훌륭한 보증물이지요." 소피아가 조금 놀라며 말했다. "그게 뭐죠?" 존스가 소리쳤다. "보여드리지요, 나의 아름다운 천사." 그는 그녀의 손을 잡고 거울 앞으로 데려갔다. "자, 저길 보시오. 저 아름다운 자태, 저 얼굴, 저 몸매, 저 눈, 그리고 그 눈을 통해 빛나는 저 마음. 저 모든 것이 보증물 아닙니까. 저 모든 것을 소유하게 될 남자가 어찌 부정을 저지른단 말입니까? 불가능하지요. 나의 소피아! 저 모습을 본다면 도리망이나 로체스터 경*3 같은 사람이라도 지조를 지키게 될 겁니다. 당신 눈이 아니라 다른 사람 눈으로 자신을 볼 수 있다면 당신도 내 말을 의심하지 못할 겁니다." 소피아는 얼굴을 붉히며 엷은 미소를 지었다. 하지만 이내 다시 억지로 얼굴을 찌푸리고 말했다. "과거를 가지고 미래를 판단한다면, 제가 도련님 시야에서 사라지면 제모습은 도련님 마음속에 남지 않을 겁니다. 이 방을 나가면 이 거울에 아무

---

*3 도리망은 Etherege의 희극 《The Man of the Mode(1676년 초연)》에 등장하는 인물. 로체스터 경을 모델로 한 인물이라고 전해진다. 로체스터 경은 실존인물(1647~1680)로서, 찰스 2세의 신하. 여성편력이 심한 난봉꾼으로 유명하다.

것도 남지 않는 것처럼요." 존스가 말했다. "하늘과 모든 성스러운 존재들에 맹세하겠소. 당신 모습이 내 마음속에서 사라진 적은 결코 없었다오. 여성의 섬세한 마음은 우리 남자들의 투박한 감정을 이해하지 못하죠. 어떤 종류의 사랑은 마음과는 전혀 무관하다는 사실을 모르는 겁니다." 소피아가 정색을 하며 대꾸했다. "저는 그런 미묘한 구분은 못하겠군요. 또한 그런 구분을 하지 못하는 순수함을 이해 못하는 남자랑은 결코 결혼하지 않을 겁니다." 존스가 말했다. "나도 알게 될 거요. 아니, 이미 알았소. 나의 소피아를 내 아내로 맞이하게 될지도 모른다는 희망을 품은 순간 바로 깨달았소. 그 순간부터 다른 모든 여자는 내 정열을 바칠 상대도 아니거니와 내 정욕의 대상도 아니게 되었다오." 소피아가 말했다. "알고 계신지 아닌지는 시간이 증명해주겠죠. 존스 도련님, 이제 도련님 처지는 바뀌었습니다. 저도 그것이 몹시 기쁩답니다. 이제 도련님께서 제 곁에 있을 기회가 많아질 것이고, 그렇다면 자연히 환경뿐 아니라 마음가짐도 바뀌었음을 제게 이해시킬 기회가 얼마든 있는 셈이니까요." 존스가 소리쳤다. "오, 나의 천사! 당신의 그 착한 마음 씨에 어떻게 감사해야 한단 말이오! 내 신분이 상승한 것을 기쁘다고 말해주다니, 어찌 그리 친절하단 말이오. 진심으로, 진심으로 말하건대, 그 말을 듣고 나니 이제야 비로소 내 새로운 신분이 진심으로 감사하게 여겨집니다. 그 신분 덕에 희망이 생겼으니까요. 오, 소피아! 부디 그 희망이 먼 미래의 일이 되지 않게 해주오. 당신 말이라면 뭐든 순순히 따르겠소. 당신이 안 된다면 끈질기게 조르지도 않겠소. 다만 한 가지 바람은, 그 시험 기간을 최대한 짧게 정해달라는 것이오. 내 결심에는 신께 맹세코 거짓이 없지만, 오, 대체 언제까지 기다려야 내 마음을 이해해줄지 제발 얘기해주시오." 그녀가 말했다. "존스 도련님, 제가 이 정도까지 저 스스로 양보했으니 더는 재촉하지 않았으면 좋겠어요. 아니, 재촉받지 않을 거예요." 그가 소리쳤다. "오! 그렇게 무정하게 바라보지 마시오, 소피아! 재촉하지 않겠소. 다만 딱 한 번만 부탁하오. 기한을 정해주지 않겠소? 오! 사랑이란 게 얼마나 견디기 힘든 감정인지 생각해주시오." 그녀가 말했다. "1년은 지나야 하지 않겠어요?" 그가 소리쳤다. "오, 소피아! 영원처럼 긴 시간을 말하는군요." 그녀가 말했다. "어쩌면 조금 짧아질지도 모르죠. 어쨌든 조르지 마세요. 저에 대한 도련님의 마음이 제가 바라는 대로라면 이제 안심하셔도 좋을 텐데요."

"안심이라니! 환희에 찬 내 행복을 그런 냉정한 이름으로 부르지 마시오. 오, 생각만으로도 가슴이 설렙니다! 그대를 아내라고 부르며 모든 걱정도 사라지는 그 행복한 날이 언젠가 오리라고 말씀하셨지요? 나의 소피아를 행복하게 만들어준다는 그 소중하고 엄청나며 아름답고 황홀한 기쁨이 내것이 된다는 거지요?" 그녀가 말했다. "그날이 오고 말고는 모두 도련님께 달렸답니다." 그가 소리쳤다. "오, 성스러운 나의 천사! 그 말만 들어도 기뻐서 미칠 것 같소. 그토록 달콤하게 내 행복을 선언해준 그 사랑스런 입술에 감사해야겠습니다." 그렇게 말하고 그는 그녀를 껴안고, 지금까지 그런 적이 없을 정도로 열렬하게 입을 맞추었다.

조금 전부터 두 사람의 대화를 엿듣고 있던 웨스턴이 갑자기 방 안으로 뛰어 들어와, 사냥할 때 쓰는 목소리와 용어로 고함을 질렀다. "몰아붙여, 몰아붙여, 톰! 계속 돌진하라고. 그래, 바로 그거다. 그거야, 좋아. 이제 다 끝났나? 그래, 이 애가 날을 잡던가? 내일인가? 모렌가? 모레보다 일 분이라도 지체되는 건 내가 용서치 않겠네." 존스가 말했다. "부탁입니다. 저를 위하신다면 그런 말씀은 말아주십시오." 웨스턴이 소리쳤다. "그 대체 무슨 부탁이란 말인가! 자네를 좀 더 용기 있는 청년이라고 생각했는데, 딸년의 어쭙잖은 술책에 홀랑 넘어가다니. 모두 헛소리뿐이지 않은가. 쳇! 속마음은 오늘 밤에라도 당장 식을 올리고 싶어 한단 말일세. 안 그러냐, 소피? 자, 가끔은 솔직하게 고백할 줄도 알아야 한다. 왜 꿀 먹은 벙어리냐? 왜 말을 못해?" 소피아가 말했다. "고백할 게 뭐가 있어요? 아빠께서 제 생각을 그토록 잘 아신다는데." 그가 소리쳤다. "그래, 그래야 착한 딸이지. 그럼 동의하는 거냐?" 소피아가 말했다. "아니요, 저는 동의한 적 없어요." 웨스턴이 말했다. "그럼 내일도 모레도 톰과 결혼하지 않겠단 거냐?" 그녀가 말했다. "네, 그럴 생각 없어요." 그가 대답했다. "음, 그 이유도 알지. 그저 부모에게 불효하고, 아비를 괴롭히며 화나게 하는 게 좋아서 그러지?" 존스가 끼어들었다. "제발요, 선생님." 웨스턴이 소리쳤다. "자넨 지금 말 안 듣는 강아지를 상대하고 있는 거야. 내가 저 애에게 자넬 만나지 말라고 했을 때는 한숨을 내쉬며 낑낑거리고 훌쩍훌쩍 울며 편지만 써대더니, 이제 만나라고 허락하니까 자네가 싫다질 않나. 완전히 청개구리라니까. 아비가 이렇게 말하건 저렇게 말하건 저 애는 도무지 들어먹으려 하질 않아. 그런 애라고. 그저 내게 반항하고 대들려 한다 이거야." 소피아가 소리쳤다. "대체 저더러 어쩌라는 거예요?" 그가 말했다. "어쩌긴 어째. 지금 당장 존스 군에게 손을 내밀라는 거지." 소피아가 말했다. "알았어요, 아빠 말씀대로 하지요. 도련님, 제 손을 잡아주세요." 웨스턴이 말했다. "좋다. 내친 김에 내일 아침 존스 군과 결혼하는 게 어떠냐?" 그녀가 소리쳤다. "아빠 말에 따르겠어요." 그가 소리쳤다. "좋아, 그럼 내일 아침으로 정했다." 소피아가 말했다. "아빠 뜻이 그렇다면 내일 아침으로 해요." 존스는 무릎을 꿇고, 미칠 듯이 기뻐하며 그녀 손에 입을 맞추었다. 그러는 동안 웨스턴은 덩실덩실 춤추며 방 안을 뛰어다녔다. 그러더니 큰 소리로 외쳤다. "대체 올워디 씨는 어디 있는 거야? 그렇지, 밖에서 그 빌어먹을 변호사 다울링 놈과 얘기를 나누고 있으렷다! 더 중요한 일이 기다리고 있는 마당에!" 그러고는 그를 찾으러 힘차게 뛰어나갔다. 아주 적절한 순간에 두 연인은 다정한 시간을 만끽하게 되었다.

그러나 곧 웨스턴이 올워디를 데리고 돌아오며 말했다. "제 말을 못 믿으시겠다면 딸애에게 직접 물어보십시오. 소피, 내일 결혼하겠다고 동의했지?" 소피아가 소리쳤다. "아빠가 그러라고 하시니까요. 저는 불효를 저지르고 싶지 않답니다." 올워디가 소리쳤다. "오, 웨스턴 양. 내 조카가 그런 착한 성품에 어울리는 사람이길 바랍니다. 당신이 우리 집안에 안겨주신 커다란 명예를 내 조카가 나처럼 평생 잊지 않기를 바라고요. 당신처럼 아름답고 매력 있는 숙녀와 인연을 맺는 일은 영국에서 가장 위대한 가문에게조차도 명예로운 일이지요." 웨스턴이 소리쳤다. "물론이고말고요. 하지만 내가 저 애를 그냥 놔두고 시간만 질질 끌게 했다면 그 명예도 한참 동안 당신 것이 되지 못했을 겁니다. 딸애를 동의시키는 데 아주 조금 아버지의 권위를 써야 했단 소립니다." 올워디가 소리쳤다. "저런, 설마 강요를 하신 건 아니겠지요?" 웨스턴이 소리쳤다. "그럼 다 없었던 일로 무르라고 하시던가요. 소피아, 약속한 일을 진심으로 후회하느냐?" 그녀가 소리쳤다. "아빠, 저는 존스 도련님하고 한 약속이라면 어떤 것도 후회하지 않아요. 앞으로도 후회하지 않을 거고요." 올워디가 소리쳤다. "그렇다면 톰, 내 조카야, 진심으로 축하한다. 세상에 너 같은 행운아는 없을 테니 말이다. 그리고 웨스턴 양, 이 같은 경사를 맞아 당신께도 축하를 드립니다. 당신이 인생을 맡긴 이 청년은 당신의 가치를 훌륭하게 알아보고, 자신도 거기에 걸맞은 사람이 되도록 최선의 노력을 다할 남자임을 확신합니다." 웨스턴이 소리쳤다. "최선의 노력이라! 분명히 그럴 겁니다. 올워디 씨, 5파운드에 5실링을 걸고 내기를 해도 좋소만, 아홉 달하고 하루가 지나면 사내아이가 태어나 있을 거요. 자, 그건 그렇고, 뭐가 좋겠소? 버건디도 있고 샴페인도 있소. 오늘밤은 느긋하게 축하연을 즐깁시다." 올워디가 말했다. "아, 우린 실례해야겠습니다. 조카의 행복이 이리도 빨리 찾아올 줄은 꿈에도 모르고 선약을 잡아놨답니다." 지주가 말했다. "선약이라니요! 못 들은 걸로 하겠습니다. 오늘밤은 절대로 보낼 수 없소. 무슨 일이 있어도 이 집에서 저녁을 드셔야 한다, 이 말입니다." "부디 양해해주십시오. 정식으로 잡은 약속이고, 제가 약속을 깨지 않는다는 사실은 당신도 잘 알지 않소." 지주가 소리쳤다. "대체 누구랑 선약이 있단 말이오?" 올워디는 누구랑 만나는지 설명했다. 지주가 대답했다. "쳇! 그렇다면 나도 가겠소. 소피아도 데려가지요. 오늘밤은 당신하고 헤어지기 싫고, 톰과 딸애를 떨어뜨리는 것도 도리에 어긋나는 일이니까." 올워디는 즉시 이 제안을 수락했다. 소피아도 결혼에 대해 한 마디도 꺼내지 않겠노라는 약속을 아버지에게 비밀스레 얻어낸 뒤 이에 동의했다.

13
이야기의 결말

나이팅게일 군은 그날 오후 약속대로 아버지를 만나기로 되어 있었다. 아버지는 기대보다 훨씬 친절하게 그를 맞이해주었다. 그곳에서 그는 갓 결혼한 딸을 찾아 다시 런던으로 올라온 작은아버지와도 만났다.

이 사촌누이의 결혼은 나이팅게일 군에게 뜻밖의 운 좋은 사건이었다. 사실 나이팅게일 형제는 자녀 교육 문제로 옛날부터 끊임없이 부딪치며 서로 상대의 방식을 몹시 경멸해왔다. 따라서 지금은 서로 자기 자식이 저지른 잘못을 되도록 가볍게 보이게 하고, 상대 자식의 결혼에 트집을 잡으려고 애를 쓰고 있었다. 올워디가 이미 다양하게 시도한 변론에 남동생의 코를 납작하게 해주겠다는 욕망이 더해진 것이 노신사에게 강하게 작용했기 때문에 아들을 미소로 맞이하고, 그날 저녁 밀러 부인 댁에서 식사를 함께 하는 일에도 동의했던 것이었다.

지나치리만큼 딸을 사랑했던 작은아버지는 딸과 화해할 마음을 먹는 데 그다지 어려움을 느끼지 않았다. 그는 조카에게서 딸과 사위가 있는 곳을 듣자마자, 당장 그곳으로 가겠다고 주장했다. 그리고 그곳에 도착해서는, 딸에게 무릎 꿇을 여유도 주지 않고 일으켜 꼭 끌어안았다. 보는 이의 마음을 따뜻하게 녹이는 광경이었다. 그 뒤 15분도 지나지 않아 딸뿐만 아니라 사위와도 깨끗이 화해했으며, 본디 자기 손으로 두 사람을 맺어주기라도 한 것처럼 화기애애해졌다.

밀러 부인의 행복을 완성시키기 위해 올워디 씨와 그 일행이 도착했을 때 이런 상황이었다. 부인은 소피아를 보자마자, 그동안 일어났던 모든 일을 짐작했다. 존스에 대한 부인의 우정은 대단한 것이었기에, 그녀가 딸의 행복으로 느끼던 황홀한 기쁨은 몇 갑절 커졌다.

이 자리처럼 완벽하게 행복한 사람들만 모인 예는 그리 많지 않을 것이다. 이들 가운데 가장 적게 행복을 만끽한 사람은 나이팅게일의 아버지일 것이다. 아들에 대한 애정, 올워디의 권위와 변론, 앞서 말한 또 다른 동기에도 불구하고 아들의 선택에 전적으로 만족할 수 없었기 때문이다. 어쩌면 소피아가 이 자리에 있다는 사실이 그를 더욱 우울하게 했는지 모른다. 즉 아들이 소피아를, 또는 그 비슷한 숙녀를 택할 수도 있었을 텐데 하는 생각이 불쑥불쑥 고개를 쳐들었던 것이다. 그러나 그의 마음을 불편하게 하는 것은 소피아의 외모나 마음씨를 꾸미고 있는 매력이 아니었다. 이 노신사의 마음에 동경심을 불러일으킨 것은 바로 소피아 아버지의 금고 속 내용물이었다. 아들이 이런 매력을 버리고 밀러 부인의 딸을 선택했다는 사실이 견디기 힘들었다.

두 신부도 대단한 미인들이었지만, 소피아의 미모 앞에서는 완전히 빛을 잃었다. 두 신부 모두 보기 드물게 마음씨 고운 아가씨들이었으니 망정이지, 그러지 않았더라면 속으로 질투심을 일으켰을 것이다. 식탁에 앉은 소피아는 여왕처럼 모두의 우러름을 받고, 그보다 고귀한 존재처럼 숭배를 받았다. 두 신부의 남편들조차도 소피아에게서 오래도록 눈을 떼지 못할 정도였다. 그러나 그것은 그들이 자발적으로 보내는 숭배이지 결코 그녀가 강요한 것이 아니었다. 그녀의 정숙함과 상냥함은 다른 완벽한 자질들만큼이나 돋보였다.

저녁 시간은 실로 즐겁게 지나갔다. 모두가 행복했지만, 지금까지 가장 불행했던 사람일수록 지금은 가장 행복해했다. 지금까지 겪었던 고통과 두려움이 지금의 행복에 특별한 감사함을 더해준 것이다. 그런 대비 없이 술술 풀린 연애나 행운은 도저히 얻을 수 없는 감사함이었다. 그러나 크나큰 기쁨이란, 특히 급격한 상황 변화나 대반전 뒤에는 말로 표현하기 어려우며 혀보다는 가슴속에 남는 법이다. 따라서 존스와 소피아는 그 자리에서 가장 덜 즐겁게 보였다. 그 모습을 본 웨스턴이 못 견디겠다는 듯 두 사람에게 몇 차례고 소리쳤다. "뭐야 자네, 왜 그렇게 말이 없어! 왜 그렇게 표정이 심각한 거야! 목이라도 막혔냐, 소피? 자, 한 잔 더 마시라고. 자, 자, 마셔 마셔." 그리고 딸을 흥겹게 해주기 위해 가끔 유쾌한 노래를 불렀다. 시집을 가면 순결을 상실하게 된다는 내용의 노래였다. 그때마다 올워디 씨가 때로는 눈빛으로 때로는 "아서요, 웨스턴 씨!"라는 말로 저지하지 않고 내버려두었더라면, 그런 종류의 노래를 줄기차게 불러서 딸을 방 밖으로 쫓아낼 기세였다. 한 번은 이 일로 논쟁까지 벌어졌는데, 자기 딸한테 맘대로 말하지도 못하느냐고 되물었다가 아무도 그 의견을 지지하지 않자 어쩔 수 없이 얌전해졌다.

이처럼 조금 제지를 받긴 했지만 모임의 쾌활하고 명랑한 분위기가 몹시 마음에 들었으므로 그가 다음 날은 자기 집에서 다시 모이자고 졸라댔다. 다음 날 모두가 다시 모였다. 이제 비밀리에 신부가 된 아름다운 소피아가 모임의 접대 역할, 조금 점잖은 표현을 쓰자면 식탁을 주재하는 역할을 맡았다. 그녀는 그날 아침 박사회관 예배당에서 올워디 씨, 웨스턴 씨, 밀러 부인만이 참석한 가운데 정식 결혼식을 올렸던 것이다.

소피아는 아버지에게 그날 식사를 함께 할 예정인 손님들에게는 결혼 사실을 알리지 말라고 단단히 일러놓았다. 밀러 부인에게도 같은 함구령이 떨어졌다. 올워디는 존스가 맡았다. 신경이 예민한 소피아는 그제야 비로소 본디 조금도 내키지 않지만 아버지의 뜻이기에 어쩔 수 없이 참석해야 하는 공적인 자리에 갈 마음이 생겼다. 함구령이 지켜지리라 굳게 믿고 그녀는 그날을 아주 즐겁게 보내고 있었다. 그런데 어느새 두 병째를 마시던 지주는 더는 기쁨을 감출 수가 없었다. 그는 커다란 잔에 술을 가득 채우더니, 신부를 위해 축배를 들자고 제의했다. 곧 모두가 건배제의에 응했지만, 가엾은 소피아는 얼굴이 새빨개져서 어쩔 줄을 몰라 했고, 그 모습을 본 존스도 안절부절못했다. 그런데 사실 이 폭로로 처음 사실을 알게 된 사람은 한 명도 없었다. 밀러 부인은 자기 딸에게, 그 딸은 자기 남편에게, 그 남편은 자기 사촌 여동생에게, 그 여동생은 나머지 사람들에게 이미 말한 뒤였던 것이다.

소피아는 기회를 보아 숙녀들을 데리고 다른 방으로 물러났다. 지주는 계속 앉아 연신 마셔댔다. 사람들이 하나둘 그를 떠나고, 남은 사람은 웨스턴 만큼이나 술을 사랑하는 나이팅게일 군의 작은아버지뿐이었다. 두 사람은 밤이 깊도록, 아니 아름다운 소피아가 환희에 불타는 존스의 애타는 품에 몸을 맡긴 행복한 시간이 한참 지난 뒤에도 끝까지 버티고 앉아 술을 마셨다.

독자 여러분이시여, 이리하여 우리는 드디어 우리 이야기의 결말에 도달했다. 독자 여러분의 기대에는 어긋날지 모르나 우리로서는 대단히 기쁘게도, 결말에서 존스 군은 세상에서 가장 운 좋은 사람이 된 것 같다. 사실 이 세상이 줄 수 있는 행복 가운데 소피아 같은 숙녀를 신부로 맞는 일에 필적할 것이 어디 있단 말인가. 솔직히 고백하건대, 나는 아직까지 그런 행복을 발견하지 못했다.

이 이야기에서 다소나마 비중 있게 등장했던 인물들에 대해서는 그 소식을 궁금해 하실 독자분들이 계실지 모르므로, 최대한 짧게 그 호기심에 대답해 드리고자 한다.

올워디는 어떤 설득에도 블리필을 만나는 데 동의하지 않았다. 그러나 소피아의 도움을 얻은 존스의 끈질긴 간청에 굴복하여, 블리필에게 연간 200파운드 연금을 지급하기로 결정했다. 존스는 몰래 그 삼분의 일에 해당하는 돈을 덧붙여 주었다. 이 수입을 기반으로 블리필은 런던에서 200마일쯤 떨어진 북쪽 어느 지방에서 살며, 수입 중 연간 200파운드를 저축한다. 다음 의회 때 이웃 선거구에서 의석을 살 생각인데, 이것은 이미 그 지방 변호사와 약정된 일이었다. 또한 역시 그 지방에 땅을 갖고 있는 돈 많은 감리교 과부와 결혼하기 위해 최근 감리교로 개종했다.

스퀘어는 앞서 나왔던 편지를 쓴 직후 세상을 떠났다. 스웨컴은 계속해서 목사를 하고 있다. 그는 올워디의 신임을 되찾고 존스의 비위를 맞추기 위해 여러 차례 노력했지만 헛수고로 끝나고 말았다. 이제는 두 사람 앞에서는 알랑거리고, 등 뒤에서는 욕을 하고 다닌다. 올워디 씨는 최근 그를 대신하여 에이브러햄 애덤스 씨를 가정목사로 채용했다. 소피아는 이 목사를 몹시 좋아하게 되었으며, 아이들 교육은 그에게 맡기겠노라고 선언했다.

피츠패트릭 부인은 남편과 정식으로 헤어졌으며, 얼마 안 남은 재산을 차지했다. 그녀는 런던 상류구역에서 살고 있다. 이웃의 평판도 좋고, 살림을 어찌나 잘하는지 빚내는 일도 없이 자신의 재산 수입의 세 배를 소비한다고 한다. 자신에게 도움을 주었던 아일랜드 귀족 부인과는 절친한 관계를 유지하며, 귀족에게서 받았던 모든 은혜를 그 우정으로 갚고 있다.

웨스턴 부인은 이내 조카 소피아와 화해하고, 시골에서 조카와 두 달을 함께 보냈다. 소피아가 런던으로 돌아왔을 때 벨라스턴 부인이 정식으로 그녀를 방문했다. 그녀는 존스를 완전히 남인 양 대했으며, 매우 격식을 갖추어 결혼을 축하했다.

나이팅게일 씨는 아들을 위해 존스 군 저택 가까이에 집을 사주었다. 그 집에 나이팅게일 군과 그의 부인, 밀러 부인, 막내딸이 함께 살고 있으며, 두 가족 사이에는 매우 즐거운 발길이 이어지고 있다.

중요도가 떨어지는 인물들에 대해서도 이야기하겠다. 워터스 부인은 시골로 돌아갔으며, 올워디 씨에게서 연간 60파운드를 받게 되었다. 서플 목사와 결혼했는데, 소피아의 청으로 웨스턴 씨는 목사에게도 어지간히 많은 생활비를 대주고 있다.

블랙 조지는 자신의 죄가 발각됐다는 소식을 듣고 도망쳤으며, 이후 소식이 끊겨 버렸다. 존스는 그 돈을 그의 가족에게 주었다. 그러나 돈은 똑같이 나눠지지 않고, 몰리가 그 대부분을 차지했다.

파트리지는 존스에게서 연간 50파운드를 받게 되었다. 다시 학교를 열었는데, 전보다 훨씬 좋은 평판을 얻고 있다. 현재 그와 몰리 시그림 양 사이에 혼담이 진행 중인데, 소피아의 중매로 머잖아 성사될 가능성이 높다.

이제 마지막으로 다시 존스 군과 소피아에게 돌아가 작별인사를 하겠다. 두 사람은 결혼식 이틀 뒤 웨스턴 씨, 올워디 씨와 함께 고향으로 돌아왔다. 웨스턴은 자신의 본가 저택과 사유지의 대부분을 사위에게 물려주고 자신은 그곳에서 조금 떨어진 작은 집으로 이사 갔다. 사냥하기에는 그곳에서 사는 편이 훨씬 좋았기 때문이다. 손님 자격으로 존스 군의 저택을 뻔질나게 방문하는데, 존스와 소피아는 그를 즐겁게 하는 일을 무한한 기쁨으로 삼고 있다. 두 사람의 이런 소망은 크게 성공해서, 이 노신사는 평생을 살아오면서 지금보다 행복했던 적은 없다고 공언할 정도다. 그는 사위집에 오면 방 한 칸이 딸린 응접실을 차지하고 앉아서, 누구든 좋아하는 사람과 술을 마신다. 딸은 예전처럼 그의 소망에 부응하여 기꺼이 음악을 연주해준다. 존스가 그녀에게 말하길, 그녀를 기쁘게 하는 일 다음으로 자신을 가장 만족시키는 일은 장인어른의 행복에 이바지하는 일이며, 그녀가 장인어른에게 말과 행동으로 효도하는 모습은 그녀가 자신에게 보여주는 애정 못지않게 그녀를 더욱 소중한 존재로 만든다고 했기 때문이다.

소피아는 존스에게 귀여운 두 남매를 낳아주었다. 노신사는 손자와 손녀를 몹시 귀여워해서 대부분의 여가시간을 아이들 방에서 보냈다. 아직 한 살 반밖에 안 된 손녀딸의 혀짤배기소리가 영국에서 가장 멋진 사냥개 소리보다 달콤한 음악이라고 주장한다.

올워디도 결혼과 동시에 존스에게 굉장한 재산을 아낌없이 주었으며, 틈만 나면 이들 부부에게 애정을 표현했다. 두 사람도 그를 친아버지처럼 사랑했다. 존스가 가지고 태어난 방종한 성향은 이 선량한 신사와의 끊임없는 대화와 사랑스럽고 정숙한 소피아와의 결합으로 모두 고쳐졌다. 그는 또한 자신의 지난날 우행을 반성함으로써, 그처럼 쾌활한 기질을 지닌 사람에게서는 보기 드문 신중함과 분별력을 갖추게 되었다.

마지막으로 이 사랑스러운 부부보다 훌륭한 품성을 지닌 남녀는 어디에서도 찾을 수 없으며, 이들보다 행복한 부부도 상상할 수 없다. 그들은 서로에게 가장 순수하고 가장 다정한 사랑을 간직했다. 그 사랑은 서로에 대한 친밀함과 존경심으로 나날이 깊고 커져갔다. 두 사람이 가족과 친지들을 대하는 태도도 서로에 대한 태도 못지않게 애정 어린 것이었다. 또한 자신들보다 지위가 낮은 사람들에게 조금도 으스대지 않으며 아주 너그럽고 자비롭게 대했으므로 이웃들, 소작인들, 하인들에 이르기까지 존스 군과 소피아가 결혼한 그 날을 감사한 마음으로 축복하지 않는 사람이 하나도 없었다.

헨리 필딩 생애와 문학

《톰 존스의 모험》—모든 분야가 통합된 소설

헨리 필딩(Henry Fielding, 1707~1754)은 1707년 4월 22일 영국 서머싯 주 글래스턴베리 샤팸파크(Sharpham Park)에서 태어났다. 어머니 사라 굴드 필딩은 왕좌재판소 판사인 헨리 굴드 경의 딸이었고, 아버지 에드먼드 필딩은 목사 집안에서 태어났으며 군인이었다. 1718년 4월 어머니를 여의고, 아버지가 런던으로 떠나면서 외가인 굴드 집안에 맡겨져 큰 이모 댁에서 자랐다. 그의 명문의식은 그즈음부터 생겨났다. 런던으로 떠났던 아버지가 이탈리아 출신 과부와 재혼하여 1719년 돌아왔는데, 아이들의 양육권을 둘러싸고 굴드 집안과 지루한 법정 싸움이 시작되었다(~1722). 같은 해 이튼 칼리지에 입학하여 고대 그리스와 로마 문학을 공부하였으며(~1724), 이 무렵 시인 조지 리틀턴과 윌리엄 피트 등과 알게 되어 문학 소양을 쌓았다. 1722년 아이들의 양육권을 둘러싸고 아버지가 처가인 굴드 집안과 벌인 법정 싸움에서 장모이자 아이들의 외할머니인 굴드 여사가 손자들의 양육을 맡는 것과 아울러 딸이 남긴 재산을 손자들을 대신해서 안전하게 관리하는 것으로 결정되었다. 그러나 1727년 가족들이 중개인의 사기 행각에 넘어가 재산을 크게 잃어 생계가 막막해지면서 그는 런던에 사는 인척이자 시인 겸 서간문 작가인 메리 워틀리 몬터규 부인(Lady Mary Wortley Montagu, 1689~1762)의 도움으로 연극계에 뛰어들어 작품 활동을 하였다. 1728년 첫 희곡 작품인 〈사랑의 갖가지 형태 *Love in Several Masques*〉를 극장 무대에 올리고 책으로도 펴내는 등 제대로 활동을 막 시작하려던 차에 공부를 더 하기 위해서 네덜란드 레이던 대학으로 유학을 떠나 고전 문학과 법률을 공부하다가 학비 문제로 18개월만에 귀국해서 희곡 작품 쓰기를 다시 시작해 10년에 걸쳐 25편 작품을 썼다. 〈작가의 소극 *The Author's Farce*〉(1730), 〈엄지손가락 톰 *Tom Thumb*〉(1730), 몰리에르의 작품을 바탕으로 쓴 〈가짜의

사 *The Mock Doctor*〉(1733),
〈파스퀸 *Pasquin*〉(1736),〈1736
년도 공식사록 *The Historical
Register for the Year 1736*〉
(1737) 등으로 건강한 웃음과
풍자가 넘치는 희극들로서 성공
을 거두지만 문학적 값어치는
거의 없는 것으로 평가받았다.
그는 스위프트, 아버스넛 등 신
고전주의기[1] 작가들의 영향을
받아 초기(1930~32)에 쓴 몇
작품은 Scriblerus Secundus[2]라
는 필명으로 발표했다. 그 뒤
꾸준한 작품 활동을 통해 극작
가로 자리를 잡아가고 있던 그
에게 시련이 닥쳤다.

필딩의 초상화
조너선 와일드 작(1743).

　1721년부터 총리로서 장기집권 해온 로버트 월폴이 필딩의 극작품을 비롯
한 여러 작가 희곡에서 자신이 풍자된 것에 분노하여 1737년 연극에 대해
'사전허가제법(The Theatrical Licensing Act)'을 제정했다. 겉으로는 다른 이
의 작품[3]이 계기가 된 것으로 알려졌지만 〈1736년도 공식사록〉에서 은근하
면서도 날카롭게 당시 정부 당국자들을 풍자한 것이 심기를 건드렸고, 이를
계기로 제정되었던 것이다. 이 때문에 많은 극장들이 문을 닫게 되면서 그의
연극 활동은 끝났으나 극작 경험이 경쾌하고 재치 있는 대화, 희극성 강한
장면 설정 등 뒷날 소설에 큰 영향을 끼쳤음은 주목해야 할 점이다. 《톰 존
스의 모험》 제7권 서장에서 필딩은 '세상은 가끔 극장에 비유된다'고 하며,

---

[1] 신고전주의기(The Augustan Age)는 1700년 무렵부터 약 25년간을 지칭한다. 로마 아우구
　스투스 황제 시대 문예융성기에서 따 온 이름이다.
[2] 스위프트, 아버스넛, 포프, 게이 등 신고전주의기를 대표하는 문인이 만든 'Scriblerus Club'
　에서 따온 것으로, '제2의 스크리블레루스'라는 뜻이다.
[3] 헨리 지파드(Henry Giffard)의 《황금 엉덩이 The Golden Rump》였다.

출신교 이튼 칼리지 지금까지 총리를 스무 명이나 배출한 명문 퍼블릭 스쿨. 정면에 보이는 것은 1440년 이 학교를 세운 헨리 6세의 동상. 템스 강 건너편 기슭에는 영국 왕족들이 거주하는 윈저 성이 있다. 필딩은 이튼을 졸업하고 네덜란드 레이던 대학에 들어가 고전 문학과 법률을 공부했다.

'인생은 가련한 배우'(《맥베스》 제5막 제4장)를 인용하면서 '위선자도 배우이다. 실제로 그리스인들은 배우와 위선자를 같은 뜻의 단어로 불렀다'고 썼다. 《톰 존스의 모험》은 '위선'을 하나의 주제로 쓴 작품이므로 이 연극과의 비유는 중요한 암시가 된다.

사전허가제법 때문에 연극 활동을 할 수 없게 되자 생계유지를 위해 법조계에서 일하기로 마음먹고는 미들템플 법학원에 들어가 3년 동안 공부를 해서 1740년 법정변호사 자격을 얻고 순회재판 등에서 활동했다. 3년 공부하는 동안에는 〈크래프츠먼(Craftsman)〉이나 〈챔피언(Champion)〉 등의 잡지에 이런저런 일상적인 주제로 수필을 써서 기고하여 생계를 유지하였다. 그의 법률 지식은 소설에서는 윤리관이라는 간접 형태로 드러나며, 현실을 보다 날카롭게 통찰할 수 있는 힘을 주었다. 1741년에는 소설로서는 첫 작품인 《샤멜라 *Shamela*》를, 1742년에는 두 번째 작품인 《조지프 앤드루스 *Joseph Andrews*》를 출판했다. 1743년에는 《미셀러니 *Miscellanies*》 3편을 출판했는데, 3편 가운데 《조너선 와일드 *Jonathan Wild*》는 그 즈음에 유명했던 한 범죄자의 생애를 그리는 동시에 인간의 위대성을 풍자한 작품으로, 조너선 스위프트의 《걸리버 여행기 *Gulliver's Travels*》와 함께 영국 문학사에서 가장 뛰어난 풍자소설이다.

　그러나 그의 가정 생활은 평탄하지는 않았다. 1734년에는 솔즈베리의 샬럿 크래덕(Charlotte Craddock, ? ~ 1744)과 결혼했다. 그의 아내는 1749년에 출판된 《톰 존스의 모험》에 나오는 인물 가운데 하나인 여주인공 소피아 웨스턴의 모델이었다. 1736년 맏딸이 태어났으며, 런던 웨스트엔드 헤이마켓에 있는 리틀 극장의 업무사원으로 취직하였다. 아내가 많은 재산을 물려받았음에도 남편인 그의 돈 씀씀이가 헤퍼서 언제나

《조지프 앤드루스》 표지 (1809)
(초판발간 1742)

돈에 쪼들리는 생활에서 벗어나지 못했다. 엎친 데 덮친 격으로 1742년 이후 건강이 나빠진데다 1744년 아내를 여읜 충격으로 건강이 더 나빠졌다. 이따금 병으로 자리를 보전하던 아내가 열병(熱病)을 이겨내지 못하고 바스 (Bath)에서 영원히 눈을 감았던 것이다. 1747년 먼저 간 아내의 하녀였던 메리 다니엘과 재혼하여 다섯 아이를 두었다.

　앞서 1742년 총선거를 통한 정권교체로 월폴 내각이 무너지면서 들어선 새로운 정부를 옹호하는 언론활동을 해온 것에 대한 보상으로 1748년 웨스트민스터 시 담당 치안판사(행정장관)에 임명되었다. 1749년에는 미들섹스 주 담당 치안판사에 임명되어 치안 활동에 신경을 쓰는 동시에 2월에는 그의 대표작인 《톰 존스 *Tom Jones*》를, 1751년에는 마지막 작품인 《아멜리아 *Amelia*》를 출판했다. 1752년 〈코벤트 가든〉 지 발행인 겸 편집자로 일하면서 치안판사 일에도 신경을 써서 관할 구역 안에서는 강도 사건이 줄어들고 교도소 개량 운동에 나서는 등으로 많은 업적을 이루어 냈으나 그때까지 10년 가까이 겪어온 통풍(痛風)으로 1753년에는 목발을 짚지 않고서는 걷기조

차 어려울 정도로 건강 상태가 나빠졌다.

1754년 6월 휴양을 하기 위해 아내와 딸과 함께 포르투갈 리스본(Lisbon)으로 떠나 8월 7일 도착했으나 휴양도 아무런 도움이 되지 못한데다 건강 상태가 더 나빠져 병을 이겨내지 못하고 10월 8일 리스본에서 영원히 눈을 감았다. 사후인 1755년 그의 여행기인 《리스본 항해기 *The Journal of a voyage to Lisbon*》가 출판되었다.

지금부터는 소설가로서의 헨리 필딩과 그의 작품에 대해 알아보기로 한다.

소설 집필

필딩이 작가로 활동하게 된 계기는 좀 엉뚱하다고 할 수 있으며, 그 배경에는 어릴 적에 생겨난 명문의식이 자리하고 있다. 1740년 새뮤얼 리처드슨이 《파멜라 *Pamela*》를 출판하여 좋은 평가를 받았다. 리처드슨은 《파멜라》를 대단히 교육적인 작품으로 생각했지만, 필딩은 성(性)을 이용한 부도덕하고 반교육적인 작품으로 생각했다. 더구나 농부의 딸이 지주나 귀족과 결혼한다는 것은 그 무렵 영국 체제를 뒤흔드는 소재로서, 특히 농부의 딸이 순결을 무기로 대지주와 결혼한다는 이야기는 중산계급다운 사고였는데, 명문의식을 지닌 필딩은 하극상과 다를 게 없는 그런 움직임을 마뜩치 않게 생각했다. 그는 파멜라의 삶을 '위선적'이라고 규정하고 매우 비판하는 관점에서 여성의 순결을 주제로 한 패러디 작품인 《샤멜라 *Shamela*》를 썼다. 물론 '가식(Sham)'과 '수치(Shame)'를 빗댄 것이다. 《파멜라》의 윤리성이 어지간히 못마땅했는지 이듬해에는 더욱 몰아치듯이 남성의 순결을 주제로 한 패러디 작품인 《조지프 앤드루스 *Joseph Andrews*》(1742)를 썼다. 그 다음 해에는 《미셀러니 *Miscellanies*》 3편을 출판했는데, 3편 가운데 《조너선 와일드 *Jonathan Wild*》(실제로는 《조지프 앤드루스》보다 앞서 완성함)에서 월폴 총리와 대도적 와일드를 '위대함(greatness)'으로 연결지었다. 그는 이 '위대함'이 '소심하고 비열한 사람'이라는 뜻을 지닌다고 썼다. [*4]

이렇듯 소설가로서의 시작은 필딩의 일면을 잘 보여 준다. 한때 그는 풍자 희극을 썼는데, 언어 활용에 따른 말맛을 보여주는 언어유희가 중요한 요소

[*4] 당시 greatness와 goodness를 대립하는 개념으로 보는 시각이 있었다.

였다. 좁은 시각으로 오로지 편지를 통한 내면 심리의 농밀한 세계만 묘사하는 리처드슨의 작품에는 도무지 호감을 가질 수 없었다. 무엇보다 그런 기법을 통해 독자가 파멜라에 감정이입하여 그녀와 같은 시점으로 사물을 파악하는 것을 아주 혐오했다. 즉 필딩의 소설은 폭넓은 외부세계와 객관적인 시각을 추구한다. 작품에 대한 지나친 감정이입을 거부하며, 더 나아가 소설을 어디까지나 허구로 보기를 요구한다. 리처드슨과 같은 현실의 유사체험이 아니다.

《조지프 앤드루스》는 《파멜라》의 패러디나 사랑스런 캐릭터인 퍼슨 아담스의 창조라는 면 말고도, '산문 형식으로 쓴 희극적 서사시(a comic epic in prose)'[*5]라는 면에서도 중요하다. 필딩은 문학

《톰 존스의 모험》초판본 표지(1947)
표지에는 라틴어로 '그는 많은 인간의 습성을 보았다'라고 적혀 있다

분야로서 아직 시나 연극보다 낮은 위치에 있던 소설을 나름의 표방을 통해 확립하고자 했다. 새로운 형태 만들기, 이것이 필딩이 추구했던 소설의 방향이었다. 따라서 필딩의 소설에는 다양한 갈래가 엇갈려 뒤섞이며, 나아가 형태적 미학이 엿보인다.

이런 표방은 '희극성을 지닌 산문에 의한 장대한 사회묘사'라고 설명할 수 있겠다. 본디 희극은 비극과는 달리 통속성과 사회성을 지닌다. 그것을 '에픽(epic)'이라는 고전적 서사시가 연상되는 장대함으로 그려내고자 했다. 우스꽝스럽고 평이한 문장으로 현대 서사시를 쓰려고 한 것이다. 고대가 아니라 18세기 무렵 사회상을 폭넓게 그려내는 것이 가장 중요한 목표였다. 필딩은 첫 번째 본격 소설 《조지프 앤드루스》를 쓰며 스스로 소설에 이런 정의를 내렸다.

[*5] 로널드 폴슨에 따르면 A. 포프도 '의서사시(mock-epic)'를 쓸 때 이 영웅체(heroic)의 장엄함을 유지할 수 있다고 생각했다.

정확한 눈으로 바라본 인간 실체와 모순

《톰 존스의 모험》(1749, 이하 '톰 존스')은 250여 년 전에 쓰인 소설이니만큼 현대 소설에 익숙한 눈으로 보기에는 답답할 정도로 전개가 느리다고 느낄수는 있겠지만 아주 흥미롭게 읽어 내려갈 수 있는 소설이라는 데에는 의심의 여지가 없다. 처음 이 작품을 읽고서, 19세기 영국 소설에서는 느낄 수 없었던 신선함을 느낀 사람들도 있을 것이다. 서머싯 몸이 선정한 '세계 10대 소설' 가운데 가장 먼저 나오는 작품이 이 소설이다(그렇다고 1위를 뜻하는 것은 아니지만, 적어도 10대 소설 가운데 하나로 꼽혔다는 것만큼은 틀림없는 사실이다). 올더스 헉슬리는 이 작품을 '인생의 전면적 사실에 접근하려 한 작품'으로서 호메로스의 작품과 나란히 놓았다. 헉슬리나 몸과 같은 뛰어난 현대 작가가 이 작품을 이만큼 높이 평가했다는 것은 보통 일이 아니다. 18세기에 발표된 오래된 작품이지만, 이 작품의 지은이와 같은 시대를 살았으며 그 맞수로 비교되곤 하는 새뮤얼 리처드슨의 작품들에서 보이는 장황함은 거의 느껴지지 않는다. 왜 그럴까?

먼저 작가가 인간을 보는 눈이 대단히 정확했으며, 편견이 없었기 때문이다. 제1권 제1장에서 작가는 이 작품에서 자신이 다양하게 요리해서 선보일 재료는 오직 한 가지, 인간 본성이라는 재료뿐이라고 선언했다. '나는 인간 본성을 쓴다', '인생의 진실을 옮긴다'라는 주장들은 이 작품과 그의 마지막 소설 작품인 《아멜리아 *Amelia*》에서 반복해서 나온다. 《아멜리아》에서는 조금 문제가 있지만, 적어도 《톰 존스》에서는 그 주장들이 훌륭하게 실현되어 있다. 필딩은 인간을 유형으로 구분하지 않았으며, 이상화하지도 않았다. 그의 세계는 사실에 바탕을 두고 있다. 《톰 존스》 제10권 제1장에서 그는 '나는 절대 선인이나 절대 악인과 같이 이 세상에 존재하지 않는 괴물을 쓸 생각이 없다. 그런 존재를 원한다면 다른 소설을 읽기 바란다. 그런 소설은 지천에 깔렸으니까'라는 취지를 밝혔다. 이 말은 자주 인용되는 서머싯 몸의 《서밍업》에 나오는 유명한 구절과 맥락을 같이한다.

'나는 비뚤어진 사람이라고 불렸으며, 인간을 실제보다 나쁘게 표현한다는 비난을 받았다. 나는 그럴 생각이 없다. ······인간을 보고 내가 가장 크게 느낀 점은 그들에게 일관성이 없다는 사실이다. 한결같은 사람을 나는 본 적이 없다. 인간이 대체로 양립할 수 없는 특징을 동시에 지니고, 심지어 그것들이 일단은 그럴싸하게 조화를 이루고 있다는 사실에 경탄한다. ……내가 인간의 결점만 보고 선은 무시한 거라면 비난받아도 할 수 없다. 그러나 나는 그랬다고 생각하지 않는다. 선보다 아름다운 가치는 없다. 평범한 기준에서 보면 가차 없이 탄핵받을 사람들에게 얼마나 많은 선이 깃들어 있는지를 제시하는 일은 이따금 나의 기쁨이었다. 그런 것들을 봤기 때문에 나는 그것을 그렸다.'

1954년 발표한 소책자 《필딩》에서 지은이 존 버트는 다양한 인간의 겉모습과 실체의 모순을 파헤쳐 제시하는 것이 필딩의 일이었다고 말했다. 필딩은 그런 모순은 물론이요 '일단은 그럴싸하게 조화를 이루는' 인간을 그려냈다. 이런 사실성과 더불어 이 소설을 뒷받침하는 굵직한 축이 또 하나 있다. 바로 필딩이 지닌 희극 정신 또는 해학 정신이다. 그가 인간을 깊고 날카롭게 관찰할 수 있었던 데는 그것들이 큰 역할을 했다. 물론 이 해학 정신과 사실성은 아무 관련 없이 뚝 떨어져 따로 존재하는 관계가 아니다. 그는 《조지프 앤드루스》 머리글에서 '희극은 어디까지나 순리에 충실해야 한다'고 말했다. 그에게 해학 정신과 사실성은 수레의 두 바퀴 또는 방패의 양면과 같은 것으로, 여기서는 편의상 두 가지 측면을 따로 떼어 생각한 것이다.

《조지프 앤드루스》 머리글에서 그가 자기 작품을 가리켜 '산문 형식을 빌린 희극적 서사시'라고 선언한 구절은 유명하다. 똑같은 구절이 《톰 존스》에서도 등장한다. 이는 '인간 본성을 조리하여 식탁에 올리겠다'고 말했던 것과 더불어 그의 근본 태도를 극명하게 보여 준다. 《조지프 앤드루스》 머리글은 그의 희극관을 보여준 장으로서, 재미란 무엇인가를 여러 각도에서 분석하여 보여 준 대논문이다. 거기서 그는 재미의 원천은 한마디로 '잘난 척'이며, 그 잘난 척을 낳는 것은 허영이나 위선 둘 가운데 하나라고 말했다. 한참 뒤에 그가 〈코벤트 가든(Covent Garden)〉지 제55호(1752년 7월)에서 '모든 편견이 해학 또는 재미를 낳는다'고 썼다. 이는 웃음의 원천을 '경직'에서 찾으려 한 베르그송의 주장과 일맥상통한다. 필딩의 뛰어난 견해라 하겠다.

이런 견지에서 그는 인생을 신중하게 관찰했다. 그리고 '정확한 관찰자에게 인생은 곳곳에서 해학을 선사한다'는 사실을 깨달았다. 여기서도 그의 사실성과 그의 웃음이 일치한다. 그가 보기에, 자기 작품에 등장하는 인물에게 푹 빠져 있던 리처드슨은 그 태도 자체가 이미 해학 이외에 아무것도 아니었을 것이다. 필딩은 작중인물에게 애정을 쏟는 일은 있어도 빠지는 일은 없었다. 그는 언제나 편중되지 않고 집착하지 않는 자세를 지키며 인생에서 웃음 소재를 건져 올렸다. 그의 그런 태도에서, 잘난 체로 일관하는 작중인물들의 겉모습과 실체 사이의 모순이 가차 없이 폭로되어 많은 웃음을 불러일으킨다. 그처럼 까발려지는 인물로서 음험한 책략가 블리필과 그의 어머니, 두 선생인 스웨컴과 스퀘어를 꼽을 수 있다. 그러나 이 소설의 솔직한 매력은 그런 인물들에서만 나오는 것이 아니다. 겉모습과 실체 사이의 모순에는 또 다른 면이 있다. 앞서 소개한 몸의 말을 빌리자면 '평범한 기준에서 보면 가차 없이 탄핵받을 사람들에게 깃든 선이다.' 주인공 톰이 바로 여기에 해당한다.

생동감 넘치는 등장인물들

톰이라는 인물은 이 작품이 발표된 뒤 18세기와 19세기 내내 논란의 대상이 되었다. 톰이 청순가련 미녀 소피아에게 순수한 사랑을 바치며, 한편으로는 몰리와 관계를 지속하거나 나중에는 여행길에서 만난 워터스 부인과 관계를 갖고(제10권 제2장), 더 나아가 런던에 도착한 뒤에는 벨라스턴 부인의 기둥서방 같은 존재가 되어 버리는 점이 특히 문제시되었다. '이렇게 부도덕한 악한은 소설 주인공이 될 자격이 없다', '이 소설을 양갓집 자제들이 읽어서는 안 된다' 등의 도덕론이 끊임없이 제기되었다. 작가 자신이 도덕심이 해이하기 때문에 이런 인물을 자랑스레 그려낸 것이라는 공격도 있었다. 이런 비난이 이 소설의 가치에 아무런 영향을 주지 못했음은 새삼 언급할 필요도 없을 것이다. 톰의 가치는 어디까지나 활기차게 살아가는 데에 있다. 그의 행실은 결코 올바른 본보기가 될 수 없다. 그러나 소설 주인공은 올바른 본보기에 가깝다고 존귀한 것이 아니다. 톰은 분별력이 부족한 탓에 실수를 되풀이한다. 그리고 나중에 사무치도록 후회한다. 그러나 다시 비슷한 실수를 저지른다. 애정 문제에만 국한된 것이 아니다. 올워디 씨의 병세가 좋아졌다는 사실을 알고 기뻐하다 도가 지나쳐 블리필과 멱살잡이를 벌인 사건(제5권 제9장)도 한 예이다.

반면 톰은 감히 흉내낼 수 없는 순정을 지녔으며, 호기롭고 정의롭다. 가

끔 저지르는 실수도
어떤 면에서는 그의
순수함이 저지른 짓이
라고 말할 수 있을지
도 모른다. 요컨대 장
점도 많지만 결점도
적지 않은 이 주인공
은 앞서 말한 블리필
또는 몸에서 엿보이는
인간관의 구체화이지,
이상화된 인물이 결코
아니다. 그런 만큼 독
자들이 느끼는 인간적
인 친밀감은 크다. 이
상한 선입관이 방해하
지 않는 한, 톰에게서
발랄하고 유쾌한 호남
이라는 인상을 받을
것이다. 수필가 찰스

《톰 존스의 모험》 삽화
필딩의 풍자적 묘사를 활기있게 담아냈다. 마이클 안젤로 루커 작
(1780).

램은 "그의 호쾌한 웃음은 그 자리의 분위기를 부드럽게 한다"고 말했으며,
시인이자 비평가였던 콜리지는 "리처드슨 다음으로 필딩을 다루면 난로로
따뜻하게 덥힌 병실에서 산들바람이 부는 5월의 탁 트인 잔디밭으로 나온
듯한 느낌이다"라고 말했다. 톰의 인상을, 돛을 잔뜩 부풀리고 선원들의 우
렁찬 노랫소리가 갑판을 울리며 햇볕이 쨍쨍 내리쬐는 맑은 바다 위를 미끄
러지듯 나아가는 커다란 옛 범선에다 비유한 비평가도 있다. 이 작품 또는
주인공 톰이 주는 호쾌한 인상을 단적으로 나타내 주는 표현들이다.

 톰을 둘러싼 인물들도 저마다 생동감 넘치게 묘사된다. 소피아는 미모가
빼어날 뿐 아니라 효심 깊고 의지가 굳다. 집필 무렵에는 이미 고인이었던
작가의 첫 번째 부인을 모델로 한 인물이라고 전해지는데, 그럼에도 무턱대
고 이상화하지는 않았다. 앞서 말한 헉슬리의 '전면적 사실론'도 따지고 보

면 이런 주인공 묘사법을 연구한 이론이다. 그는 이 작품 제11권 제2장에서 업턴 여관에 도착한 소피아가 여관 주인의 부축을 받아 말에서 내릴 때 여관 주인이 엉덩방아를 찧는 바람에 구경꾼들 앞에서 모욕을 당한 사건을 예로 들었다. 아주 기발한 인용이라 할 수 있는데, 헉슬리의 주장으로는 예로부터 비극의 여주인공들은 한결같이 비극적인 모습만 그려질 뿐, 배고픔을 호소한다든가 말에서 떨어진다든가 하는 자연계 법칙에 따르는 장면은 절대로 묘사된 법이 없다. 딴은 헉슬리 자신도 정신에 대한 물질 또는 육체의 우위를 즐겨 소재로 삼았던 작가이다. 요컨대 그런 묘사도 사실성과 희극 정신의 협력 작업이다. 헉슬리는 "비극 작가가 자기 목적에 유리한 인간의 한 면만을 추출하여 다루는 데 비해 필딩은 그런 화학적·인공적 정수에 만족하지 않고 인간 전체, 즉 전면적 진실을 그리려 했던 작가"라고 말했다. 헉슬리 자신을 포함한 현대 작가들 또한 논거나 수단은 저마다 다를지언정 모두 인생의 전면적 진실을 포착하려고 애쓴다고 평가했다(여기에도 필딩이 19세기를 넘어 20세기 작가들과 정신이 통하는 이유가 있다).

소피아가 말에서 떨어지는 장면은 전체 흐름상 아주 사소한 사건에 지나지 않지만, 이런 맥락에서 읽으면 정수가 아닌 소피아의 모습이 곳곳에서 엿보인다. 앞서 말한 제4권 제2장에는 소피아의 외모를 최고의 형용사를 들어 자세하게 묘사하면서도 '이마가 조금 높았더라면 좋았을 것'이라는 구절이 등장하며, 제10권 제5장 여관 장면에서는 사랑하는 톰의 행방을 듣고 "이젠 그 사람이 경멸스러워. 아니, 나 진짜로 마음이 편해졌어. 정말이야. 정말 아주 편안해" 말하며 꺼이꺼이 우는 장면이 나온다. 작가의 근본 심리가 드러난 것이라고 해석한다면, 이들 구절도 깊은 맛을 지니게 될 것이다. 희극 정신은 사랑스런 여주인공에게까지 미치는 셈이다.

이 두 사람을 중심으로 수많은 인물이 얽히고설킨다. 주요 인물 가운데 그다지 재미있게 묘사되지 않은 딱 한 사람이 있는데, 바로 톰을 길러 준 올워디 씨이다. 이 인물은 작가의 친한 벗이자 은인이기도 했던 랄프 알렌(1694~1764)이라는 실존인물을 모델로 했다고 하는데, 바로 이 점 때문에 올워디만이 발랄하지 못한 유일한 인물이 되고 말았다. 다시 말해 이상화된 방법으로 묘사되었다고 표현해도 좋을 것이다. 또 한 사람, 톰과 대조적으로 묘사된 블리필은 얼마쯤 '절대 악인'으로 표현된 감이 있으며, 고전 연극에

**《톰 존스의 모험》
삽화**

마을에서 추방된 하녀 제니 존스와 불륜 관계를 맺었던 남자가 자기 남편이라는 암시를 받자, 파트리지 부인은 당장 집에 돌아가 불쌍한 선생에게 덤벼들었다. '순식간에 머리에 쓴 가발과 셔츠 등판을 붙잡혔고, 얼굴에서는 다섯 줄기 피가 흘러내렸다'고 작품 속에 묘사되어 있다. J.M. 라이트 작 (1838). 남아프리카 국립미술관.

등장하는 악인의 전형 같은 분위기를 자아낸다. 이 점은 이 작품의 흠일지도 모른다. 그 밖에 소피아의 아버지 웨스턴과 그 여동생, 1인 2역을 한 파트리지, 시골 아가씨 몰리와 그녀의 아버지 블랙 조지, 블리필의 어머니, 스퀘어와 스웨컴 등의 인물들은 저마다 인간 본성이라는 요리의 재료가 되고 해학정신의 좋은 대상이 되었다. 이들은 이 장편 소설에 한층 재미를 더하고 있다.

작자의 인간 관찰이 비범했음을 말해 주는 예증으로서, 곳곳에 등장하는 일반론적 단정이 주는 재미도 놓칠 수 없다. 예를 들어 제2권 제7장에서 '결혼 생활의 여러 요인 가운데……'로 시작하는 문장이 그러하다.

혁신적인 소설 창조

《조지프 앤드루스》는 《파멜라》의 패러디에서 벗어나지 못했으나 《톰 존스》는 스스로 떠안은 이 표방을 실천에 옮긴 작품이라고 볼 수 있다. 전작을 집필한 지 7년이라는 세월이 지나 완성한 작품인 만큼 소설가 필딩은 눈부신 성장을 이루었다.

이 작품은 출판 무렵부터 활기찬 유머, 다양한 인물, 런던 생활과 시골 생활의 다양한 대비 등으로 인기를 얻는 동시에 부도덕, 음란, 저속 등을 이유로 비판을 받았다. 본디 제목이 《업둥이 톰 존스 이야기 *The History of Tom Jones, a Foundling*》인 것도 이런 비판의 한 원인이었다. 새뮤얼 존슨이 "이만큼 타락한 책도 없다"[*6]고 말한 것으로 대표되는데, 작가 자신의 방탕한 생활(실제로는 그렇지도 않았지만)과 연결 지어 비판받기도 했다. 톰의 여성편력이 문제였다. 영국 소설 사상 처음으로 귀족 출신 작가라 일컫는 필딩이지만, 거꾸로 그것이 소설의 저속성을 비판받는 원인이 되기도 했다. 당연히 리처드슨도 이 작품을 '건전치 못한 책'이라며 지탄했다. 톰의 행동을 변호하기란 쉬운 일이 아니지만, 어떤 의미로는 리처드슨과 달리 대단히 건전하고 건강한 소설이기도 하다.

한편 이 소설에는 다양한 논의를 불러일으키는 '화자(narrator)'가 존재한다. 이 화자는 작중인물과는 다른 차원에서 존재하며 독자에게 직접 말을 건다. '필딩 소설에서 가장 중요한 인물'[*7]이라는 평가를 받는 이 화자는 독자의 독해를 지배하는 존재이기도 하다. 리처드슨처럼 오로지 등장인물만 말하는 데서 오는 폐해, 즉 판단을 그 인물과 독자에게만 맡기기를 거부한다. 때로 화자는 일방적으로 의견을 강요한다. 이 '화자'에 대한 평판은 출판 무렵부터 오늘날에 이르기까지 찬반이 엇갈린다.

이안 와트는 리처드슨식 리얼리즘(와트는 이것을 형식적 리얼리즘이라고 불렀다)을 지지하고, 필딩의 화자는 작품 세계의 리얼리즘을 파괴한다고 비판했다. [*8] 현대 메타픽션계 작가(존 바스, 잭 케루악, 앙드레 지드 등)를 제외한 19세기 이후 소설에서는 화자를 은폐하는 경향이 대세이다. 이에 반해 필딩은 독자가 화자의 존재를 분명히 인식하도록 해서 '이야기'가 완전히 그의 손바닥 안에 있음을 강조한다. 즉 필딩식 메타픽션이다.

《톰 존스》는 열여덟 권 모두 제1장이 서장으로 되어 있다. 이 서장에서 화자의 존재가 두드러진다. 화자는 바로 여기에서 다양한 의견을 펼친다. 예를 들어 제1권 제1장은 다음과 같이 소설의 기조를 보여 준다.

---

*6 Johnsonian Miscellanies, Ⅱ, p. 190.

*7 Ian Watt, *The Rise of the Novel*(Univ. of California Press, 1965), p. 285.

*8 Ibid., pp. 285~6. 필딩을 비판하는 대표적 인물로는 와트 외에 F.R. 리비스와 프랭크 커모드 등이 있다.

'작가를 몇몇 손님을 불러다놓고 공짜로 음식을 대접하는 신사라고 생각해서는 안 된다. 작가는 요컨대 돈만 내면 누구든 환영하는 음식점 경영자이다. ……돈내고 먹는 손님들은 입맛이 아무리 까다롭고 변덕스럽더라도 입맛이 충족되기를 고집한다. 따라서 음식이 입에 맞지 않으면 사정없이 음식 맛을 비난

진을 마시고 취한 사람들
치안판사 필딩은 범죄가 증가하는 원인으로 사치, 음주, 도박 세 가지를 꼽았다. 특히 가격이 싸서 인기가 많은 진의 유통을 통제하기 위해 판매소 감독을 강화하고 한층 제한을 두어 2배 이상의 세금을 물렸다. 또 무허가 유흥업소 경영자에게는 벌금 100파운드를 부과했다. 호가스 작(1751).

하고 욕하며 저주하는 것이 마땅한 권리라고 주장한다.

이 때문에 손님들이 실망하고 기분 상하는 걸 막기 위해 착하고 성실한 주인은 가게에 처음 들어온 순간 눈에 띄는 위치에 메뉴판을 내놓는 것이 예사이다. 그 메뉴판을 보고 이 가게에서 어떤 음식이 요리되는지 확인한 뒤 그대로 자리에 앉아 요리를 먹든지 취향에 좀더 잘 맞는 다른 가게로 가든지는 손님 마음이다.'

이처럼 '개입하는 화자(the intrusive narrator)'는 꽤 큰 지배력을 드러낸다. 이 화자는 웨인 부스가 말한 '내포된 작가(the implied author)'가 겉으로 나온 것이라고 해석할 수 있다. *9 더 나아가 '이 식당의 식재료는 인간 본성이다'라고 하면 진부하게 들리지만 그것은 요리사 솜씨에 따라 최고 요리가 될 수도 있다고 자신있게 말하고 있다. 작가는 작품 세계를 장악하는 '전지적

---

*9 Wayne C. Booth, *The Rhetoric of fiction*(Univ. of Chicago, 1961), p. 216.

작가(the omniscient writer)'이며, 필딩이 즐겨 쓰는 꼭두각시 인형의 비유를 사용하자면 그 대변인인 화자는 작중 인물이나 줄거리를 자유자재로 조종한다. 독자는 손님이므로 이 '창작(음식)'이 마음에 들지 않으면 다른 식당으로 가면 된다.

《톰 존스》에 들어가기 전에 독자는 거꾸로 주문을 받는 처지가 된다. 필딩에게 이상적인 독자는 '완전히 지어낸 이야기라도 기꺼이 속아주는'[10] 존재이다. 여기에서도 소설의 독자라는 현대적인 문제가 제기된다. 라비노비츠의 구분법으로 말하자면 '작가의 독자(the authorial audience)'인 셈이다. 즉 작가가 상정한 이상적인 독자이다. [11] 그러나 여기서 말하는 독자도 그저 '기꺼이 속아주는' 존재일 뿐, 필딩의 독자는 더 나아가 화자의 말을 이해하는 능력이 필요하다.

'내 주장을 믿지 않는다면, 여러분은 기껏 여기까지 오면서 한 줄도 이해하지 못하고 읽은 셈이 된다. 그러니 음미도 이해도 못하는 내용을 읽느라 귀중한 시간을 더 허비하지 말고 차라리 다른 볼일을 보거나 다른 오락거리(아무리 시시한 것이라도)를 찾는 편이 현명할 것이다.'(제6권 제1장)

독자의 수용 능력을 의심하는 대목이다. 꽤나 요구가 많은 화자이다. 허구이지만 내용은 '인간 본성'을 다루었으니 '진실의 이야기'이다. 필딩의 소설은 이 점을 이해한 뒤에 읽어야 한다. 리처드슨과는 정반대 접근 방법이다. 사실상 독자는 화자의 존재를 무시한 채로 《톰 존스》의 세계에 몰입할 수 없다. 화자는 때로 한 발짝 양보하여 '필요하다면 앞으로는 각 권 서장을 건너뛰어 읽어도 좋다'(제5권 제1장)고 말한다. 그러나 이 소설은 서머싯 몸이나 에드워드 포스터가 그랬던 것처럼 각 서장을 삭제하거나 무시하면 완전히 다른 소설이 되어 버린다. 필딩은 소설에 화자를 분명히 부각시켰다. 이 작품의 핵심은 이 화자와 독자의 관계에 있다.

필딩은 물론 줄거리 자체가 재미와 오락성이 있어야 한다고 말했다(제4장

---

* 10 Jonathan Wild, Book Ⅲ, ch. 11.
* 11 P.J. Rabinowitz, "*Truth in fiction: A reexamination of Audience*" in Critical Inquiry, vol. 4, 1977, p. 140.

제1권). 그러나 독자가 거기에 무비판적으로 몰입하는 것을 바라지 않았다. '화자'는 끊임없이 소설 창작 행위를 보여 주며 그것이 소설임을 의식시킨다. 한편으로는 독자를 되도록 자신 편으로 끌어들이려고 한다. 영국 희극소설의 창시자라는 평가를 받는 만큼 그의 소설에는 풍부한 웃음이 담겨 있다. 단순한 웃음이나 요란스러운 희극적 웃음이기도 하지만, 화자와 독자의 미묘한 인식 차이 및 정보량 차이에서 오는 반어적인 웃음이기도 하다. 화자는 때에 따라 '믿을 수 없는 화자(the unreliable narrator)'[*12]이기도 한 자유롭고 제멋대로인 존재이기 때문이다.

부스는 그가 독자에게 건네는 말이 '독자와 화자의 신뢰관계'를 낳으며, 더 나아가 "톰의 모험에 대한 신뢰감마저 낳는다"[*13]고 말했다. 무조건 자기 주장을 밀어붙이는 '화자'를 독자가 얼마만큼 믿을 것인가는 다른 문제이다. "나는 문학에서 새로운 영역을 만들어 낸 개척자이고 내 영역에서 어떤 법률을 만들건 내 자유이다(제2권 제1장)"라고 단언하는 '화자'이기 때문이다.

의도적인 줄거리 구성

이 소설은 총 열여덟 권 208장으로 구성되어 있는데, 작품 전체는 유형에 따라 여섯 권씩 정확히 세 부분으로 나뉜다. 디종이라는 프랑스의 필딩 연구자는 아홉 권씩 두 부분으로 나뉜다는 설을 주장했지만, 실은 세 부분으로 나뉜다고 보는 편이 타당하다. 아리스토텔레스의 영향으로 그 무렵 흔히 연구되었던 문학이론으로 봐도, 문학작품은 처음 중간 끝이 있는 하나의 완전체여야 한다(참고로 이 말은 오늘날에도 사용되고 있으며, 몸도 소설론에서 자주 인용했다). 처음 여섯 권에 걸쳐 묘사되는 서머싯 주 시골 풍경이 '처음', 톰이 집에서 쫓겨나고 소피아가 그 뒤를 좇아 북쪽 지방을 돌아다니다 결국 두 사람이 차례로 런던에 도착하기까지의 과정을 그린 제7~12권이 '중간', 그 뒤로 런던에서 일어나는 이런저런 사건이 '끝'인 셈이다.[*14]

도시(런던)와 시골이 대비되는데 앞엣것이 악이 만연하는 곳, 뒤엣것이 낙원(이 소설에서는 '파라다이스 홀'이라고까지 명시되어 있다)으로 설정되

---

*12 Booth, op. cit., Part Ⅱ, ch. 8.

*13 Ibid., p. 216.

*14 시간적으로는 제6권까지가 약 20년간, 중반부가 12일간, 마지막 부분은 약 30일간이다.

어 있다. 필딩이 소설을 의도적으로 세 부분으로 나누었음은 뚜렷하다. 몇몇 비평가가 지적한 대로 《톰 존스》는 미학을 근거로 구축되어 있다. *15 기존 작가들처럼 장황하게 이야기를 늘어놓는 식이 아니라 처음부터 전체적인 미적 형태를 의식했다. 필딩이 새로운 소설 분야의 확립을 위해 형태까지 신경 썼음을 엿볼 수 있다. 바테스틴식으로 말하자면 '형태에 의미가 있다.'*16

주인공 한 사람 또는 두세 사람이 전국 각지를 돌며 끊임없이 여러 사건을 만나는 과정을 순서대로 묘사해 가는 서술 형식은 비교적 소박한 설화 형식으로서 꽤 널리 애용되는 방법이다. 유럽에서는 에스파냐에서 시작된 '악한 소설'의 흐름이 여기에 해당한다. 영국에서는 필딩보다 늦게 소설에 입문한 토비아스 스몰렛의 작품이 이 유형 소설의 대표격이다. 《톰 존스》도 가운데 여섯 권은 이 유형을 따르고 있으나, 본질적으로는 악한 소설과 큰 차이를 보인다. 전형적인 악한 소설은 주인공의 성격보다 차례차례 발생하는 사건의 변화와 기발함에 중점을 둔다. 《톰 존스》가 발단부터 대단원까지 줄곧 필연적인 전개를 좇는 것과는 매우 다른 양상이다.

《톰 존스》 줄거리 전개 방식의 교묘함은, 필딩 전기작가 두덴이 지적했듯이, 그 안에 담긴 장면 하나하나 사건 하나하나가 필연적이며, 거의 무엇 하나 생략할 수 없을 정도로 유기적으로 구성되어 있다는 점에 있다고 해도 좋을 것이다. 단, 사소한 예외가 있음은 두덴도 인정했다.

《톰 존스》의 구성상 결함으로서 자주 지적되는 산속 은둔자 일화(제8권 제11~14장)는 지금 보면 태평한 시대의 반영으로서, 그 시대에는 그런 일화도 허용되었구나 하는 정도 말고는 변명의 여지가 없다. 필딩은 전작 《조지프 앤드루스》에서도 앞뒤 맥락과 아무 상관없는 일화를 집어넣었다. 결국 시대의 태평함과 작가의 취향이 맞아떨어진 결과라고밖에 볼 수 없다. 다만, 이 일화들을 본디 주제에 대한 '변주'나 '변조'로 보는 견해는 성립할지 모른다. 물론 그렇더라도 꿰다놓은 보릿자루 같은 느낌은 지울 수 없다.

두드러지는 구성상 결함이 한 가지 더 있다. 마지막 해결부가 몹시 몰아치

---

*15 반 젠트는 필딩이 형태지배기법을 썼다고 지적했다. *"On Tom Jones"* in English Novel: Form and Function(1953 rpt. New York: Harper, 1969), pp. 65~81.

*16 Martin C. Battestin, *"Tom Jones: The Argument of Design"* in The Augustan Miliew ed. H. K. Miller(Oxford, 1976), p. 297.

사냥 톰의 사랑하는 연인 소피아에게는 완고한 아버지 웨스턴이 있었다. 그는 가출한 딸을 추적했는데, 거의 다 따라잡았으면서도 멀리서 사냥개 울음소리가 들리자 다 팽개치고 사냥에 합류해 버렸다. 18세기 상류사회에서는 사냥이야말로 최고의 스포츠였다. 1807년 작품.

는 느낌을 준다는 것이다. 중복되고 모순되는 부분도 있다. 전 권을 통틀어 각 장 표제는 꽤 신경 쓴 흔적이 또렷한데, 마지막 권 제5장부터 그 뒤는 표제만 봐도 어딘가 허술한 느낌을 준다. 시간에 쫓기느라 그랬는지도 모르겠다. 여섯 권씩 세 부분에 나눠 담으려던 주제 의식이 하필 그 부분에서 강하게 작용했기 때문인지도 모르겠지만, 제18권 제1장에서 '이 권에 담을 내용이 너무 많다'고 전제를 단 것도 이를 말해 준다.

해결부는 내용 면에서도 거슬리는 데가 있다. 갑자기 톰의 출생이 밝혀지며 상황이 일사천리로 경사스럽게 돌변한다는 점이다. 19세기 소설가 새커리는 '방자하고 거만한 밥버러지 같은 청년에게 일확천금식 행운이 찾아왔다'며 분개했다(전체적으로 새커리의 주장에는 앞서 소개한 '도덕론' 색채가 짙다). 뛰어난 사실성으로 이야기를 펼쳐오다가 느닷없이 마지막에 억지 결론을 맺었다는 느낌을 피할 수 없다. 물론 마지막에 톰의 출생이 밝혀진다는 점은 이 소설의 근본 방향 가운데 하나이며, 그 점을 고려하여 다시 처음부터 읽어보면 제1권부터 실로 많은 복선이 깔려 있음을 알 수 있다. 거꾸로 말하자면, 이 인생 역전을 목표로 작가는 용의주도하게 붓을 놀린 셈이다. 이 점은 비난받을 거리가 안 된다. 다만 그토록 단호했던 소피아가 마지막에 가서 실로 경솔하게 결혼을 승낙했다는 점에 문제가 있다. 인습적인 해피엔드를 까다롭게 따지고 들 필요는 없겠으나, 역시 거슬리는 부분이다.

요컨대 필딩의 머릿속에는 사실주의자와 도덕주의자가 공존한다. 그는 리처드슨의 《파멜라》에 담긴 위선을 장려하는 도덕관, 필딩의 표현으로는 '역겹고 통속적인 도덕관에 반기를 들기 위해' 소설을 쓰기 시작했다.

앞서도 말했듯이, 인간 본성의 진실을 파헤치는 것이 그의 의도였다. 그는 근본적으로 사실주의 작가이다. 그러나 그에게도 독자들에게 인생을 가르치고자 하는 마음이 강했다. 여기에는 다양한 이유를 생각해 볼 수 있다.

첫째로, 아리스토텔레스와 호라티우스 이래의 고전문학론에 따르면, 문학 작품은 독자에게 오락을 제공하고 그들을 좋은 방향으로 이끌어야 하기 때문이다. 필딩은 작가인 동시에 질서유지를 임무로 하는 치안판사 자리에 있었다. 꼭 그게 아니더라도 그는 남들보다 정의감이 강한 사나이였다. 이 모든 것이 어우러져, 리처드슨의 비속한 도덕과는 차원이 다른, 그리고 그 자신이 믿는 삶의 방식을 이 작품을 통해 세상에 호소하려는 의도를 품게 되었다고 봐도 좋다. 이런 면에서 《톰 존스》를 쓴 필딩 또한 도덕주의자이다. 이것은 그에게는 숙명이었다. 그리고 이 점이 《톰 존스》의 결말을 '경사스럽게' 만들었다고 생각해도 좋다.

앞에서 '인습적인 해피엔드'라는 표현을 썼는데, 이렇게 생각하면 단순히 맹목적으로 인습에 따른 것만은 아닌 셈이 된다. 참고로 말하자면 《톰 존스》에서는 작가의 사실주의자로서의 면모가 적극적인 역할이라면, 도덕주의자로서의 면모는 소극적인 역할이라고 하겠다.

《아멜리아》에서는 주객이 뒤바뀌는 경향을 보인다. 사실 묘사는 더욱 원숙하고 섬세해진다. 런던의 생활상, 특히 그 어두운 면이 자세하게 묘사된다. 그 무렵 생활상 내지 풍속을 그린 기록으로서의 가치는 오히려 《톰 존스》보다 높다. 한편, 다른 한쪽인 도덕주의자로서의 면모도 고개를 한껏 쳐들고 분발한다. 《아멜리아》의 소설로서의 재미가 《톰 존스》에 미치지 못하는 것은 주로 그 때문이다.

의도적인 부분이 또 한 가지 있는데, 바로 시간의식이다. 《톰 존스》는 역사(history)이지만, 작가는 "역사가들처럼 별다른 사건도 없었던 해까지 구구절절 기록하여 지면을 메우지는 않겠다"라고 말한다.

'독자 여러분은 이 작품을 읽어 나가면서 어떤 장은 아주 짧고 어떤 장은 아주 길더라도 놀라지 말기 바란다.'(제2권 제1장)

《톰 존스》의 소설상 시간은 어떤 때는 몹시 늘어지고 어떤 때는 단축되거나 생략된다. 필딩의 소설은 전체적으로 역사적이고 직선적으로 전개된다. 프랭크 커모드의 표현을 빌리자면, 크로노

프라이어 파크

'낙원 저택'의 모델, 랄프 알렌의 프라이어 파크. 필딩의 후원자이기도 했던 알렌은 우편 사업과 건축용 석재 사업에 성공한 바스의 저명 인사였다. 참고로 그 당시 채석된 무거운 석재는 궤도차에 실려 강가까지 운반됐다. 알렌의 저택은 그 시대 최고의 정치가와 문인이 모이는 살롱이었다. '그는 곤경에 빠진 우수한 사람을 열심히 도와줬으며, 자신이 한 일을 지나치리만큼 신중하게 숨겼다'고 작품 속에 묘사되어 있다. 그림은 1754년 프라이어 파크.

스(Cronos)적 시간에 따라 진행되지만, 화자가 말하듯 어떤 식으로 구성에 초점을 맞추느냐에 따라 카이로스(Kairos)적 시간이 생겨난다. [17] 또한 줄거리는 역행하거나 멈추기도 한다.

'이야기를 더 진행해 나가기에 앞서 이쯤에서 독자 여러분에게 양해를 구하고자 한다. 즉 이야기를 해 나가며 그럴 만한 이유가 있다 싶으면 나는 언제든지 옆길로 벗어나 여담을 할 생각이라는 것이다.'(제1권 제2장)

톰 존스의 인생 이야기는 도중에 몇 번이고 끊긴다. 즉 줄거리가 '연장'된다. 필딩의 소설에는 이야기 안에 이야기가 삽입된다. [18] 이 기법 자체는 세

---

[17] Frank Kermode, *The Sense of an Ending*(Oxford U.P., 1996), pp. 46~51.
[18] 이 소설에서는 '산속 은둔자', '피츠패트릭 부인 이야기', '짚시와의 만남'도 삽입된 일화로 볼 수 있다.

르반테스나 악한 소설이 먼저 사용했으며, 그 영향으로 영국 소설에서도 가끔 쓰였다. 다만 '소설의 시간'이라는 문제에서 보자면, 필딩은 소설 안에서 작용하는 현실과는 다른 '별개의 시간'을 더 의식하여 사용했다. 이렇게 화자의 조작을 의식하면 할수록 독자는 화자의 주문에서 벗어날 수 없다.

독자를 배려한 다양한 구성

열여덟 권 208장 내내 독자가 지루해하지 않도록 작가는 다양한 궁리를 했다. 그 가운데 두드러지는 것이 '서장'이다. 아시다시피 작가는 각 권 제1장에서 때로는 줄거리와 관계 깊은, 때로는 관계성이 약한 수필 또는 주장을 시도했다. 전작 《조지프 앤드루스》에서도 제4권을 제외한 나머지 세 권에서 같은 시도를 했는데, 《톰 존스》에서는 예외 없이 열여덟 권 첫머리에 서장을 넣었다. 다루는 내용은 작품을 위한 주해나 작가 자신의 경험담이 많다. 또는 당대 비평가에 대한 항의나 야유, 뮤즈에게 바치는 바람이 담기기도 한다. 직접 문학을 논하지 않은 장으로는 제6권 제1장 '사랑에 대하여', 제7권 제1장 '인생과 무대 비교론' 등이 있다. 이들 '서장' 말고도, 이 작품에서는 필요에 따라 작가가 독자 앞에 모습을 드러내어 수시로 감상을 말한다. 제3권 제7장에서는 표제에 그 취지가 담겨 있으며, 제1권 제2장에서는 끝 부분에 작가가 얼굴을 내밀고 독자에게 탈선의 자유를 선언하기도 한다. 그 밖에도 작가가 직접 자신의 의견과 감상을 말하는 대목은, 두덴이 헤아리기로는 약 40군데에 이른다. 그 가운데에는 앞서 잠깐 언급했던 '결혼 생활의 여러 요인 가운데……'(제2권 제7장)와 같은 걸작도 꽤 있다. 일기나 편지를 남기지 않은 필딩의 성격을 짐작하는데 이런 대목이 귀중한 자료이지만, 그와는 별개로 한 편 소설에서 이런 장이 담당하는 역할 내지 가치는 무엇일까?

이에 대해 서머싯 몸처럼 대놓고 반대한 사람도 있다. 몸의 문학이론으로 보자면 당연한 일이다. 그가 주장하기로 '소설가는 이야기꾼(설명자)으로서, 독자를 사로잡는 재미있는 줄거리를 순서에 맞추어 들려주는 것이 직분이다. 그 밖의 요소를 소설 안으로 가지고 들어오는 것은 흥미를 흐트러뜨리는 행위이자 작가—해설자의 엄청난 월권 행위이다. 나름대로 일리 있는 견해이며, 몸은 자기 작품에서 이런 견해를 그대로 실행함으로써 훌륭한 효과를 거두었다. 그렇지만 모든 소설이 몸이 주장하는 바와 같은 제한을 받아야 하는가는 의문이다. 새삼 말할 것도 없이, 소설은 문학 가운데 형식이 가장 자유로우며, 내용 면에서 소재 제약도 없다. 《트리스트럼 샌디》처럼 기발한 작품도 용서되므로, 필딩의 시도는 나름대로 훌륭한 성과를 거둔 실험으로, 결국 작가의 취향과 역량으로 결정될 문제이다.

몸의 견해를 따른다고 모든 사람이 걸작을 만들어 낼 수 있는 것은 아니다. 실제로 필딩의 《아멜리아》에서는 제1권 제1장을 제외하고는 서장이 존재하지 않는다는 이 점이 이 작품을 허전하게 만드는 데 적잖이 기여했다 (반대로, 모든 장에 작가를 등장시킨다고 누구나 《톰 존스》를 쓸 수 있는 것도 아니다).

이 '서장'을 포함한 작가 등장 기법은 고대 그리스 희극(이때는 코러스가 작가를 대신해 작가의 감상을 말하는데, 이 부분을 '파라바시스'라고 부른다)에서도 찾아볼 수 있다. 영문학 작가 가운데도 스콧이나 조지 엘리엇은 필딩의 이 기법을 크게 예찬하며 선망했다. 특히 엘리엇이 이를 가리켜 '작품에서 가장 따라하고 싶은 부분'이며, 특히 각 서장에서 '작가가 무대 전면으로 팔걸이의자를 들고 나와 말하고 있는 느낌이다'라고 평한 것은 유명한 이야기이다. 현대를 사는 우리가 작자에게 친밀감을 느끼고, 작품에 신선함을 느끼는 이유는 이 기법에 있다고 생각하는 바이다.

독자의 흥미를 끄는 두 번째 기법은 작품 곳곳에서 보이는 영웅시적 문장, 이른바 '장중체'의 구사이다. 유명한 제4권 제8장 '뮤즈가 부르는 전투가'에서 몰리가 분투하는 장면이나, 제9권 제5장 '사랑 싸움에 관한 묘사'에서 워터스 부인이 톰에게 추파를 던지는 대목 등이 대표적인 예이다. 하나의 해학극인데, 고전에 정통한 필딩은 이를 자유자재로 구사하여 훌륭한 희극적 효과를 거두었다. 시골 아가씨의 싸움 장면이나 중년 여인의 추파와 같은 저급한 내용과 '뮤즈여'와 같은 고전풍 문장이 대조를 이루는 데서 독자는 웃게된다.

희극 구성의 역사

《톰 존스》에서 가장 중요한 구성은 어느 마음씨 착한 시골 지주 올워디가 여행에서 돌아와 보니 그의 침대에 갓난아기가 버려져 있더라는 데에서 출발한다. 이 사건을 계기로 일상성이 드라마틱하게 급변한다. 카이로스적 시

THE ACADEMY AWARD WINNER!

"BEST PICTURE" "BEST DIRECTOR"-Tony Richardson
"BEST SCREENPLAY"-John Osborne
"BEST MUSIC SCORE"-John Addison

Tom Jones!

"BEST COMEDY EVER MADE...AN ABSOLUTE TRIUMPH!"
-Newsweek

영화화된 〈톰 존스〉포스터
토니 리처드슨 감독, 1963년, 영국 영화. 아카데미
작품상과 감독상 수상. 정식 제목은 〈톰 존스의 화려
한 모험〉.

간을 지니는 사건 전개이다. 주목해야 할 점은 필딩의 이런 연극성에서 엿보이는, 《오이디푸스 왕》이래로 익숙해진 '업둥이'와 그를 큰 줄기로 삼는 주제이다. 업둥이는 본디 소설 이전부터 존재하던 신화적인 주제인데, 필딩이 《조지프 앤드루스》에서도 주인공의 출생 비밀을 주요 소재로 삼은 것을 보면 그에게 업둥이란 버리기 힘든 매력을 지닌 소재가 아닌가 싶다.[19] 주인공의 정체성 문제는 그가 맞닥뜨리는 다양한 인간의 위선과 허위의 가면을 벗기는 내용과도 연결된다.

필딩은 '화자'를 통해 독자에게 허구성을 강하게 피력하면서도 한편으로는 '이야기는 가능성이 아니라 개연성의 범위도 지켜야 한다'(제8권 제1장)고 말한다. 이는 그 무렵 주류 소설이 신빙성에 집착했던 것을 의식한 문장일는지 모른다. 필딩의 창작 자세로 볼 때, 그가 지어내는 줄거리의 개연성은 적게 생각하는 편이 옳다. 《톰 존스》에서는 개연성의 한계를 고려하지 않은 듯이 보이는 뜻밖의 발견, 폭로, 우연성이 잇달아 등장한다. 이것도 연극과 공통된 면이다. 화자의 설명에 따르면 인간 세상은 '자연의 대극장'이고 '인생은 더욱 무대와 닮았기'(제7권 제1장) 때문이며, 따라서 필딩의 작품에는 연극적 은유가 흘러넘친다.[20]

---

[19] 필딩은 11세에 어머니를 여의었는데, 그 뒤 아버지와 외가 사이에 그의 양육권을 둘러싸고 분쟁이 일어났다. 이런 사실이 그가 소설 주제를 선택하는 데에 영향을 주었다는 분석이 있다.

[20] Cf. Grete Ek, "*Glory, Jest, and Riddle*" in Tom Jones ed., by Harold Bloom(Modern Critical

그가 생각하는 소설상 리얼리티는 '인간 본성'의 리얼리티이므로 그것을 손상하지 않는 한 줄거리의 우연성은 희극적 세계라는 틀 안에서 허용되는 셈이다. 그가 의도한 바는 비극과 달리 더 인간적이고 일상에 충실한 수준에서 '인간 희극'을 소설로 쓰고자 하는 것이었다. 그 소설은 하나같이

영화 〈톰 존스〉의 한 장면
산사람과 같이 산책하던 톰은 기묘한 광경을 목격했다. 한 무뢰한이 여자를 반쯤 발가벗기고 목에다 양말 띠를 둘러놓은 것이다. 그 무뢰한은 전에 말다툼을 하다가 톰을 술병으로 때렸던 노더튼 소위였다. 톰은 소위를 두들겨 패고 나서 부인에게 자기 외투를 줬다.

해피엔드지만, 조물주가 아닌 화자가 소설 세계를 자유자재로 조종하여 예정조화적인 선인을 행복으로 이르게 할 필요가 있다. '희극은 궁극적으로 바람의 실현'[*21]이며, 거기에 필딩의 세계관이 반영된다.

또한 '현대 서사시'는 그 시대상을 통찰할 수 있는 것이어야 한다. 이것도 필딩다운 방식인데, 1740년대 영국 서남부 및 런던을 톰을 비롯한 등장인물들이 행동하는 무대로 그렸다. 그런 의미에서는 선별적이고 한정적이며, 스몰렛과 달리 노골적인 사회 비판은 결코 될 수 없다. 그러나 시골과 도시에 사는 다양한 계층의 인물들이 등장한다는 면에서는 악한 소설의 요소를 지녔다 하겠다. 도로변 여관을 무대로 다양한 인물과 만나는 유형이 그 한 면이다. 동시에 이야기 속에 실제 사건도 끼어 들어간다. 마틴 바테스틴에 따르면 필딩은 《톰 존스》를 1745년 초에 쓰기 시작했다. 그리고 약 3분의 1을 썼을 무렵인 8월, 전 영국을 혼란에 빠뜨린 '45년 반란(the Forty-five)'이 일어난다. [*22] 필딩은 이 반란을 영국의 '붕괴 위기'라고까지 생각하고서 반(反)

Interpretation, 1979).

[*21] Robert Alter, "*On the Critical Dismissal of Fielding*" in Tom Jones(Casebook Series), p. 235.

[*22] Cf. Martin C. Battestin, *Henry Fielding, A Life*(London:Routledge, 1993), pp. 396~7.

재커바이트파에 관한 소책자를 계속해서 펴냈다. 이것과 《톰 존스》는 맥락을 같이한다. 당초 계획으로는 톰 존스를 해외로 내보낼 생각이었지만, 이 반란을 계기로 영국 남서부의 반란군 진압부대 군사작전에 합류시킨다. 또한 작품 내에 작가의 정치적 견해를 담아내거나, 실존 인물이나 여관 이름 등을 속속 등장시킨다. 필딩은 허구와 역사(현실)의 교착을 크게 즐겼다. 톰에게서 보니 찰리(제임스 2세의 손자 찰스 에드워드를 가리킴)의 모습, 즉 체제에 대한 반항아로서의 면모를 발견할 수 있다. 또한 소피아 웨스턴이 찰리의 애인으로 소문났던 제니 캐머런이라고 오해받는 소동까지 일어난다. [23]

제13장에 나오는 런던 상류사회 풍속, 특히 도덕적 타락은 벨라스턴 부인이 톰을 유혹하는 장면을 중심으로 묘사된다. 전반부 서머싯 주 시골 마을을 배경으로 그려진 개방적인 성(性)과는 사뭇 대비되는 음탕하고 음습한 성이 풍자된다. 톰의 정신 수준이 가장 타락하는 대목도 이 런던을 배경으로 한 장면에서이다.

호가스와 함께하는 인물묘사

필딩이 묘사하는 인물은 희극에 등장하는 것처럼 선인과 악인이 비교적 분명하다. 그의 말을 빌리자면, 아리스토텔레스를 모방하여 '인간이 아니라 태도들을, 개인이 아니라 종자를 그렸다.'[24] 즉 인간을 유형별로 나누어 생각한 것이다. 다시 말하면 지나치게 독특한 인간상은 그리지 않는다는 뜻이며 전형적 인물(stock character)이 등장하는 셈이다. 그러나 이 '유형'은 필딩의 인간 관찰에 기초하고 있기 때문에 거꾸로 실존 인물이 그 모델로서 유추되는 경우도 있다.

인간 묘사라는 관점에서 가끔 호가스와 유사성이 지적되는데, 정확히 말하면 필딩은 호가스를 의식하면서 소설을 썼다. 《조지프 앤드루스》 서장에서도 호가스를 언급했는데, 그를 가리켜 '도덕성을 그리는 화가(moral paint-

---

[23] 로널드 폴슨은 《톰 존스의 모험》에 등장하는 '45년 반란' 이야기는 정치적 암시로 볼 수도 있다고 했다. Ronald Paulson, "*Fielding in Tom Jones the Historian, the Poet, and the Mythologist*" In Augustan Worlds ed. J.C. Hilson & M.M.B. jones(Leicester U.P., 1978), pp. 184~5.

[24] Joseph Andrews, Book Ⅲ, ch. 1.

er)'라고 했다. 두 사람은 1732년쯤 호가스가 필딩의 희곡 《비극 중의 비극 The Tragedy of Tragedies》의 속표지를 그린 무렵부터 알게 된 사이이다. 호가스는 자신의 그림*25 설명에 '캐리커처와 캐릭터의 구분에 대해서는 《조지프 앤드루스》를 읽으라'고까지 썼다. 한마디로 서로가 존중하는 관계였다. 따라서 둘 사이에는 공통점이 많다. 호가스도 기존에 없는 새로운 그림을 그리고자 한 화가였다. 인간을 풍자적으로 그린다는 의미에서는 필딩과 일맥상통한다.

《톰 존스》에 등장하는 두 지주인 올워디(이 인물은 필딩이 여러모로 신세를 진 친한 벗 랄프 알렌이 모델이라고 알려져 있다)와 웨스턴은 저마다 지방지주의 전형이라고 볼 수 있다. 올워디는 자애심 많고 사리분별력 있는 지주로, 선의에서 비롯한 오해를 하긴 하지만 이상화된 인물로 묘사되어 있다. 한편 웨스턴은 술과 사냥을 좋아하며 생각나는 대로 거리낌 없이 말하고 행동하는 전형적인 시골 지주이다.*26 이것도 필딩식 역사 묘사 방법이다. 독자는 이 두 인물의 묘사를 통해 그들의 인격과 언동을 어느 정도 예측할 수 있다. 두 사람에게는 저마다 브리짓과 웨스턴 부인(여기서 '부인'은 그 무렵 노처녀를 부를 때 사용한 호칭)이라는 여동생이 있다. 톰의 출생에 얽힌 다양한 수수께끼를 지닌 브리짓의 말과 행동은 둘째 치고, 웨스턴 부인은 노처녀의 전형으로서 비웃음의 대상이다. 올워디 집안의 가정부 드보라 윌킨스 부인 또한 그 역할을 훌륭하게 수행한다.

'자신의 품위에 그토록 엄격하게 신경을 쓰는 '드보라'가 다른 사람이 조금 예의에 어긋나는 옷차림을 한 것을 보고 충격을 받는 것은 놀라운 일이 아니다. 그녀는 방문을 열고, 주인이 양초를 손에 들고 속옷 바람으로 침대가에 서 있는 모습을 보자마자 소스라치게 놀라 뒷걸음질 쳤다. 그제야 주인이 자기가 속옷 바람이라는 것을 깨닫고, 옷가지를 걸칠 때까지……

---

*25 호가스의 그림 〈캐릭터와 캐리커처(Characters and Caricaturas)〉 밑에 달린 설명. 필딩과 호가스의 관계는 Peter Jan de Voogd, Henry Fielding and William Hogarth(Amsterdam: Rodopi, 1981)에 자세히 설명되어 있다.

*26 올워디를 아폴로적, 웨스턴을 디오니소스적이라고 일컫은 비평가도 있다. cf. Leopold Damrosch, Jr., "Tom Jones and the Farewell to Providential Fiction" in Tom Jones(Modern Critical Interpretation).

그녀의 공포심을 말끔히 날려주었기에 망정이지 그렇지 않았더라면 기절해 버렸을지도 모른다. 올해 쉰둘인 그녀는 그 나이를 먹도록, 겉옷을 입지 않은 남자의 모습을 맹세코 단 한 차례도 본 적이 없었다.'(제1권 제3장)

이런 호가스식 정경은 연극에서는 전형적인 장면이며, 이런 장면이 겹쳐 독자의 웃음을 유발하는 장치가 된다. 즉 필딩의 서술 방법은 연극적이다.
필딩은 다양한 계층과 직업의 특성을 꿰뚫어 보고 그렸다. 그것이 독자들의 인간성 및 예측과 호응하여 희극적이 된다. 존슨은 그 특유의 단정짓는 말투로, 필딩이 묘사한 인물과 리처드슨이 묘사한 깊고 복잡한 심리를 지닌 인물을 '판에 박힌 인간(characters of manners)'과 '인간미 있는 인물(characters of nature)'로 구분하고 비판했다. 존슨은 리처드슨을 옹호하는 인물로 유명하지만, 이 평언은 필딩의 인물 조형의 일면을 정확히 지적하고 있다. *27
필딩은 그렇게까지 신앙심이 깊은 편은 아니었지만, 소설 안에서는 종교적인 언급을 자주 했다. 기본적으로는 저교회파(Low Church) 틸로트슨 대주교의 신봉자였다고 알려져 있다. *28 그런 노선에서 인간 존재는 신이 지배하는 우주의 조화로운 단계*29 안에 있으며, 개개인은 저마다의 위치에서 그 역할을 다한다고 생각했다. 또한 '고작 인간에 불과한 존재로서 완벽한 선에 이른 존재도 없으며 완벽하게 극악한 괴물도 없다'고 생각했다(제10권 제1장). '무대에서 한 번 악역을 맡았다고 그 사람이 악당이 되지 않는 것처럼, 인생에서도 한 번 악행을 저질렀다고 그 사람이 악인이 되는 것은 아니다(제7권 제1장).' 인간에게는 장점과 단점이 있거니와 완전한 선인도 완전한 악인도 없다.
이런 관점과 그리스도교적 윤리관에서 필딩은 '선'과 '악'을 다음과 같이 분석했다. '자선(charity)', '정숙(chastity)', '정직(honesty)', '명예심(honour)' 등은 '선'을, '위선(hypocrisy)', '허영(vanity)', '고만함(pride)' 등은 '악'을 구성한다. 이는 그즈음 사상 경향, 특히 섀프츠베리의 영향을 받은 분

---

*27 Boswell's Life of Johnson(Oxford U.P., 1965), p. 389.

*28 James A. Work, "*Henry Fielding, Christian Censor*" in The Age of Johnson. p. 141.

*29 M.C. Battestin, *The Providence of Wit, Aspects of Form in Augustan Literature and the Arts*

(Oxford U.P., 1974), p. 141.

석 방법이다. 개개인은 많건 적건 이런 요소를 지니고 있기 마련인데, 어떤 한 가지 특성이 두드러지게 묘사되면 전형적 인물이 탄생한다. 이것이 희극의 특질이기도 하다. 예를 들어 《조지프 앤드루스》의 아담스 목사는 '자애'를 보여 주는 전형으로서 남을 의심할 줄 모른다. 그는 계속 속기만 하면서도 남을 믿는다. 한편 아담스에게는 '허영심'도 많다. 이처럼 결점도 함께 지니고 있는 그는 결코 평범한 인물이 아니며, 인간미 넘치는 매력을 발휘한다.

《톰 존스》의 블리필은 희극에 등장하는 음험한 악인의 전형이다. 그의 위선성은 톰의 선량한 성격과 대비되다가 마지막에는 철저하게 까발려진다. 이 두 사람을 둘러싼 유명한 일화가 '작은 새 사건'(제4권 제

필딩의 초상화
필딩과 친분이 있었던 풍속화가 겸 판화가 윌리엄 호가스가 그린 그림. 필딩이 《조지프 앤드루스》에서 '독창적인 호가스'라고 그를 칭찬한 데 대한 답례였다. 웨스트민스터 지구 치안판사로 근무하던 시절의 위엄 있는 모습.

3~4장)이다. 블리필은 톰과 사이좋게 지내는 소피아가 몹시 귀여워하며 기르던 작은 새를 자유롭게 해주겠다는 명목으로, 다리에 묶어놓았던 끈을 풀어 날려 보낸다. 톰은 나무 위로 도망간 새를 잡으려고 나무에 올라갔다가 가지가 부러져 떨어지지만 다행히도 물 위로 떨어져 다치지 않는다. 대충 이런 줄거리인데, 이 장면에서 블리필은 다음과 같이 변명한다.

'삼촌, 제 잘못이에요. 유감스럽게도 다 저 때문에 일어난 일이에요. 소피아 양의 새를 받아들고 보니 갑자기 그 새가 자유를 갈망한다는 생각이 들었어요. 그러자 그 바람대로 해주지 않고는 견딜 수가 없었어요. 어떤 이유에서든 무언가를 구속하는 것은 잔인한 일이라고 생각했거든요. 자연법칙으로는 만물은 자유로울 권리가 있는데, 새를 가둬 두는 일은 그 법칙

에 어긋나는 일로 보였어요. 자기가 대접받고자 하는 대로 남을 대접하지 않는 셈이니 그리스도교에도 어긋난다고 생각했고요. 하지만 소피아 양이 그렇게 걱정할 줄 알았더라면, 또 새한테 무슨 일이 벌어질지 알았더라면 놓아주는 일은 절대로 없었을 거예요. 존스가 나뭇가지에 올라갔다가 물에 떨어졌을 때 새는 다시 날아올랐는데 그 즉시 흉악한 매가 녀석을 채가 버렸거든요.'

장난을 좋아하고 제멋대로인 톰과 달리 블리필은 품행이 방정하고 정직한 소년으로 알려져 있다. 이 인용 부분에도 자못 점잔 빼는 단어가 많이 쓰여서 어린아이의 말 치고는 거슬리는 말투이다. 실제로 '새의 자유'며 '자연 법칙'이며 '그리스도교' 등 어른의 눈치를 살피며 가정교사 스웨컴과 스퀘어의 경직된 가르침을 그대로 되풀이하고 있는 것에 지나지 않는다. 블리필 덕분에 작은 새도 가엾은 운명을 맞이한다. 독자는 그 대목에서 역설적인 의미를 감지한다. 또한 블리필의 진짜 동기가 다른 곳에 있음을 알게 된다. 실제로 그 다음 장에서 화자는 '심술궂은 의도는 없었을 것'(제4권 제4장)이라는 문장을 집어넣음으로써 독자의 해석을 도왔다.

이 일화를 근거로 콜리지는 이렇게 썼다. '우리는 필딩이 무엇을 하는지 (what he does)에는 관심 없다. 그가 어떤 사람인지(what he is)가 문제이다.'*30 필딩은 내면의 인격을 중시했다. 어떤 행동보다도 그 동기가 중요한 핵심이다. 필딩은 행동의 위선성을 노골적으로 드러내지 않지만, 독자는 대비를 통해 그것을 감지한다. 반대로 톰은 어릴 때부터 장난을 좋아하여 과수원의 과일을 훔치거나 밀렵을 한 탓에 마을에서 아주 평판이 나쁘다. 그러나 독자는 그를 악인으로 생각하지 않는다. 그의 행동 뒤 숨은 선의를 보고자 한다. 콜리지의 '인간성과 행동의 분리'라는 표현은 독자가 필딩 작품에서 느끼는 직감적인 인물의 인상을 아주 잘 드러낸 말이다.

보통 전형적인 인물은 이런 '인간성과 행동의 분리'를 일으킬 수 없다. 필딩의 화자는 말솜씨가 뛰어나지만 그 내용이 대단히 독단적임은 앞서 소개했다. 전지적 화자이기에 블리필과 같은 교묘한 위선자의 심리도 다 파악하

---

*30 *S.T. Coleridge in Fielding*, ed., by Claude Rawson (Penguin Critical Anthologies), pp. 205~6.

고 있으면서 절대 말해 주지 않는다. 의도적으로 얼버무려 말한다. 또한 필딩은 보통 내면심리를 그리지 않는다. 독자는 등장인물의 행동에서 내면심리를 유추할 수밖에 없다. 그의 섀프츠베리식 인성론에서는 인간 심리가 그리 복잡하지 않다. 선의 지배를 받는 인간은 자연스레 선한 행동을 할 것이고, 반대로 정신이 사악한 사람은 얼핏 정당한 행위를 하더라도 의식적이고 일시적인 것에 그칠 것이다.

필딩의 무덤

필딩은 영국의 쌀쌀하고 습한 날씨와 이미 말기 상태였던 수종(水腫)의 고통에서 조금이나마 벗어나기 위해 햇살 가득한 포르투갈 리스본으로 여행을 떠났다. 그때 쓴 일기가 사후 출판된 《리스본 항해기》(1755)이다. 그는 그곳에서 두 달을 머무르다가 객사하여 리스본 영국인 묘지에 묻혔다.

필딩이 리처드슨이 설정한 파멜라에게서 불순한 마음을 감지한 것은 그녀의 행위에서 자기중심적인 자아가 보이기 때문이다. 반대로 필딩의 주인공들은 모두 그리스도교적인 애타정신에 넘쳐 있다. 그들은 선인이며, 그 행동도 자연스럽다. 적어도 필딩의 윤리관으로 판단하기에는 그렇다. '어떤 인물이 속으로 박애정신에 넘치거나 박애정신을 주장하더라도 그것을 실제로 행동으로 옮기지 않는 한 진정한 박애라고는 말할 수 없다'는 것이 필딩의 생각이다. 가끔 선인을 가장한 사람들의 위선성이 폭로되는 것은 아담스 목사나 톰처럼 순수한 마음을 지닌 사람들 앞에 나설 때이다.

톰 존스의 행위를 한 마디로 표현한다면 '타인에 대한 선의에서 비롯된 행동'이라 말할 수 있다. 톰은 이따금씩 객관적으로 그릇돼 보이는 행동을 한다. 가장 큰 문제는 그의 헤픈 여성관계이다. 그에게는 소피아라는 연인이 있지만, 다른 여성에게 유혹을 받으면 거의 무저항 상태가 된다. 톰의 행동은 18세기 영국 남성 및 필딩 자신의 자유로운 성관념을 보여 주는데, 이를 윤리라는 관점으로만 판가름하기란 어렵다. 그 배경에는 어느 정도 이기적인 남성 중심주의가 있으며, 톰의 본능적이고 타인에 대한 무분별한 배려에서 비롯된다. 톰 존스라는 인물과 그의 행동과 관련하여 화자는 다음과 같은 해설과 교훈을 제시한다.

'공명정대한 심성은 그 사람에게 커다란 위안과 자부심을 주나 세상만사가 그것 하나만으로 해결되는 것은 아님을 그들은 깨닫게 될 것이다. 아무리 선량한 사람이라도 신중하고 분별력이 있어야 한다. 이 두 덕목은 이른바 선의 호위병이다. 이들이 없다면 선도 결코 안전하지 못하다. 의도나 행동이 본질적으로 선하다는 사실만으로는 충분하지 않다. 그것들이 선으로 보이도록 세심한 주의를 기울여야 한다.'(제3권 제7장)

'톰의 무분별한 선량한 행동은 "올워디 씨같이 지혜롭고 선량한 신사도 그 외면을 꿰뚫고 내면의 아름다움까지 식별하지는 못한다."'(제3권 제7장)

《톰 존스》는 이렇듯 다소 무분별하지만 선의에 넘치는 톰이 스스로 초래한 난국을 연극적 기적이라 할 수 있는 전개를 통해 극복해 가는 과정을 그린다. 희극적 예정조화의 세계로 이끌려 간다. 필딩은 폭넓은 시야로 사회를 통찰하며, 시대의 움직임에 맞추어 선의 넘치는 인물이 좌절을 거듭하다가 마침내 행복이라는 종착점에 이르는 인생 여정을 좇았다. 그것을 읽는 독자도 독서라는 긴 여정에 화자와 동행한다. 《톰 존스》의 마지막 권(제18권) 서장은 다음 문장으로 시작한다.

'독자 여러분이시여, 마침내 우리는 긴 여행의 마지막 단계에 이르렀다. 독자 여러분과 우리는 지금까지 수많은 페이지들 속에서 함께 여행했으니, 같은 역마차를 탄 동료 여행객들처럼 서로를 위해 주어야 할 것이다.'

현대 서사시는 위대한 영웅이 아니라 톰 존스와 같이 일탈과 실패를 거듭하는 인간미 넘치는 사람이 주인공이다. 그러나 '업둥이'가 지주의 후계자가 된다는 연극적인 꿈과 낭만은 필딩의 새로운 '소설'의 한 측면이기도 하다.

《조지프 앤드루스》《톰 존스》《아멜리아》의 구도를 들여다보면, '서사시적' 의도대로 다양한 인간이 등장하며 사회 전체를 꿰뚫는 구조가 리처드슨의 좁은 시야와는 대조적임을 알 수 있다. 그 중심에 위치하는 주인공은 '선량한 사람'이고, 가식과 기만에 찬 사회의 시련 속에서 우연이라는 신의 배려에 의해 운 좋게도 그것을 극복해 간다. 이 우의적인 유형 자체는 새로운 요소라 할 수 없지만, 이 예정조화에서 그의 사상 경향을 찾아볼 수 있다. 소설 형태의 미적 추구나 인간존재의 조화는 필딩이 즐겨 인용한 알렉산더 포프의 시에서 볼 수 있는 우주, 자연계의 조화, 즉 신의 섭리(providence)를 인간 사회에서 찾았다는 반증이다. 이는 이미 바테스틴이 지적한 바이다. *31 필딩의 소설은 신이 사라진 세계를 옮겨놓은 것이라고도 말할 수 있으리라.

텍스트는 Norton Critical Edition을 사용했으며 슈무타 나츠오 이와나미 문고판을 비교 참고하였다.

---

*31 Battestin, op.cit., ch. 1.

헨리 필딩 연보

1707년   4월 22일 영국 서머싯 주 글래스턴베리 샤팸파크에서 목사
              집안 출신 군인인 아버지 에드먼드 필딩과 왕좌재판소(王座
              裁判所) 판사인 헨리 굴드 경의 딸인 어머니 사라 굴드 필딩
              사이에서 태어남.

1718년(11세)   4월 어머니를 여의고, 아버지가 런던으로 떠나면서 외가에
              맡겨져 큰 이모 댁에서 자람.

1719년(12세)   런던으로 떠났던 아버지가 이탈리아 출신 과부와 재혼하여
              돌아옴. 그 뒤로 아이들의 양육권을 둘러싸고 처가인 굴드
              집안과 지루한 법정 싸움이 시작됨(~1722). 이튼 칼리지에
              입학하여 고대 그리스와 로마 문학을 공부하다(~1724). 이
              무렵 리틀턴과 윌리엄 피트 등과 알게 됨.

1722년(15세)   아이들의 양육권을 둘러싸고 아버지가 처가인 굴드 집안과
              벌인 법정 싸움에서 남편의 장모이자 아이들의 외할머니인 굴
              드 여사가 손자들의 양육을 맡는 것과 아울러 딸이 남긴 재산
              을 손자들을 대신해서 안전하게 관리하는 것으로 해결됨.

1727년(20세)   가족들이 중개인의 사기 행각에 넘어가 재산을 크게 잃어 생
              계가 막막해지면서 런던에 사는 인척이자 시인 겸 서간문 작
              가인 메리 워틀리 몬터규 부인의 도움으로 연극계에 뛰어듦.

1728년(21세)   첫 희곡 작품인 〈사랑의 갖가지 형태 *Love in Several
              Masques*〉를 극장 무대에 올리고 책으로도 펴내는 등 제대로
              활동을 막 시작하려던 차에 공부를 더 하기 위해서 네덜란드
              레이던 대학으로 유학을 떠나 고전 문학과 법률을 공부함
              (~1729).

1729년(22세) 학비 문제로 18개월 만에 귀국함. 그 뒤로 8년 동안 〈작가의 소극 *The Author's Farce*〉〈엄지손가락 톰 *Tom Thumb*〉〈가짜 의사 *The Mock Doctor*〉〈파스퀸 *Pasquin*〉〈1736년도 공식사록 *The Historical Register for the Year 1736*〉 등 희곡 25편으로 큰 성공을 거두나 문학적 값어치는 거의 없는 것으로 평가받음.

1734년(27세) 솔즈베리 출신 샬럿 크래덕(Charlotte Craddock:1749년에 출판된 그의 대표작인 소설 《톰 존스의 모험》에 나오는 여주인공 소피아 웨스턴의 모델)과 결혼함.

1736년(29세) 맏딸이 태어남. 런던 웨스트엔드 헤이마켓에 있는 리틀 극장의 업무사원으로 취직함.

1737년(30세) 〈1736년도 공식사록〉에서 은근하면서도 날카롭게 당시 정부 당국자들을 풍자한 것이 그들의 심기를 건드려 연극에서의 정치인에 대한 풍자를 금지하는 사전허가제법(The Theatrical Licensing Act)이 제정됨. 이 때문에 많은 극장들이 문을 닫게 되면서 그의 연극 활동은 끝났으나 극작 경험이 경쾌하고 재치 있는 대화, 희극성 강한 장면 설정 등 뒷날 소설에 큰 영향을 끼침. 생계유지를 위해 법조계에서 일하기로 마음먹고는 미들템플 법학원에 들어가 3년 동안 공부를 함.

1740년(33세) 법정변호사 자격을 얻고 순회재판 등에서 활동하지만 크게 성공하지는 못함.

1741년(34세) 새뮤얼 리처드슨의 《파멜라 *Pamela*》를 성(性)을 이용한 부도덕한 작품으로 생각해 이를 비판하는 관점에서 여성의 순결을 주제로 한 《샤멜라 *Shamela*》를 지음.

1742년(35세) 《샤멜라》에 이어 《파멜라》를 비판하는 또 하나의 작품으로 남성의 순결을 주제로 한 《조지프 앤드루스 *Joseph Andrews*》를 지음.

1743년(36세) 《미셀러니 *Miscellanies*》 3편을 발표함. 3편 가운데 《조너선 와일드 *Jonathan Wild*》는 그 즈음에 유명했던 한 범죄자의 생애를 그리면서 인간의 위대성을 풍자한 작품으로, 조너선 스위프트의 《걸리버 여행기 *Gulliver's Travels*》와 함께 영국 문학사에서 가장 뛰어난 풍자소설임.

1744년(37세) 아내가 많은 재산을 물려받았음에도 남편인 그의 돈 씀씀이가 헤퍼서 언제나 돈에 쪼들리는 생활에서 벗어나지 못함. 엎친 데 덮친 격으로 1742년 이후 그의 건강 상태가 나빠진 데다 이따금 병으로 자리를 보전하던 아내가 열병(熱病)을 이겨내지 못하고 바스(Bath)에서 영원히 눈을 감음.

1747년(40세) 먼저 간 아내의 하녀였던 메리 다니엘(Mary Daniel)과 재혼함.

1748년(41세) 1742년 총선거를 통한 정권교체로 월폴 내각이 무너지면서 들어선 새로운 정부를 옹호하는 언론활동을 해온 것에 대한 보상으로 웨스트민스터 시 담당 치안판사(행정장관)에 임명됨.

1749년(42세) 미들섹스 주 담당 치안판사(행정장관)로 임명됨. 2월 대표작 《톰 존스 *Tom Jones*》를 펴냄. 출판 당시 활기찬 유머, 다양한 인물, 런던 생활과 시골 생활의 다양한 대비 등으로 인기를 얻는 동시에 부도덕, 음란, 저속 등을 이유로 비판을 받음.

1751년(44세) 마지막 작품인 《아멜리아 *Amelia*》를 펴냄.

1752년(45세) 〈코벤트 가든〉지 발행인 겸 평론가로 일하기 시작함. 10년 가까이 통풍(痛風)으로 고통을 겪으면서도 치안판사 일에 온 신경을 쏟아 관할 구역 안에서는 강도 사건이 줄어들고 교도소 개량 운동에 나서는 등으로 많은 업적을 이루어냄.

1753년(46세) 목발을 짚지 않고서는 일상 생활이 어려울 정도로 건강 상태가 나빠짐.

1754년(47세) 6월 휴양을 하기 위해 아내와 딸과 함께 포르투갈 리스본 (Lisbon)으로 떠남. 8월 7일 리스본에 도착했으나 휴양도 아무런 도움이 되지 못한데다 건강 상태가 더 나빠져 병을 이겨내지 못하고 10월 8일 리스본에서 영원히 눈을 감음. 사후인 1755년 그의 여행기인 《리스본 항해기 *The Journal of a voyage to Lisbon*》가 출판됨.

옮긴이 최홍규(崔鴻圭)

중앙대 영문학과 졸업. 서울대대학원 석사·동국대 영문학박사. 미국 캔자스대대학원
영문학과 수학·뉴질랜드 빅토리아대 디프로마. 중앙대 영문학과 명예교수. 미국하버
드대·예일대 풀브라이트 교환교수 역임. 영국 케임브리지대·런던대(UCL) 객원교수. 프
랑스 소르본대 연구교수. 한국번역문학학회장 역임. 지은책 「근대영미문학의 탐구」 옮
긴책 「워즈워스의 명시」 울프 「올랜도」 W.M. 새커리 「허영의 시장」 등이 있다.

World Book 178
Henry Fielding
THE HISTORY OF TOM JONES, A FOUNDLING
톰 존스의 모험
헨리 필딩/최홍규 옮김
1판 1쇄 발행/2012. 5. 1
1판 2쇄 발행/2018. 12. 1
발행인 고정일
발행처 동서문화사
창업 1956. 12. 12. 등록 16-3799
서울 중구 다산로 12길 6(신당동 4층)
☎ 546-0331~6 Fax. 545-0331
www.dongsuhbook.com

＊

＊

사업자등록번호 211-87-75330
ISBN 978-89-497-0771-6 04080
ISBN 978-89-497-0382-4 (세트)